Natale Perego
Elisabetta Ghislanzoni

# Un libro sogna

## Narrativa



**PER IL COMPUTER E PER IL TABLET**

## L'eBook multimediale

**1 REGÌSTRATI A MYZANICHELLI**

Vai su **my.zanichelli.it** e regìstrati come studente

**2 SCARICA BOOKTAB**

- Scarica **Booktab** e installalo
- Lancia l'applicazione e fai login

**3 ATTIVA IL TUO LIBRO**

- Clicca su **Attiva il tuo libro**
- Inserisci la **chiave di attivazione** che trovi sul **bollino argentato** adesivo (qui accanto un esempio di bollino con chiave di attivazione)

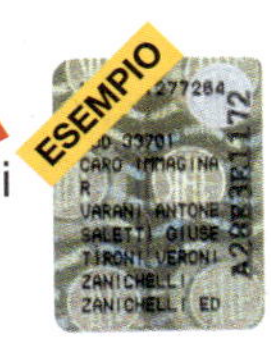


**4 CLICCA SULLA COPERTINA**

Scarica il tuo libro per usarlo offline



ZANICHELLI

# Com'è fatto
# *Un libro sogna*

Il volume di Narrativa si articola in cinque **Percorsi**: un Percorso di strumenti (analisi del testo narrativo, testi d'uso e altri linguaggi), uno di generi (racconto, romanzo e i loro sottogeneri) e tre Percorsi tematici, ciascuno suddiviso in Unità.

Una **scheda di arte** introduce l'argomento dell'Unità.

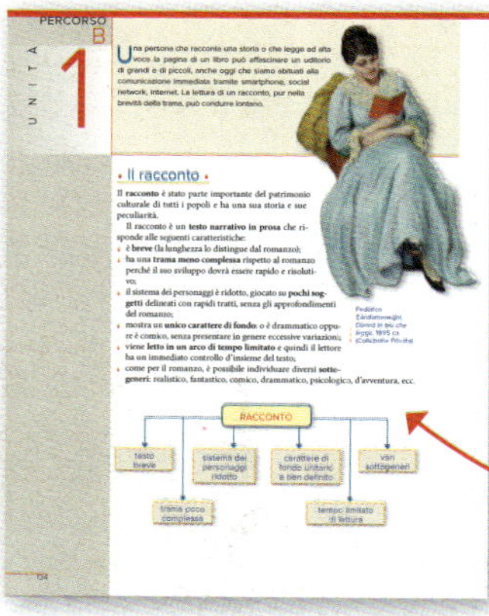


**Mappe** e **schemi** riassuntivi guidano lo studio e il ripasso.

I brani della sezione antologica sono accompagnati dalle schede **Per l'analisi del testo**, **L'autore** e **Storie da scoprire**.

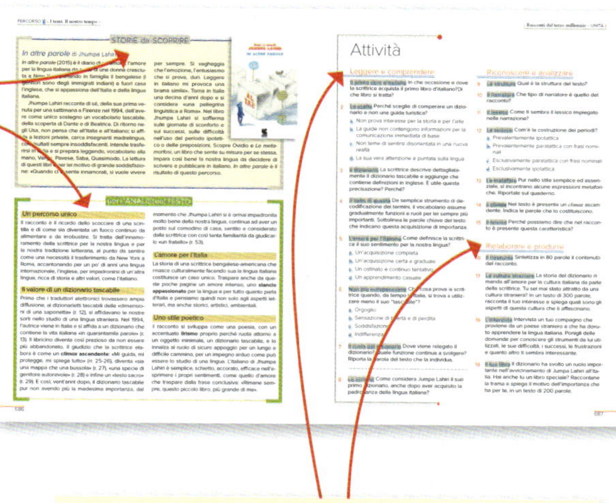


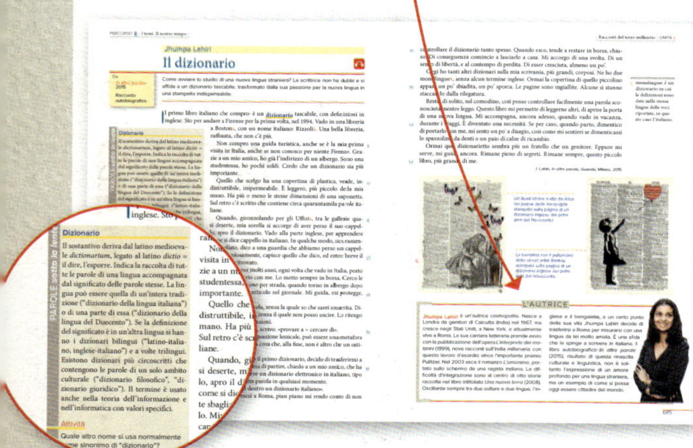


Le **attività** sviluppano le **competenze** di lettura, scrittura e produzione orale, con particolare attenzione alla **comprensione**, alla **scrittura** creativa e al **dibattito** in classe.

Le rubriche **Parole sotto la lente** propongono approfondimenti e attività su termini significativi tratti dai testi.

La rubrica **Per conoscere**, illustrata con i ritratti di **Tullio Pericoli**, approfondisce gli autori più significativi.

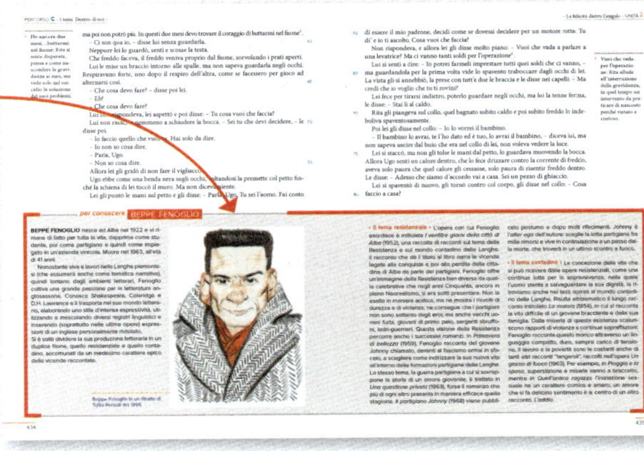

La sezione **Per approfondire** sviluppa il tema dell'Unità attraverso un testo espositivo, un saggio, un articolo di giornale.

Schede di approfondimento arricchiscono e ampliano l'argomento dell'Unità: **Per saperne di più**, **Variazioni sul tema**, **Narrare con altri linguaggi**, **Per guardare oltre** e **Scrivere per cambiare il mondo**, sul rapporto fra la Letteratura e l'impegno sociale e politico.

**Raccogliamo le idee** propone attività di sintesi e scrittura guidata.

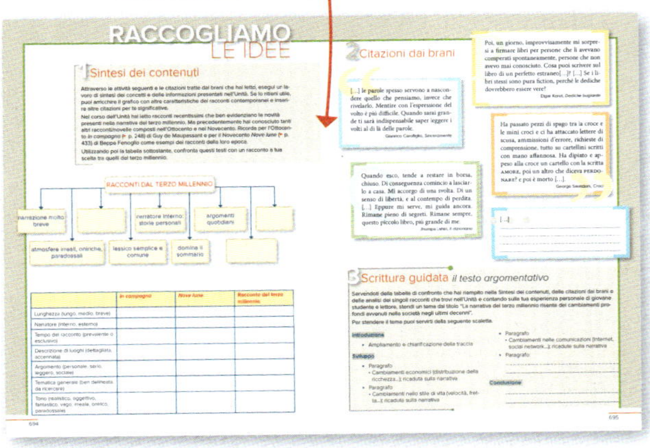

La **Verifica delle competenze**, a fine Unità, aiuta a preparare la prova **INVALSI**.

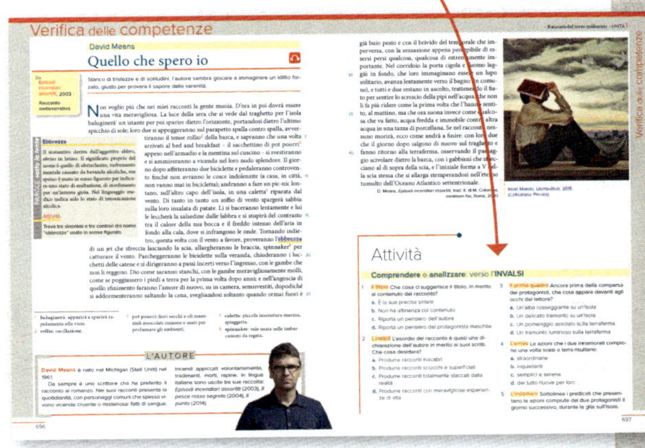

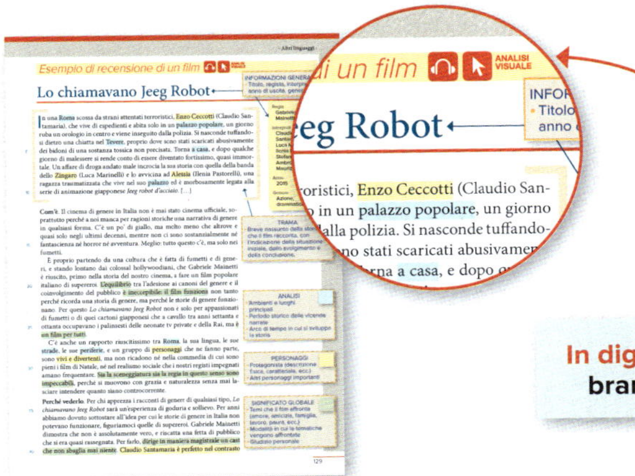

**In digitale**: **la lettura drammatizzata di tutti i brani** e **analisi visuali** di alcuni testi scelti.

# PERCORSO B

# Generi e sottogeneri

## Unità B1 La novella e il racconto



## Unità B2 Il romanzo



## Unità B3 Il realismo

## Unità B4 Il fantastico



## Unità B5 L'horror e il giallo

# PERCORSO C
# I temi. Dentro di noi

## Unità C1 Sogni da coltivare



## Unità C2 La felicità dietro l'angolo



## Unità C3 L'insidia del dolore

## Unità C4 La conquista dell'autonomia



# PERCORSO D

# I temi. Intorno a noi

## Unità D1 Femminile plurale

## Unità D2 Incontro con altri mondi



## Unità D3 Il mostro della guerra, il coraggio della pace

# PERCORSO E

# I temi. Il nostro tempo

## Unità E1 Racconti dal terzo millennio



## Unità E2 Comunicare nell'era dei social

# Leggere come obbligo, leggere come piacere

Cari studenti e cari insegnanti,

il libro che avete in mano è stato pensato con lo scopo di offrirvi uno strumento di lavoro e di crescita attraverso la lettura. Sì, uno strumento di lavoro perché a scuola si studia, si fatica sui libri per accrescere il proprio bagaglio culturale, si imparano nozioni e materie nuove. Il presente testo valorizza tutto questo con gli opportuni esercizi, con schede di approfondimento e grafici. Nulla è stato tralasciato (lettura, cultura, tecnica) o almeno in questo senso ci siamo mossi.

La nostra ambizione, però, è stata anche quella di costruire uno strumento di crescita: abbiamo infatti cercato di inserire temi e brani di lettura capaci di mettere in gioco i sentimenti e gli interessi degli studenti. La lettura è un'opportunità preziosa per riflettere su se stessi e sul mondo che ci circonda. In particolare in tempi in cui tutto invita a fare in fretta e a comunicare "in tempo reale", la lettura diventa uno spazio importante per ritrovare, senza fretta, una storia curiosa che può avere punti in comune con la nostra vita, per fare la conoscenza di un personaggio che ci assomiglia, per assaporare un sentimento nuovo.

Ci sono libri che vengono da molto lontano, ma che possono parlare al nostro presente. Sarà l'insegnante a valorizzare legami e corrispondenze dando risalto al diverso, al destino, a un'esperienza. Basta lasciarsi andare, dare fiducia alla innata curiosità che gli adolescenti possiedono.

In queste pagine si incontrano numerose storie di ragazzi alle prese con la loro contrastante personalità, con il desiderio di stabilire una nuova amicizia, con la voglia di innamorarsi. Si parla di sogni da coltivare, di ricerca della felicità, dell'insidia del dolore, della fatica per conquistare la propria indipendenza, del ruolo delle donne. Lo stesso "stare a scuola" è al centro di alcuni testi che mostrano vari aspetti del rapporto studente-insegnante. Si affrontano inoltre temi di ampio respiro come la guerra e la pace, l'incontro con altri mondi, la comunicazione nell'era dei social e la scrittura nel nostro millennio.

Leggere può trasformarsi da noioso obbligo scolastico in un piacere che consente di congiungere i libri con la vita. Facciamo seguire a questa pagina di presentazione *Operazione Pasqualino* – un racconto di Alberto Moravia (1907-1990) tratto dai *Nuovi racconti romani* (1959) –, come assaggio di quello che l'antologia propone. È un testo che non prevede esercizi o prove scritte, un brano solo da leggere per sapere come finisce una "bravata" compiuta da una banda di giovani spacconi che non si decidono a diventare adulti. Un esempio di che cosa significhi leggere non per obbligo, ma per piacere.

*Gli autori*

## Alberto Moravia

# Operazione Pasqualino

Da
Nuovi racconti romani, 1959

Racconto realistico

Nella periferia romana vivacchia una banda di ragazzi spacconi e smaniosi di dimostrare quanto siano coraggiosi. L'occasione la suggerisce Felicetto, un vecchio furbo che li trascina in una rischiosa avventura. Sarà un'esperienza amara che obbligherà in particolare Ruggero a "mettere la testa a posto" e ad avviarsi all'età adulta.

Quell'estate, la nostra banda si riuniva dalle parti dell'Appia Antica[1], lungo quella strada piena di rovine e di cipressi, che invece dell'asfalto ci ha certi sassi tondi e grossi simili a pagnotte. Al chilometro ventesimo, un po' arretrata rispetto alla strada, c'è una grande stanza di mattoni rossi, con il soffitto a volta e l'ingresso sbarrato dai rovi. Dicono che è una rovina romana; e questo mi sembra un gran piccolo segno di giudizio[2] di chiamare romana una rovina che, appunto, si trova a Roma. Si capisce che è romana; non c'è bisogno di dirlo; se fosse a Frascati[3], poniamo, sarebbe, invece, frascatana. Insomma, in questa rovina o stanza che fosse, noialtri della banda ci riunivamo per giocare alle carte o discutere sui casi nostri. Spostavamo un cespuglio, entravamo, rimettevamo a posto il cespuglio: nessuno avrebbe potuto pensare che eravamo là dentro. Era insomma un luogo ideale per nascondersi e noi ci nascondevamo tutti i giorni, benché non avessimo alcun motivo di farlo. Ma si sa, quando si è ragazzi, nascondersi è il più gran gusto che ci sia.

[…]

Uno di quei giorni che facevamo al solito a chi le sparava più grosse, ecco che il cespuglio all'ingresso si apre e si affaccia un viso di vecchietto, ma con i capelli arruffati ancora biondi, legnoso, ma con gli occhi azzurri, vispi e sgranati[4]. Ci guarda e dice: «Bravi e che fate qui?» Per tutti rispose Pasqualino che era il nostro capo: «E a te che te ne frega?» Rispose il vecchietto: «Questa è roba mia, state sul mio orto.» «Se vuoi, ti pagheremo l'affitto.» Lo vedemmo scuoter la testa: «No, restate pure... non importa... e ce l'avete una sigaretta?» Dico la verità, scoppiammo tutti a ridere per questa richiesta così sfacciata. Pasqualino si alzò e andò a mettergli la sigaretta in bocca, dicendo: «Eccola la sigaretta... ci hai i fiammiferi? E il fiato ce l'hai?... Oppure vuoi che la fumiamo noi per te?» Subito, avuta la sigaretta, il vecchio scomparve e poi udimmo la sua voce borbottare allontanandosi: «Grazie, grazie, non importa.» Ci guardammo in faccia e Pasqualino concluse: «Deve essere mezzo scemo.» Per quel giorno non ci pensammo più.

Ma Felicetto, che così si chiamava il vecchio, mezzo scemo non era, anzi, era un furbo intero. Non saprei dir come, ma in capo a pochi giorni[5] lui aveva acquistato su tutti noi un'autorità da non si dire. […]

1 **Appia Antica**: strada consolare romana del IV secolo a.C.

2 **piccolo segno di giudizio**: segno di poco buon senso, di scarsa intelligenza; il ragazzo crede erroneamente che le rovine siano definite «romane» perché si trovano nella città di Roma e non perché risalenti all'antico impero romano.

3 **Frascati**: cittadina nei dintorni di Roma.

4 **sgranati**: spalancati.

5 **in capo a pochi giorni**: nel giro di pochi giorni.

Basta, da una cosa all'altra, Felicetto, un giorno che gli parlavamo, al solito, della nostra mancanza di quattrini, disse, così, casualmente: «Eh, ce l'avrei la maniera di farveli guadagnare i quattrini di cui avete bisogno... ce l'avrei la maniera.» Buttò lì quella frase e se ne andò. Il giorno dopo, naturalmente, due o tre di noi andarono alla casa di Felicetto, in fondo all'orto, per chiedergli spiegazioni. Questa volta si tirò indietro: «Niente... ho fatto male a dirlo... non sono cose da ragazzi... sono cose da uomini con tanto di baffi.» Figurarsi noialtri: «E noi non siamo uomini?» Insomma, dàgli dàgli e dàgli, tanto facemmo che la maniera di Felicetto per guadagnar quattrini venne fuori: a un punto deserto dell'Appia, c'era una casaccia isolata, vecchia assai, in cui c'era uno spaccio[6] di tabacchi. Le finestre a pianterreno non avevano inferriate ma soltanto persiane. Noialtri avremmo dovuto entrare di notte nello spaccio, e portar via quante sigarette ci stavano. Poi Felicetto ce le avrebbe pagate un tanto e avrebbe pensato lui a sistemarle.

Dico la verità, a tutta prima ci restammo male: dalle miniere di uranio, dall'assalto coi mitra al camion della banca, eravamo scesi al furtarello nella tabaccheria. E poi, quello spaccio noi lo conoscevamo tutti e il padrone che era anche oste e si chiamava Morganti era un omaccione buono che ci dava le sigarette a credito, e conoscevamo sua moglie, Rosa, anche lei tanto buona con noi e amica inoltre di tutte le nostre mamme, ed eravamo chi più chi meno tutti amici della figlia, Giulia, una ragazzetta della nostra età. Discutemmo la cosa, nella rovina, ma senza Felicetto. E forse la maggioranza sarebbe stata per non farne nulla se a Pasqualino, il più forte di tutti ma anche il più ignorante, non fosse ad un tratto saltato in mente di dire che eravamo tutti vigliacchi, che dovevamo fare il colpo e che lui, quest'impresa, l'avrebbe battezzata "operazione Pasqualino". Dove l'avesse pescata questa frase, non lo so, forse nei giornali; ma fece il suo effetto: operazione Pasqualino era già meglio che furto di tabacchi. Maurizio, è vero, provò a ribellarsi gridando: «Macché operazione Pasqualino... questo è un furto bello e buono.» Ma si prese

6 **spaccio**: rivendita.

Edward Seago, *Sulla Via Appia*, Roma, 1955. (Londra, Taylor Gallery)

7 **zozzo**: farabutto, mascalzone.
8 **infatuati**: esaltati, attratti.
9 **valori bollati**: francobolli, marche da bollo e carte bollate.
10 **guazza**: rugiada.
11 **stoppie**: steli di grano che restano dopo la mietitura.

un paio di schiaffoni; mentre Felicetto che intanto si era affacciato tra i cespugli dell'ingresso, ripeteva a noi che lo tenevamo sotto: «Menategli, a quello zozzo[7], menategli, menategli.»

Maurizio se ne andò via piangendo e ripetendo che lui non voleva rubare; noialtri, ormai infatuati[8] per l'operazione Pasqualino, passammo a discutere i preparativi. Si decise l'ora, il giorno, il modo, gli appostamenti e tutto quanto. Felicetto, che adesso era tra noi, approvava, gli occhi socchiusi sul fumo della pipa; e quest'approvazione ci dava coraggio perché lui, così vecchio e pieno d'esperienza, era, in fondo, il nostro vero capo. Alla fine, prima di separarci, ci fece le ultime raccomandazioni: «Prendete anche i valori bollati[9]... ma il sale lasciatelo stare: pesa molto e vale poco... ma prendete lo scatolame che lui tiene nel retrobottega: è roba buona e si vende bene... e mi raccomando, oltre alle sigarette, prendete anche i sigari.»

Qualche giorno dopo, verso le due di notte, ci incontrammo, come stabilito, a poca distanza dallo spaccio, sull'Appia. Non c'era la luna, ma il cielo era tutto uno stellato chiaro, con quei cipressi neri che facevano paura, così alti, immobili e misteriosi, come in un cimitero. Qualcuno sussurrò, tremando, che c'era la guazza[10], che infatti c'era e avvolgeva i cipressi in un fumo bianco; ma io ho l'impressione che molti di noi tremassero dalla paura. Pasqualino, vanitoso e infatuato, si fece aspettare e poi arrivò a un tratto, con un fischio sottile, saltando in mezzo a noi e presentandosi con il viso coperto fino agli occhi da un fazzoletto scuro, alla maniera del Far West. Disse a bassa voce, con un gesto largo: «Ragazzi, sotto... comincia da questo momento l'operazione Pasqualino,» e si avviò senz'altro verso la casaccia dove si trovava lo spaccio.

Fui messo a far da palo su un rialzo del terreno, sul margine dell'Appia, presso un rudere, da cui potevo sorvegliare la casaccia, tutta spenta, e un buon tratto di strada. Da quel rialzo potei vedere benissimo quello che avvenne quella notte. Pasqualino e gli altri girarono intorno lo spaccio, andando dietro dove erano le finestre del retrobottega. Passò forse mezz'ora e poi udii un trillo forte che non finiva mai, simile a quello di venti sveglie messe insieme, e questo trillo veniva dall'interno della casaccia. Subito dopo, ecco una finestra al primo piano illuminarsi e poi una a pianterreno e poi strilli, imprecazioni, botti, calpestii. Alfine vidi due o tre dei nostri che scappavano sull'Appia, dalla parte di Roma, capii che il colpo era fallito e mi buttai anch'io giù dal rialzo verso i campi, correndo in direzione dell'orto di Felicetto.

Corsi, corsi e corsi, senza mai rifiatare, per le stoppie[11] secche, al buio, inciampando nei solchi, affondando col piede nel terreno tenero, saltando i fossatelli. Giunsi ansimante alla casetta di Felicetto e picchiai alla porta prima piano, poi forte e quindi con il pugno e con il piede. La porta si aprì, finalmente, quel tanto che permetteva il catenaccio, e, in quella poca luce, vidi il viso dell'amico, sveglissimo, con gli occhi sgranati, che mi guardava. «Felicetto, aprimi,» sussurrai smanioso, «è successo un disastro... li hanno tutti arrestati.»

Lui stette zitto un momento e poi disse: «Ma tu chi sei?»

«Come, Felicetto, non mi riconosci? Sono Ruggero.»

«Ma chi ti conosce? Chi t'ha mai visto?... Vattene.»

Ragazzi vendono sigarette di contrabbando in strada nel 1945.

Ragazzi giocano a carte in strada nella borgata di Tor Pignattara a Roma negli anni Cinquanta.

«Sono Ruggero... l'operazione Pasqualino... li hanno arrestati.»

«Vattene, se no ti sparo.» Così dicendo mi spianò nella fessura le canne della doppietta[12]. Riconobbi la voce cattiva di quando diceva a Maurizio: «Ti pisterei[13] la testa, ti pisterei;» e scoraggiato me ne andai.

Non tornai a casa, però. Mi feci a piedi tutta la via Appia, tremando come una foglia ad ogni guardia che mi passava accanto e quando fu mattina andai da un mio zio che aveva una bottega di falegname dalle parti di via Giulia e gli raccontai ogni cosa. Lui, poveretto, che mi voleva bene, piantò lì il lavoro e andò all'Appia a vedere quello che era successo. Passai qualche brutta ora, seduto in mezzo ai trucioli, e poi lui tornò con le notizie: non avevano arrestato nessuno; Morganti, svegliato dalla suoneria d'allarme, si era limitato a distribuire una quantità di sganassoni[14] e poi aveva accompagnato dalle famiglie i due sui quali aveva potuto mettere le mani, Pasqualino e Italo. Alle famiglie, lui aveva detto che non voleva denunziare nessuno, considerando la nostra età e il fatto che eravamo tutti conoscenti. Le famiglie l'avevano ringraziato, Pasqualino e Italo avevano preso un'altra razione di sganassoni, e tutto era finito così.

Però non mi mossi lo stesso da Roma e restai con mio zio e alla fine lui mi prese come lavorante nella bottega e ci sto ancora. Quando tornai all'Appia era autunno e non rividi nessuno della banda, salvo Maurizio che m'informò su quello che facevano gli amici: i più se ne stavano a casa, buoni buoni; Pasqualino, invece, era andato anche lui a Roma: continuava l'operazione che portava il suo nome, vendendo sigarette di contrabbando a via del Gambero; Italo era tornato a frequentare la scuola professionale. E Felicetto? Maurizio mi disse che Felicetto, un giorno che lui passava davanti all'orto, l'aveva chiamato e gli aveva detto, sbattendo gli occhi azzurri: «Senti, di' a quei tuoi amici che, se loro vogliono, possono tornare qui, come in passato... ci avrei qualche cosa di buono da proporre... meglio dell'ultima volta.» Insomma non aveva capito niente. Ossia che eravamo ragazzi; che con l'operazione Pasqualino avevamo aperto gli occhi; e che adesso avevamo messo la testa a posto ed eravamo diventati uomini.

A. Moravia, *Nuovi racconti romani*, Bompiani, Milano, 2009

12 **doppietta**: fucile da caccia.

13 **Ti pisterei**: ti pesterei, ti schiaccerei.

14 **sganassoni**: schiaffi, ceffoni.

PERCORSO

# A Strumenti

## IL TESTO E LA COMUNICAZIONE

# PERCORSO A

# Strumenti

## IL TESTO E LA COMUNICAZIONE

### IL TESTO NARRATIVO



### I TESTI D'USO



### ALTRI LINGUAGGI

# IL TESTO E LA COMUNICAZIONE

**• Che cos'è un testo •** Il termine "**testo**" deriva dal latino *textum*, participio passato del verbo *texere*, che significa "tessere". Esso è quindi un tessuto di parole disposte e collegate con coerenza, proprio come il tessuto è un sistema di fili intrecciati tra loro secondo precise norme.

Il testo è un **atto comunicativo**, in forma orale o scritta, che permette a un **emittente** di trasmettere un **messaggio** a un **destinatario**, attraverso un **codice** (la lingua) e un **canale** (voce, posta, e-mail, ecc.), in un determinato **contesto** (la realtà esterna cui allude il messaggio).

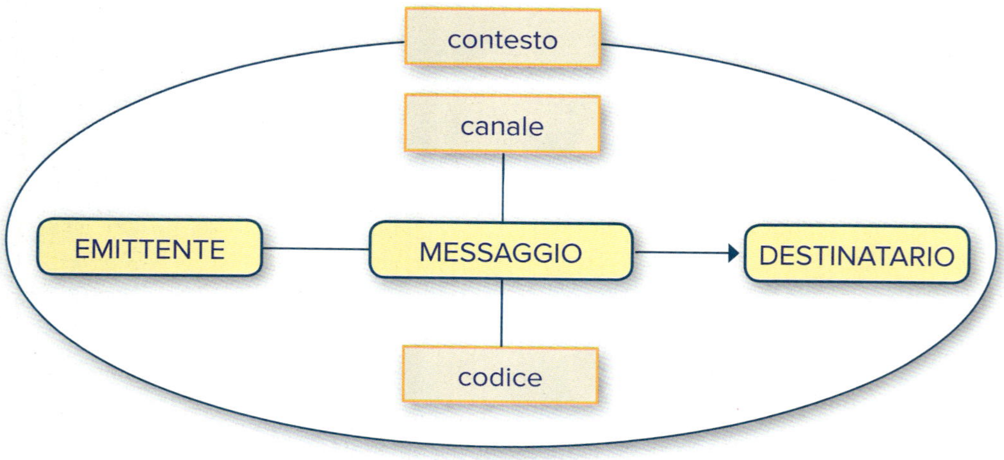


Possiamo dunque dire che un autore (emittente) scrive (canale) una storia (messaggio) in italiano (codice) per un lettore (destinatario), in un un particolare contesto.

Se solo uno di questi elementi viene a mancare – ad esempio, se il codice non è noto al destinatario oppure se l'emittente fa riferimento a un contesto che il destinatario ignora –, l'atto comunicativo non avviene correttamente.

**• Le funzioni del testo •** A seconda dell'obiettivo che si pone l'emittente, un testo può rispondere a una o più **funzioni** comunicative.

Il linguista Roman **Jakobson** (1896-1982) ha distinto sei funzioni comunicative:

- funzione **emotiva** (o **espressiva**): pone in primo piano l'emittente, che esprime i suoi sentimenti o le sue riflessioni (*Sono felice*). È una funzione spesso legata all'uso della prima persona ed è presente nel genere del diario e, spesso, in poesia;
- funzione **conativa** (o **persuasiva**): pone al centro il destinatario, del quale si vuole condizionare il comportamento. Prevede spesso l'uso della seconda persona e del modo imperativo (*Muoviti!*);
- funzione **referenziale** (o **informativa**): pone l'accento sul contesto (*Oggi piove*);
- funzione **fàtica**: verifica la validità del canale comunicativo. Serve a stabilire, controllare, interrompere una comunicazione e a verificare il funzionamento del canale; è usata, ad esempio, nelle comunicazioni telefoniche (*Pronto? Mi senti?*);

- funzione **metalinguistica**: riguarda il codice ed esprime l'esigenza di controllare la chiarezza del linguaggio utilizzato (*Cuore si scrive con la c*);
- funzione **poetica**: riguarda il messaggio in quanto tale e dà una grande importanza alla forma in cui il messaggio è espresso. È una funzione propria dei testi poetici e letterari, ma anche, ad esempio, della pubblicità, nei casi in cui si vuole produrre un enunciato stilisticamente ricercato ed efficace.

Spesso nello stesso testo sono presenti più funzioni comunicative ma, in genere, una funzione (detta prevalente o dominante) prevale sulle altre.

Una campagna pubblicitaria dell'ADCI, l'Art Directors Club Italiano, contro la pubblicità sessista, 2013.

Una campagna pubblicitaria della LAV, la Lega Anti Vivisezione, contro l'uso degli animali al circo.

**• I tipi di testo e altri linguaggi •** I testi si distinguono in testi letterari e testi d'uso. Nel **testo letterario** (► p. 10) la funzione poetica prevale sulle altre funzioni, in quanto la forma espressiva assume un ruolo centrale. Inoltre, in un testo letterario, la forma in cui viene espresso il contenuto (contenuto denotativo) può dar vita a una pluralità di significati (significati connotativi), che aprono il testo a varie interpretazioni.

In un **testo d'uso** (► p. 100), invece, il contenuto del messaggio è più importante rispetto alla forma in cui esso viene comunicato. Esistono testi d'uso descrittivi, espositivi, narrativi, valutativi, regolativi, argomentativi.

TESTO LETTERARIO → la forma del messaggio è importante quanto il contenuto

TESTO D'USO → il contenuto del messaggio è più importante della forma

Esistono inoltre **altri linguaggi narrativi** (► p. 116) – come la pittura, il fumetto e il cinema – che si differenziano dal linguaggio narrativo scritto perché utilizzano codici diversi: la pittura usa un codice visivo; il fumetto un codice iconico (basato sui disegni), grafico e verbale; il cinema un codice visivo e sonoro. Essi condividono però con il linguaggio narrativo scritto lo stesso scopo: raccontare storie.

# IL TESTO NARRATIVO

## • Le caratteristiche del testo narrativo •

Il **testo letterario narrativo** racconta una storia, realistica o fantastica, frutto dell'invenzione dell'autore, presentata però come se fosse veramente accaduta o potesse accadere. La storia narrata ha in sé la sua ragione d'essere per il piacere di chi narra e di chi ascolta. Nel testo letterario narrativo prevale la funzione poetica (► p. 9): infatti, è importante non solo ciò che viene esposto, ma anche il modo in cui viene narrato.

I testi narrativi possono essere analizzati tenendo conto di alcuni elementi, chiamati **costanti**:

- la struttura (► p. 13);
- il tempo (► p. 24);
- lo spazio (► p. 41);
- i personaggi (► p. 49);
- il narratore e il punto di vista (► p. 58);
- la lingua e lo stile (► p. 68).

## • I generi letterari •

Un **genere letterario** riunisce testi accomunati da caratteristiche formali e contenutistiche omogenee. La suddivisione per genere è cambiata nel corso dei secoli, rispecchiando la produzione artistica della società del tempo. Nell'antichità, quando la narrazione era in versi, il filosofo greco Aristotele (384-322 a.C.) aveva definito tre grandi generi letterari, a seconda dei contenuti narrati: la poesia epica, la poesia drammatica e la poesia lirica. Questa suddivisione è stata superata nell'Ottocento, con la decisiva affermazione del romanzo. Oggi si è soliti distinguere i testi, a seconda della loro forma, in:

- **testi in versi** (poesia), in cui viene espresso il mondo interiore dell'autore;
- **testi in prosa** (narrativa), in cui si racconta una storia, reale o frutto dell'inventiva dell'autore;
- **testi teatrali** (drammaturgia), in cui la narrazione di una vicenda è affidata alla voce e alla gestualità degli attori e si ha una prevalenza di dialoghi. Si tratta delle tragedie, delle commedie, dei drammi moderni. Una particolare forma di testo teatrale è il melodramma, in cui le diverse parti vengono recitate cantando.

A volte, la divisione in generi può non essere così netta e si possono avere opere frutto della commistione di più generi. L'epica, ad esempio, è scritta in versi ma racconta storie complesse, come in genere accade nella prosa; oppure ci sono opere di narrativa, quindi in prosa, che possono esprimere il mondo interiore dell'autore, come avviene spesso in poesia.

I testi in prosa si possono suddividere in base alla loro lunghezza: la **narrazione breve** comprende fiaba, favola, novella o racconto, mentre la **narrazione lunga** corrisponde al romanzo.

**• La narrazione breve •** La **fiaba** è un testo narrativo di origine popolare, appartenente alle culture di tutto il mondo, trasmesso per molti secoli oralmente. Caratterizzata spesso dalla presenza di esseri fantastici, si conclude in genere con un lieto fine e non ha un intento pedagogico esplicito. Le fiabe che conosciamo sono il frutto del lavoro di raccolta e di trascrizione di scrittori quali Charles **Perrault** (1628-1703), i fratelli Jacob e Wilhelm **Grimm** (1785-1863; 1786-1859) o Italo **Calvino** (1923-1985), che ha raggruppato le fiabe italiane secondo la regione di provenienza. Accanto alla fiaba tradizionale esistono anche fiabe moderne, come quelle di Hans Christian **Andersen** (1805-1875) o di Carlo **Collodi** (1826-1890). Importanti autori di fiabe contemporanee sono Roald **Dahl** (1916-1990), Gianni **Rodari** (1920-1980), Bianca **Pitzorno** (1942), Roberto **Piumini** (1947).

Di origine colta, ossia opera di letterati, è invece la **favola**. Scritta originariamente in versi (ma affermatasi in seguito anche come breve racconto in prosa), di solito la favola presenta come protagonisti animali parlanti, che rappresentano i vizi e le virtù degli uomini (la volpe rappresenta l'astuzia, la formica l'operosità, ecc.). A differenza della fiaba, il suo fine è pedagogico: induce cioè a riflettere su comportamenti individuali o sociali e fornisce un insegnamento morale. La favola affonda le sue radici nella classicità greca con **Esopo** (ca. 620-560 a.C.) e latina con **Fedro** (ca. 15 a.C.-50 d.C.). Tra i favolisti moderni ricordiamo il francese Jean de **La Fontaine** (1621-1695), gli italiani **Trilussa** (1871-1950) e Pietro **Pancrazi** (1893-1952). Tra le favole contemporanee possiamo citare *Il Piccolo Principe* di Antoine **de Saint-Exupéry** (1900-1944) e le favole scritte da Luis **Sepúlveda** (1949), come *Storia di una gabbianella e del gatto che le insegnò a volare*.

La fiaba di *Cappuccetto Rosso* illustrata da Gustave Doré nel 1862. (Collezione Privata)

Anche la **novella** e il **racconto** sono testi narrativi caratterizzati dalla brevità. Le vicende narrate sono reali o, spesso, immaginarie ma verosimili, ambientate in un contesto storico e sociale ben definito. La novella si afferma tra la fine del Duecento e i primi del Trecento in Toscana, dove la sua massima espressione è rappresentata dal *Decameron* di Giovanni **Boccaccio** (1313-1375). Conosce un grande successo fino alla metà del Seicento ed è solo nell'Ottocento che al termine "novella" si sostituisce quello di "racconto", come vedremo meglio nell'Unità B1 (▶ p. 135). Tuttavia, la distinzione di denominazione non è rigida, tanto che autori come Giovanni **Verga** (1840-1922) nell'Ottocento e Luigi **Pirandello** (1867-1936) nel Novecento scelgono di definire "novelle" le loro opere.

• La narrazione lunga • Il **romanzo** è un testo letterario narrativo in prosa di una certa estensione, che si distingue dalla novella o racconto non solo per la lunghezza, ma anche per la conseguente ricchezza di intreccio, di situazioni e di personaggi, che ne permettono la classificazione in diversi sottogeneri, di cui parleremo nell'Unità B2 (▶ p. 192). Il romanzo in senso moderno, inteso come testo letterario che narra le vicende quotidiane dell'uomo comune e approfondisce la psicologia dei personaggi, nasce nel Settecento in Inghilterra, imponendosi poi in tutta Europa. Nell'Ottocento il romanzo diventa il genere letterario più popolare, mantenendo questo primato fino a oggi.

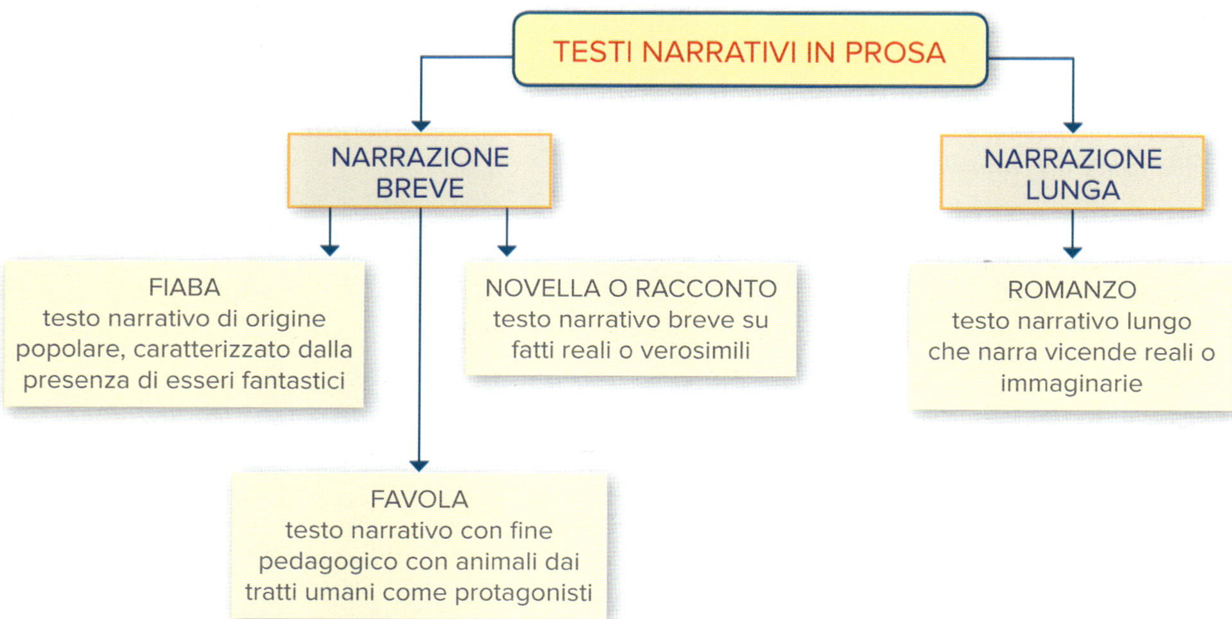

# La struttura

Per comprendere la **struttura** di un testo narrativo è utile:

- distinguere tra ***fabula*** e **intreccio**;
- individuare le **sequenze** del testo;
- ricostruire lo **schema logico** del testo.

## • La *fabula* e l'intreccio •

Nel creare la storia che intende raccontare, l'autore può seguire l'ordine naturale, cioè l'ordine logico-cronologico dei fatti – la *fabula* –, ma può anche alterarlo, lavorando sull'intreccio.

La ***fabula*** è dunque l'insieme degli eventi secondo la loro **successione logico-temporale-causale** (il "prima" e il "dopo"; prima le cause, poi le conseguenze).

L'**intreccio** è la costruzione, il **montaggio degli eventi** secondo un ordine voluto dall'autore, che li organizza sulla base di sue personali esigenze espressive. Grandi poemi del passato sono stati costruiti alterando il corso naturale degli eventi. Per esempio, nell'*Odissea* di Omero gran parte delle peripezie di Ulisse vengono narrate dallo stesso protagonista al re dei Feaci, Alcinoo, presso il quale l'eroe è giunto dopo aver perso la propria imbarcazione e i compagni di viaggio.

Il breve testo che segue è narrato secondo un ordine logico e cronologico, cioè secondo la *fabula*:

1. Luigi ha preso la bicicletta ed è partito per un giro in paese.
2. In piazza ha incontrato un carissimo amico che non vedeva da tempo e si è intrattenuto con lui a lungo.
3. Entrambi hanno raccontato le loro ultime vicende di vita e
4. prima di lasciarsi si sono dati appuntamento per la sera in pizzeria.

È possibile alterare la successione degli avvenimenti, creando un intreccio:

4. Luigi quella sera si è incontrato in pizzeria con un suo caro amico.
2. Si erano ritrovati casualmente nel pomeriggio nella piazza del paese, dove Luigi era arrivato
1. dopo che aveva deciso di fare un bel giro in bicicletta.
3. Da tempo si erano persi di vista e si sono quindi raccontati le loro ultime vicende.

L'intreccio può anche essere costruito diversamente:

2. In piazza Luigi ha incontrato un amico che aveva perso di vista da tempo
3. e si sono intrattenuti a parlare delle rispettive ultime vicende.
4. Prima di lasciarsi si sono dati appuntamento per la sera in pizzeria.
1. Luigi era giunto in piazza in sella alla sua bicicletta, dopo che aveva deciso di fare un giro in paese.

Ogni autore può sviluppare il suo racconto in diversi modi, determinando:

- una **piena corrispondenza tra *fabula* e intreccio**. Ciò determina testi lineari e semplici che seguono l'ordine cronologico e causale degli eventi, come avviene nella fiaba o nella favola;

- una **sfasatura parziale degli avvenimenti**. Avviene, per esempio, quando il racconto inizia *in medias res*, cioè nel bel mezzo della vicenda (come nel caso dell'*Odissea* di Omero o dell'*Eneide* di Virgilio), e gli antefatti vengono recuperati successivamente;
- l'**avvio del racconto a partire dall'evento finale**. L'ordine degli avvenimenti viene rovesciato, dando risalto a un fatto che risulta essere decisivo nello sviluppo dell'intreccio.

**• L'analessi e la prolessi •** Le modalità narrative con le quali un autore può alterare l'ordine cronologico degli avvenimenti si chiamano analessi e prolessi.

Si ha **analessi** (ripresa) o, con termine inglese, ***flashback*** ("lampo all'indietro"), quando il narratore interrompe gli avvenimenti e riprende un fatto accaduto in precedenza, la cui conoscenza diventa a quel punto utile per lo svolgimento della storia. Proponiamo un esempio tratto dal racconto della vita di un vecchio indiano, Koskoosh, narrata da Jack London (1876-1916):

> Koskoosh collocò un altro legnetto sul fuoco e tornò ancora più indietro nel passato. C'era stato il tempo della grande carestia, quando i vecchi si accovacciavano, lo stomaco vuoto, accanto al fuoco e lasciavano cadere dalle loro labbra pallide le leggende del tempo antico, di quando lo Yukon defluì sgombro dai ghiacci per tre inverni, e poi restò ghiacciato per tre estati. Aveva perso la madre in quella carestia. Durante l'estate il passaggio dei salmoni era venuto a mancare e la tribù attese ansiosamente l'inverno e l'arrivo dei caribù.
>
> Jack London, *La legge della vita*, in *Racconti dello Yukon e dei mari del Sud*, Mondadori, Milano, 2015

Si ha **prolessi** (anticipazione) o, con termine inglese, ***flashforward*** ("lampo in avanti"), quando il narratore ritiene opportuno sospendere lo svolgimento naturale dei fatti per anticipare un avvenimento successivo a quelli in corso di narrazione. Il ricorso alla prolessi è meno frequente rispetto all'analessi. Troviamo un esempio nel medesimo racconto di Jack London, quando il vecchio e solitario Koskoosh si appresta a morire:

> Poi la mano gli corse verso la legna. Era tutto quello che rimaneva tra lui e l'eternità che apriva le fauci su di lui: la misura della sua vita era una manciata di rami secchi. Ad uno ad uno sarebbero andati ad alimentare il fuoco, e proprio così, passo passo, la morte sarebbe avanzata lentamente verso di lui. Quando l'ultimo ramo avesse ceduto il suo calore il gelo avrebbe cominciato a guadagnar forza. Dapprima si sarebbero arresi i piedi, poi le mani, e l'intorpidimento avrebbe progredito, adagio, dalle estremità al corpo. La testa gli sarebbe caduta in avanti sulle ginocchia e lui avrebbe riposato. Era facile. Tutti gli uomini debbono morire.
>
> Jack London, *La legge della vita*, in *Racconti dello Yukon e dei mari del Sud*, Mondadori, Milano, 2015

**• I tempi verbali •** I salti temporali all'interno di un testo sono resi possibili dall'uso appropriato dei **tempi verbali** e dalla conoscenza delle relazioni che essi stabiliscono nel periodo (quello che i latini chiamavano *consecutio temporum*).

In un testo i tempi verbali possono stabilire tra loro rapporti di **contemporaneità**, **anteriorità** o **posteriorità**. Questi rapporti temporali sono organizzati intorno a un tempo base, che porta in primo piano alcuni eventi relegando gli altri sullo sfondo:

- se il tempo base è il presente, l'anteriorità è espressa dal passato prossimo, dal passato remoto e dall'imperfetto, la posteriorità dal futuro:

> Sorvolo sui disastri nella noia durante la mia adolescenza. [...] Già allora questa sofferenza, ricordo, mi ispirò il desiderio di definirla e di spiegarla.
>
> Alberto Moravia, *La noia*, Bompiani, Milano, 2001

- se il tempo base è l'imperfetto o il passato remoto, l'anteriorità è espressa dal trapassato prossimo o remoto, la posteriorità dal condizionale passato:

> Neppure Santiago Nasar riconobbe il presagio. Aveva dormito poco e male, senza nemmeno spogliarsi, e si svegliò con il mal di testa.
>
> Gabriel García Márquez, *Cronaca di una morte annunciata*, Mondadori, Milano, 2007
>
> Gli avvenimenti che avrebbero dato il colpo mortale a Macondo cominciarono a intravedersi quando portarono nella casa il figlio di Meme Buendía.
>
> Gabriel García Márquez, *Cent'anni di solitudine*, Mondadori, Milano, 2010

I rapporti temporali possono essere segnalati anche con l'uso di espressioni temporali (*mentre*, *prima*, *dopo*, ecc.).

## • Le sequenze •

Dopo aver distinto tra *fabula* e intreccio, la successiva operazione nell'analisi del testo narrativo consiste nell'individuare le **sequenze** che lo compongono. Ogni racconto, infatti, procede attraverso il susseguirsi di parti, brevi o ampie, dotate di una loro autonomia logico-sintattica, che sviluppano per esteso un evento e offrono in maniera compiuta un'informazione, pur mantenendo la loro pienezza di significato solo in collegamento con l'intero racconto.

Suddividere un testo in sequenze è un'operazione piuttosto soggettiva. Spesso una nuova sequenza inizia quando nel testo c'è un cambiamento: di tempo verbale, di luogo, di azione, di personaggi, di modalità narrative (per esempio, prima una descrizione e poi un dialogo).

Possiamo avere vari tipi di sequenze, a seconda della funzione che esse svolgono:

- **sequenze narrative**: le parti del racconto che presentano le azioni, gli avvenimenti che costituiscono la storia;
- **sequenze descrittive**: le parti del racconto che hanno il compito di delineare un personaggio, di descrivere un ambiente, di introdurre il luogo nel quale si svolge la vicenda;
- **sequenze riflessive**: le parti del racconto che riportano ragionamenti, giudizi, opinioni, stati d'animo dei vari personaggi o dell'autore del racconto;
- **sequenze dialogiche**: le parti del racconto che propongono dialoghi tra i personaggi.

A volte, una stessa sequenza può avere un carattere misto perché svolge varie funzioni: per esempio, può introdurre contemporaneamente descrizioni e riflessioni (sequenza descrittivo-riflessiva), oppure presentare dialoghi alternati alla narrazione di fatti (sequenza dialogico-narrativa). Nella fiaba che riportiamo a pagina seguente, *La scienza della fiacca* di Italo Calvino, vengono indicate le diverse sequenze, sia **omogenee** sia **miste**.

| | |
|---|---|
| ▶ **Sequenza** ***descrittivo-riflessiva*** | C'era una volta un vecchio Turco, che aveva un solo figliolo e gli voleva più bene che alla luce degli occhi. Si sa che per i Turchi, il più gran castigo che Dio abbia messo al mondo è il lavoro; perciò quando suo figlio compì i quattordici anni, pensò di metterlo a scuola, perché imparasse il miglior sistema per battere la fiacca. |
| ▶ **Sequenza** ***narrativa*** | Nella stessa contrada del vecchio Turco, stava di casa un professore, da tutti conosciuto e rispettato perché in vita sua non aveva fatto che quello che non poteva farne a meno. Il vecchio Turco andò a fargli visita, e lo trovò in giardino, sdraiato all'ombra d'un albero di fico, con un cuscino sotto la testa, uno sotto la schiena, e uno sotto il sedere. Il vecchio Turco si disse: «Prima di parlargli voglio un po' vedere come si comporta», e si nascose dietro una siepe a spiarlo. |
| ▶ **Sequenza** ***narrativa*** | Il professore se ne stava fermo come un morto, a occhi chiusi, e solo quando sentiva: «Ciacc!», un fico maturo che cascava lì a portata di mano, allungava il braccio piano piano, lo portava alla bocca e lo ingollava. Poi, di nuovo fermo come un ciocco, ad aspettare che ne caschi un altro. |
| ▶ **Sequenza** ***dialogica*** | «Questo qui è proprio il professore che ci vuole per mio figlio», si disse il Turco e, uscito dal nascondiglio, lo salutò e gli domandò se era disposto a insegnare a suo figlio la scienza della fiacca.<br>– Omo – gli disse il professore con un fil di voce, – non stare a parlar tanto, che io mi stanco ad ascoltarti. Se vuoi educare tuo figlio e farlo diventare un vero Turco, mandalo qua, e basta. |
| ▶ **Sequenza** ***narrativo-dialogica*** | Il vecchio Turco tornò a casa, prese per mano il figlio, gli ficcò sottobraccio un cuscino di piume e lo portò in quel giardino. – Ti raccomando, – gli disse, – devi fare tutto quel che vedi fare al professore di dolce-far-niente. |
| ▶ **Sequenza** ***narrativo-riflessiva*** | Il ragazzo, che per quella scienza aveva già inclinazione, si sdraiò anche lui sotto il fico, e vide che il professore ogni volta che cascava un fico allungava un braccio per raccoglierlo e mangiarlo. «Perché quella fatica dell'allungare il braccio?», si disse, e se ne stette sdraiato a bocca aperta. Un fico gli cascò in bocca e lui, lentamente, lo mandò giù, e poi riaprì la bocca. Un altro fico cascò un po' più in là; lui non si mosse, ma disse, pian pianino: – Perché così lontano? Fico, cascami in bocca! |
| ▶ **Sequenza** ***dialogica*** | Il professore, vedendo quanto la sapeva lunga lo scolaro, disse: – Torna a casa, ché non hai niente da imparare, anzi, ho io da imparare qualcosa da te. |
| ▶ **Sequenza** ***narrativa*** | E il figlio tornò dal padre, che ringraziò il cielo d'avergli dato un figlio così d'ingegno.<br>*Fiabe italiane*, raccolte e trascritte da Italo Calvino, Mondadori, Milano, 2015 |

Le sequenze che maggiormente contribuiscono alla costruzione del racconto e allo sviluppo degli eventi sono le sequenze narrative. Esse hanno un carattere dinamico poiché fanno procedere la storia. Gli altri tipi di sequenza hanno un carattere più statico, in quanto vi si descrivono ambienti e personaggi o si riflette su una determinata azione.

# • Lo schema logico •

A livello generale, è possibile individuare un modello, o **schema logico**, al quale è riconducibile la maggior parte dei testi narrativi. Esso si può articolare in cinque momenti:

1. situazione iniziale;
2. rottura dell'equilibrio iniziale;
3. evoluzione della vicenda;
4. ricomposizione dell'equilibrio;
5. situazione finale.

Un testo narrativo di solito si apre con una **situazione iniziale**, con la descrizione dei luoghi, la presentazione dei protagonisti, le loro condizioni di vita, tutti aspetti che servono a porre le basi del racconto. Spesso avviene **un fatto inaspettato** che **rompe l'equilibrio iniziale**, scatena dei conflitti, determinando di conseguenza una situazione nuova. Da lì prende avvio l'**evoluzione della vicenda**, perché il protagonista e gli altri personaggi si trovano a vivere circostanze che si complicano, peripezie che migliorano o peggiorano la situazione. In genere, in questa fase la storia raggiunge il suo culmine, il **momento di massima tensione** emotiva e drammatica (indicato col termine tedesco ***Spannung***, che significa "tensione"), quando un conflitto diventa decisivo, quando si tratta di operare delle scelte in un senso o in un altro. La risposta a tali conflitti ha come risultato la **ricomposizione dell'equilibrio**, lo scioglimento del conflitto in positivo o in negativo, fino a determinare l'instaurarsi di una **situazione finale**.

Un simile modello è rintracciabile in fiabe, favole, racconti e romanzi popolari o d'avventura, ma anche in generi letterari più complessi. Per esempio, *I promessi sposi* (1840) di Alessandro Manzoni (1785-1873) possono essere ricondotti a questo schema logico. La situazione iniziale del romanzo vede Renzo e Lucia in procinto di sposarsi, ma un fatto inaspettato – l'interesse del signorotto don Rodrigo per Lucia – rompe l'equilibrio iniziale. Si ha quindi l'evoluzione della vicenda in quanto Renzo e Lucia cercano di aggirare l'imprevisto ostacolo, ma non fanno altro che peggiorare la situazione, per cui sono costretti addirittura ad abbandonare il loro paese. Si succedono altri avvenimenti che allontanano sempre più i due giovani: Renzo fugge nel Bergamasco; Lucia viene rapita. L'intervento di alcuni personaggi importanti (Federico Borromeo, l'Innominato) sembra appianare le difficoltà, ma il sopraggiungere di terribili eventi (guerra e pestilenza) allontana ancora una volta i due giovani, creando però nel contempo le condizioni per un loro nuovo incontro e, quindi, per una ricomposizione della vicenda, e per una felice conclusione con il tanto sospirato matrimonio nel finale.

Il cardinal Borromeo visita Lucia in casa del sarto in un dipinto di Francesco Coghetti, XIX secolo. (Bergamo, Accademia Carrara)

Leonardo Sciascia

# Il lungo viaggio

Da
Il mare colore del vino, 1973

Racconto realistico

Imbarcati clandestinamente di notte, un gruppo di emigranti siciliani affronta, impaurito ma con il cuore pieno di speranza, il mare. La meta sono gli Stati Uniti, dove da tempo già vivono i parenti, che lì hanno fatto fortuna. Presto sarà così anche per loro: si tratta solo di raggiungere l'America.

Era una notte che pareva fatta apposta, un'oscurità cagliata[1] che a muoversi quasi se ne sentiva il peso. E faceva spavento, respiro di quella belva che era il mondo, il suono del mare: un respiro che veniva a spegnersi ai loro piedi.

Stavano, con le loro valige di cartone e i loro fagotti, su un tratto di spiaggia pietrosa, riparata da colline, tra Gela e Licata[2]: vi erano arrivati all'imbrunire, ed erano partiti all'alba dai loro paesi; paesi interni, lontani dal mare, aggrumati nell'arida plaga del feudo[3]. Qualcuno di loro, era la prima volta che vedeva il mare: e sgomentava[4] il pensiero di dover attraversarlo tutto, da quella deserta spiaggia della Sicilia, di notte, ad un'altra deserta spiaggia dell'America, pure di notte. Perché i patti erano questi: «Io di notte vi imbarco» aveva detto l'uomo: una specie di commesso viaggiatore per la parlantina, ma serio e onesto nel volto «e di notte vi sbarco: sulla spiaggia del Nugioirsi, vi sbarco; a due passi da Nuovaiorche[5]... E chi ha parenti in America, può scrivergli che aspettino alla stazione di Trenton[6], dodici giorni dopo l'imbarco... Fatevi il conto da voi... Certo, il giorno preciso non posso assicurarvelo: mettiamo che c'è mare grosso, mettiamo che la guardia costiera stia a vigilare... Un giorno più o un giorno meno, non vi fa niente: l'importante è sbarcare in America».

L'importante era davvero sbarcare in America: come e quando non aveva poi importanza. Se ai loro parenti arrivavano le lettere, con quegli indirizzi confusi e sgorbi che riuscivano a tracciare sulle buste, sarebbero arrivati anche loro; «chi ha lingua passa il mare», giustamente diceva il proverbio. E avrebbero passato il mare, quel grande mare oscuro; e sarebbero approdati agli *stori* e alle *farme*[7] dell'America, all'affetto dei loro fratelli zii nipoti cugini, alle calde ricche abbondanti case, alle automobili grandi come case.

Duecentocinquantamila lire: metà alla partenza, metà all'arrivo. Le tenevano, a modo di scapolari[8], tra la pelle e la camicia. Avevano venduto tutto quello che avevano da vendere, per racimolarle: la casa terragna[9] il mulo l'asino le provviste dell'annata il canterano[10] le coltri[11]. I più furbi avevano fatto ricorso agli usurai[12],

1 **oscurità cagliata**: rappresa, coagulata, quindi un'oscurità più densa del solito.

2 **Gela e Licata**: cittadine situate sulla costa meridionale della Sicilia.

3 **aggrumati...feudo**: raggruppati nell'arido territorio della vasta proprietà terriera.

4 **sgomentava**: impauriva, incuteva sgomento.

5 **Nugioirsi...Nuovaiorche**: la parlata dialettale storpia i nomi americani New Jersey e New York.

6 **Trenton**: è una città che si trova sulla costa orientale degli Stati Uniti, capitale del New Jersey citato poco prima.

7 ***stori...farme***: ancora una volta vengono storpiati termini inglesi: *stores* (magazzini) e *farms* (fattorie).

8 **a modo di scapolari**: come reliquie protettive che si portavano sotto gli indumenti.

9 **casa terragna**: casa costruita su un unico piano.

10 **canterano**: cassettone.

11 **coltri**: coperte.

12 **usurai**: coloro che prestano illegalmente denaro a un tasso di interesse molto alto.

con la segreta intenzione di fregarli; una volta almeno, dopo anni che ne subivano angaria[13]: e ne avevano soddisfazione, al pensiero della faccia che avrebbero fatta nell'apprendere la notizia. 'Vieni a cercarmi in America, sanguisuga: magari ti ridò i tuoi soldi, ma senza interesse, se ti riesce di trovarmi'. Il sogno dell'America traboccava di dollari: non più, il denaro, custodito nel logoro portafogli o nascosto tra la camicia e la pelle, ma cacciato con noncuranza nelle tasche dei pantaloni, tirato fuori a manciate: come avevano visto fare ai loro parenti, che erano partiti morti di fame, magri e cotti dal sole; e dopo venti o trent'anni tornavano, ma per una breve vacanza, con la faccia piena e rosea che faceva bel contrasto coi capelli candidi.

Erano già le undici. Uno di loro accese la lampadina tascabile: il segnale che potevano venire a prenderli per portarli sul piroscafo. Quando la spense, l'oscurità sembrò più spessa e paurosa. Ma qualche minuto dopo, dal respiro ossessivo del mare affiorò un più umano, domestico suono d'acqua: quasi che vi si riempissero e vuotassero, con ritmo, dei secchi. Poi venne un brusìo[14], un parlottare sommesso. Si trovarono davanti il signor Melfa, ché con questo nome conoscevano l'impresario della loro avventura, prima ancora di aver capito che la barca aveva toccato terra.

«Ci siamo tutti?» domandò il signor Melfa. Accese la lampadina, fece la conta. Ne mancavano due. «Forse ci hanno ripensato, forse arriveranno più tardi... Peggio per loro, in ogni caso. E che ci mettiamo ad aspettarli, col rischio che corriamo?».

Tutti dissero che non era il caso di aspettarli.

13 **angaria**: angheria, prepotenza.

14 **brusìo**: vocio, mormorio.

## L'AUTORE

**Leonardo Sciascia** è stato uno scrittore, narratore e saggista di grande importanza nella vita culturale e politica italiana del secondo Novecento. Sciascia nasce a Racalmuto (Agrigento) nel 1921. Frequenta l'Istituto magistrale di Caltanissetta: suo professore di letteratura è lo scrittore Vitaliano Brancati (1907-1954). In questi anni di crescita e di formazione divora libri, appassionandosi alla storia. Manzoni, Pirandello, gli illuministi francesi Diderot e Voltaire sono i suoi punti di riferimento; da loro impara l'avversione contro ogni forma di menzogna e di sopraffazione. Dopo aver compiuto gli studi, lavora per alcuni anni come maestro elementare e nel contempo avvia la sua attività letteraria descrivendo la vita della provincia siciliana in *Le parrocchie di Regalpetra* (1956) e nei racconti *Gli zii di Sicilia* (1958).

A partire dagli anni Sessanta, Sciascia scrive romanzi gialli nei quali denuncia le illegalità della mafia e le ingiustizie del potere: *Il giorno della civetta* (1961), *A ciascuno il suo* (1966), *Il contesto* (1971), *Todo modo* (1974). Egli cerca di rintracciare nel passato le origini dei problemi attuali e, sulla base di documenti o fatti di cronaca, si avvicina al filone del romanzo storico. A questo genere letterario si ascrivono opere come *Il consiglio d'Egitto* (1963), *Morte dell'inquisitore* (1964), *La scomparsa di Majorana* (1975), *La strega e il capitano* (1986). Si dedica anche al racconto filosofico con *Candido ovvero Un sogno fatto in Sicilia* (1977), nel quale l'ironia prende il sopravvento sulla narrazione. Scrittore ormai affermato, collabora con varie testate giornalistiche nazionali e si impegna anche politicamente, prima al Comune di Palermo (1975-1977) e poi come deputato a Roma (1979-1983). Con *L'affaire Moro* (1978) pubblica una ricostruzione-interpretazione del rapimento e dell'uccisione dello statista democristiano Aldo Moro. Negli ultimi anni è sempre più occupato sul fronte dei diritti civili, teso ad affermare il valore della ragione e della tolleranza. Quasi un testamento della sua ultima stagione può essere ritenuto il giallo *Il cavaliere e la morte* (1988), nel quale Sciascia mette a nudo l'impunità del potere. Lo scrittore muore a Palermo nel 1989.

«Se qualcuno di voi non ha il contante pronto» ammonì il signor Melfa «è meglio si metta la strada tra le gambe e se ne torni a casa: ché se pensa di farmi a bordo la sorpresa, sbaglia di grosso; io vi riporto a terra com'è vero dio, tutti quanti siete. E che per uno debbano pagare tutti, non è cosa giusta: e dunque chi ne avrà colpa la pagherà per mano mia e per mano dei compagni, una pestata che se ne ricorderà mentre campa; se gli va bene...».

Tutti assicurarono e giurarono che il contante c'era, fino all'ultimo soldo.

«In barca» disse il signor Melfa. E di colpo ciascuno dei partenti diventò una informe massa, un confuso grappolo di bagagli.

«Cristo! E che vi siete portata la casa appresso?» cominciò a sgranare bestemmie, e finì quando tutto il carico, uomini e bagagli, si ammucchiò nella barca: col rischio che un uomo o un fagotto ne traboccasse fuori. E la differenza tra un uomo e un fagotto era per il signor Melfa nel fatto che l'uomo si portava appresso le duecentocinquantamila lire; addosso, cucite nella giacca o tra la camicia e la pelle. Li conosceva, lui, li conosceva bene: questi contadini zaurri[15], questi villani.

Il viaggio durò meno del previsto: undici notti, quella della partenza compresa. E contavano le notti invece che i giorni, poiché le notti erano di atroce promiscuità[16], soffocanti. Si sentivano immersi nell'odore di pesce di nafta e di vomito come in un liquido caldo nero bitume. Ne grondavano all'alba, stremati, quando salivano ad abbeverarsi di luce e di vento. Ma come l'idea del mare era per loro il piano verdeggiante di messe quando il vento lo sommuove, il mare vero li atterriva: e le viscere gli si strizzavano, gli occhi dolorosamente verminavano di luce[17] se appena indugiavano a guardare.

Ma all'undicesima notte il signor Melfa li chiamò in coperta[18]: e credettero dapprima che fitte costellazioni fossero scese al mare come greggi; ed erano invece paesi, paesi della ricca America che come gioielli brillavano nella notte[19]. E la notte stessa era un incanto: serena e dolce, una mezza luna che trascorreva tra una trasparente fauna di nuvole, una brezza che dislagava[20] i polmoni.

«Ecco l'America» disse il signor Melfa.

«Non c'è pericolo che sia un altro posto?» domandò uno: poiché per tutto il viaggio aveva pensato che nel mare non ci sono né strade né trazzere[21], ed era da dio fare la via giusta, senza sgarrare, conducendo una nave tra cielo ed acqua.

Il signor Melfa lo guardò con compassione, domandò a tutti «E lo avete mai visto, dalle vostre parti, un orizzonte come questo? E non lo sentite che l'aria è diversa? Non vedete come splendono questi paesi?».

Tutti convennero, con compassione e risentimento guardarono quel loro compagno che aveva osato una così stupida domanda.

«Liquidiamo il conto» disse il signor Melfa.

Si frugarono sotto la camicia, tirarono fuori i soldi.

«Preparate le vostre cose» disse il signor Melfa dopo avere incassato.

Gli ci vollero pochi minuti: avendo quasi consumato le provviste di viaggio, che per patto avevano dovuto portarsi, non restava loro che un po' di biancheria e i regali per i parenti d'America: qualche forma di pecorino qualche bottiglia di vino vecchio qualche ricamo da mettere in centro alla tavola o alle spalliere dei sofà. Scesero nella barca leggeri leggeri, ridendo e canticchiando; e uno si mise a cantare a gola aperta, appena la barca si mosse.

«E dunque non avete capito niente?» si arrabbiò il signor Melfa. «E dunque mi volete fare passare il guaio?... Appena vi avrò lasciati a terra potete correre dal

15 **zaurri**: significa infedele; è usato per "giaurro", un termine che deriva dall'arabo.

16 **promiscuità**: lo stare insieme degli uomini con le donne, qui inteso nel senso di mescolanza, stare insieme di persone diverse a stretto contatto.

17 **verminavano di luce**: gli occhi, abbagliati dalla troppa luce, sembravano attraversati da sottili linee, come vermicelli.

18 **coperta**: ponte principale di una nave.

19 **fitte costellazioni...nella notte**: le città, con le loro luci, sembrano agli uomini costellazioni di stelle o gioielli che brillano nella notte.

20 **dislagava**: apriva e purificava.

21 **trazzere**: carrareccia, viottolo che attraversa i campi; è un termine dialettale.

primo sbirro che incontrate, e farvi rimpatriare con la prima corsa: io me ne fotto, ognuno è libero di ammazzarsi come vuole... E poi, sono stato ai patti: qui c'è l'America, il dover mio di buttarvici l'ho assolto... Ma datemi il tempo di tornare a bordo, Cristo di Dio!».

Gli diedero più del tempo di tornare a bordo: ché rimasero seduti sulla fresca sabbia, indecisi, senza saper che fare, benedicendo e maledicendo la notte: la cui protezione, mentre stavano fermi sulla spiaggia, si sarebbe mutata in terribile agguato se avessero osato allontanarsene.

Il signor Melfa aveva raccomandato «sparpagliatevi» ma nessuno se la sentiva di dividersi dagli altri. E Trenton chi sa quant'era lontana, chi sa quanto ci voleva per arrivarci.

Sentirono, lontano e irreale, un canto. 'Sembra un carrettiere nostro', pensarono: e che il mondo è ovunque lo stesso, ovunque l'uomo spreme in canto la stessa malinconia, la stessa pena. Ma erano in America, le città che baluginavano[22] dietro l'orizzonte di sabbia e d'alberi erano città dell'America.

Due di loro decisero di andare in avanscoperta. Camminarono in direzione della luce che il paese più vicino riverberava[23] nel cielo. Trovarono quasi subito la strada: 'asfaltata, ben tenuta: qui è diverso che da noi', ma per la verità se l'aspettavano più ampia, più dritta. Se ne tennero fuori, ad evitare incontri: la seguivano camminando tra gli alberi.

Passò un'automobile: 'pare una seicento'; e poi un'altra che pareva una millecento[24], e un'altra ancora: 'le nostre macchine loro le tengono per capriccio, le comprano ai ragazzi come da noi le biciclette'. Poi passarono, assordanti, due motociclette, una dietro l'altra. Era la polizia, non c'era da sbagliare: meno male che si erano tenuti fuori della strada.

Ed ecco che finalmente c'erano le frecce. Guardarono avanti e indietro, entrarono nella strada, si avvicinarono a leggere: *Santa Croce Camerina-Scoglitti*[25].

«Santa Croce Camerina: non mi è nuovo, questo nome».

«Pare anche a me; e nemmeno Scoglitti mi è nuovo».

«Forse qualcuno dei nostri parenti ci abitava, forse mio zio prima di trasferirsi a Filadelfia: ché io ricordo stava in un'altra città, prima di passare a Filadelfia».

22 **baluginavano**: luccicavano, scintillavano.

23 **riverberava**: rifletteva.

24 **seicento...millecento**: modelli di automobili.

25 ***Santa Croce Camerina-Scoglitti***: si tratta di località della Sicilia.

Raffaello Gambogi, *Emigranti*, 1894. (Livorno, Museo Civico Giovanni Fattori)

26 **Bucchilin**: storpiatura di Brooklyn, un quartiere di New York.

«Anche mio fratello: stava in un altro posto, prima di andarsene a Brucchilin[26]... Ma come si chiamasse, proprio non lo ricordo: e poi, noi leggiamo Santa Croce Camerina, leggiamo Scoglitti; ma come leggono loro non lo sappiamo, l'americano non si legge come è scritto».

«Già, il bello dell'italiano è questo: che tu come è scritto lo leggi... Ma non è che possiamo passare qui la nottata, bisogna farsi coraggio... Io la prima macchina che passa, la fermo: domanderò solo "Trenton?"... Qui la gente è più educata... Anche a non capire quello che dice, gli scapperà un gesto, un segnale: e almeno capiremo da che parte è, questa maledetta Trenton».

Dalla curva, a venti metri, sbucò una cinquecento: l'automobilista se li vide guizzare davanti, le mani alzate a fermarlo. Frenò bestemmiando: non pensò a una rapina, ché la zona era tra le più calme; credette volessero un passaggio, aprì lo sportello.

«Trenton?» domandò uno dei due.

«Che?» fece l'automobilista.

«Trenton?».

«Che Trenton della Madonna» imprecò.

«Parla italiano» si dissero i due, guardandosi per consultarsi: se non era il caso di rivelare a un compatriota la loro condizione.

L'automobilista chiuse lo sportello, rimise in moto. L'automobile balzò in avanti: e solo allora gridò ai due che rimanevano sulla strada come statue «ubriaconi, cornuti ubriaconi, cornuti e figli di...», il resto si perse nella corsa.

Il silenzio dilagò.

«Mi sto ricordando» disse dopo un momento quello cui il nome di Santa Croce non suonava nuovo «a Santa Croce Camerina, un'annata che dalle nostre parti andò male, mio padre ci venne per la mietitura».

Si buttarono come schiantati sull'orlo della cunetta: ché non c'era fretta di portare agli altri la notizia che erano sbarcati in Sicilia.

L. Sciascia, *Il mare colore del vino*, Adelphi, Milano, 2011

# Attività

## Leggere e comprendere

1 **Il sogno** Da che cosa trae alimento il sogno di una vita ricca in America?

a. Dal desiderio di libertà politica
b. Dal bisogno di incontrare i parenti
c. Dalla speranza di vivere una vita agiata
d. Dalla curiosità di conoscere nuovi posti

2 **Il raggiro** Lo squallido imbroglio si rivela alla fine. In tutto il racconto però si possono osservare in Melfa atteggiamenti che generano sospetto. Quali? INSISTE SUI SOLDI

3 **Il viaggio** Il viaggio verso la speranza si svolge in condizioni di estremo disagio e abbruttimento. Elencane gli aspetti più degradanti.

4 **La visione** All'undicesima notte gli uomini credono «che fitte costellazioni fossero scese al mare come greggi» (r. 75). Che cosa pensano di vedere?

a. Le stelle in una notte tersa
b. Le luci delle città americane
c. Le luci di Palermo
d. Uno straordinario fenomeno celeste

5 **La miseria** Gli uomini raccolti sulla spiaggia vogliono fuggire da una condizione di miseria. La loro povertà non è direttamente descritta nel testo, ma la si può comprendere da diversi accenni. Indica se le risposte seguenti sono vere o false.

| | V | F |
|---|---|---|
| **a.** Stanno sulla spiaggia con le loro valigie di cartone e i loro fagotti | ☒ | ☐ |
| **b.** Sono carichi di bagagli e suppellettili | ☐ | ☒ |
| **c.** Sono disposti ad affrontare un lungo e difficile viaggio pur di giungere in America | ☒ | ☐ |
| **d.** Sognano di diventare ricchi in America | ☒ | ☐ |
| **e.** Sanno che in America dovranno correre molti rischi | ☐ | ☒ |
| **f.** Hanno venduto tutto e hanno fatto ricorso agli usurai per pagare il viaggio | ☐ | ☒ |
| **g.** Tengono addosso, ben nascosto come l'unico tesoro, il denaro per il viaggio | ☒ | ☐ |

6 **La realtà** Dopo lo sbarco, gli uomini come vengono a conoscenza della truffa subita?

**a.** Vengono avvertiti dallo stesso Melfa

**b.** Riconoscono subito luoghi noti

**c.** Riconoscono a poco a poco la realtà italiana

**d.** Capiscono immediatamente di essere in America

7 **La perdita delle illusioni** Come reagiscono questi uomini alla progressiva rivelazione dell'imbroglio?

**a.** Perdono subito la speranza

**b.** Cercano disperatamente di non credere ai loro dubbi

**c.** Si ribellano urlando improperi

**d.** Pensano di essere impazziti

8 **La scoperta della verità** La verità è ormai tristemente chiara. Qual è la reazione immediata degli uomini? Quali sentimenti profondi lascia trapelare? BUTTANO A TERRA SCONFORTO, DISPERATI

## Riconoscere e analizzare

9 **La struttura** Com'è costruito il racconto?

**a.** È lineare

**b.** È lineare ma presenta brevi *flashback*

**c.** È lineare ma presenta un lungo *flashback*

**d.** Presenta un totale rovesciamento dei fatti

10 **L'inizio** L'inizio del racconto presenta un piccolo rovesciamento nell'ordine dei fatti. Quali elementi della *fabula* sono invertiti?

**a.** La partenza e i preparativi

**b.** Il pagamento e la partenza

**c.** L'incontro sulla spiaggia e l'arrivo di Melfa

**d.** L'incontro sulla spiaggia e la partenza dai paesi d'origine

11 **L'analessi e la prolessi** Trova nel testo l'esempio di un breve *flashback* (analessi) e di un breve *flashforward* (prolessi). Riportane le parole iniziali e finali e i numeri di riga.

- *Flashback*:

  ......................................................................

- *Flashforward*:

  ......................................................................

12 **Le sequenze** Nel testo sono presenti tutti i tipi di sequenze. Ti forniamo le parole iniziali e finali di alcune sequenze: riconoscine le tipologie.

**a.** «Era una notte...spegnersi ai loro piedi» (rr. 1-3)

......................................................................

**b.** «L'importante era...capelli candidi» (rr. 18-37)

......................................................................

**c.** «Uno di loro accese la lampadina tascabile... aveva toccato terra» (rr. 38-45)

......................................................................

**d.** «Trenton...italiano» (rr. 143-147)

......................................................................

13 **Le sequenze prevalenti** Quali sono le tipologie di sequenze prevalenti nel testo?

**a.** Riflessive e narrative

**b.** Riflessive e dialogiche

**c.** Narrative e descrittive

**d.** Dialogiche e descrittive

## Rielaborare e produrre

14 **Il tuo finale** Sintetizza il testo in un massimo di 100 parole e muta il finale.

15 **Discutere** Il racconto propone una situazione che potrebbe apparire incredibile. Eppure, nella realtà attuale esistono viaggi di questo tipo, dove la beffa non riguarda tanto la meta, quanto le condizioni di vita e le possibilità lavorative che attendono i migranti nella terra d'arrivo. Esprimi il tuo parere in un intervento orale di 5 minuti.

# Il tempo

Un importante elemento di ogni testo narrativo è il **tempo**.

È utile saper distinguere fra:

- tempo della storia (cioè degli eventi raccontati);
- tempo del racconto (cioè la durata della narrazione).

## • Il tempo della storia e il tempo del racconto •

Il **tempo della storia** è l'arco temporale che occupano i fatti narrati, la loro durata, mentre il **tempo del racconto** è la disposizione delle vicende nella narrazione, la loro rappresentazione narrativa.

Qualsiasi narrazione presenta questa duplicità temporale: ad esempio, molti anni di vita di un personaggio (tempo della storia) possono essere riassunti in poche righe (tempo del racconto):

> Nell'ombra della casa, sulle rive soleggiate del fiume presso le barche, nell'ombra del bosco di Sal, all'ombra del fico crebbe Siddharta, il bel figlio del Brahmino, il giovane falco, insieme all'amico suo, Govinda, anch'egli figlio di Brahmino.
>
> Hermann Hesse, *Siddharta*, Adelphi, Milano, 1975

È molto difficile che tempo della storia e tempo del racconto coincidano.

L'autore di un testo può scegliere se dilatare o sintetizzare il tempo della narrazione, ricorrendo alle seguenti modalità:

- la **scena**, nella quale il tempo della storia e il tempo del racconto coincidono. Si tratta in prevalenza di sequenze dialogiche:

> – Sentite, amici, sono venuta a trovarvi perché vorrei... il vostro più piccolo.
> I contadini, sorpresi, e senza sapere che pensare, non risposero.
> Lei riprese fiato e continuò:
> – Non abbiamo figli; mio marito ed io siamo soli. Lo terremo con noi... volete?
> La contadina cominciava a capire. Chiese:
> – Volete prendervi Charlot? Ah, no, di certo!
> Intervenne allora il signor d'Hubières:
> – Mia moglie si è spiegata male. Noi vogliamo adottarlo, ma tornerà a trovarvi.
>
> Guy de Maupassant, *In campagna*, in *Racconti*, Newton Compton, Roma, 1994

Gustave Courbet, *Gli spaccapietre*, 1849. L'opera è stata distrutta durante la Seconda guerra mondiale.

- la **pausa**, nella quale il tempo del racconto è maggiore di quello della storia, perché l'autore si sofferma a descrivere dettagli, a fare riflessioni oppure introduce delle digressioni, rallentando la velocità del racconto. Si tratta in prevalenza di sequenze descrittive:

> Le due casupole erano fianco a fianco, ai piedi d'una collina, nei pressi di una cittadina balneare. I due contadini lavoravano duramente la terra infeconda per mantenere tutti i loro figli.
> Ogni famiglia ne aveva quattro. Davanti alle loro porte quella marmaglia di ragazzini brulicava da mattina a sera.
> I due più grandi avevano sei anni e i due più piccoli circa quindici mesi: i matrimoni e le nascite erano capitati quasi simultaneamente, nelle due case.
>
> Guy de Maupassant, *In campagna*, in *Racconti*, Newton Compton, Roma, 1994

- il **sommario**, nel quale il tempo del racconto è inferiore a quello della storia. L'autore presenta in modo sintetico alcune situazioni, dando spazio solo agli elementi essenziali e necessari perché la vicenda risulti chiara; la velocità della narrazione ne risulta aumentata:

> Il loro figlio maggiore andò a fare il soldato; il secondo morì; e Charlot restò solo a faticare col vecchio padre, per dare da mangiare alla madre e alle sorelle minori.
>
> Guy de Maupassant, *In campagna*, in *Racconti*, Newton Compton, Roma, 1994

- l'**ellissi**, nella quale il tempo del racconto è nullo, viene eliminato con poche parole o con salti cronologici; l'autore sottintende o sceglie di non trattare vicende che si svolgono anche in lunghi periodi di tempo, accelerando la narrazione:

> La Martin aspettò il marito per dieci anni, tirando su faticosamente i suoi due figli.
>
> Guy de Maupassant, *Il ritorno*, in *Racconti e novelle*, vol. 2, Einaudi, Torino, 1968

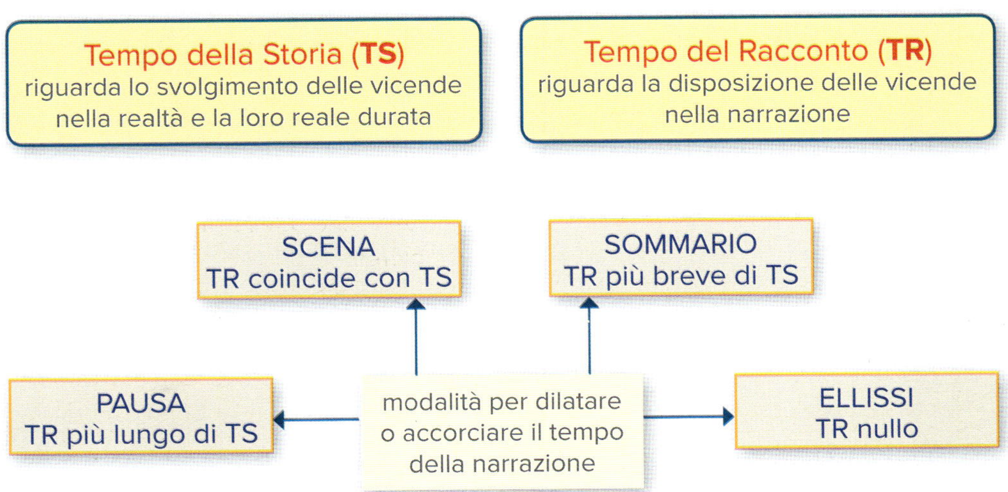

# • Il ritmo narrativo •

L'autore può stabilire la durata dei fatti che racconta variando il rapporto fra tempo della storia e tempo del racconto. Ciò porta degli effetti sul **ritmo narrativo**, che può essere:

- **veloce**, quando prevalgono sommari ed ellissi;
- **moderato**, quando prevalgono le scene;
- **lento**, quando prevalgono le pause.

In un testo narrativo l'autore può "dosare" scene, pause, sommari ed ellissi, creando un ritmo alternato e variato, che coinvolge il lettore e tiene desta la sua attenzione.

# • La distanza •

L'autore può scegliere quale **distanza** intercorre tra il momento della narrazione dei fatti e il tempo in cui essi accadono. Possiamo trovare le seguenti modalità:

- la **coincidenza**, quando l'autore fa corrispondere il momento della stesura del racconto con quello degli avvenimenti narrati. Di solito questo avviene nella narrativa moderna e vede l'uso di tempi verbali come il presente e il passato prossimo, non comuni nei racconti della tradizione:

> La scala mobile sale al terzo piano tra scale che discendono, gradini che spariscono in alto tra le luci, pavimenti che si allontanano ai due lati, la folla che circola lentamente nel brusio.
> «Ti piace?» gli chiedo in un orecchio, alle spalle.
> «Sì» risponde senza voltarsi.
>
> Giuseppe Pontiggia, *Nati due volte*, Oscar Mondadori, Milano, 2000

Parole *chiave*

***Incipit*** L'inizio di un testo narrativo.

- la **massima distanza**, quando l'autore frappone un lungo intervallo di tempo tra la narrazione e i fatti presentati; in questo caso spesso il tempo assume valore simbolico, configurando una dimensione atemporale. Nell'***incipit*** si trovano connettivi vaghi, come nelle fiabe: "Un tempo...", "C'era una volta...":

> C'era una volta un pescatore che abitava con la moglie in una vecchia stamberga in riva al mare e tutti i giorni andava a pesca, e pescava, pescava.
>
> Jacob e Wilhelm Grimm, *Il pescatore e sua moglie*, in *Le fiabe dei fratelli Grimm*, Taschen, Colonia, 2012

- la **distanza precisa**, quando l'autore pone la narrazione in un momento lontano da quello in cui si svolgono le vicende, collocandole però in un tempo reale, individuabile dal lettore attraverso precisi connettivi temporali, date o riferimenti a eventi storici noti. Questo avviene di solito nei racconti o romanzi di genere storico:

> Per una di queste stradicciole, tornava bel bello dalla sua passeggiata verso casa, sulla sera del giorno 7 novembre dell'anno 1628, don Abbondio, curato d'una delle terre accennate di sopra.
>
> Alessandro Manzoni, *I promessi sposi*, Zanichelli, Bologna, 1994

- la **distanza alternata**, soprattutto nei romanzi del Novecento, quando l'autore varia la distanza, passando repentinamente da fatti posti a notevole distanza a fatti coincidenti con il momento della stesura:

> Mio zio Fred è l'unica persona che mi renda tollerabile la memoria degli anni successivi al 1945. Rientrò dalla guerra in un pomeriggio d'estate, vestito di stracci, con un barattolo di latta legato al collo con uno spago come sua unica proprietà.
>
> Heinrich Böll, *Mio zio Fred*, trad. di A. Zaninello

## • I tempi verbali •

Nella narrazione si alternano spesso, come tempo base (▸ p. 14), il passato remoto e l'imperfetto, con sfumature di significato diverse:

- il **passato remoto** indica un'**azione compiuta**. Si usa per indicare azioni che si sono svolte in modo puntuale e che segnano gli snodi del racconto, come nell'esempio riportato sotto. Nella varietà settentrionale dell'italiano, oggi il passato remoto tende a essere sostituito dal **passato prossimo**, sia nella conversazione sia nella narrazione.

> Rigida, camminò fino al centro del salone; altezzosa, gli posò la mano sul braccio. Ma dopo un attimo solo, dopo un solo giro i suoi piedi scivolavano veloci. Le luci, le azalee, gli abiti, le facce rosee, le sedie di velluto, tutto divenne una splendida ruota volante.
>
> Katherine Mansfield, *Il suo primo ballo*, in *Tutti i racconti. Garden-Party*, Adelphi, Milano, 1984

- l'**imperfetto** indica un'**azione incompiuta**. Il narratore lo usa per descrivere situazioni che hanno una certa durata (durative) o che si sono ripetute nel tempo (iterative):

> Lì era trascorsa l'adolescenza. I fratelli minori ripetevano i nostri gesti giocando di spiccioli e di cartine colorate, a pugni ed abbracci, i giochi che avevamo loro insegnato, inventandone di nuovi che ci parevano peggiori. Se passavamo da via del Fico o da via de' Macci o attorno a piazza Santa Croce in attesa della ragazza, i fratelli minori ci costringevano a lasciargli le biciclette: le montavano infilando la gamba framezzo al telaio, per trovare l'altro pedale.
>
> Vasco Pratolini, *Il quartiere*, Rizzoli BUR, Milano, 2012

Questo tipo d'informazione comunicata dalle forme verbali non riguarda il tempo, ma l'aspetto, cioè il modo in cui l'azione si è svolta; essa può essere rafforzata da un'espressione avverbiale (*sempre*, *di solito*, ecc.).

Un'altra informazione che possono comunicare le forme verbali riguarda il momento dell'**azione**: quest'ultima può essere vista nel momento del suo inizio (**ingressiva**), in corso di svolgimento (**progressiva**) o nel momento della sua conclusione (**conclusiva**). Tale indicazione può essere legata al significato del verbo (ad esempio, *cominciare* è un verbo ingressivo, mentre *terminare* è un verbo conclusivo) oppure può essere affidata a perifrasi verbali (*stare per* + infinito, *stare* + gerundio, *arrivare a* + infinito).

**• I tempi della narrazione e i tempi del commento •** All'interno di un testo narrativo, la scelta dei tempi verbali può dare infine informazioni sull'atteggiamento del narratore rispetto a quanto racconta:

- il presente storico o narrativo (cioè il presente usato per raccontare con maggior vividezza fatti passati), il passato remoto, l'imperfetto, il trapassato prossimo, il trapassato remoto, il condizionale presente e il condizionale passato sono considerati **tempi della narrazione**, che raccontano cioè oggettivamente i fatti nel loro svolgersi:

> In una splendida sera il non meno splendido usciere di tribunale Ivàn Dmitrič Cervjakòv era seduto nella seconda fila delle poltrone e osservava attraverso il binocolo "Le campane di Corneville". E mentre stava a guardare si sentiva al colmo della beatitudine.
>
> Anton Čechov, *La morte dell'impiegato*, in *Racconti e novelle*, Sansoni, Firenze, 1963

- il presente atemporale (cioè il presente usato per collocare un fatto fuori dal tempo, qualificandolo come sempre valido), il passato prossimo e il futuro sono **tempi del commento**, che possono segnalare l'intrusione del narratore nella storia, per commentare soggettivamente i fatti narrati:

> Detto ciò, potrà sembrare ancor più strano, e quasi incredibile, che, sotto questo medesimo tetto, colei che scrive abbia vissuto, dal giorno che vi fu accolta bambina fino ad oggi, un'esistenza altrettanto ritirata e casta che se fosse stata in un convento di clausura.
>
> Elsa Morante, *Menzogna e sortilegio*, Einaudi, Torino, 2013

**• La prospettiva linguistica •** Un tipo di analisi che può contribuire a una più approfondita comprensione del tempo del racconto è basata sulla teoria del linguista tedesco **Harald Weinrich** (1927). Nell'opera *Tempus* (1964) egli ha analizzato le funzioni dei tempi verbali nei testi narrativi. La sua teoria permette al lettore di muoversi all'interno del tempo del racconto con l'aiuto dei tempi verbali.

Weinrich distingue nella narrazione quattro elementi principali cui corrispondono diversi tempi verbali:

- i **primi piani**, ossia i momenti in cui si svolgono i fatti che portano avanti la vicenda, sono al passato remoto;
- i **recuperi delle informazioni**, cioè i momenti in cui l'autore riporta il lettore a fatti precedenti, usano il trapassato prossimo o remoto;
- gli **sfondi**, che in genere sono delle descrizioni, sono all'imperfetto;
- le **anticipazioni** delle informazioni, ovvero i momenti in cui si presentano fatti non ancora avvenuti, usano il condizionale passato.

Honoré Daumier, *Intervallo alla Comédie-Française*, 1858. (San Pietroburgo, Museo dell'Hermitage)

Romano Bilenchi

# Un errore geografico

Un ragazzo di provincia si trasferisce in città per studiare, ma si scontra con il rifiuto dei compagni di scuola, i quali non vogliono avere a che fare con un «rozzo maremmano».

Da *Il processo di Mary Dugan*, 1972

Racconto sociale

Gli abitanti della città di F. non conoscono la geografia; la geografia del loro paese, di casa propria. Quando da G. andai a studiare a F. mi avvidi[1] subito che quella gente aveva un'idea sbagliata della posizione del mio paese nativo. Appena nominai G. mi dissero: – Ohè, maremmano[2]!

Un giorno, poi, mentre spiegava non ricordo piú quale scrittore antico, il professore d'italiano cominciò a parlare di certi pastori che alle finestre delle loro capanne tenevano, invece di vetri, pelli di pecore conciate fini fini[3]. Chi sa perché mi alzai, dall'ultimo banco ove sedevo, e dissi: – Sí, è vero: anche da noi i contadini appiccicano alle finestre delle loro casupole pelli di coniglio o di pecora al posto dei vetri, tanto è grande la loro miseria –. Chi sa perché mi alzai e dissi cosí; forse per farmi bello verso il professore; forse perché, spinto da un impulso umanitario per la povera gente, volevo testimoniare ai miei compagni, tutti piccoli cittadini, che il professore aveva detto una cosa giusta, che esisteva davvero nel mondo una simile miseria; ma, a parte la miseria, l'affermazione era un prodotto della mia fantasia. [...] Sperai che il professore non fosse al corrente degli usi della mia provincia, ma lui, a quella uscita[4], alzò la testa dal libro e disse: – Non raccontare sciocchezze –. Dopo un momento rise e tutti risero, anche per compiacerlo. – Ma aspettiamo un po', – disse poi, – forse hai ragione. Il tuo paese, G., non è in Maremma? È probabile che in Maremma vadano ancora vestiti di pelle di pecora.

Di nuovo tutti si misero a ridere. Qualcuno, forse per rilevare che tanto io quanto il professore eravamo allo stesso livello di stupidità, sghignazzò ambiguamente[5]. Mi voltai per cogliere quella incerta eppure unica solidarietà nei miei riguardi, ma il primo compagno che incontrai con gli occhi per non compromettersi mi disse: – Zampognaro, – e fece il verso della zampogna. Un altro disse: – Hai mai guardato le pecorine?[6] – e in coro gli altri fecero: – Beee, beee.

Cominciai, e questo fu il mio errore, a rispondere a ciascuno di loro, via via che aprivano bocca. Ero uno dei piú piccoli e ingenui della classe, e ben presto fui preda di quella masnada[7]. Benché appartenessero a famiglie distinte, c'era fra loro soltanto un figlio di bottegaio di mercato arricchito, come avevo potuto osservare dalle mamme e dai babbi che ogni mese venivano alla scuola, me ne dissero di ogni colore. Infine con le lacrime agli occhi, approfittando d'un istante di silenzio, urlai: – Professore, G. non è in Maremma.

– È in Maremma.

– No, non è in Maremma.

1 **mi avvidi**: mi accorsi.
2 **maremmano**: chi è originario della Maremma, qui usato in senso dispregiativo.
3 **conciate fini fini**: lavorate in modo da diventare di spessore sottile, trasparenti.
4 **uscita**: intervento stravagante.
5 **sghignazzò ambiguamente**: rise in modo tale che non si riusciva a capire chi si stesse prendendo in giro.
6 **Hai mai guardato le pecorine?**: sorvegliato le pecore.
7 **masnada**: gruppo di persone, in senso spregiativo.

– È in Maremma, – disse il professore a muso duro. – Ho amici dalle tue parti e spesso vado da loro a cacciare le allodole. Conosco bene il paese. È in Maremma.

– Anche noi di G. andiamo a cacciare le allodole in Maremma. Ma dal mio paese alla Maremma ci sono per lo meno ottanta chilometri. È tutta una cosa diversa da noi. E poi G. è una città, – dissi.

– Ma se ho veduto dei butteri[8] proprio al mercato di G. – disse lui.

– È impossibile. Sono sempre vissuto lí e butteri non ne ho mai veduti.

– Non insistere. Non vorrai mica far credere che io sia scemo?

– Io non voglio nulla, – dissi, – ma G. non è in Maremma. Al mercato vengono venditori ambulanti vestiti da pellirosse. Per questo si potrebbe affermare che G. è in America.

– Sei anche spiritoso, – disse lui. – Ma prima di darti dello stupido e di buttarti fuori di classe dimostrerò ai tuoi compagni come G. si trovi in Maremma –. Mandò un ragazzo a prendere la carta geografica della regione nell'aula di scienze, cosí anche lí seppero del mio diverbio[9] e che ci si stava divertendo alle mie spalle. Sulla carta, nonostante non gli facessi passare per buona una sola delle sue affermazioni, abolendo i veri confini delle province e creandone dei nuovi immaginari, il professore riuscí a convincere i miei compagni, complici la scala di 1:1.000.000[10] e altre storie, che G. era effettivamente in Maremma.

– È tanto vero che G. non è in Maremma, – ribattei infine, – che da noi maremmano è sinonimo d'uomo rozzo e ignorante.

– Abbiamo allora in te, – concluse lui, – la riprova che a G. siete autentici maremmani. Rozzi e ignoranti come te ho conosciuto pochi ragazzi. Hai ancora i calzettoni pelosi –. E con uno sguardo mi percorse la persona. Gli altri fecero lo stesso. Sentii di non essere elegante come i miei compagni. Tacqui avvilito. Da quel giorno fui «il maremmano». Ma ciò che m'irritava di piú era, in fondo, l'ignoranza geografica del professore e dei miei compagni.

[...]

Giocavo al calcio con abilità, ma anche con una certa rudezza, nonostante fossi piccolo e magro. Mi feci notare subito la prima volta che scesi in campo coi miei compagni, e mi misero mezzala sinistra nella squadra che rappresentava il liceo nel campionato studentesco. Giocai alcune partite riscotendo molti applausi.

– Il maremmano è bravo, – dicevano, – deve essersi allenato coi puledri selvaggi. I butteri gli hanno insegnato un sacco di diavolerie.

I frizzi e le stoccate[11], siccome ero certo contenessero una lode sincera, non m'irritavano affatto. Sorridevo e gli altri tacevano presto. Eravamo ormai vicini alla fine del campionato con molta probabilità di riuscirvi primi e mi ripromettevo, per i servizi resi all'onore del liceo, pensate che una partita era stata vinta per un unico punto segnato da me, di non essere in avvenire chiamato «maremmano», quando nell'ultimo incontro accadde un brutto incidente. Durante una discesa mi trovai a voltare le spalle alla porta avversaria. Dalla destra mi passarono il pallone. Mi girai per colpire al volo. Il portiere aveva intuito la mossa e si gettò in avanti per bloccare gamba e pallone, ma il mio calcio lo prese in piena bocca. Svenne. Gli avevo rotto tre denti. I suoi compagni mi furono addosso minacciosi. Dissi che non l'avevo fatto apposta, che era stata una disgrazia, che ero amicissimo del portiere il quale alloggiava nella mia stessa pensione, ma gli studenti sostenitori dell'altra squadra, assai numerosi tra il pubblico, cominciarono a urlare: – Maremmano, maremmano, maremmano.

8 **butteri**: i mandriani a cavallo che sorvegliano il bestiame.

9 **diverbio**: litigio.

10 **scala di 1:1.000.000**: si tratta di una rappresentazione del territorio piuttosto ampia, per cui è facile l'errore geografico.

11 **I frizzi e le stoccate**: le prese in giro.

Persi il lume degli occhi, e voltatomi dalla parte del pubblico che gridava di piú, feci un gesto sconcio. L'arbitro mi mandò fuori del campo. Mentre uscivo dal recinto di giuoco le grida e le offese raddoppiarono. Vidi che gridavano anche le ragazze.

– Maremmano, maremmano, maremmano; viene da G.

Tra coloro che urlavano dovevano esserci anche i miei compagni. Infatti, come potevano tutti sapere che ero nato a G.? Mi sentii privo di ogni solidarietà e camminai a capo basso verso gli spogliatoi.

– Maremmano, maremmano, ha ancora i calzettoni pelosi.

Che i miei calzettoni non piacessero agli altri non m'importava. Era questione di gusti. La roba di lana mi è sempre piaciuta fatta a mano e piuttosto grossa. Per me i calzettoni erano bellissimi e io non davo loro la colpa dei miei guai, nonostante fossero continuamente oggetto di rilievi e di satira[12]. Anche quella volta piú che per ogni altra cosa mi arrabbiai per l'ingiustizia che si commetteva ai danni di G. continuando a crederla in Maremma. Andai fra il pubblico e cercai di spiegare a quegli ignoranti l'errore che commettevano, ma a forza di risa, di grida, di spinte e persino di calci nel sedere fui cacciato negli spogliatoi.

Il giorno dopo il preside mi chiamò e mi sospese per una settimana a causa del gesto fatto al pubblico, gesto che disonorava il liceo. Mi sfogai col preside sperando che almeno lui capisse che G. non era in Maremma. Egli mi ascoltò a lungo, ma sul volto aveva la stessa aria canzonatoria dei miei compagni e, alla fine del mio discorso, confermò la punizione. Forse mi credette un po' scemo.

Primo impulso fu quello di scrivere a casa e pregare il babbo e la mamma di mandarmi a studiare in un'altra città. Ma come spiegare le mie pene? Non sarei stato compreso, anzi mi avrebbero sgridato. Essi facevano dei sacrifici per mantenermi al liceo. Decisi di sopportare ancora. Al mio ritorno a scuola dopo la sospensione, le offese contro G. e contro di me si moltiplicarono. Però si avvicinava l'estate e con l'estate sarebbero venute le vacanze. A casa avrei pensato al da farsi per

12 **di rilievi e di satira**: di cattive osservazioni e di prese in giro.

## L'AUTORE

**Romano Bilenchi** nasce a Colle Val d'Elsa nel 1909. La sua professione di giornalista e di scrittore si sviluppa in parallelo ai suoi interessi politici. Si forma nell'ambiente fiorentino a contatto con gruppi culturali come quello dei poeti ermetici e della rivista «Solaria». Con il sopraggiungere della Seconda guerra mondiale, assume una posizione sempre più critica verso il regime fascista, fino ad abbracciare la clandestinità partigiana. Nel dopoguerra si trova spesso a esprimere idee e opinioni culturali e politiche molto personali. Lavora come giornalista nella redazione della "Stampa" di Torino, poi della "Nazione" di Firenze e, dal 1948 al 1956, dirige "Il Nuovo Corriere" di Firenze.

Scrittore asciutto e misurato, Bilenchi riesce a esprimere il suo mondo interiore in romanzi e racconti che narrano vicende di paese e di periferia, come nella raccolta di racconti *Anna e Bruno* (1938). Nel romanzo *Conservatorio di Santa Teresa* (1940) indaga la storia morale del protagonista Sergio; con *Il bottone di Stalingrado* (1972), un racconto di sapore autobiografico, narra l'educazione politica e sentimentale del giovane Marco, seguendo i momenti principali della storia italiana. Muore a Firenze nel 1989.

Giovanni Fattori, *Buttero a cavallo e mulo bianco*, XX secolo. (Collezione Privata)

l'anno dopo; forse avrei abbandonato gli studi e sarei andato a lavorare. Ma proprio allora mi capitò il guaio piú grosso.

Una domenica mattina, uscito di buon'ora dalla pensione per godermi i freschi colori della inoltrata primavera, vidi i muri pieni di manifesti vivaci e molta gente in crocchio che stava ad ammirarli. Le tre figure che campeggiavano nei manifesti mi fecero subito arricciare il naso; un toro a capo basso quasi nell'atto di lanciarsi nella strada, un puledro esile e scalpitante e un buttero che guardava le due bestie con un'espressione di sprezzante sicurezza. Mi avvicinai. I manifesti annunziavano che la prossima domenica, in un prato vicino all'ippodromo, per la prima volta in una città, i cavalieri di Maremma si sarebbero esibiti in emozionanti prodezze. Non ero mai stato in Maremma, né avevo veduto butteri altro che nelle fotografie. Migliore occasione di quella per ridere di loro non poteva capitarmi.

[...]

– Ci andrò domenica, – decisi e, a mezzogiorno, di ritorno alla pensione, invitai i miei compagni di tavola, il portiere che avevo ferito durante la partita di calcio e due alunni del mio stesso liceo, a recarsi con me allo spettacolo.

– Avevamo già veduto il manifesto, – disse il portiere. – Verremo ad ammirare i tuoi maestri –. Anche gli altri accettarono e il giorno fissato c'incamminammo verso il luogo dello spettacolo. Vi era una grande folla quale non mi aspettavo, richiamata lí, pensai, piú dalla splendida giornata che dai butteri e dalle loro bestie. [...] Improvvisamente mi accorsi di non essere piú con i miei compagni; forse la calca[13] ci aveva diviso. Trovai un posto a sedere.

Entrarono nella lizza un puledro selvaggio e alcuni butteri vestiti alla maniera dei cavalieri d'oltre Oceano. Ne fui subito urtato. Il puledro prese a vagare disordinatamente per il prato. Un buttero gli si precipitò dietro. Compito del buttero era quello di montare in groppa al puledro mentre correva e di rimanerci a dispetto delle furie della bestia. Ma il puledro, scorto l'uomo, si fermò e si lasciò avvicinare. Allora il buttero, forse impressionato dalla presenza di tanta gente, spiccò un salto andando a finire cavalcioni quasi sul collo del puledro. Era come montare su un cavallo di legno, eppure cavallo e cavaliere caddero in terra. Accorsero gli altri butteri. Il puledro non voleva rialzarsi e teneva l'uomo prigioniero premendogli con la pancia sulle gambe. Il pubblico cominciò a gridare. Finalmente il puledro si decise a rimettersi in piedi e, quieto quieto, si fece condurre fuori dal prato.

– Non è da domare, – gridò uno spettatore. – È una pecora.

Scoppiarono risate e clamori. Anch'io ridevo di gusto.

Entrò nello spiazzo verde un toro. Subito un buttero l'affrontò tentando di afferrarlo per le corna e di piegarlo. La folla tacque. Il toro sembrava piú sveglio del puledro. Infatti ben presto le parti s'invertirono. Pareva fosse il toro che avesse l'incarico di atterrare il buttero. Cominciò la bestia ad agire con una specie di strana malizia: si produsse in una lunga serie di finte come un giocatore di calcio che vuole superare un avversario: infine caricò l'uomo mandandolo a gambe levate. Una carica però piena di precauzione, senza malanimo, quasi che il toro avesse voluto burlarsi del burbero[14] atteggiamento del nemico, e gli spettatori compresero subito che il cavaliere non si era fatto alcun male. Di nuovo gli altri butteri corsero in aiuto del compagno. Allora il toro prese a correre allegramente e quei poveri

13 **calca**: folla.
14 **burbero**: scontroso.

diavoli dietro. Si diresse verso le siepi, e compiuti due giri torno torno al prato, trovato un varco, si precipitò in direzione del fiume. I butteri, disperati, scomparvero anch'essi oltre la siepe fra gli schiamazzi del pubblico.

La folla gridava e imprecava. Infine, saputo che altre attrazioni non ci sarebbero state, cominciò a sfollare.

– Truffatori, – urlavano.

– È uno scandalo.

– Un ladrocinio[15].

– Abbasso i maremmani.

– Vogliamo i denari che abbiamo pagato.

Io urlavo insieme con gli altri. Qualcuno tirò delle legnate sul casotto dove prima si vendevano i biglietti delle tribune. Io tirai una pietra sulle tavole di legno: avrei desiderato veder tutto distrutto. All'uscita i miei compagni mi circondarono.

– Ti cercavamo, – disse uno.

– Ti sei nascosto, eh!

– Belli i tuoi compaesani. Dovresti rendere a tutti gli spettatori i denari del biglietto.

– È un maremmano anche lui, – disse il portiere, indicandomi alle persone vicine.

– È proprio un maremmano come questi truffatori che ci hanno preso in giro.

Numerosi ragazzi mi vennero addosso e cominciarono a canzonarmi come se mi avessero sempre conosciuto.

– Non credete che sia maremmano? – disse ancora il portiere. – Guardategli i calzettoni. È roba di Maremma.

– Domani mi metterò i calzettoni di cotone, – dissi. – Faccio cosí ogni anno quando viene il caldo –. Poi aggiunsi: – G. non è in Maremma.

Al nome di G. anche i grandi fecero causa comune con i ragazzi.

– Di' ai tuoi compaesani che sono dei ladri, – disse un giovanotto. Gli altri risero. Con le lacrime agli occhi cercai allora di spiegare il gravissimo errore che commettevano credendo che G. si trovasse in Maremma.

– È un po' tocco?[16] – chiese uno a un mio compagno.

– Altro che poco, – rispose il mio compagno.

I ragazzi urlarono piú di prima. Mi dettero perfino delle spinte, e i grandi non erano da meno di loro.

Sopraggiunse un giovane; rideva e raccontò di essere stato sul fiume. Il toro si era gettato nell'acqua e i butteri piangevano, bestemmiavano e pregavano i santi e il toro, ma non riuscivano a tirarlo fuori. A queste notizie raddoppiarono gli schiamazzi contro di me.

– Sarà il figlio del padrone dei butteri se li difende tanto, – disse una ragazza.

– No, – gridai. – Non li difendo. Li odio. Non c'entro nulla con loro. Mio nonno aveva poderi. Mia madre è una signora. È lei che ha fatto questi calzettoni.

– Sono di lana caprina, – disse un vecchio signore. Un ragazzo fece: – Bee, – un altro – Muu, – e un altro ancora mi dette un pugno.

Mi voltai. Stavo in mezzo a uno dei viali che portano alla città. La gente mi veniva dietro a semicerchio. Piangevo. Forse era molto tempo che piangevo. Mi staccai dal gruppo e mi appoggiai a un albero. Lontano, sul greto[17] del fiume, intravidi i miei compagni che correvano in direzione opposta. Forse andavano a vedere il toro che si era buttato nell'acqua.

R. Bilenchi, *Il processo di Mary Dugan e altri racconti*, Einaudi, Torino, 1972

15 **ladrocinio**: furto, imbroglio.

16 **tocco**: matto.

17 **greto**: terreno a ridosso del letto del fiume, non coperto dall'acqua.

# Attività

## Leggere e comprendere

1 **Il trasferimento** Quale trasferimento ha compiuto il protagonista?

2 **Il nomignolo** Perché il ragazzo non accetta il soprannome di «maremmano»?

- **a.** Perché la Maremma è un territorio poco sviluppato
- **b.** Perché la sua città dista dalla Maremma 200 chilometri
- **c.** Perché la sua città dista dalla Maremma 80 chilometri
- **d.** Perché la Maremma è un luogo malsano e abitato da butteri

3 **L'intervento sbagliato** Lo studente in classe sostiene, senza averne le prove, che anche da lui i contadini hanno pelli e non vetri alle finestre. Riporta le parole del testo che spiegano le ragioni del suo intervento.

4 **Le conseguenze** L'increscioso diverbio che lo studente ha avuto con il professore porta una spiacevole conseguenza. Quale?

- **a.** Viene mandato dal preside e sospeso dalle lezioni
- **b.** I compagni iniziano a prenderlo in giro in modo offensivo
- **c.** Deve convincersi che G. è in Maremma
- **d.** Reagisce con aggressività verso i compagni

5 **L'appellativo di «maremmano»** Anche il protagonista riconosce che «maremmano» è un insulto. Di che cosa è sinonimo? Cerca la spiegazione nel testo e riportala.

6 **Il carattere** Esposto a scherni continui, il ragazzo mostra tenacia. In quali atteggiamenti?

7 **Il calcio** Durante le partite di calcio, il ragazzo è bersaglio di «frizzi» e «stoccate» (r. 69), ma in questo caso non si ritiene offeso. Perché?

- **a.** È abituato agli scherni e alle offese
- **b.** È abile in questo gioco e capisce che in fondo i compagni lo apprezzano
- **c.** È ormai deciso a smettere di giocare a calcio
- **d.** Accetta le prese in giro perché capisce di non essere all'altezza dei compagni

8 **I «calzettoni»** Uno dei principali oggetti di derisione da parte dei compagni sono i «calzettoni pelosi» dello studente. Tuttavia, egli li indossa e spiega le ragioni di questa scelta. Cercale nel racconto e riportale con parole tue.

9 **La crisi** Vivendo una esasperante situazione il protagonista ha la tentazione di rivolgersi ai genitori e di cambiare scuola. Però non lo fa. Per quali cause e con quali speranze?

10 **Il rodeo** Lo spettacolo con puledri selvaggi, tori e butteri attira molti spettatori che però alla fine si sentono truffati. Perché?

- **a.** È presente solo un piccolo toro
- **b.** Il puledro selvaggio e il toro fuggono
- **c.** Il buttero viene subito ferito e lo spettacolo finisce presto
- **d.** Gli animali sono troppo pericolosi

11 **Il puledro e il toro** Cerca nel testo le parole che caratterizzano il comportamento anomalo del puledro selvaggio e del toro e riportale.

12 **Il finale** Beffeggiato da una folla di persone dopo lo spettacolo dei butteri, il ragazzo ha una comprensibile reazione. Quale?

## Riconoscere e analizzare

13 **La prospettiva linguistica** Riportiamo un passo del testo; classificane i verbi secondo la prospettiva linguistica.

«Una domenica mattina, uscito di buon'ora dalla pensione per godermi i freschi colori della inoltrata primavera, vidi i muri pieni di manifesti vivaci e molta gente in crocchio che stava ad ammirarli. Le tre figure che campeggiavano nei manifesti mi fecero subito arricciare il naso; un toro a capo basso quasi nell'atto di lanciarsi nella strada, un puledro esile e scalpitante e un buttero che guardava le due bestie con un'espressione di sprezzante sicurezza. Mi avvicinai. I manifesti annunziavano che la prossima domenica, in un prato vicino all'ippodromo, per la prima volta in una città, i cavalieri di Maremma si sarebbero esibiti in emozionanti prodezze. Non ero mai stato in Maremma, né avevo veduto butteri altro che nelle fotografie. Migliore occasione di quella per ridere di loro non poteva capitarmi» (rr. 113-124).

| Primi piani (passato remoto) | Sfondi (imperfetto) | Recupero informazioni (trapassato prossimo) | Anticipazione informazioni (condizionale passato) |
|---|---|---|---|
| | | | Si sarebbero esibiti |
| | | | |
| | | | |
| | | | |

14 **Il tempo della storia** Raccogli nel testo le espressioni (singole parole o gruppi di parole) che sottolineano il passare del tempo e, quindi, stabilisci quanto dura la vicenda.

15 **La modalità prevalente** Quale tra le modalità del tempo del racconto risulta prevalente nel testo?

**a.** Scena
**b.** Pausa
**c.** Sommario
**d.** Ellissi

16 **Il tempo del racconto** Ti indichiamo alcuni passi del testo. Rileggi ciascun passo per intero e stabilisci se si tratta di una scena, di una pausa, di un sommario o di un'ellissi.

«Un giorno...miei compagni» (rr. 5-61)

.............................................................................................

«Giocavo al calcio...chiamato "maremmano"» (rr. 63-73)

.............................................................................................

«Che i miei calzettoni...a crederla in Maremma» (rr. 92-97)

.............................................................................................

«Una domenica mattina...prodezze» (rr. 113-122)

.............................................................................................

17 **Il ritmo narrativo** Il ritmo narrativo risulta veloce, moderato o lento? Perché?

18 **La distanza** Il narratore pone una notevole e precisa distanza tra sé e i fatti narrati. Cerca nel testo l'espressione che la indica.

## Rielaborare e produrre

19 **Discutere** «Il giorno dopo il preside mi chiamò e mi sospese per una settimana a causa del gesto fatto al pubblico, gesto che disonorava il liceo» (rr. 100-101). Come interpreti la punizione inflitta allo studente? La sospensione è giusta e meritata oppure il provvedimento appare troppo severo per uno studente che subisce molte offese? Esponi il tuo punto di vista in un intervento orale di 5 minuti.

20 **La conclusione** Aggiungi al testo una conclusione di 50 parole che chiarisca quale decisione il ragazzo prende durante le vacanze estive. Puoi iniziare così: "Fui promosso e tornai a G. a metà giugno...".

21 **Il tuo racconto** Provenire da luoghi lontani costituisce spesso una difficoltà. Ti vengono in mente alcuni termini usati spesso con ostilità e pregiudizio nei confronti di persone provenienti da altri luoghi? Utilizzali per costruire un breve racconto che parli di emigrazione.

Nadine Gordimer

# Terminale[1]

ANALISI VISUALE

Da
Qualcosa là fuori, 1984

Racconto psicologico

Un patto tra di loro, tra marito e moglie, li avrebbe sottratti a sofferenze e umiliazioni ritenute inutili. Chi dei due si fosse trovato in gravi condizioni di salute, colpito da una malattia "terminale", avrebbe dovuto aiutare l'altro a morire. Tutto previsto, salvo l'imprevedibilità dell'amore.

"Persino i gatti seppelliscono le loro lordure[2]; io invece le mie me le porto appresso." Le pareva di averlo detto più volte ad alta voce nelle settimane seguite al suo ritorno a casa dall'ospedale. Non sapeva se lui avrebbe deciso di riderne – se sarebbero arrivati a riderne. L'unica volta in cui avessero mai accennato all'esistenza di questo aggeggio[3], prima della malattia, era stato qualche anno prima quando – scambiandosi fogli di giornale come sempre facevano a letto nelle belle mattine dei weekend – lei si era messa a leggere un articolo sulla disoccupazione e la prostituzione minorile e aveva commentato: Dio mio, il posto che quelle dell'assistenza sociale avevano trovato per questa ragazza era in una fabbrica che produce quella specie di sacchetti di gomma per le persone cui hanno asportato lo stomaco – non fa meraviglia che si sia messa a battere i marciapiedi, povera disgraziata...

Ricordava perfettamente quella mattina, quel giornale. E molti altri particolari di quella conversazione continuavano a riaffiorare[4]. Erano passati a parlare dello squallore dell'industrializzazione; del fatto che i primi marxisti l'avevano attribuita all'alienazione[5], destinata a sparire una volta che i mezzi di produzione fossero diventati proprietà dei lavoratori: ma le fabbriche dell'Unione Sovietica e della Cina non erano forse squallide quanto quelle dell'Occidente? E lei rammentava di avergli ricordato (avevano visitato insieme Pechino) che, se non altro, gli operai cinesi avevano due volte al giorno dieci minuti di pausa per gli esercizi ginnici obbligatori – e lui aveva replicato: Tu rinunceresti per questo alla pausa per il tè e una sigaretta?

Quella cosa di gomma che passava sulla catena di montaggio davanti alla futura prostituta sedicenne era lontana da loro due, che ridevano a letto una domenica mattina, quanto la vita di qualsiasi operaio di fabbrica.

Ora l'aggeggio era attaccato al suo corpo. Veniva fuori da lei, dalla piccola ferita nascosta sotto i suoi indumenti. Non dormiva più nella loro camera da letto e lui aveva capito senza bisogno di parole. All'ospedale le avevano insegnato a usare quella cosa. Era orribilmente privata come non lo erano le funzioni naturali, perché le funzioni naturali erano – erano state – sempre vissute da entrambi. Adesso era invece sola con la sua lordura.

1 **Terminale**: l'aggettivo "terminale" che dà il titolo al brano va riferito al sottinteso sostantivo "malattia": la donna protagonista del racconto è alle prese con una malattia in fase terminale, che in pochi mesi la condurrà alla morte.

2 **lordure**: escrementi.

3 **aggeggio**: è il sacchetto di gomma che la donna si porta appresso e nel quale si raccolgono i rifiuti provenienti dal suo apparato digerente malato.

4 **riaffiorare**: riemergere dalla memoria.

5 **alienazione**: termine proprio dell'ideologia marxista, secondo la quale la ricchezza che un individuo produce con il suo lavoro gli viene sottratta.

I medici avevano detto che l'aggeggio glielavrebbero tolto dopo un po' di tempo. Sei settimane, predisse il primo; non più di tre mesi, fu ciò che disse il secondo. Avrebbero dovuto coordinare la loro fiaba[6]. Dissero che (dopo tre mesi o sei settimane) avrebbero ricollegato tutto all'interno. La ferita, che era stata lasciata aperta, sarebbe stata ricucita. E lei sarebbe stata di nuovo intera, riparata, e tutto sarebbe andato bene. Poteva persino riprendere l'insegnamento alla scuola di musica. Poteva andarci anche adesso – perché no – se lo voleva, a patto di non stancarsi troppo. Ma non voleva andarci, portandosi appresso quella cosa. Le toccò ascoltare altre storie – da amici premurosi – su come se la cavavano a meraviglia altre persone, conducendo una vita assolutamente normale. Persino un membro della famiglia reale britannica, dicevano. Li mise a tacere con la sua fiaba, dicendo: Ma per me è solo questione di sei settimane (o di tre mesi), non ho bisogno d'adattarmi. Lui le comprò due splendidi caffettani[7], scegliendoli personalmente, e le stavano talmente bene, proprio il suo colore, la sua foggia – che nella gioia dimenticò (solo più tardi si rese conto che era proprio questo che lui aveva sperato) di doverli indossare per coprire quella cosa. Se ne metteva uno quando gli amici venivano a trovarla, e il suo abbigliamento era oggetto d'ammirazione, dicevano che faceva soltanto finta d'essere malata, che aveva un aspetto meraviglioso. E lui confermò che stava facendo grandi progressi.

Ne avevano parlato, una volta, all'inizio. Ne avevano parlato anche prima, nella loro vita, nella matassa[8] in cui si mescolavano le loro vite – ma com'era astratto allora! Un patto infantile, una fraternità di sangue; come quell'eterna domanda retorica, mi ami, mi amerai sempre; se uno di noi due si ammalasse di una malattia incurabile, nessuno di noi permetterebbe all'altro di soffrire, vero? Ma

6 **fiaba**: il termine è usato nel senso di menzogna, di pietosa bugia.

7 **caffettani**: abito in uso nei paesi arabi, lungo e ampio, una specie di camicione.

8 **matassa**: qui nel senso di groviglio, intrico.

## L'AUTRICE

**Nadine Gordimer** nasce nel 1923 a Springs, cittadina vicina a Johannesburg, in Sudafrica. Cresce nell'ambiente privilegiato della comunità anglofona bianca, ma si dimostra subito sensibile riguardo ai problemi del razzismo e dell'ingiustizia che dominano la società sudafricana. All'università svolge una concreta attività politica nell'African National Congress, il partito di Nelson Mandela che si batte contro la politica sudafricana dell'*apartheid*, la segregazione razziale che negava ai cittadini neri i più elementari diritti civili. È, però, attraverso la letteratura che Nadine Gordimer attua la sua battaglia per una società più giusta, nella quale sia definitivamente cancellata ogni forma di discriminazione razziale. Acuta interprete delle vicende storiche e sociali del suo paese, ha incentrato molte opere sui temi dell'*apartheid*, considerato non solo come forma di razzismo, ma anche come scontro tra bianchi ricchi e neri poveri. Scrittrice molto feconda, ha pubblicato una quindicina di romanzi, oltre duecento novelle e numerosi saggi. Censurata in patria, è stata una voce molto ascoltata all'estero. Nel 1991 è stata insignita del premio Nobel per la letteratura, in segno di riconoscimento non solo per la sua intensa attività letteraria, ma anche per la sua testimonianza civile. Tra le sue opere più significative ricordiamo: il romanzo autobiografico *I giorni della menzogna* (1953), *Occasione d'amore* (1963), *Un ospite d'onore* (1970), *La figlia di Burger* (1979), *Luglio* (1981), *Una forza della natura* (1987), *Storia di mio figlio* (1990), *Scrivere ed essere. Lezioni di poetica* (1995), *Un'arma in casa* (1998), *L'aggancio* (2001), *Sveglia!* (2005). Fra le raccolte di novelle segnaliamo *Qualcosa là fuori* (1984), dieci racconti che si distaccano dal tema abituale dello scontro socio-politico, per addentrarsi nel mondo privato dei sentimenti. Nadine Gordimer muore a Johannesburg nel 2014.

quando succede – be, non succede mai. Non in quella sciocca, drammatica, nitida[9] astrazione. Chi può dire cosa sia "incurabile"? Chi può dire che una certa sofferenza sia terminale, e che non valga la pena prolungarla per poter sopravvivere? Alla tale hanno asportato un seno venti anni fa, e va ancora alle corse tutte le settimane. Il tal altro ha perso la prostata e lo vedi tracannare gin-and-tonic a tutte le feste, con la sua terza moglie.

Ma poco prima di andare all'ospedale per l'operazione esplorativa, aveva trovato il tempo e il luogo per riaffermare: "Se la cosa dovesse mettersi male, se stessi molto male... in qualsiasi momento, tu hai promesso che mi avresti aiutata a uscirne. Io per te lo farei." Lui non parlò. Giacevano insieme al buio; annuì con tanta forza che il patto si conficcò nella spalla di lei dal suo mento. L'osso le fece male. Poi lui fece l'amore, entrando nel suo corpo per sigillare l'accordo.

Dopo l'operazione, lei s'accorse del tubo che usciva dal proprio corpo, dell'aggeggio. Non ne parlavano mai; solo di cose allegre, solo di guarigione. La cosa – la ferita da cui usciva, e che, a differenza di ogni altra ferita, non si poteva richiudere era come un'accidentale[10] relazione amorosa, nella vita di uno dei due, il cui peso[11], se riconosciuto, avrebbe spaccato il loro tegumento[12]. Si sorridevano subito, ogni volta che i loro occhi s'incontravano. Non era sopportabile, dopo tutto. Occorreva davvero una fiaba. Se la raccontavano continuamente, ogni giorno, in ogni loro progetto per la settimana prossima, il mese prossimo o l'anno prossimo, senza mai battere ciglio; in ogni affermazione di continuare una vita quotidiana in cui nessuno dei due credeva. Non c'era parola che non fosse una bugia. *È arrivata la roba del droghiere. C'è stato un altro dirottamento. Stai comoda su quella sedia? Sembra che abbiano fissato le elezioni per questa primavera. Abbiamo bisogno di nuovi bicchieri da vino. Dovrei scrivere delle lettere. Ordina il caffè e i fiammiferi. Un'altra crisi nel Medio Oriente. Tira le tende, hai il sole negli occhi. Giovedì devo andare a farmi i capelli.* Ora, quando lui le prendeva una mano, lo faceva solo nella bugia dell'immortalità. La carne, dunque, per loro non era più reale.

Restava una sola cosa che, per sua natura, non poteva diventare una bugia. Restava un solo luogo dove l'amore poteva sopravvivere; la vita era stata tradita ma il patto non era con la vita.

Quel giovedì pomeriggio, l'accompagnò in macchina dal parrucchiere e, quando tornò a prenderla, le disse che era molto carina. Lei lo ringraziò goffamente, come una ragazza al suo primo complimento. Ma sotto sotto si sentiva sopraffatta – la prima emozione forte dopo tanti mesi che non fosse paura e disgusto – da un'immensa fiducia in lui. Quella sera, sola nella stanza che era diventata la sua camera da letto, contò le pillole che aveva accumulato e, prima di mandarle giù con l'acqua, infilò sotto il suo accendisigari questo messaggio per lui: "Mantieni la tua promessa. Non farmi rianimare."

Fin da quando era bambina, l'aveva sempre immaginata come un sonno profondo e niente altro. Fin da quando aveva visto per la prima

9 **nitida**: limpida, pulita.

10 **accidentale**: occasionale.

11 **peso**: inteso come gravità del male.

12 **tegumento**: è un termine di carattere medico, usato col valore di protezione, difesa.

Edward Hopper, *Albergo vicino alla ferrovia*, 1952. (Collezione Privata)

volta un uccello, che giaceva sotto una siepe e che non aveva aperto gli occhi quando lo aveva toccato con un ramoscello. Ma di un sonno ci si può render conto solo quando ci si sveglia, e quindi nessuno si renderà mai conto di questo sonno profondo. – Lei non aveva paura della morte, ma adesso era terrorizzata dall'idea di svegliarsi, di tornare indietro da quella che allora non era la morte, non poteva esserlo. Le sue palpebre erano rosee persiane attraverso le quali splendeva la luce. Le aprì sulle pareti luminose di una camera d'ospedale. C'era una mano nella sua: quella di lui.

N. Gordimer, *Qualcosa là fuori*, trad. it. di M. Caramella e E. Capriolo, Feltrinelli, Milano, 1986

# Attività

## Leggere e comprendere

1 **L'intervento** A quale parte del corpo la protagonista ha subìto un intervento chirurgico?
- **a.** Alla spalla
- **b.** All'addome
- **c.** Al seno
- **d.** Al cervello

2 **Il tono** Come si mostra la donna davanti alle conseguenze dell'intervento?
- **a.** Preoccupata
- **b.** Disgustata
- **c.** Fiduciosa
- **d.** Angosciata

3 **Il ricordo** I due coniugi, prima di conoscere da vicino l'«aggeggio» che adesso la donna porta attaccato al corpo, ne avevano già sentito parlare. In quale occasione ne avevano discusso?

LEGGENDO UN GIORNALE CON SUO MARITO NEL LETTO

4 **Lo stato d'animo** Con quale stato d'animo avevano giudicato allora la situazione che ora stanno vivendo?
- **a.** Repulsione e ilarità
- **b.** Compassione e dolore
- **c.** Sofferenza e timore
- **d.** Irritazione e scherno

5 **Il contatto con la sofferenza** Prima di sperimentare il male, i due coniugi parlavano in modo astratto di come affrontare e risolvere un'eventuale malattia incurabile. Che cosa scoprono quando si imbattono concretamente nella sofferenza?
- **a.** Sono coerenti con le loro lucide riflessioni
- **b.** Capiscono quanto valga poco la razionalità di fronte alla morte e all'amore
- **c.** Sono sicuri e determinati nel loro amore
- **d.** Affrontano con tanti discorsi il loro dramma

6 **La promessa** Quale promessa strappa al marito la donna prima dell'intervento chirurgico esplorativo necessario per una precisa diagnosi?

7 **La fiaba** Come appare dall'esterno la vita dei due coniugi, dopo l'intervento e l'applicazione dell'«aggeggio»?
- **a.** Piena di rinunce
- **b.** Piena di paure
- **c.** Normale e serena
- **d.** Carica di impegni e distrazioni

8 **La realtà** Essi sanno, pur senza mai dirselo, che la loro vita è piena di finzioni. Quali sono invece le cose vere che stanno alla base della loro realtà?

| | V | F |
|---|---|---|
| **a.** L'amore | ☒ | ☐ |
| **b.** Il benessere economico | ☐ | ☒ |
| **c.** Gli amici | ☐ | ☒ |
| **d.** Il patto sulla morte | ☒ | ☐ |
| **e.** La cultura | ☐ | ☒ |
| **f.** L'aspetto fisico | ☐ | ☒ |
| **g.** La morte | ☒ | ☐ |

9 **Il tentato suicidio** Perché la donna decide di togliersi la vita?
- **a.** Prova dolori troppo forti
- **b.** Non sopporta il disfacimento del corpo e la falsità della sua vita
- **c.** Non vuole costringere il marito ad assisterla nella malattia
- **d.** Si sente sola e poco dignitosa

10 **L'immaginazione** Fin da bambina la donna pensava alla morte. A che cosa la paragonava?

SONNO PROFONDO

11 **La morte** Sicura del patto stipulato col marito, la donna decide di darsi la morte. Però che cosa teme? L'IDEA DI SVEGLIARSI

12 **Il finale** La conclusione del racconto nega la validità delle riflessioni teoriche e del patto che legava i coniugi. Che cosa succede? Quali sentimenti hanno portato a questa conclusione? AMORE
TENTA DI SUICIDARSI MA VIENE SALVATA DAL MARITO

## Riconoscere e analizzare

13 **La *fabula* e l'intreccio** Come sono disposti nel racconto i fatti avvenuti?

a. In ordine cronologico

b. Con un intreccio capovolto dei fatti

c. Con un intreccio capovolto e numerosi *flashback* e *flashforward*

d. In ordine cronologico, con *flashback* e *flashforward*

14 **La struttura** Ti indichiamo la suddivisione del racconto in sequenze. Di ciascuna valuta se riporta i fatti nel loro succedersi cronologico (C) o se costituisce un'analessi (A).

«Persino i gatti...deciso di riderne» (rr. 1-4): ......A......

«L'unica volta...di fabbrica» (rr. 4-25): ......C......

«Ora l'aggeggio...progressi» (rr. 26-50): ......C......

«Ne avevano parlato...l'accordo» (rr. 51-67): ......A......

«Dopo l'operazione...reale» (rr. 68-83): ......C......

«Restava una sola cosa...rianimare» (rr. 84-99): ......A......

«Fin da quando era bambina...di lui» (rr. 100-110): ......A......

15 **Gli indicatori temporali** Sottolinea nel testo le espressioni (singole parole o gruppi di parole) che evidenziano il passare del tempo.

16 **La modalità prevalente** Quale modalità di tempo del racconto risulta prevalente nel testo?

a. Scena

b. Pausa

c. Sommario

d. Ellissi

17 **Il tempo del racconto** Rileggi per intero ciascun passo del testo indicato sotto e stabilisci se si tratta di una scena, una pausa, un sommario o un'ellissi.

«Erano passati a parlare...Occidente» (rr. 14-18):

..........................................................................................

«Tu rinunceresti per questo alla pausa per il tè e una sigaretta?» (rr. 21-22):

..........................................................................................S

«Dopo l'operazione...più reale» (rr. 68-83):

..........................................................................................P

«Quel giovedì pomeriggio...farmi rianimare» (rr. 87-99): ..........................................................................................P

18 **Il ritmo narrativo** La presenza prevalente della modalità indicata nella risposta precedente dovrebbe rendere veloce il ritmo del racconto. Tuttavia esso non appare tale. Perché?

19 **La prospettiva linguistica** Rileggi l'epilogo del racconto, diviso dalla precedente narrazione da uno spazio bianco (rr. 100-110), e classificane i verbi secondo la prospettiva linguistica.

| Primi piani (passato remoto) | Sfondi (imperfetto) | Recupero delle informazioni (trapassato prossimo) | Anticipazione delle informazioni (condizionale passato) | Presente atemporale |
|---|---|---|---|---|
| | | | | |

## Rielaborare e produrre

20 **La fiducia** «Ma sotto sotto si sentiva sopraffatta – la prima emozione forte dopo tanti mesi che non fosse paura e disgusto – da un'immensa fiducia in lui» (rr. 91-94). Come interpreti questo pensiero della protagonista? Fa bene ad aver piena fiducia nel marito, con cui ha stretto un patto, oppure la sua fiducia è mal riposta e il marito non si mostra leale? Esprimi la tua opinione in un breve testo di circa 80 parole.

21 **Il corpo** Oggi, forse più che nel passato, è difficile accettare un corpo malato, che presenta imperfezioni. Condividi questa opinione? Scrivi il tuo pensiero in un massimo di 100 parole.

22 **Discutere** La parola "eutanasia" significa "buona morte" e costituisce oggi un tema molto discusso per i problemi etici che lo accompagnano. Raccogli informazioni sull'argomento da articoli di giornale o saggi; poi discutine con i tuoi compagni in un dibattito in classe.

# Lo spazio

Le vicende presentate in un testo narrativo sono sempre inserite in uno **spazio** nel quale agiscono i personaggi e che l'autore crea con la sua sensibilità e con diverse tecniche descrittive. Lo spazio, quindi, costituisce un importante elemento nell'analisi del testo e il suo esame permette di comprendere meglio il testo stesso e lo stile dell'autore.

## Le rappresentazioni dello spazio

Gli ambienti in cui si svolge la vicenda possono essere classificati in due gruppi:
- **esterni**, cioè ambienti aperti, come città, campagne, spiagge o monti;
- **interni**, cioè ambienti chiusi, come case, scuole e uffici.

Inoltre, sulla base di come viene rappresentato, lo spazio può essere:
- **reale**, se contiene indicazioni di precisi luoghi geografici con le loro vere caratteristiche;
- **verosimile**, se, pur non essendo collocato in una individuabile area geografica, presenta elementi realistici, che potrebbero esistere nella realtà;
- **fantastico**, se la descrizione del narratore supera o contraddice la realtà.

## Le funzioni dello spazio

In base alle esigenze narrative, lo spazio può assumere varie funzioni:
- **sfondo** agli eventi della vicenda; lo spazio costituisce quasi il fondale, la scena teatrale in cui si muovono i personaggi, come avviene spesso nei romanzi di avventura:

> Dopo un pezzo scosceso tra due colline, il torrente si allargava formando uno stagno che d'estate si asciugava fino a diventare una pozzanghera nera. Il lago, lo chiamavamo. Dentro non c'erano pesci né girini, solo larve di zanzara e insetti pattinatori. Se ci infilavi i piedi, li tiravi fuori coperti di un fango scuro e puzzolente.
>
> Niccolò Ammaniti, *Io non ho paura*, Einaudi, Torino, 2001

- **specchio** dei sentimenti, degli stati d'animo dei personaggi; lo spazio suggerisce l'atmosfera di una vicenda e si carica delle emozioni o del carattere dei personaggi, come succede spesso nei romanzi epistolari o psicologici:

> Ho visitato le mie montagne, ho visitato il lago de' cinque fonti, ho salutato per sempre le selve, i campi, il cielo. O mie solitudini! o rivo, che mi hai la prima volta insegnato la casa di quella fanciulla celeste! quante volte ho sparpagliato i fiori su le tue acque che passavano sotto le sue finestre! quante volte ho passeggiato con Teresa per le tue sponde [...].
>
> Ugo Foscolo, *Le ultime lettere di Jacopo Ortis*, Einaudi, Torino, 2004

- **simbolo** di un concetto, di un'idea, di un ideale. Per esempio, lo spazio chiuso può rappresentare la costrizione, ma anche la sicurezza; lo spazio aperto può simboleggiare la libertà, ma anche l'incertezza; i paesaggi assolati possono essere associati alla gioia di vivere. Nel seguente esempio la sciara, roccia di colore nero, simboleggia l'esistenza oscura e arida del protagonista della novella, che non conosce la gioia degli affetti familiari, ma solo fatiche e difficoltà:

> La sciara si stendeva malinconica e deserta fin dove giungeva la vista, e saliva e scendeva in picchi e burroni, nera e rugosa, senza un grillo che vi trillasse, o un uccello che vi volasse su.
>
> Giovanni Verga, *Rosso Malpelo*, in *Tutte le novelle*, i Meridiani Mondadori, Milano, 1990

## • La descrizione dello spazio •

Oltre alla varietà e alla funzione dei luoghi presentati in un testo, occorre prestare attenzione anche alle tecniche utilizzate dall'autore per descrivere lo spazio. Si può avere:

- una **descrizione dettagliata**, puntuale, che rende lo spazio un elemento costitutivo, fondamentale del racconto:

> Il legno di ginepro ardeva nel caminetto e la piccola tavola del tè era pronta, con tazze e sottocoppe di maiolica di Castel Durante ornate di istoriette mitologiche da Luzio Dolci, antiche forme di inimitabile grazia, ove sotto le figure erano scritti in carattere corsivo a zaffara nera esametri di Ovidio. La luce entrava temperata dalle tende di broccatello rosso a melagrane d'argento, a foglie e a motti. Come il sole pomeridiano feriva i vetri, la trama fiorita delle tendine di pizzo si disegnava sul tappeto.
>
> Gabriele D'Annunzio, *Il piacere*, Mondadori, Milano, 1989

- una **descrizione sommaria**, sbrigativa, che costituisce solo lo sfondo delle azioni dei personaggi:

> Trovò una pensione con vista sul porto: moli ingombri di cataste di nasse da aragosta e un paese fatto di qualche bottega e quattro case sparse. Una donna che poteva avere la sua età faceva da mangiare per la cena.
>
> Alice Munro, *Dulse*, in *Le lune di Giove*, Einaudi, Torino, 2008

In entrambi i casi l'autore può procedere con un ordine preciso, sviluppando la descrizione:

- **dal particolare al generale**: l'attenzione è focalizzata dapprima su un elemento e si amplia poi all'ambiente circostante;
- **dal generale al particolare**: dopo la presentazione di un ampio quadro si scende ai singoli dettagli;
- **in senso circolare**: dato uno dei due modi in precedenza presentati, la descrizione si chiude tornando all'elemento iniziale.

Inoltre, l'autore può introdurre l'immagine degli spazi da diversi punti di vista:

- **diretto**: il narratore descrive gli ambienti come se lui stesso fosse l'osservatore:

> Quel ramo del lago di Como, che volge a mezzogiorno, tra due catene non interrotte di monti, tutto a seni e a golfi, a seconda dello sporgere e del rientrare di quelli, vien, quasi a un tratto, a restringersi, e a prender corso e figura di fiume, tra un promontorio a destra, e un'ampia costiera dall'altra parte.
>
> Alessandro Manzoni, *I promessi sposi*, Zanichelli, Bologna, 1994

- **indiretto**: la presentazione degli spazi perviene al lettore attraverso gli occhi di un personaggio:

> Parigi, più vasta dell'oceano, brillava dunque agli occhi di Emma in una atmosfera vermiglia. La sua fitta e tumultuante esistenza si suddivideva però in diverse parti, si classificava secondo quadri distinti. Emma ne percepiva solo due o tre, tali da nasconderle tutti gli altri e sufficienti a rappresentare ai suoi occhi l'intiera umanità. Il mondo delle ambasciate incedeva su pavimenti lucenti, in saloni tappezzati di specchi, intorno a tavoli ovali ricoperti d'un tappeto di velluto a frange d'oro. Lì, c'erano abiti a strascico, grandi misteri, angosce dissimulate da un sorriso.
>
> Gustave Flaubert, *Madame Bovary*, in *Opere*, i Meridiani Mondadori, Milano, 1997

La descrizione può risultare:

- **oggettiva**, se presenta gli spazi nel modo più obiettivo possibile, senza valutazioni o sensazioni personali, talora solo con indicazioni quantitative e geografiche:

> In un campo di grano avvallato tra due colline, stava, una mattina di giugno del 1574, il poeta Filippo Desportes, lettore e cortigiano di Enrico di Valois, ora Enrico III re di Francia. Vicino non c'erano castelli né fattorie, luoghi di convegno per cavalieri in partite di caccia; c'era solo questa grande campagna sommossa e collinosa, cosparsa di ciuffi d'alberi che diventavano foreste all'orizzonte dove le colline s'innalzavano a montagne. Ascoltò il vento, distinse il correre di una vena d'acqua, e al rumore, via via trabalzante, si ricordò del cavallo.
>
> Maria Bellonci, *Addio alla Polonia*, in AA.VV., *Romanzi e racconti*, Sadea Editore, Firenze, 1996

- **soggettiva**, se i luoghi appaiono carichi di emozioni, animati dalle sensazioni dei personaggi:

> È notte ormai e la luce fluisce più rossa attraverso i vetri color di sangue e terribile è il bruno delle funebri tappezzerie, e a chi mette piede sul lugubre tappeto, più solenne e largo arriva il rumore dei rintocchi.
>
> Edgar Allan Poe, *La maschera della Morte Rossa*, in *Racconti del terrore*, Oscar Mondadori, Milano, 2013

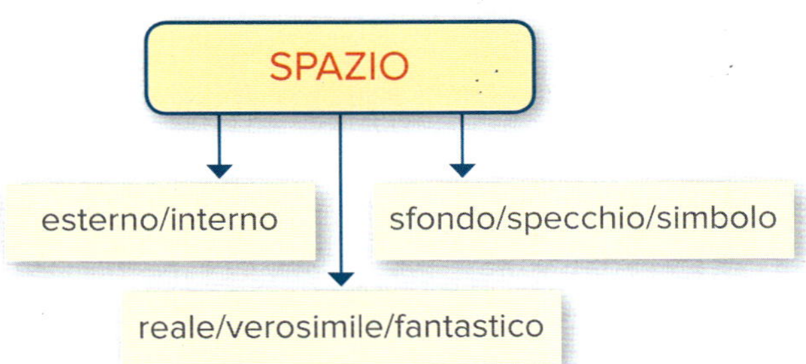

Italo Calvino

# L'avventura di due sposi

ANALISI VISUALE

Da
I racconti, 1958

Racconto realistico

Come si può far funzionare un rapporto di coppia quando ci si incontra a stento? Lui fa i turni di notte; lei lavora di giorno. Un giovane marito e una giovane moglie sono costretti a inseguirsi e a ritagliarsi qualche tenerezza di sfuggita, sempre con l'ansia di dover uscire per far fronte all'impegno del lavoro.

L'operaio Arturo Massolari faceva il turno della notte, quello che finisce alle sei. Per rincasare aveva un lungo tragitto, che compiva in bicicletta nella bella stagione, in tram nei mesi piovosi e invernali. Arrivava a casa tra le sei e tre quarti e le sette, cioè alle volte un po' prima alle volte un po' dopo che suonasse la sveglia della moglie, Elide.

Spesso i due rumori: il suono della sveglia e il passo di lui che entrava si sovrapponevano nella mente di Elide, raggiungendola in fondo al sonno, il sonno compatto della mattina presto che lei cercava di spremere ancora per qualche secondo col viso affondato nel guanciale. Poi si tirava su dal letto di strappo e già infilava le braccia alla cieca nella vestaglia, coi capelli sugli occhi. Gli appariva così, in cucina, dove Arturo stava tirando fuori i recipienti vuoti dalla borsa che si portava con sé sul lavoro: il portavivande, il termos, e li posava sull'acquaio[1]. Aveva già acceso il fornello e aveva messo su il caffè. Appena lui la guardava, a Elide veniva da passarsi una mano sui capelli, da spalancare a forza gli occhi, come se ogni volta si vergognasse un po' di questa prima immagine che il marito aveva di lei entrando in casa, sempre così in disordine, con la faccia mezz'addormentata. Quando due hanno dormito insieme è un'altra cosa, ci si ritrova al mattino a riaffiorare entrambi dallo stesso sonno, si è pari.

Alle volte invece era lui che entrava in camera a destarla, con la tazzina del caffè, un minuto prima che la sveglia suonasse; allora tutto era più naturale, la smorfia per uscire dal sonno prendeva una specie di dolcezza pigra, le braccia che s'alzavano per stirarsi, nude, finivano per cingere il collo di lui. S'abbracciavano. Arturo aveva indosso il giaccone impermeabile; a sentirselo vicino lei capiva

Felice Casorati, *La colazione*, 1929. (Collezione Privata)

1 **acquaio**: lavandino della cucina.

il tempo che faceva: se pioveva o faceva nebbia o c'era neve, a secondo di com'era umido e freddo. Ma gli diceva lo stesso: – Che tempo fa? – e lui attaccava il suo solito brontolamento mezzo ironico, passando in rassegna gli inconvenienti che gli erano occorsi[2], cominciando dalla fine: il percorso in bici, il tempo trovato uscendo di fabbrica, diverso da quello di quando c'era entrato la sera prima, e le grane sul lavoro, le voci che correvano nel reparto, e così via.

2 **occorsi**: capitati.

A quell'ora, la casa era sempre poco scaldata, ma Elide s'era tutta spogliata, un po' rabbrividendo, e si lavava, nello stanzino da bagno. Dietro veniva lui, più con calma, si spogliava e si lavava anche lui, lentamente, si toglieva di dosso la polvere e l'unto dell'officina. Così stando tutti e due intorno allo stesso lavabo, mezzo nudi, un po' intirizziti, ogni tanto dandosi delle spinte, togliendosi di mano il sapone, il dentifricio, e continuando a dire le cose che avevano da dirsi, veniva il momento della confidenza, e alle volte, magari aiutandosi a vicenda a strofinarsi la schiena, s'insinuava una carezza, e si trovavano abbracciati.

Ma tutt'a un tratto Elide: – Dio! Che ora è già! – e correva a infilarsi il reggicalze, la gonna, tutto in fretta, in piedi, e con la spazzola già andava su e giù per i capelli, e sporgeva il viso allo specchio del comò, con le mollette strette tra le labbra. Arturo le veniva dietro, aveva acceso una sigaretta, e la guardava stando in piedi, fumando, e ogni volta pareva un po' impacciato, di dover stare lì senza poter fare

## L'AUTORE

**Italo Calvino** nasce nel 1923 a Santiago de las Vegas (Cuba), dove il padre si era trasferito per lavoro. Due anni dopo la famiglia rientra in Italia, a Sanremo, e qui Calvino compie gli studi fino al liceo. Nel 1942 si iscrive alla facoltà di Agraria a Torino, ma presto la abbandona per seguire altri interessi. Durante la Seconda guerra mondiale aderisce al Partito comunista e partecipa alla Resistenza nella formazione partigiana che opera in Liguria. Nel dopoguerra, di nuovo a Torino, si iscrive alla facoltà di Lettere e pubblica il suo primo romanzo, *Il sentiero dei nidi di ragno* (1947), ispirato all'esperienza partigiana, come pure i racconti di *Ultimo viene il corvo* (1949). Inizia anche a collaborare al giornale del Partito comunista "l'Unità" e a lavorare per la casa editrice Einaudi, insieme a Cesare Pavese (1908-1950), Elio Vittorini (1908-1966) e Natalia Ginzburg (1916-1991).

Negli anni Cinquanta Calvino abbandona i temi della Resistenza per raccontare nei modi della fiaba la condizione dell'uomo contemporaneo dietro la spinta della nuova realtà industriale. Nascono in questo contesto i romanzi che formano la trilogia *I nostri antenati* (*Il visconte dimezzato*, 1952; *Il barone rampante*, 1957; *Il cavaliere inesistente*, 1959). Dello stesso periodo sono l'importante raccolta di *Fiabe italiane* (1956) trascritte dai dialetti regionali, e i racconti di *Marcovaldo, ovvero Le stagioni in città* (1963), incentrati sulle vicende surreali di una famiglia contadina trapiantata in città. Nel 1964 lo scrittore si trasferisce a Parigi, dove, entrato in contatto con le più recenti teorie letterarie e con scrittori d'avanguardia come Raymond Queneau (1903-1976) e Georges Perec (1936-1982), esplora egli stesso nuove possibili combinazioni narrative, approfondendo in particolare il rapporto tra letteratura e scienza. Nascono così le prose fantascientifiche di *Le cosmicomiche* (1965) e *Ti con zero* (1967) e quelle sperimentali di *Le città invisibili* (1972), *Il castello dei destini incrociati* (1973), *Se una notte d'inverno un viaggiatore* (1979). Tra i suoi ultimi lavori figurano i racconti di *Palomar* (1983), il cui protagonista indaga tutti i fenomeni nel tentativo di dare un ordine a un mondo sempre più caotico e complesso.

Nel 1980 Calvino si stabilisce a Roma. Nel 1985, in procinto di partire per l'America per tenere un ciclo di conferenze ad Harvard, è colpito da un grave malore e muore. Le *Lezioni americane* con i testi delle conferenze che avrebbe dovuto tenere nell'università americana vengono pubblicate postume nel 1988.

nulla. Elide era pronta, infilava il cappotto nel corridoio, si davano un bacio, apriva la porta e già la si sentiva correre giù per le scale.

Arturo restava solo. Seguiva il rumore dei tacchi di Elide giù per i gradini, e quando non la sentiva più continuava a seguirla col pensiero, quel trotterellare veloce per il cortile, il portone, il marciapiede, fino alla fermata del tram. Il tram lo sentiva bene, invece: stridere, fermarsi, e lo sbattere della pedana a ogni persona che saliva. «Ecco, l'ha preso», pensava, e vedeva sua moglie aggrappata in mezzo alla folla d'operai e operaie sull'«undici», che la portava in fabbrica come tutti i giorni. Spegneva la cicca[3], chiudeva gli sportelli alla finestra, faceva buio, entrava in letto.

Il letto era come l'aveva lasciato Elide alzandosi, ma dalla parte sua, di Arturo, era quasi intatto, come fosse stato rifatto allora. Lui si coricava dalla propria parte, per bene, ma dopo allungava una gamba in là, dov'era rimasto il calore di sua moglie, poi ci allungava anche l'altra gamba, e così a poco a poco si spostava tutto dalla parte di Elide, in quella nicchia di tepore che conservava ancora la forma del corpo di lei, e affondava il viso nel suo guanciale, nel suo profumo, e s'addormentava.

Quando Elide tornava, alla sera, Arturo già da un po' girava per le stanze: aveva acceso la stufa, messo qualcosa a cuocere. Certi lavori li faceva lui, in quelle ore prima di cena, come rifare il letto, spazzare un po', anche mettere a bagno la roba da lavare. Elide poi trovava tutto malfatto, ma lui a dir la verità non ci metteva nessun impegno in più: quello che lui faceva era solo una specie di rituale per aspettare lei, quasi un venirle incontro pur restando tra le pareti di casa, mentre fuori s'accendevano le luci e lei passava per le botteghe in mezzo a quell'animazione fuori tempo[4] dei quartieri dove ci sono tante donne che fanno la spesa alla sera.

Alla fine sentiva il passo per la scala, tutto diverso da quello della mattina, adesso appesantito, perché Elide saliva stanca dalla giornata di lavoro e carica della spesa.

Arturo usciva sul pianerottolo, le prendeva di mano la sporta, entravano parlando. Lei si buttava su una sedia in cucina, senza togliersi il cappotto, intanto che lui levava la roba dalla sporta. Poi: – Su, diamoci un addrizzo[5], – lei diceva, e s'alzava, si toglieva il cappotto, si metteva in veste da casa. Cominciavano a preparare da mangiare: cena per tutt'e due, poi la merenda che si portava lui in fabbrica per l'intervallo dell'una di notte, la colazione che doveva portarsi in fabbrica lei l'indomani, e quella da lasciare pronta per quando lui l'indomani si sarebbe svegliato.

Lei un po' sfaccendava un po' si sedeva sulla seggiola di paglia e diceva a lui cosa doveva fare. Lui invece era l'ora in cui era riposato, si dava attorno, anzi voleva far tutto lui, ma sempre un po' distratto, con la testa già ad altro. In quei momenti lì, alle volte arrivavano sul punto di urtarsi, di dirsi qualche parola brutta, perché lei lo avrebbe voluto più attento a quello che faceva, che ci mettesse più impegno, oppure che fosse più attaccato a lei, le stesse più vicino, le desse più consolazione. Invece lui, dopo il primo entusiasmo perché

3 **la cicca**: la sigaretta rimasta.

4 **animazione fuori tempo**: movimento di gente tardivo, rispetto a quello dei quartieri più ricchi, in cui si facevano compere per lo più nelle ore pomeridiane piuttosto che in quelle serali.

5 **un addrizzo**: una mossa.

Mario Sironi, *Periferia*, 1948. (Faenza, Pinacoteca Comunale)

lei era tornata, stava già con la testa fuori di casa, fissato nel pensiero di far presto perché doveva andare.

Apparecchiata tavola, messa tutta la roba pronta a portata di mano per non doversi più alzare, allora c'era il momento dello struggimento[6] che li pigliava tutti e due d'avere così poco tempo per stare insieme, e quasi non riuscivano a portarsi il cucchiaio alla bocca, dalla voglia che avevano di star lì a tenersi per mano.

Ma non era ancora passato tutto il caffè e già lui era dietro la bicicletta a vedere se ogni cosa era in ordine. S'abbracciavano. Arturo sembrava che solo allora capisse com'era morbida e tiepida la sua sposa. Ma si caricava sulla spalla la canna della bici e scendeva attento le scale.

Elide lavava i piatti, riguardava la casa da cima a fondo, le cose che aveva fatto il marito, scuotendo il capo.

Ora lui correva le strade buie, tra i radi fanali[7], forse era già dopo il gasometro[8]. Elide andava a letto, spegneva la luce. Dalla propria parte, coricata, strisciava un piede verso il posto di suo marito, per cercare il calore di lui, ma ogni volta s'accorgeva che dove dormiva lei era più caldo, segno che anche Arturo aveva dormito lì, e ne provava una grande tenerezza.

I. Calvino, *Romanzi e racconti*, Mondadori, Milano, 1991

6 **struggimento**: rimpianto, tristezza.

7 **i radi fanali**: i pochi lampioni stradali.

8 **gasometro**: grande struttura che serviva per immagazzinare il gas.

# Attività

## Leggere e comprendere

1 **I turni** Elide e Arturo si incontrano a casa in precisi momenti della giornata. Quali sono?

a. Le sette circa di mattina e le sette circa di sera (X)

b. La pausa per il pranzo

c. Le sei del mattino

d. Dopo le nove di sera

2 **I ritmi** Perché la loro vita ha questi ritmi?

LUI DI NOTTE / LEI LAVORA DI GIORNO

3 **L'imbarazzo** Quando la mattina il marito rientra, Elide lo raggiunge in cucina e si vergogna della propria aria assonnata e trasandata. Perché in lei nasce questa sensazione?

SI VERGOGNAVA DELLA PRIMA IMMAGINE CHE IL MARITO AVEVA DI LEI ENTRANDO IN CASA

VORREBBE CHE IL MARITO LA VEDE BELLA

4 **I momenti insieme** I due sposi passano qualche momento insieme prima delle otto di mattina. Come trascorrono questi attimi? Rileggi attentamente il testo e riporta con parole tue le loro azioni.

S'ABBRACCIAVANO

SI LAVAVANO NELLO STANZINO DA BAGNO INSIEME UN PO' INTIRIZZITI

5 **Il tepore** Nella solitudine del letto entrambi gli sposi cercano il tepore lasciato dal coniuge. Che cosa esprime questo gesto?

a. Solitudine

b. Il freddo che sentono a causa dell'inverno

c. Amore e tenerezza (X)

d. Il piacere di stare comodi nel letto

6 **La cura della casa** Perché al ritorno di Elide i due coniugi «arrivavano sul punto di urtarsi» (rr. 93-94)?

PERCHÉ LUI NON STAVO ATTENTO A CIÒ CHE FACEVA / PERCHÉ PENSAVA AD ALTRO

7 **Il tempo insieme** Quali occupazioni impegnano gli sposi nel breve tempo che trascorrono insieme e come mostrano i loro sentimenti?

S'ABBRACCIAVANO

8 **Lo struggimento** Che cosa angustia i due coniugi?

a. Hanno modi diversi di vedere la realtà

b. Hanno poco tempo per stare insieme (X)

c. Mancano i soldi per affrontare la quotidianità

d. Vorrebbero essere liberi e ricchi

9 **Il pensiero** L'amore che lega i coniugi e il rimpianto reciproco sono evidenti anche dopo che essi sono usciti dalla casa. Come lo si può capire?

10 **La tenerezza** È facile comprendere quanto si amino i due giovani. Come esprimono il loro sentimento?

## Riconoscere e analizzare

11 **I luoghi** Descrivi i luoghi in cui si svolge la vicenda.

12 **Gli interni e gli esterni** Spiega quale funzione simbolica ha l'alternanza di spazi interni e spazi esterni.

13 **Il punto di vista diretto e indiretto** Nel testo i luoghi interni ed esterni vengono presentati da punti di vista diversi. Quali?

a. Gli interni dal narratore, gli esterni attraverso le percezioni dei personaggi
b. Gli interni e gli esterni dal narratore
c. Gli esterni dal narratore, gli interni dai personaggi
d. Gli interni e gli esterni attraverso la percezione dei personaggi

14 **Il canale percettivo** Attraverso quale canale percettivo sono descritti prevalentemente i luoghi esterni?

a. Visivo
b. Acustico
c. Tattile
d. Olfattivo

15 **La rappresentazione dei luoghi** Nel testo non vi sono informazioni che permettano di individuare con precisione la città industriale in cui è ambientata la vicenda. Come definiresti quindi la rappresentazione dei luoghi?

16 **La funzione dello spazio** I luoghi presentati svolgono rispetto alla vicenda la funzione di sfondo, specchio o simbolo? Motiva la tua risposta.

17 **La descrizione** Ti sembra che la descrizione dei luoghi sia condotta in modo dettagliato o sommario? Soggettivo o oggettivo? Motiva la tua risposta.

18 **L'ordine** Considera gli elementi descrittivi presenti nel racconto. Con quale ordine ti sembra che siano presentati?

a. Dal generale al particolare
b. Dal particolare al generale
c. In senso circolare
d. Nell'ordine cronologico in cui appaiono al protagonista

## Rielaborare e produrre

19 **Discutere** «Invece lui, dopo il primo entusiasmo perché lei era tornata, stava già con la testa fuori di casa, fissato nel pensiero di far presto perché doveva andare» (rr. 99-101): Arturo è distratto e pensa al lavoro. Come giudichi questo suo atteggiamento? È poco rispettoso nei confronti della moglie a cui dedica già così poco tempo oppure egli dimostra di essere un uomo serio e responsabile e il suo atteggiamento di apprensione è comprensibile? Esprimi il tuo giudizio in un dibattito in classe.

20 **La famiglia e il lavoro** Armonizzare famiglia e lavoro non è facile. La necessità di lavorare fuori casa può produrre incomprensioni nelle famiglie a causa di assenze troppo lunghe o frequenti, mancanza di collaborazione fra i coniugi, troppo poco tempo trascorso con i figli. Rifletti sul tema, considerando anche se questo problema esiste e come si affronta nella tua famiglia. Stendi quindi un testo di circa 200 parole in cui esponi le tue riflessioni.

21 **Il tuo racconto** Rifletti su quanto hai letto nel brano, in particolare sull'importanza che hanno le parole e le azioni in un rapporto sentimentale. Produci quindi un racconto di circa 200 parole dal titolo "Le parole in amore non sono essenziali".

# I personaggi

La riflessione sui **personaggi** è un aspetto centrale dell'analisi di un testo narrativo. Da qui l'esigenza di mettere a fuoco i seguenti aspetti:

- la presentazione dei personaggi;
- la caratterizzazione dei personaggi;
- il sistema dei personaggi.

## La presentazione dei personaggi

Un personaggio può entrare nel racconto in diversi modi:

- **può essere presentato dal narratore**, che ne delinea un ritratto fisico e psicologico:

> Era alta, magra; aveva soltanto un seno fermo e vigoroso da bruna e pure non era più giovane; era pallida come se avesse sempre addosso la malaria, e su quel pallore due occhi grandi così, e delle labbra fresche e rosse, che vi mangiavano. Al villaggio la chiamavano la Lupa.
>
> Giovanni Verga, *La Lupa*, in *Tutte le novelle*, i Meridiani Mondadori, Milano, 1990

- **può essere introdotto da un altro personaggio**, il quale lo presenta esprimendo il proprio punto di vista:

> In quel tempo volevo molto bene a mio cugino Andrea. Era un ragazzo, proprio un ragazzo, più giovane di me di quattro anni, e io ne avevo sedici. Buffo era: buffo nella persona, nei gesti, nelle parole; troppo alto per la sua età, più alto di me di parecchio, aveva le gambe lunghe e nude, tutte d'un pezzo, e la vita che pareva gli incominciasse sotto le ascelle. Dava noia a tutti e chiamava mia madre: «Zia Memma» prolungando, a seconda dei casi, la *a*: Memmaa, Memmaaa, Memmaaaa.
>
> Romano Bilenchi, *Mio cugino Andrea*, Vallecchi, Firenze, 1943

- **può presentarsi da sé**, con tono confidenziale, usando la prima persona:

> Io ero «un impiastro» per varie ragioni. Non sapevo vestirmi da sola, né allacciarmi le scarpe; non sapevo rifarmi il letto né accendere il gas; non sapevo lavorare a maglia, benché più volte mi fossero stati messi in mano dei ferri da calza; ero inoltre assai disordinata e lasciavo la mia roba in giardino, come se avessi avuto, diceva mia madre, «venti servitori»; quando c'erano invece bambine che alla mia età facevano il bucato, stiravano e cucinavano intieri pranzi.
> [...] non ero come quelle bambine svelte e invidiabili, che stiravano e rammendavano lenzuola, maneggiavano sapone e denari, aprivano e chiudevano con la chiave la porta di casa e salivano sole sui tram. Da loro mi separavano distanze sconfinate e senza rimedio. Non c'era, del resto, nulla in cui io fossi dotata: non ero sportiva, non ero studiosa, non ero nulla: e ad un tratto questo [...] mi sembrò una grande disgrazia.
>
> Natalia Ginzburg, *I baffi bianchi*, in *Opere*, i Meridiani Mondadori, vol. 2, Milano, 2000

- **può essere presentato con tecnica mista**, cioè sia dal narratore, sia dagli altri personaggi, sia da se stesso. Lo scrittore Dino Buzzati (1906-1972), ad esempio, ricorre a più voci per delineare il profilo di un soldato appena tornato dal fronte:

> Egli non disse quasi parola, troppa fatica costandogli trattenere il pianto. Aveva subito deposto la pesante sciabola su una sedia, in testa portava ancora il berretto di pelo. «Lasciati vedere» diceva tra le lacrime la madre, tirandosi un po' indietro «lascia vedere quanto sei bello. Però sei pallido, sei».
> Era alquanto pallido infatti e come sfinito. Si tolse il berretto, avanzò in mezzo alla stanza, si sedette. Che stanco, che stanco, perfino a sorridere sembrava facesse fatica. «Ma togliti il mantello, creatura» disse la mamma, e lo guardava come un prodigio, sul punto d'esserne intimidita; com'era diventato alto, bello, fiero (anche se un po' troppo pallido). «Togliti il mantello, dammelo qui, non senti che caldo?».
> Lui ebbe un brusco movimento di difesa, istintivo, serrandosi addosso il mantello, per timore forse che glielo strappassero via.
> «No, no lasciami» rispose evasivo «preferisco di no, tanto, tra poco devo uscire...».
>
> Dino Buzzati, *Il mantello*, in *La boutique del mistero*, Oscar Mondadori, Milano, 2000

- **può essere presentato indirettamente**, sulla base delle azioni che svolge, dei pensieri che elabora, dei giudizi che esprime. In questo caso è il lettore a ricavare il quadro complessivo del personaggio:

> Alberto non si svegliava tardi, ma si alzava dal letto tardissimo, perché nessuno spettacolo piaceva ai suoi occhi come quello del buio fitto. Egli spingeva lo sguardo nella tenebra che gli stava davanti, ignorando se guardasse lontano o vicino, e rovesciava la bocca per toccare con l'interno delle labbra l'orlo del lenzuolo che gli copriva anche il naso. Così passavano due ore. Poi si alzava in pantofole, e permetteva l'ingresso nella camera di un piccolissimo raggio di sole. Aggirandosi nudo in questo barlume, cercava nei cassetti e negli armadi, rovesciava gli ingombri che stavano sulle poltrone, finché socchiudeva la porta e gridava: «Un paio di calze!». La sua voce giungeva molto gradita in cucina, dove la madre si asciugava lesta lesta le mani e mormorava: «Alberto!». Nello stesso momento, il padre, dallo studio, gridava alla moglie: «Chiama Alberto!». La cameriera, posata la scopa, usciva dal corridoio dicendo: «Chiama il signorino Alberto!». La portinaia suonava il campanello dell'atrio per avvertire, con una mano attorno alla bocca: «Mi pare che chiami il signor Alberto!».
>
> Vitaliano Brancati, *Poche e molte parole*, in *Opere*, i Meridiani Mondadori, vol. 2, Milano, 2004

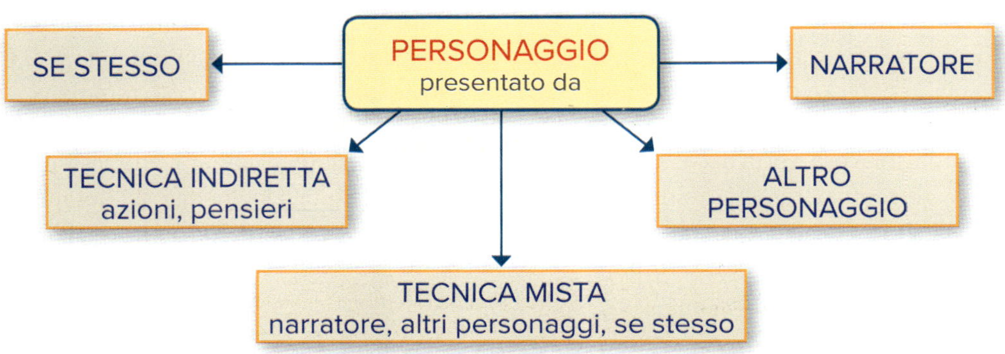

# • La caratterizzazione dei personaggi •

Nel costruire un personaggio, l'autore si preoccupa in primo luogo di delinearne la personalità, facendo emergere tutti quegli elementi che contribuiscono a renderlo credibile, funzionale alla storia, interessante per chi legge.

> Mr Bennet era un così strano miscuglio di prontezza, sarcasmo, riserbo e bizzarria che l'esperienza di ventitre anni non era bastata a farne capire il carattere alla moglie. La personalità di lei era molto meno complicata. Era una donna d'intelligenza mediocre, di scarsa istruzione e di poco carattere. Quando era scontenta, diceva di essere nervosa. Lo scopo della sua vita consisteva nel trovar marito alle figlie; il suo svago erano le visite e i pettegolezzi.
>
> Jane Austen, *Orgoglio e pregiudizio*, Einaudi, Torino, 2007

Per analizzare un personaggio ne vanno considerate:

- le **caratteristiche fisiche**;
- le **caratteristiche psicologiche**;
- le **caratteristiche sociali e culturali**.

È da questi elementi che il lettore può ricostruire il ritratto completo di un personaggio, individuando ciò che lo caratterizza. Non sempre tali elementi sono tutti presenti o vengono presentati contemporaneamente; anzi, soprattutto nella narrativa moderna, il carattere e la psicologia dei personaggi vengono via via approfonditi durante lo svolgersi della vicenda.

Tuttavia, molto spesso, sin dal primo apparire di un personaggio il narratore tende a caratterizzarlo, nel senso che cerca di far trasparire qualche elemento fisico o psicologico che lo renda unico in tutta la vicenda, qualche elemento che già ne suggerisca il ruolo. Nel romanzo di Louis Malle (1932-1995), *Arrivederci ragazzi*, ambientato nel 1944, il protagonista si rifugia in un collegio diretto da religiosi celando ai compagni la sua vera identità di giovane ebreo. Questo segreto è suggerito sul piano letterario da un atteggiamento di prudenza che compare sin dall'inizio:

> Mentre salutiamo in coro il direttore, l'attenzione si è fissata sul viso di un ragazzo alto, bruno, che si ferma nella nostra stanza con padre Jean, mentre gli altri due proseguono verso il dormitorio dei grandi.
>
> Lo ricordo: indossava un cappotto marrone un po' stretto e corto per la sua statura. In mano una valigia di cartone. Un bel viso, mi parve subito, con occhi molto scuri che mi colpirono per un'espressione inconsueta e seria. Ma quello che soprattutto mi stupì in lui, e attirò il mio interesse sin dal primo momento, fu il suo atteggiamento riservato, quasi distaccato, pensieroso.
>
> Louis Malle, *Arrivederci ragazzi*, Archimede, Milano, 1993

# • Il sistema dei personaggi •

È importante anche mettere in evidenza le relazioni che si stabiliscono tra i personaggi: è infatti dai rapporti che intercorrono tra di essi che si delineano ruoli e caratteri, amicizie e rivalità. Tali relazioni vanno a determinare il cosiddetto **sistema dei personaggi**.

Nell'ambito di questo sistema si distinguono in primo luogo i personaggi principali e i personaggi secondari:

- i **personaggi principali** sono coloro che reggono lo sviluppo della vicenda nelle sue trame più importanti. Fra di essi si distingue il **protagonista**, colui che è presente in tutti i passaggi decisivi del racconto ed è sempre al centro della storia. A volte, invece di un solo protagonista, è possibile trovare più personaggi sullo stesso piano d'importanza: in questo caso si parla di **comprimari**;
- i **personaggi secondari** svolgono un ruolo di secondo piano, di contorno alle azioni dei protagonisti. A volte sono partecipi dei fatti principali, ma quando non hanno una loro specifica caratterizzazione, si parla di **comparse**.

Dunque, in ogni testo narrativo è possibile individuare personaggi più o meno importanti. Tuttavia, gli studiosi delle tecniche della narrazione sono soliti costruire un sistema dei personaggi più articolato che prevede:

- il **protagonista**: di questa figura centrale abbiamo appena parlato. Qui aggiungeremo che è possibile anche chiamarlo **eroe**, positivo o negativo a seconda dei valori morali che incarna;
- l'**antagonista**: è il personaggio che nella vicenda si oppone al protagonista, è il suo avversario; ha un ruolo importante nella rottura dell'equilibrio iniziale e quindi nello sviluppo della narrazione. Protagonista e antagonista si contendono un **oggetto del desiderio**, che può essere una persona, una cosa o un concetto astratto (il potere, la ricchezza, la giustizia);
- l'**aiutante**: è colui che ha il compito di "aiutare" il protagonista, intervenendo nella vicenda al suo fianco. È possibile individuare più aiutanti, ma nell'analisi occorre distinguerli dai **falsi aiutanti**, personaggi che per vari motivi tradiscono le aspettative del protagonista;
- l'**oppositore**: nella trama delle relazioni è il personaggio che contrasta anch'egli l'azione del protagonista, quindi si colloca al fianco dell'antagonista, finendo con l'essere un suo aiutante.

PAROLE *sotto la lente*

**Protagonista**

Il termine viene dal greco *protagonistés* (composto di *prótos* = primo, e *agonistés* = lottatore), che indicava propriamente colui che per primo scendeva nell'agone (in greco *agón*), ovvero partecipava a una gara sportiva, letteraria o musicale; nel teatro classico, in particolare, il sostantivo indicava l'interprete principale di un dramma. Nell'italiano contemporaneo il termine indica più in generale il personaggio principale di un'opera (letteraria, cinematografica, ecc.) oppure chi svolge un ruolo di primo piano in una vicenda ("il protagonista di un episodio di cronaca nera") o riveste una posizione di prestigio in un determinato ambito ("un protagonista della politica").

Attività

Dal greco *prótos* è derivato il prefisso *proto-*, che in italiano ritroviamo in un sostantivo comune indicante il modello originale o il primo esemplare di qualcosa. Di quale termine si tratta?

Questa distinzione di ruoli, tipica della fiaba tradizionale, è alquanto schematica e nell'analisi di romanzi e racconti non va applicata in maniera rigida.

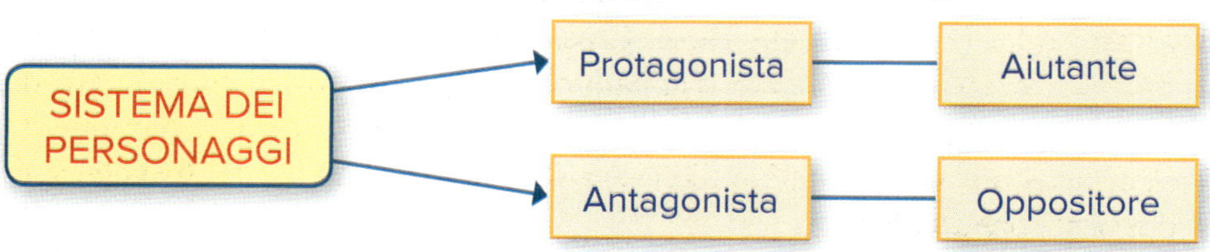

James Joyce

# Eveline

Partire o restare? Affrontare con il proprio uomo una nuova vita carica d'interrogativi, forse di felicità, oppure continuare a sostenere il peso della famiglia, un giorno dopo l'altro? È questo il dilemma che deve affrontare la diciannovenne Eveline, tutta sola nella scelta.

Da
Gente di Dublino, 1914

Racconto psicologico

Seduta alla finestra guardava la sera invadere il viale. Teneva la testa appoggiata contro le tendine e sentiva nelle narici l'odore del *crétonne*[1] polveroso. Era stanca.

Poca gente per strada. Passò l'inquilino della casa di fondo che rientrava. Sentì i passi risuonare sul marciapiede di cemento, poi lo scricchiolio della ghiaia sul sentiero dinanzi alla fila di costruzioni nuove, color mattone. Un tempo c'era un campo laggiù e loro[2] solevano giocarci ogni sera, insieme agli altri ragazzi del quartiere. Poi l'aveva comprato un tale di Belfast[3] e ci aveva costruito delle case; non misere casupole nere come le loro, ma case chiare in mattoni, dal tetto lucente. Tutti i ragazzi del viale avevano giocato in quel campo: i Devine, i Water, i Dunn, il piccolo Keogh lo zoppo e lei coi suoi fratelli e sorelle. Solo Ernest non ci giocava: era troppo grande. Spesso veniva il padre a scacciarli di là col suo bastone di pruno, ma di solito il piccolo Keogh stava di guardia e chiamava non appena lo vedeva arrivare. Eppure parevan bei tempi quelli! Il padre non era ancora così cattivo e la mamma era ancora viva. Molti anni erano passati da allora: adesso lei e i suoi fratelli e sorelle s'erano fatti grandi e la mamma era morta. Anche Tizzie Dunn era morto e i Water erano tornati in Inghilterra. Come tutto cambia! Toccava a lei ora d'andarsene come gli altri, lasciare la casa.

La sua casa! Si guardò attorno nella stanza fissando ad uno ad uno gli oggetti familiari che in tutti quegli anni aveva spolverato regolarmente una volta alla settimana, domandandosi sempre da dove poteva venire tanta polvere. Forse non li avrebbe più visti quegli oggetti, dai quali mai aveva immaginato di doversi separare un giorno. Nonostante ne fosse passato del tempo, ancora non era riuscita a sapere il nome del prete la cui fotografia ingiallita pendeva dalla parete sopra l'harmonium[4] scordato, accanto alla stampa a colori dei voti dedicati alla Beata Margherita Maria Alacoque[5]. Era stato un compagno di scuola del padre e ogni volta che questi mostrava il ritratto a un visitatore non mancava d'accompagnare il gesto con una parola casuale:

«È a Melbourne[6] adesso.»

Sì, aveva acconsentito ad andarsene, a lasciare la casa. Ma era ragionevole da parte sua? Si sforzava di prendere in considerazione ogni lato del problema. Lì almeno non le sarebbero mai mancati cibo e alloggio; né, quel che più conta, le persone che era avvezza a vedersi intorno sin dalla nascita. Certo doveva lavorare, e lavorare sodo, sia in casa che fuori. Chissà cosa avrebbero detto ai Magazzini quando si fosse risaputo che era scappata con un giovanotto? Le avrebbero dato della scema, forse, e messo un annuncio sul giornale per sostituirla. Sarebbe stata contenta la signorina Gavan. Non le aveva mai risparmiato le sue stoccate, specie se c'era gente che sentiva.

1 ***crétonne***: tessuto di cotone dai colori vivaci, usato per tappezzeria, tende e abiti femminili.
2 **loro**: Eveline e i suoi fratelli.
3 **Belfast**: la capitale dell'Irlanda del Nord.
4 **harmonium**: strumento musicale a tastiera e pedale, simile, nel suono, all'organo.
5 **Beata... Alacoque**: monaca francescana vissuta nel XVII secolo.
6 **Melbourne**: città in Australia.

«Non vedete che le signore aspettano, signorina Hill?»
«Ma svegliatevi signorina Hill, fatemi il piacere...»
Non c'era da piangerci davvero a lasciare i Magazzini.

Nella casa nuova però, in un paese lontano e sconosciuto, non sarebbe andata così. Sarebbe stata una donna maritata lei, Eveline, e la gente le avrebbe usato rispetto. Non si sarebbe lasciata trattare come sua madre, no. Ancora adesso, per quanto avesse già diciannove anni compiuti, le avveniva a volte di temere la violenza paterna. Era stata questa paura, lo sapeva, a farle venire le palpitazioni[7]. Prima, quando erano ancora piccoli, il padre non si sfogava mai su di lei come su Harry e Ernest, perché era una ragazza; ma in seguito aveva cominciato a minacciarla e a dirle che, se non fosse stato per la memoria di quella buon'anima di sua madre, non avrebbe mancato di darle il fatto suo. E ora non c'era più nessuno a proteggerla. Ernest era morto e Harry, che faceva il decoratore di chiese, era sempre via, lontano da casa. C'erano poi le eterne discussioni per i soldi, il sabato sera; discussioni che la sfinivano. Dava lo stipendio intero in famiglia – sette scellini[8] alla settimana – e Harry mandava quanto poteva; ma il guaio era cavarli al padre, i quattrini. Era una spendacciona, le diceva, una scervellata e non se la sentiva lui di darle i soldi guadagnati con tanta fatica per vederli buttare dalla finestra; questo e altro le diceva, perché era sempre di cattivo umore il sabato sera. Alla fine però glieli dava e le chiedeva se non aveva per caso l'intenzione di comperare qualcosa per il pranzo della domenica. Così le toccava scappar via a fare la spesa, aprendosi la strada a gomitate tra la folla, il borsellino di pelle nera stretto nel pugno, per rincasare poi, tardi, carica di provviste. C'era da faticare, è vero, a tenere in ordine le stanze e a stare attenta che i due fratellini minori, affidati alle sue cure, andassero a scuola ogni mattina e avessero di che mangiare. Un lavoro duro, sì, una vitaccia; eppure, ora che stava per lasciarla, già non la trovava più così insopportabile.

Ne avrebbe cominciata un'altra, adesso, con Frank. Era buono e forte Frank, e di cuore generoso. Sarebbe andata via con lui quella sera, col piroscafo della notte. Sarebbe andata via per diventare sua moglie e vivere con lui a Buenos Aires[9] nella casa che l'aspettava. Come ricordava bene la prima volta che l'aveva visto! Aveva preso alloggio in una casa sulla strada principale, dove lei aveva degli amici. Le pareva fossero passate

7 **palpitazioni**: aumento dei battiti cardiaci.
8 **scellini**: moneta inglese (non più circolante) corrispondente alla ventesima parte di una sterlina.
9 **Buenos Aires**: capitale dell'Argentina.

## L'AUTORE

**James Joyce** nasce a Dublino nel 1882, primogenito di una numerosa e ricca famiglia che pochi anni dopo si troverà in difficoltà economiche. Viene educato in scuole tenute dai gesuiti, dimostrandosi lettore insaziabile e interessato a svariati argomenti. Nel 1904 lascia l'Irlanda, da lui considerata chiusa e provinciale, per viaggiare in Europa. Vive a Parigi, Zurigo, Trieste; stringe amicizia con Svevo, Hemingway, Eliot, Beckett. Si dedica all'insegnamento pubblico e, soprattutto, alla sua vera passione: la scrittura. Nel 1914 pubblica la raccolta di racconti *Gente di Dublino* e nel 1916 il romanzo d'ispirazione autobiografica *Dedalus*. Scrive quindi i due romanzi *Ulisse* (1922) e *Finnegans Wake* (*La veglia per Finnegan*, 1939) nei quali fa uso di una tecnica narrativa del tutto originale che procede secondo il "flusso di coscienza", cioè riportando i pensieri dei personaggi senza tener conto dei nessi logico-temporali, ma lasciandoli emergere seguendo le libere associazioni. Con tale sperimentalismo Joyce rivoluziona la prosa moderna. Lo scrittore muore a Zurigo nel 1941.

poche settimane da allora. Stava sul cancello, il berretto tirato all'indietro sulla nuca e i capelli che gli ricadevano a ciocche sulla fronte abbronzata. Poi si erano conosciuti. Ogni sera andava a prenderla all'uscita dei Magazzini e l'accompagnava fino a casa. Una volta l'aveva anche portata a sentire *La ragazza di Boemia*[10] e a lei era parso un sogno potersene stare lì fianco a fianco, a teatro, in posti che non le erano abituali. Gli piaceva la musica a Frank e sapeva anche cantare. Tutti erano al corrente del loro amore e così quand'egli cantava la canzone della ragazza innamorata del marinaio, Eveline non poteva fare a meno di sentire un certo dolce imbarazzo. La chiamava Poppy, tanto per ridere. In principio l'idea di avere un corteggiatore le aveva dato alla testa, ma poi s'era messa a volergli bene sul serio. Le parlava di paesi lontani, di come avesse cominciato da mozzo, a una sterlina al mese, su una nave della linea Allan che andava al Canada. E le diceva i nomi delle altre navi su cui era stato e dei diversi servizi, le raccontava di quando aveva passato lo Stretto di Magellano e le sue mirabolanti avventure coi selvaggi. Aveva avuto fortuna a Buenos Aires, diceva, e in patria c'era tornato solo per godersi una vacanza. Naturalmente il padre era venuto a saperlo e le aveva proibito d'avere a che fare con lui.

«Li conosco, va' là, questi marinai!» aveva detto.

Un giorno avevano litigato, Frank e il padre, e da allora avevano dovuto vedersi di nascosto.

La sera s'andava infittendo sul viale e il bianco delle due lettere che aveva in grembo si faceva indistinto. Una era per Harry, l'altra per il padre. Il suo prediletto, veramente, era stato Ernest, ma anche a Harry voleva bene. Aveva notato che in quegli ultimi tempi il padre era un po' invecchiato; avrebbe sentito la sua mancanza. Anche lui a volte sapeva essere gentile. Non molto tempo prima, un giorno che era stata a letto, malata, s'era messo a leggerle una storia di fantasmi e le aveva abbrustolito il pane sul fuoco. Un'altra volta, quando ancora era viva la madre, erano andati tutti insieme a far merenda sulla collina di Howth e ricordava com'egli si fosse messo in testa il cappellino della moglie, per farli divertire.

Il tempo passava ma lei rimaneva lì seduta presso la finestra, la testa appoggiata contro le tendine e l'odore polveroso del *crétonne* nelle narici. Giù dal viale saliva il suono di un organetto. Lo conosceva quel motivo. Strano che venisse proprio quella sera a rammentarle la promessa fatta alla madre, la promessa di tenere insieme la famiglia fintanto che avesse potuto. Le tornò a mente l'ultima notte della sua malattia. Si rivide nella stanza buia, chiusa, in fondo al corridoio: da fuori giungeva il melanconico suono dell'organetto. Avevano dato sei *pence*[11] al sonatore, perché se ne andasse. E ricordava il padre che tornava in punta di piedi nella camera dell'ammalata dicendo: «Dannati italiani! Proprio qui debbono venire!»

E mentre stava lì a meditare, la penosa visione della vita della madre operava nel più profondo del suo essere una specie di maleficio; una vita di sacrifici meschini conclusasi nella pazzia finale. Tremò riudendo la voce materna ripetere con vuota insistenza: «Derevaun Seraun[12]! Derevaun Seraun!»

Mario Tozzi, *Finestra su Saint-Germain-des-Prés*, 1927. (Collezione Privata)

10 ***La ragazza di Boemia***: opera lirica.

11 ***pence***: plurale di *penny*, corrispondente alla centesima parte della sterlina.

12 **Derevaun Seraun**: sono parole pronunciate in un momento di follia. L'esclamazione di delirio della madre probabilmente ha il significato di "La fine del piacere è il dolore".

S'alzò di scatto, sotto l'impulso del terrore. Fuggire! Fuggire doveva! Frank l'avrebbe salvata. Le avrebbe dato vita e forse anche amore. E voleva vivere lei! Perché avrebbe dovuto essere infelice? Anche lei aveva diritto alla felicità. E Frank l'avrebbe presa fra le braccia, l'avrebbe stretta fra le braccia, l'avrebbe salvata.

13 **stazione**: s'intende la stazione marittima, il porto.

Era alla stazione[13] di North Wall, in mezzo alla folla ondeggiante. Egli la teneva per mano ed essa sapeva che le stava parlando, che le ripeteva qualche cosa sulla traversata. La stazione era piena di soldati coi loro bagagli scuri e attraverso le ampie porte della tettoia si scorgeva a tratti, oltre la murata della banchina, la massa immobile e nera della nave, con gli oblò illuminati. Taceva. Si sentiva le guance pallide e fredde e in quel groviglio di disperazione pregava Iddio d'illuminarla, di mostrarle qual era il suo dovere. Il lungo, lamentoso fischio della sirena tagliò la nebbia. Se partiva, domani si sarebbe trovata in alto mare, con Frank, diretta a Buenos Aires. Avevano già fissato i posti. Come poteva tirarsi indietro dopo tutto quel che aveva fatto per lei? Lo sgomento le dette quasi un senso di nausea: continuava a muovere le labbra in tacita e fervida preghiera.

Una campana le rintoccò sul cuore. Sentì ch'egli l'afferrava per mano.

«Vieni!»

Tutti i mari del mondo le s'infrangevano sul cuore. E lui la trascinava dentro, la voleva annegare. Con ambo le mani s'aggrappò alla cancellata.

«Vieni!»

No! no! no! Era impossibile. Le mani strinsero frenetiche le sbarre. E dal fondo dei mari ella alzò un grido d'angoscia.

«Eveline! Evy!»

Lo vide correre di là dai cancelli, chiamandola perché lo seguisse. Gli gridarono di andare avanti ma egli continuava a chiamarla. Volse allora verso di lui la faccia pallida, passiva, come un povero animale impotente, e i suoi occhi non gli diedero alcun segno d'amore o di addio o di riconoscimento.

J. Joyce, *Gente di Dublino*, trad. it. di F. Cancogni, Einaudi, Torino, 1974

# Attività

## Leggere e comprendere

1 **I pensieri** Gran parte della vicenda, tranne la scena al porto di North Wall, viene narrata attraverso i pensieri di Eveline. Dove si trova la ragazza? T

2 **Il cambiamento** Quale evento particolare ha mutato la vita della famiglia di Eveline?

a. La morte del padre
b. La morte della madre
c. La partenza del fratello
d. Il fidanzamento di Eveline

3 **Le conseguenze** Quali conseguenze comporta la morte della madre all'interno della famiglia? T
PADRE + AGGRESSIVO

4 **Il progetto** Qual è il progetto concepito da Eveline?

a. Fuggire a Buenos Aires con il fidanzato
b. Cambiare lavoro
c. Affrontare il padre
d. Raggiungere il fratello

5 **Le motivazioni** Quali sono le motivazioni che hanno spinto Eveline a concepire il progetto che sta per attuare? IL PESO DELLA FAMIGLIA

6 **Il lavoro** Come si sente Eveline pensando al lavoro ai Magazzini che sta per lasciare?

a. È preoccupata perché nessun altro sa eseguire il suo lavoro

b. È dispiaciuta perché la signorina Gavan ha stima di lei

c. Non è affatto dispiaciuta perché la signorina Gavan la tratta male

d. È dispiaciuta perché la famiglia avrà meno denaro

7 **Il ragazzo** Dove Eveline ha conosciuto Frank?

8 **«Quella sera»** Che cosa succederà di così importante per Eveline «quella sera» (r. 105)?

9 **La gioia dell'amore** Elenca i momenti di gioia che Frank procura a Eveline.

10 **Il parere del padre** Per quale motivo il padre di Eveline non ha simpatia per Frank?

11 **I contrasti** Il ricordo della madre suscita in Eveline sentimenti contrastanti. Quali?

a. Vuole rimanere con Frank e non pensare alla famiglia

b. Vuole fuggire dalla famiglia ma ha promesso di tenerla unita

c. Vuole fuggire con Frank ma teme il padre

d. Vuole portare Frank nella sua famiglia e continuare ad accudire i fratelli

12 **La decisione finale** Quale decisione prende Eveline al momento della partenza? Da quali sentimenti è mossa?

## Riconoscere e analizzare

13 **La famiglia** Quali sono i componenti della famiglia di Eveline nel momento del racconto?

a. Padre, Ernest, Eveline, due fratelli più piccoli

b. Padre, Harry, Eveline, due fratelli più piccoli

c. Madre, Ernest, Harry, Eveline, due fratelli più piccoli

d. Padre, madre, Ernest, Harry, Eveline, due fratelli più piccoli

14 **Gli altri personaggi** Elenca gli altri personaggi del racconto, evidenziando le loro relazioni con Eveline.

15 **La caratterizzazione di Eveline** Qual è il carattere di Eveline che emerge dal racconto?

16 **La presentazione dei personaggi** Come vengono rivelati i singoli personaggi?

a. Sono presentati dal narratore

b. Sono presentati da Eveline

c. Ogni personaggio si presenta da solo

d. Sono delineati dalle loro azioni

17 **Le caratteristiche dei personaggi** Quali caratteristiche dei personaggi vengono per lo più presentate?

a. L'aspetto fisico

b. I comportamenti

c. Il carattere

d. Lo stato sociale

18 **L'eccezione** Solo per un personaggio il carattere, l'aspetto fisico e l'abbigliamento sono indicati chiaramente. Chi è? Riporta le parole del testo che contengono queste informazioni.

19 **Il padre** Come definiresti il personaggio del padre? Rimane fermo nelle proprie caratteristiche o presenta dei cambiamenti durante il racconto?

20 **Il sistema dei personaggi** Considera le relazioni fra i tre personaggi principali e definisci il ruolo che ciascuno di essi assume nella vicenda.

- Eveline: ..........
- Padre: ..........
- Frank: ..........

## Rielaborare e produrre

21 **Discutere** Considera la seguente riflessione di Eveline: «Un lavoro duro, sì, una vitaccia; eppure, ora che stava per lasciarla, già non la trovava più così insopportabile» (rr. 63-64). La vita non le sembra più tanto dura perché ormai sa che la sua esistenza sarà migliore oppure comincia già a provare rimpianto per tante cose passate o lontane? Esprimi il tuo parere in una discussione in classe.

22 **Il tuo racconto** Eveline sente profondamente il desiderio di realizzare il proprio sogno e al tempo stesso il dovere di aiutare la famiglia. Spesso nella vita capita di operare scelte difficili. Produci un racconto di circa 200 parole intitolato: "Quella volta ho dovuto scegliere...".

23 **Il tuo finale** Immagina come avresti agito tu al posto di Eveline e scrivi un tuo personale finale della storia.

24 **Un altro racconto** Continua il racconto in 200 parole, immaginando di essere Frank, rimasto solo sulla nave.

UNITÀ 5

# Il narratore e il punto di vista

Le vicende, il tempo, lo spazio e i personaggi sono gli elementi che caratterizzano maggiormente una narrazione. Un lettore attento sa tuttavia cogliere anche aspetti più tecnici, scelte più raffinate che un autore compie nello scrivere il suo racconto.

Particolare rilievo riveste la relazione che esiste tra il narratore e la narrazione.

L'autore e il narratore sono due entità distinte:

- l'**autore** è la persona reale che scrive il testo narrativo;
- il **narratore**, invece, non è una persona reale, ma la "voce" all'interno del testo a cui l'autore affida il compito di narrare la storia.

## I vari tipi di narratore

Ci possono essere vari tipi di narratore, a seconda del rapporto che esiste tra esso e i fatti narrati.

**Narratore interno** Il **narratore interno** si ha quando uno dei personaggi della storia narra in prima persona le vicende a cui prende parte o di cui è stato testimone (**io narrante**). In questo caso si usa il termine tecnico di **narratore omodiegetico**, cioè omogeneo, appartenente alla narrazione (la quale si definisce, con termine tecnico, "diegèsi"):

> A lungo, mi sono coricato di buonora. Qualche volta, appena spenta la candela, gli occhi mi si chiudevano così in fretta che non avevo il tempo di dire a me stesso: "Mi addormento". E, mezz'ora più tardi, il pensiero che era tempo di cercar sonno mi svegliava; volevo posare il libro che credevo di avere ancora fra le mani, e soffiare sul lume [...].
>
> Marcel Proust, *Dalla parte di Swann*, in *Alla ricerca del tempo perduto*, Mondadori, Milano, 1965

**Narratore esterno** Il **narratore esterno** si ha quando la voce narrante non partecipa alla vicenda, ma la narra in terza persona, presentando la storia dall'esterno; viene chiamato **narratore eterodiegetico**, ossia estraneo alla diegèsi.

Si parla di **narratore esterno palese** quando il narratore esterno si affaccia talora nel testo e rivela esplicitamente la sua funzione, dando giudizi e commentando i fatti, come fa Alessandro Manzoni (1785-1873) nei *Promessi sposi* (egli si rende manifesto in qualche occasione, benché non compaia nella maggior parte del testo):

> La signora, che alla presenza d'un provetto Cappuccino, aveva studiati gli atti e le parole, rimasta poi sola con una giovine contadina inesperta, non pensava più tanto a contenersi; e i suoi discorsi divennero a poco a poco così strani, che, invece di riferirli, noi crediam più opportuno di raccontar brevemente la storia antecedente di questa infelice; quel tanto cioè che basti a render ragione dell'insolito e del misterioso che abbiam veduto in lei, e a far comprendere i motivi della sua condotta, in quello che avvenne dopo.
>
> Alessandro Manzoni, *I promessi sposi*, Zanichelli, Bologna, 1994

Si parla invece di **narratore esterno occulto** quando il narratore esterno rimane sempre distaccato e lontano dai fatti, mirando all'oggettività, come nei romanzi del Naturalismo francese o del Verismo italiano, per esempio nei *Malavoglia* di Giovanni Verga (1840-1922):

> Un tempo i Malavoglia erano stati numerosi come i sassi della strada vecchia di Trezza; ce n'erano persino a Ognina e ad Aci Castello, tutti buona e brava gente di mare, proprio all'opposto di quel che sembrava dal nomignolo, come dev'essere. Veramente nel libro della parrocchia si chiamavano Toscano, ma questo non voleva dir nulla, poiché da che il mondo era mondo, all'Ognina, a Trezza e ad Aci Castello, li avevano sempre conosciuti per Malavoglia, di padre in figlio, che avevano sempre avuto delle barche sull'acqua, e delle tegole al sole.
>
> Giovanni Verga, *I Malavoglia*, Il Polifilo, Milano, 1995

La scelta operata dall'autore nell'introdurre il narratore interno o esterno non è casuale né indifferente: l'adozione di un narratore interno conferisce maggior soggettività, maggior carica emotiva alla narrazione; il narratore esterno invece rende il testo più oggettivo, relativamente più distaccato dai suoi giudizi e dalle sue sensazioni. Diverso sarà quindi il coinvolgimento del lettore.

Un altro artificio che l'autore può utilizzare è quello di introdurre un **narratore** (interno o esterno) **di secondo grado**, ossia una voce a cui il narratore principale (**narratore di primo grado**) affida la narrazione dei fatti. Troviamo due illustri esempi nella letteratura antica. Nell'*Eneide*, Virgilio (70-19 a.C.) fa raccontare direttamente a Enea (narratore di secondo grado), durante un banchetto presso la reggia della regina Didone, le peripezie da lui vissute fino a quel momento e, successivamente, riprende la narrazione lui stesso (narratore di primo grado). Nel *Decameron* l'autore, Giovanni Boccaccio (1313-1375), è il narratore esterno di primo grado (per esempio, parla ai lettori nel proemio e nella conclusione); i dieci giovani che a turno raccontano le novelle sono i narratori esterni di secondo grado.

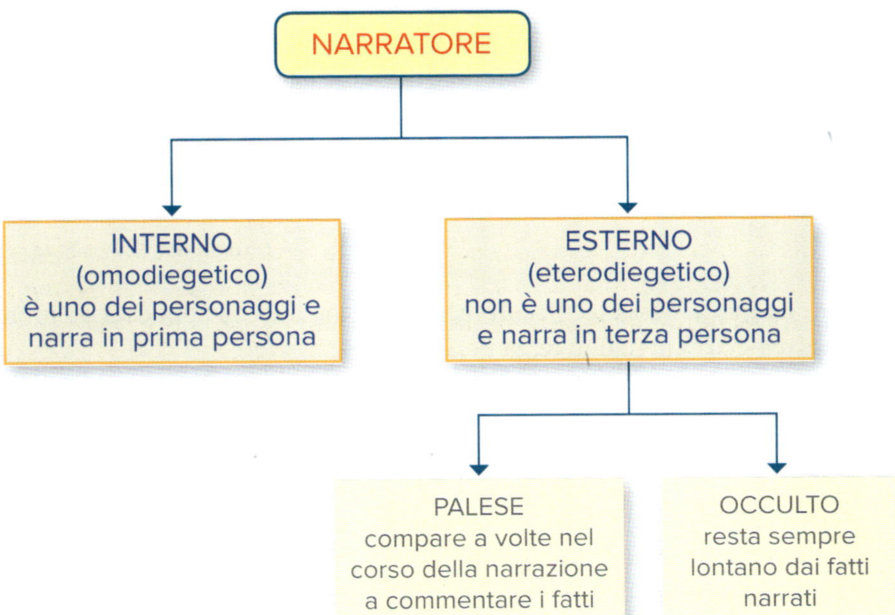

# • Il punto di vista •

A seconda del tipo di narratore e della posizione che occupa rispetto alle vicende narrate, sarà diverso il punto di vista, cioè l'angolazione da cui vengono presentate le vicende. Il narratore, infatti, può essere paragonato a una cinepresa che di volta in volta riprende la realtà utilizzando diverse focalizzazioni.

**• Focalizzazione zero •** La **focalizzazione zero** (o posizione non focalizzata) si ha quando l'**ottica del narratore** (che è esterno) **è illimitata**: egli conosce tutto e può vedere tutto, anche quello che i singoli personaggi non sanno. È un **narratore onnisciente**, cioè che sa tutto ciò che è avvenuto e avverrà nella storia, conosce i problemi, i luoghi, i sentimenti e i pensieri più intimi dei personaggi. Questa scelta permette al narratore di variare a suo piacimento la struttura del racconto, inserendo analessi e prolessi. È la modalità caratteristica dei grandi romanzi dell'Ottocento europeo e la troviamo ben evidente nel seguente testo di Johann Wolfgang Goethe (1749-1832):

> Edoardo – daremo questo nome a un ricco barone nel fiore dell'età virile – aveva trascorso l'ora più bella di un pomeriggio d'aprile nel suo vivaio, per innestare su giovani tronchi delle marze ricevute da poco. Il lavoro era appena terminato. Egli riunì gli attrezzi e li ripose nella custodia. Mentre osservava soddisfatto la propria opera, arrivò il giardiniere, che sorrise compiaciuto per la collaborazione e lo zelo del padrone.
>
> Johann Wolfgang Goethe, *Le affinità elettive*, Mondadori, Milano, 1993

**• Focalizzazione interna •** La **focalizzazione interna** si ha quando il narratore (che può essere interno o esterno) adotta il **punto di vista di un personaggio** e conosce solo ciò che può sapere da quell'angolatura, quindi ha una conoscenza parziale dei fatti.

Nell'esempio seguente un narratore interno narra in prima persona, adottando una focalizzazione interna:

> Che idea il viaggio di nozze! E per giunta in India! Il paese dei maragià! Delle tigri! Dei guru! Del curry! Dopo la cerimonia nuziale, poiché l'aeroplano partiva la sera, il mio sposo ed io siamo andati nel nostro appartamento appena acquistato, in via Flaminia, e ci siamo messi ad aspettare nella camera da letto, la sola ammobiliata.
>
> Alberto Moravia, *Un'altra vita*, Bompiani, Milano, 1973

E ora vediamo la stessa tecnica di focalizzazione interna applicata da un narratore esterno, che narra perciò in terza persona:

> Quando Charles usciva, lei andava sovente a prendere nell'armadio, fra le pieghe della biancheria dove l'aveva nascosto, il portasigari di seta verde. Lo guardava, lo apriva, e giungeva ad annusare la fodera, odorosa insieme di verbena e di tabacco. A chi apparteneva?... Al visconte. Forse era un dono della sua amante.
>
> Gustave Flaubert, *Madame Bovary*, in *Opere*, i Meridiani Mondadori, Milano, 1997

**• Focalizzazione esterna •** La **focalizzazione esterna** si ha quando il punto di vista è completamente esterno ai fatti. Il narratore (che può essere interno o esterno) mostra di sapere meno di quanto sappiano i personaggi; è simile a uno spettatore che assiste alla vicenda e registra fatti e dialoghi senza avere ulteriori informazioni. Questo tipo di focalizzazione evita analisi psicologiche e giudizi, conferendo al testo un tono neutro e oggettivo. Ne sono esempi molti romanzi del Verismo italiano e i romanzi polizieschi, in cui nascondere gli eventi serve a creare la *suspense* necessaria:

> Quando il ragazzo ritornò il vecchio si era addormentato sulla sedia e il sole era calato. Il ragazzo tolse la vecchia coperta militare dal letto e la stese sul dorso della seggiola e sulle spalle del vecchio. Erano spalle strane, ancora forti per quanto molto vecchie, e anche il collo era ancora robusto e le rughe non erano molto visibili quando il vecchio dormiva e aveva la testa piegata in avanti. La camicia era stata rattoppata tante volte che pareva la vela e le toppe erano state sbiadite dal sole in numerose gradazioni [...].
> «Svegliati, vecchio» disse il ragazzo. E gli posò la mano su un ginocchio.
> Il vecchio aprì gli occhi e per un attimo parve ritornare da lontano. Poi sorrise.
> «Che cos'hai portato?» chiese. «La cena» disse il ragazzo. «Ora ceniamo».
>
> Ernest Hemingway, *Il vecchio e il mare*, Mondadori, Milano, 2011

**• Focalizzazione fissa e variabile •** Infine, il punto di vista può variare secondo la continuità con cui il narratore lo mantiene durante la narrazione. Se il narratore lo mantiene invariato per tutta la narrazione si parla di **focalizzazione fissa**, di qualunque tipo essa sia. Per esempio, nel *Diario di Anna Frank* il punto di vista è sempre quello di Anna, autrice del diario e protagonista. Se invece il narratore sposta il suo punto di vista mentre procede nel narrare si ha una **focalizzazione variabile**. Per esempio, nella *Coscienza di Zeno* di Italo Svevo (1861-1928) si ha il punto di vista del dottor S. nella *Prefazione* e il punto di vista del protagonista, Zeno, nel resto del romanzo.

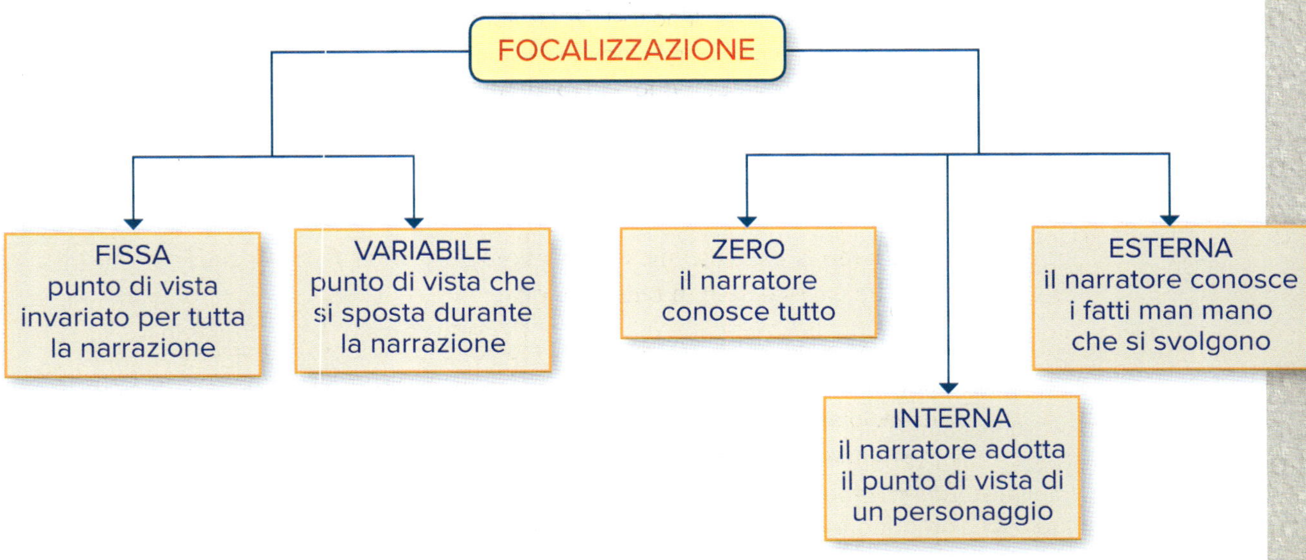

Julio Cortázar

# Continuità dei parchi

ANALISI VISUALE

Da
Fine del gioco, 1954

Racconto fantastico

Il piacere di leggere sospinge il protagonista a sedersi nella sua poltrona di velluto verde per gustarsi un racconto in pieno svolgimento. Però l'apparente concretezza di questa scena si sviluppa in maniera del tutto sorprendente e misteriosa.

Aveva incominciato a leggere il romanzo alcuni giorni prima. Lo abbandonò per affari urgenti, tornò ad aprirlo mentre rientrava in treno al podere; si lasciava interessare lentamente dalla trama, dal disegno dei personaggi. Quella sera, dopo aver scritto una lettera al suo procuratore e aver discusso con il fattore una questione di mezzadria[1], tornò al libro nella tranquillità dello studio che si apriva sul parco di roveri[2]. Sdraiato nella poltrona preferita, dando le spalle alla porta che lo avrebbe infastidito come una irritante possibilità d'intrusioni, lasciò che la mano sinistra carezzasse più volte il velluto verde e si mise a leggere gli ultimi capitoli. La sua memoria riteneva[3] senza sforzo il nome e le immagini dei protagonisti; l'illusione romanzesca lo conquistò quasi subito. Godeva del piacere quasi perverso[4] di staccarsi di riga in riga da ciò che lo attorniava, e di sentire al tempo stesso che la testa riposava comodamente sul velluto dell'alto schienale, che le sigarette erano sempre a portata di mano, che al di là delle vetrate danzava l'aria del crepuscolo sotto i roveri. Di parola in parola, assorto nel sordido dilemma[5] degli eroi, lasciandosi andare verso le immagini che si componevano e acquistavano colore e

1 **mezzadria**: è un contratto agrario.
2 **roveri**: varietà di querce.
3 **riteneva**: tratteneva, ricordava.
4 **perverso**: malvagio.
5 **sordido dilemma**: una scelta che offende l'onestà, il pudore.

## L'AUTORE

**Julio Cortázar**, di origine argentina, nasce nel 1914 a Bruxelles, dove il padre si trova come funzionario dell'ambasciata. A causa della sua opposizione al regime del presidente argentino Perón, trascorre la sua vita per lo più in Francia. A Parigi lavora come interprete all'Unesco (l'organizzazione delle Nazioni Unite per l'educazione e la cultura) e qui muore nel 1984.

Cortázar è considerato uno fra i maggiori autori di lingua spagnola del XX secolo; fa parte di quegli scrittori sudamericani che hanno incentrato le loro opere su temi di letteratura fantastica. Da Jorge Luis Borges (1899-1986) ha appreso l'arte di far nascere un senso di mistero anche scrivendo di cose quotidiane. Studioso e traduttore di Edgar Allan Poe, non ha però fatto proprie le sue ambientazioni cupe, preferendo, invece, descrizioni realistiche dalle quali scaturiscono stranezze e inquietudini.

I racconti di Cortázar sono stati pubblicati in varie raccolte: la più nota è *Bestiario* (1951), a cui hanno fatto seguito *Fine del gioco* (1954), *Le armi segrete* (1959), *Tanto amore per Glenda* (1980). Di carattere sperimentale è il romanzo *Il gioco del mondo* (1963), nel quale il protagonista, viaggiando tra Parigi e Buenos Aires, compie un itinerario al tempo stesso reale e visionario, nell'impossibile tentativo di dare un significato alla vita.

movimento, fu testimone dell'ultimo incontro nella capanna del bosco. Prima entrava la donna, guardinga[6]; adesso arrivava l'amante, la faccia ferita dalle sferzate di un ramo. Ammirevolmente lei tamponava il sangue con i suoi baci, ma lui rifiutava le carezze, non era venuto per ripetere le cerimonie di una passione segreta, protetta da un mondo di foglie secche e di sentieri furtivi. Il pugnale si intiepidiva contro il suo petto, e sotto pulsava acquattata[7] la libertà. Un dialogo ansioso correva per le pagine come un ruscello di serpi, e si sentiva che tutto era già deciso da sempre. Persino quelle carezze che avviluppavano[8] il corpo dell'amante quasi volessero trattenerlo e dissuaderlo, disegnavano abominevolmente[9] la figura di un altro corpo che era necessario distruggere. Niente era stato dimenticato: alibi, circostanze, possibili errori. A partire da quell'ora, a ciascun istante era minuziosamente fissato il suo impiego. Il duplice spietato riepilogo si interrompeva appena per permettere che una mano carezzasse una gota. Cominciava a scendere la notte.

Senza neppure piú guardarsi, legati strettamente al compito che li aspettava, si separarono sulla porta della capanna. Lei doveva proseguire per il sentiero che andava verso nord. Dal sentiero opposto lui si voltò un istante per vederla correre con i capelli sciolti. Corse anche lui, proteggendosi contro gli alberi e le siepi finché distinse nella bruma malva[10] del crepuscolo il viale che conduceva alla casa. I cani non dovevano latrare, e non latrarono. Il fattore non doveva esserci a quell'ora, e non c'era. Salí i tre scalini del porticato ed entrò. Dal sangue che gli galoppava nelle orecchie gli giungevano le parole della donna: prima una sala turchina, poi una galleria, una scala con tappeto. Al piano superiore, due porte. Nessuno nella prima camera, nessuno nella seconda. La porta del salotto, e allora il pugnale in mano, la luce delle vetrate, l'alto schienale di una poltrona di velluto verde, la testa dell'uomo nella poltrona che sta leggendo un romanzo.

J. Cortázar, *Fine del gioco*, trad. it. di F. Nicoletti Rossini e E. Franco, Einaudi, Torino, 2008

6 **guardinga**: attenta e cauta.
7 **acquattata**: nascosta, rannicchiata.
8 **avviluppavano**: avvolgevano.
9 **abominevolmente**: in maniera da suscitare un senso di riprovazione.
10 **bruma malva**: foschia dai toni di color lilla o rosato.

Lucio Fontana, *Concetto spaziale. Attese*, 1966. (Collezione Privata)

# Attività

## Leggere e comprendere

1 **Le abitudini dei lettori** Il protagonista-lettore evidenzia un'abitudine cara a tutti i lettori. Quale?

2 **La lettura** Con quale atteggiamento il protagonista-lettore si accinge a leggere?

3 **Il piacere della lettura** Quale piacere prova il protagonista-lettore nella lettura?

**a.** Si immedesima nei personaggi
**b.** Ricorda il suo passato
**c.** Si distacca riga dopo riga dalla realtà
**d.** Si addormenta rilassato dalla vicenda

4 **Il testimone** Di quale vicenda narrata diventa testimone il protagonista?

**a.** Una donna e il suo amante si incontrano in una capanna per amarsi
**b.** Una donna e un'amica progettano un viaggio
**c.** Una donna e il suo amante in una capanna progettano dettagliatamente un delitto
**d.** Una coppia litiga in un parco di roveri

5 **Realtà o finzione?** Qual è la vittima prescelta dal personaggio del romanzo letto dal protagonista?

**a.** L'autore del romanzo stesso
**b.** Il guardiano della villa situata nel vicino parco
**c.** Il lettore che sta leggendo la storia
**d.** Un passante che si è attardato nel parco

6 **Il titolo** Ti pare che il titolo del racconto sia significativo? Perché?

7 **Il tema** Quale tema possiamo indicare come prevalente nel racconto?

**a.** L'esecuzione di un omicidio
**b.** L'importanza della lettura
**c.** Il ruolo determinante del lettore per l'esistenza del racconto
**d.** La fantasia come base per la fruizione del racconto

8 **Il genere** A quale genere potresti ascrivere questo racconto?

**a.** Realistico
**b.** Giallo
**c.** Fantastico
**d.** Composto da tutti i tre generi

## Riconoscere e analizzare

9 **Il narratore** Come si presenta il narratore in questo racconto?

10 **La focalizzazione** Quale focalizzazione si riconosce nel testo?

11 **Il punto di vista variabile** Il punto di vista muta nel corso della narrazione. In quale ordine?

**a.** Il narratore, il protagonista, i due personaggi del romanzo, il personaggio maschile del romanzo
**b.** Il narratore, il personaggio maschile del romanzo, i due personaggi del romanzo, il protagonista
**c.** Il personaggio maschile del romanzo, il protagonista, i due personaggi del romanzo, il narratore
**d.** Il narratore, i due personaggi del romanzo, il protagonista, il personaggio maschile del romanzo

12 **La struttura** Il variare dei punti di vista segna anche il passaggio da un elemento all'altro dell'armatura del racconto. Abbina a ciascuno degli elementi indicati sotto il relativo punto di vista.

- Antefatto: ..........................................................................
- Movente: ..........................................................................
- Fatti:
  nella capanna ..........................................................................
  all'esterno ..........................................................................

## Rielaborare e produrre

13 **Discutere** Il protagonista-lettore ritiene quasi perverso il piacere che gli dà la lettura («Godeva del piacere quasi perverso di staccarsi di riga in riga da ciò che lo attorniava», rr. 10-11). È perché sta leggendo un romanzo dal contenuto immorale o perché giudica immorale il suo estraniarsi dalla realtà e dalle proprie responsabilità? Esprimi il tuo parere in un dibattito in classe.

14 **La tua esperienza** Succede spesso, durante la lettura di un libro o la visione di un film, di immedesimarsi in un personaggio. In un testo di circa 100 parole, presenta un personaggio nel quale ti sei identificato e spiega perché lo hai sentito vicino a te.

Michela Murgia

# L'eredità

ANALISI VISUALE

Un genitore che si è guadagnato il pane con il sudore della fronte desidera per il figlio un avvenire migliore del suo: una laurea e una posizione economica invidiabile. Tuttavia, la vocazione interiore del giovane prevale e fare il pastore come suo padre diventa una scelta consapevole.

Da *Sei per la Sardegna*, 2014

Racconto realistico

L'avresti detto mai, o Babbo, che sarei diventato quello che sono?

Secondo me no, e a vedermi oggi ci sarai anche rimasto male.

Tu avevi già le idee decise per me: farmi studiare tanto, bene e proficuamente, come Gramsci[1], come Asproni[2], come studia la gente ricca, che fa i figli dottori e le figlie professoresse contro l'invidia del paese e contro il destino rigido dei figli dei pastori.

Non importa se gli altri bambini portavano i pantaloni corti fino a dodici anni: tu a me facevi già mettere quelli lunghi dei grandi, di velluto a righe e stretti in fondo, anche se costavano di piú. Mi avevi fatto fotografare con quelli addosso, in piedi vicino alla sedia del salotto, quella dove in trent'anni si saranno sedute sei persone in tutto.

Io lo so perché mi hai fatto prendere quella fotografia, Babbo: in piedi vicino al fotografo tu mi vedevi già seduto lí, un impiegato di concetto in pectore[3], un anticipo di quello che avresti voluto che diventassi. Tuo figlio, certo. Ma anche uno studiato, uno che si guadagna il pane tenendo il culo appoggiato a uno scranno. Dottore, avvocato, ragioniere, geometra, comunque signore. Non come te, con la schiena rotta dalla zappa all'oliveto e in vigna. Non come te, con la pelle rigata dal sole preso appresso al bestiame al monte.

I tuoi vicini credevano che tu fossi scemo, Babbo. Chi ha un figlio solo non lo manda a scuola, sennò a seguire il bestiame e il terreno chi ci resta? I vecchi muoiono, ma le pecore restano e qualcuno di casa per loro deve esserci.

Non sono le pecore l'eredità dei figli, ma i figli l'eredità delle pecore: questa è la regola da sempre e guai a chi si crede l'eccezione.

Non ho mai capito il perché tu avessi deciso che l'eccezione dovessi essere io.

Non hai mai letto un libro in vita tua, Babbo, e certo non eri un uomo che avesse mai desiderato essere piú di quel che era. Eppure per me hai voluto sognare l'impossibile: libri, banchi, maestri, diplomi, denaro e titoli, tutto quello che nella tua testa voleva dire rispetto, rispetto vero.

1 **Gramsci**: Antonio Gramsci (1891-1937), uomo politico italiano, nato ad Ales (Oristano), fondatore nel 1921 del Partito comunista italiano. Fu incarcerato dal regime fascista nel 1926 e liberato nel 1934 per motivi di salute, trascorrendo i suoi ultimi anni in ospedale.

2 **Asproni**: Giorgio Asproni (1808-1876), uomo politico sardo, autonomista e repubblicano, più volte eletto deputato del Regno d'Italia.

3 **in pectore**: non ancora ufficiale, ma di prossima sicura nomina.

Anton Mauve, *Gregge nella brughiera*, 1880. (Haarlem, Teylers Museum)

«Le vigne le incendiano, le pecore le rubano, se hai suscitato invidia te le sgarrettano[4], ma un dottore è dottore comunque». Questo credevi e questo ho voluto credere anche io davanti ai tuoi occhi fiduciosi di me. Per anni ce l'ho messa tutta, Babbo. Per anni non ti ho detto mai niente e del resto che senso avrebbe avuto? Le tue orecchie non mi hanno ascoltato mai. Tu avevi già deciso tutto ed era un'offerta cosí ricca, cosí onerosa, che nessun altro figlio avrebbe rifiutato.

Avessi almeno avuto un fratello a cui scaricare addosso quella tua ansia di vedermi signore! Invece c'ero solo io, un acrobata senza rete che cammina sul filo dei sogni di un altro. Mamma l'aveva capito che non volevo studiare, ma lei era l'unica persona al mondo che ti temeva piú di me e cosí stemmo zitti in due.

Ho studiato, Babbo, proprio come volevi tu.

Mungevi le pecore alle 4 di notte, tosavi aiutato dai figli dei vicini e mentre facevi il formaggio andavi dicendo che tuo figlio studiava da avvocato; ti prendevano per matto, Babbo, perché è una ricchezza che non suona quella della conoscenza. Tu per qualche motivo misterioso l'avevi capito, ma nessuno dei tuoi vicini poteva fare altrettanto, perché è gente che la distanza tra un povero e un ricco l'ha sempre misurata in pecore. Io invece stavo a Cagliari con la testa china sui libri di diritto civile e penale, e l'ho fatto per anni, tutti quelli che servivano.

Alla fine sono diventato avvocato davvero, Babbo, e quel giorno avrei voluto dirti che avevi ragione tu, che studiare serve, ma tu non c'eri piú da un anno e mezzo quando io mi sono laureato.

È un peccato, Babbo. La vita a volte ti fa scherzi brutti. Lo pensavo l'altro giorno camminando verso il monte con il gregge. So che gli altri ridono e pensano: *hai visto il figlio di Bissenti, laureato per finire appresso alle bestie!* Non sanno che chi ha imparato a riconoscere il confine silenzioso tra la giustizia e la legge conosce anche la distanza che c'è tra gli uomini e quello che li determina. Non hanno scienza né coscienza e la loro vita è già condanna sufficiente per il reato di essere nati.

I figli dei tuoi amici fanno l'unica cosa che gli hanno insegnato i loro padri ed è per questo che stanno appresso alle pecore.

Io invece faccio l'unica che volevo fare ed è questo, non le pecore, che fa di me un pastore.

F. Abate, A. De Roma, M. Fois, S. Mannuzzu, M. Murgia, P. Soriga, *Sei per la Sardegna*, Einaudi, Torino, 2014

4 **sgarrettano**: "sgarrettare" significa tagliare i garretti a un animale, quindi azzopparlo.

## L'AUTRICE

**Michela Murgia** è nata a Cabras, in provincia di Oristano, nel 1972. Personalità forte e sfaccettata, prima di emergere come scrittrice Michela Murgia ha intrapreso varie esperienze lavorative: è stata infatti insegnante di religione, incaricata della consegna di cartelle esattoriali, grafica web, telefonista, portiere di notte e altro ancora.

In campo letterario esordisce nel 2006 con *Il mondo deve sapere. Romanzo tragicomico di una telefonista precaria*; da questo libro Paolo Virzì ha tratto lo spunto per girare il film *Tutta la vita davanti* (2008). Il legame con la Sardegna, presente in molta parte della sua scrittura, lo troviamo in *Viaggio in Sardegna. Undici percorsi nell'isola che non si vede* (2008). Con il romanzo *Accabadora* (2009), la storia della vecchia Bonaria che in una Sardegna agropastorale custodisce i segreti della vita e della morte, Michela Murgia vince vari premi letterari, tra cui il Campiello. Nel 2011 pubblica *Ave Mary. E la chiesa inventò la donna*, un saggio sulla donna e l'educazione cattolica. Nel 2015 pubblica il romanzo *Chirù* e nel 2016 il saggio *Futuro interiore*.

# Attività

## Leggere e comprendere

1 **L'interlocutore** A chi si rivolge il narratore nell'apertura del testo?

2 **La maiuscola** Perché «Babbo» viene scritto con la lettera maiuscola?
- **a.** È un errore di stampa
- **b.** È un'abitudine grafica del primo Novecento
- **c.** Babbo è il nome proprio del padre
- **d.** È il segno del rispetto e dell'ammirazione che il figlio prova verso il genitore

3 **I progetti paterni** Quale progetto ha concepito il padre riguardo alla vita del figlio?

4 **Gli ostacoli** Quali ostacoli si oppongono al progetto del padre? Sottolinea i termini del testo che li indicano e poi spiegali con parole tue.

5 **La distinzione** Il padre vuole che il ragazzo, fin da bambino, si distingua dagli altri. Che cosa fa?

6 **La finalità** Secondo il padre, quale vantaggio può dare al figlio un'istruzione di alto livello?

7 **La mentalità comune** Il padre è considerato scemo dagli altri pastori. Perché?

8 **La risposta** Il ragazzo segue fino in fondo la volontà del padre. In che modo?
- **a.** Con grande entusiasmo
- **b.** Con continue proteste
- **c.** Con rispetto per l'opportunità offerta
- **d.** Con grande facilità e soddisfazione

9 **Il lavoro** Dopo il conseguimento della laurea, quale lavoro intraprende il protagonista?

10 **La differenza** Il protagonista svolge il mestiere a cui era tradizionalmente destinato. Ma una grande differenza intercorre tra lui e gli altri pastori. Quale?
- **a.** Egli si arricchisce molto con la vendita del bestiame
- **b.** Egli ha coscienza della vita, di sé e libertà di scèlta
- **c.** Egli ha maggiore preparazione e quindi alleva meglio il bestiame
- **d.** Egli si è ribellato a suo padre

11 **Il vantaggio** Studiare e svolgere un lavoro "di concetto" hanno, secondo il padre, un vantaggio particolare rispetto al lavoro del pastore o del contadino. Indicalo e trova nel testo le parole che avvalorano la tua risposta.

## Riconoscere e analizzare

12 **Il narratore** Che tipo di narratore è quello del testo?

13 **Il punto di vista** Come appare la focalizzazione?

14 **La prova** Perché la focalizzazione è giudicata tale?
- **a.** Il narratore espone tutta la vicenda in ordine cronologico
- **b.** Il narratore utilizza un lungo *flashback* per narrare i fatti
- **c.** La narrazione è interrotta da un *flashback*
- **d.** La narrazione è interrotta da un *flashforward*

15 **Il filtro** Il narratore filtra, attraverso il suo ricordo, i pensieri e i giudizi di altri personaggi. Quali?

## Rielaborare e produrre

16 **Discutere** Nel racconto si legge la frase: «ti prendevano per matto, Babbo, perché è una ricchezza che non suona quella della conoscenza» (rr. 41-42). Che cosa può indicare il giudizio degli altri pastori? La conoscenza è una ricchezza che non si fa notare e quindi poco significativa oppure la conoscenza non produce denaro? Esprimi il tuo parere in un intervento orale di 5 minuti.

17 **Il valore della cultura** La scelta del protagonista, un avvocato che sceglie di fare il pastore, può sembrare un po' paradossale. Che cosa ne pensi? Valuti che la cultura abbia un valore in sé, che arricchisce l'uomo non solo in senso professionale? Rifletti su questo argomento e scrivi le tue considerazioni in un testo espositivo di circa 100 parole.

18 **La situazione odierna** La crisi economica attuale e la carenza di posti di lavoro costringono a volte giovani diplomati o laureati a svolgere lavori manuali. Rifletti su questa situazione producendo un testo di circa 200 parole.

PERCORSO A

UNITÀ 6

# La lingua e lo stile

Per uno scrittore non è sufficiente avere buone idee narrative e saper costruire un intreccio accattivante: bisogna anche sapersi esprimere in maniera adeguata, in una forma leggibile, chiara, scorrevole, sfruttando tutte le potenzialità che la lingua offre. Come far parlare i personaggi, quali termini usare, come organizzare le frasi sono problemi tecnici che vanno a incidere sul risultato complessivo di una narrazione.

La valutazione delle scelte linguistiche e stilistiche diventa allora un altro passaggio delicato e importante dell'analisi testuale, da articolarsi secondo tre aspetti:

- i pensieri e le parole dei personaggi;
- le scelte lessicali;
- la sintassi del testo.

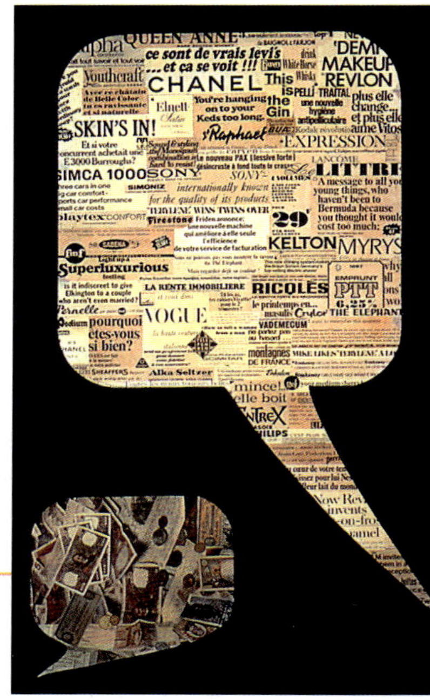


Joan Rabascall, *Dialogo*, 1967. (Barcellona, MACBA)

## I pensieri e le parole dei personaggi

Per far parlare i personaggi ed esprimere i loro pensieri l'autore può scegliere tra diverse tecniche:

- **discorso diretto**: si ha quando vengono citati fedelmente le parole o i pensieri di un personaggio, così come sono stati pronunciati o pensati. Tali parole sono racchiuse tra virgolette o trattini, spesso introdotte da verbi dichiarativi (*disse*, *esclamò*, *rispose*);

> – Avete fatto il vostro dovere a informar la giustizia; – disse un notaio criminale, mettendo giù la penna, – ma già lo sapevamo.
> «Bel segreto!» pensò l'oste: «ci vuole un gran talento!»
> – E sappiamo anche – continuò il notaio, – quel riverito nome.
>
> Alessandro Manzoni, *I promessi sposi*, Zanichelli, Bologna, 1994

- **discorso indiretto**: si ha quando il narratore riferisce le parole o i pensieri di un personaggio, introducendoli con un verbo dichiarativo e una congiunzione subordinante (*disse che...*, *rispose che...*);

> [...] Lucia disse che bisognava veder d'aiutarsi in tutte le maniere; che il padre Cristoforo era uomo non solo da consigliare, ma da metter l'opera sua, quando si trattasse di sollevar poverelli; e che sarebbe una gran bella cosa potergli far sapere ciò ch'era accaduto.
>
> Alessandro Manzoni, *I promessi sposi*, Zanichelli, Bologna, 1994

- **discorso indiretto libero**: si ha quando, senza far uso di verbi dichiarativi o di virgolette, si riportano i pensieri e le parole di un personaggio. In questo modo si evita la laboriosità delle continue proposizioni subordinate del discorso diretto e le parole dei personaggi hanno una espressività più incisiva:

> Ma ad un certo punto Pin non resiste più alla tentazione e si punta la pistola contro la tempia: è una cosa che dà le vertigini. Avanti, fino a toccare la pelle e sentire il freddo del ferro. Si potrebbe posare il dito sul grilletto, adesso: no, meglio premere la bocca della canna contro lo zigomo fino a farsi male, e sentire il cerchio di ferro con dentro il vuoto dove nascono gli spari. A staccare l'arma dalla tempia, di botto, forse il risucchio dell'aria farà esplodere un colpo: no, non esplode. Ora si può mettere la canna in bocca e sentire il sapore sotto la lingua.
>
> Italo Calvino, *Il sentiero dei nidi di ragno*, Oscar Mondadori, Milano, 1993

- **soliloquio** o **monologo interiore**: si ha quando un personaggio parla in prima persona, da solo oppure con un interlocutore immaginario, a voce alta o mentalmente:

> 'E questa è forse la ragione per cui in Sicilia' pensava il capitano 'ci sono tanti fascisti: non è che loro abbiano visto il fascismo solo come una pagliacciata e noi, dopo l'otto settembre, l'abbiamo sofferto come una tragedia, non è soltanto questo; è che nello stato in cui si trovavano una sola libertà gli bastava, e delle altre non sapevano che farsene'.
>
> Leonardo Sciascia, *Il giorno della civetta*, Adelphi, Milano, 2004

- **flusso di coscienza**: si ha nel caso in cui i pensieri, i ricordi, le impressioni di un personaggio si susseguono secondo un flusso mentale ininterrotto, presentandosi nel loro libero e casuale fluire. Riguardo alla forma, il flusso di coscienza si caratterizza per mancanza di punteggiatura, per frasi incomplete o disordinate:

> chissà se la braciola di maiale che ho preso col tè era ancora fresca con 'sto caldo non ho sentito nessun odore speciale sono sicura che il macellaio con quell'aria bislacca è un gran filone spero che la lampada non fumi stanotte che altrimenti mi riempie il naso di fuliggine meglio tenere aperto il gas tutta la notte a Gibilterra non ero mai tranquilla mi alzavo sempre a vedere...
>
> James Joyce, *Ulisse*, Einaudi, Torino, 2013

# Le scelte lessicali

Ogni contenuto narrativo richiede l'utilizzo di una forma particolare, l'assunzione di modalità espressive adatte a un personaggio, a un tipo d'ambiente, a un determinato fatto. Queste modalità espressive si chiamano **registri linguistici**.

Possiamo avere vari registri:

- **registro aulico e solenne**, quando si ricorre a un lessico ricercato, ricco di vocaboli rari o arcaici e il periodare è piuttosto elaborato e articolato:

> L'educazione d'Andrea era dunque, per così dire, viva, cioè fatta non tanto sui libri quanto in cospetto delle realità umane. Lo spirito di lui non era soltanto corrotto dall'alta cultura ma anche dall'esperimento; e in lui la curiosità diveniva più acuta come più si allargava la conoscenza. Fin dal principio egli fu prodigo di sé; poiché la grande forza sensitiva, ond'egli era dotato, non si stancava mai di fornire tesori alle sue prodigalità.
>
> Gabriele D'Annunzio, *Il piacere*, Oscar Mondadori, Milano, 1989

- **registro formale**, quando si utilizza un lessico meditato, attento e la sintassi è chiara e precisa:

> Avevo scelto a bella posta una notizia che non potesse riguardare minimamente l'ospite, piena di nomi a lui ignoti; e questo non per fargli pesare di più il suo isolamento, ma come per scavargli un fosso intorno e dargli respiro, e distrarre da lui per un momento le assillanti attenzioni dei miei genitori. Forse il mio gesto fu mal interpretato anche da lui; e sortì un effetto opposto.
>
> Italo Calvino, *Pranzo con un pastore*, in *I racconti*, i Meridiani Mondadori, Milano, 1991

- **registro medio**, quando l'espressività non è particolarmente studiata e la sintassi, pur corretta e fluente, non risulta molto accurata:

> Per un istante il vecchio Alex aveva pensato di chiedere a Martino di portarlo da lei, svegliarla, sedersi sul bordo del letto e parlarle. Poi gli era venuto in mente che Martino l'avrebbe fatto davvero, di accompagnarlo, e allora aveva preferito non dire niente, continuare ad asciugarsi gli occhi che lacrimavano dietro le lenti per il gran vento.
>
> Enrico Brizzi, *Jack Frusciante è uscito dal gruppo*, Baldini e Castoldi, Milano, 1995

- **registro colloquiale**, quando ci si esprime con termini informali, tratti dal quotidiano, per cui anche le strutture sintattiche risultano semplici o addirittura proprie del parlato:

> Quindi Pronto andò dritto e finì sullo scivolo dei bambini, decollò verso l'alto, rimbalzò sul telone del bar, finì al primo piano di un appartamento, sgasò nel tinello, investì un frigorifero, uscì sul terrazzo [...] e si fermò contro un platano.
>
> Stefano Benni, *La storia di Pronto Soccorso e Beauty Case*, in *Il bar sotto il mare*, Feltrinelli, Milano, 1999

# • La sintassi del testo •

Il modo in cui un autore costruisce le singole frasi e le salda all'interno del periodo costituisce un aspetto fondamentale della sua espressività. Si parla di:

- **coordinazione o paratassi**, quando la sintassi è semplice e lineare, basata su periodi brevi, indipendenti, separati dalle virgole oppure legati da congiunzioni. È uno stile più concreto, che serve per descrizioni oggettive oppure per esprimere caratteri e psicologie comuni:

> Milton partí di lí e si fermò non prima dell'arco al principio del paese. Guardò lungo in direzione di Benevello e Roddino. La nebbia si era sollevata dappertutto, in basso non ne restava che qualche francobollo appiccicato sulla fronte nera delle colline. La pioggia cadeva sottile e regolare, senza disturbare minimamente la visibilità. Torse la testa dall'altra parte e guardò in profondo verso Alba.
>
> Beppe Fenoglio, *Una questione privata*, in *Romanzi e racconti*, Einaudi, Torino, 1992

- **subordinazione o ipotassi**, quando si tratta di una sintassi complessa basata su periodi articolati, con una principale alla quale si collegano varie subordinate introdotte da congiunzioni subordinanti. Ne deriva un periodare ampio e ben strutturato, con possibili digressioni e variazioni. È lo stile proprio dell'espressione colta, letteraria, che impegna maggiormente anche il lettore:

> Man mano che la familiarità cresceva per la considerazione e la benevolenza che mi dimostrava il padrone di casa, cresceva anche per me la difficoltà del trattare, il segreto impaccio che già avevo provato e che spesso ora diventava acuto come un rimorso, nel vedermi lì, intruso in quella famiglia, con un nome falso, coi lineamenti alterati, con una esistenza fittizia e quasi inconsistente.
>
> Luigi Pirandello, *Il fu Mattia Pascal*, Oscar Mondadori, Milano, 1983

Alighiero Boetti, *Senza titolo*, 1979. (Collezione Privata)

Stefano Benni

# La storia di Pronto Soccorso e Beauty Case

Da
Il bar sotto il mare, 1987
Racconto fantastico-umoristico

Due simpatici adolescenti, dalle qualità inimitabili, irraggiungibili, fuori dall'ordinario. Lui e la moto sono una cosa sola, fino a quando non arriva lei, più dolce e più carina che mai. L'amore tra i due e la passione per la velocità sono minacciati da uno scocciatore, un vigile. Si profila un duello.

*Quando il gioco diventa duro*
*i duri incominciano a giocare.*
John Belushi

Il nostro quartiere sta proprio dietro la stazione. Un giorno un treno ci porterà via, oppure saremo noi a portar via un treno. Perché il nostro quartiere si chiama Manolenza, entri che ce l'hai ed esci senza. Senza cosa? Senza autoradio, senza portafogli, senza dentiera, senza orecchini, senza gomme dell'auto. Anche le gomme da masticare ti portano via se non stai attento: ci sono dei bambini che lavorano in coppia, uno ti dà un calcio nelle palle, tu sputi la gomma e l'altro la prende al volo. Questo per dare un'idea.

In questo quartiere sono nati Pronto Soccorso e Beauty Case. Pronto Soccorso è un bel tipetto di sedici anni. Il babbo fa l'estetista di pneumatici, cioè ruba gomme nuove e le vende al posto delle vecchie. La mamma ha una latteria, la latteria più piccola del mondo. Praticamente un frigo. Pronto è stato concepito lì dentro, a dieci gradi sotto zero. Quando è nato invece che nella culla l'hanno messo in forno a sgelare.

Fin da piccolo Pronto Soccorso aveva la passione dei motori. Quando il padre lo portava con sé al lavoro, cioè a rubare le gomme, lo posteggiava dentro il cofano della macchina. Così Pronto passò gran parte della giovinezza sdraiato in mezzo ai pistoni, e la meccanica non ebbe più misteri per lui. A sei anni si costruì da solo un triciclo azionato da un frullatore. Faceva venti chilometri con un litro di frappé: dovette smontarlo quando la mamma si accorse che le fregava il latte.

Allora rubò la prima moto, una Guzzi Imperial Black Mammuth 6700. Per arrivare ai pedali guidava aggrappato sotto al serbatoio, come un koala alla madre: e la Guzzi sembrava il vascello fantasma[1], perché non si vedeva chi era alla guida.

Subito dopo Pronto costruì la prima moto truccata, la Lambroturbo. Era una comune lambretta ma con alcune modifiche faceva i duecentosessanta. Fu allora che lo chiamammo Pronto Soccorso. In un anno si imbussò[2] col motorino duecentoquindici volte, sempre in modi diversi. Andava su una ruota sola e la forava, sbandava in curva, in rettilineo, sulla ghiaia e sul bagnato, cadeva da fermo, perforava i funerali, volava giù dai ponti, segava gli alberi. Ormai in ospedale i medici erano così abituati a vederlo che se mancava di presentarsi una settimana telefonavano a casa per avere notizie.

Ma Pronto era come un gatto: cadeva, rimbalzava e proseguiva. A volte dopo esser caduto continuava a strisciare per chilometri: era una sua particolarità. Lo vedevamo arrivare rotolando dal fondo della strada fino ai tavolini del bar.

1 **vascello fantasma**: un'antica leggenda racconta di un vascello che solcava i mari privo d'equipaggio.
2 **si imbussò**: andò a scontrarsi.

– Sono caduto a Forlì – spiegava.

– Beh, l'importante è arrivare – dicevo io.

Beauty Case[3] aveva quindici anni ed era figlia di una sarta e di un ladro di Tir. Il babbo era in galera perché aveva rubato un camion di maiali e lo avevano preso mentre cercava di venderli casa per casa. Beauty Case lavorava da aspirante parrucchiera ed era un tesoro di ragazza. Si chiamava così perché era piccola piccola, ma non le mancava niente. Era tutta curvettine deliziose e non c'era uno nel quartiere che non avesse provato a tampinarla[4], ma lei era così piccola che riusciva sempre a sgusciar via.

Era una sera di prima estate, quando dopo un lungo letargo gli alluci vedono finalmente la luce fuori dai sandali. Pronto Soccorso gironzolava tutto pieno di cerotti e croste sulla Lambroturbo e un chilometro più in là Beauty mangiava un gelato su una panchina.

Aggiungo tre particolari:

Uno: in estate Beauty portava delle minigonne che la mamma le faceva con le vecchie cravatte del babbo. Con una cravatta gliene faceva tre.

Due: quando Beauty si sedeva, accavallava le gambe come neanche la più topa delle top model, le accavallava che una faceva le carezze all'altra, e aveva delle bellissime gambe con la caviglia snella e scarpini rossi con un tacco che ti si infilzava dritto nel cuore.

Tre: quando Beauty leccava un gelato, tutto il quartiere si fermava. Avete presente il film quando Biancaneve canta nella foresta, e si ritrova intorno tutti i coniglietti e i daini e le tortore e i pappataci[5] che cantano con lei? Bene, la scena era uguale, con Beauty al centro che leccava il suo misto da mille e tutto intorno ragazzini ragazzacci e vecchioni che muovevano la lingua a tempo, perché venivano tutti i pensieri del mondo, dai quasi casti ai quasi reato.

Allora, dicevamo che era una sera di prima estate e gli uccellini stavano sugli alberi senza cinguettare perché col casino che faceva la moto di Pronto era fatica sprecata. Si udì da lontano la famosa accelerata in quattro tempi andante mosso allegretto scarburato e poi Pronto arrivò nel vialetto dei giardini guidando senza mani e con un piede che strisciava per terra, se

3 **Beauty Case**: in inglese "scatola di bellezza", la borsa da viaggio nella quale si porta il necessario per il trucco. Sin dal nome si allude alla bellezza della ragazza.

4 **tampinarla**: importunarla.

5 **pappataci**: insetti.

## L'AUTORE

**Stefano Benni** nasce a Bologna nel 1947. Comincia la sua attività lavorando per il settimanale "Panorama" e per il quotidiano "il manifesto", ma è come autore di racconti, romanzi e ballate che s'impone all'attenzione. Benni ha nella sua vena satirica l'arma migliore e lo dimostra sin dalle prime raccolte di racconti: *Bar Sport* (1976), *Il bar sotto il mare* (1987) e *Bar Sport Duemila* (1997). Una satira pungente, unitamente a una scrittura improntata a vivo umorismo, caratterizzano anche i suoi romanzi di genere fantascientifico (*Terra!*, 1983) e fantapolitico (*La compagnia dei Celestini*, 1992) o i gialli (*Comici spaventati guerrieri*, 1986). Fantasia e originalità contrassegnano anche *Saltatempo* (2001), *Achille piè veloce* (2003), *Margherita Dolcevita* (2005), *La grammatica di Dio* (2007), *Pane e tempesta* (2009), *Cari mostri* (2015), *La bottiglia magica* (2016). Stefano Benni si contraddistingue per l'abilità di giocare con la lingua e di sfruttarne ogni mezzo espressivo. I suoi racconti colpiscono per la parodia acuta e caustica della società: egli crea personaggi fortemente caricaturali dove le debolezze o le virtù sono esasperate all'eccesso.

no non era abbastanza pericoloso. Vide Beauty e cacciò un'inchiodata storica. L'inchiodata per la verità non ci fu perché, per motivi di principio, Pronto non frenava mai. La prima cosa che faceva quando truccava un motorino era togliere i freni. "Così non mi viene la tentazione" diceva.

Quindi Pronto andò dritto e finì sullo scivolo dei bambini, decollò verso l'alto, rimbalzò sul telone del bar, finì al primo piano di un appartamento, sgasò nel tinello, investì un frigorifero, uscì nel terrazzo, piombò giù in strada, carambolò contro un bidone della spazzatura, sfondò la portiera di una macchina, uscì dall'altra e si fermò contro un platano.

– Ti sei fatto male? – disse Beauty.

– No – disse Pronto. – Tutto calcolato.

Beauty fece "ah" con la lingua mirtillata in bella vista. Restarono alcuni istanti a guardarsi, poi Pronto disse:

– Bella la tua minigonna a pallini.

E Beauty disse:

– Belli i tuoi pantaloni di pelle.

Quali pantaloni? Stava per chiedere Pronto. Poi si guardò le gambe: erano talmente piene di crostoni, cicatrici e grattugiate sull'asfalto che sembrava avesse le braghe di pelle. Invece aveva le braghe corte.

– Sono un modello Strade di Fuoco[6] – disse. – Vuoi fare un giro in moto?

Beauty ingoiò il gelato in un colpo solo, che era il suo modo per dire di sì. Mentre saliva sulla moto, roteò la gamba interrompendo la pace dei sensi di diversi vecchietti. Poi si strinse forte al petto di Pronto e disse:

– Ma tu la sai guidare la moto?

A quelle parole Pronto fece un sorriso da entrare nella storia, sgasò una nube di benzoleone e partì zigzagando contromano. Chi lo vide, quel giorno, dice che faceva almeno i duecentottanta. La forza dell'amore! Si sentiva il rumore di quel tornado che passava, e non si vedeva che un lampo di stella filante. Pronto curvava così piegato che invece dei moscerini in faccia doveva stare attento ai lombrichi. E Beauty non aveva neanche un po' di paura, anzi strillava di gioia. Fu allora che lui capì che era la donna della sua vita.

Quando Pronto arrivò davanti a casa di Beauty, impennò la moto e Beauty volò attraverso la finestra, precisa sulla poltrona del salotto. La mamma se la vide davanti e disse:

– Dov'eri che non ti ho neanche sentita entrare?

In quello stesso momento si udì il rumore di Pronto che si fermava contro la saracinesca di un garage. Si tirò su: la moto aveva perso una ruota e il serbatoio. Roba da ridere: si riempì la

6 **modello Strade di Fuoco**: Pronto Soccorso si riferisce al protagonista del film *Strade di fuoco* (1984), un motociclista amante del rock.

Tom Wesselmann, *Lulu*, 1982. (Collezione Privata)

Last Legion, *Giro in motocicletta*, 2016.

bocca di benzina e tornò a casa su una ruota sola sputando un sorso alla volta nel carburatore.

Si stese sul letto e dichiarò a quattro scarafaggi:

– Sono innamorato.

– E di chi? – chiesero quelli.

– Di Beauty Case.

– Bella gnocca – dissero in coro gli scarafaggi, che dalle nostre parti parlano piuttosto colorito.

La sera dopo Pronto e Beauty uscirono di nuovo insieme. Dopo trenta secondi Pronto chiese se poteva baciarla. Beauty ingoiò il gelato.

Iniziarono a baciarsi alle nove e un quarto e stando ad alcuni testimoni il primo a respirare fu Pronto alle due di notte.

– Baci bene, dove hai impara... – voleva dire, ma Beauty gli si era incollata di nuovo e finirono alle sei di mattina.

Quando tornò a casa e la mamma chiese "Cos'hai fatto con quel ragazzo del motorino?" Beauty disse: "Niente mamma, solo due baci." Non mentiva, la ragazza.

Così l'amore tra i due illuminò il nostro quartiere, e ci sentivamo così felici che quasi non rubavamo più.

Sì, eravamo tutti dei cittadini modello o quasi, finché un brutto giorno non arrivò nel quartiere Joe Blocchetto, l'asso degli agenti della Polstrada. Arrivò con la divisa di cuoio nera, stivali sadomaso e occhiali neri. Sopra il casco portava la scritta: "*Dio sa ciò che fai ogni ora, io quanto fai all'ora.*"

Ogni motorizzato della città tremava quando sentiva il nome di Joe Blocchetto. Non c'era mezzo al mondo che lui non avesse multato. Quando capitava in una strada dove c'erano auto in sosta vietata, estraeva il blocchetto e sparava multe come un mitra. Tutti, prima di parcheggiare, guardavano se Joe Blocchetto sostava nei paraggi. Se non c'era, facevano la marcia indietro e quando si voltavano trovavano già la multa sul tergicristallo. Così colpiva veloce e invisibile Joe Blocchetto, l'uomo che aveva multato un carro armato perché non aveva i cingoli[7] di scorta.

Joe arrivò una sera nel quartiere sulla sua Misubishi Mustang blindata, una

7 **cingoli**: sono i nastri che scorrono sulle ruote di carri armati o ruspe per viaggiare anche su terreni dissestati.

moto giapponese da duecento all'ora. Al suo passaggio i tergicristalli delle auto si rattrappivano per la paura, e le gomme si sgonfiavano. Posteggiò davanti al bar ed entrò. Si sfilò lentamente i guanti guardandoci con aria di sfida. Alla cintura gli vedemmo i due blocchetti per le multe, calibro cinquantamila.

– Qualcuno di voi – disse – conosce un certo Pronto Soccorso che si diverte a correre da queste parti?

Nessuno rispose. Nel silenzio Blocchetto fece risuonare gli stivali sul pavimento, e si fermò alle spalle di un giocatore di carte.

– Lei è il signor Podda Angelo, proprietario di un'auto targata CRT 567734?

– Sì – ammise il giocatore di carte.

– Tre anni fa io la multai perché aveva le gomme lisce. Dissi che se non le cambiava la prossima volta le avrei ritirato la patente.

Nulla sfuggiva alla memoria di Joe Blocchetto.

– Allora – incalzò l'agente, implacabile – vuole dirmi dove posso trovare Pronto Soccorso o andiamo a dare una controllatina alla sua auto?

– Parlerò – disse il giocatore. – Pronto passa tutte le sere all'incrocio di via Bulganin con la quarantaduesima.

Era la verità. Dopo essere andato a prendere Beauty, tutte le sere Pronto attraversava il grande incrocio. Passava col rosso a una velocità vicina ai centocinquanta, con Beauty dietro che sventolava come un fazzoletto.

A quell'incrocio si mise in agguato Joe Blocchetto. Nascondersi era una sua specialità. Sul cavalcavia proprio sopra l'incrocio c'era il cartellone pubblicitario di uno spumante. Lo slogan diceva: "Sapore per pochi." Era una foto di nobiluomini e nobildonne che sorseggiavano coppe in un grande giardino. Sullo sfondo una villa settecentesca, e sullo sfondo ancora le officine Bazzocchi fumanti e puzzolenti: quella non era pubblicità, era il nostro quartiere. Appena messo su il cartellone era stato affumicato dai miasmi[8] industriali, e i nobiluomini e le nobildonne erano neri di polvere e intossicati e sembravano dire: meno male che è un sapore per pochi. Guardando bene la fotografia, tra i signori in smoking e le signore in lungo, si poteva notare dietro il buffet un volto inconfondibile con gli occhiali neri. Era Joe Blocchetto mimetizzato.

Quella sera come tutte le sere Pronto Soccorso passò sotto la finestra di Beauty e la chiamò con un fischio. Beauty si lanciò dalla finestra atterrando sulla moto. Erano ormai abilissimi in questa manovra. Quando arrivarono all'incrocio, il semaforo era rosso. Appena Pronto lo vide lanciò la moto a tutta manetta. Fu allora che ci fu movimento nel cartellone pubblicitario e si vide Joe Blocchetto farsi largo tra la gente in abito da sera, ribaltare un vassoio di bicchieri e saltar giù nella strada.

Mancavano meno di cento metri all'incrocio. Pronto vide Joe attenderlo coi due blocchetti di multe puntati e non esitò. Frenò con i piedi e fece girare la Lambroturbo su se stessa. Mentre la moto ruotava vertiginosamente e mandava scintille, continuava a frenare con tutto: con le mani, con la borsetta di Beauty, con le chiappe, con un cacciavite che piantava nell'asfalto, con i denti. Uno spettacolo impressionante: il rumore era quello di una fresa[9], volavano in aria pezzi di strada e brandelli di moto. Ma Pronto Soccorso fu grande. Con un'ultima sbandata azzannò l'asfalto e si fermò esattamente con la ruota sulla striscia pedonale.

Joe Blocchetto ingoiò la bile e si avvicinò lentamente. La moto fumava come una locomotiva e le gomme erano fuse. Joe Blocchetto girò un po' intorno e poi disse:

– Gomme un po' lisce, vero?

8 **miasmi**: arie malsane, esalazioni fetide.

9 **fresa**: macchina utensile per fare scanalature, profili, allargare fori.

– Quella moto le ha più lisce di me – disse Pronto.

– Quale moto? – disse Blocchetto, e si girò. Quando si rigirò Pronto aveva già montato due gomme nuove.

Ma Blocchetto non si diede per vinto.

– Su questa moto non si può andare in due.

– E mica siamo in due.

Era vero. Non c'era più traccia di Beauty. Joe Blocchetto la cercò sotto il serbatoio, ma non la trovò. Beauty si era infilata nella marmitta. Ma non resistette al calore e dopo un po' schizzò fuori mezzo arrostita.

Joe Blocchetto lanciò un urlo di trionfo.

– Duecentomila di multa più il ritiro della patente più le responsabilità penali con la signorina minorenne. Hai chiuso con la moto, Pronto Soccorso!

Dal cavalcavia dove osservavamo la scena, rabbrividimmo. Pronto senza moto era come un fiore senza terra. Sarebbe avvizzito. E con lui quell'amore di cui tutti eravamo fieri. Che fare?

Joe aveva già appoggiato la penna sul blocchetto fatale quando sentì un rumore di clacson. Si voltò e...

Tutta la strada era piena di auto. Alcune erano posteggiate contromano, altre sul marciapiede: c'era chi l'aveva messa verticale appoggiata a un albero, chi sopra il tetto di un'altra. Due auto erano posteggiate a sandwich intorno alla moto di Joe Blocchetto, una stava a ruote all'aria in mezzo al ponte con la scritta "Torno subito". Due camionisti facevano a codate con i rimorchi in mezzo allo svincolo dell'autostrada. I vecchi del quartiere erano usciti con biciclette anteguerra e guidavano chi senza mani, chi con un piede sul manubrio, chi in gruppi piramidali di cinque: sembrava il carosello[10] dei carabinieri. Completavano il quadro una vecchietta che guidava una mietitrebbia[11] e sei gemelli su una bicicletta senza freni.

Joe Blocchetto prese a tremare come se avesse la malaria. Era in aspra tenzone[12] con se stesso. Da una parte c'era Pronto in trappola, dall'altra la più spaventosa serie di infrazioni mai vista a memoria di vigile. La mascella gli andava su e giù come un pistone.

Ed ecco che gli passò vicino un cieco su una Maserati rubata senza marmitta, gli sgasò in faccia e disse:

– Ehi pulismano[13], dov'è una bella strada frequentata da far due belle pieghe a tutta manetta?

Joe Blocchetto si portò il fischietto alla bocca, ma non riuscì a cavarne alcun suono. Stramazzò al suolo. Avevamo vinto.

Ora Joe Blocchetto è stato dimesso dal manicomio e dirige un autoscontro al Luna-Park.

Pronto e Beauty si sono sposati e hanno messo su un'officina.

Lui trucca le auto, lei le pettina.

S. Benni, *Il bar sotto il mare*, Feltrinelli, Milano, 1999

10 **carosello**: sfilata, parata.

11 **mietitrebbia**: macchina agricola per mietere e trebbiare il grano.

12 **tenzone**: lotta.

13 **pulismano**: il termine inglese *policeman*, "poliziotto", viene qui storpiato con intento dispregiativo.

Tullio Crali, *Le Forze della Curva*, 1930. (Rovereto, Museo d'Arte Moderna e Contemporanea)

# Attività

## Leggere e comprendere

1 **Un nome significativo** A che cosa allude il nome del quartiere Manolenza?

2 **Il soprannome** Da dove deriva il soprannome di Pronto Soccorso?

3 **L'apprendistato** Pronto Soccorso è un motociclista straordinario e un provetto meccanico. Come lo è diventato?

**a.** È vissuto nelle officine fin dalla nascita e ha iniziato a costruire motociclette con pezzi acquistati da compagni di scuola

**b.** È nato tra i motori e ha iniziato a costruire e truccare motociclette con qualsiasi pezzo di ricambio, anche rubandoli

**c.** Dopo la scuola dell'obbligo ha avuto in dono la prima motocicletta nuova dai genitori

**d.** Suo padre da giovane ha partecipato a numerose gare di motociclismo e ha insegnato al figlio i trucchi del mestiere

4 **Le minigonne** Quale particolare hanno le minigonne di Beauty Case?

5 **Il giro in moto** Come si comporta Pronto Soccorso al primo giro in moto con Beauty Case?

**a.** Sfreccia veloce e si piega tanto da sfiorare la terra, per far colpo sulla ragazza

**b.** Guida come un pazzo, provocando la paura, ma anche l'ammirazione, di Beauty Case

**c.** Compie una serie interminabile di infrazioni, così da prendere una multa dal vigile Joe Blocchetto

**d.** Guida con prudenza, rispettando il codice della strada

6 **Il vigile** Quali doti formidabili possiede Joe Blocchetto?

**a.** È così veloce che multa ancora prima che uno parcheggi

**b.** È così intransigente che multa ancora prima che uno commetta l'infrazione

**c.** Ha una memoria così formidabile che si ricorda di tutti quelli che non hanno pagato le multe

**d.** Riesce a multare più persone contemporaneamente

7 **Le confidenze** A chi Pronto Soccorso parla per primo del suo innamoramento?

8 **Il primo bacio** Quanto dura il primo bacio fra i due ragazzi?

9 **La solidarietà** Come si conclude il tentativo di Joe Blocchetto di multare Pronto Soccorso?

**a.** Tutto il quartiere si mobilita e mette in atto una serie di infrazioni che fanno perdere la testa a Joe Blocchetto

**b.** Il ragazzo riesce a farla franca frenando sulle strisce pedonali, cambiando al volo le gomme lisce e nascondendo la fidanzata nella marmitta

**c.** Beauty Case si affida alle sue armi di seduzione e convince Joe Blocchetto a desistere

**d.** Joe Blocchetto riesce a comminare a Pronto Soccorso una multa salatissima

10 **La conclusione** Qual è il finale?

**a.** Il vigile finisce in manicomio e i due ragazzi si sposano

**b.** Il vigile dirige un'officina e i due ragazzi truccano le auto usate

**c.** Il vigile va a lavorare al Luna Park e i due ragazzi gestiscono un'officina

**d.** Il vigile ottiene una promozione e i due ragazzi decidono di mettersi a studiare

## Riconoscere e analizzare

11 **Il registro linguistico** Una caratteristica fondamentale del brano è l'originalità delle immagini e della lingua adoperata per esprimerle. Come si può definire il registro linguistico scelto dall'autore?

12 **La lingua e i personaggi** C'è coerenza tra il registro linguistico usato e la personalità dei protagonisti, l'ambientazione, i fatti narrati? Motiva la tua risposta.

13 **La sintassi** Definisci la sintassi della prima parte del testo: prevale la paratassi o l'ipotassi? Riporta qualche esempio.

14 **La tecnica del discorso** Con quale tecnica vengono riportate le parole dei personaggi?

15 **Il linguaggio** Nella frase «la famosa accelerata in quattro tempi andante mosso allegretto scarburato» (rr. 65-66) Benni prende in prestito i termini da un linguaggio specialistico. Quale?

16 **Il lessico motociclistico** Elenca almeno una decina di termini citati nel brano che hanno attinenza con la moto.

......................................................................................................

......................................................................................................

......................................................................................................

......................................................................................................

......................................................................................................

......................................................................................................

17 **Il comico** La vita dei due ragazzi presenta, a ben vedere, aspetti comuni e persino tragici. Lo scrittore però li narra in chiave comica. Quale elemento compositivo, oltre alle scelte lessicali, contribuisce a tale effetto?

18 **I neologismi** Benni gioca con le parole e crea neologismi. Trovane qualcuno e spiegane il significato.

......................................................................................................

......................................................................................................

......................................................................................................

## Rielaborare e produrre

19 **Discutere** Con la domanda «Ma tu la sai guidare la moto?» (r. 91) Beauty Case manifesta il suo timore a salire sulla moto di Pronto Soccorso oppure vuole provocare il ragazzo per vedere quello che effettivamente è capace di fare con la sua moto? Fornisci la tua interpretazione in un breve intervento orale.

20 **Le sequenze** Dividi il racconto in sequenze narrative, riassumi brevemente ogni sequenza in un massimo di 50 parole e attribuisci a ogni sequenza un titolo.

21 **La riscrittura** Modifica e riscrivi la storia usando la tua immaginazione; cambia l'identità dei personaggi sostituendoli con ragazzi colti e agiati.

22 **Il senso del racconto** Rifletti sul messaggio della storia. Elabora un breve testo di circa 100 parole in cui commenti e spieghi quale intento ha, secondo te, il racconto e se può essere valido per un/a ragazzo/a della tua età.

23 **Il cambio di tono e di registro** Trasforma lo stile del racconto, narrando in 300 parole le stesse vicende con un registro linguistico elevato e un tono tragico.

Marco Lodoli

# Il mister

Da
I professori e altri professori, 2003

Racconto realistico

Trasformare un gioco in una professione è il sogno di molti. C'è chi è pronto a fare pazzie pur di diventare un affermato campione di calcio, con quel che ne consegue quando tutti ti vogliono e tutti ti sorridono. Ma il gioco può trasformarsi anche in nausea e rubarti l'anima.

Ora che sono arrivato qui, sotto gli occhi di tutto il mondo e di mio padre, posso regolare i miei conti. Sono calmo, rilassato, so quello che devo fare. I compagni mi hanno detto: vai tu, e io sono andato esattamente sul punto finale di questo discorso che prosegue da troppi anni, come un'interrogazione che ora deve chiudersi.

Ricordo benissimo la prima volta che entrai in uno stadio, stringendo la mano pesante di mio padre. Mi aveva annodato al collo la sciarpa con i colori della sua squadra e a me sembrava di soffocare. Intorno tutti spingevano e gridavano come matti, e mio padre era il piú matto di tutti, gli si gonfiava la gola mentre vomitava contro l'arbitro e i giocatori della squadra avversaria parole che a casa non gli avevo mai sentito pronunciare. Era diventato un altro, agitava i pugni come se volesse spaccare tutto: mentre si agitava mi picchiò il gomito sulla tempia. Io gli dicevo: papà, ti prego, andiamo via, torniamo a casa dalla mamma, ho da finire i compiti per domani, ma lui neanche mi ascoltava. Mi sollevò di peso e m'issò sulle sue spalle, affinché io vedessi meglio la partita. Laggiú nel verde tanti uomini rincorrevano una palla, s'aprivano e si stringevano come uccelli in un cielo d'erba. Ma il cielo è mille volte piú bello. Quella domenica c'era tanto vento e le nuvole inventavano forme nuove ogni momento. In una mi parve di riconoscere il profilo di Totò, il nostro cagnetto, e volevo mostrarlo a mio padre, glielo indicai, anche se il vento se l'era già mezzo mangiato. Mio padre disse solo: piantala con

## L'AUTORE

**Marco Lodoli** nasce a Roma nel 1956. Dopo aver conseguito la laurea in Lettere, si dedica all'insegnamento nelle scuole superiori e, nel contempo, avvia un'intensa attività di scrittore. Il suo romanzo d'esordio è *Diario di un millennio che fugge* (1986), la storia di un giovane che racconta il disagio del proprio tempo. Opere successive sono il volume *I principianti* (1994), che raccoglie la trilogia *I fannulloni*, *Crampi*, *Grande circo invalido*; i romanzi *Il vento* (1996) e *La notte* (2001); *I professori e altri professori* (2003), nove racconti sul rapporto tra allievi e insegnanti; *Isole. Guida vagabonda di Roma* (2005), un insolito itinerario proposto da uno scrittore curioso. Lodoli ha pubblicato anche libri di poesie.

Molti dei suoi lavori, fra cui gli ultimi *Il rosso e il blu, cuori ed errori nella scuola italiana* (2009) e *Vento forte tra i banchi* (2013), sono legati al mondo della scuola. Infatti, Lodoli è un attento osservatore dell'universo giovanile e, soprattutto tra i banchi di scuola, riesce a conoscere la condizione dei giovani e le domande che essi si pongono sulla vita. L'ultimo libro, pubblicato nel 2016, è *L'eroe e la maga*.

queste sciocchezze, non guardare per aria, guarda la partita.

Io il calcio lo odio. Lo ho odiato da subito, in quello stadio, tutto insieme in un solo momento, e poi poco alla volta, giorno dopo giorno.

Mio padre mi volle iscrivere a una squadretta del quartiere. Erano ragazzini un po' piú grandi di me, sotto le docce si pisciavano addosso uno con l'altro e ridevano, riempivano di fango le borse dei piú piccoli, rubavano mutande e orologi per dispetto. Per fortuna a me mi lasciavano in pace, perché mio padre, che faceva paura a tutti quanti, entrava spesso negli spogliatoi a darmi consigli su come calciare la palla, su cosa fare per vincere. Giocavo all'attacco, spesso mi distraevo, non ricordavo neppure il punteggio, però poi vedevo mio padre aggrappato con le dita alla rete metallica di recinzione che gridava qualcosa di incomprensibile e allora, per farlo tacere, segnavo un paio di goal. Non è difficile segnare, basta capire dove arriverà la palla ed essere lí: io almeno lo capivo prima degli altri, e non mi emozionavo quando vedevo il portiere venirmi addosso, di sbagliare non me ne importava niente, e non sbagliavo quasi mai. Mi dava fastidio soltanto il mucchio di compagni che mi franava addosso dopo il goal, quegli abbracci, i baci sul collo, le manate tra i capelli.

Un'illustrazione di Riccardo Guasco del 2014 usata per la copertina del romanzo di Francesco Savio *Il fuorigioco sta antipatico ai bambini*.

A casa mio padre raccontava per filo e per segno tutta la partita a mia madre e alle mie sorelle, e poi la ripeteva al telefono a qualche collega dell'ufficio. Quando descriveva i miei goal s'illuminava di gioia, diventava quasi bello.

E cosí un pomeriggio è venuto a esaminarmi uno che nell'ambiente del calcio contava qualcosa, un tizio che mio padre aveva conosciuto in un bar del quartiere. Feci quattro reti e venni chiamato nelle giovanili di una squadra importante della città. Dovevo allenarmi di piú, irrobustirmi, diventare piú veloce, piú alto, piú bravo. Dopo gli allenamenti, mio padre mi portava in un campetto parrocchiale e mi faceva palleggiare per un'ora, destro e sinistro, poi in porta e m'incitava a tirare forte e preciso. È grasso mio padre, aveva una tuta ridicola, una fascetta di spugna sulla fronte, due guanti arancioni, e mi diceva tira nell'angolo alto, ora nell'angolo basso, coraggio, e si gettava nel fango per provare a parare, e quando non riusciva ad acchiappare i miei tiri si rialzava sporco e sorridente.

Quell'anno fui il capocannoniere[1] del campionato allievi. Una mia foto venne pubblicata sul principale quotidiano sportivo della città, e anche se il nome sotto la foto era scritto male, mio padre tenne quel pezzo di carta nel portafoglio come fosse una reliquia[2]. Mi consigliò di smettere di studiare, avrei preso un diploma piú avanti, in uno di quegli istituti privati dove basta pagare. Tanto di soldi presto ne arriveranno tanti, diceva: ma non è che dei soldi gli importasse granché, lui voleva solo che io galoppassi piú avanti possibile nelle verdi praterie dei campi da calcio. Ormai avevo anche un soprannome: Fioretto, perché colpivo preciso e perché non mi arrabbiavo mai, anche se gli avversari mi prendevano per la maglia o mi spaccavano le labbra a gomitate. Con i compagni legavo poco, cambiavano di frequente e di molti non ricordavo neppure il nome, e poi loro parlavano solo delle partite e degli arbitri fetenti, e di un futuro fatto di belle macchine e donne con le tette grandi. Io restavo zitto, e a volte anzi la domenica mi prendeva una malinconia

1 **capocannoniere**: il calciatore che segna il numero più alto di goal.
2 **reliquia**: ciò che resta di qualcosa. Spesso è una parte del corpo di un santo oppure un suo oggetto che viene venerato.

tremenda: dovevo per forza indossare una maglietta bianca e rossa, scarpe bullonate che mi facevano venire le vesciche, e poi – pioggia, sole o vento – recintarmi come un animale in quel rettangolo chiuso. Avrei voluto essere altrove, diventare amico di un compagno qualsiasi e uscire con lui, ma anche andare da solo in giro per la città a scrutare le cose che accadono, le mille cose di cui io non so niente. Mio padre non si perdeva una partita, in casa o in trasferta c'era sempre, era riuscito persino a entrare nello staff tecnico della squadra, e cosí sedeva in panchina e m'incitava, sbraitava, fumando una sigaretta dopo l'altra. E io, per non deluderlo, continuavo a segnare.

Mi fecero esordire a sedici anni nella squadra Primavera[3] perché, cosí dicevano, avevo fiuto del goal. Mi sembrava un'espressione orrenda, buona per un cane da caccia o da tartufi, non per me che sentivo solo l'odore delle stagioni che passavano e ci portavano via. Una notte ho sognato che proprio accanto alla porta avversaria c'era un pozzo, e io mi piegavo per vedere cosa contenesse, ma era buio lí dentro, non si vedeva niente, si sentiva solo un cane che piangeva.

Veramente non so perché ogni partita riuscissi a segnare. Perché sei un campione, mi diceva mio padre con un orgoglio fanatico. Io invece credo di aver solo capito meglio di altri il senso del vuoto. In campo tutto gira e corre, i giocatori provano a occupare ogni spazio, e però in mezzo a quel vortice resta sempre un punto vuoto, e io ne sono attratto, ci casco dentro senza fare resistenza. Lí incontro la palla e la appoggio a rete. Immagino sia come un appuntamento con una ragazza in un grande centro commerciale: c'è un caos tremendo, la gente si sposta, si urta, ma chi aspetta è solo in un punto deserto, non vede niente, non capisce niente, eppure sta perfettamente nell'incrocio dove passerà l'amore. Io la ragazza, a dire il vero, non ce l'avevo, mio padre diceva che non dovevo perdere tempo con quelle stupidaggini sentimentali, che dovevo dedicarmi al pallone come un frate francescano si dedica al Signore.

In segreto io bestemmiavo il pallone, ma la domenica continuavo a dire la mia messa.

E cosí, in un giorno di pioggia fittissima, ho esordito in serie A. Perdevamo in casa uno a zero, mancavano dieci minuti alla fine della partita: il mister mi ha detto coraggio ragazzino, adesso entri tu. Mi sono abbracciato con il vecchio attaccante che usciva bagnato fradicio e mi sono sistemato sulla destra, abbastanza largo. Quando la partita era pressoché finita e io non avevo ancora sfiorato la palla, ho visto che il nostro mediano[4] avanzava come un toro accecato, pronto a gettare al vento l'ultima cornata[5]. Ho visto quanto correva male, come alzava scompostamente la zampa per calciare, e ho riconosciuto anche il punto bianco in cui la palla si sarebbe persa: lí mi sono piazzato e lí è arrivato il tiro, esagerato e sbilenco[6]. La palla mi ha picchiato su uno stinco[7], s'è impennata in una parabola maligna ed è finita dietro le spalle del portiere.

Quell'anno ho segnato dodici reti, l'anno dopo diciotto. Mio padre teneva le prime pagine dei quotidiani sportivi incollate sulle pareti del salotto. Mi diceva sei il mio orgoglio, la realizzazione dei miei sogni, sei l'unico motivo della mia vita.

Una volta, dopo una tripletta, ho dovuto lasciarmi intervistare dai giornalisti. Mi hanno domandato se mi sentivo piú o meno bravo di antichi giocatori che non avevo mai sentito nominare, se di notte sognavo la Nazionale, se era vero che il Real Madrid[8] mi cercava, se ero fidanzato con una ragazza della televisione, se sul serio ero comunista come si diceva nell'ambiente.

3 **squadra Primavera**: la squadra giovanile di una società sportiva.
4 **mediano**: ruolo di colui che, durante la partita, gioca a centro campo.
5 **cornata**: metafora derivata dal vedere il compagno come un toro; qui si vuole indicare l'ultima occasione da goal.
6 **sbilenco**: storto, di traverso.
7 **stinco**: tibia.
8 **Real Madrid**: importante squadra spagnola della città di Madrid.

Tentai di essere vago[9] e gentile, di sorridere molto. Mio padre mi disse che avevo fatto la figura del bambino ritardato, e da allora sono rimasto zitto. Dieci anni di serie A senza piú un'intervista, quattro volte capocannoniere, mai espulso, ammonito solo per fallo di mano volontario, perché certe domeniche mi prendeva la voglia di stringere la palla tra le braccia e fermare tutto, di mandare a casa tutti quanti. Andate via, via, fuori di qui! Voi che potete, andate in trattoria, a spasso, a morire ammazzati, andate a fare buchi nella sabbia, a far l'amore, a ubriacarvi, andate dove vi pare, ma non restate piú in questo stadio a sperare che accada la vittoria, perché non c'è vittoria in un pallone che rotola in fondo a una rete come un povero pesce morto. Lasciatemi in pace, io non vi chiedo niente e voi non chiedetemi di piú, io odio questo gioco che ci rende piccoli e infelici, io voglio solo sdraiarmi sul prato e dormire.

Ma mi arrivava il pallone, lo colpivo ed era quasi sempre goal. Vedevo i giocatori della squadra avversaria mettersi le mani tra i capelli unti di sudore e brillantina, cadere in ginocchio, e provavo pena per loro. Mi sembrava che la partita non si potesse separare tra vincitori e vinti, ma che fosse una cosa sola che tutti contribuivano a formare, come le ore della luce e del buio formano una giornata. Mio padre a volte entrava ancora negli spogliatoi per abbracciarmi: lui in giacca e cravatta e io nudo come un cane bagnato, e mi dava dei gran colpi sulla schiena. Oppure mi portava dei quaderni e su ogni pagina dovevo mettere una dedica e la mia firma. Scrivi, mi diceva, a Maria con molto affetto, a Rossana occhi belli, scrivi, forza, e fai una firma che si legga bene, non quello scarabocchio lí, da uomo insicuro. Tu sei un campione, tu sei il figlio che io ho fatto e voluto.

Con i soldi che guadagnavo, mio padre ha comprato una villa in un quartiere residenziale tra la città e il mare. Anche qualche bella automobile ha comprato, perché, cosí diceva, non s'è mai visto un giocatore di calcio senza Mercedes. A me prendeva nostalgia di un giro in motorino, con l'aria che arriva forte in faccia e si porta via i pensieri, ma su un motorino non ci potevo piú salire, su questo mio padre era tassativo[10], basta una buca, una scivolata, un pazzo che brucia un semaforo rosso e addio carriera.

Io gli dicevo: d'accordo mister, e lui era felice.

Dieci anni nella massima serie, come un sonnambulo in un corridoio senza fine. Spogliarsi, indossare pantaloncini e maglietta, giocare, segnare, lavarsi, rivestirsi, e poi lavagne nere come a scuola, con le frecce e i movimenti, e poi i compagni intorno che mi guardavano strano come io guardavo loro, compagni che ancora cambiavano ogni anno rendendo impossibile ogni simpatia, e poi i giornali con la mia foto ogni domenica, ogni lunedí, mentre appoggiavo un pallone nella rete o mentre stavo a bocca aperta per riprendere fiato, e lo vedevo che quello ero io, eppure non mi riconoscevo. E accanto a me c'era sempre mio padre, invisibile, a dirmi cosa fare.

9 **vago**: approssimativo, poco preciso.

10 **tassativo**: determinato, categorico.

P.J. Crook, *Il grande match*, 2000. (Collezione Privata)

E ora sono qui, sul dischetto del rigore, all'ultimo minuto della finale dei mondiali di calcio, perché io sono il centravanti della Nazionale, ho la maglietta azzurra fuori dai pantaloncini, i calzettoni abbassati, e tutto il mondo mi sta guardando, i bambini abbracciati ai padri, le mogli in piedi dietro al divano di ogni salotto, milioni di gruppi di amici che fumano, gridano e poi non dicono piú una parola, gli occhi incollati allo schermo, i gomiti sulle ginocchia, tutti stanno aspettando che io calci: e mio padre mi guarda dalla tribuna d'onore e davanti a ogni televisione del mondo, lui sta in tutte le case, mi indica, dice quello è mio figlio, è un fenomeno, è un uomo senza testa ma è un fenomeno, ecco ora prende la rincorsa, ora calcia, ecco...

E io la prendo questa rincorsa per tirare l'ultimo rigore dei mondiali, sono tanti anni che sto prendendo questa rincorsa, ho fatto tanti chilometri e ora sono arrivato.

Il portiere si muove, si sbilancia, è già quasi per terra, e la gente è già tutta in piedi, le mani alte, e già sento nelle orecchie la voce acuta di mio padre che grida: rete! abbiamo vinto, ho vinto!

Ma io questo rigore preferisco tirarlo sopra la traversa, nel vento largo dell'idiozia.

M. Lodoli, *I professori e altri professori*, Einaudi, Torino, 2003

# Attività

## Leggere e comprendere

1 **La prima volta da spettatore** Già la prima volta, allo stadio, il bambino prova fastidio, sia per l'ambiente in generale, sia per il padre. Quali comportamenti del padre lo disturbano?

2 **L'ordine** Il padre inizia proprio in quest'occasione a imporre al ragazzo il gioco del calcio. Che cosa fa?

**a.** Interrompe bruscamente le sue fantasie infantili e gli ordina di guardare la partita

**b.** Gli promette un premio se guarderà la partita

**c.** Lo motiva a guardare la partita con moderata persuasione

**d.** Gli spiega quanto sia costoso il biglietto per la partita e gli suggerisce di approfittarne

3 **La carriera** Nel giro di pochi anni il ragazzo arriva alla squadra nazionale. Rileggendo il racconto, elenca le tappe della sua carriera.

4 **L'abilità** Il ragazzo analizza la sua abilità nel segnare goal. In che cosa consiste?

5 **Le cose perdute** Il ragazzo rimpiange le cose che gli stanno a cuore ma che è costretto a trascurare a causa dell'impegno calcistico. Quali sono?

6 **Il padre** È evidente che è il padre a costringere il ragazzo a giocare a calcio. Con quali metodi riesce a farlo?

**a.** Gli elenca i vantaggi economici che potrebbe ottenere

**b.** Lo incita, con gioia e immensa soddisfazione

**c.** Lo sprona a seguire la carriera che era già stata di suo nonno

**d.** Gli fa capire che il calcio è una professione molto seria

7 **La soddisfazione** Il padre scoppia di orgoglio; quali comportamenti lo evidenziano?

8 **La motivazione** Il giovane calciatore è come travolto suo malgrado e continua la carriera senza entusiasmo solo per compiacere il padre. Quali metodi utilizza per sopportare la situazione durante il gioco?

**a.** In campo pensa alla sua ragazza che lo accompagna e lo sostiene

**b.** In campo si distrae e rimpiange la vita di ogni giorno

**c.** In campo si concentra al massimo per non vedere gli avversari

**d.** In campo si lascia coinvolgere dall'entusiasmo del pubblico

9 **Il rifiuto** Il ragazzo non rifiuta tanto il gioco del calcio in sé, ma tutti gli aspetti connessi al calcio e che agli altri paiono corretti, doverosi e meritati. Quali sono?

10 **L'unica ammonizione** Il calciatore è ammonito solo una volta per aver preso la palla con le mani. Qual è lo scopo di tale azione fallosa?

11 **La sciarpa e il vento** La storia calcistica del protagonista inizia con una sciarpa stretta troppo attorno al collo e finisce con un calcio tirato al vento. Queste due immagini fanno ben comprendere come egli abbia vissuto la sua carriera. Come?

## Riconoscere e analizzare

12 **I pensieri e le parole** Nel testo i pensieri e le parole dei protagonisti sono espressi in vari modi: discorsi diretti (1), discorsi indiretti (2), discorsi indiretti liberi (3). Ti elenchiamo alcuni casi; inserisci nel quadratino il numero relativo alla tipologia di discorso a cui appartengono.

- «Ma il cielo è mille volte più bello» (rr. 16-17) ☐
- «Io invece credo di aver solo capito meglio di altri il senso del vuoto» (rr. 85-86) ☐
- «mio padre diceva che non dovevo perdere tempo con quelle stupidaggini sentimentali» (rr. 93-94) ☐
- «Mi diceva sei il mio orgoglio» (rr. 110-111) ☐
- «Tu sei un campione, tu sei il figlio che io ho fatto e voluto» (rr. 138-139) ☐

13 **Il discorso diretto** Che osservazione puoi fare rispetto all'uso del discorso diretto?

14 **Le scelte lessicali** Come definiresti globalmente il registro del lessico utilizzato?

a. Aulico
b. Formale
c. Medio
d. Colloquiale

15 **Il registro colloquiale** Almeno in un punto il registro linguistico si abbassa a livello colloquiale. Sai dire dove?

16 **Le immagini** La sofferenza del ragazzo e la sua incapacità di opporsi alla volontà del padre sono espresse, più che in modo diretto, attraverso metafore, similitudini, immagini. Trovane alcune significative.

17 **I termini calcistici** Benché si tratti di un testo sul calcio, un argomento molto noto e di cui tutti conoscono i termini specifici, l'autore ne impiega pochi. Per quale ragione? (Sono possibili più risposte.)

a. Sono difficili da comprendere
b. Vuole sottolineare l'estraneità del protagonista rispetto al mondo del calcio
c. Il registro solenne non ne permette l'uso
d. L'argomento non è tanto il calcio quanto il mondo interiore del protagonista

18 **La sintassi** Tra le proposizioni del racconto prevale un legame paratattico o ipotattico? Trova alcuni esempi nel testo.

## Rielaborare e produrre

19 **Discutere** Il discorso indiretto libero riferisce il pensiero del protagonista che sta per battere un calcio di rigore importantissimo: «Ora che sono arrivato qui [...] posso regolare i miei conti» (rr. 1-2). Che cosa significa questa affermazione? Il giovane finalmente, calciando male, si prende una rivincita nei confronti del padre che lo ha tanto condizionato? Oppure il ragazzo alla fine afferma la propria libertà e personalità? Raccogli gli elementi validi per sostenere l'interpretazione per te più plausibile anche in un eventuale dibattito in classe.

20 **Il calcio** Il testo propone un'immagine negativa del gioco del calcio che, tuttavia, presenta anche caratteristiche sane e formative. Quali sono? E quando invece diventa uno sport eccessivo e negativo? Scrivi un testo espositivo di circa 200 parole che contenga le tue riflessioni.

21 **Il tuo parere** Secondo te, se il ragazzo si fosse opposto al volere del padre avrebbe agito bene o male? Sarebbe stato giusto sprecare il suo talento? Sarebbe stato più felice o più triste? Esprimi la tua opinione e gli argomenti che la sostengono in un testo argomentativo di circa 100 parole.

22 **La vostra riflessione** In una riflessione con i tuoi compagni, separa i diversi volti del calcio: quello giocato, quello seguito da tifoso allo stadio, quello che è trasformato dai mass media in motivo di polemica e spettacolo per aumentare gli indici di ascolto, quello usato dal mondo economico come occasione di guadagno. Riporta in una relazione di mezza facciata di foglio protocollo il frutto della vostra discussione.

# leggere e analizzare un testo narrativo

## il racconto

La griglia che ti forniamo è funzionale all'analisi di qualsiasi testo narrativo.

Autore: ..........................................................................

Opera: ..........................................................................

Anno di edizione: ..........................................................................

### Struttura

La *fabula* e l'intreccio risultano:

- corrispondenti ☐
- in parte sfasati ☐
- completamente sfasati: il racconto inizia con il fatto conclusivo ☐

Nel testo sono utilizzate:

- analessi ☐
- prolessi ☐
- entrambe ☐

### Sequenze

Il testo è diviso in .......................................... sequenze, in prevalenza:

- narrative ☐
- descrittive ☐
- riflessive ☐
- dialogiche ☐

..........................................................................

..........................................................................

..........................................................................

### Tempo

#### La storia

Quando avviene? Quanto dura?

..........................................................................

..........................................................................

La vicenda rispetto al narratore è:

- contemporanea ☐
- passata ☐
- futura ☐

#### Il racconto

Durata (prevalenza di):

- scene ☐
- pause ☐
- sommari ☐
- ellissi ☐

Ritmo narrativo:

- veloce ☐
- moderato ☐
- lento ☐

Distanza tra narratore e vicenda:

- coincidenza ☐
- massima ☐
- precisa ☐
- alternata ☐

### Spazio

Ambienti:

- esterni ☐
- interni ☐

..........................................................................

..........................................................................

Rappresentazione dello spazio:

- reale ☐
- verosimile ☐
- fantastico ☐

Funzione dello spazio:

- sfondo ☐
- specchio ☐
- simbolo ☐

Descrizione dello spazio:

*Modalità:*

- dettagliata ☐
- sommaria ☐

*Ordine:*

- dal particolare al generale ☐
- dal generale al particolare ☐
- circolare ☐

*Punto di vista:*

- diretto ☐
- indiretto ☐

*Qualità:*

- oggettiva ☐
- soggettiva ☐

### Personaggi

Presentazione:

- del narratore ☐
- di un altro personaggio ☐
- del personaggio, che si presenta da sé ☐
- attraverso tecnica mista ☐
- indiretta ☐

Caratterizzazione:
- fisica ☐
- psicologica ☐
- sociale ☐
- culturale ☐

............................................................
............................................................

Sistema dei personaggi:
- principali

............................................................
............................................................

- secondari

............................................................
............................................................

- comparse

............................................................
............................................................

- protagonista

............................................................
............................................................

- antagonista

............................................................
............................................................

- oggetto del desiderio

............................................................
............................................................

- aiutante

............................................................
............................................................

- falso aiutante

............................................................
............................................................

- oppositore

............................................................
............................................................

## Narratore

Posizione:
- interno ☐
- esterno ☐

Chi narra è:
- il narratore di primo grado ☐
- il narratore di secondo grado ☐

## Punto di vista

La focalizzazione è:
- zero ☐
- interna ☐
- esterna ☐
- fissa ☐
- variabile ☐

## Lingua e stile

Tecniche del discorso:
- discorso diretto ☐
- discorso indiretto ☐
- discorso indiretto libero ☐
- soliloquio o monologo interiore ☐
- flusso di coscienza ☐

Registro linguistico:
- aulico ☐
- formale ☐
- medio ☐
- colloquiale ☐

Sintassi del testo (prevalenza di):
- coordinazione ☐
- subordinazione ☐

## Contenuti

Quali sono i temi affrontati nel racconto? Qual è la trama?

............................................................
............................................................
............................................................
............................................................
............................................................

## Contesto

Qual è il clima storico e culturale in cui è ambientato il racconto?

............................................................
............................................................

## Valutazione personale

............................................................
............................................................
............................................................
............................................................
............................................................

Mario Rigoni Stern

# Temporale di primavera

ANALISI VISUALE

Da
*Il libro degli animali*, 1990

Racconto realistico

Una squadra di boscaioli è costretta a sospendere il lavoro a causa di un temporale. L'acqua cade fitta fitta; sembra che la natura tenga il broncio. Tra le felci però, il bosco riserva una sorpresa che tocca l'animo di quei rudi uomini.

Come ogni mattina la squadra dei boscaioli era partita prima di giorno; il paese dormiva e solo quando giunsero in alto, lungo la costa del monte, sentirono suonare le campane dell'alba.

Deposti i sacchi incominciarono il lavoro. Ogni abete da tagliare era segnato al piede[1] da un numero impresso dal martello della Forestale: secondo il piano economico del Comune in quella particella di bosco, e per quell'anno, si potevano ricavare trecento metri cubi di legname e, ovviamente, erano state scelte le piante mature che già avevano compiuto il loro ciclo di sviluppo.

La sega a motore rompeva il silenzio del bosco e quando si fermava, dopo due colpi dati con il dorso della scure[2] sul cuneo infisso nel taglio, sentivi il fracasso della ramaglia dell'abete che schiantava. Cosí per ore; fino a mezza mattina quando c'era la sosta per la merenda.

In quella pausa si sentivano ritornare i soliti rumori del bosco: la famiglia delle cince, gli scoiattoli che giocavano sui rami, il ronzio degli insetti, il richiamo dei caprioli.

Da certi segni si può anche determinare l'ora del giorno, e il tempo. Per questo, quando sentirono il caprimulgo[3] cantare fuori orario uno disse: – Il lattacapre chiama l'acqua. Oggi verrà il temporale.

Ripresero il lavoro con lena e continuarono fino a mezzogiorno, per il riposo piú lungo. In uno spiazzo accesero il fuoco e quando le pietre attorno furono arroventate ci misero sopra ad abbrustolire grosse fette di polenta; sui rami a forcella arrostirono la sopressa e il formaggio, e, intanto, nelle gavette[4] affumicate si riscaldava il minestrone.

Renato Guttuso, *Il boscaiolo*, 1950. (Suzzara, Galleria Civica d'Arte Contemporanea)

A mangiare si ritirarono nell'ombra, dentro il bosco; e restava ancora nell'aria l'odore della polenta misto a quello del salame e della resina trasudata dagli abeti scortecciati e tagliati a tronchi di quattro metri. Dopo, con le schiene appoggiate ai tronchi, fumarono in silenzio, chi pipa chi sigaretta di trinciato, e due, i piú giovani, si addormentarono con la testa sulla giacca piegata a cuscino e il corpo su una bracciata di rami.

Poco lontano si udiva lo scalpicciare di un capriolo e, da oltre la valle, il brontolare del tempo: – Viene il

1 **al piede**: alla base del tronco.
2 **dorso della scure**: la parte superiore della scure, usata a rovescio come un martello.
3 **caprimulgo**: è un uccello che al tramonto vola sulle greggi di capre per catturarne gli insetti parassiti; si dice che sia in grado anche di succhiare il latte delle capre, per questo è familiarmente chiamato lattacapre.
4 **gavette**: recipienti di metallo nei quali i soldati al campo ricevono e consumano il rancio.

temporale, – disse uno dei due che fumava guardando il cielo, – e se non svampisce[5] per strada, in una mezz'ora è qui.

Ascoltavano il capriolo, il temporale lontano, il respiro dei compagni che dormivano; improvvise caddero delle gocce che c'era ancora il sole e un tuono secco svegliò i due che dormivano: – Ve lo dicevo che il lattacapre non canta di giorno!... qui ci conviene cercare un albero fitto che tenga fuori l'acqua.

Si guardarono attorno e decisero per un abete non grosso ma con i rami fitti e sottili e che non attirava le saette – i fulmini, sempre, colpiscono gli abeti bianchi o i larici. Se l'acqua non fosse venuta d'impeto, lí sotto potevano stare all'asciutto per almeno un'ora. Raccolsero i ferri e si acquattarono.

L'acqua scrosciava tra i rami e lampi e tuoni rompevano il cielo; moscerini quasi invisibili entravano nella pelle sudata e salata dei quattro come pungiglioni di vespe, ma piú acuti ancora.

– Sarebbe meglio coprire la motosega, sennò faticheremo a farla ripartire. L'ultima pianta che ha scortecciato Nardi mi sembra abbia dei bei pezzi di scorza[6], – disse il piú anziano dei quattro.

– Ci vado io a prenderla, quella scorza, – rispose il piú giovane. E corse fuori nel diluvio con la giacca tirata sopra la testa.

Raggiunse l'abete che sotto l'acqua si lavava tutto nudo, raccolse in fretta due larghi pezzi di corteccia e fece per ritornare dai compagni che lo seguirono con lo sguardo. Ma a mezza strada lo videro fermarsi dentro uno slargo di felci che si piegavano sotto la pioggia e poi riprendere la corsa gridando qualcosa che non riuscivano a capire per il frastuono dell'acqua e dei tuoni.

Quando arrivò posò le cortecce sopra la motosega e senza cercare riparo per sé gridò verso i compagni che ora lo potevano sentire:

– Venite! Venite a vedere: lí in quello spiazzo c'è un capriolo appena nato. Venite ad aiutarmi!

Uscirono nel temporale anche gli altri tre e lo seguirono di corsa. Quando giunsero nella radura videro tra le felci l'animaletto quasi senza vita, battuto dall'acqua che gli faceva colare sopra fili d'erba, aghi d'abete e petali rossi di fiori: aveva gli

5 **svampisce**: evapora, si dissolve.

6 **scorza**: corteccia.

## L'AUTORE

**Mario Rigoni Stern** nasce ad Asiago nel 1921, tre anni dopo la fine della Prima guerra mondiale (1915-1918), un conflitto che ha devastato le montagne sulle quali l'autore trascorre un'infanzia libera, tra pastori e boscaioli. A 17 anni frequenta la Scuola alpina d'Aosta. Scoppia la Seconda guerra mondiale (1940-1945) e Mario Rigoni Stern partecipa alla campagna di Russia sul fronte orientale. Durante la ritirata, calzando scarpe di cartone, porta in salvo i suoi settanta alpini. Narrerà questa epica vicenda nel suo libro d'esordio, che lo imporrà all'attenzione generale: *Il sergente nella neve* (1953). Dopo anni di silenzio, pubblica la *Storia di Tönle* (1978) in cui narra dell'attaccamento alla sua terra (ancora l'Altopiano di Asiago sconvolto dalla guerra) di un contadino, pastore e contrabbandiere. Scrive per far conoscere le sofferenze della guerra affinché la memoria non si perda. Il forte legame che ha con la sua zona d'origine e le sue genti spinge Rigoni Stern a difenderla dall'assalto del cemento, narrando di animali e di stagioni, di boschi e di acque. Con questi caratteri poetici nascono i romanzi e le raccolte di racconti *Il bosco degli urogalli* (1962), *Uomini, boschi e api* (1980), *Il libro degli animali* (1990), *Aspettando l'alba e altri racconti* (2004), *Stagioni* (2006). Rigoni Stern muore il 16 giugno 2008.

occhi spalancati e certo non si rendeva conto che il mondo dove era venuto alla luce da pochi minuti non era fatto solamente di temporali.

Un boscaiolo si chinò a raccoglierlo per portarlo all'asciutto, ma quello che l'aveva scorto per primo lo fermò: – Non toccarlo! – gli urlò tra lo scroscio, – se sente il tuo odore la madre lo abbandona. Non lo riconosce piú!

Incominciò a grandinare e i grani battevano giú dagli alberi strobili[7] e rametti; il boscaiolo cacciatore si levò la giacca e la tenne stesa sopra il capriolo: – Andate a prendere delle scorze e dei rami, – disse ai compagni, – dobbiamo fargli un ricovero[8] sennò la tempesta lo ammazza. – Ma dove sarà andata la madre? E come ha pensato di partorirlo qui vicino a noi? – chiese uno.

Franz Marc, *Cerva nel giardino di un monastero*, 1912. (Monaco, Lenbachhaus Galerie)

– Avrà cercato aiuto. Gli animali capiscono certe cose... Adesso sarà spaventata dalle saette e magari è poco lontana, – riprese il piú anziano dei quattro.

Ormai erano bagnati fin dentro le scarpe e fin sotto la maglia di lana; con lena[9] pulirono e spuntarono quattro grossi rami; con la testa della scure li ficcarono nel terreno attorno al capriolo e poi con attenzione e a regola d'arte, in modo che non gocciolassero sotto, posarono le cortecce a fare tetto. La piccola bestiola lasciava fare, solo sentiva che ora l'acqua e la grandine non la battevano piú: quei lampi improvvisi seguiti dal gran fragore del tuono che rimbombava nel bosco, ecco, lo spaventavano un po'.

I quattro si ritirarono dove avevano lasciato gli attrezzi da lavoro. Ormai era uguale stare sotto gli alberi che fuori, tanto si erano inzuppati: si misero in piedi con la schiena contro un grosso tronco; ma anche il tabacco e i fiammiferi si erano inumiditi dentro le scatole di latta e faticarono ad accendere. Non parlavano, guardavano il bosco fra l'acqua come un fondo marino e ascoltavano il temporale. Dopo un bel poco uno disse: – Mah... – E dopo un silenzio ancora piú lungo: – Mah. Non capisco. E tu sei anche cacciatore.

– Si sente, non si capisce, – rispose il cacciatore.

Continuarono a fumare: – E magari tra quattro anni lo ritrovi con il tuo cane e ci spari, – disse un altro.

– Mah. È la vita.

Continuava a piovere e a tuonare, fumavano in silenzio e tutti e quattro pensavano al piccolo capriolo sotto il riparo che avevano fatto: – Chissà se la madre lo ritroverà; e se vivrà dopo un parto tra questa intemperia, – disse uno come a conclusione di un pensiero.

– Sono forti, loro, sono madri... – lo tranquillizzò il piú anziano.

Ora le saette erano cessate ma continuava a piovere; il temporale si era spostato verso l'altra valle ma non si vedevano sprazzi di azzurro: – Qui, ormai, ci conviene raccogliere su e andare a casa. Bagnati siamo bagnati e riprendere il lavoro non conviene. Cosa dite?

– Aspettiamo ancora dieci minuti, la pioggia va calando.

Con gli zaini in spalla si avviarono verso il sentiero, ma prima si avvicinarono

7 **strobili**: sono i frutti dei pini, le pigne.

8 **ricovero**: riparo, rifugio.

9 **lena**: forza, energia.

cauti al ricovero del capriolo. Il cacciatore alzò con precauzione una falda di corteccia e guardò sotto: il caprioletto era tutto rannicchiato, tremava per il freddo ma sembrava tranquillo; anzi, stava asciugandosi perché il pelo fumava: – Forse ce la farà, – disse ai compagni, – ma bisognerebbe che la madre lo ritrovasse.

Quando arrivarono in paese smise di piovere e lontano, verso il lago da dove il temporale era venuto, apparve una striscia di azzurro: – Ci vediamo dopo cena all'osteria, – disse uno, – adesso andiamo ad asciugarci.

In un angolo la televisione trasmetteva un telefilm che nessuno guardava; i quattro si giocavano un litro a scopa. Venne dentro il guardacaccia, salutò e dopo, senza parlare, si avvicinò ai quattro delle carte. Dopo la giocata disse: – Ho sentito che avete trovato un capriolo appena nato. Come è stata?

Gli raccontarono come e dopo lui ordinò un altro mezzo litro: – Domani mattina, – disse il guardacaccia, – verrei anch'io con voi a vedere. A che ora partite? E se la vecchia lo ha abbandonato ed è ancora vivo lo porterò giú, qui a casa mia. Non è il primo che allevo con il ciuccetto e latte di capra...

La mattina venne limpidissima che potevi contare gli alberi sulle creste dei monti lontani. Il guardacaccia salí con i quattro boscaioli e quando giunsero nei pressi dell'abbattuta andarono insieme al ricovero del capriolo. Con attenzione levarono le cortecce messe a tetto sopra i rami, ma sotto, il capriolo non c'era piú.

– Sarà venuta la madre a prenderselo, – disse il cacciatore. – Senti, il covo è ancora tiepido, – aggiunse tastando con una mano le felci schiacciate.

Stettero un poco in silenzio, e a monte, sulla costa del bosco, sentirono un breve scalpiccio e frusciare di rami. Poi belare.

– Sono loro, – disse il guardacaccia. – È venuta a prenderselo: ce l'hanno fatta.

M. Rigoni Stern, *Il libro degli animali*, Einaudi, Torino, 2008

# Attività

## Leggere e comprendere

1 **L'inizio** Quando si avviano al lavoro i boscaioli?
- **a.** All'alba
- **b.** Prima dell'alba
- **c.** Al tramonto
- **d.** Nel cuore della notte

2 **Il bosco** Dove si trova il bosco in cui devono abbattere gli alberi?
- **a.** Sulla cima di un colle
- **b.** Lungo le pendici di un colle
- **c.** In pianura
- **d.** Ai piedi di un'altura

3 **Il presagio** Fra i tanti consueti rumori del bosco, uno è interpretato come un segnale. Qual è? Che cosa annuncia?

4 **Il pranzo** Perché il pranzo dei taglialegna è semplice ma abbondante?
- **a.** Perché i boscaioli, svolgendo un lavoro pesante, hanno bisogno di nutrirsi molto
- **b.** Perché sono molto affamati
- **c.** Perché le loro mogli sono abili cuoche
- **d.** Perché l'aria aperta stuzzica l'appetito

5 **La pausa** Prima di riprendere il lavoro, i boscaioli si concedono una pausa. Descrivi e motiva il loro comportamento.

6 **I rumori** Quali rumori odono i boscaioli durante la pausa?

7 **Il riparo** Quando il temporale scoppia, i boscaioli si trovano un riparo. Quale scelgono e perché?

8 **La scoperta** Mentre raccoglie pezzi di corteccia per proteggere la motosega, un giovane boscaiolo richiama l'attenzione dei compagni. Che cosa vuole mostrare loro?

9 **Il capriolo** Perché i taglialegna evitano di toccare il piccolo capriolo?
- **a.** Hanno paura dell'animale
- **b.** Sanno che possono contrarre delle malattie
- **c.** Capiscono che l'animale può spaventarsi
- **d.** Sanno che la madre non lo riconoscerà se sentirà altri odori oltre al suo

10 **La madre** Gli uomini si domandano perché la madre abbia abbandonato il capriolo. Che cosa suppongono?

11 **La generosità** I boscaioli si mostrano generosi e altruisti verso la bestiola. In che modo?
- **a.** La raggiungono subito
- **b.** Non temono di inzupparsi sotto la pioggia per prestarle soccorso
- **c.** Le portano cibo
- **d.** La prendono con sé

12 **Il cacciatore** Un boscaiolo si meraviglia che a soccorrere l'animale sia stato proprio uno di loro che pratica la caccia. Che cosa pensa dei cacciatori?

13 **I pensieri** Mentre aspettano che il temporale si plachi, a che cosa pensano gli uomini?
- **a.** Al lavoro interrotto
- **b.** Alla famiglia
- **c.** Al capriolo
- **d.** Al capriolo e a sua madre

14 **L'osteria** Anche all'osteria, la sera, il ritrovamento del cucciolo fa scalpore. Chi e come vuole prendersene cura?

15 **La forza della natura** Presenta in modo preciso la scena conclusiva della vicenda.

## Riconoscere e analizzare

16 **Il tempo della storia** In che periodo è ambientata la vicenda e quanto dura?
- **a.** Nel Settecento e dura circa 24 ore
- **b.** Nel Novecento e dura circa 12 ore
- **c.** Nel Settecento e dura circa 18 ore
- **d.** Nel Novecento e dura circa 24 ore

17 **Le sequenze** Quali tipologie di sequenze sono prevalenti nel testo?
- **a.** Narrative
- **b.** Descrittive
- **c.** Dialogiche
- **d.** Riflessive

18 **Il tempo del racconto** Tutte le modalità di tempo del racconto sono presenti nel testo. Riporta un esempio per ciascuna di esse.
- Pausa: ............................................................
- Scena: ............................................................
- Sommario: ............................................................
- Ellissi: ............................................................

19 **La descrizione del luogo** La vicenda si svolge prevalentemente nel bosco e la descrizione presenta molti dati uditivi. Elencane almeno otto.

20 **Il narratore e la focalizzazione** Come definiresti il narratore e la focalizzazione in questo passo?
- **a.** Narratore esterno palese, focalizzazione interna
- **b.** Narratore esterno occulto, focalizzazione esterna
- **c.** Narratore interno, focalizzazione interna
- **d.** Narratore interno, focalizzazione variabile

21 **Il registro linguistico** Come appare il registro linguistico prevalente in questo testo?
- **a.** Aulico
- **b.** Formale
- **c.** Medio
- **d.** Colloquiale

22 **Il lessico** Ricerca e sottolinea le parole legate al lavoro dei taglialegna.

## Rielaborare e produrre

23 **La tua opinione** Come interpreti le parole «Sono forti, loro, sono madri...» (r. 111) pronunciate dal boscaiolo più anziano? Esprimi la tua opinione in un testo di circa 50 parole.

24 **Il riassunto** Riordina i titoli delle sequenze, che ti forniamo in modo confuso, e poi stendi un riassunto di 200 parole.

Pausa • Ritrovamento del capriolo • La mattina dopo nel bosco • Ripresa del lavoro • Al riparo presso gli attrezzi • Pranzo • Verso casa • All'osteria • Partenza

25 **Il tuo racconto** Ti è mai capitato di trovare un animale in difficoltà? Che cosa hai fatto? Esponi la tua esperienza in un racconto di circa 200 parole.

Natalia Ginzburg

# I rapporti umani

Porte che sbattono, urla indiavolate, cocciuti silenzi sembrano dettare il ritmo di crescita del giovane protagonista, che si esprime con un "noi" per intendere "noi adolescenti". Egli cerca e trova con fatica la propria dimensione, la propria personalità, soprattutto nel rapporto con gli altri. Dietro l'angolo c'è anche l'amore, scoperto attraverso l'incontro con la «persona giusta».

Da
Le piccole virtù, 1962
Racconto psicologico

Siamo entrati nell'adolescenza quando le parole che si scambiano gli adulti fra loro ci diventano intelligibili[1]; intelligibili ma senza importanza per noi, perché ci è diventato indifferente che in casa nostra regni o no la pace. Ora possiamo seguire la trama delle liti domestiche, prevederne il corso e la durata: e non ne siamo spaventati, le porte sbattono e non sussultiamo; la casa non è più per noi quello che era prima: non è più il punto da cui guardiamo tutto il resto dell'universo, è un luogo dove per caso mangiamo e abitiamo: mangiamo in fretta prestando un orecchio distratto alle parole degli adulti, parole che ci sono intelligibili ma che ci sembrano inutili; mangiamo e scappiamo nella nostra stanza di corsa per non sentire tutte quelle parole inutili: e possiamo essere molto felici anche se gli adulti intorno a noi litigano e si tengono il muso per giorni e giorni. Tutto quello che ci importa non succede più fra le pareti di casa nostra, ma fuori, per la strada e a scuola: sentiamo che non possiamo essere felici se a scuola gli altri ragazzi ci hanno un po'

1 **intelligibili**: comprensibili.

## L'AUTRICE

**Natalia Ginzburg** si può considerare la scrittrice della memoria familiare, perché il passato ritorna sempre nelle sue opere che, con parole semplici, sanno raccontare incontri ed esperienze personali, rendendoli universali.

Natalia Levi nasce a Palermo nel 1916 da una famiglia ebraica. Il padre Giuseppe, professore universitario, e i suoi tre fratelli verranno imprigionati e processati per antifascismo. Natalia trascorre a Torino l'infanzia e l'adolescenza e a 18 anni pubblica il suo primo racconto, *I bambini*, sulla rivista "Solaria".

Nel 1938 sposa Leone Ginzburg (con il cui cognome firmerà in seguito tutte le sue opere), docente universitario di Letteratura russa e collaboratore della casa editrice Einaudi. Dal 1940 al 1943 vive in un paesino dell'Abruzzo, dove il marito, dirigente della cospirazione antifascista clandestina, è stato mandato al confino. Qui scrive il suo primo romanzo, *La strada che va in città*, pubblicato nel 1942 con lo pseudonimo di Alessandra Tornimparte a causa delle leggi razziali emanate dal fascismo nel 1938.

Dopo la morte del marito – ucciso dai fascisti nel carcere di Regina Coeli nel febbraio del 1944, pochi mesi prima dell'arrivo degli alleati a Roma –, ritorna a Torino, dove lavora per la casa editrice Einaudi. Nel 1950 sposa Gabriele Baldini, docente di Letteratura inglese e direttore dell'Istituto italiano di cultura a Londra. Inizia per Natalia Ginzburg il periodo di più ricca fioritura letteraria. Nel 1963 vince il premio Strega con *Lessico famigliare*. Nel 1984 scrive l'ultima sua opera, il romanzo epistolare *La città e la casa*. Muore a Roma nel 1991.

disprezzato. Faremmo qualunque cosa per salvarci da questo disprezzo: facciamo qualunque cosa. Scriviamo delle strofette comiche per piacere ai nostri compagni, e le recitiamo loro con buffe smorfie di cui dopo ci vergognamo; facciamo raccolta di parole sconce perché ci stimino un poco, andiamo a caccia di parole sconce per tutto il giorno fra i libri e i vocabolari che abbiamo in casa; e poiché ci sembra che fra i nostri compagni abbia successo un modo di vestire vistoso e sfarzoso, noi contro la volontà di nostra madre ci sforziamo d'insinuare nei nostri abiti sobri qualcosa di un po' vistoso e volgare. Confusamente sentiamo che se ci disprezzano, è soprattutto per colpa della nostra timidezza: chi sa, forse quel lontano momento in cui facevamo una collina di terra col nostro amico, e le porte sbattevano e risuonavano voci selvagge e la vergogna ci bruciava le guance, quel momento forse ha gettato in noi le radici della timidezza: e pensiamo di dover spendere la vita intera a liberarci dalla timidezza, a imparare a muoverci nello sguardo degli altri con la stessa baldanza[2] e sbadataggine di quando siamo soli. La nostra timidezza ci appare come il più grave ostacolo a ottenere la simpatia e il consenso universale[3]: e abbiamo fame e sete di questo consenso: nelle nostre fantasticherie solitarie, ci vediamo andare a cavallo trionfalmente per le città, in una folla che ci acclama e ci adora.

A casa, quegli adulti che per tanti anni ci avevano pesato addosso col loro assurdo mistero, noi li castighiamo ora con un profondo disprezzo, col mutismo e l'impenetrabilità del nostro viso; ci hanno ossessionato per tanti anni col loro mistero, e noi ora ci vendichiamo opponendo loro il nostro mistero, un viso impenetrabile e muto, degli occhi di pietra. E anche ci vendichiamo sugli adulti di casa nostra, del disprezzo che hanno i nostri compagni per noi. Quel disprezzo ci sembra che investa non la nostra sola persona, ma tutta la nostra famiglia, la nostra condizione sociale, i mobili e le suppellettili[4] di casa nostra, i modi e le consuetudini dei nostri

2 **baldanza**: sicurezza e piena disinvoltura.
3 **consenso universale**: il protagonista cerca l'approvazione degli altri.
4 **suppellettili**: arredi di casa.

Sandy Melody, *Little Boy Blue*, 2013. (Collezione Privata)

genitori. Scoppiano di tanto in tanto per casa le collere d'una volta, magari adesso destate da noi, dal nostro viso di pietra: ci assale un turbine di parole violente, le porte sbattono ma non sussultiamo: le porte sbattono adesso per noi, contro di noi che restiamo a tavola immobili, con un superbo sorriso: più tardi, soli nella nostra stanza, si scioglierà d'un tratto quel nostro sorriso superbo e scoppieremo a piangere, fantasticando sulla nostra solitudine e sull'incomprensione degli altri per noi; e sentiremo uno strano piacere a versare lagrime scottanti, a soffocare nel cuscino i singhiozzi. Sopraggiunge allora nostra madre, si commuove alla vista delle nostre lagrime, ci offre di portarci a prendere un gelato o al cinematografo; con gli occhi rossi e gonfi ma di nuovo il viso impietrito e impenetrabile, sediamo accanto a nostra madre al tavolino d'un caffè mangiando il gelato a piccolissimi cucchiaini: e tutt'intorno a noi si muove una folla di gente che ci sembra serena e leggera, mentre noi, noi siamo quello che c'è di più tetro, goffo e detestabile sulla terra.

Chi sono gli altri e chi siamo noi? ci chiediamo. Restiamo a volte tutto un pomeriggio soli nella nostra stanza, a pensare: con un vago senso di vertigine, ci chiediamo se gli altri esistano veramente, o se siamo noi che li inventiamo. Ci diciamo che forse, in nostra assenza, tutti gli altri cessano di esistere, scompaiono in un soffio: e miracolosamente risorgono, scaturiti d'un tratto dalla terra, non appena guardiamo. Non ci potrà succedere forse che un giorno, voltandoci d'improvviso, non troveremo niente, nessuno, sporgeremo la testa sul vuoto? E allora non c'è ragione, ci diciamo, di sentire tanta tristezza per il disprezzo degli altri: degli altri che forse non esistono, che dunque non pensano nulla né di noi né di sé. Mentre siamo assorti in questi pensieri vertiginosi[5], viene nostra madre a proporci di uscire a prendere un gelato: e ci sentiamo allora inesplicabilmente felici, smodatamente felici, per quel gelato che mangeremo fra poco: e come mai una tale felicità in noi, ci chiediamo, per la prospettiva d'un gelato, in noi che siamo così adulti nei nostri vertiginosi pensieri, così stranamente perduti in un mondo di ombre? Accettiamo la proposta di nostra madre, ma ci guardiamo bene dal mostrarle che ne abbiamo un grande piacere: a labbra sigillate[6] camminiamo con lei verso il caffè.

[...]

Ama il prossimo tuo come te stesso, ha detto Dio. A noi questo sembra assurdo: Dio ha detto una cosa assurda, ha imposto agli uomini una cosa che è impossibile attuare. Come amare il nostro prossimo, che ci disprezza e non si lascia amare? E come amare noi stessi, spregevoli e pesanti e tetri come siamo? Come amare il nostro prossimo, che non c'è forse ed è solo una folla di ombre, mentre Dio ha fatto noi, noi soli, e ci ha messi qui su una terra che è un'ombra, soli a nutrirci dei nostri vertiginosi pensieri? Abbiamo creduto in Dio da bambini, ma adesso ci diciamo che forse non esiste: oppure esiste e non gliene importa niente di noi, perché ci ha messo in questa situazione crudele: e allora è come se non esistesse per noi. Pure rifiutiamo a tavola una pietanza che ci piace, e passiamo la notte sdraiati sul tappetino della nostra stanza, per mortificarci[7] e punirci dei nostri pensieri odiosi e per essere cari a Dio.

Ma Dio non esiste, pensiamo, dopo una intera notte passata sul pavimento, con le membra tutte indolenzite e lunghi brividi di freddo e di sonno. Dio non esiste, perché non avrebbe potuto inventare questo mondo assurdo, mostruoso, questa complicata macchinazione dove un essere umano cammina solo, al mattino, nella nebbia, fra case altissime abitate dal prossimo, dal prossimo che non ci ama e che è impossibile amare. E del prossimo fa parte anche quella razza mostruosa, inespli-

5 **pensieri vertiginosi**: così profondi e quindi alti da causare il capogiro.

6 **a labbra sigillate**: per ribadire il proprio testardo silenzio.

7 **mortificarci**: reprimere i sensi con penitenze fisiche o spirituali.

Illustrazione di Angelo Monne per un racconto della scrittrice giapponese Hiromi Kawakami, 2015.

cabile, che è di un sesso diverso dal nostro, dotata di una terribile facoltà di farci tutto il bene e tutto il male, dotata di un suo terribile potere segreto su di noi. Potremo mai piacere noi a questa razza diversa, noi che siamo così disprezzati dai compagni del nostro stesso sesso, giudicati così noiosi e da nulla, così inetti[8] e goffi in ogni cosa?

[...]

Tormentati da questi pensieri, soffriamo d'un'immensa timidezza in presenza delle persone di un sesso diverso dal nostro, nella paura che una di loro sia la persona giusta per noi e che possiamo perderla con una parola.

[...]

Poi ci distacchiamo dal nostro amico, a poco a poco. Lo troviamo piuttosto noioso, «borghese»: ha sempre la mania della distinzione, della finezza. Noi adesso vogliamo essere poveri: ci interessiamo a un gruppo di compagni poveri, ci rechiamo ogni giorno con orgoglio alla loro casa non riscaldata. Portiamo adesso il nostro vecchio impermeabile, con orgoglio: la persona giusta contiamo sempre d'incontrarla, ma deve amare il nostro vecchio impermeabile, deve amare le nostre scarpe sformate, le nostre sigarette da pochi soldi, le nostre mani rosse e nude. Vestiti del nostro vecchio impermeabile, camminiamo soli, verso sera, lungo le case di periferia: abbiamo scoperto la periferia, le insegne delle piccole osterie sul lungofiume, sostiamo assorti davanti a certi negozietti dove sono appese delle lunghe camiciole rosa, delle tute da operaio e delle mutande color caffelatte; ci incantiamo davanti a una vetrina dove giacciono vecchie cartoline e vecchie forcine: ci piace tutto quello che è vecchio, polveroso e povero: di cose povere e polverose noi andiamo a caccia per la città.

[...]

Intanto l'amico che abbiamo smesso di frequentare soffre per causa nostra: così come aveva sofferto il primo della classe quando avevamo smesso di frequentarlo. Noi lo sappiamo, ma non ne abbiamo rimorso: anzi ne abbiamo una specie di piacere sordo, perché se qualcuno soffre per causa nostra, è segno che abbiamo nelle nostre mani il potere di far soffrire, noi che ci eravamo creduti per tanto tempo così deboli e insignificanti. Non ci viene il dubbio che siamo forse cinici[9] e cattivi, perché non ci viene il dubbio che anche quel nostro amico sia il prossimo: e neppure pensiamo che siano il prossimo i nostri genitori: il prossimo, sono i poveri. I nostri genitori, li guardiamo severamente mentre mangiano dei buoni cibi alla tavola illuminata; anche noi mangiamo quei buoni cibi, ma pensiamo che è un caso, e sarà così ancora per pochissimo tempo: fra poco, non avremo che un po' di pane scuro e un tegame di stagno.

Un giorno incontriamo la persona giusta. Restiamo indifferenti, perché non l'abbiamo riconosciuta: passeggiamo con la persona giusta per le strade di periferia, prendiamo a poco a poco l'abitudine di passeggiare insieme ogni giorno. Di tanto in tanto, distratti, ci chiediamo se non stiamo forse passeggiando con la per-

8 **inetti**: incapaci.
9 **cinici**: indifferenti, insensibili ai valori e ai sentimenti.

Illustrazione di Angelo Monne per un racconto della scrittrice giapponese Hiromi Kawakami, 2015.

sona giusta: ma crediamo piuttosto di no. Siamo troppo tranquilli; la terra, il cielo non sono mutati; i minuti e le ore fluiscono quietamente, senza rintocchi profondi nel nostro cuore. Noi ci siamo sbagliati già tante volte: ci siamo creduti in presenza della persona giusta, e non era. E in presenza di quelle false persone giuste, cadevamo travolti da un tale impetuoso tumulto che quasi non ci restava più la forza di pensare: ci trovavamo a vivere come al centro d'un paese incendiato: alberi, case e oggetti divampavano intorno a noi. E poi di colpo si spegneva il fuoco, non restava che un po' di brace tiepida: alle nostre spalle i paesi incendiati sono tanti che non possiamo più nemmeno contarli. Adesso niente brucia intorno a noi. Per settimane e mesi, passiamo i giorni con la persona giusta, senza sapere: solo a volte, quando rimasti soli ripensiamo a questa persona, la curva delle sue labbra, certi suoi gesti e inflessioni di voce, nel ripensarli, ci dànno un piccolo sussulto al cuore: ma non teniamo conto d'un così piccolo, sordo sussulto. La cosa strana, con questa persona, è che ci sentiamo sempre così bene e in pace, con un largo respiro, con la fronte che era stata così aggrottata e torva per tanti anni, d'un tratto distesa; e non siamo mai stanchi di parlare e ascoltare. Ci rendiamo conto che mai abbiamo avuto un rapporto simile a questo con nessun essere umano; tutti gli esseri umani ci apparivano dopo un poco così inoffensivi, così semplici e piccoli; questa persona, mentre cammina accanto a noi col suo passo diverso dal nostro, col suo severo profilo, possiede una infinita facoltà di farci tutto il bene e tutto il male. Eppure noi siamo infinitamente tranquilli. [...]

N. Ginzburg, *Le piccole virtù*, in *Opere*, vol. 1, i Meridiani Mondadori, Milano, 1986

# Attività

## Leggere e comprendere

1 **L'adolescenza** A un certo punto il protagonista si rende conto di essere entrato nell'adolescenza: quale fatto preciso glielo indica?

**a.** Nota i cambiamenti che sta subendo il suo corpo

**b.** Si rende conto di comprendere il significato delle parole e delle liti degli adulti

**c.** Sente di aver bisogno degli amici più che dei genitori

**d.** Comprende le parole offensive che si scambiano gli adulti, ma queste non hanno importanza per lui

2 **Le liti in famiglia** Come si comporta il protagonista durante le liti familiari?

**a.** Ne comprende i contenuti e i motivi e ne soffre

**b.** Assiste con indifferenza ai dissapori domestici e attende la loro soluzione

**c.** Considera le liti inutili, si ritira nella propria camera e si sente felice anche se gli adulti si tengono il muso per giorni interi

**d.** Prende posizione, sostenendo il più delle volte la madre

3 **Gli adulti** Dopo che il suo modo di sentire è mutato, quale atteggiamento assume il protagonista verso gli adulti?

4 **Il prossimo** Quali interrogativi si pone l'adolescente "sul prossimo", nella propria stanza?

5 **Dio** Dopo aver riflettuto sugli altri, il protagonista considera Dio. Quali pensieri formula? Indica se le affermazioni sono vere o false.

| | V | F |
|---|---|---|
| **a.** È impossibile amare il prossimo | ☐ | ☐ |
| **b.** Il prossimo ci aiuta e si lascia amare | ☐ | ☐ |
| **c.** Amiamo sempre noi stessi | ☐ | ☐ |
| **d.** Siamo soli sulla terra con i nostri tristi pensieri | ☐ | ☐ |
| **e.** Anche da bambini credevamo in Dio | ☐ | ☐ |
| **f.** Dio forse non esiste e comunque non si interessa di noi | ☐ | ☐ |

6 **I timori** Quali timori ha il protagonista nei confronti della «persona giusta» (r. 99)?

7 **Attrazione** Il protagonista si distacca dall'amico "borghese". Verso quali persone e quale stile di vita è attratto?

8 **L'altro sesso** Come si comporta l'adolescente con le persone dell'altro sesso?

**a.** Con estrema sicurezza

**b.** Con timidezza, temendo di trovarsi di fronte la persona giusta e di non saperla riconoscere

**c.** Con indifferenza

**d.** Con entusiasmo perché è alla ricerca dell'anima gemella

## Riconoscere e analizzare

9 **Il narratore** Che tipo di narratore caratterizza il brano? (Sono possibili più risposte.)

**a.** Interno

**b.** Esterno

**c.** Palese

**d.** Occulto

10 **La durata** Esamina il tempo del racconto per quanto riguarda la sua durata. Quali modalità di rappresentazione prevalgono e che ritmo ne deriva?

**a.** Scene

**b.** Pause

**c.** Ellissi

**d.** Sommari

Ritmo: ..............................................................................................

11 **I personaggi** Su quali caratteristiche dei personaggi verte l'interesse del narratore?

**a.** Sull'aspetto psicologico

**b.** Sull'aspetto fisico

**c.** Sull'estrazione sociale

**d.** Sulla formazione culturale

12 **Le sequenze** Individua nel testo le sequenze e attribuisci a ciascuna un titolo.

| Da | A | Titolo |
|---|---|---|
| | | |
| | | |
| | | |
| | | |
| | | |
| | | |

13 **Lo spazio** Nel testo sono presenti luoghi e ambienti che appartengono alla vita dei giovani di ogni tempo. Elencali.

14 **Le scelte linguistiche** Alcune caratteristiche linguistiche e narrative contribuiscono a fare del racconto la storia non di un solo adolescente, ma di tutti gli adolescenti. Quale fra le opzioni seguenti permettono di raggiungere questo scopo? (Sono possibili più risposte.)

**a.** L'uso del tempo presente
**b.** Le notizie autobiografiche
**c.** La difficile individuazione del sesso del protagonista
**d.** L'uso del pronome "noi"
**e.** L'ambientazione in una città
**f.** Le poche informazioni sui luoghi e sui tempi
**g.** La ripetitività di certi vocaboli
**h.** Le riflessioni profonde su di sé

15 **Lo stile** In questo brano l'autrice usa molte ripetizioni di espressioni e parole. Individua qualche esempio e motiva questa scelta stilistica.

16 **Gli oggetti simbolici** Numerosi oggetti simbolici accompagnano la crescita del protagonista. Indica che cosa rappresentano tali elementi.

- Le porte che sbattono: ..................................................
- Il gelato al bar: ..................................................
- Il pavimento della sua camera: ..................................................
- Il vecchio impermeabile e le scarpe sformate: ..................................................

## Rielaborare e produrre

17 **La tua opinione** La frase «questa persona [...] possiede una infinita facoltà di farci tutto il bene e tutto il male» (rr. 153-155) può significare che la persona giusta ha il potere di fare tutto ciò che vuole a chi la ama oppure che la persona giusta rende «infinitamente tranquilli» (r. 156)? Esprimi la tua opinione in un testo di circa 100 parole.

..................................................
..................................................
..................................................
..................................................
..................................................
..................................................
..................................................
..................................................
..................................................
..................................................
..................................................
..................................................
..................................................

18 **Il rapporto con gli altri** Che cosa cerca il protagonista nel rapporto con gli altri? Esprimi il tuo parere e spiega se anche per te è lo stesso in un intervento orale di 5 minuti.

19 **L'adolescenza** Quali sono gli atteggiamenti contraddittori che caratterizzano l'adolescenza? Racconta questo momento della vita, anche basandoti sulla tua esperienza personale, in un testo di circa 200 parole.

# I TESTI D'USO



# Le tipologie di testo non letterario

I testi scritti usati nella comunicazione quotidiana hanno prevalentemente una natura informativa e appartengono alla tipologia dei cosiddetti **testi d'uso**.

Essi sono caratterizzati da una finalità pratica: **descrivere**, **esporre** e **spiegare**, **raccontare** esperienze vissute, **elencare** regole, **esprimere** le proprie idee. Per conseguire questi obiettivi il **contenuto** è preponderante rispetto agli aspetti formali del testo. Per questo motivo i testi d'uso vengono spesso definiti "**non letterari**", proprio per differenziarli da quelli letterari, nei quali la prevalenza della funzione poetica impone che il contenuto sia espresso con una forma tale da coinvolgere emotivamente il lettore.

Nei testi non letterari, invece, il **linguaggio** e lo **stile** sono **funzionali al contenuto** e non lasciano molto spazio alla ricercatezza estetica. Ciò non vuol dire che nei testi d'uso il linguaggio sia semplice (anzi, dal punto di vista delle scelte lessicali può essere piuttosto complesso), ma significa che l'attenzione del lettore è indirizzata verso il contenuto del testo, che non necessita di sottili interpretazioni. Infatti, per comprendere un testo non letterario è necessaria la **conoscenza del codice linguistico** con cui è scritto, oltre alla conoscenza degli elementi testuali extralinguistici (tabelle, grafici, mappe) che spesso contribuiscono a formulare il messaggio dei testi d'uso.

Le caratteristiche formali dei testi d'uso (scelte stilistiche, sintattiche e lessicali) variano notevolmente a seconda della fruizione, dello scopo e dei destinatari.

Ci sono vari tipi di testi d'uso; uno di questi è il testo espositivo.

P.J. Crook, *Monday 2nd*, 2002. (Collezione Privata)

# • Il testo espositivo •

I **testi espositivi** hanno prevalentemente uno **scopo informativo**, mirano cioè a comunicare informazioni di carattere generale a un lettore che non sa nulla, o sa poco, sull'argomento trattato. Di conseguenza, questi testi sono caratterizzati da un grande rigore espositivo, da chiarezza e puntualità espressiva per non lasciare dubbi interpretativi nel lettore.

I testi che possono essere ricondotti a tale tipologia appartengono ad ambiti di scrittura diversi: manuali scolastici, relazioni, verbali, interviste, enciclopedie, avvisi.

Nel testo espositivo la trattazione è improntata alla massima **oggettività**: non sono, infatti, presenti giudizi personali, pareri e opinioni da parte di chi scrive. È perciò molto limitato l'uso degli avverbi e degli aggettivi qualificativi.

In questo tipo di testi è fondamentale che la trattazione segua un ordine logico preciso, perciò si ricorre alla suddivisione del testo in capitoli, paragrafi, sezioni. In ogni caso, è molto importante che la scansione delle parti del testo sia chiara e logicamente coerente. La sintassi risulta essenziale, le frasi brevi. Nei testi didattici ad esempio si ricorre al lessico specialistico della disciplina di cui si sta parlando, spiegando con glossari i termini più difficili quando è necessario. Ecco un esempio tratto da un manuale scolastico:

> Grazie alla CEE la collaborazione fra gli stati europei si estese alle materie prime e a tutti gli altri settori produttivi e nacque un grande mercato comune, all'interno del quale le merci e i capitali potevano circolare liberamente.
> In dieci anni furono abolite le tariffe doganali[1] abbassando i prezzi delle merci.
>
> Luciano Marisaldi, *Ecumene. La storia e i luoghi dell'uomo*, Zanichelli, Bologna, 2016
>
> 1 **Tariffe doganali**: sono i dazi che le merci pagano quando attraversano i confini di uno Stato. La loro abolizione riduce i prezzi delle merci importate sul mercato e favorisce gli scambi e i consumi, migliorando l'economia.

L'esposizione può essere:

- **analitica**, quando i dati relativi a un argomento sono riportati in modo dettagliato per fornire al lettore una conoscenza molto precisa della documentazione raccolta, come avviene nei manuali e nelle relazioni;
- **sintetica**, quando i dati sono sintetizzati e vengono presentati in modo da fornire al lettore una conoscenza d'insieme del problema, come nel caso di avvisi e verbali. In quest'ultimo tipo di testo la struttura è fissa: vi sono dei punti indispensabili, come l'indicazione del giorno, del luogo, dei presenti, l'ordine del giorno (o.d.g.), la trascrizione della discussione, le firme del segretario che redige il verbale e del presidente che presiede e coordina l'incontro. Le informazioni vengono fornite in modo conciso:

> Il giorno 24 ottobre 2016, alle ore 17, nell'aula n. 262 dell'Istituto ..............................
> si è riunito il Consiglio d'Istituto per discutere il seguente o.d.g.:
> 1. Acquisto materiale; 2. Calendario scolastico; 3. Uso dei laboratori;
> 4. Varie ed eventuali
> Sono presenti:
> a. componente docenti: ..............................
> b. componente genitori: ..............................
> c. componente studenti: ..............................

I testi espositivi possono essere corredati da elementi grafici, tabelle, mappe, schemi, che aiutano nella comprensione del testo e completano l'informazione:

I risultati del rapporto sulle acque di balneazione evidenziano che dei 5175 chilometri di costa sottoposti a controllo, sui 7375 chilometri di costa italiana, ben 4969 chilometri di costa sono balneabili, pari ad una percentuale del 96%. I restanti 2190 chilometri non sono considerati balneabili in quanto non accessibili al monitoraggio o perché porti o foci di fiumi [...].

| Percentuale di balneabilità su lunghezza della costa 2008-2009 | | | | |
|---|---|---|---|---|
| | 2008 | | 2009 | |
| | km | % | km | % |
| Lunghezza totale costa | 7675,3 | 100,0 | 7375,3 | 100,0 |
| Costa non controllabile | 1067,6 | 14,5 | 1066,0 | 14,5 |
| Costa insufficientemente campionata | 8,1 | 0,1 | 1,0 | 0,0 |
| Costa permanentemente vietata per motivi indipendenti da inquinamento | 892,3 | 12,1 | 894,4 | 12,1 |
| Costa permanentemente vietata per inquinamento | 240,2 | 3,3 | 229,6 | 3,1 |
| Costa temporaneamente non idonea alla balneazione per inquinamento | 135,9 | 1,8 | 164,7 | 2,2 |
| | 62,1 | 0,8 | 56,5 | 0,8 |
| Totale | 198,0 | 2,7 | 224,3 | 3,0 |
| Costa balneabile | 4969,1 | 67,4 | 4960,0 | 67,3 |

Fonte: Ministero della Salute, Rapporto acque di balneazione 2010

Alla tipologia dei testi espositivi può essere ricondotta anche l'**intervista**, che riporta la conversazione avvenuta tra un giornalista e la persona intervistata e si articola generalmente nella forma della domanda e della risposta. Lo stile delle interviste prevede un linguaggio conciso, ma efficace; la sintassi tende a riprodurre le modalità testuali della lingua parlata.

Una scena tratta da *Il caso Spotlight* diretto da Thomas McCarthy nel 2015. Il film, ambientato nella città di Boston, racconta la storia di un gruppo di giornalisti che a seguito di numerose interviste e complesse indagini portano alla luce una serie di gravi abusi, tenuti nascosti per anni.

Esistono due tipi di intervista:

- **intervista informativa**, incentrata su un argomento specifico del quale vengono chieste informazioni e considerazioni all'intervistato. Prevale quindi uno stile oggettivo, le domande sono sintetiche e mirano all'acquisizione delle opinioni personali della persona intervistata. Il tema è spesso legato all'attualità; l'occasione può essere, ad esempio, il referendum che si è tenuto in Gran Bretagna il 23 giugno 2016 per decidere se rimanere (*remain*) o uscire (*leave*) dall'Unione Europea. Il Regno Unito si è espresso in favore dell'uscita, la cosiddetta "Brexit":

> **Si aspettava la vittoria del «leave», presidente?**
> «Avevo molto confidato nella possibilità che prevalesse la scelta di restare nell'Unione Europea. A Londra ho incontrato di recente esponenti laburisti schierati per la permanenza. E poi, di fronte al terribile crimine dell'uccisione di Jo Cox, mi ero convinto che la grande massa degli elettori laburisti, anche per lo choc dell'uccisione della loro magnifica giovane deputata, avrebbero votato massicciamente per la permanenza».
>
> **Il sacrificio della Cox non è servito. Cosa ha prevalso nell'anima degli inglesi?**
> «Non sono in grado di dire cosa abbia prevalso nell'anima di tanti elettori. Da un lato ritengo che l'immagine e la visione dell'unità europea abbiano subito un colpo molto grave, dall'altro che questo evento drammatico ponga le istituzioni dell'Unione dinanzi non solo alla necessità di decisioni urgenti volte a evitare il peggio delle conseguenze possibili per tutti i 27 altri Paesi membri, ma anche dinanzi a qualcosa di ben altro. In qualche modo cioè credo che questo drammatico passaggio diventi un momento della verità per il progetto europeo». [...]
>
> Intervista di Monica Guerzoni a Giorgio Napolitano, in "Corriere della Sera", 24 giugno 2016

- **intervista di intrattenimento**, nella quale l'intervistatore si concentra maggiormente su domande che possano far emergere la personalità dell'intervistato. In questo caso le domande lasciano ampio spazio all'intervistato, affinché possa "raccontarsi" e far conoscere ai lettori qualcosa di sé:

> Ammette che una preghiera, una volta ogni tanto, gli scappa. Come quella volta che andò a Guadalupe, nel sommo santuario mariano dell'America Latina. "Adesso quando prego penso a mio fratello", dice. "Ho un corpo, una faccia cui rivolgermi... lui era molto religioso, ho la sensazione che abbia trovato quello che cercava. Per questo provo dolore per la sua morte, non tristezza". Racconta che la lettura della Bibbia è stata assidua negli ultimi anni, ma di non essere mai stato uno con uno spiccato senso di spiritualità. "Non riesco mai ad attaccarmi a un pensiero mistico", spiega. "Anche se a volte, attraverso i sensi, mi arriva una forte percezione di trascendenza che non riesco a tradurre a parole".
>
> Intervista di Giuseppe Videtti a Jovanotti, in "la Repubblica", 6 luglio 2008

Come si può notare dagli esempi proposti, il testo dell'intervista può essere costruito in modi differenti:

- si mantiene la struttura separata domanda-risposta (come nel primo esempio);
- si propone un "montaggio" delle domande e delle risposte in un testo continuo; le domande spesso non vengono riportate e le risposte sono inserite nel testo (come nel secondo esempio).

# • Il testo argomentativo •

Un altro tipo di testo d'uso è il **testo argomentativo**. Argomentare vuol dire sostenere una posizione (una **tesi**) attraverso degli argomenti. È una delle funzioni comunicative delle quali si fa maggiore uso nella vita quotidiana.

Sono testi argomentativi:

- discussioni tra persone, che in genere si tengono in contesti informali;
- contesto pubblico formale: conferenze, discorsi, lezioni scolastiche, che si tengono in contesti pubblici formali;
- saggi, articoli di commento, testi filosofici, temi scolastici.

In ciascuna di queste situazioni comunicative si mettono in gioco conoscenze e abilità differenti, ma la struttura concettuale di un testo argomentativo si articola normalmente in questo modo:

- viene esposto il **problema** di cui si intende discutere;
- l'autore propone la sua **tesi** (opinione), corredandola di tutti gli argomenti necessari a sostenerla e a spiegarla al destinatario;
- possono venir presentate opinioni diverse da quelle sostenute nella tesi (**antitesi**), anch'esse sostenute con argomenti ed elementi informativi che ne consentano la comprensione;
- l'autore a questo punto **confuta**, cioè mette in discussione e mostra come non validi gli argomenti dell'antitesi;
- si giunge alla conclusione (**sintesi**) in cui si ribadisce la tesi avanzata all'inizio, arricchita dagli argomenti proposti nella confutazione.

I testi argomentativi possono essere organizzati anche in modo diverso: si può partire dall'antitesi per arrivare alla tesi o proporre prima gli argomenti a sostegno della tesi e successivamente esplicitare la tesi vera e propria.

L'argomentazione si presenta come un confronto tra posizioni diverse, in cui chi argomenta si prefigge il compito di persuadere l'interlocutore, dimostrando la validità della propria tesi.

Cesare Maccari, *Cicerone denuncia Catilina*, 1880. (Roma, Palazzo Madama)

Per raggiungere tale obiettivo i testi argomentativi sono strutturati in modo rigorosamente logico e sono organizzati sulla base di precise tecniche di ragionamento, quali:
- l'**induzione**: si presentano casi specifici per giungere a generalizzazioni;
- la **deduzione**: si parte da affermazioni generali per giungere a conclusioni particolari.

I dialoghi filosofici esprimono in modo diretto la presentazione di tesi e antitesi. Vediamone un esempio tratto dal *Gorgia*, un'opera del filosofo greco Platone:

> *Socrate*: [...] quale specie di persuasione si realizza mediante la tecnica retorica e di cosa si persuade? [...]
> *Gorgia*: Sostengo, Socrate, che la persuasione retorica è quella che ha luogo nei tribunali e in altri luoghi ove si riunisce la folla [...] e che oggetto di tale persuasione è il giusto e l'ingiusto.
> *Socrate*: Supponevo anch'io, Gorgia, che tu pensassi a questo tipo di persuasione e a questo genere di argomenti: ma [...] ti farò qualche domanda [...] perché il discorso proceda con ordine in tutti i suoi passaggi, e perché non si prenda l'abitudine di procedere per supposizioni [...] ma tu possa svolgere il tuo pensiero come vuoi, entro i termini della tua ipotesi. [...] Vuoi allora che poniamo due specie di persuasione l'una dovuta alla credenza non accompagnata da sapere, l'altra frutto di scienza?
> *Gorgia*: Senz'altro.
> *Socrate*: Ma quale delle due specie di persuasione è quella dovuta alla retorica [...] in relazione al giusto e all'ingiusto? [...]
> *Gorgia*: Evidentemente, Socrate, quella da cui si genera la credenza. [Il retore] suggerisce solo una certa credenza. [...]
> *Socrate*: [Allora] non c'è nessun bisogno che la retorica conosca i contenuti; le basta avere scoperto una certa qual tecnica di persuasione, sì da poter apparire ai non competenti di saperne di più dei competenti.
>
> Platone, *Gorgia*, Laterza, Roma-Bari, 1997

Per argomentare si ricorre spesso a esempi autorevoli di esperti o di persone di chiara fama; tuttavia, un buon testo argomentativo si basa sulla capacità dell'autore di presentare la propria idea come "la migliore" tra quelle presentate e di convincere anche coloro che non condividevano la tesi di partenza.

Lo stile dei testi argomentativi è analogo a quello dei testi espositivi, anche se talvolta vi si trovano elementi retorici più raffinati, collegati all'intento persuasivo del testo. La costruzione sintattica tende a soffermarsi sui rapporti di causa-effetto e sulla scelta dei connettivi logici (congiunzioni subordinanti e locuzioni avverbiali) che servono a saldare in modo coerente le parti del testo. Il lessico si adegua ai destinatari: specifico per un pubblico di esperti, più generico se destinato al lettore meno esperto; in ogni caso lo scopo è quello di far comprendere senza ambiguità il messaggio.

Anche nei testi argomentativi si ricorre frequentemente a grafici o tabelle che, soprattutto nell'argomentazione della tesi e dell'antitesi, si rivelano un supporto valido ed efficace per avvalorare in modo oggettivo la posizione di chi scrive.

# • Il testo descrittivo •

Fare una **descrizione** vuol dire tradurre in parole l'immagine di un oggetto, di un luogo, di una persona, ecc. Alla base di qualsiasi descrizione c'è un'esperienza sensoriale, di solito visiva, che prevede l'osservazione dell'oggetto finalizzata alla sua rappresentazione.

Le descrizioni possono essere realizzate con finalità differenti:

- **informare** e presentare in modo oggettivo al lettore un luogo, un oggetto, una persona, come avviene nei testi giornalistici e nelle trattazioni scientifiche;
- **persuadere** il destinatario a visitare un luogo o ad acquistare un oggetto; è questo il caso delle guide turistiche o delle pubblicità;
- **offrire un punto di vista soggettivo** sul contenuto della descrizione, come può accadere quando si descrive una persona.

Spesso testi narrativi, espositivi o argomentativi (articoli giornalistici, testi pubblicitari, manuali scientifici, ecc.) contengono al loro interno una o più parti descrittive.

Il linguaggio utilizzato nei testi descrittivi varia a seconda della finalità e del destinatario:

- nella **descrizione informativa** la scelta terminologica dovrà essere precisa e puntuale; le frasi sono concise; l'esposizione è ordinata, ad esempio dal basso verso l'alto, dall'esterno verso l'interno, da sinistra a destra, ecc.; gli attributi, riferiti alle caratteristiche dell'oggetto, non devono tradire il giudizio dell'autore. La descrizione di un'opera d'arte è un esempio di descrizione informativa:

> La scena rappresenta l'episodio del miracolo compiuto da san Francesco che fece scaturire l'acqua da una roccia per dare da bere a un assetato. Il santo è raffigurato in preghiera con le mani giunte rivolte verso il cielo in posizione sopraelevata rispetto agli altri personaggi. Sulla destra è l'uomo miracolato con il corpo semidisteso, tutto teso nell'atto di protendersi verso l'acqua.
>
> *La grande storia dell'arte*, Scala, Firenze, 2003

- nella **descrizione persuasiva** le scelte linguistiche mettono in evidenza le caratteristiche positive dell'oggetto descritto; si usano termini che colpiscano l'immaginario del lettore, soprattutto aggettivi e avverbi che sottolineano le qualità di ciò che viene descritto. Le guide turistiche sono un esempio di descrizione persuasiva:

> Il viaggio in Sicilia che questa guida propone è, dunque, un viaggio in una regione d'Italia straordinariamente ricca d'arte e di storia, cui fan da cornice paesaggi di prorompente bellezza che quasi stordiscono per intensità e varietà.
>
> *Sicilia*, *Guide d'Italia*, Touring Club Italiano, Milano, 1998

- nella **descrizione soggettiva** emerge il punto di vista di chi scrive; il linguaggio rivela la posizione dell'autore che, attraverso gli aggettivi e gli avverbi, caratterizza in modo personale il testo, anche per trasmettere le sue emozioni. Ecco un esempio tratto da una raccolta di "recensioni di spazi visivi", in cui prevale il punto di vista soggettivo:

> Parlerò – renderò testimonianza – in primo luogo per Santa Maria Novella; non tutta la chiesa, fitto repertorio di "luoghi", ma la sola facciata, per la quale provo

una devozione, come luogo discontinuo e stranamente lieto della propria delicata solitudine.
La facciata di Santa Maria Novella mi affascina non per la grazia, la sottigliezza, l'estro delle sue decorazioni; ma piuttosto per il fatto che la grazia è troppo affollata, la sottigliezza smentita dal palese piacere, il voluttuoso godere del movimento delle linee, e l'estro insidiato da una innocente prudenza. La facciata di Santa Maria Novella non affascina perché in qualche modo perfetta, ma perché palesemente, squisitamente sbagliata, si consente un eccesso che a Firenze è del tutto assente, eccetto in qualche "luogo" barocco, dove opera una rottura decisamente colta. Ma questa facciata non è colta; è furba.

Giorgio Manganelli, *La favola pitagorica. Luoghi italiani*, Adelphi, Milano, 2005

In questo esempio il confine tra testo d'uso e testo letterario tende ad assottigliarsi e ad apparire quasi inesistente dal punto di vista strutturale e lessicale; la finalità testuale rivela in modo evidente quanto lo scrittore non si preoccupi affatto di informare il lettore, quanto piuttosto di trasmettergli le sue sensazioni sul luogo descritto.

Spesso i testi descrittivi sono corredati da immagini, disegni o foto, per rendere più completa la descrizione.

## • Il testo narrativo non letterario •

I testi narrativi non appartengono solo alla categoria dei testi letterari. Anche **diari**, **lettere**, **biografie** e **autobiografie**, **articoli di cronaca** e **reportage** "narrano" eventi o esperienze vissute, ma con un intento più **informativo** che poetico, anche se possono suscitare emozioni in chi legge.

Nel testo narrativo non letterario, come in quello letterario, al centro della narrazione è collocata "la storia", cioè i fatti, gli avvenimenti che si intendono raccontare. Oltre all'oggetto della narrazione è necessario, però, che siano presenti anche informazioni relative ai protagonisti, ai luoghi, al tempo, connessi ai fatti narrati.

Per questo nel giornalismo di cronaca ci si rifà alla cosiddetta **regola delle cinque W**, di scuola anglosassone, che riassume le componenti irrinunciabili per elaborare un testo in modo esauriente, anticipando le possibili domande del lettore. Le cinque "W" stanno per:

- *What* (Che cosa): gli avvenimenti oggetto della narrazione;
- *Who* (Chi): i protagonisti dell'azione ed eventuali altri personaggi;
- *Where* (Dove): il luogo dove si svolgono gli avvenimenti;
- *When* (Quando): il tempo e la durata dei fatti narrati;
- *Why* (Perché): il motivo per il quale i fatti narrati sono accaduti.

Questa regola può essere integrata con altre domande, a seconda delle esigenze dell'articolo. Ad esempio, di frequente si trova anche:

- *How* (Come): il modo in cui gli avvenimenti si sono svolti.

In questo tipo di testi la narrazione ha un ordine narrativo puntuale, che scandisce lo sviluppo temporale (prima e dopo) e logico (causa ed effetto) degli avvenimenti narrati. A tal fine sono presenti numerosi connettivi temporali e causali, utili a rendere il testo coerente e coeso. La sintassi può essere abbastanza articolata, con prevalenza dell'ipotassi.

Nel seguente testo di **cronaca storica** la struttura viene scandita dai connettivi temporali:

> Ai primi di luglio, nel suo primo ritorno a Milano, [Ferruccio Parri[1]] viene alla Fondazione[2] a salutarci. Arriva senza scorta e con un solo accompagnatore, il segretario. Quando esce ci affacciamo per salutarlo ancora. Sale nell'auto che, però, non va in moto. Scende e si mette a spingere la vecchia vettura. Una scena emblematica: di un capo molto modesto e di un paese in rovina.
>
> Paolo Murialdi, *La traversata*, Il Mulino, Bologna, 2001
>
> 1 **Ferruccio Parri**: uomo politico, presidente del Consiglio dei ministri del governo di unità nazionale dal 21 giugno all'8 dicembre 1945.
> 2 **Fondazione**: Fondazione di solidarietà creata dal Corpo volontari della libertà.

Nei testi narrativi non letterari il racconto è organizzato di solito secondo un ordine cronologico (la *fabula* e l'intreccio coincidono), ma capita anche di ricorrere ad alterazioni dell'ordine naturale dei fatti, manipolando l'intreccio, come avviene spesso negli **articoli di cronaca o di politica**, in cui si può partire dalla conclusione, ricostruendo a ritroso gli eventi:

> Thriller diplomatico all'Onu, che si conclude con una soluzione salomonica nella sfida tra Italia e Olanda per un posto nel Consiglio di Sicurezza: dimezzare il mandato, un anno per uno.
> La maratona diplomatica comincia alle dieci di mattina, quando ministri e ambasciatori si riuniscono nella sala dell'Assemblea Generale per il primo voto. L'Italia sa che la Svezia nelle ultime settimane ha recuperato molte posizioni, ma spera che abbia tolto voti soprattutto all'Olanda. [...]
> Quando il presidente dell'Assemblea Generale, il danese Mogens Lykketoft, annuncia i risultati del primo scrutinio, c'è subito una sorpresa: la Svezia prende 135 voti e viene eletta. Alle sue spalle c'è l'Olanda con 125, vicina al quorum dei due terzi, e solo al terzo l'Italia, con 113 voti. Gli impegni che avevano raccolto alla vigilia erano superiori, almeno venti voti in più, e quindi qualcuno nel segreto della consultazione ci ha traditi.
>
> "La Stampa", 28 giugno 2016

Nei testi narrativi di carattere autobiografico (**diari** e **lettere**) l'oggettività del racconto lascia spazio a una maggiore soggettività, che scaturisce dalla "cronaca della memoria", attraverso la quale vengono filtrati i ricordi. In questo tipo di testi è frequente incontrare un uso figurato e simbolico del linguaggio e possono comparire

Lorenzo Mattotti, *Courrier International - France Maroc*, 2014.

similitudini e metafore che trasmettono al lettore anche sensazioni ed emozioni. È il caso di questa lettera scritta in Polonia nel 1945 da un ragazzo di soli 14 anni internato in un campo di prigionia per essere stato sospettato di attività contro i nazisti:

> Miei cari genitori,
> se il cielo fosse di carta e tutti i mari del mondo inchiostro, non potrei descrivervi tutte le mie sofferenze e tutto ciò che vedo intorno a me.
> Il campo si trova in una radura. Sin dal mattino ci cacciano al lavoro nella foresta. I miei piedi sanguinano perché ci hanno portato via le scarpe... Tutto il giorno lavoriamo quasi senza mangiare e la notte dormiamo sulla terra (ci hanno portato via anche i nostri mantelli).
> Ogni notte soldati ubriachi vengono a picchiarci con bastoni di legno, e il mio corpo è nero di lividi come un pezzo di legno bruciacchiato. Alle volte ci gettano qualche carota cruda, una barbabietola, ed è una vergogna: ci si batte per averne un pezzo e persino qualche foglia. L'altro giorno due ragazzi sono scappati, allora ci hanno messo in fila e ogni quinto della fila veniva fucilato... Io non ero il quinto, ma so che non uscirò vivo di qui. Dico addio a tutti, cara mamma, caro papà, mie sorelle e miei fratelli, e piango...
>
> *Lettere di condannati a morte della Resistenza europea*, Einaudi, Torino, 1975

## • Il testo valutativo •

Il **testo valutativo** ha di solito lo scopo di presentare al lettore un'**interpretazione personale** dell'autore su un determinato argomento; il giudizio deve essere sostenuto da prove documentabili, alle quali il lettore deve poter accedere.

I testi che possono essere ricondotti a questa tipologia sono: il saggio breve, la recensione, l'articolo di opinione.

Il testo valutativo parte sempre da una presentazione del tema che si affronta, per fornire una sufficiente quantità d'informazioni al lettore. Quest'ultimo deve, infatti, potersi fare un'opinione personale, oltre che comprendere il punto di vista dell'autore.

Un esempio di testo valutativo è la **recensione** cinematografica:

> *Revenant. Redivivo* è il film di Alejandro Iñárritu che molto probabilmente regalerà il primo oscar a Leonardo DiCaprio. Racconta il calvario di una spedizione di cacciatori di pelli nel nord degli Stati Uniti nell'inverno del 1823. Braccata e decimata dagli indiani, la spedizione si avvia verso il proprio fortino quando la guida del gruppo, Hugh Glass (DiCaprio), un uomo bianco che ha sposato una donna nativa e ha con sé il loro figlio adolescente, viene attaccato da un orso e ridotto in fin di vita. Il capitano della compagnia Andrew Henry (Domhnall Gleeson) affida l'assistenza del moribondo allo spietato e determinatissimo John Fitzgerald (Tom Hardy). Il film racconta il tentativo di Glass di sopravvivere. [...]
> **Com'è.** Per prima cosa *Revenant* è un film spettacolare [...] sia in un senso riflessivo, con il protagonista solo e immerso negli spazi a perdita d'occhio, sia grazie ad alcune scene d'azione molto funamboliche, soprattutto nella sequenza dell'attacco degli indiani. [...]
> Ma il film è pieno di molto altro, soprattutto di un certo desiderio politico di ricordare agli statunitensi la natura della loro nazione: il fatto che siano stati parte fondamentale del più grande genocidio che si ricordi, quello dei nativi americani, e che ancora oggi la loro missione civilizzatrice colpisca i popoli del mondo. [...]

**Perché vederlo.** Al di là di tutto il resto, questo è un film che riempie gli occhi. Lubezki [il direttore della fotografia] e Iñárritu sono andati a cercare luoghi sperduti e splendidi tra Alberta, Montana e British Columbia per disegnare con luce naturale e formato panoramico un ambiente che incarna l'equilibrio perfetto tra meraviglia e pericolo. [...]
Leonardo DiCaprio dice poche decine di battute in tutto il film, e per gran parte del tempo grugnisce o geme, ma la sua recitazione è sostanzialmente giusta. [...] Ogni elemento del film è ribadito decine di volte, e questa retorica si accumula nel corso dei minuti. [...] Il protagonista come da titolo è morto e rinasce? La cosa succede almeno tre volte, tanto che dopo metà film questa sopravvivenza a tutto sembra una condanna. [...]
Il film insomma spinge sempre e rilancia di continuo. Si aspetta che lo spettatore provi dolore fisico quando DiCaprio viene graffiato, strappato, colpito, soffocato, sbattuto, congelato o ustionato; che soffra quando i suoi cari subiscono violenza; che abbia paura quando i nemici lo inseguono [...] che affronti la morte dell'eroe e gioisca della sua resurrezione diverse volte [...]. Il risultato è che nel corso delle due ore e mezza del film, stufi di essere strattonati da tutte le parti, ci si allontana gradatamente dal film e presto non ci si crede più.

Matteo Bordone, *Redivivo, anche troppo*, in "Internazionale", 18 gennaio 2016

Nel **saggio breve** la prosa è più misurata rispetto a quanto avviene nelle recensioni presentate sui quotidiani. L'autore si attiene scrupolosamente ad alcune regole compositive:

- citare le fonti in modo dettagliato;
- riportare in forma diretta o indiretta il testo;
- esprimere le proprie considerazioni senza mai sminuire in modo eccessivo le idee altrui;
- ordinare il materiale, così da distinguere in modo chiaro le parti del testo (separare il testo citato dal commento, suddividere i commenti a seconda degli autori).

Ecco un esempio di saggio breve sul tema del potere della televisione, in cui vengono utilizzati e citati testi di altri autori (i due "testi di riferimento" riportati prima del saggio):

### Testi di riferimento

1. "Se i sottoproletari si sono imborghesiti, i borghesi si sono sottoproletarizzati. La cultura che essi producono, essendo di carattere tecnologico e strettamente pragmatico, impedisce al vecchio «uomo» che è ancora in loro di svilupparsi. Da ciò deriva in essi una specie di **rattrappimento delle facoltà intellettuali e morali**.
La responsabilità della televisione in tutto questo è enorme. Non certo in quanto «mezzo tecnico», ma in quanto **strumento del potere e potere essa stessa**. Essa non è soltanto un luogo attraverso cui passano i messaggi, ma è un centro elaboratore di messaggi.
È il luogo dove si fa concreta una mentalità che altrimenti non si saprebbe dove collocare.
È attraverso lo spirito della televisione che si manifesta in concreto lo spirito del nuovo potere. Non c'è dubbio (lo si vede dai risultati) che **la televisione sia autoritaria e repressiva** come mai nessun mezzo di informazione al mondo."

Pier Paolo Pasolini, *Scritti corsari*, Garzanti, Milano, 1975

2. "Il tema degli effetti della televisione ha accompagnato la storia del medium dalle sue origini fino ai giorni nostri. Al centro del dibattito si è sempre posto il potere della tv di causare delle conseguenze significative sull'intera organizzazione sociale e di riflesso sulla vita e i comportamenti delle singole persone. Si sono sviluppati vasti "climi d'opinione", da cui sono poi scaturite nette prese di posizione, per lo più allarmistiche, circa gli esiti dannosi prodotti dalla tv sulle azioni degli individui. Giornali, riviste e la stessa televisione, supportati da alcune correnti teoriche e culturali, hanno di volta in volta portato alla ribalta pesanti critiche al mezzo – e prima ancora al cinema, e dopo ancora alla rete – **accusandolo di causare una dipendenza patologica, di favorire un consumo passivo di contenuti triviali, di abbassare il livello culturale della popolazione, di essere particolarmente pericoloso nei confronti dei minori, il pubblico più indifeso, e soprattutto di determinare effetti imitativi, principalmente di natura violenta**. Un simile atteggiamento di "panico morale", di paura e sospetto, ha accompagnato la nascita di tutti i mezzi di comunicazione moderni, dal cinema alla radio e, più recentemente, a internet. Anche la ricerca accademica e scientifica ha spesso riflettuto sulla capacità dei media elettronici di orientare di riflesso gli stili di vita dei loro fruitori, giungendo a conclusioni più articolate e sfumate rispetto al determinismo che caratterizza le opinioni diffuse nella cultura popolare."

Aldo Grasso e Cecilia Penati, *La violenza mediata*, in "Le due città", n. 3, anno XI, marzo 2010

## Saggio

Già negli anni Settanta Pier Paolo Pasolini, con la lucidità e la lungimiranza che lo hanno sempre contraddistinto, sottolineava come la televisione potesse incidere sulle coscienze fino a diventare creatrice "di una mentalità"; l'autore nello stesso saggio non esitava a definire la televisione come "strumento di potere e potere essa stessa" più efficace di qualsiasi potere politico. Ma la sua critica al mezzo televisivo non si ferma qui: nel testo citato, tratto dagli *Scritti corsari*, pubblicato nel 1975, egli arriva a definire la televisione "autoritaria e repressiva" nel suo modo di condizionare e orientare l'opinione pubblica favorendo il "rattrappimento delle facoltà intellettuali e morali".
La televisione d'oggi rispetto a quella conosciuta da Pasolini è decisamente cambiata e propone modelli ancora più pericolosi che in passato: la discussione televisiva appare ormai solo in forme caotiche dettate dalla prevaricazione; la sfacciataggine diventa furbizia, la stupidità diventa divertimento, il condizionamento politico è sempre più evidente.
D'altra parte, le critiche al mezzo televisivo, come nota Aldo Grasso, hanno "accompagnato la storia del medium fino dalle sue origini" proprio per il potere che questo mezzo ha di "causare dipendenza patologica, di favorire un consumo passivo di contenuti triviali, di abbassare il livello culturale della popolazione, di essere particolarmente pericoloso nei confronti dei minori, il pubblico più indifeso, e soprattutto di determinare effetti imitativi, principalmente di natura violenta". Tuttavia, l'autore pone l'accento sul fatto che "la ricerca accademica e scientifica ha spesso riflettuto sulla capacità dei media elettronici di orientare di riflesso gli stili di vita dei loro fruitori" ed è però giunta "a conclusioni più articolate e sfumate" rispetto a quelle a cui si arriva generalmente nella "cultura popolare".

# • Il testo regolativo •

I testi regolativi **indicano le norme** per svolgere una determinata attività o **propongono indicazioni** per orientare il comportamento del destinatario. Questi testi hanno, dunque, una **caratterizzazione pragmatica**, in quanto comunicano qualcosa per incidere sul comportamento degli altri.

Appartengono a questa tipologia:

- le istruzioni (per il funzionamento di un elettrodomestico, un giocattolo, ecc.);
- i regolamenti (scuola, palestra, biblioteca, ecc.);
- il foglietto illustrativo di un medicinale;
- le ricette di cucina;
- i testi legislativi;
- le indicazioni per compilare un modulo;
- le consegne scolastiche (il titolo di un esercizio, i compiti da svolgere).

Le forme espressive di un testo regolativo possono essere varie, a seconda del rapporto che esiste tra mittente e destinatario; di solito però il testo regolativo è prodotto da un **mittente generico** per un **destinatario generico** e, pertanto, lo **stile** deve essere **neutro** e adattarsi a situazioni diverse.

Dato che lo scopo di tali testi prevede che le indicazioni in essi contenute vengano comprese e applicate, il lessico è comprensibile e accessibile a tutti. Per garantirne l'efficacia comunicativa, ogni passaggio del testo è scandito in modo chiaro, al fine di non lasciare dubbi interpretativi in chi legge.

Ecco un esempio tratto dal Regolamento della Federazione italiana pallacanestro:

**REGOLA UNO - IL GIOCO**

Art. 1 Definizioni

1.1 Partita di pallacanestro

- La pallacanestro viene giocata da due squadre di cinque giocatori ciascuna
- Lo scopo di ciascuna squadra è quello di segnare nel canestro avversario e di impedire alla squadra avversaria di realizzare punti.
- La gara viene controllata dagli arbitri, dagli ufficiali di campo e da un commissario, se presente.

1.2 Canestro: proprio/degli avversari

Il canestro che viene attaccato da una squadra è il canestro degli avversari, mentre il canestro che viene difeso da una squadra è il proprio canestro.

1.3 Squadra vincente

La squadra vincente è quella che ha realizzato il maggior numero di punti.

Anche i testi regolativi possono essere corredati di figure, immagini, tabelle o grafici, che rendono più esplicite le informazioni che il testo veicola.

L'ordine logico e cronologico delle indicazioni è puntualmente rispettato ed eventualmente corredato da informazioni in merito alle modalità da seguire nello svolgere una determinata attività. È il caso delle ricette di cucina, in cui le istruzioni sulle operazioni da eseguire sono accompagnate da avverbi di modo:

È importante mescolare lentamente gli albumi dal basso verso l'alto, per evitare che possano "sgonfiarsi".

Da un punto di vista stilistico, in questo tipo di testi la sintassi appare molto ridotta: le frasi sono brevi e le costruzioni verbali limitate (forma impersonale, seconda persona singolare o plurale), la coordinazione prevale sulla subordinazione. La scelta delle parole è puntuale. Un'annotazione particolare riguarda il "tono della relazione comunicativa" tra mittente e destinatario, che può essere fermo e perentorio (in questo caso si usano verbi all'imperativo e all'infinito) o convincente, ma cortese (in questo caso si usano formule di cortesia, verbi al congiuntivo e al condizionale).

Questa differenza di tono si nota in modo evidente negli avvisi, ad esempio:

> Non parcheggiare le biciclette nel cortile!
> Il portone deve essere lasciato chiuso!
> Chiudere la porta, per favore.
> Siete gentilmente pregati di accostare il portone con cautela.

## • I testi d'uso: una sintesi •

Come abbiamo visto, in base allo scopo e all'uso possono essere prodotti diversi tipi di testo non letterario; nella tabella che segue sono riassunti, a titolo esemplificativo, quelli più comuni.

**USI E FINALITÀ DEI PRINCIPALI TESTI D'USO**

| Uso | Scopo | Tipi di testi |
|---|---|---|
| • descrivere (com'è fatta una cosa, un luogo, una persona) | • informare<br>• persuadere<br>• esprimere emozioni | • testi descrittivi informativi<br>• guide turistiche, pubblicità<br>• testi descrittivi soggettivi |
| • esporre (un argomento per spiegarlo al destinatario) | • informare<br>• istruire | • manuali scolastici<br>• relazioni<br>• verbali<br>• interviste<br>• enciclopedie<br>• avvisi |
| • raccontare (esperienze vissute, fatti di cronaca) | • informare<br>• suscitare emozioni | • diari<br>• lettere<br>• biografie<br>• reportage<br>• articoli di cronaca |
| • esprimere (giudizi su un film, un libro, un argomento di attualità o scientifico, ecc.) | • informare<br>• valutare | • recensioni<br>• saggi<br>• articoli d'opinione |
| • prescrivere (comportamenti e azioni: dettare leggi e regole, spiegare l'uso di un oggetto) | • prescrivere | • regolamenti<br>• istruzioni<br>• ricette<br>• leggi |
| • argomentare (esporre opinioni e idee sostenute con "argomenti") | • persuadere | • articoli di commento<br>• temi scolastici |

## il testo espositivo

Eva Cantarella e Luciana Jacobelli

# I pasti e il banchetto

ANALISI VISUALE

Da
Un giorno a Pompei, 2000
Testo espositivo

La casa romana assolveva a un insieme complesso di compiti e funzioni: oltre che il luogo della famiglia, del riposo e dello studio, era anche la cornice ideale per le relazioni sociali del proprietario, per le quali esistevano ambienti appositi. Il momento in cui si celebravano più adeguatamente le relazioni sociali ed amicali era quello del banchetto, che iniziava generalmente tra il tardo pomeriggio e la sera.

Nell'arco della giornata i Romani consumavano tre pasti: la colazione del mattino, detta *jentaculum*, a base di una tazza di latte o acqua, di un biscotto intinto nel vino, oppure di pane e formaggio; il *prandium*, che si consumava verso mezzogiorno e consisteva in un rapido pasto freddo, spesso costituito dai resti del giorno precedente, oppure da verdure, uova, pesce, funghi; infine la cena (*cena*), che costituiva il pasto principale della giornata e nelle case dei ricchi si svolgeva in un lussuoso ambiente. Gli antichi Romani, dopo aver in un primo tempo mangiato seduti presso il fuoco, presero l'abitudine infatti di cenare sdraiati in una stanza speciale: il triclinio, il cui uso documenta l'avanzato processo di ellenizzazione della cultura romana. Lo stesso termine *triclinium* è collegato alla parola greca *klíne* (letto) e l'adozione di questo ambiente nella casa romana attesta il nuovo modo di consumare i pasti in posizione distesa. I triclini erano stanze riccamente decorate. Nelle case aristocratiche esistevano anche più ambienti del genere: c'erano triclini invernali, orientati verso occidente per captare gli ultimi bagliori del sole al tramonto, e triclini estivi, orientati a nord per godere della frescura. Spesso i triclini estivi erano all'aperto oppure posti al bordo di scenografiche cascatelle e rivoli d'acqua artificiali.

Un affresco romano con scena di banchetto rinvenuto nella casa dei Casti Amanti di Pompei, I secolo a.C. (Napoli, Museo Archeologico)

I letti triclinari, spesso in muratura, si disponevano su tre lati intorno alla tavola, quadrata o rotonda. Ogni letto era a tre posti, sicché in una sala da pranzo potevano mangiare nove persone. In epoca imperiale vennero costruiti anche letti triclinari con più posti e un tipo di letto di forma curva detto stibadio.

I tre letti del triclinio erano diversamente chiamati: da destra a sinistra c'erano il letto *summus*, *medius*, e *imus*. L'ospite d'onore occupava generalmente il posto esterno a sinistra del letto centrale, detto *locus consularis*, mentre il padrone di casa si poneva a destra dell'ospite d'onore. Sul letto triclinare il convitato era sdraiato di sbieco, rivolto verso la tavola e con il gomito sinistro appoggiato ad un cuscino. Il piatto era sorretto con la mano sinistra ed il cibo si prendeva con le dita, mancando l'uso della forchetta. Prima di essere serviti i cibi erano perciò tagliati in piccoli pezzi da uno schiavo, il che rendeva inutile anche l'uso del coltello. Più diffuso era il cucchiaio, che assumeva forme diverse a seconda dell'uso a cui serviva. Nei grandi banchetti il vasellame era ricchissimo, costituito da piatti e vasi d'argento decorati e da bicchieri, bottiglie e coppe di vetro o di cristallo.

La cena era divisa in tre momenti: una prima portata denominata *gustatio* comprendeva un antipasto stuzzicante per risvegliare l'appetito. Non mancavano mai le uova, ma potevano essere servite anche verdure e ostriche. Seguiva la cena propriamente detta, costituita da un piatto di pesce, carne e verdura, e un secondo piatto, per lo più di arrosti preparati in modo elaborato. L'ultima portata prevedeva dolci, frutta fresca e secca, il tutto naturalmente annaffiato dal vino, copioso soprattutto verso la fine del pasto per non compromettere una sobria degustazione dei cibi. Durante il banchetto i convitati indossavano una toga leggera (*synthesis*) perlopiù bianca, che bisognava cambiare se si fosse macchiata, e avevano il capo inghirlandato. I banchetti si protraevano spesso fino a notte fonda, anche grazie ai progressi delle tecniche di illuminazione. Ad animare queste serate erano concerti, declamazioni di versi, rappresentazioni teatrali, spettacoli di danza o di giocolieri. Particolarmente apprezzate erano le *performances* di nani o di servi sciocchi, che con le loro battute divertivano i convitati. Un'ulteriore attrazione era rappresentata dal sorteggio di doni costituiti da profumi, vasellame, indumenti, coppe, vasi, cibi, uccelli, che il padrone di casa offriva agli ospiti.

E. Cantarella e L. Jacobelli, *Un giorno a Pompei*, Einaudi Scuola, Torino, 2000

# Attività

## Leggere e comprendere il testo espositivo

1 **L'argomento** Qual è l'argomento trattato nel testo letto?

2 **I pasti** Quanti e quali erano i pasti consumati dai Romani?

3 ***Il triclinium*** Che cos'era il *triclinium*?

4 **I banchetti** Come si svolgevano i banchetti?

## Riconoscere e analizzare il testo espositivo

5 **Le sequenze** Suddividi il testo in sequenze, in base al contenuto; attribuisci a ciascuna un titolo e riporta sul quaderno l'elenco dei titoli.

6 **L'ordine** Con quale criterio si susseguono le varie sequenze?
- **a.** Casuale
- **b.** Cronologico
- **c.** Da un argomento più ampio a uno più particolare

7 **Il lessico** Come risulta il lessico utilizzato? Da che cosa lo puoi chiaramente capire?

8 **La sintassi** Come valuti la sintassi?
- **a.** Semplice con poche subordinate
- **b.** Complessa con molte subordinate

9 **La coesione** Quali elementi aiutano a individuare i paragrafi con unità di contenuto?
- **a.** La punteggiatura
- **b.** La spaziatura
- **c.** I connettivi

UNITÀ 8

PERCORSO A

# ALTRI LINGUAGGI
# La pittura

## • Brevi cenni storici •

Dai primi esempi di dipinti preistorici rinvenuti nelle caverne 1, 2 alle opere di arte contemporanea realizzate con le tecniche più innovative, la pittura da sempre ha accompagnato l'essere umano nella sua storia in quanto espressione della sua creatività, assumendo forme diverse a seconda delle epoche, dei luoghi e degli ambienti culturali nei quali si è sviluppata.

1 La rappresentazione di un toro sulle pareti della Grotta di Lascaux in Dordogna, 13.000 a.C.

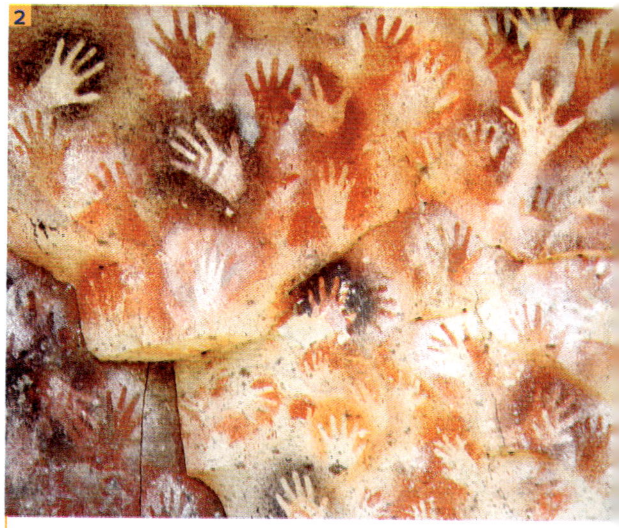

2 La *Caverna delle Mani*, nella parte più meridionale dell'Argentina, è il lascito di una delle prime società del Sudamerica. Le pitture che la decorano furono realizzate in vari periodi da uomini vissuti tra l'11.000 e il 7.000 a.C.

## • Il codice pittorico •

La pittura si esprime attraverso il codice visivo, cioè trasmette dei messaggi attraverso le immagini. Linee, colori, forme, luci e ombre costituiscono gli elementi di base del linguaggio visivo; la loro presenza e la loro relazione producono la struttura della composizione. Per comprendere appieno un'opera pittorica, oltre ad analizzare i singoli elementi che la compongono, occorre fare un'**analisi iconografica** (cioè bisogna analizzare che cosa rappresenta il dipinto), **iconologica** (cioè un'analisi del significato delle immagini dipinte) e **tecnica** (indicare il nome dell'autore, se è conosciuto, o l'ambito in cui l'opera è stata prodotta, il titolo, la datazione, la tecnica pittorica con la quale è stata realizzata, le misure e la collocazione) e bisogna contestualizzarla nel periodo storico e sociale nel quale è stata prodotta.

## • Gli elementi del linguaggio visivo •

- La **linea** è l'elemento base di ogni disegno. Essa definisce il contorno delle figure separandole dal fondo. Ciascuna linea possiede una propria espressività a seconda del suo andamento e della sua articolazione. Le linee verticali danno una sensazione di slancio e leggerezza; quelle orizzontali di staticità e calma; le oblique di instabilità e dinamismo. Le linee curve danno un effetto di elasticità e morbidezza, quelle spezzate di nervosismo ed energia 3, 4.

3
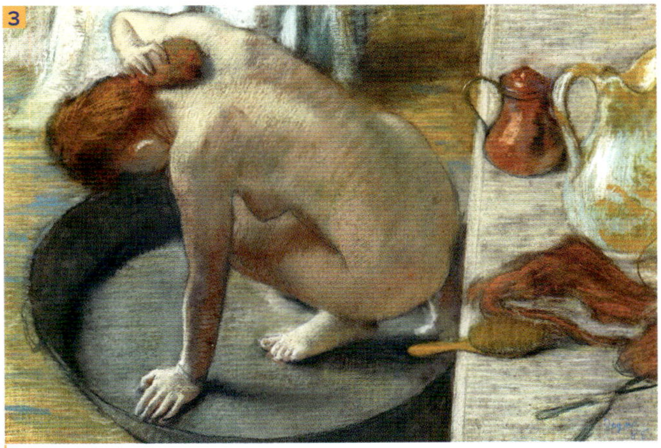

3 Edgar Degas, *La tinozza*, 1886. (Parigi, Museo d'Orsay). La linea curva conferisce un senso di armonia alla composizione.

4

4 Umberto Boccioni, *La carica dei lancieri*, 1915. (Milano, Museo del Novecento). La linea spezzata imprime energia e dinamismo all'immagine.

- Il **colore** è uno degli elementi più comunicativi del linguaggio visivo e in pittura costituisce il principale componente visivo. I colori possono essere primari (giallo, rosso, blu) o secondari (verde, arancione, viola, che si ottengono mescolando a due a due i colori primari). Dall'accostamento dei colori primari con i colori secondari che non li contengono, si ricavano i colori complementari, che creano un deciso contrasto visivo. I colori si possono distinguere anche in caldi (la gamma dal giallo al rosso verso il viola), che evocano il sole, il fuoco e il calore, e freddi (la gamma dal verde al blu verso il viola), che sono invece più pacati e richiamano la notte, l'acqua e il freddo. L'uso del colore può servire per comunicare determinate sensazioni e stati d'animo 5, 6.

5 Vincent van Gogh, *Campo di grano con cipressi*, 1889. (Londra, National Gallery)

5

6 Pablo Picasso, *Prima colazione di un cieco*, 1903. (New York, Metropolitan Museum). L'uso predominante del colore blu comunica una sensazione di freddo e di sofferenza.

6

7 Camille Pissarro, *Boulevard Montmartre: primavera*, 1897. (Gerusalemme, The Israel Museum)

8 Camille Pissarro, *Boulevard Montmartre di notte*, 1897. (Londra, National Gallery). Lo stesso viale illuminato da luci diverse suscita sensazioni differenti nell'osservatore.

- La **luce** in pittura viene rappresentata con il colore; associata all'ombra più o meno intensa, essa serve a esaltare i colori, a evidenziare i volumi, lo spazio tridimensionale e la profondità in un dipinto. Il passaggio dalla luce all'ombra costituisce il chiaroscuro, che viene usato per modellare e dare volume alle forme. In una pittura la luce può essere diffusa, oppure può essere raffigurata come un raggio luminoso proveniente dall'interno o dall'esterno del dipinto. In base a come viene usata, la luce crea diversi effetti emotivi e cambia il significato dell'immagine 7, 8.

- Lo **spazio** tridimensionale si può rendere sulla superficie bidimensionale del dipinto attraverso un sistema convenzionale di rappresentazione spaziale come la prospettiva lineare 9. Altri sistemi che permettono di dare il senso dello spazio in pittura sono la variazione della dimensione delle figure disposte su piani diversi, per cui appaiono più piccole quelle lontane e più grandi quelle vicine, e l'uso della luce e del colore che variano a seconda della lontananza. All'inizio del XX secolo, con le avanguardie queste convenzioni vengono superate e lo spazio diventa una massa informe 10.

9 Leonardo da Vinci, *Ultima Cena*, 1495-1498. (Milano, Santa Maria delle Grazie). Un esempio emblematico della prospettiva lineare usata in pittura dagli artisti del Rinascimento.

10 Robert Delaunay, *Tour Eiffel*, 1911. (New York, Guggenheim Museum). Con il Cubismo viene annullata la normale disposizione degli oggetti nello spazio; come le forme, anche lo spazio viene scomposto.

- La **composizione** è l'organizzazione dei vari elementi che costituiscono il linguaggio visivo in un insieme espressivo, al fine di creare un'immagine. Nella composizione di un dipinto i vari elementi che formano l'insieme interagiscono fra loro creando effetti diversi, che suscitano le emozioni nello spettatore. La composizione può essere simmetrica, quando si sviluppa attorno a un asse centrale **11**, o asimmetrica, quando gli elementi che la costituiscono sono disposti secondo linee e andamenti diversi, che rendono più libera l'immagine **12**.

11

**11** Piero della Francesca, *Sacra Conversazione* (*Pala Montefeltro*), 1472-1474. (Milano, Pinacoteca di Brera). La composizione è fortemente simmetrica, con la Madonna al centro, sull'asse centrale del dipinto.

**12** Vasilij Kandinskij, *Composizione su bianco*, 1920. (San Pietroburgo, Museo di Stato). In questo dipinto manca un asse simmetrico centrale; la composizione segue linee e andamenti diversi che suggeriscono un senso di libertà e movimento.

12

## • Le tecniche della pittura •

- La **pittura ad affresco** è una tecnica di pittura murale molto antica, in cui i colori di origine minerale diluiti in acqua vengono stesi sull'intonaco ancora umido ("fresco") dando origine a reazioni chimiche, per cui la pittura viene inglobata nel muro. Tale tecnica, incorporando il colore nell'intonaco, permette di realizzare opere molto durevoli nel tempo **13**.

13

**13** Benozzo Gozzoli, *L'andata dei Magi a Betlemme* (part.), 1459-1462. (Firenze, Palazzo Medici-Riccardi). Quest'opera è una pittura ad affresco.

- La **pittura a tempera** è una tecnica che utilizza pigmenti in polvere, mescolati a vari leganti solubili in acqua come l'uovo, la colla, il latte o la gomma. Ebbe grande diffusione nella pittura medievale su tavola, fino all'avvento della pittura a olio **14**.

**14** Simone Martini e Lippo Memmi, *Annunciazione*, 1333. (Firenze, Galleria degli Uffizi). Quest'opera è realizzata con pittura a tempera su tavola.

- La **pittura a olio** è una tecnica pittorica che impiega i colori ottenuti stemperando i pigmenti in oli vegetali, in particolare olio di lino, di papavero e di noce, che vengono diluiti con trementina per ottenere maggiore luminosità. Elaborata alla metà del XV secolo, questa tecnica si è diffusa fino al XX secolo, quando è stata affiancata dall'impiego dei colori acrilici **15**.

**15** Pierre-Auguste Renoir, *Colazione dei canottieri*, 1881. (Washington, Phillips Collection). Quest'opera è realizzata con pittura a olio su tela.

- La **pittura ad acrilico** è una tecnica che utilizza colori sintetici che impiegano come legante una soluzione acquosa di una resina acrilica. Sono colori più economici e facili da usare rispetto all'olio e si prestano a essere applicati su qualsiasi supporto; come la tempera si diluiscono in acqua e asciugano molto rapidamente. Queste caratteristiche la rendono la tecnica più praticata nella pittura contemporanea **16**.

**16** David Hockney, *Ritratto di Nick Wilder*, 1966. (Fukuoka, The Fukuoka City Bank). Quest'opera è realizzata con pittura ad acrilico su tela.

# il dipinto

La griglia che ti forniamo è funzionale all'analisi di qualsiasi dipinto.

## Dati tecnici

Autore: ..................................................

Titolo: ..................................................

Datazione: ..................................................

Tecnica: ..................................................

Dimensioni: ..................................................

Collocazione: ..................................................

## Lettura

Soggetto (tema che l'opera affronta): ..................................................

Significato: ..................................................

Funzione comunicativa (celebrativa, religiosa, di denuncia, emozionale...): ..................................................

..................................................

## Struttura e linguaggio

Linea: ..................................................

Colore: ..................................................

Luce: ..................................................

Spazio: ..................................................

Composizione: ..................................................

## L'opera e il suo contesto

Contestualizzare l'opera sia all'interno della biografia dell'artista, sia, in senso più generale, nel periodo storico e sociale nel quale è stata prodotta.

..................................................

..................................................

..................................................

..................................................

..................................................

..................................................

PERCORSO A

UNITÀ 9

# Il fumetto

## • Brevi cenni storici •

Un tipo di testo narrativo, nato alla fine del XIX secolo e di grandissima diffusione, è il **fumetto**; per il suo contenuto è del tutto equiparabile a un racconto e per questo ha fatto e fa molta concorrenza alla narrazione scritta.

Nel 1895 compare per la prima volta sul supplemento domenicale di "The New York World" il personaggio di **Yellow Kid** 1, creato quasi due anni prima da Richard Felton Outcault (1863-1928). In seguito il fumetto si è affermato sia nel mondo dell'infanzia sia in quello degli adulti, moltiplicando i generi e i temi trattati.

Anche le sue **tecniche** si sono diversificate e, se un tempo gli autori eseguivano a mano tutti i disegni e li accostavano per formare le "strisce", oggi ci si serve delle più raffinate tecniche informatiche.

1 Yellow Kid, il protagonista di *Hogan's Alley*, una delle prime strisce comiche a fumetti della storia, creato da Richard Felton Outcault nel 1894.

## • Un testo, molti codici •

Anche se così immediato e accattivante, il fumetto è **un testo composito** in cui il codice iconico dei disegni si unisce al codice grafico e a quello verbale.

La sua struttura è nella norma quella di un testo narrativo e, come i racconti scritti, i fumetti si differenziano tra loro per argomento, struttura narrativa e stile in relazione al loro creatore, al luogo e al periodo storico in cui sono composti.

**• Il codice grafico •** Il fumetto utilizza in primo luogo un codice grafico. Eccone le principali componenti.

- La **vignetta** è lo spazio entro cui è disegnata ogni scena. Può avere forme regolari, come quadrati o rettangoli, oppure irregolari. Le vignette possono avere contorni ben delineati oppure sovrapporsi una all'altra. La vignetta può anche non contenere testo 2.

2 Vignetta tratta da Gipi, *Hanno ritrovato la macchina*, Coconino Press, Bologna, 2006.

- La **striscia** e l'**impaginazione**: le vignette si succedono da sinistra a destra a formare delle strisce (*strips*) e a costituire le pagine; possono essere uguali per forma e dimensioni e accostate una all'altra in modo continuo, oppure variare nella forma e nelle dimensioni, quindi assumere nella pagina una disposizione irregolare **3**.

**3** Un esempio di striscia tratta dai *Peanuts* di Charles Shulz, 1997.

- Il ***balloon*** o **fumetto** è la nuvoletta che racchiude le parole pronunciate dal personaggio; la sua forma è in genere tondeggiante, ma molti artifici grafici, applicati a essa e alla coda che la congiunge al personaggio che parla, danno ulteriori informazioni al lettore:
  - linea di contorno e coda continui: il personaggio parla **4**;
  - coda seghettata: il *balloon* riporta le parole pronunciate da una radio, un telefono, una televisione **5**;
  - linea di contorno frastagliata: suggerisce che il personaggio urla **6**;
  - coda formata da piccoli cerchi: il personaggio pensa **7**;
  - coda proveniente dal bordo della vignetta: il *balloon* riporta una voce fuori campo **8**.

**4** Vignetta tratta da Martin-Janssens, *Sherlock Holmes - Victorian Knights*, Blue Water Productions, Vancouver, 2013.

**5** Vignetta tratta da Kurt Busiek e Alex Ross, *Uomo Ragno - Un'era di meraviglie*, Marvels, 1994.

**6** **8** Vignette tratte da Tiziano Sclavi, *Dylan Dog, Scritto con il sangue*, Bonelli Editore, Milano, 1995.

**7** Vignetta tratta da *Diabolik*, il personaggio creato nel 1962 da Angela e Luciana Giussani.

- Il **carattere delle parole**: alcune parole contenute nel fumetto possono avere dimensioni diverse o caratteri particolari (grassetto, corsivo...) per indicare uno stato d'animo intenso del personaggio **9**.
- Le **linee cinetiche**: sono segni grafici particolari, come linee circolari, piccole nuvolette, trattini che contornano una persona e indicano i movimenti repentini o le emozioni del personaggio **10**.

**9** Vignetta tratta da Giancarlo Alessandrini, *Martin Mystère*, Bonelli Editore, Milano, 1982.

**10** Vignetta tratta da Tiziano Sclavi, *Dylan Dog, Scritto con il sangue*, Bonelli Editore, Milano, 1995.

• **Il codice linguistico** • Il fumetto usa il codice linguistico nella forma del discorso diretto, ma anche in didascalie e onomatopee.

- **Didascalie**: sono parole racchiuse in rettangoli e non pronunciate dai personaggi, che servono a dare informazioni al lettore, come precisazioni di tempo (*dopo qualche mese...*) o di luogo (*Roma, una notte d'estate*), ma anche intere frasi di commento **11**.

- **Lettering**: è il nome tecnico che individua le parole pronunciate direttamente dal personaggio e racchiuse nel *balloon*. In genere si tratta di battute piuttosto brevi, sintetiche, spesso con funzione linguistica espressivo-emotiva **12**.
- **Onomatopee**: sono trascrizioni di suoni che si usano per movimentare il disegno e dare maggiore enfasi. Spesso sono create a partire dal verbo inglese di analogo significato, ad esempio *ring*, che deriva da *to ring* ("suonare"), *crash* da *to crash* ("schiantarsi"), *bang* da *to bang* ("esplodere"), e così via **13**.

**11** Vignetta tratta da Tiziano Sclavi, *Dylan Dog, La casa degli uomini perduti*, Bonelli Editore, Milano, 1991.

**12** Vignetta tratta da Guido Crepax, *L'Uomo di Harlem*, Edizioni CEPIM, 1979.

**13** Vignetta tratta da *Diabolik*, il personaggio creato nel 1962 da Angela e Luciana Giussani.

**• Il codice iconico •** Se gli artifici grafici e le parole sono importanti, l'aspetto centrale del fumetto è l'**immagine disegnata**. E proprio nel disegno si mostrano le caratteristiche peculiari di ogni fumetto.

- Lo **stile**: ogni disegnatore ha un modo personale di rappresentare le scene. Le immagini possono essere realistiche e molto dettagliate, oppure tracciate con poche linee essenziali e stilizzate; alcuni disegnatori usano il bianco e nero, altri colori forti, altri colori tenui e sfumati. Insomma, ogni autore ha un suo personale e inconfondibile stile 14, 15.

14

14 Vignetta tratta da Lorenzo Mattotti e Jorge Zentner, *Caboto*, Hazard Edizioni, Milano, 1997.

15 Vignetta tratta da Gipi, *LMVDM, La mia vita disegnata male*, Coconino Press, Bologna, 2008.

15

- I **campi**: come per il cinema, gli ambienti delle singole vignette sono presentati nelle inquadrature in diversi campi (lunghissimo, lungo, medio); i personaggi allo stesso modo possono comparire in diversi piani (figura intera, piano medio, piano americano, primo piano, primissimo piano, dettaglio) 16.

16

16 Vignetta tratta da Igort, *5 è il numero perfetto*, Coconino Press, Bologna, 2002.

- Il **punto di vista**: un'altra significativa scelta del disegnatore riguarda il punto di vista. Si ha una rappresentazione soggettiva quando ciò che è disegnato corrisponde a quanto il personaggio vede, ma si incontrano anche inquadrature dal basso o dall'alto, con evidenti implicazioni sul piano della comunicazione 17.

17

17 Vignetta tratta da Marjane Satrapi, *Persepolis*, Lizard Edizioni, Milano, 2007.

PERCORSO A

UNITÀ 10

# Il cinema

## • Brevi cenni storici •

La nascita del cinema avviene nel 1895 a Parigi, quando i **fratelli Lumière** (Auguste, 1862-1954, e Louis, 1864-1948), usando uno strumento da loro inventato, il cinematografo, proiettano delle sequenze di immagini in movimento.

Nel corso degli anni questa nuova arte (chiamata "settima arte") passa dai film muti 1 all'introduzione del sonoro, poi all'avvento del colore fino ad arrivare alla rivoluzione del digitale degli anni Novanta 2.

1 Una scena tratta dal film muto *Preferisco l'ascensore! (Safety Last)* diretto nel 1923 da Fred Newmeyer e interpretato da Harold Lloyd.

2 Scena tratta dal film *Star Wars: Episodio I - La minaccia fantasma* diretto da George Lucas nel 1999. Si tratta del primo film girato in digitale.

## • Il codice cinematografico •

Il cinema è un'arte che narra una storia attraverso il codice visivo e il codice sonoro: le immagini e i suoni (parole e musiche) sono i mezzi utilizzati dal regista per trasmettere allo spettatore delle intenzioni comunicative.

**• La sceneggiatura •** La forma scritta di un film è rappresentata dalla sceneggiatura: essa è la storia narrata, suddivisa in scene, inquadrature, piani di ripresa. Stabilisce i personaggi coinvolti, il tempo, lo spazio e la durata dell'azione. La sceneggiatura è quindi il canovaccio essenziale per il regista, ma anche per gli attori (che studiano il loro ruolo) e per tutti gli altri partecipanti alla realizzazione del film (scenografi, direttore della fotografia, operatori, tecnici audio, ecc.) 3.

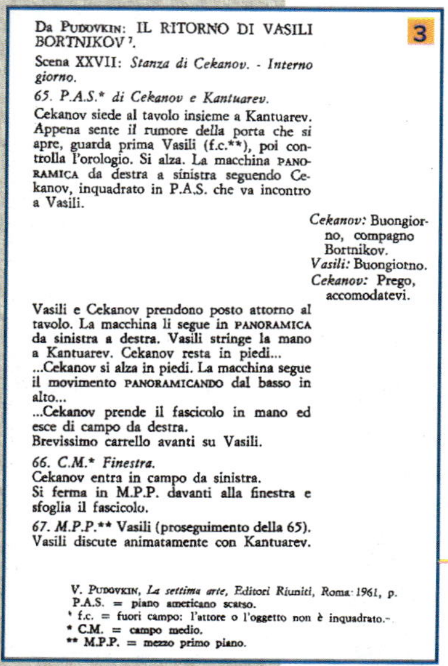
3

Da PUDOVKIN: IL RITORNO DI VASILI BORTNIKOV [7].

Scena XXVII: *Stanza di Cekanov. - Interno giorno.*

*65. P.A.S.* di Cekanov e Kantuarev.*

Cekanov siede al tavolo insieme a Kantuarev. Appena sente il rumore della porta che si apre, guarda prima Vasili (f.c.**), poi controlla l'orologio. Si alza. La macchina PANORAMICA da destra a sinistra seguendo Cekanov, inquadrato in P.A.S. che va incontro a Vasili.

*Cekanov:* Buongiorno, compagno Bortnikov.
*Vasili:* Buongiotno.
*Cekanov:* Prego, accomodatevi.

Vasili e Cekanov prendono posto attorno al tavolo. La macchina li segue in PANORAMICA da sinistra a destra. Vasili stringe la mano a Kantuarev. Cekanov resta in piedi...
...Cekanov si alza in piedi. La macchina segue il movimento PANORAMICANDO dal basso in alto...
...Cekanov prende il fascicolo in mano ed esce di campo da destra.
Brevissimo carrello avanti su Vasili.

*66. C.M.* Finestra.*
Cekanov entra in campo da sinistra.
Si ferma in M.P.P. davanti alla finestra e sfoglia il fascicolo.

*67. M.P.P.*** Vasili (proseguimento della 65).
Vasili discute animatamente con Kantuarev.

V. PUDOVKIN, *La settima arte*, Editori Riuniti, Roma 1961, p.
P.A.S. = piano americano scarso.
' f.c. = fuori campo: l'attore o l'oggetto non è inquadrato.
* C.M. = campo medio.
** M.P.P. = mezzo primo piano.

3 Un esempio della sceneggiatura del film *Il ritorno di Vasili Bortnikov* diretto da Vsevolod Pudovkin nel 1952.

**• Le inquadrature •** Un elemento importante in un film è costituito dall'inquadratura, ovvero il punto di vista che il regista decide di adottare **4**. A seconda della distanza da cui viene ripreso il soggetto si può avere:

1. il campo lunghissimo: l'inquadratura abbraccia una porzione molto ampia di spazio e le figure umane, se vi compaiono, sono un elemento dello sfondo;
2. il campo lungo: in questo caso lo spazio ricopre un ruolo fondamentale;
3. la figura intera: la figura umana occupa l'intera inquadratura;
4. il piano americano: la figura umana è "tagliata" all'altezza delle ginocchia;
5. il piano medio: la figura umana è ripresa dalla vita in su;
6. il primo piano: viene inquadrata la parte alta della figura (spalle e volto);
7. il primissimo piano: viene inquadrato il volto del personaggio;
8. il particolare: l'inquadratura si fissa su un dettaglio del personaggio.

**4** Esempi di inquadrature: campo lungo; campo medio; figura intera; piano americano; piano medio; primo piano; primissimo piano; dettaglio.

**4**

**• Il montaggio •** Il montaggio prevede la sistemazione delle diverse sequenze narrative in una successione logica e cronologica: attraverso il montaggio viene costruito il racconto cinematografico e quindi l'intreccio, ma anche il racconto delle diverse scene entro un'unica sequenza **5**.

**5** Esempio di montaggio di fotogrammi tratti dal film *Titanic* diretto da James Cameron nel 1997. **8.** Primo piano "largo" del protagonista Jack sullo sfondo del mare. **9.** Primo piano "largo" del compagno di viaggio occasionale con cui Jack sta parlando. **10.** Piano americano di Jack che si presenta al compagno. **11.** Primo piano del compagno di viaggio. **12.** Primo piano di Jack che cambia sguardo. **13.** Soggettiva (cioè un'inquadratura che rappresenta ciò che vede un personaggio) di Jack che vede Rose per la prima volta. **14.** Soggettiva di Jack che guarda Rose, con in campo il compagno di viaggio. **15.** Prosegue soggettiva di Jack: piano americano di Rose, senza più l'amico in campo.

**5**

## il film

La griglia che ti forniamo è funzionale alla recensione di qualsiasi film.

Locandina del film *Lo chiamavano Jeeg Robot* diretto da Gabriele Mainetti nel 2015.

### Informazioni generali

Titolo: ..........

Regista: ..........

Interpreti: ..........

Data di uscita: ..........

Genere: ..........

### Trama, struttura narrativa e personaggi

Breve riassunto della storia che il film racconta, con l'indicazione della situazione iniziale, dello svolgimento e della conclusione

### Analisi

Periodo storico delle vicende narrate ..........

Ambienti e luoghi principali ..........

..........

Arco di tempo in cui si sviluppa la storia ..........

Particolari tecniche filmiche ..........

### Personaggi

Protagonista (descrizione fisica, caratteriale, ecc.) ..........

..........

Altri personaggi importanti ..........

Particolari tecniche filmiche ..........

### Significato globale del film

Temi che il film affronta (amore, amicizia, famiglia, lavoro, paura, ecc.) ..........

Modalità in cui le tematiche vengono affrontate ..........

Giudizio personale ..........

..........

LABORATORIO

*Esempio di recensione di un film* ANALISI VISUALE

# Lo chiamavano Jeeg Robot

INFORMAZIONI GENERALI
• Titolo, regista, interpreti, anno di uscita, genere

Regia
Gabriele Mainetti

Interpreti
Claudio Santamaria, Luca Marinelli, Ilenia Pastorelli, Stefano Ambrogi, Maurizio Tesei

Anno
2015

Genere
Azione, drammatico

In una Roma scossa da strani attentati terroristici, Enzo Ceccotti (Claudio Santamaria), che vive di espedienti e abita solo in un palazzo popolare, un giorno ruba un orologio in centro e viene inseguito dalla polizia. Si nasconde tuffandosi dietro una chiatta nel Tevere, proprio dove sono stati scaricati abusivamente dei bidoni di una sostanza tossica non precisata. Torna a casa, e dopo qualche giorno di malessere si rende conto di essere diventato fortissimo, quasi immortale. Un affare di droga andato male incrocia la sua storia con quella della banda dello Zingaro (Luca Marinelli) e lo avvicina ad Alessia (Ilenia Pastorelli), una ragazza traumatizzata che vive nel suo palazzo ed è morbosamente legata alla serie di animazione giapponese *Jeeg robot d'acciaio*. [...]

TRAMA
• Breve riassunto della storia che il film racconta, con l'indicazione della situazione iniziale, dello svolgimento e della conclusione.

**Com'è**. Il cinema di genere in Italia non è mai stato cinema ufficiale, soprattutto perché a noi manca per ragioni storiche una narrativa di genere in qualsiasi forma. C'è un po' di giallo, ma molto meno che altrove e quasi solo negli ultimi decenni, mentre non ci sono sostanzialmente né fantascienza né horror né avventura. Meglio: tutto questo c'è, ma solo nei fumetti.

È proprio partendo da una cultura che è fatta di fumetti e di generi, e stando lontano dai colossal hollywoodiani, che Gabriele Mainetti è riuscito, primo nella storia del nostro cinema, a fare un film popolare italiano di supereroi. L'equilibrio tra l'adesione ai canoni del genere e il coinvolgimento del pubblico è ineccepibile: il film funziona non tanto perché ricorda una storia di genere, ma perché le storie di genere funzionano. Per questo *Lo chiamavano Jeeg Robot* non è solo per appassionati di fumetti o di quei cartoni giapponesi che a cavallo tra anni settanta e ottanta occupavano i palinsesti delle neonate tv private e della Rai, ma è un film per tutti.

C'è anche un rapporto riuscitissimo tra Roma, la sua lingua, le sue strade, le sue periferie, e un gruppo di personaggi che ne fanno parte, sono vivi e divertenti, ma non ricadono né nella commedia di cui sono pieni i film di Natale, né nel realismo sociale che i nostri registi impegnati amano frequentare. Sia la sceneggiatura sia la regia in questo senso sono impeccabili, perché si muovono con grazia e naturalezza senza mai lasciare intendere quanto siano controcorrente.

**Perché vederlo**. Per chi apprezza i racconti di genere di qualsiasi tipo, *Lo chiamavano Jeeg Robot* sarà un'esperienza di goduria e sollievo. Per anni abbiamo dovuto sottostare all'idea per cui le storie di genere in Italia non potevano funzionare, figuriamoci quelle di supereroi. Gabriele Mainetti dimostra che non è assolutamente vero, e riscatta una fetta di pubblico che si era quasi rassegnata. Per farlo, dirige in maniera magistrale un cast che non sbaglia mai niente. Claudio Santamaria è perfetto nel contrasto

ANALISI
• Ambienti e luoghi principali
• Periodo storico delle vicende narrate
• Arco di tempo in cui si sviluppa la storia

PERSONAGGI
• Protagonista (descrizione fisica, caratteriale, ecc.)
• Altri personaggi importanti

SIGNIFICATO GLOBALE
• Temi che il film affronta (amore, amicizia, famiglia, lavoro, paura, ecc.)
• Modalità in cui le tematiche vengono affrontate
• Giudizio personale

tra il carattere dimesso e il ruolo impostogli dai superpoteri. Luca Marinelli interpreta un giovane malavitoso con lo slancio di un diavolo della Tasmania con i tacchi a spillo. Ilenia Pastorelli sembra trovare l'unico modo di tenere insieme la ragazza sexy, il disagio della borgata e gli occhioni delle eroine dei manga.

Questo è un film appassionante, che esalta, diverte e commuove con uno stile, una cura e un'onestà ai quali non siamo abituati. Quando si parla di cinema d'autore, si parla di questo.

**Perché non vederlo**. Se non si amano i fumetti, le serie di animazione, le storie di supereroi, insomma tutta la narrazione di genere con la sua capacità di vivere a cavallo tra la normalità quotidiana e l'epica, come nell'immaginazione di un adolescente, non è il caso di andare a vedere questo film. Forse il finale è un po' troppo frastagliato, ma stiamo veramente parlando di una minuzia.

Matteo Bordone, *Finalmente un supereroe italiano*, in "Internazionale", 3 marzo 2016

Scene tratte dal film *Lo chiamavano Jeeg Robot* diretto da Gabriele Mainetti nel 2015.

# PERCORSO B

# Generi e sottogeneri

# La novella e il racconto

**Un dipinto come un racconto** Si vive di storie. La vita stessa è una continua storia. In passato le storie venivano raccontate dagli aedi, antichi cantori greci; poi toccò ai giullari e ai menestrelli; più in là, nel tempo, si elaborarono novelle e racconti scritti con intenzioni e finalità letterarie, quindi artistiche.

Il raccontare storie, però, non è esclusivo della parola. Si osservi **il dipinto** del pittore Giancarlo Vitali: **è un racconto** che potremmo sintetizzare come segue.

Tutto accadde alla fine del luglio 1969, quando l'uomo mise piede per la prima volta sulla Luna. A Bellano, si innalzò il tradizionale "palo della cuccagna" e si fece a gara per salire fino... a toccare la Luna.

Giancarlo Vitali nel suo studio.

**Un inventore di racconti** Giancarlo **Vitali** ha sempre inventato storie con il pennello. Nato il 29 novembre 1929 a Bellano, vicino Lecco, in una famiglia di pescatori, incomincia a dipingere all'età di 15 anni. Espone la sua prima opera nel 1947; rinuncia a una borsa di studio all'Accademia di Brera perché la famiglia non può mantenerlo a Milano. La sua vita di artista prosegue in maniera appartata e schiva fino al 1983, quando il critico d'arte milanese Giovanni Testori resta stupefatto dalla produzione artistica di Vitali: singolari ritratti, maschere inquietanti, scene di paese, insoliti richiami a grandi artisti, splendide incisioni. Da quel momento Vitali diventa un artista affermato, restando però un uomo dal carattere sincero e schietto.

**DOMANDE**

- In che senso questo quadro si può definire un racconto?
- La raffigurazione delle maschere è uno dei soggetti prediletti dall'autore. Che cosa vorrà significare?
- Che cosa vuol dire "toccare la Luna", come pensano di fare gli strani protagonisti del dipinto?
- Nel dipinto, chi viene coinvolto, suo malgrado, dalle maschere-persone?
- Conosci "l'albero della cuccagna"? Si può fare un accostamento con questa tradizione popolare?
- Pensi che l'artista sia riuscito a esprimere i suoi intendimenti? Motiva la tua risposta.

**Tutti vogliono la Luna** • Con *Millenovecentosessantanove, le mani sulla Luna* Giancarlo Vitali interpreta a suo modo la febbre che colse il mondo intero quando gli astronauti americani misero piede sulla Luna. Tutti impazzirono d'entusiasmo. Nella piazza di Bellano, accanto alla statua del letterato Tommaso Grossi, si pensò di poter salire a prendersi finalmente i sogni e le speranze che la Luna suscita nel cuore umano da secoli. Bastava piantarvi un lungo palo e salire. Che calca! Tutti a spingere e a reclamare il proprio turno... fisionomie alterate, nasoni rigonfi, vecchiette ubriache, facce stralunate, cilindri e imbuti in testa, bandiere. Perfino il compassato Tommaso Grossi non può esimersi dal sollevare il capo per partecipare all'evento. La piazza ribolle di illusioni di ogni specie.

Con questa sua pittura Vitali ha trasformato il paese in un simbolo dell'intera umanità. Egli mira a canzonare le debolezze di chi vive sulla Terra inseguendo chimere irraggiungibili. Il suo racconto si presenta come una divertente e, nel contempo, inquietante **riflessione sulla vita umana**.

Giancarlo Vitali, *Millenovecentosessantanove, le mani sulla Luna*, 1969.

**in questa Unità impareremo a**

- **conoscere** le regole della narrazione breve e il quadro di riferimento culturale degli autori
- **comprendere** il significato globale dei testi e le tematiche che essi presentano
- **analizzare** i racconti secondo le costanti narratologiche per approfondirne la comprensione e operare confronti con altri testi
- **interpretare** lo scritto, collegandolo al mondo dell'autore, a temi attuali o esperienze personali
- **produrre** sintesi dei racconti, testi espositivi e argomentativi legati ai temi contenuti nei passi
- **comunicare oralmente** per riferire i contenuti dei brani e per riflettere sulle loro tematiche in forma strutturata e chiara

**in questa Unità scopriremo**

Una persona che racconta una storia o che legge ad alta voce la pagina di un libro può affascinare un uditorio di grandi e di piccoli, anche oggi che siamo abituati alla comunicazione immediata tramite smartphone, social network, internet. La lettura di un racconto, pur nella brevità della trama, può condurre lontano.

Federico Zandomeneghi, *Donna in blu che legge*, 1895 ca. (Collezione Privata)

# • Il racconto •

Il **racconto** è stato parte importante del patrimonio culturale di tutti i popoli e ha una sua storia e sue peculiarità.

Il racconto è un **testo narrativo in prosa** che risponde alle seguenti caratteristiche:

- è **breve** (la lunghezza lo distingue dal romanzo);
- ha una **trama meno complessa** rispetto al romanzo perché il suo sviluppo dovrà essere rapido e risolutivo;
- il sistema dei personaggi è ridotto, giocato su **pochi soggetti** delineati con rapidi tratti, senza gli approfondimenti del romanzo;
- mostra un **unico carattere di fondo**: o è drammatico oppure è comico, senza presentare in genere eccessive variazioni;
- viene **letto in un arco di tempo limitato** e quindi il lettore ha un immediato controllo d'insieme del testo;
- come per il romanzo, è possibile individuare diversi **sottogeneri**: realistico, fantastico, comico, drammatico, psicologico, d'avventura, ecc.

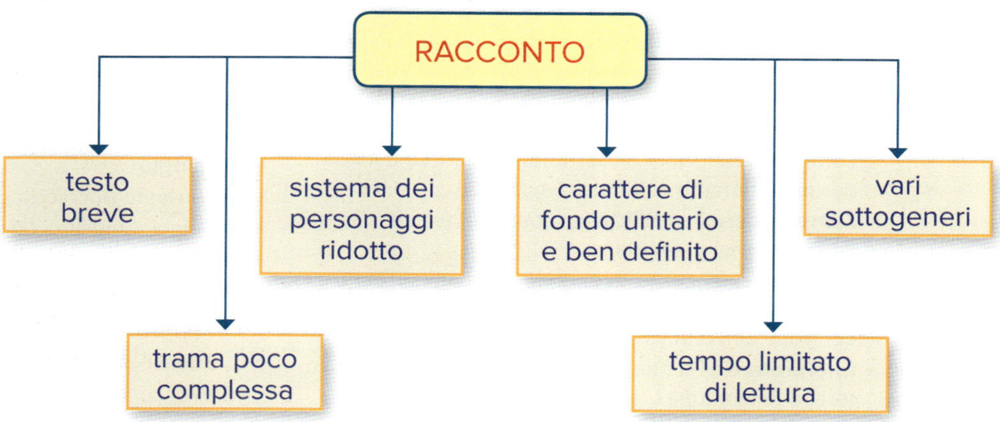

# • Gli autori di novelle e racconti •

Nella tradizione letteraria italiana, i testi narrativi brevi vengono indicati come novelle oppure come racconti.

La **novella** (il cui nome si riferisce alla "novità" e alla curiosità dei fatti narrati) risale ad antiche tradizioni orali, quando abili affabulatori affidavano alle parole il racconto della propria esistenza. Nel mondo greco e latino la novella non era molto diffusa; bisogna arrivare al Medioevo perché si affermi come genere letterario autonomo. In Francia troviamo novelle in versi: i *fabliaux*, di carattere comico e satirico; i *lai*, di ispirazione cortese e a tematica amorosa; gli *exempla*, brevi racconti che i predicatori utilizzavano per rendere più efficaci i loro discorsi.

È però in Italia, alla fine del Duecento, con l'anonimo *Novellino* e con *Il Trecentonovelle* di Franco **Sacchetti** (1332-1400) e, soprattutto, nel Trecento con il *Decameron* di Giovanni **Boccaccio** (1313-1375), che la novella si impone come genere indipendente. A quest'ultima opera, specchio dei valori del mondo comunale e borghese, guarderanno i novellieri successivi. Sempre a metà del Trecento, la società inglese è ben raffigurata da Geoffrey **Chaucer** (1343-1400), autore dei *Racconti di Canterbury*.

Nel Cinquecento vanno ricordate le novelle scritte da Matteo **Bandello** (1485-1561) che, insieme a Boccaccio, tra Cinque e Seicento influenzerà la produzione teatrale di William Shakespeare (1564-1616) e le favole di Jean de La Fontaine (1621-1695).

Nel Settecento nasce la "novella filosofica" ad opera del francese **Voltaire** (1694-1778).

Nell'Ottocento, il termine "novella" viene di frequente sostituito da "**racconto**" (la parola, dal verbo latino *contare*, significa "riferire in un certo ordine, raccontare"). Senza più legami con l'eredità boccaccesca e rinascimentale, il racconto assume caratteri originali. Il tedesco Ernst **Hoffmann** (1776-1822) scrive racconti di fantasia che si inseriscono nella tradizione gotica, mentre l'americano Edgar Allan **Poe** (1809-1849) sviluppa racconti incentrati sul terrore e sul genere poliziesco. Il realismo russo è rappresentato dai racconti di Aleksandr **Puškin** (1799-1837), Nikolaj **Gogol'** (1809-1852) e Anton **Čechov** (1860-1904). Nella seconda metà dell'Ottocento si distingue la narrativa naturalista francese con i racconti di Émile **Zola** (1840-1902) e di Guy de **Maupassant** (1850-1893), i quali presentano nei loro testi autentici "spaccati di vita". In Italia, il racconto riprende forza con l'affermazione del Verismo, ad opera di Luigi **Capuana** (1839-1915) e Giovanni **Verga** (1840-1922). Un filone diverso seguono gli inglesi Robert Louis **Stevenson** (1850-1894) e Joseph **Conrad** (1857-1924), autori di storie colme di avventura e passione.

Nel Novecento l'uso del sostantivo "racconto" si afferma in maniera decisa. Tuttavia, il racconto del Novecento difficilmente si può inquadrare in base al genere, per la ricchezza dei temi che lo caratterizzano. Racconti a tematica psicologica, quasi privi di intreccio, ma tesi a scandagliare l'animo e le passioni umane sono quelli elaborati da James **Joyce** (1882-1941), Franz **Kafka** (1883-1924), Jorge Luis **Borges** (1899-1986).

Ritraggono situazioni poste tra mito e realtà i racconti degli americani William **Faulkner** (1897-1962), Ernest **Hemingway** (1899-1961) e Flannery **O'Connor** (1925-1964); sono documento di una difficile e amara condizione sociale i racconti di Alberto **Moravia** (1907-1990), Cesare **Pavese** (1908-1950), Beppe **Fenoglio** (1922-1963).

Racconti surreali, fantastici, al limite della realtà sono quelli dell'argentino Julio **Cortázar** (1914-1984). Umoristiche e satiriche sono le storie di Achille **Campanile** (1899-1977), Domenico **Starnone** (1943) e Stefano **Benni** (1947). Pacati ma anche fantastici e comici sono i racconti di Gianni **Celati** (1937). Densi e complessi, delicati e brillanti sono gli universi femminili raccontati da Edna **O'Brien** (1930) e Alice **Munro** (1931), la scrittrice canadese premio Nobel per la Letteratura nel 2013.

## • Il percorso antologico •

I testi che vengono presentati nelle pagine successive sono importanti esempi di novelle o di racconti, con una particolare attenzione alla narrativa breve del Novecento. Al di là della distanza temporale che separa Boccaccio, vissuto nel Trecento, dagli altri autori del Novecento, si può intravedere un filo rosso che li lega in quanto **testi che presentano vari tipi umani**, con in evidenza diverse sfaccettature della personalità. La stupidità, la follia, l'incertezza, la fantasia, il dramma, la crescita, sono sentimenti, qualità o disvalori che ritroviamo sia nei protagonisti della novella di Boccaccio sia nei racconti di Pirandello, Buzzati, Carver e De Luca.

Giovanni **Boccaccio** (1313-1375) si può considerare come il vero fondatore della novella in epoca medievale, colui che con le sue storie ha contribuito a fissarne i canoni, le regole. Nel *Decameron*, attraverso cento novelle di vario argomento, Boccaccio descrive la società comunale del tempo, quella mercantile in particolare, con i suoi valori e i suoi protagonisti. In questa commedia umana non può mancare il tema della stupidità dell'uomo, qui espresso dallo sciocco Calandrino (▸ *Calandrino e l'elitropia*, p. 137), che incarna la figura di chi, credendosi più furbo degli altri, rimane invece beffato.

José Ferraz de Almeida, *Lettura*, 1892. (San Paolo, Pinacoteca di Stato)

Assume un carattere più complicato la produzione letteraria di Luigi **Pirandello** (1867-1936). Nel racconto *La carriola* (▸ p. 149), il tema dell'assurdità mista a follia lascia di stucco: non si penserebbe mai che un rispettabile avvocato e professore di diritto abbia bisogno di uno sfogo, complice la sua cagnetta, per reggere il proprio ruolo sociale che sente come opprimente.

Dino **Buzzati** (1906-1972), in *Una lettera d'amore* (▸ p. 156), ci porta all'interno di una storia altrettanto assurda, ma anche amara, perché nella vita del protagonista viene a mancare il sentimento dell'amore, la passione per una donna che l'aveva fin lì sostenuto.

Raymond **Carver** (1938-1988), autore americano affermato soprattutto come scrittore di racconti, in *Sogni* (▸ p. 163) si muove su due piani: quello della realtà, con il dramma che capita a una vicina di casa del narratore, e quello della fantasia, con i sogni che regolarmente la moglie gli racconta.

*Una passione smodata per il racconto* (▸ p. 174) è tratto da un saggio in cui Paolo **Cognetti** (1978) svela la sua esperienza di accanito lettore di racconti e cita molti autori che in questo genere letterario si sono distinti.

Nel racconto finale dell'Unità, *Il pannello* (▸ p. 180), Erri **De Luca** (1950) ci propone una "bravata" scolastica messa in atto ai danni di una giovane supplente.

Giovanni Boccaccio

# Calandrino e l'elitropia

Calandrino è il classico personaggio che pensa d'essere più furbo e intelligente degli altri e che invece finisce regolarmente per essere beffato. In questa novella, da ingenuo e sciocco qual è, si lascia convincere delle virtù dell'«elitropia», una pietra che renderebbe invisibile chi la possiede.

Da Decameron, 1348-1353

Novella comico-satirica

Nella nostra città, la qual sempre di varie maniere e di nuove genti è stata abondevole[1], fu, ancora non è gran tempo, un dipintore chiamato Calandrino[2], uom semplice e di nuovi[3] costumi, il quale il più del tempo con due altri dipintori usava[4], chiamati l'un Bruno e l'altro Buffalmacco[5], uomini sollazzevoli[6] molto, ma per altro avveduti e sagaci, li quali con Calandrino usavan per ciò che de' modi suoi e della sua simplicità sovente gran festa prendevano[7]. Era similmente allora in Firenze un giovane di maravigliosa piacevolezza in ciascuna cosa che far voleva, astuto e avvenevole[8], chiamato Maso del Saggio; il quale, udendo alcune cose della simplicità di Calandrino, propose di voler prender diletto de' fatti suoi[9] col fargli alcuna **beffa**, o fargli credere alcuna nuova cosa. E per avventura[10] trovandolo un dì nella chiesa di San Giovanni e vedendolo stare attento a riguardar le dipinture e gl'intagli del tabernacolo il quale è sopra l'altare della detta chiesa, non molto tempo davanti postovi, pensò essergli dato luogo e tempo[11] alla sua intenzione; e informato un suo compagno di ciò che fare intendeva, insieme s'accostarono là dove Calandrino solo si sedeva, e faccendo vista[12] di non vederlo, insieme cominciarono a ragionare delle virtù di diverse pietre, delle quali Maso così efficacemente parlava come se stato fosse un solenne e gran lapidario[13]. A' quali ragionamenti Calandrino posto orecchie, e dopo alquanto levatosi in piè, sentendo che non era credenza[14], si congiunse con loro, il che forte[15] piacque a Maso; il quale, seguendo le sue parole[16], fu da Calandrin domandato dove queste pietre così virtuose si trovassero. Maso rispose che le più si trovavano in Berlinzone[17], terra de' baschi, in una contrada che si chiamava Bengodi[18], nella quale si legano le vigne con le salsicce, e avevavi-

**PAROLE *sotto la lente***

**Beffa**

Il sostantivo ha probabilmente un'origine onomatopeica: riproduce infatti il rumore di uno sberleffo. Si tratta di una burla fatta per deridere qualcuno, a scopo di divertimento o di offesa. Può anche significare delusione rispetto a determinate attese ("La diminuzione del prezzo dei carburanti è risultata una beffa").

**Attività**

Le parole "beffardo" e "beffeggiare" sono derivate da "beffa". Specifica a quale parte del discorso appartengono e indicane il tema, il suffisso, la desinenza e l'eventuale prefisso.

1 **città...abondevole**: Firenze, che è sempre stata ricca («abondevole») di varie usanze («maniere») e di persone diverse («nuove genti»).

2 **Calandrino**: soprannome del pittore («dipintore») Giovannozzo di Perino, realmente esistito e noto per la sua ingenuità.

3 **nuovi**: stravaganti.

4 **con due altri dipintori usava**: stava in compagnia («usava») di altri due pittori.

5 **Bruno...Buffalmacco**: sono due pittori realmente esistiti, Bruno di Giovanni d'Olivieri e Buonamico di Cristofano, detto Buffalmacco.

6 **sollazzevoli**: mattacchioni.

7 **de' modi suoi...prendevano**: per la sua ingenuità prendevano spesso in giro Calandrino.

8 **avvenevole**: brillante.

9 **prender diletto de' fatti suoi**: prendersi gioco di lui.

10 **per avventura**: per caso.

11 **luogo e tempo**: l'opportunità.

12 **faccendo vista**: facendo finta.

13 **lapidario**: esperto di pietre preziose.

14 **che non era credenza**: che i due non parlavano di cose segrete.

15 **forte**: molto.

16 **seguendo le sue parole**: proseguendo nel discorso.

17 **Berlinzone**: nome inventato.

18 **Bengodi**: altro nome d'invenzione che suggerisce un mitico paese di cuccagna.

si un'oca a denaio e un papero giunta[19], ed eravi una montagna tutta di formaggio parmigiano grattugiato, sopra la quale stavan genti che niuna altra cosa facevan che far maccheroni e raviuoli e cuocergli in brodo di capponi, e poi gli gittavan quindi giù, e chi più ne pigliava più se n'aveva; e ivi presso correva un fiumicel di vernaccia[20], della migliore che mai si bevve, senza avervi entro gocciol d'acqua.

– Oh – disse Calandrino – cotesto è buon paese; ma dimmi, che si fa de' capponi che cuocon coloro?

Rispuose Maso: – Mangiansegli[21] i baschi tutti.

Disse allora Calandrino: – Fostivi tu mai[22]?

A cui Maso rispose: – Di' tu se io vi fu mai? Sì vi sono stato così una volta come mille.

Disse allora Calandrino: – E quante miglia ci ha[23]?

Maso rispose: – Haccene più di millanta, che tutta notte canta[24].

Disse Calandrino: – Dunque dee egli essere più là che Abruzzi[25].

– Sì bene – rispuose Maso – sì è cavelle[26].

Calandrino semplice[27], veggendo Maso dir queste parole con un viso fermo[28] e senza ridere, quella fede vi dava che dar si può a qualunque verità è più manifesta, e così l'aveva per vere[29]; e disse – Troppo ci è di lungi a' fatti miei[30], ma se più presso ci fosse, ben ti dico che io vi verrei una volta con essoteco, pur per veder fare il tomo a quei maccheroni e tormene una satolla[31]. Ma dimmi, che lieto sie tu, in queste contrade non se ne truova niuna di queste pietre così virtuose?

A cui Maso rispose: – Sì, due maniere[32] di pietre ci si truovano di grandissima virtù. L'una sono i macigni da Settignano e da Montisci[33], per virtù de' quali, quando son macine fatti, se ne fa la farina[34], e per ciò si dice egli in que' paesi di là[35], che da Dio vengono le grazie e da Montisci le macine; ma ecci di questi macigni sì gran quantità, che appo noi è poco prezzata, come appo loro gli smeraldi, de' quali v'ha maggior montagne che monte Morello[36], che rilucon di mezza notte vatti con Dio[37]; e sappi che chi facesse le macine belle e fatte legare in anella, prima che elle si forassero, e portassele al soldano, n'avrebbe ciò che volesse[38]. L'altra si è

19 **avevavisi...giunta**: al prezzo di un'oca, si poteva avere anche un papero.

20 **vernaccia**: vino bianco.

21 **Mangiansegli**: se li mangiano.

22 **Fostivi tu mai?**: ci sei mai stato?

23 **ci ha**: dista.

24 **Haccene...canta**: espressione senza significato logico, per confondere Calandrino, come il nonsense precedente, alle righe 36-37 («una volta come mille»).

25 **più là che Abruzzi**: più lontano dell'Abruzzo, cioè per Calandrino molto lontano.

26 **sì è cavelle**: "un bel nulla". Maso annulla, fingendo di confermarlo, il sì precedente.

27 **semplice**: ingenuo.

28 **fermo**: serio.

29 **l'aveva per vere**: le riteneva vere.

30 **Troppo...miei**: è troppo lontano per me.

31 **con essoteco...satolla**: insieme a te, anche solo per vedere i maccheroni ruzzolare («fare il tomo») giù dalla montagna e farmene una scorpacciata («satolla»).

32 **maniere**: tipi.

33 **Settignano...Montisci**: colline attorno a Firenze, come monte Morello citato più avanti.

34 **per virtù...farina**: per mezzo dei quali, quando sono lavorati in forma di macine da mulino, si fa la farina. Maso fa credere a Calandrino che la farina esca dai macigni stessi.

35 **paesi di là**: paesi lontani.

36 **ma ecci...Morello**: ma c'è («ecci») una così grande abbondanza di questi macigni che da noi («appo noi») sono poco apprezzati, come presso i baschi («appo loro») sono poco apprezzati gli smeraldi, dal momento che ve ne sono montagne più grandi di monte Morello.

37 **di mezza...Dio**: formula di saluto: "a mezzanotte, vattene affidandoti a Dio".

38 **sappi...ciò che volesse**: sappi che chi riuscisse a legare tra loro, formando una collana, delle macine prima che fossero forate – cosa evidentemente impossibile – e le portasse a un sultano, avrebbe qualsiasi cosa.

una pietra, la quale noi altri lapidari appelliamo[39] **elitropia**, pietra di troppo gran virtù, per ciò che qualunque persona la porta sopra di sé, mentre la tiene non è da alcuna altra persona veduto dove non è[40].

Allora Calandrin disse: – Gran virtù son queste; ma questa seconda dove si truova?

A cui Maso rispose che nel Mugnone[41] se ne solevan trovare.

Disse Calandrino: – Di che grossezza è questa pietra? O che colore è il suo?

Rispose Maso: – Ella è di varie grossezze, ché alcuna n'è più e alcuna meno, ma tutte son di colore quasi come nero.

Calandrino, avendo tutte queste cose seco notate[42], fatto sembianti[43] d'avere altro a fare, si partì da Maso, e seco propose di voler cercare di questa pietra; ma diliberò[44] di non volerlo fare senza saputa[45] di Bruno e di Buffalmacco, li quali spezialissimamente amava[46]. Diessi adunque a cercar di costoro[47], acciò che senza indugio e prima che alcuno altro n'andassero a cercare[48], e tutto il rimanente di quella mattina

**PAROLE *sotto la lente***

**Elitropia**

Il sostantivo è una variante antica di "eliotropio", nome che deriva dal greco *eliotròpion* dalla radice di *èlios* = sole e *trèpo* = volgere. Per gli antichi Greci era un orologio a sole, ma indica anche un minerale, varietà del calcedonio: in quest'ultima accezione è usato nella novella di Calandrino. Nel linguaggio letterario definisce la pianta che si orienta verso il sole, ossia il girasole.

**Attività**

Spiega come la parola "elioterapia" sia connessa a "elitropia".

39 **appelliamo**: chiamiamo.
40 **qualunque...dove non è**: chiunque la porti addosso, non è visto da nessuno là dove non si trovi; altra frase che non significa nulla.
41 **Mugnone**: fiumicello che allora scorreva vicino a Firenze.
42 **avendo...notate**: avendo preso nota fra sé e sé di tutte queste cose.
43 **fatto sembianti**: facendo credere.
44 **diliberò**: decise.
45 **senza saputa**: all'insaputa.
46 **li quali spezialissimamente amava**: ai quali era molto affezionato.
47 **Diessi adunque a cercar di costoro**: si mise dunque a cercarli.
48 **acciò che...cercare**: in modo da andare in cerca della pietra prima che lo facessero altri.

## L'AUTORE

**Giovanni Boccaccio** nasce nel 1313 in Toscana, forse a Certaldo (Val d'Elsa). Figlio illegittimo di un mercante, viene allevato dalla matrigna, quindi mandato a studiare a Firenze. Nel 1327 il padre, che vorrebbe avviarlo all'attività commerciale, lo porta con sé a Napoli e lo affida per il tirocinio alla filiale della compagnia dei Bardi, la banca fiorentina di cui egli è socio. La città, allora capitale del Regno angioino, è un rinomato centro culturale e Boccaccio, più che dedicarsi alla carriera mercantile, frequenta l'ambiente colto della corte e sviluppa un forte interesse per gli studi letterari (i classici latini) e per la poesia. Parallelamente, non disdegna di mescolarsi al variopinto mondo popolare napoletano. A partire dal 1336 pubblica le sue prime *Rime* e i poemi *Filocolo*, *Filostrato* e *Teseida*, tutti in lingua volgare e ispirati dall'amore per una gentildonna napoletana che egli chiama Fiammetta. Nel 1340, a causa del fallimento dei Bardi, è costretto a rientrare a Firenze. Qui continua la sua attività letteraria (compone l'*Elegia di Madonna Fiammetta*, il *Ninfale fiesolano*, l'*Amorosa visione*) e, per guadagnarsi da vivere, svolge importanti incarichi diplomatici per conto del Comune. Nel 1348 la città è colpita dalla peste e Boccaccio cerca un conforto alla tragedia scrivendo il *Decameron*, la raccolta di novelle alla quale deve la sua fama.

Intanto è nata un'intensa amicizia con Francesco Petrarca, grazie al quale Boccaccio si dedica a studi eruditi, scrivendo in latino, e all'approfondimento dell'opera di Dante. Nel 1360 abbandona gli incarichi diplomatici e, a seguito di una crisi religiosa, si ritira a Certaldo. Nel 1373 accetta dal Comune di Firenze l'incarico di leggere e commentare pubblicamente la *Divina Commedia* di Dante, compito che svolge con passione fino a quando la salute glielo consente. Boccaccio muore a Certaldo nel 1375.

consumò in cercargli. Ultimamente[49], essendo già l'ora della nona[50] passata, ricordandosi egli che essi lavoravano nel monistero delle donne di Faenza[51], quantunque il caldo fosse grandissimo, lasciata ogni altra sua faccenda, quasi correndo n'andò a costoro, e chiamatigli, così disse loro: – Compagni, quando voi vogliate credermi, noi possiamo divenire i più ricchi uomini di Firenze, per ciò che io ho inteso da uomo degno di fede che in Mugnone si truova una pietra, la qual chi la porta sopra[52] non è veduto da niun'altra persona; per che[53] a me parrebbe che noi senza alcuno indugio, prima che altra persona v'andasse, v'andassimo a cercare. Noi la troveremo per certo, per ciò che io la conosco; e trovata che noi l'avremo, che avrem noi a fare altro se non mettercela nella scarsella e andare alle tavole de' cambiatori, le quali sapete che stanno sempre cariche di grossi e di fiorini, e torcene quanti noi ne vorremo[54]? Niuno ci vedrà; e così potremo arricchire subitamente, senza avere tutto dì a schiccherare le mura a modo che fa la lumaca[55].

49 **Ultimamente**: alla fine.
50 **l'ora della nona**: le tre del pomeriggio.
51 **monistero...di Faenza**: convento delle suore di porta Faenza a Firenze.
52 **sopra**: addosso.
53 **per che**: perciò.
54 **mettercela...vorremo**: Calandrino propone di mettersi l'elitropia nella borsa («scarsella»), recarsi al banco dei cambiavalute («cambiatori») e caricarsi di monete d'argento e d'oro («di grossi e di fiorini») approfittando dell'invisibilità.
55 **senza avere...lumaca**: senza dover imbrattare («schiccherare») le mura delle case come fa la lumaca con la sua bava.

## STORIE da SCOPRIRE

### *Decameron* di Giovanni Boccaccio

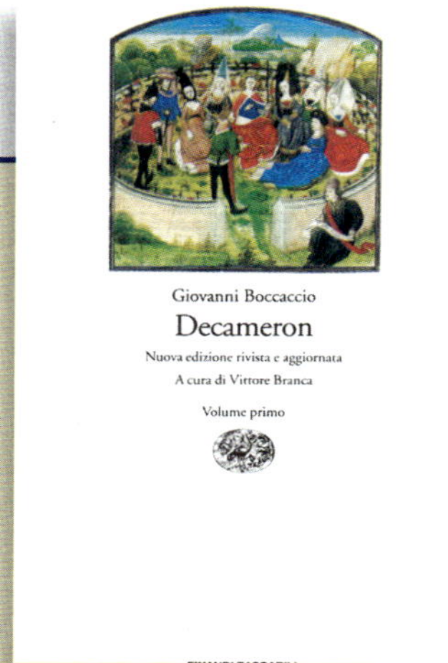


Capolavoro di Boccaccio, scritto nella lingua fiorentina del Trecento (con il ricorso anche a termini dialettali di varie regioni italiane e a parole di origine latina, greca, francese), il *Decameron* (1348-1353) è una raccolta di cento novelle, narrate a turno da dieci giovani nell'arco di dieci giorni (il titolo deriva dal greco e significa, appunto, "dieci giornate").

L'autore immagina che, a causa della peste che nel 1348 colpì Firenze, sette giovani donne e tre uomini fuggano dalla città per sottrarsi al contagio e si ritirino in una villa di campagna, intrattenendosi con banchetti, giochi e canti. L'allegra brigata decide di raccontarsi ogni giorno (tranne il venerdì e il sabato, dedicati alle pratiche religiose) dieci novelle, una per ciascuno, imperniate su un tema fissato in precedenza dalla regina o dal re di turno appositamente nominato. Non viene seguito uno schema fisso: nella prima e nella nona giornata il tema è libero e «si ragiona di quello che più aggrada a ciascheduno»; Dioneo, il giovane più audace e scherzoso del gruppo, ottiene il permesso di raccontare sempre una novella svincolata dal tema prefissato. In tal modo, Boccaccio delinea una cornice entro la quale collocare le cento novelle e dà alla raccolta una struttura unitaria, organica, nonostante l'opera affronti tanti temi diversi, quali l'amore, il coraggio, la fortuna, l'avarizia, l'ignoranza, ecc.

Il *Decameron* costituisce uno straordinario e veritiero ritratto della vita e della società del Trecento, dal momento che vi sono rappresentati tutti i gruppi sociali che animano la città: mercanti indaffarati, nobili altezzosi, abili banchieri, gentildonne innamorate, furbi popolani, serve licenziose, garzoni di poco senno. Anche il mondo ecclesiastico è parte attiva di questo vasto teatro sociale: frati, suore, chierici vi compaiono, ora nel chiuso dei loro conventi ora mescolati alla folla e desiderosi di godere anch'essi delle gioie terrene.

Specchio della civiltà mercantile, di quella visione laica della vita che la borghesia trecentesca andava opponendo a quella religiosa, il *Decameron* può essere definito la rappresentazione realistica, non idealizzata, della "commedia umana", contrapposta alla "commedia divina" di Dante Alighieri.

Bruno e Buffalmacco, udendo costui, fra se medesimi cominciarono a ridere, e guatando l'un verso l'altro[56] fecer sembianti di maravigliarsi forte, e lodarono il consiglio di Calandrino; ma domandò Buffalmacco come questa pietra avesse nome.

A Calandrino, che era di grossa pasta[57], era già il nome uscito di mente, per che egli rispose: – Che abbiam noi a far del nome, poi che noi sappiam la virtù? a me parrebbe che noi andassimo a cercare senza star più[58].

– Or ben – disse Bruno – come è ella fatta?

Calandrin disse: – Egli ne son d'ogni fatta, ma tutte son quasi nere; per che a me pare che noi abbiamo a ricogliere tutte quelle che noi vederem nere, tanto che noi ci abbattiamo ad essa[59]; e perciò non perdiamo tempo, andiamo.

A cui Bruno disse: – Or t'aspetta; – e volto a Buffalmacco disse: – A me pare che Calandrino dica bene, ma non mi pare che questa sia ora da ciò[60], per ciò che il sole è alto e dà per lo Mugnone[61] entro e ha tutte le pietre rasciutte, per che tali paion testé bianche, delle pietre che vi sono, che la mattina, anzi che il sole l'abbia rasciutte, paion nere; e oltre a ciò molta gente per diverse cagioni[62] è oggi, che è dì da lavorare, per lo Mugnone, li quali vedendoci si potrebbono indovinare quello che noi andassimo faccendo, e forse farlo essi altressì[63], e potrebbe venire alle mani a loro, e noi avremmo perduto il trotto per l'ambiadura[64]. A me pare, se pare a voi, che questa sia opera da dover fare da mattina, che si conoscon meglio le nere dalle bianche, e in dì di festa, che non vi sarà persona che ci vegga. – Buffalmacco lodò il consiglio di Bruno, e Calandrino vi s'accordò, e ordinarono che la domenica mattina vegnente[65] tutti e tre fossero insieme a cercar di questa pietra; ma sopra ogni altra cosa gli pregò Calandrino che essi non dovesser questa cosa con persona del mondo ragionare, per ciò che a lui era stata posta in credenza[66]; e ragionato questo, disse loro ciò che udito avea della contrada di Bengodi, con saramenti[67] affermando che così era. Partito Calandrino da loro, essi quello che intorno a questo avessero a fare ordinarono fra se medesimi.

Calandrino con disiderio[68] aspettò la domenica mattina; la qual venuta, in sul far del dì si levò, e chiamati i compagni, per la porta a San Gallo[69] usciti e nel Mugnon discesi, cominciarono ad andare in giù, della pietra cercando. Calandrino andava, come più volenteroso, avanti e prestamente or qua e or là saltando, dovunque alcuna pietra nera vedeva, si gittava, e quella ricogliendo si metteva in seno. I compagni andavano appresso, e quando una e quando un'altra ne ricoglievano; ma Calandrino non fu guari di via andato[70], che egli il seno se n'ebbe pieno, per che, alzandosi i gheroni della gonnella, che all'analda non era[71], e faccendo di quegli

56 **guatando...l'altro**: guardandosi tra loro.

57 **di grossa pasta**: di mente tarda.

58 **star più**: indugiare.

59 **tanto che...ad essa**: finché non ci imbattiamo in essa.

60 **da ciò**: da fare ciò.

61 **dà per lo Mugnone**: picchia sul Mugnone.

62 **diverse cagioni**: vari motivi.

63 **farlo essi altressì**: farlo anche loro.

64 **e noi...l'ambiadura**: e noi, per la fretta di avere tutto subito, finiremmo con il non avere nulla. È un'espressione proverbiale: l'«ambiadura» è un'andatura innaturale dei cavalli, difficile da insegnare loro.

65 **vegnente**: seguente.

66 **era...credenza**: era stata confidata in segreto.

67 **saramenti**: giuramenti.

68 **disiderio**: ansia, impazienza.

69 **porta a San Gallo**: era una delle porte di Firenze.

70 **non fu guari di via andato**: non ebbe percorso molta strada.

71 **alzandosi...non era**: alzando i lembi («gheroni») della veste, che era ampia, non attillata come una veste «all'analda», ovvero secondo la moda dell'Hainaut. Ai tempi di Boccaccio, la provincia belga dell'Hainaut era rinomata per i tessuti.

ampio grembo, bene avendogli alla coreggia[72] attaccati d'ogni parte, non dopo molto gli empié, e similmente, dopo alquanto spazio, fatto del mantello grembo[73], quello di pietre empié. Per che, veggendo Buffalmacco e Bruno che Calandrino era carico e l'ora del mangiare s'avvicinava, secondo l'ordine da sé posto[74], disse Bruno a Buffalmacco: – Calandrino dove è?

Una scena del racconto *Calandrino e l'elitropia* illustrata per un'edizione del *Decameron* del 1414. (Città del Vaticano, Biblioteca Apostolica)

Buffalmacco, che ivi presso sel vedeva[75], volgendosi intorno e or qua e or là riguardando, rispose: – Io non so, ma egli era pur poco fa qui dinanzi da noi.

Disse Bruno: – Ben che fa poco[76]! A me par egli esser certo che egli è ora a casa a desinare, e noi ha lasciati nel farnetico[77] d'andar cercando le pietre nere giù per lo Mugnone.

– Deh come egli ha ben fatto – disse allora Buffalmacco – d'averci beffati e lasciati qui, poscia che[78] noi fummo sì sciocchi che noi gli credemmo. Sappi[79]! chi sarebbe stato sì stolto che avesse creduto che in Mugnone si dovesse trovare una così virtuosa pietra, altri che noi?

Calandrino, queste parole udendo, imaginò che quella pietra alle mani gli fosse venuta e che per la virtù d'essa coloro, ancor che lor fosse presente[80], nol vedessero. Lieto adunque oltre modo di tal ventura, senza dir loro alcuna cosa, pensò di tornarsi a casa; e volti i passi indietro se ne cominciò a venire.

Vedendo ciò, Buffalmacco disse a Bruno: – Noi che faremo? Ché non ce ne andiam noi?

A cui Bruno rispose: – Andianne[81]; ma io giuro a Dio che mai Calandrino non me ne farà più niuna; e se io gli fossi presso, come stato sono tutta mattina, io gli darei tale di questo ciotto nelle calcagna[82], che egli si ricorderebbe forse un mese di questa beffa; – e il dir le parole e l'aprirsi e 'l dar del ciotto nel calcagno a Calandrino fu tutto uno. Calandrino, sentendo il duolo[83], levò alto il piè e cominciò a soffiare, ma pur si tacque e andò oltre.

Buffalmacco, recatosi[84] in man uno de' codoli[85] che raccolti avea, disse a Bruno: – Deh! vedi bel codolo; così giugnesse egli testé[86] nelle reni a Calandrino! – e lasciato andare, gli diè con esso nelle reni una gran percossa; e in brieve in cotal guisa[87] or con una parola e or con una altra su per lo Mugnone infino alla porta di San Gallo il vennero lapidando[88]. Quindi, in terra gittate le pietre che ricolte aveano, alquanto con le guardie de' gabellieri si ristettero[89], le quali, prima da loro informate, faccendo vista di non vedere, lasciarono andar Calandrino con le maggior risa del mondo. Il quale senza arrestarsi se ne venne a casa sua, la quale era vicina al Canto alla Macina[90]; e in tanto fu la fortuna piacevole[91] alla beffa, che,

72 **alla coreggia**: alla cintura.
73 **fatto del mantello grembo**: avendo rialzato con le mani i lembi del mantello.
74 **secondo...posto**: secondo il piano tra loro stabilito.
75 **che ivi presso sel vedeva**: che se lo vedeva lì vicino.
76 **Ben che fa poco**: proprio poco fa.
77 **nel farnetico**: in questa pazzia.
78 **poscia che**: dal momento che.
79 **Sappi**: senti.
80 **ancor che lor fosse presente**: sebbene lui si trovasse di fronte a loro.
81 **Andianne**: andiamocene.
82 **io gli darei...calcagna**: io gli tirerei questo ciottolo nei calcagni.
83 **duolo**: dolore.
84 **recatosi**: preso.
85 **codoli**: sassi di fiume.
86 **testé**: adesso.
87 **in cotal guisa**: in questo modo.
88 **lapidando**: prendendo a sassate.
89 **alquanto...si ristettero**: si intrattennero un po' con le guardie del dazio («gabellieri»).
90 **Canto alla Macina**: un punto della città dove c'era una macina.
91 **piacevole**: favorevole.

mentre Calandrino per lo fiume ne venne e poi per la città, niuna persona gli fece motto, come che pochi ne scontrasse[92], per ciò che quasi a desinare era ciascuno[93].

Entrossene[94] adunque Calandrino così carico in casa sua. Era per avventura la moglie di lui, la quale ebbe nome monna Tessa, bella e valente donna, in capo della scala: e alquanto turbata della sua lunga dimora[95], veggendol venire, cominciò proverbiando[96] a dire: – Mai, frate, il diavol ti ci reca[97]! Ogni gente ha già desinato quando tu torni a desinare.

Il che udendo Calandrino e veggendo che veduto era, pieno di cruccio e di dolore cominciò a gridare: – Oimè, malvagia femina, o eri tu costì? Tu m'hai diserto[98], ma in fé di Dio io te ne pagherò[99]! – e salito in una sua saletta e quivi scaricate le molte pietre che recate avea, niquitoso[100] corse verso la moglie, e presala per le treccie la si gittò a' piedi, e quivi, quanto egli poté menar le braccia e' piedi, tanto le diè per tutta la persona pugna e calci, senza lasciarle in capo capello o osso addosso che macero[101] non fosse, niuna cosa valendole il chieder mercé[102] con le mani in croce.

Buffalmacco e Bruno, poi che co' guardiani della porta ebbero alquanto riso, con lento passo cominciarono alquanto lontani a seguitar Calandrino; e giunti a piè dell'uscio di lui, sentirono la fiera battitura la quale alla moglie dava, e faccendo vista di giungere pure allora[103], il chiamarono. Calandrino tutto sudato, rosso e affannato si fece alla finestra e pregogli che suso[104] a lui dovessero andare. Essi, mostrandosi alquanto turbati[105], andaron suso e videro la sala piena di pietre, e nell'un de' canti[106] la donna scapigliata, stracciata, tutta livida e rotta[107] nel viso dolorosamente piagnere; e d'altra parte Calandrino scinto e ansando a guisa d'uom lasso[108] sedersi.

Dove, come alquanto ebbero riguardato, dissero: – Che è questo, Calandrino? Vuoi tu murare[109], ché noi veggiamo qui tante pietre? – e oltre a questo soggiunsero: – E monna Tessa che ha? E' par che tu l'abbi battuta: che novelle son queste? – Calandrino, faticato dal peso delle pietre e dalla rabbia con la quale la donna aveva battuta, e dal dolore della ventura la quale perduta gli pareva avere[110], non poteva raccogliere lo spirito[111] a formare intera la parola alla risposta; per che soprastando[112], Buffalmacco ricominciò: – Calandrino, se tu avevi altra ira, tu non ci dovevi perciò straziare[113] come fatto hai; ché, poi sodotti ci avesti a cercar teco della pietra preziosa, senza dirci a Dio né a diavolo, a guisa di due becconi nel Mugnon

Una scena del racconto *Calandrino e l'elitropia* illustrata per un'edizione del *Decameron* del 1414. (Città del Vaticano, Biblioteca Apostolica)

92 **come...scontrasse**: anche perché ne incontrava pochi.
93 **quasi a desinare era ciascuno**: quasi tutti erano a pranzo.
94 **Entrossene**: entrò.
95 **dimora**: ritardo.
96 **proverbiando**: rimproverandolo.
97 **Mai...reca**: Finalmente il diavolo ti porta a casa, fratello.
98 **m'hai diserto**: mi hai rovinato.
99 **io te ne pagherò**: te la farò pagare.
100 **niquitoso:** infuriato.
101 **macero**: ammaccato.
102 **niuna...mercé**: non servendole a nulla chiedere pietà.
103 **pure allora**: solo in quel momento.
104 **suso**: su, sopra.
105 **turbati**: arrabbiati con Calandrino.
106 **nell'un de' canti**: in un angolo.
107 **rotta**: ferita.
108 **scinto...lasso**: con le vesti scomposte («scinto») e ansante come un uomo stanco («lasso»).
109 **murare**: fare un muro.
110 **dal dolore...pareva avere**: dal dolore causatogli dalla fortuna che pensava di aver perduto.
111 **spirito**: fiato.
112 **per che soprastando**: indugiando per questo motivo.
113 **straziare**: beffare.

ci lasciasti e venistitene[114], il che noi abbiamo forte per male[115]; ma per certo questa fia la sezzaia[116] che tu ci farai mai.

A queste parole Calandrino, sforzandosi, rispose: – Compagni, non vi turbate; l'opera sta altramenti che voi non pensate[117]. Io, sventurato! avea quella pietra trovata; e volete udire se io dico il vero? Quando voi primieramente[118] di me domandaste l'un l'altro, io v'era presso a men di diece braccia[119], e veggendo che voi ve ne venavate e non mi vedavate, v'entrai innanzi[120], e continuamente poco innanzi a voi me ne son venuto. – E, cominciandosi dall'un de' capi[121], infino la fine raccontò loro ciò che essi fatto e detto aveano, e mostrò loro il dosso e le calcagna come i ciotti conci gliel'avessero[122], e poi seguitò: – E dicovi che, entrando alla porta con tutte queste pietre in seno che voi vedete qui, niuna cosa mi fu detta, ché sapete quanto esser sogliano spiacevoli e noiosi que' guardiani a volere ogni cosa vedere; e oltre a questo ho trovati per la via più miei compari e amici, li quali sempre mi soglion far motto[123] e invitarmi a bere, né alcun fu che parola mi dicesse né mezza, sì come quegli che non mi vedeano. Alla fine, giunto qui a casa, questo diavolo di questa femina maladetta mi si parò dinanzi ed ebbemi veduto, per ciò che, come voi sapete, le femine fanno perder la virtù ad ogni cosa; di che io, che mi poteva dire il più avventurato[124] uom di Firenze, sono rimaso il più sventurato; e per questo l'ho tanto battuta quant'io ho potuto menar le mani, e non so a quello che io mi tengo che io non le sego le veni[125]; che maladetta sia l'ora che io prima la vidi e quand'ella mi venne in questa casa! – E raccesosi nell'ira, si voleva levare per tornare a batterla da capo.

Buffalmacco e Bruno, queste cose udendo, facevan vista di maravigliarsi forte e spesso affermavano[126] quello che Calandrino diceva, e avevano sì gran voglia di ridere che quasi scoppiavano; ma vedendolo furioso levare per battere un'altra volta la moglie, levatiglisi allo 'ncontro il ritennero[127], dicendo di queste cose niuna colpa aver la donna, ma egli, che sapeva che le femine facevano perdere la virtù alle cose e non le aveva detto che ella si guardasse d'apparirgli innanzi quel giorno; il quale avvedimento Iddio gli aveva tolto[128] o per ciò che la ventura non doveva esser sua, o perch'egli aveva in animo d'ingannare i suoi compagni, a' quali, come s'avvedeva d'averla trovata, il doveva palesare[129]. E dopo molte parole, non senza gran fatica, la dolente donna riconciliata con essolui, e lasciandol malinconoso[130] con la casa piena di pietre, si partirono[131].

G. Boccaccio, *Decameron*, Mursia, Milano, 1970

114 **ché, poi...venistitene**: perché, dopo averci convinti («sodotti»), come due stupidi («becconi»), a cercare con te la pietra preziosa, ci hai lasciati nel Mugnone e te ne sei venuto a casa.
115 **noi abbiamo forte per male**: ci siamo molto arrabbiati.
116 **fia la sezzaia**: sarà l'ultima.
117 **l'opera...non pensate**: le cose stanno diversamente da quello che pensate voi.
118 **primieramente**: per la prima volta.
119 **diece braccia**: cinque metri.
120 **v'entrai innanzi**: vi precedetti.
121 **dall'un de' capi**: dall'inizio.
122 **il dosso...gliel'avessero**: come i sassi («ciotti») gli avessero ridotto («conci») la schiena e i calcagni.
123 **mi soglion far motto**: sono soliti rivolgermi la parola.
124 **avventurato**: fortunato.
125 **e non so...veni**: e non so che cosa mi trattenga dal tagliarle le vene.
126 **affermavano**: confermavano.
127 **il ritennero**: lo trattennero.
128 **il quale...tolto**: Dio gli aveva impedito di usare quella prudenza («avvedimento»).
129 **a' quali...il doveva palesare**: ai quali compagni, non appena si fosse accorto di aver trovato la pietra magica, avrebbe dovuto rivelarlo («palesare»).
130 **malinconoso**: triste.
131 **si partirono**: se ne andarono.

## per L'ANALISI del TESTO

### Il tema del beffatore beffato

Il **personaggio dello sciocco** che crede d'essere più furbo degli altri e finisce regolarmente per essere beffato è presente nella letteratura di tutti i tempi.

Lo sciocco **Calandrino**, personaggio centrale di questa novella, pecca anche di **credulità**, ingenua **superstizione**, **avarizia** e **cupidigia**: è sufficiente che senta parlare del paese di Bengodi, dove le montagne sono di parmigiano grattugiato e nei fiumi scorre vino prelibato, per convincersi subito della sua esistenza. Quando poi Maso del Saggio usa un gioco di parole per illustrare le virtù dell'elitropia, affermando che chi la possiede non è visto «dove non è» (r. 58), Calandrino nella sua rozzezza capisce solo ciò che vuole capire: quella pietra rende invisibile il suo possessore.

Calandrino è anche un dissimulatore, come appare evidente dal suo comportamento durante l'intera vicenda: all'inizio, dopo che Maso gli ha rivelato le proprietà dell'elitropia, si allontana subito con una scusa, perché già medita su come approfittarne; al culmine dell'azione, allorché crede di avere trovato la pietra magica, si guarda bene dal rivelarlo ai due amici che pure ha coinvolto nell'impresa, Bruno e Buffalmacco; vinto dall'avarizia, non vuole più dividere con loro l'insperata fortuna. Calandrino, insomma, crede di essere il **beffatore** e non si accorge di essere **vittima di una beffa**.

In questa novella non risalta soltanto la dabbenaggine di Calandrino, per il quale Boccaccio mostra di non provare nessuna pietà, ma anche l'intelligenza, l'abilità nel costruire la beffa degli altri protagonisti, come Maso che dà il via alla burla, o Bruno e Buffalmacco che reggono fino in fondo il loro ruolo di finti beffati per puro divertimento, solo per godersela alle spalle di uno sciocco. Senza l'intelligenza, sembra dire Boccaccio, l'intero agire umano è destinato all'errore, o anche al disonore, come si mostra nel finale, dove Calandrino finisce la sua avventura «malinconoso con la casa piena di pietre» (rr. 226-227).

### Gli aspetti linguistici

La novella si presenta compatta nella sua struttura, con un **intreccio articolato** e ben congegnato. Il **ritmo** è **rapido**, per il succedersi delle azioni e soprattutto per i **dialoghi** che rilanciano in continuazione le varie fasi della comica vicenda.

La **lingua** è lontana nel tempo, perciò **di difficile comprensione** nelle sue numerose espressioni e nelle battute popolari dal carattere fortemente realistico: ciò, tuttavia, non impedisce che la lettura sia piacevole e divertente.

Il personaggio dello sciocco Calandrino compare anche in altre novelle del *Decameron*. In una di queste viene beffato da Maestro Simone che, istigato da Bruno, Buffalmacco e Nello, gli fa credere di essere incinto. Egli consegna ai compagni il denaro e i capponi per le medicine e riesce a guarire senza partorire. Illustrazione tratta da un'edizione del *Decameron* del 1414. (Città del Vaticano, Biblioteca Apostolica)

# Attività

## Leggere e comprendere

1 **La città di Firenze** Come viene presentata Firenze in questa novella?

**a.** Ricca di attività economiche

**b.** Con grande varietà di popolazioni e di usanze

**c.** Popolata da gente che ama il divertimento e lo scherzo

**d.** Come una città triste e grigia

2 **I personaggi** Quali caratteristiche di Calandrino, Bruno e Buffalmacco vengono presentate all'inizio del brano?

3 **L'esca** Maso coinvolge Calandrino nella beffa in modo apparentemente casuale. Come lo attrae?

**a.** Gli descrive il paese di Bengodi

**b.** Allude a un paese lontano dove esistono pietre dalle meravigliose capacità

**c.** Dice che Berlinzone è facile da raggiungere

**d.** Enumera le ricchezze del paese di Settignano

4 **L'elitropia** Che cos'è l'elitropia? Quali proprietà particolari le vengono attribuite?

5 **Il piano di Calandrino** Perché Calandrino vuole impossessarsi dell'elitropia? Chi coinvolge nel suo piano?

6 **Il piano di Bruno e Buffalmacco** Perché i due amici propongono a Calandrino di andare al fiume di domenica e non subito?

7 **La beffa** In che modo Bruno e Buffalmacco si prendono gioco di Calandrino, una volta arrivati al fiume?

8 **Il caso** La beffa è preparata in modo accurato, ma il caso aiuta ulteriormente Bruno e Buffalmacco. In quale occasione?

9 **Il ritorno a casa** Al ritorno a casa, quando la moglie gli parla, Calandrino diventa violento e la percuote. Per quale ragione?

## Riconoscere e analizzare

10 **I personaggi** Ricostruisci il sistema dei personaggi, indicando protagonista, antagonisti e aiutanti.

11 **La struttura** La novella può essere suddivisa nei tre blocchi narrativi che ti indichiamo. Attribuisci a ciascuno un titolo.

- rr. 1-114: ..........
- rr. 115-161: ..........
- rr. 162-227: ..........

12 **Il tempo della storia** Rileggendo il testo, definisci la durata complessiva della storia.

13 **Il tempo del racconto** Il ritmo narrativo della novella è vario; si alternano scene, pause, sommari ed ellissi. Indica quale modalità narrativa prevale e spiega il ritmo narrativo che crea.

14 **Gli spazi** In quali ambienti si svolge la vicenda di Calandrino e come sono gli spazi rappresentati?

15 **Il narratore** Che tipo di narratore è quello della novella di Calandrino?

**a.** Narratore esterno di primo grado

**b.** Narratore interno di primo grado

**c.** Narratore interno di secondo grado

**d.** Narratore esterno di secondo grado

16 **La focalizzazione** Come si può definire il tipo di focalizzazione della novella?

17 **La lingua** La novella contiene nomi inventati, espressioni che non significano nulla, *nonsense*. Rintracciali con l'ausilio delle note, sottolineali nel testo e spiega con quale scopo vengono usati da Boccaccio.

18 **La comicità** Da che cosa scaturisce la comicità del testo?

## Rielaborare e produrre

19 **Il riassunto** Servendoti della suddivisione in sequenze, sintetizza la novella in 200 parole.

20 **Gli scherzi** A tuo parere, quali limiti deve avere uno scherzo? È giusto beffare un amico ingenuo e credulone? Perché? Esprimi la tua opinione in un testo di 100 parole.

21 **Il tuo racconto** In un racconto di circa 100 parole ricorda uno scherzo da te subito ed evidenzia le emozioni provate. Se non ti è mai capitato, prova a inventare la storia.

# Il Decameron

**Regia**
Pier Paolo Pasolini

**Interpreti**
Franco Citti, Ninetto Davoli, Silvana Mangano, Pier Paolo Pasolini

**Data di uscita**
1971

**Genere**
Commedia

## Trama

Del *Decameron* di Giovanni Boccaccio, Pier Paolo Pasolini traduce in pellicola nove racconti, tutti ambientati a Napoli e dintorni e caratterizzati da una esaltazione dei piaceri e degli aspetti corporali dell'esistenza.

Le novelle trasposte sono quelle di Andreuccio da Perugia (II, 5), Masetto da Lamporecchio (III, 1), Peronella (VII, 2), Ser Ciappelletto (I, 1), Giotto e Forese da Rabatta (VI, 5), Caterina da Valbona (V, 4), Lisabetta da Messina (IV, 5), Donno Gianni di Barolo (IX, 10), Tingoccio e Meuccio (VII, 10). Si tratta di personaggi molto rappresentativi della concezione "boccaccesca" della vita. La prima novella della prima giornata, ad esempio, esprime bene l'intento burlesco di Boccaccio: Ser Ciappelletto, un commerciante disonesto e dissoluto, sta per morire; per ottenere l'assoluzione dei suoi tanti peccati si confessa, fingendosi un brav'uomo. La beffa è così ben fatta che viene addirittura venerato come santo.

La locandina del film *Il Decameron* diretto da Pier Paolo Pasolini nel 1971. A sinistra, una scena tratta dal film.

## Analisi

*Il Decameron*, assieme ai *Racconti di Canterbury* (1972) e al *Fiore delle Mille e una notte* (1974), costituisce la "Trilogia della vita" con la quale Pasolini intendeva dichiaratamente rappresentare il lato più giocoso e sensuale dell'esistenza. Per questa ragione il film suscita grandi polemiche in Italia, a destra (dove vengono formulate accuse di oscenità) e a sinistra (dove Pasolini viene accusato di disimpegno).

Pasolini rilegge Boccaccio in modo personale e particolare e trasforma il mondo borghese descritto dal narratore trecentesco in una mitica età dell'oro, regno di una felice e innocente assenza di tabù. Il regista decide di ambientare i nove episodi a Napoli e di utilizzare, al posto del fiorentino letterario del *Decameron*, il dialetto campano.

Come sua abitudine, Pasolini prende dalla strada gran parte degli attori: i loro lineamenti sono imperfetti, i volti comuni, ben diversi da quelli delle star del cinema.

per SAPERNE di PIÙ

# La novella in Oriente

Dello sviluppo della novella in Occidente abbiamo parlato a p. 135. Vediamo ora brevemente come questo genere letterario si sia sviluppato nei paesi orientali.

Interrogandosi sull'origine della novella, gli studiosi hanno trovato antiche testimonianze in Oriente, in India in particolare; e tuttavia, il gran numero di novelle reperito e le differenze in esse presenti fanno ritenere che non abbiano un'unica cultura d'origine.

Alcuni linguisti hanno rintracciato **elementi** che si ripetono e che sarebbero **caratteristici** della novella, come l'errore, la sostituzione di persona, la rappresentazione metaforica della realtà, un procedere "a gradini", ossia un continuo mutare di situazioni che allontana sempre più la narrazione dalla situazione iniziale, o un procedere "ad anello", in cui nel finale le vicende dell'intreccio tornano al momento iniziale.

Altri studiosi hanno messo in evidenza la **derivazione della novella dall'epica**, il genere poetico che narra le imprese di personaggi leggendari o storici, spesso mescolate alle gesta di esseri sovrannaturali. Dai poemi epici, in altre parole, sarebbero derivati i due grandi filoni della novellistica: quello realistico e quello favoloso-avventuroso.

## Raccolte di novelle orientali

Nell'antico Egitto, fin dal XIX secolo a.C. circa, erano diffuse le *Avventure di Sinuhe*, che raccontano di un alto funzionario devoto al suo sovrano.

In Mesopotamia, dal VI secolo a.C., si incontra il *Racconto di Ahiqar*, il cui protagonista è uno scriba del re Asarhaddon. Nell'opera sono presenti molti precetti morali e discorsi sapienziali che la accostano alle novelle indiane.

In India la produzione di novelle è molto ampia e legata alle idee filosofiche e religiose di quel mondo. Uno schema costante le accomuna: dopo un antefatto che presenta una condizione di normale serenità, interviene un fatto nuovo che turba l'ordine iniziale. Alla risoluzione delle avventure dei protagonisti contribuisce l'intervento di un elemento quasi divino. Numerosi sono i cicli di novelle indiane: il ciclo di *Pañcatantra* (ossia "I cinque libri") che ha come protagonisti animali; il *Libro di Sindbād*, che tratta della malvagità delle donne; i *Jātaka*, in cui convivono realtà e fantasia; le *Venticinque storie del vampiro*, in cui il re protagonista, per evitare la morte, deve sciogliere gli indovinelli contenuti in venticinque storie narrategli da un vampiro.

Alla letteratura araba appartiene la raccolta *Le mille e una notte*, molto conosciuta in Occidente dopo la traduzione di Antoine Galland compiuta tra il 1704 e il 1715. L'opera contiene motivi iranici e indiani e ruota attorno alla storia del re di Persia Shahrīyār che, dopo aver punito e ucciso la moglie infedele, passa ogni notte con una donna diversa che il mattino uccide. Solo la giovane Shāhrāzād, grazie a uno stratagemma, viene graziata: ogni notte racconta al re una novella diversa, interrompendosi prima della conclusione per suscitarne la curiosità; questo si ripete per mille e una notte e alla fine la fanciulla diviene sposa del sovrano. La raccolta costituisce una grande risorsa per la conoscenza della vita quotidiana e sociale del mondo arabo.

Vittorio Zecchin, Ciclo decorativo *Le mille e una notte* (part.), 1914.

## Luigi Pirandello

# La carriola

Uno strano gioco con una misteriosa «lei» rischia di compromettere la dignità e la brillante carriera di un noto avvocato e professore di diritto. Se si sapesse quanto accade nel segreto di una stanza, crollerebbe tutto il suo mondo.

Da
Novelle per un anno, 1922

Novella psicologica

Quand'ho qualcuno attorno, non la guardo mai; ma sento che mi guarda lei, mi guarda, mi guarda senza staccarmi un momento gli occhi d'addosso.

Vorrei farle intendere, a quattr'occhi, che non è nulla; che stia tranquilla; che non potevo permettermi con altri questo breve atto, che per lei non ha alcuna importanza e per me è tutto. Lo compio ogni giorno al momento opportuno, nel massimo segreto, con spaventosa gioja, perché vi assaporo, tremando, la voluttà[1] d'una divina, cosciente follia[2], che per un attimo mi libera e mi vendica di tutto.

Dovevo essere sicuro (e la sicurezza mi parve di poterla avere solamente con lei) che questo mio atto non fosse scoperto. Giacché, se scoperto, il danno che ne verrebbe, e non soltanto a me, sarebbe incalcolabile. Sarei un uomo finito. Forse m'acchiapperebbero, mi legherebbero e mi trascinerebbero, atterriti, in un ospizio di matti[3].

Il terrore da cui tutti sarebbero presi, se questo mio atto fosse scoperto, ecco, lo leggo ora negli occhi della mia vittima.

Amedeo Modigliani, *Ritratto di Léopold Zborowski*, 1916. (San Paolo, Museo d'Arte)

Sono affidati a me la vita, l'onore, la libertà, gli averi[4] di gente innumerevole che m'assedia dalla mattina alla sera per avere la mia opera, il mio consiglio, la mia assistenza; d'altri doveri altissimi sono gravato, pubblici e privati: ho moglie e figli, che spesso non sanno essere come dovrebbero, e che perciò hanno bisogno d'esser tenuti a freno di continuo dalla mia autorità severa, dall'esempio costante della mia obbedienza inflessibile e inappuntabile[5] a tutti i miei obblighi, uno più serio dell'altro, di marito, di padre, di cittadino, di professore di diritto, d'avvocato. Guaj, dunque, se il mio segreto si scoprisse!

La mia vittima non può parlare, è vero. Tuttavia, da qualche giorno, non mi sento più sicuro. Sono costernato e inquieto. Perché, se è vero che non può parlare, mi guarda, mi guarda con tali occhi e in questi occhi è così chiaro il terrore, che temo qualcuno possa da un momento all'altro accorgersene, essere indotto a cercarne la ragione.

Sarei, ripeto, un uomo finito. Il valore dell'atto ch'io compio può essere stimato[6] e apprezzato solamente da quei pochissimi, a cui la vita si sia rivelata come d'un tratto s'è rivelata a me.

Dirlo e farlo intendere non è facile. Mi proverò.

Ritornavo, quindici giorni or sono, da Perugia, ove mi ero recato per affari della mia professione.

[...]

1 **voluttà**: piacere.
2 **cosciente follia**: si tratta di un ossimoro, cioè la figura retorica che consiste nell'accostare parole che esprimono concetti opposti; qui esprime la consapevolezza del protagonista in merito al suo trasgressivo comportamento.
3 **ospizio di matti**: manicomio.
4 **gli averi**: il patrimonio.
5 **inappuntabile**: impeccabile.
6 **stimato**: giudicato positivamente.

Ebbene, fu nella scala della mia casa; fu sul pianerottolo innanzi alla mia porta.

Io vidi a un tratto, innanzi a quella porta scura, color di bronzo, con la targa ovale, d'ottone, su cui è inciso il mio nome, preceduto dai miei titoli e seguito da' miei attributi scientifici e professionali, vidi a un tratto, come da fuori, me stesso e la mia vita, ma per non riconoscermi e per non riconoscerla come mia.

Spaventosamente d'un tratto mi s'impose la certezza, che l'uomo che stava davanti a quella porta, con la busta di cuojo sotto il braccio, l'uomo che abitava là in quella casa, non ero io, non ero stato mai io. Conobbi d'un tratto d'essere stato sempre come assente da quella casa, dalla vita di quell'uomo, non solo, ma veramente e propriamente da ogni vita. Io non avevo mai vissuto; non ero mai stato nella vita; in una vita, intendo, che potessi riconoscer mia, da me voluta e sentita come mia. Anche il mio stesso corpo, la mia figura, quale adesso improvvisamente m'appariva, così vestita, così messa su, mi parve estranea a me; come se altri me l'avesse imposta e combinata, quella figura, per farmi muovere in una vita non mia, per farmi compiere in quella vita, da cui ero stato sempre assente, atti di presenza, nei quali ora, improvvisamente, il mio spirito s'accorgeva di non essersi mai trovato, mai, mai! Chi lo aveva fatto così, quell'uomo che figurava[7] me? chi lo aveva voluto così? chi così lo vestiva e lo calzava? chi lo faceva muovere e parlare così? chi gli aveva imposto tutti quei doveri uno più gravoso[8] e odioso dell'altro? Commendatore, professore, avvocato, quell'uomo che tutti cercavano, che tutti rispettavano

7 **figurava**: incarnava, impersonava.

8 **gravoso**: pesante, che richiede fatica.

## *per conoscere* LUIGI PIRANDELLO

**LUIGI PIRANDELLO** è uno dei massimi esponenti della letteratura italiana ed europea. Nasce ad Agrigento nel 1867 e, dopo aver frequentato le università di Palermo e Roma, si laurea a Bonn nel 1891. Tornato in Italia, entra in rapporto con gli ambienti culturali dell'epoca e inizia la sua produzione di narrativa e teatro, collaborando con giornali e riviste. La sua vita privata è segnata da gravi problemi economici e di salute, dalla sofferenza psichica della moglie e dalla morte di un figlio. Dal 1910 insegna all'Istituto Superiore di Magistero a Roma.

Tra il 1916 e il 1930 vive il periodo più fecondo della sua produzione teatrale. Risale a quegli anni, infatti, la maggior parte dei suoi drammi di successo: *Il berretto a sonagli* (1917), *Il piacere dell'onestà* (1917), *Sei personaggi in cerca d'autore* (1921), *Enrico IV* (1922), opere teatrali rappresentate in Italia e all'estero. Della sua ampia produzione narrativa si ricordano *Il fu Mattia Pascal* (1904), la raccolta *Novelle per un anno* (1922), *Uno, nessuno e centomila* (1926). Nel 1934 Pirandello vince il premio Nobel per la Letteratura. Muore a Roma nel 1936.

Luigi Pirandello in un ritratto di Tullio Pericoli del 1986.

**• La condizione assurda e tragica dell'esistenza •** La vita umana, tema di fondo dell'intera opera di Pirandello, è presente già nel suo primo romanzo, *L'esclusa* (1901), nel quale si narra di una donna cacciata di casa dal marito perché accusata ingiustamente e ammiravano, di cui tutti volevan l'opera, il consiglio, l'assistenza, che tutti si disputavano senza mai dargli un momento di requie[9], un momento di respiro – ero io? io? propriamente? ma quando mai? E che m'importava di tutte le brighe[10] in cui quell'uomo stava affogato dalla mattina alla sera; di tutto il rispetto, di tutta la considerazione di cui godeva, commendatore, professore, avvocato, e della ricchezza e degli onori che gli erano venuti dall'assiduo scrupoloso adempimento di tutti quei doveri, dell'esercizio della sua professione?

Ed erano lì, dietro quella porta che recava su la targa ovale d'ottone il mio nome, erano lì una donna e quattro ragazzi, che vedevano tutti i giorni con un fastidio ch'era il mio stesso, ma che in loro non potevo tollerare, quell'uomo insoffribile[11] che dovevo esser io, e nel quale io ora vedevo un estraneo a me, un nemico. Mia moglie? i miei figli? Ma se non ero stato mai io, veramente, se veramente non ero io (e lo sentivo con spaventosa certezza) quell'uomo insoffribile che stava davanti alla porta; di chi era moglie quella donna, di chi erano figli quei quattro ragazzi? Miei, no! Di quell'uomo, di quell'uomo che il mio spirito, in quel momento, se avesse avuto un corpo, il suo vero corpo, la sua vera figura, avrebbe preso a calci o afferrato, dilacerato[12], distrutto, insieme con tutte quelle brighe, con tutti quei doveri e gli onori e il rispetto e la ricchezza, e anche la moglie, sì, fors'anche la moglie...

Ma i ragazzi?

Mi portai le mani alle tempie e me le strinsi forte.

9 **requie**: riposo, pace.
10 **brighe**: fastidi, seccature.
11 **insoffribile**: insopportabile.
12 **dilacerato**: fatto a pezzi.

di adulterio; verrà riammessa proprio quando consumerà davvero il tradimento. La realtà si presenta sfaccettata e ciascuno vede quello che vuole vedere: con questa tesi Pirandello intende svelare la situazione paradossale nella quale ciascuno di noi è costretto a vivere.

Lo scontro tra apparenza e realtà è ribadito nel romanzo *Il fu Mattia Pascal* (1904). Il caso e le convenzioni sociali (i legami familiari, il mancato possesso di una carta d'identità, ecc.) impediscono a Mattia Pascal di sentirsi libero. L'uomo cerca invano di realizzare se stesso, ma non riesce a stabilire veri contatti con gli altri.

**• La "pena di vivere" dei personaggi •** Nel 1922 Pirandello riunisce le sue novelle nella raccolta *Novelle per un anno*. Protagonista è soprattutto la piccola borghesia composta da impiegati, insegnanti, possidenti, i quali si affannano intorno ai loro strani casi senza risolverli. Nel romanzo *I vecchi e i giovani* (1913) Pirandello evidenzierà una motivazione storica all'insoddisfazione dell'individuo, denunciando il fallimento degli ideali di libertà vagheggiati nel Risorgimento.

**• In scena l'incomunicabilità umana •** Quando Pirandello comincia la sua carriera di drammaturgo, il teatro è dominato per lo più da commedie sentimentali e intimistiche, incentrate sul cosiddetto "triangolo amoroso" (un marito, una moglie e un amante). Con i suoi drammi l'autore siciliano porta invece sulle scene la vita nella sua complessità, nel suo continuo movimento, nei suoi enigmi sempre diversamente interpretabili.

Molti drammi, del resto, sono riadattamenti di precedenti novelle: *Il piacere dell'onestà* (1917), *Ma non è una cosa seria* (1918), *Il giuoco delle parti* (1918). Nel 1921 a Roma viene rappresentato per la prima volta (senza successo) *Sei personaggi in cerca d'autore*. Nel dramma, sei personaggi irrompono sul palcoscenico mentre un capocomico e i suoi attori stanno mettendo in scena un'opera e chiedono che venga rappresentata la loro vicenda personale, ma gli attori non riescono a trovare le giuste parole per soddisfarli. Con questo testo Pirandello ribadisce il suo tema prediletto, l'incomunicabilità umana, e nel contempo scardina i modelli tradizionali della rappresentazione teatrale, offrendo un esempio significativo di "teatro nel teatro", cioè di dramma teatrale all'interno del quale si inscena una seconda rappresentazione.

Con la sua visione così problematica della vita umana, Pirandello è l'autore italiano che più di ogni altro ha lasciato un segno nella cultura europea.

No. Non li sentii miei. Ma attraverso un sentimento strano, penoso, angoscioso, di loro, quali essi erano fuori di me, quali me li vedevo ogni giorno davanti, che avevano bisogno di me, delle mie cure, del mio consiglio, del mio lavoro; attraverso questo sentimento e col senso d'atroce afa col quale m'ero destato in treno, mi sentii rientrare in quell'uomo insoffribile che stava davanti alla porta.

Trassi di tasca il chiavino[13]; aprii quella porta e rientrai anche in quella casa e nella vita di prima.

Ora la mia tragedia è questa. Dico mia, ma chi sa di quanti!

Chi vive, quando vive, non si vede: vive... Se uno può vedere la propria vita, è segno che non la vive più: la subisce, la trascina. Come una cosa morta, la trascina. Perché ogni forma è una morte.

Pochissimi lo sanno; i più, quasi tutti, lottano, s'affannano per farsi, come dicono, uno stato, per raggiungere una forma; raggiuntala, credono d'aver conquistato la loro vita, e cominciano invece a morire.

[...]

Come potrei io nella prigione di questa forma non mia, ma che rappresenta me quale sono per tutti, quale tutti mi conoscono e mi vogliono e mi rispettano, accogliere e muovere una vita diversa, una mia vera vita? una vita in una forma che sento morta, ma che deve sussistere per gli altri, per tutti quelli che l'hanno messa su e la vogliono così e non altrimenti? Dev'essere questa, per forza. Serve così, a mia moglie, ai miei figli, alla società, cioè ai signori studenti universitarii della facoltà di legge, ai signori clienti che m'hanno affidato la vita, l'onore, la libertà, gli averi. Serve così, e non posso mutarla, non posso prenderla a calci e levarmela dai piedi; ribellarmi, vendicarmi, se non per un attimo solo, ogni giorno, con l'atto che compio nel massimo segreto, cogliendo con trepidazione e circospezione infinita il momento opportuno, che nessuno mi veda.

Un cagnetto addormentato in un particolare di un dipinto di Filippo Palizzi del 1855. (Collezione Privata)

Ecco. Ho una vecchia cagna lupetta, da undici anni per casa, bianca e nera, grassa, bassa e pelosa, con gli occhi già appannati[14] dalla vecchiaja.

Tra me e lei non c'erano mai stati buoni rapporti. Forse, prima, essa non approvava la mia professione, che non permetteva si facessero rumori per casa; s'era messa però ad approvarla a poco a poco, con la vecchiaja; tanto che, per sfuggire alla tirannia capricciosa dei ragazzi, che vorrebbero ancora ruzzare[15] con lei giù in giardino, aveva preso da un pezzo il partito[16] di rifugiarsi qua nel mio studio da mane a sera[17], a dormire sul tappeto col musetto aguzzo tra le zampe. Tra tante carte e tanti libri, qua, si sentiva protetta e sicura. Di tratto in tratto schiudeva un occhio a guardarmi, come per dire: «Bravo, sì, caro: lavora; non ti muovere di lì, perché è sicuro che, finché stai lì a lavorare, nessuno entrerà qui a disturbare il mio sonno».

Così pensava certamente la povera bestia. La tentazione di compiere su lei la mia vendetta mi sorse, quindici giorni or sono, all'improvviso, nel vedermi guardato così.

Non le faccio male; non le faccio nulla. Appena posso, appena qualche cliente mi lascia libero un momento, mi alzo cauto, pian piano, dal mio seggiolone, perché nessuno s'accorga che la mia sapienza temuta e ambita[18], la mia sapienza formidabile di professore di diritto e d'avvocato, la mia austera dignità di marito, di padre, si siano per poco staccate dal trono di questo seggiolone; e in punta di piedi mi reco all'uscio a spiare nel corridojo, se qualcuno non sopravvenga; chiudo l'uscio a chiave, per un momentino solo; gli occhi mi sfavillano di gioja, le mani mi ballano

13 **chiavino**: piccola chiave.
14 **appannati**: offuscati, annebbiati.
15 **ruzzare**: giocare.
16 **partito**: decisione, scelta.
17 **da mane a sera**: dalla mattina alla sera, per tutto il giorno.
18 **ambita**: desiderata, invidiata.

dalla voluttà che sto per concedermi, d'esser pazzo, d'esser pazzo per un attimo solo, d'uscire per un attimo solo dalla prigione di questa forma morta, di distruggere, d'annientare per un attimo solo, beffardamente[19], questa sapienza, questa dignità che mi soffoca e mi schiaccia; corro a lei, alla cagnetta che dorme sul tappeto; piano, con garbo, le prendo le due zampine di dietro e *le faccio fare la* **carriola**: le faccio muovere cioè otto o dieci passi, non più, con le sole zampette davanti, reggendola per quelle di dietro.

Questo è tutto. Non faccio altro. Corro subito a riaprire l'uscio adagio adagio, senza il minimo cricchio[20], e mi rimetto in trono, sul seggiolone, pronto a ricevere un nuovo cliente, con l'austera dignità di prima, carico come un cannone di tutta la mia sapienza formidabile.

Ma, ecco, la bestia, da quindici giorni, rimane come basita a mirarmi[21], con quegli occhi appannati, sbarrati dal terrore. Vorrei farle intendere – ripeto – che non è nulla; che stia tranquilla, che non mi guardi così.

Comprende, la bestia, la terribilità dell'atto che compio.

Non sarebbe nulla, se per ischerzo glielo facesse uno dei miei ragazzi. Ma sa ch'io non posso scherzare; non le è possibile ammettere che io scherzi, per un momento solo; e seguita[22] maledettamente a guardarmi, atterrita.

L. Pirandello, *Novelle per un anno*, Mondadori, Milano, 1972

19 **beffardamente**: in un modo sarcastico, con un tono di derisione.
20 **cricchio**: rumore, scricchiolio.
21 **basita a mirarmi**: stupita a guardarmi.
22 **seguita**: continua.

**PAROLE *sotto la lente***

### Carriola

Il sostantivo è diminutivo di *carro*, derivato dalla voce latina *carrus*. Indica un piccolo veicolo a mano, con una sola ruota anteriore e due stanghe, usato soprattutto da muratori e contadini per trasportare materiali a breve distanza. In senso figurato può indicare un veicolo malandato, magari un'automobile ("Dove vai con quella carriola?"). Nel passato era anche il carretto a una ruota usato dagli arrotini girovaghi.

**Attività**

Da quale parola primitiva deriva il nome "carriola"? Attraverso quale suffisso?

## per L'ANALISI del TESTO

### Il conflitto tra apparenza e realtà

Al centro del racconto è il conflitto tra apparenza e realtà, un tema che Pirandello ha svolto ripetutamente nella sua vasta produzione letteraria. Quello che agita un illustre avvocato e professore di gran fama è la **percezione improvvisa di un altro se stesso**, imprigionato da mille seccature, «brighe» (i doveri del suo ufficio, le responsabilità di una famiglia, l'alta considerazione che tutti hanno di lui). La crisi si manifesta in lui con lucidità nell'istante in cui sta per entrare in casa. Davanti alla targhetta d'ottone che riporta il suo nome e i numerosi titoli, il protagonista non si riconosce: si sente **estraneo a se stesso**, sente di non partecipare pienamente alla vita che altri hanno costruito per lui. Questa intuizione, percepita per un attimo, equivale a una scintilla di vita: come fare per trattenerla dentro di sé? Cosciente che non è possibile sottrarsi alle responsabilità, egli escogita un atto di evasione nell'assurdo, una specie di **follia vigilata**, un istante segreto di pazzia. Tale è il gioco della carriola con la cagnetta, con la quale si trastulla per pochi attimi rivivendo il suo mondo infantile e sfuggendo per qualche minuto alla prigione delle forme esteriori, delle convenzioni sociali che lo soffocano.

### La tecnica narrativa

Pirandello fa sì che sia il protagonista a narrare i fatti, ricorrendo alla forma del **monologo** e rivolgendosi in maniera diretta al lettore. La **lingua** usata è molto **simile al parlato** perché poggia su frequenti interrogazioni retoriche ed esclamazioni. In alcuni passaggi la sintassi risulta semplificata, con frasi brevi; in altri più complessa, con frasi più articolate, con abbondanza di segni d'interpunzione. Ne risulta un fluire frammentario dei pensieri del protagonista.

La trama ha un **andamento circolare**, perché si apre introducendo un enigmatico personaggio femminile, una «lei», verso la quale il protagonista commette un certo vergognoso «breve atto» (r. 4) che, se conosciuto, rovinerebbe la sua reputazione. L'enigma si scioglie nel finale, quando scopriamo che la «lei» presentata all'inizio è una cagnetta e il «breve atto» è l'innocente gioco della carriola.

# Attività

## Leggere e comprendere

1 **La *suspense*** La prima parte della novella crea una notevole tensione, suggerendo la presenza di un elemento inquietante. Quale?

2 **Lo *status* sociale** Come presenta il protagonista la propria condizione sociale?

**a.** È un uomo potente e temuto
**b.** È un uomo molto ricco
**c.** È un professionista molto stimato e giudicato affidabile
**d.** È un professionista affermato ma poco corretto

3 **Le conseguenze** Che cosa potrebbe succedere al protagonista se si venisse a conoscere il suo misterioso atto?

4 **Pochissimi** Solo poche persone potrebbero comprendere il significato dell'atto che il protagonista ammette di compiere. Chi lo capirebbe?

5 **La rivelazione** Quale rivelazione si presenta al protagonista al ritorno da un viaggio?

**a.** Capisce di essere succube della moglie
**b.** Si rende conto di avere troppi impegni importanti
**c.** Non riconosce se stesso come l'uomo che abita lì e conduce quella vita
**d.** Realizza di avere ingannato volontariamente molte persone

6 **Il senso di estraneità** Perché a un tratto al protagonista paiono estranei il proprio corpo e la propria immagine sociale?

**a.** Non è soddisfatto del suo aspetto fisico e del successo raggiunto
**b.** Avverte la sensazione che altri gli abbiano imposto il suo modo di essere
**c.** Prova rincrescimento per aver compiuto atti non corrispondenti ai propri valori
**d.** Si rende conto che per molto tempo tutti l'hanno ammirato senza conoscere i suoi difetti

7 **Solo?** Il protagonista ritiene di essere l'unica persona a vivere quest'esperienza di estraneità rispetto alla propria vita? Chi può provare lo stesso sgomento?

8 **La famiglia** Ancor più grave è il senso di estraneità che egli prova nei confronti delle persone che ama, ossia la moglie e i figli. Perché?

**a.** Essi amano una persona che non riconosce se stessa
**b.** Essi continuamente gli rimproverano il suo comportamento
**c.** Essi vorrebbero che fosse diverso, più sereno e meno austero
**d.** Egli è stanco di assolvere ai suoi compiti di marito e padre

9 **La cagnetta** Nella parte finale del racconto, il protagonista presenta al lettore la sua vecchia cagnetta. Descrivi le caratteristiche e il comportamento dell'animale.

........................................................................................................................
........................................................................................................................
........................................................................................................................
........................................................................................................................
........................................................................................................................
........................................................................................................................
........................................................................................................................

10 **L'«atto»** Verso la fine del racconto si scopre quale sia l'«atto» (r. 4) che era stato preannunciato fin dall'inizio. Descrivilo.

........................................................................................................................
........................................................................................................................
........................................................................................................................
........................................................................................................................
........................................................................................................................
........................................................................................................................
........................................................................................................................

11 **La vendetta** Che cosa significa per l'uomo l'azione della «carriola», in fondo scherzosa e innocua, ma che viene definita una «vendetta»?

**a.** Permette al protagonista di esprimere liberamente il flusso di vita interiore di solito bloccato nella forma imposta dalle esigenze sociali
**b.** Permette al protagonista di manifestare il proprio affetto nei confronti della cagnetta
**c.** È una vendetta nei confronti dell'animale perché gli fa perdere tempo prezioso
**d.** Rappresenta un raro momento di svago nella vita impegnata del protagonista

## Riconoscere e analizzare

12 **Il ritmo** Considerando l'alternarsi di scene, pause, sommari ed ellissi, come definiresti il ritmo della narrazione?

**a.** Lento e ripetitivo
**b.** Veloce e incalzante
**c.** Vario
**d.** Sempre più pacato

13 **La presentazione del personaggio** Come viene presentato il protagonista della novella?

**a.** Viene presentato dal narratore
**b.** Si presenta da sé
**c.** È presentato da un altro personaggio
**d.** È presentato indirettamente, tramite i giudizi che esprime e le azioni che compie

14 **Le caratteristiche del personaggio** Delinea la personalità del protagonista attraverso le sue caratteristiche psicologiche e socio-culturali.

15 **Il narratore e il punto di vista** Come appaiono nel testo il narratore e il punto di vista?

16 **Le domande** Il contenuto del testo e l'intensità con cui il protagonista vive la propria scoperta sono riferite con molte espressioni interrogative. Cerca nel testo un esempio per ogni tipologia richiesta.

- Interrogativa diretta solo col punto interrogativo:

.......................................................................................

.......................................................................................

.......................................................................................

- Interrogativa diretta introdotta da un pronome interrogativo:

.......................................................................................

.......................................................................................

.......................................................................................

- Interrogativa diretta introdotta da un avverbio interrogativo:

.......................................................................................

.......................................................................................

.......................................................................................

17 **Le sequenze** Quale tipo di sequenze prevalgono nella novella?

**a.** Narrative
**b.** Descrittive
**c.** Riflessive
**d.** Dialogiche

18 **La sintassi** Osserva la struttura sintattica dei periodi e l'uso della punteggiatura. Indica se prevale la paratassi o l'ipotassi e spiega perché questa scelta stilistica è efficace.

19 **Le figure retoriche** Il significato del testo è reso più evidente da numerose figure retoriche. Quali sono? (Sono possibili più risposte.)

**a.** Metafore
**b.** Similitudini
**c.** Interrogative retoriche
**d.** Ripetizioni

## Rielaborare e produrre

20 **Il tuo giudizio** Come interpreti l'affermazione «Comprende, la bestia, la terribilità dell'atto che compio» (rr. 139-140)? Il protagonista pensa che la cagnetta lo osservi perché il gioco è per lei spiacevole oppure che essa sia stupita da quell'azione non adeguata all'immagine irreprensibile del suo padrone? Esprimi il tuo giudizio in un testo di circa 50 parole.

21 **Il riassunto** Usando la terza persona e il discorso indiretto, sintetizza le riflessioni che il protagonista formula sul pianerottolo, prima di entrare in casa.

22 **Il tema dell'identità** La novella presenta un tema fondamentale dell'opera di Pirandello e della letteratura del Novecento in generale, ossia l'identità: l'uomo si chiede chi sia e se la persona che gli altri vedono sia veramente la sua essenza più profonda o solo una maschera. Chiarisci in 100 parole come questo problema è trattato nel testo.

23 **Discutere** L'adolescenza è un momento in cui i ragazzi cercano di formare e affermare la propria personalità e sentono forte il peso delle regole imposte dai genitori e dalle esigenze sociali. Racconta la tua esperienza in un intervento orale di 10 minuti.

Dino Buzzati

# Una lettera d'amore

Da *Sessanta racconti*, 1958

Racconto psicologico

Un giovane uomo affronta con entusiasmo una lettera d'amore: cerca le parole migliori, scrive le espressioni più passionali, ma non può concluderla, perché è continuamente interrotto da invadenti scocciatori. Rinvia, rinvia... finché non succede l'incredibile.

Enrico Rocco, di 31 anni, gerente[1] di una azienda commerciale, innamorato, si chiude nel suo ufficio; il pensiero di lei era diventato cosí potente e tormentoso ch'egli trovò la forza. Le avrebbe scritto, di là di ogni orgoglio e ogni pudore.

"Egregia signorina" cominciò, e al solo pensiero che quei segni lasciati dalla penna sulla carta sarebbero stati visti da lei, il cuore cominciò a battere, impazzito. "Gentile Ornella, mia Diletta, Anima cara, Luce, Fuoco che mi bruci, Ossessione delle notti, Sorriso, Fiorellino, **Amore**..."

Entrò il fattorino Ermete: «Scusi, signor Rocco, c'è di là un signore che è venuto per lei. Ecco (guardò un biglietto) si chiama Manfredini».

«Manfredini? Come? Mai sentito nominare. Poi io adesso non ho tempo, ho un lavoro urgentissimo. Torni domani o dopo.»

«Credo, signor Rocco, credo che sia il sarto, deve essere venuto per la prova...»

«Ah... Manfredini! Be', digli che torni domani.»

«Sissignore, ma ha detto che è stato lei a chiamarlo.»

«È vero, è vero... (sospirò)... su fallo venire, digli però che si sbrighi, due secondi.»

Entrò il sarto Manfredini col vestito. Una prova per modo di dire; indossata per pochi istanti la giacca e poi levata, appena il tempo di fare due tre segni col gessetto. «Mi scusi, sa, ma ho per le mani un lavoro molto urgente. Arrivederla, Manfredini.»

Avidamente ritornò alla scrivania, riprese a scrivere: "Anima Santa, Creatura, dove sei in questo istante? cosa fai? ti penso con una tale forza che è impossibile il mio amore non ti arrivi anche se tu sei cosí lontana, addirittura dalla parte opposta della città, che mi sembra un'isola sperduta di là dei mari...". (Che strano, pensava intanto, come si spiega che un uomo positivo come me, un organizzatore commerciale, tutto a un tratto si mette a scrivere cose di questo genere? Forse è una specie di follia?)

In quel mentre il telefono al suo fianco cominciò a suonare. Fu come se una sega di ferro gelido gli fosse stata passata di strappo sulla schiena. Boccheggiò:

«Pronto?»

«Ciaooo» fece una donna con neghittoso[2] miagolío «Che vocione... dimmi, sono capitata male, a quanto sembra.» «Chi parla?» chiese lui. «Oh ma sei impossibile oggi, guarda che...» «Chi parla?» «Ma aspetta almeno che ti...» Mise giú la cornetta, riafferrò la penna in mano.

"Senti, Amor mio" scrisse "fuori c'è la nebbia, umida, fredda, carica di nafta e di

**PAROLE sotto la lente**

**Amore**

Il sostantivo viene dal latino *amor*, affine al verbo *amo*. In generale indica un sentimento, rivolto verso un'altra persona, che consiste nel desiderio di procurare il suo bene e cercarne la compagnia. Può essere rivolto anche a se stessi e divenire, se eccessivo, egoismo. Comunemente, indica il sentimento reciproco che attrae due persone e che può assumere forme di pura spiritualità, di sensualità o di esclusiva sessualità. In senso più spirituale, indica lo slancio verso Dio e verso il prossimo. Nella mitologia, Amore era il dio del sentimento amoroso, venerato come Eros in greco e Cupido in latino.

**Attività**

Trova almeno cinque parole che abbiano la radice del nome "amore".

1 **gerente**: gestore, amministratore di qualcosa per conto di qualcun altro.

2 **neghittoso**: indolente, pigro.

miasmi[3], ma lo sai che io la invidio? Lo sai che farei subito camb..."

Drèn, il telefono. Ebbe un sussulto come per una scarica di duecentomila volt. «Pronto?» «Ma Enrico!» era la voce di poco fa «sono venuta apposta in città per salutarti e tu...»

Vacillò, accusando il colpo. Era la Franca, sua cugina, brava ragazza, graziosa anche, che da qualche mese gli faceva un po' la corte, chissà cosa si era messa in mente. Le donne sono famose per costruir romanzi inverosimili[4]. Certo, non si poteva decentemente mandarla a quel paese.

Ma tenne duro. Qualsiasi cosa pur di finire quella lettera. Era l'unico mezzo per calmare il fuoco che gli bruciava dentro, scrivendo a Ornella gli sembrava di entrare in qualche modo nella vita sua, forse lei avrebbe letto fino in fondo, forse avrebbe sorriso, forse avrebbe chiuso la lettera in borsetta, il foglio ch'egli stava ricoprendo di insensate frasi forse fra poche ore sarebbe stato a contatto con le piccole graziose profumate cose meravigliosamente sue, con la matita per le labbra, col fazzoletto ricamato, con gli enigmatici[5] gingilli carichi di conturbanti[6] intimità. E adesso ecco la Franca, a frastornarlo.

«Senti, Enrico» chiese la voce strascicata[7] «vuoi che venga a prenderti in ufficio?» «No, no perdonami, adesso ho un mucchio da fare.» «Oh non fare complimenti, se ti do noia, sia come non detto. Arrivederci.» «Dio, come la prendi. Ho da fare, ti dico. Ecco, vieni piú tardi.» «Piú tardi quando?» «Vieni... vieni fra due ore.»

Sbatté sul trespolo la cornetta del telefono, gli pareva di aver perso un tempo irrimediabile, la lettera doveva essere imbucata per l'una, altrimenti sarebbe giunta a destinazione il giorno dopo. No, no l'avrebbe spedita per espresso.

"...farei subito cambio" scriveva "quando penso che la nebbia circonda la tua casa e ondeggia dinanzi alla tua camera e se avesse occhi – chissà, forse anche la nebbia vede – potrebbe contemplarti attraverso la finestra. E vuoi che non ci sia una fessura, un sottilissimo interstizio[8] da cui entrare? un minuscolo soffio, niente di piú, un esile fiato di bambagia impalpabile[9] che ti accarezzi? basta cosí poco alla nebbia, basta cosí poco all'am..."

3 **miasmi**: esalazioni nocive, cattivi odori.
4 **inverosimili**: improbabili, assurdi.
5 **enigmatici**: misteriosi, astrusi.
6 **conturbanti**: provocanti, sensuali.
7 **strascicata**: prolungata in maniera monotona e tediosa.
8 **interstizio**: spiraglio, apertura.
9 **bambagia impalpabile**: ovatta appena percepibile.

## L'AUTORE

**Dino Buzzati** nasce nelle vicinanze di Belluno nel 1906 e trascorre gran parte della vita a Milano, lavorando come giornalista, redattore, inviato del "Corriere della Sera". Esordisce in campo letterario nel 1933 con *Bàrnabo delle montagne*: la montagna, al pari della città o del deserto, costituisce uno di quei luoghi simbolici entro i quali ambientare storie pervase d'atmosfere di sogno o di incubo. Attira l'attenzione della critica il romanzo *Il deserto dei tartari* (1940), nel quale Buzzati dà corpo alla sua idea allegorica del deserto come luogo dell'attesa, dell'angoscia, della rinuncia, del tempo, della solitudine. Seguono varie raccolte di racconti (*I sette messaggeri*, 1942; *Paura alla scala*, 1949; *Sessanta racconti*, 1958), il più felice esito espressivo della sua attività letteraria, per l'estro narrativo con il quale egli riveste di mistero, di ironia o di angoscia anche la situazione apparentemente più banale. Buzzati scrive anche testi teatrali: nel 1953, a Milano, va in scena per la regia di Giorgio Strehler *Un caso clinico*. Nel 1963, lo scrittore pubblica il romanzo *Un amore*, una oscura vicenda sentimentale. Si dedica con successo alla pittura e, in alcuni suoi libri, l'esperienza figurativa e quella narrativa si fondono (*Poema a fumetti*, 1969; *I miracoli di Val Morel*, 1971). Buzzati muore a Milano nel 1972.

Il fattorino Ermete sulla porta. «Perdoni...» «Te l'ho già detto, ho un lavoro urgente, io non ci sono per nessuno, di' che ritornino stasera.»

«Ma…» «Ma cosa?» «C'è da basso il commendatore Invernizzi che l'aspetta in macchina.»

Maledizione, l'Invernizzi, il sopraluogo al magazzino dove c'era stato un principio d'incendio, l'incontro coi periti[10], maledizione non ci pensava piú, se n'era completamente dimenticato. E non c'erano santi.

Quel tormento che gli bruciava dentro, proprio in corrispondenza dello sterno, raggiunse un grado intollerabile. Darsi malato? Impossibile. Terminare la lettera cosí come stava? Ma aveva ancora da dirle tante cose, tante cose importantissime. Scoraggiato, chiuse il foglio in un cassetto. Prese il cappotto e via, l'unica era tentar di fare presto. In mezz'ora, con l'aiuto di Dio, sarebbe stato forse di ritorno.

Tornò che era l'una meno venti. Intravide tre quattro uomini che attendevano, seduti in sala d'aspetto. Ansimando, si sprangò in ufficio, sedette allo scrittoio, aprí il cassetto, la lettera non c'era piú.

Il tumulto[11] del cuore gli tolse quasi il fiato. Chi poteva aver frugato nella scrivania? O che si fosse sbagliato? Aprí d'impeto gli altri cassetti, uno ad uno.

Meno male. Si era confuso, la lettera era là. Ma impostarla[12] prima dell'una era impossibile. Poco male – e i ragionamenti (per una faccenda cosí semplice e banale) si accavallavano nella sua testa tumultuando, con alternative spossanti d'ansia e di speranze – poco male, se la spediva espresso faceva in tempo a prendere l'ultima distribuzione della sera, oppure... meglio ancora, l'avrebbe data a Ermete da portare, no no, meglio non immischiare il fattorino in una faccenda delicata, l'avrebbe portata lui personalmente.

"...basta cosí poco all'amore" scrisse "per vincere lo spazio e oltrepass..."

Drèn, il telefono, rabbioso. Senza lasciare la penna, afferrò con la sinistra la cornetta.

«Pronto?» «Pronto, qui la segretaria di sua eccellenza Tracchi.»

«Dica, dica.» «Per quella licenza d'importazione riguardante la fornitura di cavi a...»

Inchiodato. Era un affare enorme, ne dipendeva il suo avvenire. La discussione durò venti minuti.

"...oltrepassare" scrisse "le muraglie della Cina. Oh, cara Orn…"

Il fattorino ancora sulla porta. Lui lo investí selvaggiamente. «L'hai capita o no che non posso ricevere nessuno?» «Ma c'è l'is…» «Nessuno, nessunoooo!» urlò imbestialito. «L'ispettore della Finanza che dice di avere appuntamento.»

Sentí le forze abbandonarlo. Mandare indietro l'ispettore sarebbe stata una pazzia, una specie di suicidio, la rovina. Ricevette l'ispettore.

Sono le una e 35. Di là c'è la cugina Franca che aspetta da tre quarti d'ora. E poi l'ingegnere Stolz, venuto appositamente da Ginevra. E l'avvocato Messumeci, per la causa degli scaricatori. E l'infermiera che viene ogni giorno a fargli le iniezioni.

"Oh cara Ornella" scrive con il furore del naufrago su cui si abbattono i cavalloni sempre piú alti e massacranti.

Il telefono. «Qui il commendator Stazi del Ministero dei commerci.» Il telefono. «Qui il segretario della Confederazione dei consorzi...»

"Oh mia deliziosa Ornella" scrive "vorrei che tu sap…"

Il fattorino Ermete sulla porta che annuncia il dottor Bi. vice-prefetto.

"...che tu sapessi" scrive "qu…"

10 **periti**: consulenti tecnici.

11 **tumulto**: rumore; vedi anche il successivo «tumultuando» (r. 88), cioè rumoreggiando.

12 **impostarla**: spedirla.

Il telefono: «Qui, il capo di Stato maggiore generale». Il telefono: «Qui il segretario particolare di Sua Eminenza l'arcivescovo...».

"...quando io ti v..." scrive febbricitante con l'ultimo fiato.

Drèn, drèn, il telefono: «Qui il primo presidente della Corte d'appello». Pronto, pronto! «Qui il Consiglio Supremo, personalmente il senatore Cormorano.» «Pronto, pronto!» «Qui il primo aiutante di campo di Sua Maestà l'Imperatore...»

Travolto, trascinato via dai flutti[13].

«Pronto, pronto! Sí son io, grazie, eccellenza, estremamente obbligato!... Ma subito, subitissimo, sí signor generale, provvederò senz'altro, e grazie infinite... Pronto, pronto! Certamente Maestà, senz'altro, con infinita devozione (la penna, abbandonata, rotolò lentamente fino all'orlo, si fermò un istante in bilico, cadde a piombo stortandosi il pennino[14], ed ivi[15] giacque)... Prego s'accomodi, perbacco, avanti avanti, no, se mi permette, forse è meglio si accomodi nella poltrona che è piú comoda, ma quale onore inaspettato, assolutamente, per l'appunto, oh grazie, un caffè, una sigaretta?...»

Quanto durò il turbine? Ore, giorni, mesi, millenni? Al calar della notte si ritrovò solo, finalmente.

Ma prima di lasciar lo studio, cercò di mettere un po' d'ordine nella montagna di scartafacci[16], pratiche, progetti, protocolli, accumulatasi sulla scrivania. Sotto all'immensa pila trovò un foglio di carta da lettere senza intestazione scritto a mano. Riconobbe i propri segni.

Incuriosito, lesse: "Che baggianate, che ridicole idiozie. Chissà quando mai le ho scritte?" si chiese, cercando invano nei ricordi, con un senso di fastidio e di smarrimento mai provato, e si passò una mano sui capelli oramai grigi. "Quando ho potuto scrivere delle sciocchezze simili? E chi era questa Ornella?"

D. Buzzati, *Sessanta racconti*, Mondadori, Milano, 1992

13 **flutti**: onde, qui in senso figurato.

14 **stortandosi il pennino**: "stortare" è un regionalismo settentrionale sinonimo di "storcere". Qui significa privare della punta il pennino della stilografica.

15 **ivi**: lì.

16 **scartafacci**: carte, appunti, fogli.

Félix Vallotton, *Ritratto di Félix Fénéon*, 1896. (Collezione Privata)

## per L'ANALISI del TESTO

### L'arco temporale

I racconti di Buzzati hanno molto spesso il carattere dell'**assurdo**, del **fantastico** e del **misterioso**; il suo stile brillante e ironico spinge il lettore non tanto a vivere emozioni, ma a riflettere su qualche **aspetto inquietante della vita**. È il caso di questo testo che ha per protagonista Enrico Rocco, giovane dirigente di un'azienda commerciale, alle prese con la stesura di una lettera d'amore. Apparentemente la vicenda si svolge nell'arco di una giornata. In effetti però, Enrico Rocco si chiude nel suo ufficio all'età di 31 anni per scrivere la lettera e ne esce a notte inoltrata con i capelli grigi. Che cosa è successo? Si tratta di un **colpo di scena** tipico della narrativa di Buzzati. Il protagonista è stato assorbito così tanto dal lavoro che il **tempo** è passato senza che se ne accorgesse e, alla fine, nella sua vita non c'è più posto per l'amore. Egli incomincia la lettera con travolgente passione, elaborando appassionate frasi d'amore, ma è interrotto da chi lo circonda, dallo squillare continuo del telefono, dal bussare sempre più frequente di numerosi interlocutori. E la lettera d'amore passa così in secondo piano.

### Una scelta di vita

Coloro che distraggono il protagonista dalla scrittura della lettera diventano sempre più importanti: Enrico giunge a interloquire con personalità ministeriali, eminenze della Chiesa, alte autorità dell'esercito, fino ad arrivare a «Sua Maestà l'Imperatore» (r. 122). Buzzati intende farci sapere che l'azienda commerciale di Enrico Rocco è cresciuta, che lui ha conseguito sempre maggior successo nella vita, ma ha anche pagato un alto prezzo, perché non solo non è riuscito a dichiarare il suo amore alla figura femminile di cui conosciamo solo il nome, Ornella, ma ha nel tempo **cancellato il sentimento dell'amore** dalla sua vita, rinnegando se stesso, quel giovane appassionato e caloroso, per diventare grigio nei capelli e nell'animo.

Enrico Rocco non è una vittima delle responsabilità, delle pressioni esterne: quella di dare la priorità al lavoro anche rispetto ai sentimenti è una sua **scelta personale**. È lui che decide di abbandonarsi ai «flutti» (r. 123) dell'attività lavorativa, mosso da una scala di valori che non ha al primo posto le relazioni umane, ma il successo economico.

### La tecnica narrativa

Buzzati costruisce il racconto come un lungo ***climax***: **ascendente** per quanto riguarda la carriera amministrativa del protagonista, **discendente** nell'esternazione del sentimento d'amore. Infatti, mentre si annunciano personaggi sempre più d'alto rango, la lettera d'amore, incominciata con toni enfatici e passionali, diventa sempre più spezzettata, il discorso amoroso scade fino all'uso di frasi banali. È il segnale che Enrico Rocco ha ormai ceduto al vortice del lavoro: giunge al punto di giudicare come «baggianate» (r. 138) e «ridicole idiozie» (r. 138) le sue stesse frasi d'amore, fino a non ricordare più neppure la persona di Ornella («E chi era questa Ornella?», r. 141).

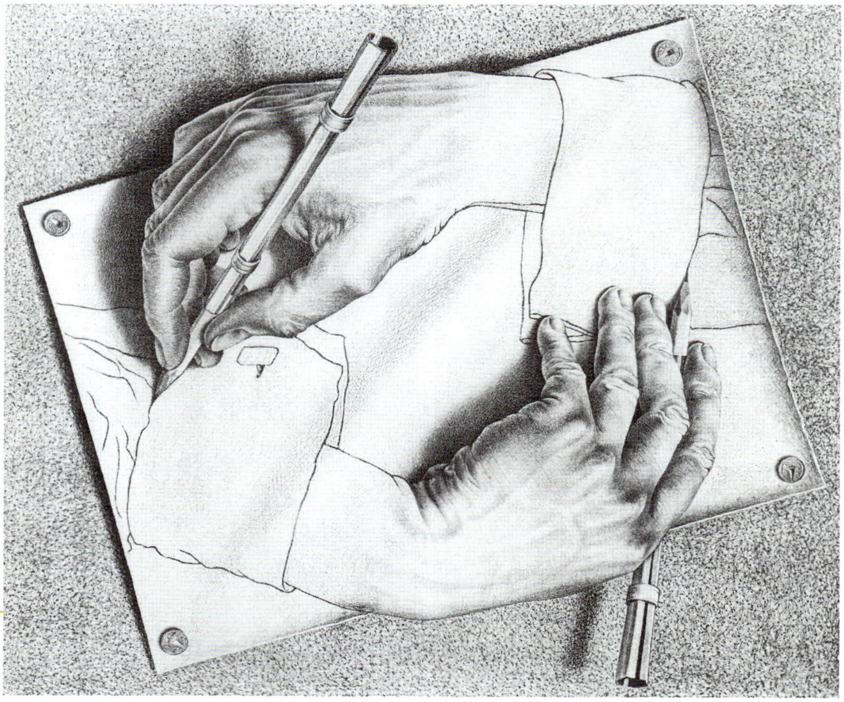

Maurits Cornelis Escher, *Mani che disegnano*, 1948.

# Attività

## Leggere e comprendere

1 **Il protagonista** Chi è il protagonista del racconto?

2 **L'impegno** Qual è l'impegno pressante che Enrico Rocco sta affrontando?

3 **Il tono della lettera** Quale tono impiega Enrico nella stesura della lettera?

**a.** Pacato e semplice
**b.** Appassionato e aggressivo
**c.** Accorato e sobrio
**d.** Appassionato, magniloquente ed enfatico

4 **La lettera incompiuta** Perché la missiva non riesce a essere conclusa?

5 **La reazione** Come reagisce Enrico Rocco alle sempre più numerose richieste che interrompono il suo impegno?

**a.** Non se ne cura e prosegue nella stesura della lettera
**b.** Si mostra seccato e allontana in malo modo chi lo interrompe
**c.** Dapprima è fortemente seccato, ma poi fa prevalere la ragione sull'impeto del suo amore
**d.** Accoglie serenamente tutte le interruzioni per un forte senso del dovere

6 **L'ansia** L'incalzare degli impegni inderogabili e l'urgenza di scrivere la lettera d'amore mettono in una condizione di ansia il protagonista. Tuttavia, è un fatto preciso a mettere in crisi il suo autocontrollo. Quale?

7 **Travolto** Perché dal pomeriggio Enrico non mette più mano alla lettera?

8 **La conclusione** Al calar della notte Enrico Rocco, ormai solo in ufficio, ritrova la lettera interrotta. Come si comporta?

**a.** Riprende a scriverla freneticamente
**b.** Cestina la lettera e ne scrive un'altra
**c.** Giudica sciocchezze le parole della lettera e non ricorda di averle scritte
**d.** Si dispera perché ormai è tardi per spedire la lettera

## Riconoscere e analizzare

9 **La struttura** Come definiresti la struttura del racconto?

**a.** Un lungo *flashback*
**b.** Lineare con un *flashback*
**c.** Lineare con un *flashforward*
**d.** Lineare con un *flashback* e un *flashforward*

10 **Le sequenze** Che tipo di sequenze prevalgono nel racconto?

11 **La *Spannung*** Il testo presenta un *climax* ascendente molto intenso che crea una forte tensione narrativa. Quali elementi creano questa situazione?

**a.** L'urgenza di scrivere e il poco tempo a disposizione
**b.** L'urgenza di scrivere e l'incalzare continuo di impegni sempre più pressanti
**c.** L'urgenza di scrivere e la dimenticanza successiva della lettera
**d.** L'urgenza di scrivere e la presenza di Franca

12 **Il tempo della storia** In quale periodo storico ti sembra ambientato il racconto? Lo capisci da informazioni dirette o implicite? Giustifica la tua risposta.

13 **Il tempo del racconto** Quale modalità narrativa prevale nel testo?

**a.** Scena
**b.** Pausa
**c.** Sommario
**d.** Ellissi

14 **Il luogo** La vicenda si svolge per lo più in un interno, ma alcune affermazioni lasciano intuire il luogo geografico in cui è ambientata. Si tratta di:

**a.** una località di montagna
**b.** una grande città nebbiosa
**c.** un paese di mare
**d.** un paese della pianura padana

15 **Il punto di vista** Il narratore è esterno ma in alcuni passi vengono presentate direttamente le osservazioni del protagonista, che sembra divenire consapevole del proprio comportamento. Sottolineane almeno due nel testo.

16 **Il tono** Il racconto, che inizia con una profonda sofferenza d'amore, continua e si conclude in un modo quasi comico. Come viene creato il tono umoristico?

**a.** Con parole scherzose e volgari
**b.** Con situazioni esagerate e inverosimili
**c.** Con comportamenti allegri dei protagonisti
**d.** Con la distrazione finale del protagonista

17 **Il registro linguistico** Nel testo si possono individuare due registri linguistici, uno colloquiale utilizzato da Enrico Rocco nei rapporti interpersonali e uno aulico usato nella lettera. Cerca almeno due espressioni significative per ciascun registro.

- Registro colloquiale:

.......................................................................................................

.......................................................................................................

- Registro aulico:

.......................................................................................................

.......................................................................................................

18 **Le figure retoriche** Il racconto contiene parecchie figure retoriche. Ne indichiamo alcune nella tabella; tu attribuisci loro il nome adatto e spiegane la funzione espressiva.

## Rielaborare e produrre

19 **Discutere** Come interpreti i pensieri del protagonista? Il suo dubbio nello scrivere la lettera («Le avrebbe scritto, di là di ogni orgoglio e ogni pudore», r. 3) nasce dal timore di compiere un'azione moralmente sbagliata o dalla paura che il suo amore non venga corrisposto? Raccogli gli elementi validi per sostenere le due interpretazioni, anche in un eventuale dibattito in classe.

20 **Il discorso indiretto** Rileggi il discorso diretto che intercorre tra Enrico Rocco e il fattorino Ermete che annuncia la presenza del sarto Manfredini e riscrivilo in forma indiretta.

21 **L'amore** L'amore è un sentimento complesso che ha molte sfaccettature. Come si presenta in questo racconto? Quali sue caratteristiche emergono? Descrivilo in circa 80 parole.

22 **La tua lettera** Anche se oggi gli strumenti di comunicazione sono diversi (e-mail, sms, blog, WhatsApp), prova a scrivere una lettera, lunga almeno una facciata di quaderno, a una persona a cui vuoi rivelare il sentimento d'amore che provi per lei.

| | Figura retorica | Funzione |
|---|---|---|
| «Fu come se una sega di ferro...» (rr. 32-33) | | |
| «forse...forse....forse...» (rr. 50-51) | | |
| «scrive con il furore del naufrago su cui si abbattono i cavalloni sempre più alti e massacranti» (rr. 110-111) | | |

Raymond Carver

# Sogni

Una moglie che si diletta a sognare ogni notte, un marito che l'asseconda e dei piacevoli vicini di casa costituiscono l'apparente situazione di felicità descritta nel racconto. Ma anche questa serenità è un sogno perché la realtà è di fatto tragica e minacciosa.

Da
Se hai bisogno, chiama, 2000

Racconto psicologico

Mia moglie ha l'abitudine di raccontarmi i suoi sogni quando si sveglia. Io le porto il caffè e un bicchiere di succo di frutta e mi siedo accanto al letto; intanto lei si sveglia e si scosta i capelli dalla faccia. Ha la solita espressione di quando ci si sveglia, ma anche lo sguardo di chi torna da qualche parte.

"Allora?", le dico.

"Roba da matti", dice lei. "Ho fatto un **sogno** proprio strano. Ho sognato che ero un ragazzo. Andavo a pesca con mia sorella e una sua amica, però ero ubriaco. Pensa un po'. Non ci si crede. Insomma, dovevo accompagnarle a pesca con la macchina, ma non riuscivo a trovare le chiavi. Poi, quando le trovavo, non mi partiva la macchina. Dopodiché, all'improvviso, eravamo già a pesca, su una barca in mezzo al lago. Stava arrivando un temporale, ma non riuscivo a far partire il motore della barca. Mia sorella e la sua amica non facevano altro che ridere. Ma io avevo una gran paura. E poi mi sono svegliata. Non ti pare strano? Tu che ne dici?"

"Scrivilo", le ho detto, alzando le spalle. Che altro potevo dire? Io non sogno nemmeno. Sono anni che non sogno più. Oppure sogno, ma non mi ricordo niente quando mi sveglio. E certo non mi intendo di sogni – miei o di altri. Una volta Dotty mi ha detto di aver fatto un sogno subito prima che ci sposassimo in cui le sembrava di essersi messa ad abbaiare! Si svegliò e vide Bingo, il suo cagnolino, seduto accanto al letto che la guardava in un modo che le parve molto strano. E così si ricordò che aveva abbaiato nel sogno. Chissà che voleva dire?, si chiedeva. "Era un brutto sogno", disse. Lo aggiunse al suo libro dei sogni, ma la cosa finì lì. Non ci tornò sopra. Non cercava di interpretare i sogni. Si limitava a trascriverli e poi, quando ne faceva un altro, trascriveva anche quello.

Le ho detto: "Faccio un salto di sopra. Devo andare in bagno".

"Fra poco mi alzo anch'io. Mi devo prima svegliare per bene. Voglio pensare un altro po' a questo sogno".

L'ho lasciata lì, seduta a letto, con la tazza in mano, ma senza ancora aver assaggiato il caffè. Se ne stava lì seduta a riflettere sul suo sogno.

In realtà non avevo più bisogno di andare al bagno e così mi sono preso un altro caffè, seduto al tavolo di cucina. Era agosto, faceva un gran caldo e le finestre erano spalancate. Caldo, sì, faceva proprio caldo. Un caldo boia. Mia moglie e io avevamo dormito giù nel seminterrato per la maggior parte del mese. Comunque, ce la cavavamo. Avevamo portato tutto, là sotto: materasso, cuscini, lenzuola. Avevamo anche un comodino, una lampada e il posacenere. C'eravamo fatti un sacco di risate. Era come ricominciare tutto da capo. Ma tenevamo tutte le finestre di

PAROLE *sotto la lente*

**Sogno**

Il sostantivo, dal latino *somnium*, esprime l'attività mentale che si svolge durante il sonno e, di conseguenza, il contenuto stesso di questo sogno, le immagini che si avvicendano; è con questo significato che il termine ricorre nel racconto di Carver. In senso figurato è l'immaginazione fantastica di cose irrealizzabili e più genericamente un'illusione, una cosa vagheggiata con la fantasia.

Attività

Da "sogno" deriva il verbo "sognare". La prima persona plurale dell'indicativo presente è *sogniamo o sognamo*? Perché tale voce può far sorgere dubbi?

sopra spalancate e anche le finestre dei vicini erano tutte aperte. Me ne stavo seduto al tavolo e ascoltavo Mary Rice, la nostra vicina. Era ancora presto, ma lei era già in piedi, in camicia da notte, nella sua cucina. Non faceva che canticchiare e io l'ascoltavo sorseggiando caffè. Poi in cucina sono arrivati i suoi bambini. Ed ecco che cosa gli ha detto:

"Buongiorno, ragazzi. Buongiorno, carissimi".

Giuro. Così gli ha detto la madre. Poi si sono messi a tavola, ridevano non so perché e uno dei ragazzini sbatteva la sedia avanti e indietro e rideva come un matto.

"Adesso basta, Michael", ha detto Mary Rice. "Su, finisci i cereali, tesoro".

Poco dopo Mary Rice ha spedito i figli in camera loro a prepararsi per la scuola. Si è rimessa a canticchiare mentre lavava i piatti. Io ascoltavo e intanto pensavo: sono un uomo ricco. Ho una moglie che sogna tutte le notti, che se ne sta sdraiata accanto a me fino a che non si addormenta e poi se ne va lontano in qualche bel sogno tutte le notti. Certe volte sogna cavalli, oppure persone, o il sole e la pioggia, e certe volte cambia perfino sesso in sogno. Io non è che sentissi la mancanza dei sogni. Tanto avevo i suoi di sogni su cui riflettere, se proprio ne avevo bisogno. E poi avevo una vicina che cantava o canticchiava tutto il giorno. Tutto sommato, potevo ritenermi fortunato.

Mi sono messo alla finestra a guardare i figli dei vicini che uscivano di casa per andare a scuola. Ho visto Mary Rice schioccare un bacio sulle guance di ciascuno e l'ho sentita dire: "Ciao, ragazzi!" Poi ha richiuso la zanzariera[1], è rimasta un minuto lì a guardare i figli che si allontanavano per la strada, poi si è voltata ed è tornata dentro.

Conoscevo le sue abitudini. Adesso si sarebbe messa a dormire per qualche ora – quando tornava a casa dal suo turno di notte, poco dopo le cinque di mattina, non andava mica a dormire. La ragazza che badava ai figli per lei – Rosemary Bandel, una ragazza del quartiere – l'aspettava, poi usciva e attraversava la strada per andare a casa sua. E allora a casa di Mary Rice si accendevano le luci e restavano accese per tutta la notte. A volte, quando teneva le finestre aperte, come adesso, sentivo musica classica per pianoforte, e una volta ho perfino sentito la voce registrata di Alexander Scourby che leggeva *Grandi speranze*[2].

A volte, quando non riuscivo a dormire – mentre mia moglie dormiva e continuava a sognare accanto a me – mi alzavo, andavo di sopra e mi sedevo al tavolo ad ascoltare la sua musica o i suoi libri registrati e aspettavo che lei passasse dietro le tende o che si fermasse un attimo alla finestra. Ogni tanto, a quell'ora strana, così presto la mattina, a casa sua squillava il telefono, ma lei alzava la cornetta sempre al terzo squillo.

Ho scoperto che i figli si chiamavano Michael e Susan. Ai miei occhi non avevano niente di diverso da qualsiasi altro ragazzino del quartiere, tranne che quando li vedevo non potevo fare a meno di pensare: voialtri bambini siete fortunati ad avere una madre che vi canta le canzoni. Non avete neanche bisogno di un padre. Una volta sono venuti a bussare a casa nostra per vendere bagnoschiuma e un'altra volta sono venuti a vendere semi. Noi non abbiamo neanche un giardino, naturalmente – come diamine si fa a piantare qualcosa lì dove abitiamo? – però i semi glieli ho comprati lo stesso, al diavolo l'avarizia. E quando sono venuti a casa nostra a Halloween, sempre insieme alla loro baby-sitter – la madre era al lavoro, come al solito – gli ho dato caramelle e dolciumi e ho salutato Rosemary Bandel.

Io e mia moglie viviamo in questo quartiere da più tempo di tutti gli altri. Ab-

1 **zanzariera**: porta supplementare costituita da una rete finissima per evitare l'ingresso in casa delle zanzare e degli insetti.

2 **Alexander Scourby...*Grandi speranze***: Alexander Scourby (1913-1985) è stato un attore americano di cinema e televisione che ha anche prestato la sua voce per realizzare numerosi audiolibri. *Grandi speranze* (1860) è un romanzo di Charles Dickens (1812-1870).

biamo visto quasi tutti arrivare o andare via. Mary Rice, il marito e i figli si sono trasferiti qui tre anni fa. Il marito lavorava per la società dei telefoni come guardafili e per un certo periodo usciva di casa tutte le mattine alle sette e tornava a casa per le cinque. Poi, a un certo punto, ha smesso di tornare alle cinque. Tornava più tardi o non tornava affatto.

Se n'era accorta anche mia moglie. "Non lo vedo lì a casa da tre giorni", mi diceva.

"Neanch'io". Avevo sentito alzare la voce di là qualche mattina prima e uno dei bambini stava piangendo, o tutt'e due.

Poi al mercato, la signora che abitava accanto a Mary Rice dall'altra parte aveva detto a mia moglie che Mary e il marito si erano separati. "Ha piantato moglie e figli", così le aveva detto. "Quel figlio di puttana".

E non molto tempo dopo, siccome doveva mantenersi da sola dato che il marito si era licenziato e trasferito altrove, Mary Rice si era messa a lavorare in un ristorante dove serviva cocktail e ben presto aveva cominciato a stare sveglia tutta la notte ad ascoltare musica e libri registrati. Certe volte cantava, altre volte intonava un motivetto a bocca chiusa. La signora che abitava dall'altra parte disse anche che Mary Rice si era iscritta a due corsi per corrispondenza dell'università. Si stava rifacendo una vita, aveva detto la vicina, e questa nuova vita comprendeva anche i due bambini.

## L'AUTORE

**Raymond Carver** nasce nel 1938 in un piccolo villaggio dell'Oregon, ma cresce nello Stato di Washington. A soli 19 anni si sposa e a 21 è già padre di due bambini. Con la famiglia si stabilisce in California, dove frequenta l'università (si laurea nel 1963 all'Humboldt State College) e nello stesso tempo lavora (come operaio di segheria, addetto alle pulizie in un ospedale). Dopo la laurea segue i corsi di scrittura creativa dello Iowa Writers' Workshop, comincia a pubblicare racconti e poesie su riviste e quotidiani, lavora come docente universitario di scrittura creativa. Nella vita privata è in crisi con la famiglia e l'alcolismo da cui è affetto sta minando la sua salute. Il 2 giugno 1977 è una data importante nella sua biografia: si separa dalla moglie e smette di bere. Ha inizio così quella che lui ha chiamato la sua "seconda vita". Si lega alla poetessa Tess Gallagher (1943); insegna Letteratura inglese presso l'Università di Syracuse, nello Stato di New York; scrive e pubblica molto, guadagnandosi la fama di migliore scrittore di racconti della sua generazione. Nel 1983 lascia l'insegnamento e si stabilisce a Port Angeles, nello Stato di Washington, dove si dedica esclusivamente alla scrittura. Muore nel 1988, a soli 50 anni, per un tumore al cervello.

La raccolta *Vuoi stare zitta per favore?* (1976) comprende 22 racconti che hanno per protagonisti figure ordinarie della provincia americana avvolte in un'atmosfera vagamente minacciosa. Seguono le raccolte *Di cosa parliamo quando parliamo d'amore* (1981) e *Cattedrale* (1983). Tra il 1983 e il 1987 lo scrittore lavora ai racconti di *Chi ha usato questo letto?* Nel 1988 raccoglie i suoi racconti migliori in *Da dove sto chiamando*. Postuma è uscita la raccolta di inediti *Se hai bisogno, chiama* (2000).

Carver è stato anche poeta. Ricordiamo le raccolte di poesie *Racconti in forma di poesia* (1986), *Blu oltremare* (1986), *Il nuovo sentiero per la cascata* (1988, postumo). Alcuni dei suoi saggi si trovano nelle raccolte *Voi non sapete che cos'è l'amore. Saggi, poesie, racconti* (1983) e *Il mestiere di scrivere* (1997).

L'inverno ormai si avvicinava e così ho deciso di montare le finestre antiuragano. Ero lì fuori sulla scala, quando i due bambini della casa accanto, Michael e Susan, si sono precipitati in strada con il loro cane, sbattendosi la porta alle spalle. Si sono messi a correre lungo il marciapiedi infagottati nei loro cappottini e prendevano a calci i mucchi di foglie.

Mary Rice si è affacciata sulla porta e li ha seguiti con lo sguardo. Poi si è rivolta a me.

"Salve!", ha detto. "Vedo che si sta preparando per l'inverno".

"Già", ho risposto. "Non manca poi molto".

"Proprio così", ha detto lei. Poi è rimasta in attesa per un po', come se volesse aggiungere qualcosa. Invece ha detto: "Be', mi ha fatto piacere parlare con lei".

"Il piacere è tutto mio", le ho detto.

Questo è successo poco prima del giorno del Ringraziamento[3]. Una settimana dopo, quando sono andato in camera a portare caffè e succo di frutta a mia moglie, l'ho trovata già sveglia, seduta sul letto e pronta a raccontarmi il sogno. Mi ha fatto cenno di sedermi, dando dei colpetti sul letto accanto a sé.

"Questo lo devo scrivere per forza", ha detto. "Sta' a sentire e poi dimmi se non ho ragione".

"Racconta", le ho detto. Ho preso un sorso dalla sua tazza e poi gliel'ho passata. Lei ci ha messo le mani intorno, come se avesse le mani fredde.

"Stavamo su una nave", ha esordito.

"Non ci siamo mai stati su una nave", ho detto io.

"Lo so, comunque stavamo su una nave, una nave grande, da crociera. Eravamo a letto, in una cuccetta o qualcosa del genere, quando a un certo punto un tizio ha bussato alla porta e si è presentato con un vassoio di paste. È entrato, ha lasciato lì le paste e se n'è andato. Io sono scesa dal letto e ho fatto per prendere una di queste paste. Avevo una gran fame, sai, ma quando ne ho toccata una mi sono bruciata i polpastrelli. Poi mi si sono cominciate ad arricciare le dita dei piedi – hai presente come fanno quando si prende un grosso spavento? E così mi sono rimessa a letto, ma si sentiva una musica forte – era Skrjabin[4] – e poi qualcuno si è messo a far tin-

3 **giorno del Ringraziamento**: è una festa celebrata negli Stati Uniti ogni quarto giovedì di novembre, durante la quale si ringrazia il Signore per il raccolto. Al carattere iniziale cristiano si è sovrapposto quello di vera e propria festa nazionale.

4 **Skrjabin**: compositore e pianista russo (1872-1915).

Torsten Jovinge, *Natura morta con tazze rosse*, 1948.

tinnare dei bicchieri, centinaia di bicchieri, forse addirittura migliaia, e tutti questi bicchieri tintinnavano insieme. Così t'ho svegliato e te l'ho detto e tu hai risposto che saresti andato a vedere che cos'era tutto quel baccano. Mentre tu eri via, ricordo di aver visto passare la luna fuori dell'oblò, e poi la nave deve aver invertito la rotta o qualcosa del genere, perché la luna è ritornata e ha illuminato tutta la cabina. Poi sei tornato tu, eri ancora in pigiama, e ti sei rimesso a letto a dormire senza dire neanche una parola. La luna brillava appena fuori dell'oblò e nella cabina sembrava che splendesse ogni cosa, ma tu non hai detto niente lo stesso. Ricordo che ho avuto un po' di paura di te, per il fatto che non dicevi niente, e mi si sono arricciate le dita dei piedi un'altra volta. Poi mi sono riaddormentata... ed eccomi qua. Che ne dici? Non è un sogno strano? Dio! Come lo interpreti? Non è che hai sognato qualcosa anche tu?" Ha bevuto un po' di caffè e si è messa a fissarmi.

Ho scosso la testa. Non sapevo che dire e così le ho detto che avrebbe fatto bene a scrivere tutto sul suo taccuino.

"Dio mio, non lo so mica. Stanno diventando troppo strani. Tu che dici?"

"Mettilo nel tuo libro".

Ben presto è arrivato Natale. Abbiamo comprato un albero, l'abbiamo decorato e la mattina di Natale ci siamo scambiati i regali. Dotty mi ha comprato un paio di mezzi guanti nuovi, un mappamondo e un abbonamento alla rivista dello Smithsonian[5]. Io a lei un profumo – è arrossita quando ha scartato il pacchetto – e una camicia da notte nuova. Mi ha abbracciato. Poi siamo andati in macchina dall'altra parte della città dove eravamo invitati a pranzo da amici.

Tra Natale e Capodanno ha cominciato a fare ancora più freddo. È nevicato e poi è rinevicato un'altra volta. Michael e Susan un giorno sono usciti e sono rimasti fuori parecchio, tanto che hanno fatto un pupazzo di neve. Gli hanno ficcato una carota in bocca. Di sera vedevo il riflesso della televisione accesa in camera loro. Mary Rice continuava ad andare al lavoro tutte le sere e a tornare all'alba. Rosemary veniva a badare ai bambini e ogni notte, per tutta la notte, le luci rimanevano accese.

La sera dell'ultimo dell'anno siamo andati di nuovo a cena dai nostri amici dall'altra parte della città, abbiamo giocato a bridge, guardato un po' la televisione e a mezzanotte abbiamo stappato una bottiglia di champagne. Ho stretto la mano a Harold e ci siamo fumati un sigaro insieme. Poi io e Dotty abbiamo ripreso la macchina e siamo tornati a casa.

Ma – e qui comincia la parte peggiore – quando siamo arrivati dalle nostre parti abbiamo trovato la strada bloccata da due macchine della polizia. I lampeggianti sul tetto giravano vorticosamente. Altre macchine, di automobilisti curiosi, erano parcheggiate lì intorno e parecchia gente era uscita di casa. La gente era per lo più vestita elegante e con il cappotto, ma c'era anche chi indossava un giaccone sopra il pigiama, ed era chiaro che se li erano messi in gran fretta. In fondo alla strada erano parcheggiate due autopompe e un'altra era nel vialetto della casa di Mary Rice.

Ho detto a un agente come mi chiamavo e che abitavo lì, dov'era l'autopompa – "Ma sono davanti a casa nostra!", aveva esclamato Dotty – e l'agente ci ha detto di parcheggiare da una parte.

"Cos'è successo?", gli ho chiesto.

"Credo che uno di quei termoconvettori[6] ha preso fuoco. Perlomeno, così ho sentito dire. C'erano un paio di ragazzini in casa. Tre, contando la baby-sitter. Lei se l'è cavata. Ma mi sa che i bambini non ce l'hanno fatta. Asfissia da fumo".

5 **rivista dello Smithsonian**: lo Smithsonian Institution è un polo di ricerca americano, fondato nel 1846, di cui fanno parte diversi musei e che pubblica la rivista "Smithsonian Magazine".

6 **termoconvettori**: apparecchi di riscaldamento per ambienti.

Ci avviammo lungo la strada verso casa nostra. Dotty camminava al mio fianco, aggrappandosi al mio braccio. “O Dio mio!”, ha detto.

Tom Hutchinson, *Pompiere in azione*, 2004. (Collezione Privata)

Vicino alla casa di Mary Rice, alla luce dei fari delle autopompe, vedevo un uomo in piedi sul tetto con un idrante. Però ormai non uscivano che poche gocce d’acqua. La finestra della camera da letto era sfondata e all’interno vedevo un uomo che si aggirava con in mano quella che poteva essere un’ascia. Poi un altro è uscito dalla porta davanti portando qualcosa in braccio e ho visto che era il cane dei bambini. A quel punto mi sono sentito malissimo.

C’era una troupe mobile di una tv locale e un tizio stava riprendendo con una telecamera a spalla. I vicini erano tutti ammucchiati da una parte. Le autopompe tenevano i motori accesi e di tanto in tanto dall’interno delle cabine uscivano voci che gracchiavano dagli altoparlanti. Ma nessuno diceva una parola, fra tutti quelli che assistevano alla scena. Li ho guardati bene e a un certo punto ho riconosciuto Rosemary, in piedi, con la bocca aperta, accanto alla madre e al padre. Poi i pompieri, omoni con gli stivali, l’impermeabile e l’elmetto, gente che sembrava indistruttibile come se potesse campare altri cent’anni, hanno portato fuori i bambini su due barelle. Sono usciti, uno al capo e uno ai piedi di ogni barella, e hanno portato fuori i bambini.

“Oh no!”, hanno esclamato le persone lì vicino. E poi ancora: “Oh no, no!”, qualcuno ha gridato.

I pompieri hanno appoggiato le barelle a terra. Un uomo in borghese, con un berretto di lana in testa, si è fatto avanti e ha auscultato con uno stetoscopio[7] i bambini, se per caso il cuore batteva ancora, poi ha fatto un cenno del capo verso gli infermieri dell’ambulanza, che si sono avvicinati per prendere le barelle.

A quel punto è arrivata un’utilitaria e Mary Rice è saltata fuori dal sedile del passeggero. È corsa verso gli uomini che stavano per infilare le barelle nell’ambulanza. “Metteteli giù!”, ha gridato. “Metteteli giù!”

E gli infermieri si sono bloccati, hanno rimesso giù le barelle e hanno fatto un passo indietro. Mary Rice si è chinata sui figli e si è messa a ululare – sì, non c’è un’altra parola. La gente ha fatto un passo indietro e poi si sono fatti avanti di nuovo quando lei è caduta in ginocchio sulla neve accanto alle barelle e toccava con le mani ora la faccia del bambino, ora quella della bambina.

L’uomo in borghese con lo stetoscopio si è avvicinato e si è inginocchiato accanto a Mary Rice. Un altro – poteva essere il capo dei pompieri oppure il suo vice – ha fatto un segno agli infermieri e poi si è avvicinato a Mary Rice e l’ha aiutata a rialzarsi, mettendole un braccio sulle spalle. L’uomo in borghese le stava al fianco, ma senza toccarla. Il tizio che l’aveva accompagnata in macchina si è avvicinato per vedere cosa stava succedendo, ma era solo un ragazzo dall’aria spaventata, uno sguattero o un inserviente del ristorante. Non aveva alcun diritto di stare lì ad assistere al dolore di Mary Rice, e lo sapeva. Si teneva lontano dalla gente, guardando fisso le barelle mentre gli infermieri le infilavano nel retro dell’ambulanza.

“No!”, ha gridato Mary Rice, e ha fatto un balzo verso l’ambulanza mentre caricavano le barelle.

7 **stetoscopio**: strumento medico usato per auscultare il cuore.

È stato allora che mi sono avvicinato a lei – nessun altro si muoveva – le ho preso il braccio e le ho detto: “Mary, Mary Rice”.

Si è girata di scatto verso di me e ha detto: “Non ti conosco, che cosa *vuoi*?” Ha tirato indietro il braccio e mi ha dato uno schiaffo in faccia. Poi è salita sull’ambulanza insieme agli infermieri e l’ambulanza si è avviata per la strada, scivolando sulla neve, con la sirena spenta, mentre la gente faceva largo.

Quella notte ho dormito malissimo. Anche Dotty si lamentava nel sonno e non la smetteva più di rigirarsi. Sapevo che, nel sogno, era in qualche posto lontano da me, tutta la notte. La mattina dopo non le ho chiesto che cosa aveva sognato e lei non si è offerta di dirmelo. Ma quando sono arrivato da lei con il caffè e il succo di frutta, l’ho trovata con il taccuino e la penna in grembo. Ha chiuso la penna nel taccuino e mi ha guardato.

“Che succede qui accanto?”, mi ha chiesto.

“Niente”, ho risposto. “La casa è al buio. La neve è tutta segnata dalle tracce delle gomme. La finestra della stanza da letto dei bambini è sfondata. Tutto lì. Nient’altro. Se non fosse per quello, per la finestra, non si capirebbe neanche che c’è stato un incendio. Non si capirebbe mica che sono morti due bambini”.

“Quella povera donna!”, ha esclamato Dotty. “Dio buono, povera donna, povera disgraziata. Che Dio l’aiuti! E che aiuti anche noi”.

Per tutta la mattinata, ogni tanto la gente in macchina rallentava e guardava la casa di Mary Rice. Altri addirittura si avvicinavano alla casa e guardavano la finestra sfondata, le tracce delle gomme che avevano macinato la neve davanti alla casa e poi continuavano per la loro strada. Verso mezzogiorno, mentre guardavo dalla finestra, ho visto arrivare una familiare[8] che ha parcheggiato nel vialetto. Ne sono scesi Mary Rice e il suo ex marito, il padre dei bambini, e si sono avviati dentro casa. Camminavano piano e l’uomo l’ha sostenuta per un braccio quando hanno salito i gradini. La porta della veranda era rimasta aperta dalla notte precedente. È entrata prima lei, poi lui l’ha seguita.

Quella sera, al telegiornale locale, abbiamo visto tutta la faccenda un’altra volta. “Non riesco a guardare questa roba”, ha detto Dotty, ma ha continuato a guardarla lo stesso, proprio come me. Si vedeva la casa di Mary Rice e un pompiere sul tetto con un idrante che gettava acqua attraverso la finestra sfondata. Poi si vedeva che portavano fuori i bambini in barella e Mary Rice che cadeva in ginocchio. Poi quando caricavano le barelle sull’ambulanza, Mary Rice che si gira di scatto verso qualcuno e grida: “Che cosa *vuoi*?”

Il giorno dopo, a mezzogiorno, la familiare è tornata davanti alla casa. Appena ha parcheggiato, prima ancora che l’autista potesse spegnere il motore, Mary Rice è venuta giù dai gradini. L’uomo è sceso dalla macchina, ha detto: “Ciao, Mary”, e le ha aperto la portiera sul lato del passeggero. Poi si sono avviati per andare al funerale.

Dopo il funerale l’uomo si è fermato per quattro notti, poi una mattina, quando mi sono alzato, come al solito presto, la familiare non c’era più e mi sono reso conto che se n’era andato durante la notte.

Quel mattino Dotty mi ha raccontato un altro sogno che aveva fatto. Era in una casa di campagna e un cavallo bianco si era avvicinato e l’aveva guardata attraverso una finestra. E a quel punto si era svegliata.

“Voglio fare qualcosa per esprimere il nostro dolore”, ha detto Dotty. “Voglio invitarla a cena, magari”.

8 **familiare**: un’automobile familiare, cioè capiente e con un bagagliaio ampio, adatto alle esigenze di una famiglia.

Però sono passati i giorni e non abbiamo fatto niente, io e Dotty, per invitarla da noi. Mary Rice era tornata a lavorare, solo che adesso lavorava di giorno, in un ufficio, e la vedevo uscire di casa la mattina e tornare poco dopo le cinque. Le luci si spegnevano verso le dieci di sera. Le tende nella stanza dei bambini erano sempre tirate e, anche se non lo sapevo, immaginavo che la porta fosse sempre chiusa.

Verso la fine di marzo, un sabato, sono uscito per togliere le controfinestre. Ho sentito un rumore e quando mi sono girato ho visto Mary Rice che cercava di rivoltare un po' di terra dietro casa sua. Indossava calzoni larghi, un maglione e un cappello da sole. "Oh, salve", ho detto.

"Salve", ha detto lei. "Magari sto precipitando un po' le cose. Ma è che ho un sacco di tempo libero, ormai, capisce? E poi, be', sul pacchetto c'è scritto che adesso è la stagione adatta". Ha tirato fuori dalla tasca un pacchetto di semi. "L'anno scorso i miei figli hanno fatto il giro dei vicini a vendere semi. Stavo pulendo i cassetti e ne ho ritrovati vari pacchi".

Non le ho detto di quelli che avevo anch'io in un cassetto della cucina. "È un sacco di tempo che io e mia moglie volevamo invitarla a cena", le ho detto. "Le andrebbe di venire una di queste sere? Verrebbe stasera stessa, se è libera?"

"Mi sa di sì. Certo. Ma non so neanche come si chiama. E nemmeno sua moglie".

Gliel'ho detto e poi ho aggiunto: "Alle sei le va bene?"

"Quando? Ah, certo. Le sei vanno benissimo". Ha rimesso mano alla vanga e l'ha affondata nel terreno. "Finisco di piantare questi semi. Alle sei sarò da voi. Grazie".

Sono rientrato in casa per dire a Dotty della cena. Ho preso i piatti del servizio buono e tirato fuori l'argenteria. Quando ho guardato di nuovo fuori, Mary Rice non era più in giardino.

R. Carver, *Se hai bisogno, chiama. Racconti inediti*, trad. it. di R. Duranti, minimum fax, Roma, 2000

Félix Vallotton, *Donna addormentata*, 1899. (Collezione Privata)

## per L'ANALISI del TESTO

### La provincia americana

Il racconto di Carver s'inserisce nel tema della **vita quotidiana della provincia americana**. Protagonista è la gente comune, il cui destino sembra già scritto in maniera immutabile, salvo improvvisi accadimenti che squarciano la normalità e così tutto finisce per assumere un carattere enigmatico, a volte minaccioso.

### Un'apparente felicità

Il protagonista vive giornate di assoluta calma e serenità. Ha accanto a sé una moglie che lo ama e che di notte sogna regolarmente. Questi sogni hanno il carattere della stranezza, se non addirittura della bizzarria – come tutti i **sogni**, si direbbe – e non sembrano avere alcuna attinenza con la vita reale. Il fatto che la donna li racconti al marito crea un **clima di sospensione** all'interno del racconto. Questi sogni restano lì in attesa di sviluppi, costituiscono una riserva mentale della moglie, rispetto alla quale il marito è solo semplice uditore.

La situazione idilliaca è arricchita dalla presenza di Mary Rice, una vicina di casa che affronta con animo sereno la sua condizione di moglie separata e di madre di due figli. Canta, è dolce e attenta con i suoi due bambini, sorride e saluta i vicini, è gentile con il protagonista e narratore del racconto.

### La dolorosa realtà

Lo scorrere tranquillo della quotidianità è però ingannevole perché dietro l'angolo è sempre in agguato la **minaccia** in grado di stravolgere anche le situazioni più consolidate di felicità. È così che un incendio brucia la casa della vicina, soffocando i due bambini e travolgendo quella serenità di rapporti e di vita che illusoriamente tutti i soggetti stavano vivendo. A quel punto anche i sogni della moglie del protagonista assumono un carattere ostile: infatti, la donna non li racconta più al marito per non turbarlo ulteriormente.

La vicenda non ha una conclusione fiduciosa, perché il tentativo del protagonista di avvicinare Mary Rice, ormai sola, con un invito a cena, mostra la donna un po' distratta, non del tutto presente a se stessa, la qual cosa è comprensibile se si pensa alla tragedia che ha vissuto.

### La tecnica narrativa

Lo **stile** di Carver è **semplice e chiaro** nella scelta linguistica; i periodi sono lineari, senza eccessive subordinazioni. Lo sviluppo della trama appare piuttosto **lento**, predominando **sequenze di carattere narrativo**, con l'inserimento di alcuni **dialoghi**. Ne risulta un racconto pacato che ben illustra la lentezza dello scorrere della vita di questi personaggi, un racconto che mantiene la sua regolarità stilistica anche quando, nelle battute finali, i fatti si fanno drammatici.

Paul Klee, *Incendio sotto la luna piena*, 1933. (Essen, Museum Folkwang)

# Attività

## Leggere e comprendere

1 **Il titolo** Dopo aver letto il racconto nel quale sono presenti anche fatti molto drammatici, rifletti sul titolo che l'autore attribuisce al testo e cerca di spiegarne la ragione.

2 **I sogni** Quale importanza hanno i sogni della moglie?
- **a.** Permettono al marito di conoscerla meglio
- **b.** Costituiscono un momento di arricchimento personale della moglie
- **c.** Sono un elemento importante per analizzare la psiche della donna
- **d.** Lasciano alla donna uno spazio privato che la allontana dal marito

3 **Il sogno più interessante** Tra i sogni riferiti dalla moglie, scegli quello che ti pare più interessante e raccontalo usando parole tue.

4 **I rapporti di coppia** Da quali sentimenti sono caratterizzati i rapporti tra i due coniugi?
- **a.** Gelosia
- **b.** Rancore
- **c.** Affetto
- **d.** Competitività

5 **Lo stile di vita** Come definiresti la vita della coppia e degli abitanti del quartiere?
- **a.** Frenetica
- **b.** Noiosa
- **c.** Piena d'ansia
- **d.** Tranquilla

6 **La vicina** Le azioni di Mary Rice osservate dal protagonista suggeriscono che la vicina sia (sono possibili più risposte):
- **a.** una donna debole e lamentosa
- **b.** una madre dolce e decisa
- **c.** una donna forte e di buona cultura
- **d.** una donna prepotente

7 **I semi** Perché il protagonista compera i semi dai figli di Mary Rice?

8 **Un uomo fortunato** In un passo del racconto l'autore si dichiara fortunato. Quali motivazioni adduce?

9 **La morte** Qual è la causa della morte improvvisa dei figli di Mary Rice?

10 **La forza di continuare** Dopo la tragica morte dei figli, Mary Rice torna lentamente a una dolorosa normalità. Chi la aiuta? Che cosa cambia?

11 **L'invito a cena** Il protagonista e la moglie si decidono, dopo qualche tempo, a invitare a cena Mary Rice. Da quale intenzione sono mossi?
- **a.** Vogliono mostrare la loro abilità in cucina
- **b.** Vogliono distrarre la donna dal dolore per la morte dei figli
- **c.** Vogliono esprimere il loro dolore e la loro vicinanza
- **d.** Vogliono che la donna possa contare sul loro aiuto

## Riconoscere e analizzare

12 **Il tempo** Sottolinea le indicazioni cronologiche presenti nel testo e ricava la durata della vicenda.

13 **Lo spazio** Non vi sono indicazioni precise del luogo in cui si svolge la vicenda, ma alcune informazioni indirette ci permettono di identificarlo, almeno in generale. Quali sono e quale luogo identificano?

14 **I personaggi** Elenca i personaggi principali e indica il loro *status*.

15 **Le sequenze** Quale tipo di sequenze prevalgono nel testo?

16 **Il ritmo narrativo** Quale delle seguenti affermazioni può definire correttamente il ritmo del racconto?
- **a.** Ritmo incalzante con frequenti ellissi
- **b.** Ritmo lento per numerose scene e pause e per il lessico ripetitivo
- **c.** Ritmo vario per l'alternarsi di scene ed ellissi
- **d.** Ritmo lento per una prevalenza di scene

17 **Il narratore** Il narratore del racconto è un:
- **a.** narratore interno omodiegetico
- **b.** narratore esterno eterodiegetico
- **c.** narratore esterno occulto
- **d.** narratore esterno palese

18 **Il punto di vista** Come puoi definire la focalizzazione del racconto?

19 **Lo stile** Quale registro linguistico utilizza l'autore nel testo?

a. Colloquiale, ripetitivo e per lo più paratattico
b. Colloquiale e prevalentemente ipotattico
c. Elevato e con un lessico molto ricercato
d. Formale e ipotattico

## Rielaborare e produrre

20 **Il riassunto** Ti forniamo in ordine sparso i titoli di una possibile suddivisione in sequenze. Riordinali e stendi un riassunto di 200 parole.

a. L'inverno e il sogno della nave
b. Natale e la tragedia di Capodanno
c. L'abitudine di Dotty a fare, raccontare e scrivere sogni
d. I giorni successivi alla morte dei bambini
e. Le abitudini di vita di Mary Rice
f. La ripresa coraggiosa di Mary Rice e l'invito a cena
g. Il marito di Mary Rice
h. L'osservazione di Mary Rice

21 **Il tuo racconto** Ricorda un tuo sogno e raccontalo in modo chiaro. Pensa se esso poteva avere attinenza con qualche aspetto della tua vita e metti per iscritto le tue scoperte in un testo di 400 parole.

22 **La tua interpretazione** I sogni sono una parte importante della vita di ogni uomo, tanto che la psicoanalisi freudiana, nata agli inizi del Novecento, li usa come strumento di terapia per i disturbi mentali. Anche nella quotidianità essi hanno un profondo legame con la vita del singolo. Tenendo conto di queste osservazioni, prova a spiegare perché Dotty non ha raccontato, come di consueto, al marito il sogno fatto la notte in cui sono morti i bambini. Ti forniamo quattro possibili spiegazioni. Scegli quella secondo te corretta e motiva la tua scelta.

a. Non ha fatto nessun sogno
b. Ha sognato di essere innamorata di un altro uomo
c. Non ha voluto rivelare il contenuto triste del sogno per non affliggere il marito
d. Non ha voluto raccontare un sogno allegro per non sembrare insensibile

23 **Discutere** Come interpreti le parole e il gesto di Mary Rice riportati alle righe 236-237 («Si è girata di scatto verso di me e ha detto: "Non ti conosco, che cosa *vuoi*?" Ha tirato indietro il braccio e mi ha dato uno schiaffo in faccia»)? Il suo comportamento deriva dall'indignazione per l'intromissione di un estraneo in un momento tragico oppure costituisce una reazione rabbiosa a un inesprimibile dolore? Raccogli gli elementi validi per sostenere le due interpretazioni, anche in un eventuale dibattito in classe.

per approfondire

Paolo Cognetti

# Una passione smodata per il racconto

Da paolocognetti.blogspot.it

Testo espositivo

L'autore rivela la sua preferenza per la lettura dei racconti. Ne spiega le motivazioni; suggerisce i suoi autori preferiti di tradizione americana e conclude con una dichiarazione d'amore, naturalmente per il racconto.

Ho cominciato a leggere racconti verso i sedici anni. [...] Sono tortuose le vie che ti portano da un libro all'altro: allora la mia tecnica era quella di cercare gli scrittori preferiti dei miei scrittori preferiti – e in effetti funzionava. Mi piacevano gli americani per la loro lingua semplice, e per la vita che traboccava dai loro libri.

Mi ero già accorto anche di preferire i racconti ai romanzi: avevo sedici anni e una fretta del diavolo, volevo storie che si potessero leggere tutte in una volta, ero impaziente di sapere come andavano a finire; dei romanzi saltavo le pagine per arrivare in fondo il prima possibile. Presto dentro presto fuori, per dirla con Carver[1]. Lui era un altro che si annoiava subito: non mi fate annoiare, diceva, perché se no a pagina due scaglio il libro contro il muro. È il caratteraccio tipico del lettore di racconti.

Votandomi alla forma breve non sapevo che avrei avuto una vita così dura, ma lo scoprii molto presto. Le raccolte di racconti in libreria erano rare, ben nascoste negli scaffali più bui, destinate a tornare in fretta negli scatoloni. Quelle tradotte dall'americano risultavano misteriosamente manomesse: mancavano racconti dell'edizione originale, l'ordine era cambiato, il titolo irriconoscibile; un'antologia monumentale veniva spezzettata in libricini a cadenza incerta, che poi smettevano di uscire perché non li comprava nessuno. C'erano titoli fuori catalogo[2] alla cui ricerca battevo biblioteche e mercatini delle pulci.

1 **Carver**: Raymond Carver (1938-1988), scrittore e poeta statunitense (► p. 165).

2 **titoli fuori catalogo**: libri che non vengono più ristampati dall'editore.

## L'AUTORE

**Paolo Cognetti** è uno scrittore milanese nato nel 1978. Esordisce come autore di documentari che raccontano vicende incentrate sul rapporto odierno tra i giovani, il territorio e il loro vissuto. Si occupa di letteratura americana contemporanea: *New York Stories* (2015) è il suo ultimo libro, un'antologia di racconti sulla città di New York scritti da autori del Novecento. Ricordiamo le sue raccolte di racconti *Manuale per ragazze di successo* (2004), *Una cosa piccola che sta per esplodere* (2007). Nel saggio *A pesca nelle pozze più profonde* (2014) presenta una sua personale riflessione sull'arte di scrivere racconti: la narrativa breve è da sempre la forma espressiva più praticata e amata da Cognetti. Sul blog paolocognetti.blogspot.it Cognetti parla degli argomenti che più gli stanno a cuore: i libri, l'America, la montagna.

Ricordo nitidamente[3] il giorno in cui mia sorella mi procurò una vecchia edizione dei racconti di Cheever[4], scomparsa da anni, intitolata *Addio fratello mio* (eravamo andati a vivere in due case diverse, e il titolo le era sembrato benaugurante). O il ritrovamento miracoloso di una copia di *Jesus' Son* – l'esordio di Denis Johnson[5] – tra i fondi di magazzino[6] di una libreria di Torino. E poi gli anni passati a cercare Harold Brodkey[7], *Primo amore e altri affanni*, perché lo vedevo citato dappertutto ma i cataloghi Mondadori l'avevano depennato da un pezzo, finché non lo pescai incredulo al chiosco dei libri usati di piazzale Baracca. E ancora un numero di "Panta"[8] del 1994, in cui venivano proposte alcune nuove voci della letteratura americana, e facevano il loro esordio da noi, *tutti insieme*, scrittori come Charles D'Ambrosio[9], Jennifer Egan[10], Jeffrey Eugenides[11], Donna Tartt[12], William Vollmann[13], David Foster Wallace[14]: prima di ogni racconto c'era una foto dell'autore a tutta pagina, e io stavo lì a fissare quei volti come fossero lontani amici di penna[15]. Cosa stavano facendo adesso? Sarebbero mai diventati dei grandi scrittori, o il loro momento di gloria finiva lì? Wallace aveva la bandana in testa e quella sua aria da bambinone corrucciato. D'Ambrosio pescava trote sulla riva di un fiume

Una libreria con gli scaffali pieni di libri.

3 **nitidamente**: chiaramente.

4 **Cheever**: John Cheever (1912-1982) è uno scrittore statunitense.

5 **Denis Johnson**: di origine tedesca (nato nel 1949), poi trasferitosi a New York, autore di racconti, saggi e poesie.

6 **fondi di magazzino**: depositi librari di opere non ritenute più commerciabili.

7 **Harold Brodkey**: scrittore e giornalista statunitense (1930-1996).

8 **"Panta"**: rivista quadrimestrale in uscita dal 1990 che si occupa di letteratura e critica letteraria.

9 **Charles D'Ambrosio**: scrittore di racconti e saggi, nato a Seattle nel 1958.

10 **Jennifer Egan**: scrittrice statunitense (1962) vincitrice del premio Pulitzer 2011 con il romanzo *Il tempo è un bastardo*.

11 **Jeffrey Eugenides**: scrittore nato a Detroit nel 1960, vincitore del premio Pulitzer 2003 con il romanzo *Middlesex*.

12 **Donna Tartt**: scrittrice statunitense nata nel 1963. Ha vinto il premio Pulitzer 2014 con il romanzo *Il cardellino*.

13 **William Vollmann**: scrittore, giornalista e saggista statunitense, nato nel 1959.

14 **David Foster Wallace**: scrittore e saggista statunitense (1962-2008), raggiunse la notorietà con il romanzo *Infinite Jest* (1996).

15 **amici di penna**: così si chiamano le persone con le quali si intrattiene una lunga e continua corrispondenza.

impetuoso, e in quel momento scrivere sembrava proprio l'ultimo dei suoi pensieri.

Il racconto di Wallace in quell'antologia era il bellissimo *Per sempre lassù*. Quello di D'Ambrosio, *Il suo vero nome*, riusciva perfino a superarlo. Ogni tanto incontravo lettori – e se per questo li incontro ancora – che dichiaravano con noncuranza: "io non leggo racconti", come un amante della musica che si rifiuti di ascoltare il jazz. Abitavamo decisamente mondi diversi. Così cominciai a dire in giro, con la stessa aria di superiorità, che io non leggevo romanzi. Ed era vero. Ho letto davvero pochissimi romanzi in vita mia, ma ho una biblioteca di racconti che per anni è stata il mio orgoglio e la mia compagnia. Noi lettori di racconti facciamo una cosa che coi romanzi non si fa: la sera abbassiamo le luci, sfiliamo dalla biblioteca un vecchio racconto che abbiamo amato molto, lo mettiamo sul piatto[16] e ci sediamo in poltrona a gustarcelo come un pezzo già ascoltato mille volte, sapendo a memoria come gira la musica, assaporandola proprio per questo.

La copertina del libro di Paolo Cognetti *A pesca nelle pozze più profonde. Meditazioni sull'arte di scrivere racconti*, minimum fax, Roma, 2014.

Poi c'erano gli editori. Quelli che pubblicavano racconti li consideravo eroi carbonari[17]. Erano piccoli, quegli editori lì, e potevano pubblicare solo i libri che i grandi editori scartavano, come cercando tesori nella discarica sconfinata dei libri che non vuole nessuno. C'erano i misteriosi Serra & Riva (negli anni Ottanta avevano scoperto *Cattedrale* di Carver e *Il percorso dell'amore* di Alice Munro[18]). La benemerita Tartaruga (editore femminista che ha sempre pubblicato solo donne, tra cui ancora la Munro, Margaret Atwood[19], Grace Paley[20], e poi una raccolta di racconti che per anni ho sostenuto essere il mio libro preferito: *Ho un debole per i cowboy* di Pam Houston[21]). E poi editori che nella mia testa collegavo a uno scrittore-bandiera: Marcos y Marcos pubblicava John Fante[22], Fandango pubblicava Cheever, e/o pubblicava Joyce Carol Oates[23], minimum fax pubblicava Carver e poi dal 2001, con *Burned Children of America*, cominciò a pubblicare un'intera generazione di scrittori di racconti, e io li ho letti proprio tutti dal primo all'ultimo. Thom Jones[24]. David Means[25]. Charles D'Ambrosio. A.M. Homes[26]. George Saunders[27]. Rick Moody[28]. Di quanti scrittori mi innamorai al primo colpo. Sono stati anni entusiasmanti.

16 **piatto**: qui l'autore gioca con il doppio significato del termine: una delle due facce della copertina di un libro, ma anche la base tonda di un giradischi su cui si appoggia il disco di vinile.

17 **eroi carbonari**: qui ha il significato di editori coraggiosi.

18 **Alice Munro**: scrittrice canadese, nata nel 1931, premio Nobel 2013 (► p. 569).

19 **Margaret Atwood**: poetessa e scrittrice canadese, nata nel 1939.

20 **Grace Paley**: autrice statunitense (1922- 2007) di poesie e di racconti incentrati sulle piccole cose della quotidianità.

21 **Pam Houston**: autrice statunitense (1962) di racconti, romanzi, saggi.

22 **John Fante**: scrittore e sceneggiatore statunitense (1909-1983) di origini abruzzesi.

23 **Joyce Carol Oates**: scrittrice statunitense nata nel 1938.

24 **Thom Jones**: scrittore di racconti statunitense nato nel 1945.

25 **David Means**: autore statunitense di varie raccolte di racconti, nato nel 1961 (► p. 696).

26 **A.M. Homes**: Amy Michael Homes, scrittrice nata nel 1961, insegna alla Columbia University.

27 **George Saunders**: scrittore e saggista statunitense nato nel 1958 (► p. 680).

28 **Rick Moody**: scrittore statunitense nato nel 1961.

Dei cinquecento e passa volumi della mia collezione ce ne sono sette che ho messo uno accanto all'altro in uno scaffale appartato, che considero lo scaffale dei miei libri preferiti. *I quarantanove racconti* di Hemingway[29]. *Tutti i racconti* di Flannery O'Connor[30]. I *Nove racconti* di Salinger[31]. I *Piccoli contrattempi del vivere* di Grace Paley. *Da dove sto chiamando* di Carver. *Nemico amico amante* di Alice Munro. E *Ho un debole per i cowboy* di Pam Houston. Quattro a tre per le donne, per fortuna. Alla Tartaruga sarebbero fiere di me. Quando guardo quello scaffale sono proprio contento che quei libri siano lì, come uno è contento che una certa persona sia al mondo, e stia facendo le sue cose, pure se non la vede da un po'. Ciao, mi viene da dirgli la mattina.

Tutto questo solo per annunciare che ieri è uscito un libro che ho scritto io, e ha pubblicato minimum fax, sulla mia storia di lettore di racconti. Si intitola *A pesca nelle pozze più profonde*. Non è un manuale di pesca né di scrittura creativa. È piuttosto il tentativo di mettere insieme certi pensieri ricorrenti, certe intuizioni avute durante quegli ascolti serali; è un provare a dire perché alle storie di mille pagine preferisco quelle di venti; è un lavoro che mi ha richiesto molta fatica, più di quella che faccio di solito per scrivere una storia; e infine è una dichiarazione d'amore. Ho scritto questo libro soprattutto per dire a certi scrittori, vivi e morti, che io gli voglio bene.

È diviso in tre parti. La prima parla di mistero. La seconda parla di amore. La terza parla di Sofia. Quando un libro infine viene pubblicato sembra già una cosa lontanissima, scritta da qualcuno che eri tempo fa e che torna a cercarti dal passato: hai ancora una fretta del diavolo, salti ancora le pagine per arrivare alla fine, e quando lo sfogli non riesci a credere che quello scrittore eri proprio tu.

P. Cognetti, *A pesca nelle pozze più profonde*, post del 24 ottobre 2014 sul blog dell'autore

29 **Hemingway**: Ernest Hemingway (1899-1961) è uno dei più grandi scrittori americani del Novecento, autore di romanzi e di racconti.

30 **Flannery O'Connor**: scrittrice (1925-1964) considerata una delle voci più geniali della letteratura americana del Novecento.

31 **Salinger**: Jerome David Salinger (1919-2010, ► p. 383) è autore del romanzo di formazione *Il giovane Holden* (1951); il riferimento nel brano è alla sua raccolta di racconti del 1953.

# Attività

## Comprendere il testo espositivo

1 **L'opinione dell'autore** Perché il racconto è preferibile al romanzo, secondo Cognetti?

2 **Il pensiero di Carver** L'autore mutua il suo giudizio dall'americano Carver: «Presto dentro presto fuori» (r. 8). Che cosa s'intende con questa sintetica massima?

3 **Romanzo *vs.* racconto** Pensi che un romanzo possa offrire di più al lettore rispetto al racconto (ad esempio una maggiore profondità)?

4 **"L'ascolto di un libro"** In che modo l'autore si gusta alla sera un libro?

5 **Le tue letture** Fra i titoli dei racconti che ricorrono nel brano, c'è un racconto che hai letto anche tu? Spiega se ti è piaciuto e perché.

6 **Discutere** Fra i numerosi autori citati nel testo, ce ne sono alcuni presenti nell'antologia (Carver, Munro, Means, Saunders). Leggi i loro racconti e spiega quale ti è piaciuto e perché in un intervento orale di 10 minuti.

## Analizzare il testo espositivo

7 **Il lessico** Nel testo viene usato un lessico specifico del settore editoriale. Sottolinea le parole relative a questo ambito.

# RACCOGLIAMO LE IDEE

## 1 Sintesi dei contenuti

Attraverso l'attività seguente e le citazioni tratte dai brani che hai letto, esegui un lavoro di sintesi dei concetti e delle informazioni presentati nell'Unità. Se lo ritieni utile, puoi ricercare altre citazioni per te significative.

Approfondisci il confronto tra i racconti letti completando la tabella con le informazioni mancanti, scegliendole tra quelle indicate sotto.

**Periodo storico-culturale** Seconda metà del Novecento. L'affermarsi della società dei consumi negli USA • Trecento (Basso Medioevo). Formazione della borghesia • Prima metà del Novecento. Avvento anche in Italia della rivoluzione industriale

**Tema** L'identità dell'individuo • Sentimenti tra desideri e realtà • L'intelligenza umana

**Punto di vista dell'autore sul tema** L'uomo non può esprimere mai la propria vera identità • La rivelazione di sogni è un importante aspetto della confidenza e dell'amore tra persone • Anche il più forte sentimento d'amore risulta effimero

**Relazione con il periodo storico** Con la nascita della borghesia vengono valorizzate tutte le capacità dell'individuo • La realtà interiore e quella esterna hanno lo stesso valore per l'uomo • I ritmi del lavoro e della produttività soffocano i sentimenti dell'uomo

| Autore e titolo | Periodo storico-culturale | Tema | Punto di vista dell'autore sul tema | Relazione con il periodo storico |
|---|---|---|---|---|
| G. Boccaccio, *Calandrino e l'elitropia* | | | L'intelligenza è lodata, qualunque sia il suo impiego | |
| L. Pirandello, *La carriola* | | | | Le trasformazioni socio-economiche mettono in crisi i valori tradizionali della razionalità e della fede |
| D. Buzzati, *Una lettera d'amore* | Anni Cinquanta del Novecento. Gli anni del boom economico dopo la Seconda guerra mondiale a Roma | | | |
| R. Carver, *Sogni* | | Anche il sogno notturno è parte importante della vita | | |

## 2 Citazioni dai brani

Noi la troveremo per certo, per ciò che io la conosco; e trovata che noi l'avremo, che avrem noi a fare altro se non mettercela nella scarsella e andare alle tavole de' cambiatori, le quali sapete che stanno sempre cariche di grossi e di fiorini, e torcene quanti noi ne vorremo? Niuno ci vedrà; e così potremo arricchire subitamente, senza avere tutto dì a schiccherare le mura a modo che fa la lumaca.

Giovanni Boccaccio, *Calandrino e l'elitropia*

Chi vive, quando vive, non si vede: vive... Se uno può vedere la propria vita, è segno che non la vive più: la subisce, la trascina. Come una cosa morta, la trascina. Perché ogni forma è una morte.

Luigi Pirandello, *La carriola*

Sapevo che, nel sogno, era in qualche posto lontano da me, tutta la notte. La mattina dopo non le ho chiesto che cosa aveva sognato e lei non si è offerta di dirmelo.

Raymond Carver, *Sogni*

Ma prima di lasciar lo studio, cercò di mettere un po' d'ordine nella montagna di scartafacci, pratiche, progetti, protocolli, accumulatasi sulla scrivania. Sotto all'immensa pila trovò un foglio di carta da lettere senza intestazione scritto a mano. Riconobbe i propri segni.

Incuriosito, lesse: "Che baggianate, che ridicole idiozie [...] Quando ho potuto scrivere delle sciocchezze simili? E chi era questa Ornella"?

Dino Buzzati, *Una lettera d'amore*

Mi ero già accorto anche di preferire i racconti ai romanzi: avevo sedici anni e una fretta del diavolo, volevo storie che si potessero leggere tutte in una volta, ero impaziente di sapere come andavano a finire [...].

Paolo Cognetti, *Una passione smodata per il racconto*

## 3 Scrittura guidata *il testo espositivo*

Stendi un testo espositivo in cui presenti i tre brani per te più significativi fra i quattro sintetizzati nella tabella della pagina accanto. Il testo avrà come titolo "Racconti d'autore di diversi periodi storico-culturali".

Rivedi le caratteristiche del testo espositivo (▸ p. 101). Per ampliare la tua trattazione utilizza le informazioni contenute nel "profilo" che introduce l'Unità e nelle schede di presentazione e analisi dei singoli testi, e le citazioni tratte dai passi letti che vedi sopra.

Puoi servirti della scaletta presentata di seguito come punto di partenza.

**Introduzione**

- L'argomento (vedi titolo)

**Sviluppo**

- Primo paragrafo: primo testo scelto
  - L'autore e l'opera cui il passo appartiene
  - Il periodo storico in cui è stato composto (caratteristiche sociali ed economiche, aspetti dell'uomo che vengono valorizzati)
  - Personaggi del testo che incarnano queste caratteristiche socio-culturali
  - Azioni e pensieri dei personaggi che evidenziano il loro mondo interiore
- Secondo paragrafo: secondo testo scelto

  ..............................................................
- Terzo paragrafo: terzo testo scelto

  ..............................................................

**Conclusione**

- Confronti
- Valutazione personale

Erri De Luca

# Il pannello

Da
*In alto a sinistra*, 1994

Racconto di formazione

Una bravata nei confronti di una supplente provoca una guerra totale fra i docenti e un'intera classe. Gli alunni rischiano la sospensione e la perdita dell'anno scolastico. Il loro silenzio compatto irrigidisce le posizioni ed esaspera la situazione. Come uscirne?

Era stato staccato un **pannello** della cattedra per guardare le gambe della supplente. Eravamo una classe maschile, seconda liceo classico, sedicenni e diciassettenni del Sud, seduti d'inverno nei banchi con i cappotti addosso. La supplente era brava, anche bella e questo era un avvenimento. Aveva suscitato l'intero repertorio dell'ammirazione possibile in giovani acerbi: dal rossore al gesto sconcio. Portava gonne quasi corte per l'anno scolastico 1966-1967[1].

Si era accorta della manomissione solo dopo essersi seduta accavallando le gambe: aveva guardato la classe, la mira di molti occhi, era arrossita e poi fuggita via sbattendo la porta. Successe il putiferio. In quel severo istituto nessuno si era mai preso una simile licenza. Salì il preside, figura funesta che si mostrava solo in casi gravissimi. Nell'apnea[2] totale dei presenti dichiarò che esigeva i colpevoli altrimenti avrebbe sospeso l'intera classe a scadenza indeterminata, compresi gli assenti di quel giorno. Significava in quei tempi perdere l'anno, le lezioni e i soldi di quanti si mantenevano agli studi superiori con sacrificio delle famiglie. Non esisteva il TAR, quel tribunale amministrativo cui oggi si sottopongono ricorsi per ristabilire diritti. Non c'erano diritti, le scuole superiori erano un privilegio. C'era la disciplina caporalesca[3] degli insegnanti, legittima perché impersonale e a fin di bene. Il preside uscì, si ruppe quel gelido "attenti" che avevamo osservato. Non riuscimmo a sputare una parola.

Accadde una cosa impensabile: sottoposti all'alternativa di denunciare due nostri compagni o patire conseguenze gravi nello studio, quei ragazzi si zittirono a oltranza e nessuno riuscì a estorcere[4] loro quei nomi. Nessuno parlò. Questo è il racconto del comportamento ostinato di un gruppo di studenti uniti solo dal fatto di essere iscritti alla sezione B, secondo anno di liceo, dell'Istituto Umberto I di Napoli nell'anno scolastico 1966-1967. Tranne una combriccola[5] composta da ragazzi di agiata famiglia con residenza al centro, o un altro gruppo di ragazzi di pochi mezzi che si trovavano nel pomeriggio per studiare insieme, tranne qualche

**PAROLE *sotto la lente***

**Pannello**

Il sostantivo deriva da *pannellus* in latino volgare, diminutivo di *pannus*; in vari significati specifici è il calco del francese *panneau* (ant. *panel*) che ha lo stesso etimo. Indica un panno alquanto sottile, oppure ogni elemento piano che in una struttura a carattere superficiale è limitato da un riquadro, una cornice (pannello intarsiato, di armadio, per porte, ecc.). Il termine ha usi specifici nell'edilizia (pannello radiante), in aeronautica (pannello di controllo) e nel campo dell'energia pulita (pannello solare).

**Attività**

Oltre a "panno", esistono in italiano i nomi "panna" (con due accezioni) e "panne". Con l'aiuto del vocabolario, chiarisci i significati principali dei tre nomi.

1 **anno scolastico 1966-1967**: la precisazione della data serve a far capire che la vicenda è avvenuta poco prima della contestazione studentesca del 1968, quando molti mutamenti si verificarono nell'ambito della scuola e nel rapporto tra insegnanti e alunni.

2 **apnea**: sospensione del respiro.

3 **caporalesca**: ottenuta con metodi severi, da caserma.

4 **estorcere**: strappare, far rivelare.

5 **combriccola**: gruppetto di persone.

partita a pallone la domenica, niente univa quei ragazzi. Però è vero che niente ancora li divideva sanguinosamente, come sarebbe accaduto in pochi anni. Non ho più visto i compagni di quella classe, non fummo amici né soci, solo membri di un'età costretta a essere seme delle successive, inverno delle altre. Di colpo quei ragazzi spaventati si irrigidirono in un silenzio impenetrabile.

Quando il preside uscì non avevamo più freddo. Cominciava la tensione di un assedio ancora senza parole tra noi. Parlò il solo che si era opposto, quel mattino prima dell'inizio delle lezioni, allo svitamento del pannello. Era il più ligio[6] di noi e spesso veniva preso in giro per quel suo impulso all'ordine. Quel mattino era stato zittito, ora recriminava perché aveva ragione e perché quel provvedimento contro tutta la classe era un'ingiustizia ai suoi occhi. Molti non erano ancora saliti in aula quando il pannello era stato tolto. Protestava accorato con voce che sbandava tra l'acuto e il grave come succede agli adolescenti. Stavolta non faceva ridere. Non so dire perché non si rivolse mai ai due colpevoli, non li additò alla classe che ancora ne ignorava i nomi, invece se la prendeva con noi, quei pochi presenti che non l'avevano aiutato a impedire quel gesto. Si sentì solo la sua voce in quell'intervallo. Ognuno cercava di rendersi conto delle conseguenze. Qualcuno aveva la famiglia povera che non gli avrebbe permesso di ripetere l'anno. Tutti temevamo la reazione che l'episodio indifendibile avrebbe prodotto in casa. C'era chi sarebbe stato promosso a occhi chiusi e che vedeva sfumare il diritto alla borsa di studio, chi aveva già fatto spendere soldi per le lezioni private. Ognuno aveva un grado nel pericolo[7]. Eppure nessuno denunciò gli autori dello svitamento, neppure sotto la nobile causa di salvare gli altri. Nessuno chiese ai due compagni di denunciarsi. Questi si rimisero alla decisione della classe e la classe li coprì. Avrebbero altrimenti patito punizione esemplare, sa-

6 **ligio**: rispettoso delle regole.

7 **un grado nel pericolo**: ogni alunno correva un pericolo di gravità diversa, a seconda della situazione personale.

## L'AUTORE

**Erri De Luca** nasce nel 1950 a Napoli. Prima della letteratura è la politica a interessarlo: a 18 anni, a Roma, partecipa alla stagione del Sessantotto; negli anni Settanta prosegue il suo impegno nelle file del movimento di estrema sinistra "Lotta continua". Per un lungo periodo sceglie di svolgere lavori manuali: è operaio alla Fiat, magazziniere all'aeroporto di Catania, camionista, muratore (come tale lavora in diversi cantieri in Francia e in Africa, oltre che in Italia). Nel 1989 pubblica il suo primo romanzo, *Non ora, non qui*. Intanto studia da autodidatta diverse lingue, tra le quali l'yiddish e l'ebraico, che gli consentiranno di tradurre alcuni libri della Bibbia, la sua lettura preferita, pur dichiarandosi non credente. Collabora come opinionista a diversi giornali ("la Repubblica", "il manifesto"), ma scrive anche della sua grande passione: l'arrampicata in montagna.

Tra i numerosi romanzi e racconti che ha pubblicato, si segnalano *Aceto, arcobaleno* (1992), *In alto a sinistra* (1994), *Tu, mio* (1998), *Montedidio* (2001), *Il contrario di uno* (2003), *Napòlide* (2006), *Il giorno prima della felicità* e *Il peso della farfalla* (2009), *Il più e il meno* (2015), *La natura esposta* (2016), oltre ad alcune raccolte di poesie come *Opera sull'acqua e altre poesie* (2002), *L'ospite incallito* (2008), *Bizzarrie della provvidenza* (2014).

Nel 2015 De Luca è stato processato, e infine assolto, per aver affermato in un'intervista che la Tav (la linea ferroviaria per l'alta velocità da Torino a Lione) andrebbe sabotata. A seguito di questa esperienza, nel 2015 lo scrittore ha pubblicato *La parola contraria*, un *pamphlet* sulla libertà d'opinione.

Al centro della sua narrativa si trovano il mondo degli umili e degli emarginati, spesso figure di adolescenti che vivono nei quartieri popolari. I suoi testi sono animati da una forte tensione morale, dall'aspirazione a una vita lontana da valori futili e transitori, nella quale si respiri una maggiore spiritualità.

rebbero stati espulsi da tutte le scuole. Questo sembra incredibile a chi conosce quello che è successo nelle aule d'Italia solo pochi anni dopo, eppure le cose stavano così: la scuola italiana un quarto d'ora prima di essere sovvertita dagli studenti era saldamente in mano alla gerarchia docente[8].

Eravamo ancora zitti quando entrò il professore dell'ora successiva. Squadrandoci fieramente pretese di conoscere immediatamente i nomi dei colpevoli. Alzò la voce. Diede agli sconosciuti il titolo di vigliacchi e a noi che li coprivamo attribuì colpa ancora più grave, degna del più severo provvedimento. Richiese i nomi un'altra volta. Dopo il secondo silenzio applicò la rappresaglia: interrogò alcuni di noi che nella sua materia tentennavano, li confuse con domande difficili e atteggiamento sprezzante, li congedò annunciando, cosa mai prima accaduta, il pessimo voto riportato. Quella palese ingiustizia fece del bene a tutti. Era iniziato un assedio, ne andava della vita scolastica di ognuno, che era tutta la nostra vita pubblica di cittadini.

*[La classe si trincera dietro un compatto silenzio. Perfino a casa, con la scusa dell'incertezza sui nomi, i ragazzi resistono alle pressioni dei genitori. Al preside arrivano lettere anonime con vari e discordanti nomi dei colpevoli. Egli decide, allora, di lanciare un ultimatum*[9]*, nella speranza di incrinare una così concorde ostinazione.]*

Prima dell'ora di scadenza dell'ultimatum entrò a fare la sua lezione il professore di greco e latino. Erano già passati alcuni giorni e non ci aveva detto una parola sulla faccenda, tranne al suo primo ingresso in aula dopo il putiferio. Era entrato, si era seduto, ma invece di aprire il registro ci aveva guardati tutti quanti a lungo, poi aveva giunto le enormi mani in preghiera e le aveva agitate in avanti e indietro, secondo quel gesticolare che sta per: "Cosa diavolo avete combinato?" Era un gesto semplice, temperato di sollecitudine, con un piccolo accento buffo mischiato al rimprovero muto. L'accogliemmo con gratitudine. Subito dopo diede inizio alla sua lezione. Bisogna ora che io nomini quest'uomo: Giovanni La Magna. Siciliano, completo conoscitore della lingua greca della quale aveva redatto una grammatica e un vocabolario, mostrava un corpo massiccio, dal passo pesante. Il volto era aperto, cordiale e i tratti gli si spianavano quando con la sua grave voce di basso compitava i versi greci e latini facendo cadere l'accento sulle sillabe con suono incalzante di zoccolo di cavallo sul selciato. Ci innamorò di Grecia antica perché ne era innamorato. Gli piaceva insegnare: questo verbo per lui si realizzava nell'accendere nei ragazzi la voglia di conoscere che sta in ognuno di loro e che aspetta a volte solo un invito sapiente. Era alla fine della sua carriera, mostrava anche più dei suoi sessanta. Aveva il gusto sicuro della battuta folgorante che detta dal suo faccione imperturbabile faceva esplodere la classe in una risata improvvisa, come un colpo di frusta. Non ne ha mai ripetuta una due volte, non le pescava da un repertorio, le inventava. Credo che nessuno abbia saputo raccontare i dialoghi tra Socrate[10] e i suoi discepoli meglio di lui. Nemmeno Platone[11], che li scrisse, poteva essere così bravo.

Incitava a essere leali con lui: non teneva conto di una insufficiente preparazione se lo studente gliela dichiarava spontaneamente prima della lezione. A chi si avvicinava alla cattedra per bisbigliare le sue giustificazioni, prestava a volte ascolto con gesto scherzoso, appoggiando la mano all'orecchio e strabuzzando gli occhi per manifestare il suo stupore. Lo amavamo: di quel cupo Olimpo di numi da cattedra era il nostro buon Zeus. Quel giorno dell'ultimatum entrò nell'aula e togliendosi il cappotto annunciò che non avremmo parlato né di greco né di latino.

8 **la scuola italiana...alla gerarchia docente**: l'autore intende sottolineare come dopo il 1968 il rapporto docenti-studenti cambiò in senso meno autoritario e più democratico.

9 **ultimatum**: definitiva intimazione a rivelare i nomi dei colpevoli.

10 **Socrate**: filosofo greco (469-399 a.C.). Nella vita politica dimostrò in più occasioni forza d'animo e rettitudine. Non lasciò alcuno scritto.

11 **Platone**: filosofo greco (427-347 a.C.), discepolo di Socrate; fu lui a tramandare, in scritti in forma di dialogo, il pensiero del maestro.

Si sedette, accantonò il registro e ci parlò. Confido di non tradire il suo tono di voce e i suoi argomenti provando a ripeterli con le parole che ricordo:

"Voi sapete che sono siciliano. Nella mia terra c'è un costume che vieta di denunciare i colpevoli di reati: si chiama omertà. Voglio parlarvene per stabilire i punti di contatto e quelli di differenza tra questo costume e lo spirito di solidarietà. L'omertà nasce dal bisogno di difendersi da un regime sociale di soprusi in cui la giustizia è applicata con parzialità e favoritismi, ma contrappone malauguratamente a questo un altro regime di soprusi: la mafia. L'omertà è un comportamento radicato in tutta la popolazione quando considera l'intero apparato statale un grande sbirro. La mafia che è nata da questa silenziosa protezione popolare, l'ha trasformata in legge di sangue sicché oggi l'omertà è frutto principale della paura. Essa non distingue tra chi si ribella a un sopruso e chi agisce da criminale, copre tutti, il povero cristo e il malfattore. L'omertà è diventata cieca ed è al servizio di un'altra prepotenza.

"Lo spirito di solidarietà è invece un sentimento che onora l'uomo. Non è una legge, come l'omertà, sorge di rado. Spunta di colpo tra persone che si trovano in difficoltà, comporta il sacrificio personale, non si nasconde dietro il mucchio formato da tutti gli altri. Nel vostro caso la solidarietà può essere quella di tutti per proteggere due, ma potrebbe anche essere quella di due che si fanno avanti per proteggere tutti gli altri. La solidarietà è opera preziosa di un'occasione, appena compiuto il suo dovere rompe le righe, lasciando in ognuno la coscienza tranquilla. Se siete d'accordo con me su queste differenze, allora potrete meglio conoscere quello che vi succede in questi giorni. Io non credo che gli svitatori di pannelli della seconda B abbiano intimorito tutti gli altri inducendoli a tacere. Credo invece che sia sorto tra voi in questi giorni uno spirito di squadra contro un provvedimento che ritenete ingiusto.

Pensate forse di stare subendo un sopruso: il ricatto di denunciare i vostri compagni oppure essere sospesi a tempo indeterminato. Ma non è stato un sopruso far arrossire di vergogna una donna che è entrata in quest'aula per insegnare e che, per poter accedere al privilegio di mostrare a voi le sue gambe, ha studiato per anni ed è appena giunta all'occasione che ha tanto aspettato? Un sopruso, una prepotenza di molti contro una donna, questo è accaduto qui dentro. Non siete innocenti, nessuno qui è innocente. Il torto è spesso meglio distribuito di quanto ci piace credere.

"Io faccio parte di questo regime scolastico contro il quale avete fatto muro. Anzi sono il più vecchio insegnante di questa scuola. Noi siamo insegnanti, voi studenti, siamo per questo più forti di voi, possiamo bocciarvi, sospendervi tutti, compromettere i piani scolastici forse irrimediabilmente per alcuni di voi. Ma vogliamo farlo? Credete che vogliamo rovinarvi? Noi che siamo i più forti ci stiamo in verità difendendo da voi. Ritenete vostra facoltà levare un pannello di cattedra per vedere le gambe di un'insegnante? Presto riterrete vostra facoltà abbassarle la gonna per ammirarle intere. Perché non l'avete fatto con me? Perché sono un uomo o perché non sono un supplente? Noi ci stiamo difendendo da voi, voi da noi: così le aule diventeranno campi di battaglia, vincerà il più forte, ma la scuola sarà finita. È con profonda tristezza che vedo questo accadere. È contro tutto quello che ho fatto nei miei molti anni di insegnamento. Mi accorgo di non avere più un posto in un'aula ridotta a schieramento, di non poter fare più niente per voi. Mi state licenziando voi, i miei colleghi, tutti. Questo spirito di ostilità che scorgo in loro e in voi mi avvisa di tempi in cui non avrò parte.

"Non approvo un provvedimento così drastico nei vostri confronti, non lo farò applicare per quello che potrò, ma non so approvare nemmeno la vostra caparbietà. Ce l'ho con tutti voi: il vostro spirito di corpo è la cosa più preoccupante alla quale assisto da quando vivo nella scuola. Il vostro serrare i ranghi[12] è il gesto più duro da intendere per uno come me che pensava di stare in una classe e si ritrova a visitare una barricata. Non credo che il vostro silenzio sia omertà, che stiate diventando una mafia. Però so che questo guaio può scaturire da ogni ostilità di parte. Se c'è ancora una lezione che posso permettermi di darvi è quella di insegnarvi a distinguere nella vostra vita l'omertà e la solidarietà. Siate pure oggi leali tra voi fino a sopportare il sacrificio di un duro provvedimento disciplinare, ma non imparate domani a proteggere l'ingiusto, il prepotente, il vendicatore. Prima che siate sospesi in blocco dalle lezioni, propongo a voi di fare le più sentite e solenni scuse all'insegnante che avete offeso. Fate questo senza aspettarvi niente in cambio, fatelo solo perché è giusto. Fatelo prima che il vostro silenzio si indurisca troppo contro di noi, si avveleni di avversione, distrugga il mio lavoro con voi e la vostra possibilità di trarre profitto dalle ore trascorse insieme in queste aule".

Mi perdoni, lì dove riposa, l'uomo al quale attribuisco queste parole e del quale provo a ricordare una lezione. Essa fu certamente più intensa ed efficace di quella che posso ricostruire. La sorreggeva una voce che rimaneva paterna anche nel tratto amaro, grave senza severità. Era voce di uomo che si spogliava della dignità della cattedra per parlare da pari ad altri pari. A una classe di sedicenni pieni di brufoli e di barbe ancora a chiazze sul viso, si rivolse come a un'assemblea, svolgendo un ordine del giorno. Ci sentimmo spaesati, ma più grandi, senza parole, certo, ma finalmente spogli del bisogno di difenderci. Quell'uomo ci trattò da uomini. Nessuno di noi lo era ancora, ma tutto dentro di noi in quei giorni spingeva a diventarlo. Ci fece provare la responsabilità di persone che intendono l'ora e il luogo in cui sono. Disfece con i suoi modi leali il rozzo campo di battaglia nel quale ci sentivamo rinchiusi. Non ci additò una scappatoia, sgomberò semplicemente l'assedio mostrando il male di quell'ostilità, addossandosene una parte. Accese in noi il desiderio di rispondere, come già altre volte aveva incitato il nostro desiderio di apprendere. Uno di noi si alzò, il più mite, e uno tra i più diligenti, disse a nome di tutti che le nostre scuse erano il passo minimo che ci sentivamo di fare e che l'avremmo già fatto se solo ne avessimo avuto la possibilità. Nessuno disse cosa contraria o diversa.

Le scuse vennero accettate. Le lezioni ripresero con la palese disapprovazione di alcuni insegnanti insoddisfatti della riparazione e contrari a quella composizione "a tarallucci e vino"[13]. Il partito della fermezza contava i suoi effettivi in vista delle future prove. Noialtri ci considerammo scampati, rompemmo subito le righe piegando ancora di più il collo sui libri[14]. Ancora per poco l'atteggiamento prevalente dei professori fu di rappresaglia, poi lo spirito dell'insegnamento prevalse e ritornò in vigore la bilancia dei meriti e dei profitti. Quell'anno fummo promossi in molti, compresi i due svitatori. Solo allora quella pagina di calendario fu per noi voltata del tutto.

*[L'autore conclude il racconto ricordando che l'anno successivo il professor La Magna muore, lasciando in tutti gli studenti un forte rimpianto e un vivo sentimento di gratitudine.]*

E. De Luca, *In alto a sinistra*, Feltrinelli, Milano, 1994

12 **serrare i ranghi**: fare corpo unico assumendo un atteggiamento di resistenza. È un'espressione del gergo militare.

13 **"a tarallucci e vino"**: si dice quando una controversia che sembrava grave si risolve in modo fin troppo amichevole. I taralli (o tarallucci) sono dei biscotti tipici di varie regioni dell'Italia meridionale.

14 **piegando...libri**: intensificando l'impegno nello studio.

Un registro di classe degli anni Cinquanta. (Padova, Museo dell'Educazione)

# Attività

## Comprendere e analizzare: verso l'INVALSI

1 **Il misfatto** Qual è la cattiva azione compiuta dai ragazzi?

**a.** Hanno marinato le lezioni e sono andati a spasso per la città

**b.** Hanno mancato di rispetto al preside, non ascoltando i suoi consigli

**c.** Hanno smontato un pannello per vedere le gambe dell'insegnante

**d.** Non hanno riconsegnato una verifica insufficiente

2 **La punizione** Quale punizione rischiano a causa del loro comportamento?

**a.** L'espulsione da tutte le scuole d'Italia

**b.** La perdita delle borse di studio

**c.** La sospensione a tempo indeterminato

**d.** La bocciatura

3 **La decisione** Gli studenti comprendono la gravità del provvedimento che ciascuno di loro potrebbe subire. Come si comportano? Quale decisione prendono?

**a.** Il capoclasse riferisce il nome del colpevole d'accordo con la classe

**b.** Tacciono, si accollano tutti la responsabilità pur senza accordi

**c.** Si ribellano al preside ed escono dal liceo

**d.** Si mettono a litigare tra loro e rivelano il nome del colpevole

4 **L'omertà e la solidarietà** Nessuno meglio di un insegnante proveniente dalla Sicilia poteva illustrare agli studenti la differenza tra omertà e solidarietà. Quali differenze individua La Magna?

**a.** L'omertà nasce dal coraggio di fronte ai soprusi; la solidarietà è spontanea, onorevole e richiede sacrificio

**b.** L'omertà nasce davanti ai soprusi ed è dettata dalla paura; la solidarietà è spontanea, onorevole e richiede sacrificio

**c.** L'omertà nasce di fronte ai soprusi ed è dettata dalla paura; la solidarietà è richiesta dalla legge

**d.** L'omertà nasce dalla solidarietà di fronte ai soprusi; la solidarietà indica paura e bisogno di amicizia

5 **Un insegnante esemplare** Il professor La Magna, da quanto ricorda di lui l'autore, ha tutte le caratteristiche di un insegnante esemplare. Quali?

**a.** Conosce la sua disciplina, la fa amare, è a volte spiritoso e tiene ai valori più che alla forma

**b.** Conosce la sua disciplina, la fa amare, è molto severo e formale

**c.** Anche se è poco preparato, sa far amare la sua disciplina ed è serio

**d.** Mostra poca preparazione e insegna incutendo terrore

6 **La lezione** Ritenendo tutti gli studenti responsabili, il professore cerca un modo per superare una situazione incresciosa e immobile. Che cosa fa capire ai ragazzi?

**a.** Che il loro comportamento è omertoso

**b.** Che hanno offeso la supplente e le devono delle scuse

**c.** Che la solidarietà tra di loro è insensata

**d.** Che fanno bene a essere solidali tra loro

7 **Fuori dalla scuola** L'atteggiamento compatto assunto dai ragazzi non corrisponde a una loro amicizia coltivata anche fuori dalla scuola. Quali ragioni li tengono uniti solo sui banchi?

**a.** Si conoscono da sempre

**b.** I loro genitori sono amici

**c.** Sono dello stesso quartiere

**d.** Vogliono affrontare compatti gli insegnanti

8 **La conclusione** Come si comportano alla fine gli studenti?

**a.** Gli studenti chiedono scusa e si mettono a studiare con maggiore impegno

**b.** Gli studenti si ritirano dalla scuola

**c.** Gli studenti perdono il rispetto per gli insegnanti

**d.** Gli studenti rispettano il professor La Magna ma sono arroganti e indisponenti con gli altri

9 **La reazione dei professori** Come reagiscono la professoressa offesa e gli altri professori?

**a.** La professoressa rifiuta di scusare gli studenti e lascia la scuola con la solidarietà degli altri docenti

**b.** L'insegnante accetta le scuse e tutti i docenti sono soddisfatti dell'esito della vicenda

**c.** L'insegnante offesa accetta le scuse, ma i docenti più severi criticano questa blanda soluzione

**d.** L'insegnante accetta le scuse e il professor La Magna la critica

10 **Lo stile** In tutto il testo viene usata la metafora della guerra, della lotta. Sottolinea nel testo parole ed espressioni che la determinano.

11 **Il punto di vista** Da quale punto di vista è raccontata la vicenda?

12 **I personaggi** Pochi sono i personaggi che agiscono individualmente in questo racconto; il vero protagonista è il professor La Magna. Quali suoi tratti sono presentati con maggiore evidenza?

**a.** L'aspetto fisico

**b.** Il suo *status* sociale

**c.** La sua carriera scolastica

**d.** Il suo carattere e la sua professionalità

13 **Il narratore** Il narratore interno non usa mai la prima persona singolare, ma il "noi". Che significato può avere questa scelta?

**a.** Vuole sottolineare la sua autorevolezza

**b.** Per modestia si unisce al gruppo della classe

**c.** Vuole indicare che l'esperienza di crescita è anche sua

**d.** Vuole evidenziare la distanza tra lui e gli altri

## Rielaborare e produrre

14 **Il titolo** Attribuisci un titolo diverso al brano e motiva brevemente la tua scelta.

15 **Il tuo giudizio** Alle righe 22-24 leggiamo: «C'era la disciplina caporalesca degli insegnanti, legittima perché impersonale e a fin di bene». Con questa affermazione De Luca giustifica il comportamento degli insegnanti oppure critica la disciplina di quel tempo, troppo rigida e non attenta al singolo studente? Esprimi il tuo parere in un intervento orale di 5 minuti.

16 **I genitori** Gli studenti del racconto sono molto preoccupati della reazione dei genitori. Come credi si comporterebbero i tuoi genitori in una situazione simile?

17 **Il tuo racconto** Grazie all'intervento del professor La Magna, una bravata giovanile è diventata occasione di crescita per l'intera classe. Scrivi un racconto di circa 200 parole su un'esperienza simile, in cui da un comportamento sbagliato nasce una riflessione.

# per guardare oltre

## Intersezioni nell'antologia

- Anche nel Percorso A sono riportati racconti divertenti come, per esempio, *La storia di Pronto Soccorso e Beauty Case* (► p. 72) di Stefano **Benni**, e racconti avvincenti come *Continuità dei parchi* (► p. 62) di Julio **Cortázar**, o altri che propongono una riflessione profonda e amara sulla vita, come *Il lungo viaggio* (► p. 18) di Leonardo **Sciascia** e *Il mister* (► p. 80) di Marco **Lodoli**. Le difficoltà di crescere sono raccontate da Alberto **Moravia** in *Operazione Pasqualino* (► p. 2). La relazione tra i sentimenti degli individui e le esigenze pressanti della realtà vengono raccontate da Nadine **Gordimer** in *Terminale* (► p. 36) e da James **Joyce** in *Eveline* (► p. 53).
- Fra le opere d'arte pittoriche si può leggere sotto forma di racconto il dipinto intitolato *Boogie Woogie* (► p. 234) di Renato **Guttuso**: l'artista guarda con occhi compiaciuti l'amore per la nuova musica americana da parte della gioventù anni Cinquanta.

## Altri orizzonti

### ANCORA RACCONTI

- Due autori fondamentali della letteratura italiana che si sono cimentati con la narrativa breve sono Giovanni **Verga**, con le raccolte *Vita dei campi* (1880) e *Novelle rusticane* (1883), e Luigi **Pirandello** con *Novelle per un anno* (1922).
- Di grande interesse risultano alcune raccolte di racconti che sono ormai da considerare dei classici, quali *I racconti* (1958) di Italo **Calvino**, *Un giorno di fuoco* (1963) di Beppe **Fenoglio**, *Racconti romani* (1954) e *Nuovi racconti romani* (1959) di Alberto **Moravia**.
- Un meraviglioso racconto è *Casa d'altri* (1953) dello scrittore emiliano Silvio **D'Arzo**.
- Sul fronte americano, Ernest **Hemingway** racconta mondi avvincenti nella raccolta *I quarantanove racconti* (1938) e l'argentino Julio **Cortázar** scrive racconti visionari e fantastici (*Fine del gioco*, 1954; *Le armi segrete*, 1959; *Tutti i fuochi il fuoco*, 1966; *Tanto amore per Glenda*, 1980).
- Grandi scrittrici di racconti sono Katherine **Mansfield**, Flannery **O'Connor** e i premi Nobel per la Letteratura Doris **Lessing** e Alice **Munro**.
- Tra le diverse raccolte di racconti di David Foster **Wallace** ricordiamo *La ragazza dai capelli strani* (1989).
- Autori italiani contemporanei di racconti sono Stefano **Benni**, Carlo **Lucarelli**, Gianni **Celati**.

### PITTURA

- **Giotto** ha raccontato con i colori la vita di san Francesco nella basilica di Assisi e le storie di Cristo nella cappella degli Scrovegni a Padova.
- *L'andata dei Magi a Betlemme* di Benozzo **Gozzoli** è un racconto che affresca Palazzo Medici-Riccardi a Firenze.

### FILM

- *Blow-up* (1966) di Michelangelo **Antonioni** è ispirato al racconto *Le bave del diavolo* di Cortázar.
- Il regista americano Robert **Altman** nel 1993 gira il film *America oggi*, tratto da vari racconti di Raymond Carver.
- Nel film *Birdman* (2014) del regista messicano Alejandro **Iñárritu**, si racconta la storia di un attore in declino che mette in scena uno spettacolo teatrale basato su un racconto di Carver.
- Il cortometraggio, cioè un film della lunghezza massima di 30 minuti, è il corrispondente cinematografico del racconto breve. Come i racconti letterari, i film cortometraggi possono essere di molti generi: realistici, fantastici, horror, comici. I cortometraggi più famosi sono le animazioni che la casa di produzione Pixar propone al cinema prima dei suoi film. Ad esempio: *Parzialmente nuvoloso* (2009), *Quando il Giorno incontra la Notte* (2010), *La Luna* (2011).

### MUSICA

- Il cantautore americano Bob **Dylan**, premiato con il Nobel per la Letteratura nel 2016, è stato il narratore per eccellenza della sua generazione. Le sue canzoni raccontano vere e proprie storie, come *Hurricane* che narra la vita del pugile Rubin Carter, detto «Hurricane», incarcerato con una falsa accusa di omicidio.
- Nei brani musicali *Sally* e *Alba chiara* Vasco **Rossi** racconta le storie di due donne.

### FUMETTO

- *N.* è un fumetto tratto da un racconto omonimo di Stephen **King**.
- Erik **Kriek**, maestro del fumetto olandese, ha pubblicato *In the Pines*, cinque racconti a fumetti tratti da cinque celebri "murder ballads", le "ballate dell'assassino" della tradizione americana. Fumetti tratti da canzoni popolari che narrano di leggende di marinai, del vecchio west, di amori traditi ed efferati delitti.

# Il romanzo

Francisco Goya in un ritratto di Vicente López y Portaña del 1826. (Madrid, Museo Nacional del Prado)

**• I romanzi nei secoli •** Un esercizio di grande maestria è sempre stato quello di scrivere romanzi ambientati in altri secoli, ricorrendo all'espediente di ricostruire fatti realmente accaduti, di descrivere scenari politici e sociali all'interno dei quali collocare le vicende dei personaggi protagonisti. Sono i cosiddetti **romanzi storici**, che ben rispondono alla curiosità di immaginare il passato, di toccare con mano altre epoche storiche, di immedesimarsi in altre figure.

Nella presente Unità torniamo indietro nel tempo seguendo romanzi che dal Medioevo, passando per il Seicento, ci portano quasi fino ai nostri giorni.

Il pittore spagnolo Francisco **Goya** (1746-1828) ha saputo ben raffigurare gli avvenimenti della sua epoca, come in un romanzo storico. La sua stessa vita si presenta come un romanzo segnato dal dramma.

**• Un pittore libero e indipendente •** Nato in un villaggio nei pressi di Saragozza, Goya si fa strada nella pittura dapprima come disegnatore di arazzi e poi come grande ritrattista. Accolto a corte in qualità di "pittore del re", nel 1786 vive le traversie dell'occupazione francese della Spagna e del ritorno del dispotico re Ferdinando VII. La sua arte, dall'iniziale rappresentazione della vita di corte con i suoi nobili protagonisti, diventa sempre più critica e corrosiva dei costumi e della mentalità della società del tempo, a cavallo tra il Settecento e l'Ottocento. Nel 1799 Goya realizza i *Capricci*, ottanta incisioni con le quali l'autore critica le stravaganze e le follie umane; nel 1810 produce ancora incisioni, stavolta sul tema bellico: *I disastri della guerra*. Da tempo Goya è diventato sordo. Vive la sua solitudine come occasione per una profonda riflessione personale e molte sono le opere

**DOMANDE**

- L'opera *Fucilazioni del 3 maggio 1808* è altamente drammatica. Descrivi gli atteggiamenti di coloro che stanno per essere fucilati.
- A quale espediente pittorico ricorre Goya per accrescere il dramma della fucilazione?
- Approfondisci brevemente i fatti storici di quell'8 maggio 1808 spagnolo e valuta se il "romanzo" storico raccontato con il pennello da Goya sia una buona sintesi.
- Fai una ricerca riguardo alle incisioni *I disastri della guerra* di Goya. Scrivi in un breve testo l'impressione riportata.

Francisco Goya, *Fucilazioni del 3 maggio 1808* (part.), 1814. (Madrid, Museo Nacional del Prado)

nelle quali sottolinea la stupidità, i fanatismi, le insensate paure umane. Questi temi sono riassunti nell'incisione intitolata *Il sonno della ragione genera mostri*. Goya muore a Bordeaux, in Francia, in volontario esilio, nel 1828.

• **La storia raccontata in un quadro** • L'invasione francese della Spagna porta guerre, lutti e miserie. Goya immortala simili drammi nella tela *Fucilazioni del 3 maggio 1808* (1814). Si tratta di un dipinto di folgorante potenza drammatica: i soldati francesi stanno fucilando decine di rivoltosi. Ne uccideranno ben 400 e la carneficina infiammerà la rivolta in tutta la Spagna. I soldati sono rappresentati come esseri anonimi, mentre i rivoltosi guardano la morte in faccia; ciascuna vittima si caratterizza per un gesto drammatico, come il condannato che apre le braccia, simile a un Cristo crocifisso.

### in questa Unità impareremo a

- **conoscere** le regole della narrazione lunga e il quadro socio-culturale dell'Ottocento e del Novecento
- **comprendere** il significato globale dei testi e le tematiche specifiche dell'Ottocento e del Novecento in essi presenti
- **analizzare** i passi dei romanzi secondo le costanti narratologiche per approfondirne la comprensione e operare confronti con altri testi
- **interpretare** lo scritto, collegandolo al romanzo da cui è tratto, al mondo dell'autore, a temi attuali o esperienze personali
- **produrre** sintesi, testi espositivi e argomentativi legati agli argomenti contenuti nei passi
- **comunicare oralmente** per riferire i contenuti dei brani e per riflettere sulle loro tematiche in forma strutturata e chiara

### in questa Unità scopriremo

Non vi è mai capitato di avere tra le mani un bel romanzo? Qualcuno vi ha mai suggerito un libro coinvolgente? Quando ci si appassiona a un romanzo si vive un'autentica avventura: ci si isola nella lettura; non si vede l'ora di riprendere il filo interrotto; si è tanto coinvolti che si cerca di anticipare le mosse dei protagonisti e ci si interroga sulla conclusione della vicenda.

In questa e nelle successive Unità del Percorso B parleremo di romanzi. Si tratta di testi che rispondono al nostro desiderio di vivere altre realtà e di conoscere le varie sfaccettature della vita.

Un manifesto creato dalla pittrice Laura DiNello per l'edizione del 2013 del Savannah Book Festival, che si tiene nello Stato americano della Georgia.

## • Che cos'è il romanzo •

Possiamo definire il romanzo (► p. 12) come un **testo letterario in prosa** che sviluppa una vicenda piuttosto estesa, procedendo da una situazione iniziale, spesso difficile e aggrovigliata, per giungere a una conclusione (che può essere positiva o negativa), seguendo complessi sviluppi.

Il romanzo si differenzia dalla novella o dal racconto (► p. 134) perché:

- presenta una **narrazione di una certa ampiezza** e complessità;
- segue **criteri di sviluppo** della trama più **dettagliati** e minuziosi;
- offre un **sistema dei personaggi** più **ampio** e composito;
- ricorre a una **contestualizzazione storica, sociale e ambientale** particolareggiata.

La differenza tra novella/racconto e romanzo non è però sempre netta ed evidente: ci sono infatti romanzi brevi che si potrebbero considerare anche racconti lunghi e viceversa. Ne è un esempio *Il ballo* (► p. 534) della scrittrice di origine russa Irène **Némirovsky** (1903-1942), pubblicato nel 1930. Questo libro potrebbe essere accostato al racconto, ad esempio, per la sua brevità e per il sistema dei personaggi abbastanza ridotto. Tuttavia, può anche essere definito un romanzo breve perché non ha un unico carattere di fondo, ma alterna momenti drammatici a scene comiche e affronta vari temi (la solitudine dell'adolescenza, il rapporto madre-figlia, la vendetta, l'ostentazione della ricchezza, l'ipocrisia della società nei confronti delle persone arricchite).

## • Gli antenati del romanzo •

La **narrazione lunga** ha esempi antichissimi in Grecia (*La storia vera* di Luciano di Samosata) e a Roma (il *Satyricon* di Petronio, le *Metamorfosi* di Apuleio), anche se tali opere non erano considerate un genere definito.

A partire dal XII secolo, in Francia e in Italia vengono chiamati romanzi delle narrazioni lunghe, in versi o in prosa, su temi analoghi a quelli dei poemi epico-cavallereschi: la storia antica (*Il romanzo di Troia*, *Il romanzo di Alessandro*), le avventure e gli amori dei cavalieri (*Lancillotto o Il cavaliere della carretta*, *Perceval*, *Romanzo di Tristano*), i vizi umani (*Romanzo della rosa*). Tuttavia, questi romanzi e le successive grandi opere narrative del Cinquecento e del Seicento – *Gargantua e*

*Pantagruel* di François Rabelais (1494-1553); *Don Chisciotte* di Miguel de Cervantes (1547-1616) – nascono al di fuori di qualsiasi classificazione letteraria.

Solo con le importanti trasformazioni economiche e sociali del Settecento nasce il **romanzo in senso moderno**, inteso come testo letterario codificato in grado di interpretare le esigenze della nuova società. I paesi in cui il romanzo ha la sua prima diffusione sono l'Inghilterra e la Francia, all'epoca i più sviluppati dal punto di vista economico e sociale e dove più consistenti erano i ceti borghesi, principali fruitori di questo genere letterario.

## • Il romanzo in senso moderno •

Il romanzo si afferma come il genere letterario di maggior successo a partire dall'Ottocento, quando diventa la forma testuale preferita per esprimere le istanze e la sensibilità del Romanticismo.

Inizialmente, si guarda al passato per spiegare il presente e le costanti dell'agire umano. Si scrivono romanzi storici nei quali vicende realmente accadute e vicende frutto della fantasia dell'autore convivono. Lo scozzese Walter **Scott** (1771-1832), nel romanzo intitolato *Ivanhoe* (1819), mette in risalto il passato epico dell'Inghilterra alla fine del XII secolo, lo scontro tra Sassoni e Normanni, così da giustificare l'origine del dominio inglese sul mondo. Alessandro **Manzoni** (1785-1873) ambienta la vicenda del romanzo *I promessi sposi* (1840; ▸ p. 200) nel Seicento milanese, sotto la dominazione spagnola.

Sempre nell'Ottocento, oltre al romanzo storico, si scrivono romanzi sui problemi morali ed esistenziali dell'individuo o sulle convenzioni sociali, come fanno **Stendhal** (1783-1842) o Fëdor **Dostoevskij** (1821-1881). Altri autori lasciano scorrere la fantasia abbandonandosi alle sensazioni misteriose e inquietanti del sogno, del soprannaturale, del macabro, dell'horror, come Mary **Shelley** (1797-1851) o Bram **Stoker** (1847-1912). L'avventura e l'azione sono invece i fili conduttori per romanzieri come Herman **Melville** (1819-1891), Robert Louis **Stevenson** (1850-1894), Rudyard **Kipling** (1865-1936). Alcuni autori come Honoré de **Balzac** (1799-1850), Gustave **Flaubert** (1821-1880), Lev Nikolàevič **Tolstoj** (1828-1910), Émile **Zola** (1840-1902), Giovanni **Verga** (1840-1922) intendono, con le loro opere, interpretare e rispecchiare la società del tempo.

Il Novecento è un secolo che impone nuovi temi, legati a inedite problematiche storiche, politiche e sociali. Gli scrittori rispondono con romanzi di varia natura. Il mito del superuomo e il valore decadente della bellezza assoluta costituiscono il perno intorno al quale ruotano le opere di Oscar **Wilde** (1854-1900) e Gabriele **D'Annunzio** (1863-1938). Marcel **Proust** (1871-1922) si abbandona al romanzo della memoria e Franz **Kafka** (1883-1924) medita sulla prigionia esistenziale dell'uomo. L'inettitudine dell'uomo moderno e la decadenza della civiltà borghese sono narrate nei romanzi di Italo **Svevo** (1861-1928), Luigi **Pirandello** (1867-1936), Thomas **Mann** (1875-1955), Robert **Musil** (1880-1942) e James **Joyce** (1882-1941).

Fernand Léger, *Donna distesa*, 1922. (Chicago, Art Institute)

Il secondo dopoguerra italiano ha visto i nostri romanzieri cimentarsi con le tragiche vicende belliche e la rinascita della nazione. Sono da ricordare Alberto **Moravia** (1907-1990), Cesare **Pavese** (1908-1950), Leonardo **Sciascia** (1921-1989), Beppe **Fenoglio** (1922-1963), Pier Paolo **Pasolini** (1922-1975), Italo **Calvino** (1923-1985).

Oltre a uno sguardo cronologico sull'evoluzione del genere, il romanzo di stampo "classico" può essere esaminato considerando i diversi **sottogeneri** che lo compongono, distinti sulla base del contenuto tematico. Nella tabella elenchiamo i sottogeneri principali.

### I SOTTOGENERI DEL ROMANZO

| Sottogenere | Caratteristiche, opere e autori |
|---|---|
| Romanzo storico | Colloca in un passato più o meno lontano fatti, personaggi e vicende con lo scopo di delineare e far conoscere le caratteristiche sociali e culturali di un'epoca o di una stagione particolare. Il romanzo storico è un misto di storia e d'invenzione, nobilitato dal contesto reale in cui è inserito. Sul piano stilistico-espressivo, ha una struttura ampia e compatta, con numerose sequenze descrittive, indispensabili per ricostruire un'epoca storica. Si è soliti individuare in *Ivanhoe* (1819) di Walter **Scott** l'iniziatore di questo sottogenere, a cui appartiene anche *I promessi sposi* (1840; ▶ p. 200) di Alessandro **Manzoni**. |
| Romanzo d'avventura | La narrazione s'incentra su viaggi e peripezie di personaggi reali o immaginari. I primi esempi in età moderna si hanno nel Settecento in Inghilterra con *Robinson Crusoe* (1719) di Daniel **Defoe**, considerato il fondatore del romanzo inglese, e *I viaggi di Gulliver* (1726) di Jonathan **Swift**. |
| Romanzo sociale | Si occupa di denunciare la realtà di ceti socialmente svantaggiati. Ne sono esempio alcune opere di Charles **Dickens**, come *Le avventure di Oliver Twist* (1838) o *David Copperfield* (1850). |
| Romanzo realista | Narra la contemporaneità, dedicando particolare attenzione alla descrizione degli ambienti e dei personaggi. Esempi di romanzi realisti sono *La Commedia umana* di Honoré de **Balzac**, che può essere considerato l'iniziatore del genere, e *I miserabili* (1862; ▶ p. 209) di Victor **Hugo**. |
| Romanzo di formazione | La narrazione segue l'evoluzione di un personaggio, dall'infanzia all'età adulta. Un noto esempio è *Gli anni di apprendistato di Wilhelm Meister* (1796) di Johann Wolfgang **Goethe**. Tra i romanzi di formazione italiani ricordiamo *Agostino* (1944) di Alberto **Moravia** e *L'isola di Arturo* (1957) di Elsa **Morante**. |
| Romanzo d'appendice | È basato su colpi di scena, vicende serrate, avventure. Nasce a metà Ottocento in Francia come pubblicazione a puntate su periodici (*feuilleton*); ne è un esempio il romanzo *I tre moschettieri* (1844) di Alexandre **Dumas**. |
| Romanzo psicologico | Nasce tra la fine dell'Ottocento e l'inizio del Novecento e si concentra sull'analisi dell'animo umano. Fulcro della narrazione non sono più le vicende esterne ma il mondo interiore, i ricordi, le emozioni dei personaggi. Ne sono importanti esempi opere come *Delitto e castigo* (1866) di Fëdor **Dostoevskij**, *Il fu Mattia Pascal* (1904) di Luigi **Pirandello**, *Alla ricerca del tempo perduto* (1913) di Marcel **Proust**, l'*Ulisse* (1922) di James **Joyce**, *La coscienza di Zeno* (1923) di Italo **Svevo**. |
| Romanzo fantastico | Narra fatti che non hanno spiegazione razionale, come *Lo strano caso del dottor Jekyll e del signor Hyde* (1886; ▶ p. 293) di Robert Louis **Stevenson**. |
| Romanzo epistolare | La narrazione è affidata alle lettere di uno o più personaggi. Ne sono esempio *I dolori del giovane Werther* (1774) di Johann Wolfgang **Goethe** e *Le ultime lettere di Jacopo Ortis* (1798) di Ugo **Foscolo**. |
| Romanzo poliziesco o giallo | Al centro c'è un delitto o un crimine, risolto da un investigatore. L'iniziatore è considerato Edgar Allan **Poe**, cui fanno seguito i celebri investigatori creati dalla fantasia di autori quali Arthur **Conan Doyle** e Agatha **Christie**. |

# • Il percorso antologico •

I brani antologici che seguono sono tratti da romanzi di carattere storico considerati pietre miliari della letteratura italiana ed europea.

Il Seicento, con il suo potere dispotico, la guerra, la peste, la carestia è lo sfondo del romanzo di Alessandro **Manzoni** (1785-1873), il quale ha a lungo studiato negli archivi prima di cimentarsi con la storia di Renzo e Lucia. Manzoni ha scritto più volte *I promessi sposi* (▶ *Questo matrimonio non s'ha da fare*, p. 194), preda della sua smania di precisione e di perfezione. Ne è risultato il romanzo guida di tanta letteratura italiana, per la capacità di tenere le fila di una storia molto complessa, intessuta di vicende storiche significative, con un finale positivo grazie alla Provvidenza divina che, secondo Manzoni, sovrintende ai destini umani.

Gli ideali umanitari di Victor **Hugo** (1802-1885) risaltano nel romanzo *I miserabili* (▶ *Un atto di fiducia che cambia la vita*, p. 205), un vasto affresco delle classi sociali più deboli che maturano comunque una speranza di riscatto.

Il potere della Chiesa è centrale nel romanzo *Il nome della rosa* (▶ *Le deduzioni di frate Guglielmo*, p. 214) scritto da Umberto **Eco** (1932-2016), nel quale emerge il Medioevo delle grandi abbazie, della preghiera e dell'Inquisizione, della ragione e della superstizione.

Sebastiano **Vassalli** (1941-2015) ambienta *La chimera* (▶ *Antonia, la strega di Zardino*, p. 226) nel Seicento, nelle misere campagne del Novarese, quando per un nonnulla si poteva finire al rogo con l'accusa di stregoneria.

Nicholas-Edward Gabé, *Le barricate di Parigi del 1830*. (Parigi, Museo Carnavalet)
I moti di Parigi fanno da sfondo alla vicenda raccontata da Victor Hugo nei *Miserabili*.

Alessandro Manzoni

# Questo matrimonio non s'ha da fare

Da
I promessi sposi, 1840

Romanzo storico

Il brano proposto è l'*incipit* dei *Promessi sposi*. Durante la sua passeggiata, un tranquillo parroco di campagna è avvicinato da due loschi figuri che gli intimano di non celebrare il matrimonio tra Renzo Tramaglino e Lucia Mondella previsto per il giorno dopo. È il 7 novembre 1628.

Quel ramo del lago di Como, che volge a mezzogiorno[1], tra due catene non interrotte di monti, tutto a seni e a golfi, a seconda dello sporgere e del rientrare di quelli, vien, quasi a un tratto, a ristringersi, e a prender corso e figura di fiume[2], tra un promontorio a destra, e un'ampia costiera dall'altra parte; e il ponte, che ivi[3] congiunge le due rive, par che renda ancor più sensibile all'occhio questa trasformazione, e segni il punto in cui il lago cessa, e l'Adda ricomincia, per ripigliar poi nome di lago dove le rive, allontanandosi di nuovo, lascian l'acqua distendersi e rallentarsi in nuovi golfi e in nuovi seni. La costiera, formata dal deposito di tre grossi torrenti, scende appoggiata a due monti contigui, l'uno detto di san Martino, l'altro, con voce lombarda, il *Resegone*, dai molti suoi cocuzzoli[4] in fila, che in vero lo fanno somigliare a una sega: talché non è chi, al primo vederlo, purché sia di fronte, come per esempio di su le mura di Milano che guardano a settentrione, non lo discerna tosto, a un tal contrassegno[5], in quella lunga e vasta giogaia[6], dagli altri monti di nome più oscuro e di forma più comune. Per un buon pezzo, la costa sale con un pendìo lento e continuo; poi si rompe in poggi e in valloncelli, in erte e in ispianate[7], secondo l'ossatura de' due monti, e il lavoro dell'acque. Il lembo[8] estremo, tagliato dalle foci de' torrenti, è quasi tutto ghiaia e ciottoloni; il resto, campi e vigne sparse di terre[9], di ville[10], di casali[11]; in qualche parte boschi, che si prolungano su per la montagna. Lecco, la principale di quelle terre, e che dà nome al territorio, giace poco discosto dal ponte, alla riva del lago, anzi viene in parte a trovarsi nel lago stesso, quando questo ingrossa: un gran borgo al giorno d'oggi[12], e che s'incammina a diventar città. Ai tempi in cui[13] accaddero i fatti che prendiamo a raccontare, quel borgo, già considerabile, era anche un castello[14], e aveva perciò l'onore[15] d'alloggiare un comandante, e il vantaggio di possedere una stabile guarnigione di soldati spagnoli[16], che insegnavan la modestia alle fanciulle e alle

1 **Quel...mezzogiorno**: è la diramazione del lago di Como rivolta verso Lecco.
2 **vien...fiume**: è il punto in cui termina il lago e riprende a scorrere il fiume Adda, immissario ed emissario del lago di Como.
3 **ivi**: lì.
4 **cocuzzoli**: cime di montagne.
5 **non lo discerna...contrassegno**: non lo distingua subito («tosto») per la forma particolare che lo rende unico.
6 **giogaia**: catena montuosa.
7 **poggi...ispianate**: piccole alture («poggi») e valli («valloncelli»), ripide salite («erte») e spianate («ispianate»).
8 **lembo**: bordo, falda.
9 **terre**: qui nel significato di luoghi abitati.
10 **ville**: villaggi.
11 **casali**: case di campagna.
12 **al giorno d'oggi**: all'epoca del Manzoni, cioè non all'epoca dei fatti raccontati.
13 **Ai tempi in cui**: siamo nel 1628, precisamente il 7 novembre.
14 **un castello**: un luogo fortificato.
15 **aveva perciò l'onore**: è detto in senso ironico; infatti, Manzoni esprime il proprio cruccio per la dominazione straniera.
16 **soldati spagnoli**: questa zona dell'Italia era sotto la dominazione spagnola.

donne del paese, accarezzavan di tempo in tempo le spalle a qualche marito, a qualche padre; e, sul finir dell'estate, non mancavan mai di spandersi nelle vigne, per diradar l'uve, e alleggerire a' contadini le fatiche della vendemmia[17]. Dall'una all'altra di quelle terre, dall'alture alla riva, da un poggio all'altro, correvano, e corrono tuttavia[18], strade e stradette, più o men ripide, o piane; ogni tanto affondate, sepolte tra due muri, donde, alzando lo sguardo, non iscoprite che un pezzo di cielo e qualche vetta di monte; ogni tanto elevate su terrapieni aperti: e da qui la vista spazia per prospetti più o meno estesi, ma ricchi sempre e sempre qualcosa nuovi, secondo che i diversi punti piglian[19] più o meno della vasta scena circostante, e secondo che questa o quella parte campeggia o si scorcia[20], spunta o sparisce a vicenda. Dove un pezzo, dove un altro, dove una lunga distesa di quel vasto e variato specchio dell'acqua; di qua lago, chiuso all'estremità o piuttosto smarrito in un gruppo, in un andirivieni di montagne, e di mano in mano più allargato tra altri monti che si spiegano, a uno a uno, allo sguardo, e che l'acqua riflette capovolti, co' paesetti posti sulle rive; di là braccio di fiume, poi lago, poi fiume ancora, che va a perdersi in lucido serpeggiamento pur tra' monti che l'accompagnano, degradando via via, e perdendosi quasi anch'essi nell'orizzonte. Il luogo stesso da dove contemplate que' vari spettacoli, vi fa spettacolo da ogni parte: il monte di cui passeggiate le falde[21], vi svolge, al di sopra, d'intorno, le sue cime e le balze, distinte, rilevate, mutabili quasi a ogni passo, aprendosi e contornandosi in gioghi ciò che v'era sembrato prima un sol giogo, e comparendo in vetta ciò che poco innanzi vi si rappresentava sulla costa: e l'ameno, il domestico di quelle falde tempera gradevolmente il selvaggio, e orna vie più il magnifico dell'altre vedute[22].

Per una di queste stradicciole, tornava bel bello dalla passeggiata verso casa, sulla sera del giorno 7 novembre dell'anno 1628, don Abbondio[23], **curato** d'una delle terre accennate di sopra: il nome di questa,

**PAROLE *sotto la lente***

**Curato**

Il sostantivo proviene dal latino medioevale *curatus*, derivato di *cura*, intesa come cura delle anime. Il curato è un sacerdote che nel territorio di una parrocchia ha la propria casa e riveste funzioni religiose.

**Attività**

Analizza le parole "trascurare" e "curiosità", legate alla radice di *cura*, distinguendone il prefisso, la radice, il suffisso e la desinenza.

Giuseppe Canella, *Lago di Como*, 1895. (Collezione Privata)

17 **che insegnavan...vendemmia**: con ironia, Manzoni sottolinea i soprusi che gli spagnoli esercitavano sulla gente del posto.

18 **tuttavia**: ancora.

19 **piglian**: abbracciano.

20 **campeggia o si scorcia**: domina o si rimpicciolisce.

21 **passeggiate le falde**: percorrete con lo sguardo le pendici.

22 **orna vie...vedute**: rende sempre più attraente il panorama restante.

23 **Abbondio**: era un nome diffuso nella zona perché sant'Abbondio è il santo protettore di Como.

né il casato del personaggio, non si trovan nel manoscritto[24], né a questo luogo né altrove. Diceva tranquillamente il suo ufizio[25], e talvolta, tra un salmo[26] e l'altro, chiudeva il breviario, tenendovi dentro, per segno, l'indice della mano destra, e, messa poi questa nell'altra dietro la schiena, proseguiva il suo cammino, guardando a terra, e buttando con un piede verso il muro i ciottoli che facevano inciampo nel sentiero: poi alzava il viso, e, girati oziosamente gli occhi all'intorno, li fissava alla parte d'un monte, dove la luce del sole già scomparso, scappando per i fessi[27] del monte opposto, si dipingeva qua e là sui massi sporgenti, come a larghe e inuguali pezze di porpora. Aperto poi di nuovo il breviario, e recitato un altro squar-

24 **nel manoscritto**: nell'*Introduzione* Manzoni finge di aver trovato un manoscritto che racconta l'intera vicenda. Leggi anche l'approfondimento sul libro nelle "Storie da scoprire" (▸ p. 200).

25 **ufizio**: l'insieme delle preghiere contenute nel breviario e lette dal sacerdote durante le ore del giorno.

26 **salmo**: componimento religioso.

27 **fessi**: fenditure, spaccature.

## *per conoscere* ALESSANDRO MANZONI

**ALESSANDRO MANZONI** nasce a Milano nel 1785 dal nobiluomo Pietro, bigotto e autoritario, e da Giulia Beccaria, figlia del letterato illuminista Cesare Beccaria (autore del trattato *Dei delitti e delle pene*). Donna brillante ed emancipata, Giulia è amante di Giovanni Verri (il fratello minore di Pietro e Alessandro Verri, fondatori della rivista "Il Caffè"), il quale è forse il padre naturale di Alessandro. Il matrimonio con Pietro Manzoni, dettato da motivi economici, si conclude con una separazione nel 1792. Successivamente, Giulia Beccaria si trasferisce a Parigi.

Alessandro compie gli studi dapprima nel collegio dei padri Somaschi a Merate e a Lugano, poi presso i padri Barnabiti a Milano. Nel clima culturale della Milano napoleonica, a contatto con l'ambiente illuminista dei patrioti e dei letterati come Vincenzo Cuoco, Vincenzo Monti, Ugo Foscolo, si forma la sua coscienza civile e letteraria. Nel 1805 raggiunge la madre a Parigi e vi si trattiene fino al 1810. Nel 1808 sposa la sedicenne Enrichetta Blondel, ginevrina di fede calvinista. Nel 1810 Manzoni si converte al cattolicesimo. Rientrato con la famiglia in Italia, si stabilisce in maniera definitiva a Milano.

Alessandro Manzoni in un ritratto di Tullio Pericoli del 1985.

Gli anni dal 1812 al 1827 sono per Manzoni di intensa creatività letteraria; è di questi anni anche la prima stesura (1821-1827) del romanzo storico *I promessi sposi*, che Manzoni sottoporrà, negli anni successivi, a un lavoro lungo e paziente di revisione linguistica. Per questo, a partire dal 1827, soggiorna per qualche tempo a Firenze allo scopo di impadronirsi del toscano parlato, ritenuto l'unica lingua comprensibile da tutti gli italiani. Nel frattempo, muoiono ben sette dei suoi dieci figli; nel 1833 viene a mancare anche la moglie Enrichetta e nel 1837 Manzoni sposa Teresa Borri Stampa. Non partecipa direttamente alle vicende risorgimentali, ma ne condivide gli slanci e gli obiettivi. Trascorre gli ultimi anni della sua vita onorato e rispettato come il massimo scritcio[28], giunse a una voltata della stradetta, dov'era solito d'alzar sempre gli occhi dal libro, e di guardarsi dinanzi: e così fece anche quel giorno. Dopo la voltata[29], la strada correva diritta, forse un sessanta passi, e poi si divideva in due viottole, a foggia[30] d'un ipsilon: quella a destra saliva verso il monte, e menava[31] alla cura[32]: l'altra scendeva nella valle fino a un torrente; e da questa parte il muro non arrivava che all'anche del passeggiero. I muri interni delle due viottole, in vece di riunirsi ad angolo, terminavano in un tabernacolo[33], sul quale eran dipinte certe figure lunghe, serpeggianti, che finivano in punta, e che, nell'intenzion dell'artista, e agli occhi degli abitanti del vicinato, volevan dir fiamme; e, alternate con le fiamme,

28 **squarcio**: passo.
29 **voltata**: svolta.
30 **a foggia**: a forma.
31 **menava**: conduceva.
32 **cura**: chiesa e casa parrocchiale, parrocchia.
33 **tabernacolo**: qui nel senso di nicchia, piccola cappella con immagini affrescate.

tore italiano vivente. Nel 1860 viene nominato senatore. Muore a Milano nel 1873.

**• Gli *Inni sacri* •** A partire dal 1810, quando torna in Italia e si stabilisce definitivamente a Milano, lo scrittore ha maturato l'assoluta convinzione della superiorità dell'arte moderna e cristiana, basata sul vero, su quella classica e mitologica, basata sul falso. Nel 1812 concepisce dodici componimenti dedicati alle principali feste del calendario religioso; ne scriverà solo cinque: *La Resurrezione*, *Il nome di Maria*, *Il Natale*, *La Passione* e, più tardi, *La Pentecoste*.

**• Le tragedie e le odi •** Manzoni non si è mai lasciato coinvolgere in prima persona nelle vicende risorgimentali, ma dalla sua casa di Milano o dal tranquillo rifugio della propria residenza di campagna, a Brusuglio, ha guardato con interesse ai moti carbonari e alle guerre d'indipendenza. La sua concezione della storia vede la distinzione tra popoli egemoni e popoli subalterni e alla storiografia dei vincitori intende sostituire quella degli oppressi.

A questo tema sono ispirate le sue due tragedie: *Il conte di Carmagnola* e *Adelchi*. Nella prima egli narra le vicende del capitano di ventura Francesco Bussone che, accusato di tradimento dai veneziani, passa repentinamente, e forse ingiustamente, dalla gloria alla sventura. Nell'*Adelchi* rappresenta il dramma di Desiderio, re dei longobardi sconfitto dai franchi, quello della figlia Ermengarda ripudiata da Carlo Magno, di Adelchi riluttante alla guerra e, infine, del popolo italiano, che passa da un dominatore (i longobardi) a un altro (i franchi).

Al clima di speranza suscitato dai primi moti carbonari è da ascrivere l'ode *Marzo 1821*, nella quale Manzoni canta il passaggio del Ticino, che allora sembrava probabile ma che poi non avvenne, da parte dei piemontesi, per portare aiuto ai lombardi in rivolta contro la dominazione austriaca. Nel maggio di quello stesso anno muore Napoleone, da tempo in esilio nell'isola di Sant'Elena; alla notizia Manzoni compone l'ode *Il cinque maggio*, subito censurata dalle autorità austriache ma diffusa clandestinamente, nella quale rilegge gli ultimi giorni di prigionia dell'imperatore in chiave epico-religiosa, come una sconfitta della sua potenza terrena ma una vittoria della misericordia di Dio, che ha risvegliato in lui la fede nella vita eterna (Manzoni immagina che Napoleone in punto di morte si sia convertito).

**• Le edizioni dei *Promessi sposi* •** Il romanzo ha un'elaborazione lunga e sofferta. Alla prima versione, *Fermo e Lucia* (1821-1823), ne segue una seconda pubblicata nel 1827 con il titolo *I promessi sposi. Storia milanese del sec. XVII, scoperta e rifatta da Alessandro Manzoni*, e infine una terza, definitiva, che Manzoni dà alle stampe tra il 1840 e il 1842 con il titolo attuale. L'ultima redazione presenta un notevole "alleggerimento" della documentazione storica e soprattutto differenze linguistiche rispetto alla prima stesura: alla questione della lingua Manzoni dedica una particolare attenzione, poiché mira a elaborare un idioma moderno, in grado d'essere letto e capito da un pubblico vasto; egli individua tale idioma nel fiorentino parlato dalle persone colte.

cert'altre figure da non potersi descrivere, che volevan dire anime del purgatorio: anime e fiamme a color di mattone, sur un fondo bigiognolo[34], con qualche scalcinatura qua e là. Il curato, voltata la stradetta, e dirizzando, com'era solito, lo sguardo al tabernacolo, vide una cosa che non s'aspettava, e che non avrebbe voluto vedere. Due uomini stavano, l'uno dirimpetto all'altro, al confluente[35], per dir così, delle due viottole: un di costoro, a cavalcioni sul muricciolo basso, con una gamba spenzolata al di fuori, e l'altro piede posato sul terreno della strada; il compagno, in piedi, appoggiato al muro, con le braccia incrociate sul petto. L'abito, il portamento, e quello che, dal luogo ov'era giunto il curato, si poteva distinguer dell'aspetto, non lasciavan dubbio intorno alla lor condizione. Avevano entrambi intorno al capo una reticella verde, che cadeva sull'omero sinistro, terminata in una gran nappa[36], e dalla quale usciva sulla fronte un enorme ciuffo[37]: due lunghi mustacchi[38] arricciati in punta: una cintura lucida di cuoio, e a quella attaccate due pistole: un piccol corno ripieno di polvere[39], cascante sul petto, come una collana: un manico di coltellaccio che spuntava fuori d'un taschino degli ampi e gonfi calzoni: uno spadone, con una gran guardia[40] traforata a lamine d'ottone, congegnate come in cifra, forbite e lucenti[41]: a prima vista si davano a conoscere per individui della specie de' *bravi*[42].

[...]

Che i due descritti di sopra stessero ivi ad aspettar qualcheduno, era cosa troppo evidente; ma quel che più dispiacque a don Abbondio fu il dover accorgersi, per certi atti[43], che l'aspettato era lui. Perché, al suo apparire, coloro s'eran guardati in

*L'incontro di don Abbondio con i bravi.* (Milano, Museo Manzoniano)

34 **bigiognolo**: di un colore di tonalità grigia.

35 **confluente**: nel punto dove le due viuzze si incontrano.

36 **nappa**: fiocco.

37 **ciuffo**: la reticella e il ciuffo sono il segno distintivo dei bravi (▶ nota 42).

38 **mustacchi**: baffi folti e lunghi.

39 **un piccol...polvere**: si tratta della polvere da sparo che serviva per caricare le armi e che veniva conservata in un corno cavo.

40 **guardia**: impugnatura.

41 **congegnate...lucenti**: le lamine di ottone erano intrecciate come a formare un ricamo, pulite e lucide.

42 ***bravi***: sgherri armati e senza scrupoli che prestavano servizio per qualche signorotto in cambio della sua protezione; la parola "bravo" deriva dal latino *pravus* = "malvagio".

43 **atti**: gesti.

viso, alzando la testa, con un movimento dal quale si scorgeva che tutt'e due a un tratto avevan detto: è lui; quello che stava a cavalcioni s'era alzato, tirando la sua gamba sulla strada; l'altro s'era staccato dal muro; e tutt'e due gli s'avviavano incontro. Egli, tenendosi sempre il breviario aperto dinanzi, come se leggesse, spingeva lo sguardo in su, per ispiar[44] le mosse di coloro; e, vedendoseli venir proprio incontro, fu assalito a un tratto da mille pensieri. Domandò subito in fretta a se stesso, se, tra i bravi e lui, ci fosse qualche uscita di strada[45], a destra o a sinistra; e gli sovvenne[46] subito di no. Fece un rapido esame, se avesse peccato contro qualche potente, contro qualche vendicativo; ma, anche in quel turbamento, il testimonio consolante della coscienza lo rassicurava alquanto: i bravi però s'avvicinavano, guardandolo fisso. Mise l'indice e il medio della mano sinistra nel collare[47], come per raccomodarlo[48]; e, girando le due dita intorno al collo, volgeva intanto la faccia all'indietro, torcendo insieme la bocca, e guardando con la coda dell'occhio, fin dove poteva, se qualcheduno arrivasse; ma non vide nessuno. Diede un'occhiata, al di sopra del muricciolo, ne' campi: nessuno; un'altra più modesta sulla strada dinanzi; nessuno, fuorché i bravi. Che fare? tornare indietro, non era a tempo: darla a gambe, era lo stesso che dire, inseguitemi, o peggio. Non potendo schivare il pericolo, vi corse incontro, perché i momenti di quell'incertezza erano allora così penosi per lui, che non desiderava altro che d'abbreviarli. Affrettò il passo, recitò un versetto a voce più alta, compose la faccia a tutta quella quiete e ilarità che poté[49], fece ogni sforzo per preparare un sorriso; quando si trovò a fronte dei due galantuomini[50], disse mentalmente: ci siamo; e si fermò su due piedi.

– Signor curato, – disse un di que' due, piantandogli gli occhi in faccia.

– Cosa comanda[51]? – rispose subito don Abbondio, alzando i suoi dal libro, che gli restò spalancato nelle mani, come sur un leggìo.

– Lei ha intenzione, – proseguì l'altro, con l'atto minaccioso e iracondo di chi coglie un suo inferiore sull'intraprendere una ribalderia[52], – lei ha intenzione di maritar domani Renzo Tramaglino e Lucia Mondella!

– Cioè... – rispose, con voce tremolante, don Abbondio: – cioè. Lor signori son uomini di mondo, e sanno benissimo come vanno queste faccende. Il povero curato non c'entra: fanno i loro pasticci tra loro, e poi... e poi, vengon da noi, come s'anderebbe a un banco a riscotere; e noi... noi siamo i servitori del comune[53].

– Or bene, – gli disse il bravo, all'orecchio, ma in tono solenne di comando, – questo matrimonio non s'ha da fare, né domani, né mai.

– Ma, signori miei, – replicò don Abbondio, con la voce mansueta e gentile di chi vuol persuadere un impaziente, – ma, signori miei, si degnino di mettersi ne' miei panni. Se la cosa dipendesse da me,... vedon bene che a me non me ne vien nulla in tasca...

– Orsù, – interruppe il bravo, – se la cosa avesse a decidersi a ciarle[54], lei ci metterebbe in sacco[55]. Noi non ne sappiamo, né vogliam saperne di più. Uomo avvertito... lei c'intende.

44 **ispiar**: spiare.
45 **uscita di strada**: via di fuga.
46 **sovvenne**: venne in mente.
47 **collare**: colletto della tonaca.
48 **raccomodarlo**: metterlo a posto.
49 **compose la faccia...poté**: cercò di mostrare un viso calmo e sorridente.
50 **galantuomini**: è detto con ironia.
51 **Cosa comanda?**: l'atteggiamento servile di don Abbondio è evidente già da queste prime parole.
52 **ribalderia**: atto spavaldo e sfrontato.
53 **del comune**: della comunità.
54 **ciarle**: chiacchiere.
55 **lei ci metterebbe in sacco**: ci convincerebbe facilmente.

– Ma lor signori son troppo giusti, troppo ragionevoli…

– Ma, – interruppe questa volta l'altro compagnone, che non aveva parlato fin allora, – ma il matrimonio non si farà, o… – e qui una buona bestemmia, – o chi lo farà non se ne pentirà, perché non ne avrà tempo, e… – un'altra bestemmia.

– Zitto, zitto, – riprese il primo oratore: – il signor curato è un uomo che sa il viver del mondo; e noi siam galantuomini, che non vogliam fargli del male, purché abbia giudizio. Signor curato, l'illustrissimo signor don Rodrigo[56] nostro padrone la riverisce caramente.

Questo nome fu, nella mente di don Abbondio, come, nel forte d'un temporale notturno, un lampo che illumina momentaneamente e in confuso gli oggetti, e accresce il terrore. Fece, come per istinto, un grand'inchino, e disse: – se mi sapessero suggerire…

– Oh! suggerire a lei che sa di latino[57]! – interruppe ancora il bravo, con un riso tra lo sguaiato e il feroce. – A lei tocca. E sopra tutto, non si lasci uscir parola su questo avviso che le abbiam dato per suo bene; altrimenti… ehm… sarebbe lo stesso che fare quel tal matrimonio. Via, che vuol che si dica in suo nome all'illustrissimo signor don Rodrigo?

56 **don Rodrigo**: è il signorotto locale.

57 **che sa di latino**: che è un uomo istruito.

## STORIE da SCOPRIRE

### *I promessi sposi* di Alessandro Manzoni

Nell'*Introduzione* Manzoni finge di avere trascritto in un linguaggio moderno la storia di due umili popolani rinvenuta in un manoscritto di un anonimo scrittore del Seicento.

Il romanzo si apre sullo scenario del lago di Como e del borgo di Lecco, alla vigilia delle nozze dei due giovani Renzo Tramaglino e Lucia Mondella. È il 7 novembre 1628 quando don Abbondio, il curato del paese, mentre percorre un sentiero facendo ritorno alla canonica, è fermato da due «bravi» al servizio del signorotto locale, don Rodrigo, che gli intimano di non celebrare il matrimonio dei due giovani se ha a cuore la propria vita. L'uomo, spaventato, al suo ritorno a casa si confida con la domestica Perpetua.

Il giorno dopo, quando Renzo si presenta in canonica per prendere accordi sulla cerimonia, il curato lo informa che ci sono impedimenti alle nozze. Sarà Perpetua, messa alle strette, a svelargli quanto accaduto: l'ordine è arrivato da don Rodrigo, che ha delle mire su Lucia.

Segue una serie di azioni convulse: per ottenere giustizia Renzo si reca dall'avvocato Azzeccagarbugli che, quando sente che c'è di mezzo don Rodrigo, lo manda via frettolosamente; Renzo e Lucia cercano di costringere con la forza don Abbondio a celebrare le nozze, ma questi riesce a sottrarsi; un tentativo del confessore di Lucia, padre Cristoforo, di incontrare don Rodrigo e convincerlo a cambiare i suoi propositi finisce nel nulla. Alla fine i due giovani, aiutati da padre Cristoforo, lasciano il paese: Lucia e la madre Agnese per un monastero di Monza, Renzo per un convento di Milano.

Nemmeno a Monza, però, Lucia è al sicuro. La suora che dovrebbe proteggerla, Gertrude, ha una relazione segreta con un giovane senza scrupoli, Egidio, che la domina totalmente. Allorché don Rodrigo, scoperto il nascondiglio di Lucia, si rivolge a un altro potente famoso per i suoi delitti, l'Innominato, perché lo aiuti a rapire la giovane, questi incarica proprio Egidio, che a sua volta si fa aiutare da Gertrude. Convinta dalla monaca a uscire dal convento, Lucia cade nel tranello: due uomini la rapiscono e la portano al castello dell'Innominato. L'incontro con la ragazza cambia però l'animo di quest'ultimo, il quale già da tempo, sentendosi invecchiato e prossimo alla morte, vive una crisi di coscienza per le sue malefatte. Dopo una notte tormentata decide perciò di liberare Lucia e di affidarla al cardinale Federigo Borromeo. Questi le trova un rifugio prima presso la famiglia di un sarto, poi, a Milano, dal nobile don Ferrante.

Intanto Renzo, giunto a Milano, si trova coinvolto in un tumulto popolare contro il rincaro del pane,

– Il mio rispetto…

– Si spieghi meglio!

– … Disposto… disposto sempre all'ubbidienza –. E, proferendo queste parole, non sapeva nemmen lui se faceva una promessa, o un complimento. I bravi le presero, o mostraron di prenderle nel significato più serio.

– Benissimo, e buona notte, messere, – disse l'un d'essi, in atto di partir col compagno. Don Abbondio, che, pochi momenti prima, avrebbe dato un occhio per iscansarli[58], allora avrebbe voluto prolungar la conversazione e le trattative. – Signori… – cominciò, chiudendo il libro con le due mani; ma quelli, senza più dargli udienza, presero la strada dond'era lui venuto, e s'allontanarono, cantando una canzonaccia che non voglio trascrivere. Il povero don Abbondio rimase un momento a bocca aperta, come incantato; poi prese quella delle due stradette che conduceva a casa sua, mettendo innanzi a stento una gamba dopo l'altra, che parevano aggranchiate[59].

A. Manzoni, *I promessi sposi*, a cura di T. Di Salvo, Zanichelli, Bologna, 1994

58 **iscansarli**: evitarli.

59 **parevano aggranchiate**: sembravano paralizzate per la paura.

viene scambiato per uno dei capi della rivolta e arrestato. Liberato dalla folla, si vede costretto a lasciare la città e a passare nel Bergamasco, territorio della Repubblica di Venezia, dove, sotto falso nome, si rifugia presso un suo cugino, Bortolo.

Nel frattempo la Lombardia è devastata dalla guerra per la successione al ducato del Monferrato. Con l'arrivo delle armate dei lanzichenecchi arriva anche la peste, che tra l'autunno del 1629 e l'estate del 1630 si diffonde ovunque, facendo numerose vittime. Anche Renzo ne è colpito ma guarisce. Venuto a sapere che Lucia si trova a Milano, raggiunge la città, che scopre essere devastata dal morbo. Lucia stessa ne è stata contagiata e ora è ricoverata in un lazzaretto. Qui Renzo ritrova padre Cristoforo che si prodiga per gli ammalati. Insieme a lui assiste all'agonia di don Rodrigo e lo perdona. Infine rivede Lucia, che è in via di guarigione e lo ama ancora, ma gli rivela che non può più sposarlo, perché mentre era prigioniera nel castello dell'Innominato, ha fatto voto di castità alla Madonna. Interviene ancora una volta fra Cristoforo, che la scioglie dal voto.

Esauritasi l'ondata di peste, Renzo e Lucia, ritornati al paese, sono uniti in matrimonio da don Abbondio. Decidono poi, insieme ad Agnese, di trasferirsi nel Bergamasco, dove Renzo rileva una fabbrica tessile e Lucia alleva i bambini.

## Un romanzo innovativo

*I promessi sposi* è il romanzo storico più significativo dell'Ottocento italiano. Esso sviluppa una vicenda privata verosimile su uno sfondo storicamente documentato, ovvero la Lombardia del Seicento, allora dominata dagli spagnoli e sconvolta dalle guerre, dalla carestia e dalla peste. La scelta di raccontare le traversie di due modesti popolani è un fatto innovativo sul piano letterario e rispecchia la concezione democratica della storia che ha Manzoni: poiché la storiografia ufficiale non dà voce alla gente comune, che pure concorre a fare la storia, è compito del romanziere rimediare a questa ingiustizia.

La forte impronta realista del romanzo è sostenuta da un'altrettanto forte carica morale e religiosa, riflessa anche dal sistema dei personaggi, divisi in malvagi, talora tormentati dal senso di colpa, e in umili, cui non resta che affidarsi alla Provvidenza divina. La fede nell'intervento della Provvidenza non impedisce tuttavia l'esistenza del male e del dolore; la vita umana è sempre un viaggio misterioso e molte volte tragico. Perciò il romanzo, nonostante si chiuda con il ricongiungimento dei due protagonisti, non prospetta un futuro idilliaco.

## per L'ANALISI del TESTO

### La funzione del paesaggio

Il brano si apre su una lunga **descrizione dei luoghi** teatro della vicenda che si sta per narrare. Il punto di vista è dapprima panoramico: l'autore descrive le catene dei monti intorno, poi il lago, le coste, i campi coltivati, i villaggi e i casali, il borgo di Lecco, le strade e stradette che salgono verso i poggi e i monti. Il celebre *incipit*, cioè l'apertura del romanzo («Quel ramo del lago di Como»), non riveste solo una funzione paesaggistica, ma evidenzia il progetto di **precisione storica** che muove l'autore.

### La viltà davanti al sopruso

Successivamente il campo visivo si restringe, concentrandosi su un punto del paesaggio, là dove sta per svolgersi il fatto al centro della narrazione. L'episodio dell'incontro dei due bravi con don Abbondio introduce a un motivo capitale dell'intero romanzo: il **potere esercitato con la sopraffazione**, il sopruso del più forte ai danni del più debole. A incarnare questo tema sono qui figure di intermediari: da una parte i bravi, che agiscono per conto di un signorotto del luogo, don Rodrigo; dall'altra parte don Abbondio che, in quanto parroco, dovrebbe proteggere i suoi parrocchiani, ma non riuscendo a sostenere questo ruolo si piega al volere del prepotente di turno.

Manzoni mette in luce il carattere quieto e abitudinario di don Abbondio attraverso i gesti che il parroco compie. Segue l'apparizione del tutto inaspettata dei due «galantuomini» (r. 115), i bravi, con la descrizione dei loro abiti, le pistole, il coltellaccio, la spada. Don Abbondio è spaventato: la sua prima reazione è cercare una via di fuga ma, non avendo scampo, è costretto ad affrontarli. Nel dialogo emergono il servilismo e la remissività del curato. È con una certa ironia che Manzoni mette a confronto il pavido don Abbondio con i due malviventi, esageratamente armati, sicuri del fatto loro, sarcastici, come a voler stemperare la sua condanna morale nei confronti del curato.

### Lo stile

La descrizione iniziale risulta elaborata e impegnativa per la **costruzione sintattica complessa**, basata su **periodi lunghi**, **subordinate** e **incisi**.

Particolare risalto viene dato alla rappresentazione umana e psicologica dei personaggi, sia attraverso i gesti sia attraverso i dialoghi.

Da ultimo, si noti la presenza costante della **voce narrante** che sa abilmente tenere le fila di tutta la vicenda, commentando i fatti con alcune osservazioni o ricorrendo all'ironia per evidenziare aspetti significativi.

# Attività

## Leggere e comprendere

1 **L'*incipit*** L'apertura del romanzo è costituita dalla descrizione del territorio in cui si svolgono le vicende narrate. Elenca gli elementi naturali del paesaggio che vengono presentati nel primo periodo e riporta i nomi dei luoghi descritti.

2 **La dominazione straniera** Chi governa la zona del Lecchese nel momento storico narrato da Manzoni?
- **a.** Gli Austriaci
- **b.** Gli Spagnoli
- **c.** I Francesi
- **d.** I Tedeschi

3 **Il giudizio dell'autore** In che modo l'autore mostra la sua disapprovazione verso il modo di governare della potenza straniera?
- **a.** Con disprezzo
- **b.** Con rassegnazione
- **c.** Con ironia
- **d.** Con oggettività

4 **L'occupazione di don Abbondio** Che cosa sta facendo don Abbondio mentre passeggia?

5 **L'imprevisto** Durante la passeggiata, a don Abbondio accade un imprevisto. Quale?
- **a.** Si distrae e non vede un suo parrocchiano
- **b.** Vede due bravi che lo aspettano
- **c.** Vede il vescovo che lo aspetta
- **d.** Sente la voce di don Rodrigo che lo chiama

6 **I bravi** Quali elementi caratterizzano i bravi?

7 **La reazione** Come reagisce don Abbondio alla vista dei bravi?

8 **L'ordine** I bravi danno a don Abbondio un preciso e perentorio ordine, che costituisce il movente di tutta la vicenda del romanzo. Quale?

9 **L'intimidazione** Per quale motivo la richiesta dei bravi è oltraggiosa e ingiusta?

10 **La prepotenza e la paura** Durante il colloquio tra il curato e i bravi, si evidenziano con chiarezza la paura dell'uno e la prepotenza degli altri. Riporta le parole o le azioni che meglio esprimono tali atteggiamenti.

- Azioni e parole di don Abbondio:

.......................................................................................

.......................................................................................

- Azioni e parole dei bravi:

.......................................................................................

.......................................................................................

## Riconoscere e analizzare

11 **Le macrosequenze** Il testo può essere suddiviso in due macrosequenze. Indicale e spiega che tipo di sequenze sono.

- Prima macrosequenza (rr. ...................................):

.......................................................................................

- Seconda macrosequenza (rr. ...................................):

.......................................................................................

12 **Il tempo del racconto** Le due macrosequenze sono contraddistinte da due modalità del tempo della narrazione. Quali?

**a.** La prima è una pausa e la seconda una scena

**b.** Entrambe sono sommari

**c.** La prima è una scena e la seconda è una pausa

**d.** Entrambe sono ellissi

13 **Lo spazio** Nel brano letto la descrizione del paesaggio è:

**a.** reale, dettagliata, oggettiva e sviluppata dal generale al particolare

**b.** fantastica, sommaria e sviluppata in senso circolare

**c.** verosimile, soggettiva e sviluppata dal particolare al generale

**d.** fantastica, dettagliata, soggettiva e sviluppata dal generale al particolare

14 **Don Abbondio** Attraverso gli atteggiamenti esteriori Manzoni evidenzia il carattere dei personaggi. Che cosa cerca di far risaltare nella presentazione di don Abbondio? Da che cosa si capisce che il curato è una persona pavida, che cerca di evitare gli ostacoli e le responsabilità e che non si cura di nulla all'infuori di sé?

15 **I bravi** Quali caratteristiche vuole mettere in evidenza l'autore presentando i bravi?

16 **Il narratore e il punto di vista** Come definiresti il narratore e la focalizzazione? Motiva le tue risposte.

17 **Le riflessioni del narratore** Individua i punti del testo in cui il narratore esprime la propria opinione.

18 **La lingua** L'italiano di Manzoni risulta piuttosto impegnativo perché presenta:

**a.** periodi brevi e termini ormai poco usati

**b.** un lessico specifico e una sintassi complessa

**c.** vocaboli comuni e una sintassi paratattica

**d.** una sintassi spezzata e ricca di anacoluti

19 **L'ironia** Manzoni riesce a stemperare la drammaticità della situazione facendo ricorso all'ironia. Individua e sottolinea i punti del brano in cui questa tecnica ti sembra visibile.

## Rielaborare e produrre

20 **La risposta di don Abbondio** Don Abbondio pronuncia le seguenti parole: «... Disposto... disposto sempre all'ubbidienza» (r. 154). Secondo te, come si possono interpretare? Sono un atto di fedeltà illimitata a don Rodrigo oppure una formula obbligata? Spiegalo in una risposta scritta di circa 50 parole.

21 **Il riassunto** Sintetizza il passo in massimo 300 parole. Ricorda di eliminare i discorsi diretti.

22 **Discutere** Soprusi, vessazioni e ingiustizie sociali non appartengono solo al passato, ma sono anche realtà attuali. Pensa a qualche esempio di cui hai avuto notizia o esperienza e raccontalo in un intervento orale di 5 minuti.

23 **L'abito** L'identità dei bravi è rivelata non solo dalle armi, ma anche dalla foggia del vestito e dall'acconciatura. Anche oggi gli abiti sono importanti per definire l'interiorità delle persone? Esprimi la tua opinione in un testo argomentativo di circa 100 parole.

per SAPERNE di PIÙ

## Il Seicento

Manzoni conosceva bene sia gli avvenimenti storici (l'epidemia di peste, la carestia, le sollevazioni popolari) sia la vita quotidiana del XVII secolo perché, prima di scrivere *I promessi sposi*, si era ben documentato.

Nella Lombardia del Seicento, dominata dagli spagnoli, i **soprusi** erano molto comuni. L'intimidazione o il rapimento (che vengono descritti nei *Promessi sposi*) erano reati abituali. La **società** dell'epoca era molto **violenta**; era consuetudine farsi giustizia da sé, anche perché l'autorità giudiziaria, con le sue leggi ("gride"), non era in grado di controllare e disciplinare il vivere quotidiano.

Girare armati era la norma. Tutti avevano una spada o un pugnale al fianco (anche Renzo quando si presenta da don Abbondio la mattina del matrimonio); alcuni portavano persino il temuto archibugio a canna lunga o corta, nonostante decine di gride lo vietassero e pene severe fossero previste per i trasgressori. Gente violenta e pericolosa erano certamente i "**bravi**", i quali erano per lo più forestieri, soldati disertori, avventurieri di passaggio, banditi in fuga da altri territori, che prestavano il loro servizio ai signorotti locali. Ma a sfoderare la spada nella rissa, ad assaltare i mercanti sulle strade, a smerciare di contrabbando il grano, a pugnalare l'amico per il gioco delle carte erano anche nobili, servi, soldati, religiosi, contadini, oziosi e vagabondi. Si viveva in un clima d'**illegalità diffusa** e il numero degli omicidi era alto.

La stessa giustizia era amministrata in maniera feroce: era frequente la **tortura**; le pene erano arbitrarie, non commisurate al tipo di reato e si condannava a morte con grande facilità. In realtà, i documenti d'archivio attestano come la maggior parte dei delinquenti riuscisse a sottrarsi alla giustizia. I pochi che non ci riuscivano erano sottoposti a pene e supplizi terribili. In altre parole, i giudici del tempo cercavano di incutere timore torturando e accanendosi nei confronti di qualche malcapitato che pagava per tutti. A Milano, la **condanna a morte** era uno spettacolo pubblico agghiacciante: il condannato giungeva sul patibolo già mutilato a causa del taglio di una mano, della lingua, con brandelli di carne strappati con tenaglie. Veniva issato sulla ruota e restava lassù a morire oppure veniva bruciato, soffocato, impiccato. Teste e mani mozzate erano poi esposte nel luogo in cui era avvenuto il reato. La gente assisteva divertita a simili spettacoli, dal momento che la morte sul patibolo rientrava nella normalità.

Esecuzioni di massa di presunti eretici da parte dell'Inquisizione spagnola in una stampa del Seicento. (Berlino, Bildagentur für Kunst, Kultur und Geschichte)

Victor Hugo

# Un atto di fiducia che cambia la vita

Jean Valjean è un ex forzato appena uscito dalle galere francesi. Mentre è ospite in casa del vescovo Bienvenu, decide di impossessarsi del servizio di posate d'argento. Ma a volte accade l'impensabile. Un gesto di umanità, come il perdono, può risultare più forte di ogni altra azione.

Da
I miserabili, 1862

Romanzo sociale

Jean Valjean, lui, era nell'ombra, il puntello di ferro[1] in mano, ritto, immobile, stupefatto da quel vegliardo[2] luminoso. Non aveva mai visto nulla di simile. Quella fiducia[3] lo spaventava. Il mondo morale non ha spettacolo più grande di questo: una coscienza turbata e inquieta[4], sulla soglia di una cattiva azione, mentre contempla il sonno di un giusto.

Quel sonno, in quell'isolamento, e con un vicino come lui, aveva qualcosa di sublime che egli sentiva vagamente ma imperiosamente.

Nessuno avrebbe potuto dire cosa accadeva in lui, nemmeno lui stesso. Per cercare di rendersene conto, bisogna pensare a ciò che v'è di più violento in presenza di ciò che v'è di più dolce. Sul suo stesso viso non si sarebbe potuto distinguere nulla con certezza. Era una sorta di sbalordimento sconvolto.

Egli guardava. Ecco tutto. Ma cosa pensava? Sarebbe stato impossibile indovinarlo. Ciò che era evidente è che egli era commosso e stravolto. Ma di quale natura era questa emozione?

Il suo sguardo non abbandonava il vegliardo. La sola cosa che si deducesse chiaramente dal suo atteggiamento e dalla sua fisionomia era una strana indecisione. Si sarebbe detto che esitasse tra i due abissi, quello in cui ci si perde e quello in cui ci si salva. Sembrava pronto a fracassare quel cranio o a baciare quella mano[5].

In capo a[6] qualche istante, il suo braccio sinistro si alzò lentamente verso la fronte, ed egli si tolse il berretto, poi il braccio ricadde con la stessa lentezza, e Jean Valjean rientrò nella sua contemplazione, il berretto nella mano sinistra, la mazza nella destra, i capelli irti sulla testa selvaggia[7].

Il **vescovo** continuava a dormire in una pace profonda sotto quello sguardo spaventoso.

**PAROLE sotto la lente**

**Vescovo**

Il sostantivo deriva dal latino *episcopus*, in greco *episcopos* = chi guarda dall'alto [*epì* = su e *scopèo* = guardare], quindi ispettore, sovrintendente. Nella Chiesa cristiana primitiva è il capo di una comunità di fedeli da cui dipendono presbiteri, diaconi e laici. Nella Chiesa cattolica è un successore degli apostoli e il pontefice gli assegna il governo di una diocesi con un'autorità superiore agli altri prelati.

**Attività**

Esistono in italiano due aggettivi che significano "del vescovo". Uno è più colto e deriva direttamente dalla radice greca, l'altro è più comune. Quali sono? In quali espressioni è più frequente usare l'uno e in quali l'altro?

1 **il puntello di ferro**: è l'attrezzo per scassinare e per colpire il vescovo nel caso si svegli.
2 **vegliardo**: vecchio che ispira rispetto e ammirazione. Si tratta di monsignor Bienvenu, il vescovo.
3 **fiducia**: il vescovo addormentato appare senza difese, fiducioso nella bontà del prossimo.
4 **coscienza turbata e inquieta**: si riferisce a Jean Valjean, che sta per commettere una cattiva azione nei confronti della persona che gli ha dato ospitalità; è questo il motivo per cui la sua coscienza è turbata.
5 **Si sarebbe detto...quella mano**: Valjean è lacerato tra l'istinto di rubare e la gratitudine nei confronti del vescovo.
6 **In capo a**: nel giro di.
7 **selvaggia**: spettinata.

Un riflesso di luna rendeva confusamente visibile al di sopra del caminetto il crocefisso che sembrava aprire le braccia a entrambi, con una benedizione per l'uno e un perdono per l'altro.

Improvvisamente Jean Valjean si rimise il berretto in capo, poi camminò rapidamente lungo il letto senza guardare il vescovo, verso l'armadio a muro che intravedeva accanto al capezzale; sollevò il puntello di ferro come per forzare la serratura; c'era la chiave; l'aprì; la prima cosa che gli apparve fu il paniere dell'argenteria; lo prese, attraversò la camera a grandi passi senza precauzione e senza badare al rumore, raggiunse la porta, rientrò nell'oratorio[8], aprì la finestra, prese il bastone, scavalcò il davanzale del pianerottolo, mise l'argenteria nello zaino, gettò il paniere, attraversò il giardino, saltò al di là del muro come una tigre, e fuggì. [...]

L'indomani, al levar del sole, monsignor Bienvenu[9] passeggiava in giardino. La signora Magloire[10] accorse al suo cospetto, sconvolta.

«Monsignore, monsignore», gridò, «vostra Altezza sa dove sia il paniere dell'argenteria?».

«Sì», disse il vescovo.

«Sia lodato Gesù Cristo!», riprese lei. «Non riuscivo a trovarlo».

Il vescovo aveva appena raccolto il paniere da un'aiuola. Lo presentò alla signora Magloire.

«Eccolo».

«Ma...», disse lei, «È vuoto! E l'argenteria?».

«Ah!», riprese il vescovo. «Dunque è l'argenteria che vi preoccupa? Be', non so dove sia».

8 **oratorio**: luogo di preghiera.

9 **monsignor Bienvenu**: il vero nome del vescovo è Myriel; Bienvenu (che in francese vuol dire "benvenuto") è il nome attribuitogli dai poveri della città per indicare il suo animo caritatevole.

10 **signora Magloire**: la governante del vescovo.

## L'AUTORE

**Victor Hugo** nasce a Besançon, in Francia, nel 1802. Trascorre l'infanzia in parte seguendo il padre, ufficiale dell'esercito napoleonico, nei suoi spostamenti, in parte risiedendo a Parigi con la madre e i fratelli. È la madre a guidare la sua formazione letteraria e a introdurlo, ancora giovanissimo, nei salotti della capitale. Alla caduta di Napoleone, il giovane compone alcune odi inneggianti a Luigi XVIII, tanto da guadagnarsi il titolo di poeta della famiglia reale. Negli anni successivi si dedica con passione a studi di carattere storico-filosofico, si interessa delle condizioni sociali della Francia e matura posizioni politiche democratiche, liberali e repubblicane delle quali fa aperta professione. Nel 1851, quando Napoleone III prende il potere con un colpo di Stato, Victor Hugo è costretto all'esilio in quanto oppositore. In quegli anni scrive le sue opere più significative. Dopo la caduta di Napoleone III, nel 1870, torna trionfalmente a Parigi, dove viene eletto senatore. Muore nel 1885 e tutta la cittadinanza partecipa al suo grandioso funerale.

Poeta, narratore e autore di drammi teatrali, Victor Hugo incarna la figura dell'intellettuale romantico, che prende posizione sia nelle polemiche letterarie sia nelle questioni civili, diventando il simbolo delle idealità democratiche del suo tempo. Scrive opere di grande risonanza e di immediato successo, tra le quali il dramma *Hernani* (1830), le raccolte poetiche *I castighi* (1853) e *Le contemplazioni* (1856), i romanzi *Notre-Dame de Paris* (1831) e *I miserabili* (1862). Il primo, ambientato sotto le guglie della cattedrale parigina, racconta l'amore impossibile tra il gobbo Quasimodo e la bellissima zingara Esmeralda. Il secondo, vasto affresco delle classi sociali più deboli, segna la definitiva consacrazione di Hugo come principale esponente del Romanticismo.

«Gran Dio! L'hanno rubata! L'ha rubata l'uomo di ieri sera!».

In un batter d'occhio, con tutta la sua vivacità di vecchia arzilla, la signora Magloire corse all'oratorio, entrò nell'alcova[11] e tornò dal vescovo. Questi era chino ad esaminare con un sospiro una pianta di coclearia dei Guillons[12] che il paniere aveva spezzato, cadendo sull'aiuola. Si raddrizzò al grido della signora Magloire.

«Monsignore, quell'uomo se n'è andato! Ha rubato l'argenteria!».

Mentre proferiva questa esclamazione, i suoi occhi caddero su un angolo di giardino in cui si vedevano tracce di scalata. La capriata[13] del muro era stata strappata.

«Ecco! È di là che è scappato! È saltato in vicolo Cochefilet! Ah! Il delinquente! Ha rubato la nostra argenteria!».

Il vescovo rimase per un istante silenzioso, poi alzò il suo sguardo serio, e disse con dolcezza alla signora Magloire:

«Anzitutto, quell'argenteria era proprio nostra?».

La signora Magloire rimase interdetta[14]. Ci fu ancora un attimo di silenzio, poi il vescovo continuò:

«Signora Magloire, io possiedo a torto e da troppo tempo quell'argenteria. Apparteneva ai poveri. E chi era quell'uomo? Un povero, evidentemente».

«O Gesù», riprese la signora Magloire. «Non è per me, né per la signorina[15]. Per noi non importa. Ma è per monsignore. Come mangerà monsignore adesso?».

Il vescovo la guardò con aria stupita.

«Ah, è questo! Ma non abbiamo posate di stagno?».

La signora Magloire alzò le spalle.

«Lo stagno ha un odore».

«Allora, posate di ferro».

La signora Magloire fece una smorfia espressiva.

«Il ferro ha un sapore».

«E allora», disse il vescovo, «posate di legno».

Qualche istante dopo, egli fece colazione a quella stessa tavola cui si era seduto il giorno innanzi Jean Valjean. Mangiando, monsignor Bienvenu faceva gaiamente notare alla sorella che non diceva motto[16] e alla signora Magloire che brontolava

11 **alcova**: la parte più riposta della camera da letto, chiusa da tendaggi.

12 **coclearia dei Guillons**: una pianta erbacea usata per curare lo scorbuto.

13 **capriata**: struttura triangolare che sorregge il tetto di un edificio.

14 **interdetta**: senza parole, stupefatta.

15 **signorina**: è Baptistine, la sorella del vescovo.

16 **non diceva motto**: non proferiva parola, taceva.

Pieter Claesz, *Natura morta con calice di cristallo, tazza d'argento, un'oliva e noci*, 1640-1650 ca. (Berlino, Gemäldegalerie)

sordamente[17], che non c'è affatto bisogno di un cucchiaio né di una forchetta, sia pure di legno, per inzuppare un pezzo di pane in una tazza di latte.

«Figurarsi!», diceva la signora Magloire tra sé, andando avanti e indietro, «ospitare un uomo di quella fatta[18]! E farlo dormire nella stanza accanto! E meno male che ha solo rubato! Ah, buon Dio! C'è da tremare a pensarci!».

Mentre il fratello e la sorella stavano alzandosi da tavola, bussarono alla porta.

«Entrate», disse il vescovo.

La porta si aprì. Un gruppo strano e violento apparve sulla soglia. Tre uomini ne tenevano un quarto per la collottola[19]. Quei tre erano **gendarmi**; l'altro era Jean Valjean.

Un brigadiere della gendarmeria, che sembrava capitanare il gruppo, stava accanto alla porta. Entrò e avanzò verso il vescovo facendo il saluto militare.

«Monsignore...», disse.

A quel titolo, Jean Valjean, che era cupo e sembrava abbattuto, rialzò il capo con un'espressione stupefatta.

«Monsignore!», mormorò. «Dunque non è il curato...».

«Silenzio!», disse un gendarme. «È monsignor vescovo».

Intanto monsignor Bienvenu si era avvicinato con tutta la rapidità permessagli dai suoi anni.

«Ah! Eccovi qui!», esclamò guardando Jean Valjean. «Sono contento di vedervi. E allora! Vi avevo dato anche i candelieri, che sono d'argento come il resto, e da cui potreste ricavare almeno duecento franchi. Perché non li avete presi insieme con le posate?».

Jean Valjean spalancò tanto d'occhi e guardò il venerabile vescovo con un'espressione che nessuna lingua umana potrebbe descrivere.

«Monsignore», disse il brigadiere, «allora quest'uomo diceva la verità? L'abbiamo incontrato per la strada. Andava come se avesse il diavolo alle calcagna. L'abbiamo fermato, per vedere. Aveva questa argenteria...».

«E vi ha detto», interruppe sorridendo il vescovo, «che gli era stata regalata da un buon vecchio prete da cui aveva passato la notte? Capisco. E voi l'avete riportato qui? È un equivoco».

«Ma allora», rispose il brigadiere, «possiamo lasciarlo andare?».

«Ma certo», rispose il vescovo.

I gendarmi lasciarono Jean Valjean, che indietreggiò.

«Davvero mi lasciano andare?», disse con voce quasi inarticolata e come se parlasse nel sonno.

«Sì, ti lasciamo andare, non hai capito?», disse un gendarme. «Amico mio», riprese il vescovo, «prima di andarvene, ecco i vostri candelieri. Prendeteli». Andò al caminetto, prese i due candelieri d'argento e li portò a Jean Valjean. Le due donne lo guardarono fare senza una parola, senza un gesto, senza uno sguardo che potesse disturbare il vescovo.

Jean Valjean tremava in tutto il corpo. Prese i due candelieri macchinalmente, con aria smarrita.

«Ora», disse il vescovo, «andate in pace. A proposito, quando tornerete, amico mio, è inutile che passiate dal giardino. Potrete sempre entrare e uscire dalla porta della strada. È chiusa solo con un saliscendi giorno e notte».

Poi, volgendosi ai gendarmi:

17 **sordamente**: cupamente.
18 **di quella fatta**: con una tale reputazione negativa.
19 **collottola**: la parte posteriore del collo.

**PAROLE *sotto la lente***

**Gendarme**

Il sostantivo corrisponde al francese *gendarme*, formato dalla locuzione *gens d'armes*. In origine i gendarmi erano cavalieri con armatura pesante, membri delle compagnie fondate in Francia da Carlo VII nel 1445. Ora il gendarme è un milite che ha compiti particolari nel tutelare l'ordine pubblico.

**Attività**

Trova almeno tre sinonimi del nome "gendarme" di uso più moderno.

«Signori, potete ritirarvi».

I gendarmi si allontanarono.

Jean Valjean aveva l'aria di un uomo che sta per svenire.

Il vescovo gli si avvicinò e gli disse a bassa voce:

«Non dimenticate, non dimenticate mai che mi avete promesso di usare questo denaro per diventare un uomo onesto».

Jean Valjean, che non ricordava affatto di aver promesso qualcosa, rimase interdetto. Il vescovo aveva enfatizzato[20] quelle parole, pronunciandole. Riprese con solennità:

«Jean Valjean, fratello mio, voi non appartenete più al male, ma al bene. È la vostra anima che io acquisto; la sottraggo ai pensieri neri e allo spirito di perdizione[21], e la dono a Dio».

V. Hugo, *I miserabili*, trad. it. di L. Saraz, Garzanti, Milano, 2006

20 **enfatizzato**: accentuato, caricato di significato.

21 **perdizione**: immoralità, dannazione.

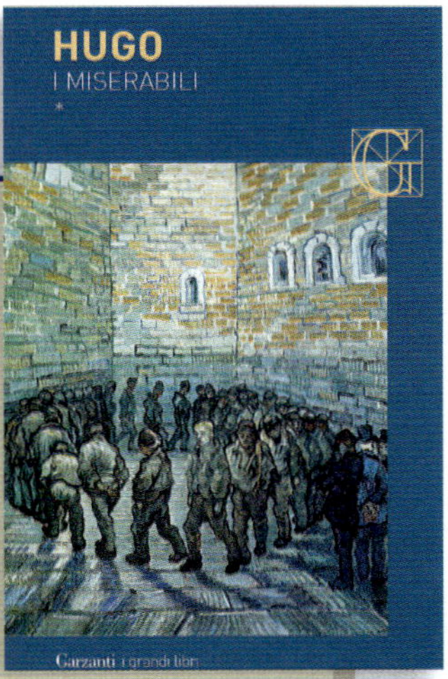


## STORIE da SCOPRIRE

### *I miserabili* di Victor Hugo

*I miserabili* viene pubblicato nel 1862, dopo un'elaborazione durata diciassette anni.

Una sera di novembre del 1815 un vagabondo arriva a Digne. Si tratta di un ex forzato, Jean Valjean, reso brutale e pieno di risentimento dai vent'anni di galera scontati per aver rubato un pezzo di pane. L'unico a mostrargli la propria solidarietà è il vescovo, monsignor Bienvenu, che gli offre un pasto e un letto. Ma durante la notte l'uomo si alza, ruba l'argenteria e scompare. Il giorno dopo i gendarmi lo conducono dal vescovo che, anziché accusarlo di furto, gli regala due candelabri d'argento.

Con il tempo, quel gesto di misericordia produce in Valjean una singolare metamorfosi.

Passano gli anni. L'ex forzato, sotto il falso nome di Madeleine, si è stabilito a Montreuil-sur-Mer, dove ha aperto una fabbrica che dà lavoro a molte persone. Per il suo animo caritatevole gli abitanti della piccola città lo hanno eletto sindaco. Ma c'è un poliziotto, Javert, che sospetta della sua identità. Per lavorare nella fabbrica arriva da Parigi Fantine. La donna ha un segreto: ha una figlia, Cosette, che tiene nascosta in una città vicina presso la famiglia Thénardier, cui passa una cospicua retta. Quando la vicenda è scoperta, Fantine viene allontanata dal lavoro. Per la povera donna ha inizio un lungo calvario che si conclude con il suo arresto per prostituzione. Viene salvata da Valjean-Madeleine, che la fa liberare, la ricovera nell'infermeria della fabbrica e le promette di andare a prendere Cosette. Ma un contrattempo gli impedisce di portare a termine la missione. Viene a sapere dal poliziotto Javert che ad Arras si apre un processo contro un certo Champmathieu, che in realtà è stato riconosciuto come l'ex forzato Valjean, ancora ricercato. Il vero Valjean si presenta allora in tribunale e rivela la propria identità. Lasciato momentaneamente libero, corre da Fantine, in tempo per vederla morire e prometterle che veglierà su Cosette; poi scappa per sfuggire a Javert che lo vuole arrestare.

Passano altri anni. È il 1823, quando Jean Valjean, che era stato di nuovo arrestato, riesce a evadere. Il suo primo gesto è ritrovare Cosette, che strappa ai Thénardier e con lei raggiunge Parigi. Cosette viene ospitata dalle monache di un convento, mentre lui, sotto il falso nome di Fauchelevent, è assunto come giardiniere. La ragazza si innamora, ricambiata, di Marius, mentre Jean Valjean ripara in Inghilterra. Ma il 5 giugno 1832 a Parigi c'è un'insurrezione. Valjean si ritrova sulle barricate insieme a Marius e al piccolo Gavroche. Chiede di essere lui a uccidere Javert, preso prigioniero; in realtà, spara in aria e lo lascia libero. Gavroche muore, Marius è gravemente ferito, ma Valjean riesce con una marcia disperata attraverso i sotterranei di Parigi a sfuggire alla polizia e a salvarlo. Una volta guarito, Marius sposa Cosette, e Valjean muore serenamente tra le loro braccia.

## per L'ANALISI del TESTO

### La lotta fra il bene e il male

*I miserabili* ha come protagonisti i **diseredati**. Il protagonista, Jean Valjean, è una vittima della società, costretto in prigione per vent'anni per aver rubato un pezzo di pane. Quando ne esce, a causa delle ingiustizie subite, è diventato peggiore di quando era stato arrestato. Tuttavia, è sufficiente un **gesto di misericordia** perché si redima. La vicenda del furto e del successivo perdono da parte del vescovo comincia a incrinare infatti il sentimento di rancore e di avversione che il galeotto aveva maturato nei confronti del prossimo.

Nella prima parte del brano sono descritti in maniera analitica i **sentimenti contrastanti** che agitano Valjean: è sul punto di derubare un uomo che gli ha mostrato fiducia, che ora dorme indifeso e sereno. Abituato alla violenza e alla diffidenza verso il prossimo, Valjean quasi non si capacita di tanta pace interiore.

La seconda parte del brano, con il dialogo tra il vescovo e la governante, è pervasa da un sottile **umorismo** che accresce il contrasto con quanto avvenuto la notte precedente.

La rapidità, poi, con cui il vescovo decide di optare per il perdono, rovescia in un istante la situazione disperata in cui si è messo l'ex galeotto e nel contempo lancia un monito contro il perbenismo e la falsa morale borghese.

Tutto questo fa di monsignor Bienvenu un'incarnazione dell'umanità e della carità cristiane, uno strumento della Provvidenza che offre al miserabile una **possibilità di riscatto**.

### Una prosa composita

Un'attenta lettura evidenzia l'abile regia di un **narratore onnisciente**, che guida e coordina azioni e sentimenti, gesti e pensieri.

L'autore ricorre a **similitudini**, **metafore**, **esclamazioni** per suscitare la giusta dose di commozione, ma soprattutto **varia le cadenze e i toni** della sua prosa, passando da un ritmo lento, descrittivo, riflessivo a uno stile più leggero, dialogato e vivace.

# Attività

## Leggere e comprendere

1 **La situazione iniziale** Con quale scena si apre il racconto?
- **a.** Jean Valjean è fermo davanti al letto del vescovo
- **b.** Jean Valjean sta fuggendo dalla prigione
- **c.** Jean Valjean dorme nel proprio letto
- **d.** Jean Valjean sta parlando col vescovo

2 **I sentimenti contrastanti** Come viene espresso il dissidio interiore di Jean Valjean? Sottolinea nel testo le parole e le frasi che indicano questo stato d'animo.

3 **Improvvisamente** Che cosa decide di fare improvvisamente Jean Valjean?

4 **La scoperta del furto** La signora Magloire si rende conto del furto e lo comunica al vescovo. Come reagisce quest'ultimo?
- **a.** Non pare turbato o sorpreso
- **b.** È furioso
- **c.** È turbato e preoccupato
- **d.** Risulta molto sorpreso

5 **La proprietà** Il vescovo mette in dubbio la legittimità morale del suo possesso dell'argenteria. Per quale ragione?

6 **La signora Magloire** La governante condivide la reazione del vescovo? In che modo manifesta la propria opinione?

7 **La sorpresa** Tre gendarmi catturano Valjean e lo riportano alla casa del vescovo, ma monsignor Bienvenu sorprende tutti. Perché?

8 **Il perdono** A Jean Valjean, smarrito e sul punto di svenire, il vescovo chiede la ricompensa per il proprio gesto di bontà. Quale?

**a.** Chiede a Valjean di restituirgli l'argenteria

**b.** Chiede a Valjean di costituirsi alle autorità

**c.** Chiede a Valjean di usare il denaro che ricaverà dall'argenteria per diventare un uomo onesto

**d.** Chiede a Valjean di donare l'argenteria ai poveri

## Riconoscere e analizzare

9 **Le sequenze** Completa la tabella con le informazioni principali riguardanti ciascuna sequenza in cui può essere diviso il testo. Noi ti indichiamo i personaggi.

| Sequenze | Personaggi | Luogo | Titolo |
|---|---|---|---|
| Prima | Il vescovo e Valjean | | |
| Seconda | Il vescovo e la governante | | |
| Terza | Il vescovo, la governante, la sorella | | |
| Quarta | Il vescovo, la governante, la sorella, i gendarmi, Valjean | | |

10 **Il tempo del racconto** Quali modalità di tempo del racconto sono presenti nel testo? Quale prevale?

11 **Lo spazio** Quale funzione assume nel brano la descrizione della natura?

**a.** Fa da sfondo

**b.** È lo specchio degli stati d'animo

**c.** È protagonista della narrazione

**d.** Ha il ruolo di simbolo

12 **La presentazione** Su quali caratteristiche dei personaggi si incentra l'interesse del narratore?

**a.** Sul loro aspetto fisico

**b.** Sulle loro azioni

**c.** Sulle loro emozioni

**d.** Sugli oggetti che li caratterizzano

13 **I personaggi** Nel passo che hai letto si delineano le caratteristiche dei due personaggi principali. Rileggi il testo e sintetizza le informazioni che di loro vengono date (aspetto fisico, abbigliamento, carattere).

- Jean Valjean: ..........................................................................
..........................................................................
..........................................................................
- Monsignor Bienvenu: ..........................................................................
..........................................................................
..........................................................................

14 **Il narratore** Che tipo di narratore caratterizza il brano? Da che cosa lo puoi capire?

15 **Il punto di vista** Che tipo di focalizzazione caratterizza il brano?

## Rielaborare e produrre

16 **Discutere** Secondo te per quale ragione Jean Valjean compie il furto «senza badare al rumore» (rr. 36-37)? Perché inconsciamente vorrebbe essere scoperto e punito per la sua cattiva azione oppure perché il suo gesto è talmente istintivo che dimentica la prudenza? Sostieni l'interpretazione per te più plausibile, motivandola, anche in vista di un eventuale dibattito in classe.

17 **Gli esempi di altruismo** Ti vengono in mente esempi di persone generose e altruiste che operano nel mondo contemporaneo? Ricorda il loro operato e descrivine gli ambiti di impegno in un testo espositivo di 200 parole.

18 **La tua esperienza** Gli adulti possono infliggere ai giovani castighi e proibizioni a scopo educativo oppure dare loro fiducia e occasione di rimediare agli errori commessi. Ripensa a un'esperienza che hai vissuto in prima persona e ricordala in un racconto di 300 parole, riflettendo anche su quale dei due stili educativi sia, a tuo parere, più efficace e perché.

# I miserabili

**Regia**
Josée Dayan

**Interpreti**
Gérard Depardieu, John Malkovich, Enrico Lo Verso, Virginie Ledoyen

**Data di uscita**
2000

**Genere**
Drammatico

## Trama

Anno 1812, il forzato Jean Valjean rinuncia a un tentativo di fuga, già in corso, dal bagno penale di Tolone perché il compagno a cui è legato con le catene è travolto da una pesante porta: Jean Valjean gli salva la vita. Rilasciato dopo anni di carcerazione dura, si riscatta fino a diventare ricco e onorato; conduce una vita in difesa degli umili, sotto un nuovo nome. Adotta la piccola Cosette, figlia di una prostituta che è stata travolta da una vita sfortunata. Ma ha ancora un conto in sospeso con la giustizia, per cui il poliziotto Javert, suo grande nemico, lo ricerca con caparbietà. Fedele al suo animo onesto, si autodenuncia quando viene a sapere che un suo ex compagno di carcere è identificato erroneamente come Jean Valjean. Fugge di nuovo, questa volta a Parigi, e si ritrova sulle barricate per i moti popolari del 1832. Durante gli scontri conosce il giovane studente Marius, innamorato di Cosette, ormai cresciuta e diventata una splendida donna. Jean Valjean si ritrova ancora faccia a faccia con il suo avversario Javert ed evita di ucciderlo. Costui si vede battuto sui suoi principi di fondo: non credeva al riscatto morale di un ex galeotto e si toglie la vita lasciandosi annegare. L'ampia e ricca trama si conclude con la morte serena di Jean Valjean, dopo che Cosette ha coronato le nozze con Marius.

Scena tratta dal film *I miserabili* diretto da Josée Dayan nel 2000.

## Analisi

Il film ripercorre molto fedelmente la trama del grande romanzo di Victor Hugo e ne rispecchia anche le ambientazioni, i costumi, i dialoghi. Anche la sua lunghezza (3 ore e 54 minuti) è da ascrivere alla grande mole del romanzo. S'impone su tutti la poderosa figura dell'attore francese Gérard Depardieu, che impersona il personaggio principale del forzato che si redime, Jean Valjean, ma il regista dà altrettanto spazio alla figura del suo avversario, l'implacabile poliziotto Javert, tanto che l'intero film si regge sul contrasto e la rivalità tra i due.

Non si tratta solo di un contrasto di ruoli (ex galeotto in fuga e poliziotto che lo insegue), ma di valori, di scelte di vita. Jean Valjean è il forzato conquistato da un gesto di carità, una figura di grande fascino perché impersona valori altamente positivi, quali l'onestà, la generosità e la pietà. A sua volta, il poliziotto Javert è un personaggio che si rende odioso per la sua ostinata tenacia nell'inseguimento, perché ubbidisce a un suo principio secondo il quale «una canaglia non si redime mai». In questo braccio di ferro si riscontra la maggior efficacia del film. «Sei nato miserabile e miserabile morirai» dice a un certo punto il poliziotto Javert a un Jean Valjean sul punto di crollare, ma, come afferma Victor Hugo, il crimine non è una tendenza innata nell'uomo, e di conseguenza il bene finisce con il trionfare.

Risulta più debole, invece, la raffigurazione delle scene corali della rivolta, con il popolo francese che insorge e reclama un regime repubblicano, gli studenti che guidano lo scontro sulle barricate. Manca una reale tensione e il dramma non è sufficientemente espresso.

Altre scene tratte dal film *I miserabili* diretto da Josée Dayan nel 2000.

Umberto Eco

# Le deduzioni di frate Guglielmo

Da
Il nome della rosa, 1980

Romanzo storico / giallo

In una limpida mattina invernale, il frate francescano Guglielmo da Baskerville e il novizio Adso da Melk, viaggiando a dorso di mulo, giungono in vista dell'abbazia benedettina dove sono attesi. Noto per le sue straordinarie capacità deduttive, Guglielmo ne offre subito un assaggio.

Mentre i nostri muletti arrancavano[1] per l'ultimo tornante della montagna, là dove il cammino principale si diramava a trivio[2], generando due sentieri laterali, il mio maestro[3] si arrestò per qualche tempo, guardandosi intorno ai lati della strada, e sulla strada, e sopra la strada, dove una serie di pini sempreverdi formava per un breve tratto un tetto naturale, canuto[4] di neve.

"Abbazia ricca," disse. "All'**Abate** piace apparire bene nelle pubbliche occasioni."

Abituato come ero a sentirlo fare le più singolari affermazioni, non lo interrogai. Anche perché, dopo un altro tratto di strada, udimmo dei rumori, e a una svolta apparve un agitato manipolo[5] di monaci e di famigli[6]. Uno di essi, come ci vide, ci venne incontro con molta urbanità[7]: "Benvenuto signore," disse, "e non vi stupite se immagino chi siete, perché siamo stati avvertiti della vostra visita. Io sono Remigio da Varagine, il cellario[8] del monastero. E se voi siete, come credo, frate Guglielmo da Bascavilla[9], l'Abate dovrà esserne avvisato. Tu," ordinò rivolto a uno del seguito, "risali ad avvertire che il nostro visitatore sta per entrare nella cinta!"

"Vi ringrazio, signor cellario," rispose cordialmente il mio maestro, "e tanto più apprezzo la vostra cortesia in quanto per salutarmi avete interrotto l'inseguimento. Ma non temete, il cavallo è passato di qua e si è diretto per il sentiero di destra. Non potrà andar molto lontano perché, arrivato al deposito dello strame[10], dovrà fermarsi. È troppo intelligente per buttarsi lungo il terreno scosceso..."

"Quando lo avete visto?" domandò il cellario.

"Non l'abbiamo visto affatto, non è vero Adso?" disse Guglielmo volgendosi verso di me con aria divertita. "Ma se cercate Brunello, l'animale non può che essere là dove io ho detto."

Il cellario esitò. Guardò Guglielmo, poi il sentiero, e infine domandò: "Brunello? Come sapete?"

"Suvvia," disse Guglielmo, "è evidente che state cercando Brunello, il cavallo preferito dall'Abate, il miglior galoppatore della vostra scuderia, nero di pelo, alto

**PAROLE *sotto la lente***

**Abate**

Il sostantivo deriva dal latino tardo *àbbas*, connesso alla voce aramaica *aba* o *abba* = padre, e indica il superiore di un monastero, di cui dirige la vita spirituale e materiale. La carica costituisce una dignità ecclesiastica maggiore. In origine definiva anche un maestro, una guida spirituale. Nel Settecento, per influsso francese, il titolo era attribuito anche a semplici sacerdoti e seminaristi.

**Attività**

Qual è la forma femminile del sostantivo "abate"?

1 **arrancavano**: salivano faticosamente.
2 **si diramava a trivio**: si divideva in tre strade.
3 **il mio maestro**: è il novizio Adso che racconta la storia.
4 **canuto**: bianco.
5 **manipolo**: gruppetto.
6 **famigli**: servi.
7 **con molta urbanità**: con educazione, in modo cortese.
8 **cellario**: monaco che è incaricato dell'approvvigionamento dei viveri per l'abbazia.
9 **Bascavilla**: trascrizione italianizzata dell'inglese «Baskerville».
10 **strame**: nome generico delle erbe secche, fieno o paglia.

cinque piedi[11], dalla coda sontuosa, dallo zoccolo piccolo e rotondo ma dal galoppo assai regolare; capo minuto, orecchie sottili ma occhi grandi. È andato a destra, vi dico, e affrettatevi, in ogni caso."

Il cellario ebbe un momento di esitazione, poi fece un segno ai suoi e si gettò giù per il sentiero di destra, mentre i nostri muli riprendevano a salire. Mentre stavo per interrogare Guglielmo, perché ero morso dalla curiosità, egli mi fece cenno di attendere: e infatti pochi minuti dopo udimmo grida di giubilo, e alla svolta del sentiero riapparvero monaci e famigli riportando il cavallo per il morso[12]. Ci passarono di fianco continuando a guardarci alquanto sbalorditi e ci precedettero verso l'abbazia. Credo anche che Guglielmo rallentasse il passo alla sua cavalcatura per permettere loro di raccontare quanto era accaduto. Infatti avevo avuto modo di accorgermi che il mio maestro, in tutto e per tutto uomo di altissima virtù, indulgeva al vizio della vanità quando si trattava di dar prova del suo acume[13] e, avendone già apprezzato le doti di sottile diplomatico, capii che voleva arrivare alla meta preceduto da una solida fama di uomo sapiente.

"E ora ditemi," alla fine non seppi trattenermi, "come avete fatto a sapere?"

"Mio buon Adso," disse il maestro. "È tutto il viaggio che ti insegno a riconoscere le tracce con cui il mondo ci parla come un grande libro. Alano delle Isole[14] diceva che

*omnis mundi creatura*
*quasi liber et pictura*
*nobis est in speculum*[15]

e pensava alla inesausta[16] riserva di simboli con cui Dio, attraverso le sue creature, ci parla della vita eterna. Ma l'universo è ancor più loquace di come pensava Alano e non solo parla delle cose ultime (nel qual caso lo fa sempre in modo oscuro) ma

11 **piedi**: unità di misura di lunghezza, utilizzata nei Paesi anglosassoni. Un piede equivale a 30,48 cm.

12 **morso**: parte dei finimenti del cavallo, a cui si attaccano le redini.

13 **acume**: intelligenza.

14 **Alano delle Isole**: Alano di Lilla (1128 ca.-1202), monaco cistercense, teologo e letterato francese.

15 ***omnis mundi... in speculum***: ogni creatura del mondo, quasi fosse un libro o un dipinto, ci appare come in uno specchio.

16 **inesausta**: infinita.

## L'AUTORE

**Umberto Eco** nasce ad Alessandria nel 1932. Si laurea in filosofia all'Università di Torino e qui inizia la sua carriera accademica come docente di Estetica. Aderisce allo sperimentalismo del "Gruppo 63", formato da giovani scrittori e poeti della Neoavanguardia. Nei decenni successivi Eco indirizza i suoi studi in varie direzioni: dalla storia dell'estetica alle comunicazioni di massa. Dal 1975 è professore ordinario di Semiotica presso l'Università di Bologna, quindi preside della facoltà di Scienze della comunicazione.

Eco ha contribuito in maniera decisiva allo sviluppo della semiotica, la scienza che studia i segni, i linguaggi e la comunicazione (*Trattato di semiotica generale*, 1975; *Lector in fabula*, 1979), ma è autore anche di saggi di estetica (*Opera aperta*, 1962; *Storia della bellezza*, 2004; *Storia della bruttezza*, 2007), di sociologia (*Apocalittici e integrati*, 1964) e di filosofia (*Kant e l'ornitorinco*, 1997).

Nel 1980 esordisce come narratore con il romanzo di ambientazione medioevale *Il nome della rosa*, che ottiene un successo straordinario di pubblico e di critica. Seguono *Il pendolo di Foucault* (1988), *L'isola del giorno prima* (1994), *Baudolino* (2000), *La misteriosa fiamma della regina Loana* (2004), romanzi nei quali si intrecciano storia e fantasia. Opere più recenti sono *Il cimitero di Praga* (2010) di ambientazione ottocentesca e *Numero zero* (2015), un romanzo la cui vicenda si svolge nella Milano degli anni Novanta del Novecento. Eco muore a Milano nel 2016.

anche di quelle prossime, e in questo è chiarissimo. Quasi mi vergogno a ripeterti quel che dovresti sapere. Al trivio, sulla neve ancora fresca, si disegnavano con molta chiarezza le impronte degli zoccoli di un cavallo, che puntavano verso il sentiero alla nostra sinistra. A bella e uguale distanza l'uno dall'altro, quei segni dicevano che lo zoccolo era piccolo e rotondo, e il galoppo di grande regolarità – così che ne dedussi la natura del cavallo, e il fatto che esso non correva disordinatamente come fa un animale imbizzarrito. Là dove i pini formavano come una tettoia naturale, alcuni rami erano stati spezzati di fresco giusto all'altezza di cinque piedi. Uno dei cespugli di more, là dove l'animale deve aver girato per infilare il sentiero alla sua destra, mentre fieramente scuoteva la sua bella coda, tratteneva ancora tra gli spini dei lunghi crini nerissimi... Non mi dirai infine che non sai che quel sentiero conduce al deposito dello strame, perché salendo per il tornante inferiore abbiamo visto la bava dei detriti[17] scendere a strapiombo ai piedi del torrione meridionale, bruttando[18] la neve; e così come il trivio era disposto, il sentiero non poteva che condurre in quella direzione."

"Sì," dissi, "ma il capo piccolo, le orecchie aguzze, gli occhi grandi..."

"Non so se li abbia, ma certo i monaci lo credono fermamente. Diceva Isidoro di Siviglia[19] che la bellezza di un cavallo esige *'ut sit exiguum caput et siccum prope pelle ossibus adhaerente, aures breves et argutae, oculi magni, nares patulae, erecta*

17 **la bava dei detriti**: il liquido di scolo.

18 **bruttando**: sporcando.

19 **Isidoro di Siviglia**: Isidoro (560 ca.-636), vescovo di Siviglia, scrisse numerose opere di argomento storico, teologico e morale. Venerato come santo dalla Chiesa cattolica, fu molto letto in epoca medioevale.

## STORIE da SCOPRIRE

### *Il nome della rosa* di Umberto Eco

Il romanzo (1980) è ambientato nel 1327.

Il frate Guglielmo da Baskerville, stimato da tutti per il suo profondo sapere e per la sua saggezza, viene inviato in missione diplomatica presso un monastero benedettino dell'Italia settentrionale per cercare di ricomporre la frattura che si è creata tra i francescani spirituali, o frati minori, fedeli all'ideale della povertà assoluta, e il papato. È accompagnato dal novizio Adso da Melk: è lui, dopo molti anni, a raccontare i fatti terribili che accaddero nella settimana trascorsa nel monastero.

Nei primi tre giorni della loro permanenza nell'abbazia si succedono tre misteriosi delitti, sui quali Guglielmo è sollecitato a indagare per scoprire i colpevoli.

Guglielmo scopre le relazioni peccaminose di alcuni monaci, ma intuisce che la pista da seguire porta alla ricca biblioteca dell'abbazia, alla quale solo pochi hanno accesso.

Intanto giungono al convento la delegazione dei frati minori e quella papale. Mentre sono in corso gli incontri, viene annunciato un nuovo delitto, il quarto. I francescani lasciano precipitosamente l'abbazia. Il sesto giorno viene trovato morto il bibliotecario, avvelenato da una sostanza di cui porta traccia sulle dita e sulla lingua. I sospetti di Guglielmo e del suo allievo trovano così conferma: la chiave dei delitti è nella biblioteca, e in particolare in un libro di cui è vietata la lettura. Nottetempo Guglielmo e Adso penetrano nella biblioteca, e qui trovano il vecchio monaco Jorge da Burgos, da tempo cieco, che conferma di avere messo del veleno nelle pagine della *Poetica* di Aristotele, proibite perché vi si celebra il riso. Ormai scoperto, il vecchio monaco dà fuoco alla biblioteca. Guglielmo e Adso riescono a salvarsi.

Dopo sessant'anni, nel luogo in cui sorgeva l'abbazia Adso raccoglie tra i ruderi frammenti dei manoscritti risparmiati dal fuoco e li porta con sé a Melk. Qui li ricompone e crea una sorta di "biblioteca minore" fatta di piccoli brani, citazioni, frasi spezzate.

*cervix, coma densa et cauda, ungularum soliditate fixa rotunditas*'[20]. Se il cavallo di cui ho inferito[21] il passaggio non fosse stato davvero il migliore della scuderia, non spiegheresti perché a inseguirlo non sono stati solo gli stallieri, ma si è incomodato addirittura il cellario. E un monaco che considera un cavallo eccellente, al di là delle forme naturali, non può non vederlo così come le *auctoritates*[22] glielo hanno descritto, specie se," e qui sorrise con malizia al mio indirizzo[23], "è un dotto benedettino..."

"Va bene," dissi, "ma perché Brunello?"

"Che lo Spirito Santo ti dia più sale in zucca di quel che hai, figlio mio!" esclamò il maestro. "Quale altro nome gli avresti dato se persino il grande Buridano[24], che sta per diventare rettore a Parigi, dovendo parlare di un bel cavallo, non trovò nome più naturale?"

Così era il mio maestro. Non soltanto sapeva leggere nel gran libro della natura, ma anche nel modo in cui i monaci leggevano i libri della scrittura, e pensavano attraverso di quelli. Dote che, come vedremo, gli doveva tornar assai utile nei giorni che sarebbero seguiti. La sua spiegazione inoltre mi parve a quel punto tanto ovvia che l'umiliazione per non averla trovata da solo fu sopraffatta dall'orgoglio di esserne ormai compartecipe e quasi mi congratulai con me stesso per la mia acutezza. Tale è la forza del vero che, come il bene, è diffusivo di sé[25]. E sia lodato il nome santo del nostro signore Gesù Cristo per questa bella rivelazione che ebbi.

U. Eco, *Il nome della rosa*, Bompiani, Milano, 1983

20 ***ut sit exiguum...rotunditas***: che abbia la testa piccola e asciutta, con la pelle quasi aderente alle ossa, le orecchie corte e aguzze, gli occhi grandi, le narici ampie, il collo eretto, la criniera e la coda folte, gli zoccoli solidi e rotondi.

21 **inferito**: intuito.

22 ***auctoritates***: autori e testi della tradizione antica ai quali nel Medioevo si faceva costante riferimento, poiché considerati fonti di sapere incontrovertibili e dalle quali non si poteva prescindere.

23 **al mio indirizzo**: rivolto verso di me.

24 **Buridano**: filosofo francese della prima metà del XIV secolo, rettore dell'Università di Parigi.

25 **diffusivo di sé**: si diffonde, si rende evidente.

Scena tratta dal film *Il nome della rosa* diretto da Jean-Jacques Annaud nel 1986.

## per L'ANALISI del TESTO

### Il maestro e l'allievo

Nel brano proposto frate Guglielmo da Baskerville, insieme al novizio Adso da Melk, giunge in prossimità dell'abbazia benedettina dove è atteso per una delicata missione diplomatica. La scena ha il duplice scopo di presentare la **coppia di protagonisti** e, soprattutto, le capacità logico-deduttive di frate Guglielmo. Quest'ultimo è un uomo maturo, colto, sicuro di sé, ricco di esperienze, un vero **maestro**; Adso è giovane, rispettoso e pieno di fiducia nei confronti della sua guida, come si conviene a un **discepolo**.

Un fatto casuale – la fuga di un cavallo e il suo inseguimento da parte di alcuni servi e monaci – consente a Guglielmo di dare subito un saggio delle sue qualità di investigatore. Egli è prima di tutto un **attento osservatore** di quanto accade attorno a lui: da indizi in apparenza privi di significato è in grado di ricostruire rigorosamente i fatti e approdare a conclusioni. Possiede, inoltre, una vivace immaginazione. Infatti, per stupire il cellario, azzarda anche cose che non sa veramente, sfruttando al meglio la sua **vasta cultura**: «è evidente che state cercando Brunello, il cavallo preferito dall'Abate, il miglior galoppatore della vostra scuderia, nero di pelo, alto cinque piedi, dalla coda sontuosa, dallo zoccolo piccolo e rotondo ma dal galoppo assai regolare; capo minuto, orecchie sottili ma occhi grandi» (rr. 30-33).

In questo esordio anche Adso dà prova di un certo acume. Egli nota, ad esempio, che il suo maestro rallenta l'andatura per dare il tempo al cellario e agli altri di arrivare all'abbazia prima di loro: «avevo avuto modo di accorgermi che il mio maestro, in tutto e per tutto uomo di altissima virtù, indulgeva al vizio della vanità quando si trattava di dar prova del suo acume e, avendone già apprezzato le doti di sottile diplomatico, capii che voleva arrivare alla meta preceduto da una solida fama di uomo sapiente» (rr. 42-46). Insomma, la coppia è ben assortita, come quella che ha ispirato Eco, vale a dire il detective inglese Sherlock Holmes e il suo assistente Watson. Il «da Baskerville» che completa il nome di Guglielmo è un omaggio che l'autore ha reso a un famoso romanzo poliziesco, *Il mastino dei Baskerville* (1902), di Arthur Conan Doyle, creatore del celebre investigatore.

### La fusione dei generi

Allo straordinario successo mondiale del romanzo ha contribuito la tecnica narrativa utilizzata da Umberto Eco, che consiste nella perfetta **fusione di più generi**. Il libro può essere letto infatti come un **romanzo giallo** (Guglielmo da Baskerville dovrà scoprire gli autori di una serie di delitti che avvengono nell'abbazia durante la sua permanenza), come un **romanzo storico** (è una ricostruzione fedele di un particolare periodo della storia del papato, la cui sede è stata portata ad Avignone, ma più in generale del pensiero medioevale), come un **romanzo di formazione** (il giovane Adso vivrà un'importante esperienza formativa accanto a Guglielmo).

Una simile complessa materia è espressa con una **lingua che alterna moderno e antico, drammatico e ironico**, rivelando la straordinaria padronanza linguistica dell'autore.

# Attività

## Leggere e comprendere

1 **Le affermazioni iniziali** Perché Adso non chiede spiegazioni quando il maestro afferma «Abbazia ricca» (r. 6) e «All'Abate piace apparire bene nelle pubbliche occasioni» (rr. 6-7)?

2 **L'incontro con il gruppo** Ai due viandanti si presenta un gruppo di persone. Da chi è costituito?

3 **La spiegazione non richiesta** Che cosa dimostra di sapere frate Guglielmo?

a. Sa che stanno inseguendo il cavallo preferito dall'Abate
b. Dimostra di non avere idea di che cosa si tratti
c. Sa che stanno inseguendo un cane
d. Sa che stanno inseguendo un servo in fuga

4 **Lo stupore** Che cosa stupisce particolarmente il cellario?

a. La velocità con cui Guglielmo risponde
b. La capacità di osservazione di Guglielmo
c. Il fatto che Guglielmo conosca anche il nome del cavallo
d. Le parole ricercate e poetiche di Guglielmo

5 **La conferma** Le rivelazioni stupefacenti di Guglielmo si dimostrano veritiere. Da che cosa lo si comprende?

6 **Il difetto** Pur ammirando il maestro, Adso riconosce nel suo comportamento un piccolo vizio. Quale?

a. Spesso appare goloso
b. Talora mostra vanità per la propria intelligenza
c. Non sa perdonare gli errori altrui
d. Non si prende le proprie responsabilità

7 **Le deduzioni** Il maestro indica al discepolo il suo metodo di conoscenza, ossia l'osservazione della natura. Riporta alcune osservazioni da cui derivano le deduzioni di frate Guglielmo.

............................................................
............................................................
............................................................
............................................................
............................................................
............................................................
............................................................
............................................................
............................................................
............................................................
............................................................
............................................................

8 **Il cavallo** Guglielmo dà al cellario puntuali informazioni sul nome del cavallo, sul suo aspetto fisico e sul suo proprietario. Da dove le ha tratte?

9 **Nel cuore di Adso** Quale sensazione suscita nell'animo di Adso la strabiliante prova di acume del suo maestro?

a. È orgoglioso di essere compartecipe dell'acutezza del proprio maestro
b. È orgoglioso di dare suggerimenti a un maestro tanto intelligente
c. Si sente a disagio per la superiorità culturale del maestro
d. Vuole competere in intelligenza col maestro

## Riconoscere e analizzare

10 **La struttura** Quale è la struttura narrativa?

a. È un intero *flashback*
b. Contiene un piccolo *flashback*
c. È lineare
d. Contiene un *flashforward*

11 **Le sequenze** Dividi il racconto in sequenze narrative, attribuendo a ciascuna un titolo.

12 **Il tempo della storia e il tempo del racconto** In che relazione si pongono la durata degli eventi e quella della narrazione?

a. La durata del racconto è più breve di quella della storia
b. La durata del racconto e della storia coincidono
c. La durata del racconto è più lunga di quella della storia

13 **Lo spazio** La natura ha ampio spazio in questo brano; qual è il suo ruolo?

a. È lo specchio dei sentimenti dei personaggi
b. È protagonista
c. È funzionale allo svolgersi degli eventi
d. Fa da sfondo

14 **Il narratore** Che tipo di narratore è quello del testo?

15 **La focalizzazione** Quale tipo di focalizzazione viene usata e che effetto produce sul lettore?

16 **Il lessico** Sottolinea nel brano i termini specifici legati all'ambito religioso.

## Rielaborare e produrre

17 **Discutere** «Tale è la forza del vero che, come il bene, è diffusivo di sé» (r. 94). Con questa affermazione Adso intende dire che il vero, come il bene, si manifesta naturalmente oppure che il vero, come il bene, è più forte del falso e del male? Raccogli gli elementi validi per sostenere le due interpretazioni, scegli poi quella per te più plausibile e difendila in un dibattito in classe.

18 **La lettura della realtà** Quali strumenti utilizza Guglielmo per leggere e decodificare la realtà? Prova a fare la stessa cosa, esaminando un fatto a cui hai assistito ed esponendolo in un racconto ben strutturato di circa 100 parole.

per approfondire

Orhan Pamuk

# Cosa fa la nostra mente quando leggiamo romanzi

Da *Romanzieri ingenui e sentimentali*, 2012

Testo espositivo

La forza di un romanzo sta nel riuscire a far dimenticare al lettore la propria realtà, facendolo immergere nella vicenda tanto da percepire la storia narrata come se fosse vera. È allora che un mondo nuovo prende forma.

I romanzi sono seconde vite. Al pari dei sogni di cui parla il poeta francese Gérard de Nerval[1], rivelano i colori e la complessità della nostra vita e sono pieni di gente, facce e oggetti che ci sembra di riconoscere. Leggendo un romanzo, come nei sogni, accade a volte che la natura straordinaria degli avvenimenti ci colpisca con tale forza da farci dimenticare dove siamo, e con l'occhio della mente vediamo noi stessi fra le persone e i fatti immaginari di cui siamo spettatori. In tali occasioni ci sembra che quel mondo fittizio[2] e godibile sia molto piú reale di quello in cui viviamo. Che queste seconde vite ci appaiano piú reali della realtà spesso significa che sostituiamo i romanzi alla realtà, o quantomeno li confondiamo con la vita reale. È un'illusione, un'ingenuità, di cui peraltro non ci rammarichiamo. Al contrario, proprio come con certi sogni, desideriamo che il romanzo non finisca e speriamo che quella seconda vita continui a evocare in noi un solido senso di realtà e autenticità. Malgrado ciò che sappiamo della fiction[3], se un'opera narrativa non alimenta l'illusione che si tratti di vita reale, proviamo disagio e irritazione.

Sogniamo supponendo che i sogni siano reali, i sogni lo sono per definizione. E leggiamo i romanzi come se fossero reali, pur sapendo benissimo che non è cosí. Un simile paradosso[4] deriva dalla loro stessa natura. Innanzitutto va detto che

1 **Gérard de Nerval**: poeta e narratore francese esponente del Romanticismo, nato nel 1808 e morto nel 1855.

2 **fittizio**: finto, immaginario.

3 **fiction**: nel cinema e nella televisione il termine si usa per indicare film che sviluppano una trama romanzesca.

4 **paradosso**: ragionamento o affermazione contrario alla logica e all'opinione comune.

## L'AUTORE

**Orhan Pamuk**, uno dei più importanti scrittori turchi, è nato nel 1952 a Istanbul. I suoi romanzi sono imperniati su vicende che oscillano tra il fiabesco e il reale e, di frequente, è proprio la Turchia di ieri e di oggi l'ideale ambientazione delle storie. Pamuk risiede alternativamente a New York e a Istanbul.

Fra i suoi romanzi ricordiamo *Il signor Cevdet e i suoi figli* (1982), *La casa del silenzio* (1983), *Il castello bianco* (1985), *La nuova vita* (1995), *Neve* (2002), *Il museo dell'innocenza* (2008), *La stranezza che ho nella testa* (2015).

Pamuk ha vinto il premio Nobel per la Letteratura nel 2006.

l'arte del romanzo si affida alla nostra capacità di credere simultaneamente[5] a stati contraddittori.

Sono quarant'anni che leggo romanzi. So che nei confronti di questo genere letterario si possono adottare vari atteggiamenti, che ci sono molti modi di affidargli la nostra anima e la nostra mente, prendendolo alla leggera o con serietà. E ho imparato per esperienza che ci sono molti modi di leggere un romanzo. A volte leggiamo in modo logico, a volte con gli occhi, a volte con l'immaginazione, a volte con una piccola porzione della mente, a volte nel modo che vogliamo noi, a volte nel modo che un libro ci impone, e a volte con ogni fibra del nostro essere. C'è stata un'epoca della mia giovinezza in cui mi dedicavo interamente ai romanzi, leggendoli con intensità, in modo addirittura estatico[6]. In quella fase, dai diciotto ai trent'anni (1970-82), volevo descrivere ciò che accadeva nella mia testa e nella mia anima con precisione e chiarezza analoghe a quelle con cui un pittore dipinge un paesaggio vivido, mosso, pieno di figure, di montagne, pianure, rocce, boschi e fiumi.

Cosa succede nella nostra mente, nella nostra anima, quando leggiamo un romanzo? In cosa tale sensazione interiore differisce da ciò che proviamo guardando un film, un quadro, o ascoltando una poesia, o un poema epico? Un romanzo può dare, di tanto in tanto, lo stesso piacere che danno una biografia, un film, una poesia, un quadro o una fiaba. Eppure l'effetto vero, esclusivo, di quest'arte è fondamentalmente diverso da quello degli altri generi letterari, del cinema e della pittura. E forse posso cominciare a illustrarvi la differenza raccontandovi ciò che ero solito fare e le complesse immagini che l'appassionata lettura di romanzi suscitava in me quando ero giovane.

5 **simultaneamente**: contemporaneamente.

6 **estatico**: incantato, affascinato.

Vladimir Kush, *Diario di scoperte*, 2014. (Santa Fe, New Mexico, Longworth Gallery)

Come il visitatore di un museo in primo luogo e soprattutto desidera che il quadro che sta guardando nutra i suoi occhi, io di solito preferivo l'azione, il conflitto, e la ricchezza del paesaggio. Mi godevo sia la sensazione di osservare segretamente la vita privata di un individuo sia quella di esplorare gli angoli oscuri della veduta d'insieme. Non pensate che l'immagine che conservavo in me fosse sempre turbolenta[7]. Quando leggevo un romanzo, nella mia giovinezza, accadeva talora che prendesse forma dentro di me un paesaggio ampio, profondo, quieto. E qualche volta le luci si spegnevano, il bianco e il nero si accentuavano e poi si scindevano[8], e spuntavano le ombre. Qualche volta mi meravigliavo, perché avevo l'impressione che il mondo intero fosse fatto di una luce del tutto diversa. E qualche volta il crepuscolo pervadeva e copriva ogni cosa, l'intero universo diventava una singola emozione e un singolo stile, capivo che ciò mi piaceva e sentivo che stavo leggendo il libro per quella particolare atmosfera. Mentre venivo lentamente sommerso dal mondo del romanzo, mi rendevo conto che le tracce delle azioni che avevo compiuto prima di aprire le pagine del libro, seduto nella casa di famiglia nel quartiere di Beşiktaş a Istanbul – il bicchiere d'acqua che avevo bevuto, la conversazione con mia madre, i pensieri che avevano attraversato la mia mente, i piccoli risentimenti albergati[9] –, svanivano piano piano.

Sentivo che la poltrona arancione in cui ero seduto, il posacenere maleodorante lí accanto, la stanza piena di tappeti, le grida dei ragazzini che giocavano a pallone in strada e il fischio dei battelli in lontananza retrocedevano[10] dalla mia mente; e un mondo nuovo prendeva forma davanti a me, parola per parola, frase per frase. Pagina dopo pagina, quel mondo nuovo si cristallizzava[11] e acquistava nitidezza[12], come quei disegni segreti che appaiono a poco a poco quando ci si versa sopra un reagente[13];

Illustrazione di Angelo Monne per il libro di Mariano Tomatis *La magia dei libri*, 2015.

7 **turbolenta**: irrequieta.
8 **scindevano**: separavano.
9 **albergati**: ospitati.
10 **retrocedevano**: indietreggiavano; pian piano l'autore si distacca dal mondo reale che lo circonda – gli oggetti, le voci, le persone – e viene assorbito dalla narrazione.
11 **si cristallizzava**: si materializzava.
12 **nitidezza**: chiarezza.
13 **reagente**: una sostanza che sviluppa un'azione chimica.

e venivano messi a fuoco linee, ombre, avvenimenti e personaggi. In quei primi momenti, tutto ciò che ritardava il mio ingresso nel mondo del romanzo e mi impediva di ricordare e immaginare personaggi, avvenimenti e oggetti mi procurava grande fastidio. Un membro della famiglia di cui avevo dimenticato il grado di parentela con il protagonista, l'incerta ubicazione di un cassetto con dentro una pistola, o una conversazione di cui intuivo ma non riuscivo a interpretare il significato recondito[14], ecco, questo tipo di cose mi irritavano enormemente. Scrutavo con avidità le parole, augurandomi, con un misto di impazienza e piacere, che ogni cosa andasse rapidamente al suo posto. In quei momenti, tutte le porte della mia percezione erano spalancate, come i sensi di un animale domestico lasciato libero in un ambiente del tutto alieno[15], e la mia mente cominciava a funzionare assai piú svelta, quasi in preda al panico. Mentre concentravo tutta la mia attenzione sui dettagli del romanzo che stringevo fra le mani, per mettermi in sintonia[16] con il mondo in cui stavo entrando, lottavo per visualizzare le parole con la mia immaginazione e vedere con l'occhio della mente ogni cosa descritta nel libro.

Dopo un po', quello sforzo intenso ed estenuante dava i suoi risultati e l'ampio paesaggio che desideravo vedere si apriva davanti a me come un immenso continente che appare in tutta la sua nitidezza quando la nebbia si solleva.

O. Pamuk, *Romanzieri ingenui e sentimentali*, trad. it. di A. Nadotti, Einaudi, Torino, 2012

14 **recondito**: nascosto, profondo.

15 **alieno**: estraneo.

16 **in sintonia**: in comunicazione.

# Attività

## Comprendere il testo espositivo

1 **Il romanzo** In apertura, Pamuk dà una definizione del romanzo come "seconda vita". Che cosa vuol dire?

2 **La lettura** Che cosa succedeva allo scrittore quando, da ragazzo, si immergeva nella lettura di un romanzo?

3 **La tua esperienza** Non ti è mai capitata una sensazione simile? Leggendo quale romanzo? Riassumine il contenuto.

## Analizzare il testo espositivo

4 **Più coinvolgente** Perché secondo lo scrittore leggere un romanzo è ben diverso dal guardare un dipinto o un film oppure ascoltare una poesia?

5 **La tipologia del testo** Il testo letto ha un carattere descrittivo oppure riflessivo? Motiva la tua risposta.

6 **La comprensione** Come giudichi la difficoltà di comprensione di questo testo? Spiega la tua valutazione.

# RACCOGLIAMO LE IDEE

## 1 Sintesi dei contenuti

Attraverso le attività seguenti e le citazioni tratte dai brani che hai letto, esegui un lavoro di sintesi dei concetti e delle informazioni presentati nell'Unità. Se lo ritieni utile, puoi inserire altre citazioni per te significative.

Leggi lo schema di sintesi dei concetti e amplialo con altre informazioni.

Approfondisci il confronto tra i passi letti completando la tabella.

| Autore e titolo | Tema | Periodo storico in cui è ambientato il romanzo | Luogo |
| --- | --- | --- | --- |
| A. Manzoni, *Questo matrimonio non s'ha da fare* | | | |
| V. Hugo, *Un atto di fiducia che cambia la vita* | | | |
| U. Eco, *Le deduzioni di frate Guglielmo* | | | |

In tutti i brani letti è protagonista la storia; tuttavia, osservando attentamente, è possibile definire con più precisione ciascun romanzo. Si distinguono infatti romanzi in cui le vicende sono soprattutto determinate dalle condizioni socio-culturali del periodo in cui sono ambientate (romanzi strettamente storici), altri in cui le azioni, pur ambientate in precisi periodi storici, risultano meno condizionate dagli stessi. Completa la tabella classificando i romanzi da cui sono tratti i brani in base al genere (sociale, storico, storico-giallo).

| Autore | Titolo del romanzo | Data di pubblicazione | Genere |
| --- | --- | --- | --- |
| A. Manzoni | *I promessi sposi* | 1840 | |
| V. Hugo | *I miserabili* | 1862 | |
| U. Eco | *Il nome della rosa* | 1980 | |

## 2 Citazioni dai brani

Ai tempi in cui accaddero i fatti che prendiamo a raccontare, quel borgo, [...] aveva [...] il vantaggio di possedere una stabile guarnigione di soldati spagnoli, che [...] sul finir dell'estate, non mancavan mai di spandersi nelle vigne, per diradar l'uve, e alleggerire a' contadini le fatiche della vendemmia.

Alessandro Manzoni, *I promessi sposi*

Così era il mio maestro. Non soltanto sapeva leggere nel gran libro della natura, ma anche nel modo in cui i monaci leggevano i libri della scrittura, e pensavano attraverso di quelli.

Umberto Eco, *Il nome della rosa*

Non dimenticate, non dimenticate mai che mi avete promesso di usare questo denaro per diventare un uomo onesto.

Victor Hugo, *I miserabili*

Leggendo un romanzo, come nei sogni, accade a volte che la natura straordinaria degli avvenimenti ci colpisca con tale forza da farci dimenticare dove siamo, e con l'occhio della mente vediamo noi stessi fra le persone e i fatti immaginari di cui siamo spettatori. In tali occasioni ci sembra che quel mondo fittizio e godibile sia molto più reale di quello in cui viviamo.

Orhan Pamuk, *Romanzieri ingenui e sentimentali*

..............................................................................................
..............................................................................................
..............................................................................................
..............................................................................................
..............................................................................................
..............................................................................................

## 3 Scrittura guidata *il testo descrittivo*

Nei brani sono stati delineati vari caratteri e varie situazioni. Quale personaggio ti sembra presentare problematiche e comportamenti ancora attuali? Opera la tua scelta e sviluppa un testo descrittivo dal titolo "Un personaggio letterario del passato può vivere esperienze ancora attuali (pur con modalità differenti) e assomigliare per molti aspetti all'uomo contemporaneo".

Puoi servirti della scaletta presentata di seguito come punto di partenza.

**Introduzione**

- Ampliamento e chiarificazione della traccia

**Presentazione**

- Presentazione delle caratteristiche del personaggio prescelto (esperienza di vita, carattere, comportamento, difficoltà....)

**Analogie**

- Analoghe situazioni nel mondo moderno (esempi di persone/personaggi, situazioni)

**Differenze**

- Differenze dovute al contesto

**Conclusione**

Sebastiano Vassalli

# Antonia, la strega di Zardino

Da
La chimera,
1990

Romanzo
storico

L'ignoranza è una brutta malattia. L'uomo ha sempre bisogno di trovare un capro espiatorio ai suoi mali e quando non sa darsi spiegazione, diventa facilmente preda dell'irrazionale e delle paure. È così che nascono le streghe e i roghi. Antonia viene additata da tutti come strega e, da quel momento, il suo destino è segnato.

Sul finire di quello stesso inverno[1], nel villaggio di Zardino[2] incominciarono anche a manifestarsi alcuni fatti prodigiosi, o strani, o semplicemente curiosi, che però tutti denotavano[3] in modo inequivocabile – così, almeno, dissero le persone esperte – l'esistenza in paese di una **strega**. Animali che improvvisamente s'ammalavano di mali misteriosi, e stramazzavano a terra; bambine e donne che dalla sera alla mattina si ritrovavano senza più voce; segni indecifrabili che apparivano tracciati nella neve in alcuni punti dove questa s'era conservata intatta, senza impronte umane e senza tracce d'animali attorno: lettere dell'alfabeto scritte rovesciate, messe lì a formare parole misteriose, per chissà quale scopo... Queste cose, ed altre ancora di cui poi si fece cenno nel corso del processo[4], vennero subito collegate dalle comari con il gran parlare che s'era fatto nelle stalle, in quell'inverno appena trascorso, degli artifici diabolici e stregheschi con cui Antonia accalappiava i suoi *morosi*[5]; e non furono soltanto le comari a preoccuparsene, ma anche i loro uomini. Si domandarono, in molti: «Come abbiamo potuto non pensarci prima? Avevamo una strega tra di noi, e nemmeno ce ne accorgevamo!» Le parole, gli atti e tutti i movimenti di Antonia cominciarono ad essere seguiti con grandissima attenzione, e interpretati alla luce di ciò che succedeva in seguito, per esempio: Antonia entrava per fare qualcosa in una casa e poi nei giorni successivi in quella stessa casa s'ammalava un bambino, oppure improvvisamente moriva il cane, o un vitello nasceva deforme; ecco il vero motivo – si diceva – per cui lei era stata lì! Le concatenazioni dei fatti, le coincidenze si sprecavano: Antonia salutava una ragazza e il giorno dopo quella cascava dal fienile; Antonia passava per una certa strada, e vi si trovavano dei pezzettini di legno sparsi in un certo modo, dei segni a terra, a dir poco misteriosi... E non basta. Se lei guardava per aria poi pioveva, o addirittura nevicava; se guardava per terra s'asciugava il pozzo, o sprofondava la cantina; se indicava un punto verso l'orizzonte si poteva stare certi che laggiù, o comunque in quella direzione, prima o poi sarebbe scoppiato un incendio, o la *fiera bestia*[6] avrebbe aggredito un contadino; se sospirava, erano dolori per tutti! Attorno a Antonia si fece il vuoto: per le strade, nei

PAROLE *sotto la lente*

**Strega**

Il sostantivo deriva dal latino *striga*, variante popolare di *strix* = civetta. Indica una creatura femminile che, nella tradizione popolare, svolge attività di magia a danno di altre persone. Nella storia sono state effettuate numerose persecuzioni contro le donne accusate di stregoneria. In generale, oggi il nome indica una ragazza malevola e cattiva, ma può individuare anche una donna di particolare fascino.

Attività

Analizza le seguenti parole legate a "strega", individuandone prefisso, radice, suffisso e desinenza: *stregare*, *stregone*, *stregoneria*, *stregato*.

1 **quello stesso inverno**: l'inverno del 1610.

2 **Zardino**: paese in cui si svolge la vicenda, in provincia di Novara.

3 **denotavano**: rivelavano.

4 **processo**: il processo ecclesiastico a carico di Antonia che si tenne nel 1610, come si legge nelle ultime righe del brano. Antonia verrà condannata per stregoneria.

5 ***morosi***: fidanzati, innamorati; è un termine regionale.

6 ***fiera bestia***: è l'animale diabolico e mostruoso partorito dalle paure collettive degli abitanti della zona.

cortili, ovunque lei andasse la gente scappava, trascinando anche gli animali, se faceva in tempo a portarli con sé; se lei chiamava un'amica, o una comare che era in casa, da dentro casa si sbarravano le finestre, le porte, ogni pertugio[7], per non farla entrare e per non far entrare nemmeno la sua voce! Chi la incontrava per strada all'improvviso, se non poteva più scappare né tornare indietro, si faceva il segno della croce e passava in fretta, girando il viso da un'altra parte: e chissà Antonia come reagiva, se reagiva, a quell'improvvisa follia dei suoi compaesani! Chissà quali pensieri le passavano per la mente, vedendosi trattare così da tutti, anche da persone che in passato aveva considerato amiche! Nessun processo per maleficio, che si sappia, s'occupò mai dei sentimenti della strega; che, anzi, veniva sempre considerata lietissima del gran male fatto o da farsi: la felicità in persona! Tanto più lieta, quanto più tutti la trattavano male; perché quello era il segno certo e inconfondibile che i suoi malefici attecchivano. (Ma se anche avesse sofferto, tanto meglio! «Prima schiatta e meglio è», ragionava la gente).

Per difendersi dalla strega, e per liberarsi di lei, gli abitanti di Zardino si rivolsero al prete. Furono alcuni uomini a prendere l'iniziativa, dopo una riunione dei *fratelli cristiani*[8]: così – dissero – non si poteva andare avanti! Bisognava fare qualcosa, perché in paese c'era preoccupazione e non erano solo le bigotte[9] ad essere impaurite, ma anche i massari e i contadini e la gente comune: quella stessa gente che andava in chiesa meno che poteva, e lesinava sulle decime[10], e non amava don Teresio; ma le stregonerie sono una cosa seria, e tutti le temono! «Se incominciano

7 **pertugio**: buco, fessura.

8 ***fratelli cristiani***: associazione religiosa maschile che aveva come scopo la difesa del paese dagli spiriti malvagi, dai ladri, dalle streghe.

9 **bigotte**: coloro che osservano le pratiche religiose in modo ostentato.

10 **lesinava sulle decime**: cercava di risparmiare («lesinava») sulle quote («decime») che si dovevano alla Chiesa.

## L'AUTORE

**Sebastiano Vassalli** nasce a Genova nel 1941, ma vive l'infanzia e la giovinezza a Novara. Dopo gli studi liceali, si laurea in Lettere e si dedica all'insegnamento per oltre un decennio, conducendo anche un'intensa attività artistico-letteraria. Partecipa alle vicende della Neoavanguardia con il "Gruppo 63", costituito da letterati che intendono superare una certa cultura accademica e tentare strade sperimentali per elaborare una nuova letteratura. In seguito, Vassalli trova una sua personale dimensione di scrittore attento ai nostri tempi e impegnato a denunciare la decadenza di valori dell'attuale società. Di frequente, questi temi vengono proposti attraverso romanzi che rinviano ai secoli passati, frutto di un personale lavoro di ricerca storica. In questa direzione vanno il romanzo-verità sulla tormentata vita del poeta Dino Campana, *La notte della cometa* (1984), oppure il romanzo che ha dato notorietà e successo a Vassalli, *La chimera* (1990), tragica vicenda di una ragazza «esposta» (cioè abbandonata), Antonia, bruciata come strega in un villaggio padano all'inizio del Seicento. Questo filone storico è poi continuato con il successivo romanzo intitolato *Marco e Mattio* (1992), il viaggio verso la follia di un eroico salvatore dell'umanità e di un misterioso compagno di strada, nel Veneto a cavallo tra Settecento e Ottocento. Un omicidio eccellente, uno scandalo bancario e un finto terremoto politico sono al centro dell'opera *Il Cigno* (1993). La generazione del Sessantotto, raccontata con partecipazione e ironia, è il tema del romanzo *Archeologia del presente* (2001). Con *L'italiano* (2007) Vassalli elabora dodici storie esemplificative del carattere degli italiani, delle loro debolezze e dei loro difetti. Il suo ultimo lavoro, ancora con un'ambientazione storica, è *Io, Partenope* (2015).

Vassalli muore nel 2015. La critica gli ha sempre riconosciuto la capacità di narrare in forme semplici, ma efficaci, frutto di un sapiente lavoro di scavo e di accurata preparazione.

ad ammalarsi le bestie, o se ci marciscono le semine, che facciamo?» Giusto ieri – dicevano gli uomini della confraternita – la tal mucca del tal contadino non ha fatto latte; molti alberi da frutta si sono seccati durante l'inverno, non si sa perché; il tal bambino ha la febbre alta: che succede? Si appellavano al prete[11]. Provvedesse lui, che ne aveva il dovere e la competenza specifica, a ridurre la strega in condizioni di non nuocere, con esorcismi[12] o con altri mezzi ritenuti idonei; o denunciandola a Novara al *Sant'Uffizio*[13]: perché – dicevano – la faccenda era seria, molto seria, e loro, i *fratelli cristiani*, ne avevano le prove. Loro potevano testimoniare che la ragazza andava ai *sabba*[14] e che era stata vista proprio mentre ci andava, e da tutti i membri della confraternita! «L'estate scorsa, al tempo dei risaroli[15], – riferirono, – l'abbiamo incontrata di notte, non una sola volta ma più volte, dalle parti

11 **Si appellavano al prete**: si rivolgevano al prete per essere aiutati.
12 **esorcismi**: opportuni scongiuri, rituali, preghiere.
13 ***Sant'Uffizio***: tribunale ecclesiastico costituito nel 1542 con il compito di reprimere ogni errore dottrinale e quindi anche la stregoneria.
14 ***sabba***: così era chiamato il convegno notturno delle streghe con i diavoli.
15 **risaroli**: sono i braccianti stagionali che da maggio a settembre lavoravano nelle marcite per la coltivazione e la raccolta del riso.

## STORIE da SCOPRIRE

### *La chimera* di Sebastiano Vassalli

La vicenda di Antonia si colloca temporalmente tra il 1590 e il 1610, sotto la dominazione spagnola, e si svolge tra Novara e Zardino, un paese che sorgeva sulle rive del fiume Sesia, ma che oggi non esiste più. Il carattere di romanzo storico è dato da numerosi riferimenti a personaggi ed eventi storici: papi e duchi, guerre e paci.

Antonia Spagnolini è una trovatella, nata il 17 gennaio del 1590, giorno di sant'Antonio, e abbandonata («esposta») fuori da un convento di Novara. Passa i suoi primi anni di vita all'interno di questo convento: la fame e la generale miseria non frenano la curiosità della bambina, che cresce con una sua personale ansia di indipendenza. All'età di 12 anni viene adottata da una coppia di contadini di Zardino e portata al villaggio tra la sorpresa generale, perché a quell'epoca non si era soliti adottare delle femmine, inadatte ai lavori agricoli. Antonia cresce bella e fiera, attirando su di sé l'invidia di buona parte del paese. Sono tempi di profonde revisioni religiose: a Novara giunge il santo vescovo Carlo Bascapè, uomo di grandi ideali che intende dare alla Chiesa novarese un'impronta di severità; nuovo parroco di Zardino è nominato don Teresio, uomo che si rivela ben presto avido e ambizioso. Antonia mantiene un comportamento orgoglioso e indipendente, soprattutto riguardo alle questioni religiose: osa parlar male in pubblico della Chiesa, sollecita i contadini a trasgredire la legge del Signore, suscitando scandalo e orrore. Per giunta, rifiuta varie proposte di matrimonio, fra le quali anche quella di un nobiluomo decaduto. All'età di 19 anni si innamora di un tale Gasparo, un «camminante», cioè un vagabondo, un po' bandito e un po' avventuriero, amante della vita libera, che campa dirigendo squadre di «risaroli», miseri braccianti delle piantagioni di riso. I due si incontrano di notte presso il «dosso dell'albera» e la ragazza è attratta dalle promesse di Gasparo. Nelle fantasie superstiziose dei paesani i loro incontri assumono il carattere di riunioni stregonesche, di incontri con il demonio e come tali vengono riferite all'autorità religiosa. È don Teresio che denuncia formalmente Antonia come strega al tribunale dell'Inquisizione di Novara. Rinchiusa in carcere, nel corso del processo la ragazza lotta strenuamente ma, nonostante alcune coraggiose testimonianze a suo favore, viene condannata al rogo.

del dosso dell'albera[16], e allora però non davamo importanza a quegli incontri perché pensavamo che avesse un moroso». Invece Antonia il *moroso* non l'aveva e soltanto in seguito, cioè durante l'inverno appena trascorso, s'era capito cosa andasse a farci, su quel *dosso*: dove, peraltro, si sapeva già da tempo che si riunivano le streghe! Ma s'era capito tardi, quando ormai in paese erano incominciate a succedere cose strane: mucche che s'ammalavano, famiglie intere che perdevano la voce, ragazzi che cascavano dai fienili...

«Don Teresio, aiutateci! – gli dissero. – Dateci almeno un consiglio. Che dobbiamo fare?»

Lui si tenne sulle sue[17] per molti giorni, senza sbilanciarsi in alcun modo: né a favore di Antonia né contro Antonia. «Bisogna pregare, pregare molto, – ripeteva. – Se ci fosse più religione, qui a Zardino, certi fatti che denotano la presenza del Diavolo tra di noi, certamente non accadrebbero!»

Ne parlò anche durante la messa, una domenica: trattando il tema del peccato e della pena, che viene sempre da Dio. Citò la *Bibbia*, il *Libro dei Maccabei*: «In verità io ti dico: tu, ora, per volontà di Dio, avrai il giusto castigo della tua superbia!» E poi parlò delle Sette Piaghe d'Egitto, che colpirono il popolo d'Israele ai tempi di Faraone[18]; e alluse anche ai due flagelli di Zardino, cioè ad Antonia e alla *fiera bestia*, ma senza nominare né l'una, né l'altra. Soltanto, si limitò a dire di quei due flagelli che erano giusti, prevedibili e da lui previsti. «Certamente, – gridò puntando l'indice contro i fedeli, – Dio non permetterebbe che tali presenze diaboliche si manifestassero in questi boschi, e che tali eventi si compissero in questo villaggio, se nelle vostre aie e nelle vostre stalle non si fossero tenuti, per anni, discorsi sacrileghi contro di lui, contro il suo servo che vi sta parlando e contro i suoi diritti, d'avere le decime e le regalie dei suoi fedeli. Se si facessero più devozioni e più elemosine, certe cose non accadrebbero!» Passarono così altre due settimane, durante le quali un bambino si scottò con l'acqua bollente, un *famiglio*[19] si ferì malamente cadendo sulla falce e successero altri fatti spiacevoli, a Zardino e dintorni, senza che nessuno più si azzardasse a parlare della strega con il prete, né che lui ne facesse parola con chicchessia: dopo la predica delle Piaghe d'Egitto la faccenda era rimasta così, come sospesa nell'aria, e anche tra la gente del paese se ne parlava meno; finché un giorno d'aprile, un lunedì, don Teresio si mise a tracolla la sua bisaccia delle grandi occasioni e andò a Novara, a denunciare Antonia al Sant'Uffizio, anzi personalmente all'inquisitore Manini[20].

Francisco Goya, *Il grande caprone*, 1798. (Madrid, Museo Lázaro Galdiano)

16 **dosso dell'albera**: l'altura dove Antonia incontrava il suo uomo e sulla quale sarà bruciata.

17 **Lui si tenne sulle sue**: stette in silenzio, pensieroso.

18 **Sette Piaghe...Faraone**: il prete, don Teresio, fa un po' di confusione e stravolge il contenuto della Bibbia: Dio colpisce con dieci calamità («Piaghe») gli egiziani, per obbligare il faraone a ridare la libertà al popolo d'Israele.

19 ***famiglio***: servo.

20 **inquisitore Manini**: il frate che, a Novara, dirigeva l'ufficio d'Inquisizione con autorità sull'intera diocesi.

Parole *chiave*

**Inquisitore**
Membro dell'Inquisizione, l'attività svolta da tribunali ecclesiastici speciali istituiti dalla Chiesa cattolica a partire dal XIII secolo. Essi dovevano garantire l'unità della fede e reprimere le eresie, ovvero i pensieri contrari a quelli della dottrina ufficiale. Gli interventi repressivi potevano essere: procedimenti volti contro singole persone; controllo sulla circolazione delle idee (ad esempio, sull'attività di stampatori e librai); persecuzione di minoranze e sette dissidenti. Per costringere il sospettato ad abiurare, cioè a rinnegare il proprio pensiero, si ricorreva a tremende torture.

Come sta scritto negli atti del processo: «Di fronte al Reverendissimo Signor frate Gregorio Manini da Gozzano, **Inquisitore** dell'eretica malvagità per la diocesi di Novara, è comparso...»

Tutto il processo ecclesiastico a carico di Antonia («*contra quendam Antoniam de Giardino dicta la Stria*») è racchiuso entro due date: la data della denuncia, che fu presentata il 12 aprile 1610, e la data della sentenza, che è invece il 20 agosto di quell'anno stesso, come s'è già detto; [...].

S. Vassalli, *La chimera*, Einaudi, Torino, 1990

# Attività

## Comprendere e analizzare: verso l'INVALSI

**1** **I fatti straordinari** A quale causa vengono attribuiti i fatti negativi (del tutto normali) che avvengono nel paese di Zardino?

**2** **I segni** Quali dei seguenti fatti sono interpretati come opera di stregoneria? Indica se le risposte seguenti sono vere o false.

V F

**a.** Gli animali si ammalano improvvisamente e stramazzano al suolo ☐ ☐
**b.** Gli animali mettono al mondo un numero straordinario di piccoli ☐ ☐
**c.** Donne e bambini si trovano senza voce ☐ ☐
**d.** Appaiono segni indecifrabili sulla neve ☐ ☐
**e.** Sulla sabbia si trovano impronte di strani animali ☐ ☐
**f.** Compaiono lettere rovesciate che compongono parole misteriose ☐ ☐

**3** **Gli accusatori** Tra gli abitanti di Zardino, chi interpreta per primo tali fatti come artifici diabolici di Antonia?

**4** **L'attenzione** I comportamenti di Antonia vengono osservati con un'attenzione particolare. Di che cosa è carica questa attenzione?

**a.** Di affettuosa preoccupazione
**b.** Di razionale logica
**c.** Di accusa per gli incidenti che succedono
**d.** Di straordinaria indifferenza

**5** **Le relazioni** Gli abitanti di Zardino si suggestionano reciprocamente sempre di più e modificano via via il loro comportamento verso Antonia. Come la trattano? Indica se le risposte seguenti sono vere o false.

V F

**a.** Fanno il vuoto intorno a lei ☐ ☐
**b.** La assalgono e la minacciano ☐ ☐
**c.** Le parlano francamente ☐ ☐
**d.** Si allontanano da lei con figli e animali ☐ ☐
**e.** Aprono porte e finestre per accoglierla ☐ ☐
**f.** Cercano di evitare d'incontrarla ☐ ☐
**g.** Si fanno il segno della croce quando la incontrano ☐ ☐

**6** **La malevolenza** La dura sequela dei fatti rivela la generale malevolenza degli abitanti di Zardino nei confronti della ragazza. Quali reali ragioni motivano il loro comportamento? Indica se le risposte seguenti sono vere o false.

V F

**a.** Tornaconto personale ☐ ☐
**b.** Gelosia femminile ☐ ☐
**c.** Preoccupazione per Antonia ☐ ☐
**d.** Spirito religioso ☐ ☐
**e.** Rispetto della legge ☐ ☐
**f.** Ignoranza ☐ ☐
**g.** Desiderio di proteggere i figli ☐ ☐

**7** **Le prove** Quali "prove" suggeriscono al prete di andare davanti all'inquisitore per sostenere la stregoneria di Antonia?

8 **La predica** In una predica confusa e imprecisa nelle citazioni bibliche, don Teresio trova il modo di accusare anche i parrocchiani per la presenza della strega. Quali colpe imputa loro?

a. Scarsa fede e poca frequentazione delle messe
b. Scarsa accoglienza e mancanza di carità verso i poveri
c. Ignoranza ed egoismo
d. Discorsi sacrileghi e poche elemosine

9 **La struttura** Riportiamo in modo disordinato le vicende del racconto. Tu riordinale secondo la struttura del testo.

Antonia viene portata dall'inquisitore • La voce dei suoi sortilegi si diffonde • Don Teresio rimprovera gli abitanti del paese • A Zardino capitano fatti negativi • Si diffonde l'impressione che Antonia volontariamente provochi disgrazie • Gli uomini indicano le prove di stregoneria da usare contro Antonia presso l'inquisitore • Le comari individuano Antonia, come causa dei fatti negativi • Vengono coinvolti i «fratelli cristiani» e don Teresio • Gli abitanti di Zardino isolano Antonia

- Situazione iniziale: ..........................................................................................................
- Movente: ..........................................................................................................
- Fatti: ..........................................................................................................
- Conclusione: ..........................................................................................................................................

10 **La protagonista** Come veniamo a conoscenza del personaggio di Antonia?

a. Tramite il giudizio degli abitanti del paese
b. La presenta il narratore
c. Si presenta da sé
d. Viene presentata con tecnica mista

11 **Il tempo della storia** In base alle informazioni presenti nel racconto, stabilisci in che epoca si svolge e quanto dura la vicenda.

a. Si svolge all'epoca della Controriforma; la vicenda dura dalla fine dell'inverno ad aprile
b. Si svolge all'epoca della Controriforma; la vicenda dura due anni
c. Si svolge nel Duecento; la vicenda dura parecchi anni
d. Si svolge nel Duecento; la vicenda dura dalla fine dell'inverno ad aprile

12 **I personaggi** Intorno ad Antonia si muovono diversi gruppi di persone. Scrivi a quali personaggi si riferiscono i comportamenti riportati sotto.

- Sono ignoranti e niente affatto mossi dall'amore cristiano verso il prossimo: ..........................................................................................................
- È timoroso (rimbrotta dal pulpito, ma non difende Antonia) e poco colto: ..........................................................................................................
- Sono pettegole, gelose e maligne: ..........................................................................................................
- Va in chiesa il meno possibile, non fa elemosine e pensa al guadagno: ..........................................................................................................

13 **Il narratore e il punto di vista** Come definiresti il narratore e la focalizzazione nel racconto?

14 **Il tono** Per quanto la narrazione sia di carattere prettamente realistico, l'autore, nei suoi interventi (riflessioni sulla felicità delle streghe, descrizione della predica, termini in corsivo), in qualità di narratore onnisciente inserisce toni diversi. Quale tra i seguenti viene usato nel brano?

a. Un tono comico e allegro
b. Un'ironia bonaria
c. Una feroce critica
d. Un violento sarcasmo

## Rielaborare e produrre

15 **Il riassunto** Utilizzando la struttura del testo individuata nell'esercizio 9, sintetizza la storia in 300 parole.

16 **L'ignoranza e la gelosia** Questi due sentimenti sono la vera motivazione della persecuzione verso Antonia. Esponi le tue opinioni in un testo argomentativo di circa 200 parole dal titolo "L'ignoranza genera violenza".

per SAPERNE di PIÙ

## La caccia alle streghe

Nonostante la scienza si sforzi di dare una spiegazione razionale a tutto quanto succeda, nell'essere umano spesso si manifesta l'attrazione insopprimibile del **magico** e del **misterioso**, un anelito profondo che lo spinge a esplorare il mondo dell'occulto, nel tentativo di carpirne i poteri e i segreti.

In forme diverse, questo è successo in tutte le epoche. Ancora oggi sedicenti maghi e fattucchiere pretendono di leggere il futuro di una persona, naturalmente dietro un consistente compenso.

Sotto la spinta di particolari eventi politici e religiosi (Riforma protestante, guerre di religione, Concilio di Trento), la società di quel tempo cercò di ridefinire la dottrina e la pratica religiosa, rinsaldò le sue fila e non accettò più alcuna deviazione di carattere religioso. Anche le pratiche legate al magico che lungo il Medioevo erano state tollerate (semplici superstizioni, scongiuri, rimedi di medicina popolare) vennero bandite perché qualificate come atti stregoneschi. La **stregoneria** venne assimilata all'eresia e perciò fu incriminata e perseguitata. I tribunali civili e religiosi (Inquisizione), in un crescendo di intolleranza e di violenza, intensificarono la ricerca di chi si affidava alla stregoneria, considerandolo strumento del demonio, dal quale simili pratiche derivavano. La caccia alle streghe si è manifestata con particolare violenza soprattutto all'inizio dell'Età moderna.

Atti processuali e documenti d'archivio attestano come le sfortunate protagoniste di questa drammatica "caccia" siano state le donne. Quando si leggono i processi di interrogatorio, di tortura, di condanna si parla costantemente al femminile.

La **donna** è stata vista in ogni epoca come depositaria di forze magiche sconosciute e le è sempre stata riconosciuta una particolare capacità di mettersi in contatto con il mondo ultraterreno. Tutto questo si traduceva spesso in diffidenza e paura nei suoi confronti, soprattutto in ambito religioso. Una donna poteva essere accusata di stregoneria sulla base di elementi di prova che oggi suscitano il nostro raccapriccio: confessioni estorte attraverso la tortura oppure la "cattiva fama" che una donna si portava appresso. Di frequente, queste donne venivano bollate come streghe a causa di vendette personali o allo scopo di eliminare persone che conducevano una vita allora ritenuta immorale (concubine, conviventi) o povere donne che avevano comportamenti fuori dalla norma. Sotto tortura, allettate dalla promessa della sospensione dei tormenti, le "streghe" finivano con l'ammettere quelle colpe ignominiose (malefici contro persone, balli notturni col demonio, aborti, malvagità, amori licenziosi) che gli inquisitori avevano pregiudizialmente in testa, colpe che erano ricondotte in un ambito religioso, intese come attentati alla fede e all'autorità della Chiesa.

La caccia alle streghe è una pagina davvero riprovevole del nostro passato e costituisce uno dei momenti più difficili della storia al femminile; è come se gli uomini, incapaci di fronteggiare le tante paure di un mondo che non possono controllare, abbiano individuato nella magia malefica associata alla figura femminile il capro espiatorio.

Salvator Rosa, *Streghe e incantesimi*, 1646. (Londra, National Gallery)

# per guardare oltre

## Intersezioni nell'antologia

- I romanzi proposti in questa Unità condividono tematiche e punti di vista con i brani di altre Unità. Ad esempio, uno dei temi presenti nei *Promessi sposi* di Alessandro **Manzoni** è l'amore contrastato. Anche Italo **Calvino** (▶ *L'avventura di due sposi*, p. 44), Dino **Buzzati** (▶ *Una lettera d'amore*, p. 156) e Aldo **Nove** (▶ *Colpo di fulmine*, p. 448) affrontano il tema dell'amore, anche se in situazioni e prospettive diverse.
- Victor **Hugo** nel suo romanzo *I miserabili* apre orizzonti sulle difficoltà della vita, sulla fatica di rimediare a errori commessi, operando con responsabilità, proprio come leggiamo nel racconto di Guy **de Maupassant** *In campagna* (▶ p. 248) e in *Nove lune* (▶ p. 433) di Beppe **Fenoglio**.
- Vivere analizzando razionalmente le proprie esperienze con occhio disincantato e lucido, come fa frate Guglielmo nel romanzo di Umberto **Eco** *Il nome della rosa*, è un atteggiamento quasi da investigatore. Analogamente si comportano i personaggi di Fredric **Brown** (▶ *Incubo in giallo*, p. 339) o di Andrea **Camilleri** (▶ *Il patto*, p. 343).
- Nel romanzo *La chimera* di Sebastiano **Vassalli** leggiamo il tema della sopraffazione dei deboli da parte dei potenti o dei più numerosi. Una storia di manipolazione, anche se di tono molto diverso, è in *Operazione Pasqualino* (▶ p. 2) di Alberto **Moravia**. Di infanzia costretta a crescere troppo in fretta parla anche Niccolò **Ammaniti** in *Io non ho paura* (▶ *Nascosto nel buio*, p. 472).
- Come i romanzi, anche i film sono classificabili per generi, tra cui quello storico. Nell'antologia è presente una scheda sul film *L'uomo che verrà* (▶ p. 654) di Giorgio **Diritti**, ambientato nel 1944, che racconta la strage di Marzabotto, nella quale 770 abitanti di un paese vicino a Bologna furono uccisi barbaramente dai nazisti.

## Altri orizzonti

### ROMANZI

- Nel romanzo storico *Il mulino del Po* (1957) Riccardo **Bacchelli** racconta la storia di quattro generazioni di una famiglia emiliana, sullo sfondo di un secolo di storia, che parte dagli inizi dell'Ottocento e arriva alla Prima guerra mondiale. Al tempo dello sbarco di Garibaldi in Sicilia è invece ambientato *Il Gattopardo* (1958) di Giuseppe **Tomasi di Lampedusa**.
- La storia di una famiglia meridionale sotto la dominazione dei Borboni è raccontata da Raffaele **Nigro** nel romanzo *I fuochi del Basento* (1987). *Sostiene Pereira* (1994) di Antonio **Tabucchi** è invece ambientato nel Portogallo del regime di Salazar.
- Il gruppo di autori noti sotto il nome prima di **Luther Blisset** e poi di **Wu Ming** ha scritto diversi romanzi d'ispirazione storica (ad esempio, *Q*, 1999; *Manituana*, 2007; *L'armata dei sonnambuli*, 2014).
- **Marcello Simoni** è un giovane autore italiano di romanzi storici. *Il mercante di libri maledetti* (2011), *L'abbazia dei cento peccati* (2014) e *L'abbazia dei cento delitti* (2015) sono alcuni dei suoi gialli di ambientazione storica.

### FILM

- Moltissimi sono i film di argomento storico. Ne citiamo alcuni: *Schindler's List* (1993) di Steven **Spielberg** racconta la storia di un imprendidore tedesco che salvò più di mille ebrei dall'Olocausto; *Mongol* (2007) di Sergej **Bodrov** ricostruisce la vita del sanguinario condottiero mongolo Gengis Khan; *Il discorso del re* (2010) di Tom **Hooper** si concentra sulla figura del re inglese Giorgio VI; *Selma* (2014) di Ava **DuVernay** sulla lotta per i diritti civili degli afroamericani guidati da Martin Luther King.

### PITTURA

- Il Risorgimento italiano ha suggestionato numerosi pittori. Ricordiamo *Il campo italiano dopo la battaglia di Magenta* di Giovanni **Fattori** e il quadro di Gerolamo **Induno** *La battaglia di Magenta*. Sono tele di carattere storico e raccontano, come un romanzo, l'epopea del Risorgimento.

### FUMETTO

- Art **Spiegelman** racconta la tragedia dell'Olocausto nel fumetto *Maus*.
- In Italia, la casa editrice Becco Giallo, che pubblica fumetti di impegno civile, ha dedicato molte *graphic novel* a personaggi chiave della storia del nostro paese, tra cui Giovanni Falcone e Paolo Borsellino, giudici uccisi dalla mafia in Sicilia nel 1992. Le loro storie sono raccontate nei fumetti: *Giovanni Falcone* (2011) e *Paolo Borsellino. L'Agenda Rossa* (2012) di Giacomo **Bendotti**.

UNITÀ 3

# Il realismo

Renato Guttuso nel suo studio.

**• La realtà come fonte d'ispirazione •** Guardarsi intorno per trovare l'ispirazione nella propria quotidianità è stata una via percorsa da molti artisti. Scrittori, musicisti e pittori hanno spesso cercato di rappresentare la vita umana ispirandosi alla realtà.

**• Una pittura "impegnata" •** Nell'ambito della pittura per gran parte del Novecento si è dibattuto fra un'arte mossa dalla fantasia e un'arte ispirata dalla realtà.

Il pittore siciliano Renato **Guttuso** (1911-1987) è stato il caposcuola del Realismo pittorico italiano.

Guttuso nasce a Bagheria, dove svolge anche il suo apprendistato. Si getta ben presto nella mischia culturale e politica palermitana degli anni Trenta e Quaranta. A partire dal 1937 si stabilisce a Roma e per tutti gli anni Cinquanta affianca all'attività pittorica la riflessione critico-teorica sul ruolo dell'artista e sulle finalità dell'arte. Il suo punto di vista si può leggere in questa sua dichiarazione: «La pittura raffigura il mondo come è. Attraverso questa pittura vengono fuori idee e rapporti umani. Non credo a quelli che dipingono idee: sono le idee che devono venir fuori dalle cose». Guttuso sa filtrare con intelligenza la realtà e fissarla sulla tela, lavorando con la prospettiva di un'emancipazione civile, morale e politica della società italiana.

**• Un inno alla giovinezza •** Il dipinto *Boogie Woogie* (1953) è innovativo in un duplice senso. Sul piano tecnico, mentre predominava l'**arte astratta**, Guttuso raffigura una scena concreta; sul piano tematico, il

Parole *chiave*

**Arte astratta** È un'arte che rinuncia intenzionalmente a rappresentare la realtà concreta, per concentrasi sull'analisi della forma e del colore, alla ricerca di forme geometriche rigorose.

**Domande**

- Osservando il quadro di Guttuso si nota tanta allegria, persone che ballano, ma c'è anche chi se ne sta da solo, in disparte. Perché credi che Guttuso abbia inserito queste contraddittorie figure?
- La tela ha un carattere realistico; tuttavia, possiamo osservare un riferimento alla pittura astratta. Per quale motivo, secondo te, l'artista ha fatto questa scelta?
- Secondo te, l'arte deve riprodurre il reale oppure lo deve interpretare?

quadro rappresenta alcuni giovani impegnati in un *boogie woogie*, un ballo nuovo e trasgressivo per l'epoca. Il sapore del proibito lo si coglie dal luogo in cui il pittore ha collocato questa esplosione di vita: i gradini e la stretta finestra con inferriata suggeriscono che si tratta di un locale di ritrovo ricavato alla bell'e meglio, una specie di scantinato trasformato in pista da ballo. La musica e il ritmo dominano la scena. I ballerini sembrano interpretare l'ottimismo del dopoguerra. Sullo sfondo si nota la citazione di un'opera di Piet **Mondrian** (1872-1944) dal titolo *Broadway Boogie-Woogie*: il pittore olandese, giunto nel 1940 a New York, subisce il fascino di questo ballo, tanto da interpretare sulla tela la musica e il ritmo del *boogie woogie*, ma con una sensibilità da astrattista, lontana da Guttuso.

Renato Guttuso, *Boogie Woogie*, 1953. (Rovereto, Mart)

Piet Mondrian, *Broadway Boogie-Woogie*, 1942-1943. (New York, The Museum of Modern Art)

**in questa Unità impareremo a**

- **conoscere** le caratteristiche del romanzo e le correnti letterarie in cui si inseriscono i passi letti
- **comprendere** il significato globale dei testi e i caratteri del Realismo, del Verismo e del Neorealismo
- **analizzare** i brani secondo le costanti narratologiche e le tecniche stilistiche delle singole correnti per raffinarne la comprensione e approfondirne le tematiche
- **interpretare** lo scritto, collegandolo al romanzo da cui è tratto, al mondo dell'autore, a problemi dell'umanità intera in essi contenuti e a esperienze personali
- **produrre** sintesi, testi espositivi e argomentativi a partire dagli argomenti contenuti nei brani
- **comunicare oralmente** per riferire i contenuti dei brani e per riflettere sulle loro tematiche in forma strutturata e chiara

**in questa Unità scopriremo**

**Antologia**

Giovanni Verga • *La morte di Bastianazzo*
Guy de Maupassant • *In campagna*
Carlo Cassola • *Mara fa la conoscenza di Bube*

**Per approfondire**

Italo Calvino • *L'esplosione del Neorealismo*

**Narrare con altri linguaggi** *il film*

Pierfrancesco Diliberto • *La mafia uccide solo d'estate*

**Verifica delle competenze**

Cesare Pavese • *Ritorno al paese d'origine*

Da dove ha origine l'ispirazione per un'opera d'arte? L'artista se ne sta forse seduto impugnando la penna o fissando la tastiera del computer in attesa che arrivi l'illuminazione? Chissà! Ognuno ha una propria modalità di procedere. C'è chi lascia correre la fantasia e chi, invece, si guarda attorno e cerca nell'esperienza personale i temi per la propria arte. In questa Unità ci misureremo con l'arte letteraria che ha fatto della realtà il suo centro d'interesse: la narrazione realista.

Silvestro Lega, *La fienaiola*, 1890. (Milano, Galleria d'Arte Moderna)

## • La narrazione realista •

Il **realismo** è uno dei caratteri generali della letteratura di ogni tempo. Questo aspetto può essere riscontrato nella letteratura lungo i secoli e unisce scrittori che appartengono a stagioni diverse e lontane come **Boccaccio** (1313-1375, ► p. 139), Alessandro **Manzoni** (1785-1873, ► p. 196), Émile **Zola** (1840-1902), Giovanni **Verga** (1840-1922) e poi, più vicini a noi, Cesare **Pavese** (1908-1950, ► p. 277), Leonardo **Sciascia** (1921-1989, ► p. 19), Pier Paolo **Pasolini** (1922-1975), Italo **Calvino** (1923-1985, ► p. 45 e p. 636).

Alla metà dell'Ottocento è il mondo degli umili, di coloro che abitano nei quartieri poveri delle grandi città a imporsi all'attenzione degli scrittori. Questi osservano, studiano e descrivono l'abbrutimento morale e le sofferenze fisiche di chi è ai margini della vita. Nel XIX secolo si sviluppa il **Positivismo**, che intende affermare un metodo di conoscenza della realtà «positivo», basato sulla scienza, intesa come la capacità umana di progredire, di poggiare soltanto su dati certi e misurabili, senza ricorrere a spiegazioni di natura metafisica o spirituale. A rafforzare la validità di queste teorie sono in primo luogo le scoperte scientifiche del tempo, in medicina e in altri campi.

## • Il Naturalismo in Francia •

Anche la letteratura assume il carattere di uno **studio oggettivo della realtà**. Sono in primo luogo gli artisti francesi a far derivare dal Positivismo le loro teorie letterarie, che vanno sotto il nome di **Naturalismo**. I naturalisti francesi elaborano un duplice principio: l'opera d'arte deve presentarsi come un documento oggettivo della realtà e, per questo, lo scrittore deve astenersi dall'inserire elementi soggettivi, quali possono essere i propri giudizi (è il cosiddetto **canone dell'impersonalità**).

Nel 1856 viene pubblicato il romanzo *Madame Bovary* di Gustave **Flaubert** (1821-1880), un testo che diventa un modello per gli scrittori successivi. Flaubert racconta una storia qualsiasi, quella di una donna che tradisce il marito inseguendo una vana passione, per poi suicidarsi travolta dai debiti. I fatti si svolgono all'interno della società contemporanea all'autore, descritta senza alcun abbellimento. Con la finalità di ritrarre in maniera completa e oggettiva la società sono nati i vasti cicli narrativi di Honoré de **Balzac** (1799-1850) ed Émile **Zola** o i romanzi e i racconti di Guy de **Maupassant** (1850-1893).

# • Il Verismo in Italia •

In Italia, le teorie naturaliste determinano la nascita di una nuova corrente letteraria, il **Verismo**, che si sviluppa negli ultimi decenni dell'Ottocento. È il critico letterario Luigi **Capuana** (1839-1915) a coniare il termine, ribadendo la necessità di elaborare romanzi e racconti capaci sì di presentare la società, in particolare quella degli umili, in maniera oggettiva, «scientifica», senza però affidare alla letteratura quei compiti di riscatto sociale che invece intravedevano i naturalisti francesi.

Il Verismo si sviluppa in varie regioni italiane: in primo luogo in Sicilia dove, oltre a Capuana, scrivono Giovanni **Verga** e Federico **De Roberto** (1861-1927); in Campania con Matilde **Serao** (1856-1927); in Sardegna con Grazia **Deledda** (1871-1936). I narratori veristi non hanno fiducia nel progresso e vedono la vita della povera gente come una **continua lotta per sopravvivere**. Assumono anch'essi il criterio dell'impersonalità, mirando a scrivere opere che costituiscano dei documenti, tanto impersonali da sembrare essersi «scritti da sé». Il narratore evita di esprimere giudizi o riflessioni sulle vicende narrate e utilizza uno stile che ripropone le strutture sintattiche e le espressioni della lingua parlata.

# • Il Neorealismo •

La narrazione realistica è proseguita anche nel Novecento. In particolare, è nel secondo dopoguerra, dal 1945 al 1960, che, nel cinema come in letteratura, si sviluppa un'inclinazione artistica che cerca una nuova strada per rappresentare l'eccezionalità delle vicende storiche da poco vissute. Si parla di **Neorealismo** in primo luogo in ambito cinematografico per qualificare film girati in presa diretta, imperniati sugli eventi bellici e sulla ricostruzione della nazione. I registi di questa stagione cinematografica sono Vittorio **De Sica** (1901-1974), Luchino **Visconti** (1906-1976), Roberto **Rossellini** (1906-1977).

Scena tratta dal film *Sciuscià* diretto da Vittorio De Sica nel 1946.

Locandina del film *Sciuscià* diretto da Vittorio De Sica nel 1946.

Anche in letteratura ci si pone il problema del «bisogno di raccontare» la guerra e quanto era avvenuto sotto il regime fascista. Il Neorealismo letterario affonda nel clima della ritrovata libertà, dopo l'esperienza della Resistenza e della lotta partigiana, e per questo mostra una forte caratterizzazione ideologica e politica. Autori come Elio **Vittorini** (1908-1966) e Cesare **Pavese** sono maestri importanti che tracciano le strade letterarie anche ad altri significativi narratori di quella stagione, come Vasco **Pratolini** (1913-1991), Beppe **Fenoglio** (1922-1963, ▸ p. 434), Pier Paolo **Pasolini** e, pur con qualche distinguo, possiamo citare anche Italo **Calvino** (▸ p. 45 e p. 636) ed Elsa **Morante** (1912-1985). Sul piano stilistico i romanzi e i racconti neorealisti mostrano una lingua semplice, strutture espressive lineari, poco complesse così da essere compresi da un vasto pubblico.

In letteratura, la tendenza a rifarsi alla realtà, pur con varie sfumature e modalità espressive diverse, è continuata per tutta la seconda metà del Novecento, fino ai giorni nostri.

## • Il percorso antologico •

I brani riportati nelle pagine che seguono costituiscono validi esempi della lunga stagione realista e neorealista.

Tra gli autori del Verismo italiano, Giovanni **Verga** (1840-1922) emerge per la vastità e la qualità delle sue opere. Dopo alcuni romanzi d'ambiente, egli assunse con convinzione la poetica verista elaborando il progetto di un ciclo di cinque romanzi, *I vinti*, imperniati su personaggi sconfitti dalla vita. *I Malavoglia* è il primo romanzo del ciclo e senz'altro quello di maggior successo. Nel brano intitolato *La morte di Bastianazzo* (▸ p. 239), Verga ci porta nel bel mezzo del dramma della famiglia Malavoglia, gente che ha sempre vissuto di pesca e che, malauguratamente, ha pensato di arricchirsi con un'altra attività economica, quella del commercio.

Nell'ambito del Naturalismo, Guy de **Maupassant** (1850-1893) ebbe una carriera breve, ma brillante e intensa; si distinse per il gran numero di racconti e alcuni romanzi pensati sempre come ritratti di vita reale. Nel racconto *In campagna* (▸ p. 248) egli narra della povera gente costretta a vendere i figli per sfamarsi.

Nella Toscana delle campagne sono ambientati molti racconti e romanzi di Carlo **Cassola** (1917-1987), il cui realismo è sempre intessuto anche da una vena poetica. Il brano *Mara fa la conoscenza di Bube* (▸ p. 256), tratto dal romanzo *La ragazza di Bube*, ci fa rivivere la guerra partigiana.

Cesare **Pavese** (1908-1950) fu scrittore, poeta, critico letterario, ma non riuscì mai a vincere un innato pessimismo e una profonda sfiducia nella vita. Con *Ritorno al paese d'origine* (▸ p. 276) lo scrittore ci fa fare un salto nella provincia cuneese, quando la miseria era di casa anche su quelle colline e i ragazzi, abbandonati dai genitori, cercavano la loro fortuna in America.

Giovanni Verga

# La morte di Bastianazzo

C'è una barca al largo, tra le onde impetuose del mare; è guidata da due uomini, ma tutti nel paese sembrano preoccupati soprattutto per il carico di merce che trasporta. Perfino i familiari dei pescatori sembrano dare priorità al danno economico.

Da I Malavoglia, 1881

Romanzo verista

Dopo la mezzanotte il vento s'era messo a fare il diavolo, come se sul tetto ci fossero tutti i gatti del paese, e a scuotere le imposte. Il mare si udiva muggire attorno ai *fariglioni*[1] che pareva ci fossero riuniti i buoi della fiera di S. Alfio, e il giorno era apparso nero peggio dell'anima di Giuda.

Insomma una brutta domenica di settembre, di quel settembre traditore che vi lascia andare un colpo di mare fra capo e collo, come una schioppettata fra i fichidindia. Le barche del villaggio erano tirate sulla spiaggia, e bene ammarrate[2] alle grosse pietre sotto il lavatoio; perciò i monelli si divertivano a vociare e fischiare quando si vedeva passare in lontananza qualche vela sbrindellata[3], in mezzo al vento e alla nebbia, che pareva ci avesse il diavolo in poppa; le donne invece si facevano la croce, quasi vedessero cogli occhi la povera gente che vi era dentro.

Maruzza la Longa[4] non diceva nulla, com'era giusto, ma non poteva star ferma un momento, e andava sempre di qua e di là, per la casa e pel cortile, che pareva una gallina quando sta per far l'uovo. Gli uomini erano all'osteria, e nella bottega di Pizzuto[5], o sotto la tettoia del beccaio[6], a veder piovere, col naso in aria. Sulla riva c'era soltanto padron 'Ntoni, per quel carico di lupini[7] che ci aveva in mare colla *Provvidenza* e suo figlio Bastianazzo per giunta, e il figlio della Locca[8], il quale non aveva nulla da perdere lui, e in mare non ci aveva altro che suo fratello Menico, nella barca dei lupini. Padron Fortunato Cipolla[9], mentre gli facevano la barba, nella bottega di Pizzuto, diceva che non avrebbe dato due baiocchi[10] di Bastianazzo e di Menico della Locca, colla ***Provvidenza*** e il carico dei lupini.

**PAROLE *sotto la lente***

**Provvidenza**

Il sostantivo corrisponde al latino *providentia* = previdenza, prudenza. Indica l'atto di saper prevedere e provvedere con equilibrio alle necessità proprie o di altri. Nel linguaggio filosofico e religioso è il governo della storia e degli uomini da parte di un essere divino, che realizza i propri piani spesso in modo imperscrutabile da parte degli uomini (come in Manzoni). Nel brano letto è il nome proprio della barca dei Malavoglia.

Attività

Scomponi nelle loro parti costitutive (prefisso, radice, suffisso, desinenza) le parole "provvidente" e "provvidenziale", che si rifanno al primitivo *provvido*.

1 ***fariglioni***: faraglioni, grandi scogli con pareti a picco.
2 **ammarrate**: ormeggiate, attraccate.
3 **sbrindellata**: strappata, a brandelli.
4 **Maruzza la Longa**: è la moglie di Bastianazzo. I Malavoglia sono sempre stati pescatori. Padron 'Ntoni, però, alla ricerca di una nuova fonte di guadagno, ha comprato a credito un carico di lupini per commerciarli altrove. Bastianazzo, il figlio maggiore di padron 'Ntoni, è incaricato del trasporto via mare con la *Provvidenza*, la barca di famiglia, accompagnato da un giovane del posto, Menico.
5 **Pizzuto**: il barbiere del paese.
6 **beccaio**: macellaio.
7 **lupini**: molluschi, simili alle vongole.
8 **Locca**: una vecchia demente, madre di Menico e di un altro ragazzo che non viene mai nominato se non come «il figlio della Locca».
9 **Padron Fortunato Cipolla**: è l'uomo più ricco del paese, proprietario di terre e di barche.
10 **baiocchi**: antica moneta in uso nello Stato pontificio; qui il termine è usato genericamente per "quattrini".

– Adesso tutti vogliono fare i negozianti, per arricchire! diceva stringendosi nelle spalle; e poi quando hanno perso la mula vanno cercando la cavezza[11].

Nella bettola di suor Mariangela la Santuzza[12] c'era folla: quell'ubbriacone di Rocco Spatu[13], il quale vociava e sputava per dieci; compare Tino Piedipapera, mastro Turi Zuppiddu, compare Mangiacarrubbe, don Michele il brigadiere delle guardie doganali, coi calzoni dentro gli stivali, e la pistola appesa al ventre, quasi dovesse andare a caccia di contrabbandieri con quel tempaccio, e compare Mariano Cinghialenta. Quell'elefante di mastro Turi Zuppiddu andava distribuendo per ischerzo agli amici dei pugni che avrebbero accoppato un bue, come se ci avesse ancora in mano la malabestia di calafato[14], e allora compare Cinghialenta si met-

11 **cavezza**: corda per legare la mula.

12 **suor...Santuzza**: Mariangela, detta la Santuzza, è la proprietaria dell'osteria del paese («suor» è soltanto un epiteto popolare).

13 **Rocco Spatu**: un giovane scioperato, contrabbandiere. Seguono altri uomini del paese, rappresentati dal loro colorito soprannome.

14 **malabestia di calafato**: è il martello di cui si serve il «calafato», cioè l'operaio specializzato nel turare con stoppa incatramata le fessure che si aprono nelle imbarcazioni.

## *per conoscere* GIOVANNI VERGA

**GIOVANNI VERGA** nasce a Catania nel 1840 da una famiglia di piccoli proprietari terrieri. Intraprende gli studi universitari di diritto, che ben presto abbandona per dedicarsi al giornalismo e alla narrativa. Interprete e studioso dell'identità e dei problemi siciliani, Verga ha scritto però tutte le sue opere lontano dalla Sicilia. Di fatto, Verga vive sull'isola soltanto la prima parte della sua vita, poi soggiorna per pochi anni a Firenze (1869-1871) e quindi più a lungo a Milano (1872-1893), dove conosce altri scrittori ed entra a contatto con le idee culturali del momento (Positivismo, Naturalismo). Verga è già di fatto alla ricerca di un suo stile letterario, di una maniera espressiva originale. Nel 1893 Verga si stabilisce a Catania, dove conduce una vita appartata. Nel 1920 viene nominato senatore del Regno, per «meriti eminenti». Muore nel 1922.

**• I primi romanzi •** Almeno fino al 1880, Verga scrive inizialmente romanzi dai toni melodrammatici (*Storia di una capinera*, 1871); offre una lettura patetica e teatrale della passione amorosa, mescolata alla polemica verso la borghesia (*Eva, Eros, Tigre reale*, 1872-1875). Soltanto con la novella *Nedda* (1874), la storia della misera vita di una raccoglitrice d'olive, Verga comincia ad assumere come tema il mondo popolare siciliano. Intanto legge le opere di Zola e i manifesti del Naturalismo francese.

Giovanni Verga in un ritratto di Tullio Pericoli del 1993.

**• La poetica verista •** Nel 1878 Verga scrive la novella *Rosso Malpelo* (la vicenda di un ragazzino siciliano che lavora nelle miniere di zolfo) con la quale abbraccia una nuova maniera narrativa, ispirata al principio dell'impersonalità nella rappresentazione del «vero». Secondo i principi di questa nuova poetica l'autore deve eclissarsi, non deve aggiungere ai fatti i suoi giudizi, delineare personaggi, commentare; deve limitarsi a dare al lettore l'illusione teva a gridare e bestemmiare, per far vedere che era uomo di fegato e carrettiere.

Lo zio Santoro[15], raggomitolato sotto quel po' di tettoia, davanti all'uscio, aspettava colla mano stesa che passasse qualcheduno per chiedere la carità. – Tra tutte e due, padre e figlia, disse compare Turi Zuppiddu, devono buscarne dei bei soldi, con una giornata come questa, e tanta gente che viene all'osteria[16].

– Bastianazzo Malavoglia sta peggio di lui, a quest'ora, rispose Piedipapera, e mastro Cirino[17] ha un bel suonare la messa; ma i Malavoglia non ci vanno oggi in chiesa; sono in collera con Domeneddio[18], per quel carico di lupini che ci hanno in mare.

Il vento faceva volare le gonnelle e le foglie secche, sicché Vanni Pizzuto col ra-

15 **zio Santoro**: è il padre della Santuzza.

16 **devono buscarne...osteria**: Turi Zuppiddu, come tutti gli altri abitanti del paese, è soprattutto interessato al fattore economico.

17 **mastro Cirino**: il sagrestano del paese.

18 **Domeneddio**: il Signore Dio.

completa della realtà, l'impressione di trovarsi «faccia a faccia con il fatto nudo e schietto, senza stare a trovarlo tra le linee del libro, attraverso la lente dello scrittore», come afferma nella Prefazione a *I Malavoglia*. Ne deriva, così, una scrittura impersonale, con il narratore ben nascosto nell'ambiente e nella mentalità rappresentate.

Verga, inoltre, è convinto che la letteratura abbia un compito puramente conoscitivo dei fatti, di quanto accade, perché è convinto che non sia possibile sovvertire alcun ordine e che i rapporti sociali siano regolati dal più forte. In questo, il Verismo verghiano si differenzia dal Naturalismo francese, che vedeva nella scrittura un'arma per il cambiamento.

Tale poetica si esprime in primo luogo in due raccolte di novelle. In *Vita dei campi* (1880) le vicende (*Cavalleria rusticana*, *La Lupa*, *Jeli il pastore*, *L'amante di Gramigna*) trovano nell'amore-passione il tema unificante. In *Novelle rusticane* (1883) c'è un accentuarsi del pessimismo dello scrittore e i soggetti di queste novelle (*La roba*, *Libertà*) sono travolti da un materialismo che riduce la vita a puro calcolo economico.

**• Il "ciclo dei vinti" •** Nel 1878 Verga comincia a delineare un ciclo di romanzi che avrebbe dovuto rappresentare «una fantasmagoria della lotta per la vita, che si estende dal cenciaiuolo al ministro all'artista», che avrebbe cioè dovuto coprire tutti i gradini della scala sociale. Nella Prefazione al romanzo *I Malavoglia* ne parla come il "ciclo dei vinti", cinque romanzi che avrebbero messo a fuoco il movente dell'attività umana che sospinge ogni progresso: il fattore economico, via via espresso dalle ambizioni, dai desideri, dalle avidità dell'uomo, povero o ricco che sia.

Il programma del "ciclo dei vinti" rimarrà incompiuto. Verga infatti scrive solo i primi due romanzi, *I Malavoglia* e *Mastro-don Gesualdo*; della *Duchessa di Leyra* scrive solo il primo capitolo e parte del secondo, mentre *L'onorevole Scipioni* e *L'uomo di lusso* non saranno mai realizzati.

Il primo romanzo del ciclo è, come abbiamo detto, *I Malavoglia* (1881), la storia di una famiglia di pescatori di Aci Trezza. Il romanzo non concede nulla al mondo degli umili, per il quale vige la stessa logica dell'interesse economico che caratterizza tutta la società. L'intrecciarsi e il moltiplicarsi delle voci danno vita a una narrazione corale, con uno scontro di valori tra la famiglia Malavoglia, che si aggrappa all'etica del lavoro e alla solidarietà familiare, e quasi l'intero villaggio, che ha nell'utile e nel profitto i valori guida, senza badare al fatto che vengano calpestati gli affetti più elementari.

Il secondo capolavoro di Verga è il romanzo *Mastro-don Gesualdo* (1889). Vi si narra la scalata sociale di un muratore che, con tenacia e impegno, riesce ad accumulare un ricco patrimonio. Non viene, però, accettato dalla nobiltà e dalla borghesia locale e finisce per essere odiato anche dai suoi stessi familiari. Don Gesualdo muore in solitudine, come un "vinto", con la rabbia di vedere i suoi beni sperperati e sciupati. La visione di Verga si fa ancora più amara e pessimistica in questo romanzo perché mancano anche quei valori minimi, ai quali si aggrappavano i componenti della famiglia Malavoglia.

soio in aria, teneva pel naso quelli a cui faceva la barba, per voltarsi a guardare chi passava, e si metteva il pugno sul fianco, coi capelli arricciati e lustri come la seta; e lo speziale[19] se ne stava sull'uscio della sua bottega, sotto quel cappellaccio che sembrava avesse il paracqua[20] in testa, fingendo di aver discorsi grossi[21] con don Silvestro il segretario, perché sua moglie non lo mandasse in chiesa per forza; e rideva del sotterfugio, fra i peli della barbona, ammiccando alle ragazze che sgambettavano nelle pozzanghere.

– Oggi, andava dicendo Piedipapera, padron 'Ntoni vuol fare il protestante come don Franco lo speziale.

– Se fai di voltarti per guardare quello sfacciato di don Silvestro, ti dò un ceffone qui dove siamo; borbottava la Zuppidda[22] colla figliuola, mentre attraversavano la piazza.

– Quello lì non mi piace.

La Santuzza, all'ultimo tocco di campana, aveva affidata l'osteria a suo padre, e se n'era andata in chiesa, tirandosi dietro gli avventori[23]. Lo zio Santoro, poveretto, era cieco, e non faceva peccato se non andava a messa; così non perdevano tempo all'osteria, e dall'uscio poteva tener d'occhio il banco, sebbene non ci vedesse, ché

19 **lo speziale**: don Franco, il farmacista, repubblicano e libero pensatore.
20 **paracqua**: ombrello.
21 **aver discorsi grossi**: fare conversazioni importanti e serie.
22 **la Zuppidda**: è comare Venere, moglie di Turi Zuppiddu, contraria a far sposare la figlia con il segretario comunale, di classe sociale inferiore.
23 **avventori**: clienti.

## STORIE da SCOPRIRE

### *I Malavoglia* di Giovanni Verga

Il romanzo (1881) copre un arco temporale di tredici anni, dal 1863 al 1876. Racconta la storia di una famiglia di pescatori di Aci Trezza, i Toscano, soprannominati Malavoglia, i quali, attraverso il duro lavoro, sono arrivati a possedere una casa (la «casa del Nespolo») e una barca (la «Provvidenza»), con la quale escono tutti i giorni in mare. La famiglia, guidata dal vecchio padron 'Ntoni, è composta dal figlio Bastianazzo, sua moglie Maruzza detta la Longa, e dai cinque nipoti 'Ntoni, Luca, Mena, Alessi e Lia.

Quando il giovane nipote 'Ntoni è chiamato alle armi, il nonno cerca di rimediare al danno economico dovuto alla sua assenza avviando un commercio di lupini, che compra a credito dall'usuraio del paese, zio Crocifisso. Ma la *Provvidenza* fa naufragio, provocando la morte di Bastianazzo e la perdita del carico di lupini. Per la famiglia è l'inizio di una lunga serie di sciagure: Mena rompe il fidanzamento con Brasi Cipolla (il figlio di uno dei più ricchi del paese al quale il padre l'aveva promessa, nonostante la ragazza amasse Alfio, un povero carrettiere); Luca muore soldato nella battaglia navale di Lissa; padron 'Ntoni, per pagare il debito contratto per i lupini, ipoteca la casa del Nespolo; Maruzza muore di colera; il maggiore dei nipoti, 'Ntoni, dopo il servizio militare se ne va in cerca di fortuna a Trieste, ma, deluso, torna in paese, si dà al contrabbando e finisce in carcere; Lia, la sorella più piccola, lascia Aci Trezza e finisce per fare la prostituta a Catania; padron 'Ntoni muore in ospedale.

Sarà Alessi, il più giovane dei fratelli, a ricostituire lo spirito della famiglia riscattando con il suo lavoro la casa del Nespolo e andandoci a vivere con la moglie e la sorella Mena. Quando 'Ntoni esce dal carcere e ritorna nella casa paterna, si rende conto di non potervi più restare e se ne va per sempre.

gli avventori li conosceva tutti ad uno ad uno soltanto al sentirli camminare, quando venivano a bere un bicchiere.

– Le calze della Santuzza, osservava Piedipapera, mentre ella camminava sulla punta delle scarpette, come una gattina – le calze della Santuzza, acqua o vento, non le ha viste altri che massaro Filippo l'ortolano; questa è la verità.

– Ci sono i diavoli per aria![24] diceva la Santuzza facendosi la croce coll'acqua santa. – Una giornata da far peccati!

La Zuppidda, lì vicino, abburattava[25] avemarie, seduta sulle calcagna, e saettava occhiataccie di qua e di là, che pareva ce l'avesse con tutto il paese, e a quelli che volevano sentirla ripeteva: – Comare la Longa non ci viene in chiesa, eppure ci ha il marito in mare con questo tempaccio! Poi non bisogna stare a cercare perché il Signore ci castiga! – Persino la madre di Menico stava in chiesa, sebbene non sapesse far altro che veder volare le mosche!

– Bisogna pregare anche pei peccatori; rispondeva la Santuzza; le anime buone ci sono per questo.

– Sì, come se ne sta pregando la Mangiacarrubbe, col naso dentro la mantellina, e Dio sa che peccatacci fa fare ai giovanotti!

La Santuzza scuoteva il capo, e diceva che mentre si è in chiesa non bisogna sparlare del prossimo. – «Chi fa l'oste deve far buon viso a tutti», rispose la Zuppidda, e poi all'orecchio della Vespa[26]: – La Santuzza non vorrebbe si dicesse che vende l'acqua per vino; ma farebbe meglio a non tenere in peccato mortale[27] massaro Filippo l'ortolano, che ha moglie e figliuoli.

– Per me, rispose la Vespa, gliel'ho detto a don Giammaria[28], che non voglio più starci fra le Figlie di Maria[29] se ci lasciano la Santuzza per superiora. – Allora vuol dire che l'avete trovato il marito? rispose la Zuppidda.

– Io non l'ho trovato il marito, saltò su la Vespa con tanto di pungiglione. Io non sono come quelle che si tirano dietro gli uomini anche in chiesa, colle scarpe verniciate, e quelli altri colla pancia grossa.

Quello della pancia grossa era Brasi, il figlio di padron Cipolla, il quale era il cucco[30] delle mamme e delle ragazze, perché possedeva vigne ed oliveti.

– Va' a vedere se la paranza[31] è bene ammarrata; gli disse suo padre, facendosi la croce.

Ciascuno non poteva a meno di pensare che quell'acqua e quel vento erano tutt'oro per i Cipolla[32]; così vanno le cose di questo mondo, che i Cipolla, adesso che avevano la paranza bene ammarrata, si fregavano le mani vedendo la burrasca; mentre i Malavoglia diventavano bianchi e si strappavano i capelli, per quel carico di lupini che avevano preso a credenza dallo zio Crocifisso Campana di legno[33].

– Volete che ve la dica? saltò su la Vespa; la vera disgrazia è toccata allo zio Cro-

Jean-Eugène Buland, *Offerta alla Vergine* (part.), 1885. (Caen, Musée des Beaux-Arts)

24 **Ci sono...aria!**: modo di dire per indicare l'infuriare del vento.

25 **abburattava**: snocciolava.

26 **Vespa**: è la nipote nubile dell'usuraio del paese.

27 **non tenere in peccato mortale**: non far compiere adulterio, considerato un peccato mortale dalla religione cattolica.

28 **don Giammaria**: il prete del paese.

29 **Figlie di Maria**: associazione religiosa riservata alle giovani ragazze.

30 **il cucco**: il preferito.

31 **paranza**: barca usata per la pesca a strascico.

32 **erano tutt'oro per i Cipolla**: la pioggia era una benedizione per padron Cipolla, mentre significava disgrazia per i Malavoglia.

33 **zio Crocifisso Campana di legno**: è l'usuraio del paese, colui che ha dato ai Malavoglia il carico di lupini a credito («a credenza»). È così soprannominato perché, come si legge nel romanzo, «non ci sentiva da quell'orecchio, quando lo volevano pagare con delle chiacchiere».

cifisso che ha dato i lupini a credenza. «Chi fa credenza senza pegno, perde l'amico, la roba e l'ingegno».

Lo zio Crocifisso se ne stava ginocchioni a piè dell'altare dell'Addolorata, con tanto di rosario in mano, e intuonava le strofette con una voce di naso che avrebbe toccato il cuore a satanasso in persona. Fra un'avemaria e l'altra si parlava del negozio[34] dei lupini, e della *Provvidenza* che era in mare, e della Longa che rimaneva con cinque figliuoli. – Al giorno d'oggi, disse padron Cipolla, stringendosi nelle spalle, nessuno è contento del suo stato e vuol pigliare il cielo a pugni.

– Il fatto è, conchiuse compare Zuppiddu, che sarà una brutta giornata pei Malavoglia.

– Per me, aggiunse Piedipapera, non vorrei trovarmi nella camicia[35] di compare Bastianazzo.

La sera scese triste e fredda; di tanto in tanto soffiava un buffo[36] di tramontana, e faceva piovere una spruzzatina d'acqua fina e cheta: una di quelle sere in cui quando si ha la barca al sicuro, colla pancia all'asciutto sulla sabbia, si gode a vedersi fumare la pentola dinanzi, col marmocchio fra le gambe, e sentire le ciabatte della donna per la casa, dietro le spalle. I fannulloni preferivano godersi all'osteria quella domenica che prometteva di durare anche il lunedì, e fin gli stipiti erano allegri della fiamma del focolare, tanto che lo zio Santoro, messo lì fuori colla mano stesa e il mento sui ginocchi, s'era tirato un po' in qua, per scaldarsi la schiena anche lui.

– E'[37] sta meglio di compare Bastianazzo, a quest'ora! ripeteva Rocco Spatu, accendendo la pipa sull'uscio.

E senza pensarci altro mise mano al taschino, e si lasciò andare a fare due centesimi di limosina[38].

– Tu ci perdi la tua limosina a ringraziare Dio che sei al sicuro, gli disse Piedipapera; per te non c'è pericolo che abbi a fare la fine di compare Bastianazzo.

Tutti si misero a ridere della barzelletta, e poi stettero a guardare dall'uscio il mare nero come la *sciara*[39], senza dir altro.

– Padron 'Ntoni è andato tutto il giorno di qua e di là, come avesse il male della tarantola[40], e lo speziale gli domandava se faceva la cura del ferro[41], o andasse a spasso con quel tempaccio, e gli diceva pure: – Bella Provvidenza, eh! padron 'Ntoni! Ma lo speziale è protestante ed ebreo, ognuno lo sapeva.

Il figlio della Locca, che era lì fuori colle mani in tasca perché non ci aveva un soldo, disse anche lui:

– Lo zio Crocifisso è andato a cercare padron 'Ntoni con Piedipapera, per fargli confessare davanti a testimoni che i lupini glieli aveva dati a credenza.

– Vuol dire che anche lui li vede in pericolo colla *Provvidenza*.

– Colla *Provvidenza* c'è andato anche mio fratello Menico, insieme a compare Bastianazzo.

– Bravo! questo dicevamo, che se non torna tuo fratello Menico tu resti il barone[42] della casa.

34 **negozio**: affare.
35 **nella camicia**: nei panni.
36 **buffo**: soffio.
37 **E'**: egli, lui.
38 **limosina**: elemosina.
39 **come la *sciara***: del colore scuro della lava pietrificata che ricopre le pendici dell'Etna e la campagna di Trezza.
40 **il male della tarantola**: la tarantola è un grosso ragno, il cui morso, secondo le credenze popolari, causava il "tarantolismo", cioè una sfrenata agitazione.
41 **cura del ferro**: l'assunzione di ferro ha un effetto stimolante.
42 **barone**: usato in senso ironico per "padrone".

– C'è andato perché lo zio Crocifisso voleva pagargli la mezza giornata anche a lui, quando lo mandava colla paranza, e i Malavoglia invece gliela pagavano intiera; rispose il figlio della Locca senza capir nulla; e come gli altri sghignazzavano rimase a bocca aperta.

Stanhope Alexander Forbes, *Vendita di pesce su una spiaggia della Cornovaglia*, 1885. (Plymouth, City Art Gallery)

Sull'imbrunire comare Maruzza coi suoi figliuoletti era andata ad aspettare sulla *sciara*, d'onde si scopriva un bel pezzo di mare, e udendolo urlare a quel modo trasaliva e si grattava il capo senza dir nulla. La piccina piangeva, e quei poveretti, dimenticati sulla *sciara*, a quell'ora, parevano le anime del purgatorio. Il piangere della bambina le faceva male allo stomaco, alla povera donna le sembrava quasi un malaugurio; non sapeva che inventare per tranquillarla, e le cantava le canzonette colla voce tremola che sapeva di lagrime anche essa.

Le comari, mentre tornavano dall'osteria, coll'orciolino[43] dell'olio, o col fiaschetto del vino, si fermavano a barattare[44] qualche parola con la Longa senza aver l'aria di nulla, e qualche amico di suo marito Bastianazzo, compar Cipolla, per esempio, o compare Mangiacarrubbe, passando dalla *sciara* per dare un'occhiata verso il mare, e vedere di che umore si addormentasse il vecchio brontolone, andavano a domandare a comare la Longa di suo marito, e stavano un tantino a farle compagnia, fumandole in silenzio la pipa sotto il naso, o parlando sottovoce fra di loro. La poveretta, sgomenta da quelle attenzioni insolite, li guardava in faccia sbigottita, e si stringeva al petto la bimba, come se volessero rubargliela. Finalmente il più duro o il più compassionevole la prese per un braccio e la condusse a casa. Ella si lasciava condurre, e badava a ripetere: – Oh! Vergine Maria! Oh! Vergine Maria! – I figliuoli la seguivano aggrappandosi alla gonnella, quasi avessero paura che rubassero qualcosa anche a loro. Mentre passavano dinanzi all'osteria, tutti gli avventori si affacciarono sulla porta, in mezzo al gran fumo, e tacquero per vederla passare come fosse già una cosa curiosa.

– *Requiem eternam*[45], biascicava sottovoce lo zio Santoro, quel povero Bastianazzo mi faceva sempre la carità, quando padron 'Ntoni gli lasciava qualche soldo in tasca.

La poveretta che non sapeva di essere vedova, balbettava: – Oh! Vergine Maria! Oh! Vergine Maria!

Dinanzi al ballatoio della sua casa c'era un gruppo di vicine che l'aspettavano, e cicalavano[46] a voce bassa fra di loro.

Come la videro da lontano, comare Piedipapera e la cugina Anna le vennero incontro, colle mani sul ventre, senza dir nulla. Allora ella si cacciò le unghie nei capelli con uno strido[47] disperato e corse a rintanarsi in casa.

Che disgrazia! dicevano sulla via. E la barca era carica! Più di quarant'onze[48] di lupini!

G. Verga, *I Malavoglia*, Mondadori, Milano, 1992

43 **orciolino**: piccolo orcio (vaso di terracotta, di forma arrotondata, usato soprattutto per tenervi l'olio).

44 **barattare**: scambiare.

45 ***Requiem eternam***: pace eterna; sono le parole iniziali della preghiera *Eterno riposo*, dedicata ai morti.

46 **cicalavano**: chiacchieravano.

47 **strido**: urlo, suono.

48 **onze**: moneta in uso nel Regno borbonico.

## per L'ANALISI del TESTO

### Una storia di "vinti"

Il romanzo *I Malavoglia*, pubblicato a Milano nel 1881, non incontra il favore né della critica né del pubblico: la forte vena pessimistica che lo percorre è in controtendenza con lo spirito d'iniziativa e la fiducia nel progresso della nascente borghesia italiana. Verga sceglie di rappresentare, attraverso il mondo remoto dei pescatori siciliani, **la storia dei "vinti"**, di quanti, nella corsa al benessere, sono travolti e lasciati ai margini, anche quando possono apparire per un momento vincitori.

Il brano proposto costituisce un passaggio centrale nello svolgimento della vicenda: dopo la morte in mare di Bastianazzo, infatti, niente sarà più come prima per i Malavoglia. La descrizione iniziale di una notte di tempesta, a cui fa seguito una giornata di vento, pioggia e mare in burrasca, è già il preannuncio della **disgrazia imminente**.

I Malavoglia, che hanno la barca in mare, sono in allarme: Maruzza la Longa, moglie di Bastianazzo, temendo per la vita del marito, si agita tra la casa e il cortile, mentre padron 'Ntoni sta sulla riva. Il narratore attribuisce l'angoscia del vecchio padre in primo luogo al carico di lupini imbarcato sulla *Provvidenza*, la sua barca, e secondariamente («per giunta», r. 20) al pericolo che corre il figlio. In questo modo anticipa il punto di vista dei paesani, per i quali l'**interesse materiale** ha una priorità assoluta. Per tutti, il danno economico viene prima della tragedia della morte («i Malavoglia non ci vanno oggi in chiesa; sono in collera con Domeneddio, per quel carico di lupini che ci hanno in mare», rr. 44-46). Non solo, l'occasione è buona anche per criticare quel piccolo commercio che nelle intenzioni dei Malavoglia doveva migliorare le condizioni della famiglia («Al giorno d'oggi, disse padron Cipolla, stringendosi nelle spalle, nessuno è contento del suo stato e vuol pigliare il cielo a pugni», rr. 109-110). Non si tratta semplicemente di invidia: alla base c'è una **visione pessimistica** della vita, l'idea che ognuno deve restare al suo posto, senza pretendere di cambiare («pigliare il cielo a pugni»). Chi lotta contro il proprio destino è destinato alla sconfitta.

Il capitolo si conclude significativamente con la valutazione collettiva del danno economico, che è esattamente stimato («Che disgrazia! dicevano sulla via. E la barca era carica! Più di quarant'onze di lupini!», rr. 189-190).

### La coralità e l'oggettività della narrazione

Il lettore apprende del naufragio della *Provvidenza* e della morte di Bastianazzo dalle reazioni degli abitanti di Aci Trezza, dai loro discorsi e dai loro gesti. Si tratta di un **punto di vista corale**. Maruzza, ad esempio, capisce di essere vedova quando, tornando a casa «comare Piedipapera e la cugina Anna le vennero incontro, colle mani sul ventre, senza dir nulla. Allora ella si cacciò le unghie nei capelli con uno strido disperato e corse a rintanarsi in casa» (rr. 186-188). La coralità è una delle tecniche con cui Verga persegue l'**oggettività** e l'**impersonalità**, un modo per descrivere la realtà così com'è. Le chiacchiere e i ragionamenti degli abitanti di Aci Trezza sono proposti senza alcuna mediazione, con **cadenze e sintassi d'impronta dialettale**; la **voce narrante** si differenzia da quella dell'autore e aderisce ai suoi personaggi, al loro mondo culturale. Altri punti di forza di questa tecnica narrativa sono il **discorso diretto** e il **discorso indiretto libero**, che riferisce parole e pensieri senza verbi introduttivi o l'uso di virgolette. Questo non significa che l'autore non partecipi alle vicende dei suoi personaggi, anzi, in più passaggi egli lascia trasparire la sua personale commozione.

# Attività

## Leggere e comprendere

1 **La situazione iniziale** Dove e quando si svolge la scena iniziale del brano?

2 **I ragazzi e le donne** Quali diversi atteggiamenti hanno i «monelli» e le donne verso le barche nel mare in tempesta?

3 **La Longa** Come si comporta Maruzza la Longa?

4 **Sulla riva** Chi sta in riva al mare? Perché è preoccupato?

5 **Padron Fortunato Cipolla** Quale commento fa Padron Fortunato Cipolla rispetto al tentativo di commercio dei Malavoglia?

6 **All'osteria** Nel giorno di tempesta, l'osteria di suor Mariangela è affollata di avventori. Anche lì si parla dei Malavoglia. Ricerca nel testo le parole a loro dedicate e riconosci chi le pronuncia.

7 **In chiesa** Come si comportano in chiesa le donne? Chi sono e che cosa fanno?

8 **Zio Crocifisso** A giudizio del paese, zio Crocifisso è la vera vittima della tempesta. Chiariscine la ragione e riporta i suoi comportamenti.

9 **La disperazione** Come si manifesta la disperazione di Maruzza?

**a.** Si caccia le unghie nei capelli e urla disperata, rintanandosi in casa

**b.** Si getta per terra senza più forze

**c.** Sviene ed è soccorsa dalle altre donne

**d.** Rimane immobile sulla spiaggia

## Riconoscere e analizzare

10 **Le sequenze** Dividi il brano in tre sequenze e stabilisci la tipologia prevalente.

11 **Il tempo e lo spazio** Da informazioni dirette o indirette stabilisci in che periodo storico e in che luogo si svolge la vicenda.

**a.** Nel secondo Novecento in un paese di mare della Sicilia

**b.** Alla fine dell'Ottocento in un paese di mare della Sicilia

**c.** Nell'Ottocento lungo le rive del Po

**d.** Alla fine dell'Ottocento a Napoli

12 **Il tempo della storia** Quali tecniche di durata (scena, pausa, sommario, ellissi) sono presenti nel brano?

13 **La rappresentazione dello spazio** La vita e le abitudini degli abitanti di Aci Trezza sono delineate anche attraverso la rappresentazione dello spazio. Cercane qualche esempio nel testo.

14 **Il sistema dei personaggi** Chi è il protagonista del brano letto?

**a.** Padron 'Ntoni

**b.** La *Provvidenza*

**c.** Bastianazzo

**d.** La gente del paese

15 **Il narratore** Che tipo di narratore caratterizza il brano?

16 **Il discorso indiretto libero** Trova almeno un esempio di discorso indiretto libero.

17 **Lo stile** Per sottolineare la veridicità e la coralità della narrazione, l'autore inserisce modi di dire popolari e proverbi. Ne elenchiamo alcuni: prova a spiegarne il significato.

- «quando hanno perso la mula vanno cercando la cavezza» (r. 29)
- «padron 'Ntoni vuol fare il protestante» (r. 55)
- «le calze della Santuzza, acqua o vento, non le ha viste altri che massaro Filippo» (rr. 68-69)
- «Ci sono i diavoli per aria!» (r. 70)
- «farebbe meglio a non tenere in peccato mortale massaro Filippo» (rr. 85-86)
- «Chi fa credenza senza pegno, perde l'amico, la roba e l'ingegno» (rr. 103-104)
- «nessuno è contento del suo stato e vuol pigliare il cielo a pugni» (r. 110)

18 **La funzione del discorso indiretto libero** Quale funzione assumono i discorsi indiretti liberi nel testo di Verga?

**a.** Ripropongono il modo di parlare scorretto dei personaggi

**b.** Riferiscono coralmente le parole e i pensieri dell'intero paese

**c.** Ripropongono pensieri spontanei e profondi dell'individuo

**d.** Sono tipici della poetica verista

## Rielaborare e produrre

19 **Discutere** Alla riga 12 si legge: «Maruzza la Longa non diceva nulla, com'era giusto». Per quale motivo, a tuo parere, la Longa sta zitta? Il suo silenzio esprime la giusta preoccupazione verso il marito, in mezzo al mare in tempesta, oppure l'impotenza dell'essere umano nei confronti della natura? Raccogli gli elementi validi per sostenere le due interpretazioni, scegli quella per te più plausibile e difendila in un eventuale dibattito in classe.

20 **La ricchezza** Nel testo l'aspetto economico è determinante: la disgrazia avviene per il desiderio dei Malavoglia di arricchirsi. Come viene interpretata in paese tale iniziativa? E tu, come giudichi tale intraprendenza? Esprimi il tuo parere in un commento di 50 parole.

21 **Il riassunto** Valendoti della suddivisione in sequenze già fatta nell'esercizio 10, riassumi il testo in 200 parole.

Guy de Maupassant

# In campagna

Da
I racconti della beccaccia, 1883

Racconto realistico

La miseria è spesso una cattiva consigliera. Lo dimostra la vicenda di due coppie di contadini poveri che vivono fra stenti e privazioni, e a malapena riescono a sfamare i loro numerosi figli. Una possibilità di cambiar vita, però, un giorno sembra profilarsi, quando una signora si fa avanti e dichiara di voler adottare un bambino.

Le due casupole erano fianco a fianco, ai piedi d'una collina, nei pressi di una cittadina balneare. I due contadini lavoravano duramente la terra infeconda[1] per mantenere tutti i loro figli.

Ogni famiglia ne aveva quattro. Davanti alle loro porte quella marmaglia[2] di ragazzini brulicava da mattina a sera.

I due più grandi avevano sei anni e i due più piccoli circa quindici mesi: i matrimoni e le nascite erano capitati quasi simultaneamente, nelle due case.

Le madri riuscivano appena a riconoscere i loro figli tra di essi; i padri, poi, li confondevano completamente. Gli otto nomi ballavano simultaneamente nelle loro teste, mescolandosi di continuo; e quando dovevano chiamarne uno, spesso gli uomini gridavano tre nomi, prima di azzeccare quello giusto.

La prima delle due case, arrivando dalla stazione termale di Rolleport[3], era occupata dai Tuvache, che avevano tre femmine e un maschio; nell'altra casupola stavano i Vallin, con una femmina e tre maschi.

Tutti quanti campavano a stento di minestra, di patate e di aria aperta. Alle sette di mattina, poi a mezzogiorno e poi alle sei di sera, le mogli radunavano i loro bambini per dargli la pappa, come fanno le guardiane d'oche quando radunano le bestie.

I bambini, in ordine d'età, sedevano davanti alla tavola di legno lustrata da cinquant'anni d'uso; gli ultimi frugoli[4] arrivavano appena con la bocca al livello del piano. Si poneva davanti a loro il piatto fondo pieno di pane inzuppato nell'acqua dove erano cotte le patate, un mezzo cavolo e tre cipolle e tutta la fila mangiava fino a sfamarsi.

1 **infeconda**: improduttiva.
2 **marmaglia**: moltitudine.
3 **Rolleport**: località della Normandia.
4 **frugoli**: bambini molto vivaci.

Jules Breton, *Il richiamo delle spigolatrici*, 1859. (Parigi, Musée d'Orsay)

La madre imboccava il minore. Un po' di carne lessa, la domenica, era una festa per tutti; e il padre quel giorno s'attardava a tavola ripetendo:

– Ci metterei la firma, per mangiare così tutti i giorni.

Un pomeriggio d'agosto una carrozza si fermò improvvisamente davanti alle due casupole e la giovane donna che guidava disse all'uomo che le sedeva accanto:

– Guarda, Henri, quanti bambini! Guarda come sono carini a rotolarsi così nella polvere.

L'uomo non rispose, abituato a simili espressioni di ammirazione che per lui erano un dolore e quasi un rimprovero.

La giovane donna aggiunse:

– Bisogna che li baci. Oh, come vorrei averne uno, quello lì, il più piccino! E, saltando giù dalla carrozza, corse verso i bambini, prese uno dei più piccoli, quello dei Tuvache e, presolo tra le braccia, lo baciò appassionatamente sulle guance sporche, sui capelli ricciuti e impastati di terra, sulle manine che lui agitava per liberarsi da quelle fastidiose carezze.

Poi risalì e ripartì di gran trotto.

Ma la settimana seguente ritornò, si sedette per terra, prese il bamboccio tra le braccia, lo imbottì di dolci e distribuì caramelle a tutti gli altri; giocò insieme con loro come una ragazzina, mentre suo marito aspettava pazientemente nella carrozza.

Tornò ancora, fece conoscenza coi genitori, poi venne tutti i giorni, con le tasche piene di dolci e di soldi.

Si chiamava signora d'Hubières.

Una mattinata, appena arrivati, suo marito scese con lei; e senza fermarsi dai bambini, che ora la conoscevano bene, entrò nella casa dei contadini. Essi stavano spaccando legna per cuocere la minestra; si alzarono sorpresi, offrirono da sedere e aspettarono. La giovane donna, con voce tremante, cominciò:

– Sentite, amici, sono venuta a trovarvi perché vorrei... il vostro più piccolo.

I contadini, sorpresi, e senza sapere che pensare, non risposero.

Lei riprese fiato e continuò:

– Non abbiamo figli; mio marito ed io siamo soli. Lo terremo con noi... volete?

La contadina cominciava a capire. Chiese:

## L'AUTORE

**Guy de Maupassant** nasce nel 1850 in Normandia. Trascorre un'infanzia difficile a causa di una madre nevrotica e di un padre violento. In seguito alla separazione dei genitori, vive con la madre fino all'entrata in seminario, da dove si fa espellere. Subito dopo la laurea, a 20 anni, si arruola volontario nella guerra franco-prussiana (1870-1871). Al termine dell'esperienza militare si trasferisce a Parigi e comincia a scrivere sotto la guida di Gustave Flaubert (1821-1880).

Nelle opere di Maupassant – romanzi e, soprattutto, numerosi racconti –, vengono sviluppati temi inerenti alla famiglia, all'amore, alla guerra, dove pessimismo e attaccamento alla vita si alternano. Tra i romanzi ricordiamo *Una vita* (1883), *Bel-Ami* (1885) e *Pierre e Jean* (1889); tra le raccolte di novelle *I racconti della beccaccia* (1883) e *I racconti del giorno e della notte* (1885). Complicazioni dovute alla sifilide portano Maupassant alla follia e nel 1893, a soli 43 anni, lo scrittore muore in una clinica psichiatrica.

– Volete prendervi Charlot? Ah, no, di certo!

Intervenne allora il signor d'Hubières:

– Mia moglie si è spiegata male. Noi vogliamo **adottarlo**, ma tornerà a trovarvi. Se verrà su bene, come tutto fa credere, sarà il nostro erede. Se per caso avremo bambini nostri dividerà alla pari con loro. Se invece non rispondesse alle nostre cure, quando sarà maggiorenne, gli daremo ventimila franchi, che saranno immediatamente depositati a suo nome presso un notaio. E, dato che si è pensato anche a voi, avrete fino alla morte una rendita di cento franchi al mese. Avete capito bene?

**PAROLE sotto la lente**

### Adottare

Il verbo deriva dal latino *adoptare*, in cui si riconosce il verbo *optare* = desiderare, scegliere. Indica l'istituto giuridico che permette il formarsi di una filiazione non per vincolo di sangue. In senso esteso significa "far proprio" ("adottare uno stile di vita").

**Attività**

In Italia, per accogliere un bambino, oltre all'adozione esiste anche l'affido. Informati sulle differenze tra i due istituti giuridici.

La massaia si rizzò furente:

– Volete che vi vendiamo Charlot? No, certo, mai. Non son cose da chiedere a una madre. Mai! Sarebbe un abominio[5]!

Il marito, serio e pensoso, non diceva nulla; ma approvava sua moglie con un movimento continuo della testa.

La signora d'Hubières, sgomenta[6], cominciò a piangere e, voltandosi verso il marito, con una voce piena di pianto, una voce di bambina i cui desideri sono sempre soddisfatti, balbettò:

– Non vogliono, Henri, non vogliono!

Fecero l'ultimo tentativo.

– Amici miei, pensate all'avvenire di vostro figlio, alla sua felicità, a...

La contadina, infuriata, gli troncò la parola:

– Sappiamo tutto, abbiamo pensato a tutto, abbiamo capito tutto... Andatevene e non fatevi più rivedere da queste parti. Non è possibile pensare di voler portare via un bambino in questo modo!

La signora d'Hubières, uscendo, si accorse che i più piccini erano due e fra le lacrime chiese, con la tenacia[7] della donna caparbia[8] e viziata che non vuole mai aspettare:

– Ma l'altro bambino non è vostro?

5 **abominio**: infamia, vergogna.
6 **sgomenta**: scossa.
7 **tenacia**: ostinazione.
8 **caparbia**: insistente, testarda.

Jozef Israëls, *Famiglia di contadini a tavola*, 1882. (Amsterdam, Van Gogh Museum)

Tuvache padre rispose:

– No, è dei vicini; se volete, andateci.

E tornò in casa dove ancora risuonava la voce indignata di sua moglie.

I Vallin erano a tavola, mangiavano lentamente fette di pane su cui spalmavano con parsimonia[9] un po' di burro che prendevano con la punta del coltello da un piatto collocato fra loro due.

Il signor d'Hubières ricominciò a fare le sue proposte, questa volta in modo più insinuante[10], con più precauzioni oratorie[11], con più astuzia.

I due contadini scuotevano la testa in segno di diniego; ma quando seppero che avrebbero avuto cento franchi al mese, si guardarono perplessi, consultandosi con lo sguardo.

Rimasero a lungo in silenzio, torturati, esitanti. E poi la donna chiese:

– Che ne dici, marito?

Lui disse con tono sentenzioso[12]:

– Mi pare che non sia da sputarci su.

Allora la signora d'Hubières, tremante d'ansia, parlò dell'avvenire del piccino, della sua felicità e di tutto il denaro che avrebbe potuto ricevere più tardi.

Il contadino chiese:

– Questa rendita di milleduecento franchi, sarà stabilita davanti al notaio?

Il signore d'Hubières rispose:

– Certo, fin da domani.

La madre, che stava riflettendo, aggiunse:

– Cento franchi al mese non ci bastano a farci separare dal piccolo; fra qualche anno potrà lavorare: ci vogliono centoventi franchi.

La signora d'Hubières, che pestava coi piedi in terra per l'impazienza, li concesse senz'altro, e siccome voleva portare subito via il bambino, diede cento franchi di regalia[13] mentre suo marito preparava un attestato[14].

Il sindaco e un vicino, prontamente chiamati, fecero da compiacenti testimoni.

La giovane donna, esultante, portò via il marmocchio che strillava, come si porta via dal negozio il desiderato gingillo[15].

I Tuvache, sull'uscio, li guardavano andare via, silenziosi, severi, forse pentiti del rifiuto.

Non si sentì più parlare del piccolo Jean Vallin. Ogni mese i genitori ricevevano dal notaio centoventi franchi; ed erano in urto coi vicini, perché la Tuvache li copriva di contumelie[16], ripetendo continuamente di porta in porta che bisogna esser proprio snaturati a vendere il proprio figlio, che era un orrore, una porcheria, una corruzione.

A volte prendeva in braccio con ostentazione[17] il suo Charlot, gridandogli, come se avesse potuto capire:

– Io non ti ho venduto, piccolo mio. Io non sono di quelle che vendono i figli. Non sono ricca, ma i figli non li vendo.

Per tanti anni, ogni giorno fu così; ogni giorno grossolane allusioni erano sbraitate[18] davanti alla porta, perché potessero entrare nella casa vicina.

La Tuvache madre aveva finito per credersi superiore a tutte le madri della regione, perché non aveva venduto Charlot. Chi parlava di lei diceva:

– Certo, avrebbe fatto gola a chiunque, ma lei niente, s'è comportata da buona Madre.

La citavano spesso; e Charlot, che entrava nei diciott'anni, educato in quest'idea,

9 **parsimonia**: moderazione.
10 **insinuante**: persuasivo.
11 **oratorie**: proprie di chi sa parlare bene.
12 **con tono sentenzioso**: con espressione decisa e saccente.
13 **regalia**: mancia, regalo.
14 **attestato**: certificato.
15 **gingillo**: giocattolo.
16 **contumelie**: offese.
17 **con ostentazione**: con desiderio di vantarsi, di mettersi in mostra.
18 **sbraitate**: urlate.

ripetutagli di continuo, si credeva superiore lui stesso ai suoi compagni, perché non era stato venduto.

I Vallin campavano senza stenti, grazie alla pensione. Da ciò derivava l'implacabile rabbia dei Tuvache, restati in miseria.

Il loro figlio maggiore andò a fare il soldato; il secondo morì; e Charlot restò solo a faticare col vecchio padre, per dare da mangiare alla madre e alle sorelle minori.

Aveva ventun anni quando una mattina una splendida carrozza si fermò davanti alle due casupole. Un giovane signore, con una bella catena d'oro, scese porgendo la mano a una signora anziana, dai capelli bianchi. Ella gli disse:

– È là, figliolo, la seconda casa.

Lui entrò nella stamberga[19] dei Vallin come se fosse stata casa sua.

La vecchia madre stava lavando i grembiuli; il padre, infermo, sonnecchiava accanto al focolare. Tutti e due levarono la testa, mentre il giovane diceva:

– Buongiorno papà, buongiorno mamma.

I due si alzarono stravolti. La contadina, commossa, fece cadere il sapone nell'acqua e balbettò:

– Sei tu, figlio mio?

Lui la strinse fra le braccia e la baciò, ripetendo:

– Buongiorno, mamma.

E intanto il vecchio, tremante, diceva col tono calmo che gli era abituale:

– Così sei tornato, Jean? – come se l'avesse visto il mese prima.

Dopo avere così parlato, i genitori vollero subito uscire per far vedere il figlio al paese. Lo portarono dal sindaco, dal consigliere, dal parroco, dal maestro.

Charlot, in piedi sulla soglia della sua casupola, lo guardava passare.

La sera a cena disse ai vecchi:

– Dovete essere stati proprio stupidi, per lasciar prendere il ragazzo dei Vallin!

[...]

Il padre taceva.

– È proprio una disgrazia essere stato sacrificato in questo modo.

Allora Tuvache padre disse, con tono incollerito:

– Vorresti rimproverarci per averti tenuto con noi?

Il giovane rispose brutalmente:

– Sì, ve lo rimprovero, siete dei buoni a nulla. Genitori come voi sono la disgrazia dei figli. Vi meritereste proprio che me ne andassi.

L'anziana donna piangeva sul piatto. Gemette, seguitando a mandar giù cucchiaiate di minestra, versandone la metà:

– Vale la pena d'ammazzarsi, per tirar su i figlioli...

Il giovane disse, aspramente:

– Avrei preferito non esistere, piuttosto di essere quel che sono. Appena ho visto quell'altro mi sono sentito rimescolare il sangue, e ho pensato: «Ecco, a quest'ora sarei così».

Si alzò.

– Sentite, credo che sarà meglio che non resti qui,

19 **stamberga**: misera abitazione.

Jules Bastien-Lepage, *Pas Mèche*, 1882. (Edimburgo, National Gallery of Scotland)

perché ve lo rinfaccerei dalla mattina alla sera, e vi farei fare una vita da cani. Perché, sentitemi bene, non potrò mai perdonarvelo!

I due vecchi non parlavano, abbattuti e piangenti.

Lui continuò:

– No, sarebbe troppo dura, con questo pensiero in testa. Meglio che me ne vada a cercar fortuna in qualche altro posto!

Aprì la porta. Entrò un rumore di voci. I Vallin festeggiavano il figlio tornato.

Allora Charlot picchiò col piede per terra e, volgendosi ai genitori, gridò:

– Andate all'inferno, zotici[20]!

E sparì nel buio.

G. de Maupassant, *Racconti*, a cura di L. Chiavarelli, Newton Compton, Roma, 1994

20 **zotici**: rozzi contadini ignoranti.

## per L'ANALISI del TESTO

### Una vita di povertà

Seguendo il canone della massima **oggettività descrittiva**, Maupassant avvia il racconto delineando il quadro d'ambiente entro cui si svolge la magra vita delle due famiglie protagoniste del brano: i Tuvache e i Vallin. I genitori vivono la loro quotidianità lavorando i campi e riuscendo a stento a sfamare i figli. Ciascuna coppia ha quattro figli, bambini che crescono insieme, accomunati dalla stessa fame e povertà, così simili che i rispettivi genitori stentano a riconoscerli. Maupassant delinea questa iniziale situazione con **ricchezza di dettagli**, si sofferma soprattutto sull'atto del mangiare a tavola, cioè sul nutrimento, il momento più pressante e materiale del vivere umano. La svolta, nella vicenda, si ha con l'ingresso in scena di una ricca coppia cittadina, senza figli e desiderosa di adottare uno dei bambini dei Tuvache o dei Vallin. L'autore non risparmia neppure questa coppia: descrive la giovane signora come una donna viziata, abituata ad avere tutto e, in fondo, getta un'ombra anche sul suo voler diventare madre, quando scrive che «esultante, portò via il marmocchio che strillava, come si porta via dal negozio il desiderato gingillo» (rr. 112-113).

### Un problema sociale

Maupassant è uno dei più importanti esponenti del **Naturalismo** francese. In questo racconto, all'autore interessa non tanto la vicenda in sé, quanto illustrare una delle numerose situazioni di **miseria** sociale che angustiava la Francia di fine Ottocento. Viene raccontata la realtà del proletariato, delle famiglie numerose, dei figli illegittimi comprati e venduti, mascherando la compravendita come un'adozione.

### Il capovolgimento finale

Nella poetica naturalista rientra anche il capovolgimento finale del racconto, un finale che è tipico di Maupassant. Siamo al paradosso: il sentimento d'amore, l'etica della famiglia dei Tuvache vengono messi sotto accusa dal figlio stesso, Charlot, che vedendo la ricchezza e il benessere dell'altro ragazzo, rimprovera ai propri genitori di non aver saputo scegliere il meglio per lui. Anch'egli ragiona in termini utilitaristici e accantona i sentimenti. Il fatto che abbandoni la famiglia vuole essere una punizione nei confronti dei genitori per una buona azione che però Charlot non giudica più tale. Maupassant ribadisce, così, la sua visione della società e dei rapporti umani, l'idea che quello che muove il mondo sia sempre la **ricerca del benessere materiale**.

### Lo stile

L'intera vicenda è narrata con una **lingua sobria e precisa**. I personaggi sono presentati con rigore e senza alcun ornamento sia nei caratteri (l'orgoglio e la cupidigia dei Tuvache e dei Vallin; la fatuità e la leggerezza dei ricchi d'Hubières) sia nei comportamenti. Maupassant si astiene dall'esprimere giudizi di pietà o di umana comprensione e lascia che siano i **crudi fatti** del racconto a sospingere il lettore verso la riflessione.

# Attività

## Leggere e comprendere

1 **I personaggi** Quali sono i personaggi presentati nella parte iniziale del racconto e come sono legati tra loro?

2 **I rapporti di vicinato** Ciascuna delle due famiglie ha quattro figli della stessa età e a fatica i genitori riconoscono i propri bambini nel gruppo. Che cosa indica ciò?

3 **La povertà** All'inizio del racconto è presentata l'estrema povertà dell'ambiente: quali elementi la caratterizzano?

4 **Il modo di affrontare la vita** Con quale animo i protagonisti affrontano la vita?
- **a.** Sopportano con serenità la loro condizione
- **b.** Si lamentano della sorte avversa
- **c.** Provano invidia e malevolenza verso i ricchi
- **d.** Organizzano lotte per rivendicare i loro diritti

5 **Le motivazioni** Perché la signora d'Hubières vuole prendere con sé un bambino?

6 **La rottura dell'equilibrio iniziale** Perché l'arrivo della signora d'Hubières è determinante per lo svolgimento della vicenda?
- **a.** I bambini non hanno mai visto una carrozza
- **b.** Le madri mettono al sicuro i loro figli dagli estranei
- **c.** L'episodio rompe la serenità del nucleo di contadini
- **d.** La situazione economica delle due famiglie migliora

7 **La scelta** Come rispondono le due famiglie alla proposta dei d'Hubières?

8 **I cambiamenti** Nel corso del racconto la signora Tuvache mostra comportamenti differenti: quali ti paiono i più significativi?

9 **La reazione di Charlot** Qual è la reazione di Charlot Tuvache al ritorno di Jean Vallin?
- **a.** È orgoglioso che i suoi genitori lo abbiano tenuto con loro
- **b.** Ritiene che i genitori lo abbiano penalizzato
- **c.** Saluta con affetto i genitori e se ne va
- **d.** Decide che, per affetto, non rinfaccerà mai ai genitori la loro scelta sbagliata

## Riconoscere e analizzare

10 **Il tempo della storia** In quale periodo storico si svolge la vicenda? Quanto dura?
- **a.** Si svolge nel Medioevo e dura quindici anni
- **b.** Si svolge in epoca contemporanea e dura almeno vent'anni
- **c.** Si svolge alla fine dell'Ottocento e dura almeno vent'anni
- **d.** Si svolge nell'Impero romano e dura quindici anni

11 **Il tempo del racconto** Riportiamo tre passi del testo: indica qual è una scena, quale un sommario, quale un'ellissi.

**a.** – Guarda, Henri, quanti bambini! Guarda come sono carini a rotolarsi così nella polvere.

L'uomo non rispose, abituato a simili espressioni di ammirazione che per lui erano un dolore e quasi un rimprovero.

La giovane donna aggiunse:

– Bisogna che li baci. Oh, come vorrei averne uno, quello lì, il più piccino! (rr. 28-33):

..........................................................................................

**b.** Ma la settimana seguente ritornò, si sedette per terra, prese il bamboccio tra le braccia, lo imbottì di dolci e distribuì caramelle a tutti gli altri (rr. 39-40):

..........................................................................................

**c.** Aveva ventun anni quando una mattina una splendida carrozza si fermò davanti alle due casupole (rr. 138-139):

..........................................................................................

12 **Il luogo** In quale luogo geografico è ambientata la vicenda? Quale ambiente sociale è presentato?

13 **Il punto di vista** Quale punto di vista assume il narratore?
- **a.** Interno
- **b.** Onnisciente
- **c.** Esterno
- **d.** Variabile

14 **Lo stile** Come definiresti lo stile della narrazione?
- **a.** Aulico
- **b.** Formale
- **c.** Medio
- **d.** Colloquiale

## Rielaborare e produrre

15 **La titolazione e il riassunto** Indichiamo la suddivisione in sequenze. Attribuisci un titolo a ciascuna sequenza e poi riassumi il testo in 150 parole sul quaderno.

- «Le due casupole...così tutti i giorni» (rr. 1-25):
  ..........................................................................................
- «Un pomeriggio d'agosto...ripartì di gran trotto» (rr. 26-38):
  ..........................................................................................
- «Ma la settimana seguente...Si chiamava signora d'Hubières» (rr. 39-45):
  ..........................................................................................
- «Una mattinata, appena arrivati...se volete, andateci» (rr. 46-85):
  ..........................................................................................
- «E tornò in casa...forse pentiti del rifiuto» (rr. 86-115):
  ..........................................................................................
- «Non si sentì più parlare...alla madre e alle sorelle minori» (rr. 116-137):
  ..........................................................................................
- «Aveva ventun anni...lo guardava passare» (rr. 138-155):
  ..........................................................................................
- «La sera a cena...E sparì nel buio» (rr. 156-189):
  ..........................................................................................

16 **Discutere** Dopo aver letto il brano, come interpreti il comportamento della signora Tuvache («ogni giorno grossolane allusioni erano sbraitate [dalla signora Tuvache] davanti alla porta [dei Vallin]», rr. 125-126)? La sua acredine verso i Vallin è lo sdegno di una buona madre oppure il suo modo di dimostrare una certa invidia per la famiglia Vallin? Raccogli gli elementi validi per sostenere l'interpretazione per te più plausibile, anche in un eventuale dibattito in classe.

17 **Il tuo giudizio** Le due famiglie si comportano in modo diverso di fronte alla richiesta della signora d'Hubières. Tu come valuti il comportamento dei signori Tuvache e Vallin e dei loro figli? Secondo te, chi si comporta bene e perché? Esprimi il tuo giudizio in un massimo di 100 parole.

18 **Il tuo finale** Immagina un diverso finale a partire dal ritorno di Jean Vallin, mantenendo analoga la lunghezza della conclusione.

19 **L'adozione** Nel racconto è presentata un'adozione abbastanza informale, assai diffusa nel passato in ogni classe sociale. Oggi l'adozione è un istituto giuridico regolato da norme precise. Informati sulla legge che regola l'adozione e l'affido in Italia e stendi un testo espositivo di circa 200 parole.

Carlo Cassola

# Mara fa la conoscenza di Bube

Da *La ragazza di Bube*, 1960

Romanzo realistico

La guerra limita le possibilità di girare e di fare nuove conoscenze e così Mara, ragazza giovane e carina, guarda con interesse un altrettanto giovane partigiano che una sera si ritrova in casa. Può nascere perfino un amore.

Il pomeriggio del giorno dopo, Mara era di nuovo affacciata alla finestra di cucina. Guardava in fondo al vicolo, nel breve tratto di strada che era dato vedere, sperando che comparisse una macchina americana. Era stato cosí divertente i primi giorni dell'arrivo degli americani! Ce n'erano una quantità accampati sotto la canonica; arrivavano con le macchine in mezzo agli olivi, e in un punto ci avevano anche spianato per giocarci col pallone. La sera erano sempre in giro per il paese, bussavano a tutte le porte chiedendo il vino: in cambio davano pacchetti di sigarette e roba in scatola.

A lei avevano regalato tavolette di cioccolata, caramelle e biscotti. Le dicevano: «Signorina, bella signorina». Ma lei ne aveva paura e scappava. A un tratto, erano partiti; ne erano arrivati degli altri, ma c'erano rimasti due giorni soltanto; dopo di allora, passava ogni tanto qualche macchina, ed era tutto.

Si sentí il rumore di una macchina. Ansava[1] su per la salita breve ma ripida che immetteva in paese. Mara guardò ancora piú intensamente da quella parte, sperando che fosse un camion americano.

Non era americano. Era un camion civile, piccolo e sgangherato; c'erano sopra la rete di un letto, un materasso, un comò[2], una catasta di sedie, altri mobili. C'era anche un giovanotto, che saltò giú prima ancora che il camion fermasse. Aveva uno zaino in spalla, e un fazzoletto rosso al collo.

Benché un **partigiano** non fosse cosí interessante come un americano, Mara rimase a guardarlo. Lo vide parlare col conducente. Poi il camion ripartí. Il giovanotto si guardò intorno, come se non sapesse dove andare. Chiese qualcosa a una bimbetta, e questa gli rispose indicando proprio in direzione della loro casa.

Il giovane venne diritto verso di lei. Si fermò sotto la finestra:

– Sta qui Castellucci?

– Sí, – rispose Mara. – Ma ora non c'è.

Di nuovo il giovane parve indeciso. Mordicchiandosi un dito, Mara lo osservava. Era magrolino, bruno, coi capelli lisci e i baffetti.

– E dov'è? – fece a un tratto.

– A Colle, – rispose Mara.

– Ma torna?

– E chi lo sa. Certe sere torna, e certe altre rimane a dormire a Colle.

– Allora era meglio se mi fermavo a Colle, – disse il giovane, come parlando tra sé. – Lei chi è? La figlia? – Mara annuí. – Non c'è nessuno in casa? – Mara fece segno di no. – Io ero un compagno del povero[3] Sante, – disse a un tratto il giovane.

1 **Ansava**: il motore dell'auto sbuffava.
2 **comò**: mobile a cassettoni per camera da letto.
3 **povero**: modo di dire riferito a una persona morta.

**PAROLE *sotto la lente***

**Partigiano**

Il sostantivo (o aggettivo) deriva da *parte* con il suffisso presente anche in "artigiano", "villano", "valligiano". In generale indica chi sostiene o aderisce a un partito. Più precisamente, ha assunto il significato di persona che fa parte di formazioni irregolari armate che agiscono su un territorio invaso da un nemico, con azioni di disturbo e di guerriglia. In particolare, il nome è stato assunto dai membri della Resistenza italiana durante la Seconda guerra mondiale.

**Attività**

Scomponi la parola "partigiano" nelle sue parti costitutive.

Mara non rispose nulla. Le dava fastidio quando rammentavano il fratello.

– Be', ormai che ci sono, lo aspetto, – si decise bruscamente il giovane. Mara si scostò dalla finestra, ma senza andargli incontro.

Il giovane entrò, salí i due scalini che immettevano in cucina, si sfilò lo zaino e lo appoggiò contro il muro. Poi si guardò intorno incerto; e, di nuovo, ebbe un'uscita brusca:

– Sua madre c'è?

– No, – rispose Mara. Continuava a osservarlo. Sembrava molto giovane, perché aveva la barba fatta solo sul mento. E nello stesso tempo aveva un aspetto serio, da uomo. Era tutto stracciato: una tasca della giacca era scucita; uno strappo su un pantalone gli metteva a nudo il ginocchio.

Il giovane si guardò anche lui lo strappo:

– Ha mica un po' di filo e un ago? Almeno, mentre aspetto, mi ricucio qui –. E aggiunse: – C'è da vergognarsi, a tornare a casa in queste condizioni.

Mara salí nella camera di sopra. Vinicio[4] dormiva mezzo fuori del lenzuolo, con la faccia rossa sudata. Mara prese in un cassettino del comò un gomitolo di filo nero e una pezza in cui erano infilati gli aghi; si specchiò per qualche momento, e tornò abbasso.

Lo trovò che s'era tolto la giacca. In camicia, sembrava anche piú magro. Dalle maniche rimboccate sbucavano due avambracci sottili e senza muscoli.

Senza parlare, Mara tese la mano per farsi dare la giacca.

Il giovane si confuse:

– Sono buono anche da me... Con la vita che s'è fatto, abbiamo imparato anche a rammendare.

Tuttavia le diede la giacca, e Mara andò nel vano della finestra e ricucí la tasca.

– No, qui non importa, – disse il giovane, quasi avesse ritegno a farsi mettere le mani addosso. Mara ridacchiò dentro di sé: era proprio un giovanottello timido. Gli fece segno di sedere e gli s'inginocchiò accanto: – Non abbia paura, non la buco, – disse vedendo che istintivamente si tirava indietro.

– È mica perché ho paura, – fece il giovane, serio.

4 **Vinicio**: è il fratello più piccolo di Mara.

## L'AUTORE

**Carlo Cassola** nasce a Roma nel 1917 e trascorre gran parte della sua vita in Toscana, tra la Maremma e Volterra, le zone in cui ambienta per lo più i suoi romanzi e racconti. Si dedica all'insegnamento liceale a Grosseto e continua la sua attività di scrittore, stando, però, sempre ai margini della letteratura ufficiale. La partecipazione alla lotta partigiana gli fornirà gli spunti per due dei suoi romanzi più importanti: *Fausto e Anna* (1952) e *La ragazza di Bube* (1960). In entrambi, Cassola narra una storia d'amore resa difficoltosa oppure interrotta dagli avvenimenti bellici o dal clima di violenza successivo alla guerra.

Nelle sue opere si può ritrovare il realismo del dopoguerra unitamente a una vena lirica sincera, caratteri che si riscontrano in *Il taglio del bosco* (1954), *Storia di Ada* (1967), *Monte Mario* (1973). Cassola ha inoltre tentato altre strade di maggior impegno sociale, in senso ecologista e pacifista, con *Il superstite* (1978) e *Il ribelle* (1980). Lo scrittore muore nel 1987.

Scena tratta dal film *La ragazza di Bube* diretto da Luigi Comencini nel 1963.

– Ecco servito, – disse Mara alzandosi. Anche al giovane venne fatto di alzarsi. Per un po' stettero in piedi l'una di fronte all'altro, lei guardandolo con disinvoltura, anzi con sfacciataggine, e lui che invece non sapeva da che parte guardare.

Al solito, uscí dall'imbarazzo in modo brusco:

– Me lo aveva detto Sante di lei. Ma credevo... voglio dire, non è che gli somiglia tanto.

– Non eravamo proprio fratelli, – rispose Mara.

– Cosa?

Ancora una volta le venne da ridere, ma si contenne:

– Eravamo fratellastri[5], – spiegò.

– Ah, – fece il giovane, aggrottando la fronte. Si rimise seduto e per darsi un contegno cominciò a tamburellare con le dita sul tavolo. Fischiettava, anche, ma in modo goffo, gonfiando esageratamente le gote e sporgendo troppo le labbra.

Smise di colpo:

– Sante e io eravamo come fratelli, – disse. – Voi in che modo l'avete saputo[6]?

– Venne un contadino di quelle parti, – rispose Mara. Ne parlava con ripugnanza, perché le tornavano in mente le scene che c'erano state in casa... la madre che gridava al padre che la colpa era sua se a Sante gli era venuta quell'idea di andare tra i partigiani. Quanto a lei, non gliene era importato nulla; anzi, era contenta che ormai la camera di Sante era diventata sua, mentre prima le toccava dormire in cucina.

Tornò per primo il padre. – Mamma dov'è? – chiese con malgarbo.

– A spigolare[7], – rispose Mara. E, vedendo che il padre faceva l'atto di salire in camera: – Guarda, c'è questo... – si scostò e indicò il giovane.

Il padre si fermò, interdetto.

– Ero un compagno di Sante, – disse il giovane.

– Ah, – fece il padre. – Piacere, giovane. Sono contento... – Non trovava le parole.

[...]

– E dimmi: sei di queste parti?

– Di Volterra, – rispose il giovane. – Ora sono in viaggio per tornare a casa. Po-

5 **fratellastri**: figli di uno stesso padre, ma non della stessa madre.

6 **Voi...saputo?**: intende dire della morte di Sante in guerra.

7 **spigolare**: raccogliere sui campi quello che resta dopo la mietitura.

tevo magari arrivare in serata; ma ho pensato, giacché ero sulla strada, di fermarmi a casa di...

– E hai fatto bene. Ti ho visto con tanto piacere. Questa è casa tua, figliolo. [...] Puoi restare tutto il tempo che vuoi. E, scusa la mia curiosità, giovane... come ti chiami?

– Cappellini Arturo. Però m'hanno sempre chiamato Bube.

– Ma da partigiano, come ti chiamavi?

– Vendicatore, – rispose il giovane.

– Ah, sí. L'avevo sentito fare il tuo nome, da Sante... Vendicatore, appunto, – ripeté come per convincersi che quel nome gli era noto.

Era entrata la madre. Il giovane si alzò di scatto. Per qualche istante rimasero tutti quanti zitti.

– Mamma, questo era un compagno del nostro figliolo, – disse il padre.

La donna guardò con indifferenza il giovane, poi riprese a salire e sparí per le scale.

– Eh, – fece il padre scuotendo il capo. – Tu devi capire, – disse rivolto al giovane, – per una madre è un colpo troppo duro... Anche per me, s'intende, è stata dura. Ma, cosa vuoi? noi uomini sappiamo farcene una ragione.

– Per tutti è stata dura, – disse il giovane. – Sante per me era come un fratello.

– Eh, – fece il padre. – Purtroppo, nelle rivoluzioni, nelle guerre, non si può pretendere di arrivare in fondo tutti... Ogni causa esige i suoi caduti.

## STORIE da SCOPRIRE

### *La ragazza di Bube* di Carlo Cassola

La vicenda del romanzo (1960) è ambientata in Val d'Elsa all'indomani della Liberazione. Mara, una ragazza sedicenne, vive in un paesino con il padre, comunista militante, la madre e un fratellino. Un giorno compare a casa sua un giovane partigiano di 19 anni, Arturo Cappellini, da tutti conosciuto come Bube, il quale ha deciso di passare a far visita ai familiari di Sante, suo compagno d'armi morto e fratellastro di Mara. È così che Bube fa la conoscenza di Mara. Pur se diversi di carattere, i due entrano subito in simpatia e a un iniziale scambio di lettere fa seguito il fidanzamento.

Un giorno Bube comunica a Mara di doversi nascondere presso i propri familiari a Volterra, perché è accusato di un delitto. A lui e ad alcuni suoi amici era stato impedito l'accesso in chiesa, in quanto comunisti, dal prete di San Donato; per questo motivo Bube e gli amici avevano cominciato a inveire contro il prete, suscitando l'intervento di un maresciallo dei carabinieri. Nella successiva sparatoria restano uccisi un amico di Bube e lo stesso maresciallo. Bube, a sua volta, rincorre il figlio del maresciallo e lo uccide per vendetta. Mara, con l'assenso del padre, accompagna Bube a Volterra. Dirigenti del Partito comunista avvertono Bube che è ricercato dalla giustizia e che non è affatto sicuro stare nascosto in casa. I due, allora, si rifugiano in un capanno e lì passano alcune notti insieme, poi Bube viene aiutato a fuggire in Francia. Mara ritorna al paese, ma non è più la stessa persona: le esperienze vissute l'hanno notevolmente cambiata e fatta maturare. Pensa sempre a Bube lontano e alla promessa di attenderlo che gli ha fatto. In seguito, va a lavorare a Poggibonsi, dove conosce un altro giovane di serie intenzioni. Mara, però, non se la sente di tradire l'impegno preso con Bube e rinuncia a questo nuovo amore. Bube, infatti, è tornato e si trova in prigione, dovendo scontare quattordici anni di reclusione per omicidio. Il romanzo termina con Mara che, sette anni dopo, incomincia a far progetti per la sua vita futura, avendo ancora altri sette anni da aspettare che Bube esca di galera.

– Ecco la corrente, – disse Mara, che dalla finestra aveva visto accendersi la luce nella casa di fronte.

Al tasto[8] trovò l'interruttore. La stanza s'illuminò fiocamente.

– Oh, ora ci vediamo meglio in faccia, – disse il padre soddisfatto. – Perbacco, sei piú giovane di come m'eri sembrato... Quanti anni hai?

– Diciannove.

– Un anno meno del mio Sante, – commentò il padre. – Avanti, dacci da bere, – disse alla figliola. Mara aprí la credenza, prese il fiasco e due bicchieri e li posò sul tavolo. Il padre mescé facendo traboccare i bicchieri, e ne porse uno al giovane.

– Alla salute, – disse questi bevendo un piccolo sorso.

– Alla tua; compagno, – rispose il padre. Vuotò il bicchiere e se ne versò subito un altro: – Perché sei un compagno anche tu, no?

– Vorrei vedere, – fece il giovane, con aria quasi offesa.

– Io sono comunista da quando fu fondato il Partito. Vedi qui? – disse indicando una cicatrice sulla fronte. – È un segno di quando quei vigliacchi[9] mi bastonarono, in tempo di elezioni, nel '24...

Seduta su uno sgabello, Mara aspettava che fosse pronta l'acqua per rigovernare[10]. Rigovernare toccava sempre a lei, perché alla madre era un periodo che le faceva male mettere le mani nell'acqua. Quella sera poi non aveva nemmeno cenato e se n'era andata subito a letto.

Bube e il padre erano rimasti a tavola a chiacchierare e a bere. Per la verità, chiacchierava e beveva soltanto il padre; e a un tratto, come gli accadeva sempre in questi casi, rimase con un discorso a mezzo; chiuse gli occhi, e abbassò il capo sul petto. Un momento dopo russava.

Il giovane si voltò a guardarla, sconcertato.

– Quello fa venire il mal di capo, da quanto chiacchiera, – rispose Mara, e rise.

– Mi stava parlando... delle cose del Partito, – disse serio il giovane.

– E lei ci provava gusto a starlo a sentire?

Il giovane fece una faccia meravigliata. – La politica, certo, non è fatta per le donne, – disse dopo un po', con una sfumatura di disprezzo nella voce. – È una cosa che riguarda noi uomini, – e si batté in petto, per dare maggior forza all'affermazione. Si alzò, aprí lo zaino, cominciò a frugarci dentro. A un tratto Mara se lo vide davanti con una rivoltella.

– Ma che le piglia? – fece spaventata. – La posi subito.

Bube sorrise:

– Non abbia paura, è scarica –. Guardò la rivoltella con aria compiaciuta: – Questa qui, vede? ha già sistemato diversi conti. E non è mica finita –. Alzò la voce: – Cosa credevano? Che il nome di Vendicatore lo avessi preso per nulla?

Mara cominciò a rigovernare. Con la coda dell'occhio, lo vedeva che si dava di nuovo da fare intorno allo zaino. Da ultimo tirò fuori una pezza gialla:

– Prenda, gliela regalo –. E aggiunse: – È stoffa di paracadute. Seta.

Mara si affrettò ad asciugarsi le mani, strofinandole contro il grembiule ruvido. Era proprio seta, e anche grande abbastanza da farci una camicetta.

– Le piace?

– Certo che mi piace.

Il giovane sembrò soddisfatto. – Ah, – fece stirandosi, – comincio proprio a non poterne piú. È da stamani che sono in piedi.

– E allora, perché non se ne va a dormire?

8 **Al tasto**: a tentoni, alla cieca.
9 **quei vigliacchi**: i fascisti.
10 **rigovernare**: lavare i piatti.

– Le tengo compagnia finché non ha finito. Anzi, guardi, mentre lei lava, io le asciugo, cosí fa prima.

Mara ogni tanto gli dava un'occhiata: le veniva da ridere, a vederlo che asciugava piatti e bicchieri con la sua solita espressione seria.

Quando ebbe finito, si slacciò il grembiule e diede un urtone al padre, che si svegliò con gli occhi stralunati: – Che c'è? – disse.

– C'è che devi andare a letto. A smaltire il vino, – e si mise a ridere. Si rivolse a Bube: – Allora, arrivederci; e... grazie del regalo.

[...]

Alla finestra si affacciò una forma nera:

– Sei tu? Ora scendo.

C'era la luna piena, che dava un risalto esagerato alle ombre. Si distinguevano nitidamente la vallata, e i profili delle colline al di là. E si udiva distintamente il canto dei grilli. A un tratto echeggiò l'urlo rauco della civetta: Mara si spaventò.

La porta fu socchiusa: era Liliana, in camicia da notte, col candeliere in mano.

– Come mai? È andata via la luce?

– Non lo sai che la levano sempre a quest'ora?

– Ma è molto tardi?

– Sí. Ormai credevo che non venissi piú.

La camera di Liliana era piccola, col soffitto che spioveva. Ma almeno c'era tutto: il comodino, il cassettone, l'armadio. Nella sua, invece, pensava Mara con rabbia, c'era soltanto un cantonale[11].

Quando furono a letto, Liliana le chiese:

– Chi è questo giovane?

– Un amico di Sante.

– Di dov'è, di Colle?

– No. Di Volterra, – rispose Mara. L'insistenza della cugina le faceva pensare che si fosse messa in testa qualcosa. Subito si sentí in dovere di alimentare i suoi sospet-

11 **cantonale**: comodino triangolare collocato in un angolo.

Scena tratta dal film *La ragazza di Bube* diretto da Luigi Comencini nel 1963.

Un gruppo di giovani partigiani a Pistoia nel 1944.

ti: – Pensa, doveva andare a casa, sono nove mesi che non vede la sua famiglia; ma prima, s'è voluto fermare da noi.

– Aveva da riportarvi della roba di Sante?

– No. La roba di Sante l'aveva già riportata quel contadino. Lui è venuto... perché aveva da portare un regalo a me –. Liliana fece un movimento. – Ma perché tieni la candela accesa? Spengi. Si può parlare anche al buio –. Al buio le riusciva piú facile dire le bugie.

Dopo che ebbe spento la candela, Liliana rimase per un po' zitta e ferma; poi tornò ad agitarsi, e alla fine chiese:

– Che regalo?

– Una pezza di seta, per farci una camicetta. Domani te la mostro.

– Ma tu quando lo avevi conosciuto?

Mara fu lí lí per inventare chissà che storia. Ma sapeva che Liliana non avrebbe mancato di venire a informarsi dalla madre; perciò disse: – No, io non lo conoscevo. Ma lui sí: mi aveva visto in fotografia –. Questo del resto poteva anche esser vero, Sante s'era portato dietro una fotografia dei genitori, e c'era anche lei, ma figuriamoci, quando era ancora una bambina.

– Come, in fotografia? – Ormai Liliana non cercava nemmeno piú di nascondere la sua curiosità; e Mara dovette raccontarle per bene com'erano andate le cose. Dunque Sante aveva con sé una fotografia di lei: – Sai, quella che mi son fatta l'anno passato –. L'aveva mostrata a Bube, e Bube se l'era tenuta. Una volta poi che Sante era venuto a casa, Mara gli aveva detto: «Rendimi la fotografia». Sante allora aveva dovuto confessarle di averla data a un amico. – Io mi sono arrabbiata, figurati... Non volevo che una mia foto fosse finita in tasca a un giovanotto.

Liliana non fiatava. Finalmente disse:

– E allora?

– E allora cosa?

– Che ti ha detto quando ti ha visto?

– Mi ha detto che ero come in fotografia. Anzi, meglio ancora che in fotografia.

Ma io, figurati, l'ho trattato male; gli ho detto che non aveva il diritto di tenersi una mia foto, dal momento che non c'era nulla tra noi e nemmeno ci conoscevamo. E lui sai come mi ha risposto? «Signorina, da quando ho visto la sua foto, non ho fatto che pensare a lei». Poi mi ha dato la pezza in regalo, ma io non la volevo accettare.

– Però l'hai accettata, – disse pronta Liliana.

– Mica subito. Dopo cena, quando ci siamo riparlati. Lui mi ha detto che se non avessi accettato il suo regalo, gli avrei dato un dolore da morire... E allora, che dovevo fare? Ho accettato.

– Secondo me hai fatto male.

– E perché?

– Perché ti sei legata[12].

– Niente affatto. Io non ho detto mezza parola che glielo potesse lasciar credere.

– Insomma, faresti bene a pensarci due volte, prima di metterti con uno che in fin dei conti l'hai conosciuto soltanto oggi.

– E chi ha intenzione di mettercisi? Io, figurati, non è mica il solo giovanotto che mi sta dietro. Ora però basta, è tardi, dormiamo, – e le voltò la schiena.

Liliana non osò piú dir nulla, ma la sentí cambiare posizione parecchie volte. «Mangiati il fegato, vai», pensava Mara, lasciandosi scivolare soddisfatta nel sonno.

C. Cassola, *La ragazza di Bube*, Rizzoli, Milano, 2003

12 **legata**: impegnata, fidanzata.

## per L'ANALISI del TESTO

### Due giovani

Il brano tratto dal romanzo *La ragazza di Bube* propone l'episodio in cui i due protagonisti fanno conoscenza. Cassola sviluppa lentamente i momenti del **rapporto iniziale** fra due giovani che vivono esperienze molto lontane e presentano caratteri diversi.

Mara, dapprima sorpresa dall'arrivo di Bube, si mostra via via sempre più curiosa e interessata a questo diciannovenne; lo guarda «con disinvoltura, anzi con sfacciataggine» (rr. 71-72), forse abituata a tenere a bada i ragazzi. Lui, Bube, è timido e goffo, non sa che cosa dire, non sa quale atteggiamento assumere, ma non è indifferente rispetto alla presenza di Mara. Sono le prime battute di un rapporto che andrà approfondendosi e costituirà un aspetto importante dell'intero romanzo.

### La lotta partigiana

L'incontro si svolge sullo sfondo della **lotta partigiana**, della quale emergono immagini dolorose. Bube ha visto morire in battaglia Sante, il «fratellastro» di Mara, e questo episodio lo ha segnato. Il confronto con il padre di Mara lascia intravedere la **vita politica** che già si va sviluppando: si parla di «compagni», di comunisti, di vita di partito. Mentre il padre di Mara parla in modo sicuro, convinto delle sue idee, Bube si limita ad assentire, a rispondere, ma non interloquisce realmente. Bube mostra un maggior convincimento quando rivela il suo soprannome di battaglia, «Vendicatore», un nome che ha i caratteri del coraggio, ma anche della ferocia. In questo inizio di romanzo sembra un soprannome stonato perché Bube non pare capace di violenza. Tuttavia, quando estrae e impugna la sua pistola, Bube assume un'altra immagine e un altro tono («Questa qui, vede? ha già sistemato diversi conti. E non è mica finita», rr. 156-157). Basterà, però, un pezzo di stoffa di paracadute, adatta per ricavarne una camicetta, a rilassare gli animi dei due giovani.

L'incontro finale con la cugina Liliana fa venir fuori il carattere un po' pettegolo di Mara, che si compiace di farle credere che Bube sia venuto per lei, immaginando già futuri sviluppi sentimentali.

### La tecnica narrativa

Sul piano stilistico Cassola si muove in maniera concreta. La sua **scrittura** è esatta e **precisa**, ma anche molto **semplice e asciutta**, sia nell'uso dei termini sia nella costruzione delle strutture sintattiche. In tal modo non ci sono problemi di comprensione: l'incontro tra i due personaggi protagonisti risulta chiaro ed esplicito nelle motivazioni e nei sentimenti sottesi.

# Attività

## Leggere e comprendere

1 **Mara alla finestra** L'*incipit* del racconto anticipa il ruolo che Mara avrà in tutta la narrazione. Infatti, Mara:

**a.** è il narratore
**b.** è il personaggio principale
**c.** filtra dal suo punto di vista le vicende narrate
**d.** è il personaggio che soffre maggiormente

2 **Il momento storico** L'accenno agli americani e al fazzoletto rosso inserisce la vicenda in un preciso momento storico. Quale?

3 **Le presentazioni** Il dialogo iniziale tra Mara e Bube mette subito in evidenza l'atteggiamento che i due giovani manterranno tra loro in tutto il racconto. Quale?

**a.** Bube è incerto e timido, Mara risoluta, quasi sfacciata
**b.** Bube è prepotente e arrogante, Mara sottomessa
**c.** Bube è esperto e sicuro, Mara timida e indecisa
**d.** Bube e Mara sono entrambi timidi e impacciati

4 **Il «povero Sante»** Perché Bube per presentarsi alla famiglia di Mara dice di essere stato amico del «povero Sante» (rr. 38-39)?

5 **Il fratello morto** Mara afferma di provare fastidio quando viene ricordato il fratello. Spiegane la ragione.

6 **I due giovani** Mentre, soli in casa, Mara e Bube attendono il rientro dei genitori, iniziano a conoscersi. Riporta, per ciascuno, tre espressioni del testo che caratterizzano il loro modo di comportarsi.

- Mara:

..............................................................................

..............................................................................

..............................................................................

- Bube:

..............................................................................

..............................................................................

..............................................................................

7 **L'atteggiamento di Bube** Quando, come e perché cambia il comportamento di Bube nel prosieguo del testo?

8 **La madre** Quando la madre rientra non mostra alcun interesse nei confronti del «compagno» del suo «figliolo» e sale subito in camera. Come interpreti questa freddezza?

**a.** Corre dal figlio Vinicio che è malato
**b.** Incolpa Bube e la lotta partigiana della morte di Sante
**c.** Non vuole rinnovare il dolore per la perdita del figlio
**d.** È irritata con il padre che ha ospitato Bube

9 **La chiusura** Bube e il padre di Mara sono antifascisti, comunisti e partigiani, tesi alla democrazia e al progresso. Tuttavia, rimangono in loro segni di una cultura ancora chiusa e arretrata. Quando questo si evidenzia?

**a.** Quando parlano di politica
**b.** Quando Bube dona un pezzo di seta del paracadute a Mara
**c.** Quando sostengono che la politica non è cosa da donne
**d.** Quando bevono e il padre si ubriaca

10 **Il «Vendicatore»** Questo è il soprannome che è stato attribuito a Bube durante la lotta partigiana. Quale passo del testo giustifica un simile appellativo che pare in contrasto con il modo di comportarsi del giovane?

11 **Le gentilezze** Bube si rivela timido con Mara, però sa mostrare alla ragazza interesse e ammirazione. In che modo?

**a.** Dicendo che la politica non è cosa da donne
**b.** Bevendo col padre ma senza ubriacarsi
**c.** Accettando di dormire nella sua stanza
**d.** Aiutandola in silenzio a rigovernare la cucina

12 **Il tema** Fra le tante tematiche presenti nel testo, quale ti sembra che l'autore abbia particolarmente sottolineato?

**a.** La lotta partigiana e gli ideali del comunismo
**b.** La nascita dell'amore tra Mara e Bube
**c.** La morte del giovane Sante
**d.** Le ristrettezze economiche della famiglia

## Riconoscere e analizzare

13 **La struttura** Com'è costruito il racconto?
- **a.** In modo lineare
- **b.** Contiene un lungo *flashback*
- **c.** Contiene più *flashforward*
- **d.** È tutto un'analessi

14 **Le sequenze** Dividi il testo in sequenze, attribuisci a ciascuna un titolo nominale e indicane la tipologia.

15 **Il tempo, il luogo e l'ambiente** In base alle informazioni contenute nel testo, indica il tempo, il luogo e l'ambiente sociale in cui sono ambientati i fatti.
- **a.** Nel 1915, in Toscana, in ambiente operaio
- **b.** Nel 1943, in Umbria, in ambiente contadino
- **c.** Nel 1944, in Toscana, in ambiente contadino
- **d.** Nel 1938, in Toscana, in ambiente operaio

16 **Il contesto** Alcune forme linguistiche e alcuni elementi della vita quotidiana, presenti nel testo, caratterizzano il contesto socio-economico in cui si svolge la vicenda. Quali sono?

17 **La presentazione dei personaggi** Da chi vengono presentati i personaggi nel racconto?
- **a.** Si presentano soli
- **b.** Dal narratore attraverso gli occhi di Mara
- **c.** Da Mara
- **d.** Dal padre

18 **La focalizzazione** Come definiresti a questo punto la focalizzazione nel testo?

19 **Il lessico** Il racconto presenta un registro linguistico colloquiale, fedele riproduzione del parlato. Sottolinea nel testo espressioni di registro informale e termini usati soprattutto in Toscana.

## Rielaborare e produrre

20 **Discutere** Il padre di Mara afferma: «Purtroppo, nelle rivoluzioni, nelle guerre, non si può pretendere di arrivare in fondo tutti... Ogni causa esige i suoi caduti» (rr. 119-120).

Condividi le sue parole? Esistono ragioni ideali o militari che giustifichino la morte degli uomini oppure pensi che mai, nemmeno di fronte a soprusi e prevaricazioni violente, la vita dell'uomo debba essere messa in gioco? Raccogli gli elementi validi per sostenere l'interpretazione per te più plausibile, anche in un eventuale dibattito in classe.

21 **Il riassunto** Riassumi il testo in 200 parole, eliminando tutti i discorsi diretti.

22 **La Resistenza** La Resistenza è stato un evento al tempo stesso glorioso e drammatico per la storia d'Italia. Documentati su questo tema, cercando informazioni non solo su testi di storia ma anche leggendo romanzi o guardando film sull'argomento.
In seguito, scegli un romanzo o un film tra quelli che hai preso in considerazione e stendi una recensione di 200 parole, raccontando la trama e spiegando le ragioni del tuo interesse, gli aspetti che ti hanno colpito positivamente e quelli che non hai apprezzato. Per la recensione del film, può esserti d'aiuto la griglia di p. 128.

per approfondire

Italo Calvino

# L’esplosione del Neorealismo

Da
Il sentiero dei nidi di ragno, edizione del 1964

Testo espositivo

A distanza di anni, diventato ormai un letterato affermato, Italo Calvino medita sulla propria opera. Riflette sulla stagione «neorealista» sua e di tanti altri scrittori che, usciti dalla Seconda guerra mondiale, si sentivano «carichi di storie da raccontare» e lo facevano alla pari con chi ascoltava, quindi in maniera diretta e con la stessa lingua.

Questo romanzo è il primo che ho scritto; quasi posso dire la prima cosa che ho scritto, se si eccettuano pochi racconti. Che impressione mi fa, a riprenderlo in mano adesso?[1] Piú che come un’opera mia lo leggo come un libro nato anonimamente dal clima generale d’un’epoca, da una tensione morale, da un gusto letterario che era quello in cui la nostra generazione si riconosceva, dopo la fine della Seconda Guerra Mondiale.

L’esplosione letteraria di quegli anni in Italia fu, prima che un fatto d’arte, un fatto fisiologico[2], esistenziale, collettivo. Avevamo vissuto la guerra, e noi piú giovani – che avevamo fatto appena in tempo a fare il partigiano – non ce ne sentivamo schiacciati, vinti, «bruciati», ma vincitori, spinti dalla carica propulsiva della battaglia appena conclusa, depositari esclusivi d’una sua eredità. Non era facile ottimismo, però, o gratuita euforia; tutt’altro: quello di cui ci sentivamo depositari era un senso della vita come qualcosa che può ricominciare da zero, un rovello problematico generale[3], anche una nostra capacità di vivere lo strazio e lo sbaraglio; ma l’accento che vi mettevamo era quello d’una spavalda allegria. Molte cose nacquero da quel clima, e anche il piglio dei miei primi racconti e del primo romanzo.

1 **riprenderlo... adesso**: Calvino scrive questa *Prefazione* nel 1964, mentre il romanzo *Il sentiero dei nidi di ragno* era apparso nel 1947.

2 **fisiologico**: necessario, obbligato.

3 **rovello...generale**: un tormento interiore che prendeva tutti.

Roberto Rossellini e gli sceneggiatori Sergio Amidei e Gian Paolo Callegari durante i sopralluoghi per il film *Stromboli*, 1949. (Cinisello Balsamo, Museo di Fotografia Contemporanea)

Scena tratta dal film *Ladri di biciclette* diretto da Vittorio De Sica nel 1948.

Questo ci tocca oggi, soprattutto: la voce anonima dell'epoca, piú forte delle nostre inflessioni individuali ancora incerte. L'essere usciti da un'esperienza – guerra, guerra civile – che non aveva risparmiato nessuno, stabiliva un'immediatezza di comunicazione tra lo scrittore e il suo pubblico: si era faccia a faccia, alla pari, carichi di storie da raccontare, ognuno aveva avuto la sua, ognuno aveva vissuto vite irregolari drammatiche avventurose, ci si strappava la parola di bocca. La rinata libertà di parlare[4] fu per la gente al principio smania di raccontare: nei treni che riprendevano a funzionare, gremiti di persone e pacchi di farina e bidoni d'olio, ogni passeggero raccontava agli sconosciuti le vicissitudini che gli erano occorse, e cosí ogni avventore ai tavoli delle «mense del popolo», ogni donna nelle code ai negozi; il grigiore delle vite quotidiane sembrava cosa d'altre epoche; ci muovevamo in un multicolore universo di storie.

Chi cominciò a scrivere allora si trovò cosí a trattare la medesima materia dell'anonimo narratore orale: alle storie che avevamo vissuto di persona o di cui eravamo stati spettatori s'aggiungevano quelle che ci erano arrivate già come racconti, con una voce, una cadenza, un'espressione mimica[5]. Durante la guerra partigiana le storie appena vissute si trasformavano e trasfiguravano in storie raccontate la notte attorno al fuoco, acquistavano già uno stile, un linguaggio, un umore come di bravata, una ricerca d'effetti angosciosi o truculenti. Alcuni miei racconti, alcune pagine di questo romanzo hanno all'origine questa tradizione orale appena nata, nei fatti, nel linguaggio.

Eppure, eppure, il segreto di come si scriveva allora non era soltanto in questa elementare universalità dei contenuti, non era lí la molla[6] (forse l'aver cominciato questa prefazione rievocando uno stato d'animo collettivo, mi fa dimenticare che sto parlando di un libro, roba scritta, righe di parole sulla pagina bianca); al contrario, mai fu tanto chiaro che le storie che si raccontavano erano materiale grezzo: la carica esplosiva di libertà che animava il giovane scrittore non era tanto nella sua volontà di documentare o informare, quanto in quella di *esprimere*. Esprimere che cosa? Noi stessi, il sapore aspro della vita che avevamo appreso allora allora, tante cose che si credeva di sapere o di essere, e forse veramente in quel momento sapevamo ed eravamo. Personaggi, paesaggi, spari, didascalie politiche[7], voci gergali, parolacce, lirismi[8], armi ed amplessi non erano che colori della tavolozza, note del pentagramma, sapevamo fin troppo bene che quel che contava era la musica e non il libretto, mai si videro formalisti cosí accaniti come quei contenutisti che eravamo, mai lirici cosí effusivi come quegli oggettivi che passavamo per essere.

Il «neorealismo» per noi che cominciammo di lí, fu quello; e delle sue qualità e difetti questo libro costituisce un catalogo rappresentativo, nato com'è da quella acerba volontà di far letteratura che era proprio della «scuola». Perché chi oggi ricorda il «neorealismo» soprattutto come una contaminazione o coartazione[9] subita dalla letteratura da parte di ragioni extraletterarie, sposta i termini della questione: in realtà gli elementi extraletterari stavano lí tanto massicci e indiscutibili che parevano un dato di natura; tutto il problema ci sembrava fosse di poetica, come trasformare in opera letteraria quel mondo che era per noi *il* mondo[10].

4 **rinata...parlare**: dopo le censure del ventennio fascista.

5 **espressione mimica**: un'espressione unita a gesti.

6 **molla**: l'origine, la spinta.

7 **didascalie politiche**: insegnamenti legati alla politica.

8 **lirismi**: toni poetici.

9 **contaminazione o coartazione**: fusione, mescolamento o obbligo.

10 ***il* mondo**: Calvino intende dire la società postbellica così carica di problemi.

Locandina del film *Ladri di biciclette*.

per approfondire

Il «neorealismo» non fu una scuola. (Cerchiamo di dire le cose con esattezza). Fu un insieme di voci, in gran parte periferiche, una molteplice scoperta delle diverse Italie, anche – o specialmente – delle Italie fino allora piú inedite per la letteratura. Senza la varietà di Italie sconosciute l'una all'altra – o che si supponevano sconosciute –, senza la varietà dei dialetti e dei gerghi da far lievitare e impastare nella lingua letteraria, non ci sarebbe stato «neorealismo». Ma non fu paesano nel senso del verismo regionale ottocentesco. La caratterizzazione locale voleva dare sapore di verità a una rappresentazione in cui doveva riconoscersi tutto il vasto mondo: come la provincia americana in quegli scrittori degli Anni Trenta di cui tanti critici ci rimproveravano d'essere gli allievi diretti o indiretti. Perciò il linguaggio, lo stile, il ritmo avevano tanta importanza per noi, per questo nostro realismo che doveva essere il piú possibile distante dal naturalismo. Ci eravamo fatta una linea, ossia una specie di triangolo: *I Malavoglia*, *Conversazione in Sicilia*, *Paesi tuoi*[11], da cui partire, ognuno sulla base del proprio lessico locale e del proprio paesaggio. (Continuo a parlare al plurale, come se alludessi a un movimento organizzato e cosciente, anche ora che sto spiegando che era proprio il contrario. Come è facile, parlando di letteratura, anche nel mezzo del discorso piú serio, piú fondato

11 ***I Malavoglia, Conversazione in Sicilia, Paesi tuoi***: nell'ordine, le tre opere letterarie sono di Giovanni Verga, Elio Vittorini e Cesare Pavese.

## STORIE da SCOPRIRE

### *Il sentiero dei nidi di ragno* di Italo Calvino

*Il sentiero dei nidi di ragno* è il primo romanzo di Calvino, scritto nell'immediato secondo dopoguerra e pubblicato nel 1947, quando, come lo scrittore stesso scrive nella *Prefazione* al romanzo (edizione del 1964), «l'esplosione letteraria di quegli anni in Italia fu, prima che un fatto d'arte, un fatto fisiologico, esistenziale, collettivo».

Calvino non racconta la Resistenza intessuta di eroismi, ma quella vista con gli occhi del protagonista Pin, un ragazzaccio dalla parlata sboccata, cresciuto vagabondo nei "carruggi" di un paese ligure, troppo grande per stare con i ragazzi della sua età, ma troppo piccolo per stare con gli adulti, perciò per lo più solo. Pin ha una sorella, soprannominata la Nera, che se la intende con i tedeschi e per loro fa la spia. Per dimostrare agli adulti del paese il suo coraggio, Pin ruba la pistola a un tedesco che s'intrattiene con la sorella. Arrestato, viene picchiato, ma non rivela di aver nascosto la pistola in un luogo segreto, dove i ragni costruiscono il nido. Riesce a fuggire dalla prigione in compagnia del partigiano Lupo Rosso, ma si ritrova ben presto a vagare ancora da solo, finché incontra Cugino, componente della banda del Dritto, un gruppo di partigiani piuttosto malconci che non godono della fiducia dei comandi superiori. Con loro Pin assume atteggiamenti da bambino cresciuto, considera la guerra un gioco magico, un'esperienza mitica, ascolta le riflessioni dei combattenti i quali, pur poco coscienti sul piano politico, sanno che «nulla va perduto, tutto servirà se non a liberare noi a liberare i nostri figli, a costruire un'umanità senza più rabbia, serena, in cui si possa non essere cattivi», come afferma lo studente e commissario Kim. Tra questi partigiani, Pin rafforza la sua intesa con Cugino, «l'Amico», l'unico adulto che lo sa davvero ascoltare. È a lui che Pin rivela il suo segreto di bambino, il luogo dove i ragni fanno il nido, e lo fa proprio quando Cugino si è assunto una missione che risulterà particolarmente dolorosa per Pin.

Con questo fresco e originale romanzo, Calvino ci offre la sua visione antiretorica della Resistenza.

sui fatti, passare inavvertitamente a contar storie... Per questo, i discorsi sulla letteratura mi dànno sempre piú fastidio, quelli degli altri come i miei).

Il mio paesaggio era qualcosa di gelosamente mio (è di qui che potrei cominciare la prefazione: riducendo al minimo il cappello di «autobiografia d'una generazione letteraria», entrando subito a parlare di quel che mi riguarda direttamente, forse potrò evitare la genericità, l'approssimazione...), un paesaggio che nessuno aveva mai scritto davvero. (Tranne Montale, – sebbene egli fosse dell'altra Riviera, – Montale che mi pareva di poter leggere quasi sempre in chiave di memoria locale, nelle immagini e nel lessico). Io ero della Riviera di Ponente; dal paesaggio della mia città – San Remo – cancellavo polemicamente tutto il litorale turistico – lungomare con palmizi, casinò, alberghi, ville – quasi vergognandomene; cominciavo dai vicoli della Città vecchia, risalivo per i torrenti, scansavo i geometrici campi dei garofani, preferivo le «fasce» di vigna e d'oliveto coi vecchi muri a secco sconnessi, m'inoltravo per le mulattiere sopra i dossi gerbidi, fin su dove cominciano i boschi di pini, poi i castagni, e cosí ero passato dal mare – sempre visto dall'alto, una striscia tra due quinte di verde – alle valli tortuose delle Prealpi liguri.

Avevo un paesaggio. Ma per poterlo rappresentare occorreva che esso diventasse secondario rispetto a qualcos'altro: a delle persone, a delle storie. La Resistenza rappresentò la fusione tra paesaggio e persone. Il romanzo che altrimenti mai sarei riuscito a scrivere, è qui. Lo scenario quotidiano di tutta la mia vita era diventato interamente straordinario e romanzesco: una storia sola si sdipanava dai bui archivolti della Città vecchia fin su ai boschi; era l'inseguirsi e il nascondersi d'uomini armati; anche le ville, riuscivo a rappresentare, ora che le avevo viste requisite e trasformate in corpi di guardia e prigioni; anche i campi di garofani, da quando erano diventati terreni allo scoperto, pericolosi ad attraversare, evocanti uno sgranare di raffiche nell'aria. Fu da questa possibilità di situare storie umane nei paesaggi che il «neorealismo»...

I. Calvino, *Prefazione* a *Il sentiero dei nidi di ragno*, Einaudi, Torino, 1972

# Attività

## Comprendere il testo espositivo

1 **Il dopoguerra** Che cosa significa che gli autori del dopoguerra erano «carichi di storie da raccontare»?

2 **Distinzione letteraria** Quale differenza introduce Calvino fra il Neorealismo e il Verismo ottocentesco?

3 **Scrivere** Quali sono i due elementi base indicati da Calvino per poter scrivere?

## Analizzare il testo espositivo

4 **La narrazione orale** Che cos'è la narrazione orale a cui Calvino fa riferimento?

5 **Il tono** Con quale tono Calvino riflette sul tema letterario del Neorealismo?

6 **La natura** Calvino, nella parte finale, si addentra in una precisa descrizione paesaggistica di Sanremo e delle colline soprastanti. Fai un elenco dei luoghi e della vegetazione incontrata.

scrivere per cambiare il mondo

# La letteratura, l'impegno politico e sociale

Può la letteratura cambiare il mondo? Un libro ha il potere di influenzare le coscienze dei governanti e dei cittadini tanto da fermare una guerra e riportare la pace? Questa difficile domanda ricorre spesso nelle riflessioni degli scrittori degli ultimi due secoli.

Se il potere evocativo e istruttivo della narrazione può davvero servire a testimoniare gli orrori passati e presenti per cambiare il futuro è un'ipotesi che viene abbracciata o allontanata dagli intellettuali a seconda del contesto storico e geografico in cui si trovano a scrivere. Negli anni Sessanta del Novecento, ad esempio, lo scrittore esistenzialista Jean-Paul **Sartre** (1905-1980), in un'intervista al giornale francese "Le Monde", si chiede a che cosa possa servire il suo romanzo, *La nausea* (1938), di fronte a un bambino che muore di fame.

## Scrittori e impegno nell'Ottocento

L'impegno politico di un autore si nota soprattutto per come egli sa leggere e raccontare la società del proprio tempo. Molti scrittori hanno saputo cogliere in anticipo i movimenti di dissenso sociale della loro epoca, base per futuri cambiamenti istituzionali. Nel 1854, in *Tempi difficili*, Charles **Dickens** (1812-1870) racconta la vita miserabile degli operai delle fabbriche inglesi, mentre nel 1885, Émile **Zola** (1840-1902) pubblica *Germinal*, in cui il protagonista porta un gruppo di minatori nel Nord della Francia a unirsi in una protesta sindacale contro i padroni sfruttatori.

## Scrittori di fronte alla guerra e all'Olocausto

Di fronte al trauma della guerra e della dittatura, l'esigenza primaria degli scrittori è spesso quella di condividere e testimoniare, affinché non si ripeta l'orrore.

Subito dopo la Seconda guerra mondiale, in Italia autori come Italo **Calvino** (▸ p. 266), Beppe **Fenoglio** e Carlo **Cassola** (▸ p. 256) si sentono in dovere di raccontare le vicende dell'evento catastrofico che ha appena segnato il continente.

Primo **Levi** (1919-1987) descrive coraggiosamente la propria esperienza personale ad Auschwitz nel libro di memorie *Se questo è un uomo* (1947), in cui si chiede dove sia finita l'umanità per essere arrivati a generare le atrocità del campo di concentramento. Anche lo scrittore rumeno ebreo Elie **Wiesel** (1928-2016), sopravvissuto all'Olocausto, testimonia la terribile esperienza in campo di concentramento in numerosi libri, fra cui il romanzo *La notte* (1958), tradotto in moltissime lingue.

Jean-Paul Sartre e Simone de Beauvoir a Parigi nel 1940.

Un quartiere di Londra in piena età industriale in un'incisione di Gustave Doré del 1863. (Londra, Stapleton Collection)

## Pasolini e l'analisi della società

Per quanto riguarda l'Italia, non possiamo non citare Pier Paolo **Pasolini** (1922-1975), poeta, scrittore, giornalista e regista che seppe leggere con grande lucidità la trasformazione della società in corso nel secondo dopoguerra e seppe anticipare quelli che sarebbero stati i cambiamenti sociali e le strategie politiche dei decenni a venire. Nel 1974, nel più famoso dei suoi *Scritti corsari*, Pasolini enuncia e denuncia, con la sola forza della penna, di sapere chi sono gli autori delle stragi degli anni di piombo e annuncia collusioni tra la politica e il malaffare. Pasolini però dichiara anche di sapere qual è il suo ruolo, quello dell'intellettuale, che non ha il potere di interferire con la politica, ma solo quello di capire e raccontare. «Io so. Ma non ho le prove. Non ho nemmeno indizi. Io so perché sono un intellettuale, uno scrittore, che cerca di seguire tutto ciò che succede, di conoscere tutto ciò che se ne scrive, di immaginare tutto ciò che non si sa o che si tace; che coordina fatti anche lontani, che mette insieme i pezzi disorganizzati e frammentari di un intero coerente quadro politico, che ristabilisce la logica là dove sembrano regnare l'arbitrarietà, la follia e il mistero».

## Autori impegnati per la pace

Nel mondo contemporaneo, sono le zone geografiche segnate da conflitti sociali e guerre quelle dalle quali provengono gli scrittori politicamente impegnati a favore della pace e del dialogo tra popoli. Gli israeliani Amos **Oz** (1939) e David **Grossman** (1954), per esempio, non solo hanno raccontato il conflitto israelo-palestinese, ma si sono concretamente impegnati a favore di risoluzioni alle ostilità. Un altro scrittore israeliano, Abraham **Yehoshua** (1936), in *Viaggio alla fine del millennio* (1997), descrive una città di un altro tempo in cui ebrei e musulmani convivono in armonia.

A sinistra, Pier Paolo Pasolini.

A fianco, la stella gialla a sei punte che gli ebrei dovevano portare sui vestiti durante la dittatura nazista.

Sopra, David Grossman.

**DOMANDE**

- In quali forme, secondo il testo che hai letto, può manifestarsi l'impegno politico e sociale di uno scrittore?
- Parla di un autore o un'autrice vivente che racconta la società in cui vive, esercitando in tal modo un'influenza su di essa.

# La mafia uccide solo d'estate

Regia
Pierfrancesco Diliberto (in arte Pif)

Interpreti
Pif, Cristiana Capotondi, Claudio Gioè

Data di uscita
2013

Genere
Commedia

Locandina del film *La mafia uccide solo d'estate* diretto da Pierfrancesco Diliberto nel 2013.

## Trama

Arturo è un ragazzo di circa 12 anni innamorato di Flora, sua compagna di classe, dalla quale è però contraccambiato a giorni alterni, essendoci in classe anche un rivale in amore. Ragazzo molto originale, Arturo è attento a quanto gli succede attorno e si convince che innamorarsi a Palermo è molto rischioso. Si susseguono, infatti, numerosi delitti che vengono sempre fatti risalire a questioni di tradimenti sentimentali. La città è «muta» e la sua famiglia alquanto passiva. In realtà, sono delitti di mafia.

La lunga serie di omicidi – vittime sono magistrati, poliziotti e uomini politici, nella Palermo degli anni Settanta e Novanta – scandisce la crescita di Arturo. A carnevale, Arturo si presenta a scuola travestito da Giulio Andreotti, il potente uomo politico romano, più volte presidente del consiglio in quegli anni. L'onorevole Andreotti diventa il suo eroe. Nel frattempo Arturo perde ogni contatto con Flora, fuggita in Svizzera con il padre per questioni bancarie.

Ritroviamo Arturo ormai adulto e con il sogno di fare il giornalista. Viene incaricato di seguire la campagna elettorale del politico Salvo Lima, la cui segretaria è la stessa Flora, da poco ritornata a Palermo. L'uccisione di Salvo Lima apre gli occhi in maniera definitiva ai due giovani, i quali finalmente si dichiarano il loro amore, vanno a vivere insieme e formano una famiglia.

Il film si chiude con Arturo e Flora che stanno insegnando per tempo al loro piccolo che cosa sia la mafia: lo portano in giro per Palermo a vedere le lapidi dei morti ammazzati dall'organizzazione criminale ed è come percorrere un calvario.

## Analisi

Il film si caratterizza per l'originalità della vicenda che racconta. In apparenza si seguono le simpatiche avventure della crescita di Arturo ma, nei fatti, vengono sempre più in primo piano i terribili episodi mafiosi della Palermo fra gli anni Settanta e Novanta. Frizzante fantasia e triste realtà convivono per tutto il film.

Il titolo suscita stupore. La frase «la mafia uccide solo d'estate» è pronunciata dal padre di Arturo, nel tentativo di tranquillizzare il figlio che teme di essere ucciso: si era in inverno, una stagione non adatta agli omicidi. Ma Arturo ha capito che «Palermo è una città piena d'insidie» e che «a Palermo nulla è come sembra».

Nel film si assiste allo scorrere lento di fatti criminosi. Il regista Pif (che è anche l'interprete dell'Arturo adulto) richiama uno dopo l'altro le numerose uccisioni di quegli anni, inserendo brevi immagini tratte dalla cronaca vera. Così si incontrano i nomi dell'ispettore di polizia Boris Giuliano, del giudice Rocco Chinnici, dell'uomo politico Pio La Torre, del generale dei carabinieri Carlo Alberto Dalla Chiesa, del politico Salvo Lima: tutte vittime reali della mafia. Il culmine di questa *escalation* si ha nel 1992 con l'uccisione dei magistrati Giovanni Falcone e Paolo Borsellino. Palermo insorge, manifesta al grido di «Fuori la mafia dallo Stato» e tra i manifestanti c'è Arturo, ormai adulto e vaccinato rispetto al suo idolo Andreotti (ora Arturo ne inquadra meglio i contorni e le responsabilità in merito alla mafia). Tra i manifestanti c'è Flora e i due finalmente si ritrovano.

Il film, costruito come un romanzo di formazione, riesce a mantenere un buon ritmo e una piacevole leggerezza narrativa per tutto lo sviluppo della vicenda.

Alla fine, l'aspetto realistico e drammatico s'impone su quello spiritoso e divertente. Il comico si capovolge via via nel tragico. Tutti quei morti obbligano a riflettere, ma la crescita morale di Arturo è un chiaro segnale di speranza.

Scene tratte dal film *La mafia uccide solo d'estate.*

## 1 Sintesi dei contenuti

Attraverso l'attività seguente e le citazioni tratte dai brani letti, esegui un lavoro di sintesi dei concetti e delle informazioni presentati nell'Unità. Se lo ritieni utile, puoi ricercare altre citazioni per te significative.

Approfondisci il confronto tra i passi letti completando i grafici. Ricorda quali sono le esperienze di vita che i personaggi (sia principali sia secondari) dei brani affrontano. Esamina i loro comportamenti e sentimenti, quindi classificali, inserendo i loro nomi al posto giusto nei riquadri. Un personaggio può comparire in più di un grafico.

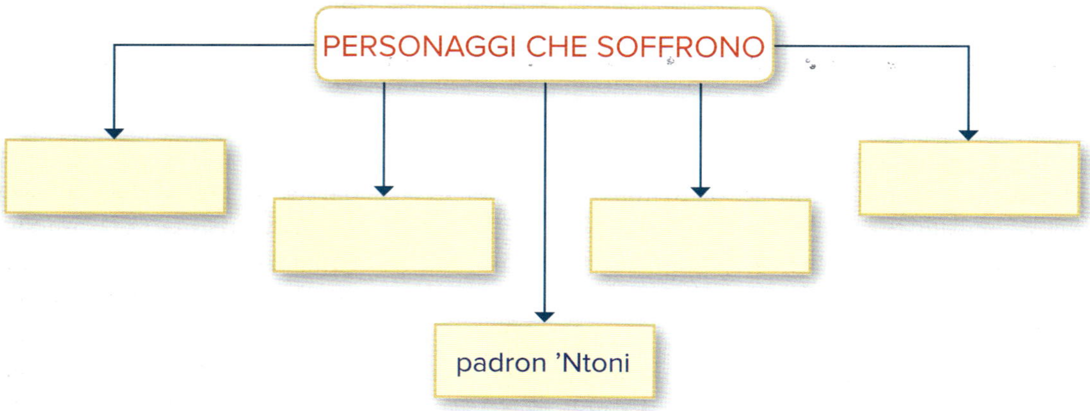

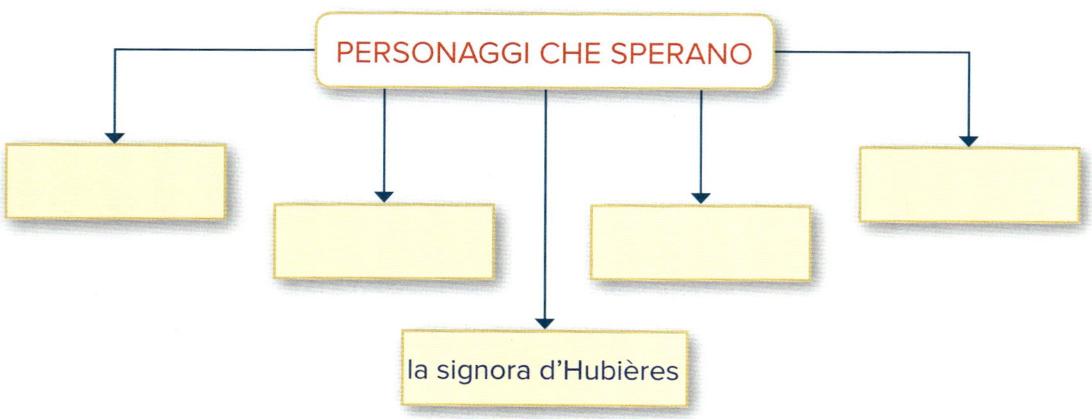

## 2 Citazioni dai brani

Maruzza la Longa non diceva nulla, com'era giusto, ma non poteva star ferma un momento [...]. Sulla riva c'era soltanto padron 'Ntoni, per quel carico di lupini che ci aveva in mare colla Provvidenza e suo figlio Bastianazzo per giunta, e il figlio della Locca, il quale non aveva nulla da perdere lui, e in mare non ci aveva altro che suo fratello Menico, nella barca dei lupini.

Giovanni Verga, *I Malavoglia*

L'anziana donna piangeva sul piatto. Gemette, seguitando a mandar giù cucchiaiate di minestra, versandone la metà:
– Vale la pena d'ammazzarsi, per tirar su i figlioli...
Il giovane disse, aspramente:
– Avrei preferito non esistere, piuttosto di essere quel che sono. [...]

Guy de Maupassant, *In campagna*

– Mi ha detto che ero come in fotografia. Anzi meglio ancora che in fotografia. Ma io, figurati, l'ho trattato male; gli ho detto che non aveva il diritto di tenersi una mia foto, dal momento che non c'era nulla tra noi e nemmeno ci conoscevamo. E lui sai come mi ha risposto? «Signorina, da quando ho visto la sua foto, non ho fatto che pensare a lei». Poi mi ha dato una pezza in regalo, ma io non la volevo accettare.

Carlo Cassola, *La ragazza di Bube*

Alle storie che avevamo vissuto di persona o di cui eravamo stati spettatori s'aggiungevano quelle che ci erano arrivate già come racconti, con una voce, una cadenza, un'espressione mimica.

Italo Calvino, *Prefazione* a *Il sentiero dei nidi di ragno*

## 3 Scrittura guidata *il testo argomentativo*

Dopo aver letto i brani di scrittori che hanno usato la vita reale come fonte d'ispirazione e aver svolto le attività di sintesi dei concetti dell'Unità, produci un testo argomentativo dal titolo "La realtà offre agli esseri umani più dolori e sofferenze che gioie e speranze".

Rivedi le caratteristiche del testo argomentativo (▸ p. 104). Per ampliare la tua trattazione utilizza le informazioni contenute nel "profilo" che introduce l'Unità e nelle schede di presentazione e analisi dei singoli testi e le citazioni tratte dai passi letti.

Puoi servirti della scaletta presentata di seguito come punto di partenza.

**Introduzione**

- Enunciazione del problema (È vero che la realtà offre più dolori che gioie?)
- Esposizione della tua posizione

**Sviluppo**

- Argomenti a favore della tua posizione, con citazioni dai testi letti
- ........................................
- Confutazione di possibili argomenti contrari, con citazioni dai testi letti
- ........................................

**Conclusione**

- Conferma dell'opinione iniziale
- Eventuali spunti di riflessione

Cesare Pavese

# Ritorno al paese d'origine

Da
La luna e i falò, 1950
Romanzo realistico

Per un emigrante è motivo di soddisfazione rientrare al proprio paese d'origine e sentirsi soprannominare «l'Americano», sinonimo di ricchezza e fortuna. La soddisfazione va però di pari passo con la pungente scoperta di essere stato adottato per un puro calcolo economico.

C'è una ragione perché sono tornato in questo paese, qui e non invece a Canelli, a Barbaresco o in Alba[1]. Qui non ci sono nato, è quasi certo; dove son nato non lo so; non c'è da queste parti una casa né un pezzo di terra né delle ossa ch'io possa dire «Ecco cos'ero prima di nascere». Non so se vengo dalla **collina** o dalla valle, dai boschi o da una casa di balconi[2]. La ragazza[3] che mi ha lasciato sugli scalini del duomo di Alba, magari non veniva neanche dalla campagna, magari era la figlia dei padroni di un palazzo, oppure mi ci hanno portato in un cavagno[4] da vendemmia due povere donne da Monticello, da Neive o perché no da Cravanzana[5]. Chi può dire di che carne sono fatto? Ho girato abbastanza il mondo da sapere che tutte le carni sono buone e si equivalgono, ma è per questo che uno si stanca e cerca di mettere radici, di farsi terra e paese, perché la sua carne valga e duri qualcosa di piú che un comune giro di stagione.

Se sono cresciuto in questo paese, devo dir grazie alla Virgilia, a Padrino, tutta gente che non c'è piú, anche se loro mi hanno preso e allevato soltanto perché l'ospedale di Alessandria gli passava la mesata[6]. Su queste colline quarant'anni fa c'erano dei dannati che per vedere uno scudo d'argento si caricavano un bastardo dell'ospedale[7], oltre ai figli che avevano già. C'era chi prendeva una bambina per averci poi la servetta e comandarla meglio; la Virgilia volle me perché di figlie ne aveva già due, e quando fossi un po' cresciuto speravano di aggiustarsi[8] in una grossa cascina e lavorare tutti quanti e star bene. Padrino aveva allora il casotto di Gaminella – due stanze e una stalla –, la capra e quella riva[9] dei noccioli. Io venni su con le ragazze, ci rubavamo la polenta, dormivamo sullo stesso saccone[10], Angiolina la maggiore aveva un anno piú di me; e soltanto a dieci anni, nell'inverno quando morí la Virgilia, seppi per caso che non ero suo fratello. Da quell'inverno Angiolina giudiziosa dovette smettere di girare con noi per la riva e per i boschi; accudiva alla casa, faceva il pane e le robiole[11], andava lei a ritirare in municipio il mio scudo; io mi vantavo con Giulia di valere cinque lire, le dicevo che

PAROLE *sotto la lente*

**Collina**

Il sostantivo riporta il tardo latino *collina*, femminile di *collinus*, derivato da *collis* = colle. È un'elevazione del terreno alquanto estesa e prolungata, spesso utilizzata come campo di coltivazione per grano e viti. In geografia fisica è un rilievo poco elevato, di origine per lo più alluvionale.

Attività

Componi una frase per ogni parola derivata da "collina" che ti indichiamo, dopo averne fatto l'analisi morfologica: *collinare*, *scollinare*, *collinoso*.

1 **a Canelli, a Barbaresco o in Alba**: sono località delle Langhe, un'ampia fascia collinare della provincia di Cuneo; sono i luoghi in cui si svolge la vicenda autobiografica narrata nel romanzo.
2 **casa di balconi**: casa signorile.
3 **La ragazza:** la sua madre biologica.
4 **cavagno**: cesto.
5 **Monticello...Cravanzana**: altre località del Cuneese.
6 **mesata**: compenso mensile offerto a chi si prendeva cura degli orfani.
7 **bastardo dell'ospedale**: così venivano chiamati i bambini abbandonati.
8 **aggiustarsi**: sistemarsi.
9 **riva**: pendio.
10 **saccone**: materasso riempito di foglie.
11 **robiole**: è un tipo di formaggio a pasta molle.

lei non fruttava niente e chiedevo a Padrino perché non prendevamo altri bastardi.

Adesso sapevo ch'eravamo dei miserabili, perché soltanto i miserabili allevano i bastardi dell'ospedale. Prima, quando correndo a scuola gli altri mi dicevano bastardo, io credevo che fosse un nome come vigliacco o vagabondo e rispondevo per le rime. Ma ero già un ragazzo fatto e il municipio non ci pagava piú lo scudo, che io ancora non avevo ben capito che non essere figlio di Padrino e della Virgilia voleva dire non essere nato in Gaminella, non essere sbucato da sotto i noccioli o dall'orecchio della nostra capra come le ragazze.

L'altr'anno, quando tornai la prima volta in paese, venni quasi di nascosto a rivedere i noccioli. La collina di Gaminella, un versante lungo e ininterrotto di vigne e di rive, un pendio cosí insensibile che alzando la testa non se ne vede la cima – e in cima, chi sa dove, ci sono altre vigne, altri boschi, altri sentieri –, era come scorticata[12] dall'inverno, mostrava il nudo della terra e dei tronchi.

[...]

Cosí questo paese, dove non sono nato, ho creduto per molto tempo che fosse tutto il mondo. Adesso che il mondo l'ho visto davvero e so che è fatto di tanti piccoli paesi, non so se da ragazzo mi sbagliavo poi di molto. Uno gira per mare e per terra, come i giovanotti dei miei tempi andavano sulle feste dei paesi intorno, e ballavano, bevevano, si picchiavano, portavano a casa la bandiera e i pugni rotti. Si fa l'uva e la si vende a Canelli; si raccolgono i tartufi e si portano in Alba. C'è Nuto, il mio amico del Salto, che provvede di bigonce[13] e di torchi tutta la valle fino a Camo. Che cosa vuol dire? Un paese ci vuole, non fosse che per il gusto di andarsene via. Un paese vuol dire non essere soli, sapere che nella gente, nelle piante, nella terra c'è qualcosa di tuo, che anche quando non ci sei resta ad aspettarti. Ma non è facile starci tranquillo. Da un anno che lo tengo d'occhio e quando posso ci scappo da Genova, mi sfugge di mano. Queste cose si capiscono col tempo e l'esperienza.

12 **scorticata**: resa spoglia.

13 **bigonce**: recipienti di legno per la raccolta dell'uva.

## L'AUTORE

**Cesare Pavese** nasce nel 1908 a Santo Stefano Belbo (Cuneo), nelle Langhe, ma vive a Torino. Nel paese natale trascorre le vacanze estive e sono quei soggiorni ad alimentare in lui il mito di quei luoghi e dei loro abitanti. Compie gli studi liceali a Torino, quindi mette a frutto i suoi interessi per il mondo anglosassone dedicandosi a un'intensa attività di traduzione di scrittori americani. Non essendo iscritto al Partito fascista, e non potendo quindi ottenere un posto di lavoro pubblico, insegna in istituti privati e contemporaneamente lavora presso la casa editrice Einaudi. Nel 1935, accusato di attività antifascista, viene confinato in un paesino calabrese; al rientro a Torino scopre che la donna a cui era legato si è sposata con un altro e questo evento gli causa una forte crisi depressiva. Alla caduta del fascismo è testimone della Resistenza, ma non vi partecipa direttamente. Dopo la guerra si iscrive al Partito comunista e collabora al quotidiano "l'Unità", dove conosce Italo Calvino. Si toglie la vita nell'agosto 1950 in un albergo di Torino.

Autore tra i più rappresentativi della stagione letteraria tra il 1930 e il 1950, Pavese ha scritto poesie (*Lavorare stanca*, 1936; *Verrà la morte e avrà i tuoi occhi*, 1951, postumo), ma soprattutto romanzi (*Paesi tuoi*, 1941; *Il compagno*, 1947; *La casa in collina*, 1948; *La bella estate*, 1949; *La luna e i falò*, 1950). I temi ricorrenti nella sua opera sono il contrasto tra città e campagna, il mito dell'infanzia come età innocente e felice, l'incomunicabilità e la solitudine dell'individuo, la riflessione sulla morte.

Possibile che a quarant'anni, e con tutto il mondo che ho visto, non sappia ancora che cos'è il mio paese?

C'è qualcosa che non mi capacita[14]. Qui tutti hanno in mente che sono tornato per comprarmi una casa, e mi chiamano l'Americano, mi fanno vedere le figlie. Per uno che è partito senza nemmeno averci un nome, dovrebbe piacermi, e infatti mi piace. Ma non basta. Mi piace anche Genova, mi piace sapere che il mondo è rotondo e avere un piede sulle passerelle. Da quando, ragazzo, al cancello della Mora mi appoggiavo al badile e ascoltavo le chiacchiere dei perdigiorno di passaggio sullo stradone, per me le collinette di Canelli sono la porta del mondo. Nuto che, in confronto con me, non si è mai allontanato dal Salto, dice che per farcela a vivere in questa valle non bisogna mai uscirne. Proprio lui che da giovanotto è arrivato a suonare il clarino in banda oltre Canelli, fino a Spigno, fino a Ovada, dalla parte dove si leva il sole. Ne parliamo ogni tanto, e lui ride.

C. Pavese, *La luna e i falò*, Einaudi, Torino, 2000

14 **che non mi capacita**: che non comprendo.

## STORIE da SCOPRIRE

### *La luna e i falò* di Cesare Pavese

Il romanzo (1950) ha per protagonista un emigrante soprannominato Anguilla, tornato dall'America subito dopo la fine della Seconda guerra mondiale. Lui, che all'estero ha fatto un po' di fortuna, racconta di sé, del suo passato e nel contempo getta uno sguardo sul presente, instaurando un continuo confronto tra i due piani temporali. Gli fa da spalla l'amico Nuto, l'unica persona che gli sia rimasta dei tanti che avevano animato la sua infanzia e giovinezza. E così si viene a sapere che era stato allevato alla cascina della Gaminella da Padrino e dalla moglie Virgilia; era cresciuto insieme a due sorelle, Angiolina e Giulia. All'età di 10 anni aveva saputo di essere in realtà un «bastardo», un figlio di nessuno, accolto alla Gaminella per il compenso mensile che l'ospedale elargiva. Dopo il tracollo economico di Padrino, all'età di 13 anni era stato ospitato come lavorante alla cascina Mora, di proprietà del Sor Matteo, le cui figlie Irene, Silvia e Santina hanno lasciato un ricordo indelebile nel suo animo. È qui che gli era stato dato il soprannome di Anguilla. Il passato ritorna prepotentemente quando Nuto si decide a raccontare la triste sorte delle tre ragazze, soprattutto quella di Santina, la più carina: nell'aspro scontro avvenuto sulle colline delle Langhe tra **repubblichini** e partigiani, la ragazza, accusata da questi ultimi di essere una spia, era stata fucilata e poi bruciata. Il presente, invece, è rappresentato dalla famiglia del Valino che vive tuttora alla Gaminella con la vecchia madre, una cognata e un figlio zoppo di nome Cinto. Il Valino conduce una vita stentata, lavora da solo senza mai riuscire ad avere un raccolto soddisfacente e si sfoga bevendo e prendendo a cinghiate le donne e il ragazzo.

Il protagonista-narratore (nel quale in parte si può riconoscere lo stesso Pavese) vede in Cinto un po' se stesso, ha compassione della sua indigenza, gli parla di Genova e dell'America per instillargli il desiderio di abbandonare quel destino di ignoranza e miseria. Un giorno Cinto compare terrorizzato davanti a lui e Nuto: il Valino, folle, si è impiccato dopo avere ucciso le due donne e avere bruciato la Gaminella. È l'ennesimo falò che accende le pagine del romanzo. Con l'affido di Cinto a Nuto, non c'è più nulla che trattenga in paese il protagonista, consapevole del fatto che le sue radici con la terra natale sono ormai del tutto recise.

#### Parole *chiave*

**Repubblichini** Erano i sostenitori della Repubblica sociale italiana (o Repubblica di Salò) che fu instaurata il 23 settembre 1943 da Benito Mussolini nella parte d'Italia occupata dai tedeschi e non ancora liberata dagli Alleati.

# Attività

## Comprendere e analizzare: verso l'INVALSI

1 **La nascita** Quali ipotesi fa il protagonista in merito alla propria nascita?
- **a.** Sa di essere nato a Canelli
- **b.** Non conosce i suoi genitori e non sa con precisione in quale paese è nato
- **c.** Sa di essere vissuto nel paese dove è tornato e dove l'ha abbandonato la madre
- **d.** Sa di essere figlio di una ragazza madre di città

2 **Le radici** Che cosa spinge il protagonista a ritornare nei luoghi della sua infanzia?
- **a.** La nostalgia per i luoghi e le persone, in particolare il desiderio di rivedere il Padrino e la collina di Gaminella
- **b.** Il desiderio di scoprire chi è la ragazza che molti anni prima lo ha abbandonato
- **c.** Il bisogno di identità: girare per il mondo gli ha fatto capire che solo il legame con il paese d'origine rivela l'identità di ciascuno
- **d.** Il desiderio di trovare una compagna che lo conosca fin dall'infanzia e di formare una famiglia

3 **Lo scudo d'argento** Il protagonista sapeva che i genitori adottivi ricevevano dal Comune uno scudo d'argento per crescerlo; questo comportamento però non suscitava in lui sdegno. Per quale motivo?
- **a.** Egli era molto attaccato al denaro
- **b.** Egli era molto orgoglioso e non voleva essere di peso ai genitori adottivi
- **c.** I genitori adottivi erano poveri e lo scudo d'argento era molto utile
- **d.** Pensava di avere più amore dai genitori adottivi

4 **L'origine** Qual è la reazione del protagonista alla scoperta di essere un «bastardo»?
- **a.** Si sdegna e rimprovera Padrino
- **b.** Capisce gli insulti che gli rivolgevano i ragazzi e si vendica
- **c.** Non concepisce altra realtà se non quella finora vissuta
- **d.** Si vergogna e si sente emarginato

5 **L'amico Nuto** Quale atteggiamento ha Nuto riguardo al trascorrere la vita in paese?
- **a.** Ritiene che per sopravvivere in un paese non bisogna mai lasciarlo
- **b.** Pensa che quella di un paese sia la vita ideale
- **c.** Si sente insoddisfatto e vuole andarsene dal paese
- **d.** Non vive bene in paese, ma sa di non poterlo lasciare

6 **La struttura** Come sono disposti i fatti all'interno del brano?
- **a.** Si ha un inizio *in medias res* e poi un *flashback*
- **b.** In modo lineare
- **c.** Si ha un inizio *in medias res* e poi un *flashforward*
- **d.** Si ha un inizio *in medias res*, poi un *flashback* e poi un *flashforward*

7 **Le sequenze** Ti forniamo in disordine i titoli di alcune sequenze in cui è suddiviso il testo. Riordinali, inserendoli accanto alle rispettive righe.

L'infanzia alla Gaminella • Il paese e il mondo • Le ragioni del ritorno • Il ritorno dell'anno precedente e la descrizione del paesaggio
- rr. 1-14: ..........
- rr. 15-31: ..........
- rr. 39-44: ..........
- rr. 45-69: ..........

8 **Il tempo** Individua nel testo e riporta sul quaderno tutte le indicazioni cronologiche utili a ricostruire le fasi della vita del protagonista, dall'infanzia fino all'età adulta.

9 **Lo spazio** Dai riferimenti geografici è facile individuare il territorio in cui è collocato il paese, che però non ha nome. Perché, a tuo parere, non ne è indicato il nome?
- **a.** Il protagonista non lo riconosce dopo le trasformazioni edilizie
- **b.** Per il protagonista, incerto sul suo luogo di nascita, il nome del paese non è importante
- **c.** È un paese che lo fa troppo soffrire e non riesce nemmeno a nominarlo
- **d.** Il protagonista, ormai vecchio, non lo ricorda

10 **I personaggi** Su quali caratteristiche dei personaggi si concentra l'interesse del narratore?

**a.** Fisiche
**b.** Psicologiche
**c.** Sociali
**d.** Culturali

11 **Il paesaggio** Quale ruolo assumono gli elementi paesaggistici nel brano letto?

**a.** Sfondo
**b.** Specchio
**c.** Simbolo

12 **La collina** Nel descrivere la collina di Gaminella, l'autore la definisce «scorticata dall'inverno» (rr. 43-44). Come viene considerata la terra, data l'espressione che le è attribuita?

**a.** La terra è ritenuta deturpata e inquinata
**b.** La terra è considerata arida
**c.** La terra è vista come un elemento geologico
**d.** La terra è vista come un essere vivente

13 **La lingua** Nel brano ci sono elementi lessicali e costruzioni provenienti dal dialetto piemontese e dalla parlata quotidiana. Sottolineali nel testo e spiega la funzione che secondo te sviluppano nell'opera di Pavese.

14 **La distanza tra narratore e storia** Il narratore pone una distanza variabile tra sé e la storia in varie parti del testo. Quale strumento linguistico utilizza?

**a.** Chiari indicatori temporali
**b.** Diversi tempi verbali
**c.** Precise date
**d.** Diversa ampiezza del racconto dei fatti passati e di quelli presenti

## Rielaborare e produrre

15 **Il paese** Secondo l'autore, la vita di paese da un lato soddisfa alcuni bisogni, dall'altro causa difficoltà. Rintraccia nel brano gli aspetti positivi e quelli negativi della vita di paese ed elencali sotto.

- Aspetti positivi:

...........................................................................................

...........................................................................................

- Aspetti negativi:

...........................................................................................

...........................................................................................

16 **Il riassunto** Sintetizza il contenuto del passo in massimo 200 parole disponendo in ordine cronologico i fatti, a partire cioè dalla nascita del protagonista.

17 **La lettera** Ricorda un ambiente come lo hai percepito nel passato, con le emozioni che il suo ricordo suscita in te. Poi confronta il ricordo con l'immagine che attualmente hai di quel posto. Esponi le differenze che osservi in una lettera a un amico.

# per guardare oltre

## Intersezioni nell'antologia

- Propongono una lettura del vivere quotidiano, come i testi di questa Unità, anche i passi dei romanzi *I promessi sposi* di Alessandro **Manzoni** (▶ p. 194), *I miserabili di* Victor **Hugo** (▶ p. 205) e *La chimera di* Sebastiano **Vassalli** (▶ p. 226).
- Racconti realistici sono anche *Il lungo viaggio* (▶ p. 18) di Leonardo **Sciascia**, *L'avventura di due sposi* di Italo **Calvino** (▶ p. 44), *L'eredità* di Michela **Murgia** (▶ p. 65), *Il mister* di Marco **Lodoli** (▶ p. 80), *Temporale di primavera* di Mario **Rigoni Stern** (▶ p. 88).

## Altri orizzonti

### ROMANZI

- Soprattutto nel secondo dopoguerra, testimonianze, memorie, narrative aderenti al vero, sono espresse da autori come Vasco **Pratolini** (*Il quartiere*, 1943; *Cronaca di poveri amanti*, 1947), Giorgio **Bassani** (*Il giardino dei Finzi-Contini*, 1962), Beppe **Fenoglio** (*Il partigiano Johnny*, 1968), Elsa **Morante** (*La Storia*, 1974).
- Segnaliamo il filone letterario espresso da alcuni autori sardi, le cui storie sono ambientate nella Sardegna agropastorale incarnata da banditi, pastori, donne antiche, emigranti: Gavino **Ledda** (*Padre padrone*, 1975), Salvatore **Satta** (*Il giorno del giudizio*, 1977), Marcello **Fois** (*Dura madre*, 2001), Salvatore **Niffoi** (*La vedova scalza*, 2006), Michela **Murgia** (*Accabadora*, 2009).

### PITTURA

- Una pittura d'impronta realista è quella del francese Gustave **Courbet**, che dipinge la miseria del mondo contadino abbrutito dal lavoro in quadri come *Gli spaccapietre* e *Le vagliatrici di grano*.

### FILM

- La stagione neorealista del cinema italiano ha prodotto grandi opere d'arte come: *Roma città aperta* (1945) e *Paisà* (1946) di Roberto **Rossellini**; *Sciuscià* (1946) e *Ladri di biciclette* (1948) di Vittorio **De Sica**; *Ossessione* (1943) e *La terra trema* (1948) di Luchino **Visconti**.
- Il cinema di Gianni **Amelio** denuncia situazioni di emarginazione o di conflitti sociali (*Ladro di bambini*, 1992; *Lamerica*, 1994; *Le chiavi di casa*, 2004; *Il primo uomo*, 2011).
- Matteo **Garrone** in *Gomorra* (2008, tratto dal libro omonimo di Roberto **Saviano**) racconta in maniera sorprendentemente realistica il mondo criminale della camorra.

### MUSICA

- Fabrizio **De André** canta spesso storie di personaggi ai margini della società, come in *Bocca di rosa*, una canzone su una prostituta.
- Un genere musicale contemporaneo che racconta la quotidianità della provincia, ma anche la dura realtà delle metropoli italiane è il rap, i cui testi sono fortemente legati a racconti di vita vissuta. Autori come **Frankie Hi-NRG**, **Articolo 31**, **Sangue Misto**, **Caparezza**, **99 Posse**, **Flaminio Maphia**, **Neffa** hanno raccontato le vite quotidiane di ragazzi tutt'altro che benestanti.

Scena tratta dal film *Gomorra* diretto da Matteo Garrone nel 2008.

Fabrizio De André.

# Il fantastico

**La fantasia in letteratura e in arte** • La vita odierna non lascia molto spazio alla fantasia. Tempi stretti e ritmi vorticosi ci obbligano a vivere sempre di corsa. Viviamo quindi con sollievo i momenti in cui riusciamo a estraniarci e a **liberare l'immaginazione**.

In letteratura possiamo individuare un genere che ha fatto della pagina scritta un luogo di fuga, utilizzando la parola per costruire altri mondi, personaggi irreali, situazioni incredibili. In questa Unità ne forniamo alcuni esempi.

Anche nell'arte pittorica la fantasia è spesso un punto di partenza. Un artista che ha dato ampio sfogo all'immaginazione è Keith **Haring**, autore dell'opera rappresentata nella pagina accanto.

**Haring *writer* irriverente e creativo** • Keith Haring (1958-1990) è convinto che l'arte debba essere per tutti e non debba essere relegata nei musei. Sceglie così la strada come grande tela e negli anni Ottanta si fa notare come uno tra i più talentuosi artisti *writer*. I suoi lavori sono originali, fantasiosi, dettati dall'immediatezza. Il segno che lo consacra è riconoscibile in certe figure simbolo (l'omino, il bambino, il cane) all'interno delle sue realizzazioni. Haring lascia che siano gli altri a interpretare la sua opera, a scoprire i legami con le culture primitive, i geroglifici egizi, le incisioni rupestri o i pittogrammi maya, come in questo *Senza titolo* del 1983.

**L'essere umano indifeso** • Si tratta di un'opera che ha nel **dolore** il suo tema, anche se il tratto e la linea spezzata sembrano ispirare un movimento divertente.

### Domande

- Nell'opera di Haring, quali sono gli aspetti riconducibili alla fantasia dell'artista?
- Prendendo spunto dalla poetica di Haring, come definisci una pittura che "imita la vita"? E una pittura che "inventa la vita"?
- Ricerca la storia mitologica della gorgone di nome Medusa.
- Fai un confronto fra l'interpretazione della gorgone Medusa di Haring e quella realizzata da Caravaggio nel 1597.

Keith Haring, *Senza titolo*, 1983. (Amburgo, Collezione Falckenberg)

Un **mostro**, la mitologica gorgone di nome Medusa, i cui capelli erano serpenti e il cui sguardo impietriva, afferra, stritola e ingoia. La bocca spalancata, pronta a divorare gli uomini, consente anche di assimilarla a un nuovo Polifemo a due occhi, occhi sbarrati che incutono paura. Non c'è via di scampo, invano si agita l'uomo, indifeso e senza lineamenti di fronte al **male**.

Nella pagina di sinistra, Keith Haring all'opera nelle sale del Museo Stedelijk di Amsterdam nel 1986.

### in questa Unità impareremo a

- **conoscere** le caratteristiche della narrazione fantastica e il contesto socio-culturale in cui è prodotta
- **comprendere** il significato globale dei testi, gli aspetti lontani dalla realtà che essi propongono, le atmosfere serene o inquietanti che li rendono avvincenti
- **analizzare** i brani secondo le costanti narratologiche e le tecniche stilistiche per raffinarne la comprensione e approfondirne le tematiche
- **interpretare** lo scritto, collegandolo a comportamenti e valori presenti anche nella realtà
- **produrre** sintesi, testi espositivi e racconti a partire dagli argomenti contenuti nei brani
- **comunicare oralmente** per riferire i contenuti dei brani e per riflettere sulle loro tematiche in forma strutturata e chiara

### in questa Unità scopriremo

L'ispirazione letteraria nasce spesso dalla fantasia, dall'inclinazione a ricercare spiegazioni insolite, se non addirittura misteriose, a fatti che accadono. In queste pagine cercheremo di definire il genere letterario del fantastico, dettato dall'immaginazione.

Illustrazione di Catrin Welz-Stein dal titolo *Dream Ship*.

## La narrativa fantastica

La narrativa fantastica è di difficile presentazione perché contiene una grande varietà di temi e di situazioni. Si parla di "fantastico" ogni qual volta si vuole intendere tutto quello che risulta lontano dalla realtà comune. Nei racconti o romanzi ispirati dalla fantasia, succede sempre qualche avvenimento che non rientra nella logica corrente.

Il racconto fantastico spesso ci sorprende e ci spinge a riflettere perché **rovescia la realtà**. Vengono descritte e vissute situazioni assurde, paradossali al punto che si è sospinti a giudicarle impossibili. Di frequente le leggi della natura sono ignorate, si fa ampio ricorso al soprannaturale, al misterioso e all'inquietante. L'intento di chi scrive, però, non è solo l'intrattenimento, ma anche la riflessione: infatti, di frequente l'insolito riveste anche un **significato simbolico** che rinvia ad altre considerazioni.

## Gli autori e i sottogeneri del fantastico

Il genere fantastico è sempre stato praticato in letteratura nel corso dei secoli. Fiabe e poemi hanno intrattenuto lettori e ascoltatori nella classicità e nel Medioevo. Nell'Ottocento, in epoca romantica, il fantastico si afferma con temi che portano a dubitare della razionalità umana: mostri e fantasmi popolano i racconti di Ernst T.A. **Hoffmann** (1776-1822).

Tra Otto e Novecento il fantastico si interiorizza sempre di più; la realtà quotidiana assume contorni ambigui e misteriosi. Si pensi agli scritti di Robert Louis **Stevenson** (1850-1894, ▸ p. 294) o ai racconti fantastici di Guy de **Maupassant** (1850-1893), nei quali i protagonisti sono ossessionati dalle loro paure.

Nel Novecento il fantastico va di pari passo con l'inquietudine umana. La vita quotidiana finisce per risultare assurda e incomprensibile, come avviene nelle opere di Franz **Kafka** (1883-1924); il reale non si distingue più dall'irreale e i protagonisti vivono vicende strane nelle quali si trovano a chiedersi il senso della loro esistenza, come in molti racconti di Dino **Buzzati** (1906-1972, ▸ p. 156). Un ruolo importantissimo nello sviluppo del racconto fantastico hanno avuto gli scrittori argentini Jorge Luis **Borges** (1899-1986) e Julio **Cortázar** (1914-1984, ▸ p. 62). Tra gli scrittori italiani contemporanei, ricordiamo Valerio **Evangelisti** (1952), nei romanzi del quale si mescolano il thriller e la fantascienza: nel ciclo dedicato all'inquisitore domenicano Eymerich (ad esempio, *Nicolas Eymerich, inquisitore*, 1994), si sovrappongono varie storie ambientate in diverse epoche, dal Trecento al futuro.

All'interno del genere fantastico, possiamo individuare alcuni sottogeneri.

- **Il meraviglioso**: comprende testi che, pur ricorrendo all'insolito, non stravolgono la comune percezione della realtà. In certi contesti può apparire normale che un individuo dialoghi con un animale (ad esempio, nella fiaba), oppure che un cavaliere si trovi in una foresta fatata (ad esempio, nei poemi cavallereschi). Chi legge non trova strane certe situazioni perché si mette in sintonia con questo mondo meraviglioso, di cui è un esempio *Alice nel paese delle meraviglie* di Lewis **Carroll** (1832-1898, ▶ p. 287).
- **La fantascienza**: elabora storie di fantasia prendendo spunto da elementi tecnico-scientifici. Tali storie sono ambientate in mondi paralleli o estremi, su pianeti o galassie lontani dalla Terra. Temporalmente sono collocate nel futuro, così che qualsiasi soluzione tecnica a cui si ricorre risulta credibile perché ci si affida alla possibilità che l'uomo possa potenzialmente realizzare ogni cosa. Protagonisti sono spesso uomini, ma anche alieni, robot, automi. L'ignoto e l'imprevisto rendono le storie di fantascienza avvincenti, grazie anche a un ritmo narrativo coinvolgente. Jules **Verne** (1828-1905) è considerato uno dei fondatori del genere fantascientifico, con romanzi come *Viaggio al centro della terra* e *Ventimila leghe sotto i mari*. Altri fondamentali autori del genere sono Herbert George **Wells** (1866-1946, *La macchina del tempo*, *La guerra dei mondi*), George **Orwell** (1903-1950, *1984*), Ray **Bradbury** (1920-2012, *Fahrenheit 451*) e Philip K. **Dick** (1928-1982, *La svastica sul sole*, *Noi marziani*).
- **Il fantasy**: si colloca tra la fiaba e la realtà, fa ampio ricorso al magico, al mistero, al soprannaturale. Il fantasy ha un ampio margine d'invenzione: costruisce un mondo immaginario con precisi particolari, così da sembrare verosimile; nelle vicende hanno un peso notevole certi simboli (spade, anelli, acque, pietre magiche); ogni accadimento si rifà all'eterna lotta fra il bene e il male. Lo spazio è sempre descritto attingendo al meraviglioso, mentre i tempi sono di frequente quelli di un Medioevo fiabesco o di un futuro lontano popolato da un'umanità ritornata a tempi primitivi. Romanzi fondamentali del genere fantasy sono *Lo Hobbit* e *Il signore degli anelli* di John Ronald R. **Tolkien** (1892-1973). Ricordiamo anche *Le cronache di Narnia* di Clive Staples **Lewis** (1898-1963), *La storia infinita* di Michael **Ende** (1929-1995) e *Harry Potter* di Joanne K. **Rowling** (1965).

Una scena tratta dal film *Le cronache di Narnia* diretto da Andrew Adamson nel 2005.

- **Il mistero**: comprende storie che raccontano incubi e paradossi, che presentano la realtà come un enigma inspiegabile. I protagonisti sono individui comuni che subiscono trasformazioni impensate, si imbattono in strani personaggi, interiorizzano domande e relativi misteri, vivono atmosfere da sogno. Spesso si parte da elementi reali per entrare in un'altra dimensione. La scrittura asseconda queste sensazioni di mistero e di inquietudine con descrizioni ermetiche e un ritmo lento, sospeso e riflessivo. Fra gli autori che hanno scritto storie imperniate sul mistero ricordiamo Edgar Allan **Poe** (1809-1849) e Howard Phillips **Lovercraft** (1890-1937).

## • Il percorso antologico •

Il fantastico, declinato sotto la forma del meraviglioso, è al centro del romanzo *Alice nel paese delle meraviglie* di Lewis **Carroll** (1832-1898). Nel brano riportato in antologia (► p. 287) siamo in avvio della storia, con la fantasia che entra subito in gioco quando Alice s'infila nella tana di uno strano coniglio e da quel momento vivrà straordinarie avventure.

Robert Louis **Stevenson** (1850-1894) è stato un autore eclettico, capace di passare dalla fiaba al romanzo d'avventura al romanzo di mistero. Nel romanzo *Lo strano caso del dottor Jekyll e del signor Hyde* da cui è tratto il brano *La terribile trasformazione* (► p. 293), egli racconta un caso di sdoppiamento della personalità, che gli consente di far confrontare le forze del bene e quelle del male.

Illustrazione di Jakub Lang per *Io, Robot* di Isaac Asimov, 2015.

Isaac **Asimov** (1920-1992) ha rinnovato la letteratura di fantascienza. La sua immensa immaginazione e la notevole capacità di divulgazione scientifica gli hanno permesso di produrre romanzi e racconti di grande presa sul pubblico. Con il racconto *Sistema antiquato* (► p. 301), egli ci porta in mondi lontani con due astro-minatori impegnati a salvare il sistema solare e, quindi, l'intera umanità da un terribile buco nero.

L'inglese Terry **Pratchett** (1948-2015) ha conquistato molti lettori scrivendo saghe ambientate in mondi paralleli, senza tempo e senza età. Il genere fantasy prevale nella vicenda intitolata *Il mago e il turista* (► p. 318), tratta dal romanzo *Il colore della magia*.

Lewis Carroll

# Alice nella tana del Coniglio

Alice è una bambina curiosa. Quando vede passare accanto a sé uno strano coniglio, senza esitazione lo insegue in fondo alla sua tana. Sarà così protagonista di una serie strabiliante di avventure, a cominciare da un vertiginoso rimpicciolimento dopo aver bevuto un liquido misterioso.

Da
Alice nel paese delle meraviglie, 1865

Romanzo fantastico

Alice cominciava a sentirsi assai stanca di sedere sul poggetto[1] accanto a sua sorella, senza far niente: aveva una o due volte data un'occhiata al libro che la sorella stava leggendo, ma non v'erano né dialoghi né figure, – e a che serve un libro, pensò Alice, – senza dialoghi né figure?

E si domandava alla meglio, (perché la canicola[2] l'aveva mezza assonnata e istupidita), se per il piacere di fare una ghirlanda di margherite mettesse conto di levarsi a raccogliere i fiori, quand'ecco un coniglio bianco dagli occhi rosei passarle accanto, quasi sfiorandola.

Non c'era troppo da meravigliarsene, né Alice pensò che fosse troppo strano sentir parlare il Coniglio, il quale diceva fra sé: «Oimè! oimè! ho fatto tardi!» (quando in seguito ella se ne ricordò, s'accorse che avrebbe dovuto meravigliarsene, ma allora le sembrò una cosa naturalissima): ma quando il Coniglio trasse un orologio dal taschino della sottoveste e lo consultò, e si mise a scappare, Alice saltò in piedi pensando di non aver mai visto un Coniglio con la sottoveste e il taschino, né con un orologio da cavar fuori, e, ardente di curiosità, traversò il campo correndogli appresso e arrivò appena in tempo per vederlo entrare in una spaziosa conigliera sotto la siepe.

Un istante dopo, Alice scivolava giù correndogli appresso, senza pensare a come avrebbe fatto poi per uscirne.

La buca della conigliera filava dritta come una galleria, e poi si sprofondava così improvvisamente che Alice non ebbe un solo istante l'idea di fermarsi: si sentì cader giù rotoloni in una specie di precipizio che rassomigliava a un pozzo profondissimo.

Una delle due: o il pozzo era straordinariamente profondo o ella ruzzolava giù con grande lentezza, perché ebbe tempo, cadendo, di guardarsi intorno e di pensar meravigliata alle conseguenze. Aguzzò gli occhi[3], e cercò di fissare il fondo, per

Illustrazione di John Tenniel per l'edizione del 1865 di *Alice nel paese delle meraviglie*.

1 **poggetto**: collinetta.
2 **canicola**: caldo soffocante estivo.
3 **Aguzzò gli occhi**: si sforzò di vedere meglio.

## L'AUTORE

**Lewis Carroll** (pseudonimo di Charles Lutwidge Dodgson) nasce nel 1832 a Daresbury, in Inghilterra. Matematico di formazione, nel 1861 diventa diacono, senza prendere mai gli ordini superiori. Ama stare con i bambini e per una di loro, la piccola Alice Liddell, nel 1865 scrive *Alice nel paese delle meraviglie*, divenuto un classico della letteratura per l'infanzia. A quest'opera dà un seguito con *Attraverso lo specchio* (1871). Lewis Carroll muore nel 1898.

4 **miglia**: unità di misura di lunghezza, usata nei Paesi anglosassoni; un miglio è pari a 1609,34 m.
5 **erudizione**: insieme di nozioni.
6 **riandarle**: ripassarle.
7 **grave**: seria.
8 **frasche**: rami con foglie.
9 **gomito**: angolo.

scoprire qualche cosa; ma in fondo era buio pesto e non si scopriva nulla. Guardò le pareti del pozzo e s'accorse che erano rivestite di scaffali di biblioteche; e sparse qua e là di mappe e quadri, sospesi a chiodi. Mentre continuava a scivolare, afferrò un barattolo con un'etichetta, lesse l'etichetta: «Marmellata d'Arance» ma, oimè! con sua gran delusione, era vuoto; non volle lasciar cadere il barattolo per non ammazzare chi si fosse trovato in fondo, e quando arrivò più giù, lo depose su un altro scaffale.

«Bene, – pensava Alice, – dopo una caduta come questa, se mai mi avviene di ruzzolare per le scale, mi sembrerà meno che nulla; a casa poi come mi crederanno coraggiosa! Anche a cader dal tetto non mi farebbe nessun effetto!» (E probabilmente diceva la verità).

E giù, e giù, e giù! Non finiva mai quella caduta? – Chi sa quante miglia[4] ho fatte a quest'ora? – esclamò Alice. – Forse sto per toccare il centro della terra. Già saranno più di quattrocento miglia di profondità. – (Alice aveva apprese molte cose di questa specie a scuola, ma quello non era il momento propizio per sfoggiare la sua erudizione[5], perché nessuno l'ascoltava; ma ad ogni modo non era inutile riandarle[6] mentalmente). – Sì, sarà questa la vera distanza, o press'a poco,... ma vorrei sapere a qual grado di latitudine o di longitudine sono arrivata. (Alice veramente, non sapeva che fosse la latitudine o la longitudine, ma le piaceva molto pronunziare quelle parole altisonanti!). Passò qualche minuto e poi ricominciò: – Forse traverso la terra! E se dovessi uscire fra quelli che camminano a capo in giù! Credo che si chiamino gli Antitodi. – Fu lieta che in quel momento non la sentisse nessuno, perché quella parola non le sonava bene... – Domanderei subito come si chiama il loro paese... Per piacere, signore, è questa la Nova Zelanda? o l'Australia? – e cercò di fare un inchino mentre parlava (figurarsi, fare un inchino, mentre si casca giù a rotta di collo! Dite, potreste voi fare un inchino?). – Ma se farò una domanda simile mi prenderanno per una sciocca. No, non la farò: forse troverò il nome scritto in qualche parte.

La caduta di Alice nel pozzo in un'illustrazione di W.H. Walker del 1907.

E sempre giù, e sempre giù, e sempre giù! Non avendo nulla da fare, Alice ricominciò a parlare: – Stanotte Dina mi cercherà. (Dina era la gatta). Spero che penseranno a darle il latte quando sarà l'ora del tè. Cara la mia Dina! Vorrei che tu fossi qui con me! In aria non vi son topi, ma ti potresti beccare un pipistrello: i pipistrelli somigliano ai topi. Ma i gatti, poi, mangiano i pipistrelli? – E Alice cominciò a sonnecchiare, e fra sonno e veglia continuò a dire fra i denti: – I gatti, poi, mangiano i pipistrelli? I gatti, poi, mangiano i pipistrelli? – E a volte: – I pipistrelli mangiano i gatti? – perché non potendo rispondere né all'una né all'altra domanda, non le importava di dirla in un modo o nell'altro. Sonnecchiava di già e sognava di andare a braccetto con Dina dicendole con faccia grave[7]: «Dina, dimmi la verità, hai mangiato mai un pipistrello?» quando, patapunfete! si trovò a un tratto su un mucchio di frasche[8] e la caduta cessò.

Non s'era fatta male e saltò in piedi, svelta. Guardò in alto: era buio: ma davanti vide un lungo corridoio, nel quale camminava il Coniglio bianco frettolosamente. Non c'era tempo da perdere: Alice, come se avesse le ali, gli corse dietro, e lo sentì esclamare, svoltando al gomito: – Perdinci! veramente ho fatto tardi! – Stava per raggiungerlo, ma al gomito[9] del corridoio non vide più il Coniglio; ed essa si trovò in una sala lunga e bassa, illuminata da una fila di lampade pendenti dalla volta. Intorno intorno alla sala c'erano delle porte ma tutte chiuse. Alice andò su e giù, picchiando a tutte, cercando di farsene aprire qualcuna, ma invano, e malinconicamente si mise a passeggiare in mezzo alla sala, pensando a come venirne fuori.

A un tratto si trovò accanto a un tavolinetto, tutto di solido cristallo, a tre piedi: sul tavolinetto c'era una chiavetta d'oro. Subito Alice pensò che la chiavetta appartenesse a una di quelle porte; ma oimè! o le toppe erano troppo grandi, o la chiavetta era troppo piccola. Il fatto sta che non poté aprirne alcuna. Fatto un secondo giro nella sala, capitò innanzi a una cortina[10] bassa non ancora osservata: e dietro v'era un usciolo alto una trentina di centimetri: provò nella toppa la chiavettina d'oro, e con molta gioia vide che entrava a puntino!

Aprì l'uscio e guardò in un piccolo corridoio, largo quanto una tana da topi: s'inginocchiò e scorse di là dal corridoio il più bel **giardino** del mondo. Oh! quanto desiderò di uscire da quella sala buia per correre su quei prati di fulgidi[11] fiori, e lungo le fresche acque delle fontane; ma non c'era modo di cacciare[12] neppure il capo nella buca. «Se almeno potessi cacciarvi la testa! – pensava la povera Alice. – Ma a che servirebbe poi, se non posso farci passare le spalle! Oh, se potessi chiudermi come un telescopio! Come mi piacerebbe! Ma come si fa?». E quasi andava cercando il modo. Le erano accadute tante cose straordinarie, che Alice aveva cominciato a credere che poche fossero le cose impossibili. Ma che serviva star lì piantata innanzi all'uscio? Alice tornò verso il tavolinetto quasi con la speranza di poter trovare un'altra chiave, o almeno un libro che indicasse la maniera di contrarsi come fa un cannocchiale: vi trovò invece un'ampolla, (e certo prima non c'era, – disse Alice), con un cartello sul quale era stampato a lettere di scatola[13]: «Bevi».

– È una parola, bevi! – Alice che era una bambina prudente, non volle bere. – Voglio vedere se c'è scritto: «Veleno» – disse, perché aveva letto molti raccontini intorno a fanciulli ch'erano stati arsi[14], e mangiati vivi da bestie feroci, e cose simili, e tutto perché non erano stati prudenti, e non s'erano ricordati degl'insegnamenti ricevuti in casa e a scuola; come per esempio, di non maneggiare le molle[15] infocate perché scottano; di non maneggiare il coltello perché taglia e dalla ferita esce il sangue; e non aveva dimenticato quell'altro avvertimento: «Se tu bevi da una bottiglia che porta la scritta "Veleno", prima o poi ti sentirai male».

Ma quell'ampolla non aveva l'iscrizione «Veleno». Quindi Alice si arrischiò a berne un sorso. Era una bevanda deliziosa (aveva un sapore misto di torta di ciliegie, di crema, d'ananasso[16], di gallinaccio arrosto, di torrone, e di crostini imburrati) e la tracannò d'un fiato.

– Che curiosa impressione! – disse Alice, – mi sembra di contrarmi come un cannocchiale!

Proprio così. Ella non era più che d'una ventina di centimetri d'altezza, e il suo grazioso visino s'irradiò tutto pensando che finalmente ella era ridotta alla giusta

**PAROLE sotto la lente**

### Giardino

Il sostantivo viene dal francese *jardin*, legato alla radice germanica **gard*. È un terreno in genere circondato da una recinzione e adibito alla coltivazione di piante ornamentali. Fra i tipi particolari di giardino ricordiamo il "giardino all'italiana" con siepi tagliate e disposte in modo geometrico, spesso con dislivelli, scalinate e vasche d'acqua.

### Attività

Scomponi le parole "giardiniere" e "giardinaggio", derivate da "giardino", nelle loro parti costitutive (prefisso, radice, suffisso, desinenza) e fanne l'analisi morfologica.

Illustrazione di John Tenniel per l'edizione del 1865 di *Alice nel paese delle meraviglie*.

10 **cortina**: tenda.
11 **fulgidi**: splendidi.
12 **cacciare**: infilare.
13 **a lettere di scatola**: a lettere cubitali.
14 **arsi**: bruciati, ustionati.
15 **molle**: attrezzi per muovere la brace accesa.
16 **ananasso**: ananas.

statura per passar per quell'uscio, ed uscire in giardino. Prima attese qualche minuto per vedere se mai diventasse più piccola ancora. È vero che provò un certo sgomento di quella riduzione: – perché, chi sa, potrei rimpicciolire tanto da sparire come una candela, – si disse Alice. – E allora a chi somiglierei? – E cercò di farsi un'idea dell'apparenza della fiamma d'una candela spenta, perché non poteva nemmeno ricordarsi di non aver mai veduto niente di simile!

Passò qualche momento, e poi vedendo che non le avveniva nient'altro, si preparò ad uscire in giardino. Ma, povera Alice, quando di fronte alla porticina si accorse di aver dimenticata la chiavetta d'oro, e quando corse al tavolo dove l'aveva lasciata, rilevò che non poteva più giungervi: vedeva chiaramente la chiave attraverso il cristallo, e si sforzò di arrampicarsi ad una delle gambe del tavolo, e di salirvi, ma era troppo sdrucciolevole. Dopo essersi chi sa quanto affaticata per vincere quella difficoltà, la poverina si sedette in terra e pianse.

– Sì, ma che vale abbandonarsi al pianto! – si disse Alice. – Ti consiglio invece, cara mia, di finirla con quel piagnucolìo!

Di solito ella si dava dei buoni consigli (benché raramente poi li seguisse), e a volte poi si rimproverava con tanta severità che ne piangeva. Si rammentò che una volta stava lì lì per schiaffeggiarsi, per aver rubato dei punti in una partita di croquet[17] giocata contro sé stessa; perché quella strana fanciulla si divertiva a credere di essere in due. «Ma ora è inutile voler credermi in due – pensò la povera Alice, – mi resta appena tanto da formare un'unica bambina».

Ecco che vide sotto il tavolo una cassettina di cristallo. L'aprì e vi trovò un piccolo pasticcino, sul quale con uva di Corinto[18] era scritto in bei caratteri «Mangia». – Bene! mangerò, – si disse Alice, – e se mi farà crescere molto, giungerò ad afferrare la chiavetta, e se mi farà rimpicciolire mi insinuerò sotto l'uscio: in un modo o nell'altro arriverò nel giardino, e poi sarà quel che sarà!

Ne mangiò un pezzetto, e, mettendosi la mano in testa, esclamò ansiosa: «Ecco, ecco!» per avvertire il suo cambiamento; ma restò sorpresa nel vedersi della stessa statura. Certo avviene sempre così a quanti mangiano pasticcini; ma Alice s'era tanto abituata ad assistere a cose straordinarie, che le sembrava stupido che la vita si svolgesse in modo naturale.

E tornò alla carica e in pochi istanti aveva mangiato tutto il pasticcino.

L. Carroll, *Alice nel paese delle meraviglie*, trad. it. di S. Spaventa Filippi, Istituto Editoriale Italiano, Milano, 1914

17 **croquet**: gioco che consiste nel far passare con una mazza una palla in un percorso segnato da archi piantati nel terreno.

18 **uva di Corinto**: specie di uva proveniente dal Medio Oriente.

## STORIE da SCOPRIRE

### *Alice nel paese delle meraviglie* di Lewis Carroll

La protagonista del romanzo (1865), Alice, insegue un coniglio bianco nella sua tana e precipita al centro della Terra. Qui vive fantastiche avventure: conosce il Gatto del Cheshire, che appare e scompare, partecipa al tè della Lepre marzolina, gioca a cricket con la Regina di Cuori, testimonia al processo del Fante di Cuori accusato di aver rubato dei biscotti. Quando si trova in pericolo, circondata da un esercito di carte da gioco che si agitano e turbinano attorno a lei, si desta dal sogno.

Considerato un capolavoro della letteratura per l'infanzia, l'opera piace anche agli adulti per l'estro bizzarro che domina persone e animali e per l'umorismo sottile della rappresentazione. Nel 2010 Tim Burton ne ha tratto un film.

## per L'ANALISI del TESTO

### Un mondo fatato

Il brano antologico presenta l'inizio della vicenda, quando Alice, in giardino, è in un momento di noia. Il pomeriggio è afoso, la sorella le è indifferente, ed ecco che subito c'è uno sviluppo della sua avventura all'insegna del **meraviglioso**. Il coniglio che corre e parla è già una vivace espressione del fantastico; la bizzarria è che Alice si stupisca non perché un coniglio parli, ma perché porti una sottoveste e consulti un orologio. Sono tutte azioni surreali che danno subito la misura del mondo in cui Alice sta per avventurarsi, e noi con lei.

In poche righe si manifesta il mondo fatato. L'avvio ha i caratteri del reale (il giardino, la sorella, un po' di noia), ma subito c'è un personaggio, il coniglio, che assolve il compito di rompere la situazione di partenza e condurre altrove la bambina.

Anche la caduta prolungata serve ad allontanare Alice dalla sua realtà quotidiana. E più si precipita, più avranno credibilità tutte le successive stramberie che Alice si appresta a vivere: «E giù, e giù, e giù! Non finiva mai quella caduta?» (r. 38). Così, anche alcuni elementi geografici richiamati, «latitudine» (r. 44), «longitudine» (r. 44), «centro della terra» (r. 39) sono concetti inconsistenti, detti da Alice per sentito dire.

### Una bambina curiosa

Non può che essere una bambina curiosa e un po' impertinente quella che non si spaventa davanti all'ignoto che le si apre davanti, ma anzi vi si tuffa senza esitazione. E poi Alice ha già colto il principio sovrano di questo meraviglioso mondo. Lo enuncia lo stesso Carroll: «Le erano accadute tante cose straordinarie, che Alice aveva cominciato a credere che poche fossero le cose impossibili» (rr. 96-98), e più oltre: «Alice s'era tanto abituata ad assistere a cose straordinarie, che le sembrava stupido che la vita si svolgesse in modo naturale» (rr. 147-149). La protagonista si sintonizza subito con il meraviglioso: una chiave fatata, pozioni magiche, pasticcini stregati, cioè gli **strumenti classici del fiabesco**. Non si stupisce affatto di rimpicciolirsi o di tornare grande: Alice si lascia trasportare, vive con fiducia quel mondo. Questa è la premessa che la condurrà, dopo tante avventure, anche al **lieto fine**, rafforzando la fiducia in se stessa e nelle proprie capacità. Intanto comincia ad affacciarsi su quel «giardino» che tanto l'attira ed è solo l'inizio dell'avventura.

### Lo stile

Carroll si avvale di uno **stile semplice**, che attinge alla quotidianità. Scrive assumendo il modo infantile di guardare la realtà. Trattandosi di pagine iniziali, nel brano prevalgono gli **elementi descrittivi**, intervallati da scene che hanno il carattere del **discorso diretto**. Il **narratore esterno** si riserva di entrare nella narrazione con incisi e commenti personali.

Alice e il Cappellaio Matto durante la pausa per il tè in un'illustrazione di John Tenniel del 1890.

# Attività

## Leggere e comprendere

1 **La noia** Perché Alice si annoia?

2 **La novità** Quale sensazione prova Alice vedendo passare il Coniglio?

3 **Il Coniglio** Quali caratteristiche curiose ha l'animale?

4 **La tana** Com'è fatta la tana del coniglio?

5 **La discesa** Com'è la discesa nella tana?
**a.** Molto lenta
**b.** Precipitosa
**c.** A tratti veloce, a tratti lenta
**d.** Prima lenta, poi veloce

6 **Il pensiero** A chi pensa Alice durante la discesa? Chi vorrebbe con sé?

7 **Il piccolo corridoio** Che cosa vede la bambina al di là del piccolo corridoio? Perché non è in grado di entrarvi?
**a.** Al di là c'è un giardino, ma la porta è troppo piccola e Alice non riesce a passare
**b.** Al di là c'è un giardino, ma Alice ha paura a entrarvi
**c.** Al di là c'è un giardino, ma Alice non sa salire gli altissimi gradini d'ingresso
**d.** Al di là c'è una spiaggia, ma la porta è troppo piccola e Alice non riesce a passare

8 **L'ampolla** Perché Alice decide di bere dall'ampolla? Quale sapore ha il suo contenuto?

9 **L'oggetto dimenticato** Che cosa si accorge di aver dimenticato Alice, dopo essere diventata piccola? Come reagisce in un primo momento la bambina?

## Riconoscere e analizzare

10 **Le sequenze** Dividi il testo in sequenze, assegna loro un titolo e stabilisci di che tipo sono.

11 **La durata** Esamina il tempo del brano per quanto riguarda la sua durata. Quale modalità di rappresentazione prevale? (Sono possibili più risposte.)
**a.** Scene
**b.** Pause
**c.** Ellissi
**d.** Sommari

12 **Il narratore** Qual è il tipo di narratore di questo brano? (Sono possibili più risposte.)
**a.** Interno
**b.** Esterno
**c.** Occulto
**d.** Palese

13 **La focalizzazione** Qual è il tipo di focalizzazione del brano? Motiva la tua risposta.

14 **Gli interventi del narratore** Più volte il narratore entra nella narrazione con incisi e commenti. Sottolineali nel testo.

15 **I personaggi** Quali caratteristiche della personalità di Alice emergono dal brano? Motiva la tua risposta con citazioni tratte dal testo.

## Rielaborare e produrre

16 **Discutere** «...in un modo o nell'altro arriverò nel giardino, e poi sarà quel che sarà!» (rr. 143-144). Le parole di Alice denotano un'enorme curiosità oppure la mancanza di senso della misura e del rischio? Raccogli gli elementi per sostenere l'interpretazione per te più plausibile, anche in un eventuale dibattito in classe.

17 **Il riassunto** Sintetizza il testo in 200 parole.

18 **La continuazione del racconto** Scrivi un testo di 300 parole proseguendo con il racconto, dopo che Alice ha mangiato tutto il pasticcino.

Robert Louis Stevenson

# La terribile trasformazione

Siamo al passaggio più oscuro della vicenda. Il dottor Lanyon, voce narrante di questo episodio, amico e rivale negli studi del dottor Jekyll, è chiamato da questi, tramite lettera, ad aiutare un individuo poco raccomandabile, rozzo, dall'aria pericolosa e ripugnante. Lanyon ha procurato a costui una robusta pozione di sali. Quando l'uomo la beve, avviene qualcosa di incredibile: si trasforma in un'altra persona, il dottor Jekyll.

Da
Lo strano caso del dottor Jekyll e del signor Hyde, 1886

Romanzo di mistero

Non s'era ancora spenta su Londra l'eco dell'ultimo rintocco di mezzanotte, quando bussarono con discrezione alla porta. Andai io stesso ad aprire e scorsi un uomo minuto, rincantucciato contro una colonna del portico.

«Venite da parte del dottor Jekyll?» chiesi.

Mi rispose di sì con una mossa goffa e quando lo invitai a entrare, mi obbedì gettando prima un'occhiata indagatrice dietro le spalle, nella piazza tenebrosa. A non molta distanza c'era un poliziotto che veniva verso di noi con la sua lanterna cieca; alla vista di costui mi sembrò che il mio visitatore trasalisse e s'affrettasse a sgattaiolare dentro.

Ammetto che questi particolari mi colpirono in modo sgradevole e finché lo scortai nel mio ambulatorio ben illuminato, tenni costantemente la mano sulla

## STORIE da SCOPRIRE

### *Lo strano caso del dottor Jekyll e del signor Hyde* di Robert Louis Stevenson

La storia (1886) è raccontata dall'avvocato Utterson, amico del dottor Jekyll; solo l'ultimo capitolo è costituito da una relazione rivelatrice degli eventi accaduti da parte dello stesso Jekyll.

La narrazione prende avvio all'insegna del mistero: si parla di uno strano individuo, di nome Hyde, che dopo aver calpestato con violenza una bambina, è obbligato a risarcirla. Questo Hyde, però, è anche l'unico erede dei beni di un rispettabile e conosciuto medico, il dottor Jekyll, amico di Utterson. Quest'ultimo chiede spiegazioni a Jekyll, il quale tergiversa e lo invita a non ritornare più sull'argomento della sua conoscenza con il signor Hyde. In seguito, avviene un feroce delitto. Hyde uccide con furia incontenibile un noto signore londinese, sir Carew: ecco, dunque, chi è Hyde, un assassino. Nonostante la taglia sulla sua testa, di lui non c'è traccia: Jekyll scrive ad Utterson rassicurandolo che il delinquente Hyde non tornerà più. Utterson, però, si accorge che la scrittura dell'amico Jekyll è del tutto simile a quella di un biglietto in suo possesso scritto dal signor Hyde. Nel frattempo, si registra la morte di un altro stimato medico, il dottor Lanyon, amico e rivale negli studi scientifici di Jekyll. Una notte, Utterson viene chiamato d'urgenza dal cameriere di Jekyll perché il suo padrone da una settimana è chiuso nello studio medico, emettendo strani versi. Utterson e il cameriere forzano la porta e trovano il delinquente Hyde in fin di vita. Utterson si chiede dove sia Jekyll. A quel punto Utterson apre un plico lasciatogli dal medico Lanyon, il quale racconta dell'orribile trasformazione del signor Hyde nel dottor Jekyll a cui ha assistito. Questa forzatura della natura, questo desiderio di Jekyll di dominare la trasformazione e di avere una doppia personalità aveva turbato così tanto il dottor Lanyon da farlo morire. Jekyll e Hyde sono dunque la stessa persona e lo stesso Jekyll ne riassume la vicenda in un ultimo scritto.

pistola. Qui finalmente riuscii a vederlo per bene. Fui subito sicuro di non essermi mai imbattuto in lui prima di allora: era piccoletto, come ho avuto modo di dire, ma quel che mi colpì fu soprattutto la conturbante espressione del volto, la coesistenza abnorme di una eccezionale vigoria[1] muscolare con un'evidente fragilità di costituzione, e per ultimo, ma non meno impressionante, il malessere inspiegabile che mi provocava la sua vicinanza. Un malessere che si manifestava con sintomi analoghi a un principio di irrigidimento degli arti e un'accentuata decelerazione del battito cardiaco. Lì per lì l'attribuii a una qualche idiosincrasia[2], a una repulsione del tutto soggettiva, meravigliandomi semmai dell'acutezza dei sintomi; ma poi ebbi ragione di credere che la causa giaceva negli stadi più profondi della natura umana e faceva leva su ben altri principi che non fosse quello dell'odio. Questo uomo, che aveva suscitato in me sin dal suo primo apparire un sentimento ambiguo, una curiosità frammista a disgusto, era vestito in un modo che avrebbe resa grottesca ogni altra persona. Voglio dire che i suoi abiti, sebbene fossero di fattura sobria e raffinata, erano smisuratamente grandi per lui... i pantaloni gli ciondolavano sulle gambe ed erano rimboccati in fondo per non strusciare per terra, la vita della giubba gli arrivava alle anche, il colletto gli ballonzolava sulle spalle. Strano a dirsi, ma quel suo grottesco sguazzare nei vestiti era ben lungi dal farmi ridere. Al contrario, così come nell'essenza stessa della creatura che avevo di fronte c'era qualcosa di anormale e di contraffatto, qualcosa che destava stupore, curiosità e

1 **vigoria**: forza.
2 **idiosincrasia**: incompatibilità.

*per conoscere* **ROBERT LOUIS STEVENSON**

**ROBERT LOUIS STEVENSON** nasce a Edimburgo nel 1850.

Nella sua formazione hanno un ruolo fondamentale le scorribande letterarie che da ragazzo compie nella biblioteca paterna, all'interno della quale scopre gli scritti di Walter Scott e di Alexandre Dumas (*Il conte di Montecristo* e *I tre moschettieri*), due autori che contribuiranno a far germogliare in lui il senso della storia e dell'avventura. Seguendo il padre nelle tante ispezioni delle coste inglesi per costruirvi nuovi fari, Stevenson acquisisce un formidabile senso del paesaggio e uno stimolo eccezionale per la sua immaginazione. Queste esperienze lo porteranno a rifiutare il futuro già delineato dal padre, quello della professione d'ingegnere, per abbracciare, invece, prima gli studi di giurisprudenza e poi quelli letterari. Ciò determinerà una rottura con il genitore, che si sanerà solo anni dopo.

Robert Louis Stevenson in un ritratto di Tullio Pericoli del 1991.

ripugnanza a un tempo, questa nuova bizzarria sembrava coincidere proprio con quelle sensazioni e addirittura renderle più pregnanti[3]. Di conseguenza al mio interesse circa la natura e l'indole[4] dell'uomo, s'aggiungeva ora la curiosità di sapere qualcosa sulle origini, la vita, le sostanze e la posizione sociale.

Per quanto mi ci sia voluto molto spazio per riferire queste osservazioni, nella realtà fu un lavorio mentale di qualche secondo. Il mio ospite sembrava stare sui tizzoni ardenti, scosso da una cupa agitazione.

«Ce l'avete?» gridò. «Ce l'avete?» La sua impazienza era tale che giunse al punto di posarmi una mano sul braccio come per scuotermi. Lo respinsi, ma al suo contatto avvertii un brivido di gelo scorrermi nelle vene. «Prego, signore» dissi. «Dimenticate che non ho ancora il piacere di conoscervi; accomodatevi, prego.» Gli diedi l'esempio sedendomi per primo nella mia poltrona e simulando il modo di fare abituale che ho con i pazienti, per quanto me lo consentivano l'ora tarda, la natura della mia inquietudine e l'**orrore** che il visitatore mi incuteva.

«Vi chiedo scusa, dottor Lanyon» mi disse con fare abbastanza educato. «Quel che dite è più che giusto, la mia impazienza ha messo alla porta la buona creanza[5]. Sono venuto su incarico del vostro collega, il dottor Jekyll, per una questione piuttosto

3 **pregnanti**: acute, significative.
4 **indole**: carattere.
5 **creanza**: educazione.

**PAROLE *sotto la lente***

**Orrore**

Il sostantivo corrisponde al latino *horror*, legato al verbo *horrere* = essere irto, ruvido. Indica una sensazione molto forte di repulsione, di ribrezzo o di spavento di fronte a fatti, cose o persone particolarmente brutti o crudeli. Si amplia anche a significare il sentimento per cui si evitano spontaneamente alcune cose ("orrore per la menzogna").

**Attività**

Trova almeno tre aggettivi che derivano da "orrore".

**• Il carattere del giramondo •** Tra il 1874 e il 1879 Stevenson soggiorna in Francia, alla ricerca di cure che possano alleviare la malattia polmonare che l'aveva colpito da bambino. Fin qui ha scritto soltanto alcuni saggi e resoconti di viaggio e si è esercitato molto per migliorare il proprio stile espressivo. La svolta della sua vita è la conoscenza, nel 1876, di un'americana d'una decina d'anni più grande di lui, Fanny van de Grift Osbourne. Con lei ha una relazione e la segue in America, dove la sposa. Questo viaggio nel nuovo mondo conferma quanto Stevenson aveva scritto alla madre nel 1874: «Devi renderti conto che sarò un nomade fino alla fine dei miei giorni. Non sai quanto l'ho agognato ai vecchi tempi, quando correvo a vedere i treni in partenza e desideravo andarmene con loro. Ora sai che devi considerare come parte integrante di me questa propensione alla vita errabonda».

**• L'isola dell'avventura •** In America, Stevenson scrive racconti d'avventura e alcuni romanzi, ma raggiunge improvvisamente la notorietà con la pubblicazione del romanzo *L'isola del tesoro* (1883). Prendendo spunto da una mappa tracciata per gioco dal figlio di Fanny, Stevenson costruisce un romanzo leggibile a più livelli e, quindi, non solo per ragazzi. Il libro non tratta soltanto della ricerca di un tesoro, ma dell'avventura della crescita.

Nel 1886, l'interesse per la nascente psicologia porta Stevenson a scrivere il romanzo *Lo strano caso del dottor Jekyll e del signor Hyde*, sulla scissione della personalità umana. Riprenderà questo tema nel 1888 pubblicando *Il signore di Ballantrae*, nel quale il tema della fatale attrazione del male viene svolto nella storia dell'odio tra due fratelli.

**• I mari del Sud •** Dopo una crociera nei mari del Sud, Stevenson si stabilisce definitivamente nelle isole Samoa, dove lavora alacremente. Di ambiente polinesiano sono i racconti *I trattenimenti delle notti dell'isola* (1893) e *Nei mari del Sud* (1896). Lo scrittore muore il 3 dicembre 1894.

Stevenson appartiene a quella letteratura del secondo Ottocento che, reagendo al Naturalismo e al Positivismo, ha cercato di produrre opere nelle quali emergesse la contraddittorietà dell'animo umano, l'impossibilità di definire l'individuo e la persona una volta per tutte, nella consapevolezza che la vita ha numerose sfaccettature. Stevenson ha saputo muoversi all'interno di più generi letterari: il romanzo storico, poliziesco, esotico, con un nucleo centrale d'ispirazione morale.

seria, m'è sembrato d'intendere...» fece una sosta portandosi le mani alla gola e compresi che, malgrado la forzata compostezza stava lottando contro un attacco isterico. «Ho inteso, un cassetto...»

A questo punto provai un senso di pena per l'attesa spasmodica del mio visitatore e un po' per la mia crescente curiosità.

«Eccolo, signore» dissi, indicandogli il cassetto che giaceva sul pavimento dietro il tavolo, ancora coperto dal foglio.

Fece un salto, poi s'arrestò portandosi la mano al cuore; udii che arrotava i denti[6] sotto la pressione convulsa delle mascelle mentre sul suo volto si stendeva un'ombra talmente spettrale, che temetti per la sua vita e la luce della ragione.

«Calmatevi» dissi.

Si volse ostentando[7] il ghigno d'un sorriso e, come se fosse mosso dall'impulso della disperazione, tirò via il foglio. Alla vista del contenuto emise un unico, profondo singulto saturo di sconfinato sollievo, tanto che rimasi di sasso. Un attimo dopo, con una voce ormai sotto controllo: «Avete una provetta graduata?» mi chiese.

M'alzai dalla sedia con un certo sforzo e gli porsi quanto mi aveva domandato. Lui mi ringraziò sorridendo, con un cenno d'assenso. Poi misurò qualche goccia del liquido sanguigno versandovi la polvere di una cartina. La miscela, che da principio aveva un colore rossastro, cominciò ad assumere brillantezza via via che i cristalli si scioglievano, a diventare effervescente con un intenso sfrigolio e a emanare lievi spire di vapore. A un tratto l'ebollizione cessò e nello stesso istante la soluzione si fece viola scuro per trascolorare ancora, e più lentamente, in un verde acquamarina. Il visitatore, il quale aveva seguito quei mutamenti con un'accesa partecipazione, sorrise, depose il bicchiere graduato sul tavolino, quindi si volse verso di me con occhio indagatore.

«Ora» disse «spicciamo[8] il resto. Volete essere ragionevole? Volete lasciar fare a me? Permetterete che prenda questo bicchiere e me ne vada senza ulteriori spiega-

6 **arrotava i denti**: faceva scricchiolare i denti in segno d'impazienza.

7 **ostentando**: mostrando.

8 **spicciamo**: sbrighiamo in fretta.

Scena tratta dal film *Il dottor Jekyll e Mr. Hyde* diretto da Victor Fleming e interpretato da Spencer Tracy nel 1941.

zioni? Oppure la curiosità avrà il sopravvento su di voi? Prima di rispondere pensateci bene, perché avverrà come voi vorrete. A seconda della vostra scelta, resterete come eravate prima, né più ricco né più saggio, a meno che si possa considerare una ricchezza dell'animo la coscienza di aver teso una mano a un essere in pericolo mortale. Oppure dinnanzi a voi si schiuderanno nuovi regni del sapere e nuove prospettive di fama e di potenza: tutto avverrà qui, in questa stanza, subito. Un prodigio, capace di scuotere l'incredulità di Satana, vi folgorerà lo sguardo.»

«Signore» risposi ostentando un sangue freddo che non avevo affatto «voi parlate per enigmi e non vi stupirete forse, se vi dico che vi ascolto prestando tenue fiducia alle vostre parole. In realtà sono andato troppo oltre sulla strada di questi servigi inesplicabili per fermarmi prima di vedere la conclusione.»

«Sta bene» fu la replica del visitatore. «Ma ricordate il giuramento: quanto avverrà è coperto dal segreto professionale. E ora, voi che siete rimasto ancorato per tanto tempo ai canoni[9] più meschini e materiali, voi che avete negato la virtù della medicina trascendentale[10], voi che avete schernito[11] chi era superiore... Guardate!»

Si portò il bicchiere alle labbra e trangugiò il contenuto tutto d'un fiato. Seguì un grido; cominciò a vacillare, a barcollare; s'aggrappò al tavolo, che divenne il suo sostegno, strabuzzando gli occhi iniettati di sangue, boccheggiando nell'ansimo; e sotto il mio sguardo avvenne, mi parve, una **metamorfosi**... sembrava acquistare turgore[12]... il volto tumefatto all'improvviso, i lineamenti che si dissolvevano cangiando... un attimo dopo scattavo in piedi e con un balzo m'addossavo alla parete alzando le braccia per proteggermi da quel prodigio, l'animo annegato nel terrore.

«Oh Dio!» urlai, e di nuovo, più volte «Dio! Dio» perché là, dinnanzi ai miei occhi... pallido, tremebondo, emergente dal deliquio[13], le mani che annaspavano innanzi a sé come uno che si svincoli dalla morte... c'era Henry Jekyll!

Non sono mai riuscito a consegnare a un foglio quel che mi raccontò nell'ora seguente. Vidi quel che vidi, udii quel che udii e la mia anima ne fu trafitta. Ancor oggi, che quella vista s'è dissolta al mio sguardo, continuo a chiedermi se debbo crederci, e non so dare una risposta. La mia vita è rimasta scossa fino alle radici. Il sonno mi ha abbandonato, giorno e notte mio inseparabile custode è un terrore mortale. Sento che ho i giorni contati e che la fine mi sovrasta, eppure muoio nell'incredulità. Quanto allo sfacelo morale su cui quell'uomo volle alzare un velo impietoso, seppure con le lacrime del penitente, quella vista s'affaccia alla mia riluttante memoria[14] accompagnata ogni volta da un sussulto d'orrore. Voglio dire un'unica cosa, Utterson, e solo che tu ci possa credere sarà bastevole: per confessione stessa di Jekyll, la creatura che quella notte s'insinuò in casa mia rispondeva al nome di Hyde[15], ed era ricercata in ogni angolo del paese come l'assassino di Carew.

Hastie Lanyon

R.L. Stevenson, *Lo strano caso del dottor Jekyll e del signor Hyde*, trad. it. di F. Saba Sardi, Mondadori, Milano, 1985

**PAROLE *sotto la lente***

### Metamorfosi

Il sostantivo deriva dal greco *metamòrfosis* = trasformazione, formato dal prefisso *meta* e dal nome *morfè*, forma. Indica la trasformazione di un essere o di un oggetto in un altro di natura diversa; è un elemento tipico dei racconti mitologici o di fantasia, spesso soggetto di opere letterarie. Il nome è usato anche in zoologia e botanica.

### Attività

Il prefisso *meta-* indica in genere mutamento, trasformazione. Ti elenchiamo una serie di parole: in alcune *meta-* è un prefisso, in altre è parte integrante della radice. Distinguile.
*Metano, meta, metacarpo, metabolismo, metallo, metafisica.*

9 **canoni**: modelli.
10 **medicina trascendentale**: medicina che studia i fenomeni fuori dalla ragione umana.
11 **avete schernito**: vi siete fatto gioco.
12 **sembrava acquistare turgore**: sembrava ingrossarsi, gonfiarsi.
13 **deliquio**: perdita di coscienza.
14 **riluttante memoria**: memoria che si rifiuta di ricordare.
15 **nome di Hyde**: quel mostro era l'assassino Hyde.

## per L'ANALISI del TESTO

### Una figura orrenda

Siamo alle ultime battute del romanzo, di fronte all'unico episodio in cui si manifesta l'incredibile **trasformazione fisica e caratteriale** di un individuo in un'altra persona, grazie all'assunzione di una pozione di sali. Come quasi tutta la vicenda, anche questo passaggio si svolge in una **notte nebbiosa e carica di mistero**.

Il brano si sviluppa come in **un crescendo**. Stevenson fornisce una descrizione fisica dello strano figuro che va a casa del dottor Lanyon, mettendo l'accento sulla sua bruttezza, descrivendo i suoi goffi movimenti, gli abiti troppo grandi: tutto rende questo individuo una paurosa maschera d'uomo, un essere ripugnante, degno protagonista negativo della vicenda. L'impazienza con la quale costui si rivolge al suo **antagonista**, il dottor Lanyon, contribuisce ad accentuare il mistero. Ha fretta di impossessarsi di sali, bicchieri, ampolle.

### Quasi un duello

Mirabile per **intensità emotiva** risulta il breve discorso che il personaggio ancora sconosciuto – si tratta del dottor Jekyll sotto le spoglie dell'assassino Hyde – rivolge all'amico-nemico Lanyon sulla sua volontà o meno, sul suo coraggio di osservare e quindi di partecipare all'evento del secolo. Il mostro Hyde-Jekyll parla di «prodigio» (r. 85), è sicuro che la sua scoperta "scientifica" schiuderà «nuovi regni del sapere e nuove prospettive di fama e di potenza» (rr. 83-84); mette a confronto la «virtù della medicina trascendentale» (r. 95), la sua, con quella rispettosa della morale e delle norme del dottor Lanyon, che non dà gloria e onori immediati.

### Il bene e il male

È il momento in cui Stevenson spinge al culmine il suo interesse per la tradizione romantica dell'uomo che si sdoppia, per il **tema del "doppio"**. Questa è la tesi centrale del romanzo: l'idea che l'essere umano sia uno strano impasto di **ragione** e di **istinto**, di **bene** e di **male**, emerge proprio in queste pagine del romanzo. E spingendoci più in là, intravediamo poi la sconfitta di Jekyll, perché ha creato la pozione, ha dato quasi forma umana alle forze dell'istinto, ma queste prendono il sopravvento sulla ragione. L'individuo diventa mostro, uccide i suoi simili. Per il dottor Lanyon tutto ciò appare come un incubo che lo travolge mortalmente; ne prova disgusto e sente il suo animo «annegato nel terrore» (r. 106).

### Lo stile

Il brano è costruito soprattutto su ampie **sequenze descrittive**, rispondendo alla necessità di ambientare lo svolgimento dei pochi fatti. Prevale un linguaggio adeguato a tenere alta la tensione di un pericolo incombente. Sul piano tecnico, in queste pagine, chi narra segue l'**ordine temporale dei fatti** e per lo più viene espresso il suo punto di vista.

Manifesto dello spettacolo teatrale ispirato al romanzo di Stevenson messo in scena a Londra nel 1886.

# Attività

## Leggere e comprendere

1 **Il visitatore** Che aspetto e che comportamento ha l'uomo che bussa alla porta del dottor Lanyon?

**a.** Ha un aspetto sereno e si comporta con decisione
**b.** Ha un aspetto inquietante e si comporta in modo circospetto
**c.** Ha un aspetto gradevole e ostenta sicurezza
**d.** Ha un aspetto ripugnante e si comporta con gentilezza

2 **Il volto** Il suo volto presenta due particolari caratteristiche. Quali?

**a.** Un evidente vigore muscolare e una fragilità di costituzione
**b.** Uno sguardo cupo e una robusta costituzione
**c.** Un grande vigore muscolare e un fisico molto robusto
**d.** Un volto cadente e un fisico debole

3 **La reazione** Quali sentimenti sorgono nell'animo del dottore a tale vista?

4 **L'abbigliamento** L'autore definisce «grottesco» l'abbigliamento del visitatore. Descrivi le caratteristiche dei suoi abiti, utilizzando parole tue.

5 **La conversazione** Dopo un inizio di conversazione volutamente educata e formale, i due interlocutori mettono in mostra più profonde sensazioni. Quali?

**a.** Il visitatore si annoia e il medico prova paura
**b.** Il visitatore diventa impaziente e il medico si irrita
**c.** Il visitatore ha quasi una crisi di nervi e il medico prova pena
**d.** Il visitatore diventa loquace e il medico è incerto

6 **Il ritrovamento** Dopo aver ritrovato il cassetto, il visitatore assume un comportamento esagerato. Riporta le parole più significative del pezzo di testo che presenta questa scena.

.................................................................................................

.................................................................................................

.................................................................................................

.................................................................................................

7 **La miscela** Quali aspetti del liquido sanguigno sono descritti con particolare attenzione?

**a.** Colore, effervescenza, odore
**b.** Colore, effervescenza, rumore
**c.** Variazioni di colore, effervescenza, rumore
**d.** Variazioni di colore, odore, rumore

8 **Le garanzie** Prima di bere il liquido, che cosa pretende il visitatore dal dottor Lanyon?

**a.** Vuole che non assista direttamente all'assunzione del liquido
**b.** Vuole che racconti quanto vedrà a tutti i suoi pazienti
**c.** Vuole che giuri, da medico, di mantenere segreto quanto vedrà
**d.** Vuole che faccia conoscere al mondo della scienza l'esito dell'esperimento

9 **L'esito** Che cosa succede al visitatore dopo aver bevuto il liquido?

10 **Le motivazioni** Oltre allo spettacolo orribile della trasformazione, anche una ragione più profonda segna da quel momento in poi la vita del dottor Lanyon. Quale?

**a.** Prova orrore per le scoperte scientifiche
**b.** Ritiene amorale manipolare la natura umana
**c.** È inorridito che il visitatore fosse mister Hyde, un assassino spietato
**d.** Vorrebbe ricordare con precisione ma lo sgomento ha cancellato il ricordo

11 **Il significato** Quale tema profondo è sotteso a questa narrazione?

**a.** I rischi della ricerca scientifica
**b.** Il sopravvento del male sul bene
**c.** La serenità data dalle buone azioni
**d.** Le scoperte scientifiche sfuggono al controllo umano

## Riconoscere e analizzare

12 **Il testo** Il passo, di carattere narrativo, è tratto da un romanzo; però la parte presentata appartiene a una tipologia particolare di testo. Quale?

**a.** Un racconto
**b.** Una lettera
**c.** Un diario
**d.** Una relazione

13 **La struttura** Che struttura riconosci nel brano?

**a.** Lineare

**b.** Un intreccio capovolto

**c.** La presenza di un *flashback*

**d.** La presenza di un *flashforward*

14 **Il tempo del racconto** La parte iniziale costituisce una pausa. Riporta le parole del testo che lo testimoniano.

.......................................................................................................

.......................................................................................................

.......................................................................................................

15 **Il tempo della storia** Raccogli le informazioni interne al testo che indicano la durata della vicenda e indicala.

16 **La *Spannung*** Qual è il momento di massima tensione narrativa? Sceglilo tra quelli seguenti, di cui riportiamo le parole iniziali.

**a.** «Questo uomo, che aveva suscitato in me sin dal suo primo apparire...» (rr. 22-23)

**b.** «Fece un salto, poi s'arrestò...» (r. 59)

**c.** «Poi misurò qualche goccia del liquido sanguigno...» (rr. 68-69)

**d.** «Si portò il bicchiere alle labbra...» (r. 97)

17 **Il narratore e la focalizzazione** Come definiresti il narratore e il punto di vista?

18 **Il tono** Con quale tono è condotta la narrazione?

**a.** Drammatico

**b.** Comico

**c.** Ironico

**d.** Distaccato

19 **Il lessico** Il registro linguistico elevato e l'epoca di composizione del romanzo rendono il lessico molto preciso, ricercato e a volte poco facile. Considera i seguenti vocaboli contenuti nel passo e trova per ciascuno un sinonimo più comune, adatto al contesto:

- tranguggiò: (r. 97)
  .......................................................................................................
- vacillare: (r. 98)
  .......................................................................................................
- s'aggrappò: (r. 99)
  .......................................................................................................
- strabuzzando: (r. 100)
  .......................................................................................................
- metamorfosi: (r. 102)
  .......................................................................................................
- turgore: (r. 102)
  .......................................................................................................
- tumefatto: (r. 103)
  .......................................................................................................
- si dissolvevano: (r. 103)
  .......................................................................................................
- cangiando: (r. 104)
  .......................................................................................................

## Rielaborare e produrre

20 **Il riassunto** Sintetizza il racconto in 150 parole, eliminando la struttura della lettera e i discorsi diretti.

21 **Il tuo testo** Nei romanzi o nei film di fantascienza spesso un personaggio muta di aspetto. Ricorda una trasformazione che ti ha particolarmente colpito e presentala in un testo di circa 200 parole.

Isaac Asimov

# Sistema antiquato

In un futuro non troppo lontano due astro-minatori rischiano di essere inghiottiti da un buco nero; la medesima fine si prospetta anche per il sistema solare. I due sono chiamati a salvare se stessi e l'intera umanità.

Da
Bell Telephone Magazine, 1976

Racconto di fantascienza

Ben Estes sapeva di essere sul punto di morire e sapere che erano anni che viveva con quel rischio costante non serviva a sollevargli lo spirito. La vita di astro-minatore operante nella vastissima e ancora in parte inesplorata zona della cintura degli asteroidi[1] non era particolarmente facile, ma sicuramente breve.

Naturalmente c'era sempre la possibilità di una scoperta improvvisa che assicurava la ricchezza, e quella era stata davvero una scoperta sorprendente, altroché! La più grande sorpresa del mondo. Ma non lo avrebbe arricchito. L'avrebbe invece fatto morire.

Harvey Funarelli gemette sommessamente dalla sua cuccetta, ed Estes si voltò con uno spasimo[2] dei suoi muscoli offesi. Erano tutti e due malridotti.

Se lui non era stato colpito così violentemente come Funarelli lo doveva al fatto di essere più robusto e di essersi trovato più vicino al punto del quasi-impatto.

Estes guardò mestamente[3] il compagno e gli chiese: – Come ti senti, Harv?

Funarelli mandò un altro gemito. – Mi sento a pezzi, come se avessi tutte le giunture rotte. Cosa diavolo è successo? Contro cosa siamo andati a sbattere?

Estes gli si avvicinò zoppicando un poco. – Non sforzarti a stare in piedi.

– Riuscirò a farcela, se mi dai una mano... Ecco. Mi pare di avere una costola rotta, qui... Cos'è successo, Ben?

Estes gli indicò l'oblò principale. Non era molto grande ma era il meglio che ci si poteva aspettare in un'astronave capace di trasportare solo due persone. Funarelli camminava lentamente appoggiandosi alla spalla di Estes. Guardò fuori.

C'erano le stelle, ovviamente, ma un astronauta esperto impara a non notarle. Ci sono sempre stelle. Più vicino c'era un ammasso di macigni di varie dimensioni che si muovevano lentamente, con moto consono[4] gli uni rispetto agli altri, come uno sciame di api pigre.

– Mai visto niente di simile prima – dichiarò Funarelli. – Cosa ci fanno qui?

– Quei macigni sono quanto rimane di un asteroide distrutto, credo – disse Estes. – E ruotano intorno all'oggetto che l'ha distrutto e che ha ridotto a malpartito[5] anche noi.

– Cosa? – Funarelli sbirciava inutilmente nel buio.

– Là – indicò Estes. In quella direzione si vedeva una fievole[6] scintilla. – Quello.

– Non vedo niente.

– Infatti. È un buco nero.

I capelli cortissimi di Funarelli si drizzarono ancor più di quanto non lo fossero di solito e nei suoi occhi neri balenò un lampo di terrore. – Sei pazzo – disse.

– No. Di buchi neri ne esistono di tutte le dimensioni.

1 **asteroidi**: piccoli pianeti che gravitano nella fascia tra Marte e Giove.
2 **spasimo**: dolore acuto.
3 **mestamente**: tristemente.
4 **consono**: armonico.
5 **ridotto a malpartito**: ridotto in pezzi, conciato male.
6 **fievole**: debole.

Vasilyij Kandinskij, *Alcuni cerchi*, 1926. (New York, Guggenheim Museum)

Quello ha pressappoco la massa di un grosso asteroide, mi pare, e noi ci stiamo ruotando intorno. Altrimenti come potrebbe mantenerci in orbita una cosa che non vediamo?

– Nei rapporti non compare...

– Lo so. E come potrebbe? È invisibile. È pura massa. Ehi, ecco che arriva il sole.

L'astronave, che girava lentamente, aveva portato il sole in vista e l'oblò si era automaticamente polarizzato[7] in modo da diventare quasi opaco.

– Ad ogni modo siamo stati i primi ad imbatterci di persona in uno dei buchi neri dell'universo. Solo che non vivremo abbastanza perché ce ne venga riconosciuto il merito.

– Che cosa è successo? – chiese Funarelli.

– Ci siamo arrivati abbastanza vicini perché potesse danneggiarci l'effetto di marea[8].

– Quale effetto di marea?

– Non sono un astronomo – spiegò Estes – ma, da come la vedo io, anche quando l'attrazione gravitazionale totale di un affare come questo non è molto grande, se ci si avvicina troppo diventa distruttiva. L'intensità di questa forza decresce così rapidamente con l'aumentare della distanza che l'estremità più vicina di un oggetto viene attratta molto più fortemente dell'estremità opposta. Quindi questo oggetto viene sottoposto a tensione. Quanto più grande e più vicino è l'oggetto, tanto più è pericolosa questa tensione. Su un corpo umano provoca stiramenti muscolari ed è una fortuna se non si rompono le ossa.

Funarelli fece una smorfia. – Non sono tanto sicuro che le mie ossa non siano rotte... E cos'altro è successo?

– I serbatoi del carburante sono stati danneggiati, e noi siamo bloccati qui in orbita... Ed è solo per un caso fortunato che siamo finiti in un'orbita abbastanza lontana e circolare che limita i danni dell'effetto di marea. Se fossimo finiti più vicino o se l'orbita fosse ellittica e il tratto focale troppo basso...

– Possiamo comunicare?

– Neanche una parola – disse Estes. – Le apparecchiature per le comunicazioni sono in pezzi.

– Non le puoi riparare?

– Non sono un esperto in materia, ma anche se lo fossi... No, non si possono riparare.

– Non si può rimediare una apparecchiatura di fortuna?

Estes scrollò la testa. – Non possiamo fare altro che aspettare... e morire. Ma non è questo che mi preoccupa tanto.

– Preoccupa me – disse Funarelli, mettendosi a sedere sulla cuccetta, con la testa fra le mani.

– Abbiamo le pillole[9], e sarebbe una morte facile. Quello che è veramente grave è che non possiamo avvisare della presenza di... quel coso – e indicò col dito l'oblò, tornato trasparente, poiché nel frattempo il sole era uscito di vista.

– E il buco nero? – disse Funarelli.

– È pericoloso. Direi che gira in orbita intorno al sole, ma non posso sapere se quest'orbita è stabile. E se anche lo è, è destinato ad ingrandirsi.

– Immagino che assorba materia.

– Certo, inghiotte tutto quello che incontra, fra cui la polvere cosmica che forma un continuo vortice liberando energia. Questo è il fenomeno che produce quelle

7 **l'oblò...polarizzato**: era diventato impermeabile ai raggi, in modo da non lasciarli filtrare all'interno.

8 **effetto di marea**: il movimento d'innalzamento o di abbassamento del livello del mare, provocato dall'attrazione gravitazionale del Sole e della Luna.

9 **pillole**: pillole di veleno da usare per procurarsi una eventuale morte rapida e indolore.

tenui scintille luminose che si vedono. Ogni tanto, il buco nero inghiotte dei corpi più grossi, i quali producono fasci di radiazioni su tutta la gamma[10], fino ai raggi x[11], durante la caduta. Quanto più il buco si allarga, tanto più facilmente gli riesce di catturare materiale da distanze sempre maggiori.

Per un lungo momento i due guardarono dall'oblò, poi Estes proseguì: – Per ora, forse, sarebbe possibile controllarlo. Se la NASA[12] potesse manovrare un asteroide abbastanza grosso e mandarlo oltre il buco nero nel modo opportuno, questo verrebbe fatto uscire dalla sua orbita per effetto della reciproca attrazione gravitazionale fra il buco nero e l'asteroide. Il buco nero potrebbe essere costretto a seguire una traiettoria tale da farlo uscire dal sistema solare, aiutandolo con accelerazioni addizionali.

– Credi che agli inizi fosse molto piccolo? – chiese Funarelli.

– Può essere stato microscopico ed essersi formato al momento della creazione dell'universo. Da allora ha continuato a crescere per miliardi di anni, e se continua a crescere, poi non sarà più possibile controllarlo. A un dato momento diventerà la tomba del sistema solare.

– E come mai non l'hanno ancora scoperto?

– Perché nessuno lo ha mai cercato. Chi si aspetterebbe un buco nero nella fascia degli asteroidi? Per di più non produce abbastanza radiazioni da rivelare la propria presenza, e lo stesso vale per la sua massa. Ci si deve proprio cascare sopra, come abbiamo fatto noi.

– Sei proprio sicuro che non possiamo comunicare in nessun modo, Ben?... A che distanza ci troviamo da Vesta? Da Vesta ci potrebbero raggiungere rapidamente. È la base più grande nella fascia degli asteroidi.

Estes scrollò la testa. – Non so dove si trovi Vesta rispetto a noi, in questo momento. Anche il computer è a pezzi.

– Dio mio, che cosa non è a pezzi?

– Il sistema di ventilazione funziona. Il purificatore d'acqua pure. Ab-

10 **fasci...gamma:** successione graduata delle radiazioni elettromagnetiche.

11 **raggi x:** radiazioni elettromagnetiche prodotte per frenamento in speciali tubi elettronici.

12 **NASA:** ente aeronautico e spaziale statunitense (*National Aeronautics and Space Administration*).

## L'AUTORE

**Isaac Asimov** nasce nel 1920 in Russia, ma dall'età di 3 anni vive a New York, nel popolare quartiere di Brooklyn, dove la sua famiglia, di religione ebraica, si è trasferita. Si laurea in chimica e per dieci anni insegna alla Boston University. Parallelamente intraprende l'attività di scrittore, combinando felicemente invenzione letteraria e divulgazione scientifica. Per i suoi romanzi e racconti, che spaziano dalla fantascienza, al giallo, alla letteratura per ragazzi, Asimov attinge infatti alla fisica, alla biologia, alla chimica, alla matematica, tanto che lo si può definire uno scienziato con ambizioni letterarie, un umanista che si interroga sui rischi e i vantaggi della tecnologia. Muore a New York nel 1992.

Asimov è considerato il maestro del genere fantascientifico. Gran parte della sua sterminata produzione si articola in cicli narrativi, come il "Ciclo dell'Impero" (*Paria dei cieli*, 1950; *Il tiranno dei mondi*, 1951; *Le correnti dello spazio*, 1952), il "Ciclo dei Robot" (*Io, Robot*, 1950; *Abissi d'acciaio*, 1954; *Il sole nudo*, 1957; *Il secondo libro dei Robot*, 1964; *I robot dell'alba*, 1983; *I robot e l'impero*, 1985) e il "Ciclo della Fondazione" (*Cronache della galassia*, 1951; *Il crollo della galassia centrale*, 1952; *L'altra faccia della spirale*, 1953). In tutti e tre i cicli citati le vicende si svolgono all'interno dell'Impero Galattico, esteso su tutta la Via lattea e avviato verso la decadenza.

biamo forza motrice e viveri. Possiamo tirare avanti per un paio di settimane e forse più.

Seguì un lungo silenzio.

– Vedi – disse Funarelli dopo un po' – anche se non sappiamo esattamente dove si trova Vesta, non può essere però a una distanza maggiore di pochi milioni di chilometri. Se potessimo inviare qualche segnalazione, in meno di una settimana potrebbero far arrivare qui una vedetta automatica[13].

– Già – disse Estes – una vedetta automatica. – Era una cosa facile. Un veicolo senza equipaggio poteva essere accelerato a livelli non sopportabili dall'organismo umano. E avrebbe potuto compiere il tragitto in un terzo del tempo necessario a un'astronave con equipaggio.

Funarelli chiuse gli occhi come se volesse bloccare il dolore, e disse: – Non sottovalutare una vedetta automatica. Potrebbe portarci rifornimenti d'emergenza e il materiale necessario a impiantare un efficiente sistema di comunicazione. Così ci sarebbe possibile resistere fino all'arrivo dei soccorsi veri e propri.

Estes si mise a sedere sull'altra cuccetta. – Non stavo sottovalutando la vedetta automatica, pensavo solo che è impossibile mandare una segnalazione. Non c'è assolutamente nessun modo. Non possiamo nemmeno gridare. Il vuoto dello spazio non trasmette il suono.

– Non posso credere che tu non sia capace di escogitare qualcosa – insistette Funarelli. – Ne va della nostra vita.

– Forse ne va della vita di tutta l'umanità, e tuttavia non riesco a escogitare niente. Perché non provi a pensarci tu?

Funarelli compì un movimento che gli fece sfuggire un gemito. Afferrò i corrimano sulla paratia[14] accanto alla cuccetta e si tirò su. – Per intanto mi viene in mente soltanto questo: perché non fermi i motori gravitazionali[15], così risparmi energia e i muscoli ci faranno meno male?

Estes borbottò: – Buona idea. – Si alzò e si diresse verso il pannello dei comandi per fermare i motori.

Galleggiando verso l'alto con un sospiro di sollievo, Funarelli disse: – Come mai non riescono loro a trovare il buco nero, quegli idioti?

– Vuoi dire come è successo a noi? Perché non c'è altro modo. Non ha delle manifestazioni abbastanza evidenti.

– Sono ancora tutto indolenzito, anche senza la gravità – disse Funarelli. – Oh, be', cosa importa anche se mi sento male, dal momento che dovrò prendere la pillola? Non è possibile far sì che il buco nero si manifesti con maggiore evidenza?

– Se uno di quei macigni finisse ruotando dentro al buco si produrrebbe un'emissione di raggi x visibile sotto forma di lampo – disse Estes.

– E credi che da Vesta riuscirebbero a vederlo?

– Ne dubito – rispose Estes con un cenno di diniego[16]. – Non c'è motivo perché stiano tenendo d'occhio questa zona. Però lo rileverebbero sicuramente dalla Terra. Alcune stazioni spaziali tengono sotto continuo controllo il cielo per scoprire eventuali variazioni di emissioni. Sono in grado di rilevare bagliori eccezionalmente deboli.

– Ottimo, Ben: se li rilevassero dalla Terra andrebbe bene lo stesso. Ordinerebbero a Vesta di investigare. Sarebbero necessari circa quindici minuti perché i raggi x arrivassero sulla Terra, e altri quindici perché dalla Terra le onde radio arrivassero su Vesta.

13 **vedetta automatica**: veicolo spaziale impiegato per attività di vigilanza, a guida automatica, senza uomini a bordo.

14 **paratia**: tramezzo che divide l'astronave.

15 **motori gravitazionali**: motori che producono forza di gravità e impediscono così agli astronauti di galleggiare all'interno della cabina.

16 **diniego**: negazione.

– Ma fra l'arrivo dei raggi x e l'emissione degli ordini dalla Terra quanto tempo potrebbe passare? I rilevatori sono in grado di registrare automaticamente un'emissione di raggi x e stabilirne la direzione di provenienza, ma non possono determinarne la fonte. Potrebbe trovarsi in una remota **galassia** che per caso giace in questa particolare direzione. Qualche tecnico si accorgerà del picco nella registrazione, starà attento per vedere se ne provengono altri dallo stesso punto, ma non ne scoprirà e concluderà che si era trattato di un fenomeno irrilevante. D'altra parte non succederà nemmeno questo, Harv. Quando il buco nero ha sbriciolato l'asteroide col suo effetto di marea devono essersi verificate grandi emissioni di raggi x, ma questo è successo migliaia di anni fa, quando non c'era nessuno che potesse rilevarli. Ora, quello che è rimasto dei frammenti ruota certamente su un'orbita piuttosto stabile.

– Se almeno avessimo i razzi...

– Lasciami pensare. Potremmo spingere la nostra nave nel buco nero, così la nostra morte servirebbe a lanciare un segnale. Ma non avrebbe scopo ugualmente. Sarebbe sempre un singolo impulso proveniente da un punto qualsiasi.

**PAROLE *sotto la lente***

**Galassia**

Il sostantivo proviene dal latino tardo *galaxias*, legato al nome greco *gàla* = latte. In astronomia è il sistema di stelle e di materia interstellare a cui appartiene anche il Sole, detto Via lattea; in senso più ampio indica gli altri sistemi di stelle analoghi alla Via lattea.

**Attività**

Da "galassia" deriva l'aggettivo "galattico" che si incontra composto con prefissi vari. In base ai prefissi, spiega il significato di "extragalattico" e "intergalattico".

– Non stavo pensando a questo – ribatté risentito Funarelli. – Non ho la minima intenzione di fare una morte eroica. Intendevo dire che disponiamo di tre motori. Se potessimo fissarli a tre macigni belli grossi e spedirli separatamente nel buco nero, originerebbero tre vampate di raggi x. Se poi li mandassimo a distanza di un giorno uno dall'altro, la fonte dell'emissione si muoverebbe in modo inequivocabile sullo sfondo delle stelle. Questo dovrebbe colpirli, no? I tecnici se ne accorgerebbero immediatamente, non credi?

– Forse sì e forse no. E inoltre i nostri motori a razzo non funzionano più, e non potremmo in alcun modo trasferirli sui macigni. Se noi... – Estes tacque. Poi riprese con voce alterata: – Mi chiedo se le nostre tute spaziali sono intatte.

– Le radio delle tute! – lo interruppe eccitato Funarelli.

– Diavolo, hanno una portata di pochi chilometri – disse Estes. – Io sto pensando a qualcos'altro. Sto pensando di uscire nello spazio. – E aprì lo stipo delle tute. – Sembrano in ordine – disse dopo averle esaminate.

– Perché vuoi uscire?

– Se non abbiamo razzi ci resta sempre l'energia muscolare. Almeno a me. Tu ti sentiresti capace di tirare un sasso?

Funarelli mosse il braccio nel gesto di chi lancia qualcosa, ma l'aveva appena abbozzato che gli si contorse la faccia per il dolore.

– Io vado fuori a tirare qualche sasso – con-

Illustrazione di Leo Mattioli per *Destinazione Universo*, Vallecchi, Firenze, 1963.

tinuò Estes. – Mi pare che le tute tengano, e se riesco a far cadere qualche sasso nel buco... Mi auguro che il portello stagno funzioni.

– Ma non si sprecherà troppo ossigeno? – obiettò preoccupato Funarelli.

– Cosa vuoi che importi, se ci restano due settimane scarse? – disse Estes.

Gli astro-minatori sono costretti qualche volta a uscire nello spazio, per apportare qualche riparazione alla loro astronave, per esaminare lo scafo, o per avvicinare qualche ammasso minerale vagante nel vuoto. Di solito è un'avventura eccitante, ma nel caso di Estes non si poteva certo dire altrettanto. La sua sensazione predominante era l'ansia, così primitiva, così irrazionale, che quasi se ne vergognava. Era già brutto sapere di dover morire, sentirsi uno stupido non era consolante.

Si trovava nello spazio nero punteggiato dallo scintillio delle stelle che aveva visto centinaia e centinaia di volte, ma adesso, nel fievole riflesso del lontano sole, spiccava anche la pallida luminosità di centinaia di frammenti rocciosi che un giorno dovevano aver fatto parte di un asteroide e adesso giravano come un anello di Saturno in miniatura intorno al buco nero. A guardarli mentre ruotavano in sincronia con la nave alla deriva pareva che stessero immobili.

Estes calcolò la direzione del moto delle stelle e capì che la nave e le rocce giravano lentamente in senso contrario. Se fosse riuscito a gettare una pietra nella direzione del moto stellare ne avrebbe neutralizzato in parte la velocità rispetto al buco nero. Se non fosse riuscito a neutralizzarla abbastanza, o l'avesse neutralizzata troppo, la pietra sarebbe caduta verso il buco, l'avrebbe schivato e sarebbe tornata al punto di partenza. Se invece fosse riuscito a neutralizzarla nel modo giusto, gli si sarebbe avvicinata abbastanza da risentire l'effetto di marea. I granelli di polvere cosmica trascinati nel vortice dentro il buco avrebbero emanato una scarica di raggi x.

Estes scelse alcune pietre grosse come un pugno e le chiuse nella rete da minatore di acciaio al tantalio[17]. Era una fortuna per lui che le moderne tute spaziali gli consentissero ampia libertà di movimento e non fossero più quella specie di rigide bare in cui stavano racchiusi, circa un secolo prima, gli astronauti che erano sbarcati sulla Luna.

17 **tantalio**: elemento chimico che si presenta sotto forma di metallo grigio.

Quando ebbe riempito la rete, prese una pietra e la lanciò. La vide scintillare e offuscarsi sotto i raggi del sole mentre precipitava in direzione del buco nero. Aspettò, ma non accadde nulla. Ignorava quanto tempo potesse impiegare la pietra a cadere nel buco... se poi ci era caduta... ma contò fino a seicento, e poi ne lanciò un'altra.

Ripeté l'operazione più volte con la tenace pazienza di chi sa che l'unica alternativa è la morte, e finalmente dal buco nero scaturì un bagliore. Un lampo di luce visibile, un'emissione improvvisa di radiazioni che raggiungevano sicuramente il grado x.

Dovette interrompersi per raccogliere altre pietre, e a furia di tentativi riuscì a regolare finalmente il lancio. Ormai riusciva a colpire il bersaglio quasi a ogni tiro. Si orientò in modo che il tenue bagliore del buco nero fosse visibile appena al di sopra del centro dell'astronave, posizione che restava fissa mentre la nave ruotava e girava sul proprio asse, o che almeno variava di pochissimo.

Ma nonostante la prudenza, gli pareva di far troppi centri, segno che il buco nero era molto più massiccio di quanto non avesse pensato e capace di ingoiare la preda da una distanza maggiore del previsto. Questo lo rendeva molto più pericoloso, ma aumentava anche le probabilità che qualcuno scorgesse i lampi di luce e provvedesse alla loro salvezza.

Lavorò finché non si sentì sopraffare dalla stanchezza, col braccio e la spalla che gli facevano male. Poi tornò a bordo.

Funarelli lo aiutò a togliersi la tuta. – Era terrificante. Tiravi le pietre dentro il buco.

– Sì – convenne Estes – e mi auguro che la tuta mi abbia protetto contro i raggi x. Non mi andrebbe di morire per avvelenamento da raggi.

– Avranno visto i lampi dalla Terra, non credi?

– Per vederli li hanno visti di sicuro – disse Estes. – Ma gli daranno importanza? Esamineranno le registrazioni e si chiederanno cosa diavolo può averle provocate, ma cosa dovrebbe spingerli a venire a dare un'occhiata da vicino? No, non basta. Bisogna che escogiti qualcosa che li induca a venir qui a vedere. Prima però ho bisogno di riposo.

Un'ora dopo s'infilò un'altra tuta. Non voleva perdere tempo a ricaricare le batterie solari dell'altra. – Spero di riuscire a mirare ancora giusto – disse.

Uscì nello spazio e si rese subito conto che, anche calcolando con un ampio margine velocità e direzione, il buco nero avrebbe subito ingoiato le pietre mentre si avvicinavano rallentando alla fine della traiettoria.

Ne raccolse ancora tante da colmare la rete e poi le sistemò con cura entro una tacca sullo scafo della nave. Naturalmente la rotazione faceva sì che uscissero dall'incavo, ma andavano troppo lentamente alla deriva, e quando Estes ebbe sistemato l'ultima, la prima si era allontanata solo di pochi metri.

Allora cominciò a lanciarle, dapprima con una certa esitazione, poi sempre con maggior sicurezza, e dal buco nero cominciarono a scaturire una serie di lampi.

Estes aveva l'impressione che gli riuscisse più facile colpire il bersaglio perché il buco nero si andava follemente ampliando e inghiottiva voracemente tutto. Fra non molto, temeva, avrebbe ingoiato anche la nave.

Un astronauta esce dalla navicella in un'illustrazione di Thom Dougherty.

Ma naturalmente tutto questo era frutto della sua fantasia eccitata. Finalmente tirò l'ultima pietra. Non ne poteva più. Gli pareva di essere stato fuori per ore e ore.

Quando si ritrovò di nuovo a bordo, appena Funarelli gli ebbe tolto il casco disse: – È fatta. Più di così non posso fare.

– Ho visto moltissimi lampi – disse Funarelli.

– Sì, e li avranno senz'altro registrati. Adesso non ci resta che aspettare. Devono venire.

Un'illustrazione di Enrico Della Torre per una rivista di fantascienza del 1953.

Funarelli lo aiutò a togliersi il resto della tuta, facendo del suo meglio nonostante il dolore degli strappi muscolari. Poi, ansimando e gemendo, si drizzò e chiese: – Credi davvero che verranno, Ben?

– Devono venire – ripeté Estes, come se volesse influire sugli eventi con la sua volontà. – Non possono farne a meno.

– Perché ne sei così certo? – chiese Funarelli, col tono di chi si aggrappa all'ultimo filo di speranza, ma quasi non osa farlo.

– Perché ho inviato una comunicazione – disse Estes. – Noi non siamo solo i primi a esserci imbattuti in un buco nero, ma anche i primi a servircene per comunicare. Siamo i primi a servirci del mezzo che sarà decisivo in futuro, perché renderà possibili le comunicazioni da stella a stella, da galassia a galassia, potrà forse essere anche la principale fonte di energia... – Ansimava, e parlava come un esaltato.

– Ma cosa diavolo dici? – lo interruppe Funarelli.

– Ho tirato quelle pietre secondo un ritmo preciso – spiegò Estes – cosicché anche i lampi dei raggi x sono scaturiti a ritmo. Così: lampo-lampo-lampo; lampo-lampo-lampo; lampo-lampo-lampo.

– E allora?

– È un sistema antiquato, molto antiquato, ma che tutti ricordano dai tempi in cui si comunicava mediante corrente elettrica immessa in un cavo.

– Vuoi dire il fotografo... fonografo[18]...

– Telegrafo, Harv. Quando qualcuno osserverà la registrazione di quei lampi, si scatenerà il finimondo. E non perché saranno riusciti a individuare la fonte dei raggi x, anche se sarà già abbastanza sconcertante sapere che una fonte di raggi x si muove lentissimamente contro le stelle, per cui è logico che si trovi entro il sistema solare. Quello che li farà restare a bocca aperta è il fatto che da quella fonte è stato trasmesso un messaggio: sos, sos, sos... E quando una fonte di raggi x chiede aiuto, puoi star sicuro che arriveranno di gran carriera[19] a vedere cosa... dove... – si addormentò di colpo.

...E cinque giorni dopo arrivò la vedetta automatica.

I. Asimov, *Tutti i racconti*, trad. it. di B. Della Frattina, Mondadori, Milano, 1990

18 **fonografo**: apparecchio per riprodurre i suoni incisi su un disco.

19 **di gran carriera**: rapidamente, di corsa.

## per L'ANALISI del TESTO

### Scienza e fantasia letteraria

Alla base dell'opera di Asimov è l'**intento divulgativo**: egli si serve cioè dell'invenzione letteraria per diffondere nozioni scientifiche. Nel caso di questo racconto il tema sono i buchi neri e i rischi che essi comportano per la Terra e l'intero sistema solare.

Il racconto prende avvio ***in medias res***, senza preamboli, con i due protagonisti, due astro-minatori, di fronte a un evento nuovo, noto agli scienziati, ma mai sperimentato: la loro astronave è entrata nell'orbita di un buco nero; l'impatto ha messo fuori uso la strumentazione di bordo, facendo perdere i contatti con la Terra.

### I due astro-minatori

Il lettore viene a conoscenza di quanto accade attraverso i **dialoghi** che si svolgono tra i due personaggi, Ben Estes e Harvey Funarelli. Il primo si rivela essere astronauta intelligente e capace, conoscitore dell'astronave e del suo funzionamento: ha chiaro il rischio che lui e il compagno stanno correndo. Il secondo ha un ruolo di spalla: pone le domande per avere i chiarimenti tecnici che poi servono al lettore. Li differenzia anche un altro aspetto: Ben Estes non ha paura di morire, ma prima vorrebbe poter avvertire gli scienziati del pericolo che corre la Terra per la presenza del buco nero; Funarelli, al contrario, vuole in primo luogo salvare se stesso e poco gli importa morire da eroe. In ogni modo, è necessario trovare una soluzione, e naturalmente è Ben Estes a trovarla, utilizzando un elemento tutto umano come «l'energia muscolare» (rr. 205-206) unito a un sistema «molto antiquato, ma che tutti ricordano dai tempi in cui si comunicava mediante corrente elettrica immessa in un cavo» (rr. 321-322): uscito dall'astronave, scaglia dei sassi dentro al buco nero; le emissioni di radiazioni che si produrranno con ritmica scansione dovrebbero richiamare l'attenzione degli scienziati. Le sue previsioni si rivelano giuste: il racconto si chiude sull'arrivo dei soccorsi.

Il finale, con lo stratagemma del vecchio sistema del telegrafo, sottolinea un aspetto fondamentale della scienza: l'importanza dell'**esperienza del passato** per comprendere e risolvere i problemi del presente.

La Stazione Spaziale Internazionale in una foto del 2011.

# Attività

## Leggere e comprendere

1 **La situazione iniziale** In quale particolare situazione si trovano gli astro-minatori Estes e Funarelli?

**a.** La loro astronave è entrata nell'orbita di un buco nero
**b.** La loro astronave è atterrata su Marte
**c.** Stanno rientrando sulla Terra
**d.** Sono stati attaccati dai marziani

2 **Le condizioni fisiche** I due uomini hanno problemi fisici. A che cosa sono dovuti?

**a.** La navicella ha un'avaria ai motori gravitazionali
**b.** La navicella è stata colpita da un asteroide
**c.** Sono stati danneggiati dall'«effetto di marea» del buco nero
**d.** Si sono trovati in mezzo a una guerra stellare

3 **Dall'oblò** Che cosa nota di diverso dal solito Funarelli, guardando dall'oblò dell'astronave?

4 **Il problema** In che cosa identifica il problema Estes? E per quale motivo Funarelli è dubbioso e preoccupato?

5 **L'avaria** Quali apparecchiature dell'astronave non funzionano?

**a.** I serbatoi, le apparecchiature per la comunicazione, l'impianto di purificazione
**b.** Il computer, il sistema di ventilazione, le apparecchiature per la comunicazione
**c.** I serbatoi, le apparecchiature per la comunicazione, il computer
**d.** Gli impianti di purificazione, il computer, i serbatoi

6 **Le preoccupazioni** Estes e Funarelli hanno preoccupazioni differenti: quali?

7 **La soluzione** Qual è l'unica soluzione che riesce a trovare Estes?

8 **Il timore** Che cosa teme Estes dopo il primo tentativo di richiesta d'aiuto?

**a.** Teme che dalla Terra non diano importanza ai raggi
**b.** Teme che finisca la riserva di sassi
**c.** Teme che dalla Terra non giungano in tempo i soccorsi
**d.** Teme di non avere forze per lanciare sufficienti sassi

9 **Il «sistema antiquato»** In che cosa consiste il «sistema antiquato» che utilizza Estes?

## Riconoscere e analizzare

10 **Le sequenze** Ti suggeriamo la suddivisione in sequenze del testo; tu attribuisci a ciascuna un titolo nominale.

- rr. 1-215: ..........
- rr. 216-271: ..........
- rr. 272-285: ..........
- rr. 286-332: ..........

11 **Il tempo** In base alle informazioni presenti nel testo, determina il periodo in cui si svolge la vicenda.

12 **Lo spazio** La maggior parte della vicenda si svolge all'interno della navicella spaziale, ma attraverso l'oblò gli astronauti osservano lo spazio intorno a loro. Quali elementi individuano?

**a.** Le stelle, macigni, resti dell'asteroide, il buco nero
**b.** Un'altra astronave, il buco nero, resti dell'asteroide
**c.** Le stelle, la vedetta automatica, i resti dell'asteroide, il buco nero
**d.** Il sole, la vedetta automatica, i resti dell'asteroide, il buco nero

13 **I personaggi** Individua le differenti caratteristiche psicologiche di Estes e di Funarelli tra quelle che ti elenchiamo:

sfiducia • intuizione • scoramento • determinazione • timore • ingegno

- Estes: ..........
..........
- Funarelli: ..........
..........

14 **Il lessico** Il testo presenta vari termini scientifici. Rintracciali e spiegali; se necessario consulta il dizionario.

15 **Il lapsus** Funarelli dice «fotografo... fonografo» (r. 323) invece che telegrafo. A che cosa imputi il suo errore?

**a.** Sono termini difficili di cui non conosce il significato
**b.** Sono parole ormai lontane nel tempo e in disuso
**c.** È stanco e non ricorda bene
**d.** Hanno più o meno lo stesso significato

## Rielaborare e produrre

16 **La riflessione finale** Quale riflessione propone il finale del racconto, anche in relazione al valore che ha oggi l'innovazione tecnico-scientifica? Chiarisci il tuo punto di vista in un testo espositivo di circa 80 parole.

17 **Il tuo finale** Dai spazio alla tua fantasia e scrivi un altro finale della storia, di lunghezza adeguata al testo.

cinema

VARIAZIONI sul tema

# La fantascienza nei film

Molti registi cinematografici si sono cimentati con la fantascienza, spesso traendo ispirazione da opere letterarie.

- Dal romanzo *Fahrenheit 451* di Ray Bradbury il regista francese François **Truffaut** ha tratto nel 1966 l'omonimo film, in cui si racconta di una immaginaria società dittatoriale che ha messo al bando ogni strumento che possa alimentare la libertà di pensiero, in primo luogo i libri. Il protagonista è un vigile del fuoco, il cui compito è quello di mettere al rogo i volumi che alcuni si ostinano a nascondere. Presto, però, egli stesso si lascia incuriosire dalla parola scritta e si unisce a coloro che cercano di salvare questo bene prezioso per l'umanità.
- Capolavoro assoluto, non solo del cinema di fantascienza, è *2001: Odissea nello spazio* (1968). Realizzato dal regista Stanley **Kubrick** sulla sceneggiatura dello scrittore Arthur C. Clarke, *2001* rappresenta una delle riflessioni più articolate sul rapporto tra civiltà e tecnologia e sul destino dell'umanità.
- Dal romanzo *Il cacciatore di androidi* di Philip K. Dick, il regista Ridley **Scott** ha tratto *Blade Runner* (1982). Ambientato in una ormai invivibile Los Angeles, il film è incentrato su un cacciatore di taglie che viene incaricato dalla polizia di rintracciare e catturare alcuni "replicanti", androidi destinati al lavoro nelle colonie spaziali, i quali hanno raggiunto la Terra per alterare il loro codice genetico, infiltrandosi nelle industrie che li fabbricano.
- Nel 1982 Steven **Spielberg** firma il film *E.T. – L'extra-terrestre*. Racconta la storia di una piccola creatura galattica abbandonata per sbaglio in un bosco della California dalla sua astronave e aiutata da un coraggioso ragazzino a ricongiungersi con i suoi simili.
- Il film *Matrix* (1999) di Larry e Andy **Wachowski** ci proietta nel XXII secolo, in un mondo sopravvissuto a una catastrofe. In esso, macchine intelligenti imprigionano gli uomini, illudendoli di vivere nel mondo conosciuto grazie al programma Matrix, che simula una realtà virtuale simile a quella in cui sono vissuti fino ad allora. Spetta all'hacker Neo, con l'aiuto del pirata informatico Morpheus, risvegliare l'umanità dal sonno cibernetico e liberarla dalla schiavitù.
- Nel 2005 Steven **Spielberg** realizza *La guerra dei mondi*, tratto dall'omonimo romanzo di H.G. Wells, già proposto in versione cinematografica nel 1953. Qui gli alieni invadono la Terra, provocando il panico tra gli umani; ma, dopo un duro scontro per la sopravvivenza, saranno i batteri e i virus che infestano il pianeta a sconfiggere gli invasori.
- Nel 2009 esce il film *Avatar*, del regista James **Cameron**. Il pianeta Pandora è per gli abitanti della Terra un luogo da studiare ma, soprattutto, da colonizzare in quanto ricco di giacimenti minerari. Al terrestre Jake viene affidato il compito di farsi accettare dagli indigeni per conoscerne gli usi e i costumi, e capire se sia possibile colonizzarli. Siccome l'atmosfera del pianeta è tossica per gli umani, l'esplorazione viene condotta tramite gli "avatar", esseri creati dagli scienziati, ai quali gli umani possono trasferire la propria coscienza e che possono controllare. Il punto di vista di Jake cambia quando si innamora di Neytiri, una guerriera indigena.

Scena tratta dal film *2001: Odissea nello spazio* diretto da Stanley Kubrick nel 1968.

Antonio Tabucchi

# Sogni di viaggi, avventure e libertà

Da
Sogni di sogni, 1992
Testo narrativo

Il brano racconta il sogno del narratore scozzese Robert Louis Stevenson, autore di fiabe, racconti e romanzi di straordinaria forza inventiva e di affascinante capacità di affabulazione. Non a caso, quando Stevenson alla fine della sua vita si ritirò nelle isole Samoa, a nord della Nuova Zelanda (e a questi anni si ispira il testo di Tabucchi), fu chiamato dagli indigeni Tusitala ("narratore di storie"). Il racconto esalta i temi dell'avventura, del viaggio, della fuga dalla realtà, cari a Stevenson.

Una notte di giugno del 1865, quando aveva quindici anni, mentre si trovava in una stanza dell'ospedale di Edimburgo, Robert Louis Stevenson, futuro scrittore e viaggiatore, fece un sogno. Sognò che era diventato un uomo maturo e che si trovava sopra un veliero. Il veliero aveva le vele gonfie di vento e viaggiava nell'aria. Lui reggeva il timone e lo pilotava come si pilota un pallone aerostatico. Il veliero passò sopra Edimburgo, poi attraversò le montagne di Francia, si allontanò dall'Europa e cominciò a sorvolare un oceano azzurro. Lui sapeva che aveva preso quel vascello perché i suoi polmoni non riuscivano a respirare, e aveva bisogno d'aria. E ora respirava proprio bene, i venti gli riempivano d'aria pulita i polmoni e la sua tosse si era calmata.

Il veliero si posò sull'acqua e cominciò a filare veloce. Robert Louis Stevenson aveva sciolto tutte le vele e si lasciava guidare dal vento. A un certo punto vide un'isola all'orizzonte, e tante lunghe canoe, guidate da uomini scuri, gli si fecero incontro. Robert Louis Stevenson vide che le canoe gli si affiancavano e che gli indicavano la rotta da seguire; e mentre così facevano gli indigeni cantavano canti di allegria e lanciavano sul ponte della nave corone di fiori bianchi.

Quando arrivò a cento metri dall'isola, Robert Louis Stevenson gettò l'ancora e con una scaletta di corda scese fino alla canoa principale che lo aspettava sotto le murate. Era una canoa maestosa, con un totem gigantesco sulla prua. Gli indigeni lo abbracciarono e gli fecero vento con larghe foglie di palma, mentre gli offrivano frutta dolcissima.

## L'AUTORE

**Antonio Tabucchi** nasce a Pisa nel 1943. Profondo conoscitore della letteratura e della cultura portoghese, traduttore di Fernando Pessoa (1888-1935), ha scritto diversi romanzi tra cui *Piazza d'Italia* (1975), *Notturno indiano* (1984), *Sostiene Pereira* (1994). Nel 1992 ha pubblicato *Sogni di sogni*, in cui racconta i sogni immaginari di alcuni grandi artisti della storia (Ovidio, Apuleio, Caravaggio, Leopardi, Collodi, Rimbaud, Čechov, Debussy, Pessoa, García Lorca, ecc.), un'occasione per narrare in modo suggestivo alcuni aspetti della loro vita, delle loro idee, della loro arte. Tabucchi muore a Lisbona nel 2012.

Ad attenderli sull'isola c'erano donne e fanciulli che danzavano ridendo e che gli misero al collo collane di fiori. Il capo del villaggio gli si avvicinò e gli indicò la vetta della montagna. Robert Louis Stevenson capì che doveva raggiungerla, ma non sapeva perché. Pensò che con la sua cattiva respirazione non ce l'avrebbe mai fatta a raggiungere la vetta, e con cenni approssimativi cercò di spiegarlo agli indigeni. Ma loro avevano già capito, e avevano preparato una portantina intrecciata di giunchi e di foglie di palma. Robert Louis Stevenson vi si accomodò e quattro indigeni robusti si issarono la portantina sulle spalle e cominciarono a salire la montagna. Salendo, Robert Louis Stevenson vedeva un panorama inspiegabile: vedeva la Scozia e la Francia, l'America e New York, e tutta la sua vita passata che doveva ancora essere. E lungo i fianchi della montagna alberi benefici e fiori carnosi riempivano l'aria di un profumo che gli apriva i polmoni.

Gli indigeni si arrestarono di fronte a una grotta e si sedettero per terra incrociando le gambe. Robert Louis Stevenson capì che doveva entrare nella grotta, gli dettero una torcia e lui entrò. Faceva fresco, e l'aria sapeva di muschio. Robert Louis Stevenson avanzò nel ventre della montagna fino a una stanza naturale che lontani terremoti avevano scavato nella roccia e nella quale c'erano enormi stalattiti. In mezzo alla stanza c'era un forziere d'argento. Robert Louis Stevenson lo spalancò e vide che dentro c'era un libro. Era un libro che parlava di un'isola, di viaggi, di avventure, di un bambino e di pirati; e sul libro c'era scritto il suo nome. Allora uscì dalla grotta, diede ordine agli indigeni di tornare al villaggio e si arrampicò fino sulla vetta con il libro sotto il braccio. Poi si stese sull'erba e aprì il libro alla prima pagina. Sapeva che sarebbe rimasto lì, su quella vetta, a leggere quel libro. Perché l'aria era pura, la storia era come l'aria e apriva l'anima; e là, leggendo, era bello aspettare la fine.

A. Tabucchi, *Sogni di sogni*, Sellerio, Palermo, 1992

Viaggio fantastico di un vascello tra le nuvole, alla ricerca di una nuova avventura e di una nuova realtà.

# Attività

## Comprendere il testo narrativo

1 **Il simbolismo** A tuo avviso, che cosa simboleggiano l'immagine della grotta e quella del protagonista che sale in cima alla montagna per leggere un libro?

2 **L'accoglienza** Qual è l'accoglienza che gli indigeni riservano allo scrittore? Che cosa simboleggia?

3 **Il viaggio** Tema centrale del racconto è il viaggio: si tratta solo di un viaggio fisico e geografico (Scozia, Francia, America) o anche di un viaggio di altro tipo?

4 **Il libro** Sai individuare quale libro Stevenson si appresta a leggere?

5 **Il narratore** Chi racconta questo sogno?

6 **I mezzi di trasporto** Nel sogno, con quali mezzi progressivi di trasporto Stevenson si avvicina alla meta?

## Analizzare il testo narrativo

7 **Il lessico** Sottolinea i termini che rimandano all'esotico, al lontano, al mondo oceanico.

8 **I temi** Quali temi cari a Stevenson vengono presentati in questo brano da Tabucchi?

# Hugo Cabret

Regia
Martin Scorsese

Interpreti
Ben Kingsley, Sacha Baron Cohen, Asa Butterfield

Data di uscita
2011

Genere
Fantasy

La locandina del film *Hugo Cabret* diretto da Martin Scorsese nel 2011.

## Trama

In una Parigi irreale, spruzzata di neve, in un tempo databile agli anni Venti del secolo scorso, vive un ragazzo di circa 12 anni. Se ne sta nascosto nella stazione ferroviaria principale della città. Il suo compito è quello di controllare gli orologi della stazione, ricaricandoli quando è necessario. Si chiama Hugo Cabret, è orfano e inseguito da un ridicolo ispettore ferroviario che, con l'aiuto di un feroce mastino, cerca di catturarlo per spedirlo in orfanotrofio. Hugo Cabret è abile nell'aggiustare congegni meccanici. Possiede un automa dallo sguardo inquietante che dovrebbe scrivere, ma gli mancano alcuni congegni; è tutto ciò che lo lega al padre defunto, anch'egli appassionato di meccanica. Hugo Cabret vuole farlo funzionare, convinto che possa scrivere un messaggio del padre per lui. L'atmosfera diventa sempre più misteriosa quando il ragazzo s'imbatte in uno strano commerciante di giocattoli, George Méliès, che lo accusa di essere un ladro di strumenti, di rotelle, di bilancieri. In suo aiuto compare la figlia adottiva del signor Méliès. I due scoprono che George Méliès è stato un pioniere del cinema, un grande regista: l'automa era una sua creazione. Grazie ai due ragazzi, l'arte cinematografica di Méliès torna di attualità e viene celebrata di nuovo con successo. Hugo Cabret vede nell'automa la passione per il cinema del padre e capisce che è proprio questa l'eredità che gli ha lasciato.

Una scena tratta dal film *Hugo Cabret*.

## Analisi

Il film oscilla in continuazione tra realtà e fantasia, tra poesia e mistero. La stazione ferroviaria è un concentrato di gente in continuo movimento, frettolosa e incurante. Lo spettatore rimane affascinato dai giganteschi congegni meccanici entro i quali si muove il protagonista: il continuo ticchettio, il girare di rotelle e incastri, i pesi e i contrappesi che salgono e scendono. Il ragazzo dall'alto, nascosto dietro le lancette, controlla questo mondo che viaggia verso chissà quale meta. L'ansia e il senso d'inquietudine sono attenuati dalla disordinata caccia che l'ispettore sostiene nei confronti di Hugo Cabret e che mette sottosopra l'intera stazione.

Mentre prosegue il racconto, si fa più pressante la necessità di risolvere l'enigma dell'automa. Bisogna aspettare le battute finali del film, però, per capirne l'origine, il valore di meccanismo usato nel cinema per stupire e il nome di chi lo ha progettato.

Il film ha il merito di rivalutare uno dei registi cinematografici dei primordi, George Méliès (1861-1938), che è stato un pioniere del cinema. E con lui, è il cinema stesso a essere celebrato come l'arte che ha il «potere di catturare i sogni». *Hugo Cabret* si chiude con George Méliès, di nuovo acclamato, che dal palco esorta il pubblico: «Venite a sognare con me».

Altre scene tratte dal film *Hugo Cabret*.

# RACCOGLIAMO LE IDEE

## 1 Sintesi dei contenuti

Attraverso l'attività seguente e le citazioni tratte dai brani che hai letto, esegui un lavoro di sintesi dei concetti e delle informazioni presentati nell'Unità. Se lo ritieni utile, puoi inserire altre citazioni per te significative.

Approfondisci il confronto tra i passi letti completando lo schema. Ricorda i brani letti e individua in ciascuno di essi gli elementi più evidentemente fantastici. Te ne indichiamo alcuni, in modo disordinato; tu abbinali al testo a cui si riferiscono. Se vuoi, puoi aggiungerne altri che ti sembrano interessanti.

Sotto terra c'è un ambiente arredato e un giardino • Esiste un liquido che, se bevuto, permette all'uomo di cambiare aspetto e carattere • Il Coniglio parla, porta abiti • La bambina precipita con grande lentezza • Esistono altri mondi abitati • È un sistema risalente ai tempi in cui si comunicava mediante corrente elettrica immessa in un cavo

*Alice nella tana del Coniglio* → 

*La terribile trasformazione* → 

*Sistema antiquato* → 

## 2 Citazioni dai brani

Non c'era troppo da meravigliarsene, né Alice pensò che fosse troppo strano sentir parlare il Coniglio, il quale diceva fra sé: «Oimè! oimè! ho fatto tardi!» [...] ma quando il Coniglio trasse un orologio dal taschino della sottoveste e lo consultò, e si mise a scappare, Alice saltò in piedi pensando di non aver mai visto un Coniglio con la sottoveste e il taschino, né con un orologio da cavar fuori [...]

Lewis Carroll, *Alice nella tana del Coniglio*

Si trovava nello spazio nero punteggiato dallo scintillio delle stelle che aveva visto centinaia e centinaia di volte, ma adesso, nel fievole riflesso del lontano sole, spiccava anche la pallida luminosità di centinaia di frammenti rocciosi che un giorno dovevano aver fatto parte di un asteroide e adesso giravano come un anello di Saturno in miniatura intorno al buco nero. A guardarli mentre ruotavano in sincronia con la nave alla deriva pareva che stessero immobili.

Isaac Asimov, *Sistema antiquato*

Permetterete che prenda questo bicchiere e me ne vada senza ulteriori spiegazioni? Oppure la curiosità avrà il sopravvento su di voi? [...] A seconda della vostra scelta, resterete come eravate prima, né più ricco né più saggio, a meno che si possa considerare una ricchezza dell'animo la coscienza di aver teso una mano a un essere in pericolo mortale. Oppure dinnanzi a voi si schiuderanno nuovi regni del sapere e nuove prospettive di fama e di potenza: tutto avverrà qui, in questa stanza, subito. Un prodigio, capace di scuotere l'incredulità di Satana, vi folgorerà lo sguardo.

Robert Louis Stevenson, *La terribile trasformazione*

[...]

..........................................................................................

..........................................................................................

..........................................................................................

..........................................................................................

Sognò che era diventato un uomo maturo e che si trovava sopra un veliero. Il veliero aveva le vele gonfie di vento e viaggiava nell'aria. Lui reggeva il timone e lo pilotava come si pilota un pallone aerostatico.

Antonio Tabucchi, *Sogni di viaggi, avventure e libertà*

[...]

..........................................................................................

..........................................................................................

..........................................................................................

..........................................................................................

..........................................................................................

## 3 Scrittura guidata *il racconto*

Produci un racconto di genere fantastico, ampio e ben strutturato, utilizzando e componendo alcune delle "situazioni fantastiche" che hai evidenziato nell'attività precedente. Ad esempio, puoi raccontare di Alice che si trasforma come il dottor Jekyll, di un astro-minatore che vive nella tana del Coniglio, ecc. Puoi anche inserire elementi nuovi e personali. Attribuisci poi al tuo racconto un titolo significativo.

Ricorda le componenti della produzione del testo narrativo (struttura, *fabula*/intreccio, tempo della storia, tempo del racconto, narratore, spazio e tempo, personaggi, ► p. 10). Scegli come utilizzarle nel tuo racconto (narratore interno o esterno? struttura lineare o con *flashback*? quali personaggi? dove?) in base alle richieste della traccia e fissale in una scaletta. Fai attenzione a progettare un testo equilibrato nelle parti.

Puoi servirti della scaletta presentata di seguito come punto di partenza, ma solo se si adatta alle scelte che hai fatto, altrimenti sostituiscila in base al tuo progetto di racconto.

**Situazione iniziale**

- ..........................................................................................

**Rottura dell'equilibrio iniziale**

- ..........................................................................................

**Evoluzione della vicenda**

- Prima situazione / fatto
- ..........................................................................................
- ..........................................................................................
- Seconda situazione / fatto
- ..........................................................................................
- Terza situazione / fatto
- ..........................................................................................
- Massima tensione narrativa

**Ricomposizione della vicenda**

**Conclusione**

- ..........................................................................................

Terry Pratchett

# Il mago e il turista

Da
Il colore della magia, 1983

Romanzo fantasy

Il Mondo Disco è una terra piatta e circolare, sorretta da quattro elefanti che, a loro volta, poggiano sul guscio di una gigantesca tartaruga che fluttua nello spazio. In una città di Mondo Disco, Ankh-Morpork, vive il protagonista Scuotivento, un mago fallito che incrocia un individuo di nome Duefiori, proveniente da un continente del bordo esterno del disco. È venuto da turista, accompagnato da Bagaglio, un forziere dentato pieno di monete d'oro, che cammina e intuisce le intenzioni degli uomini. Duefiori assume Scuotivento come guida e i due iniziano la visita della città, sotto l'occhio attento del Patrizio, il governatore.

Il Patrizio di Ankh-Morpork sorrise, ma solo con le labbra.

«La Porta del Centro, hai detto?» mormorò.

Il capitano delle guardie si mise sull'attenti. «Sì, mio signore. Per fermarlo, abbiamo dovuto sparare al cavallo.»

«Ciò che ti porta qui per direttissima», disse il Patrizio rivolto a Scuotivento. «Cosa hai da dire a tua discolpa?»

Correva voce che un'intera ala del palazzo del Patrizio fosse occupata da impiegati che trascorrevano le giornate a collazionare e aggiornare tutte le informazioni raccolte dal sistema spionistico estremamente sofisticato del loro padrone. Scuotivento non ne dubitava. Lanciò un'occhiata alla balconata che correva lungo un lato della sala delle udienze. Una corsa improvvisa, un salto agile... Una grandine di frecce di balestra[1]. Rabbrividì.

Il Patrizio appoggiò il mento sulla mano inanellata e fissò il **mago** con i suoi occhi piccoli e duri come i grani di una collana.

«Vediamo», disse. «Spergiuro, furto di un cavallo, moneta falsa... Sì, credo che ti aspetti l'Arena, Scuotivento.»

Questo era troppo.

«Non ho rubato il cavallo. L'ho comprato onestamente.»

«Ma con una moneta falsa. Tecnicamente, vedi, si tratta di furto.»

«Ma quei rhinu[2] sono di oro puro!»

«Rhinu?» Il Patrizio ne fece girare uno tra le sue dita tozze. «È così che si chiamano? Interessante. Ma, come hai osservato tu stesso, non assomigliano molto ai talleri[3]...»

«Be', naturalmente non sono...»

«Ah, allora l'ammetti?»

Scuotivento aprì la bocca per parlare, ci ripensò e la richiuse.

«Proprio così. E per di più c'è anche l'onta[4] morale che accompagna il vigliacco tradimento di un visitatore nel nostro Paese. Vergogna, Scuotivento.»

Il Patrizio fece un gesto vago con la mano. Le guardie, alle spalle del mago, indietreggiarono e il capitano si spostò a destra di qualche passo. Scuotivento a un tratto si sentì molto solo.

1 **Una grandine... balestra**: in caso di fuga, sarebbe stato trafitto dalle frecce.
2 **rhinu**: moneta corrente nel continente situato sul bordo esterno del disco, che più oltre viene chiamato Continente Contrappeso.
3 **talleri**: sono le monete in circolo ad Ankh-Morpork.
4 **onta**: vergogna, disonore.

PAROLE *sotto la lente*

**Mago**

Il sostantivo riproduce il latino *magus* e il greco *mágos*, legati a un'antica voce persiana *malus*. In senso proprio indica un antico sacerdote della religione persiana, ma in generale indica coloro che esercitano le arti della magia, o personaggi mitici dai poteri e dalla sapienza soprannaturali (Mago Merlino). Per estensione, si definisce "mago" una persona dotata di straordinarie abilità ("un mago della cucina").

**Attività**

Il nome ha un plurale regolare ("maghi") e uno insolito, usato nella tradizione cristiana. Qual è? In quale espressione si usa?

Si dice che quando un mago è vicino a morire, Morte stesso si faccia avanti a reclamarlo (invece di delegare il compito, come di solito, a un subordinato, Malattia o Fame). Scuotivento cercò nervosamente con gli occhi un'alta figura in nero (i maghi, anche quelli falliti, oltre alla bacchetta e al cappello a cono, hanno nelle pupille i minuscoli ottagoni che gli permettono di guardare dentro il distante ottarino, il colore base di cui tutti gli altri sono soltanto le pallide ombre che si riflettono nel normale spazio quadridimensionale. Si dice sia una specie di porpora fluorescente giallo-verdastra).

Era un'ombra guizzante quella che vedeva nell'angolo?

«Naturalmente potrei mostrarmi misericordioso», dichiarò il Patrizio.

L'ombra scomparve. Scuotivento alzò lo sguardo, un'espressione di folle speranza sul volto.

«Sì?» disse.

Di nuovo il Patrizio fece un gesto. Le guardie lasciarono la sala.

«Avvicinati, Scuotivento», gli ordinò. Indicò una ciotola di cibi appetitosi su un basso tavolo di onice[5] vicino al trono. «Gradiresti una medusa candita? No?»

«Uhm, no», rispose Scuotivento.

«Ora voglio che ascolti molto attentamente ciò che sto per dirti», gli comunicò il Patrizio in tono amabile «altrimenti morirai. In modo interessante. E lento. Per piacere, smetti di agitarti. Dato che sei un mago, tu sai di certo che viviamo su un mondo a forma di disco. E che si dice esista, sul bordo esterno, un continente il quale, sebbene piccolo, eguaglia in peso tutte le altre grandi terre di questo semicerchio. E che, secondo un'antica leggenda, ciò è dovuto al fatto che sia composto in grande misura d'oro.»

Scuotivento annuì. Chi non aveva sentito parlare del Continente Contrappeso? Certi marinai credevano perfino alle favole dell'infanzia e veleggiavano alla sua ricerca. Naturalmente, tornavano a mani vuote o non tornavano affatto. Probabilmente erano stati divorati da tartarughe giganti, come sostenevano i marinai più seri. Perché di sicuro il Continente Contrappeso non era altro che un mito solare.

«Il Continente esiste, naturalmente» affermò il Patrizio. «Anche se non è fatto d'oro, è vero che lì l'oro è un metallo molto comune. La maggior parte della massa consiste di vasti e profondi giacimenti di ottironi sotto la crosta. Pertanto sarà chiaro a una mente acuta come la tua che l'esistenza del Continente Contrappeso rappresenta una minaccia mortale per il nostro popolo...» Fece una pausa. Scuo-

5 **onice**: pietra usata in gioielleria e nell'arredamento.

## L'AUTORE

**Terry Pratchett** è nato in Inghilterra nel 1948. Appassionato sin da ragazzo di astronomia, si nutre di letture di fantascienza e di avventure. Comincia a lavorare come giornalista in un giornale di provincia e, in seguito, viene assunto come addetto stampa presso un ente di grande importanza nel campo della produzione dell'energia nucleare. Nel 1983 scrive *Il colore della magia* e, da quel momento, assume l'attività di scrittore come professione e pubblica numerosi romanzi di largo successo, tradotti in tutto il mondo. Si tratta di romanzi fantasy, imperniati su uno strano mondo fantascientifico, che rientrano in quattro distinti cicli: il ciclo di Mondo Disco, delle Streghe, delle Guardie e della Morte. Malato da tempo, Pratchett muore nel 2015.

tivento l'ascoltava a bocca aperta. Sospirò e aggiunse: «Possibile mai che non mi capisci?»

«Aargh.» Scuotivento deglutì e si passò la lingua sulle labbra. «Voglio dire, no... Voglio dire... Be', l'oro...»

«Capisco. Forse pensi che sarebbe magnifico andare al Continente Contrappeso e riportarne una nave carica d'oro?»

Scuotivento sospettò che gli si stesse tendendo un tranello e azzardò: «Sì?»

«E se ogni uomo sulle rive del Mare Circolare possedesse una montagna d'oro tutta sua? Sarebbe un bene? Cosa accadrebbe? Rifletti.»

Scuotivento aggrottò la fronte. Pensava. «Saremmo tutti ricchi?»

Il calo di temperatura che accolse la sua osservazione gli fece capire che non era quella giusta.

«Tanto vale che ti dica, Scuotivento, che esiste un certo contatto tra i Signori del Mare Circolare e l'Imperatore dell'Impero Agateo, come è chiamato. Un contatto molto vago. Abbiamo poco in comune: noi non possediamo nulla che loro vogliano e loro non hanno nulla che noi possiamo permetterci. È un impero antico, Scuotivento. Antico, astuto, crudele e molto, molto ricco. Così ci scambiamo saluti fraterni con la posta a mezzo albatro[6]. A intervalli non frequenti.

«Una di queste lettere è arrivata stamattina. Sembra che uno dei soggetti dell'impero si sia messo in testa di visitare la nostra città. Per guardarla. Soltanto un pazzo si sottometterebbe a tutte le privazioni di una traversata dell'Oceano del Bordo per il semplice gusto di guardare qualcosa. Comunque... L'uomo è sbarcato stamattina. Avrebbe potuto incontrare un grande eroe o il più astuto dei ladri o un grande saggio. Ha incontrato te. Ti ha assunto come guida. Scuotivento, tu farai da guida a questo spettatore, a questo Duefiori. Baderai a che se ne torni a casa con un buon rapporto sulla nostra piccola patria. Che hai da dire in proposito?»

«Ehm. Grazie, mio signore», rispose Scuotivento avvilito.

«C'è anche un altro punto. Sarebbe una tragedia se al nostro piccolo visitatore accadesse qualcosa di spiacevole. Ad esempio, sarebbe spaventoso se dovesse morire. Spaventoso per il Paese tutto, perché l'Impero Agateo veglia sui suoi e potrebbe certamente annientarci con un cenno. Un semplice cenno. E questo sarebbe spaventoso per te, Scuotivento. Nelle settimane precedenti l'arrivo dell'imponente flotta mercenaria dell'Impero, certi miei servitori si occuperebbero della tua persona nella speranza che all'arrivo dei capitani assetati di vendetta, la loro collera si mitigasse alla vista del tuo corpo ancora vivo. Ci sono incantesimi che possono impedire alla vita di abbandonare un corpo, per quanto malridotto e... Vedo dalla tua espressione che cominci a capire?»

«Aargh.»

«Prego?»

«Sì, mio signore. Ci penserò, ehm, voglio dire cercherò di farlo. Voglio dire, be', veglierò su di lui e baderò che non gli sia fatto del male.» E dopo mi troverò un lavoro come giocoliere con le palle di neve all'inferno, aggiunse con amarezza nel segreto della sua mente.

«Splendido! So che tu e Duefiori siete già in ottimi rapporti. Un inizio eccellente. Quando tornerà sano e salvo in patria, non mi troverai ingrato. Probabilmente lascerò perfino cadere le accuse contro di te. Grazie, Scuotivento. Puoi andare.»

Scuotivento decise che era preferibile non chiedere la restituzione dei suoi cinque rhinu. Indietreggiò con circospezione.

6 **albatro**: uccello marino.

«Oh, un'altra cosa», esclamò il Patrizio mentre lui cercava a tastoni la maniglia della porta.

«Sì, mio signore?» Il mago si sentì mancare il cuore.

«Sono sicuro che non cercherai di sottrarti ai tuoi obblighi scappando dalla città. A mio giudizio, sei un cittadino nato e cresciuto. Ma puoi stare certo che al cader della notte i signori delle altre città saranno messi al corrente di queste condizioni.»

«Vi assicuro, mio signore, che un simile pensiero non mi è mai passato per la mente.»

«Davvero? Allora, se fossi in te, denuncerei la mia faccia per calunnia.»

Scuotivento raggiunse di corsa il Tamburo Rotto[7], giusto in tempo per andare a sbattere contro un uomo che ne usciva all'indietro, a precipizio. La fretta dello straniero era in parte giustificata dalla lancia piantata nel suo petto. Con un rantolo cadde stecchito ai piedi del mago.

Scuotivento sbirciò dentro la soglia e si ritirò con un balzo mentre una pesante ascia gli passava accanto ronzando come una pernice. Probabilmente si era trattato di un lancio fortuito, come accertò il nostro amico con un'altra occhiata prudente. All'interno buio del Tamburo era in corso una rissa accanita e un bel numero di contendenti giaceva a pezzi in terra, come gli confermò una terza e più lunga occhiata. Scuotivento si tirò indietro mentre uno sgabello lanciato con violenza gli passava accanto per andare a sfasciarsi dall'altra parte della strada. Quindi il mago si tuffò nel locale.

Indossava una tunica scura, resa ancora più scura dal continuo uso e dalle lavature irregolari. Nella semioscurità e nel calore della zuffa, nessuno notò l'ombra che si muoveva a fatica da un tavolo all'altro. A un certo punto uno dei combattenti barcollò all'indietro e calpestò quelle che gli sembrarono delle dita. Si sentì mordere la caviglia. Dette in uno strillo acuto e abbassò la guardia quel tanto da permettere a una spada, maneggiata da un avversario sorpreso, d'infilzarlo.

Scuotivento raggiunse la scala. Si succhiava la mano calpestata e correva in modo curioso, piegato in due. La freccia di una balestra si conficcò nella balaustra poco più in alto della sua testa e lui ebbe un gemito. Fece le scale tutte d'un fiato, aspettandosi di ricevere a ogni momento un altro colpo più preciso.

7 **Tamburo Rotto**: è l'albergo dove ha preso alloggio Duefiori.

Il Mondo Disco in un'illustrazione di Josh McGrotty del 2015.

8 **bandoliera**: striscia di tessuto portata a tracolla con tasche per infilarvi armi e munizioni.
9 **cupidigia**: avidità.
10 **guardingo**: cauto, attento.

Giunto nel corridoio si fermò a riprendere fiato e vide che il pavimento davanti a lui era seminato di cadaveri. Un uomo grosso, con una barba nera e una spada insanguinata in mano, stava provando la maniglia di una porta.

«Ehi!» gridò Scuotivento. L'uomo si guardò intorno e poi, quasi automaticamente, si sfilò un coltello dalla bandoliera[8] e lo lanciò. Scuotivento si abbassò. Con un urlo, l'uomo della balestra alle sue spalle che stava prendendo la mira lasciò cadere l'arma e si portò le mani alla gola.

Intanto l'omaccione stava già afferrando un altro coltello. Scuotivento si guardò freneticamente intorno e poi, ricorrendo a un'improvvisazione disperata, assunse una posa da mago e, con la mano sollevata, pronunciò: «Asoniti! Kyorucha! Beazleblor!»

L'uomo esitò, girando nervosamente lo sguardo a destra e a sinistra in attesa della magia. La conclusione che non ce ne sarebbe stata nessuna lo colpì nello stesso momento in cui Scuotivento si buttò in avanti e gli sferrò un calcio all'inguine.

Quello si piegò in due urlando e il mago spalancò la porta, balzò dentro, la richiuse e ci si appoggiò contro, con il respiro affannoso.

Dentro regnava la tranquillità. C'era Duefiori che dormiva pacifico sul letto basso. E lì, ai piedi del letto, c'era il Bagaglio.

Scuotivento fece qualche passo in avanti, spinto dalla cupidigia[9], come se scivolasse sulle rotelle. La cassa era aperta. Dentro c'erano delle borse e in una il mago scorse lo scintillio dell'oro. Per un momento l'avidità ebbe la meglio sulla prudenza e lui allungò la mano guardingo[10]... Ma a che scopo? Non sarebbe mai vissuto tanto da goderselo. Ritirò la mano a malincuore e vide esterrefatto un lieve tremore nel coperchio aperto della cassa. Non si era spostato leggermente, come mosso dal vento?

Scuotivento si guardò prima le dita e poi guardò il coperchio. Era pesante e cerchiato di ottone. Adesso non si muoveva.

Quale vento?

«Scuotivento!»

Duefiori balzò giù dal letto. Il mago fece un salto indietro e si sforzò di sorridere.

«Mio caro, giusto in tempo! Faremo colazione e poi sono sicuro che avete preparato un magnifico programma per questo pomeriggio!»

«Ehm...»

## STORIE da SCOPRIRE

### *Il colore della magia* di Terry Pratchett

*Il colore della magia*, edito nel 1983, è il primo romanzo di Pratchett e il primo della saga del Mondo Disco, un mondo immaginario che s'impone da subito all'attenzione dei lettori. La televisione inglese ne ricava un serial in sei puntate.

L'autore descrive la galassia del Mondo Disco come una geografia strana e irreale, ma comunque "vera" come tutto quanto si agita e si muove in questo stupefacente mondo perché impossibile da verificare: tutto è vero nel momento in cui è scritto; tutto acquista verosimiglianza perché è parte di una narrazione che ha un inizio e uno sviluppo. La fine non sempre è prevista.

Siamo all'interno di un mondo magico, proiettati in un passato medioevale con aspetti futuristici, popolato da personaggi con qualità primitive ma anche in possesso di capacità misteriose.

«Splendido!»

Scuotivento respirò a fondo.

«Sentite» cominciò disperato «andiamo a mangiare da un'altra parte. Dabbasso c'è stata una specie di battaglia.»

«Una rissa da taverna? Perché non mi avete svegliato?»

«Be', vedete. Io... *Cosa*?»

«Credevo di essermi spiegato stamane, Scuotivento. Io voglio vedere la vera vita morporkiana[11], il mercato degli schiavi, le Fosse delle Baldracche, il Tempio dei Piccoli Dèi, la Gilda dei Mendicanti... E un'autentica rissa da taverna.» Nella voce di Duefiori si avvertì un accenno di sospetto. «Voi qui in città le avete queste cose, vero? Sapete, quelli che dondolano dai lampadari, duelli sui tavoli, quel genere di avventure che capitano sempre a Bravd il Barbaro e a Donnola. Sapete... *Eccitazione*.»

Scuotivento si sedette pesantemente sul letto. «Voi volete vedere un combattimento?»

«Sì. Cosa c'è che non va?»

«Tanto per cominciare, le persone si fanno male.»

«Oh, non intendevo che noi dovessimo partecipare. Desidero soltanto vederne uno, ecco tutto. E certi dei vostri famosi eroi. Ne avete, non è vero? Non sono tutte chiacchiere da marinai?» Adesso, con sommo stupore del mago, Duefiori sembrava quasi supplichevole.

«Oh sì, li abbiamo», affermò Scuotivento. Se li raffigurò e rabbrividì al solo pensiero.

T. Pratchett, *Il colore della magia*, trad. it. di N. Callori, Tea, Milano, 2009

11 **vita morporkiana**: la vita della città di Morpork.

# Attività

## **Comprendere** e **analizzare**: verso l'**INVALSI**

1 **Il Patrizio** Che tipo di sovrano appare il Patrizio nella scena letta?

2 **Gli uomini del Patrizio** Il Patrizio, massima autorità, è circondato da una folla di impiegati. Qual è il loro compito?
- **a.** Proteggere la sua persona
- **b.** Occuparsi degli affari economici della città
- **c.** Raccogliere informazioni con un sistema di spionaggio
- **d.** Accogliere benevolmente gli ospiti che arrivano in città

3 **L'accusa** Per soggiogare la volontà di Scuotivento, il Patrizio gli muove un'accusa pretestuosa. Quale?

4 **L'altra colpa** Quale altra colpa viene attribuita al mago?
- **a.** Ha consegnato ai nemici dei piani segreti
- **b.** Ha accolto un visitatore straniero nel Mare Circolare
- **c.** È fuggito davanti a nemici dell'Impero Agateo
- **d.** Non riconosce l'autorità del Patrizio

5 **L'ombra** Che cosa rappresenta l'ombra che, durante le minacce del Patrizio, il mago vede comparire attorno a sé?
- **a.** Il calare della sera
- **b.** L'immagine della Morte
- **c.** L'amico Duefiori che l'ha raggiunto
- **d.** Il capo delle guardie del Patrizio

6 **Le relazioni politiche** Le relazioni politiche tra i Signori del Mare Circolare e l'Impero Agateo sono rare e formali. Perché?

7 **Il timore** Un turista proveniente dall'Impero Agateo vuole visitare il territorio del Patrizio. Perché questo turista, Duefiori, suscita inquietudine e timore?

**a.** Il Patrizio non vuole che qualcuno veda la sua terra

**b.** Il Patrizio avrebbe voluto una richiesta preventiva

**c.** Il Patrizio non crede che il turista voglia solo guardare

**d.** Il Patrizio teme che il turista porti malattie nuove nel suo dominio

8 **I compiti e la minaccia** Siccome il mago Scuotivento è divenuto la guida del turista, quali compiti gli vengono affidati dal Patrizio? Che cosa gli accadrebbe se non riuscisse a portarli a termine?

9 **La fantasia** Nella descrizione della rissa quale elemento rivela il genere fantastico del racconto per la sua esagerazione?

**a.** Il pavimento ricoperto di cadaveri

**b.** Le parole incomprensibili pronunciate durante la rissa

**c.** Le armi utilizzate nella rissa

**d.** La ferocia dei partecipanti

10 **La tentazione** Ritornato incolume alla sua stanza tranquilla in cui Duefiori dorme, da quale tentazione è preso il mago?

**a.** Mettere le mani nel bagaglio in cui scintilla dell'oro

**b.** Svegliare Duefiori

**c.** Uccidere Duefiori

**d.** Abbandonarsi a un sonno profondo

11 **Il turista** Che cosa vuole vedere Duefiori nella città di Ankh-Morpork?

**a.** I centri del potere

**b.** L'autentica vita di ogni giorno

**c.** I centri delle attività economiche

**d.** Gli aspetti più strani e segreti

12 **La delusione** Di che cosa si rammarica Duefiori?

**a.** Di non aver conosciuto il Patrizio

**b.** Di non aver assistito alla rissa

**c.** Di aver dormito troppo a lungo

**d.** Di non aver partecipato al combattimento

13 **La struttura** Come appare la struttura del testo?

14 **Lo spazio** In base alle informazioni contenute nel discorso del Patrizio, descrivi il paese in cui è ambientato il racconto.

15 **Il tempo della storia** Quale epoca storica richiama il tempo della fantasia in cui avvengono le vicende?

**a.** Il mondo greco

**b.** La preistoria

**c.** Il Medioevo

**d.** Il XX secolo

16 **Il tempo del racconto** Come si alternano nel testo le varie tipologie di durata del racconto?

**a.** Scena, sommario, scena

**b.** Pausa, scena, sommario

**c.** Scena, scena, sommario

**d.** Scena, ellissi, scena

17 **La descrizione del Patrizio** Con particolare rilievo emerge nel passo la spietatezza del Patrizio. Quali atteggiamenti la testimoniano?

18 **Il lessico** Sottolinea nel testo almeno cinque parole o espressioni che indicano il carattere fantastico del racconto.

## Rielaborare e produrre

19 **Il riassunto** Dopo aver suddiviso il racconto in in tre sequenze sintetizzalo in 200 parole.

- Prima seq. rr. ..................-..................
- Seconda seq. rr. ..................-..................
- Terza seq. rr. ..................-..................

20 **Il tuo racconto** Riprendi la parte del testo in cui si narra della rissa. Immagina che il mago venga colpito e descrivi le scene seguenti, continuando la narrazione fino al suo incontro con Duefiori, in un racconto di 150 parole.

# per guardare oltre

## Intersezioni nell'antologia

- Altri brani ricchi di fantasia e mistero si possono trovare nell'Unità B5. Stephen **King**, in *Un clown dagli occhi gialli* (► p. 362), racconta della curiosità drammatica di un bambino attratto dall'ignoto.
- Il mistero pervade molti racconti di Julio **Cortázar**; ne possiamo leggere un esempio in *Continuità dei parchi* (► p. 62).
- Fantasticano sulla loro vita anche il bambino presentato da Ian **McEwan** in *I grandi* (► p. 374) ed *Eveline* (► p. 53) nel racconto di James **Joyce**.
- Un esempio di come la pittura può facilmente portarci in un mondo fantastico viene da Paul **Gauguin** (► p. 576) che con le sue opere ci trasporta nel territorio incontaminato e ancestrale delle isole del Pacifico.

## Altri orizzonti

### RACCONTI E ROMANZI

- La letteratura fantastica ruota spesso intorno a temi quali il doppio, il sogno, il labirinto, presenti in molti racconti di Jorge Luis **Borges** (ricordiamo le raccolte *Finzioni*, 1944, e *L'Aleph*, 1949). Il motivo del doppio è anche sviluppato in *Essere due. Sei romanzi sul doppio* (2006), un'antologia che comprende, fra gli altri romanzi, *Lo strano caso del dottor Jekyll e del signor Hyde* di Robert Louis **Stevenson**, *Il ritratto di Dorian Gray* di Oscar **Wilde** e *La metamorfosi* di Franz **Kafka**.
- Italo **Calvino** ha una visione onirica del reale nella trilogia *I nostri antenati*, che comprende *Il visconte dimezzato* (1951), *Il barone rampante* (1957), *Il cavaliere inesistente* (1959).
- La fantascienza è un ambito letterario ampiamente praticato da tanti autori del passato e del presente. Segnaliamo alcuni classici: Geoge **Orwell**, *1984* (1948); Ray **Bradbury**, *Cronache marziane* (1950) e *Fahrenheit 451* (1953); Richard **Matheson**, *Io sono leggenda* (1954); Arthur **Clarke**, *2001: Odissea nello spazio* (1968).

### PITTURA

- Il **Surrealismo** è un movimento pittorico che si spinge oltre la realtà per valorizzare il sogno. Fra i suoi esponenti spiccano René **Magritte** e Joan **Miró**.

### FILM

- Il fantastico è uno tra i generi che più appassiona gli spettatori perché l'esperienza cinematografica permette un'immersione quasi totale nelle storie, consentendo di vivere da vicino personaggi e mondi straordinari. I film *La storia infinita* (1984), ispirato al romanzo omonimo di Michael Ende e diretto da Wolfgang **Petersen**, e *Le cronache di Narnia* (2005), tratto da un romanzo di Clive Staples Lewis e diretto da Andrew **Adamson**, sono due capolavori del genere fantasy.
- Esistono intere saghe come *Il Signore degli Anelli*, *Harry Potter*, *Hunger Games* e *X Men*, che accompagnano il pubblico per svariati anni, proponendo serie di film ambientati nello stesso fantastico universo.

### MUSICA

- David **Bowie** fa confluire la sua passione per la fantascienza in numerose canzoni. I famosi titoli *Starman* e *Space Oddity* raccontano di avventure di astronauti, mentre Bowie interpreta per un periodo della vita Ziggy Sturdust (nell'album *The Rise and Fall of Ziggy Stardust and the Spiders from Mars*), un *alter ego* della rockstar che entra in contatto con forme di vita extraterrestre.
- In *Extraterrestre* Eugenio **Finardi** canta di una persona che, sentendosi fuori posto sulla Terra, chiede di essere trasportata su un altro pianeta. Quando il suo desiderio viene realizzato, si accorge che il senso di vuoto che aveva dentro non scompare e chiede all'extraterrestre di essere ricondotto sulla Terra.

David Bowie con un costume di scena nel 1973.

PERCORSO B

UNITÀ 5

# L'horror e il giallo

Edvard Munch.

**• Romanzi "gialli" e "neri" •** Chissà se c'è un rapporto diretto tra la vita odierna, scandita da molti fatti di cronaca nera amplificati dai mass media, e il notevole successo di tanti commissari di polizia, protagonisti di romanzi "gialli" o "neri" imperniati intorno a delitti o a episodi misteriosi da decifrare.

I brani antologici che arricchiscono questa Unità ruotano attorno ai sentimenti della **paura** e del **mistero,** dell'**angoscia** e dell'**inquietudine**. Tutte queste emozioni sono al centro dell'opera di Edvard Munch, un pittore norvegese ossessionato dagli aspetti oscuri del suo passato.

**• Una vita di tragedie •** Edvard **Munch** nasce nel 1863, secondogenito di una numerosa famiglia. Nel 1868 perde la madre e una sorella a causa della tubercolosi. A Parigi ha modo di conoscere la pittura impressionista. Qui apprende della morte del padre e di un fratello. Conduce un'esistenza prevalentemente solitaria. Nel 1908 una crisi nervosa lo costringe al ricovero. I suoi lavori hanno ampio successo in Germania fino al 1937, quando vengono bollati dai nazisti come «arte degenerata». L'artista muore nel 1944.

***• Gli occhi negli occhi •*** Dipingere significa per Munch sondare gli aspetti segreti dell'animo umano. Nel quadro riprodotto nella pagina accanto, *Gli occhi negli occhi*, il pittore presenta un amore malato di paure e di incertezze.

L'amore di Munch non è un'esplosione di gioia e di felicità: i due ragazzi hanno i visi segnati più dall'**angoscia** che dalla letizia. Posti sotto un albero, sembrano moderni Adamo ed Eva: lui ha un **aspetto spettrale**, con gli occhi cerchiati fissi sulla compagna; lei,

**Domande**

- Il dipinto di Munch s'intitola *Gli occhi negli occhi*, un titolo romantico, ma dal sapore ironico. Perché?
- Quale valore simbolico assume la casa in lontananza?
- Quali sono i colori predominanti e con quale intento vengono usati?
- Mentre il giovane è piatto, pallido e vestito di scuro, la ragazza ha una cromia più vivace, i capelli mossi, maggior energia. Come interpreti questa differenza?
- Approfondisci i casi della vita di Munch, per scoprire quanti lutti lo hanno toccato e come il dolore abbia influenzato la sua arte.

con i suoi colori accesi, è la vera protagonista della scena e sembra quasi apprestarsi a cogliere la mela per offrirla al compagno. I suoi capelli lunghi sembrano tentacoli che si predispongono ad avvinghiare il ragazzo per renderlo schiavo di un insano sentimento. A rendere l'incontro privo di romanticismo è anche l'uso di una **tavolozza scura**, di verdi spenti e di neri torbidi. Il fatto che sullo sfondo ci sia una casa, simbolo di un amore che si stabilizza e mette radici, non serve a risollevare in senso positivo l'intera raffigurazione.

Edvard Munch, *Gli occhi negli occhi*, 1894. (Oslo, Munch Museet)

**in questa Unità impareremo a**

- **conoscere** le caratteristiche del racconto del mistero, fondato sulla logica (il giallo) o sull'emozione (l'horror)
- **comprendere** il significato globale dei testi: intrecci, tensione narrativa, atmosfere che avvincono il lettore
- **analizzare** i brani secondo le costanti narratologiche e le tecniche stilistiche per raffinarne la comprensione e approfondirne le tematiche
- **interpretare** lo scritto, collegandolo a problemi e timori presenti anche nella realtà
- **produrre** sintesi, testi espositivi e racconti a partire dagli argomenti contenuti nei brani
- **comunicare oralmente** per riferire i contenuti dei brani e per riflettere sulle loro tematiche in forma strutturata e chiara

**in questa Unità scopriremo**

**Antologia**

Edgar Allan Poe • *Il seppellimento prematuro*
Fredric Brown • *Incubo in giallo*
Andrea Camilleri • *Il patto*
Carlo Lucarelli • *Il silenzio dei musei*

**Per approfondire**

Raffaele Crovi • *La tecnica del thriller*

**Narrare con altri linguaggi** *il film*

Giuseppe Tornatore • *La migliore offerta*

**Verifica delle competenze**

Stephen King • *Un clown dagli occhi gialli*

PERCORSO B

UNITÀ 5

La paura è un sentimento forte che condiziona la vita in tante circostanze. Lo sanno bene quegli scrittori che creano pagine avvincenti cariche di tensione. Il lettore, preso dalla curiosità di scoprire il colpevole o di trovare la spiegazione del mistero, non riesce ad abbandonare la lettura.

*Horror Stories*, 1941.

## La narrativa della paura

La narrativa incentrata sul mistero procede a **colpi di scena**, in un continuo crescendo di ***suspense*** per arrivare poi allo **scioglimento finale**.

Questo sottogenere narrativo si afferma nella seconda metà dell'Ottocento, quando il processo di industrializzazione, lo sviluppo delle città, l'emarginazione delle classi proletarie determinano l'accrescersi della criminalità e dei delitti e, quindi, un maggior senso di insicurezza. Inoltre, in questo periodo la cultura positivista rafforza la convinzione che, seguendo il metodo scientifico, sia possibile risolvere ogni caso di delinquenza.

Oggi, i libri gialli, i noir e gli horror sono molto apprezzati dai lettori. A tale fortuna concorrono anche il cinema e la televisione, che producono numerosi polizieschi. Il fenomeno può trovare spiegazione sia nella volontà dell'uomo contemporaneo di ricercare emozioni forti, sia nelle incertezze della nostra epoca, che trovano un rispecchiamento nei libri di paura e di mistero.

## I sottogeneri

All'interno della narrativa della paura, possiamo individuare alcuni sottogeneri:

- il **giallo**: nel racconto o nel romanzo giallo (o **poliziesco**) ci si trova di fronte uno o più reati (per lo più delitti), con la ricerca e la scoperta dei colpevoli. Il termine "giallo" si fa risalire agli anni Trenta, quando la casa editrice Mondadori pubblicava una collana di romanzi polizieschi con la copertina gialla. Nella narrativa gialla, di frequente troviamo un investigatore impegnato a risolvere un crimine. Sono diventati leggendari i personaggi-investigatori inventati da Arthur **Conan Doyle** (1859-1930) (Sherlock Holmes e il suo aiutante Watson), Agatha **Christie** (1890-1976) (Miss Marple ed Hercule Poirot) e Georges **Simenon** (1903-1989) (il commissario Maigret). Nessun particolare dell'indagine è affidato al caso; il ricorso alle deduzioni logiche è il metodo abituale; i personaggi di solito non sono ben delineati nella loro psicologia, ma si limitano a rivestire dei ruoli (investigatore, vittima, assassino, aiutante, ecc.). La vicenda si conclude spesso con un colpo di scena, cioè con un ribaltamento della situazione. Edgar Allan **Poe** (1809-1849) è considerato l'iniziatore del racconto poliziesco con *I delitti della rue Morgue* (1841);
- l'**horror**: si definiscono "horror" le storie narrative che determinano nel lettore stati d'animo di forte paura e quindi di grande coinvolgimento. Il lettore segue passo passo la costruzione di situazioni di pericolo e lo scatenarsi di omicidi con

il racconto di elementi raccapriccianti dal carattere realistico. Ne sono protagonisti a volte personaggi mostruosi (vampiri, morti viventi, mostri, licantropi); l'ambientazione è spesso notturna, all'interno di luoghi sperduti e abbandonati (cimiteri, castelli diroccati, palazzi antichi, città fantasma); gli eventi sono incalzanti, con lo scioglimento finale che si trasforma in una "liberazione" per il lettore. I racconti di Edgar Allan **Poe**, che toccano spesso vari sottogeneri letterari (il poliziesco, come abbiamo visto sopra, il gotico, il racconto di mistero), sono importanti esempi anche del genere horror, insieme ai racconti di Howard Phillips **Lovecraft** (1890-1937);

- il **gotico** o **romanzo nero** (da non confondere con il noir, che è una tipologia di poliziesco): il termine "gotico" deriva dall'architettura, in quanto spesso queste storie si svolgono in castelli o chiese. Questo tipo di narrativa poggia su un elemento di fantasia che fa ricorso a un mondo popolato da strane creature, con vicende che spesso si svolgono in atmosfere notturne, cupe e tenebrose. I romanzieri gotici spesso ambientano le loro storie nel Medioevo, epoca di passioni e di tradimenti, e in Italia, terra di castelli, sotterranei, cripte e labirinti: è il caso del romanzo considerato l'iniziatore del genere, *Il castello di Otranto* (1764) di Horace **Walpole** (1717-1797). Gli intrecci sono ricchi di imprevisti e di colpi di scena. Capisaldi della narrativa gotica sono *I misteri di Udolpho* (1794) di Ann **Radcliffe** (1764-1823), *Frankenstein* (1818) di Mary **Shelley** (1797-1851) e *Dracula* (1897) di Bram **Stoker** (1847-1912).

Scena tratta dal film *Dracula* diretto da Tod Browning e interpretato da Bela Lugosi nel 1931.

Scena tratta dal film *La moglie di Frankenstein* diretto da James Whale nel 1935.

A destra, Sherlock Holmes e il dottor Watson in una stampa a colori di Sidney E. Paget.

# • Il percorso antologico •

Nelle pagine che seguono abbiamo selezionato testi che rappresentano alcuni sottogeneri della narrativa di paura e mistero. Nei loro rispettivi generi, gli autori scelti offrono prove di grande abilità narrativa, confezionando intrecci abili e avvincenti.

Edgar Allan **Poe** (1809-1849) è un precursore sia del poliziesco sia dei racconti horror. Le sue storie sono così ben costruite da non essere state intaccate dal tempo. *Il seppellimento prematuro* (► p. 331) è un racconto ascrivibile al genere dell'horror e la tardiva scoperta che il protagonista è caduto in un equivoco non serve a mitigare lo spavento provato dal lettore.

Il paradosso, unito anche a una certa vena di umorismo, caratterizza l'arte narrativa di Fredric **Brown** (1906-1972), che ha saputo oscillare tra fantascienza e poliziesco, sempre con risultati interessanti. *Incubo in giallo* (► p. 339) sembra delineare i presupposti per un delitto pensato e realizzato in tutta sicurezza, ma invece termina con un colpo di scena.

Andrea **Camilleri** (1925) ha scritto numerosi romanzi e racconti gialli imperniati sulla figura del commissario Salvo Montalbano, il cui successo è stato consolidato dalla serie televisiva che ne è stata tratta. Nel racconto *Il patto* (► p. 343), Montalbano è alle prese con una vicenda che sembra assurda per i protagonisti e per il movente.

Carlo **Lucarelli** (1960) si distingue nel vasto panorama dei giallisti italiani per una produzione ricca e varia. Infatti, oltre a scrivere romanzi, Lucarelli è anche autore di sceneggiature televisive e presenta casi di cronaca nera in tv. *Il silenzio dei musei* (► p. 351) è un giallo un po' particolare perché il mistero ruota attorno al narratore e non a un presunto colpevole.

Nel saggio *Le maschere del mistero* Raffaele **Crovi** (1934-2007) esamina a tutto campo il genere del thriller: le tematiche, le tecniche, gli autori. Nel brano riportato in antologia, *La tecnica del thriller* (► p. 356), egli spiega quali sono gli ingredienti che non possono mancare in un buon thriller.

Stephen **King** (1947), definito "il re del brivido", è abilissimo nel costruire storie incredibili. I suoi romanzi sono spesso articolati come sceneggiature, sembrano già pronti per essere trasportati in ambito cinematografico e, infatti, registi come Stanley Kubrick e Brian De Palma hanno saputo trarne film di largo successo. In *Un clown dagli occhi gialli* (► p. 362) presentiamo l'*incipit* di un romanzo horror (*It*) che, sin dalle prime battute, semina paura e inquietudine.

## Edgar Allan Poe

# Il seppellimento prematuro

Il narratore racconta in prima persona la sua sciagura: gli capita spesso di cadere in uno stato di catalessi, cioè di sembrare morto senza esserlo. Un giorno pare che si verifichi ciò che ha sempre temuto: essere sepolto da vivo.

Da
Racconti, 1845

Racconto horror

Per parecchi anni ero stato soggetto ad attacchi di quel morbo[1] singolare che i medici, mancando una definizione piú precisa, hanno convenuto di denominare «catalessi»[2].

[...]

Per solito, salvano il malato da una **sepoltura** prematura solo gli amici che sanno che già in passato egli è stato soggetto a catalessi; e la conseguente cautela e, soprattutto, l'assenza di qualsiasi traccia di decomposizione. I progressi del morbo sono, per buona sorte, graduali. Le prime manifestazioni, per quanto violente, non sono equivoche. Gli attacchi diventano successivamente sempre piú riconoscibili, e ciascuno dura un periodo piú lungo del precedente. È questa la protezione piú efficace contro la sepoltura prematura. Lo sventurato il cui primo attacco fosse di una violenza estrema, quale talora si constata, quasi inevitabilmente verrebbe consegnato vivo alla tomba.

Il mio caso non differiva gran che da quelli descritti nei testi di medicina. Talora, senza causa evidente, cadevo poco a poco in uno stato di paralisi o svenimento parziale; [...]

Allorché mi destavo, non ero in grado di recuperare d'un tratto il pieno possesso dei miei sensi, e sempre restavo, per lunghi minuti, confuso, disorientato; le facoltà mentali, e specialmente la memoria, erano in condizioni di totale inerzia[3].

**PAROLE sotto la lente**

**Sepoltura**

Il sostantivo viene dal latino *sepultura*, derivato da *sepultus*, participio passato di *sepelire* = seppellire. Indica l'azione del seppellire e il fatto di venir sepolto; per estensione indica anche tutta la cerimonia religiosa riservata alla salma. In un registro più elevato e poetico il nome identifica il luogo dove è sepolto il morto.

**Attività**

Considera il verbo "seppellire" e indica i due participi passati che esso presenta.

In ciò che provavo non v'era sofferenza fisica ma, nell'anima, un infinito affanno. La fantasia inclinava al sepolcrale[4]. Discorrevo di «vermi, tombe ed epitaffi»[5]. Mi perdevo in fantasticherie di morte, e l'idea della sepoltura prematura ininterrottamente possedeva la mia mente. L'orribile pericolo cui soggiacevo[6] mi ossessionava giorno e notte. Di giorno, acuta era la tortura della meditazione, del pensiero; di notte, estrema. Quando la tetra Oscurità copriva la Terra, allora tremavo all'orrore di quel pensiero, come le tremule piume sul catafalco[7]. Quando la Natura non tollerava ulteriore veglia[8], a fatica acconsentivo al sonno, – giacché tremando pensavo che potevo svegliarmi rinchiuso in una tomba. E quando, finalmente, piombavo nel sonno, subito precipitavo in un mondo di fantasmi, sopra il quale si librava[9] con ali ampie, luttuose, l'ombra sovrana di quell'unica funebre Idea.

1 **morbo**: malattia.
2 **catalessi**: si tratta dell'irrigidimento dei muscoli e della perdita di conoscenza. Chi ne è colpito rasenta la situazione di decesso, almeno in apparenza.
3 **inerzia**: torpore, inoperosità.
4 **La fantasia...sepolcrale**: la fantasia era piena di pensieri lugubri, che riguardavano la morte.
5 **epitaffi**: iscrizioni celebrative poste sulle lapidi cimiteriali.
6 **soggiacevo**: ero sottoposto.
7 **catafalco**: impalcatura che sostiene la bara.
8 **Quando...veglia**: quando non ce la facevo più a restare sveglio.
9 **librava**: volava.

Dalle innumerevoli immagini di tetraggine[10] che mi opprimevano nel sonno, scelgo e cito un'unica visione. Mi sembrava di essere immerso in una trance catalettica di inconsueta durata e profondità. E d'improvviso una mano diaccia[11] mi scendeva sulla fronte, ed una voce smaniosa biascicava, sussurrava al mio orecchio: – Levati[12]!

Mi levavo a sedere. Le tenebre erano totali. Non potevo vedere la figura di colui che mi aveva destato[13]. Non potevo ricordare il momento in cui ero caduto in trance, né il luogo in cui mi trovavo. Mentre restavo immoto, e mi affaticavo nei tentativi di raccogliere i miei pensieri, quella fredda mano mi afferrava per il polso duramente, lo scuoteva irritata, mentre la voce di nuovo farfugliava:

– Levati! Non ti ho detto di levarti?

– E chi mai sei? – chiedevo io.

– Nei luoghi che abito io non ho nome, – rispondeva la voce tetramente. – Ero mortale, ma sono demone. Ero spietato, sono pietoso. Tu lo senti, rabbrividisco. Mi battono i denti mentre parlo, ma non per il buio gelo, il gelo della notte senza fine. Ma questo orrore è insopportabile. Come puoi tu dormire in pace? I gemiti di quelle grandi angosce non mi concedono tregua. Ciò che vedo è piú di quanto posso tollerare. Alzati! Accompagnami nelle tenebre esteriori; ti disvelerò le tombe. Non è spettacolo d'**angoscia**? Osserva!

PAROLE *sotto la lente*

### Angoscia

Il sostantivo deriva dal latino *angustiae* = ristrettezza e dal greco *ánco* = stringere, soffocare. Indica un respiro affannoso (termine medico "angina"), poi uno stato di ansietà che affligge l'animo per una sofferenza reale o immaginata. Anche nelle discipline mediche, oltre che nel linguaggio corrente, viene usato come sinonimo di ansia.

**Attività**

Trova altre parole con la radice di "angoscia".

Guardavo; e, ubbidienti a quella invisibile sembianza che sempre mi stringeva il polso, si erano spalancate le tombe dell'umanità tutta; da ciascuna tomba si diffondeva la fosforescenza livida[14] della decomposizione; cosí che io potevo scrutare i piú segreti recessi[15], ed ivi scorgere i corpi avvolti nei sudari[16], nel triste e solenne sonno verminoso[17]. Ma, ahimè! i dormienti erano assai meno, molti milioni di meno, di coloro che non riposavano affatto; e v'era dovunque uno sfinito dibattersi; e dovunque penosa irrequietezza; e dalle profondità delle innumere[18] fosse veniva un desolato fruscio di indumenti sepolcrali. E tra coloro che sembravano riposare tranquilli, vidi che un numero ben grande aveva tanto o poco cambiato la posizione rigida e innaturale con cui erano stati originariamente sepolti. E di nuovo, mentre contemplavo, mi parlò la voce:

– Non è dunque, non è dunque uno spettacolo pietoso? – Ma, prima che potessi trovare parole per rispondere, la figura non piú mi stringeva il polso, s'era estinta ogni fosforescenza, con súbita[19] violenza s'erano chiuse le tombe, mentre da quelle si levava un tumulto di disperate urla, che ripetevano: – Ma non è, non è, mio Dio, uno spettacolo veramente pietoso?

Fantasie simili a queste, che mi frequentavano di notte, estendevano la loro influenza terrificante alle mie ore di veglia. I miei nervi erano stremati, ed ero in preda ad un orrore ininterrotto. Non osavo cavalcare, o camminare, in qualsiasi modo allontanarmi da casa. Anzi, non osavo scostarmi dalla presenza di coloro che erano al corrente della mia disposizione catalettica, per timore che, colto da uno dei miei consueti attacchi, io potessi venir sepolto prima che fosse possibile accertare la mia vera condizione. Dubitai della sollecitudine, della fedeltà dei piú cari amici. Temevo che, m'avesse colto una trance di durata inconsueta, si sarebbero persuasi a considerarmi non piú recuperabile; giunsi al punto di temere che, poiché ero causa di grandi disagi, sarebbero stati ben felici di giudicare un attacco prolungato come scusa adeguata per liberarsi della mia presenza. Invano cercava-

10 **immagini di tetraggine**: immagini cupe, tristi.
11 **diaccia**: gelata.
12 **Levati**: alzati.
13 **destato**: svegliato.
14 **fosforescenza livida**: luminosità pallida.
15 **recessi**: luoghi nascosti, appartati.
16 **sudari**: bende funebri.
17 **verminoso**: brulicante di vermi.
18 **innumere**: numerose.
19 **súbita**: improvvisa.

no di rassicurarmi con le promesse piú solenni. Esigevo consacrati giuramenti, che in nessuna circostanza mi avrebbero sepolto fino a che la decomposizione non fosse giunta a tal punto da rendere impossibile un'ulteriore dilazione[20]. Anche allora, i miei terrori di morte non ascoltavano ragioni, non accettavano conforto. Predisposi una serie di complicate precauzioni. Tra l'altro, adattai la tomba di famiglia in modo tale che fosse agevole aprirla dall'interno. La piú lieve pressione su di una leva che si allungava ben dentro il sepolcro avrebbe aperto di scatto i portali di ferro. Altri accorgimenti assicuravano il libero afflusso di aria e luce, e ricettacoli adatti accoglievano acqua e cibo, ad agevole portata della bara destinata ad accogliermi. Questa era ben foderata, calda e morbida, e il coperchio era stato disegnato secondo gli stessi principî dell'ingresso alla tomba, con l'aggiunta di molle cosí fatte che il minimo movimento del corpo sarebbe bastato ad aprirlo. Inoltre, sul tetto della tomba era collocata un'ampia campana, la cui corda, secondo il progetto, sarebbe passata per un foro praticato nella bara, per essere legato ad una delle mani del cadavere. Ma, ahimè!, a che serve vigilare contro quel che è destino dell'uomo? Neppure queste attente precauzioni bastarono a salvare dall'angoscia estrema del sepolto vivo me sventurato, a codeste angosce predestinato!

Accadde, come altre volte era accaduto, che, emergendo dalla totale incoscienza, ritrovassi un primo, vago e indefinito senso di esistenza. Lentamente – cosí procede la tartaruga – si approssimò la tenue fioca alba del giorno della psiche. Un torpore ingrato. Apatica[21] sopportazione di un dolore sordo. Nessun affanno, né speranza, né tensione. Poi, dopo un intervallo lungo, un tinnio[22] alle orecchie; prurito, trafitture alle braccia, alle gambe, poi un tempo apparentemente interminabile di gradevole sfinitezza, durante il quale i sentimenti si smuovono e faticosamente tentano il pensiero; poi una breve ricaduta nell'inesistenza; e un súbito ritorno alla vita. Alla fine, il lieve tremolio di una palpebra, e subito dopo la scossa elettrica di un terrore mortale, confuso, scaglia impetuosamente il sangue dalle tempie al cuore. Ed ecco il primo concreto sforzo di pensare. E il primo tentativo di ricordare. E una prima parziale, fuggevole riuscita. E la memoria a tal punto ha riguadagnato potere, che in parte riconosco la mia condizione. Mi accorgo che non mi sto destando da un consueto sonno. Rammento di essere stato vittima di un attacco di catalessi. Ed ora, alla fine, come si scatena il tumultuoso oceano, il mio inorridito spirito è travolto da quell'oscura Angoscia, quell'unica Idea, spettrale e tirannica.

Per qualche minuto dopo che questa fantasia si fu impadronita di me, non osai gesto. E perché mai? Non trovavo il coraggio di muovermi. Non osavo fare lo sforzo che doveva rivelarmi il mio destino – e tuttavia qualcosa nel mio cuore mi sussurrava che *non v'erano dubbi*. La disperazione – quale nessuna altra sorta di sciagura può evocare – la disperazione sola mi spinse, dopo una protratta[23] indecisione, a sollevare le palpebre pesanti. Apersi gli occhi. Buio, buio totale. Sapevo che l'attacco era finito, che la crisi morbosa era da tempo passata, che avevo recuperato l'uso delle mie facoltà visive; e tuttavia tutto era tenebra, la fonda, totale eclissi[24] della Notte senza fine.

Tentai di gridare; le labbra, la secca lingua si agitarono con-

20 **dilazione**: rinvio.
21 **Apatica**: indifferente.
22 **tinnio**: tintinnio.
23 **protratta**: prolungata.
24 **eclissi**: oscuramento.

Caspar David Friedrich, *L'ingresso al cimitero*, 1825. (Dresda, Galerie Neue Meister)

vulse nello sforzo, ma non uscí voce dai polmoni cavernosi che, quasi oppressi dall'incombente peso di una montagna, ansimavano e palpitavano, insieme al cuore, ad ogni faticoso, penoso respiro.

Il movimento delle mascelle, in questo sforzo di gridare, mi rivelò che erano legate, come si è soliti fare dei morti. Sentivo, anche, che ero disteso su un che di duro; e similmente ero stretto sui fianchi. Non avevo ancora osato muovere alcuna delle mie membra – ma ora con impeto alzai le braccia, che stavano abbandonate, i polsi incrociati. Colpirono un compatto legno, che si stendeva sopra la mia persona a non piú di sei pollici[25] dal volto. Ormai non potevo piú aver dubbi, io giacevo in una bara.

Ed ora, tra le innumerose angosce, giunse il dolce cherubino[26], la Speranza, giacché mi rammentai delle mie precauzioni. Mi agitai, con spasmodici sforzi cercai di aprire il coperchio: non si mosse. Mi tentai[27] i polsi in cerca della corda della campana: non v'era nulla. Ed ora l'Angelo consolatore mi lasciò del tutto, e regnò trionfante una Disperazione anche piú cupa; poiché non potevo non accorgermi dell'assenza dei rivestimenti che avevo accuratamente predisposto; e poi mi giunse alle narici il forte, inconfondibile odore della terra umida. La conclusione era

25 **pollici**: misura di lunghezza inglese (un pollice è pari a 2,54 cm).
26 **cherubino**: angelo.
27 **tentai**: toccai, tastai.

## *per conoscere* EDGAR ALLAN POE

**EDGAR ALLAN POE** nasce a Boston nel 1809. Rimasto orfano a soli 2 anni, viene allevato dalla famiglia di un ricco mercante, John Allan, che si trasferisce poi in Gran Bretagna. Compie i primi studi a Londra, quindi negli Stati Uniti, prima a Richmond poi nell'Università della Virginia, dalla quale però viene espulso. Si trasferisce a Boston, dove pubblica la raccolta *Tamerlano e altre poesie* (1827). Intanto matura l'idea di arruolarsi nell'esercito e nel 1830 è ammesso all'Accademia militare di West Point, ma dopo qualche mese viene cacciato per indisciplina. Ha inizio un periodo difficile, segnato dalla morte della madre adottiva e dalla rottura definitiva con il padre. A Baltimora, dove si è trasferito ospite di una zia, la pubblicazione su rivista dei suoi primi racconti attira su di lui l'attenzione del mondo letterario. Nel 1835, chiamato a dirigere la rivista "Southern Literary Messenger", dà prova di grande talento anche come critico letterario, ma gli attacchi di ipocondria e i problemi con l'alcol gli fanno perdere il posto. Per mantenere la famiglia (nel 1836 ha sposato Virginia Clemm), lavora come narratore, ma anche per giornali e periodici. Nel 1840 escono i *Racconti del grottesco e dell'arabesco*, nel 1843 l'acclamato racconto *Lo scarabeo d'oro*, nel 1845 la raccolta *Il Corvo e altre poesie*. Nel 1847 la morte per tubercolosi della moglie lascia Poe in una solitudine desolata; lo scrittore muore in preda al *delirium tremens* nel 1849.

Edgar Allan Poe in un ritratto di Tullio Pericoli del 1987.

**• Precursore del gotico •** Edgar Allan Poe può essere considerato un precursore del racconto gotico o nero. È vero che già dalla metà del Settecento erano diventate di moda le storie cariche di mistero, immerse in atmosfere colme di orrore, ma Poe, in dieci-quindici anni di intensa scrittura, rivoluziona i canoni di stesura di questo genere letterario, affrontandone i temi con una sensibilità nuova.

inevitabile. Io non ero nel sepolcro di famiglia. Ero caduto vittima di un attacco mentre ero lontano da casa, in mezzo ad estranei, quando, come, non riuscivo a rammentare, e costoro mi avevano sepolto come un cane, inchiodato dentro una bara comune, e gettato, laggiú, sul fondo, per sempre, in una qualsiasi tomba senza nome.

Come questa convinzione a forza si fece strada fin nei recessi piú intimi della mia anima, di nuovo tentai di urlare. E questa volta vi riuscii. Un selvaggio, prolungato grido, un ululato d'angoscia risuonò nel regno della notte sotterranea.

– Ehilà! – gridò in risposta una voce rude.

– Che diavolo succede? – disse un'altra voce.

– Falla finita! – si udí ancora.

– Che t'è venuto in testa, a urlare come un gatto selvatico? – disse una quarta voce; dopo di che venni afferrato e scosso senza cerimonie, per parecchi minuti, da un pugno di uomini rozzi e gagliardi. Non mi destarono dal sonno – giacché ero già sveglio quando urlai – ma mi restituirono il pieno possesso della mia memoria.

Questa avventura mi era accaduta presso Richmond, in Virginia. Accompagna-

**• La tecnica dell'esagerazione •** Poe ha narrato storie di vario genere, ma a tutte risulta comune il metodo con il quale riusce a creare nel lettore emozione e partecipazione. La sua tecnica è quella dell'esagerazione ed è lui stesso ad affermarlo, quando, in un articolo del 1835, spiega che la chiave di scrittura consiste sempre «nel buffo esaltato a livello di grottesco, nel pauroso colorato di orrido, nell'umoristico esagerato fino a dar nel burlesco, nel bizzarro esagerato fino a dar nel fantastico e nel mistico». Tale dichiarazione, oltre che delineare una ben precisa poetica narrativa, finisce anche con il delineare una specie di suddivisione per generi dei suoi racconti stessi: grotteschi, paurosi, horror, umoristici, fantastici.

**• Incredulità e logica •** Nonostante i racconti di Poe narrino storie stravaganti e misteriose, in queste è quasi sempre la ragione a sovrintendere allo sviluppo della vicenda. Per esempio nei gialli-polizieschi, come *Gli assassinii della rue Morgue*, *Il mistero di Marie Roget* e *La lettera rubata*, Poe inventa la figura dell'ispettore privato, il gentiluomo Charles Auguste Dupin, che a fronte di una polizia incapace di agire, si muove usando le sue non comuni doti intellettuali, le sue capacità di analisi e di deduzione.

Anche altri racconti hanno uno scioglimento finale grazie a una spiegazione logica, razionale. In *Lo scarabeo d'oro*, la ricerca del tesoro si svolge in un ambiente misterioso, ma attraverso i ragionamenti del protagonista. Nel racconto *La sfinge*, un apparente gigantesco mostro viene ricondotto a un piccolo comune insetto e a una confusione di prospettiva. In *Una discesa nel Maelström*, il protagonista precipita in un gorgo spaventoso, ma ne esce grazie alla decisione estrema che prende, assunta attraverso l'analisi del fenomeno fisico in atto.

**• Dalla paura al terrore •** Naturalmente, quando la ragione non sorregge a sufficienza è la paura che avanza, anzi la sua manifestazione più intensa, cioè il terrore. I protagonisti delle storie si trovano in situazioni limite; ogni loro facoltà mentale risulta bloccata dal terrore e la tensione che coinvolge il lettore è sempre in crescendo. Nel racconto *Il pozzo e il pendolo*, Poe narra una vicenda tutta imperniata su situazioni terrorizzanti e cariche di orrore, con particolari raccapriccianti, almeno fino all'attimo fatale. Anche il protagonista del racconto *Il crollo della casa degli Usher* viene travolto dalla paura e dall'orrore. In due racconti classici come *Il gatto nero* e *Il cuore rivelatore*, il tema portante è dato dalla colpa e dalla conseguente punizione, ma con una costante tensione originata dal terrore che confonde i comportamenti dei protagonisti. Situazioni di terrore si vivono anche in altri racconti, quali *L'uomo della folla* oppure *William Wilson*.

In tutti i racconti Edgar Allan Poe getta il suo sguardo sugli aspetti più controversi dell'animo umano e cerca di sottolineare sempre le contraddizioni che ogni individuo porta dentro di sé.

to da un amico, mi ero avventurato in una spedizione di caccia per alcune miglia lungo il James River. La notte si avvicinava, quando ci aveva colto una tempesta. La cabina di un piccolo veliero ancorato sul fiume, e carico di terra da giardino, ci offrí l'unico rifugio possibile. Ci adattammo, e passammo la notte a bordo. Io dormii in una delle due cuccette dell'imbarcazione – e non occorre descrivere le cuccette di una barca a vela di sessanta o settanta tonnellate. Quella che occupavo non aveva lenzuola di sorta. La massima ampiezza era di diciotto pollici. La distanza dal fondo della cuccetta alle sovrastanti tavole del ponte era appunto la stessa. Trovai estremamente arduo introdurmici. Ciononostante, dormii profondamente; e la mia allucinazione – giacché sogno non era, e neppure incubo – derivava naturalmente dalla mia posizione, dalla consueta inclinazione dei miei pensieri, e dalla difficoltà, cui ho alluso, di riprendere i sensi, e specialmente recuperare la memoria, se non qualche tempo dopo essere uscito dal sonno. Gli uomini che mi avevano scosso erano i marinai dell'imbarcazione, insieme ad altri, assunti per lo scarico. Il carico appunto mandava quell'odore di terra. La benda attorno alle mascelle era un fazzoletto di seta con cui avevo fasciato il capo, essendo privo del consueto berretto da notte.

Tuttavia, la tortura che avevo patito era stata indubbiamente uguale, finché era durata, a quella di una effettiva sepoltura. Era orribile, inconcepibilmente terrificante; ma dal Male nacque il Bene; poiché quella sofferenza generò nel mio spirito una inevitabile ribellione. La mia anima riprese energia-forza. Viaggiai. Feci vigorose camminate. Respirai la pura aria del cielo. Pensai altri pensieri, che non fossero la Morte. Mi disfeci dei miei libri di medicina. Buchan[28] lo diedi alle fiamme. Non lessi piú i *Pensieri Notturni*, non piú ciance sui cimiteri, non piú racconti babau, *come il presente*. In breve, divenni un uomo nuovo, e vissi vita da uomo. Da quella notte memorabile, scacciai per sempre i miei terrori sepolcrali, e assieme ad essi svaní la catalessi, che ne era piuttosto effetto che causa.

Vi sono momenti in cui, anche all'occhio lucido della Ragione, il mondo della nostra triste umanità può assumere le apparenze di un inferno, ma l'immaginazione dell'uomo non è Carathis[29] che possa impunemente esplorare ogni caverna. Ahimè! La tetra legione dei terrori sepolcrali non la si può considerare del tutto fantastica – ma come quei Demoni con i quali Afrasiab[30] viaggiò lungo l'Oxus[31], essi debbono dormire, o ci divoreranno; debbono essere lasciati al loro sonno, o non avremo scampo.

E.A. Poe, *I racconti 1844-1849*, trad. it. di G. Manganelli, Einaudi, Torino, 1996

28 **Buchan**: è un testo, citato all'inizio del racconto, che dopo questa avventura il narratore brucia.

29 **Carathis**: si tratta di un personaggio del romanzo gotico *Vathek* (1785) di William Beckford.

30 **Afrasiab**: leggendario re persiano.

31 **Oxus**: è un fiume dell'Asia centrale, oggi chiamato Amu Darya.

Arnold Böcklin, *L'isola dei morti*, 1883. (Berlino, Alte Nationalgalerie)

## per L'ANALISI del TESTO

### Un terrore continuo

*Il seppellimento prematuro* mette in campo tutte le qualità tecniche e letterarie che sono proprie del **genere horror**: i racconti di Poe, seppur scritti nell'Ottocento, riescono ancora a suscitare **coinvolgimento e terrore**. Che cosa poteva spaventare più di una sepoltura prematura? Il racconto è dominato da temi cimiteriali, con sogni che assumono i caratteri dell'incubo, voci misteriose che scuotono l'animo, fantasie macabre, un terrore continuo fino all'eccesso. E a nulla vale che al termine del racconto si viri verso un lieto fine, nel senso che chi legge scopre che il protagonista è caduto in un equivoco e non è stato sepolto vivo. Il racconto mantiene fino in fondo il suo tono pauroso e alimenta ansia e angoscia.

### L'equivoco liberatorio

La parte iniziale rasenta l'incredibile raccontando di una sepoltura che deve essere fatta in una bara «ben foderata, calda e morbida» (r. 90), con accorgimenti che favoriscano l'apertura dall'interno. Nella parte successiva del racconto il protagonista cade in catalessi lontano dagli amici e senza la possibilità di essere sepolto nella tomba di casa, finendo con il ritrovarsi proprio nella situazione spaventosa che tanto temeva: in una bara all'interno di un cimitero sconosciuto. A questo punto, Poe ha immaginato e graduato con attenzione il lugubre risveglio del personaggio, descrivendone gli incerti movimenti fisici e i paurosi pensieri in un delirio crescente. Così assume un carattere liberatorio – e siamo al terzo momento del racconto – il fatto che una voce risponda a quella del protagonista, smascherando l'equivoco e riportandolo a nuova vita. Infatti, da questo incubo il protagonista esce con un rinnovato interesse per la vita e trova il coraggio di abbandonare per sempre i pensieri lugubri, in una **conclusione** piuttosto **inaspettata**.

### Un narratore ben costruito

Chi narra la vicenda non è l'autore, cioè Edgar Allan Poe, ma un protagonista da lui pensato che funge da **voce narrante**. Costui racconta tutte le sue ossessioni, la sua malattia nevrotica, la sua tendenza all'angoscia così da risultare credibile anche nel cadere in catalessi. Il **narratore** è dunque **interno** e racconta fatti accaduti in passato, tenendo fermo il proprio punto di vista che non può che essere interno alla vicenda stessa. Poe usa un **registro linguistico colto**, con il frequente ricorso a **termini medici** oppure propri del racconto dell'horror.

# Attività

## Leggere e comprendere

1 **La malattia** Da quale malattia è affetto il narratore e quali ne sono i sintomi?

2 **Il timore e la salvezza** Che cosa teme e come conta di evitare il peggio?

- **a.** Egli teme di essere ritenuto morto e di essere sepolto ancora vivo. Lo possono salvare gli amici, informati della sua condizione
- **b.** Teme di essere scambiato per morto e di essere sottoposto ad autopsia. Nulla lo può salvare
- **c.** Teme di non poter rivelare la propria condizione. Solo i parenti lo possono soccorrere

3 **L'incubo** Fra le tante opprimenti visioni presenti nei suoi sogni, il narratore ne racconta una. Riassumila in 50 parole.

4 **Le precauzioni** Quali precauzioni prende il protagonista?

- **a.** Assume molti farmaci e si abitua a stare sdraiato nella tomba di famiglia
- **b.** Gira per il mondo serenamente con addosso un documento che chiarisca la sua malattia
- **c.** Non si allontana da casa ed evita gli amici
- **d.** Non si allontana da casa e dagli amici, trasforma la tomba di famiglia perché sia facile uscirne

5 **Gli amici** Il narratore affida agli amici il compito di riconoscere il suo eventuale stato di catalessi. Che atteggiamento mostra nei loro confronti?

**a.** Una cieca fiducia

**b.** Una totale sfiducia

**c.** Una fiducia sempre bisognosa di conferme

**d.** Una motivata sfiducia per i vantaggi economici che deriverebbero loro dalla sua morte

6 **Un fatto particolare** Nell'evento narrato, il protagonista si riprende dall'attacco di catalessi con sofferenza fisica e mentale, ma è in preda all'angoscia. Che atti compie con estrema gradualità? Riporta le parole chiave del testo che indicano il suo procedere.

7 **La soluzione** Quale fatto libera il protagonista dalla sua terrorizzata angoscia?

**a.** Un raggio di sole

**b.** La voce di sconosciuti

**c.** Gli amici che lo chiamano per nome

**d.** La morte per soffocamento

8 **L'avventura** La narrazione del fatto, vissuto dal protagonista con tanta allucinata angoscia, ha invece una chiara spiegazione logica. Che cosa è successo? Sintetizza in 50 parole la vicenda.

9 **La guarigione** Dopo l'esperienza vissuta nell'imbarcazione, il protagonista supera il proprio terrore. Che cosa nasce in lui? Quali azioni compie?

## Riconoscere e analizzare

10 **I contenuti** Nel testo sono presenti un sogno e un'allucinazione. Indica le righe relative a questi passi.

- Il sogno: ..................................................
- L'allucinazione: ..................................................

11 **La figura retorica** Nel testo è frequente la figura della personificazione. Trovane degli esempi e spiegane la funzione espressiva.

12 **Il tempo del racconto** La narrazione contiene tutte le tipologie di tempo del racconto, tranne una. Quale?

**a.** La pausa

**b.** L'ellissi

**c.** La scena

**d.** Il sommario

13 **Il tempo e il luogo della storia** In base a informazioni dirette o indirette, colloca la vicenda nel tempo e nello spazio.

**a.** Nell'Ottocento in Inghilterra

**b.** Nel XXI secolo negli Stati Uniti

**c.** Nell'Ottocento in Francia

**d.** Nel Rinascimento negli Stati Uniti

14 **Il narratore e il punto di vista** Come risultano il narratore e la focalizzazione? Quale effetto producono sul lettore tali scelte?

15 **Il registro linguistico** La sintassi del periodo è molto varia: ora paratattica, ora ipotattica, ora con frasi nominali. Il lessico è spesso di registro elevato. Cerca almeno 5 termini colti, sostituisci a ciascuno un sinonimo più colloquiale e indicane la natura morfologica (analisi grammaticale).

16 **I sottocodici linguistici** Nel testo si possono individuare termini appartenenti a due sottocodici, quello medico e quello dell'orrore. Trovane qualche esempio.

- Sottocodice medico: ..................................................
..................................................
..................................................
- Sottocodice dell'orrore: ..................................................
..................................................
..................................................

## Rielaborare e produrre

17 **Discutere** Il protagonista afferma: «quella sofferenza generò nel mio spirito una inevitabile ribellione» (rr. 180-181). Che cosa lasciano intendere queste parole? Dopo un'estrema prova di sofferenza il personaggio ritiene non più temibili le successive allucinazioni oppure lo spirito vitale è più forte in lui di ogni prova di dolore e paura? Raccogli gli elementi validi per sostenere l'interpretazione per te più plausibile, anche in un eventuale dibattito in classe.

18 **Il tuo finale** Inventa un'altra conclusione del racconto, a partire dal momento in cui il protagonista è convinto che, avendo avuto un attacco del suo male lontano da casa, degli estranei lo abbiano sepolto vivo.

19 **La claustrofobia** Il protagonista è affetto da catalessi, ma è ossessionato anche da un altro disturbo che potremmo chiamare "claustrofobia". Effettua un'accurata ricerca su questa malattia e stendi un testo espositivo di 200 parole.

## Fredric Brown

# Incubo in giallo

Intascati i soldi, preparato il piano di fuga nei dettagli, restava soltanto la moglie da uccidere. Non che fosse proprio necessario. Lui, però, ormai la odiava e avrebbe guadagnato tempo prezioso nella fuga, perché nessuno avrebbe segnalato la sua assenza. Tuttavia, c'è sempre un imprevisto che complica anche i piani perfetti.

Da *Nightmares and Geezenstacks*, 1961

Racconto giallo

Lo svegliò la suoneria della sveglia, ma dopo averla disinserita restò a letto ancora un po' a ripensare per l'ultima volta ai suoi piani per il furto di quel giorno e l'omicidio di quella sera.

Aveva messo a punto ogni minimo dettaglio, e quello era il controllo finale. Quella sera, alle otto e quarantasei, sarebbe stato libero, libero in tutti i sensi. Aveva scelto quell'ora perché quel giorno compiva quarant'anni, ed era proprio a quell'ora del giorno – o meglio, della sera – che era nato. Sua madre era un'appassionata di astrologia, ed era per questo che lui era sicuro del momento esatto della propria nascita. Lui non era superstizioso, ma il suo humor era stato solleticato dall'idea di cominciare una nuova vita a quarant'anni esatti.

Comunque, non aveva tempo da perdere. Era un avvocato specializzato nella gestione degli immobili[1], e gli passavano tra le mani un sacco di soldi, parte dei quali aveva intascato lui stesso. Un anno prima aveva *preso a prestito*[2] cinquemila dollari per investirli in un affare apparentemente sicuro che glieli avrebbe restituiti raddoppiati o triplicati, e invece li aveva persi. Aveva poi *preso a prestito* ancora di più per cercare in un modo o nell'altro di rifarsi della perdita subita, e si era messo a giocare. Ora era in rosso di più di trentamila dollari: l'ammanco[3] sarebbe stato scoperto inevitabilmente tra qualche mese, e non aveva la minima speranza di riuscire a rifondere[4] il denaro mancante per quell'epoca. Con alcune vendite oculate[5] aveva raccolto tutto il contante che gli era stato possibile senza destare sospetti, e

1 **gestione degli immobili**: compravendita e amministrazione di case e terreni.

2 ***preso a prestito***: l'espressione è scritta in corsivo per rafforzare il suo doppio senso: il protagonista aveva rubato denaro alla moglie.

3 **ammanco**: la mancanza dei soldi, il deficit.

4 **rifondere**: restituire.

5 **oculate**: attente, scrupolose.

## L'AUTORE

**Fredric Brown**, scrittore statunitense, nasce nell'Ohio nel 1906. È conosciuto come autore di racconti gialli e di fantascienza molto brevi, basati su abili intrecci e dal finale sempre sorprendente. Brown delinea situazioni paradossali e insolite con una sottile vena umoristica.

Il suo primo racconto di fantascienza, *Non è ancora finita*, viene pubblicato nel 1941. Ne seguono tanti altri, paragonabili a scherzi letterari piuttosto che a racconti veri e propri. Il tono leggero vuol mettere in ridicolo i pregiudizi riguardanti alcuni temi seri, come la guerra o la corsa agli armamenti. Uno dei racconti più famosi di Brown è probabilmente *Sentinella*.

Con la medesima ironia lo scrittore ha elaborato anche storie più ampie, come il romanzo *Assurdo universo* (1949), nel quale il protagonista viene proiettato in un universo parallelo, all'apparenza identico a quello da cui proviene; in *Marziani andate a casa* (1955) si diverte a raccontare un'invasione marziana dal punto di vista di un autore di fantascienza. Fredric Brown muore nel 1972.

quel pomeriggio avrebbe avuto per la sua fuga più di centomila dollari, sufficienti per il resto della sua vita.

E non sarebbero mai riusciti a prenderlo. Aveva studiato ogni dettaglio del viaggio, la sua destinazione e la sua nuova identità, ed era tutto perfetto. Era da mesi che ci lavorava.

La decisione di uccidere la moglie era stata in un certo senso la ciliegina sulla torta. Il motivo era semplice: la odiava. Era stato soltanto dopo che era giunto alla decisione che non sarebbe andato in galera e che se l'avessero preso si sarebbe ucciso, che gli era venuto in mente – poiché se l'avessero catturato sarebbe morto comunque – che non avrebbe avuto niente da perdere lasciandosi alle spalle una moglie morta invece che viva.

Quasi non era riuscito a trattenersi dal ridere quando lei, con un giorno di anticipo, gli aveva dato il suo regalo di compleanno: una valigia nuova. Lei l'aveva anche convinto a festeggiare il compleanno incontrandosi in città alle sette per andare a cena insieme. Non s'immaginava certo come sarebbero proseguiti i festeggiamenti. Lui la voleva a casa per le otto e quarantasei, cioè nel momento più appropriato per diventare vedovo. E poi, uccidendola, avrebbe anche ricavato un vantaggio pratico: se la mattina dopo si fosse svegliata e non l'avesse trovato avrebbe intuito ciò che era successo e avrebbe chiamato la polizia. Morta, invece, il suo corpo non sarebbe stato rinvenuto che due o forse tre giorni dopo, concedendogli così un bel vantaggio.

All'ufficio tutto andò bene, e quando s'incontrò con sua moglie tutto era pronto. Lei però tirò in lungo con gli aperitivi e con la cena, e lui cominciò a domandarsi se sarebbe riuscito a farla tornare a casa per le otto e quarantasei. Era sciocco, lo sapeva, eppure era diventata una fissazione per lui che la sua libertà dovesse avere inizio proprio allora, non un minuto prima e non un minuto dopo. Guardò l'orologio.

Avrebbe avuto mezzo minuto di ritardo se avesse atteso che fossero all'interno della casa, ma l'oscurità della veranda andava bene quanto l'interno. La colpì una volta sola, violentemente, col manganello, mentre lei sostava di fronte alla porta in attesa che lui l'aprisse. La prese al volo prima che cadesse e riuscì a tenerla in piedi con un braccio solo mentre apriva la porta e la richiudeva dall'interno.

Poi premette l'interruttore e la luce gialla invase la stanza, e prima di accorgersi che sua moglie era morta e che lui la stava sorreggendo, tutti gli invitati alla sua festa di compleanno gridarono in coro: *Sorpresa!*

F. Brown, *Cosmolinea B2*, trad. it. di G. Lippi, Mondadori, Milano, 1983

Todd White, *Tutto illuminato*, XX secolo. (Toronto, Liss Gallery)

## per L'ANALISI del TESTO

### L'originalità rispetto ai canoni

Questo breve racconto è inserito in una serie intitolata *Tutti i colori dell'incubo*, e, trattandosi di un *Incubo giallo*, ci rendiamo presto conto che si tratta di una vicenda che appartiene al **genere poliziesco**.

L'originalità di Brown, rispetto ai canoni abituali del genere, incomincia proprio dal fatto che egli non tiene conto del comune modo di costruire un giallo, perché fonda tutto l'interesse sulla descrizione degli antecedenti, sull'analisi dei momenti che precedono l'omicidio, così da condurci per mano al momento culminante, il quale, naturalmente, mantiene le promesse dell'attesa. Proprio in questo sta la grande abilità dell'autore.

### Un piano perfetto

La fantasia e la strategia narrativa di Brown ci catturano con immediatezza, perché egli sa muoversi con chiarezza nel costruire una trama non lineare, un **intreccio che anticipa le finalità**, fa seguire le motivazioni e poi si incanala in maniera più coerente e ordinata verso il finale. Il protagonista della vicenda è uno solo; di lui non si dice molto, tuttavia ricaviamo qualche elemento, oltre che dalle sue malefatte precedenti, da certe sue maniacali fissazioni sulle date e sugli orari. Dell'assassino comune mostra la sicurezza di aver elaborato il classico piano perfetto: «era tutto perfetto» (r. 24), dice a un certo punto. Tuttavia, proprio nel momento in cui viene pronunciata questa frase, il lettore comincia a sospettare che ci potrebbe essere un inghippo fatale. Inoltre, la frase lascia intravedere l'ironia e il divertimento con i quali Brown ha costruito la vicenda, sentimenti che crescono man mano che ci si avvicina alla soluzione finale. Pensiamo proprio che il primo a divertirsi nel congegnare simili situazioni sia stato l'autore.

Un altro aspetto non secondario di questa vicenda riguarda il tempo di svolgimento, perché man mano che ci si avvicina al momento decisivo si fanno sempre più pressanti e ripetitivi i riferimenti alle ore e ai minuti, fino a che l'atto finale non si consuma secondo le previsioni del protagonista per una questione di secondi.

### Una vicenda ben strutturata

Brown rovescia le solide apparenze e le sicurezze, stravolgendo le precedenti acquisizioni. Di frequente, questo cambiamento avviene per un nonnulla, per un'inezia resa però credibile dalla mano sapiente dello scrittore, come nel caso presente. Consente una buona lettura della vicenda il fatto che sia ben **strutturata in sequenze**, con **periodi brevi di carattere narrativo e riflessivo** utili per sviluppare l'intreccio e una scelta lessicale agganciata al quotidiano.

# Attività

## Leggere e comprendere

1 **L'*incipit*** La sveglia, primo oggetto presentato nel testo, ha un valore particolare. Quale?
- **a.** Sveglia il protagonista in un giorno importante
- **b.** Rivela l'ossessione per il tempo che opprime il protagonista
- **c.** Incita il protagonista ad affrettarsi nell'attuare il suo piano
- **d.** È un oggetto prezioso che gli è stato donato dalla moglie

2 **Il progetto motivato** Lo stesso protagonista rivela minuziosamente al lettore il suo progetto e le ragioni che lo motivano. Ricostruiscili.

3 **Le manie** Da quali idee maniacali è affetto il protagonista? Come si manifesta tale mania?

4 **Senza scrupoli** Di fronte ai furti commessi, egli come si esprime?
- **a.** Con senso di colpa
- **b.** Con indifferenza
- **c.** Con ironia e leggerezza
- **d.** Con timore per le conseguenze

5 **L'ultima possibilità** Quale via di scampo vede il protagonista per il suo futuro?

**a.** Il carcere
**b.** La fuga
**c.** Il suicidio
**d.** Il pagamento dei debiti

6 **Il motivo conduttore** Un argomento, preciso e rassicurante, accompagna il lettore durante tutta la vicenda. Quale?

7 **L'ironia** Il protagonista e la realtà si combattono a colpi di ironia. Quali sono?

8 **Lo spiazzamento del lettore** *Incubo in giallo* è un giallo particolare, perché fin dal principio viene raccontato tutto: movente, colpevole, delitto. Eppure, il lettore resta avvinto fino in fondo. Come mai?

## Riconoscere e analizzare

9 **Le sequenze** I paragrafi segnano la suddivisione del testo in otto sequenze. Distingui quali sono quelle in cui si presentano fatti che stanno avvenendo e quelle che riportano i pensieri (ricordi, riflessioni, progetti) del protagonista.

| | Fatti | Pensieri |
|---|---|---|
| • Prima sequenza | ☐ | ☒ |
| • Seconda sequenza | ☐ | ☐ |
| • Terza sequenza | ☐ | ☐ |
| • Quarta sequenza | ☐ | ☐ |
| • Quinta sequenza | ☐ | ☐ |
| • Sesta sequenza | ☐ | ☐ |
| • Settima sequenza | ☐ | ☐ |
| • Ottava sequenza | ☒ | ☐ |

10 **Il tempo** Com'è presentato lo scorrere del tempo?

**a.** In modo preciso
**b.** In modo vago
**c.** In nessun modo
**d.** In modo dettagliatissimo

11 **Il ritmo narrativo** Il ritmo del racconto può essere definito veloce. Perché?

**a.** È tutto costituito da sommari
**b.** Contiene molte pause e molte scene
**c.** Contiene molte pause e grandi ellissi
**d.** È tutto formato da pause

12 **La focalizzazione** Il narratore, esterno, non commenta esplicitamente, ma talora sentiamo la sua presenza; da che cosa la avvertiamo?

13 **Lo stile** Perché alcune parole sono in corsivo?

**a.** Per la loro importanza
**b.** Per la loro difficoltà
**c.** Per il loro duplice significato
**d.** Per un errore di stampa

14 **I tempi verbali narrativi** Porta un esempio per ciascun elemento della narrazione, in base al tempo del verbo.

- Fatti:
  ..................................................
  ..................................................
- Circostanze:
  ..................................................
  ..................................................
- Recupero delle informazioni:
  ..................................................
  ..................................................
- Anticipazioni delle informazioni:
  ..................................................
  ..................................................

15 **Il lessico** I vocaboli utilizzati sono appropriati, ma non troppo difficili. Esiste però una sequenza che contiene termini dell'ambito economico-finanziario. Individuali e, se non ne conosci con precisione il significato, cercali sul dizionario.

## Rielaborare e produrre

16 **Discutere** È estremamente difficile capire perché un uomo possa perpetrare delitti. Ragiona con i tuoi compagni e con gli adulti su quali ragioni possano portare gli uomini a tali nefandezze e riferisci a voce all'insegnante i risultati dell'analisi.

17 **Il volto dell'assassino** Anche se narrato in modo quasi divertito, il racconto presenta la lucida e colpevole premeditazione di un delitto. In che cosa il protagonista appare mostruoso?

18 **Il giallo** Il genere giallo riscuote un enorme successo: libri, film, inchieste, fiction con questo tema sono molto seguiti. A che cosa attribuisci questa attenzione? Spiega le tue motivazioni in un testo di 100 parole.

Andrea Camilleri

# Il patto

Il commissario Montalbano sta rientrando a casa sulla sua auto, di notte, quando vede una donna anziana camminare tutta sola lungo il ciglio della strada. Il commissario l'accosta e si offre di accompagnarla a casa. La incontrerà di nuovo il giorno dopo, chiamato a indagare sulla morte di un anziano professore.

Da *Un mese con Montalbano*, 1998

Racconto giallo

Tutta vestita di nìvuro[1], tacchi alti, cappellino fuori moda, borsetta di pelle lucida appesa al braccio destro, la signora (perché si capiva benissimo ch'era una signora e d'antica classe) procedeva a passi piccoli ma decisi sul ciglio della strata, occhi a terra, incurante delle rare auto che la sfioravano.

Macari[2] di giorno quella donna avrebbe attirato l'attenzione del commissario Montalbano per la distinzione e l'eleganza d'altri tempi: figurarsi alle due e mezzo di notte, su una strata fuori paìsi[3]. Montalbano stava tornando alla sua casa di Marinella dopo una lunga giornata di travaglio[4] al commissariato, era stanco, ma viaggiava a lento, dai finestrini aperti dell'auto gli arrivavano gli odori di una notte di mezzo maggio, ventate di gelsomino dai giardinetti delle ville alla sua destra, folate di salmastro dal mare a sinistra. Dopo avere per un pezzo proceduto darrè[5] la signora, il commissario le si affiancò e, piegandosi sul sedile del passeggero, le spiò[6]:

«Occorre niente, signora?»

La donna manco isò[7] la testa, non fece il minimo gesto, proseguì.

Il commissario accese gli abbaglianti, fermò l'auto, scese e le si parò davanti impedendole di proseguire. Solo allora la signora, per niente scantata[8], si decise a taliàrlo[9]. Alla luce dei fari Montalbano vide che era molto anziana, ma gli occhi erano di un azzurro intenso, quasi fosforescente, stonavano col resto della faccia

1 **nìvuro**: nero.
2 **Macari**: anche.
3 **paìsi**: paese.
4 **travaglio**: lavoro.
5 **darrè**: dietro.
6 **le spiò**: le chiese.
7 **isò**: alzò.
8 **scantata**: spaventata.
9 **taliàrlo**: guardarlo.

## L'AUTORE

**Andrea Camilleri** è nato a Porto Empedocle, in provincia di Agrigento, nel 1925, ma vive da molto tempo a Roma. Per anni è stato sceneggiatore e regista, collaborando alla realizzazione di alcune serie televisive di successo di carattere poliziesco, come gli episodi del "Commissario Maigret", tratti dai romanzi del belga Georges Simenon, oppure la serie del "Tenente Sheridan". Negli ultimi decenni Camilleri ha raggiunto una notevole notorietà e un grande successo letterario pubblicando le storie del commissario Salvo Montalbano, un ispettore di polizia che vive e lavora in una cittadina siciliana, Vigata. La trasposizione televisiva di queste storie ha reso il personaggio del commissario Montalbano, e quindi il suo autore, molto popolari.

Camilleri ha anche scritto romanzi ambientati a fine Ottocento, come *Il corso delle cose* (1978), *La stagione della caccia* (1992), *Il birraio di Preston* (1995), *Inseguendo un'ombra* (2013), *Donne* (2014). Tra i numerosi romanzi imperniati sul commissario Montalbano, segnaliamo: *La forma dell'acqua* (1994), *Il cane di terracotta* (1996), *La gita a Tindari* (2000), *La pazienza del ragno* (2004), *La vampa d'agosto* (2006), *La danza del gabbiano* (2009), *Il sorriso di Angelica* (2010), *Un covo di vipere* (2013), *La giostra degli scambi* (2015), *L'altro capo del filo* (2016).

per la conservata giovinezza. Indossava degli orecchini preziosi, attorno al collo una splendida collana di perle.

«Sono il commissario Montalbano» disse per rassicurarla, macari se la fìmmina[10] non dava il minimo segno di nervosismo.

«Piacere. Io sono la signorina Angela Clemenza. Desidera?» Aveva calcato sul "signorina". Il commissario sbottò.

«Io non desidero niente. Le pare logico andarsene in giro, parata così, a quest'ora di notte e da sola? Lei è stata fortunata che non l'abbiano ancora derubata e gettata in un fosso. Salga in macchina, l'accompagno.»

«Non ho paura. E non sono stanca.»

Era vero, aveva il respiro regolare, sul suo viso non c'era traccia di sudore; solo le scarpe imbiancate dalla polvere dicevano che la signorina aveva camminato a piedi per un lungo tratto.

Montalbano con due dita le pigliò delicatamente un braccio, la sospinse verso la macchina.

Angela Clemenza per un momento ancora lo taliò, l'azzurro dei suoi occhi si era come impastato di viola, era evidentemente arrabbiata, ma non disse niente, salì.

Appena assittata[11] in auto, poggiò la borsetta sulle ginocchia, si massaggiò leggermente l'avambraccio destro. Il commissario notò che la borsetta era gonfia, doveva pesare.

«Dove l'accompagno?»

«Contrada Gelso. Le dico io come arrivarci.»

Il commissario tirò un sospiro di sollievo, contrada Gelso non era lontana, stava dalla parte di campagna, a pochi chilometri da Marinella[12]. Avrebbe voluto spiare alla signorina come mai si fosse venuta a trovare sola, di notte, diretta a casa a piedi, ma il ritegno e la compostezza di lei l'intimidivano.

Da parte sua la signorina Clemenza non raprì bocca se non per brevi indicazioni sulla strata da pigliare. Superato un grosso cancello in ferro battuto e percorso un viale perfettamente tenuto in ordine, Montalbano si fermò nello spiazzo davanti a una villetta ottocentesca, a tre piani, intonacata di fresco, linda, con la porta e le persiane che parevano allùra allùra pittate di verde. Scesero.

10 **fimmina**: donna.
11 **assittata**: seduta.
12 **Marinella**: è il posto dove vive il commissario.

Scena tratta dalla serie televisiva *Il commissario Montalbano* interpretata da Luca Zingaretti.

«Lei è una persona squisita. Grazie» fece la signorina. E tese il braccio. Montalbano, sorpreso di se stesso, si inchinò e le baciò la mano. La signorina Clemenza gli voltò le spalle, armeggiò nella borsetta, tirò fora una chiave, raprì la porta, trasì[13], richiuse.

Non erano manco le sette del matino che l'arrisbigliò[14] una telefonata di Mimì Augello, il suo vice.

«Scusami, Salvo, se ti chiamo a quest'ora, ma c'è stato un omicidio. Sono già sul posto. Ti ho mandato una macchina.»

Ebbe appena il tempo di farsi la barba che l'auto arrivò.

«Chi hanno ammazzato, lo sai?»

«Un professore in pensione, si chiamava Corrado Militello» fece l'agente alla guida. «Abita dopo la vecchia stazione.»

La casa del fu professor Militello sorgeva sì dopo la vecchia stazione, ma in aperta campagna. Prima che Montalbano oltrepassasse la soglia, Mimì Augello, che quella matina gli era pigliata di voler parere il primo della classe, l'informò.

«Il professore aveva passato l'ottantina. Viveva solo, non si era mai maritato. Da una decina d'anni non niscìva[15] più da casa. Ogni matina veniva una cammarèra, la stessa da trent'anni, quella che l'ha trovato morto e ci ha telefonato. La casa è fatta così: al piano di sopra ci sono due grandi càmmare da letto, due bagni e un cammarìno[16]. Al piano terra un salotto, una piccola sala da pranzo, un bagno e uno studio. È lì che l'hanno ammazzato. Pasquano[17] è all'opera.»

Nell'anticamera, la cammarèra, assittata in pizzo a una seggia[18], piangeva in silenzio, muovendo il busto avanti e narrè[19]. Il corpo del professor Corrado Militello

13 **trasì**: entrò.
14 **l'arrisbigliò**: lo svegliò.
15 **niscìva**: usciva.
16 **cammarìno**: stanzetta.
17 **Pasquano**: è il medico legale, come verrà detto poco dopo.
18 **assittata…seggia**: seduta sul bordo di una sedia.
19 **narrè**: indietro.

## STORIE da SCOPRIRE

### *Un mese con Montalbano* di Andrea Camilleri

*Un mese con Montalbano* è una raccolta di racconti sul commissario di polizia Salvo Montalbano, protagonista anche di numerosi romanzi di Andrea Camilleri. Montalbano ha circa 40 anni e dirige il commissariato di Vigata, un paese immaginario situato nella Sicilia occidentale. Non è sposato, ma eterno fidanzato di Livia, una donna che risiede al Nord e che ogni tanto prende l'aereo per andarlo a trovare. Gli piace leggere e ama la buona cucina, per cui lo troviamo spesso con amici e collaboratori in qualche trattoria fuori mano.

Poliziotto tutto d'un pezzo, esige dai suoi collaboratori altrettanta dedizione al dovere e non esita a rimproverarli quando i conti non tornano oppure quando supposizioni date per certe vacillano. Montalbano è un uomo forte dal carattere nervoso e scorbutico, ma è anche capace di essere comprensivo ed equilibrato. Non è mai un poliziotto spietato: la sua grande umanità emerge in ogni situazione. Nelle indagini è sempre un passo avanti rispetto ai suoi sottoposti, sa valutare anche l'elemento in apparenza banale, che poi si rivela decisivo. Molte volte il suo fiuto lo porta a risolvere in modo fortunoso casi nei quali non aveva saputo trovare prove concrete. Montalbano non incontra sempre il favore e la simpatia dei suoi superiori, ai quali tiene nascosti gli sviluppi delle indagini in corso, ma riesce ad ammorbidirli risolvendo casi spinosi. A volte capita che debba misurarsi con la criminalità organizzata, con la mafia dei capicosca e dei picciotti: Montalbano raddoppia la prudenza, ma non si gira dall'altra parte. Il miscuglio di dialetto siciliano e di lingua italiana parlato dal commissario e da tutti gli altri personaggi rende originale questa figura di poliziotto e colora le sue vicende di un effetto realistico.

giaceva riverso sulla scrivania dello studio. Il dottor Pasquano, il medico legale, lo stava esaminando.

«L'assassino» disse Mimì Augello «ha voluto sadicamente spaventare il professore prima d'ammazzarlo. Talìa qua: ha sparato al lampadario, alla libreria, a quel quadro, mi pare che sia una riproduzione del Bacio di Velázquez[20]...»

«Hayez[21]» corresse stancamente Montalbano.

«... alla finestra e l'ultimo colpo l'ha riservato a lui. Un revolver, non ci sono bossoli.»

«Non perdiamoci nel conteggio dei colpi» intervenne il dottor Pasquano. «Sono stati cinque, d'accordo, ma ha macari sparato al busto di Wagner[22], che è di bronzo, la pallottola ha rimbalzato e ha pigliato in piena fronte il professore, ammazzandolo.»

Augello non replicò.

Nel camino, una montagna di carta incenerita. Montalbano s'incuriosì, spiò con gli occhi al suo vice.

«La cammarèra m'ha detto che da due giorni stava a bruciare lettere e fotografie» rispose Augello. «Le teneva in questo baule qua che ora è vacante[23].»

Evidentemente Mimì Augello si trovava in una di quelle giornate nelle quali, se si metteva a parlare, non si fermava manco a cannonate.

«La vittima ha aperto all'assassino, non c'è traccia d'effrazione. Sicuramente lo conosceva, si fidava. Uno di casa. Sai che ti dico, Salvo? Da qualche parte sbucherà un nipotuzzo che da troppo tempo stava ad aspettare l'eredità e ha perso la pazienza, si è scassato la minchia. Il vecchio era ricco, case, terreni edificabili.»

Montalbano non lo stava a sèntiri, era perso darrè ricordi di pellicole poliziesche inglesi. Fu così che fece una cosa che aveva già visto fare in uno di questi film: si calò verso il camino, infilò una mano dintra la cenere, tastiò[24]. Ebbe fortuna, sotto le dita gli venne un quadratino spesso, di cartoncino. Era un frammento di fotografia, grande quanto un francobollo. Lo taliò e provò una scossa elettrica. Mezzo volto di donna, ma come non riconoscere quegli occhi?

«Trovato niente?» spiò Augello.

«No» disse Montalbano. «Senti, Mimì, occupati tu di tutto, io ho da fare. Salutami il giudice, quando arriva.»

«Si accomodi, si accomodi» disse la signorina Angela Clemenza chiaramente contenta di rivederlo. «Venga da questa parte, la casa è diventata troppo grande per me da quando è morto mio fratello il generale. Mi sono riservata queste tre camere al pianoterra, mi risparmio le scale.»

Le nove e mezzo del matino, ma la signorina era inappuntabile, a petto di lei[25] il commissario si sentì sporco e trasandato.

«Posso offrirle un caffè?»

«Non si disturbi. Devo farle solo qualche domanda. Lei conosce il professor Corrado Militello?»

«Dal 1935, commissario. Allora avevo diciassette anni, lui uno più di me.»

Montalbano la taliò fisso: niente, nessuna emozione, gli occhi un lago d'alta montagna senza increspature.

20 **Velázquez**: Diego Velázquez (1599-1660) era un pittore spagnolo.

21 **Hayez**: Francesco Hayez (1791-1882) era un pittore milanese.

22 **Wagner**: Richard Wagner (1813-1883) era un musicista tedesco.

23 **vacante**: vuoto.

24 **tastiò**: toccò, tastò.

25 **a petto di lei**: rispetto a lei.

Scena tratta dalla serie televisiva *Il commissario Montalbano.*

«È con grande dispiacere, mi creda, che sono costretto a comunicarle una cattiva notizia.»

«Ma la conosco già, commissario! Gli ho sparato io!»

A Montalbano gli mancò la terra sotto i piedi, la stessa precisa impressione che aveva provato nel terremoto del Belice. Franò su una seggia che fortunatamente era alle sue spalle. Pure la signorina Clemenza s'assittò, compostissima.

«Perché?» arrinisci[26] ad articolare il commissario.

«È una storia vecchia come il cucco, si annoierà.»

«Le garantisco di no.»

«Vede, dalla seconda metà dell'Ottocento in poi, per ragioni che non so e che non ho mai voluto sapere, la mia famiglia e quella di Corrado pigliarono a odiarsi. Ci furono morti, duelli, ferimenti. Capuleti e Montecchi[27], ricorda? E noi due, invece di odiarci, c'innamorammo. Romeo e Giulietta, appunto. I nostri familiari, i miei e i suoi stavolta alleati, ci separarono, a me mi misero con le monache, lui andò a finire in collegio. Mia madre, sul letto di morte, mi fece giurare che non avrei mai sposato Corrado. O lui o nessuno, dissi invece a me stessa. Corrado fece lo stesso. Per anni e anni e anni ci siamo scritti, ci telefonavamo, facevamo in modo d'incontrarci. Quando restammo solo noi due, i superstiti delle nostre famiglie, io avevo ormai sessantadue anni e lui sessantatré. Convenimmo che a quell'età sarebbe stato ridicolo maritarci.»

«Sì, va bene, ma perché?...»

«Sei mesi fa mi fece una lunghissima telefonata. Mi disse che non ce la faceva più a stare solo. Voleva maritarsi con una vedova, sua lontana parente. Ma come, gli domandai, a sessant'anni lo trovavi ridicolo e a ottanta no?»

«Capisco. È per questo che lei...»

«Vuole babbiare[28]? Per me poteva maritarsi cento volte! Il fatto è che mi telefonò il giorno appresso. Mi disse che non aveva chiuso occhio. Confessò d'avermi mentito, non si sposava per paura della solitudine, ma perché di quella fìmmina si era veramente innamorato. Allora, lei capisce, le cose cangiavano.»

«Ma perché?!»

«Perché avevamo pigliato un impegno, fatto un patto.»

Si susì[29], raprì la stessa borsetta della sera avanti che era posata su un tavolinetto, ne trasse un bigliettino ingiallito, lo pruì[30] al commissario.

*Noi, Angela Clemenza e Corrado Militello, davanti a Dio giuriamo quanto segue: chi di noi due s'innamorerà di una terza persona, pagherà con la vita il tradimento.*

*Letto, firmato e sottoscritto:* *Angela Clemenza, Corrado Militello*
*Vigàta, li 10 gennaio 1936.*

«Ha letto? Tutto regolare, no?»

«Ma se ne sarà scordato!» fece Montalbano. Quasi gridò.

«Io no» disse la signorina, gli occhi che svariavano verso un pericoloso viola. «E guardi che aieri matina gli telefonai per assicurarmi meglio. "Che fai?" gli spiai. "Sto bruciando le tue lettere" mi rispose. Allora mi andai a rileggere il **patto**.»

Montalbano sentiva un cerchione di ferro che aveva principiato a serrargli la fronte, sudava.

«Ha gettato via l'arma?»

26 **arriniscì**: riuscì.
27 **Capuleti e Montecchi**: è un riferimento alla tragedia di William Shakespeare *Romeo e Giulietta*. I Capuleti e i Montecchi sono le famiglie dei due innamorati che, a causa della loro rivalità, vietano ai due giovani di sposarsi, causandone la morte.
28 **babbiare**: scherzare.
29 **susì**: alzò.
30 **pruì**: diede.

PAROLE ***sotto la lente***

### Patto

Il sostantivo riporta il latino *pactum*, dal verbo *pacisci* = patteggiare, che ha la stessa radice di *pax* = pace. Indica un impegno reciproco stabilito tra due o più persone con una convenzione o con un accordo. Si usa in molti ambiti: patto coniugale, patto militare, patto sociale.

### Attività

Oggi molti termini derivati da "patto" sono usati in ambito giuridico, nel corso dei processi. Ne conosci qualcuno?

«No.»

Raprì la borsetta, ne tirò fora una “Smith & Wesson[31]” centenaria, enorme. La diede a Montalbano.

«M’è venuto difficile colpirlo, sa? Non avevo mai sparato prima. Povero Corrado, s’è pigliato un tale spavento!»

E ora che doveva fare? Isarsi in piedi e dichiararla in arresto?

Rimase a taliàre il revolver, indeciso.

«Le piace?» spiò sorridente la signorina Angela Clemenza. «Glielo regalo. Tanto a me non serve più.»

A. Camilleri, *Un mese con Montalbano*, Mondadori, Milano, 1999

31 **Smith & Wesson:** marca di una pistola.

## per L’ANALISI del TESTO

### Un giallo atipico

Nel racconto letto è forse improprio parlare di un commissario Montalbano impegnato in un’indagine per omicidio, dal momento che la responsabilità del delitto viene a galla subito e in maniera spontanea. La signorina Clemenza si dichiara responsabile dell’uccisione del professor Militello, ed è così sicura di sé da stupire anche un commissario di polizia abituato a gravi fatti di sangue. È lei la **protagonista** di questo episodio, dalle prime battute fino alla conclusione: la conosciamo come donna anziana e impeccabile negli atteggiamenti, risoluta nei modi e nelle parole. Anche la maniera con cui si rapporta al commissario lascia trasparire certezze molto solide, in particolare riguardo all’amore. Tuttavia, un merito importante va riconosciuto al commissario: un’intuizione investigativa gli consente di collegare l’uccisione del professore alla signorina Clemenza, e cioè il ritrovamento nel camino di un pezzetto di una sua fotografia.

### Un omicidio “legittimo”

Riguardo alle motivazioni dell’omicidio, il lettore non può che restare di stucco, come il commissario, venendo a conoscenza del ragionamento della signorina Clemenza. In primo luogo, la storia d’amore tra la signorina e il professore rievoca altri tempi, antichi giuramenti, valori riposti nel profondo dell’animo e quindi da non trasgredire. Si potrebbe parlare di un primordiale **possesso** l’uno dell’altro. Ed è per questa convinzione che lei si è sentita in diritto di ucciderlo; infatti, dopo aver mostrato al commissario il patto scritto sessant’anni prima, conclude con uno strabiliante: «Ha letto? Tutto regolare, no?» (r. 159).

Camilleri conclude questo sbalorditivo episodio ricorrendo all’**ironia**. Nelle battute finali cogliamo la volontà dell’autore di sminuire le responsabilità dell’anziana donna, che non si rende conto della gravità del suo gesto, ostinandosi a riproporre con candore una logica ferrea.

### Una scrittura originale

Il testo viene costruito in maniera semplice e lineare così che ***fabula* e intreccio coincidano**; sono numerose le marche temporali che consentono al lettore di seguire con sicurezza la successione degli eventi. L’originalità della lingua di Camilleri è un elemento che ha molto contribuito al successo dei suoi romanzi. Lo scrittore siciliano ricorre a costrutti e **vocaboli dialettali** per essere maggiormente aderente a quella Sicilia che ha scelto come ambientazione delle gesta del commissario Montalbano.

Renato Guttuso, *Cactus sul golfo di Palermo*, 1983. (Collezione Privata)

# Attività

## Leggere e comprendere

1 **La protagonista** L'apertura del racconto è occupata dalla protagonista. Come appare?

a. Una donna giovane ed elegante che cammina sfrontata lungo una strada

b. Una signora anziana ed elegante che cammina lungo la spiaggia

c. Una signora anziana ed elegante che cammina lungo la strada

d. Una donna anziana e sciatta che si trascina a fatica lungo la strada

2 **Lo stupore** Perché il commissario Montalbano si stupisce vedendo la donna? Che cosa fa?

3 **Il segnale** Per tutto il racconto la signorina Angela Clemenza si mostra controllata e impeccabile; solo in un modo tradisce i suoi sentimenti: come?

a. Arrossisce per timidezza se interpellata

b. I suoi occhi azzurri assumono sfumature viola quando è contrariata

c. Abbassa lo sguardo per il timore

d. Rabbrividisce per la paura davanti al commissario

4 **L'occhio del poliziotto** Quale particolare della donna permette a Montalbano di fare ipotesi sulle sue azioni precedenti l'incontro?

a. Gli occhi che mutano colore

b. Le scarpe impolverate

c. I piccoli passi

d. I gioielli che indossa

5 **Il riserbo** Il commissario, pur volendo chiedere alla signorina le ragioni della sua passeggiata notturna, non le pone alcuna domanda. Perché?

a. Teme la sua reazione

b. Lo trattengono il ritegno e la compostezza della signorina

c. Rimanda all'indomani le domande perché è molto tardi

d. Vede la signorina in grave difficoltà e non vuole addolorarla

6 **L'omicidio** La mattina al commissario viene comunicato il ritrovamento di un cadavere. Da chi è informato? In quale modo apprende la notizia?

7 **La vittima** Dopo aver letto per intero il racconto, descrivi accuratamente l'uomo ucciso.

8 **L'ipotesi di Augello** Mimì Augello, particolarmente attivo in questa indagine, ipotizza che l'assassino abbia voluto, con tanti colpi, spaventare a morte Corrado Militello; la completa lettura del testo però permette di smentire questa sua supposizione. Perché?

9 **Un poliziesco inglese** Quali elementi concorrono a suggerire a Montalbano che il caso assomigli a un poliziesco inglese?

10 **Il senso di disorientamento** La gioia nel rivedere il commissario, l'inappuntabilità e la confessione di Angela Clemenza sconvolgono il commissario e disorientano il lettore. Perché?

a. Non si aspettavano che una signorina tanto perbene potesse commettere un delitto senza rimorso

b. Sanno che la signorina mente per favorire un nipote colpevole

c. Identificare l'assassino senza alcuna indagine non è consueto nel lavoro e nella letteratura

d. Non credono all'ammissione di colpevolezza, fatta volontariamente ma in stato confusionale

11 **Il precedente letterario** A quale vicenda della tradizione letteraria accosta la propria esperienza amorosa la signorina Clemenza?

a. All'amore tra Enea e Didone

b. All'amore tra Romeo e Giulietta

c. All'amore tra Abelardo ed Eloisa

d. All'amore tra Amore e Psiche

12 **Il patto** I due innamorati hanno rispettato il volere delle famiglie, non si sono mai sposati, anche quando sarebbe stato possibile, pur continuando ad amarsi fino alla vecchiaia. Tuttavia, hanno stipulato un patto più vincolante di un matrimonio. Che cosa prevedeva e che linguaggio utilizzava l'accordo?

## Riconoscere e analizzare

13 **La struttura** Il racconto è uno strano giallo. Perché?

a. Non esiste il delitto e l'indagine è inutile
b. L'acume di Montalbano individua subito il colpevole
c. La struttura è completamente lineare
d. Viene taciuto solo l'antefatto e non c'è vera inchiesta

14 **Il tempo** Quali delle seguenti informazioni cronologiche risultano corrette rispetto alla vicenda?

a. Il delitto avviene a maggio, negli anni Novanta, i due amanti hanno superato l'ottantina, la vicenda dura circa dodici ore
b. Il delitto avviene in estate, nell'anno 2000, i due amanti hanno superato l'ottantina, la vicenda dura circa ventiquattro ore
c. Il delitto avviene a maggio, negli anni Trenta, i due amanti hanno superato l'ottantina, la vicenda dura circa sei ore
d. Il delitto avviene d'inverno, negli anni Novanta, i due amanti hanno superato l'ottantina, la vicenda dura circa dodici ore

15 **I personaggi** I personaggi principali nel racconto sono Montalbano e la signorina Clemenza. Tra gli aggettivi che ti elenchiamo (tutti al maschile) quali attribuisci al commissario e quali alla donna?

Appassionato • sensibile • attento • controllato • coerente • ironico • determinato • intuitivo • razionale • riservato

- Commissario Montalbano: ...............................................
- Angela Clemenza: ...............................................

16 **Il luogo** Le particolarità lessicali e il luogo in cui è stato stipulato il patto, cioè Vigata, definiscono la Sicilia come ambientazione. Vi è anche una descrizione del paesaggio, all'interno del racconto, che presenta elementi tipici dell'isola. Riproponila con le tue parole.

17 **Il tempo del racconto** Nel testo è presente un'ellissi. Qual è? Perché è facile individuarla?

18 **La lingua** Il testo contiene molte espressioni del dialetto siculo. Le trovi spiegate nelle note, anche se sono spesso comprensibili in modo intuitivo. Cercane almeno cinque per ogni gruppo richiesto e scrivi tra parentesi la relativa forma italiana.

- Verbi: ...............................................
- Nomi: ...............................................
- Avverbi / preposizioni improprie / locuzioni: ...............................................

## Rielaborare e produrre

19 **Il riassunto** Dividi il brano in sequenze, secondo questo ordine cronologico: la notte, la mattina, la tarda mattinata. Riassumi poi il racconto in 200 parole.

20 **L'amore e il matrimonio** Angela Clemenza avrebbe potuto sopportare che l'uomo amato si risposasse, ma non che amasse un'altra donna. È un comportamento comprensibile? Prova a discutere di questo argomento con i tuoi genitori o con altri adulti. Riporta poi le spiegazioni avute e i pareri espressi in un testo di circa 200 parole.

Carlo Lucarelli

# Il silenzio dei musei

Siamo nel cuore della notte. Tre ladri sono entrati in un museo per rubare una tela. Sono armati di coltello e di pistola, e vengono affrontati da non si sa chi: qualcuno che si muove al buio con la sicurezza del padrone di casa.

Da
Ma questa è un'altra storia, 2008

Racconto giallo

Avete mai sentito il silenzio di un **museo**? Non quello dei cartelli appesi al muro, rotto dallo scalpiccìo[1], dai sussurri, dai colpi di tosse, dal ronzare delle macchine fotografiche che si ricaricano di nascosto, ma quello vero, quello dell'orario di chiusura. Dalle nove alle cinque non è silenzio, è rumore sommesso, represso, chiasso ipocrita, ma dopo, dopo che sono passate anche le donne delle pulizie, dopo che le porte si sono chiuse e anche i cancelli, allora è il silenzio dei musei. Che non è un silenzio vuoto, di cose che dormono, ma un silenzio vivo, di cose che si svegliano.

Avete mai sentito quanti rumori ci sono in un museo chiuso? Sono tanti, tutti diversi e ognuno potrebbe essere scritto con una lettera, racchiuso in un simbolo e disegnato, come un ideogramma[2]. Io lo so, sto lì da tanti anni, dietro al tavolo del custode e non ho niente altro da fare che ascoltare, fissare il buio e ascoltare, dalle sei di sera alle otto di mattina. Ci sono le cornici dei quadri, per esempio, o anche gli infissi delle bacheche o delle finestre, che con la variazione di temperatura tirano e scricchiolano, con la erre, scrrricchiolano. Poi ci sono le tele, le tende e tutte le stoffe dei vestiti nelle teche e quelle che ricoprono i mobili antichi, soprattutto i letti… quelle frusciano, con la effe, fffrusciano. E le molle, quelle dei divani, si tennndono, enne. E l'impianto di sicurezza, quando si accende periodicamente, esse: sssibila.

**PAROLE sotto la lente**

**Museo**

Il sostantivo proviene dal latino *museum*, corrispondente al greco *mouseìon*, derivato da *Musa*; originariamente era un luogo di cultura dell'antica Alessandria d'Egitto.
Ora indica una raccolta di opere e oggetti d'arte o scientifici oppure il luogo dove questi sono collocati. Secondo la qualità degli oggetti contenuti in essi, si distinguono musei d'arte, archeologici, scientifici, pedagogici, musei delle cere. In senso scherzoso si usa la locuzione "da museo" per indicare persone o cose antiquate, d'altri tempi.

**Attività**

Nelle discipline artistiche si usa l'aggettivo "musivo". Controlla sul vocabolario se esso ha la stessa radice di "museo" e qual è il suo significato.

Io li sento tutti i rumori, non ho nient'altro da fare… e li riconosco, sempre. Per questo quella ci, così netta, così tronca, clic, la notai subito e mi fece alzare la testa, a girare gli occhi nel buio. Sembrava un taglio, un taglio di forbici e infatti la seconda volta lo sentii bene che non era proprio un clic, no, ma un tric, schiacciato, come di metallo su gomma che si allunga e forza finché non incontra la resistenza del rame. Tric. E subito, il sibilo dell'impianto di sicurezza cessò di colpo.

Una luce improvvisa, nel buio, è come se facesse rumore, anche se è la luce sottile e diretta di una torcia elettrica. Quella luce aveva rumore di passi di gomma, cauti, lenti, come quelli di un gatto e un soffio di voce, dietro: "Fa' piano, cazzo". Scorreva veloce sul vetro delle bacheche, sulle pareti biancastre, sulla patina[3] lucida delle tele dipinte e quando scivolava via sembrava che il buio fosse ancora più buio. Mi passò accanto, senza toccarmi e io attesi. Se non mi avevano visto non si erano accorti di me.

Erano due, pensai all'inizio, poi entrò anche il terzo, fermo sull'atrio, illuminato a metà dalla luce esterna del cortile e fu con quella che vidi la pistola. Gli altri, nel salone, erano solo due sagome grigie che si muovevano curve sul nero, finché una

1 **scalpiccìo**: rumore di passi.
2 **ideogramma**: simbolo grafico che rappresenta un'idea, non un suono del linguaggio.
3 **patina**: velatura superficiale che si forma su vari materiali o manufatti, anche per processi fisici di usura.

non si fermò a reggere la torcia e l'altra entrò nel cono di luce e fu con quella che vidi il coltello. La tela che cede sotto la lama di un cutter[4] fa un rumore straziante per chi sa sentirlo. È come se ogni filo della fibra lanciasse un gemito breve, da gola tagliata, più sottile quando il rasoio segue la verticale del quadro, più grosso in orizzontale e duro, agghiacciante come un osso rotto quando tocca la cornice. Tagliavano la Vergine Inviolata e solo dal nome già sembrava un atto blasfemo[5]. Mi mossi, silenzioso, nel buio.

"C'è qualcuno… ho sentito un rumore".

L'occhio luminoso della torcia tagliò il buio fino alla scrivania, alla targhetta custode e si fermò rotondo sullo schienale della sedia vuota.

"Che c'è?" chiese quello con la pistola.

La torcia si mosse, a passi attenti, di suola di gomma. Veniva verso la sala piccola, lasciando che il buio risucchiasse il salone, con quello col coltello e la Vergine Inviolata ripiegata su sé stessa, arrotolata su un angolo ancora attaccato alla cornice. La luce varcò la soglia, tra il portacenere a colonna e la colonna con l'urna di cenere etrusca ed entrò nella stanza, a frugare sulle pareti. Poi la torcia mi vide e senza un gemito, neppure un soffio, si schiacciò per terra con un ciack spesso, di vetro grosso.

Buio.

"Cazzo fai?".

La voce era una voce e non più un sussurro e vibrava nella gola, di paura. Un attimo e mi mossi ancora, oltre la soglia, di nuovo nel salone, dietro alla corda di canapa gialla che chiudeva il divano

4 **cutter**: attrezzo usato per tagliare e rifilare bordi.

5 **blasfemo**: empio, sacrilego.

Una sala del Rijksmuseum di Amsterdam.

## L'AUTORE

**Carlo Lucarelli** è nato a Parma nel 1960. Vive a Mordano, in provincia di Bologna, un territorio che ama e inserisce di frequente nei suoi romanzi.

Personaggio dalle mille risorse, Lucarelli è autore di romanzi, saggi, fumetti, fiction e programmi televisivi. Ha dato vita al Gruppo 13, un'associazione che raccoglie giallisti e cronisti di nera dell'Emilia-Romagna; insegna scrittura creativa alla scuola Holden di Alessandro Baricco a Torino; è fondatore della Bottega Finzioni, una scuola di narrazione, a Bologna. Esperto di criminologia, ha condotto per la Rai la trasmissione televisiva *Blu notte*, presentando casi di omicidi irrisolti che hanno segnato la storia del nostro Paese.

A partire dagli anni Novanta, con i suoi romanzi ha rinnovato i moduli narrativi di genere, incentrando le sue opere soprattutto sulla contemporaneità. Tra i suoi libri ricordiamo: *Carta bianca* (1990), *L'estate torbida* (1991), *Via delle oche* (1996), tre romanzi gialli con protagonista il commissario De Luca; *Nuovi misteri d'Italia. I casi di Blu notte* (2004), *Il lato sinistro del cuore* (2003), *L'ottava vibrazione* (2008), *Albergo Italia* (2014), *Thomas e le gemelle* (2015).

sul ballatoio. Nessun fruscìo sulla striscia rossa del tappeto. La pedana di legno che alzava il divano non scricchiolò.

"Guarda che se è uno scherzo… oh, giuro, se è uno scherzo, io…".

Camminava lungo la corda, per indovinare la direzione. La sentivo vibrare sotto le sue dita e forse, non so, ma forse tremava. Volevo un urlo, così lasciai che la mano si avvicinasse, scorrendo sulla canapa e quando la sentii vicina, sempre più vicina, non mi allontanai.

Urlò, forte.

Quello con la pistola si piegò sulle ginocchia, stendendo le braccia nel buio. La paura gli ghiacciò le gambe e la gola e il dito sul grilletto. Non sparò perché non c'era niente a cui sparare se non la sagoma sottile di una corda di canapa che ondeggiava nel buio. Quando riuscì a muovere la lingua fece uno schiocco contro il palato e un gorgoglìo di gola mentre si alzava strappando sulle ginocchia. Si voltò per scappare e quando si voltò incontrò me.

"Ci hanno provato anche stavolta… guarda qua, ci sono i fili dell'allarme tagliati".

"Glielo dico sempre, io, alla sovrintendenza… qua ci vuole un guardiano notturno, altro che storie. Fortuna che non portano via mai niente".

Sono le nove e il museo ha perso di nuovo il suo silenzio. Tra i tanti rumori che mi circondano quello che mi infastidisce di più è lo scatto isterico delle macchine fotografiche che mi inquadrano di nascosto. Sono uno dei quadri più fotografati, Il **Boia**, alto e imponente, con le mani strette sulla spada insanguinata.

Quello che mi stupisce è che con tanti turisti che mi fotografano, nessuno si sia ancora accorto del mucchio di teste nella cesta alle mie spalle. Che si alza, ogni volta, un pochino di più.

C. Lucarelli e altri, *Ma questa è un'altra storia, 1978-2008*, BUP, Bologna, 2008

**PAROLE *sotto la lente***

**Boia**

Il sostantivo deriva forse dal provenzale *boia* = ceppi, a sua volta dal latino *boiae* = strumento di supplizio. Individua la persona che ha il compito di eseguire le sentenze di morte. In senso più ampio, indica un mascalzone, un furfante; è spesso usato in esclamazioni. A volte è aggettivo con valore peggiorativo.

**Attività**

Scrivi una frase che contenga il termine "boia" in ciascuno dei significati indicati di seguito:
- persona che esegue una sentenza di morte
- mascalzone
- in un'esclamazione
- come aggettivo con valore peggiorativo

Paul Delaroche, *L'esecuzione di Lady Jane Grey*, 1833. (London, National Gallery)

## per L'ANALISI del TESTO

### I rumori dei musei

Il racconto *Il silenzio dei musei* si apre con una riflessione sui rumori che è possibile percepire all'interno di un museo sia in orario di apertura sia, soprattutto, in orario di chiusura. Un filo di **inquietudine** comincia a serpeggiare nel lettore quando si parla di «silenzio vivo, di cose che si svegliano» (r. 9) nel buio delle sale vuote, senza la presenza dei visitatori, quando tutto dovrebbe essere immobile, come le statue o i quadri appesi al muro.

### Un inquietante custode

In modo abile Lucarelli accresce l'interesse e l'iniziale **tensione** introducendo un personaggio incaricato di custodire le preziose sale museali. Sulle prime, si direbbe che si tratti di un custode che riesce ad affrontare i tre ladri e a impedire il furto della tela. Tuttavia, la leggerezza inconsueta con cui si muove, la straordinaria capacità di nascondersi, il coraggio non comune spingono il lettore a porsi delle domande. Verso la fine della vicenda gli interrogativi si fanno più insistenti e inquietanti, perché non sappiamo ancora chi sia il fantomatico custode. L'unica certezza è data dal fatto che colui che si muove nel buio è lo stesso personaggio che racconta il tentato furto.

L'autore regge l'intreccio con grande abilità costruttiva e solo alla fine svela l'arcano: il difensore notturno delle sale museali è il Boia, il soggetto di un dipinto molto fotografato dai visitatori. In chiusura del racconto, Lucarelli spinge ancora in avanti la situazione inconsueta che ha creato, perché accenna al «mucchio di teste nella cesta alle [...] spalle» (rr. 93-94) del Boia, ritratte sulla tela, un mucchio che «si alza, ogni volta, un pochino di più» (r. 94).

### La tecnica narrativa

La bellezza di questo racconto sta tutta nella capacità ideativa che Lucarelli dimostra, lavorando su un soggetto alquanto insolito. Non ha bisogno di complicare il racconto con prolessi o analessi; infatti siamo di fronte a una **struttura lineare** e a un **narratore interno**, che vive in prima persona tutta la vicenda. Di rilievo sono le **onomatopee** introdotte dall'autore a rinvigorire i rumori che orecchie attente sanno percepire durante il profondo silenzio notturno dei musei.

# Attività

## Leggere e comprendere

1 **Il silenzio** A quale silenzio si riferisce il narratore all'inizio del racconto?
- **a.** Al silenzio dei giorni di chiusura
- **b.** Al silenzio imposto dai custodi ai visitatori
- **c.** Al silenzio dei momenti di pulizia dei locali
- **d.** Al silenzio delle ore serali e notturne

2 **I rumori** Elenca i rumori che si sentono nel museo di notte. VOCI SCRICCHIOLIO

3 **La situazione** Il misterioso osservatore si rende conto che nei locali del museo:
- **a.** si sta sviluppando un incendio
- **b.** è in corso un tentativo di furto
- **c.** è rimasto chiuso un visitatore
- **d.** è penetrato un animale

4 **Il rumore straziante** La tela tagliata dai ladri emette strani rumori che evocano atmosfere cruente. Riporta i termini che le suggeriscono.

5 **Gli strumenti** Quali strumenti usano i ladri?
- **a.** Una mazza, una pistola e un coltello
- **b.** Una pistola, un sacco e una torcia
- **c.** Una torcia, una pistola e un coltello
- **d.** Una ricetrasmittente, un coltello e una torcia

6 **Il bottino** Che cosa hanno tentato di rubare i ladri? In che condizione lo stanno trasportando?

7 **L'allerta** Che cosa mette in allerta i ladri?
- **a.** La sirena dell'allarme
- **b.** Le luci che si accendono improvvisamente
- **c.** La voce del custode
- **d.** Un rumore improvviso

8 **La fuga** L'autore enumera minuziosamente le azioni dell'osservatore e dei ladri nel momento della loro fuga. Le elenchiamo casualmente; tu ponile in ordine cronologico.

- Il ladro urla forte
- Il ladro cammina lungo la corda
- L'uomo con la torcia vede l'osservatore
- La torcia si frantuma per terra
- Il ladro minaccia
- Il ladro impreca
- Il secondo ladro alzandosi da terra emette suoni indistinti
- Il narratore vuole sentire l'urlo di paura
- Il narratore si avvia lungo la corda che separa un divano dal ballatoio
- La voce del ladro è attanagliata dalla paura
- Il ladro, voltandosi per scappare, vede l'osservatore

9 **La scoperta del narratore** Solo alla fine viene rivelato il narratore. Chi è?

a. Il custode notturno
b. Il Boia raffigurato in un quadro
c. Uno dei ladri
d. Non è chiaro

10 **L'inquietudine** La conclusione non scioglie la tensione del lettore. Che cosa continua a creare *suspense*?

a. L'arrivo di nuovi personaggi
b. Il terrore provato dai ladri
c. La personificazione del soggetto di un quadro
d. Il fatto che il Boia non solo prende vita, ma accresce il numero delle sue vittime

## Riconoscere e analizzare

11 **La struttura** Come definiresti la struttura del racconto?

a. Lineare
b. Lineare con un breve *flashback*
c. Un intero *flashback*
d. Lineare con un *flashforward*

12 **I suoni** Nel silenzio del museo ogni piccolo rumore acquista un significato particolare. Quale costituisce il movente del racconto?

PAURA PER I LADRI

13 **La voce narrante** Inizialmente si è portati a identificare la voce narrante con:

a. il ladro
b. il custode notturno
c. la signora delle pulizie
d. il commissario di polizia

14 **Il narratore e il punto di vista** Individua la tipologia del narratore e la focalizzazione.

a. Esterno con focalizzazione esterna
b. Interno e onnisciente
c. Interno con focalizzazione esterna
d. Esterno con focalizzazione interna

15 **Un giallo particolare** Che cosa c'è di diverso in questo giallo?

a. Non c'è nessun delitto
b. Il vero mistero è il narratore, non il colpevole
c. Il narratore non racconta tutti i fatti
d. I lettori sanno più del narratore

16 **La tecnica** Per fuorviare il lettore, l'autore introduce informazioni che lo confondono, facendogli pensare che il narratore sia il custode. Ricercale nel testo e riportale sul quaderno.

17 **Le onomatopee** Nel racconto si ritrovano alcune onomatopee, ossia parole che riproducono o enfatizzano dei suoni. Sottolineale nel testo.

## Rielaborare e produrre

18 **Il successo dei gialli** I racconti e i film polizieschi riscuotono grande successo tra il pubblico. Quali delle motivazioni elencate ti sembrano più adeguate a spiegarlo? Scegli quelle che ti convincono maggiormente e dai una tua spiegazione personale in un testo di circa 50 parole.

- Distraggono dai reali problemi quotidiani
- Sono molto facili da leggere
- Hanno tutti un finale rassicurante
- Impegnano il lettore in una ricerca personale
- Hanno un ritmo veloce
- Non presentano lunghe descrizioni
- Non delineano caratteristiche psicologiche

19 **La tua esperienza** Hai visitato di recente un museo? Descrivi un'opera d'arte che ti ha colpito in un testo di circa 80 parole.

Raffaele Crovi

# La tecnica del thriller

Da *Le maschere del mistero*, 2000

Saggio

Il testo fornisce dodici punti fondamentali per scrivere un thriller con un buon intreccio. Si tratta di un invito a provare ad architettare una trama.

Due o tre cose che so del thriller (mystery, detective story, crime story, noir e così via).

1 All'origine ci deve essere un enigma complesso, uno stato d'allerta inquietante, un mistero inspiegabile, un evento imprevisto che provochi l'immaginazione dello scrittore e l'emozione del lettore.

2 Il mistero iniziale deve inserirsi in una trama studiata e impostata (come un teorema, o come una caccia al tesoro, o come un rebus, ecc.) in tutti i dettagli.

3 Ci deve poi essere una progressione di eventi tutti credibili che, anziché chiarire il mistero, lo infittiscano fino all'imprevista soluzione finale.

4 La soluzione finale, scioccante, deve, però, risultare inevitabile, plausibile, logica.

5 L'indagine sul mistero deve essere (preferibilmente) condotta da un solo detective che analizzi fatti, indizi, tracce, dimostrando attitudine e intelligenza per individuare e decifrare gli elementi del mistero. L'indagine, in progress, deve cioè svilupparsi secondo la tecnica del canocchiale rovesciato (da molti indizi ad un'unica azione).

6 La narrazione deve procedere capitolo per capitolo per imprevisti e sorprese e pagina dopo pagina con una continua suspense (tensione) che provochi interrogazione.

7 La meccanica del crimine deve essere precisa, chiara, esatta, anche se paradossale[1].

8 È un crimine (vedi l'horror thriller) anche una mutazione biologica provocata o una trasgressione psicotica programmata o una psiche profanata dall'irrazionale o il sogno proiettato in un incubo.

1 **paradossale**: sorprendente, poco credibile.

L'AUTORE

**Raffaele Crovi** nasce a Paderno Dugnano (Mi) nel 1934. Trascorre la sua infanzia a Cola, sull'Appennino reggiano, e svolge gli studi liceali a Correggio (Re). Si trasferisce a Milano dove per cinquant'anni s'impegna in una intensa e varia attività culturale. Scrive opere di poesia e romanzi; svolge il mestiere di giornalista, di scopritore di talenti letterari e di produttore e conduttore di programmi alla radio e alla Tv. Muore nel 2007. Mentre nelle poesie *Serenità di lacrime* (1951), *L'utopia del Natale* (1982), *Pianeta Terra* (1999) Crovi insegue un eden naturale ormai impossibile, nei romanzi *Carnevale a Milano* (1959), *Il mondo nudo* (1975), *Ladro di ferragosto* (1984) si confronta con il mondo cittadino, le sue alienazioni, le sue brutture, ma anche le sue speranze.

9 La motivazione del crimine (o dei crimini) deve essere ragionevole, sensata, imputabile[2]: il delitto non deve risultare né casuale, né incidentale, ma volontario.

10 Un buon thriller prevede sempre la punizione del colpevole o una catarsi[3]: questo concorre a definire la «coerenza» della narrativa suspense. Ma Moravia[4] ha scritto di Graham Greene[5]: «Si direbbe che il peccato lo rassicuri, che egli non si senta nel regno della Grazia se non quando si muove nel regno del delitto magari senza condanna».

11 Un buon thriller concede poco alle descrizioni coloristiche o alle variazioni psicologiche sul carattere o i comportamenti dei personaggi: un buon thriller si preoccupa soprattutto di essere preciso (cioè simbolico) su ambienti ed atmosfere d'epoca.

12 Un thriller di classe può aspirare ad essere un eccellente romanzo di costume: lo hanno dimostrato abbondantemente Chesterton e Borges-Casares, Hammett e Sciascia, Chandler e Graham Greene, Gadda e Robbe-Grillet, Gombrowicz e Dürrenmatt[6].

R. Crovi, *Le maschere del mistero*, Passigli, Firenze, 2000

Scena tratta dal film noir *Ascensore per il patibolo*, diretto da Louis Malle nel 1957.

2 **imputabile**: attribuibile a qualcuno.
3 **catarsi**: purificazione.
4 **Moravia**: lo scrittore Alberto Moravia (1907-1990).
5 **Graham Greene**: scrittore inglese (1904-1991).
6 **Chesterton…Dürrenmatt**: è un elenco di autori che, tra gli altri, hanno scritto anche libri gialli.

# Attività

## Comprendere un saggio

1 **La «caccia al tesoro»** Che cosa significa che un buon thriller deve assomigliare a una «caccia al tesoro» (r. 7)?

2 **La soluzione** Spiega perché la soluzione del thriller deve essere «plausibile» (r. 10).

3 **I crimini psicologici** Considera il punto 8. Crovi elenca ben quattro "crimini" che non consistono nell'uccisione di una persona, ma violentano la personalità di un individuo. Spiegali.

4 **La punizione** Al punto 10, Crovi suggerisce che il colpevole sia sempre punito oppure no? Spiega il motivo della sua affermazione.

5 **Nessuna digressione** Al punto 11, Crovi afferma che un buon thriller deve concedere poco alle descrizioni coloristiche o alle variazioni psicologiche. Perché?

6 **Il tuo giudizio** Concordi su ogni indicazione di Crovi? Ne ha indicate di superflue? Secondo te ha dimenticato qualche ulteriore dettaglio utile per costruire un buon thriller?

# La migliore offerta

**Regia**
Giuseppe Tornatore

**Interpreti**
Geoffrey Rush, Jim Sturgess, Sylvia Hoeks, Donald Sutherland

**Data di uscita**
2013

**Genere**
Drammatico

La locandina del film *La migliore offerta* scritto e diretto da Giuseppe Tornatore nel 2013.

A destra, una scena tratta dal film *La migliore offerta*.

## Trama

Virgin Oldman è un uomo solitario, colto ed eccentrico. Svolge la professione di battitore d'asta e nel suo campo è il migliore. La sua ritrosia nei confronti degli altri è tale che non dà eccessiva confidenza neanche a chi gli è vicino, come l'amico Billy, con il quale è in combutta quando si tratta di aggiudicarsi dipinti importanti, magari a prezzo inferiore rispetto al loro reale valore. Questo sodalizio truffaldino gli ha permesso di costruirsi una magnifica pinacoteca personale che Oldman ama ammirare, nel *caveau* di casa, in estasiata solitudine. Sono dipinti che ossessivamente ritraggono figure o busti di donna. Un giorno, Oldman riceve una strana telefonata da una donna in lacrime, che lo prega di farsi carico della valutazione e vendita dei beni di famiglia. Costei, una giovane donna di nome Claire, si presenta come malata di agorafobia, ha cioè paura dei luoghi aperti e della gente. Vive all'interno della decadente villa paterna in volontaria reclusione, non vuol vedere e incontrare nessuno. Parla con Oldman mantenendosi nascosta.

Oldman, seppur contrariato, accetta l'incarico e nel corso di un primo sopralluogo rinviene dei congegni meccanici che attirano il suo occhio di esperto antiquario. Chiede aiuto a un giovane orologiaio di nome Robert, che diventa suo confidente nella ricostruzione di uno straordinario automa del Settecento, ma anche confidente nell'amore che ormai ha preso Oldman per la bella sconosciuta. L'amore e il continuo rinvenimento dei congegni meccanici attraggono sempre più Oldman verso Claire, fino a che i due si conoscono. Claire vince le sue paure e i due si sposano. Oldman si prepara a una nuova felice vita. Va a Londra per l'ultima asta, ma, al suo ritorno a casa, scopre che Claire non c'è più, si è volatilizzata e con lei anche la ricca collezione di dipinti, così come i "presunti" amici, il compagno di sotterfugi, Billy, e l'orologiaio Robert.

## Analisi

Questo film può essere letto come un giallo oppure come una storia d'amore o ancora come la storia di un'ossessione. Di certo è una continua partita a scacchi, nella quale abili giocatori muovono le loro pedine per arrivare al risultato finale a lungo pensato e programmato. In questo caso, lo scacco matto consiste nel derubare l'avversario di quanto possiede di più prezioso, la sua ricchissima collezione di dipinti. Il regista Tornatore ha costruito un lungo percorso labirintico entro il quale il povero Oldman, in apparenza così sicuro di sé e padrone della situazione, sprofonda sempre più. Insegue la ricostruzione di un meraviglioso automa settecentesco, insegue l'amore di Claire («Bella e pallida come un'incisione di Dürer»), lui che si era sempre tenuto distante dalle donne e le aveva amate solo sulla tela, e si ritrova travolto dall'inganno. Una spia decisiva nello svolgimento di questo giallo la possiamo individuare nella frase che pronuncia l'intrigante Billy: «Tutto nella vita può essere simulato», la gioia, la malattia e perfino l'amore, ma Oldman è ormai lanciato verso la sua rovina e non coglie che tutti attorno a lui stanno tramandogli contro. Lui, così abile nel distinguere gli oggetti veri da quelli falsi, in grado di capire un capolavoro a prima vista, è vittima di un perfetto raggiro costruito a più mani.

La trama e l'appassionata recitazione tengono avvinti fino all'ultimo fotogramma, perché il doppio tema della donna che si svela lentamente e quello dell'automa da ricostruire viaggiano in parallelo e alimentano un doppio mistero che va intrecciandosi in continuazione, fino all'inatteso scioglimento finale.

Altre scene tratte dal film *La migliore offerta*.

# RACCOGLIAMO LE IDEE

## 1 Sintesi dei contenuti

Attraverso l'attività seguente e le citazioni tratte dai brani che hai letto, esegui un lavoro di sintesi dei concetti e delle informazioni presentati nell'Unità. Se lo ritieni utile, puoi ricercare altre citazioni per te significative.

Nell'Unità hai letto racconti avvincenti per le emozioni che suscitano e la *suspense* che creano. Prova a sintetizzare nei riquadri il contenuto di ciascuno di essi.

*Il seppellimento prematuro* →

..................................................................................................................
..................................................................................................................
..................................................................................................................
..................................................................................................................
..................................................................................................................
..................................................................................................................

*Incubo in giallo* →

..................................................................................................................
..................................................................................................................
..................................................................................................................
..................................................................................................................
..................................................................................................................
..................................................................................................................

*Il patto* →

..................................................................................................................
..................................................................................................................
..................................................................................................................
..................................................................................................................
..................................................................................................................
..................................................................................................................

*Il silenzio dei musei* →

..................................................................................................................
..................................................................................................................
..................................................................................................................
..................................................................................................................
..................................................................................................................
..................................................................................................................

## 2 Citazioni dai brani

Mi agitai, con spasmodici sforzi cercai di aprire il coperchio: non si mosse. Mi tentai i polsi in cerca della corda della campana: non v'era nulla. Ed ora l'Angelo consolatore mi lasciò del tutto, e regnò trionfante una Disperazione anche più cupa; poiché non potevo non accorgermi dell'assenza dei rivestimenti che avevo accuratamente predisposto; e poi mi giunse alle narici il forte, inconfondibile odore della terra umida.

Edgar Allan Poe, *Il seppellimento prematuro*

Montalbano [...] era perso darrè ricordi di pellicole poliziesche inglesi. Fu così che fece una cosa che aveva già visto fare in uno di questi film: si calò verso il camino, infilò una mano dintra la cenere, tastiò. Ebbe fortuna, sotto le dita gli venne un quadratino spesso, di cartoncino. Era un frammento di fotografia [...]. Lo taliò e provò una scossa elettrica. Mezzo volto di donna, ma come non riconoscere quegli occhi?

Andrea Camilleri, *Il patto*

E non sarebbero mai riusciti a prenderlo. Aveva studiato ogni dettaglio del viaggio, la sua destinazione e la sua nuova identità, ed era tutto perfetto. Era da mesi che ci lavorava.

Fredric Brown, *Incubo in giallo*

La voce era una voce e non più un sussurro e vibrava nella gola, di paura. Un attimo e mi mossi ancora, oltre la soglia, di nuovo nel salone, dietro alla corda di canapa gialla che chiudeva il divano sul ballatoio. Nessun fruscìo sulla striscia rossa del tappeto. La pedana di legno che alzava il divano non scricchiolò.

Carlo Lucarelli, *Il silenzio dei musei*

## 3 Scrittura guidata *il racconto*

Dopo aver letto i racconti dell'Unità e aver svolto l'attività di sintesi dei contenuti, componi un racconto dal titolo "Una notte piena di sogni orribili". Una sintesi abbastanza ampia di tre dei brani dell'Unità costituirà i tre sogni inquietanti della notte. Basterà accostarli uno dopo l'altro, così come si presentano i sogni durante il sonno.

Ricorda che per stendere un riassunto devi suddividere il brano in sequenze, individuare le informazioni essenziali, eliminare quelle accessorie e usare parole diverse da quelle del testo.

Utilizza in questo caso tempi verbali narrativi, mettendo i fatti al passato remoto (devi infatti costruire un racconto).

Puoi servirti della scaletta presentata di seguito come punto di partenza per strutturare il racconto (i fatti sono solo esemplificativi).

**Situazione iniziale**

- Dormivo profondamente...

**Rottura dell'equilibrio iniziale**

- Fui disturbato da fastidiose emozioni...

**Evoluzione della vicenda**

- Primo sogno (sintesi di un racconto)
- ..........................................................................................
- Secondo sogno (sintesi del secondo racconto)
- ..........................................................................................
- Terzo sogno (sintesi del terzo racconto)
- ..........................................................................................

**Conclusione**

- Mi risvegliai...

Stephen King

# Un clown dagli occhi gialli

Da
*It*, 1986

Romanzo horror

Nell'autunno del 1957 sulla cittadina di Derry, negli Stati Uniti, piove da molti giorni, si sta quasi per verificare un'alluvione. Bill Denbrough, un bambino di 10 anni, è costretto a letto dall'influenza e così, per divertimento, costruisce una barchetta di carta per il fratello più piccolo, George. Questi esce di casa per provare se la sua barchetta galleggi. Il pericolo è lì a due passi.

Il terrore che sarebbe durato per ventotto anni, ma forse di più, ebbe inizio, per quel che mi è dato di sapere e narrare, con una barchetta di carta di giornale che scendeva lungo un marciapiede in un rivolo gonfio di pioggia.

La barchetta beccheggiò, s'inclinò, si raddrizzò, affrontò con coraggio i gorghi infidi e proseguì per la sua rotta giù per Witcham Street, verso il semaforo che segnava l'incrocio con la Jackson. Le tre lampade disposte in verticale su tutti i lati del semaforo erano spente, in quel pomeriggio d'autunno del 1957, e spente erano anche le finestre di tutte le case. Pioveva ininterrottamente ormai da una settimana e da due giorni si erano alzati i venti. Allora quasi tutti i quartieri di Derry erano rimasti senza corrente e l'erogazione non era stata ancora ripristinata.

Un bambino in impermeabile giallo e stivaletti rossi correva allegramente dietro alla barchetta di carta. La pioggia era tutt'altro che cessata, ma la sua violenza si andava finalmente allentando. Tamburellava[1] sul cappuccio giallo del bimbo e suonava alle sue orecchie come pioggia su una tettoia: un rumore amico, quasi intimo. Il bambino con l'impermeabile giallo era George Denbrough. Aveva sei anni.

[...]

Ora era lì a rincorrere la sua barchetta giù per il marciapiede sinistro di Witcham Street. Correva veloce, ma l'acqua fluiva[2] più veloce ancora e la barchetta guadagnava terreno. Udiva un rombo cupo, via via più distinto, finché vide che cinquanta metri più in basso il torrentello lungo il ciglio[3] del marciapiede precipitava in una cascata dentro un'apertura di scarico ancora funzionante. Era una bocca larga e semicircolare, scavata nello zoccolo del marciapiede. In quel momento, proprio sotto gli occhi di George, un ramo scorticato[4] nero e lucido come pelle di foca, imboccò le fauci dello scarico. Indugiò per un attimo e scivolò giù. Lì era diretta la sua barca.

[...]

Arrancò[5] con maggior lena[6] e credette per un attimo che avrebbe raggiunto la barchetta. Ma scivolò e

1 **Tamburellava**: batteva con colpi leggeri e continui.
2 **fluiva**: scorreva.
3 **ciglio**: bordo esterno.
4 **scorticato**: senza corteccia.
5 **Arrancò**: procedette con fatica.
6 **lena**: forza.

Un bambino gioca in una pozzanghera con una barchetta di carta in un'illustrazione di Mar Jefferson.

finì lungo e disteso, sbucciandosi un ginocchio e gridando per il dolore. Da questa nuova prospettiva, a livello del marciapiede, vide la sua barchetta ruotare su se stessa un paio di volte, cadere prigioniera di un altro gorgo[7] e scomparire.

[...]

Si rialzò e arrivò fino allo scarico. Qui s'inginocchiò a sbirciare giù. L'acqua precipitava nell'oscurità in uno scroscio sordo[8]. Era un rumore da brividi. Gli ricordava...

«Ah!» L'esclamazione di terrore gli uscì insopprimibile come ai pupazzi ai quali si tira una cordicella per farli parlare. Si ritrasse in tutta fretta.

C'erano un paio d'occhi gialli, là dentro, come quelli che aveva sempre immaginato ma mai veramente visto in cantina. *È un animale*, pensò confusamente, *tutto qui, un animale, magari un gatto rimasto imprigionato...*

Comunque, era pronto a darsela a gambe e così avrebbe fatto in un secondo o due, dopo che la sua centralina mentale avesse assorbito il trauma provocatogli da quei due brillanti occhi gialli. Sentiva la superficie ruvida del catrame sotto le dita e il flusso leggero dell'acqua fredda che vi passava in mezzo. Si vide alzarsi e indietreggiare e fu allora che una voce gli parlò da dentro lo scarico, una voce assolutamente plausibile[9] e piuttosto simpatica.

«Salve, Georgie.»

George sbatté forte le palpebre e guardò di nuovo. Faticava a credere a quel che vedeva: sembrava il personaggio di una storia, o di quei film nei quali si sa che gli animali balleranno e parleranno. Se avesse avuto dieci anni di più, non avrebbe creduto a quel che vedeva, ma George non aveva sedici anni. Ne aveva sei.

C'era un clown nello scarico. La luce là dentro era molto fioca, ma bastava perché George Denbrough fosse sicuro di quel che vedeva. Era un clown, come quelli del circo o della TV. Per la precisione, era un incrocio fra Bozo e Clarabella, quella (o quello? George non aveva mai capito se era maschio o femmina) che vedeva in un programma per bambini, il sabato mattina. La faccia del clown nello scarico era bianca e c'erano buffi ciuffi di capelli rossi ai lati della testa pelata e c'era un gran sorriso da pagliaccio dipinto sulla sua bocca. Se tutto questo fosse avvenuto solo qualche anno dopo, George avrebbe certamente pensato a Ronald McDonald[10] prima che a Bozo o Clarabella.

7 **gorgo**: vortice.
8 **scroscio sordo**: rumore cupo.
9 **plausibile**: convincente.
10 **Ronald McDonald**: il pagliaccio simbolo dell'omonima catena di *fast food*.

## L'AUTORE

**Stephen King** nasce nello stato del Maine (Usa) nel 1947 e fin dall'adolescenza mostra un forte interesse per la scrittura, producendo ben presto racconti e romanzi. Tuttavia, è solo nel 1974, con il romanzo *Carrie*, che riscuote un insperato successo, il primo di una lunghissima serie. Fra le sue opere ricordiamo: *Shining* (1977), *A volte ritornano* (1978), *L'incendiaria* (1980), *It* (1986), *Il miglio verde* (1996), *La bambina che amava Tom Gordon* (1999), *Buick 8* (2002), *Mr. Mercedes* (2014), *Chi perde paga* (2015).

Stephen King è ritenuto un maestro insuperabile del brivido e dell'orrore. Egli sostiene che questo tipo di letteratura faccia tornare il lettore bambino, permettendogli di riconoscere le proprie paure e di affrancarsene.

Il clown aveva in una mano un mazzo di palloncini, di tutti i colori, come succulenti[11] frutti maturi.

Nell'altra teneva la barchetta di carta di George.

«Vuoi la tua barca, Georgie?» Gli sorrideva.

George rispose al suo sorriso. Non poté farne a meno, perché quello del clown era un sorriso contagioso. «Certo», rispose.

Il clown rise. «'Certo.' Mi piace! Ma *bene*! E un palloncino?»

«Oh... certo!» Allungò la mano... e la ritrasse malvolentieri. «Non devo accettare regali dagli sconosciuti. Me l'ha detto papà.»

«Molto saggio, il tuo papà», si complimentò il clown nello scarico, sorridendo di nuovo mentre George si domandava: *Come ho potuto credere che avesse gli occhi gialli?* Erano di un blu vivace e limpido, il colore degli occhi di sua madre e di quelli di Bill. «Molto, molto saggio. Vuol dire che mi presenterò. Io, Georgie, sono il signor Bob Gray, altrimenti noto come Pennywise, il Pagliaccio Ballerino. Pennywise, ti presento George Denbrough. George, questi è Pennywise. Ecco, adesso ci conosciamo. Non sono più uno sconosciuto per te e tu non sei uno sconosciuto per me. Giii-iusto?»

George ridacchiò. «Immagino di sì.» Allungò di nuovo la mano... e la ritrasse anche questa volta. «Come sei sceso laggiù?»

«La tempesta mi ha soffiiii-ato via», rispose Pennywise, il Pagliaccio Ballerino. «Tutto quanto il circo ha spazzato via. Lo senti, l'odore del circo, Georgie?»

George allungò il collo. A un tratto sentì odore di noccioline! Noccioline arrostite e ancora calde! E aceto, di quello bianco che si spruzza sulle patatine fritte dal forellino nel tappo! E il profumo dello zucchero filato e delle ciambelle che friggevano nell'olio, insieme con l'odore più debole, ma penetrante, di sterco di animali selvatici. Sentiva anche l'aroma allettante[12] della segatura; tuttavia...

Tuttavia, sotto sotto, c'era olezzo[13] di alluvione e di foglie in decomposizione e di scure ombre di fogna. Questo odore era fradicio e marcio. Odore di cantina.

Ma gli altri erano più intensi.

«Puoi scommetterci, che lo sento», rispose.

«Vuoi la tua barchetta, Georgie?» domandò Pennywise. «Te lo chiedo di nuovo perché non mi sembra che ti stia poi tanto a cuore.» Gliela mostrò, sorridendo. Indossava un costume largo, di seta, con grandi bottoni arancione. Una vivace cravatta color blu elettrico gli ricadeva mollemente sul davanti e alle mani aveva un paio di guantoni bianchi, come quelli di Topolino e Paperino.

John Aslarona, *Pennywise*, 2014.

«Sì, certo», ripeté George, guardando nello scarico.

«E un palloncino? Ne ho di rossi, verdi, gialli, blu...»

«Volano?»

«Se volano?» Il sorriso del clown si allargò. «Oh sì, eccome. Volano! E c'è zucchero filato...»

George allungò la mano.

Il clown gli afferrò il braccio.

E George vide la faccia del clown trasformarsi.

Ciò che vide allora fu tanto orrido che

11 **succulenti**: appetitosi.

12 **allettante**: invitante.

13 **olezzo**: puzza.

a confronto le sue più tetre[14] fantasie sulla «cosa» in cantina perdevano ogni consistenza: la sua sanità mentale ne fu distrutta in un sol colpo.

«Volano!» cantilenò la creatura nello scarico con una voce rauca e ridacchiante. Trattenne il braccio di George nella sua presa ferma e viscida e cominciò a tirarlo verso quella terribile tenebra dove l'acqua turbinava[15] e ruggiva tumultuando[16] con il suo carico di detriti verso il mare. George torse il collo per allontanare la faccia da quell'oscurità senza ritorno e cominciò a strillare nella pioggia, a strillare pazzamente nel bianco cielo autunnale che s'incurvava sopra Derry in quel giorno del 1957. I suoi strilli erano stridenti e acuti e in tutta Witcham Street la gente accorse alle finestre.

«Volano», ringhiò l'essere, «certo che *volano*, Georgie, e quando sarai quaggiù con me, tu galleggerai...»

La spalla di George urtò violentemente il cemento del marciapiede e Dave Gardener, che quel giorno non si era recato al suo posto di lavoro a The Shoeboat a causa dell'alluvione, vide solo un ragazzino in impermeabile giallo, un bambino che strillava e si dibatteva contro il ciglio del marciapiede, nell'acqua fangosa che ogni tanto gli lavava la faccia e faceva ribollire le sue grida.

«Tutto quaggiù *vola*», bisbigliò la lurida[17] voce sghignazzante e a un tratto ci fu lo schiocco di una lacerazione[18] e contemporaneamente una vampata accecante di dolore, poi George Denbrough non seppe più nulla.

Dave Gardener fu il primo ad arrivare e anche se erano passati solo quarantacinque secondi dal primo strillo, George Denbrough era già morto. Gardener lo prese per il dorso dell'impermeabile, lo trascinò nella strada... e cominciò a gridare a sua volta quando il corpicino gli si rigirò fra le mani. Ora il lato sinistro dell'impermeabile di George era rosso vermiglio. Il sangue defluiva nello scarico dallo squarcio frastagliato in corrispondenza del braccio sinistro mancante. Orribilmente bianca, l'estremità arrotondata di un osso sporgeva dal tessuto strappato.

Gli occhi del bambino erano fissi al cielo bianco e mentre Dave tornava barcollando verso gli altri che scendevano a rotta di collo[19] per la strada, cominciarono a riempirsi di pioggia.

S. King, *It*, trad. it. di T. Dobner, Sperling & Kupfer, Milano, 1990

14 **tetre**: oscure e paurose.
15 **turbinava**: girava vorticosamente.
16 **tumultuando**: rumoreggiando.
17 **lurida**: disgustosa.
18 **lacerazione**: rottura.
19 **a rotta di collo**: in tutta fretta.

## STORIE da SCOPRIRE

### *It* di Stephen King

Nel 1958, sei ragazzi undicenni, riuniti nel "club dei Perdenti", scoprono nella loro città di Derry (Maine), l'esistenza di un mostro che, comparendo ogni 28 anni, causa disastri e uccide i bambini. Non sapendo chi sia, lo chiamano "It".

It appare sotto le forme di mostri più strani, ma in prevalenza come un demoniaco clown dagli occhi gialli. Dopo averlo a lungo inseguito, lo scoprono nelle fogne cittadine e riescono a ferirlo. Per quell'anno tutto sembra finire.

La vita continua, i ragazzi crescono e fanno fortuna per il mondo, ma 28 anni dopo sono costretti a ricordare la passata tragedia e a ritrovarsi a Derry per affrontare nuovamente il mostro che si è risvegliato e reclama vittime. La lotta contro il clown assassino, l'anima nera della città, va portata a termine.

# Attività

## **Comprendere** e **analizzare**: verso l'**INVALSI**

1 **Il lungo periodo di terrore** L'episodio narrato è solo l'inizio di un lungo periodo di terrore. Quanto dura?

**a.** Venti anni
**b.** Ventotto anni
**c.** Tre mesi
**d.** Quindici mesi

2 **L'atmosfera iniziale** Com'è l'atmosfera che si percepisce nelle prime righe del racconto?

**a.** Inquietante
**b.** Agghiacciante
**c.** Serena
**d.** Allegra

3 **Le avvisaglie** Subito, nel prosieguo della narrazione, sono introdotti elementi che preludono a un capovolgimento della situazione. Quali?

**a.** L'acqua scorre più veloce, la barca sfugge, vi è uno scarico con bocca larga
**b.** L'acqua trascina inesorabilmente via la barca, una cascatella la distrugge, il bambino inizia a piangere
**c.** L'acqua ristagna, un gorgo inghiotte la barchetta con un ramo scorticato, il bambino cerca invano di prenderla
**d.** La bocca larga di uno scarico inghiotte la barchetta e il bambino se ne va

4 **Il tentativo di George** Che cosa fa George per raggiungere la barchetta?

**a.** Cammina con maggior fatica, cade, vede un paio d'occhi gialli
**b.** Corre, crede di poterla raggiungere, chiama aiuto
**c.** Rallenta il passo e la aspetta alla curva
**d.** Cammina con maggior fatica, cade e si ferisce, ma riesce a raggiungere la barchetta

5 **L'attrazione** George, impaurito, sta per fuggire ma qualcosa lo trattiene. Che cosa esercita su di lui un pericoloso fascino?

**a.** Una voce rassicurante e simpatica, la presenza di un clown simile a quelli della tv, con buffi capelli rossi e un gran sorriso
**b.** Le urla di un clown diverso da quelli a lui noti, con buffi capelli e un gran sorriso
**c.** La voce minacciosa di un mostro terrificante
**d.** La voce gracchiante e aspra di un clown triste

6 **La proposta** Il clown chiede a George se vuole, oltre alla sua barca finita nello scarico, anche un palloncino. Il bambino, nonostante ricordi i divieti del padre, accetta. Da che cosa viene persuaso?

**a.** Dall'aspetto rassicurante del clown
**b.** Dalle promesse del clown
**c.** Dalle urla del clown
**d.** Dai consigli del padre

7 **Le presentazioni** Il clown si presenta a George, chiamandolo col diminutivo Georgie, e racconta la sua storia. Perché lo fa?

**a.** Per farsi conoscere dal bambino
**b.** Per rassicurare e attrarre il bambino
**c.** Per informare i lettori
**d.** Perché ha nostalgia della sua vita passata

8 **Tra irreale e reale** George è attratto dal clown e dal mondo del circo ma, al tempo stesso, non perde il senso della realtà. Da che cosa si evince questo doppio atteggiamento?

**a.** George avverte un profumo di fiori e l'odore del pranzo preparato dalla mamma
**b.** George sente gli odori tipici del circo (noccioline, zucchero filato, ciambelle...), ma anche un odore sgradevole di marcio, tipico della sua cantina
**c.** George avverte gli odori piacevoli del circo e quello delle strade inquinate
**d.** George sente l'odore degli animali del circo e quello delle gite in montagna

9 **Le promesse** Alla fine George capitola e allunga la mano che viene afferrata dal clown. Quali argomenti lo hanno persuaso?

**a.** La promessa dello zucchero filato
**b.** La promessa della barchetta, degli abiti colorati del clown, dei palloncini che volano e lo zucchero filato
**c.** La promessa di assistere a uno spettacolo del circo
**d.** La promessa di avere una barchetta più grande

10 **L'orrore** Proteso nello scarico, George vede il clown trasformarsi. Che sensazione prova?
- **a.** È affascinato
- **b.** Si stupisce
- **c.** Prova una sensazione agghiacciante
- **d.** Si diverte

11 **La fine** Che cosa vede il testimone?
- **a.** L'impermeabile giallo e gli stivaletti rossi del bambino imbrattati di sangue
- **b.** Un bambino terrorizzato e ferito al braccio sinistro
- **c.** Un corpicino senza un braccio e senza vita
- **d.** Un bambino con l'impermeabile giallo che strilla

12 **La struttura** Come risulta la struttura della narrazione?
- **a.** Lineare
- **b.** Un lungo *flashback*
- **c.** Lineare con un *flashback*
- **d.** Un lungo *flashforward*

13 **Il corsivo** Nel testo sono presenti alcuni passi scritti in corsivo. Perché viene effettuata questa scelta grafica?
- **a.** Sono le parti più importanti
- **b.** Sono le citazioni di un altro libro
- **c.** Sono i pensieri in cui George mostra consapevolezza dell'evento
- **d.** Sono errori tipografici

14 **Il sottogenere** A quale sottogenere letterario appartiene il romanzo?
- **a.** Realistico
- **b.** Fantastico
- **c.** Dell'orrore
- **d.** Storico

15 **Il luogo** Dove si svolge la vicenda?
- **a.** In Inghilterra
- **b.** Negli Stati Uniti
- **c.** In Irlanda
- **d.** In Australia

16 **Il tempo** In quale periodo storico è ambientata la storia? Definiscilo in base a informazioni interne al testo.
- **a.** Nel Settecento
- **b.** Nell'Ottocento
- **c.** Nel Novecento
- **d.** Nel Medioevo

17 **La tensione narrativa** Nel testo la tensione narrativa presenta:
- **a.** un andamento crescente
- **b.** un andamento decrescente
- **c.** un andamento circolare

18 **Il sottocodice e la morfologia** Sottolinea nel testo le parole legate al terrore e riportale sotto, distinguendole secondo la loro natura morfologica.
- Verbi:
  ..................................................
  ..................................................
  ..................................................
- Nomi:
  ..................................................
  ..................................................
  ..................................................
- Aggettivi:
  ..................................................
  ..................................................
  ..................................................

## Rielaborare e produrre

19 **Il riassunto** Sintetizza il testo in massimo 200 parole, utilizzando George come narratore interno.

20 **Il tuo racconto** Il mondo del circo può avere un fascino speciale che attrae bambini e adulti. Scrivi un racconto di 200 parole in cui immagini di essere un artista circense. Descrivi la vita itinerante, il numero in cui ti esibisci, gli allenamenti e le prove, l'atmosfera degli spettacoli, l'emozione di essere applaudito da tanti spettatori ogni sera.

21 **Gli animali al circo** Oggi il circo è spesso messo sotto accusa perché molti animali vengono privati della loro libertà e del loro habitat naturale e costretti a esibirsi, stravolgendo la loro natura. Sono ormai numerosi i circhi che non fanno uso di animali e dove si esibiscono soltanto artisti umani. Esprimi il tuo parere su questo argomento in un intervento orale di 5 minuti.

# per guardare oltre

## Intersezioni nell'antologia

- Il tema della paura, pur declinata diversamente, è presente anche in altri passi dell'antologia. I protagonisti di *Alba sul veld* (► p. 388) di Doris **Lessing** e di *Io non ho paura* (► *Nascosto nel buio*, p. 472) di Niccolò **Ammaniti** provano inquietudine e sgomento. La paura coglie inaspettatamente Lila nel romanzo *L'amica geniale* (► *Fuga dal quartiere*, p. 522) di Elena **Ferrante**.
- Nel romanzo di Umberto **Eco** *Il nome della rosa* (► *Le deduzioni di frate Guglielmo*, p. 214), troviamo la soluzione di un mistero, la ricerca razionale della verità per svelare complicati enigmi, come avviene solitamente nei libri gialli.

## Altri orizzonti

### RACCONTI E ROMANZI

- Il genere giallo tocca il culmine in Belgio con Georges **Simenon**, creatore del commissario Maigret, e Léo **Malet**, inventore dell'investigatore Nestor Burma.
- La scrittrice francese Fred **Vargas** è molto apprezzata per i suoi gialli; uno per tutti: *Nei boschi eterni* (2006).
- L'investigatore Pepe Carvalho nasce dalla prolifica penna dello scrittore spagnolo Manuel **Vázquez Montalbán**, mentre l'ispettrice di polizia Petra Delicado è un personaggio creato dalla scrittrice spagnola Alicia **Giménez-Bartlett**.
- L'Europa del Nord è una ricca fucina di giallisti, che negli ultimi anni sono stati molto tradotti e diffusi in italiano. Il più noto è Stieg **Larsson**, autore della trilogia *Millennium*, formata da *Uomini che odiano le donne* (2005), *La ragazza che giocava con il fuoco* (2006) e *La regina dei castelli di carta* (2007). Molto letti, anche in Italia, sono i norvegesi Jo **Nesbø** e Anne **Holt**, o gli svedesi Henning **Mankell** e Per **Wahlöö**, che con la moglie Maj **Sjowall** ha scritto numerosi romanzi gialli.
- In Italia, negli anni Sessanta, Giorgio **Scerbanenco** scrive storie poliziesche di successo, come *Venere privata* (1966). Abile giallista è Leonardo **Sciascia**, di cui ricordiamo *Il giorno della civetta* (1961) e *Todo modo* (1974). *Crimini* (2005) è un libro che concentra alcune storie di importanti scrittori italiani di giallo e noir: Niccolò **Ammaniti**, Andrea **Camilleri**, Massimo **Carlotto**, Sandro **Dazieri**, Giancarlo **De Cataldo**, Diego **De Silva**, Giorgio **Faletti**, Marcello **Fois**, Carlo **Lucarelli**. Dalla fantasia di Maurizio **De Giovanni** nascono i numerosi romanzi con protagonista il commissario Ricciardi.
- Un vampiro molto famoso è Lestat, il protagonista di una saga inventata da Anne **Rice**; dal primo libro, *Intervista col vampiro* (1976), è stato tratto l'omonimo film del 1994.

### PITTURA

- Le paure e le inquietudini sono spesso state fonte d'ispirazione anche in pittura. I dipinti del fiammingo Hieronymus **Bosch** costituiscono un campionario della follia e delle paure umane.

### FILM

- Maestro indiscusso della *suspense* è Alfred **Hitchcock**, le cui opere sono ormai classici del cinema (*La finestra sul cortile*, 1954; *La donna che visse due volte*, 1958; *Psycho*, 1960; *Gli uccelli*, 1963, ecc.).
- Sui nostri fragili equilibri interiori è giocato il film *Shining* (1980) di Stanley **Kubrick**, tratto dal romanzo omonimo di Stephen King.
- *Il sesto senso* (1999) di M. Night **Shyamalan** e *The Others* (2001) di Alejandro **Amenábar** sono invece due thriller soprannaturali, che mettono protagonisti e spettatori di fronte a misteri da risolvere che superano i limiti del reale.

Il regista Alfred Hitchcock sul set del film *Psycho* nel 1960.

A destra una scena tratta dal film *Shining* diretto da Stanley Kubrick nel 1980.

PERCORSO C

# I temi. Dentro di noi

UNITÀ 1

# Sogni da coltivare

Roy Lichtenstein posa con alcune delle sue opere nel 1964.

**• Le speranze per l'avvenire •** Nessuno più degli adolescenti ha in serbo **idee**, **progetti** e **speranze**.

Le pagine antologiche che seguono aprono squarci letterari sulle fantasie di ragazzi che si affacciano all'adolescenza e che si interrogano sull'età adulta.

Sembra che stia fantasticando anche la ragazza della litografia realizzata dall'artista americano Roy Lichtenstein. A che cosa sta pensando? Il sorriso accennato ci suggerisce che stia accarezzando il sogno di qualcosa che desidera ardentemente.

**• Lichtenstein e la Pop art •** Roy **Lichtenstein** nasce nel 1923 a New York, dove morirà nel 1997. Alla fine degli anni Cinquanta si presenta come un artista che s'interroga sulla società consumistica che lo circonda, cercando una via per valorizzarla. È uno dei maggiori interpreti della **Pop art**, un'arte che rinsalda i legami tra arte e vita. Gli artisti che ne fanno parte prendono a prestito immagini della pubblicità, della televisione, del fumetto e le rielaborano spostandole nella sfera della pittura.

In un'intervista Lichtenstein dichiara: «Il mio intento è sempre stato quello di produrre opere che apparissero immediatamente familiari». E nulla, a quei tempi, risultava più familiare delle tavole dei **fumetti**. Infatti, sono proprio le immagini ingigantite dei fumetti, riprodotte con scrupolo, a dargli successo e notorietà.

**Domande**

- Da artista, anche Roy Lichtenstein coltivava un sogno. Quale?
- Si può considerare arte il riprendere un disegno altrui e poi reinventarlo tecnicamente? Motiva la tua risposta.
- Quale importanza hanno i colori in questa tavola?
- È vero, come si dice nel testo, che "le illusioni possono essere motore della vita"?

• *Ragazza a bordo* • Guardiamo di nuovo la nostra sognatrice, immersa nel suo atteggiamento di abbandono. L'opera s'intitola *Ragazza a bordo*. La donna si trova infatti a bordo di una nave: sul parapetto è appeso un salvagente, sullo sfondo si staglia il mare aperto sovrastato da un cielo infinito. La ragazza sogna. Forse le sue sono illusioni, ma anche le illusioni possono essere motore della vita.

Roy Lichtenstein ha manipolato l'illustrazione di partenza costituita dal disegno fumettistico. È ricorso alla brillantezza dei colori acrilici stesi con pennellate piatte, uniformi e contornate da un forte segno nero; si è spinto, quasi in maniera maniacale, a riprodurre i puntini del retino tipografico. Ne è scaturito un manifesto del **sogno giovanile**.

Roy Lichtenstein, *Ragazza a bordo*, 1965. (New York, Leo Castelli Gallery)

**in questa Unità impareremo a**

- **conoscere** le caratteristiche della narrazione realistica e inquadrare i contesti socio-culturali in cui sono ambientate le storie
- **comprendere** il significato globale dei testi: le aspirazioni dei giovani, i modelli, il confronto con gli adulti, le soddisfazioni e le delusioni
- **analizzare** i brani secondo le costanti narratologiche e le tecniche stilistiche per raffinarne la comprensione e approfondirne le tematiche
- **interpretare** lo scritto, collegandolo a realtà conosciute o a esperienze personali
- **produrre** sintesi dei passi, testi espositivi e argomentativi
- **comunicare oralmente** per riferire i contenuti dei brani e per riflettere sulle loro tematiche in forma strutturata e chiara

**in questa Unità scopriremo**

UNITÀ 1

Chi non si è mai sentito rivolgere la frase "Non sognare a occhi aperti"? La nostra vita – quella degli adulti come quella degli adolescenti – è così intessuta di scadenze, di orari, di obiettivi, che può capitare di sentirsi soffocare. Eppure, ci rendiamo conto di non essere destinati soltanto a vivere un giorno dopo l'altro, a consumare le energie sempre rincorrendo il tempo che passa, a far fronte agli obblighi che ciascuno ha assunto.

Un'illustrazione dell'artista francese Cyril Rolando.

# Avere un sogno, inseguire una meta

È importante **coltivare una speranza**, inseguire un risultato, alimentare un'aspirazione, soprattutto se ha concrete possibilità di realizzazione e costituisce un passo in avanti nella vita di un individuo. Quando le speranze però volano tanto in alto da non trovare attuazione, possono causare frustrazione e rappresentare più un freno che una spinta al fare.

Gli **adolescenti** sono grandi **sognatori**. Ed è giusto che sia così.

L'adolescenza è l'età nella quale si imposta la propria vita, di conseguenza nulla è precluso.

Al di là dei condizionamenti che può subire da parte dei mass media, che hanno un forte potere di suggestione nell'imporre dei modelli, è importante che un adolescente persegua degli obiettivi e scaldi il cuore per un ideale. Ne ricaverà utili spinte per la propria crescita.

È naturale che nell'età giovanile ci si senta più esposti e più fragili di fronte ai casi della vita, ma non per questo si deve perdere stima e fiducia e quindi rinunciare ai propri sogni. Si devono saper individuare i consigli giusti, gli aiuti opportuni e poi contare sempre su se stessi e sulle proprie qualità. Da lì si parte per dare un volto ai propri sogni.

Un ragazzo legge una storia d'avventura immedesimandosi nell'eroe del romanzo. Illustrazione di Norman Rockwell per la rivista americana "The Saturday Evening Post" del 1923.

# • Il percorso antologico •

I brani che seguono testimoniano come l'essere umano si sia sempre accompagnato a sogni e illusioni.

Ian **McEwan** (1948) sa cogliere gli aspetti della modernità ed evidenziarne i lati più problematici. Peter, il protagonista del brano *I grandi* (► p. 374), ha 11 anni, ama giocare in spiaggia con gli amici e non capisce il mondo degli adulti fatto solo di chiacchiere, di giornali e di dormite sulle sdraio.

*Il giovane Holden* di Jerome David **Salinger** (1919-2010) è stato un libro culto per tante generazioni di giovani. Il protagonista, lo studente sedicenne Holden Caulfield, si pone le domande tipiche di tutti gli adolescenti. Nel brano *La vita è una partita* (► p. 382), sta per essere espulso dalla scuola e a nulla servono i consigli del vecchio professore di storia, che hanno un sapore raffermo, soprattutto quando si ha fretta di affrontare la vita in autonomia.

Doris **Lessing** (1919-2013) è stata una scrittrice feconda, che ha raccontato storie nate in terra d'Africa. Il giovane protagonista del racconto *Alba sul veld* (► p. 388) ha 15 anni. La sua passione è correre di prima mattina nella boscaglia, facendosi accarezzare dal vento. In questo esercizio quotidiano risiedono i suoi sogni. Non sempre, però, la realtà si conforma ai nostri desideri e il ragazzo nella sua corsa si trova di fronte un muro insormontabile: la scoperta che ogni vita ha un termine.

Beppe **Severgnini** (1956) è un volto noto al grande pubblico perché compare di frequente in televisione in qualità di opinionista. Come scrittore è capace di individuare gli aspetti critici della nostra vita politica, culturale, sociale. Nel brano *Incoraggiamento* (► p. 400) svolge una riflessione sul valore che può avere per un adolescente l'appoggio da parte degli adulti. Il testo costituisce un'iniezione di fiducia per far decollare i propri sogni.

Le utopie giovanili sono protagoniste nel brano *Per terre assai lontane* (► p. 408) di Francesco **Piccolo** (1964): quattro ragazzi sognano l'America e tentano la fuga per raggiungerla. Ma i sogni, anche i più arditi, devono avere almeno qualche stampella per reggersi.

Nell'adolescenza il sogno del futuro è una spinta per la crescita.

Ian McEwan

# I grandi

Da *L'inventore di sogni*, 1994

Racconto di formazione

Peter ha 11 anni. In agosto se ne va al mare con la famiglia e incontra i suoi amici. È un sognatore, ama fuggire con la fantasia. Una notte, addormentandosi, sogna di essere cresciuto di una decina d'anni, di essere diventato un adulto e di incontrare l'amore. Crescere è bello dunque? Può darsi, almeno fino a quando il mattino Peter non sente suonare la sveglia e i soliti amici che lo incalzano proponendogli nuovi giochi. Che fare? Continuare a sognare o raggiungere il gruppo?

Tutti gli anni ad agosto, la famiglia Fortune affittava una casetta di pescatori in Cornovaglia[1]. Chiunque abbia visto quel posto, deve riconoscere che si tratta di una specie di paradiso. La porta della casa dava su un giardino incolto. Più in là correva un ruscello, poco più di un fossato, ma l'ideale per costruirci dighe di sabbia. Poco oltre, dietro un boschetto, restava tra l'erba un binario morto, sul quale un tempo passavano i carrelli di una miniera di stagno. A mezzo miglio[2] di lì si trovava una galleria chiusa alla quale i bambini non dovevano avvicinarsi. Sul retro della casa si stendevano pochi metri quadrati di prato che si allargava direttamente su un'ampia baia a ferro di cavallo con spiagge di sabbia gialla e fine. Su un'estremità della baia, c'erano delle grotte buie e profonde quanto basta a metter paura. Con la bassa marea si riempivano di pozze tra gli scogli. E nel parcheggio dietro la baia, dal tardo mattino fino al tramonto, stazionava il furgone dei gelati. Lungo la costa si raggruppava una mezza dozzina di case: i Fortune conoscevano tutte le altre famiglie che venivano in agosto e avevano stretto amicizie. Una piccola frotta[3] di bambini di un'età compresa tra i due e i quattordici anni aveva dato corpo a un gruppo alquanto disordinato di ragazzini che giocavano insieme ed erano noti, almeno a loro stessi, col nome di Banda del Mare.

Il momento più bello in assoluto veniva la sera, quando il sole affondava dentro l'Atlantico e le varie famiglie si radunavano nel giardino di una delle case per la solita grigliata. Dopo mangiato, i grandi erano troppo piacevolmente impegnati a bere e a raccontarsi

1 **Cornovaglia**: regione peninsulare della Gran Bretagna.

2 **miglio**: unità di misura inglese corrispondente a 1609,34 metri.

3 **frotta**: gruppo di persone che si muove in maniera disordinata.

Bambini che giocano in un'illustrazione dell'artista russo Dima Dmitriev, 2014.

storie infinite, per aver voglia di mettere a letto i bambini, ed era allora che la Banda del Mare poteva svignarsela nella tiepida calma del crepuscolo, e tornare indisturbata nei posti preferiti dei giochi fatti di giorno. Con la differenza che a quell'ora in più ci sarebbe stato il mistero del buio e delle ombre paurose, e la sabbia fredda sotto i piedi nudi, e la gioia impagabile di corse sfrenate che si aveva l'impressione di rubare a qualcuno. Era da un pezzo passata l'ora di andare a dormire, e i bambini sapevano che, prima o poi, gli adulti avrebbero smesso di chiacchierare e l'aria fresca della notte si sarebbe riempita dei loro nomi, Charlie! Harriet! Toby! Kate! Peter!

Ogni tanto, quando la voce dei grandi non bastava a raggiungere i figli in fondo alla spiaggia, mandavano avanti Gwendoline. Era la sorella grande di tre dei ragazzi della Banda del Mare. Dato che casa sua era troppo piccola, Gwendoline dormiva dai Fortune. Occupava la camera da letto accanto a quella di Peter. Sembrava sempre così triste, così persa nei suoi pensieri. Era già grande, correva voce che avesse addirittura ventitré anni, e se ne stava tutto il giorno seduta coi grandi, ma non si univa mai alle loro chiacchiere. Era studentessa di medicina e si preparava per un esame importante. Peter pensava a lei spesso, senza capire bene il perché. Aveva occhi verdissimi e capelli così rossi che sembravano arancioni. Qualche volta si metteva a fissare Peter come un gufo, ma la parola non gliela rivolgeva quasi mai.

Quando la mandavano a chiamare i bambini, avanzava sulla spiaggia con aria svogliata, a piedi scalzi e con quei suoi pantaloncini sfrangiati, e guardava in su, solo quando li aveva raggiunti. La sua voce era calma, triste come una musica. «Avanti, bambini. A letto!» Poi, senza aspettare le loro proteste, e senza insistere, tornava indietro trascinando i piedi nella sabbia. Sarà stata triste perché era grande e non le piaceva esserlo? Non era facile dirlo.

Fu lì in Cornovaglia nell'estate dei suoi dodici anni che Peter incominciò a notare quanto fossero diversi il mondo dei grandi e quello dei bambini. Non sarebbe stato esatto dire che i genitori non si divertivano mai. Anche loro facevano il bagno, ma non rimanevano in acqua per più di venti minuti. Anche loro facevano qualche partita di palla a volo, ma della durata di mezz'ora al massimo. Certe volte li si poteva persino convincere a giocare a nascondino, o a guardie e ladri, o a costruire un enorme castello di sabbia, ma si trattava sempre di occasioni speciali. La verità era che tutti i grandi, alla minima opportunità, preferivano sprofondare in

## L'AUTORE

**Ian McEwan** nasce nel 1948 ad Aldershot, in Inghilterra. Vive e lavora a Londra. Ha pubblicato due libri di racconti: *Primo amore, ultimi riti* (1975) e *Fra le lenzuola* (1978). Da sempre interessato a quella stagione della vita che è l'adolescenza, McEwan l'ha raccontata nel libro per ragazzi *L'inventore di sogni* (1994). Nei suoi romanzi mette a fuoco caratteri e personalità mai banali, inventa personaggi anomali e difficilmente catalogabili.

Fra le sue opere ricordiamo *Il giardino di cemento* (1978), *Cortesie per gli ospiti* (1981), *Bambini nel tempo* (1987), *Lettera a Berlino* (1990), *Cani neri* (1992), *L'amore fatale* (1997), *Amsterdam* (1998), *Espiazione* (2001), *Sabato* (2005), *Chesil Beach* (2007), *Solar* (2010), *La ballata di Adam Henry* (2014).

una delle tre tipiche attività da spiaggia: stare seduti a cianciare, leggere libri e giornali, o dormicchiare. Se decidevano di fare un po' di movimento, ammesso che lo si voglia così definire, era solo per dedicarsi a passeggiate interminabili quanto noiose, le quali si riducevano a pretesti per continuare a parlare. Sulla spiaggia, guardavano spesso l'ora e, ben prima che qualcuno avesse fame, si mettevano a dire che forse era meglio incominciare a pensare al pranzo o alla cena.

Si inventavano anche delle commissioni da fare: dal meccanico della zona, dal carrozziere in paese, o nei negozi della città più vicina per fare la spesa. [...] Peter aveva notato che quasi tutti i grandi non erano in grado di incominciare sereni una nuova giornata se prima non erano andati in macchina a comperare il giornale, quello giusto, s'intende. Altri non sarebbero sopravvissuti senza le sigarette. Altri ancora, senza una birra. Altri, senza un caffè. Certi poi, non riuscivano a leggere il giornale senza fumare una sigaretta e bere un caffè. Questi adulti non facevano altro che schioccare le dita e scuotere il capo perché qualcuno era appena arrivato dalla città dimenticando qualcosa: [...] Gwendoline però era diversa. Lei se ne stava seduta tutto il santo giorno, con il suo libro, e leggeva.

Uomini e donne stesi al sole in un collage realizzato con il feltro dall'artista Jacopo Rosati nel 2012.

Frattanto, Peter e i suoi amici neanche sapevano che giorno e che ora fosse. Scorrazzavano per la spiaggia, rincorrendosi, nascondendosi, ingaggiando battaglie e invasioni tra navi pirata e alieni di altri pianeti. Con la sabbia costruivano dighe, canali, fortini e zoo acquatici che poi riempivano di granchi e paguri[4]. Peter e gli altri bambini più grandi inventavano storie tremende che spacciavano per vere per far paura ai più piccoli. Mostri marini che uscivano strisciando dal mare e coi tentacoli acciuffavano i bimbi per le caviglie per poi trascinarli in fondo agli abissi. O quella del pazzo dai capelli d'alghe che abitava dentro la grotta e trasformava i bambini in aragoste. Peter ci metteva tanto impegno nell'inventare queste storie che finiva col ritrovarsi restio[5] a entrare da solo dentro la grotta, e quando nuotava, gli capitava di rabbrividire se un ciuffo di alghe per caso gli accarezzava una gamba.

Qualche volta la Banda del Mare faceva incursioni nell'entroterra, nel prato dove si stavano costruendo un accampamento. Oppure si avventuravano lungo il vecchio binario morto fino alla galleria proibita. Tra le assi che la sbarravano c'era un'ampia fessura e i bambini si sfidavano a passarci dentro per poi ritrovarsi dall'altra parte, nel buio totale. Di dentro si udiva l'eco sinistra e agghiacciante di una goccia d'acqua che andava a piovere in una pozzanghera. C'erano anche dei trapestii[6] che avevano pensato di attribuire alla presenza di topi, e si sentiva una corrente d'aria umida e greve che secondo una delle bambine grandi doveva essere l'alito di una strega. Non che gli altri le avessero creduto, naturalmente, ma nessuno comunque si era mai spinto dentro la galleria per più di pochi passi.

Questi giorni d'estate incominciavano presto e finivano tardi. Certe volte, andando a dormire, Peter si sforzava di ricordare come fosse incominciata la giorna-

4 **paguri**: vari tipi di crostacei che occupano conchiglie vuote in cui vivere.

5 **restio**: mal disposto.

6 **trapestii**: calpestii confusi.

ta. Sembrava che gli avvenimenti del mattino si fossero verificati settimane prima. Gli era anche capitato di addormentarsi, senza essere riuscito a farsi tornare alla mente il principio del giorno.

Una sera dopo cena Peter litigò con uno degli altri bambini che si chiamava Henry. A scatenare la lite era stato un pezzo di cioccolata, ma ben presto la cosa si trasformò in uno sfogo di insulti reciproci. Per chissà quale ragione tutti i bambini, fatta eccezione ovviamente per Kate, si schierarono dalla parte di Henry. Allora Peter gettò la cioccolata per terra in mezzo alla sabbia e se ne andò tutto solo. [...]

Peter rimase così, con le spalle rivolte al mare. Un'improvvisa folata[7] di vento freddo lo fece rabbrividire. Diede un'occhiata verso le case. Riusciva appena a distinguere il mormorio basso della conversazione dei grandi, il suono di un tappo di sughero tirato dalla bottiglia, la musica di una risata femminile, forse della sua mamma. Quella sera di agosto, restando lì in mezzo ai due gruppi, con il mare che gli lambiva[8] appena i piedi nudi, Peter all'improvviso afferrò qualcosa di molto ovvio e terribile: un giorno o l'altro, avrebbe lasciato il gruppo che scorrazzava sfrenato lungo la spiaggia, per unirsi a quello di chi restava seduto a parlare. Era difficile crederci, ma sapeva che sarebbe andata proprio così. Allora si sarebbe interessato a cose diverse, come lavoro, denaro, tasse, interessi bancari, chiavi e caffè, e sarebbe rimasto a parlare, per ore e ore, seduto.

Questi pensieri gli pesavano sul cuore quella sera quando decise di andare a dormire. Non si poteva certo definirli pensieri felici. Chi avrebbe potuto rallegrarsi alla prospettiva di una vita trascorsa stando seduti a parlare? O facendo commissioni e andando a lavorare? Senza giocare mai, senza mai divertirsi sul serio? Un giorno o l'altro, sarebbe stato una persona del tutto diversa. Data la lentezza del fenomeno, non se ne sarebbe neppure accorto, e una volta successo, quel Peter gioioso e allegro di undici anni sarebbe stato talmente lontano, talmente strano e incomprensibile, quanto apparivano adesso gli **adulti** a lui. E con questa malinconia, se ne andò scivolando nel sonno.

*[Nel corso della notte avviene un'incredibile trasformazione: Peter cresce di una decina d'anni, la qual cosa lo lascia di stucco. Il suo corpo si presenta come quello di un adulto: il viso è coperto da una pungente barba, i muscoli si sono irrobustiti, la voce è diventata più roca. Da adulto, comprende le notizie politiche ed economiche che legge sul giornale ed è un inventore che ha appena ideato una macchina antigravitazionale. Assunto questo nuovo ruolo, Peter scende in giardino per una passeggiata, quando...]*

Sentì un rumore alle sue spalle e si voltò. In piedi sulla porta, Gwendoline lo stava guardando. Peter registrò un'altra fitta[9] allo stomaco. Una sensazione di freddo, un vuoto. Gli tremavano un po' le ginocchia. Gwendoline appoggiò il braccio sul bordo di una vecchissima botte per l'acqua che stava davanti alla porta di casa. Il sole del mattino, tra le foglie dei meli, ricamava giochi di luce sulle sue spalle e i capelli. In ventun anni di vita, Peter non aveva mai visto niente di così, come dire, perfetto, luminoso, desiderabile, stupendo... non c'erano parole sufficienti a descrivere quel che vedeva. Gli occhi verdi di lei erano fissi nei suoi.

7 **folata**: soffio impetuoso, raffica.
8 **lambiva**: sfiorava.
9 **fitta**: dolore di breve durata, ma acuto.

**PAROLE *sotto la lente***

**Adulto**

L'aggettivo corrisponde al latino *adultus*, participio aggettivale del verbo *adolescere* = crescere. Indica quindi una persona cresciuta, che ha raggiunto il completo sviluppo fisico e mentale. Quando si riferisce ad animali o a piante indica che esso è in grado di riprodursi.

**Attività**

Ripensa all'etimologia del nome "adulto" e, sapendo che è in origine un participio passato, confrontalo con *adolescente*, che è il participio presente dello stesso verbo. Quale differenza di significato hanno i due aggettivi?
Adolescente: ..........................................
Adulto: ..........................................

– Fai una passeggiata, ho sentito, – disse lei piano.

Peter non era sicuro che sarebbe riuscito a parlare. Si schiarì la voce. – Sì. Ti va di venire?

Attraversarono il giardino e raggiunsero il sentiero di terra battuta dove un tempo correva il binario della ferrovia. Non parlarono di nulla in particolare: delle vacanze, del tempo, di qualche fatto di cronaca, qualsiasi cosa, pur di evitare argomenti personali. La mano di lei fresca e liscia finì tra le sue, nel corso della passeggiata. Peter pensò seriamente che questa volta avrebbe potuto alzarsi in volo fino a sfiorare le cime degli alberi. Aveva sentito raccontare di come ragazzi e ragazze, uomini e donne si innamorano e non capiscono più niente, ma aveva anche sempre pensato che la gente la fa un po' troppo lunga sull'argomento. Dopo tutto, quanto possono ragionevolmente piacersi due persone? Anche nei film, quei pezzi ai quali ci si doveva sempre rassegnare, quando i protagonisti rubano minuti preziosi per diventare melensi[10] e guardarsi negli occhi e baciarsi, a lui erano sempre sembrati uno spreco di tempo ridicolo, buono soltanto a tenere in sospeso la storia per un'eternità. E adesso, eccolo qui, a sentirsi sciogliere solo al contatto della mano di Gwendoline, ad avere voglia di urlare di gioia.

Raggiunsero la galleria e, senza mai smettere di parlare, si infilarono nel passaggio tra le assi, dentro l'oscurità fredda e fumosa. Procedendo si tenevano stretti, e ridacchiavano quando coi piedi finivano in una pozzanghera. La galleria non era molto lunga. Si vedeva già l'uscita, piena di luce rosa come una stella. A metà percorso si fermarono. Erano vicinissimi. Su braccia e visi restava ancora il calore del sole. Si strinsero ancora più vicino e, tra lo sgocciolio dell'acqua nelle pozzanghere e il trapestio di animali spaventati, si diedero un bacio. Peter seppe immediatamente che in tutti gli anni della sua infanzia felice, e persino nei momenti più belli, come quando giocava con la Banda del Mare nelle sere d'estate, non aveva mai fatto una cosa più incantevole, più emozionante e straordinaria di quel bacio scambiato con Gwendoline nella galleria del treno.

10 **melensi**: sciocchi e sdolcinati.

## STORIE da SCOPRIRE

### *L'inventore di sogni* di Ian McEwan

Il protagonista di alcuni racconti, raggruppati sotto il titolo *L'inventore di sogni* (1934), si chiama Peter Fortune, un undicenne fantasioso, distratto e sognatore, che crede di poter trasformare la realtà sulla base delle sue bizzarre fantasie. Per esempio, una volta immagina che le bambole della sorella prendano vita e lo incalzino con l'intento di scacciarlo dalla sua camera. In un'altra occasione sogna di prendere il posto del gatto di casa, sostituendosi all'anima del felino per provare a condurre anche lui la vita pigra del gatto. Annoiato e in vena di scherzi, in un'altra circostanza pensa di cancellare l'intera famiglia utilizzando la magica pomata Svanilina, con conseguenze imprevedibili. O, ancora, smonta la prepotenza di Barry, un ragazzo che incute paura a tutti, evidenziando le sue debolezze, e ne diventa amico. Sono racconti che oscillano tra storie di ragazzi e problemi di adulti, situazioni infantili e contesti più vasti, con l'arma del sogno sempre a portata di mano di Peter per volgere ogni realtà a suo piacimento.

*[Peter si trova bene in compagnia di Gwendoline; insieme progettano perfino la serata quando, come sempre nei sogni, la realtà torna a far capolino e Peter si risveglia, accorgendosi di essere tutto solo nella propria camera.]*

Fu a questo punto che si rese conto di avere lo sguardo puntato al soffitto di camera sua e non al cielo. Si alzò dal letto e raggiunse la finestra che si affacciava sulla spiaggia. In lontananza, riusciva a vedere la Banda del Mare. C'era bassa marea. Le pozze tra gli scogli restavano in attesa dell'acqua. Si infilò un paio di calzoncini e una maglietta e scese di corsa. Era tardi, gli altri avevano già fatto colazione da un pezzo. Tracannò[11] un bicchiere di succo d'arancia, afferrò un panino e si precipitò fuori, oltre il giardino minuscolo, sulla spiaggia. La sabbia gli scottava già i piedi. Mamma, papà e i loro amici si erano sistemati coi libri tra sedie a sdraio e ombrelloni.

La mamma lo salutò con la mano. – Ti sei fatto una bella dormita. Dovevi averne bisogno.

I suoi amici lo avevano visto e gli stavano gridando: – Peter, Peter, corri, vieni a vedere!

Peter si mise a correre tutto contento verso di loro, e doveva essere già a metà strada, quando si volse a guardare i grandi ancora una volta. Riparati dalla tela colorata degli ombrelloni, si chinavano per parlarsi più da vicino. Adesso li considerava in un modo diverso però. Sapevano cose belle che stavano appena incominciando ad affiorare anche in lui, come sagome nella foschia. C'erano altre avventure nella vita, dopo tutto.

[...]

Sentì di nuovo chiamare il suo nome. Kate, sua sorella, ballava saltando sulla spiaggia bagnata. – Abbiamo trovato un tesoro, Peter! – Alle sue spalle, Harriet si reggeva su una gamba sola, con le mani sui fianchi, e disegnava ampi cerchi di

11 **Tracannò**: bevve tutto d'un fiato.

Laura Knight, *Il gorgo oscuro*, 1918. (Collezione Privata)

sabbia con la punta del piede. Toby e Charlie e i più piccoli facevano turni a suon di spintoni per saltare da uno scoglio dentro una pozza di acqua salmastra. E oltre tutto questo umano fermento, l'oceano si gonfiava e si ripiegava, perché a nulla e nessuno è dato di restare fermo, non agli uomini, non all'acqua e neppure al tempo.

– Un tesoro! – esclamò ancora Kate.

– Eccomi, – gridò Peter. – Arrivo –. E si lanciò di corsa verso la battigia[12]. Si sentiva agile e leggerissimo sulla sabbia. «Sto per prendere il volo», pensò. Chissà se stava sognando, o se volava davvero.

I. McEwan, *L'inventore di sogni*, trad. it. di S. Basso, Einaudi, Torino, 1994

12 **battigia**: punto della spiaggia in cui batte l'onda.

## per L'ANALISI del TESTO

### Storia di un sognatore

Il racconto proposto è l'ultimo delle otto storie che compongono *L'inventore di sogni* di Ian McEwan. Peter Fortune è un undicenne che sogna a occhi aperti e che pensa di poter trasformare la realtà con la sua fantasia e le sue storie.

### Come sono gli adulti?

Peter è un attento osservatore delle abitudini dei grandi che, con i loro vizi e le loro ossessioni, gli appaiono assurdi e incomprensibili. Con i ragazzi della sua età trascorre momenti spensierati, almeno fino a quando un banale litigio lo allontana dagli altri. È a quel punto, nella solitudine, che afferra «qualcosa di molto ovvio e terribile: un giorno o l'altro, avrebbe lasciato il gruppo che scorrazzava sfrenato lungo la spiaggia, per unirsi a quello di chi restava seduto a parlare» (rr. 124-127). Un **sogno** gli anticipa bruscamente questo passaggio alla vita adulta: si ritrova ad avere 21 anni e ad apprezzare anche le esperienze piacevoli degli adulti, come l'amore. Il risveglio non è poi così traumatico, perché Peter ha capito che i grandi sapevano «cose belle» (r. 205) e che, dunque, c'erano «altre avventure nella vita» (rr. 206-207). Torna, perciò, ai suoi giochi con più **fiducia nel domani**, del quale ha avuto solo un assaggio onirico.

### I passaggi simbolici

Quello che in apparenza sembra un racconto semplice, è invece ricco anche di **aspetti simbolici**, a cominciare dalla buia galleria nella quale prende corpo, nel sogno, l'amore tra Peter e Gwendoline. La scrittura di McEwan, con la sua **attenzione al dettaglio**, crea un forte impatto emotivo nel lettore. L'autore riesce a rappresentare con efficacia e profonda sensibilità l'età in cui non si è più bambini e ci si avvicina a passi rapidi all'adolescenza.

Un bimbo solitario sulla riva del mare in un dipinto di Carol Carmichael del 2013.

# Attività

## Leggere e comprendere

1 **I grandi** Agli occhi di Peter, che cosa fanno gli adulti in vacanza?

2 **L'idea di Peter** Quale idea si è fatto Peter degli adulti?

**a.** I grandi sono a conoscenza di un mondo misterioso, cui egli non può accedere

**b.** Gli adulti non sono capaci di godere pienamente della spiaggia e del mare, quindi delle gioie che la vita offre

**c.** Peter prova una specie di invidia per il mondo degli adulti, fatto di questioni e riflessioni impegnative, che egli percepisce vagamente e da cui è escluso

**d.** Disprezza gli adulti che giudica falsi

3 **Il futuro** Dopo il litigio con i coetanei a causa di un pezzo di cioccolata, quale importante riflessione formula Peter sulla propria vita futura?

4 **Il sogno** Quale nuova emozione positiva sperimenta Peter durante il sogno?

5 **Il risveglio** Che cosa fa il ragazzo appena sveglio?

**a.** Va alla finestra, poi corre in spiaggia dagli amici

**b.** Indugia a letto, ripensando al sogno

**c.** Va a parlare con Gwendoline

**d.** Va dagli adulti

6 **Gli adulti** Dopo il sogno, Peter considera gli adulti diversamente: in che modo?

## Riconoscere e analizzare

7 **La struttura** Individua le cinque sequenze che compongono il brano e attribuisci a ciascuna un titolo.

- Prima sequenza ..........
- Seconda sequenza ..........
- Terza sequenza ..........
- Quarta sequenza ..........
- Quinta sequenza ..........

8 **I personaggi** Su quali caratteristiche dei personaggi punta l'interesse del narratore?

**a.** Sull'aspetto psicologico

**b.** Sull'aspetto fisico

**c.** Sull'estrazione sociale

**d.** Sulla formazione culturale

9 **Il narratore** Qual è il punto di vista del narratore e qual è lo scopo di tale scelta stilistica?

10 **Gwendoline** Traccia il ritratto fisico e caratteriale della ragazza.

11 **La durata** Esamina il tempo del racconto per quanto riguarda la sua durata. Quali modalità di rappresentazione prevalgono?

**a.** Scene

**b.** Pause

**c.** Ellissi

**d.** Sommari

12 **Lo spazio** Quale valore simbolico rivestono secondo te alcuni luoghi del racconto, come il mare, la spiaggia, la galleria?

- Mare: ..........
- Spiaggia: ..........
- Galleria: ..........

## Rielaborare e produrre

13 **Il riassunto** Utilizzando la suddivisione in sequenze già effettuata nell'esercizio 7, riassumi il racconto in 200 parole.

14 **La crescita** Hai fretta di diventare adulto oppure timori e ansie ti frenano? Esprimi le tue sensazioni in un intervento orale di 5 minuti.

15 **Il passare del tempo** Nel racconto troviamo il tema del tempo che trasforma le cose. Quasi in chiusura, McEwan scrive: «a nulla e nessuno è dato di restare fermo, non agli uomini, non all'acqua e neppure al tempo» (rr. 214-215). Commenta questa frase in un breve testo di circa 100 parole.

Jerome David Salinger

# La vita è una partita

Da
*Il giovane Holden*, 1951

Romanzo di formazione

Espulso dalla scuola per scarso rendimento, prima di andare via lo studente Holden fa una visita al vecchio e trasandato professore di storia. Questi gli dispensa consigli stereotipati, che non fanno altro che aumentare l'insofferenza del ragazzo.

Appena messo piede dentro, mi sono pentito di esserci andato. Stava leggendo l'«Atlantic Monthly»[1], c'erano pillole e medicine da ogni parte, e tutto odorava di gocce per il naso Vicks. Era parecchio deprimente. Io, poi, non è che vada pazzo per la gente malata. Cosa ancor piú deprimente, Spencer[2] aveva indosso una vestaglia tristissima, tutta vecchia e sbrindellata, che probabilmente aveva già quand'era nato. E comunque a me non piace vedere i vecchi in pigiama o in vestaglia. Gli intravedi sempre quel petto da vecchi tutto bitorzoli. E poi le gambe. Le gambe dei vecchi, quando li vedi in spiaggia o in giro, sono sempre bianchissime e spelacchiate. – Salve, professore, – gli faccio. – Ho ricevuto il suo biglietto. Grazie mille – Mi aveva scritto un bigliettino chiedendomi di fare un salto a salutarlo prima che iniziassero le vacanze, visto che non sarei tornato. – Ma non era il caso. Sarei venuto a salutarla lo stesso.

– Accomodati pure lí, ragazzo mio, – ha detto Spencer. Intendeva sul letto. Mi ci sono seduto. – L'influenza come va, professore?

– Va che se stessi un po' meglio dovrei far venire il medico, – ha detto lui. La battuta l'ha fatto schiantare. Si è messo a ridere da solo come un matto. Dopo un po' si è ripreso e mi ha detto: – Com'è che non sei alla partita[3]? Credevo che il gran giorno fosse oggi.

– Infatti. Ero lí. Solo che sono appena tornato da New York con la squadra di scherma, – gli ho detto. Ragazzi, quel letto sembrava un sasso.

Lui si è fatto serissimo. Me l'aspettavo. – Insomma ci lasci[4], eh? – mi ha detto.

– Sí, professore. Cosí pare.

Ha attaccato a dondolare la testa come suo solito. Non esiste al mondo uno che dondola la testa quanto Spencer. Non capivi mai se la dondolava perché stava pensando e via dicendo o perché era solo un simpatico vecchietto che non ci stava piú tanto con la testa.

– Cosa ti ha detto il dottor Thurmer[5]? Ho saputo che vi siete fatti una bella chiacchierata.

– Sí, è vero. Eccome. Sono rimasto nel suo ufficio per quasi due ore.

– E cosa ti ha detto?

– Mah... che la vita è una partita e via dicendo. E che va giocata secondo le regole. Però è stato abbastanza gentile, nel senso che non

Egon Schiele, *Autoritratto*, 1910. (Vienna, Leopold Museum)

1 **«Atlantic Monthly»**: rivista originariamente letteraria, ora d'attualità.

2 **Spencer**: è il professore di storia.

3 **partita**: si tratta dell'incontro di rugby giocato dall'istituto frequentato da Holden, Pencey, contro Saxon Hall, definita dal protagonista «un affare di stato», data l'importanza.

4 **ci lasci**: il professor Spencer fa riferimento al fatto che Holden è in procinto di lasciare il *college* perché espulso per scarso rendimento.

5 **dottor Thurmer**: è il preside della scuola.

ha dato di matto né niente. Ha parlato un sacco del fatto che la vita è una partita e via dicendo. Cose cosí.

– Ma la vita è una partita, caro ragazzo. È una partita che va giocata secondo le regole.

– Sí, professore. Lo so. Questo lo so.

Partita un cazzo. Alla faccia della partita. È una partita se stai dalla parte di quelli forti, allora sí, te lo concedo. Ma se stai dall'altra parte, dove di forte non c'è nessuno, che razza di partita è? Non lo è. Non c'è gara.

– Il dottor Thurmer ha già scritto ai tuoi? – mi ha chiesto il vecchio Spencer.

– Ha detto che gli scrive lunedí.

– E tu li hai sentiti?

– No, professore, non li ho sentiti, anche perché dovrei vederli mercoledí sera tornando a casa.

– E secondo te come la prenderanno?

– Be'... gli darà parecchio fastidio, – ho detto. – Ma proprio tanto. Questa sarà la quarta scuola che cambio –. Ho scosso la testa. Io la testa la scuoto un sacco. Poi ho detto:

– Ragazzi... – Dico un sacco anche «ragazzi». Un po' perché ho un vocabolario pietoso, e un po' perché a volte mi comporto come uno piú piccolo della mia età. All'epoca avevo sedici anni, ora ne ho diciassette, e ogni tanto mi comporto ancora come se ne avessi tredici. Il che è abbastanza assurdo, essendo io alto un metro e ottantanove e mezzo, e avendo già i capelli bianchi. Non scherzo. Su un lato della testa, il destro, ho un milione di capelli bianchi. Ce li ho fin da bambino. Eppure a volte mi comporto ancora come un dodicenne. Lo dicono tutti, specie mio padre. Un po' è anche vero, ma non fino in fondo. La gente pensa sempre che una cosa sia

## L'AUTORE

**Jerome David Salinger** nasce nel 1919 a New York, nel quartiere di Manhattan, da una famiglia benestante. Dopo gli studi, entra nell'accademia militare della Pennsylvania, quindi si iscrive alla New York University, ma presto l'abbandona per tentare l'attività del padre, importatore di carni. Nell'autunno del 1937 è a Vienna, presso la filiale della società paterna, ma nella primavera del 1938 è costretto a lasciare l'Austria a seguito dell'invasione del Paese da parte di Hitler. Di nuovo a New York, frequenta un corso di scrittura alla Columbia University. Nel 1941 inizia una relazione sentimentale con Oona O'Neill, figlia del celebre drammaturgo Eugene O'Neill, che però di lì a poco sposerà l'attore e regista Charlie Chaplin. Nel 1942, Salinger si arruola per la guerra in Europa, dove partecipa come sergente di fanteria a importanti battaglie (lo sbarco in Normandia, la battaglia delle Ardenne). Ritornato negli Stati Uniti nel 1946, riprende a scrivere e nel 1951 pubblica il suo primo romanzo, *Il giovane Holden*. Il successo è straordinario; il libro viene tradotto in tutte le lingue, e ancora oggi è letto da milioni di persone. Nel 1953 Salinger raccoglie nel volume *Nove racconti* alcune storie già comparse sulla rivista "The New Yorker", che hanno ancora per protagonisti degli adolescenti. L'ultimo suo lavoro, un racconto intitolato *Hapworth 16, 1924,* compare sul "New Yorker" nel 1965. Da quel momento lo scrittore decide di non comparire più in pubblico, si ritira nel New Hampshire, in un volontario e rigoroso silenzio che invano i mass media hanno cercato di rompere. Salinger muore il 27 gennaio 2010.

vera fino in fondo. A me non me ne frega niente, solo che ogni tanto mi rompo di sentirmi dire che devo comportarmi come uno della mia età. Certe volte mi comporto come se fossi molto piú grande, giuro, solo che a quello la gente non fa caso. La gente non fa caso mai a niente.

Il vecchio Spencer ha ricominciato a dondolare la testa. E anche a mettersi le dita nel naso. Faceva finta di pizzicarselo soltanto, ma in realtà ci ficcava dentro tutto il pollicione. Avrà pensato di poterlo fare perché con lui c'ero solo io. Non che per me fosse un problema, anche se fa abbastanza schifo vedere uno che si scaccola.

Poi mi ha detto: – Ho avuto il piacere di conoscere tua madre e tuo padre quando sono venuti a parlare con il dottor Thurmer qualche settimana fa. Due persone splendide.

– È vero. Sono simpatici.

Splendido. Ecco una parola che davvero detesto. È da ipocriti. Mi viene da vomitare ogni volta che la sento.

[...]

– Ce l'hai con me perché ti ho bocciato, ragazzo mio? – mi ha detto.

– Ma no, professore! Assolutamente no, – ho risposto. Avrei voluto che la piantasse di chiamarmi «ragazzo mio».

Una volta finito, ha tentato di lanciare sul letto anche la mia prova[6]. Solo che l'ha mancato di nuovo. E di nuovo mi sono dovuto alzare e raccoglierla e posarla sopra l'«Atlantic Monthly». È un po' *noioso* doverlo fare ogni due minuti.

6 **Una volta finito... prova**: il professore aveva mostrato il compito di storia al ragazzo, per giustificarne la bocciatura.

– Tu al mio posto cosa avresti fatto? – mi ha chiesto. – Di' la verità, ragazzo mio.

Insomma, si capiva che si sentiva un verme ad avermi bocciato. E allora io ho cominciato a sparare stronzate. Gli ho detto che ero proprio un imbecille, e roba del genere. Gli ho detto che avrei fatto esattamente la stessa cosa, fossi stato al posto suo, e che in tanti non capivano quant'era duro fare l'insegnante. Quel genere di cose lí. Le classiche stronzate.

Ma la cosa strana è che, mentre le dicevo, avevo come la testa altrove. Io abito a New York, e stavo pensando al laghetto di Central Park, quello vicino a Central Park South. Chissà se arrivando a casa l'avrei trovato ghiacciato, e se sí, chissà dov'erano andate le anatre. Chissà dove andavano le anatre quando il lago gelava e si copriva di ghiaccio. Chissà se arrivava qualcuno in furgone che le caricava tutte quante per portarle in uno zoo o chissà dove. O se volavano via e basta.

Però sono fortunato. Cioè, potevo stare lí a sparare stronzate con il vecchio Spencer e al tempo stesso pensare a quelle anatre. È strano. Quando parli con un insegnante non devi concentrarti troppo. Di colpo, però, lui mi ha interrotto mentre dicevo le mie stronzate. Ti interrompeva sempre.

– Ma tu in tutto questo come ti *senti*, ragazzo mio? Mi interesserebbe saperlo. Molto.

– Per il fatto che mi hanno cacciato dalla Pencey e via dicendo? – ho chiesto. Un po' avrei voluto che si coprisse quel petto tutto bitorzoli. Non era un bello spettacolo.

[...]

– Non hai qualche ***rimorso***, all'idea di lasciare la Pencey?

– Ah, qualche rimorso ce l'ho. Certo... ma nemmeno troppi. Non ancora, almeno. Mi sa che ancora non me ne sono reso conto. A rendermi conto delle cose ci metto sempre un po'. Per il momento

**PAROLE *sotto la lente***

**Rimorso**

Il sostantivo deriva dal verbo *rimordere*, dal latino *remordere* (formato da *re-* e *mordere* = mordere). In senso proprio significa "mordere di nuovo", ma solitamente si usa in senso figurato e indica l'azione della coscienza che tormenta qualcuno per il male che ha commesso.

**Attività**

Il sostantivo è composto con il prefisso *ri-* che indica la duplicazione di un'azione. Trova cinque verbi con il medesimo prefisso.

penso solo che mercoledí me ne vado a casa. Sono proprio un imbecille.

– E del tuo futuro non ti preoccupi minimamente, ragazzo mio?

– Eccome se mi preoccupo del mio futuro, ci mancherebbe. Certo. Certo che mi preoccupo –. Ci ho pensato un momento. – Ma nemmeno troppo, direi. Nemmeno troppo.

– Succederà, – ha detto il vecchio Spencer. – Succederà, ragazzo mio. Lo farai quando sarà troppo tardi.

Sentirgli dire quella cosa non mi è piaciuto. Sembrava dovessi morire o non so cosa. Mi ha depresso un sacco. – Probabile, – ho detto.

– Vorrei ficcarti un po' di sale in quella zucca, ragazzo mio. Sto cercando di *aiutarti*. Sto cercando di aiutarti, se possibile.

Ed era pure vero. Si capiva. Ma eravamo troppo agli antipodi, ecco. – Lo so, professore, – ho detto. – Grazie mille. Davvero. Gliene sono veramente grato. Sul serio –.

A quel punto mi sono alzato dal letto. Ragazzi, non sarei rimasto lí altri dieci minuti a costo di morire. – Solo che adesso devo proprio scappare. Ho lasciato in palestra un sacco di roba che devo portarmi a casa. Sul serio –. Lui mi ha guardato e ha ricominciato a dondolare la testa, con la faccia serissima. Di colpo mi ha fatto davvero pena. Solo che lí non ci potevo piú restare, eravamo troppo agli antipodi, e lui continuava a lanciare cose sul letto e a mancarlo, e aveva quella vecchia vestaglia tristissima che gli scopriva il petto, e c'era quell'odore di influenza e di gocce per il naso. – Senta, professore, non stia a **preoccuparsi** per me, – gli ho detto. – Sul serio. Me la caverò. È solo una fase che sto attraversando. Certe fasi le attraversano tutti, dico bene?

**PAROLE *sotto la lente***

**Preoccuparsi**

Il verbo è la forma intransitiva pronominale di *preoccupare* e significa essere in una condizione di ansia o darsi pensiero per qualcuno. "Preoccupare" viene dal latino *praeoccupare* = occupare prima, prevenire (composto da *prae* = prima, davanti e *occupare* = occupare). In senso proprio dunque, significa "occupare prima", ma anche "mettere", "tenere in stato di apprensione, di ansia".

**Attività**

Trova almeno tre sinonimi del verbo "preoccupare".

## STORIE da SCOPRIRE

### *Il giovane Holden* di Jerome David Salinger

*Il giovane Holden* (1951) racconta la storia del sedicenne Holden Caulfield. Figlio di ricchi ebrei newyorkesi, Holden sta per essere espulso dal *college* in Pennsylvania a causa dei mediocri risultati ottenuti. Mancano pochi giorni alle vacanze natalizie e il ragazzo, raggiunta New York, anziché tornare a casa e informare i genitori dell'espulsione, prende alloggio in uno squallido alberghetto. Qui fa numerose esperienze fallimentari: viene truffato e derubato, si ubriaca. Niente di tutto quello che credeva di desiderare – andare al cinema, nei night club ad ascoltare il jazz, incontrare una ragazza che conosceva da tempo – gli procura piacere.

Una sera, dopo aver verificato che i genitori non fossero in casa, va a trovare la sorella undicenne Phoebe, l'unica che sa ascoltarlo e con la quale si sente a suo agio. Ripreso il vagabondaggio, ha un incontro deludente con un suo ex professore, mentre continua a ossessionarlo il ricordo del fratello Allie, morto di leucemia. Decide di partire per il Colorado, ma un secondo incontro con Phoebe lo convince a ritornare a casa.

Il libro può essere definito un "romanzo di formazione mancata" perché il tentativo di Holden di sottrarsi al conformismo, all'ipocrisia, alla stupidità che lo circonda fallisce.

– Non lo so, ragazzo mio. Non lo so.

Odio quando ti rispondono cosí. – Sí, invece. Eccome, – ho detto. – Davvero, professore. Non stia a preoccuparsi, per favore –. Gli ho come posato una mano sulla spalla. – D'accordo? – ho detto.

– Non la vuoi una tazza di cioccolata calda prima di andare? Alla signora Spencer farebbe...

– Mi andrebbe, davvero, ma il fatto è che devo proprio andare. Devo schizzare in palestra. Però grazie. Grazie mille, professore.

Poi ci siamo stretti la mano. E altre stronzate cosí. Solo che a me è venuta una tristezza mortale.

– Poi le scrivo, professore. Ora si curi l'influenza.

– Arrivederci, ragazzo mio.

Dopo che ho chiuso la porta e mi sono incamminato nel soggiorno, lui mi ha gridato qualcosa, solo che non ho sentito bene. Sono quasi certo che mi abbia gridato «Buona fortuna!» Spero di no. Spero proprio di no. Io «Buona fortuna» non lo griderei mai a nessuno. È una frase terribile, se uno ci pensa.

J.D. Salinger, *Il giovane Holden*, trad. di M. Colombo, Einaudi, Torino, 2014

## per L'ANALISI del TESTO

### Un ribelle degli anni Cinquanta

L'episodio narrato nel brano verte sulla visita che Holden, ribelle fragile e insicuro, fa all'insegnante di storia, il professor Spencer. «Appena messo piede dentro, mi sono pentito di esserci andato» (r. 1), afferma Holden. In realtà non riesce ad ammettere con se stesso di provare un sentimento di affetto nei confronti del professore. Tutto l'incontro, del resto, è giocato sul filo di questa **ambiguità** di fondo. Non è certo tenero Holden quando descrive il vecchio insegnante, ammalato: «pillole e medicine da ogni parte» (r. 2), una «vestaglia tristissima, tutta vecchia e sbrindellata» (rr. 4-5) lasciata aperta sul petto «tutto bitorzoli» (r. 7) come in genere è quello dei vecchi, le gambe «bianchissime e spelacchiate» (rr. 8-9).

La vecchiaia e la malattia sono due stati che Holden, dall'alto della sua giovinezza, ha in odio, come più volte sottolinea. Le sue reazioni sono un modo di difendersi, di mascherare i sentimenti di **paura** e di **insicurezza** che quella vista gli provoca. Anche quando arriva a consolare il professore per averlo bocciato, egli mostra la medesima ambiguità: da un lato ha un modo di fare da **spaccone**, si dipinge peggiore di quanto reputa d'essere, meritevole della punizione che gli viene inflitta; nel contempo, non sopporta che il professore gli dica le stesse cose che già la sua coscienza gli va dicendo. Per questo, mentre lo prega di non preoccuparsi troppo per lui e tanto meno per il suo futuro perché saprà cavarsela, i commenti che fa sul suo stato d'animo risultano opposti: «Sembrava dovessi morire o non so cosa. Mi ha depresso un sacco» (rr. 114-115), «a me è venuta una tristezza mortale» (rr. 142-143). In definitiva, ciò a cui **Holden si ribella** è il mondo di valori degli adulti, le certezze che vogliono propinargli, espresse peraltro in formule stereotipate, come la frase che tanto lo infastidisce: «la vita è una partita, caro ragazzo. È una partita che va giocata secondo le regole» (rr. 36-37).

### Uno stile antiletterario

Molto del successo che questo romanzo ha avuto alla sua uscita e che continua ad avere ancora oggi è dovuto al suo linguaggio, del tutto nuovo nel panorama narrativo degli anni Cinquanta del secolo scorso. Salinger, infatti, ha elaborato uno stile volutamente antiletterario, costruito su espressioni tratte dal **gergo giovanile**, su **modi di dire** e **intercalari** che riproducono la mentalità e i costumi dei giovani di allora in contrapposizione al mondo perbenista degli adulti.

# Attività

## Leggere e comprendere

1 **Il senso di fastidio** Appena entrato nella camera del professore, Holden avverte un senso di insofferenza. Da quali elementi è causato?

2 **«La vita è una partita»** Il protagonista non condivide gli insegnamenti impartiti dal preside e dal professore. Che cosa trova in essi di sbagliato?

- **a.** Nella partita i contendenti devono avere armi pari
- **b.** Non esiste partita se si sta dalla parte di chi non ha armi, come lui
- **c.** Esiste la partita solo se si sta tra chi ha armi superiori
- **d.** La vita non è una competizione

3 **Il comportamento** Il comportamento di Holden è sempre coerente e adeguato alla sua età? Sostieni la tua risposta riportando i pensieri di Holden presentati nel testo.

4 **I genitori** Il professore giudica i genitori di Holden due «persone splendide» (rr. 68-69), ma il ragazzo non condivide questo giudizio. Perché?

- **a.** Non rispetta i genitori
- **b.** "Splendido" è un aggettivo esagerato
- **c.** I suoi genitori appaiono soltanto splendidi, ma in realtà non lo sono
- **d.** "Splendido" è un aggettivo ipocrita

5 **La cosa buffa** A che cosa pensa Holden mentre parla con il professore?

- **a.** A dove vanno le anatre del lago di Central Park in inverno
- **b.** Ai suoi genitori
- **c.** Al compito di geografia
- **d.** A dove passerà le vacanze

6 **«Ragazzo mio»** Perché Holden non sopporta di sentirsi chiamare «ragazzo mio»?

7 **La corazza** Il professore vorrebbe che Holden parlasse di sé. Gli chiede come si sente, gli parla di rimorso. Ma il ragazzo non si lascia provocare e giustifica il proprio silenzio. Quali motivi adduce?

8 **La tristezza** Nel salutare il professore, Holden prova tristezza. Come spieghi questo sentimento?

## Riconoscere e analizzare

9 **Le sequenze** Quale tipo di sequenze prevale nel testo?

10 **Il tempo** Il tempo del racconto è alquanto omogeneo. Da quali elementi lo puoi rilevare?

- **a.** È costituito da un'unica scena
- **b.** È costituito da una scena e alcune pause
- **c.** È costituito da scene ed ellissi
- **d.** È costituito da una scena e pochi sommari

11 **I personaggi** Traccia il ritratto (fisico e caratteriale) di Holden, così come emerge dal testo, e riporta la descrizione del professore fatta da Holden.

- Holden: ..............................................................
..............................................................
..............................................................
..............................................................
- Il professore: ..............................................................
..............................................................
..............................................................
..............................................................

12 **Il narratore** Il narratore è interno, ma il suo modo di raccontare è come posto su due piani. Perché?

- **a.** Narra l'incontro col professore e ricorda episodi passati
- **b.** Riflette sui propri pensieri e li esprime
- **c.** Narra l'incontro col professore e inserisce i pensieri che intanto formula nella propria mente
- **d.** Narra l'incontro col professore e riferisce le parole dei suoi genitori

13 **Lo stile** Il testo è molto ricco di espressioni giovanili e frasi nominali. In quali situazioni questo registro linguistico è più evidente?

## Rielaborare e produrre

14 **Il riassunto** Riassumi il testo in 100 parole.

15 **La tua esperienza** Nella tua vita ci sono regole che non condividi e che senti solo come costrizioni? Riportale in un testo di circa 200 parole e spiega il motivo per cui non le condividi.

Doris Lessing

# Alba sul *veld*

Da
Racconti africani, 1964

Racconto di formazione

Ha 15 anni. Gli piace correre tra i cespugli della boscaglia africana di primo mattino per dare libero sfogo alla sua gioia di vivere. Proprio in quell'esercizio quotidiano conoscerà gli aspetti più duri della vita. Un fatto apparentemente consueto rappresenta per il giovane protagonista motivo di riflessione e occasione di crescita.

Ogni sera, quell'inverno, il ragazzo ripeteva ad alta voce, con il capo affondato nel cuscino: Alle quattro e mezzo! Alle quattro e mezzo!, finché era sicuro che quelle tre parole fossero penetrate e gli si fossero impresse nel cervello. Poi si addormentava di colpo, come se avesse abbassato una saracinesca; e dormiva con il viso rivolto verso l'orologio per poterlo vedere per prima cosa al risveglio.

Ogni mattina si destava alle quattro e mezzo in punto e abbassava trionfante la levetta della suoneria della sveglia, felice d'essere ancora una volta riuscito a precederla: mentre lui dormiva tranquillo una zona remota della sua mente era rimasta desta e vigile tutta la notte, contando le ore. Poi si rannicchiava sotto le coperte, per goderne ancora per qualche istante il tepore, lasciandosi tentare dall'idea di rimanersene a letto, almeno per quella mattina. Ma lo faceva soltanto per il piacere di constatare che era una tentazione cui poteva resistere senza sforzo, così come la sera caricava la sveglia per il piacere che avrebbe provato il mattino dopo al risveglio, quando, stiracchiandosi e tendendo i muscoli, avrebbe pensato: Sono in grado di tenere sotto controllo ogni parte del mio corpo – anche il cervello!

Che voluttuoso[1] piacere gli dava sentire il proprio corpo caldo e riposato, con le braccia, le gambe, le dita pronte a scattare a un suo comando come soldati! E che gioia sapere d'essere in grado di impedire al sonno di sottrargli senza il suo consenso delle ore preziose! – per esserne certo, una volta era rimasto sveglio per tre notti consecutive, e poi aveva studiato tutto il giorno, rifiutandosi persino di ammettere d'essere stanco; ed ora il sonno era divenuto per lui una specie di servitore ai suoi ordini.

Il ragazzo allungò più che poté le braccia e le gambe, fino a toccare con le mani la parete alle sue spalle e con la punta dei piedi il fondo del letto; poi uscì di scatto di sotto le coperte, come un pesce che guizzi fuori dall'acqua. Il freddo era orribile.

Si vestiva sempre in fretta, per cercare di conservare al suo corpo un po' del tepore assorbito durante la notte almeno per altre due ore, fino al sorgere del sole; ma prima ancora di finire di vestirsi aveva le mani intirizzite[2] e quasi non riusciva a reggere le scarpe. Le scarpe non se le metteva, per timore di svegliare i suoi genitori, che infatti non scoprirono mai che si alzava così presto.

Appena ebbe superato la soglia di casa sentì la pianta dei piedi contrarsi al contatto con il terreno gelato e le gambe irrigidirsi per il freddo. Era notte fonda: il cielo era coperto di stelle e gli alberi erano forme cupe e immobili. Si guardò attorno in cerca di qualche presagio[3] del giorno: il grigio scintillio di una pietra o un fugace bagliore[4] a oriente, ma era ancora troppo presto. Cauto e guardingo[5] come un animale che abbia avvertito un pericolo scivolò senza far rumore sino alla finestra della camera dei suoi genitori e con un piacevole brivido di paura sostò un attimo, quasi per sfida, con la mano sul davanzale, cercando di forare con lo

1 **voluttuoso**: sensuale.
2 **intirizzite**: intorpidite dal freddo.
3 **presagio**: indizio.
4 **fugace bagliore**: una luce improvvisa e momentanea.
5 **guardingo**: prudente, cauto.

sguardo l'ovattata[6] oscurità della stanza. Poi, usando come guida il bordo erboso del vialetto che correva attorno alla casa, raggiunse un'altra finestra, che si apriva sul locale in cui la sera prima aveva nascosto il fucile. Le dita intirizzite non riuscivano a far presa sul gelido metallo e per sicurezza si strinse il fucile sotto il braccio. Poi in punta di piedi si recò nella stanza in cui dormivano i cani, timoroso che fossero stati tentati d'andarsene prima di lui; invece lo stavano aspettando, acquattati nelle loro cucce per difendersi dal freddo, e appena scorsero il fucile rizzarono le orecchie ed agitarono festosamente la coda. Le sue sommesse ammonizioni[7] li convinsero a seguirlo zitti e quieti finché non furono a un centinaio di iarde[8] dalla casa: allora si lanciarono a grandi balzi nel fitto del *bush*[9], uggiolando[10] eccitati. Il ragazzo immaginò i genitori agitarsi nel letto e borbottare.

[...]

Si gettò le scarpe sulla spalla: scarpe alte e robuste, screpolate e indurite dalla guazza[11] di cento mattine. Gli sarebbero state necessarie quando il terreno sarebbe diventato troppo caldo per poter camminare scalzo. Ora invece sentiva la polvere umida infilarglisi fra le dita e si affrettò a rilassare i muscoli dei piedi in modo che le piante si adattassero più facilmente alla scabrosità[12] del terreno. Con piedi come questi, si disse, potrei percorrere centinaia di miglia! Potrei camminare un giorno intero senza stancarmi!

Si avviò di buon passo lungo il buio tunnel di foglie che di giorno era un sentiero. I cani erano spariti, ma li sentiva ansimare: stavano evidentemente esplorando i segreti meandri[13] del *bush*. Ogni tanto sentiva un muso umido sfiorargli le gambe, poi i cani si allontanavano di nuovo, alla ricerca di qualche pista da seguire. Non erano cani addestrati, ma liberi compagni di caccia, che spesso si stancavano dei lunghi appostamenti e se ne andavano per i fatti loro senza attendere lo sparo. Poco dopo riuscì a vederli, piccoli e indomiti[14], nella tremula incerta luce che stava lentamente avvolgendo il *bush*, in attesa che il sole restituisse alla terra e alla vegetazione i loro colori.

[...]

6 **ovattata**: smorzata, tenue.
7 **sommesse ammonizioni**: rimproveri sottovoce.
8 **iarde**: misura inglese di lunghezza, pari a 91,4 cm.
9 ***bush***: in inglese, "cespuglio", "macchia"; è la boscaglia con bassi arbusti.
10 **uggiolando**: lanciando dei continui mugolii.
11 **guazza**: rugiada abbondante.
12 **scabrosità**: irregolarità.
13 **meandri**: sentieri tortuosi e nascosti.
14 **indomiti**: ribelli.

Clive Hicks-Jenkins, *L'adunanza degli uccelli* (part.), 2009. (Collezione Privata)

Camminava a lunghi passi regolari, come aveva visto fare agli indigeni, spostando ritmicamente il peso del corpo da un piede all'altro, poiché quella era un'andatura che non stancava e non accorciava il respiro; sentiva il sangue scorrere pulsando nelle gambe e nelle braccia e a poco a poco fu invaso da una sorta di ebbrezza e strinse i denti per vincere l'impulso di manifestare ad alta voce la propria esultanza.

Si era ormai lasciato alle spalle la zona coltivata della tenuta e la macchia bassa e oscura ed ora davanti a lui si apriva un grande *vlei*[15], acri[16] ed acri di erba pallida che rimandava verso il cielo di raso un ingannevole bagliore. I grandi ciuffi d'erba s'erano appiattiti sotto la rugiada, condensatasi in grosse gocce che scintillavano come diamanti.

[...]

All'improvviso qualcosa scattò dentro di lui e non riuscì più a controllarsi. Lanciò un urlo e spiccò un balzo, poi prese a correre, ma non più compostamente, come poco prima, bensì come un forsennato[17], o un animale impazzito, lanciando grida incoerenti e selvagge, inebriato e travolto da una incontenibile gioia di vivere, dall'esplosione della sua esuberante giovinezza. Scese veloce verso il *vlei*, mentre sopra il suo capo il cielo si tingeva di porpora e d'oro e attorno a lui cantavano tutti gli uccelli del creato. Correva a grandi balzi e mentre correva gridava la sua gioia

15 ***vlei***: valle acquitrinosa.

16 **acri**: misura inglese di superficie, corrispondente a circa 4000 m$^2$.

17 **forsennato**: folle, indemoniato.

## *per conoscere* DORIS LESSING

**DORIS LESSING** (all'anagrafe Doris May Tayler) nasce nel 1919 in Persia (oggi Iran) da genitori inglesi; cinque anni dopo si trasferisce con la famiglia nella Rhodesia del Sud, l'attuale Zimbabwe. Per quasi tre decenni vive in Africa, e a questo continente (alla sua superba natura, ma anche agli orrori del colonialismo, dell'***apartheid***, delle guerre e della violenza) ritornerà costantemente in tanti suoi romanzi e saggi. Nel 1949 si trasferisce a Londra. Dichiarata persona non gradita in Rhodesia dopo la pubblicazione del saggio *Going Home* (1957), in cui si pronunciava contro l'*apartheid*, potrà tornarvi solo dopo l'indipendenza, nel 1981. Nel 2007 vince il premio Nobel per la Letteratura. Doris Lessing muore nel 2013.

Doris Lessing in un ritratto di Tullio Pericoli del 1997.

### Parole *chiave*

***Apartheid*** Politica di segregazione razziale attuata dalla minoranza bianca nei confronti della popolazione nera nella Repubblica del Sudafrica.
Il termine significa "separazione" nella lingua afrikaans, ovvero l'idioma parlato dagli afrikaaner, gli abitanti dell'Africa meridionale (soprattutto Sudafrica e Namibia) di pelle bianca e discendenti dai colonizzatori olandesi, belgi o tedeschi.

di sentire il proprio corpo sollevarsi nell'aria gelida e trasparente e i piedi ricadere sicuri sul terreno; e per un attimo pensò, ma come ad un evento inverosimile, che in mezzo a quell'erba alta e fitta avrebbe potuto slogarsi una caviglia. Si aprì la strada fra i cespugli con la destrezza di un'antilope, scavalcò a balzi le rocce, e alla fine s'arrestò di colpo, là dove il terreno scendeva a precipizio verso il fiume. Aveva percorso senza arrestarsi almeno due miglia, fra arbusti e cespugli alti fino al petto, e ora respirava con affanno e non aveva più voce. Si sedette su un masso e contemplò l'acqua scintillante del fiume che intravedeva fra gli alberi contorti e piegati dal vento, e all'improvviso si disse: Ho quindici anni! Quindici anni! Quelle parole avevano un suono nuovo per lui; e perciò le ripeté più volte, sorpreso e sempre più emozionato; a un tratto gli parve di tenerli in mano, quei suoi quindici anni, e di contarli come se fossero altrettante bilie dure, levigate, lucenti, ciascuna a suo modo inimitabilmente stupenda. Ecco cos'era lui: quindici anni di questa terra ferace[18], e quest'acqua dal lento fluire, e quest'aria dal profumo eccitante, sia nell'afa pomeridiana sia nelle albe fresche e ventose.

Non c'era nulla che non potesse fare, nulla! E a un tratto ebbe una specie di visione, come quando un bimbo ode pronunciare la parola "eternità" e tenta di afferrarne il significato, e la sua mente cerca di concepire un tempo senza confini. Vide la propria vita futura come uno spazio luminoso e indeterminato, di cui era

18 **ferace**: fertile, ricca.

**• Una donna libera e indipendente •** Spirito ribelle e impaziente, anticonformista e desiderosa di autonomia, una volta raggiunta la maturità Doris Lessing rifiuta il sicuro benessere familiare per lavorare e conquistare un ruolo indipendente. Si sposa e divorzia due volte e nel 1949 si trasferisce con i figli a Londra, dove passa dall'isolamento coloniale africano a una nuova e stimolante società come quella inglese, ancora al centro di larga parte del movimento culturale mondiale.

**• L'opera •** Doris Lessing ha scritto oltre 55 libri: romanzi, racconti, poesie, approdando negli ultimi anni della sua esistenza anche al teatro. Nella fase iniziale, le sue opere sono incentrate sulla vita dell'Africa inglese e sono dominate da un senso di compassione sia per le infruttuose vite dei coloni britannici sia per le misere condizioni dei neri africani. Il primo romanzo, *L'erba canta* (1950), è considerato un capolavoro della narrativa inglese. In parte autobiografico, racconta il fallimento di una coppia di bianchi che si oppone alla società coloniale. Dal 1952 al 1958 Lessing pubblica cinque volumi che fanno parte di un ciclo intitolato *I figli della violenza*: l'uomo bianco assiste allo sfaldarsi progressivo del mito della sua superiorità. I numerosi racconti, racchiusi nella raccolta *Storie africane* (1962), dipingono i vasti paesaggi, le rigogliose foreste del continente africano e la vita delle popolazioni nere.

Doris Lessing conquista la notorietà con *Il taccuino d'oro* (1962), nel quale la protagonista, Anna Wulf, usa quattro taccuini per rimettere insieme le parti della sua vita a pezzi. Il romanzo diventa presto uno dei testi fondanti del femminismo inglese ed europeo: l'autrice denuncia la subalternità della condizione femminile e sollecita la donna a riprendersi il proprio destino. Doris Lessing ha però sempre rifiutato l'etichetta di "femminista", osservando: «Scrivo cose che sento. Conversazioni che ascolto tra donne, donne che parlano di uomini. Non ho mai trovato in questo niente di così sconvolgente, né di nuovo».

Tra il 1979 e il 1983 la scrittrice pubblica cinque volumi riuniti in un ciclo fantascientifico, *Canopo in Argo: Archivi*. Ritorna poi alla narrativa realistica con due lavori sorprendenti e irriverenti, incentrati sul tema della vecchiaia: *Il diario di Jane Somers* (1983) e *Se gioventù sapesse* (1984). Nel romanzo *Il quinto figlio* (1988) affronta il tema della gioventù violenta e priva di valori. Lessing ha scritto anche alcune *pièces* teatrali (*A ciascuno il suo deserto*, 1958; *Istruzioni per una discesa all'inferno*, 1971) e due volumi autobiografici: *Sotto la pelle* (1994) e *Camminando nell'ombra* (1997).

l'unico e assoluto proprietario; sentì il sangue pulsargli nelle tempie e disse ad alta voce: Tutti i grandi uomini sono stati ragazzi come me, e io posso diventare come loro, non c'è nulla che possa impedirmelo; e non c'è Paese al mondo che io non possa considerare mio, se lo desidero. Il mondo è dentro di me. Posso farne ciò che voglio. Se voglio, posso mutare il futuro; dipende solo da me, da ciò che decido in questo momento.

La fermezza e la convinzione con cui aveva pronunciato quelle parole, dettategli da un incontenibile impulso, lo resero a tal punto esultante che cominciò a cantare a voce spiegata[19], e la sua voce scese via via smorzandosi verso l'alveo[20] del fiume. Tacque e attese l'eco, poi riprese a cantare: tacque di nuovo e cantò di nuovo. Ecco cos'era lui! – se voleva, cantava, e il mondo era costretto a rispondergli.

Per qualche minuto rimase fermo dov'era, gridando e cantando e ascoltando la propria voce che dopo essersi spenta nella valle gli veniva rimandata limpida e forte dall'eco; come se qualcuno, udite le sue parole, gli stesse rispondendo e lo stesse incoraggiando: finché la valle fu invasa da grida attutite che rimbalzavano da una roccia all'altra fino al fiume. Ma ad un tratto gli parve di udire una voce diversa dalla sua. Rimase in ascolto, immobile, con i muscoli tesi, pronto a scattare: non era il canto gioioso d'un uccello, né il gorgoglio argentino[21] d'una piccola cascata, né il sordo scalpiccìo d'una mandria; ed era molto vicino.

Il suono si ripeté. Nella quiete profonda di quel mattino in cui erano racchiusi il suo passato e il suo futuro, echeggiò come una disperata implorazione, una specie di appello inarticolato, come se qualcuno, o qualcosa, cercasse di invocare aiuto ma non ne avesse la forza. Il ragazzo rientrò in sé, si guardò attorno e richiamò i cani. Ma i cani si erano allontanati troppo e non risposero al richiamo. Era solo. Ormai si era calmato, la folle ebbrezza di poco prima era svanita. Con quelle grida soffocate e piene di terrore nelle orecchie e il cuore che gli batteva forte scese con prudenza dal masso e si avviò verso una fila d'alberi, avanzando con cautela poiché non molto tempo prima proprio in quel punto aveva scorto un leopardo.

Raggiunti gli alberi, si fermò e si guardò attorno, con il fucile spianato[22], poi riprese ad avanzare, lanciando a ogni passo occhiate attente e sospettose. Poi all'improvviso vacillò e si arrestò, stupefatto e incredulo. Scosse il capo, smarrito, come se dubitasse dei propri occhi.

Laggiù, fra due alberi, contro uno sfondo di scabre[23] rocce brune, c'era un essere che pareva uscito da un so-

19 **spiegata**: distesa, alta.
20 **alveo**: letto del fiume.
21 **argentino**: squillante, sonoro come il timbro dell'argento percosso.
22 **spianato**: puntato, pronto a far fuoco.
23 **scabre**: aspre, prive di vegetazione.

Il *veld* dello Zimbabwe in un dipinto dell'artista africano Charles Nkomo del 2013. (Collezione Privata)

gno, uno strano animale che aveva bensì le corna e quattro zampe ma non somigliava a nessun animale o creatura ch'egli avesse mai visto o anche solo immaginato. Aveva l'aspetto d'una piccola antilope ridotta a brandelli. Il mantello lacero lasciava infatti qua e là intravedere, tra ciuffi arruffati di pelo, lembi[24] di carne viva... ma quelle chiazze insanguinate venivano velocemente ricoperte da una sostanza nera e palpitante, mentre altre ne apparivano in altre parti del corpo: e intanto l'animale continuava a lamentarsi, con piccoli gemiti soffocati, e si dibatteva e saltellava, sbandando, come se fosse cieco.

Finalmente il ragazzo capì: era *davvero* un'antilope. Avanzò di qualche passo, ma ancora una volta si fermò di colpo, trattenuto da una nuova paura. Aveva avuto la sensazione che tutt'a un tratto l'erba si muovesse e frusciasse, come se fosse viva. Si guardò attorno, atterrito, poi abbassò gli occhi al suolo. Il terreno era coperto di formiche, grosse formiche nere che non si curavano affatto di lui ma si dirigevano risolute verso l'animale in agonia, così che l'erba sembrava percorsa da lunghi rivoli neri e scintillanti.

E mentre il ragazzo tratteneva il respiro, sopraffatto dall'orrore e dalla pietà, l'animale si abbatté al suolo e i lamenti cessarono. Ora non udiva altro che il canto d'un uccello e il sommesso, incessante fruscio delle formiche.

La loro vittima era frattanto diventata una nera massa informe che conservava solo vagamente l'aspetto di un giovane animale e sussultava convulsamente. A poco a poco tuttavia s'acquietò e giacque inerte, scossa soltanto da qualche lieve contrazione.

Il ragazzo si disse che avrebbe dovuto spararle e mettere così fine alle sue sofferenze e alzò il fucile. Ma lo riabbassò subito. La piccola antilope ormai non sentiva più alcun dolore; i suoi sussulti non erano che una meccanica reazione dei muscoli. Tuttavia non fu questa considerazione che lo indusse ad abbassare il fucile. Fu una incontenibile ondata di furore, di angoscia e di rabbia impotente che lo travolse e gli suggerì questa riflessione: se io non fossi venuto fin qui, sarebbe stata questa la sua fine: perché dunque dovrei intervenire? Nel *bush* queste cose accadono di continuo; ogni giorno, forse ogni ora, innumerevoli esseri viventi muoiono straziati; così è fatta la vita. Serrò il fucile fra le ginocchia e gli parve di percepire sul proprio corpo le innumerevoli trafitture che l'animale agonizzante ormai non avvertiva più, e strinse i denti, e ripeté più e più volte sottovoce: Non posso impedirlo. Non posso impedirlo. Non c'è nulla ch'io possa fare.

Senza dubbio la piccola antilope era ormai incosciente e non soffriva più, si disse, e se ne rallegrò, poiché questo lo dispensava dal prendere la decisione di ucciderla, anche se il suo cervello e tutte le sue fibre gli ripetevano: Sono cose che accadono, fanno parte della vita.

*È giusto* – gli dicevano in realtà il suo cervello e il suo corpo – *è giusto che sia così e nulla può impedirlo.*

Per la prima volta in vita sua si rendeva conto che esisteva per tutti un destino, al quale nessuno poteva sottrarsi, e questa nuova consapevolezza lo turbò e gli paralizzò la mente e le membra, e poté solo ripetere come un automa: «Così è la vita. Sì, così è la vita.» L'inaudito concetto di **inevitabilità** gli era penetrato nella carne, nelle ossa, nei più remoti meandri della mente, e glieli rodeva come un

24 **lembi**: parti, pezzi.

**PAROLE *sotto la lente***

### Inevitabilità

Il sostantivo astratto definisce il fatto di essere inevitabile. L'aggettivo viene dal latino *inevitabilis*, in cui si ritrova il prefisso negativo *in-*, la radice del verbo *vitare* = evitare e il suffisso *-bil*, che suggerisce l'idea di possibilità. Indica il fatto che qualcosa accade sicuramente, senza dubbio.

### Attività

Scomponi le parole "inevitabilità" e "inevitabile" nei loro elementi costitutivi (prefisso, radice, suffisso, desinenza). Ricorda che il prefisso *in-* ha qui valore negativo e il suffisso *-bile* indica possibilità. Trova poi altre due coppie di nome e aggettivo con la stessa composizione.

tarlo. In quel momento non avrebbe potuto compiere il minimo gesto di pietà: sapeva ormai che nel *veld*[25], immenso, immutabile, crudele, dove a ogni passo poteva capitare d'inciampare in un cranio putrefatto o di calpestare la carcassa di qualche piccolo animale, la pietà era inutile.

Sconvolto, disgustato e furente, ma al tempo stesso compiaciuto del proprio nuovo sinistro cinismo[26], si appoggiò al fucile e osservò la nera massa informe e palpitante diventare sempre più piccola. Ora ai suoi piedi passavano senza fretta cortei di formiche che trascinavano rosei brandelli di carne e nell'aria s'era diffuso un odore acre e pungente. Impose con fermezza al proprio stomaco vuoto di resistere al disgusto e ricordò a se stesso: anche le formiche devono mangiare! E nel medesimo istante si accorse di avere il volto rigato di lacrime, che insieme al sudore che gli inzuppava gli abiti testimoniavano la sua partecipazione alle sofferenze della piccola antilope.

Nessuno ormai avrebbe riconosciuto nella massa informe che andava via via rimpicciolendo il giovane animale. Dopo un po', ma non avrebbe saputo dire quanto tempo fosse passato, il ragazzo vide spuntare di sotto lo strato nero che la rivestiva, e che frattanto era diventato meno fitto, delle chiazze bianche che il sole faceva scintillare – sì, c'era il sole, s'era appena levato, e ora i suoi raggi incendiavano le rocce. Evidentemente la drammatica scena cui aveva assistito non era durata più di qualche minuto.

Cominciò a imprecare, usando parole che aveva udito pronunciare a suo padre, contro l'intollerabile **fugacità** del tempo, e imprecando avanzò, stritolando formiche a ogni passo e liberandosi con la mano da quelle che gli erano salite sulle gambe, finché raggiunse la carcassa dell'antilope, che giaceva scomposta sotto un cespuglio. Se non fosse stato per qualche roseo frammento di cartilagine[27] che ancora aderiva alle ossa candide si sarebbe potuto pensare che fosse là da anni. Tutt'attorno le formiche si stavano ritraendo a sciami, stringendo fra le mandibole minuscoli lembi di carne.

Il ragazzo le osservò. Erano grosse, nere, disgustose; alcune si erano rizzate sulle zampe e lo fissavano con i piccoli occhi lucenti.

«Andatevene!» gridò irato alle formiche. «Non sono per voi – non ancora, per lo meno. Andate via!» E gli parve che le formiche gli obbedissero e mutassero direzione.

Si chinò sulla carcassa dell'antilope e osservò le due vuote cavità nel cranio. Qui c'erano gli occhi, si disse, incredulo, ricordando lo sguardo umido e mansueto delle antilopi. Poi attirò verso di sé il lungo ed esile stinco d'una delle zampe anteriori e se lo appoggiò sulle palme.

Quel mattino, forse soltanto un'ora prima, quella giovane antilope aveva vagato libera e fiera nel *bush*, aveva sentito l'aria gelida pungerle la pelle, proprio come lui, e forse come lui ne era stata esilarata[28]. Scalpitando, e scuotendo le corna, e agitando la graziosa coda bianca, aveva inalato la fresca aria del mattino. Con l'incedere d'un re o d'un conquistatore aveva esplorato il suo regno, il *bush*, dove ogni filo d'erba cresceva per lei sola, dove l'acqua limpida e scintillante del fiume scorreva solo per placare la sua sete.

E poi – cos'era accaduto? Quell'animale dal passo così rapido e sicuro non si era certo lasciato intrappolare da uno sciame di formiche!

25 ***veld***: grandi pianure dell'Africa meridionale, con una vegetazione di erbe e cespugli.

26 **cinismo**: durezza, indifferenza nei confronti dei sentimenti.

27 **cartilagine**: tessuto connettivo flessibile che riveste le articolazioni.

28 **esilarata**: inebriata.

**PAROLE *sotto la lente***

### Fugacità

Il sostantivo astratto evidenzia la condizione di ciò che è fugace, cioè che fugge o che è solito fuggire. Solitamente richiama la caratteristica di una cosa che ha breve durata, come la bellezza, la speranza, il tempo o, nel sottocodice economico, un bene che può produrre un utile una sola volta (alimenti fugaci, combustibili fugaci).

#### Attività

Scomponi le parole "fugacità" e "fugace" nei loro elementi costitutivi (prefisso, radice, suffisso, desinenza). Il nome contiene il suffisso *-acit*, analogo a quello dell'aggettivo *-ac* che indica una qualità permanente, insistente. Trova altri nomi e aggettivi che lo contengano.

Franz Marc, *Un cervo morto*, 1913. (Collezione Privata)

Il ragazzo si chinò ad esaminarne con attenzione lo scheletro. E allora si avvide che una delle zampe posteriori, che negli spasimi della morte l'animale aveva sollevato e proteso nell'aria, era spezzata all'altezza della coscia, e i due segmenti dell'osso infranto sporgevano sovrapposti. Ecco dunque com'era andata! L'antilope zoppicava e quando aveva calpestato il formicaio, pur rendendosi conto del pericolo non era stata in grado di fuggire. Già, ma come mai aveva una zampa rotta? Era forse caduta? Impossibile, l'antilope è troppo agile e leggera. Era stata forse incornata da qualche rivale geloso?

Cosa poteva essere successo? Forse degli indigeni le avevano lanciato contro delle pietre, com'è loro costume, tentando di ucciderla per mangiarsela, e le avevano spezzato la zampa. Sì, doveva essere andata così.

E mentre cercava di raffigurarsi la scena, con gli indigeni che urlando rincorrevano e lapidavano l'antilope, e l'animale azzoppato che cercava di fuggire, un'altra immagine gli attraversò la mente. Rivide se stesso, in una di quelle luminose, inebrianti mattine, puntare eccitato il fucile contro un'antilope appena intravista, e dopo lo sparo, abbassato il fucile, chiedersi se fosse riuscito a colpirla; e dirsi alla fine che s'era fatto tardi, e aveva voglia di far colazione, e non valeva la pena di inseguire per miglia e miglia un animale che con ogni probabilità sarebbe comunque riuscito a sfuggirgli.

Per qualche istante tentò di sottrarsi a quel confronto con se stesso. Chinò il capo e sferrò dei calci dispettosi alla carcassa dell'animale: era di nuovo un ragazzino che si rifiutava di accettare le proprie responsabilità.

Poi si raddrizzò e contemplò le povere ossa con pietoso sgomento; non provava più alcuna ira, né rabbia. Si sentiva la testa vuota: tutt'attorno a sé vedeva lunghe fila di formiche scorrere e scomparire fra l'erba con un secco, sommesso fruscio, simile a quello d'una pelle di serpente abbandonata dopo la muta[29].

Alla fine raccolse il fucile e si avviò verso casa, dicendosi che del resto ormai faceva caldo, troppo caldo per continuare a vagabondare nel *bush*, e che aveva fame.

Ma era soprattutto stanco. Camminava lentamente, a passi pesanti, senza controllare dove metteva i piedi. Quando giunse in vista della casa si fermò ed aggrottò la fronte. C'era qualcosa su cui doveva riflettere. La morte di quella piccola antilope lo aveva turbato, era un pensiero che non riusciva a scacciare dalla mente, un episodio non ancora chiuso.

Presto, anzi l'indomani stesso, si sarebbe liberato di tutti e sarebbe ritornato di soppiatto nel *bush*, dove avrebbe potuto meditare in pace.

D. Lessing, *Racconti africani*, trad. it. di F. Castellenghi Piazza, Feltrinelli, Milano, 1989

29 **muta**: periodico cambiamento della pelle nei rettili e in altri animali.

## per L'ANALISI del TESTO

### Storia di una rivelazione

*Alba sul veld* è un racconto che vede un giovane di 15 anni scoprire il **lato problematico della vita**, immediatamente dopo aver assaporato con intensità il piacere di vivere. Per questo lo si può interpretare come la storia di una rivelazione. A questi due stati d'animo corrispondono i due momenti in cui il racconto si articola. In un primo momento, il giovane si sente **padrone di sé**, delle proprie scelte e del proprio corpo. È in grado di svegliarsi a un orario prefissato, si muove con sicurezza in casa come nella boscaglia, si lascia inebriare dal contatto con la natura, ha piena coscienza di avere tutta la vita davanti a sé. Sono sensazioni che **lo rafforzano** e **lo rassicurano**. La sfrenata corsa cui di nascosto si sottopone ogni mattina assume i contorni di una prova, di una **sfida** nei confronti dei suoi genitori, della natura, del mondo intero, che sente di avere ai propri piedi. «Il mondo è dentro di me. Posso farne ciò che voglio. Se voglio, posso mutare il futuro; dipende solo da me, da ciò che decido in questo momento» (rr. 109-111).

### L'altra faccia della vita

La svolta – e quindi l'avvio della **seconda parte** del racconto – si ha quando il ragazzo percepisce «una voce diversa dalla sua» (rr. 121-122). Si tratta del fievole lamento di un'antilope morente, divorata da voraci formiche.

I sentimenti che afferrano il giovane protagonista scorrono rapidamente dalla **compassione**, alla **rabbia**, all'**insicurezza**. Il ragazzo tocca con mano che tra i cespugli della prateria **si muore** – cosa che del resto già sapeva – e apprende come su tutti gli esseri incomba un **destino al quale non ci si può sottrarre**. Il suo animo viene ulteriormente scosso quando, osservando la zampa ferita dell'antilope, matura il timore che possa essere stato lui a ferirla, andando a caccia nei giorni precedenti. Quest'ultimo pensiero è una folgorante rivelazione che per qualche istante lo blocca. Poi lo scorrere della mattinata prende il sopravvento e il giovane rinvia a un altro momento l'ulteriore confronto con se stesso.

Henri Rousseau, *Il leone affamato*, 1905.
(Riehen, Fondation Beyeler)

# Attività

## Leggere e comprendere

1 **La sveglia** Perché il ragazzo punta ogni sera la sveglia ma si desta prima che questa suoni?
- **a.** Per un appuntamento con un amico
- **b.** Per arrivare presto nel *veld*
- **c.** Per aumentare il controllo su se stesso
- **d.** Perché sta trasgredendo a un ordine dei genitori

2 **La preparazione** Quali accortezze usa il ragazzo per non svegliare i genitori?
- **a.** Cammina scalzo
- **b.** Chiude l'allarme della sveglia prima che essa suoni
- **c.** Si veste in fretta
- **d.** Non fa colazione

3 **La passeggiata** Quali sensazioni fisiche e quali sentimenti prova durante la passeggiata mattutina?

4 **La gioia** In che modo manifesta la sua «incontenibile gioia di vivere» (r. 83)?

5 **All'improvviso** Che cosa interrompe l'esaltazione del quindicenne?
- **a.** Un urlo disperato di dolore
- **b.** Il canto gioioso di un uccello
- **c.** Un suono inarticolato di implorazione
- **d.** Lamentose e disperate parole

6 **L'antilope** Che cosa suscita in lui la vista dell'animale morente?

7 **La nuova consapevolezza** Di che cosa si rende conto per la prima volta il ragazzo, guardando l'antilope ormai morta? Quali sensazioni prova?

8 **La ferita** Il ragazzo riflette sulle cause della morte dell'antilope e:
- **a.** crede che sia caduta e si sia azzoppata
- **b.** crede che sia stata investita
- **c.** teme di averla ferita egli stesso
- **d.** immagina che sia stata assalita da un altro animale

## Riconoscere e analizzare

9 **La struttura** Suddividi il testo in sequenze e attribuisci a ciascuna un titolo.

10 **Il narratore** Che tipo di narratore è quello del brano?

11 **Il personaggio** Il ragazzo muta molto il suo modo di pensare, configurandosi come un personaggio dinamico. Sai individuare nel testo i suoi più profondi cambiamenti?

12 **La durata e il ritmo** Esamina il tempo del racconto per quanto riguarda la sua durata. Quali modalità di rappresentazione prevalgono e che ritmo ne deriva?
- **a.** Scene
- **b.** Pause
- **c.** Ellissi
- **d.** Sommari

13 **Lo spazio** Il *veld* assume nel racconto un valore simbolico dell'intera realtà del ragazzo. Spiega questa affermazione chiarendo come si presenta il *veld* e come lo affronta il ragazzo.

14 **Il lessico** Sottolinea nel testo gli aggettivi e le espressioni che descrivono il mondo naturale (per esempio, «grigio scintillio di una pietra» alla r. 34, «fugace bagliore» alla r. 35) e metti a fuoco le tonalità dominanti del paesaggio.

## Rielaborare e produrre

15 **Discutere** Con l'affermazione ripetuta «Non posso impedirlo» (rr. 178-179) il protagonista scopre il destino ineluttabile della morte oppure evita ogni responsabilità? Raccogli gli elementi validi per sostenere le due interpretazioni, scegli quella per te più plausibile e difendila in un eventuale dibattito in classe.

16 **Il riassunto** Riassumi il racconto in non più di 100 parole, evidenziando anche protagonisti, luoghi, tempo, struttura.

17 **Il tuo racconto** Scrivi un breve racconto autobiografico dal titolo: "Un avvenimento imprevisto ha mutato il mio modo di giudicare la realtà".

scrivere per cambiare il mondo

# Sogni che diventano realtà

I grandi sogni, quelli che durano tutta la vita, nascono spesso in età adolescenziale: corrispondono a passioni che si cominciano a coltivare da giovani, ma che poi diventano progetti da perseguire e caratterizzano l'intera esistenza. A volte, i sogni si rivelano alla collettività tramite la parola scritta. Nascono libri che girano il mondo e in alcuni casi contribuiscono a cambiare la società.

Martin Luther King, Roberto Saviano e Malala Yousafzai sono tre chiari esempi di come si possa, fin da giovani, vivere e lottare, anche attraverso la scrittura, per un ideale. Un sogno che può cambiare il mondo.

## Il sogno di Martin Luther King

La celebre frase «I have a dream» ("Ho un sogno") è parte del discorso che l'attivista Martin **Luther King** (1929-1968) tenne a Washington nel 1963, davanti al Lincoln Memorial, al termine della marcia di 250.000 persone per i diritti civili e contro il razzismo. Quello in cui Martin Luther King sperava e per cui lottava era che il cosiddetto "sogno americano" potesse realizzarsi per tutti i cittadini, e quindi che gli afroamericani potessero finalmente avere gli stessi diritti dei bianchi. Il discorso faceva riferimento alla Dichiarazione di indipendenza americana ed è passato alla storia come l'orazione più efficace della storia contemporanea. Martin Luther King fu eletto uomo dell'anno dal "New York Times" e ricevette il premio Nobel per la Pace nel 1964. L'eco delle celebri parole «Io ho un sogno, che i miei quattro figli piccoli vivranno un giorno in una nazione nella quale non saranno giudicati per il colore della loro pelle, ma per ciò che la loro persona contiene» risuona ancora oggi grazie alle numerosissime pubblicazioni, sia su carta sia in versione audio. Nonostante Martin Luther King sia stato assassinato nel 1968, il movimento per i diritti civili degli afroamericani ottenne la fine della segregazione che ancora vigeva in alcuni Stati del Sud degli Stati Uniti. L'eredità del sogno di Martin Luther King è stata celebrata anche dal primo presidente afroamericano della storia, Barack Obama, proprio nello stesso luogo in cui parlò King e assieme ai suoi discendenti.

Martin Luther King e la moglie Coretta Scott durante la marcia per i diritti civili degli afroamericani a Selma, in Alabama, nel 1965.

Durante la marcia per i diritti civili a Memphis (Tennessee), i manifestanti sfilano tra i militari americani indossando cartelli con la scritta "Io sono un Uomo", 1968.

## Il sogno di Saviano

Fin da ragazzo, Roberto **Saviano** (1979) si è sempre interessato alle ingiustizie della sua terra, la Campania. Il suo sogno è quello di costruire una società più solidale e vivibile, dove la legalità venga rispettata e la giustizia sia il cardine primo. Dopo l'università, Saviano si immerge in un importantissimo lavoro, per indagare le dinamiche di gestione della camorra, un'associazione criminale attiva tra Napoli e Caserta che opera illegalmente, sia in Italia sia all'estero. Saviano raccoglie le vicende umane e giudiziare di varie famiglie camorriste nel libro *Gomorra* (2006), facendo nomi e cognomi.

Il libro ha cambiato la sua vita e ha obbligato gli italiani e il mondo intero a rendersi conto di quanto sia radicata l'attività malavitosa in Italia e di come abbia collegamenti internazionali. L'uscita del libro ha scatenato il desiderio di vendetta dei clan; per questo motivo Saviano vive da dieci anni sotto scorta. Dal romanzo di Saviano è stato tratto il film *Gomorra*, diretto da Matteo Garrone, vincitore del Gran Premio della Giuria al Festival di Cannes del 2008, e successivamente una serie televisiva di grande successo. Saviano continua a inseguire il suo sogno e tutt'oggi si batte contro le mafie per l'affermazione del diritto e della legalità.

## Il sogno di Malala

Malala **Yousafzai** nasce a Mingora (Pakistan) il 12 luglio 1997. È una giovane pachistana che sta spendendo la sua vita in sostegno del diritto all'istruzione per le donne nel suo Paese e in tutte le realtà sottosviluppate del mondo. Malala ha affidato a un libro il racconto della propria vita: *Io sono Malala* (2013) ha fatto conoscere a tanti la sua vicenda di ragazza coraggiosa. All'età di 11 anni incomincia a scrivere su un blog della BBC in merito alla difficile vita a cui i talebani costringono le donne. Nel 2011, per questo suo coraggioso impegno, riceve il *Pakistan's National Youth Peace Prize*. Il 9 ottobre 2012, mentre ritorna da scuola, su un autobus, un uomo le spara tre proiettili in pieno volto e la lascia in fin di vita. Malala ha solo 15 anni, ma agli occhi dei talebani e di certa mentalità maschilista che si fa forte di vecchie e ingiuste consuetudini è colpevole di aver espresso al mondo il suo desiderio di studiare e di crescere in libertà. Malala viene trasportata in Inghilterra per essere curata e, mesi dopo, può tornare a scuola. Da allora il suo impegno a favore dell'istruzione femminile è continuo. Il 13 luglio 2013 Malala parla all'assemblea delle Nazioni Unite, dove pronuncia la frase che oramai la identifica e che riassume il suo sogno: «Un bambino, un insegnante e una penna possono cambiare il mondo». Nel 2014 è insignita del premio Nobel per la Pace. Oggi Malala è il simbolo universale delle donne che si battono per il diritto alla cultura e alla parità civile.

A sinistra, Roberto Saviano.
A destra, Malala Yousafzai.

**DOMANDE**

- Martin Luther King si batteva contro il razzismo. Ritieni che oggi questa battaglia sia compiuta? Quali pensi siano gli strumenti più efficaci per raggiungere l'uguaglianza di tutti i cittadini, indipendentemente dal loro genere, origine, religione e orientamento sessuale?
- I mass media spettacolarizzano tristi vicende di malavita. Secondo te, così facendo, tali vicende perdono il loro carattere di fatti gravi e delinquenziali per diventare divertenti e quindi anche più accettabili? Motiva la tua risposta.
- «Un bambino, un insegnante e una penna possono cambiare il mondo», dice Malala. Tu che ne pensi? L'istruzione può davvero risultare decisiva per il progresso generale del genere umano?

per approfondire

Beppe Severgnini

# Incoraggiamento

Da *La vita è un viaggio*, 2014

Testo espositivo

Il testo invita ad aver fiducia in se stessi e nelle proprie capacità. È l'unico modo per sconfiggere quella che l'autore definisce «l'industria della fragilità», quel mondo vasto e insidioso che s'introduce nelle coscienze individuali, ne blocca i sogni e le aspirazioni, rendendo la vita un peso e non una gioia. Un incoraggiamento va salutato con piacere, quando va ad alimentare la fiducia personale.

Molti di noi possiedono la capacità di incoraggiare; e altrettanti – forse di più – hanno la necessità di essere incoraggiati. I giovani soprattutto, ma non è una questione d'età. Il dovere di un capo (un insegnante, un genitore, un superiore) non è tanto stabilire regole, quanto indirizzare. E occasionalmente, spingere. Con garbo, ma con decisione. Certo, chi viene spinto non sempre è contento; chi viene incalzato chiede solo d'essere lasciato in pace. Ma la vita, talvolta, diventa un trampolino. Occorre qualcuno che, dietro, dica: «Avanti, è ora di buttarsi».

Incoraggiare non vuol dire condizionare, forzare o – peggio – plagiare. Significa permettere agli altri di scegliere in libertà. Cioè senza paure, senza timidezze eccessive. L'operazione è delicata quando la differenza di ruolo o d'autorità è grande, e rischia di provocare sudditanza[1]. Approfittare di un momento di debolezza non rischia soltanto d'essere un reato; è sempre una vergogna, uno spreco e un peccato.

Eppure state certi: l'industria della fragilità[2] conoscerà nuovi successi e aumenterà i fatturati. I tempi sono difficili, quindi adatti; e l'insicurezza è una condizione umana. Arriva per l'età (perché troppa o troppo poca), per predisposizione, per questioni di salute, per eventi esterni, per caso. Ma arriva, prima o poi. Quando siamo fragili, le difese indebolite, abbiamo bisogno di qualcuno che ci incoraggi e ci aiuti; non di gente che se n'approfitta.

Sentite questa vicenda, accaduta a Milano. Tre ragazze ventenni: intelligenti, istruite, famiglie affettuose e attente (forse non abbastanza). Conoscono, all'ingresso dell'Università Cattolica, i rappresentanti di un corso inteso ad aumentare la capacità mnemonica[3]. Pensano possa tornare utile per gli studi, s'iscrivono. Accoglienza affettuosa, molti coetanei tra gli allievi, ambiente stimolante. Ma presto

1 **sudditanza**: rapporto di dipendenza.

2 **l'industria della fragilità**: s'intende tutto quanto, soprattutto tra i mass media, spinge perché l'individuo si senta insicuro, timido, incerto in ogni sua scelta.

3 **capacità mnemonica**: la capacità di sviluppare la memoria, il ricordo.

## L'AUTORE

**Beppe Severgnini** è nato a Crema nel 1956. Giornalista, saggista e opinionista, compare spesso in televisione come animatore di dibattiti di carattere sociale, culturale e politico. Scrive sul quotidiano "Il Corriere della Sera" e su altre testate anglosassoni. I suoi libri trovano nell'ironia una felice forma espressiva, così che le indagini sociali e culturali che propongono sono comprese e apprezzate da un vasto pubblico. Tra le sue ultime pubblicazioni si segnalano *Italiani di domani* (2012) e *La vita è un viaggio* (2014).

il corso cambia sapore: diventa una sorta di esercizio di autocoscienza collettiva[4], con tanto di confessioni in pubblico, pianti e consolazioni di gruppo. Le tre ragazze vengono invitate a firmare impegni per costosi corsi futuri; si accorgono che alcuni istruttori erano studenti come loro, convinti a lasciare gli studi. Si spaventano, raccontano, non sanno che fare.

Il finale è tranquillizzante: una ne parla in casa, capisce, scuote le altre, lasciano il gruppo. Ma il fenomeno è diffuso, va al di là di un corso, un gruppo o una città. L'industria della fragilità è ubiqua[5], attenta, rapida, astuta; e non conosce crisi. Anzi, della crisi si nutre. Pensate al numero di negozi che comprano oro spicciolo; o alle società che propongono sempre nuove occasioni di gioco d'azzardo, dal poker online alle slot-machine[6], puntando addirittura ai minorenni. L'imprenditore del disagio punta sulle necessità dei poveri e sulle frustrazioni degli insoddisfatti; sul disorientamento dei più giovani, sulle paure dei malati, sulle superstizioni degli ingenui, sulla buona fede degli anziani.

Ogni periodo storico ha i suoi sfruttatori: cattivi maestri e santoni negli anni Settanta; maghi e cartomanti televisive negli anni Ottanta; capipopolo, ciarlatani e millenaristi[7] negli anni Novanta; guaritori e imbonitori negli anni Duemila. Ci sono storie drammatiche e storie blande[8], richiami materiali e tentazioni spirituali. Ci sono movimenti d'ispirazione religiosa dove l'entusiasmo del gruppo viene usato per nascondere molte cose (per esempio, le malefatte dei capi). Piccoli guru[9] crescono, e hanno bisogno di adepti[10]. Guardate *The Master*, con Philip Seymour Hoffman, il film che racconta la capacità di manipolazione delle psicosette[11]. Non

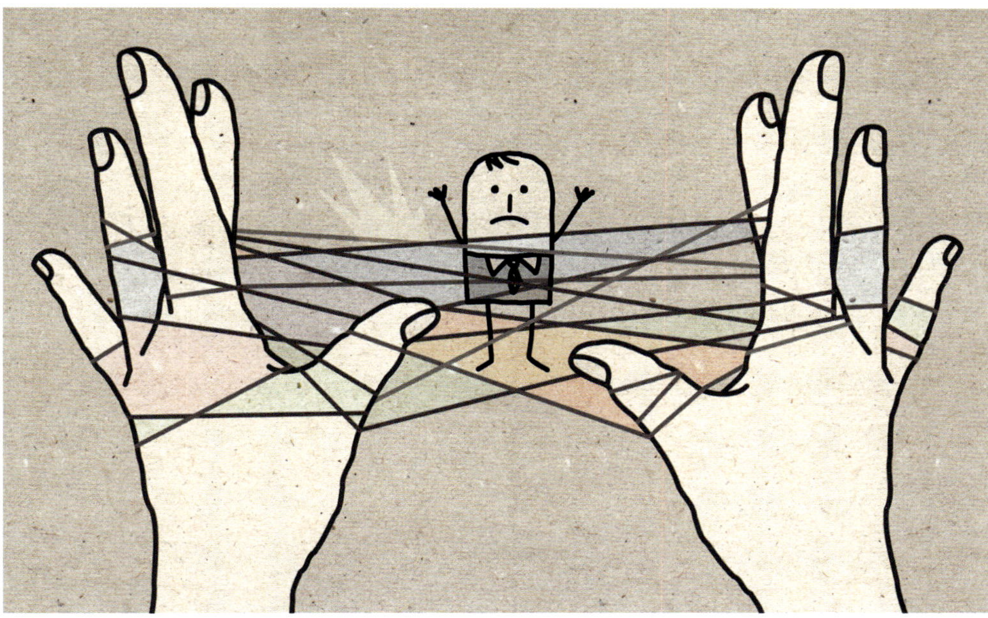

Incoraggiare all'azione non deve significare condizionare o impedire la libertà di una scelta.

4 **autocoscienza collettiva**: riflessione pubblica sui propri comportamenti.

5 **ubiqua**: presente in più luoghi, nella coscienza di più persone.

6 **slot-machine**: macchina per gioco d'azzardo.

7 **millenaristi**: coloro che nel medioevo ritenevano che il mondo dovesse finire nell'anno Mille e predicavano quindi sciagure, guerre, carestie, invitando tutti alla penitenza. Oggi i millenaristi sono coloro che seminano ancora infondate credenze apocalittiche.

8 **blande**: leggere.

9 **guru**: termine che significa maestro, precettore.

10 **adepti**: seguaci.

11 **psicosette**: sette o gruppi religiosi che fondano le loro dottrine su aspetti psicologici dell'animo umano e su queste basi legano la coscienza dell'individuo.

succede solo in America; non è un fenomeno esotico[12] e remoto. Gli spacciatori d'armonia artificiale sono tra noi. E sorridono, per confonderci le idee.

Chi tradisce la fiducia merita d'essere punito. La legge divina, secondo Dante Alighieri, lo prevede. La legge umana, in qualche caso, lo richiede. La cronaca lo impone, raccontando di rapporti malsani in scuole, associazioni e comunità. Ma il peccato di pochi non cancella la grazia di molti; e non deve far dimenticare quanto bene può fare l'incoraggiamento di un estraneo. Perché è eccezionale e gratuito, a differenza dell'incoraggiamento dei genitori, regolare e dovuto.

Dopo l'uscita di *Italiani di domani*[13] ho ricevuto molte lettere. Ho trovato sorprendente – quasi commovente – constatare quanto bisogno ci sia, in giro, di trovare un incoraggiamento. Non mi sopravvaluto: ho scritto soltanto un libro, e l'ho portato in giro per l'Italia (111 incontri, 18 regioni). So che per molti lettori s'è trattato solo di una piccola spinta, utile a ratificare[14] una decisione già presa. Altre volte di un'indicazione generale che, come càpita coi libri, s'adattava al caso particolare. Solo tre vicende, col permesso degli interessati.

Beatrice Matricardi ha trovato la forza per le prime scelte.

Avrei voglia di sperimentare tutto, per come sono fatta, ma mi rendo anche conto che non è possibile. Pagina per pagina mi rendo conto di quanta testa (e cuore) dovrò usare per le scelte che mi aspettano quest'anno. *In primis* quella dell'università. [...] Tengo il libro sul comodino. Spero che continuando con la lettura io mi riempia ancora più di entusiasmo (amo questo termine, vorrei che fosse la parola d'ordine di ogni ventenne!).

Arianna Minoretti ha deciso di partire.

Sono un'ingegnere di Como, ho trentaquattro anni. Laureata a pieni voti in tempi «professionalmente felici», svolgo la libera professione dal 2005. Ho costruito in provincia tutto un mio mondo, e pensavo che non sarei mai stata capace di lasciarlo, pur consapevole che, se non accetti il cambiamento, sei destinato a morire.

Così ho mandato un curriculum per una posizione da ingegnere per il governo norvegese, che sta mettendo in cantiere un progetto incredibile per un ponte o un tunnel galleggiante sul Sognefjord, sulla E39. Mi hanno chiamato. Parto con un con-

12 **esotico**: di lontana provenienza.
13 ***Italiani di domani***: è un libro di Severgnini uscito nel 2012.
14 **ratificare**: convalidare, confermare.

Un ragazzo sulla vetta della montagna norvegese Sognefjord.

tratto in tasca e nuovi sogni nella testa, che mi hanno ridato una boccata di ossigeno e tanta energia. Volevo ringraziarla, perché il suo libro ha risvegliato in me una voglia di lottare che stavo perdendo. E forse, se non lo avessi letto, non avrei mai mandato quel curriculum.

Roberto Sacchiero ha esposto un dubbio.

Mi hanno colpito alcune Sue parole riguardo il lavoro dei giovani.

Lei dice di non vergognarsi di scrivere sul proprio curriculum le attività di volontariato. Anzi, invitava calorosamente a farlo.

Purtroppo, io che offro con gioia da anni un po' del mio tempo per i ragazzi dai cinque ai quattordici anni nel mio oratorio, mi sento rimproverare questo servizio nei colloqui di lavoro. Più volte mi viene sollecitato e consigliato di togliere quella parte, ma io continuo a pensare che sia giusto raccontare ciò a cui si crede.

Gli ho risposto: per carità, Roberto, continui a inserire gli anni all'oratorio nel suo curriculum! Se chi lo leggerà è una persona intelligente, lei guadagnerà punti. Se ne perderà, vuol dire che in quell'ufficio del personale ci sono individui poco intelligenti. E lei vuole davvero andarci, in un posto così?

Non sto santificando il volontariato, lo scoutismo, il lavoro con i ragazzi negli oratòri o nelle attività sportive (dove la fatica, spesso, è gestire genitori nevrotici e frustrati). Ritengo però che queste siano prove di generosità, anzi di gratuità: ed è quella che manca, spesso, nella cultura aziendale italiana. Peccato. Perché la gratuità è lungimirante[15] – tutto torna indietro moltiplicato – ed è gratificante. Nel film *Una canzone per Bobby Long* il protagonista, un disastrato cinquantenne interpretato da John Travolta[16], esclama: «Incoraggiare il talento è qualcosa che mi dà un gran piacere!». È così. Essere d'aiuto porta felicità. La felicità che tutti inseguiamo freneticamente, spesso faticando più del lecito e spendendo più del dovuto.

Durante un incontro a Roma, Gianfranco Ravasi[17] ha ricordato l'unica frase di Gesù che non compare nei Vangeli. La riferisce Paolo (*Atti* 20,35) ed è questa: «Vi è più gioia nel dare che nel ricevere». Ora io non so chi abbia suggerito al lettore Roberto Sacchiero di non indicare nel curriculum il servizio negli oratòri. Ma dico: come responsabile delle risorse umane, mi sembra più affidabile l'Onnipotente.

B. Severgnini, *La vita è un viaggio*, Rizzoli, Milano, 2014

15 **lungimirante**: dotata di previdenza, di accortezza.

16 **John Travolta**: attore e ballerino statunitense nato nel 1954.

17 **Gianfranco Ravasi**: cardinale, arcivescovo cattolico, studioso della Bibbia (nato nel 1942).

# Attività

## Comprendere il testo espositivo

1 **L'incoraggiamento** Quale definizione dà l'autore dell'incoraggiamento?

2 **L'«industria delle fragilità»** Su quali aspetti psicologici punta "l'imprenditore del disagio"?

3 **Il curriculum** Perché anche il lavoro in oratorio è degno di comparire, secondo l'autore, in un curriculum personale?

## Analizzare il testo espositivo

4 **Lo stile** Come definiresti lo stile con cui scrive l'autore?

5 **Le sequenze** Nello sviluppo del testo, quali sequenze prevalgono?

6 **Gli esempi** Che finalità hanno gli esempi conclusivi?

# La bicicletta verde

**Regia**
Haifaa Al Mansour

**Interpreti**
Reem Abdullah, Waad Mohammed, Abdullrahman Al Gohani, Ahd Kamel, Sultan Al Assaf

**Data di uscita**
2012

**Genere**
Drammatico

La locandina del film *La bicicletta verde*.

## Trama

Wadjda è una bambina di circa 10 anni, simpatica, vivace e intraprendente. Abita nella periferia di Riyadh, la capitale dell'Arabia Saudita, in un contesto tradizionalista in cui la donna è messa ai margini e deve sottostare all'uomo. Wadjda ha un amico di nome Abdullah, un ragazzino con il quale non dovrebbe giocare, ma che frequenta comunque nel tragitto per andare a scuola. Abdullah possiede una bicicletta e anche Wadjda ne desidera una. L'ha già individuata presso un negoziante, ma è troppo costosa ed è contrario alle consuetudini religiose che una ragazza vada in bicicletta.

A scuola Wadjda è mal vista a causa del suo comportamento ribelle. Quando l'istituto scolastico indice una gara di studio e recitazione del Corano, Wadjda fa di tutto per poter essere ammessa, attratta dal premio in denaro. Dopo aver vinto la gara, quando le viene chiesto come utilizzerà il premio, la bambina dice con sincerità che comprerà una bicicletta. Il premio le viene quindi confiscato dalla scuola. A quel punto, però, la madre comprende quanto sia forte il sogno di Wadjda di possedere una bicicletta e gliela fa trovare a casa. Finalmente Wadjda può sfidare il suo amico Abdullah.

Una scena tratta dal film *La bicicletta verde*.

## Analisi

Il film ci conduce all'interno di un mondo islamico integralista, con le regole e i divieti religiosi che confinano la donna in un ruolo subordinato rispetto all'uomo. Il sogno di Wadjda di possedere una bicicletta diventa, allora, un elemento di forte rottura della consuetudine sociale: una bicicletta in mano a una persona di sesso femminile è avvertita come un minaccioso sintomo di emancipazione. Perfino la madre, inizialmente, non intende assecondare la figlia («Hai mai visto una ragazza in bicicletta?»).

La bicicletta assume il valore di un simbolo per raccontare un intero mondo culturale, quello saudita, monolitico baluardo dell'Islam più chiuso. Infatti, il tema della bambina testarda e coraggiosa si innesta su quello più ampio del mondo saudita costruito sul ruolo subordinato della donna nascosta negli abiti neri, dedita allo studio del Corano in scuole esclusivamente femminili («La voce della donna non deve oltrepassare la porta»), sposata in età preadolescenziale con adulti, in contatto con l'elemento maschile solo di nascosto.

Wadjda si rende conto della debolezza della donna e della mancanza di strumenti per reagire a una simile situazione di sottomissione. Il carattere testardo della bambina, che trova la via per concretizzare il suo sogno, diventa un esempio anche per la madre, che subisce la separazione dal marito. La donna rinuncia all'acquisto di uno sgargiante abito rosso, finalizzato alla riconquista dell'amore del marito, per utilizzare i soldi per l'acquisto della bicicletta. In tal modo, le due donne si preparano a vivere una nuova vita, forti del loro reciproco appoggio.

Altre scene tratte dal film *La bicicletta verde*.

# RACCOGLIAMO LE IDEE

## 1 Sintesi dei contenuti

**Attraverso l'attività seguente e le citazioni tratte dai brani letti, esegui un lavoro di sintesi dei concetti e delle informazioni presentati nell'Unità. Se lo ritieni utile, puoi ricercare altre citazioni per te significative.**

**Approfondisci il confronto tra i passi letti completando i grafici. Inserisci le frasi chiave che riprendono i concetti importanti rintracciabili nei brani dell'Unità e che riportiamo sotto senza ordine.**

• Non progettare, non crescere • Dare è più gratificante che ricevere • Diventare padroni di sé • Il disagio di fronte agli altri • Il rifiuto del mondo degli adulti • Non comprendere chi si è • L'accettazione del mondo degli adulti • La fatica dell'autonomia • La meditazione per crescere • Gli adulti devono guidare, non imporre • L'estraneità verso gli adulti • La delusione della realtà

I. McEwan, *I grandi*

J.D. Salinger, *La vita è una partita*

D. Lessing, *Alba sul veld*

B. Severgnini, *Incoraggiamento*

## 2 Citazioni dai brani

Quella sera di agosto, restando lì in mezzo ai due gruppi, con il mare che gli lambiva appena i piedi nudi, Peter all'improvviso afferrò qualcosa di molto ovvio e terribile: un giorno o l'altro, avrebbe lasciato il gruppo che scorrazzava sfrenato lungo la spiaggia, per unirsi a quello di chi restava seduto a parlare [...] Allora si sarebbe interessato a cose diverse, come lavoro, denaro, tasse, interessi bancari, chiavi e caffè, e sarebbe rimasto a parlare, per ore e ore, seduto [...] Non si poteva certo definirli pensieri felici.

Ian McEwan, *I grandi*

All'epoca avevo sedici anni, ora ne ho diciassette [...]. Eppure a volte mi comporto ancora come un dodicenne. Lo dicono tutti, specie mio padre. Un po' è anche vero, ma non fino in fondo. La gente pensa sempre che una cosa sia vera fino in fondo. A me non me ne frega niente, solo che ogni tanto mi rompo di sentirmi dire che devo comportarmi come uno della mia età. Certe volte mi comporto come se fossi molto piú grande, giuro, solo che a quello la gente non fa caso. La gente non fa caso mai a niente.

Jerome David Salinger, *La vita è una partita*

Ho quindici anni! Quindici anni! Quelle parole avevano un suono nuovo per lui; e perciò le ripeté più volte, sorpreso e sempre più emozionato; a un tratto gli parve di tenerli in mano, quei suoi quindici anni, e di contarli come se fossero altrettante bilie dure, levigate, lucenti, ciascuna a suo modo inimitabilmente stupenda.

Doris Lessing, *Alba sul veld*

Il dovere di un capo (un insegnante, un genitore, un superiore) non è tanto stabilire regole, quanto indirizzare. E occasionalmente, spingere. [...] la vita, talvolta, diventa un trampolino. Occorre qualcuno che, dietro, dica: «Avanti, è ora di buttarsi».

Beppe Severgnini, *Incoraggiamento*

## 3 Scrittura guidata *il testo argomentativo*

Ripensando alle frasi chiave raccolte nel grafico della pagina accanto, traendo spunto dai passi significativi tratti dai brani letti e facendo riferimento alla tua esperienza personale, produci un testo argomentativo dal titolo: "Per realizzare i propri sogni, occorre compiere scelte non facili. In questo percorso si è soli o si può contare su qualcuno?".

Rivedi le caratteristiche del testo argomentativo (▸ p. 104). Puoi servirti della scaletta presentata di seguito come punto di partenza.

**Introduzione**

- Enunciazione del problema (Siamo soli nel realizzare i nostri sogni e crescere?)
- Esposizione della propria posizione

**Sviluppo**

- Argomenti a favore della propria posizione, con citazioni dai testi
- Confutazione di possibili argomenti contrari, con citazioni dai testi

**Conclusione**

- Conferma dell'opinione iniziale
- Eventuali spunti di riflessione

Francesco Piccolo

# Per terre assai lontane

Da
Storie di primogeniti e figli unici, 1996

Racconto realistico

Nel luglio del 1947, Mino e tre suoi amici pensano di abbandonare, di nascosto dai loro genitori, il loro paese del Casertano per emigrare in America. Non sanno dove sia l'America, ma vogliono sottrarsi a un grigio e scontato destino per dare inizio a una nuova vita e realizzare i loro sogni.

Il giorno è l'undici luglio del quarantasette. Mino chiede alla madre di fargli una colazione in più perché il signor De Lucia vuole fare l'inventario e finiranno tardi. Il signor De Lucia vende i bottoni e altre fesserie; Mino fa l'aiutante.

La madre fa il conto di quanto pane ha, ma poi ne taglia un altro pezzo e vede che cosa ci deve mettere dentro. Mino dice che si deve lavare la faccia un'altra volta e non è vero: va a cercare sotto il letto del fratello. Trova. Sente sotto le dita monete e soldi di carta. Il mento è affondato nel materasso e gli occhi sono rivolti verso la porta. Allarga la mano più che può e acchiappa tutte le monete che ci sono – i soldi di carta no, che poi se quello torna e se ne accorge. Saluta. Esce.

Scende giù e a ogni rampa salta gli ultimi tre scalini. Fa sempre così. Davanti alla porta della signora Graziosi c'è la bottiglia di latte: vuota. Lo sapeva. La prende. Va alla fontana. La sciacqua. La riempie fino all'orlo, ma non ha il tappo. Allora ne beve un po', poi guarda se l'ha svuotata abbastanza per non farla versare mentre cammina. L'ha svuotata abbastanza. Va. Secondo lui mo[1] sono proprio le otto e mezza e dovrebbe già stare all'appuntamento – però se allunga il passo non ci mette più di cinque minuti ad arrivare a piazza del Duomo. Ha appuntamento con Antonio, il Biondo e Capece.

1 **mo**: forma dialettale meridionale che significa "ora", "adesso".

Bambini che giocano in un'illustrazione dell'artista russo Dima Dmitriev del 2013.

Antonio è l'amico suo, ed è con lui che da un sacco di tempo sta pensando di fare questa cosa.

Il Biondo lo chiamano così perché durante la guerra ha avuto una malattia nervosa e ha perso tutti i capelli – e non c'entra se prima li aveva biondi o neri: non lo conoscevano nemmeno prima, e nessuno glielo chiede; lo chiamano Biondo per sfotterlo e lui non si arrabbia, o non si arrabbia più.

Capece è il figlio del sarto e lavora col padre non si sa più da quanti anni. Quando gli chiedono come si chiama risponde: "Giovanni Capece Massimo", perché Massimo è il nome del padre. In questa storia non c'entra niente, e infatti Mino scommette qualsiasi cosa che ieri sera ha detto che veniva tanto per far vedere che pure lui. Ma non verrà.

Gira l'ultimo angolo della via dei Pescivendoli: seduto sui gradini del Duomo ci sta soltanto Capece. Proprio lui. Quando vede Mino si alza e da lontano gli fa segno per dire: è tardi, gli altri che fine hanno fatto?

E bravo Giovanni Capece Massimo. È il primo. Quando Mino si avvicina, gli strappa la bottiglia di mano e si attacca.

"Piano che ci serve" dice Mino. Capece senza smettere di bere gira gli occhi e alza la mano come per dire: aspetta. Poi finalmente si stacca. Mezza bottiglia è andata. Riprende fiato e dice: "ma che fine hanno fatto?". Ha gli occhi arrossati: un altro poco si affogava. [...]

Ora stanno sulla corriera. Tutti e quattro, seduti agli ultimi posti. Hanno detto all'autista: portaci dove sta il fiume. Non sanno come si chiama il paese, ma sanno che questa corriera ferma in un paese dove in mezzo ci passa il fiume. Il fiume si chiama Volturno. E il fiume va dritto nel mare. Almeno così sanno.

"Ma come facciamo a sapere da quale parte il fiume va verso il mare e da quale parte va verso la montagna?" chiede il Biondo.

"Dice che si vede dalla corrente, e poi chiediamo a qualcuno" risponde Antonio. Perché tutte le domande sono rivolte a lui.

Contano quante colazioni hanno: tante.

"Bastano per due o tre giorni" dice Antonio.

Però a furia di guardarle sentono un certo languorino. Mangiano con avidità. E senza acqua, perché l'unica bottiglia che hanno è finita subito. Poi, sentono un poco di disturbi allo stomaco, perché la corriera continua a saltare tra un fosso e l'altro, e a ogni curva bisogna tenersi al sedile. Resistono, e nessuno vomita.

Un soldato in particolare era stato amico di Mino e Antonio, e un poco pure del Biondo: si chiamava Giò. Però si scriveva Joe. Veramente tutte le parole americane

## L'AUTORE

**Francesco Piccolo** nasce nel 1964 a Caserta. Ha sceneggiato molti film di successo, diversi dei quali con Paolo Virzì o Nanni Moretti alla regia. Ricordiamo *Il caimano* (2006), *La prima cosa bella* (2010), *Habemus Papam* (2011), *Il capitale umano* (2014), *Mia madre* (2015). Tra le sue opere narrative possiamo citare *La separazione del maschio* (2008), *Il desiderio di essere come tutti* (2013), *Momenti di trascurabile infelicità* (2015).

Jasper Johns, *Tre bandiere*, 1958. (New York, Whitney Museum of American Art)

si scrivevano in modo diverso da come si dicevano, ma Mino non teneva da perdere tempo e sul taccuino le segnava così come le sentiva. E veramente non sapevano nemmeno se si chiamava Giò, perché tanto loro chiamavano tutti i soldati americani: Giò.

Giò regalava sigarette e si ubriacava al caffè di piazza Margherita intanto che raccontava tutta la sua vita a quei ragazzi che gli stavano sempre intorno, e la sua vita era piena di storie; cominciava con un misto tra napoletano, italiano e americano, gesticolando molto per farsi capire meglio, i ragazzi annuivano, però poi Giò si faceva prendere e abbandonava il napoletano e l'italiano, abbandonava i gesti e parlava in americano, sempre più veloce, loro non capivano più niente ma continuavano ad annuire e ridevano quando lui rideva e stavano zitti quando piangeva e cacciava dalla tasca sempre la stessa fotografia di una donna insieme a due bambini. Poi Giò stava zitto e guardava nel vuoto, loro si passavano la sigaretta senza avere il coraggio di guardarsi in faccia, perché avevano paura che gli scappasse da ridere senza motivo, come capita quando uno non sa che fare, e non stava bene nei confronti di Giò.

Il soldato teneva sempre una mappa in tasca; era la mappa di quella regione. Da un lato era verde e marrone e c'erano segnati tutti i paesi, dall'altro era tutto azzurro.

Era il mare.

Giò puntava il dito su un punto, e in quel punto c'era scritto il nome del paese, e poi tenendolo premuto sulla mappa cominciava a muoverlo verso il mare, e nel mare il dito si tuffava e continuava, la mappa finiva e il dito proseguiva sul tavolino del caffè. Poi Giò lo fermava e diceva: "Tomorrow damani Joe qui: casa".

Ormai lo sapevano bene: per andare in America bisognava attraversare il mare. E nessuno di loro c'era mai stato, al mare, eppure tutti dicevano che non stava tanto lontano dal paese.

"Tomorrow damani" diceva, e ruotava il dito come aveva imparato qui in Italia, e intanto era impossibile spingerlo ad alzarsi dalla sedia e trascinarlo via. Si appendeva alle loro spalle e pesava una bellezza. Lo tenevano cingendogli la vita, e il Biondo si metteva davanti e faceva strada e dirigeva dicendo "mantieni a Giò! Attenti che mo cade Giò! Chiano chiano[2]...".

E poi una volta, quando ormai non ci credevano nemmeno più che tiumorrou se ne sarebbe andato, Giò veramente non venne più al caffè. Aveva lasciato al cameriere la sua mappa, dicendogli di regalarla ad Antonio e Mino.

Antonio l'aprì e indicò il mare: "Giò ci ha voluto dire che dobbiamo andare anche noi in America, lo hai capito o no?".

Mino non aveva risposto, però in qualche modo doveva aver detto di avere capito perché Antonio trascinava il dito nel mare e diceva "noi, noi": "noi dobbiamo andare al fiume, perché il fiume va a finire nel mare, e dal mare andiamo in America. Non ci vuole niente".

Mino teneva segnato sul taccuino: fiume uguale river, mare uguale sì.

Ognuno di loro dice cosa farà in America.

Mino andrà in cerca di Glenn Miller[3] e gli proporrà di aiutarlo a portare gli strumenti se in cambio gli insegnerà a suonare.

Antonio aprirà un negozio di sigarette e gomme americane e ogni tanto manderà dei soldi alla madre così non si dispiace che è partito.

Il Biondo comprerà un cappello che ha visto nei film americani.

Giovanni Capece Massimo farà un giro per vedere di che si tratta e poi tornerà al paese ad aiutare il padre.

Che poi i fatti erano precipitati la sera prima. Antonio e Mino avevano più volte raccontato agli altri il progetto di andare in America. Il Biondo aveva detto sempre: "vengo pure io". Capece aveva fatto un sacco di problemi: ma se non sappiamo nemmeno dove sta, e se è lontana, e poi a mio padre che gli dico, quelli ci vengono ad acchiappare fino a là e ci accidono 'e mazzate[4].

La sera prima si erano visti come al solito alle sette, dopo il lavoro, ed erano andati alla festa davanti al Comune con l'orchestrina americana vera e le ragazze con i capelli sciolti e i vestiti leggeri che facevano capire qualcosa delle forme che stavano sotto. Avevano ballato fino a sudare, e poi si erano seduti a bere un po' di vino per riposarsi dopo aver urlato con tutte le forze che avevano: PENNSILVENIA-SICS-FAIV-O-O-O[5].

2 **Chiano chiano**: piano piano, in dialetto campano.

3 **Glenn Miller**: famoso direttore d'orchestra e musicista jazz americano, nato nel 1904. Nel 1942 si arruolò e diresse l'orchestra dell'esercito. Fu autore di numerosi brani portati al successo in Europa al seguito delle truppe di liberazione. Morì nel 1944 in un incidente aereo.

4 **ci accidono 'e mazzate**: ci uccidono di botte, in dialetto campano.

5 **PENNSILVENIA-SICS-FAIV-O-O-O**: è la pronuncia di *Pennsylvania 6-5000*, un brano del repertorio dell'orchestra di Glenn Miller.

Soldati americani distribuiscono cibo a bambini affamati in un paesino dell'Italia centrale alla fine della Seconda guerra mondiale, nel 1945.

Fu il Biondo a dire all'improvviso. "Qua facciamo solo chiacchiere. Ma perché non ce ne andiamo in America veramente?".

Mino e Antonio si guardarono. Erano ubriachi. Fecero sì con la testa.

Poi Mino chiese: "quando?".

"Domani" rispose Antonio.

Si voltarono a guardarlo. Si era fatto serio. "Chi ci sta?"

"Io sì" disse il Biondo.

Antonio guardò Mino.

"Anch'io" disse Mino.

"Voglio venire pure io" disse Capece.

"Occhei" disse Antonio, facendo il gesto che facevano gli americani.

Risero.

Poi Antonio spiegò il piano che aveva in mente da un sacco di tempo.

[...]

L'autista urla: "Guagliù[6], siete arrivati. Dovete scendere qua".

Scendono. C'è un sole accecante. La piazza è larga e silenziosa. Si sentono rumori di piatti e posate dalle case vicine. È ora di mangiare.

"Che ore so'?" chiede Antonio.

Nessuno tiene l'orologio.

Vedono una signora che cammina piano perché tiene in testa un cesto pieno di pomodori.

"Signò, scusate, dove sta il fiume?"

La signora risponde stendendo il braccio teso intanto che si gira piano piano verso il punto che vuole indicare per non far cadere il cesto posato su un panno arrotolato sul capo. Soltanto quando si ferma dice: "di là".

Vanno. Sono sudati. Fa un caldo. C'è una fontana. Bevono. Poi riempiono la bottiglia.

Mentre camminano bevono ancora. L'acqua finisce un'altra volta.

Percorrono un vicolo stretto, l'ombra è poca lo stesso ma rasentando il muro la percorrono. Alla fine, incrociano una strada larga, e c'è di nuovo il sole forte. Più lontano c'è un'altra strada. Le due strade sono unite da un ponte.

Lì sotto, allora, ci deve stare il fiume.

Si affacciano. C'è. L'acqua è molto bassa, pare. Si guardano e ridono.

Tranne Antonio quella volta col compare, nessuno di loro ha mai visto un fiume. River. Va diritto diritto nel mare. Così sanno.

"Non si muove" dice Capece.

"Antonio già ti ha detto che lo chiediamo a qualcuno da che parte sta il mare" dice il Biondo.

Si guardano intorno. Non c'è nessuno.

"Ora scendiamo" dice Antonio. "Poi quando passa qualcuno, lo fermiamo."

C'è una scalinata stretta. Scendono. Sono sulla riva del fiume, ora. Intorno: due o tre alberi fragili.

Capece: "Ci sono pochi alberi qua".

Antonio: "Andiamo a vedere più in là".

Mino: "Dove? Di qua o di là?".

Antonio: "Di qua". Si mostra sicuro, perché si è già scocciato delle domande dei compagni.

6 **Guagliù**: termine dialettale campano che significa "ragazzi".

Una giovane donna trasporta una cesta sulla testa nelle campagne dell'Irpinia nel 1950.

Salgono di nuovo sulla strada. Camminano verso l'orizzonte sgombro di case. Fa un caldo.

"Ho sete" dice Capece.

"Bevi al fiume" dice Antonio.

"Non si può bere l'acqua del fiume."

"Chi te l'ha detto?"

"Lo so."

"E noi la beviamo lo stesso."

Dopo le case, gli alberi. Tanti, con tronchi massicci. Sulla destra, un sentiero scosceso conduce giù al fiume. Scendono. Piano piano. Si tengono alle piante, alla spalla di quello davanti, o tirano la maglia a quello che sta dietro. Scivolano, poggiano le mani a terra. Qualcuno si lascia cadere fino a giù.

Ora sono sulla riva del fiume.

L'acqua è molto bassa. Mino immerge la bottiglia. La riempie. La solleva. È un liquido scuro. Acqua e terra.

"Che schifo."

Nessuno beve.

Mino getta la bottiglia nel fiume. La guardano. Lentamente, molto lentamente va verso l'altra sponda.

"Non lo sapremo mai dove sta il mare" dice Giovanni Capece Massimo.

"Capè, mi hai scocciato. Ti stai sempre a lamentare. Ti ho detto che poi chiediamo. Non ti preoccupare. Mo dobbiamo pensare a costruire la **zattera**."

Vanno verso un albero abbastanza grande.

"Come li tagliamo gli alberi?" dice Capece.

Silenzio.

È vero, come li tagliano? A questo nessuno aveva pensato.

Guardano Antonio. Il piano è suo.

"Dobbiamo tornare in paese a farci dare qualcosa per tagliare gli alberi" dice Antonio.

"Ora mangiamo" dice il Biondo.

"Sì" dicono gli altri.

Antonio: "Ragazzi, non esageriamo: questa roba ci deve durare tre giorni". Ha fame pure lui, però.

Nei sacchetti ci sono fette di pane già morsicate, e quasi non bastano ora.

Il Biondo: "Perché, ce la facciamo ad arrivare in America in tre giorni?".

Antonio: "Può darsi che ce ne vogliono pure quattro".

Capece: "Secondo me di più".

Mangiano tutto. Ma nessuno lo dice, nessuno ha il coraggio di buttare i sacchetti.

Li arrotolano di nuovo, come se dentro ci fosse qualcosa.

Si stendono sull'erba. Uno dopo l'altro si addormentano.

[...]

Zanzare. Chiazze rosse al risveglio. Prurito. Sete. Molta sete. Pure fame, un'altra volta. Prurito.

Bisognerebbe andare in paese, procurarsi un martello, un'ascia, un'accetta, qualcosa per tagliare i tronchi.

**PAROLE *sotto la lente***

**Zattera**

Il sostantivo deriva da *zatta* = zampa, voce di origine germanica. La zattera è un galleggiante di fiume o di mare con pianta rettangolare e fondo piatto, destinata a trasportare merci e persone. Può essere un mezzo costruito in modo semplice e primitivo con tronchi ed essere mossa dai remi o avere le vele. Si ricordano i termini di uso attuale come "zattera di salvataggio", di solito obbligatoria sulle imbarcazioni, o "zattera corazzata" sulle navi da guerra.

**Attività**

Il nome "zattera" indica un'imbarcazione senza motore. Trova nomi di altre imbarcazioni con queste caratteristiche.

Guardano Antonio: chissà perché dovrebbe andarci lui.

"Facciamo la conta" dice.

Discutono, perché ognuno ha paura che poi la conta esca a lui.

Non hanno nessuna voglia di andare di nuovo in quella piazza e chiedere in prestito un'accetta. La gente può pure pensare: chiste so' pazze[7].

"Hai fatto un piano geniale" dice il Biondo ad Antonio.

"Perché, che tieni da dire?" dice Mino.

"Vuole andare con la zattera, e si è scordato che dovevamo tagliare gli alberi" dice Capece.

Già, la zattera. È per questo che stanno lì, sulla riva di un fiume senza più acqua né da mangiare, intanto che il sole si abbassa, si ingrandisce e perde luce.

Pensano: e se fa buio, come facciamo? Nemmeno a questo avevano pensato. Poi: rumore di passi che franano dal sentiero. Non c'è più bisogno di fare la conta. Sono due carabinieri.

Ufficio dei carabinieri. Sera. Quasi notte. Il maresciallo ha detto: "Chiudeteli nella cella, così si imparano a tenere la capa fresca[8]".

Non è una cella. È la stanzetta a fianco a quella del maresciallo. Ci sono due scrivanie vuote. L'appuntato si è portato via le due sedie e li ha chiusi dentro a chiave.

Il Biondo piange. Singhiozzi. Antonio gli dà una spinta e dice: "e statte zitto, quanne sì scemo[9]!", e poi comincia a piangere pure lui, però in silenzio perché si vorrebbe trattenere. Mino non se lo aspetta. Capece non li sente nemmeno, sta seduto a terra, la testa bassa tra le spalle. Non dice una parola da quando stavano al fiume.

Tutti e quattro si chiedono se è possibile che li lasciano tutta la notte là dentro.

Non è possibile. I parenti arrivano uno dopo l'altro, ma prima si devono sorbire la lezione del maresciallo: e voi dovete fare attenzione, qua viviamo tempi difficili, i ragazzi di oggi teneno 'a capa fresca.

I genitori del Biondo entrano per primi. C'è stato un silenzio di attesa intanto che l'appuntato infilava la chiave nella toppa.

La madre si inginocchia e piange, dice "bell'e mammà" e piange. Piange pure il Biondo. Il padre tiene il vestito buono e tutti i capelli tirati indietro. Capelli scuri. Mette una mano sulla testa del figlio e guarda male gli altri tre. "Andiamo" dice.

Vanno. La porta si richiude. A chiave.

Il padre di Capece non dice una parola, gli mette la mano sulla spalla e lo spinge piano da dietro per indicargli la strada.

Capece tiene la testa bassa e non saluta.

Porta chiusa. Passa un po' di tempo. Poi si apre un'altra volta.

Entra la madre di Antonio. Poi lo zio di Antonio. Poi il maresciallo in persona. La madre di Antonio è una signora molto bella, però non si deve dire sennò Antonio si arrabbia. Antonio si fa avanti, lo zio tiene la madre per un braccio, lei guarda il figlio, con uno scatto improvviso fa partire il braccio e lo colpisce con uno schiaffo forte in pieno viso, poi comincia a colpirlo con la borsetta, comincia soltanto perché lo zio dopo un primo momento di sorpresa ora le tiene il braccio, lei urla, il maresciallo si mette in mezzo, Antonio non piange, rimane immobile e si tiene la parte colpita con il dorso della mano.

"Chiedi scusa a tua madre" dice lo zio.

"Signò, mo vi dovete calmare" dice il maresciallo.

"Scusa" dice Antonio.

7 **chiste so' pazze**: questi sono pazzi.
8 **tenere la capa fresca**: avere la testa per aria, essere troppo spensierati.
9 **quanne sì scemo**: quanto sei scemo.

"Marescià, tenetevelo qua dentro a sto fetente[10]. Dorme qua. Se domani me ne tiene[11] me lo vengo a pigliare. Tanto a casa sua non ci piace di stare, è vero?"

"Signò, non è possibile. Il ragazzo…"

"E fatelo diventare possibile."

La signora con un piccolo strappo allontana la mano dello zio e Antonio con uno scatto tira dietro il viso per paura di un altro schiaffo. Non c'è nessuno schiaffo. La madre se ne va senza salutare. Il maresciallo spiega allo zio che se lo deve portare per forza. Lo zio se lo porta. Lo tiene per la nuca. Forse gli fa male.

Mino rimane solo. Ha guardato tutta la scena staccandosi dal muro dove sta appoggiato ed è stato sempre sul punto di intervenire.

Ha voglia di piangere e piangere forte stavolta, ma non piange.

Tiene lo sguardo fisso sulla porta.

Non si apre.

Non si apre.

Poi finalmente si apre.

È il padre. Entra nella stanza e lo abbraccia in silenzio.

Sembra non finire più. Mino tiene le mani lungo i fianchi e ora che è salvo ha di nuovo il viso duro di uomo già fatto.

"Tua madre ti aspetta a casa. Un altro poco le facevi venire un colpo."

F. Piccolo, *Storie di primogeniti e figli unici*, Feltrinelli, Milano, 1996

10 **fetente**: carogna, mascalzone.

11 **me ne tiene**: ne ho voglia.

# Attività

## Comprendere e analizzare: verso l'INVALSI

1 **Mino** Quali comportamenti diversi dal solito compie il ragazzo prima di uscire di casa?

**a.** Si lava due volte la faccia e salta la colazione

**b.** Si fa preparare un pasto in più e si lava due volte la faccia

**c.** Si fa preparare un pasto in più e non si lava la faccia

**d.** Si fa preparare un pasto in più e dice di doversi lavare due volte la faccia

2 **La destinazione** Perché i quattro ragazzi vogliono raggiungere il paese sul fiume?

**a.** Perché sanno che il fiume porta al mare e al di là del mare c'è l'America

**b.** Per incontrare il soldato Joe

**c.** Per prendere un battello che li porterà al mare

**d.** Per passare una giornata in modo spensierato

3 **Mino in America** Che cosa farà Mino, una volta arrivato in America?

**a.** Cercherà Glenn Miller per chiedergli un autografo

**b.** Cercherà Glenn Miller perché vuole suonare con lui

**c.** Si proporrà a Glenn Miller come facchino in cambio di lezioni di musica

**d.** Si offrirà di insegnare a Glenn Miller le musiche popolari del suo paese

4 **Antonio in America** Che cosa farà Antonio una volta arrivato in America?

**a.** Aprirà un ristorante italiano

**b.** Aprirà un negozio di sigarette e gomme americane e spedirà dei soldi alla madre

**c.** Comprerà un cappello da cowboy

**d.** Aprirà un chiosco di gelati

5 **Le difficoltà** Quali difficoltà incontrano i ragazzi una volta arrivati al fiume?

**a.** Capiscono in che direzione scorre il fiume, ma non hanno un'accetta per tagliare gli alberi e fare una zattera

**b.** Iniziano a costruire la zattera, ma non hanno più cibo, né acqua con sé

**c.** Non sanno in che direzione scorre il fiume, non hanno un'accetta per tagliare gli alberi e fare una zattera, non hanno più cibo, né acqua

**d.** Capiscono in che direzione scorre il fiume ma non possono costruire l'imbarcazione

6 **In cella** Come reagiscono i ragazzi, una volta rinchiusi in cella? Descrivi il loro stato d'animo con tre aggettivi per ciascuno.

- Mino: ..........................................................................
..........................................................................
..........................................................................
- Antonio: ..........................................................................
..........................................................................
..........................................................................
- Il Biondo: ..........................................................................
..........................................................................
..........................................................................
- Capece: ..........................................................................
..........................................................................
..........................................................................

7 **La reazione** Quando vanno a prendere i figli, i genitori reagiscono in modi diversi. Scrivi sotto alle reazioni dei genitori il nome dei figli.

**a.** Il padre gli mette una mano sulla testa

..........................................................................

**b.** Il padre gli mette una mano sulla spalla e lo spinge piano da dietro

..........................................................................

**c.** La madre lo schiaffeggia

..........................................................................

**d.** Il padre abbraccia il figlio in silenzio

..........................................................................

8 **Il tempo della storia e il tempo del racconto** Nel racconto:

**a.** *fabula* e intreccio coincidono

**b.** è inserito un *flashback*

**c.** la struttura è variata, ci sono alcuni *flashback* e un *flashforward*

**d.** la struttura è lineare, con un solo *flashforward*

9 **La struttura** Quali sequenze prevalgono nel racconto?

**a.** Narrative

**b.** Descrittive

**c.** Riflessive

**d.** Dialogiche

10 **Il narratore** Nel racconto, il narratore è:

**a.** uno dei personaggi

**b.** una voce esterna alla vicenda

**c.** del tutto assente

**d.** a volte interno, a volte esterno

## Rielaborare e produrre

11 **L'Italia com'era e com'è** Il racconto presenta uno spaccato della vita che una sessantina di anni fa si viveva in Italia. Rintraccia ed elenca alcune abitudini diverse da quelle attuali.

12 **Il tema** Tenendo presenti le tematiche e i problemi affrontati nell'Unità e ripensando alla tua personale esperienza, svolgi il seguente tema: "Sogni e ambizioni sono il motore della vita".

13 **Lo scarica-barile** Al fallire dell'impresa, invece di mostrare solidarietà reciproca, gli amici scaricano le colpe su Antonio. Secondo la tua esperienza, questa è una dinamica comune nei gruppi di adolescenti? Hai vissuto anche tu relazioni di questo tipo? Raccontale in un testo di circa 200 parole.

# per guardare oltre

## Intersezioni nell'antologia

- I protagonisti dei racconti del Percorso C e del Percorso D spesso sono ragazzi che nutrono progetti e speranze, affrontano con difficoltà o soddisfazione il loro cammino di crescita individuale. I brani di questi percorsi costituiscono passi "di formazione" e ognuno può ricercare quelli a lui più congeniali. Nei racconti *Il suo primo ballo* (► p. 458) di Katherine **Mansfield** o *Nove lune* (► p. 433) di Beppe **Fenoglio**, i sogni e i progetti si scontrano con una realtà inaspettata. Spesso la vita cala i sogni dei giovani nella realtà, come in *Fuga dal quartiere* (► p. 522) di Elena **Ferrante** o in *Operazione Pasqualino* (► p. 2) di Alberto **Moravia**.
- Snoopy (► p. 444), uno degli eroi dei *Peanuts*, è un bracchetto nevrotico e sognatore, proprio come tanti protagonisti delle storie presentate nell'antologia.
- La pittura dell'artista statunitense Keith **Haring** (► p. 282) suggerisce immaginazione, trasfigurazione fantastica e sogni.

## Altri orizzonti

### RACCONTI E ROMANZI

- Elsa **Morante** con *L'isola di Arturo* (1957) si muove tra la magia dell'infanzia e la triste consapevolezza dell'età adulta.
- Beppe **Fenoglio** ha sempre avuto una particolare attenzione per la gioventù. Il suo racconto *L'addio* è la storia di un ragazzo troppo timido e povero per dar corpo al sogno di un amore appena sbocciato.
- Nel romanzo di Andrea **De Carlo** *Due di due* (1989), due ragazzi vivono il Sessantotto sui banchi di scuola per poi interpretare due vite molto diverse, sempre inseguendo i propri sogni. Anche in *Uto* (1995), lo stesso autore racconta un adolescente punk e ribelle che si scontra con le aspettative che la sua nuova famiglia ha per il suo futuro.
- Il romanzo di formazione può raccontare anche le ombre oscure dell'animo umano, come fa Joe R. **Lansdale**, autore americano di thriller e fantascienza pulp, nel libro *La sottile linea scura* (2002), dove narra la perdita dell'innocenza di un tredicenne texano negli anni Cinquanta.

### PITTURA

- Edgar **Degas** ritrae spesso ballerine, cogliendone l'infinita varietà delle pose, i gesti aggraziati, i momenti di pausa, gli esercizi faticosi, per dar corpo al sogno di diventare una stella.

### FILM

- I film di Claudio **Giovannesi** *Alì ha gli occhi azzurri* (2012) e *Fiore* (2016) non sono soltanto storie d'amore contrastate tra adolescenti di origini italiane e straniere, ma raccontano anche i sogni e gli scontri di questi ragazzi all'interno di una società che pone troppi ostacoli.
- Anche la regista Alice **Rohrwacher** pone al centro delle sue opere protagoniste adolescenti. In *Corpo celeste* (2011) e *Le meraviglie* (2014), vediamo raccontate le incertezze, i sogni e le fragilità di ragazze della provincia italiana.

### TEATRO

- La famosissima commedia teatrale *Sogno di una notte di mezza estate* (1595 ca.) di William **Shakespeare** ci porta in un bosco fatato, dove due coppie di giovani innamorati perseguitati dalle loro famiglie vengono stregati dal Re degli Elfi e dalla Regina delle Fate, riuscendo però alla fine a coronare il loro amore.

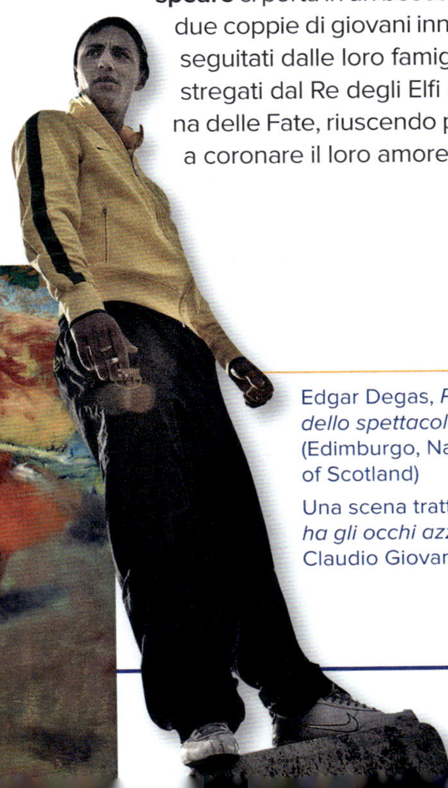

Edgar Degas, *Prima dello spettacolo*, 1896. (Edimburgo, National Gallery of Scotland)

Una scena tratta dal film *Alì ha gli occhi azzurri* diretto da Claudio Giovannesi nel 2012.

# La felicità dietro l'angolo

Pierre-Auguste Renoir in un ritratto fotografico del 1910.

**• Un'aspirazione •** La ricerca della felicità ha un posto fondamentale nella vita umana. L'uomo cerca di ritagliarsi uno spazio di gioia a ogni età, soprattutto in quella giovanile. La felicità può risultare alquanto sfaccettata e passare attraverso varie gradazioni e sfumature di sentimento, come vedremo nei brani del percorso antologico. La **pittura impressionista**, di cui Pierre-Auguste Renoir è uno degli esponenti più importanti, ha cercato di cogliere queste sfumature fissando sulla tela l'attimo di una giornata, di un sentimento, di una festa.

**• Dipingere all'aria aperta •** Pierre-Auguste **Renoir** nasce a Limoges, in Francia, nel 1841. Si trasferisce presto a Parigi, dove frequenta il museo del Louvre per copiare le opere dei grandi maestri, ma comincia anche a praticare la **pittura *en plein air*** (all'aria aperta). Conosce gli artisti che diventeranno suoi compagni di avventura nel rinnovare la pittura moderna: Monet, Sisley, Degas, Manet, Pissarro, Cézanne. Renoir muore a Cagnes-sur-Mer nel 1919.

**• Il desiderio di felicità •** *L'altalena* (1876) è un esempio di pittura all'aria aperta, in cui si evidenzia la sapiente stesura a piccole macchie del colore, vengono sottolineati i giochi di luce e i raggi solari che filtrano sugli abiti attraverso le foglie. I gialli e i blu costituiscono le tonalità base del dipinto. La ragazza rappresentata sembra raffigurare la voglia e, al tempo stesso, la paura di crescere. Ha forse rubato l'altalena alla bambina a destra e sembra volersi lasciar andare a qualche ricordo. Si appoggia alla corda dell'altalena, sembra esitare, il suo sguardo evita quello dell'amico e forse ammiratore che le sta davanti, come se volesse restare aggrappata all'adolescenza. Renoir ha saputo cogliere quest'attimo d'incertezza proteso alla ricerca della felicità.

**Domande**

- Osservando il dipinto *L'altalena* sai immaginare il possibile colloquio tra la ragazza e l'uomo che le sta di fronte?
- Quali sentimenti traspaiono da questo incontro in giardino?
- Dipingendo "all'aria aperta", a quali aspetti tecnici Renoir ha fatto ricorso?
- Conosci la "pittura impressionista"? Fai una ricerca e precisane brevemente caratteri e temi.
- Quando pensi all'idea di felicità, che cosa ti viene in mente?

Pierre-Auguste Renoir, *L'altalena*, 1876. (Parigi, Musée d'Orsay)

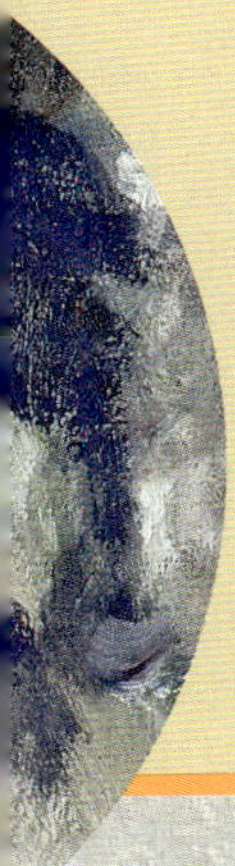

**in questa Unità impareremo a**

- **conoscere** le caratteristiche della narrazione realistica e inquadrare i contesti socio-culturali in cui sono ambientate le storie
- **comprendere** il significato globale dei testi: la gioia che deriva dall'amicizia e dall'amore, il turbamento che questi sentimenti possono causare, l'impegno che possono richiedere
- **analizzare** i brani secondo le costanti narratologiche e le tecniche stilistiche
- **interpretare** lo scritto, collegandolo ad altre storie di romanzi e film o a esperienze personali
- **produrre** sintesi, testi espositivi e argomentativi e racconti a partire dagli argomenti contenuti nei brani
- **comunicare oralmente** per riferire i contenuti dei brani e per riflettere sulle loro tematiche in forma strutturata e chiara

**in questa Unità scopriremo**

UNITÀ 2

Ognuno di noi sperimenta nell'arco della propria vita stagioni ricche di sentimenti che lentamente crescono, si sviluppano, lasciano profonde tracce e poi magari si esauriscono e si spengono. La parola "felicità" spesso risulta molto impegnativa perché è un sentimento dai contorni difficilmente definibili. Tuttavia, è proprio dell'individuo ricercare la felicità, desiderarla e lottare per sperimentarne anche solo piccoli squarci.

Una ragazza legge un libro in un dipinto dell'artista inglese Six Eyed Cat. (Collezione Privata)

## Le gradazioni della felicità

L'**amicizia** e l'**amore** sono facce della felicità. Sono i sentimenti più connaturati all'essere umano, quelli per i quali spesso si è pronti a dare tutto di sé e, proprio per questo motivo, possono riservare le delusioni più pungenti.

L'innamoramento e l'attrazione per un'altra persona sono fra le esperienze più entusiasmanti che un individuo possa vivere. L'amore fa crescere, costituisce una tappa significativa e, se vissuto durante l'adolescenza, contribuisce a far superare i limiti infantili aprendo le porte all'età adulta. Questo processo, però, è faticoso e non è indolore.

La presente Unità propone le sfaccettature di questi sentimenti attraverso alcuni brani di importanti scrittori.

## Il percorso antologico

L'amicizia è un sentimento determinante nell'età adolescenziale, quando l'Io di ciascuno è in via di formazione e c'è quindi bisogno di trovare appoggio e possibilità di confronto, di riconoscersi nell'altro. L'amicizia infatti è in primo luogo un rapporto di reciprocità: spesso nasce fra due persone che frequentano gli stessi ambienti, come la scuola, o che hanno affinità di carattere e interessi comuni.

Il brano *Nascita di un'amicizia* (▸ p. 421) di Fred **Uhlman** (1901-1985) racconta il rapporto fra due sedicenni in un difficile contesto storico (la Germania nazista) che finirà, poi, per incrinarlo.

Luis Castellanos, *Los Atletas*, 1940. (Madrid, Museo Reina Sofía)

Hermann **Hesse** (1877-1962) coglie il momento in cui il protagonista del racconto *Sul ghiaccio* (▸ p. 427) smette di pattinare con il solo scopo di divertirsi, perché si accorge dell'esistenza dell'altro sesso. È una scoperta di straordinaria semplicità, quasi ovvia, ma che segna la vita di ogni ragazzo.

Possiamo conoscere i risvolti duri dell'amore in uno dei racconti più belli di Beppe **Fenoglio** (1922-1963), *Nove lune* (▸ p. 433), una storia in cui amore e violenza convivono e rischiano di travolgere i due giovani protagonisti.

Il personaggio protagonista del brano *Colpo di fulmine* tratto dal romanzo *Amore mio infinito* (▸ p. 448) di Aldo **Nove** (1967) rivive da quasi adulto un amore che lo riporta all'età infantile, un sovrapporsi di sentimenti puliti che lo convincono a lasciarsi alle spalle l'adolescenza per affrontare con coraggio una nuova stagione della vita.

Fred Uhlman

# Nascita di un'amicizia

Siamo a Stoccarda, in Germania, nel 1932. Due sedicenni, l'ebreo Hans Schwarz e il nobile Konradin von Hohenfels, frequentano la stessa scuola. La loro amicizia matura giorno dopo giorno e scaturisce dall'esigenza di incontrarsi e di scambiare le loro esperienze. I due adolescenti vivono il loro rapporto con una pienezza di sentimento che sin dall'inizio li avvolge e li trasforma in un'unica persona.

Da *L'amico ritrovato*, 1971

Romanzo di formazione

Non ricordo[1] esattamente quando decisi che Konradin avrebbe dovuto diventare mio amico, ma non ebbi dubbi sul fatto che, prima o poi, lo sarebbe diventato. Fino al giorno del suo arrivo io non avevo avuto amici. Nella mia classe non c'era nessuno che potesse rispondere all'idea romantica che avevo dell'**amicizia**, nessuno che ammirassi davvero o che fosse in grado di comprendere il mio bisogno di fiducia, di lealtà e di abnegazione[2], nessuno per cui avrei dato volentieri la vita. I miei compagni mi sembravano tutti, chi più chi meno, piuttosto goffi[3], degli svevi[4] sani, insignificanti, privi di immaginazione. Nemmeno gli appartenenti al "Caviale"[5] facevano eccezione. Erano ragazzi simpatici e io andavo abbastanza d'accordo con tutti. Ma così come non ero animato da particolari simpatie nei confronti di nessuno, nemmeno loro sembravano attratti da me. Non andavo mai a casa loro né loro venivano mai a trovare me. Un altro motivo della mia freddezza, forse, era che avevano tutti una mentalità estremamente pratica e sapevano già cosa avrebbero fatto nella vita, chi l'avvocato, chi l'ufficiale, chi l'insegnante, chi il pastore[6], chi il banchiere. Io, invece, non avevo alcuna idea di ciò che sarei diventato, solo sogni vaghi e delle aspirazioni ancora più fumose[7]. Volevo viaggiare, questo era certo, e un giorno sarei stato un grande poeta.

Ho esitato un po' prima di scrivere che "avrei dato volentieri la vita per un amico", ma anche ora, a trent'anni di distanza, sono convinto che non si trattasse di un'esagerazione e che non solo sarei stato pronto a morire per un amico, ma l'avrei fatto quasi con gioia. Così come davo per scontato che fosse *dulce et decorum pro Germania mori*[8], non avevo dubbi sul fatto che morire *pro amico*[9] sarebbe stato lo stesso. I giovani tra i sedici e i diciotto anni uniscono in sé un'innocenza soffusa di ingenuità, una radiosa purezza di corpo e di spirito e il bisogno appassionato di una devozione totale e disinteressata. Si tratta di una fase di breve durata che, tuttavia, per la sua stessa intensità e unicità, costituisce una delle esperienze più preziose della vita.

**PAROLE *sotto la lente***

**Amicizia**

Il sostantivo astratto corrisponde al latino *amicitia*, che deriva dall'aggettivo *amicus*. Indica un sentimento profondo tra persone che nutrono tra loro stima, affetto e affinità.

**Attività**

Trova il maggior numero possibile di parole legate ad "amico" e raggruppale secondo l'analisi morfologica.

1 **Non ricordo**: chi racconta in prima persona è Hans Schwarz, ragazzo ebreo sedicenne, di famiglia borghese.
2 **abnegazione**: sacrificio, dedizione.
3 **goffi**: impacciati.
4 **svevi**: abitanti della Svevia, per estensione "tedeschi".
5 **"Caviale"**: in tale modo sono soprannominati tre studenti che erano soliti starsene da soli, sprezzanti della compagnia degli altri.
6 **pastore**: ministro di culto nella Chiesa protestante.
7 **fumose**: incerte.
8 ***dulce...mori***: in latino, "dolce e bello è morire per la Germania". Hans varia un celebre verso di Orazio: "Dolce e bello è morire per la patria".
9 ***pro amico***: in latino, "per un amico".

Tutto ciò che sapevo, allora, era che sarebbe diventato mio amico. Non c'era niente in lui che non mi piacesse. In primo luogo il suo nome glorioso che lo distingueva ai miei occhi da tutti gli altri, *von*[10] compresi (così come la duchessa di Guermantes mi avrebbe attratto più di Madame Meunier[11]).

Poi il portamento fiero, i suoi modi, la sua eleganza, la bellezza del suo aspetto – e chi avrebbe potuto restare indifferente? – mi facevano pensare a buon diritto che avessi finalmente trovato qualcuno che corrispondeva all'ideale d'amico da me vagheggiato.

Il problema era come attirarlo a me.

*[Hans ha modo di farsi notare durante una lezione di ginnastica. In palestra, il professor Max Loher svolge alla sbarra fissa esercizi di una certa difficoltà, che richiedono abilità e coraggio. Poi chiede chi tra gli allievi voglia ripeterli.]*

Questa volta, però, appena Max terminò la sua esibizione, mi feci avanti e lo fissai dritto negli occhi. Esitò qualche istante, poi disse: "Schwarz".

Mi avvicinai lentamente alla sbarra, mi misi sull'attenti e balzai in alto. Mi appoggiai, come lui, all'asta e mi guardai attorno. Sotto di me vidi Max, pronto a intervenire in caso di necessità. I miei compagni mi osservavano in silenzio. Rivolsi lo sguardo a Hohenfels[12] e notai che mi teneva gli occhi addosso. Mi protesi prima verso sinistra, poi verso destra, poi mi lasciai penzolare tenendomi con le gambe piegate e presi ad oscillare finché, con un ultimo slancio, tornai ad appoggiarmi alla sbarra. La paura era sparita, sostituita da un unico pensiero: dovevo farlo per *lui*. Tutt'a un tratto mi sollevai in verticale, mi lanciai oltre la sbarra, e... bum!

Almeno ero tornato con i piedi per terra.

Si udirono delle risatine represse, ma poi qualcuno batté le mani. Dopotutto, non erano cattivi i miei compagni...

Rimasi immobile e voltai gli occhi verso di *lui*. Inutile dire che Konradin non aveva riso. Per la verità non aveva nemmeno applaudito. Ma mi guardava.

10 ***von***: particella che precede i cognomi tedeschi per indicare appartenenza alla nobiltà.

11 **duchessa di Guermantes...Madame Meunier**: sono personaggi dell'opera *Alla ricerca del tempo perduto* di Marcel Proust.

12 **Hohenfels**: è il cognome di Konradin, il ragazzo di cui Hans desidera diventare amico.

## L'AUTORE

**Fred Uhlman** nasce a Stoccarda nel 1901 da una famiglia ebrea. Indirizzato dal padre alla facoltà di legge, diventa avvocato. Nel 1933, quando Hitler prende il potere e dà corso alle persecuzioni contro gli ebrei, Uhlman, che militava nel Partito socialdemocratico tedesco, è costretto a lasciare la Germania. A Parigi scopre la passione per la pittura, e a quest'arte si dedicherà sempre più fino ad abbandonare l'attività di avvocato. In Spagna, nel 1936, conosce Diana Croft, figlia di un membro del Parlamento inglese, e la sposa. Con lei si stabilisce a Londra, dove, libero da problemi economici grazie alla dote della moglie, può dedicarsi a tempo pieno alla pittura. Nel 1971 pubblica *L'amico ritrovato*, con cui inaugura, a settant'anni, la sua attività di scrittore. In Inghilterra il libro passa quasi inosservato, ma alcuni anni dopo è tradotto in diverse lingue. Il successo dà allo scrittore la spinta per scrivere gli altri due capitoli di quella che è stata chiamata la *Trilogia del ritorno*, ovvero *Un'anima non vile* (1979) e *Niente resurrezioni, per favore* (1979). Uhlman muore a Londra nel 1985. Dopo la morte, i suoi racconti hanno avuto un grandissimo successo; in particolare, *L'amico ritrovato* è diventato un classico della letteratura (nel 1989 ne è stato tratto anche un film).

Qualche giorno dopo arrivai a scuola con alcune monete greche (collezionavo monete da quando avevo dodici anni). Avevo portato una dracma[13] d'argento di Corinto, un gufo, simbolo di Pallade Atena, l'effigie di Alessandro il Grande e, appena vidi Konradin che si avvicinava al suo posto, feci mostra di esaminarle con la lente di ingrandimento. Konradin notò le mie manovre e la sua curiosità, come avevo sperato, la spuntò sulla sua riservatezza. Mi chiese il permesso di guardarle. Dal modo in cui le maneggiava, mi avvidi che non doveva essere del tutto inesperto.

Le toccava come un collezionista tocca gli oggetti a lui cari e, del collezionista, aveva persino lo sguardo carezzevole e ammirato. Mi disse che anche lui collezionava monete e possedeva quella con il gufo, ma non l'altra con l'effigie di Alessandro il Grande. Ne aveva, invece, altre di cui ero privo.

A questo punto fummo interrotti dall'ingresso dell'insegnante ma, all'intervallo delle dieci, Konradin, dimentico delle monete, lasciò l'aula senza degnarmi di uno sguardo. Eppure mi sentivo felice. Era la prima volta che mi aveva rivolto la parola e io ero ben deciso a fare il possibile perché non fosse l'ultima.

Tre giorni dopo, il quindici marzo – una data che non dimenticherò più – stavo tornando a casa da scuola. Era una sera primaverile, dolce e fresca. I mandorli erano in fiore, i crochi[14] avevano già fatto la loro comparsa, nel cielo – un cielo nordico in cui indugiava un tocco italiano[15] – si mescolavano il blu pastello e

13 **dracma**: una moneta della Grecia antica.

14 **crochi**: piante dai fiori violacei, bianchi o gialli.

15 **tocco italiano**: un po' di colore che ricordava l'Italia.

Sopra, una tetradramma d'argento con l'immagine della civetta, simbolo di Pallade Atena, V secolo a.C. (Collezione Privata)

Sotto, una tetradramma d'argento con l'effigie di Alessandro il Grande, V secolo a.C. (Collezione Privata)

## STORIE da SCOPRIRE

### *L'amico ritrovato* di Fred Uhlman

Il romanzo (1971), ambientato a Stoccarda nel 1932, racconta la storia di un'amicizia. Protagonisti sono due sedicenni del Karl Alexander Gymnasium: Hans Schwarz, ebreo di famiglia borghese, e Konradin von Hohenfels, appartenente a una delle grandi famiglie della nobiltà tedesca. Konradin, aristocratico, fiero, ricco, bello, sembra rifiutare la compagnia degli altri ragazzi, anche di quelli del suo stesso livello sociale. Hans, timido e schivo ma attratto dalle qualità di Konradin, cerca in vari modi di catturare la sua attenzione e di diventare suo amico. Tra i due nasce un legame profondo che li tiene uniti per un anno intero, durante il quale hanno modo di fare lunghe passeggiate per la Svevia visitando borghi e castelli, scambiarsi le loro impressioni su libri, quadri e poesie. Konradin frequenta regolarmente la casa di Hans e ne conosce i genitori. Solo dopo un certo periodo di tempo contraccambia e invita l'amico a casa sua, ma in un'occasione in cui i genitori sono assenti. Qui Hans osserva con sorpresa delle fotografie di Hitler.

Con l'avvento del nazismo la loro amicizia si interrompe brutalmente: Konradin rivela ad Hans che sua madre, sostenitrice di Hitler, gli proibisce di frequentarlo perché ebreo. Anche a scuola Hans comincia a essere insultato dai compagni e discriminato dagli insegnanti. I suoi genitori decidono quindi di mandarlo a studiare negli Stati Uniti, presso dei parenti.

Trent'anni dopo, quando Hans è ormai un avvocato di successo, riceve una lettera dal suo vecchio liceo per una raccolta di fondi in onore degli studenti caduti in guerra. Viene così a sapere che trentasei suoi compagni sono morti sotto le armi. La sorpresa più grande, però, gli verrà ancora una volta dall'amico Konradin.

il verde mare. Davanti a me vidi Hohenfels; pareva esitare come se fosse in attesa di qualcuno. Rallentai – avevo paura di oltrepassarlo – ma dovetti comunque proseguire perché sarebbe stato ridicolo non farlo e lui avrebbe potuto fraintendere la mia indecisione. L'avevo quasi raggiunto, quando si voltò e mi sorrise. Poi con un gesto stranamente goffo ed impreciso, mi strinse la mano tremante. "Ciao, Hans," mi disse e io all'improvviso mi resi conto con un misto di gioia, sollievo e stupore che era timido come me e, come me, bisognoso di amicizia. Non ricordo più ciò che mi disse quel giorno, né quello che gli dissi io. Tutto quello che so è che, per un'ora, camminammo avanti e indietro come due giovani innamorati, ancora nervosi, ancora intimiditi. E tuttavia io sentivo che quello era solo l'inizio e che da allora in poi la mia vita non sarebbe più stata vuota e triste, ma ricca e piena di speranza per entrambi.

Quando infine lo lasciai, percorsi in un batter d'occhio la strada che mi separava da casa. Ridevo, parlavo da solo, avevo voglia di piangere, di cantare e trovai ben difficile non rivelare ai miei genitori la mia **felicità**, non dire loro che la mia vita era cambiata, che non ero più un mendicante, ma tutt'a un tratto ero diventato una specie di Creso[16]. Per fortuna i miei genitori erano troppo occupati da altro per notare il cambiamento. Ormai erano avvezzi alle mie espressioni cupe e annoiate, alle mie risposte evasive e ai miei silenzi prolungati, che attribuivano alla crescita e alla misteriosa transizione dall'adolescenza all'età adulta. Di tanto in tanto mia madre aveva cercato di far breccia nelle mie difese, qualche volta aveva cercato di accarezzarmi i capelli, ma vi aveva rinunciato da tempo, scoraggiata dall'ostinazione con cui respingevo i suoi approcci.

L'incontro non fu senza conseguenze. Dormii male, perché temevo il momento del risveglio. Forse Konradin mi aveva già dimenticato o si era pentito della sua resa. Forse era stato un errore fargli capire che avevo bisogno della sua amicizia. Forse avrei dovuto mostrarmi più cauto, più riservato. Forse aveva parlato di me ai suoi genitori che l'avevano messo in guardia dal diventare amico di un ebreo. Continuai a torturarmi per un pezzo finché sprofondai in un sonno inquieto.

Tutte le mie paure si rivelarono prive di fondamento. Appena entrai in classe Konradin mi si avvicinò e si mise a sedere vicino a me. Il suo piacere nel vedermi era così genuino, così evidente che io stesso, nonostante la mia diffidenza innata, persi ogni paura. Dalle sue parole dedussi che doveva aver dormito benissimo e che nemmeno per un attimo aveva dubitato della mia sincerità, tanto che mi vergognai dei miei sospetti.

Da quel giorno fummo inseparabili.

F. Uhlman, *L'amico ritrovato*, trad. it. di M.G. Castagnone, Feltrinelli, Milano, 1988

16 **Creso**: era il re della Lidia (VI sec. a.C.), noto per la sua enorme ricchezza. Oggi il nome viene usato come sinonimo di persona ricchissima.

**PAROLE *sotto la lente***

**Felicità**

Il sostantivo corrisponde al latino *felicitas*, dall'aggettivo *felix*, che è legato a *fecundus* e quindi significa fertile, prospero. Indica il sentimento che nutre chi è felice, si sente cioè sereno, senza dolori perché ha realizzato i propri desideri. Talora ha il valore di opportunità, convenienza ("felicità di un'espressione, di un progetto").

**Attività**

Cerca alcuni sinonimi del termine "felicità".

Una scena tratta dal film *L'amico ritrovato* diretto da Jerry Schatzberg nel 1989.

## per L'ANALISI del TESTO

### Un "manifesto dell'amicizia"

Il brano proposto fissa il momento in cui i due ragazzi, Hans e Konradin, entrano in contatto e trasformano la loro conoscenza in **amicizia**. La parte iniziale, nella quale Hans riflette sulla sua idea di amicizia, per la profondità dei concetti espressi e per la totale convinzione e adesione ai valori enunciati, può essere considerata un "manifesto dell'amicizia".

### Due ragazzi che si cercano

Inizialmente è la **figura di Hans** a dominare la scena. **Konradin** se ne sta sullo sfondo, mentre Hans rimugina sul da farsi, escogita una strategia per conquistare l'amicizia del compagno, che lo attrae anche per la sua imperturbabilità. Muovendosi su due piani, quello culturale (maggiore impegno nello studio a scuola, esibizione della propria raccolta di monete antiche) e quello fisico (esibizione ginnica in palestra), Hans raggiunge il suo scopo.

L'amicizia sboccia con quella genuinità che è tipica degli adolescenti. La scoperta più intensa sta in questa spontanea ammissione: «all'improvviso mi resi conto con un misto di gioia, sollievo e stupore che era timido come me e, come me, bisognoso di amicizia» (rr. 82-83). Konradin abbandona il suo iniziale, finto, riserbo, per aprirsi al nuovo compagno ed essere finalmente se stesso.

### Un arricchimento reciproco

Un'amicizia vera può cambiare la vita, ed è proprio quanto succede ad Hans e Konradin, che da questo momento si dedicano con entusiasmo a un'opera di **arricchimento reciproco**, dal punto di vista sia umano sia culturale.

Sul piano stilistico-espressivo il brano non presenta grandi azioni, è soprattutto un testo che guarda all'**introspezione**, alla riflessione, e si avvale pertanto di un **ritmo narrativo pacato**. Lo stesso **registro linguistico** risulta **semplice**, privo di ricercatezze e tuttavia molto comunicativo, rispecchiando i pensieri di adolescenti intelligenti e appassionati come Hans e Konradin.

Un'altra scena tratta dal film *L'amico ritrovato*.

# Attività

## Leggere e comprendere

1 **L'idea di amicizia** Sottolinea nel testo gli aggettivi e le affermazioni di Hans che mettono in evidenza la sua idea romantica di amicizia.

2 **L'amicizia e l'amore** Il sentimento di amicizia è vissuto da Hans quasi come un amore. Quali analogie puoi ritrovare?

3 **L'amico ideale** Quali sono i tratti di Konradin che ne fanno agli occhi di Hans l'amico ideale?

4 **I compagni di classe** Per quale motivo il protagonista non instaura profonde relazioni di amicizia con i compagni di classe?

a. Pur considerandoli bravi ragazzi, Hans li trova con aspirazioni e illusioni del tutto insipide

b. Gli appaiono goffi e insignificanti, con una mentalità diversa dalla sua, già proiettati nel mondo concreto del lavoro, senza sogni

c. Li ritiene animati da sogni irrealizzabili, mentre i suoi progetti sono concreti

d. Li ritiene falsi e ipocriti

5 **L'attenzione** Che cosa fa Hans per attirare l'attenzione di Konradin?

6 **«Una specie di Creso»** Dopo la passeggiata con Konradin, Hans si definisce «una specie di Creso» (r. 93). Che cosa intende con queste parole?

**a.** Sottolinea di essere entrato in possesso di una straordinaria ricchezza, l'amicizia

**b.** Crede che d'ora in avanti potrà vivere più agiatamente

**c.** Si sente ricco perché può vantare davanti agli altri il suo rapporto con Konradin

**d.** Si sente ricco perché i suoi genitori lo circondano di più affetto dei genitori dell'amico

7 **I genitori** Come descrive Hans il rapporto con i propri genitori?

8 **La conversazione** Hans dichiara di non ricordare il contenuto della lunga conversazione con Konradin. Perché?

## Riconoscere e analizzare

9 **La struttura** La sequenza dell'incontro dopo la scuola può essere considerata come un piccolo racconto incastonato nel racconto. Individua la sua struttura (antefatto, movente, fatti e conclusione).

- Antefatto: ..........................................................................
..........................................................................
..........................................................................
- Movente: ..........................................................................
..........................................................................
..........................................................................
- Fatti: ..........................................................................
..........................................................................
..........................................................................
- Conclusione: ..........................................................................
..........................................................................
..........................................................................

10 **Il tempo della storia** Il tempo in cui si svolgono le vicende è dapprima impreciso («Fino al giorno», «Qualche giorno dopo», «Tre giorni dopo»), poi compare con evidenza una data: 15 marzo. Perché tanta precisione?

**a.** È l'inizio dell'anno scolastico

**b.** È l'inizio di una nuova vita

**c.** Ricorre un importante anniversario

**d.** È il compleanno del nuovo amico

11 **I riferimenti cronologici** La data riporta il giorno e il mese, ma non l'anno. Eppure da informazioni indirette possiamo capire in quale periodo storico si svolge la vicenda. Quali sono queste informazioni?

12 **I personaggi** Quali aspetti dei personaggi (fisici, psicologici, sociali) l'autore evidenzia particolarmente?

13 **Il punto di vista** Con che tipo di punto di vista è raccontata la vicenda?

## Rielaborare e produrre

14 **Il riassunto** Riassumi il racconto in 150 parole.

15 **Il confronto** Secondo te, gli ideali e i bisogni dei giovani di oggi coincidono con quelli indicati nel testo? Esprimi le tue riflessioni in un testo argomentativo di 200 parole.

16 **Per caso o per volontà** Le amicizie nascono spesso per incontri fortunati ma casuali; quella presentata nel brano è invece fortemente voluta. Ripensa alla tua amicizia più importante e presentala in un testo espositivo di 200 parole.

17 **Discutere** Osserva la foto proposta sotto, tratta dalla versione cinematografica del romanzo di Uhlman. Come puoi notare dalle svastiche sullo sfondo, la storia è ambientata nel periodo nazista. In una discussione in classe, insieme ai compagni e all'insegnante, analizza l'immagine e traine spunti per raccontare ciò che sai di quel periodo storico.

Una scena tratta dal film *L'amico ritrovato* diretto da Jerry Schatzberg nel 1989.

## Hermann Hesse

# Sul ghiaccio

Il giovane protagonista ha 12 anni, ama pattinare sul fiume ghiacciato, divertirsi, gareggiare con i compagni, sfrecciare per mettersi alla prova in "pericolose" evoluzioni. Un giorno, però, si accorge che ci sono anche delle graziose ragazze che pattinano e allora iniziano inquietudini nuove.

Da
Racconti, 1909

Racconto autobiografico

In quel tempo vedevo ancora il mondo con altri occhi. Avevo dodici anni e mezzo ed ero ancora completamente perso nel mondo colorato e rigoglioso delle gioie e fantasticherie fanciullesche. Fu allora che nel mio animo stupito spuntò per la prima volta, timido e avido, il tenue chiarore della giovinezza più dolce e tenera.

Era un inverno lungo, rigido, e il nostro bel fiume della Foresta Nera[1] si gelò per settimane. Non posso dimenticare la sensazione strana, di paura ed estasi[2] insieme, che mi colse quando nel primo mattino di gelo mi avventurai sul fiume: era profondo, e il ghiaccio era così trasparente che si poteva vedere sotto di sé, come attraverso un velo sottile, l'acqua verde, il fondo di sabbia e ciottoli, gli intrecci fantastici delle piante acquatiche e, di tanto in tanto, il dorso scuro di un pesce.

Passavo pomeriggi interi sul ghiaccio con i miei compagni, le guance accaldate e le mani bluastre, il cuore inturgidito[3] dai movimenti vigorosi e ritmati del pattinaggio, colmo della meravigliosa e spensierata capacità di godimento della fanciullezza. Ci esercitavamo nella corsa, nel salto in lungo, nel salto in alto, giocavamo ad acchiapparci, e quelli che ancora portavano legati agli stivali gli antiquati pattini di osso non correvano affatto peggio degli altri. Uno di noi tuttavia, il figlio di un industriale, aveva un paio di "Halifax", che erano fissati alla scarpa senza legacci o

1 **Foresta Nera**: regione della Germania sud-occidentale.
2 **estasi**: felicità.
3 **inturgidito**: reso più gonfio.

## L'AUTORE

**Hermann Hesse** nasce a Calw, in Germania, nel 1877. I genitori, profondamente religiosi, lo indirizzano a studi teologici, ma il giovane, portato per la poesia, fugge dal seminario per cercare una propria strada. Per mantenersi lavora dapprima come apprendista orologiaio, poi come libraio a Tubinga. Qui porta a termine *Peter Camenzind*, che pubblica con successo nel 1904; si tratta di una storia parzialmente autobiografica, in cui affronta il tema della formazione della personalità. Quello stesso anno si sposa con Maria Bernouilli, con la quale avrà tre figli. Nel 1911 compie un viaggio in India, la terra della madre: le suggestioni spirituali che ne riceve impronteranno molte delle sue opere. Nel 1912 si trasferisce a Berna, in Svizzera, che diventerà la sua nuova patria dopo il primo conflitto mondiale (negli anni della guerra le sue prese di posizione pacifiste e internazionaliste gli avevano alienato la stampa tedesca, che lo aveva accusato d'essere un senza patria e un disfattista). Alle esperienze indiane è ispirato *Siddharta*, pubblicato nel 1922; seguono *Il lupo della steppa* (1927) e *Narciso e Boccadoro* (1930), incentrati entrambi sul tema del conflitto tra il richiamo della spiritualità e il piacere dell'amore e dell'amicizia. Durante il periodo nazista, che lo vede ancora una volta impegnato a difendere i valori della libertà contro il nazionalismo e il razzismo, Hesse scrive il suo romanzo più ambizioso, *Il gioco delle perle di vetro*, che vede la luce nel 1943. Insignito del premio Nobel per la Letteratura nel 1946, muore nel 1962.

cinghie e si potevano mettere e togliere in pochi attimi. Da allora la parola Halifax comparve per anni sulla lista dei regali che desideravo per Natale, ma inutilmente; e quando dodici anni più tardi, volendo acquistare un paio di pattini veramente buoni, chiesi se in negozio avessero gli Halifax, con mio grande dolore vidi crollare un ideale e una certezza fanciullesca quando mi sentii assicurare con un sorriso che Halifax era un sistema antiquato, da tempo superato.

Di preferenza pattinavo da solo, spesso fino all'imbrunire. Correvo via veloce, imparavo a fermarmi e a voltare a qualsiasi velocità e in qualsiasi punto, mi libravo in ampie volute[4], in equilibrio su una gamba, con la sensazione di volare. Molti dei miei compagni utilizzavano i pomeriggi sul ghiaccio per correre dietro alle ragazze e corteggiarle. Per me le ragazze non esistevano. Mentre altri compivano azioni cavalleresche, giravano intorno ad esse desiderosi e timidi oppure, audaci e disinvolti, le invitavano a pattinare in coppia, io gustavo solo il piacere incontrastato del guizzare via. Per quelli che conducevano le ragazzine non provavo che pena o scherno. Dalle confessioni di alcuni amici credevo infatti di sapere quanto i loro piaceri galanti fossero in fondo relativi.

Un giorno, mentre l'inverno già volgeva alla fine, mi giunse notizia di una novità nel nostro ambiente di scuola: il "nordista"[5], recentemente, aveva di nuovo **baciato** Emma Meier mentre si toglievano i pattini. D'improvviso la notizia mi fece montare il sangue alla testa. Baciato! Era ben altra cosa rispetto ai discorsi scipiti[6] e alle timide strette di mano che di solito venivano esaltati come le massime delizie del pattinare a coppie. Baciato! Era un suono che proveniva da un mondo estraneo, celato, immaginato con timore, aveva il profumo invitante del frutto proibito, aveva un che di segreto, poetico, innominabile, faceva parte di quell'ambito dolce-oscuro, paurosamente affascinante, da noi tutti passato sotto silenzio ma tuttavia presagito, illuminato a tratti dalle mitiche avventure amorose dei donnaioli che erano stati espulsi dalla scuola. Il "nordista" era uno scolaro quattordicenne di Amburgo capitato Dio sa come tra noi, che io am-

4 **volute**: giri, volteggi.
5 **il "nordista"**: si tratta di un compagno che proviene da Amburgo, città della Germania settentrionale.
6 **scipiti**: banali.

**PAROLE *sotto la lente***

**Bacio**

Il sostantivo corrisponde al latino *basium* e indica l'atto di applicare le labbra e premerle, per un tempo più o meno lungo, su una persona o una cosa in segno d'amore, affetto o devozione. Il termine è usato in molte locuzioni in senso proprio e figurato ("essere al bacio") e nella sfera religiosa cattolica ("bacio di Giuda", "bacio della pace").

**Attività**

Proprio perché legato alla sfera affettiva, il nome presenta molti alterati. Indicali e classificali.
Diminutivo: ...............
Vezzeggiativo: ...............
Accrescitivo: ...............

Un giovane pattinatore volteggia sul ghiaccio nel 1927.

miravo e la cui fama, che prosperava lontano dalla scuola, spesso non mi faceva dormire. E Emma Meier era certo la ragazza più carina di Gerbersau, bionda, agile, fiera e della mia stessa età.

A partire da quel giorno cominciai a rimuginare[7] progetti e problemi. Baciare una ragazza superava di gran lunga tutti i miei precedenti ideali, sia come cosa in sé e sia perché senza dubbio era vietato e interdetto dalle regole della scuola. Mi resi presto conto che il solenne servizio amoroso della pista ghiacciata era l'unica buona occasione per farlo. Per prima cosa cercai quindi, per quanto possibile, di rendere il mio aspetto più acconcio[8] al **corteggiamento**. Dedicai tempo e cura ai miei capelli, controllai minuziosamente la pulizia dei miei vestiti, mi calcai con garbo il berretto di pelo sulla fronte e pregai le mie sorelle di darmi il loro foulard di seta rosa. Nello stesso tempo, sul ghiaccio, cominciai a salutare cortesemente le ragazze che potevano essere prese in considerazione, e credetti di vedere che quell'omaggio insolito veniva notato con sorpresa ma non senza piacere.

Molto più difficile fu il primo approccio, perché in vita mia non avevo mai "invitato al ballo" una ragazza. Cercai di spiare i miei amici mentre eseguivano quel solenne cerimoniale. Alcuni si limitavano a fare un inchino e a porgere la mano, altri balbettavano qualcosa di incomprensibile, i più si servivano dell'elegante formula: «Posso avere l'onore?». Questa formula mi impressionò molto e mi esercitai a casa, in camera mia, facendo l'inchino davanti alla stufa e pronunciando le parole solenni.

Era giunto il giorno del primo, difficile passo. Già il giorno precedente avevo avuto intenzione di iniziare il corteggiamento, ma ero tornato a casa scoraggiato, senza avere osato niente. Quel giorno mi ero prefisso di fare immancabilmente ciò che temevo e insieme desideravo. Con il batticuore, angosciato a morte come un criminale, andai verso la pista di ghiaccio; credo mi tremassero le mani mentre mi mettevo i pattini. Poi mi gettai nella mischia con ampi movimenti circolari, cercando di mantenere un po' della mia abituale espressione di sicurezza e naturalezza. Percorsi due volte la pista in tutta la sua lunghezza, al massimo della velocità, e l'aria frizzante e i movimenti vigorosi mi fecero bene.

D'improvviso, proprio sotto il ponte, mi scontrai in pieno con qualcuno e barcollai per qualche passo, sgomento. Sul ghiaccio era seduta la bella Emma, che evidentemente cercava di reprimere il dolore, e mi guardava piena di rimprovero. Il mondo, davanti ai miei occhi, girava vorticosamente.

«Aiutatemi a tirarmi su!» disse alle sue amiche. Allora, con il viso in fiamme, mi tolsi il berretto, mi inginocchiai accanto a lei e la aiutai ad alzarsi.

Rimanemmo uno di fronte all'altra, impauriti e sbalorditi, e nessuno di noi parlò. La pelliccia, i capelli e il volto della bella ragazza, così estranei e vicini, mi stordivano. Pensai invano a un modo per scusarmi, ancora con il berretto stretto in mano. E d'improvviso, mentre un velo mi offuscava la vista, feci meccanicamente un profondo inchino e balbettai: «Posso avere l'onore?».

Lei non rispose, però prese le mie mani tra le sue dita sottili il cui calore riuscii a sentire attraverso i guanti, e si avviò con me. Mi pareva di essere in uno strano sogno. Una sensazione di felicità, vergogna, calore, desiderio e imbarazzo quasi mi

7 **rimuginare**: meditare in continuazione.

8 **acconcio**: adatto.

**PAROLE sotto la lente**

### Corteggiamento

Il sostantivo viene dal verbo "corteggiare". Derivato dal latino *cohors* = cortile, giardino, il termine passa a indicare la residenza di un sovrano, in origine quella dei re di Francia, e più spesso diventa l'insieme di tutte le persone che vivono nella reggia. Per estensione, "tener corte" diventa dare sontuose feste. In senso figurato quindi si intende con corte un gruppo di persone che stanno intorno a un potente, mostrandogli devozione e cercando favori. Proprio come un innamorato fa con la persona amata: da qui il legame con "corteggiamento".

**Attività**

Dal nome "corte" derivano molte parole, alcune legate al significato di spazio aperto, altre ai valori che nella storia questo termine ha assunto. Trovane almeno cinque.

toglieva il fiato. Pattinammo per un buon quarto d'ora. Poi, in una piazzola, liberò piano le piccole mani, disse «Grazie tante» e proseguì da sola, mentre io mi toglievo troppo tardi il berretto di pelliccia e rimanevo lì per un po', immobile. Solo più tardi mi resi conto che per tutto quel tempo non aveva detto una sola parola.

Il ghiaccio si sciolse e io non potei ripetere il mio tentativo. Fu la mia prima avventura amorosa. Tuttavia passarono ancora diversi anni prima che il mio sogno si avverasse e la mia bocca potesse sfiorare una rossa bocca di fanciulla.

H. Hesse, *Racconti*, trad. it. di M. Bistolfi, Mondadori, Milano, 1993

## per L'ANALISI del TESTO

### Un racconto di formazione

Hermann Hesse racconta un piacevole episodio della propria infanzia, ricordando le lunghe ore passate a pattinare sul fiume. Il **tema centrale** della narrazione – **la sua maturazione** – è ben introdotto dalle sequenze iniziali di carattere descrittivo: tali **descrizioni** servono a mettere in risalto quanto fosse ancora ingenuo, privo di malizia nell'animo, tanto è vero che afferma: «Per me le ragazze non esistevano» (r. 28).

### L'impresa del bacio

La **svolta** del racconto si ha quando il protagonista viene a sapere che un ragazzo un po' più grande di lui, il «nordista», ha baciato la bella Emma Meier e questa notizia lo turba. Un bacio non è uno scherzo, è un gesto impegnativo che fa scattare in lui il desiderio d'emulazione.

Hesse è in grado di rivivere e trasmettere tutta l'emozione, l'intenso batticuore, la sbalordita confusione che lo ha attanagliato da quel momento. Stanno in questo passaggio il nucleo centrale e il **significato del racconto**. Nei giorni successivi, seppure «angosciato a morte come un criminale» (r. 82), cercherà di cimentarsi nell'impresa. Il fatto che non sia riuscito a baciare una ragazza passa in secondo piano di fronte all'imperativo che ormai è maturato in lui, un imperativo che lo avvicina per la prima volta al mondo degli adulti.

### Uno stile introspettivo

Si tratta, dunque, di un **racconto di formazione**, nel quale la narrazione è incentrata su un'analisi dei sentimenti e delle emozioni che risulta di straordinaria efficacia per profondità e spessore. Vi è alla base una non comune conoscenza dei **sentimenti adolescenziali**, espressa in una **forma lessicale raffinata** e precisa, con l'ampio ricorso all'uso di **aggettivi**. Forma espressiva e capacità d'analisi, dunque, contribuiscono a raccontare con una grande prova letteraria tutta la complessità delle prime esperienze sentimentali, in cui convivono emozioni spesso tra loro contraddittorie.

Pieter Bruegel il Vecchio, *Cacciatori nella neve*, 1565. (Vienna, Kunsthistorisches Museum).

per SAPERNE di PIÙ

## Il bacio in letteratura

La letteratura è piena di straordinarie **storie d'amore**, inventate o reali, che sopravvivono a distanza di millenni nell'immaginario dei lettori.

Numerosi sono gli scrittori e i poeti che hanno affrontato il tema del **bacio** tra gli amanti; tra questi Catullo (84 a.C.-54 a.C.) che, nel carme *Vivamus*, compone un'ode che diventa un vero e proprio invito al bacio:

> Dammi mille baci, poi altri cento
> poi altri mille, poi ancora altri cento,
> poi di seguito mille, poi di nuovo altri cento.
> Quando poi ne avremo dati migliaia,
> confonderemo le somme, per non sapere.

Il poeta e drammaturgo francese Edmond **Rostand** (1868-1918) nel *Cyrano de Bergerac* narra il sofferto amore tra lo spadaccino Cyrano e la bella Rossana. Egli definisce il bacio in questo modo romantico:

> In fondo cos'è un bacio? È un giuramento di due anime fatto da vicino, è un più preciso patto, è la confessione di un sentimento grande sigillato con la bocca […].

Un altro bacio romantico è quello tra Jacopo e Teresa, narrato da Ugo **Foscolo** (1778-1827) nel romanzo epistolare: *Ultime lettere di Jacopo Ortis*.

> Sì; ho baciato Teresa; i fiori e le piante esalavano in quel momento un odore soave; le aure[1] erano tutte armonia; i rivi[2] risuonavano da lontano; e tutte le cose s'abbellivano allo splendore della Luna che era tutta piena della luce infinita della Divinità. Gli elementi e gli esseri esultavano nella gioja di due cuori ebbri[3] di amore – ho baciata e ribaciata quella mano – e Teresa mi abbracciava tutta tremante, e trasfondea[4] i suoi sospiri nella mia bocca, e il suo cuore palpitava su questo petto: mirandomi co' suoi grandi occhi languenti[5], mi baciava, e le sue labbra umide, socchiuse mormoravano su le mie.

1 **aure**: brezze, venti leggeri.
2 **rivi**: ruscelli.
3 **ebbri**: ubriachi.
4 **trasfondea**: trasmetteva.
5 **languenti**: sensuali e teneri.

Il bacio come momento di estasi d'amore che coinvolge tutto ciò che circonda gli amanti è un *topos* ricorrente: nel *Diario del seduttore* il filosofo Søren **Kierkegaard** (1813-1855) narra con queste parole l'incanto di essere baciati:

> Mi bacia vagamente, come il cielo bacia il mare, dolcemente e lievemente come la rugiada bacia i fiori, solennemente come il mare bacia l'immagine della luna.

Il bacio che trasforma la vita ritorna anche nella narrativa più recente: nel romanzo *Leviatano* lo scrittore statunitense Paul **Auster** (1947) descrive così il primo bacio del protagonista con l'amata:

> […] ma prima di aprire la portiera per farla salire allungai un braccio e l'afferrai, stringendola a me e baciandola profondamente in bocca. Fu uno dei gesti più impetuosi che abbia mai fatto, un momento di folle, sfrenata passione. Il taxi ripartì mentre Iris e io rimanemmo fermi in mezzo alla strada avvinghiati l'uno nelle braccia dell'altro. Era come se fossimo le due prime persone a essersi mai baciate, come se quella notte avessimo inventato l'arte del bacio.

Gustav Klimt, *Il bacio*, 1908. (Vienna, Österreichische Galerie Belvedere)

# Attività

## Leggere e comprendere

1 **La fanciullezza e la giovinezza** In che modo il narratore definisce la fanciullezza e la giovinezza all'inizio del racconto?

2 **Le ragazze** In quel periodo, che cosa pensa il protagonista delle ragazze?

**a.** Gli piace osservare le ragazze che guizzano via sul ghiaccio, audaci e disinvolte

**b.** Per lui le ragazze non esistono e prova una specie di pena e scherno per i ragazzi che conducono le ragazzine sul ghiaccio

**c.** Prova invidia per i ragazzi che riescono a volteggiare sul ghiaccio per farsi notare dalle ragazze

**d.** Cerca di attirare l'attenzione delle ragazze facendo piroette sul ghiaccio

3 **L'occasione** Quale evento scatena nel protagonista il proponimento di baciare una ragazza?

**a.** L'arrivo della primavera con la sua gioia di vivere

**b.** L'invito espresso chiaramente da una ragazza

**c.** La notizia che un compagno ha baciato una ragazza

**d.** Il desiderio di imitare gli altri compagni più esperti

4 **Il bacio** Per quali motivi il narratore considera il bacio di una ragazza come qualcosa di gran lunga lontano dai suoi ideali?

5 **La preparazione** Il ragazzo rimugina il progetto di baciare una ragazza e si prepara a realizzarlo. Che cosa fa?

6 **Il primo fallimento** Il giorno stabilito egli non ha la forza per compiere il difficile passo. Quali sentimenti provoca questa rinuncia?

**a.** Torna a casa irritato contro la ragazza

**b.** Torna a casa rinunciando al suo proposito

**c.** Torna a casa scoraggiato ma determinato a ritentare

**d.** Torna a casa ormai disinteressato alla ragazza

7 **Il calore della mano** Che cosa provoca nel ragazzo tenere le mani di Emma tra le sue?

## Riconoscere e analizzare

8 **Le sequenze** Riporta di seguito le otto indicazioni temporali che scandiscono le sequenze del racconto.

- ..........
- ..........
- ..........
- ..........
- ..........
- ..........
- ..........
- ..........

9 **Il narratore** Che tipo di narratore caratterizza il brano? (Sono corrette più risposte.)

**a.** Interno

**b.** Esterno

**c.** Occulto

**d.** Palese

10 **Lo spazio** La descrizione dei luoghi è in sintonia con le emozioni del protagonista; in quale parte del racconto tale sintonia è più evidente?

11 **I personaggi** Quale aspetto del protagonista è particolarmente sottolineato?

## Rielaborare e produrre

12 **Il riassunto** Riassumi il racconto in 150 parole.

13 **Un percorso non lineare** La crescita prevede tentativi, fallimenti e nuovi tentativi. Nel racconto il ragazzo non riesce a compiere la sua impresa il primo giorno, deve ritentare. Rifletti e ricorda un'occasione in cui hai dovuto fare marcia indietro, per poi ritrovare di nuovo la tua determinazione. Raccontala in un testo narrativo che contenga un *flashback*.

14 **Discutere** La fanciullezza è presentata come un periodo gioioso, mentre i primi problemi per il protagonista nascono con la giovinezza. Pensi che in questo passaggio, oltre che in amore, i giovani incontrino difficoltà anche in altri ambiti? Quali? Esprimi il tuo punto di vista in un intervento orale di 5 minuti.

Beppe Fenoglio

# Nove lune

Ugo e Rita sono due giovani che si vogliono bene. Un giorno Rita si presenta da Ugo dicendogli che è in attesa di un bambino e teme la reazione dei suoi familiari, gente aggressiva e violenta. Ugo non può sottrarsi alle sue responsabilità, ma non è facile, soprattutto in un mondo in cui le questioni si regolano con i pugni.

Da
I ventitre giorni della città di Alba, 1952

Racconto realistico

Cos'hai fatto? – gli domandò sua madre a bruciapelo[1], senza dargli il tempo di chiudersi dietro la porta.

– Cosa c'è? – disse lui, in guardia.

– È stata qui quella ragazza Rita.

– Rita? E per cosa è stata qui?

– Voleva vederti ad ogni costo, ha chiesto a me dove poteva trovarti, ma io lo so così poco dove ti trovi tu. Era piena d'affanno, non riusciva a star ferma un momento, ha detto che andava a casa a mangiare e poi usciva di nuovo subito a cercarti. Cos'avete fatto tu e Rita? Qualcosa di storto?

– Sempre filato diritto io e Rita, – disse lui, – non so proprio cosa le sia capitato. È diventata matta? Mangiamo tranquilli. Dopopranzo la cerco e le domando se è diventata matta.

Dopo mangiato uscì, nel freddo fece due strade senza ben sapere perché avesse infilato quelle piuttosto che altre. Vide poi Rita per caso, ferma all'angolo della via degli stabilimenti, e tremava.

Ugo si fermò a guardarla da lontano, ma poi dovette muoversi e andare da lei.

C'era solo spavento negli occhi di Rita.

Prima che lui potesse aprire la bocca lei gli disse: – Mi hai messa **incinta**, Ugo.

– Cristo cosa mi dici, – disse lui piano.

Irresistibilmente le aveva puntato gli occhi sul ventre, aveva fatto un passo indietro per guardarglielo meglio, e doveva sforzarsi per tener le mani da scendere a scostarle un lembo del cappotto, sul ventre.

Gli occhi di lei si riempirono fino all'orlo di spavento vedendo lo spavento negli occhi di lui. Ugo la fissava atterrito, come se le avesse acceso una miccia nel profondo del corpo e ora aspettasse di vederla esplodere da un momento all'altro.

– Tu cosa dici? – gli domandò lei con la bocca tremante.

– Sei sicura? – disse lui rauco[2].

– Me l'ha detto il medico.

– Sei già dovuta andare dal medico?

– Avevo incominciato a rigettare.

Ugo fece una smorfia d'orrore, batté la mano sulla coscia e disse forte: – Non farmi sapere quelle cose lì!

– Ugo! – lei gridò.

– E i tuoi? – disse lui dopo un po'.

– Non sanno niente. Ho ancora due mesi per nascondere,

1 **a bruciapelo**: in modo diretto, cogliendolo alla sprovvista.

2 **rauco**: con il tono di voce debole e soffocato.

**PAROLE *sotto la lente***

**Incinta**

L'aggettivo riporta il latino medioevale *incincta*, rifatto per etimologia popolare sul latino classico *inciens* = gravida, sul modello del participio di *incingere* = *recingere*. Allude forse al fatto che le donne gravide portavano spesso una cintura, oppure al contrario, dando al prefisso *in-* valore negativo, *incincta* significava non *cincta*, quindi senza la cintura. Si riferisce comunque a una donna che attende un figlio.

**Attività**

Suddividi le seguenti parole legate al verbo "cingere" nelle loro parti costitutive (prefisso, radice, suffisso, desinenza) e spiegane il significato.
*Recingere*, *recinzione*, *discinta*, *cintura*, *cinturino*.
Ricorda che sia la radice *cing* sia *cint* appartengono allo stesso verbo.

ma poi non potrò più. In questi due mesi devo trovare il coraggio di buttarmi nel fiume[3].

– Ci son qua io, – disse lui senza guardarla.

Neppure lei lo guardò, sentì e scosse la testa.

Che freddo faceva, il freddo veniva proprio dal fiume, sorvolando i prati aperti.

Lui le mise un braccio intorno alle spalle, ma non sapeva guardarla negli occhi. Respiravano forte, uno dopo il respiro dell'altra, come se facessero per gioco ad alternarsi così.

– Che cosa devo fare? – disse poi lei.

– Eh?

– Che cosa devo fare?

Lui non rispondeva, lei aspettò e poi disse: – Tu cosa vuoi che faccia?

Lui non riusciva nemmeno a schiudere la bocca. – Sei tu che devi decidere, – le disse poi.

– Io faccio quello che vuoi tu. Hai solo da dire.

– Io non so cosa dire.

– Parla, Ugo.

– Non so cosa dire.

Allora lei gli gridò di non fare il vigliacco.

Ugo ebbe come una benda nera sugli occhi, voltandosi la premette col petto finché la schiena di lei toccò il muro. Ma non diceva niente.

Lei gli puntò le mani sul petto e gli disse: – Parla, Ugo. Tu sei l'uomo. Fai conto

3 **Ho ancora due mesi...buttarmi nel fiume**: Rita si sente disperata, pensa a come nascondere la gravidanza ai suoi, ma vede solo nel suicidio la soluzione dei suoi problemi.

## *per conoscere* BEPPE FENOGLIO

**BEPPE FENOGLIO** nasce ad Alba nel 1922 e vi rimane di fatto per tutta la vita, dapprima come studente, poi come partigiano e quindi come impiegato in un'azienda vinicola. Muore nel 1963, all'età di 41 anni.

Nonostante viva e lavori nelle Langhe piemontesi (che assumerà anche come tematica narrativa), quindi lontano dagli ambienti letterari, Fenoglio coltiva una grande passione per la letteratura anglosassone. Conosce Shakespeare, Coleridge e D.H. Lawrence e li trasporta nel suo mondo letterario, elaborando uno stile d'intensa espressività, utilizzando e mescolando diversi registri linguistici e inserendo (soprattutto nelle ultime opere) espressioni di un inglese personalmente rivisitato.

Si è soliti dividere la sua produzione letteraria in un duplice filone, quello resistenziale e quello contadino, accomunati da un medesimo carattere epico delle vicende raccontate.

Beppe Fenoglio in un ritratto di Tullio Pericoli del 1995.

di essere il mio padrone, decidi come se dovessi decidere per un motore rotto. Tu di' e io ti ascolto. Cosa vuoi che faccia?

Non rispondeva, e allora lei gli disse molto piano: – Vuoi che vada a parlare a una levatrice? Ma ci vanno tanti soldi per l'operazione[4].

Lui si sentì a dire: – Io potrei farmeli imprestare tutti quei soldi che ci vanno, – ma guardandola per la prima volta vide lo spavento traboccare dagli occhi di lei. La vista gli si annebbiò, la prese con tutt'e due le braccia e le disse nei capelli: – Ma credi che io voglio che tu ti rovini?

Lei fece per tirarsi indietro, poterlo guardare negli occhi, ma lui la tenne ferma, le disse: – Stai lì al caldo.

Rita gli piangeva sul collo, quel bagnato subito caldo e poi subito freddo lo indeboliva spaventosamente.

Poi lei gli disse nel collo: – Io lo vorrei il bambino.

– Il bambino lo avrai, te l'ho dato ed è tuo, lo avrai il bambino, – diceva lui, ma non sapeva uscire dal buio che era nel collo di lei, non voleva vedere la luce.

Lei si staccò, ma non gli tolse le mani dal petto, lo guardava muovendo la bocca. Allora Ugo sentì un calore dentro, che lo fece drizzare contro la corrente di freddo, aveva solo paura che quel calore gli cessasse, solo paura di risentir freddo dentro. Le disse: – Adesso che siamo d'accordo vai a casa. Sei un pezzo di ghiaccio.

Lei si spaventò di nuovo, gli tornò contro col corpo, gli disse nel collo: – Cosa faccio a casa?

4 **Vuoi che vada... per l'operazione**: Rita allude all'interruzione della gravidanza, in quel tempo un intervento da praticare di nascosto perché vietato e costoso.

**• Il tema resistenziale •** L'opera con cui Fenoglio esordisce è intitolata *I ventitre giorni della città di Alba* (1952), una raccolta di racconti sul tema della Resistenza e sul mondo contadino delle Langhe. Il racconto che dà il titolo al libro narra le vicende legate alla conquista e poi alla perdita della cittadina di Alba da parte dei partigiani. Fenoglio offre un'immagine della Resistenza ben diversa da quella celebrativa che negli anni Cinquanta, ancora in pieno Neorealismo, si era soliti presentare. Non la esalta in maniera acritica, ma ne mostra i risvolti di durezza e di violenza; ne consegue che i partigiani non sono soltanto degli eroi, ma anche vecchi uomini furbi, giovani di primo pelo, sergenti sbruffoni, ladri-guerrieri. Questa visione della Resistenza percorre anche i successivi romanzi. In *Primavera di bellezza* (1959), Fenoglio racconta del giovane Johnny chiamato, davanti al fascismo ormai in sfacelo, a scegliere come indirizzare la sua nuova vita all'interno delle formazioni partigiane delle Langhe. Lo stesso tema, la guerra partigiana a cui si sovrappone la storia di un amore giovanile, è trattato in *Una questione privata* (1963), forse il romanzo che più di ogni altro presenta in maniera efficace quella stagione. *Il partigiano Johnny* (1968) viene pubblicato postumo e dopo molti rifacimenti. Johnny è l'*alter ego* dell'autore: sceglie la lotta partigiana fra mille rimorsi e vive in continuazione a un passo dalla morte, che troverà in un ultimo scontro a fuoco.

**• Il tema contadino •** La concezione della vita che si può ricavare dalle opere resistenziali, come una continua lotta per la sopravvivenza, nella quale l'uomo stenta a salvaguardare la sua dignità, la ritroviamo anche nei testi ispirati al mondo contadino delle Langhe. Risulta emblematico il lungo racconto intitolato *La malora* (1954), in cui si racconta la vita difficile di un giovane bracciante e della sua famiglia. Dalla miseria di questa esistenza scaturiscono rapporti di violenza e continue sopraffazioni: Fenoglio racconta questo mondo attraverso un linguaggio compatto, duro, sempre carico di tensione. Il lavoro e la povertà sono le costanti anche di tanti altri racconti "langaroli", raccolti nell'opera *Un giorno di fuoco* (1963). Per esempio, in *Pioggia e la sposa*, superstizione e miseria vanno a braccetto, mentre in *Quell'antica ragazza* l'iniziazione sessuale ha un carattere comico e amaro; un amore che si fa delicato sentimento è al centro di un altro racconto, *L'addio*.

Lui si staccò e le alzò il viso perché lei gli vedesse gli occhi, adesso erano fissi e duri, ma lui voleva solo che lei gli obbedisse.

Guardandola con quegli occhi le disse: – A casa parli, dici tutto, a tuo padre, a tua madre, a tutti di casa tua.

Rita gridò di no con un filo di voce.

– Glielo dici, devi dirglielo entro oggi perché stasera arrivo io a casa tua.

– Tu sei matto, Ugo, t'ammazzano, t'ammazzano di pugni.

Ma lui disse: – Glielo dici? Giurami che glielo dici.

Lei non giurò, batteva i denti.

Lui le disse: – Adesso io ti lascio, ma devo esser sicuro che quando suonano le quattro tu gliel'hai già detto. Giurami che glielo dici.

Batteva sempre i denti.

– Devi dirglielo. Dirglielo e poi sopportar tutto quello che ti faranno. Pensa a stasera, quando arrivo io a dar la mia parola che ti **sposo**. Fatti forza, pensa a stasera e diglielo. Sono solo quattro ore che saranno brutte, poi arrivo io e mi piglio io tutto il brutto[5]. Rita, incomincio da stasera e lo farò per tutta la vita.

Allora lei chinò la testa e disse: – Non so come farò ma glielo dico.

– Per le quattro.

*[La discussione fra Ugo e Rita prosegue con poche altre battute. I due giovani prendono sempre più coraggio e convinzione. «Sei la mia donna e non voglio che tu abbia mai paura», afferma Ugo; al che Rita risponde: «Ho paura, ma son contenta. Tu diventi il mio uomo davanti a mio padre e mia madre e io sono tanto felice che un po' devo ben pagare».*

*Verso sera, Ugo rientra a casa e deve affrontare per prima cosa i suoi genitori. La madre si dispera, soprattutto perché teme che Ugo possa far mancare il sostegno a loro ormai anziani. Ugo annuncia l'intenzione di recarsi dai genitori di Rita per chiederla in sposa. Il padre, conoscendo l'altra famiglia nella quale sono presenti ben tre uomini, capisce che il figlio si appresta ad affrontare un serio pericolo e si offre di accompagnarlo. In risposta Ugo afferma: «Sono un uomo», e accetta soltanto che il padre lo accompagni fino alla casa di Rita, ma senza entrarvi.]*

All'angolo della casa di lei Ugo si fermò, si mise di fronte a suo padre, gli disse: – Ci siamo. Tu vai al caffè di Giors. Pigli qualcosa di caldo e m'aspetti. Io passo poi a prenderti.

– Entro anch'io.

**PAROLE *sotto la lente***

**Sposare**

Il verbo deriva dal latino tardo *sponsare* legato, attraverso il participio *sponsum*, al classico *spondēre* = promettere in moglie. Indica l'azione di promettere, dare in moglie, ma anche quella di prendere in moglie o marito o anche celebrare un matrimonio. Ha anche un significato figurato, come abbracciare un'idea ("sposare una causa").

**Attività**

Indica quali altri vocaboli sono legati all'azione dello sposare/sposarsi, pur avendo radici diverse.

5 **mi piglio io tutto il brutto**: mi faccio carico delle responsabilità.

Un giovane in un ritratto fotografico di Paul Strand a Luzzara nel 1953.

– Lasciami entrare da solo, lasciami fare la figura dell'uomo.

– Vengo anch'io, non voglio mica che ti rompano, in tre contro uno, sei mio figlio.

– Allora non entro io, piuttosto tradisco Rita. Capisci, padre, io voglio fare la figura dell'uomo, tu non m'hai messo al mondo perché io facessi l'uomo? Loro mi vedono entrare da solo, vedono che non ho avuto paura e pensano che in fondo io non devo averla fatta tanto sporca. Capisci? Sei d'accordo? Allora vammi ad aspettare al caffè di Giors.

Suo padre pensò, poi disse: – Entra da solo. Io ti aspetto qui fuori, non mi muovo di qui. Ma tu fatti sentire se ti battono in tre contro uno. Adesso entra e fai l'uomo.

Ugo andò per il corridoio nero, poi si voltò a vedere dov'era rimasto suo padre, s'era fermato sulla soglia del corridoio, ben risaltando sul fondo della neve e della luce pubblica.

Andando alla porta del sellaio[6] camminava senz'accorgersene in punta di piedi, non faceva rumore.

La porta non era ben chiusa, ne filtrava un filo di luce gialla, avrebbe ceduto a spingerla. Prese una profonda boccata d'aria e spinse.

La cucina era calda, bene illuminata, e c'era soltanto la madre di Rita che stava a pensare seduta accanto alla stufa e con le mani in grembo. Lui non guardò subito la donna, l'aveva preso uno stupore per quella che era la casa di Rita, guardò le quattro pareti e il soffitto, quindi guardò la donna.

Lei era stata a guardarlo, quando lui la fissò, lei chiamò: – Emilio, – ma piano, come se bastasse o come se non le fosse venuta la voce a raccolta. Poi alzandosi gridò: – Emilio! – e in fretta, quasi correndo, andò a una porta verso l'interno e vi sparì.

«Gliel'ha detto», si disse lui e si voltò, andò a chiudere a chiave la porta da dov'era entrato e poi tornò nel mezzo della cucina. Non sapeva dove e come tenere le mani, sentì oltre il soffitto un piccolo rumore come il gemito del legno, fu sicuro che era Rita segregata nella sua stanza, fu lì per mandarle una voce bassa.

In quel momento entrò il padre di Rita e dietro i due fratelli e dietro la madre. Gli uomini portavano tutt'e tre il grembiulone di cuoio del loro mestiere.

Ugo disse buonasera al vecchio e: – Ciao, Francesco. Ciao, Teresio, – ai giovani.

Non risposero. I due giovani si appoggiarono con le spalle alla parete e le mani stese sulle cosce.

Il vecchio veniva. Ugo si tenne dal guardargli le mani e solo le mani, guardargli gli occhi non poteva e così gli guardava la bocca ma non poteva capirne niente per via dei baffoni grigi che ci piovevano sopra. Quando il vecchio gli fu ad un passo allora Ugo lo guardò negli occhi e così vide solo l'ombra nera della grande mano levata in aria che gli piombava di fianco sulla faccia. Chiuse gli occhi un attimo prima che arrivasse, lo schiaffo detonò, il nero nei suoi occhi si cambiò in giallo, lui oscillò come un burattino con la base piena di piombo, ma non andò in terra. Fu il suo primo pensiero. «Non son andato in terra». La faccia gli ardeva, ma lui teneva le mani basse.

Il vecchio s'era tirato indietro di due passi, ora lo guardava come lo guardavano gli altri, e c'era silenzio, almeno così pareva a lui che aveva le orecchie che gli ronzavano forte.

La madre di Rita alzò al petto le mani giunte e cominciò a dire con

6 **sellaio**: è la professione del padre di Rita.

Un ritratto fotografico realizzato da Paul Strand a Luzzara nel 1953.

voce uguale: – La nostra povera Rita. La nostra povera Rita. La nostra povera Rita. La nostra povera…

Ugo disse: – Rita non è mica morta per parlarne così –. Teresio, il più giovane, ringhiò di furore e corse contro Ugo col pugno avanti. Ugo non scartò, ma Teresio sbagliò lo stesso il suo pugno, che sfiorò la mascella di Ugo e si perse al di sopra della spalla. Allora Teresio ringhiò di nuovo di furore, ritornò sotto di fianco, di destro colpì Ugo alle costole.

Ugo fece per gridare di dolore ma gli mancò netto il fiato. Da fuori bussarono. Ugo sentì, gli tornò il fiato per dire: – Non aprite, è soltanto mio padre.

Nessuno della casa si mosse e da fuori suo padre bussò ancora più secco.

– Va tutto bene. Parliamo. Vammi ad aspettare da Giors, – disse forte Ugo e suo padre non bussò più.

In quel momento entrò in cucina la sorella minore di Rita.

Francesco le gridò d'andar via e sua madre le disse: – Vai via e vergognati, tu che la accompagnavi fuori e poi li lasciavi soli insieme.

Prima di andarsene la ragazza scoppiò a piangere e disse: – Io non credevo che facessero le cose brutte!

Allora Francesco s'infuriò in tutta la faccia, venne deliberatamente da Ugo, lo misurò e lo colpì in piena faccia. Ugo si sentì volare all'indietro, finché sbatté la schiena contro lo spigolo della tavola.

Si rimise su, aspirò l'aria tra dente e dente e poi disse: – Voi avete ragione, ma adesso basta, adesso parliamo. Io sono venuto a darvi la mia parola che sposo Rita. A voi lo dico adesso, ma a vostra figlia l'avevo detto fin da questo autunno. Adesso io aspetto solo che mi dite di sì e che poi mi lasciate andare.

Francesco disse: – Tu sei il tipo che noi non avremmo mai voluto nella nostra famiglia… – come se suggerisse il parlare a suo padre.

Difatti il vecchio disse: – Noi c'eravamo fatti un'altra idea dell'uomo che sarebbe toccato a Rita, credevamo che Rita si meritasse tutto un altro uomo, ma su Rita ci siamo sbagliati tutti. Adesso dobbiamo prenderti come sei e Rita ti sposerà, ha l'uomo che si merita.

La madre disse: – Ormai Rita non potrà avere altro uomo che te. Anche se si presentasse un buon ragazzo, sarei proprio io a mandarlo per un'altra strada.

– Quando la sposi? – domandò il vecchio.

– La sposo l'autunno che viene.

La donna si spaventò, disse con le mani alla bocca: – Ma per l'autunno il bambino… Rita avrà già comprato[7].

– La sposi molto prima, – comandò il vecchio.

– Deve sposarla nel mese, – disse Francesco.

Ugo fece segno di no con la testa, Francesco bestemmiò e mise avanti un pugno. Ma il vecchio disse: – Che idee hai? – a Ugo.

– La sposo quest'autunno perché prima non posso, non sono a posto da sposarmi. E se voi avete vergogna a tenervela in casa, avete solo da dirlo. Fatemela venir qui da dove si trova e io me la porto subito a casa da mia madre. Resterà in casa mia, ma non da sposa, fino a quest'autunno. Parlate.

Allora Teresio urlò e pianse, si ficcava le dita in bocca, piegato in due si girava da tutte le parti, da così basso gridò piangendo: – Non voglio che Rita vada via, non voglio che ci lasci così, cosa c'importa della gente? le romperemo il muso alla gente che parlerà male, ma non voglio che Rita vada via così, è mia sorella… – Troncò

7 **Rita avrà già comprato**: "comprare un figlio" era un'espressione usata per indicare il parto. L'intervento della madre di Rita è dovuto al fatto che sposarsi con un figlio già nato era motivo di profonda vergogna.

il gridare e il piangere, stette a farsi vedere coi capelli sugli occhi e la bocca aperta e le mani coperte di bava, sembrava un folle. Suo fratello andò a battergli la mano larga sulla schiena.

– Posso vederla? – disse Ugo dopo.

– No! – gridò il vecchio.

– Non me la fate vedere perché l'avete picchiata? – La voce gli sibilava un po', per via d'un dente allentato.

Teresio si rimise a urlare e piangere. – Nooo! Non l'abbiamo picchiata, non le abbiamo fatto niente, non avevamo più la forza d'alzare un dito, c'è scappato tutto il sangue dalle vene[8] quando ce l'ha detto! – Mandò un urlo, fece per mandarne un secondo ma non poté perché sua madre corse da lui e gli soffocò la bocca contro il suo petto.

Il vecchio disse: – Non ti credere, adesso che abbiamo deciso per forza quello che abbiamo deciso, non ti credere di poterci venire in casa quando ti piace. Rita la vedrai una volta la settimana, la festa, qui in casa nostra, alla presenza di sua madre e mai per più d'un'ora.

Ugo chinò la testa.

Fuori c'era suo padre che l'aspettava, andò verso suo figlio in fretta per incontrarlo prima che uscisse dal cerchio della luce pubblica, voleva vedergli la faccia.

Ugo rideva senza rumore, non si fermò, spinse suo padre lontano dal cerchio della luce.

– Padre.

– Di'.

– Rita è tua nuora[9].

B. Fenoglio, *I ventitre giorni della città di Alba*, Einaudi, Torino, 1986

8 **c'è scappato… dalle vene**: non avevamo nemmeno più la forza.

9 **Rita...nuora**: con una brevissima frase Ugo annuncia al padre il risultato della visita. Rita, ormai, può essere considerata dal vecchio come sua "nuora", in quanto promessa sposa del figlio.

Una famiglia di Luzzara fotografata da Paul Strand nel 1953.

## per L'ANALISI del TESTO

### Sentimenti e valori forti

Sin dal titolo, il racconto ci introduce nel mondo culturale della **civiltà contadina**, presso il quale era consuetudine fare riferimento alla luna sia per determinate attività agricole sia per scandire il tempo, compresa la durata della gravidanza, misurata in rapporto ai cicli di ventotto giorni della luna.
Nello specifico, **la vicenda si svolge in città**; si accenna, tuttavia, alla professione di sellaio, un lavoro proprio della realtà contadina. A quella realtà rimandano soprattutto i valori di onestà, di serietà, d'impegno, di cui i personaggi sono rappresentanti; valori che costituivano i **cardini della vita** di allora e sui quali si misuravano le qualità di una persona. E una gravidanza non prevista rappresentava un affronto, uno scardinamento di questi valori, soprattutto se i responsabili erano due giovani.

È una **storia intensa** quella che Fenoglio propone: egli delinea a tinte forti il destino di due giovani che vengono chiamati, nello spazio di poche ore, ad abbandonare la gioventù per far fronte alle loro responsabilità. Più che attraverso le poche azioni, è attraverso **i loro discorsi** che si possono cogliere le personalità di Ugo e Rita, i due protagonisti. È sì una questione d'amore, un amore che trova spazio solo in pochi e scarni gesti d'intesa fra i due, quando maturano insieme la decisione di proseguire nella gravidanza, ma è soprattutto **una storia di violenza**.

### Come un rito d'iniziazione

Infatti, il mondo che Fenoglio presenta, raccontandolo dall'interno, è un mondo nel quale i rapporti sono basati sulla violenza. Si respira e si parla il linguaggio della forza, a partire dalle prime battute di aspro rimprovero della madre di Ugo, fino allo scontro risolutivo che Ugo sostiene con i familiari di Rita. Il pestaggio a cui deve sottostare ha il carattere di un **rito d'iniziazione** per entrare nella maggiore età. Quante volte Ugo si trova a ripetere espressioni come «voglio fare la figura dell'uomo» (rr. 123-124), con l'intenzione di ribadire la sua ferma volontà e capacità di assolvere ai propri doveri, perché ormai si sente un adulto.

### Lo stile

Per rafforzare la profondità dei sentimenti narrati, Fenoglio dà corpo a un linguaggio dal forte **vigore espressivo**: si tratta di un linguaggio duro, compatto, carico di tensione, funzionale a trascrivere sul piano artistico i rapporti di quel mondo così difficile e aspro che lui conosceva bene e che non aveva mai abbandonato.

Ottone Rosai, *Viandanti*, 1956. (Collezione Privata)

Ottone Rosai, *Via Toscanella*, 1952. (Bologna, Galleria d'Arte Moderna)

# Attività

## Leggere e comprendere

1 **I personaggi** Come si chiamano i personaggi?

a. Il protagonista: ..................................................

b. La fidanzata: ..................................................

c. I fratelli della ragazza: ..................................................

d. Il padre della ragazza: ..................................................

Quali personaggi restano senza nome?

..................................................

..................................................

2 **L'ambiente** Dove si svolge la vicenda? In quali ambienti?

3 **Il momento** In quanto tempo si svolge la vicenda narrata? In che stagione avviene, a tuo parere? Motiva la risposta.

a. Un mese, in primavera

b. Una giornata, in inverno

c. Più giorni, in inverno

d. Una giornata, in estate

4 **La porta** Appena entrato in casa della fidanzata, il protagonista chiude la porta a chiave dall'interno. Perché?

5 **L'amore** La storia d'amore del racconto è tutt'altro che sognata e idealizzata, ma non per questo meno coinvolgente. Quali caratteristiche presenta qui l'amore?

| | V | F |
|---|---|---|
| a. Il sentimento si mostra nella sua cruda realtà | ☐ | ☐ |
| b. È un sentimento superficiale e banale | ☐ | ☐ |
| c. La sua più alta forma di espressione è un figlio | ☐ | ☐ |
| d. Il massimo della gioia deriva dai passatempi comuni | ☐ | ☐ |
| e. Incontra l'ostilità della famiglia | ☐ | ☐ |
| f. È un amore senza sogni o fantasie | ☐ | ☐ |
| g. È un amore pieno di sogni irrealizzabili | ☐ | ☐ |

## Riconoscere e analizzare

6 **La struttura** Possiamo suddividere il racconto in cinque grandi sequenze. Quali?

7 **Lo spazio** I luoghi in cui si svolge la vicenda sono presentati solo con brevi accenni, sufficienti però a rendere l'ambiente specchio dei sentimenti dei personaggi. Spiega, in particolare, come i seguenti luoghi sottolineino lo stato d'animo di Ugo:

a. l'angolo della via degli stabilimenti dove incontra la ragazza: ..................................................

..................................................

b. il corridoio nero che introduce nella casa della ragazza: ..................................................

..................................................

c. la cucina calda e ben illuminata della casa:

..................................................

..................................................

8 **I personaggi** Fenoglio presta molta attenzione ai corpi dei personaggi, che esprimono più di quanto possano le parole. Quali parti del corpo vengono utilizzate a tale scopo? Quali gesti particolarmente significativi vengono compiuti?

9 **Il narratore e il punto di vista** Che tipo di narratore e di focalizzazione caratterizzano il brano?

10 **Le similitudini** A una lettura attenta si osservano parecchie similitudini; elencane alcune, chiarisci da quale mondo siano tratte e valuta la loro coerenza con il testo.

## Rielaborare e produrre

11 **Discutere** Che cosa intende il protagonista dicendo di voler fare la «figura dell'uomo» (r. 124)? Vuol dire che intende assumersi le proprie responsabilità o che non vuole avere paura di niente? Raccogli gli elementi validi per sostenere una delle due interpretazioni, anche in un eventuale dibattito in classe.

12 **"Essere un uomo"** Che valore attribuisci tu oggi a questa espressione? Scrivi un breve testo, di massimo 300 parole, argomentando le tue idee.

13 **Il tuo racconto** Conosci storie d'amore a te contemporanee che hanno suscitato rancore e incontrato ostilità prima di potersi realizzare? Fanne il soggetto di un racconto ben strutturato.

per approfondire

Sandro Onofri

# Innamorarsi a 16 anni

Da *Registro di classe*, 2000
Diario / tema

A volte a scuola si dà libero spazio all'esperienza diretta degli studenti. È quanto ha fatto Sandro Onofri, assegnando in classe un tema «molto libero». L'autrice del tema che qui viene proposto è Michelle, la quale, attraverso la pagina scritta, trova il coraggio di raccontare ai propri genitori ciò che non riesce a dire di persona.

29 settembre. Ho dato un tema in classe, molto libero. Questo è quanto ha scritto Michelle, un'alunna che ride sempre:

Cari mamma e papà, è da quasi un anno che la mia vita si sta rivoluzionando, e dato che non ho mai potuto parlarvene, né saputo spiegare certi miei atteggiamenti, oggi colgo l'occasione per scrivervi tutto quello che non vi ho mai detto, ma che avrei sempre voluto dirvi. Come ben sapete, poco dopo essere entrata nei miei 16 anni, ho cominciato a conoscere quello che io chiamo L'AMORE. Sì, lo so che già siete a conoscenza del mio rapporto con Salvatore, ma non so perché da allora, forse un po' x colpa mia, abbiamo perso il dialogo. Sapete sono cambiata molto, ma non solo nel parlare, nel vestire, nel comportarmi, con l'avanzare di questa mia strana adolescenza mi sento un po' maturata e diversa, con altri obiettivi, direi quasi che sono un'altra Michelle.

Con Salvatore, ed è di lui che voglio parlarvi, mi trovo bene, è il primo con il quale non ho sentito il disagio di avere, oltre a lui, la presenza delle mie amiche. È x questo motivo, oltre all'attrazione che ho provato dopo un po' che l'ho frequentato, che questo ragazzo è per me così importante. Vi lamentate di me e di questo mio carattere troppo ribelle e anarchico, ma mi sento tanto diversa che quasi mi sembra di aver raggiunto l'INDIPENDENZA, in verità sono spaventata anch'io da questo mio improvviso cambiamento! Ho una confusione incredibile dentro di me (questo spiega anche il mio andamento scolastico dell'anno scorso) e, come sapete, per lui ho litigato anche con una mia amica e, comunque, con chiunque lo critichi. Con lui, ed è ora giunto il momento che ve lo dica, sto maturando, crescendo e scoprendo cose e sentimenti che finora mi erano estranei. Mi ha fatto vivere momenti, istanti, attimi, a mio parere irripetibili e per questo indimenticabili e, giunta a que-

## L'AUTORE

**Sandro Onofri** (1955-1999) è stato insegnante e giornalista. Tra i suoi romanzi si ricordano *Luce del Nord* (1990), *Colpa di nessuno* (1995), *L'amico di infanzia* (1999). Gli articoli e i reportage scritti per i giornali "l'Unità" e "Diario" sono stati raccolti nei volumi *Vite di riserva* (1992), *Le magnifiche sorti* (1997) e *Cose che succedono* (2002). Un vero e proprio diario è *Registro di classe*, in cui l'autore ha raccolto le proprie osservazioni e riflessioni sul mestiere di insegnante e sul rapporto con i ragazzi. Compilato tra il 1998 e il 1999, è uscito postumo nel 2000.

sto punto, posso dirvi che ormai è come se dipendessi da lui! Tutte quelle volte che, rientrando a casa, mi chiudevo in bagno a piangere e tutte quelle pazzie che, a vostra insaputa, ho fatto per lui, sono la conferma che quest'amore mi sta offuscando la vita e annebbiando la vista. Avrete sicuramente notato che è molto che non vado più in discoteca e che non faccio più niente per me. Lui è ormai al centro dei miei pensieri, è per me troppo importante, senza di lui non avrei più voglia di vivere, di sorridere, di stare tra la gente, poiché è lui che mi ha dato tanta sicurezza e stima.

Questo è il risultato di un anno passato con una persona a cui tieni. Penso sia tutto, anche se poi non è niente, forse parole inutili, frutto di un disperato bisogno di sfogo, di farvi sapere. Ma spero siano servite. Accettate le mie scuse, scuse per un pezzo di vita che vi è stato strappato, ma un pezzo di vita che è volato anche a me, è sfuggito dalle mani a entrambi. Michelle.

S. Onofri, *Registro di classe*, Einaudi, Torino, 2000

Irit Bourla, *Un altro bacio ancora*, 2013. (Collezione Privata)

# Attività

## Comprendere il tema

1 **Gli effetti dell'amore** Michelle, innamorata, afferma di sentirsi un'altra persona. Che cosa vuol dire? Hai mai vissuto una simile trasformazione?

2 **Il dialogo con i genitori** Perché è così difficile parlare dei propri innamoramenti con i genitori?

3 **L'amore e la scuola** L'amore in età adolescenziale pregiudica sempre il rendimento scolastico, come pare sia capitato a Michelle?

4 **"Sicurezza" e "stima"** Sono due valori che Michelle ritiene di avere acquisito frequentando Salvatore. Spiegane l'importanza.

## Analizzare il tema

5 **La forma espressiva** Sotto quale forma è stato svolto questo tema?

6 **Le sequenze** Ragionamenti, opinioni, stati d'animo si susseguono nello scritto di Michelle. Come definiresti queste sequenze?

7 **Il lessico psicologico** Elenca almeno cinque termini, tratti dal testo, che rientrano in un lessico di carattere psicologico.

per approfondire

# Snoopy, il bracchetto nevrotico e sognatore

La copertina del volume a fumetti di Charles M. Schulz, *Snoopy-Le mie memorie*, Mondadori, Milano, 1989.

## Il mondo di Charles M. Schulz

In Italia i *Peanuts* ("Noccioline") vennero definitivamente consacrati addirittura da Umberto Eco. Questi nel 1963 si dichiarò ammiratore senza limiti della poesia che scaturiva dalle quotidiane strisce dei *Peanuts* e non esitò a incoronare come «poeta» il loro autore, l'americano Charles M. **Schulz**.

Schulz nasce nel 1922 in una piccola cittadina del Minnesota: il fumetto è nel suo destino sin dall'infanzia. Il padre, infatti, un modesto barbiere, ogni domenica acquista i supplementi dei quotidiani per leggere le pagine dei fumetti. E proprio sui fumetti Schulz impara a leggere. Al liceo segue un corso di disegno per corrispondenza. Finita la Seconda guerra mondiale, il ventitreenne Schulz intraprende la carriera artistica e, dopo alcuni anni di apprendistato, nel 1950 sforna con successo le prime strisce dei *Peanuts*. Ha così inizio la leggenda. Col tempo il disegno si affina, i personaggi diventano più numerosi: il «buon vecchio» Charlie Brown incomincia le sue disastrose partite a baseball; Lucy è preda delle sue schermaglie amorose con Schroeder; le incerte riflessioni di Linus riguardano sempre l'attesa del Grande Cocomero; Snoopy avvia la sua caccia al Barone Rosso oppure cerca di concretizzare le sue ambizioni letterarie. E poi la nascita di Sally, il primo incontro tra Piperita Patty e Marcie, e tanto altro.

I *Peanuts* hanno un successo mondiale e vengono pubblicati su oltre 2600 giornali in 75 paesi. Schulz trae ispirazione dalla sua stessa numerosa famiglia e, soprattutto, dalla quotidianità: è per questo che tutti noi continuiamo a ritrovarci nelle storie comiche e drammatiche dei suoi personaggi. L'ultima tavola esce il 13 febbraio 2000, il giorno dopo la morte dell'autore.

## Analisi

Snoopy è il personaggio più popolare della fortunata serie di fumetti sui Peanuts.

Nelle numerose strisce di cui è protagonista lo vediamo assumere tanti ruoli: eroe della Prima guerra mondiale, campione sportivo, aspirante scrittore di successo («Era una notte buia e tempestosa...» è l'inizio del suo romanzo), conquistatore di cuori femminili... Non c'è attività che il simpatico cane non pratichi.

Riconosciamo che sia un cane soltanto perché vive in una cuccia (dotata di comodità, biliardo e quadri di van Gogh), ma le sue fissazioni, aspirazioni e delusioni assomigliano tanto alle nostre. Le strisce che proponiamo riportano i ruoli più comuni del bracchetto nevrotico e sognatore, campione rappresentativo di tante gioie, amicizie e amori.

# RACCOGLIAMO LE IDEE

## 1 Sintesi dei contenuti

**Attraverso l'attività seguente e le citazioni tratte dai brani che hai letto, esegui un lavoro di sintesi dei concetti e delle informazioni presentati nell'Unità. Se lo ritieni utile, puoi inserire altre citazioni per te significative.**

**Essere felici e veder ricambiati i propri sentimenti di amore e amicizia spesso non è facile, occorre pazienza, sacrificio e determinazione, insomma forza d'animo. Questi atteggiamenti sono messi in mostra dai personaggi dei passi letti nell'Unità. Approfondisci il confronto tra i brani completando la tabella con le informazioni indicate sotto. Associa a ogni racconto le espressioni che trovi di seguito:**

sente di essere rinata • imbarazzo personale • gravidanza inaspettata, ostilità della famiglia • eccezionalità di Konradin • vuole recuperare il rapporto con i genitori • cerca di suscitare in Konradin interesse e ammirazione, si veste adeguatamente • supera la prima sconfitta • si lascia picchiare e insultare dai familiari di Rita, si assume la propria responsabilità e vuole sposarla • si è innamorata

| Racconto | Personaggio | Difficoltà | Forza d'animo |
|---|---|---|---|
| F. Uhlman, *Nascita di un'amicizia* | Hans | ............ | ............ |
| H. Hesse, *Sul ghiaccio* | Il giovane | ............ | ............ |
| B. Fenoglio, *Nove lune* | Ugo | ............ | ............ |
| S. Onofri, *Innamorarsi a 16 anni* | Michelle | ............ | ............ |

## 2 Citazioni dai brani

Qualche giorno dopo arrivai a scuola con alcune monete greche (collezionavo monete da quando avevo dodici anni). Avevo portato una dracma d'argento di Corinto, [...] e, appena vidi Konradin che si avvicinava al suo posto, feci mostra di esaminarle con la lente di ingrandimento. Konradin notò le mie manovre e la sua curiosità, come avevo sperato, la spuntò sulla sua riservatezza. Mi chiese il permesso di guardarle.

Fred Uhlman, *Nascita di un'amicizia*

Con lui [...] sto maturando, crescendo e scoprendo cose e sentimenti che finora mi erano estranei. Mi ha fatto vivere momenti, istanti, attimi, a mio parere irripetibili e per questo indimenticabili e, giunta a questo punto, posso dirvi che ormai è come se dipendessi da lui!

Sandro Onofri, *Innamorarsi a 16 anni*

Baciare una ragazza superava di gran lunga tutti i miei precedenti ideali, sia come cosa in sé e sia perché senza dubbio era vietato e interdetto dalle regole della scuola. [...] Per prima cosa cercai quindi, per quanto possibile, di rendere il mio aspetto più acconcio al corteggiamento.

Hermann Hesse, *Sul ghiaccio*

Pensa a stasera, quando arrivo io a dar la mia parola che ti sposo. Fatti forza, pensa a stasera e diglielo. Sono solo quattro ore che saranno brutte, poi arrivo io e mi piglio io tutto il brutto. Rita, incomincio da stasera e lo farò per tutta la vita.

Beppe Fenoglio, *Nove lune*

[...]
..........................................................................
..........................................................................
..........................................................................

## 3 Scrittura guidata *il testo argomentativo*

Basandoti sulle riflessioni suggerite dall'Unità, sulle tue esperienze e sui passi dei testi che ti abbiamo fornito sopra, stendi un testo argomentativo dal titolo "Per raggiungere amore, amicizia e felicità, si superano tanti ostacoli e si dà il meglio di sé".

Rivedi le caratteristiche del testo argomentativo (► p. 104).

Puoi servirti della scaletta presentata di seguito come punto di partenza.

**Introduzione**

- Enunciazione del problema
- Esposizione della propria posizione

**Sviluppo**

- Argomenti a favore della propria posizione, con citazioni dai testi
- Confutazione di possibili argomenti contrari, con citazioni dai testi

**Conclusione**

- Conferma dell'opinione iniziale
- Eventuali spunti di riflessione

Aldo Nove

# Colpo di fulmine

Da
*Amore mio infinito*, 2000
Romanzo breve

Matteo si è appena laureato. In una Milano imbiancata di neve, s'infila nel McDonald's di piazza Cordusio e si trova davanti "lei".

Non riuscivo piú a capire che panino volevo ero in piazza Cordusio[1] in uno dei due McDonald's nevicava la sera del giorno della mia laurea con l'intenzione di mangiare un McBacon è arrivato il mio turno alla cassa numero 3.

Improvvisamente mi sono trovato a slittare sulle parole[2] che avevo in testa non riuscivo a formularle erano cosí esotici i suoni lontani rimbombavano, nel locale c'era la musica diffusa la versione di *Il cielo* di Renato Zero rifatta da Fiorello.

Lei mi ha guardato mi ha detto ciao io le ho detto un Kingbacon una Coca lei ha sorriso mi ha corretto ha detto McBacon io non riuscivo a staccare gli occhi dai suoi. Come per esempio se tu sei Sanremo e tutti gli anni tutte le sere i cantanti salgono sul tuo palco presentano sempre la stessa canzone davanti allo stesso pubblico annoiato poi all'improvviso una sera arriva qualcosa qualcuno con un brano completamente diverso come non ti aspettavi piú ormai che accadesse il pubblico si alza inizia a ballare tu quasi non ci credi ritrovi la gioia di essere Sanremo in quel momento ti sembra di essere invece che Sanremo la Scala un concerto dei Pink Floyd[3].

E non avevo capito perché il mio cuore aveva iniziato a battere fortissimo come Mennea[4] alle Olimpiadi del 1980 nella finale dei duecento metri a cinquanta metri era ultimo poi improvvisamente gli sono venute le vene grosse sul collo ha iniziato a volare ha superato tutti ha vinto io ero sul balcone di casa mia con la bandiera italiana tutti gridavamo Mennea Mennea non capivamo piú niente, e anche quella sera nella pressione che incombeva della coda dietro di me alla cassa dovevo decidere il menu il panino da prendere mi sono fatto forza mi sono corretto ho detto un McBacon la ragazza ha sorriso di nuovo e quindi ho detto McBacon come avrei

1 **piazza Cordusio**: è una piazza di Milano.
2 **slittare sulle parole**: balbettare.
3 **Pink Floyd**: gruppo musicale rock di grande successo negli anni Settanta-Ottanta (► Variazioni sul tema, p. 519).
4 **Mennea**: Pietro Mennea (1952-2013) è stato a lungo primatista mondiale dei 200 metri.

Due dipinti dell'artista Shi Xiang, rispettivamente del 2006 e del 2008. (Collezione Privata)

potuto dire chiocciola aeroporto Hegel in quanto sentivo le parole anche loro come piccoli corridori andare via lontano veloci incomprensibili come le note di un disco a 45 giri fatto girare a 78 schizzavano via dappertutto si confondevano al brusio di McDonald's alle voci lombarde filippine spagnole toscane americane Fiorello del locale che rimaneva sullo sfondo sfumava come i tavoli le sedie le macchinette per il gelato le persone, come se si fosse spalancato un abisso in cui c'erano soltanto gli occhi di lei rotondi inaspettatamente circolari dove io scivolavo cullato un abisso in cui il tempo non riusciva piú a capire bene cos'era stato.

Avrà avuto la mia età.

E aveva i capelli biondi raccolti il cappellino di McDonald's.

Era come se fossimo in **teatro** nel senso che io ero un cliente con la giacca la cravatta lei la cassiera con la camicia il cravattino di McDonald's recitavamo in una provincia lontana dell'universo a Milano.

E mi sono fatto coraggio ho continuato le ho detto che volevo anche le patatine fritte piccole tanto per guadagnare qualche secondo rimanere lí lei diventando piú professionale mi ha detto che allora in effetti con le patatine mi conveniva prendere il menu perché cosí potevo risparmiare quasi duemila lire McBacon patatine bibita e mi piaceva molto come diceva duemila lire e anche come diceva menu patatine bibita le ho detto sí va bene il menu da ottomilanovecento.

C'erano due persone davanti a lei da una parte io sul palco che recitavo il ruolo del cliente dall'altra improvvisamente il mio ruolo reale la mia identità il senso della mia vita era prenderla portarla via di lí da Milano dalla Lombardia dall'Italia dall'Europa in una frazione di secondo ho pensato.

E ho pensato che lei era la principessa io il principe come i due eroi della canzone di David Bowie[5] per un giorno soltanto e cosí facendo sentivo che anche lei era emozionata è andata via a prendere le patatine non vedevo l'ora che tornasse cercavo di guardarla ma davanti a me c'era la fila della cassa 2 aperta.

Alla fine della carriera Mennea si è ritirato ha completato gli studi preso la lau-

**PAROLE sotto la lente**

### Teatro

Il sostantivo corrisponde al latino *theatrum*, dal greco *thèatron*, che deriva dal verbo *theàomai* = guardare, essere spettatore. Indica l'edificio costruito per rappresentare opere drammatiche o spettacoli in genere. Particolare importanza hanno i teatri che gli antichi greci costruivano scavando le pendici di un colle, formati dalla scena per gli attori, dall'orchestra, ossia lo spazio per il coro, e dalla cavea per gli spettatori. I romani costruivano invece i teatri rialzati, come il Colosseo. Successivamente, dal XVI secolo, sono nati i teatri moderni, edifici coperti, con una grande sala con il palco, lo spazio per gli spettatori, e ambienti con funzioni specifiche.
In senso più esteso, il sostantivo indica gli spettacoli che vengono rappresentati a teatro.

**Attività**

Scegli, tra le parole elencate sotto, quelle che in base alla radice e al significato sono legate al verbo greco *theàomai*, proprio come "teatro".
*Teologo*, *teoria*, *teoretico*, *teorizzare*, *teologia*, *teosofia*, *teorema*.

5 **David Bowie**: cantante pop inglese (1947-2016).

## L'AUTORE

**Aldo Nove** è nato nel 1967. Esordisce nel 1996 con la raccolta di racconti *Woobinda e altre storie senza lieto fine* e, nello stesso anno, compare un suo racconto nella raccolta *Gioventù cannibale*. Nel 1998 pubblica ancora racconti nel libro intitolato *Superwoobinda*. Il romanzo *Amore mio infinito* è del 2000. Tra le opere più recenti, ricordiamo *La vita oscena* (2010), un'autobiografia romanzata, e *Tutta la luce del mondo* (2014). Nove è anche autore di diversi testi di poesia.

rea la ragazza è ritornata con le patatine la Coca me li ha messi sul vassoio ho letto sulla targhetta sulla camicia si chiamava Gianna le ho dato i soldi mi ha chiesto se volevo la salsa mi ha dato il resto lo scontrino le ho detto di sí anche se non avevo mai preso né la ketchup né la maionese specialmente da McDonald's dove al posto della maionese ti danno la salsa per le patate che è una maionese grassa modificata con dei pezzettini verdi, una specie di verdura.

Così, abbiamo iniziato a parlare.

Io avevo il vassoio in mano.

Lei stava chiudendo il coperchio della Coca.

Le ho detto che la maionese di Burghy era molto piú buona che aveva gli occhi rotondi lei ancora ha sorriso ha detto che tra cinque minuti avrebbe finito di lavorare, se volevo potevo aspettarla mi sembrava tutto strano, la mia vita ho sorriso, le avrei voluto dire che l'aspettavo da tutta la vita.

*Il cielo*

Ci sono vetrine che restano accese anche quando non ci sono piú, che erano già accese prima di esistere, tanti secoli fa, a causa della luce che squarta il cielo quando

Una coppia davanti a una città surreale in un'illustrazione intitolata *Hill City Love*.

STORIE da SCOPRIRE

## *Amore mio infinito* di Aldo Nove

Il romanzo breve di Aldo Nove, *Amore mio infinito* (2000), narra le vicende personali di Matteo, 28 anni, laureato in filosofia e giunto ormai al punto di dover prendere le decisioni importanti della vita. Nei quattro capitoli in cui si articola il romanzo, Matteo racconta i quattro avvenimenti che lo hanno segnato: il primo amore infantile, la morte della madre, il primo bacio, dato a 15 anni a una compagna di scuola e, infine, il suo innamorarsi perdutamente di una donna che potrebbe essere quella per la vita.

sei in piazza Cordusio vicino a dove c'è la vetrina dei vestiti di Elena Mirò con i manichini i bicchieri con l'acqua colorata per terra che è azzurra e poi diventa blu gradualmente come il mare che senti agitato di organismi e pesci, il rumore del 12[6].

Allora lei è uscita da McDonald's e anch'io sono uscito con lei nevicava ancora, passava gente nella piazza senza intervallo fredda.

Non sapevo niente di lei.

Le ho detto sai mi sono laureato stamattina in filosofia ho iniziato con biologia davo le pubblicità di un negozio di fotocopie lei mi ha detto io sono emiliana io le ho chiesto se le piacevano i vestiti di Elena Mirò lei non ha risposto, lei aveva gli occhi che mi emozionavano per cui le parole che dicevo facevo una fatica tremenda a dargli un senso, a controllare la grammatica a non fare la figura dello stupido a contenere la piazza che diventava sempre piú grande ha detto voleva sapere cosa vuol dire che aveva gli occhi rotondi io le ho detto che ci sono delle perfezioni che sono proprio così, per esempio i suoi occhi erano azzurri come l'acqua dei bicchieri della vetrina, diventavano mare anche se sei a Milano e sono le dieci di sera c'è il sole, il mare.

E le parole mi sembravano binari che scorrono dappertutto senza incrociarsi mai.

Epilogo[7]

*E prima della fine dell'estate prima che mi venisse questo impossibile coraggio di baciarla prima di andare di sopra a fare le valigie prima di partire prima di leggere «Topolino» prima di diventare grande prima di diventare comunista o democristiano prima di finire la scuola prima di andare a letto prima che qualcosa strapiena di sí scoppiasse pianissimo le ho detto, amore mio* ***infinito****.*

A. Nove, *Amore mio infinito*, Einaudi, Torino, 2000

6 **il rumore del 12**: il rumore dell'autobus 12.

7 **Epilogo**: le parole dell'epilogo sono le stesse con cui si chiude il primo capitolo, determinando la circolarità dell'intero romanzo.

**PAROLE *sotto la lente***

**Infinito**

Proviene dal latino tardo *infinitus*, composto da *in-* e *finitus*, participio passato del verbo *finio*. Si dice di ciò che non ha principio né fine, che non ha limiti. In senso più generico significa innumerevole, immenso. L'aggettivo può essere sostantivato e l'infinito diventa lo spazio dalle dimensioni illimitate, il tempo senza confini. Il concetto è molto presente nel pensiero filosofico, in geometria e in linguistica ("modo infinito").

**Attività**

Trova alcuni sinonimi dell'aggettivo "infinito".

# Attività

## Comprendere e analizzare: verso l'INVALSI

1 **Un giorno molto particolare** Perché quello raccontato nel brano è per il narratore un giorno particolare?

**a.** Va per la prima volta a Milano e si innamora

**b.** Incontra per strada la sua anima gemella

**c.** Si laurea e si innamora

**d.** Incontra al McDonald's un'affascinante ragazza

2 **La caratteristica affascinante** Quale caratteristica particolare della ragazza colpisce profondamente il giovane?

**a.** La voce

**b.** Gli occhi

**c.** Il sorriso

**d.** Il corpo

3 **Lo stile** Lo stile del testo presenta un limitato uso della punteggiatura; le parole dette, quelle pensate, le riflessioni, i ricordi sono messi sulla pagina senza distinzione e occupano la maggior parte della narrazione. Come definiresti questa modalità espressiva?

**a.** Discorso indiretto libero
**b.** Discorso diretto
**c.** Flusso di coscienza
**d.** Discorso indiretto

4 **I fatti** Quali fatti avvengono concretamente nel testo?

**a.** Il protagonista entra da McDonald's, ordina il menu, si innamora di una ragazza, si incontrano fuori
**b.** Il protagonista, ordinando un panino da McDonald's, rimane quasi stordito dall'amore per una ragazza e la incontra fuori
**c.** Il protagonista rivede da McDonald's la sua ex ragazza e prova di nuovo amore per lei
**d.** Il protagonista, ordinando un panino da McDonald's, dichiara il proprio amore a una ragazza

5 **Le parole** Le parole che i due giovani si scambiano nel corso della vicenda sono poche e pochissime quelle che esprimono i loro sentimenti. Sottolineale nel testo.

6 **Le emozioni** Una serie confusa di emozioni sconvolge il ragazzo. Come vengono espresse nel testo?

**a.** Sono esposte dettagliatamente
**b.** Sono espresse con poche significative parole
**c.** Sono esposte con impiego di similitudini e metafore
**d.** Si intuiscono attraverso le azioni

7 **La tipologia** Come definiresti la tipologia testuale presentata in questo passo?

**a.** Una lettera
**b.** Una pagina di diario
**c.** Un racconto autobiografico
**d.** Un racconto storico

8 **Le motivazioni** Quali elementi linguistici sono determinanti per individuare la tipologia?

**a.** La sintassi paratattica, il registro colloquiale
**b.** Il flusso di coscienza, il lessico colto
**c.** Il lessico colloquiale, la sintassi ipotattica
**d.** Il flusso di coscienza, il lessico colloquiale

9 **Il luogo** La vicenda è ambientata a Milano, come molte informazioni interne al testo evidenziano. Però l'amore del giovane lo trasporta in un altro luogo, quasi simbolo della sua felicità. Quale?

**a.** Piazza Cordusio imbiancata dalla neve
**b.** Sanremo invasa dai fiori
**c.** Il mare con il sole
**d.** La propria casa nella pianura intorno a Milano

10 **Il tempo** La collocazione temporale della vicenda è fornita dalla presenza di molti aspetti della vita quotidiana dell'epoca. Scegline almeno cinque particolarmente significativi tra quelli elencati.

il 12, Coca cola, Renato Zero, Mennea, McDonald's, Burghy, Pink Floyd, Elena Mirò, ottomilanovecento lire, Fiorello, Scala

11 **Le immagini** Attraverso similitudini e metafore il narratore esprime i propri stati d'animo. Trova almeno cinque di queste immagini.

..........................................................................................
..........................................................................................
..........................................................................................
..........................................................................................
..........................................................................................

## Rielaborare e produrre

12 **La tua riscrittura** Riscrivi con adeguata punteggiatura e corretta forma grammaticale il passo del testo che inizia con «Le ho detto sai mi sono laureato stamattina in filosofia» (r. 81) e si conclude con «c'è il sole, il mare» (r. 90).

13 **La lettera** Utilizzando lo stile dell'autore (poca punteggiatura, registro colloquiale, richiami alla vita quotidiana, nessuna distinzione tra parole dette, parole pensate, pensieri, ricordi), ossia con l'uso del flusso di coscienza, racconta un'esperienza della tua vita in una lettera a un amico.

# per guardare oltre

## Intersezioni nell'antologia

- Si parla di amore e di amicizia tra ragazzi in *Storia di Pronto Soccorso e Beauty Case* (▸ p. 72) di Stefano **Benni**, in *Mara fa la conoscenza di Bube* (▸ p. 256) di Carlo **Cassola** e nel brano di Thomas **Mann** *Tonio Kröger al ballo* (▸ p. 484).
- Nel film *La migliore offerta* di Giuseppe **Tornatore** (▸ p. 358) possiamo intravedere una ricerca di felicità derivata dal possesso di tanti dipinti e poi dall'amore per una enigmatica fanciulla.

## Altri orizzonti

### POESIA, RACCONTI E ROMANZI

- La ricerca della felicità è un tema molto esplorato nella storia della letteratura. Dagli autori classici fino al giorno d'oggi ci si domanda quale sia il segreto per essere felici. Nelle *Odi*, il poeta latino **Orazio** scrive la famosa locuzione: "Dum loquimur fugerit invida aetas: carpe diem, quam minimum credula postero" ("Mentre si parla, il tempo è già in fuga, come se ci odiasse! Così cogli la giornata, non credere al domani"). Un'esortazione a vivere appieno la vita, a sfruttarne ogni attimo perché è proprio nel momento che risiede la felicità.
- Gustave **Flaubert**, autore del realismo francese, racconta i sogni, le fantasticherie, le aspirazioni, gli amori della borghese Emma, protagonista del romanzo *Madame Bovary* (1856).
- In *Anna Karenina* (1877) di Lev **Tolstoj**, il raggiungimento della felicità è a lungo inseguito dalla protagonista femminile, ma comporterà conseguenze tragiche.
- Classici di questa tema sono alcuni libri di Vasco **Pratolini** come *Il quartiere* (1943) e *Cronache di poveri amanti* (1946); anche in *Il giardino dei Finzi Contini* (1962) di Giorgio **Bassani** il tema dell'amore giovanile ha un ruolo centrale, accanto a quello più di ambito sociale.
- Tra gli scrittori contemporanei, Francesco **Piccolo** scrive nel 2010 *Momenti di trascurabile felicità*, in cui propone con ironia una serie di aneddoti quotidiani, situazioni realmente vissute e forse anche banali in cui si manifesta, improvvisa e inaspettata, la felicità.

### PITTURA

- Il dipinto di Henri **Matisse** intitolato *La danza* (1909) suggerisce un senso di felicità e di leggerezza. La gestualità delle figure, l'armonia dei movimenti, la circolarità del girotondo invitano proprio a danzare.

### FILM

- Nel film *Il favoloso mondo di Amélie* (2001) di Jean-Pierre **Jeunet**, la protagonista, una giovane ragazza parigina, vive in un mondo di sogni a occhi aperti. Viene descritta come una che «Coltiva un gusto particolare nei piccoli piaceri: tuffare la mano in un sacco di legumi, rompere la crosta della crème brulée con la punta del cucchiaino e far rimbalzare i sassi sul canale Saint Martin». La sua personale ricerca della felicità passa attraverso l'aprirsi al mondo, conoscere persone e, finalmente, innamorarsi.

Una scena tratta dal film *Il favoloso mondo di Amélie* diretto da Jean-Pierre Jeunet nel 2001.

### MUSICA

- Negli anni Sessanta, i **Beach Boys** inventano il "surf rock", un genere di pop rock dalle sonorità positive e leggere che è entrato nella storia della musica. Tra i brani più famosi ricordiamo *Good Vibration*, che racconta la sensazione di innamoramento per una ragazza, e *Surfin' USA*, che immagina un mondo in cui tutti vivono sull'oceano e si godono le onde.
- Vasco **Rossi** prova a raccontare la gioia di vivere nella canzone *Una splendida giornata*, che incarna lo spirito e la leggerezza della gioventù che non si preoccupa se le cose belle finiscono perché si sente invincibile e sa che i momenti felici torneranno.

# L'insidia del dolore

Edward Hopper, *Autoritratto*, 1925-30. (Whitney Museum of American Art, New York)

**• Il dolore, parte della vita •** La quotidianità non è sempre facile e positiva. Bisogna prepararsi anche a vivere vicende segnate dal dispiacere e dalla tristezza perché il **dolore** fa parte della vita. La **solitudine** e l'**incomunicabilità** dell'uomo contemporaneo, che sono un aspetto del dolore, sono state spesso trattate nell'arte. Nella prima metà del Novecento, l'artista americano Edward Hopper ha dipinto il dramma della solitudine e delle paure individuali.

**• La rappresentazione della solitudine •** Edward **Hopper** nasce nel 1882 a Nyack, nello Stato di New York e, salvo una breve parentesi europea, vive sempre a New York, dove muore nel 1967.

Nei suoi dipinti Hopper conduce un'acuta analisi psicologica della società a lui contemporanea, cogliendo il **senso di vuoto** e la **disillusione** che attraversavano gli Stati Uniti negli anni Venti e Trenta. Le inquietanti immagini di **città** o di **campagne** per lo più **deserte**, gli **individui silenziosi e isolati** in anonimi uffici o in impersonali stanze d'albergo, le **persone solitarie** in un contesto urbano sono i ripetuti temi della sua pittura.

Il dipinto intitolato *Automat* (*Tavola calda*, 1927) è stato visto come l'emblema della **solitudine** umana. Una donna è sola all'interno di un locale pubblico. Seduta a un tavolo, pare assorta nel fissare una tazzina di caffè, nascosta sotto un cappello dalla tesa ampia. È così assente e persa nei suoi pensieri che neppure è riflessa nella vetrina retrostante, a differenza delle luci del locale. È un'immagine vera o è un sogno? Un tono scuro, soprattutto quello ampio della vetrina che fa da sfondo, accentua il senso di amarezza, come se sulla donna dovesse incombere chissà quale minaccia.

**Domande**

- La pittura di Hopper, e in particolare il dipinto *Automat*, interpretano anche la nostra contemporaneità?
- Come ha espresso Hopper il senso di solitudine che aleggia nel dipinto?
- Che significato dai al grande sfondo nero alle spalle della donna?
- Hopper usa colori definiti e intensi oppure ricorre allo sfumato?

Edward Hopper, *Automat* (*Tavola calda*), 1927.
(Des Moines Art Center, Iowa)

## in questa Unità impareremo a

- **conoscere** le caratteristiche della narrazione realistica e inquadrare i contesti socio-culturali in cui sono ambientate le storie
- **comprendere** il significato globale dei testi: il dolore, le molte cause che lo possono determinare, le diverse reazioni dei personaggi, la crescita che può derivare da tale esperienza
- **analizzare** i brani secondo le costanti narratologiche e le tecniche stilistiche per raffinarne la comprensione e approfondirne le tematiche
- **interpretare** lo scritto, collegandolo ad altre storie di libri e film o a esperienze personali
- **produrre** sintesi, testi argomentativi e racconti a partire dagli argomenti contenuti nei brani
- **comunicare oralmente** per riferire i contenuti dei brani e riflettere sulle loro tematiche in forma strutturata e chiara

## in questa Unità scopriremo

Quand'è che nella vita si incontra il dolore? Ciascuno potrebbe dare una risposta sulla base della propria esperienza e sarebbero mille risposte diverse. Tutti cerchiamo di far correre il nostro treno sui binari della gioia, ma prima o poi un ostacolo imprevisto ci si para davanti e ci fa deragliare, obbligandoci a conoscere anche la sofferenza, che resta un passaggio inevitabile nella vita di ciascuno di noi. In questo passaggio la lettura può farci sentire meno soli.

Un manifesto pubblicitario del servizio postale australiano invita a mantenere contatti epistolari con gli amici.

## • L'esperienza dolorosa •

Si cresce anche passando attraverso esperienze dolorose.

Le **reazioni al dolore** possono essere di varia natura e oscillare da atteggiamenti di scoramento e di prolungato abbattimento, ad altri improntati a un maggior spirito di ottimismo e di volontà di ripresa. Forse gli **adolescenti** – inclini ad assumere atteggiamenti netti e totalizzanti – inizialmente si sentono perduti e non in grado di prospettarsi un futuro, ma poi, per lo più, trovano in se stessi la forza di sorridere ancora alla vita. Questo aspetto è molto positivo perché è una risorsa importante a cui attingere nei momenti di difficoltà.

Non si deve sottovalutare la possibilità di guardarsi attorno e cercare anche negli altri un aiuto e un sostegno. Rinchiudersi in se stessi, isolarsi è spesso il modo per aggravare una situazione, mentre ricercare l'aiuto di chi è vicino consente di condividere il dolore e di meglio sopportarlo.

In questa Unità riportiamo racconti che presentano gli aspetti meno piacevoli della vita, con esperienze che toccano da vicino ogni fascia d'età, da quella infantile a quella adulta.

Rob Anderson, *Sabato pomeriggio*, 2011. (Collezione Privata)

# • Il percorso antologico •

Katherine **Mansfield** (1888-1923) deve la sua fama soprattutto ai numerosi racconti incentrati sull'analisi psicologica dei protagonisti. Si tratta, dunque, di un'autrice dalla particolare abilità introspettiva, attenta alle emozioni e agli stati d'animo. La giovane protagonista del racconto *Il suo primo ballo* (► p. 458) fa ricorso a tutto l'ottimismo adolescenziale per far sì che il suo legittimo desiderio di felicità non venga spento da un vecchio disilluso che non ha ormai più nulla da chiedere alla vita.

Ernest **Hemingway** (1899-1961) è uno scrittore americano passato attraverso numerose esperienze "forti" (le guerre vissute da soldato e da giornalista) che ne hanno formato il carattere e la visione amara della vita. Servendosi di uno stile asciutto ed essenziale, Hemingway ha scritto opere letterarie di straordinaria importanza, nelle quali l'uomo è sempre chiamato a sostenere delle prove. Un gioco di illusioni e delusioni è sotteso al suo drammatico racconto *La capitale del mondo* (► p. 464), che ci catapulta nell'ambiente della corrida tanto amato dallo scrittore, non per portare a compimento il coraggio di un giovane aspirante torero, bensì per farci toccare con mano un destino crudele.

Niccolò **Ammaniti** (1966) scrive struggenti storie di adolescenti in difficoltà a rapportarsi e a capire gli adulti e non concede molto ai sentimenti buoni, perché c'è sempre un dolore da affrontare per crescere e per far sì che la vita non scorra via senza senso. Con *Nascosto nel buio* (► p. 472) – un episodio tratto dal romanzo *Io non ho paura* – Ammaniti conduce il ragazzino protagonista a guardare in faccia una realtà spaventosa, ma dalla quale sa anche uscire attraverso una prova di coraggio.

Un momento di sintesi e di analisi di alcune forme di dolore lo possiamo ritrovare nel brano *Discutere del dolore e della morte* (► p. 478) dello psicologo Paolo **Crepet** (1951), in cui apprendiamo come anche in età infantile sia possibile discutere e capire il dolore e la morte, grazie all'intermediazione dei genitori.

Thomas **Mann** (1875-1955) ha trattato con grande profondità l'eterno dissidio tra realismo e lirismo, tra razionalità e passione. Racconti brevi, grandi romanzi, un'ampia saggistica costituiscono un'opera letteraria vasta e rappresentativa del mondo culturale europeo della prima metà del Novecento. Tonio, personaggio principale del brano *Tonio Kröger al ballo* (► p. 484), è un giovane di belle speranze artistiche, ma alquanto impacciato nel rapportarsi all'avvenente ragazza che lo ha conquistato.

Man Ray, *Lacrime di vetro*, 1930-1932.

## Katherine Mansfield

# Il suo primo ballo

Da *Garden-Party*, 1922

Racconto psicologico

Leila vive in campagna. Si sta recando al suo primo ballo con i cugini Meg, Jose, Laura e Laurie, più avvezzi di lei alle occasioni mondane. In carrozza è molto emozionata, ma si sforza di non lasciarlo intendere.

Pierre-Auguste Renoir, *Ballo in città*, 1883. (Parigi, Museo d'Orsay)

Erano già arrivati: c'erano delle carrozze davanti e delle carrozze dietro di loro. La strada era illuminata da tutte e due i lati da luci ondeggianti a forma di ventaglio, e sul marciapiede coppie gaie parevano fluttuare nell'aria; tante scarpette di satin s'inseguivano come uccellini.

«Stammi vicina, Leila, altrimenti ti perdi» disse Laura.

«Avanti, ragazze, buttiamoci nella mischia» disse Laurie.

Leila mise due dita sul mantello di velluto rosa di Laura e le ragazze furono, si può dire, sollevate al di là della grande lanterna dorata, trasportate lungo il corridoio e spinte in una stanzetta con la scritta «Signore». Era così gremita che non c'era quasi spazio per svestirsi e il rumore era assordante. Due panche sui lati scomparivano sotto pile di scialli e mantelli. [...]

Il ballo non era ancora cominciato, ma l'orchestra aveva smesso di accordare gli strumenti e c'era tanto di quel baccano da far pensare che, quando avesse cominciato a suonare, sarebbe stato impossibile sentirla. Leila, stringendosi a Meg, guardando sopra la spalla di Meg, ebbe l'impressione che parlassero perfino le tremule bandierine colorate appese al soffitto. Si dimenticò completamente che era timida, si dimenticò che mentre si vestiva si era seduta sul letto con una scarpa sì e una no e aveva supplicato sua madre di telefonare alle cugine dicendo che le era proprio impossibile andare. E quell'impeto di nostalgia che aveva avuto, quel desiderio di starsene seduta nella veranda della loro desolata casa di campagna ad ascoltare le piccole civette gridare «Tuttomio» al chiaro di luna, si trasformò in un impeto di gioia così dolce che le fu difficile sopportarlo da sola. Strinse il ventaglio e, guardando il pavimento dorato e scintillante, le azalee, le lanterne, il palco con il suo tappeto rosso e le sedie dorate e l'orchestra in un angolo, si disse col fiato sospeso: «È meraviglioso; semplicemente meraviglioso!».

Tutte le ragazze stavano raggruppate insieme da una parte, gli uomini dall'altra; le *chaperon*[1] in abiti scuri, con un sorriso piuttosto sciocco, camminavano sul pavimento lucido a cauti passettini, dirette verso il palco.

«Questa è la mia cuginetta di campagna, Leila. Sii gentile con lei. Trovale dei cavalieri; è sotto le mie ali» diceva Meg, andando da una ragazza all'altra.

Facce estranee sorrisero a Leila – molto gentili e vaghe. Voci estranee risposero «Ma certo, cara». Leila sentì che le ragazze non la vedevano veramente. Guardavano dalla parte degli uomini. Perché non cominciavano? Che cosa aspettavano? Se ne stavano là a lisciarsi i guanti, a passarsi le mani sui capelli lucidi, a sorridere tra loro. [...] Poi un vecchio – grasso, con la pelata – le prese il carnet[2] e mormorò:

1 ***chaperon***: termine francese che indica signore di età matura che erano solite accompagnare le giovani ragazze per sorvegliarne il comportamento.

2 **carnet**: termine francese, usato anche in lingua italiana per indicare il quadernetto su cui un cavaliere, accanto all'elenco dei brani musicali, poteva prenotare il ballo con la dama, aggiungendovi il proprio nome.

«Vediamo, vediamo!». E stette a lungo a confrontare il proprio carnet tutto nero di nomi con il suo. Sembrava una cosa così laboriosa che Leila era confusa. «Oh, per piacere, non si disturbi» gli disse sollecita. Ma invece di risponderle l'uomo grasso scrisse qualcosa e le dette un'altra occhiata. «Mi pare di aver già visto quel faccino luminoso,» disse a bassa voce «mi ricorda tempi lontani». In quel momento l'orchestra cominciò a suonare; l'uomo grasso scomparve. Fu trasportato via da una grande ondata di musica che si rovesciò sul pavimento luccicante rompendo i gruppi in coppie, sparpagliandole e facendole girare vorticosamente...

Leila aveva imparato a ballare in collegio. Ogni sabato pomeriggio le allieve venivano spedite in una piccola sala parrocchiale fatta di lamiera ondulata dove Miss Eccles (di Londra) teneva i suoi corsi «esclusivi». Ma la differenza tra quella sala che odorava di polvere – con i versetti della Bibbia stampati su tela alle pareti, la povera donnetta terrorizzata che pestava il pianoforte gelato e si teneva in testa una toque[3] di velluto marrone con degli orecchi da coniglio, e Miss Eccles che pungolava i piedi delle ragazze con una lunga bacchetta bianca – la differenza tra quella sala e tutto questo era così spaventosa che Leila era sicura che se il suo cavaliere non fosse arrivato e lei avesse dovuto ascoltare quella musica meravigliosa e guardare gli altri scorrere, scivolare su quel pavimento dorato, come minimo sarebbe morta, o svenuta, oppure avrebbe alzato le braccia e sarebbe volata fuori da una di quelle buie finestre piene di stelle.

«È il nostro, credo...». Qualcuno s'inchinò, sorrise, le offrì il braccio; non doveva morire, dopotutto. La mano di qualcuno le premette la vita, e lei galleggiò via come un fiore gettato in uno stagno.

«È un buon pavimento, vero?» le sussurrò all'orecchio una voce affettata[4].

«Mi pare che sia deliziosamente scivoloso» disse Leila.

«Prego?». La voce sommessa sembrò sorpresa. Leila lo disse di nuovo, e ci fu una minuscola pausa prima che la voce rispondesse: «Oh, certo!» e poi lui riprese a farla volteggiare.

La guidava così bene! Ecco la grande differenza tra ballare con gli uomini e bal-

3 **toque**: termine francese per indicare un cappellino femminile, tondo, rigido e senza tesa.

4 **affettata**: forzata, non naturale.

## L'AUTRICE

**Katherine Mansfield** è lo pseudonimo di Kathleen Mansfield Beauchamp. L'autrice nasce nel 1888 in Nuova Zelanda, ma si può considerare europea per formazione e influenze. Per motivi di studio si trasferisce nel 1903 a Londra e vi rimane fino all'età di 18 anni. A partire dal 1908 soggiorna per motivi di salute anche in Francia e in Germania. A Londra conosce Virginia Woolf (1882-1941), con la quale collabora nella battaglia per il voto femminile. Un primo matrimonio infelice, l'impossibilità di avere figli, la perdita di un fratello sono causa di una vita difficile, piuttosto disordinata, insofferente a ogni convenzione. Katherine Mansfield muore in Francia nel 1923 all'età di 35 anni.

Il nome della Mansfield è legato ad alcune raccolte di racconti (*Una pensione tedesca*, 1911; *Felicità*, 1920; *Garden-Party*, 1922) incentrate soprattutto su personaggi femminili, nei quali a volte l'autrice si identifica e dai quali altre volte prende le distanze con compiaciuta ironia. Il successo di tali racconti (frammenti di vita quotidiana, amare storie d'amore, situazioni di solitudine) non è dato dalle trame elaborate, ma dalla profonda capacità d'analisi dell'animo umano che la Mansfield dimostra.

lare con le ragazze, pensò Leila. Le ragazze si scontravano e si pestavano i piedi, e quella che faceva da cavaliere stringeva sempre troppo forte.

James Tissot, *Troppo presto*, 1873. (Londra, Guildhall Art Gallery)

Le azalee non erano più dei fiori isolati: erano bandiere bianche e rosa che le ondeggiavano intorno.

«Era dai Bell la settimana scorsa?» disse di nuovo la voce, che le parve stanca. Leila si chiese se doveva dirgli di fermarsi pure, se voleva.

«No, questo è il mio primo ballo» disse.

Il cavaliere fece una risatina affannata. «Oh, andiamo!» protestò.

«Sì, davvero, è il primo ballo a cui sia mai andata» insisté Leila con fervore. Era un tale sollievo poterlo dire a qualcuno. «Vede, fino ad ora ho sempre vissuto in campagna...».

In quel momento la musica cessò e loro andarono a sedersi su due sedie contro il muro. Leila incrociò i piedi di satin rosa sotto la sedia e si fece vento, osservando beata le altre coppie che uscivano dalle porte girevoli e sparivano.

«Ti diverti, Leila?» domandò Jose, facendole un cenno con la testa dorata.

Laura passò e le strizzò impercettibilmente l'occhio; Leila si chiese per un attimo se era poi davvero un'adulta. Certo il suo cavaliere non parlava molto: tossiva, metteva via il fazzoletto, si tirava giù il panciotto, si toglieva un minuscolo filo dalla manica. Ma non le importava. Quasi immediatamente l'orchestra ricominciò a suonare e il suo secondo cavaliere parve sbucare dal soffitto.

«Niente male, il pavimento» disse la nuova voce. Si cominciava sempre col pavimento? E poi: «Era dai Neaves, martedì?». E Leila spiegò di nuovo. Forse era un po' strano che i suoi cavalieri non mostrassero un maggiore interesse. Era così elettrizzata! Il suo primo ballo! Non era che l'inizio di tutto. Le sembrava di non aver mai saputo prima di allora che cosa fosse la notte. Fino a quel momento era stata buia, silenziosa, spesso bellissima – oh sì – ma anche triste. Solenne. E ora non sarebbe stata così mai più: era diventata abbagliante di luce.

«Desidera un gelato?» disse il cavaliere. E uscirono dalle porte a molla, percorsero il corridoio, entrarono nella stanza dei rinfreschi. Le guance le bruciavano, aveva una sete terribile. Com'erano belli i gelati sui piattini di vetro e com'era freddo il cucchiaino sulle labbra, gelato pure lui! E quando tornarono nel salone c'era l'uomo grasso ad attenderla sulla porta. Fu di nuovo un colpo, per lei, vederlo così vecchio; avrebbe dovuto stare sul palco con i padri e le madri. Confrontato con gli altri suoi cavalieri, era anche male in arnese[5]. Il panciotto era grinzoso, un guanto mancava di un bottone, la giacca sembrava spolverata di gesso.

«Venga, bella signorina» disse l'uomo grasso. La sfiorava appena, mentre si muovevano adagio: più che ballare sembrava che camminassero. Ma lui non disse nulla del pavimento. «È il suo primo ballo, vero?» mormorò.

«Come *ha fatto* a capirlo?».

«Ah,» disse l'uomo grasso «vede cosa vuol dire essere vecchi?». Ansimava un poco mentre cercava di scostarsi da una coppia un po' maldestra. «Sono trent'anni che faccio questo genere di cose».

5 **male in arnese**: ridotto male, soprattutto nell'abbigliamento.

«Trent'anni?» gridò Leila. Dodici anni prima che lei nascesse!

«Sembra impossibile, vero?» disse l'uomo grasso con aria abbattuta. Leila gli guardò la calvizie, e le dispiacque per lui.

«Penso che sia meraviglioso che lei continui a farlo» disse gentilmente.

«Che signorina gentile» disse l'uomo grasso, e la strinse un po' di più canticchiando qualche battuta del valzer. «Certo,» disse «lei non può sperare di durare così a lungo. No-o,» disse l'uomo grasso «lei si siederà molto prima su quel palco e starà a guardare, col suo bel vestito di velluto nero. E queste braccia così graziose saranno diventate corte e grassocce, e batterà il tempo con un ventaglio molto diverso, un ventaglio di ebano[6] nero». L'uomo grasso parve rabbrividire. «E continuerà a sorridere come quelle povere care lassù, e indicherà sua figlia, e dirà alla signora anziana che le sta seduta vicina che un uomo orribile ha cercato di baciarla al ballo del club. E sentirà il cuore farle male, male,» e l'uomo grasso la strinse un po' di più, come se gli dispiacesse davvero tanto per quel povero cuore «perché nessuno ormai vorrà più baciarla. E dirà che non le piacciono questi pavimenti lucidi, sono così pericolosi. Eh, Mademoiselle Piedini di Fata?» disse piano l'uomo grasso.

Leila fece una risatina, ma non aveva voglia di ridere. Era – poteva essere vero? Suonava terribilmente vero. Allora, quel primo ballo, non era che il principio dell'ultimo? Sembrò che la musica cambiasse; adesso era triste, triste; si alzava sopra un grande sospiro. Oh, come tutto cambiava in fretta! Perché la felicità non durava per sempre? Per sempre non era affatto troppo.

«Voglio fermarmi» disse, senza fiato. L'uomo grasso la condusse verso la porta.

«No,» disse lei «non voglio uscire. Non voglio sedermi. Resto qui in piedi, grazie». Si appoggiò al muro, battendo il tempo col piede, tirandosi su i guanti e cercando di sorridere. Ma dentro di lei una bambina si buttò il grembiulino sulla testa e si mise a **singhiozzare**. Perché le aveva sciupato tutto?

«Senta,» disse l'uomo grasso «non mi deve mica prendere sul serio, mia giovane signorina».

«Oh, si figuri!» disse Leila, gettando indietro la testolina bruna e mordendosi il labbro…

Le coppie sfilarono di nuovo. Le porte a molla si aprirono e si richiusero, il direttore d'orchestra distribuì della nuova musica. Ma Leila non aveva più voglia di ballare. Avrebbe voluto andare a casa, o sedersi in veranda ad ascoltare le piccole civette. Quando guardò attraverso le finestre buie vide che le stelle avevano lunghi raggi che sembravano ali…

Ma subito si udì un motivo dolce, struggente, incantatore, e un giovanotto ricciuto le s'inchinò davanti. Ormai avrebbe dovuto ballare, per cortesia, finché non avesse trovato Meg. Rigida, camminò fino al centro del salone; altezzosa, gli posò la mano sul braccio. Ma dopo un attimo solo, dopo un solo giro i suoi piedi scivolavano veloci. Le luci, le azalee, gli abiti, le facce rosee, le sedie di velluto, tutto divenne una splendida ruota volante. E quando il cavaliere successivo si scontrò con l'uomo grasso e disse: «Pardon»[7], lei gli sorrise più raggiante che mai.

Non lo riconobbe nemmeno.

K. Mansfield, *Tutti i racconti. Garden-Party*, trad. it. di C. Campo, F. Bossi, G. Debenedetti e M. Hannon, Adelphi, Milano, 1984

6 **ebano**: un legno pregiato, duro e di colore scuro.

7 **Pardon**: in francese, vuol dire scusi.

**PAROLE *sotto la lente***

### Singhiozzare

Il verbo corrisponde a *singultiare* del latino tardo, connesso a *singultus* = singulto, singhiozzo. Indica l'azione di avere il singhiozzo, cioè un fenomeno respiratorio complesso, che si manifesta con l'emissione di suoni striduli a brevi intervalli. Il nome viene usato comunemente in senso figurato per indicare il procedere, l'avanzare a tratti ("Il traffico procede a singhiozzi"). Il singhiozzare può essere provocato da una forte tensione nervosa ed è accompagnato dal pianto.

#### Attività

Il verbo "singhiozzare" riproduce il suono connesso al suo significato. Come si definiscono tali parole?

## per L'ANALISI del TESTO

### Le emozioni

Siamo di fronte a un racconto tipico del mondo letterario di Katherine Mansfield: un brano piuttosto povero di eventi, che si concentra sulla figura di una ragazza della quale viene indagato con maestria l'animo. Sono, infatti, le **sensazioni**, le **emozioni**, i **turbamenti** che agitano la ragazza a costituire il nucleo portante del brano, che si rivela, dunque, come un **racconto di carattere psicologico**. La Mansfield, per farci conoscere Leila, ha scelto una serata particolare, quella in cui vive l'incantesimo del suo primo ballo.

### Un braccio di ferro

Abituata alla monotonia della campagna, la ragazza vive l'evento con una partecipazione piena e totale: è come se facesse il suo ingresso in società. Le sue emozioni, dunque, sono molto più intense rispetto ai suoi cugini, abituati a vivere serate di gala.

Come di regola nei racconti della Mansfield, viene introdotto un elemento di disordine che indirizza il racconto verso un **binario imprevisto**. Il valore simbolico dell'inciampo, dell'**ostacolo** che ogni momento della vita sottende è costituito dall'invadenza dell'uomo grasso.

Il racconto, infatti, si regge su una specie di braccio di ferro tra le disillusioni che costui sparge a piene mani e la fragile resistenza che la protagonista, Leila, cerca di opporre alla distruzione dei suoi sogni. La felicità della ragazza è alimentata dalla sua volontà sognatrice, che la Mansfield delinea ricorrendo a numerose immagini: luci, musica, colori, odori trasfigurano l'ambiente e quanto sta svolgendosi, facendo assumere all'evento i contorni del meraviglioso. L'uomo grasso è l'unico tra i cavalieri che volteggiano con Leila ad aver capito che la ragazza è al suo primo ballo. Non ha avuto bisogno di chiederglielo, lo ha percepito dalle sue movenze impacciate, dagli sguardi estasiati che lei lancia tutt'attorno. L'uomo, dall'alto della sua vita navigata e ormai priva di ogni illusione, s'incarica di spegnere le speranze, le gioie che con quel ballo Leila ha acceso dentro di sé.

Succede un po' come nelle fiabe. L'uomo grasso mettendo di fronte alla ragazza lo **scorrere del tempo** e quindi l'**invecchiare** della persona stringe sempre di più a sé la ragazza, quasi come un orco che voglia inghiottirla. L'animo sensibile di Leila è presto colpito e l'amarezza si fa strada; non è sufficiente uscire mentalmente dalla sala da ballo e ripensare alla veranda, alle civette o vedere con occhi nuovi le stelle nella notte buia. Il **sogno** è ormai **infranto**. Il suo romanticismo si esprime in quel: "Perché la felicità non durava per sempre?" (rr. 132-133). La **rivincita**, tuttavia, è dietro l'angolo. Ha il profilo della giovinezza, ha la sagoma di un nuovo cavaliere che la riporta al centro della pista per risalire ancora su quella «splendida ruota volante» (r. 155), non solo dimenticando, ma addirittura senza riconoscere chi, un attimo prima, voleva sottrarle il suo diritto alla felicità.

### La tecnica narrativa

Chi racconta la vicenda è un **narratore esterno** che assume il **punto di vista interno**, quello di Leila, e ci mette a conoscenza dei pensieri della ragazza attraverso la forma del **discorso indiretto libero**. Tale scelta è di rilevante importanza per far sì che anche il lettore viva pienamente la festa, il ballo e senta le stesse emozioni della protagonista. Il **lessico** non è comune, ma neppure troppo elevato: il suo carattere particolare, quasi di natura poetica, risulta dal ricorso a **similitudini** e **metafore** che contribuiscono a rendere originale l'intero registro linguistico.

# Attività

## Leggere e comprendere

1 **La paura svanita** Mentre la musica sta per iniziare la ragazza sente in sé una trasformazione. Che cambiamento avviene in lei?

2 **Il primo ballo** Dove ha imparato a ballare Leila?

**a.** Con amiche del paese
**b.** Nella sala di casa sua con le cugine
**c.** In collegio
**d.** In piazza durante le feste popolari

3 **La presentazione** Quando le cugine presentano Leila alle amiche, la ragazza si sente a proprio agio?

**a.** Sì, grazie all'accoglienza delle ragazze, Leila supera la sua timidezza
**b.** No, Leila sente le ragazze estranee e distanti da lei
**c.** In parte sì. Leila gradisce le parole delle ragazze, ma avverte una sorta di forzatura nei loro comportamenti
**d.** No, si sente completamente a disagio, inferiore alle ragazze belle, eleganti e spigliate

4 **Il primo cavaliere** Come si comporta il primo cavaliere con cui danza Leila e come si sente la ragazza?

**a.** Il cavaliere è goffo e Leila è a disagio
**b.** Il cavaliere è gentile e Leila è felice
**c.** Il cavaliere è gentile ma Leila è a disagio
**d.** Il cavaliere è inesperto e Leila si irrita

5 **L'inizio di tutto** La ragazza, elettrizzata dall'atmosfera, dice a se stessa che il suo primo ballo è «l'inizio di tutto» (r. 94). Che cosa intende con queste parole?

6 **L'uomo grasso** Durante il ballo con Leila, l'uomo grasso, stonato rispetto all'ambiente, pronuncia parole che la intimoriscono. Che paure fanno nascere in lei?

7 **La felicità** Quale caratteristica attribuisce la ragazza alla felicità?

**a.** La felicità è irraggiungibile
**b.** La felicità è effimera
**c.** La felicità è solo per le persone fortunate
**d.** La felicità vera dura anche negli anni della vecchiaia

8 **La reazione di Leila** Come reagisce Leila alle parole dell'uomo grasso?

9 **La conclusione** La tristezza della protagonista non dura. Come si dissolve?

**a.** Viene consolata dalle cugine
**b.** Vede le stelle brillare e si rincuora
**c.** La musica riprende e viene invitata a ballare
**d.** Si rasserena perché l'ora del rientro è vicina

## Riconoscere e analizzare

10 **La struttura** Quale struttura presenta il testo?

**a.** *Fabula* e intreccio coincidono
**b.** È lineare ma è presente un *flashback*
**c.** È presente un lungo *flashforward*
**d.** L'intreccio rovescia la *fabula*

11 **Le sequenze** Dividi il testo in otto sequenze e attribuisci a ciascuna un titolo.

12 **Lo spazio** Gli ambienti descritti fanno da sfondo a diversi stati d'animo della protagonista. Sai individuarli?

13 **I personaggi** In questo racconto è possibile riconoscere tutti i componenti del sistema dei personaggi: protagonista, antagonista e aiutanti. Indicali.

- Protagonista: ..............................
- Antagonista: ..............................
- Aiutanti: ..............................

14 **Leila** Traccia un breve ritratto di Leila, sulla base della descrizione che ne fa l'autrice.

15 **Il lessico** Particolarmente significativo nel testo è l'abbinamento del ballo alla leggerezza, al volo. Ricerca il maggior numero possibile di vocaboli che suggeriscono questa idea.

## Rielaborare e produrre

16 **Il riassunto** Servendoti della suddivisione in sequenze fatta nell'esercizio 11, riassumi il racconto in 200 parole.

17 **Parole di verità** Le parole pronunciate con chiarezza, ma anche senza crudeltà, quasi con affetto, dal vecchio intimoriscono e rattristano la fanciulla. Tu le trovi così toccanti? Perché? Esponi le tue riflessioni in un testo argomentativo di circa 100 parole.

18 **Il tuo racconto** Anche a te sarà capitato di essere invitato a una festa. Presenta i preparativi e le emozioni provate durante la festa in un racconto autobiografico di tua invenzione.

Ernest Hemingway

# La capitale del mondo

Da
I quarantanove racconti, 1938

Racconto realistico

Paco è un ragazzotto che si guadagna da vivere facendo il cameriere in una pensione di Madrid e coltiva il sogno di diventare un giorno un torero. Lavora, però, troppo d'immaginazione, anche nel terribile gioco che allestisce nella cucina dell'albergo, tra roteanti e affilati coltelli che «bucano come baionette» e non risparmiano neppure le sue illusioni.

Madrid è piena di ragazzi che si chiamano Paco, che è il diminutivo di Francisco, e a Madrid si racconta la barzelletta di quel padre che arrivò a Madrid e mise nelle pagine pubblicitarie di "El Liberal" un annuncio economico che diceva: "Paco ti aspetto all'Hotel Montana martedì a mezzogiorno tutto è perdonato papà"; e si dovette chiamare uno squadrone della Guardia Civil[1] per disperdere gli ottocento giovanotti che avevano risposto a quell'annuncio. Ma questo Paco, che serviva a tavola nella Pensión Luarca, non aveva un padre che lo perdonasse, né qualcosa di cui farsi perdonare da lui. Aveva due sorelle maggiori che facevano le cameriere alla Luarca, che avevano ottenuto quel posto perché venivano dallo stesso paesino di un'ex cameriera della Luarca che si era dimostrata onesta e laboriosa e che perciò aveva dato un buon nome al suo paese e ai suoi prodotti; e queste sorelle gli avevano pagato il viaggio in autobus fino a Madrid e procurato il posto di apprendista cameriere. Veniva da un paese in una zona dell'Estremadura[2] dove le condizioni erano incredibilmente primitive, il cibo scarso e le comodità sconosciute e, stando a quello che poteva ricordare, aveva sempre lavorato sodo.

Era un ragazzo ben piantato con capelli nerissimi, piuttosto ricci, bei denti e una pelle che le sue sorelle gli invidiavano, e aveva un sorriso pronto e spontaneo. Era svelto sulle gambe e sbrigava a puntino il suo lavoro e amava le sorelle, che sembravano belle e raffinate; amava Madrid, che era ancora una città incredibile, e amava il suo lavoro che, svolgendosi sotto luci sfolgoranti, con tovaglie pulite, gente in abito da sera, e in cucina tanta roba da mangiare, sembrava romantico e bellissimo.

C'erano da otto a dodici altre persone che vivevano alla Luarca e mangiavano in sala da pranzo ma per Paco, il più giovane dei tre camerieri che servivano a tavola, gli unici che esistevano veramente erano i toreri.

[...]

I preti[3] se ne andarono subito dopo il picador[4], rendendosi conto all'improvviso di essere

Un cameriere al lavoro in un ristorante di Seattle in un dipinto di Layne Cook del 2014.

1 **Guardia Civil**: corpo militare spagnolo incaricato dell'ordine pubblico.

2 **Estremadura**: regione della Spagna occidentale.

3 **preti**: tra gli avventori c'erano due preti.

4 **picador**: è un protagonista della corrida, un cavaliere che affronta il toro prima che arrivi il torero.

gli ultimi clienti rimasti, e allora nella sala non rimase più nessuno tranne Paco e il cameriere di mezza età. Sparecchiarono i tavoli e portarono le bottiglie in cucina.

In cucina c'era il ragazzo che lavava i piatti. Aveva tre anni più di Paco ed era un tipo molto cinico[5] e amaro.

«Prendi questo» disse il cameriere di mezza età, e riempì un bicchiere di Valdepeñas e glielo porse.

«Perché no?» Il ragazzo prese il bicchiere.

«Tu, Paco?» domandò il cameriere più anziano.

«Grazie» disse Paco. Bevvero, tutt'e tre.

«Io vado» disse il cameriere di mezza età.

«Buonanotte» gli dissero.

Lui uscì e loro rimasero soli[6]. Paco prese uno dei tovaglioli usati dai preti e stando dritto, con i talloni uniti, abbassò il tovagliolo e seguendo il movimento con la testa fece oscillare le braccia nel gesto di un'ampia e lenta veronica[7]. Si voltò, e avanzando leggermente il piede destro fece il secondo movimento, guadagnò un po' di terreno sul toro immaginario e fece il terzo movimento, lento, perfettamente ritmato e dolcissimo, poi si portò il tovagliolo alla vita e girando su se stesso scostò i fianchi dal toro in una media-veronica.

Il lavapiatti, che si chiamava Enrique, lo guardava con occhio critico e beffardo.

«Com'è il torero?» disse.

«Coraggiosissimo» disse Paco. «Guarda.»

Ergendosi nell'esile figura fece altri quattro perfetti movimenti, fluidi, eleganti e aggraziati.

«E il toro?» chiese Enrique appoggiandosi all'acquaio, tenendo in mano il bicchiere di vino e indossando il grembiule.

«Ha fiato da vendere, ancora» disse Paco.

«Mi fai vomitare» disse Enrique.

«Perché?»

«Guarda.»

Enrique si tolse il grembiule e aizzando il toro immaginario disegnò quattro languide e perfette veronicas alla gitana e finì con una rebolera[8] che fece descrivere al grembiule un rigido arco sopra il muso del toro mentre lui si allontanava di qualche passo.

«Guarda questo» disse. «E lavo piatti.»

«Perché?»

«Paura» disse Enrique. «*Miedo*[9]. La stessa paura che avresti tu se fossi in un'arena con un toro.»

«No» disse Paco. «Io non avrei paura.»

«*Leche*![10]» disse Enrique. «Tutti hanno paura. Ma il torero sa dominare la paura in modo tale da potersi lavorare il toro. Io ho preso parte a una corrida per dilettanti e mi sono talmente spaventato che non ho potuto far a meno di scappare. Tutti l'hanno trovato molto divertente. Avresti avuto paura anche tu. Se non fosse

La Puerta del Sol di Madrid in un dipinto di Javier Montesol.

5 **cinico**: senza scrupoli, privo di ideali.

6 **rimasero soli**: uscito il cameriere anziano, restarono soli Paco e il ragazzo che lavava i piatti, più avanti indicato con il nome di Enrique (r. 52).

7 **veronica**: una delle figure nella quale il torero aspetta la carica del toro.

8 **rebolera**: con questa figura si fa ruotare la cappa sul muso del toro per provocarlo.

9 ***Miedo***: in spagnolo, significa paura.

10 ***Leche***: lattante, nel senso di ignorante.

per la paura, tutti i lustrascarpe della Spagna farebbero i toreri. Tu, che vieni dalla campagna, avresti più paura di quella che ho avuto io.»

«No» disse Paco.

Troppe volte lo aveva fatto nella sua immaginazione. Troppe volte aveva visto le corna, l'umido muso del toro, l'orecchio palpitante, poi la testa che si abbassava e la carica, gli zoccoli che martellavano il terreno e il toro infuriato che lo sfiorava mentre lui roteava la cappa, per tornare alla carica mentre lui roteava la cappa un'altra volta, poi ancora, e ancora, e ancora, e finiva col farsi fare un giro intorno dal toro nella sua grande media-veronica, e allontanarsi speditamente, con i peli del toro impigliati negli ornamenti dorati del giubbetto tanto vicino era passato l'animale; il toro immobile, come ipnotizzato, e la folla che applaudiva. No, lui non avrebbe avuto paura. Gli altri, sì. Lui no. Lo sapeva, che non avrebbe avuto paura. E anche se l'avesse avuta, sapeva comunque di potercela fare. Ne era certo. «Io non avrei paura» disse.

Enrique disse ancora: «*Leche*».

Poi disse: «Se provassimo?».

«In che modo?»

«Guarda» disse Enrique. «Si pensa al toro ma non si pensa alle corna. Il toro ha una forza tale che le corna tagliano come un coltello, bucano come una baionetta e uccidono come un bastone. Guarda» disse aprendo il cassetto di un tavolo e togliendone due coltelli per la carne. «Legherò questi alle gambe di una sedia. Poi

## *per conoscere* ERNEST HEMINGWAY

**ERNEST HEMINGWAY** nasce a Oak Park, vicino a Chicago, nel 1899. Di famiglia benestante, preferisce agli studi universitari la scuola di giornalismo. All'attività di scrittore affiancherà infatti per tanti anni anche il lavoro di corrispondente dall'Europa per vari giornali statunitensi. A 18 anni si arruola come ausiliario e partecipa alla Prima guerra mondiale. La narrativa di Ernest Hemingway prende avvio con gli anni Venti del Novecento, quando alcuni scrittori che avevano partecipato alla Prima guerra mondiale, una volta tornati in patria, cominciano a raccontare la loro esperienza. Hemingway è tra loro uno dei più originali e brillanti, al punto da diventare un punto di riferimento anche per le generazioni successive.

**• I primi successi letterari •** Nel 1918, l'ultimo anno della Prima guerra mondiale, Hemingway è inviato al seguito della Croce Rossa in Italia, da dove invia le sue prime corrispondenze. Da questa esperienza ricava il romanzo *Addio alle armi* (1929), nel quale i temi della guerra, dell'amore e della morte trovano uno spazio e una trattazione particolari. Le peripezie di un tenente americano conducente d'ambulanza consentono di capire quanto la guerra sia orribile, tanto che neppure l'amore riesce a dispiegarsi.

Ernest Hemingway in un ritratto di Tullio Pericoli del 2002.

farò il toro con la sedia tenuta davanti alla testa. I coltelli sono le corna. Sei proprio in gamba, se rifai quelle figure.»

«Prestami il grembiule» disse Paco. «Facciamolo in sala da pranzo.»

«No» disse Enrique, perdendo improvvisamente tutta la sua asprezza. «Non farlo, Paco.»

«Sì» disse Paco. «Non ho paura, io.»

«L'avrai quando vedrai arrivare i coltelli.»

«Vedremo» disse Paco. «Dammi il grembiule.»

In quel momento, mentre Enrique assicurava alle gambe della sedia i due coltelli per tagliare la carne, con la lama pesante e affilata come quella di un rasoio, avvolgendoli strettamente e poi legandoli con due tovaglioli sporchi intorno al manico, le due cameriere, sorelle di Paco, stavano andando al cinema a vedere Greta Garbo[11] in *Anna Christie*. [...]

Allora, nella sala da pranzo deserta, Enrique fece l'ultimo nodo ai tovaglioli che legavano i coltelli alle gambe della sedia e alzò la sedia. Orientò verso Paco le gambe con i coltelli e tenne la sedia sopra la testa con i due coltelli puntati in avanti, uno per ciascun lato della testa.

«Pesa» disse. «Senti, Paco. È molto pericoloso. Non lo fare.» Sudava.

Paco gli stava di fronte, tenendo il grembiule spiegato, tenendone una cocca raccolta in ogni mano, col pollice in alto, l'indice in basso, spiegato per attirare lo sguardo del toro.

11 **Greta Garbo**: attrice cinematografica di origini svedesi, famosa negli anni Trenta.

Durante gli anni Trenta il suo impegno letterario si intensifica. In *Verdi colline d'Africa* (1935) è il rapporto uomo-natura ad affascinare lo scrittore: il paesaggio tropicale, le belve, la caccia sembrano restituirlo a una semplicità primitiva. *I quarantanove racconti*, pubblicati nel 1938, presentano i temi più significativi della narrativa di Hemingway: le foreste americane dove si caccia e si pesca, la guerra, la caccia grossa in Africa, i rischi della corrida spagnola, la competizione sportiva. I protagonisti sono uomini coraggiosi che mostrano anche nella sconfitta tutta la loro dignità.

**• Le opere della maturità •** Dopo aver seguito la guerra civile spagnola in qualità di inviato speciale, Hemingway pubblica *Per chi suona la campana* (1940), un romanzo importante che diventerà un modello narrativo anche per gli scrittori italiani che narreranno la Resistenza (Calvino, Fenoglio). La vicenda è contenuta nello spazio di tre giorni e vede Robert Jordan, un giovane professore americano arruolatosi volontario (una figura in parte autobiografica), sacrificare la vita in una pericolosa e inutile missione, fedele al senso del dovere che lo anima.

Negli anni Quaranta Hemingway stenta a ritrovare la vena narrativa precedente. Con *Il vecchio e il mare* (1952) però torna a scrivere un lungo racconto dai toni epici, una vicenda che ha per protagonista un vecchio pescatore, simbolo dell'energia e della nobiltà della lotta umana, e un grande pesce, simbolo della forza della natura. Ancora una volta siamo di fronte a un personaggio, il vecchio pescatore, che incarna nel contempo l'idea del vincitore e dello sconfitto. Avventura e coraggio sono gli aspetti dominanti di quest'ultima opera, ma sono aspetti che ritroviamo in tutta l'opera dello scrittore americano.

**• Il narratore •** La scrittura di Hemingway deriva dalla sua attività di giornalista e di corrispondente di guerra. Egli adotta, infatti, uno stile essenziale e rigoroso sia quando descrive gli ambienti sia quando delinea i personaggi. Ricorre di frequente al dialogo, come per lasciare spazio ai personaggi stessi. Si tratta di uno stile realista che gli consente di esprimere con compiutezza il suo esistenzialismo interiore che ammetteva anche la possibilità della sconfitta.

«Carica in linea retta» disse. «Girati come un toro. Carica tutte le volte che vuoi.»

«Come farai a sapere quando devi finire la figura?» chiese Enrique. «Sarà meglio farne tre e poi una media.»

«Va bene» disse Paco. «Ma avanza in linea retta. Uh, torito![12]»

Correndo a testa bassa, Enrique avanzò verso di lui e Paco fece roteare il grembiule proprio davanti alla lama del coltello mentre gli passava davanti al ventre, vicinissimo, e mentre passava essa era, per lui, il corno vero, nero, liscio e con la punta bianca, e mentre Enrique lo sfiorava e si voltava per tornare alla carica quella che passava con un sordo rumore era la massa del toro, irruento e con i fianchi insanguinati, che poi si voltava come un gatto e tornava all'attacco mentre lui faceva roteare lentamente la cappa. Poi il toro si voltò e tornò alla carica, e mentre teneva d'occhio la punta che avanzava Paco mise il piede sinistro troppo avanti di cinque centimetri e il coltello non passò, ma si era piantato nel suo corpo con la stessa facilità con cui avrebbe potuto bucare un otre da vino, e sopra e intorno all'improvvisa interna rigidezza dell'acciaio ci fu come un'ondata impetuosa e rovente ed Enrique gridò: «Ay! Ay! Lascia che lo tiri fuori! Lascia che lo tiri fuori!», e Paco scivolò in avanti sulla sedia, senza mollare il grembiule che faceva da cappa, mentre Enrique tirava via la sedia e il coltello girava dentro di lui, dentro Paco.

Poi il coltello uscì e lui cadde a sedere per terra nella pozza tiepida che si allargava sempre più.

«Mettici sopra il tovagliolo. Tienilo!» disse Enrique. «Tienilo stretto. Corro a chiamare il dottore. Devi fermare l'emorragia.»

«Ci vorrebbe una tazza di gomma» disse Paco. L'aveva vista usare nell'arena.

«Io ho caricato in linea retta» disse Enrique, piangendo. «Volevo solo mostrarti il pericolo.»

«Non preoccuparti» disse Paco, con una voce che sembrava venire da lontano. «Ma porta qui il dottore.»

Nell'arena ti sollevavano e ti portavano di corsa in sala operatoria. Se l'arteria femorale[13] si vuotava prima di arrivare là, chiamavano il prete.

«Avverti uno dei preti» disse Paco, premendosi il tovagliolo contro il basso ventre. Stentava a credere che fosse toccato a lui.

Ma Enrique stava correndo lungo la Carrera San Jerónimo fino al pronto soccorso aperto tutta la notte e Paco rimase solo, prima seduto, poi piegato su se stesso, poi abbandonato sul pavimento, finché non ci fu più niente da fare, sentendo che la vita gli usciva dal corpo come esce l'acqua sporca da una vasca quando si leva il tappo. Aveva paura e si sentiva venir meno e provò a dire un atto di **dolore** e ricordava come cominciava ma prima che avesse detto, più in fretta che poteva: «Oh, mio Dio, mi pento con tutto il cuore di averti offeso, Tu che sei degno di tutto il mio amore, e prometto solennemente...», si sentì troppo debole e si accasciò sul pavimento, a faccia in giù, e in pochi istanti tutto finì. Un'arteria femorale recisa si vuota più in fretta di quanto si possa immaginare.

Mentre il medico del pronto soccorso saliva le scale accompagnato da un agente che teneva Enrique per un braccio, le due sorelle di Paco erano ancora nel cinematografo della Gran Via, delusissime dal film della Garbo, che mostrava la celebre diva in un ambiente squallido e miserabile, mentre loro erano abituate a vederla in mezzo alla magnificenza. [...]

12 **torito**: piccolo toro

13 **l'arteria femorale**: grande vaso sanguigno della coscia, dal quale fuoriesce molto rapidamente una grande quantità di sangue.

**PAROLE *sotto la lente***

**Dolore**

Il sostantivo deriva dal latino *dolor*, con la stessa radice di *doleo*. È qualunque sensazione soggettiva di sofferenza causata da un male fisico, ma anche patimento dell'animo, strazio, sofferenza morale.

**Attività**

Nel sottocodice medico "dolore" è sostituito dal suffissoide greco *-algia*. Spiega il significato dei seguenti nomi, usando il vocabolario se necessario.

*Nevralgia*: ..........

*Pubalgia*: ..........

*Mialgia*: ..........

*Analgesico*: ..........

Paco, il ragazzo, non aveva mai saputo nulla di tutto questo e non sapeva cosa tutta questa gente avrebbe fatto il giorno dopo e in tutti gli altri giorni che dovevano venire. Non aveva la più pallida idea di come queste persone vivessero realmente né di come potessero finire. Non lo immaginava nemmeno, che un giorno potessero finire. Morì, come dicono in Spagna, pieno d'illusioni. In vita sua non aveva avuto il tempo di perderne nessuna e nemmeno, alla fine, di completare un atto di dolore.

Non aveva avuto nemmeno il tempo di amareggiarsi per il film della Garbo, che per una settimana deluse tutta Madrid.

E. Hemingway, *I quarantanove racconti*, trad. it. G. Trevisani, Mondadori, Milano, 1967

## per L'ANALISI del TESTO

### La corrida

Ernest Hemingway ha incentrato questo racconto su un tema a lui molto familiare, quello della **corrida**. La sua lunga presenza in Spagna come giornalista, come testimone della guerra civile, lo ha messo in contatto con il mondo dei toreri, gente sanguigna, abituata a rischiare ogni volta la vita, sospinta da quelle forti passioni per le quali lo stesso Hemingway vibrava.

### Un imprudente romanticismo

La corrida non è raccontata in maniera diretta. Non ci troviamo a osservare un vero combattimento con i tori, ma seguendo la fantasia, facendo nostra l'immaginazione di un giovane **aspirante torero**, è come se scendessimo nell'arena. Il protagonista è Paco. In apertura, Hemingway ce ne offre una descrizione fisica e ne presenta le **aspirazioni**. Si tratta di un adolescente che, provenendo da una realtà paesana piuttosto misera, si affaccia sul mondo cittadino a bocca aperta, a tal punto che tutto gli appare bellissimo e romantico. Questo romanticismo, in Paco, si sposa con la semplicità fino a raggiungere l'**ingenuità**. Hemingway ne fa abilmente risaltare il candore: Paco non è in grado di misurare fino in fondo il rischio a cui si espone e ne rimane travolto, senza riuscire a cogliere l'imprudenza del suo gesto. Infatti, una volta accaduto l'incidente, egli stenta ancora a rendersene conto. Solo il sangue, ormai inarrestabile, gli fa infine comprendere che sta per perdere la vita a causa di un gioco.

Paco sente uscire da sé la vita «come esce l'acqua sporca da una vasca quando si leva il tappo» (rr. 158-159), senza essere neppure riuscito a cimentarsi con l'esistenza per davvero. Il lettore è chiamato a riflettere e a far tesoro della sventatezza di Paco, che, a causa di un gioco trasformatosi in tragedia, non ha avuto il tempo materiale per crescere. Paco rappresenta l'entusiasmo, il coraggio, le speranze e le aspirazioni, spesso impossibili, dell'adolescenza, che qui vengono sacrificate a una concezione disincantata della vita.

### Lo stile

Hemingway riesce a far vivere il dramma anche attraverso una **scrittura scarna** e concreta, intessuta di continui **dialoghi** che, per la loro rapidità, sembrano avere un carattere da sceneggiatura cinematografica.

Monica Rotgans, *Toro entero*, 2016. (Collezione Privata)

# Attività

## Leggere e comprendere

1 **Il titolo** Madrid è indicata nel titolo come la «capitale del mondo». Quali altri elementi nel testo contribuiscono a sottolineare che Madrid è come un universo che racchiude tutto?

2 **Un mondo di sogno** Nella sua mente Paco trasfigura la realtà e tutto gli sembra bellissimo. Per quale ragione questo avviene?

3 **L'interesse** Con brevi parole, legate casualmente alla descrizione degli avventori, viene introdotta la vera passione di Paco. Qual è?

4 **L'onestà morale** Il ragazzo, ormai ferito a morte, dimostra la sua generosità e la sua dirittura morale verso l'amico. In che modo?

**a.** Solleva Enrique da ogni responsabilità
**b.** Ascolta Enrique che cerca di giustificarsi
**c.** Attacca Enrique incattivito
**d.** Perdona Enrique con parole generose

5 **Il sogno più forte della realtà** Quali immagini della fantasia di Paco restano vivide in lui anche quando si accorge di essere gravemente ferito?

6 **La paura** A un tratto Paco è spaventato; come cerca di allontanare la paura?

**a.** Impreca contro Enrique
**b.** Impreca contro il destino
**c.** Vuole recitare una preghiera, ma è tardi
**d.** Urla e chiama i genitori

7 **Il dolore** I due protagonisti del gioco provano diverse forme di dolore: Paco quello fisico, causato dalla ferita subita, Enrique quello morale per averla causata. Come si esprimono queste due forme di dolore?

## Riconoscere e analizzare

8 **I luoghi** Nel racconto sono indicati Madrid e l'Estremadura. Quali caratteristiche di questi due luoghi geografici presenta l'autore?

**a.** Le loro bellezze artistiche
**b.** La posizione geografica
**c.** La situazione economica
**d.** La storia

9 **I personaggi** Da chi sono presentati i due ragazzi?

**a.** Paco presenta Enrique e un avventore presenta Paco
**b.** Sono presentati dal vecchio cameriere
**c.** Sono presentati direttamente dall'autore
**d.** I due giovani si presentano vicendevolmente

10 **Coraggio o incoscienza?** Secondo te, quale dei due termini si può adattare all'atteggiamento di Paco nel gioco della corrida? E nel momento della morte?

11 **Il lessico** I termini specifici della corrida («veronica», «rebolera») sono introdotti casualmente o l'autore ha un intento preciso?

12 **Le similitudini** Riportiamo due similitudini presenti nel testo, riferite alle corna del toro e alla vita che abbandona Paco. Spiegane il significato.

- «le corna tagliano come un coltello, bucano come una baionetta e uccidono come un bastone» (rr. 100-101):
- «la vita gli usciva dal corpo come esce l'acqua sporca da una vasca quando si leva il tappo» (rr. 158-159):

13 **Lo stile e il dolore** La fine del gioco è estremamente dolorosa per entrambi i ragazzi, ma nel testo non si fa quasi cenno alla sofferenza. Pensi che l'autore l'abbia trascurata oppure che abbia scelto di esprimerla in modo così essenziale in relazione al suo particolare stile espressivo?

## Rielaborare e produrre

14 **Il riassunto** Riassumi il racconto in 200 parole.

15 **Discutere** Spesso i giovani praticano giochi o sport rischiosi per superare il limite del consentito e per sfidare la morte. Basti pensare ai *base jumpers* che si lanciano nel vuoto indossando una "tuta alare". Secondo te, che cosa spinge una persona a correre rischi così alti? Discutine, insieme ai compagni e all'insegnante, esprimendo il tuo parere in un intervento orale di 5 minuti.

cinema

# Il dolore come parte del cambiamento

I film che raccontano storie d'amore, di delusione, di rabbia e ribellione giovanile sono tanti. Molti raccontano il dolore come portatore di cambiamento e di crescita.

Il capostipite dei film su questo tema è *I quattrocento colpi* (1959) di François **Truffaut**, la storia di un ragazzino maltrattato dalla famiglia che non riesce a comprendere le regole del mondo e finisce in riformatorio.

## I ragazzi inquieti di Gus Van Sant

Il regista americano Gus **Van Sant** ha affrontato il tema della ribellione giovanile da molteplici prospettive. Quasi tutti i protagonisti dei suoi film si sentono diversi, alcuni sono solo timidi e poco popolari a scuola, altri invece, come i ragazzi di *Mala Noche* (1985), *Drugstore Cowboy* (1989), *Belli e Dannati* (1991), vivono ai margini della società, dediti alla droga e alla prostituzione. Il regista però riesce a cogliere la bellezza nelle vite disperate dei protagonisti. In *Will Hunting, genio ribelle* (1997), un ragazzo della periferia povera di Boston che lavora come bidello all'università scopre di essere un talento della matematica.

In *Elephant* (2003) Van Sant ripercorre la tragedia accaduta alla fine degli anni Novanta in un liceo di Columbine, dove due studenti trucidarono professori e compagni. In *Paranoid Park* (2007) troviamo lo skater quindicenne Alex che deve affrontare il dolore di aver causato per sbaglio la morte di una persona. *L'amore che resta* (2011) racconta la storia dell'adolescente Enoch che, dopo aver perduto i genitori, frequenta i funerali di sconosciuti e ha come unico amico un fantasma. L'incontro e l'amore con Annabel, che ha pochi mesi da vivere a causa di un cancro, gli ridarà il gusto per la vita.

## Ragazze ribelli

Anche le protagoniste femminili di molti film di formazione devono fare i conti con la sofferenza. In *Fish Tank* (2009), della regista inglese Andrea **Arnold**, troviamo Mia, una ragazzina rissosa e senza amici che vive nei quartieri popolari dell'Essex. In perenne conflitto con la madre alcolista, Mia si avventura in una torbida relazione con il fidanzato della madre. Anche la regista americana Sofia **Coppola** ha portato sullo schermo i racconti di inquietudini adolescenziali declinati al femminile. Nel film *Il giardino delle vergini suicide* (1999) ci racconta la storia di un gruppo di sorelle che non riesce a scappare da una madre troppo religiosa e protettiva. Tutt'altro tono invece viene utilizzato in *The Bling Ring* (2013). La trasposizione cinematografica di una vicenda di cronaca vera accaduta a Los Angeles, dove una gang di ragazzine annoiate usava svaligiare le ville delle star seguendo i loro movimenti tramite i social network.

La regista Celine **Sciamma** ha debuttato al cinema con un'opera dedicata all'amore sofferto tra adolescenti. In *Water Lilies* (2007), Maire, una timida ragazzina della periferia di Parigi cerca di avvicinarsi a Floriane, la popolare capitana della squadra di nuoto sincronizzato.

## Adolescenti inglesi

La cinematografia inglese ci propone storie di formazione dove il diventare grandi passa attraverso il dolore, morale e fisico, della vita di strada. In *Sweet Sixteen* (2002) il regista Ken **Loach** segue le disavventure di Liam, un criminale in procinto di compiere 16 anni, impavido e già sicuro di quale sia il suo cupo destino nelle strade dei sobborghi di Edimburgo. In *This is England*, (2006) di Shane **Meadows** troviamo l'educazione morale di Shaun, un dodicenne costantemente preso in giro dai bulli della scuola, che fa amicizia con una banda di naziskin e ne diventa parte, scoprendone la mentalità razzista e violenta.

## Il potere dell'amicizia

Altri film ci raccontano invece storie di dolore superato grazie al sostegno e alla vicinanza degli amici.

Una prospettiva ironica e surreale sul tema del dolore e dell'amicizia ce la presenta *Harold e Maude* (1971) di Hal **Ashby**, in cui un ragazzo profondamente triste, che passa le giornate a partecipare a funerali di sconosciuti e inscenare la propria morte, stringe un rapporto salvifico con l'anziana Maude, cinica e disinibita, che sta aspettando di compiere ottant'anni per congedarsi dalla vita.

*Noi siamo infinito* (2012) di Stephen **Chbosky** dipinge la nascita dell'amicizia tra Charlie, ritenuto un perdente, e Sam e Patrick, due compagni di scuola, alternativi e indipendenti, che sapranno sostenere Charlie anche nel momento in cui manifesterà una malattia mentale.

Niccolò Ammaniti

# Nascosto nel buio

Da
*Io non ho paura*, 2001

Romanzo realistico

Nella assolata campagna romana, un ragazzo di nome Michele Amitrano ha scoperto in una buca presso un isolato cascinale un essere umano morto (oppure vivo?). Di nascosto dai genitori, Michele torna sul luogo, senza sapere che cosa lo aspetta. Ha paura, ma va avanti, spinto dalla curiosità.

Quando mi sono svegliato mamma e papà dormivano ancora. Ho buttato giú il latte e il pane con la marmellata, sono uscito e ho preso la bicicletta.

– Dove vai?

Maria era sulle scale di casa, in mutande, e mi guardava.

– A fare un giro.

– Dove?

– Non lo so.

– Voglio venire con te.

– No.

– Io lo so dove vai... Vai sulla montagna.

– No. Non ci vado. Se papà o mamma ti chiedono qualcosa digli che sono andato a fare un giro e che torno subito.

Un altro giorno di fuoco.

Alle otto della mattina il sole era ancora basso, ma già cominciava ad arrostire la pianura. Percorrevo la strada che avevamo fatto il pomeriggio prima e non pensavo a niente, pedalavo nella polvere e negli insetti e cercavo di arrivare presto. Ho preso la via dei campi, quella che costeggiava la collina e raggiungeva la valle. Ogni tanto dal grano si sollevavano le gazze con le loro code bianche e nere. Si inseguivano, si litigavano, si insultavano con quei versacci striduli. Un falco volteggiava immobile, spinto dalle correnti calde. E ho visto pure una lepre rossa, con le orecchie lunghe, sfrecciarmi davanti. Avanzavo a fatica, spingendo sui pedali, le ruote

## L'AUTORE

**Niccolò Ammaniti** nasce a Roma nel 1966. Il suo primo romanzo, *Branchie*, esce nel 1994. Ammaniti fa parte di un gruppo di giovani scrittori che si propongono di svecchiare nei temi e nella forma la tradizione letteraria italiana con l'antologia *Gioventù cannibale* (1996). Nel 1996 pubblica una raccolta di racconti, *Fango*, da uno dei quali il regista Marco Risi ricava il film *L'ultimo capodanno* (1998). Ottiene un grande consenso con il romanzo *Ti prendo e ti porto via* (1999), ma l'opera che lo consacra come autore fra i più significativi dell'ultima generazione è il romanzo *Io non ho paura* (2001), dal quale il regista Gabriele Salvatores trae l'omonimo film nel 2003. Senza rinunciare alla tradizione del romanzo, Ammaniti cerca di praticare nuove strade letterarie nel tentativo di meglio definire la sua stessa identità di scrittore e narratore. Nel 2004 pubblica *Fa un po' male*, un libro a fumetti che racchiude tre storie ambientate in una Roma periferica, con personaggi dal carattere grottesco. Con *Io e te* (2010) e con *Anna* (2015) ritorna ai temi dell'adolescenza.

slittavano sui sassi e le zolle aride. Piú mi avvicinavo alla casa, piú la collina gialla cresceva di fronte a me, piú un peso mi schiacciava il petto, togliendomi il respiro.

E se arrivavo su e c'erano le streghe o un orco?

Sapevo che le streghe si riunivano la notte nelle case abbandonate e facevano le feste e se partecipavi diventavi pazzo e gli orchi si mangiavano i bambini.

Dovevo stare attento. Se un orco mi prendeva, buttava anche me in un buco e mi mangiava a pezzi. Prima un braccio, poi una gamba e cosí via. E nessuno sapeva piú niente. I miei genitori avrebbero pianto disperati. E tutti a dire: «Michele era tanto buono, come ci dispiace». Sarebbero venuti gli zii e mia cugina Evelina, con la Giulietta blu[1]. Il Teschio non si sarebbe messo a piangere, figuriamoci, e neanche Barbara. Mia sorella e Salvatore, sí.

Non volevo morire. Anche se mi sarebbe piaciuto andare al mio funerale.

Non ci dovevo andare lassú. Ma che mi ero impazzito?

Ho girato la bicicletta e mi sono avviato verso casa. Dopo un centinaio di metri ho frenato.

Cos'avrebbe fatto Tiger Jack[2] al mio posto?

Non tornava indietro neanche se glielo ordinava Manitú[3] in persona.

Tiger Jack.

Quella era una persona seria. Tiger Jack, l'amico indiano di Tex Willer.

E Tiger Jack su quella collina ci saliva pure se c'era il convegno internazionale di tutte le streghe, i banditi e gli orchi del pianeta perché era un indiano navajo, ed era intrepido e invisibile e silenzioso come un puma e sapeva arrampicarsi e sapeva aspettare e poi colpire con il pugnale i nemici.

Io sono Tiger, anche meglio, io sono il figlio italiano di Tiger, mi sono detto.

Peccato che non avevo un pugnale, un arco o un fucile Winchester.

Ho nascosto la bicicletta, come avrebbe fatto Tiger con il suo cavallo, mi sono infilato nel grano e sono avanzato a quattro zampe, fino a quando non ho sentito le gambe dure come pezzi di legno e le braccia indolenzite. Allora ho cominciato a zompettare[4] come un fagiano, guardandomi a destra e a sinistra.

Quando sono arrivato nella valle, sono rimasto qualche minuto a riprendere aria, spalmato[5] contro un tronco. E sono passato da un albero all'altro, come un'ombra sioux. Con le orecchie drizzate a qualsiasi voce o rumore sospetto. Ma sentivo solo il sangue che pulsava nei timpani.

Acquattato dietro un cespuglio ho spiato la casa.

Era silenziosa e tranquilla. Niente sembrava cambiato. Se erano passate le streghe avevano rimesso tutto a posto.

Mi sono infilato tra i rovi e mi sono ritrovato nel cortile.

Nascosto sotto la lastra e il materasso ci stava il buco.

Non me l'ero sognato.

Non riuscivo a vederlo bene. Era buio e pieno di mosche e saliva una puzza nauseante[6].

Mi sono inginocchiato sul bordo.

– Sei vivo?

Nulla.

– Sei vivo? Mi senti?

1 **Giulietta blu**: un'auto sportiva fabbricata negli anni Sessanta-Settanta dall'Alfa Romeo.

2 **Tiger Jack**: è un indiano amico di Tex Willer, eroe dell'omonimo fumetto citato più avanti. Tiger Jack è il personaggio che affascina il protagonista.

3 **Manitú**: divinità protettrice degli Indiani d'America.

4 **zompettare**: saltellare.

5 **spalmato**: appiattito.

6 **nauseante**: disgustosa, rivoltante.

Una scena tratta dal film *Io non ho paura* diretto da Gabriele Salvatores nel 2003.

Ho aspettato, poi ho preso un sasso e gliel'ho tirato. L'ho colpito su un piede. Su un piede magro e sottile e con le dita nere. Su un piede che non si è mosso di un millimetro.

Era morto. E da lí si sarebbe sollevato solo se Gesú in persona glielo ordinava.

Mi è venuta la pelle d'oca.

I cani e i gatti morti non mi avevano mai fatto tanta impressione. Il pelo nasconde la morte. Quel cadavere invece, cosí bianco, con un braccio buttato da una parte, la testa contro la parete, faceva ribrezzo[7]. Non c'era sangue, niente. Solo un corpo senza vita in un buco sperduto.

Non aveva piú niente di umano.

Dovevo vedergli la faccia. La faccia è la cosa piú importante. Dalla faccia si capisce tutto.

Ma scendere lí dentro mi faceva **paura**. Potevo girarlo con una mazza. Ci voleva una mazza bella lunga. Sono entrato nella stalla e lí ho trovato un palo, ma era corto. Sono tornato indietro. Sul cortile si affacciava una porticina chiusa a chiave. Ho provato a spingerla, ma anche se era malmessa, resisteva. Sopra la porta c'era una finestrella. Mi sono arrampicato puntellandomi sugli stipiti e, di testa, mi sono infilato dentro. Bastavano un paio di chili in piú, o il culo di Barbara, e non ci sarei passato.

7 **ribrezzo**: schifo, repulsione.

PAROLE *sotto la lente*

**Paura**

Il sostantivo deriva dal latino *pavor* = tremito fisico per una grande emozione o aspettativa. Indica uno stato emotivo consistente in un senso di insicurezza, di smarrimento o di ansia di fronte a una cosa o un fatto che è o si immagina pericoloso.

Attività

Al sostantivo "paura" è legato l'aggettivo "pauroso". Inventa una frase in cui "pauroso" abbia valore passivo (che ha paura) e una in cui abbia valore attivo (che incute paura).

## STORIE da SCOPRIRE

### *Io non ho paura* di Niccolò Ammaniti

Il romanzo (2001) è ambientato nella torrida estate del 1978, in un paese della campagna meridionale. Un gruppetto di sei bambini riempie le giornate con giochi crudeli, avventure, scorribande nei campi di frumento. Uno di loro si chiama Michele Amitrano ed è la voce narrante di una storia accaduta quando aveva 9 anni. Arrivato ultimo nell'ennesima sfida di un caldo pomeriggio, Michele è costretto a subire una penitenza, nello svolgere la quale scopre una buca che nasconde un bambino sotterrato vivo. Con questo terribile segreto Michele comincia a convivere. Vince la paura e ritorna sul posto, stabilendo di nascosto un contatto con il bambino che ai suoi occhi sembra uno spettro vivente. Si chiama Filippo, ha la stessa età di Michele ed è ostaggio di una banda di malviventi. Michele, attraverso alcuni indizi, poche frasi colte in casa, sentendo le notizie del telegiornale, capisce a poco a poco che Filippo è un ragazzo rapito e che responsabili di un simile odioso crimine sono suo padre e altri abitanti del luogo. La situazione precipita perché le forze dell'ordine sono sulla pista dei rapitori, i quali decidono di sopprimere l'ostaggio, diventato ormai un peso. È a questo punto che Michele trova il coraggio di tentare un'azione per liberare l'amico Filippo, pur sapendo di mettere a rischio se stesso e la sua famiglia.

Il romanzo si presenta a prima vista come un libro di avventure, ma è possibile leggerlo anche come un giallo, come un romanzo di formazione, come un testo che esamina il rapporto tra padri e figli. Si può inoltre leggere come una testimonianza su alcune zone d'Italia, sull'abbandono di certa infanzia a se stessa oppure come metafora del male che a volte attanaglia il mondo adulto. Tutti questi temi s'intrecciano nella coraggiosa prova che Michele è chiamato a sostenere e forse proprio le tante sfaccettature tematiche hanno decretato lo straordinario successo che il libro ha conseguito in Italia e all'estero.

Mi sono ritrovato nella stanza che avevo visto mentre attraversavo il ponte. C'erano i pacchi di pasta. I barattoli di pelati aperti. Bottiglie di birra vuote. I resti di un fuoco. Dei giornali. Un materasso. Un bidone pieno d'acqua. Un cestino. Ho avuto la sensazione del giorno prima, che lí ci veniva qualcuno. Quella stanza non era abbandonata come il resto della casa.

Sotto una coperta grigia c'era uno scatolone. Dentro ho trovato una corda che finiva con un uncino di ferro.

Con questa posso andare giú, ho pensato.

L'ho presa e l'ho buttata dalla finestrella e sono uscito.

Per terra c'era il braccio arrugginito di una gru. Ci ho legato intorno la corda. Ma avevo paura che si sciogliesse e io rimanevo nel buco insieme al morto. Ho fatto tre nodi, come quelli che faceva papà al telone del camion. Ho tirato con tutta la forza, resisteva. Allora l'ho gettata nel buco.

– Io non ho paura di niente, – ho sussurrato per farmi **coraggio**, ma le gambe mi cedevano e una voce nel cervello mi urlava di non andare.

I morti non fanno niente, mi sono detto, mi sono fatto il segno della croce e sono sceso.

Dentro faceva piú freddo.

La pelle del morto era sudicia, incrostata di fango e merda. Era nudo. Alto come me, ma piú magro. Era pelle e ossa. Le costole gli sporgevano. Doveva avere piú o meno la mia età.

Gli ho toccato la mano con la punta del piede, ma è rimasta senza vita. Ho sollevato la coperta che gli copriva le gambe. Intorno alla caviglia destra aveva una grossa catena chiusa con un lucchetto. La pelle era scorticata e rosa. Un liquido trasparente e denso trasudava dalla carne e colava sulle maglie[8] arrugginite della catena attaccata a un anello interrato.

Volevo vedergli la faccia. Ma non volevo toccargli la testa. Mi faceva impressione.

Alla fine, tentennando, ho allungato un braccio e ho afferrato con due dita un lembo della coperta e stavo cercando di levargliela dal viso quando il morto ha piegato la gamba.

Ho stretto i pugni e ho spalancato la bocca e il terrore mi ha afferrato le palle con una mano gelata.

Poi il morto ha sollevato il busto come fosse vivo e a occhi chiusi ha allungato le braccia verso di me.

I capelli mi si sono rizzati in testa, ho cacciato un urlo, ho fatto un salto indietro e sono inciampato nel secchio e la merda si è versata ovunque. Sono finito schiena a terra urlando.

Anche il morto ha cominciato a urlare.

Mi sono dimenato nella merda. Poi finalmente con uno scatto disperato ho preso la corda e sono schizzato fuori da quel buco come una pulce impazzita.

N. Ammaniti, *Io non ho paura*, Einaudi, Torino, 2001

**PAROLE *sotto la lente***

**Coraggio**

Il sostantivo deriva dal provenzale *coratge*, connesso al latino *cor* e al greco *chèr*, cuore, sede dei sentimenti. È la forza d'animo nel sopportare con serenità i dolori fisici o morali o nell'affrontare con decisione un pericolo; arriva anche, con un'accezione negativa, a indicare una sfacciataggine e un'impudenza.

**Attività**

Scomponi nelle loro parti costitutive (prefisso, radice, suffisso, desinenza) le seguenti parole che hanno la radice di "coraggio": *scoraggiamento*, *incoraggiare*, *coraggiosamente*, *scoraggiato*, *coraggioso*.

8 **maglie**: anelli.

Una scena tratta dal film *Io non ho paura* diretto da Gabriele Salvatores nel 2003.

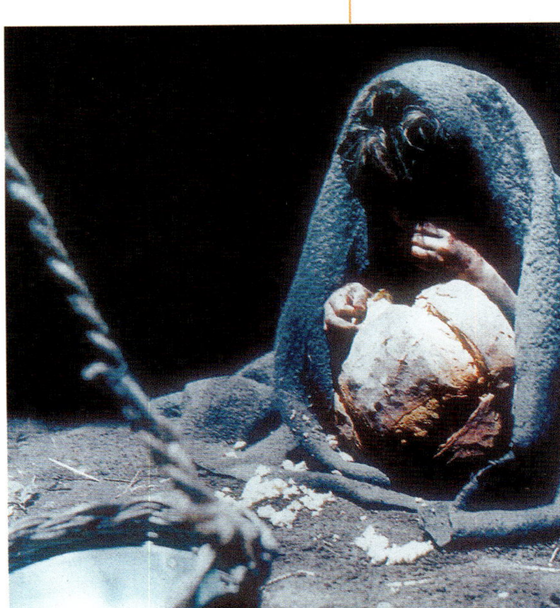

## per L'ANALISI del TESTO

### Diventare adulti

Il brano qui presentato coglie l'avvio dell'avventura di Michele e del suo rapporto con un altro bambino, sepolto vivo e da lui trovato per caso.

Michele è chiamato a **distinguere tra realtà e fantasia**. L'intero brano – come del resto l'intero romanzo – oscilla tra questi due aspetti, che si sovrappongono nell'animo di Michele. Lui possiede uno straordinario mondo infantile, popolato di streghe e di orchi, animato da un solitario eroe dei fumetti della serie di *Tex Willer*, l'indiano Tiger Jack. In questo mondo immaginario trova ora posto anche un essere umano non ben definito. È faticoso e rischioso (un rischio reale, concreto per Michele) separare la fantasia dalla realtà, perché significa diventare adulti, crescere, comprendere quello che succede davvero attorno a sé. A sospingerlo non è la semplice curiosità infantile, ma un reale desiderio di capire che cosa sta succedendo e chi sia quell'essere macilento e denutrito, prigioniero in fondo a una buca.

### Alcuni simboli

Non è facile per Michele riprendere la strada che sale verso la collina. Nel brano lo fa per la seconda volta, ma, poi, nel romanzo, lo rifarà altre volte, come se **la strada** fosse un elemento simbolico del suo **percorso di formazione**, di passaggio a un'età più matura. Il brano inizia con la frase «Quando mi sono svegliato», un'espressione ricorrente, a significare il suo **svegliarsi** dall'infanzia. Un valore simbolico può assumere la stessa buca, **simbolo di morte**: è la tomba in cui è sepolto vivo un altro bambino, ma è anche il luogo in cui va a seppellirsi lui stesso, perché con questa scoperta dovrà convivere e solo in seguito, liberando il bambino rapito, anch'egli uscirà dalla buca e dalla triste esperienza.

### Lo stile e la lingua

Elemento di grande importanza nella valorizzazione dell'episodio è la lingua di apparente semplicità che Ammaniti sa costruire. Il testo si legge con facilità, proprio per i **costrutti lineari** ed elementari che ripropongono la **lingua parlata** e quindi ci avvicinano al mondo culturale di Michele. Così il lessico è intessuto di **parole familiari**, quotidiane, di **espressioni gergali**. A questo risultato l'autore è giunto attraverso un lavoro di attenta scrittura e revisione, con lo scopo di riuscire a proporre una realtà vista con gli occhi del bambino.

Scene tratte dal film *Io non ho paura* diretto da Gabriele Salvatores nel 2003.

# Attività

## Leggere e comprendere

1 **La realtà deformata** Avvicinandosi sempre più alla casa, il ragazzo vede "crescere" la collina davanti a lui. Perché ha questa percezione?

2 **La casa** Chi teme possa abitare nella casa abbandonata? Che cosa teme che gli accada?

3 **La tentazione di arrendersi** Lungo il tragitto in bicicletta Michele è tentato più volte di abbandonare l'impresa. Da che cosa si colgono i suoi dubbi?

4 **La decisione** A cosa ricorre il ragazzo per decidere definitivamente di affrontare il pericolo?
- **a.** Ricorda le imprese degli antichi eroi studiate a scuola
- **b.** Si ispira a Tiger Jack, l'amico di Tex Willer
- **c.** Vuole essere coraggioso come il padre
- **d.** Non vuole più essere deriso dagli amici

5 **L'imitazione dell'eroe** Sottolinea nel testo i passi dove Michele emula il suo eroe attraverso i movimenti.

6 **L'avvicinamento** Michele cerca di capire se il corpo in fondo alla buca sia vivo o morto. Quali oggetti usa per accertarsene?

7 **La discesa** Quale gesto fa Michele prima di calarsi nella buca?

8 **Lo scioglimento** Con quale azione si scioglie la tensione del racconto?
- **a.** Con la fuga in bicicletta
- **b.** Con un urlo che accomuna i ragazzi
- **c.** Con lo svenimento di Michele
- **d.** Con la fuga del ragazzo sepolto

## Riconoscere e analizzare

9 **Le sequenze** Dividi il brano in sequenze, secondo il criterio del cambiamento di luogo. Spiega poi che tipo di sequenze prevalgono nel testo.

10 **Il tempo del racconto** Nel testo prevalgono:
- **a.** scene
- **b.** sommari
- **c.** ellissi
- **d.** pause

11 **Il protagonista** Attraverso quali caratteristiche viene presentato Michele dall'autore?
- **a.** L'aspetto fisico
- **b.** L'aspetto psicologico
- **c.** I suoi comportamenti
- **d.** La sua condizione sociale

12 **I luoghi** Nel brano si contrappongono due ambienti: la campagna e il buco. Individua le caratteristiche che rendono evidenti il loro essere opposti.

13 **I particolari inquietanti** Ad accrescere la paura di Michele contribuisce il carattere squallido e desolato della casa in abbandono, di cui vengono presentati particolari che suscitano timore e ricordano i luoghi minacciosi tipici delle fiabe. Riportali.

..........................................................................................

..........................................................................................

14 **Il linguaggio** L'autore usa un linguaggio molto vario e semplice, articolato in periodi brevi. In alcune parti sono introdotte anche parole di registro colloquiale e addirittura volgari. Perché?
- **a.** Sono frutto della cattiva educazione di Michele
- **b.** Sono legate all'imitazione degli amici
- **c.** Esprimono profonde e incontrollabili emozioni di Michele
- **d.** Servono ad attrarre l'attenzione del lettore

## Rielaborare e produrre

15 **Il riassunto** Usando la suddivisione in sequenze che hai fatto nell'esercizio 9, riassumi il testo in 150 parole.

16 **La lettera** Michele decide di ritornare sulla collina da solo. Anche tu al suo posto saresti andato da solo o avresti preferito condividere l'avventura con un amico? Scrivi una lettera a un amico per persuaderlo a partecipare all'azione con te o per giustificarti di aver preferito agire da solo.

17 **Le prove** In questa ricerca Michele mette alla prova se stesso. Nella vita serve affrontare e superare difficoltà, dolori e lutti? Produci un testo argomentativo di 300 parole su questo tema.

per **approfondire**

Paolo Crepet

# Discutere del dolore e della morte

Da *Non siamo capaci di ascoltarli*, 2001

Saggio

Il brano tratta delle paure degli adulti di affrontare con i figli i temi impegnativi del dolore e della morte, che però rappresentano un importante momento di crescita per i bambini.

C'è una cosa [...] che i genitori di oggi sembrano temere sopra tutto: parlare ai propri figli del dolore e della morte. Forse non si sentono adeguati, forse temono troppo questi due termini perché riflettono le loro stesse fragilità. Il dolore e la morte vengono espulsi dal mondo affettivo del bambino: comportano significati ingombranti, stonano con la patina edulcorata[1] con la quale abbiamo avvolto l'esistenza dei piccoli rendendola cosí spesso irreale e fredda.

I genitori mi raccontano che i loro bimbi hanno paura della morte e del dolore. I bambini però hanno soprattutto paura delle nostre paure, delle paure degli adulti; il loro timore finisce per riflettere la nostra incongruità[2] di educatori, il nostro disagio e la nostra difficoltà a pensare la sofferenza e la perdita con sufficiente serenità.

Eppure l'esperienza del dolore e della morte è essenziale, strategica per la costruzione dell'identità del bambino.

Un tempo, poiché si nasceva e cresceva in famiglie assai piú numerose di quelle attuali e in cui coabitavano diverse generazioni, accadeva spesso che i bambini assistessero alla malattia e alla morte di un familiare anziano. Effettivamente un evento cosí drammatico era difficile – lo è anche oggi – da spiegare a un bambino, quindi i genitori e gli altri adulti della famiglia sentivano, inconsciamente, di dover mettere in atto una strategia in grado di tutelare il piccolo da quella grave e dolorosa perdita: il bambino riceveva, proporzionalmente alla gravità dell'evento, sempre piú coccole, attenzioni e tenerezze, ma anche deroghe[3] a regole quotidiane: gli veniva regalato quello che aveva chiesto a lungo e per varie ragioni non aveva ricevuto, gli si permetteva di giocare mezz'ora di piú o lo si riempiva con dolci solitamente proibiti.

In altre parole, per il bambino l'esperienza della morte non significava solo dolore ma anche piacere, non implicava solo una perdita ma anche un'aggiunta (di

1 **patina edulcorata**: copertura dolciastra, nella quale tutto è bello e positivo.
2 **incongruità**: insufficienza, incoerenza.
3 **deroghe**: eccezioni.

## L'AUTORE

**Paolo Crepet** (1951), psichiatra e sociologo, è uno dei più attenti e ascoltati studiosi delle trasformazioni in atto nei rapporti tra le diverse generazioni della società contemporanea. L'adolescenza, i meccanismi della crescita psicologica, il dialogo tra genitori e figli costituiscono per Crepet temi di particolare interesse. Crepet ha negli anni dedicato molta parte della sua attività alla scrittura. I suoi libri affrontano diverse tematiche. Solo per citarne alcune: il suicidio giovanile (*Le dimensioni del vuoto*, 1993), il matricidio (*I giorni dell'ira*, 1998), il ruolo degli adulti come educatori (*Non siamo capaci di ascoltarli*, 2001; *I figli non crescono più*, 2005; *L'autorità perduta*, 2015), l'amore (*Sull'Amore*, 2006), l'amicizia (*Elogio dell'amicizia*, 2012).

rassicurazioni affettive). Il dolore e la morte non si configuravano soltanto come sottrazione, abbandono e lutto, ma contenevano il sapore di un risarcimento emozionale, di un bilanciamento affettivo.

Oggi il panorama appare opposto: i bambini vengono privati di queste esperienze essenziali allo scopo di evitare loro un'esperienza di dolore, un trauma giudicato inutile. Cosí non solo non possono piú assistere e capire la malattia del nonno, ma non elaborano nemmeno la sua perdita. L'esperienza negata rende piú fragile il bambino proprio perché privato della cognizione affettiva contenuta nel dolore e nella morte. Non solo non ne capirà il senso, ma non potrà che temere e rimuovere quegli eventi.

Come spiegare un funerale a un bimbo? Come dirgli della gente che piange, di una bara che scende nella terra, di una persona che non potrà piú essere tra noi? Al funerale non si parla a quel bambino della morte del nonno, ma della sua vita: «Ti ricordi quando ti portava a prendere le paste alla domenica... di quando andavate a passeggiare in campagna con i suoi cani?» La morte dunque spiega la vita, conferisce senso al nostro esistere: quel bimbo crescerà anche attraverso l'elaborazione di quella sottrazione, di quei ricordi, di quelle emozioni.

Ciò cui invece un bambino viene esposto frequentemente è lo spettacolo del dolore e della morte, ovvero il loro lato anaffettivo[4], quello privato di senso. Cosí la morte reale equivale a quella vista centinaia di volte in un telefilm o al telegiornale, ma anche a quella ancor piú virtuale di un videogioco: le sale giochi odierne che altro sono se non la consacrazione della morte come gioco multimediale? Quanti bambini e ragazzi si divertono a uccidere mostri e marziani? La morte per le nuove generazioni rischia dunque di essere un Game-over.

Il dolore ritorni materia pedagogica, grammatica quotidiana: le mamme e i papà – ma anche gli insegnanti e gli educatori – non temano di parlare di un evento luttuoso con i propri piccoli, non insegnino che nella vita bisogna prevenire ogni frustrazione. È importante prendere qualche brutto voto a scuola, riuscire a far fronte a una disillusione amorosa, essere in grado di reagire a un'ingiustizia patita. Il bimbo impara cosí a conoscere i propri limiti, a misurarsi con la delusione, a familiarizzare con il proprio meraviglioso meccanismo psicologico. [...]

Riuscire a farlo con serenità vuol dire far crescere figli meno fragili e ricattabili, dimostrando loro che un adulto può far fronte agli eventi difficili della vita senza lasciarsi travolgere o annullare dalla paura.

P. Crepet, *Non siamo capaci di ascoltarli*, Einaudi, Torino, 2001

4 **lato anaffettivo**: aspetto più banale, privo di manifestazioni emotive.

# Attività

## Comprendere il saggio

1 **Parlare del dolore** È difficile parlare di un episodio doloroso o della morte? Motiva la tua risposta.

2 **Come in un film** È vero che la morte è stata ridotta a spettacolo, per cui quando ci coinvolge da vicino non sappiamo affrontarla?

## Analizzare il saggio

3 **La struttura** Quale natura ha questo testo? È composto da quale tipo di sequenze?

4 **Il tempo e lo spazio** In un simile testo, tempo e spazio hanno una loro importanza? Perché?

# Il sospetto

**Regia**
Thomas Vinterberg

**Interpreti**
Mads Mikkelsen, Thomas Bo Larsen, Annika Wedderkopp

**Data di uscita**
2012

**Genere**
Drammatico

## Trama

Lucas, un uomo di 42 anni, lavora come insegnante di scuola materna in un piccolo villaggio scandinavo, dove tutti si conoscono e sono amici. È un maestro affettuoso, amichevole e benvoluto dai bambini. La piccola Clara, un po' trascurata dai suoi genitori, ricerca più degli altri Lucas, il quale volentieri l'aiuta nelle sue difficoltà in classe, l'accompagna a casa, le consente di giocare con il proprio cane.

Un giorno, Lucas respinge con dolcezza un regalo della bambina, la quale, offesa, confida alla dirigente della scuola di essere stata molestata dal maestro. In realtà la bambina ha solo ripetuto alla donna frasi sentite in precedenza dal fratello maggiore.

La dirigente scolastica, turbata, coinvolge dapprima i superiori, quindi la famiglia di Clara e tutti i genitori dei bambini frequentanti. Il caso viene denunciato alla polizia, Lucas viene arrestato per essere interrogato. Tutta la comunità isola l'insegnante, che viene anche licenziato. A Lucas, ormai solo e travolto dall'accusa, resta l'unico sostegno di un amico che lo difende e lo sollecita a non cedere all'angoscia che una simile infamante accusa genera.

Dopo un certo periodo di tempo, la piccola Clara rivela al padre di essersi inventata quella brutta storia e di non aver mai subito violenza da parte di Lucas. Lucas viene così riammesso nella comunità.

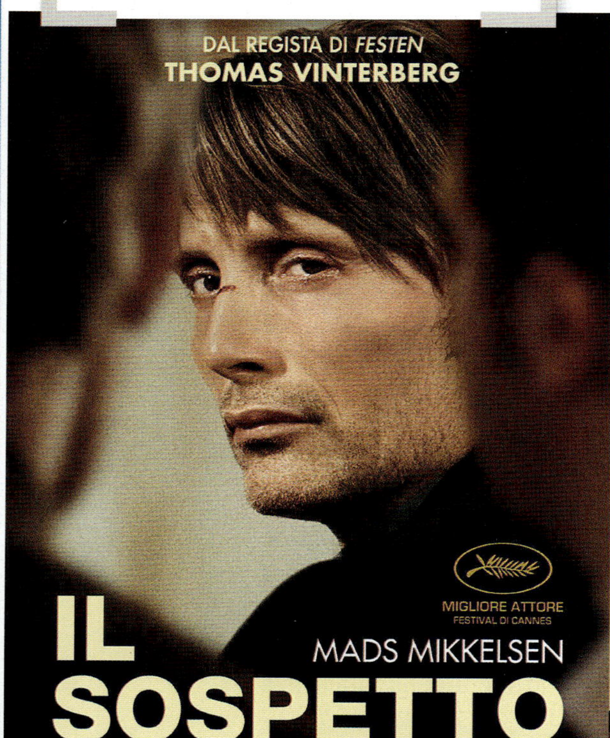


La locandina del film *Il sospetto* diretto da Thomas Vinterberg nel 2012.

Scena tratta dal film *Il sospetto*.

## Analisi

*Il sospetto* presenta il tema degli abusi sessuali sui minori con sobrietà, senza alcun cedimento di natura morbosa. Il regista danese Thomas Vinterberg confuta l'idea diffusa che i bambini non mentano mai e la convinzione che i genitori conoscano sempre bene i loro figli.

Una frase di una bambina di circa 5 anni scatena una "caccia alle streghe". Il sospetto è come un virus che si annida e non lascia scampo. Lo spettatore assiste allo sprofondare del protagonista nel vortice delle accuse e delle conseguenti sofferenze: la comunità gli si rivolta contro; gli viene proibito di fare la spesa al supermercato; gli viene ucciso il cane; è guardato con sospetto; anche il figlio viene coinvolto nel disprezzo generale. Tutto ciò risulta particolarmente penoso per lo spettatore, il quale conosce la verità, sa che Lucas è stato accusato ingiustamente.

Il regista ambienta la vicenda in un contesto sociale che ha le sue regole e le sue tradizioni. In paese, gli uomini praticano tutti la caccia, espressione di forza e di virilità e si ritrovano per cene a base di selvaggina e di abbondanti bevute.

Alla fine, Lucas viene scagionato dalle accuse e riammesso in società. Ma nel finale, durante una battuta di caccia, viene intenzionalmente sfiorato da una pallottola. Il tarlo del dubbio, una volta generato, è difficile da annullare.

Altre scene tratte dal film *Il sospetto*.

# RACCOGLIAMO LE IDEE

## 1 Sintesi dei contenuti

Attraverso l'attività seguente e le citazioni tratte dai brani che hai letto, esegui un lavoro di sintesi dei concetti e delle informazioni presentati nell'Unità. Se lo ritieni utile, puoi inserire altre citazioni per te significative.

Approfondisci il confronto tra i passi letti completando il grafico. I personaggi dei brani che hai letto vivono un dolore. Scrivi, accanto alle cause del dolore, il nome del personaggio che lo vive (Leila, Paco, Michele).

| | |
|---|---|
| Vedere la sofferenza di altri innocenti → | |
| Fugacità del tempo → | |
| Sottovalutazione del pericolo → | |
| Paura nel vedere un morto → | |
| Povertà → | |
| Timore di non essere accettati → | |
| Impossibilità di realizzare i propri sogni → | |

## 2 Citazioni dai brani

Allora, quel primo ballo, non era che il principio dell'ultimo? Sembrò che la musica cambiasse; adesso era triste, triste; si alzava sopra un grande sospiro. Oh, come tutto cambiava in fretta! Perché la felicità non durava per sempre? Per sempre non era affatto troppo.

Katherine Mansfield, *Il suo primo ballo*

Veniva da un paese in una zona dell'Estremadura dove le condizioni erano incredibilmente primitive, il cibo scarso e le comodità sconosciute e, stando a quello che poteva ricordare, aveva sempre lavorato sodo.

Ernest Hemingway, *La capitale del mondo*

I cani e i gatti morti non mi avevano mai fatto tanta impressione. Il pelo nasconde la morte. Quel cadavere invece, cosí bianco, con un braccio buttato da una parte, la testa contro la parete, faceva ribrezzo. Non c'era sangue, niente. Solo un corpo senza vita in un buco sperduto.

Niccolò Ammaniti, *Nascosto nel buio*

I genitori mi raccontano che i loro bimbi hanno paura della morte e del dolore. I bambini però hanno soprattutto paura delle nostre paure, delle paure degli adulti; il loro timore finisce per riflettere la nostra incongruità di educatori, il nostro disagio e la nostra difficoltà a pensare la sofferenza e la perdita con sufficiente serenità.

Eppure l'esperienza del dolore e della morte è essenziale, strategica per la costruzione dell'identità del bambino.

Paolo Crepet, *Discutere del dolore e della morte*

[...]

.......................................................................................................

.......................................................................................................

.......................................................................................................

.......................................................................................................

## 3 Scrittura guidata *il racconto*

Produci un racconto dal titolo "Un dolore condiviso è più leggero", dove un personaggio di tua invenzione, che ha vissuto un'esperienza dolorosa, incontra uno dei protagonisti dei brani dell'Unità.

Rivedi lo schema logico del testo narrativo (▸ p. 17).

Il racconto inoltre dovrà rispettare le seguenti richieste:

**Struttura** lineare ma con un ampio *flashback*

**Personaggi** almeno uno deve essere adulto

**Tempo della storia** contemporaneo

**Tempo del racconto** presente almeno una scena

**Narratore** interno

**Altre "costanti" narrative** libere

Thomas Mann

# Tonio Kröger al ballo

Da *Tonio Kröger*, 1903

Racconto psicologico

Tonio Kröger ha 16 anni e un animo sensibile e inquieto. Si è innamorato della bella Ingeborg Holm, ma si rende conto di non possedere la bellezza e la sicurezza adeguate per manifestare il suo sentimento. Eccolo al corso di ballo, emozionato fino al punto di sbagliare i passi e rendersi ridicolo agli occhi di tutti.

La bionda Inge, Ingeborg Holm, figlia del dottor Holm che abitava sulla piazza del mercato, là dove alta, puntuta[1], complicata di forme si ergeva la fontana gotica, fu lei che Tonio Kröger amò quand'ebbe sedici anni.

[...]

Questo invaghimento per la ridente Inge Holm colse Tonio Kröger nel salotto, sgombro di mobili, della moglie del console Husteede, alla quale toccava quella sera ospitare la scuola di ballo: era un corso privato al quale partecipavano solo i figli delle prime famiglie, che si riunivano a turno nelle case paterne a prendervi lezione di ballo e di contegno in società. Ma il maestro di ballo Knaak veniva apposta da Amburgo ogni settimana.

[...]

Che incredibile sorta di scimmia, pensava Tonio Kröger nel suo intimo. Eppure vedeva benissimo come Inge Holm, la ridente Inge, sovente[2] ammirasse con un sorriso estatico[3] le evoluzioni[4] del signor Knaak; e ciò non avveniva soltanto perché quella meravigliosa padronanza del proprio corpo finisse col conquistargli qualcosa di simile all'ammirazione. Com'era sempre calmo e imperturbabile lo sguardo degli occhi del signor Knaak! Occhi che non giungevano fino all'interno delle cose, là dov'esse si fanno tristi e complicate; che non sapevan nulla, se non di

1 **puntuta**: che termina a punta.
2 **sovente**: spesso.
3 **estatico**: affascinato, rapito.
4 **evoluzioni**: movimenti.

Hugh Collins, *La lezione di danza*, fine XIX secolo. (Woodbridge - Suffolk, Simon Carter Gallery)

essere scuri e bellissimi. Ma appunto per questo era così altezzoso[5] il suo portamento! Sì, bisognava essere stupidi per camminare come camminava lui; e allora si diventava amabili, e si era amati. Era perfettamente comprensibile che Inge, la bionda, soave Inge, guardasse il signor Knaak come lo guardava. Ma non sarebbe mai avvenuto che una ragazza guardasse così lui, Tonio?

Oh, sì, avveniva. C'era Maddalena Vermehren, la figlia dell'avvocato Vermehren, dalle grosse labbra mansuete, dai larghi occhi scuri e lucidi, pieni di gravità[6] e di entusiasmo. Quando ballava, cadeva spesso; ma al ballo delle dame[7] veniva sempre ad invitarlo, sapeva ch'egli scriveva versi, due volte lo aveva pregato di mostrarglieli, e spesso lo guardava da lontano col capo inclinato da una parte. Ma che importava a lui? Lui amava Inge Holm, la bionda, ridente Inge, che senza dubbio lo disprezzava per quella sua mania di poetare… la contemplava, guardava i suoi occhi azzurri dal taglio sottile, pieni di gaiezza e di derisione; e uno struggimento[8] venato d'invidia, un acerbo, tormentoso dolore di esser messo al bando da lei, di doverle essere eternamente straniero, gli opprimeva bruciante il petto…

«Prima coppia *en avant*![9]» diceva il signor Knaak, e nessuna parola può dipingere con quanta perfezione sapesse emettere il suono nasale. Stava insegnando la quadriglia; e grande fu il terrore di Tonio Kröger nel vedersi incluso in uno stesso quadrato[10] con Inge Holm. La evitava come poteva, e tuttavia ad ogni momento le si trovava accanto; proibiva ai suoi occhi di rivolgersi a lei, e tuttavia ad ogni mo-

5 **altezzoso**: presuntuoso e sdegnoso.

6 **gravità**: serietà, compostezza.

7 **ballo delle dame**: è il ballo che consente alle ragazze di scegliere il proprio cavaliere, contrariamente alla consuetudine.

8 **struggimento**: sofferenza, affanno.

9 ***en avant***: avanti. Questo comando, al pari dei successivi, è dato in francese, come dettava la buona educazione del mondo aristocratico e borghese.

10 **quadrato**: quello formato dalle quattro coppie di ballerini.

## L'AUTORE

**Thomas Mann**, una delle voci più autorevoli della letteratura tedesca ed europea, nasce a Lubecca nel 1875. Alla morte del padre, un ricco commerciante di granaglie, la famiglia si trasferisce a Monaco, dove Mann interrompe gli studi per lavorare nel ramo assicurativo. Nel 1901 pubblica *I Buddenbrook*, il suo primo capolavoro, che gli dà ampia notorietà: è la storia di una potente famiglia della borghesia mercantile di Lubecca, della sua ascesa e decadenza; in essa l'autore evidenzia la crisi della borghesia europea del suo tempo. Seguono alcuni racconti lunghi: *Tristano* (1903), *Tonio Kröger* (1903), che affronta il tema del contrasto tra l'artista e i valori della vita borghese, ripreso in *La morte a Venezia* (1912). Allo scoppio della Prima guerra mondiale Mann si dichiara interventista, ma rivede questa sua opinione negli anni Venti, quando comincia ad assumere posizioni politico-sociali in difesa di una società più democratica. Nel 1924 pubblica *La montagna incantata*, un romanzo che, ruotando attorno alla malattia che ha colpito il protagonista Hans Castorp, sembra presagire il male (l'adesione al nazismo) che colpirà di lì a pochi anni l'intero popolo tedesco. Nel 1929 viene conferito a Mann il premio Nobel per la Letteratura. Nel 1933, dopo l'ascesa al potere di Hitler, lo scrittore è costretto all'esilio in America per aver criticato il nazismo. Durante la guerra svolge un'intensa propaganda antinazista attraverso scritti e messaggi radiofonici. Ritornato in Europa, nel 1947 con il *Doktor Faustus* riprende il mito goethiano del patto con il diavolo, denuncia la crisi di valori di quegli anni e si interroga sul ruolo dell'intellettuale. Muore a Zurigo nel 1955.

mento il suo sguardo la incontrava... Ora ella veniva avanti scivolando e correndo, tenendosi per mano col fulvo[11] Ferdinando Matthiessen, arrovesciava la testa e, con un gran respiro, si fermava di fronte a lui. Il pianista, il signor Heinzelmann, abbassò sui tasti le mani ossute; un comando del signor Knaak, e la quadriglia incominciò.

Ella si moveva su e giù davanti a lui, innanzi e indietro, procedendo e girando; un profumo che emanava dai suoi capelli, o dalla morbida stoffa bianca del vestito, lo sfiorava talvolta, e i suoi occhi si offuscavano sempre più. Ti amo, cara, deliziosa Inge, egli si ripeteva, mettendo in quelle parole tutta la sofferenza che provava nel vederla così gaia e infervorata, così noncurante di lui. Si sovvenne di una bellissima poesia di Storm[12]: "Dormir vorrei, ma tu devi danzare". Dover ballare mentre era innamorato... che straziante controsenso!

«Prima coppia *en avant*!» chiamò il signor Knaak; un nuovo giro incominciava. «*Compliment! Moulinet des dames! Tour de main!*»[13] E nessuno può descrivere con qual grazia egli inghiottisse l'e muta del "de".

«Seconda coppia *en avant*!» Toccava a Tonio Kröger e alla sua dama. «*Compliment!*» e Tonio Kröger fece una riverenza. «*Moulinet des dames!*» e Tonio Kröger, a capo basso e con le sopracciglia aggrottate, passò le mani su quelle delle quattro dame, su quella di Inge Holm, e ballò il *moulinet*.

Sussurri e risatine corsero nell'assemblea; il signor Knaak assunse una posa da mimo, esprimente un raccapriccio stilizzato.

«Ohimè!» gemette. «Fermi, fermi! Kröger si è smarrito fra le dame! *En arrière*, signorina Kröger, indietro, *fi donc*![14] Tutti han capito, lei solo no. Via! Sparisca! Si faccia da parte!» E, tratto il giallo fazzoletto di seta, lo sventolò dinanzi a Tonio Kröger respingendolo verso la parete.

Tutti ridevano: ragazzi, ragazze e le signore al di là delle portiere, perché il signor Knaak aveva fatto dell'incidente qualcosa di tanto spassoso, e ci si divertiva come a teatro. Soltanto il signor Heinzelmann aspettava, senza smettere la sua asciutta aria professionale: alle piacevolezze del signor Knaak ormai aveva fatto il callo.

Poi la quadriglia continuò. E poi ci fu un intervallo. La porta si aprì, lasciando passare la cameriera, con un tintinnante vassoio pieno di bibite ghiacciate; nella scia seguiva la cuoca, con un carico di *plumcake*. Ma Tonio Kröger si eclissò: uscì di nascosto nel corridoio e lì si fermò, le mani incrociate sul dorso, presso una finestra dalle persiane abbassate, senza riflettere che attraverso quelle persiane non si poteva veder nulla, e che perciò era ridicolo starsene lì nell'atto di chi guarda fuori.

Guardò invece dentro di sé, dov'era tanta angoscia, tanta **malinconia**. Perché, perché si trovava lì? Perché non era seduto in camera sua, presso la finestra, a leggere *Immensee*[15] di Storm, a sbirciare qua e là nel giardino invaso dalla sera? Quello sarebbe stato il suo posto;

**PAROLE *sotto la lente***

**Malinconia**

Il sostantivo, attraverso il latino tardo *melancholia*, riporta il greco *melancolìa*, composto da *mèlas*, nero, e *colè*, bile, propriamente "bile nera". Anticamente, nella medicina indicava uno dei quattro umori che costituiscono il corpo umano. Oggi evidenzia uno stato d'animo tetro, depresso e insieme meditativo e contemplativo. Nel linguaggio dei poeti romantici suggerisce una tristezza vaga e rassegnata. È anche un ricordo, un pensiero e un avvenimento che rende tristi.

**Attività**

Trova almeno cinque nomi di significato contrario a "malinconia".

11 **fulvo**: rosso.

12 **Storm**: Hans Theodor Storm (1817-1888), poeta e narratore tedesco, la cui sensibilità Tonio sentiva particolarmente affine alla sua.

13 ***Compliment! Moulinet des dames! Tour de main!***: in francese, "Riverenza! Carosello delle dame! Passaggio di mano!".

14 ***En arrière...fi donc!***: in francese, "Indietro...ohibò!".

15 ***Immensee***: testo di Storm che Tonio conosceva bene e nel quale si riconosceva, dal momento che si incentra su un amore tormentato.

e ballassero pure gli altri, con tutta l'allegria e la foga che volevano!... Ma no, no, il suo posto era proprio qui, dove sapeva che Inge gli era vicina, anche se lui se ne stava solitario e lontano, intento a distinguere, frammezzo i sussurrìi, i tintinnìi e le risate che giungevano dalla sala, il caldo suono di vita della sua voce. O bionda Inge, coi tuoi occhi ridenti, lunghi e azzurri! Belli e sereni come te si può essere soltanto a patto di non leggere *Immensee*, a patto di non aspirare a far qualcosa di simile; questo è il triste destino!...

Oh, perché non veniva? Come mai non si accorgeva della sua assenza, come non intuiva la sua pena? Avrebbe dovuto seguirlo di nascosto, anche soltanto per compassione, posargli la mano sulla spalla e dirgli: "Vieni qui insieme a noi, sii contento, ti amo". Ed egli origliava dietro di sé, attendeva con ansia assurda ch'ella venisse. Ma ella non venne per nulla. Cose simili non succedono sulla terra.

T. Mann, *Tonio Kröger*, trad. it. di E. Castellani, Mondadori, Milano, 1988

John Augustus, *Ritratto di David*, 1920 ca. (Collezione Privata)

# Attività

## Comprendere e analizzare: verso l'INVALSI

1 **L'innamoramento** Tonio ha già visto la bionda Inge altre volte, ma nella sera del racconto qualcosa in lei lo colpisce. Quali sono le caratteristiche di Inge che più lo fanno innamorare?

**a.** Gli aspetti psicologici
**b.** Le sue belle parole
**c.** L'aspetto fisico e il comportamento
**d.** La sua condizione sociale

2 **La reazione** Che cosa prova Tonio quando capisce di essersi invaghito di Inge?

**a.** È pieno di gioia
**b.** È sicuro che sarà felice perché l'amore porta solo serenità
**c.** Rabbrividisce perché nell'amore c'è anche sofferenza
**d.** Grida a tutti il suo gioioso sentimento

3 **Il maestro di ballo** Tonio invidia il maestro di ballo per l'interesse che suscita in Inge. Quali sono le ragioni per cui egli ha successo?

**a.** È un professionista serio
**b.** È una persona profonda e sincera
**c.** È una persona superficiale e piena di sé
**d.** È un uomo insicuro e bisognoso di comprensione

4 **Maddalena** La ragazza mostra interesse per Tonio che però è attratto solo da Inge. Quali sono le caratteristiche di Maddalena?

**a.** È una ragazza dolce e un po' goffa
**b.** È una ragazza brillante e colta
**c.** È una ragazza molto corteggiata
**d.** È una ragazza molto bella e aggressiva

5 **Quadriglia** Che cosa succede a Tonio durante il ballo?

**a.** Si mostra provetto danzatore e volteggia con Inge
**b.** Compie qualche errore e il maestro lo aiuta
**c.** Compie qualche errore e il maestro lo deride e lo scaccia
**d.** Guida le danze e le dame non hanno occhi che per lui

6 **La reazione** Che cosa fa Tonio mentre la quadriglia continua?

**a.** Riprende il suo posto tra i ballerini
**b.** Viene messo in disparte e guarda dentro di sé
**c.** Se ne va sdegnato e offeso
**d.** Si rivolge a Maddalena e insieme sorridono

7 **Il sogno di Tonio** Che cosa desidera Tonio, mentre, appartato, pensa al suo dolore? (Più risposte sono corrette.)

**a.** Vorrebbe essere lontano da lì
**b.** Vorrebbe che Inge andasse da lui
**c.** Vorrebbe che il ballo terminasse
**d.** Vorrebbe essere come il maestro di ballo

8 **La spiegazione** Perché, secondo Tonio, Inge non va da lui, almeno per compassione?

**a.** È innamorata del maestro di ballo
**b.** È già andata via dalla festa
**c.** È insensibile
**d.** Non conosce i tormenti d'amore

9 **Le sequenze** Individua le sequenze del brano e attribuisci a ciascuna un titolo.

10 **Il narratore** Come risultano nel testo il narratore e la focalizzazione?

**a.** Narratore esterno, focalizzazione interna
**b.** Narratore interno, focalizzazione interna
**c.** Narratore esterno, focalizzazione esterna
**d.** Narratore interno, focalizzazione variabile

11 **I personaggi** Da chi sono presentati al lettore i personaggi presenti nel racconto?

**a.** Dal narratore
**b.** Da Tonio
**c.** Dal maestro di ballo
**d.** Da Ingeborg

12 **I tempi verbali** Quale funzione hanno l'imperfetto e il passato remoto, che si alternano nel testo?

13 **Lo stile** Quali tipi di periodi prevalgono nel testo e che tipo di struttura sintattica ne deriva?

**a.** Periodi semplici, struttura paratattica
**b.** Periodi composti, struttura ipotattica
**c.** Periodi composti, struttura paratattica
**d.** Periodi complessi, struttura ipotattica

14 **Il lessico** Che cosa rende ricercato il lessico dell'autore?

**a.** Vocaboli raffinati e figure retoriche
**b.** Vocaboli colloquiali e figure retoriche
**c.** Vocaboli raffinati ed espressioni francesi
**d.** Vocaboli comuni e sintassi complessa

## Rielaborare e produrre

15 **Sofferenza e amore** Molti sono i tipi di sofferenza che accompagnano l'amore. Per che cosa soffre Tonio? Esprimi il tuo parere in un intervento orale di 5 minuti

16 **Il riassunto** Riassumi il testo in 100 parole.

17 **Il tuo racconto** Se hai esperienza diretta di un'aspettativa amorosa delusa o l'hai conosciuta in un film o in un romanzo, raccontala con narratore e focalizzazione interna, struttura lineare e un solo *flashback*.

# per guardare oltre

## Intersezioni nell'antologia

- Puoi trovare nell'antologia altri racconti incentrati su esperienze dolorose. *Il lungo viaggio* (► p. 18) di Leonardo **Sciascia** parla del sacrificio di un gruppo di uomini che tenta di emigrare; *Terminale* (► p. 36) di Nadine **Gordimer** racconta la storia di una donna gravemente malata; il protagonista del racconto *Il mister* (► p. 80) di Marco **Lodoli** soffre perché spinto dal padre, contro i propri desideri, a fare del calcio la sua professione.
- Vive un'esperienza straziante Maruzza la Longa, che perde il marito in mare nel romanzo *I Malavoglia* di Giovanni **Verga** (► *La morte di Bastianazzo*, p. 239). Gino **Strada** in *Pappagalli verdi* (► p. 643) racconta il dolore quotidiano che si vive nei luoghi di guerra. In *Croci* (► p. 680) George **Saunders** delinea un personaggio chiuso nel proprio dolore e nella propria incomunicabilità.
- La pittura di Edvard **Munch** è quasi tutta improntata dal dolore, come puoi vedere nel dipinto *Gli occhi negli occhi* (► p. 326).

## Altri orizzonti

### ROMANZI

- Nel romanzo breve *La malora* (1954), Beppe **Fenoglio** delinea la povertà e la miseria del mondo contadino di un tempo.
- Un romanzo fiume dai toni grotteschi e satirici che lasciano intravedere profondi aspetti dolorosi è *Il tamburo di latta* (1959) di Günter **Grass**.
- Una narrazione dal sapore antico è quella di Maurizio **Maggiani** in *Il coraggio del pettirosso* (1995), nel quale il protagonista malato scopre a poco a poco le sue radici.
- Il dolore e il coraggio di un padre di fronte alla sofferenza di un figlio portatore di handicap è raccontato da Giuseppe **Pontiggia** in *Nati due volte* (2000).
- *Le correzioni* (2001) di Jonathan **Franzen** racconta le relazioni difficili di una famiglia americana, con le delusioni e le sconfitte dei suoi membri, intenti ad affrontare gli ostacoli che la vita pone.
- *L'eleganza del riccio* (2006) di Muriel **Barbery** racconta l'incontro fra un'adolescente che medita il suicidio e una donna solitaria che fa la portinaia e nasconde a tutti la propria vasta cultura.
- In *Canada* (2013) di Richard **Ford** viene esplorato il dolore e la difficoltà di impostare la propria vita da parte del quindicenne Dell e della sua gemella, i quali, a causa di una decisione sbagliata dei genitori, hanno visto la propria famiglia distrutta.

### FILM

- Nel film *La stanza del figlio* (2001) Nanni **Moretti** esplora il dolore di una coppia di genitori che perde il figlio adolescente in un incidente.
- Il film *Colpa delle stelle* (2014) di Josh **Boone**, adattamento cinematografico dell'omonimo romanzo di John **Green**, racconta l'amore tra Hazel e Augustus, adolescenti che si conoscono in un gruppo di supporto per ragazzi che affrontano gravi problemi medici. La loro unione li porterà ad affrontare il difficile destino che li attende.

### MUSICA

- *Canzone per un'amica* di Francesco **Guccini** racconta come la vita in un attimo può passare dalla gioia al dolore della morte.
- In *Il giorno di dolore che uno ha* **Ligabue** parla della sofferenza che è parte integrante della vita, mentre dell'aspetto doloroso dell'amore parlano Amy **Winehouse** in *Love is a Losing Game* e **Imany** in *You Will Never Know*.
- Gli aspetti negativi e sgradevoli della vita trovano espressione nella *Tela di ragno* di Gianmaria **Testa**.

La cantante Amy Winehouse.

Il cantautore Gianmaria Testa.

UNITÀ 4

# La conquista dell'autonomia

**• Il "romanzo di formazione individuale" •** La costruzione della propria **identità** è un processo complicato e in genere non troppo cosciente, nel quale interagiscono molte varianti: la storia familiare, le aspettative esterne, il contesto in cui si vive, la casualità degli incontri, i desideri che si coltivano. Nel "romanzo di formazione individuale", ognuno è chiamato a discernere quello che sente proprio da quello che invece avverte come imposto. Raggiungere la propria **autonomia** costa fatica, ma è una scommessa esaltante.

Il **pittore** e il **letterato** che stiamo per conoscere, Amedeo Modigliani e Raymond Radiguet, in fatto di crescita e di ricerca della propria strada hanno bruciato le tappe, affrontando la vita troppo in fretta.

**• Il pittore maledetto e il giovane ribelle •** Amedeo **Modigliani** nasce a Livorno nel 1884 e mostra interesse per la pittura sin dalla sua gioventù. Si iscrive all'Accademia di Belle Arti a Venezia ma il mondo culturale veneziano gli va stretto e nel 1906 se ne va a Parigi. Qui conduce una vita disordinata, misera e tormentata (dal 1900 è malato di tubercolosi). Presto si fa notare per i suoi **ritratti** (di donne, di giovani, di amici) e per i **nudi femminili**. In queste sue opere evidenzia una forza espressiva straordinaria, grazie a una **forte stilizzazione** e a un nuovo senso delle proporzioni. Distrutto nel fisico, muore nel 1920, a soli 36 anni.

A Parigi, Modigliani conosce e frequenta il giovane Raymond **Radiguet** (1903-1923) che, all'età di 18 anni, incomincia a scrivere il romanzo *Il diavolo in corpo* (che uscirà nel 1923), la storia dell'amore appassionato e difficile tra un adolescente e la moglie di un soldato impegnato al fronte.

Amedeo Modigliani in una fotografia del 1915.

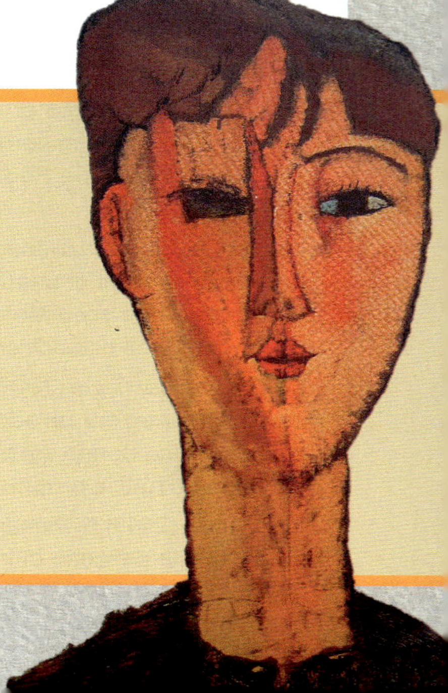

## DOMANDE

- Nella vita di Modigliani, quali scelte ti sembrano dettate dal desiderio di autonomia e di indipendenza?
- A quale età Raymond Radiguet ha scritto il romanzo *Il diavolo in corpo* e di che cosa parla?
- Quali sono i caratteri propri della pittura di Modigliani che si possono riscontrare nel dipinto *Raimondo*?

**• Il ritratto di un dodicenne •** Nel ritratto *Raimondo*, Modigliani ritrae Raymond Radiguet appena dodicenne. Lo disegna secondo il suo stile e cioè con le forme leggermente allungate e tendenti al cubismo: viso, naso e collo stilizzati e quasi del tutto privi di chiaroscuro e di contrasti. Modigliani disdegna l'introspezione psicologica e l'esibizione dei sentimenti; tuttavia, non si può sottrarre dal dare la giusta vitalità al giovane Radiguet, esprimendola con i toni caldi dell'incarnato e con una capigliatura mossa, una frangetta che si apre sulla fronte, quasi a lasciar intravedere la vivacità dei pensieri di questo *enfant prodige* futuro protagonista della Parigi letteraria.

Amedeo Modigliani, *Raimondo*, 1915. (Collezione Privata)

## in questa Unità impareremo a

- **conoscere** le caratteristiche della narrazione realistica e inquadrare i contesti socio-culturali in cui sono ambientate le storie
- **comprendere** il significato globale dei testi: le motivazioni e i percorsi degli adolescenti verso l'autonomia
- **analizzare** i brani secondo le costanti narratologiche e le tecniche stilistiche per raffinarne la comprensione e approfondirne le tematiche
- **interpretare** lo scritto, collegandolo a esperienze personali o ad altre storie di libri e film
- **produrre** sintesi, testi argomentativi, temi e racconti a partire dagli argomenti contenuti nei brani
- **comunicare oralmente** per riferire i contenuti dei brani e per riflettere sulle loro tematiche in forma strutturata e chiara

## in questa Unità scopriremo

**Antologia**

Elias Canetti • *La malattia della mamma. Il professore*

Alberto Moravia • *La cassaforte dietro l'immagine sacra*

Francis Scott Fitzgerald • *Berenice si taglia i capelli*

**Per approfondire**

Marinella Ferranti • *Un consenso motivato*

**Narrare con altri linguaggi** *il film*

Jean-Pierre e Luc Dardenne • *Il ragazzo con la bicicletta*

**Verifica delle competenze**

Elena Ferrante • *Fuga dal quartiere*

Il titolo di questa Unità, "La conquista dell'autonomia", evidenzia quanto sia complesso diventare grandi e conquistarsi una propria personalità, quanto sia arduo seguire le proprie inclinazioni e reggere il confronto con la famiglia, con gli amici, con tutti coloro con i quali si entra in contatto. Molto dipende dalla fiducia che ciascuno ha in se stesso, dalla capacità di ascoltare i propri desideri profondi.

Hanna Hirsch-Pauli, *Lettura ad alta voce*, XX secolo. (Collezione Privata)

## Le bussole del presente e del futuro

Nel processo di crescita, la **famiglia** può avere un ruolo antagonista oppure di sostegno. Per alcuni, i genitori diventano le **persone dalle quali svincolarsi**, sentiti come ostacoli al raggiungimento dell'autonomia. Per altri adolescenti, invece, la famiglia costituisce un sicuro punto di partenza verso la propria realizzazione individuale e un **utile sostegno** per verificare il valore delle proprie esperienze, per confrontarsi e per far fronte alle prove della vita.

Sono posizioni estreme attraverso le quali possono passare le stesse persone, a seconda dei periodi di maturazione personale. In un recente passato (gli anni Sessanta-Settanta del secolo scorso) ha prevalso un atteggiamento di conflitto generazionale. Oggi, una più ampia disponibilità da parte dei genitori o le accresciute difficoltà "esterne" sembrano maggiormente favorire la collaborazione. A volte però accade ancora che i genitori chiedano al figlio di realizzare progetti che in gioventù essi non hanno saputo o potuto concretizzare (uno studio, una professione, un hobby) o che impongano la continuazione dei loro stili di vita e delle loro professioni lavorative, riversando così sui figli **aspettative improprie**.

Per la propria crescita e per il raggiungimento della propria autonomia è importante tracciare un percorso, individuando obiettivi intermedi e modificandolo via via che si superano certi passaggi (costruzione di amicizie, impegni di gruppo o nel sociale, anni scolastici, la maturità, la patente, l'iscrizione all'università). Bisogna essere capaci anche di intuire quando è necessario cambiare rotta, magari ascoltando un consiglio di chi ci è più vicino.

Immaginare il proprio futuro genera già di per sé un'autentica forza trascinante anche nella quotidianità. **Presente** e **futuro**, allora, sono le due bussole che devono guidarci, in maniera armonica, a dare un senso alla nostra vita.

Venny Soldan-Brofeldt, *Un ragazzo guarda attraverso il telescopio*, XIX secolo. (Collezione Privata)

# • Il percorso antologico •

Intorno alla ricerca dell'autonomia e alle difficoltà della crescita ruotano i brani antologici che presentiamo.

Elias **Canetti** (1905-1994) è uno scrittore di lingua tedesca che ha fatto dello studio e del possesso delle lingue uno dei capisaldi del suo fare letteratura. Da bambino ha parlato il giudeo-spagnolo (una lingua mista di elementi ebraici e spagnoli) e il bulgaro, quindi a Manchester ha imparato l'inglese; la madre gli ha poi insegnato il tedesco, che diventerà la lingua «salvata», alla quale egli resterà sempre fedele. Nel brano che riportiamo in antologia, *La malattia della mamma. Il professore* (► p. 494), Canetti racconta con ironia di sé e della sua radicata gelosia per la madre quand'era un bambino: non poteva tollerare che la donna avesse un corteggiatore.

Alberto **Moravia** (1907-1990) conquista la sua autonomia letteraria e personale già a 20 anni, quando pubblica il suo primo romanzo, *Gli indifferenti*. In seguito, diventa uno degli intellettuali italiani più acuti e impegnati, mosso da una grande passione civile e da intensa curiosità culturale. Nel brano *La cassaforte dietro l'immagine sacra* (► p. 501), ci presenta un rapporto conflittuale tra un figlio introverso e i suoi genitori.

Francis Scott **Fitzgerald** (1896-1940) conquista il successo letterario, la fama e la ricchezza, diventando quasi una leggenda, negli anni Venti. Il suo romanzo *Il grande Gatsby* (1925) è uno dei classici della letteratura americana. Nel racconto *Berenice si taglia i capelli* (► p. 507), la giovane Berenice è protagonista di un'accesa rivalità con la cugina, che la spingerà ad assumere decisioni coraggiose e intraprendenti, proprio come il suo carattere.

Elena **Ferrante** è lo pseudonimo con cui si presenta l'autrice (o l'autore) di alcuni romanzi di grande successo (*L'amica geniale*, *Storia del nuovo cognome*, *Storia di chi fugge e di chi resta*, *Storia della bambina perduta*) che costituiscono un vero e proprio ciclo, nel quale il tema della crescita e della ricerca di sé risulta essere centrale. La conquista dell'autonomia è raccontata da Lila e Lenù, le protagoniste del brano *Fuga dal quartiere* (► p. 522), due grandi amiche che nella Napoli del secondo dopoguerra si sostengono a vicenda, fino a che ciascuna opta per una diversa scelta di vita.

Aubrey Powell, copertina per l'album *The Endless River* dei Pink Floyd, 2014.

Elias Canetti

# La malattia della mamma. Il professore

Da
La lingua salvata, 1977
Autobiografia

Il brano è tratto dall'autobiografia di Elias Canetti. Dopo la morte del padre, il bambino Elias si attacca morbosamente alla madre e non vede di buon occhio il corteggiamento che un medico mette in campo per conquistare la donna. Il pretendente deve prima conquistare lui, l'ostacolo. Non valgono regali e belle parole, perché la gelosia è un sentimento a volte così irragionevole che non scende a compromessi. Il risultato è una dichiarazione di guerra.

Era il periodo in cui il pane cominciò a farsi giallo e nero per l'aggiunta di mais e di altre meno nobili sostanze[1]. Bisognava fare la fila davanti ai negozi di alimentari, anche noi bambini venivamo mandati a far la coda per riuscire a mettere insieme qualcosa di più. La mamma[2] cominciò a trovare la vita più difficile e verso la fine dell'inverno la sua salute ebbe un tracollo. Non so di che malattia si trattasse, ma rimase in clinica per varie settimane e si riprese solo poco per volta. Da principio non avevo neppure il permesso di andare a trovarla, ma poi pian piano cominciò a migliorare ed io mi ritrovai con un mazzo di fiori nella clinica della Elisabeth promenade. Fu in quell'occasione che vidi per la prima volta il suo medico, il direttore della clinica, un uomo con una folta barba nera che aveva scritto libri di medicina e insegnava all'Università di Vienna. Osservandomi con mielata[3] gentilezza ad occhi semichiusi, esclamò: «Eccolo qui, dunque, il grande conoscitore di Shakespeare! E fa anche collezione di cristalli. Di te so già molte cose. Tua madre parla sempre di te. Sei molto avanti per la tua età».

La mamma aveva parlato a lui di me! Quell'uomo sapeva tutto delle nostre letture serali e mi *lodava*. La mamma invece non mi lodava mai. Provai diffidenza per la sua barba e cercai di evitarla. Temevo che potesse *sfiorarmi* con la barba e allora di colpo mi sarei trasformato in uno schiavo che doveva rendere conto a lui di ogni cosa. Il tono della sua voce, un po' nasale, era un olio di fegato di merluzzo. Voleva posarmi la mano sulla testa, forse in segno di lode. Ma io gli sfuggii prontamente abbassandomi con grande rapidità e lui sembrò un po' colpito. «Ha un ragazzo molto fiero, gentile signora! Si lascia toccare solo da lei». La parola «toccare» mi è rimasta impressa, è stata determinante nel formare il mio **odio** per lui, un odio così non l'avevo ancora mai conosciuto. Non mi aveva fatto nulla, ma mi adulava[4] e cercava chiaramente di accattivarsi[5] la mia

PAROLE *sotto la lente*

**Odio**

Il sostantivo corrisponde al latino *odium* e indica un sentimento per cui si desidera il male di una persona o, in modo più generale, una profonda avversione, una grave antipatia. Con un senso più attenuato significa senso di contrarietà verso qualcosa che si preferisce evitare ("odio per i pettegolezzi").

Attività

Trova 5 sinonimi del sostantivo "odio".

1 **periodo...sostanze**: durante la Prima guerra mondiale la popolazione deve far fronte alla scarsa qualità del cibo o alla sua mancanza.

2 **La mamma**: dal 1912, a seguito della morte improvvisa del marito, la madre di Canetti è rimasta sola a provvedere ai tre figli.

3 **mielata**: sdolcinata.

4 **adulava**: lodava per conquistare la simpatia del bambino.

5 **accattivarsi**: conquistarsi.

simpatia. Da quel momento lo fece con una tenacia[6] piena di inventiva, studiava strani regali con cui sperava di cogliermi di sorpresa; e del resto, come poteva immaginare che la **volontà** di un bambino di non ancora undici anni potesse essere pari alla sua, e anzi più forte, molto più forte!

*[Il professore si è innamorato della mamma del protagonista e si dichiara disponibile a divorziare dalla sua attuale moglie per sposarla. Quando la signora viene dimessa dall'ospedale, il professore va a trovarla a casa, inizialmente almeno una volta alla settimana, accrescendo il sentimento di gelosia del ragazzo.]*

Il professore ci teneva a venirmi a salutare quando arrivava e aveva il permesso, subito dopo aver baciato la mano alla mamma, di varcare la soglia della stanza dei bambini dove io lo stavo aspettando. Mi salutava sempre con melliflua[7] gentilezza e apriva il pacchetto del regalo che mi aveva portato. Io lo fissavo dritto negli occhi, per poterlo odiare subito abbastanza, e sibilavo un perfido «Grazie». A un vero discorso non si arrivava mai, lo aspettava il tè che veniva servito sul balcone della stanza accanto, e inoltre non voleva disturbarmi mentre ero occupato con il suo regalo. Era anche convinto di aver portato la cosa giusta, ogni pelo della sua barba nera

**PAROLE *sotto la lente***

**Volontà**

Il sostantivo deriva dal latino *voluntas*, legato al verbo *velle* = volere. Indica la capacità di mettere in atto un comportamento adeguato a ottenere il fine prestabilito e anche il fatto di volere e ogni singolo atto o comportamento volitivo. Si usa nel diritto e nel linguaggio politico. Con valore più concreto individua ciò che si vuole o ciò che è voluto da altri. Spesso risulta sinonimo di voglia e desiderio.

**Attività**

Hanno la radice di "volontà" anche gli aggettivi seguenti: *volenteroso*, *volitivo*, *volontario*, *velleitario*. Componi due frasi con ciascuno di essi.

6 **tenacia**: perseveranza.
7 **melliflua**: affettata, insincera.

## L'AUTORE

**Elias Canetti** nasce nel 1905 a Rusčuk (l'odierna Ruse), in Bulgaria, primogenito di una famiglia di ebrei **sefarditi**. Nel 1911 la famiglia si trasferisce in Inghilterra, a Manchester, ma quello che doveva essere l'inizio di una nuova vita è presto interrotto dalla morte del padre, nel 1912. L'anno successivo la famiglia si sposta a Vienna, poi nel 1916 a Zurigo, nel 1921 a Francoforte e nel 1924 di nuovo a Vienna. Qui Elias si laurea in Chimica, ma non eserciterà mai la professione, preferendo dedicarsi alla scrittura. Dopo la commedia *Nozze* (1932), nel 1935 vede la luce il suo primo e unico romanzo, *Auto da fé*, imperniato sulla figura di un intellettuale che ha l'ossessione di "leggere tutto", fino a quando muore nell'incendio della sua immensa biblioteca. Nel 1938, dopo l'annessione dell'Austria alla Germania da parte di Hitler, Canetti si trasferisce a Londra, dove per vent'anni si dedica alla stesura dell'imponente saggio *Massa e potere* (1960). Nel 1950 pubblica *Commedia della vanità* (che racconta di una città in cui sono messi al bando gli specchi, in quanto strumenti di vanità) e nel 1952 *Le vite a scadenza* (storia fantastica di una società in cui ogni uomo conosce fin dalla nascita la data della propria morte). Fanno seguito altri saggi: *Potere e sopravvivenza* (1972), *La coscienza delle parole* (1975) e la sua autobiografia, che uscirà in tre volumi: *La lingua salvata* (1977), *Il frutto del fuoco* (1980), *Il gioco degli occhi* (1985). Nel 1981 Canetti viene insignito del premio Nobel per la Letteratura. Muore a Zurigo nel 1994.

Parole *chiave*

**Sefarditi** Denominazione, di origine medioevale, degli ebrei di Spagna (dall'ebraico *Sefarad* = Spagna). Dopo l'espulsione da questo Paese, nel 1492, gli ebrei si sparsero in tutta Europa, ma la concentrazione maggiore si ebbe nella penisola balcanica. Le comunità sefardite parlano il giudeo-spagnolo e hanno un rito proprio.

brillava di soddisfazione. Domandava: «Che cosa vuoi che ti porti la prossima volta?». Poiché io tacevo, trovava da solo la risposta e diceva: «Lo verrò comunque a sapere, anch'io ho i miei metodi». Sapevo benissimo che cosa intendeva dire, lo avrebbe domandato alla mamma, e sebbene provassi un dolore grandissimo all'idea che lei glielo avrebbe detto, adesso avevo cose ben più importanti a cui pensare, perché era venuto il momento di agire. Non aveva ancora chiuso la porta dietro di sé, che già io riavvolgevo il regalo nella carta e lo cacciavo sotto il tavolo per non averlo più davanti agli occhi. Poi prendevo una sedia, la trascinavo accanto alla finestra, mi inginocchiavo sul sedile impagliato[8] e mi sporgevo oltre il davanzale il più possibile.

Alla mia sinistra, non molto distante da dove mi trovavo, potevo vedere il professore che fra grandi moine[9] e complimenti si metteva a sedere sul balcone. Mi voltava le spalle e, più lontana, dall'altro lato del balcone che faceva una curva, sedeva la mamma. Questo però lo *sapevo* soltanto, da dove mi trovavo non potevo vederla, così come non vedevo il tavolino da tè che stava tra loro. Tutto quello che succedeva sul balcone dovevo indovinarlo dai gesti di lui. Il professore aveva un certo modo supplichevole di chinarsi in avanti, in un gesto che, grazie appunto alla curva del balcone, lo induceva a piegarsi un po' sulla sinistra; così vedevo la sua barba, la cosa che più odiavo al mondo, e lo vedevo anche sollevare la mano sinistra

8 **impagliato**: rivestito di paglia.

9 **moine**: smancerie, lusinghe.

## STORIE da SCOPRIRE

### *La lingua salvata* di Elias Canetti

Elias Canetti è uno scrittore di lingua tedesca, pur essendo il tedesco la quarta lingua che apprese. Da piccolo, infatti, quando ancora i Canetti vivevano in Bulgaria, ebbe come prima lingua il giudeo-spagnolo parlato in casa e il bulgaro; quando nel 1911 si stabilì con la famiglia a Manchester, imparò l'inglese. Con il trasferimento a Vienna, a seguito della morte del padre, conquistò a fatica il tedesco, lingua prediletta da sua madre, perché era quella con cui lei comunicava con il marito. La lingua "salvata", che dà il titolo al primo volume dell'autobiografia di Canetti, è pertanto il tedesco, che, proprio per amore della madre, lo scrittore imparò «in un tempo brevissimo» e non abbandonò mai più, neppure durante gli anni del nazismo e del suo esilio inglese.

Scrive Canetti in *La lingua salvata*: «La mamma cominciò a parlare tedesco con me, anche all'infuori delle lezioni. Sentivo di esserle di nuovo vicino come nelle prime settimane dopo la morte del papà. Solo più tardi compresi che quell'insegnarmi il tedesco fra scherno e tormenti non era dovuto soltanto a me. Lei stessa aveva un profondo bisogno di parlarmi in tedesco, per lei il tedesco era la lingua dell'intimità e dell'affetto. La tragica frattura che aveva spezzato la sua vita quando, a ventisette anni, aveva perduto la possibilità di comunicare con mio padre, si faceva sentire più dolorosamente che mai nel fatto che, venendo meno lui, si era taciuto per lei il colloquio d'amore in tedesco. La sua vita coniugale l'aveva infatti vissuta tutta in tedesco. Senza il papà si sentiva smarrita, perduta, e allora aveva tentato di mettermi al suo posto il più in fretta possibile. Si aspettava molto da questo tentativo e le era stato difficile, all'inizio, accettare l'idea che io potessi fallire nell'impresa. Così mi aveva costretto in un tempo brevissimo a un compito che andava al di là delle possibilità di qualsiasi bambino; il fatto che poi sia riuscita nel suo intento ha determinato la natura molto profonda del mio tedesco, che fu per me una lingua madre imparata con ritardo e veramente nata con dolore. Ma non restammo al dolore, ad esso seguì subito dopo un periodo di felicità che mi ha legato indissolubilmente a questa lingua».

verso l'alto, allargando elegantemente le dita con fare rassicurante. Vedevo ogni sorso di tè che beveva e mi veniva la nausea al pensiero di come lui lo decantava[10] (ogni cosa che riguardava la mamma diventava oggetto delle sue lodi sperticate[11]). Avevo paura che, approfittando dello stato di debolezza in cui la mamma si trovava in seguito alla malattia, lui riuscisse, con lusinghe e smancerie, ad abbindolarla[12], nonostante lei fosse una donna difficilissima da conquistare. Molte cose che avevo letto, e che non trovavano posto nella mia vita, ora le applicavo a lui e a lei, e per tutto ciò che temevo avevo le parole di un grande.

Non sapevo che cosa succede fra un uomo e una donna, ma ero ben deciso a vigilare che non succedesse nulla. Quando lui si chinava troppo in avanti, pensavo sempre che la volesse baciare, anche se a rendere la cosa assolutamente impossibile bastava la posizione del tavolino da tè che stava tra loro. Delle loro parole e frasi non capivo nulla, e solo di tanto in tanto mi arrivava un'esclamazione: «Ma gentilissima signora!». Dal persistente tono di protesta si sarebbe detto che lei gli avesse fatto un torto e io ne ero tutto contento. La cosa peggiore era quando lui stava in silenzio per molto tempo, e allora io sapevo che la mamma gli stava raccontando qualche lunga storia e supponevo che parlassero di me. In quei momenti desideravo che il balcone precipitasse di sotto e che lui rimanesse spiaccicato sul selciato. Non mi veniva in mente – forse perché non la vedevo – che sul balcone c'era anche la mamma, che anche lei sarebbe precipitata insieme a lui. Vedevo solo lui, e solo lui doveva precipitare. Me lo immaginavo là sotto lungo disteso, e la polizia che veniva a interrogarmi. «Sono io che l'ho fatto precipitare,» avrei risposto «ha baciato la mano alla mia mamma».

[...]

«Che cosa ti piacerebbe che io diventassi da grande?» le domandai un giorno in preda a una grande angoscia, come se già conoscessi la terribile risposta che mi aspettava. «La cosa migliore è fare il medico e insieme lo scrittore» rispose lei. «Questo lo dici soltanto per via di Schnitzler[13]!».

[...]

«Tuo padre sarebbe stato molto contento che tu diventassi un medico». «Te lo ha detto lui? Dimmi, te lo ha detto lui?». «Sì, spesso. Me lo ha detto spesso. Gli avresti dato una grandissima gioia». Di questo non mi aveva mai parlato, non una sola volta dopo la morte del papà mi aveva detto una cosa simile. Io sapevo ancora benissimo ciò che lui invece aveva detto a me quel giorno lontano, mentre passeggiavamo lungo le rive del Mersey: «Farai ciò che più ti piacerà. Non necessariamente devi diventare un commerciante come me. Andrai all'università e poi farai quel che vorrai». Ma quelle parole me le ero tenute per

10 **decantava**: lodava.
11 **sperticate**: eccessive.
12 **abbindolarla**: conquistarla con qualche imbroglio.
13 **Schnitzler**: scrittore, drammaturgo e medico austriaco (1862-1931).

Carlo Carrà, *Madre e figlio*, 1917. (Milano, Pinacoteca di Brera)

me e non le avevo riferite mai, né alla mamma né a nessun altro. Che ora lei mi parlasse per la prima volta di questa cosa solo perché le piaceva Schnitzler e perché il professore le faceva la corte, mi mandò su tutte le furie. Schizzai giù dalla mia poltrona e guardandola bene in faccia con cattiveria gridai: «Non voglio fare il medico! Non voglio fare il poeta! Farò l'esploratore, e andrò via, lontano, dove nessuno mi potrà trovare!». «Ma anche Livingstone[14] era un medico,» ribatté lei sarcastica «e Stanley[15] lo ha trovato!». «Ma tu non mi troverai! Tu non mi troverai!». Fra noi ormai era la guerra, e la situazione continuò a peggiorare di settimana in settimana.

E. Canetti, *La lingua salvata*, trad. it. di A. Pandolfi e R. Colorni, Adelphi, Milano, 1980

14 **Livingstone**: David Livingstone (1813-1873) è stato un esploratore britannico.

15 **Stanley**: Henry Morton Stanley (1841-1904) era un giornalista inglese che fu inviato dal suo giornale alla ricerca dell'esploratore Livingstone, che si riteneva si fosse perso in Africa.

## per L'ANALISI del TESTO

### Una tremenda gelosia

Il tema del brano è la tremenda gelosia che assale il giovane Canetti quando il medico che aveva in cura la madre comincia a manifestare un certo interesse per lei. La vicenda è ricostruita e **narrata in prima persona dal protagonista** stesso, quindi le **descrizioni**, le **riflessioni**, gli **scarni dialoghi** sono presentati dal suo punto di vista, totale ed esclusivo al pari del suo inespugnabile sentimento. Tale scelta tecnica finisce per dare maggiore autorità alle posizioni del ragazzo e per legittimare ulteriormente il desiderio di tenere la madre tutta per sé. La natura e la qualità della gelosia che anima il protagonista si colgono osservando la cura con la quale Canetti ricorda e descrive la scena in cui l'uomo e la donna, sul balcone, prendono insieme il tè: prova un odio tale nei confronti dell'"intruso" da desiderare che il balcone sprofondi trascinandosi appresso il nemico.

### Fatti raccontati con ironia

È una splendida pagina questa in cui Canetti ricostruisce il suo forte **legame con la madre** e la violenta reazione emotiva che si scatena in lui davanti al pericolo di perdere la centralità nella vita di lei per il sopraggiungere di un altro uomo. Una ricostruzione fatta sul filo dell'**ironia**, con il sorriso sulle labbra.

Il racconto si regge su pochi elementi concreti, ma presi in esame con grande accuratezza, per cui prevalgono gli **aspetti descrittivi** sia dei sentimenti, sia dei luoghi. Il **registro linguistico** è **elevato** ma comunicativo, preciso, concreto, con un limitato ricorso a termini ricercati.

Carlo Carrà, *Natura morta metafisica*, 1919. (Collezione Privata)

# Attività

## Leggere e comprendere

1 **La guerra** Quali problemi e cambiamenti causa la guerra?
- a. Non si può più uscire di casa a causa dei soldati sparsi nelle strade
- b. Mancano tutti i cibi di prima necessità
- c. È difficile approvvigionarsi di cibo anche di scadente qualità
- d. Le scuole sono chiuse e c'è il coprifuoco

2 **La mamma** Che cosa accade alla mamma del protagonista verso la fine dell'inverno?
- a. È molto preoccupata e vuole trasferirsi
- b. Viene ricoverata in clinica
- c. Diventa molto nervosa e irascibile con Elias
- d. Vuole risposarsi

3 **La gelosia** Quale espressione indica fin dal primo incontro la gelosia di Elias per il rapporto tra la madre e il medico?

.....................................................................................

.....................................................................................

.....................................................................................

4 **La diffidenza** Il protagonista dichiara la sua diffidenza nei confronti del medico e in seguito la dimostra attraverso determinati comportamenti. Quali?

5 **I regali** Come accoglie i regali il protagonista? Perché reagisce in questo modo?

6 **La fantasia** Elias punisce il medico con la fantasia. Quale scena immagina?
- a. Il medico respinto con decisione dalla madre
- b. Il medico malato e ricoverato in ospedale
- c. Il medico scoperto da sua moglie
- d. La caduta del balcone su cui il medico e la madre prendono il tè

7 **Lo scontro** Quale argomento fa esplodere il contrasto tra madre e figlio?

.....................................................................................

.....................................................................................

## Riconoscere e analizzare

8 **Le sequenze** Individua i blocchi narrativi, attribuisci a ciascuno un breve titolo nominale e spiega quali tipi di sequenze prevalgono nel brano.

9 **I personaggi** Il medico ha una parte molto rilevante nella vicenda. Come viene presentato?

10 **I comportamenti di Elias** Il bambino assume in diverse occasioni atteggiamenti da adulto, in altre comportamenti infantili. Evidenzia questa opposizione.
- Atteggiamenti da adulto:

  .....................................................................................

  .....................................................................................
- Atteggiamenti infantili:

  .....................................................................................

  .....................................................................................

11 **I sentimenti** Elias non chiama mai "gelosia" il sentimento che prova per il dottore. Da quali altri si sente chiaramente dominato tanto da nominarli esplicitamente? Elencali.

12 **Lo stile** Il lessico è estremamente ricco e preciso. Sottolinea nel testo le espressioni che ritraggono il medico come opportunista e falso agli occhi del ragazzo.

## Rielaborare e produrre

13 **Discutere** Spesso nell'infanzia i figli nutrono un'autentica gelosia nei confronti del genitore dell'altro sesso, come Elias nel brano letto. Quali ragioni contribuiscono alla nascita di questo sentimento? Dopo aver letto l'approfondimento di p. 500 sul complesso di Edipo e di Elettra, prepara un intervento orale di 5 minuti su questo argomento.

14 **La tua lettera** Hai mai provato gelosia per uno dei tuoi genitori? Rivela in che modo si è manifestata, le ragioni che l'hanno suscitata e come l'hai superata in una lettera rivolta a tuo padre o tua madre.

per SAPERNE di PIÙ

## Il complesso di Edipo e il complesso di Elettra

Nell'analizzare il **rapporto tra figli e genitori**, ci si imbatte spesso nelle locuzioni "complesso di Edipo" e "complesso di Elettra". Il termine "complesso" (dal lat. *complectere* = abbracciare) viene usato in **psicoanalisi** per indicare un insieme di idee rimosse dal soggetto perché in contraddizione con altre accettate razionalmente. Edipo ed Elettra sono figure tragiche della **mitologia greca**. Al centro dei due miti ci sono l'amore di un figlio per la madre e di una figlia per il padre: si tratta di amori forti, capaci di scatenare emozioni violente, sensi di colpa, delitti, condanne ed espiazioni.

### Il mito di Edipo

Un oracolo rivela al re di Tebe, Laio, che il figlio che sua moglie Giocasta sta per dare alla luce, Edipo, lo ucciderà. Laio ordina allora a un suo servo di abbandonare il neonato su una montagna. Ma il servo, mosso da pietà, affida il piccolo a un pastore il quale lo porta al suo re, Polibio, che non ha eredi. Passano gli anni ed Edipo, ormai adulto, viene a sapere da un oracolo che avrebbe sposato sua madre. Poiché crede sua madre la moglie di Polibio, Edipo fugge da Corinto e si mette in viaggio alla volta di Tebe. Lungo la strada incontra un vecchio con il quale ha una lite e, ignaro che si tratti del suo padre biologico, Laio, lo uccide. Giunto a Tebe, libera la città dalle calamità che la tormentavano e come ricompensa ottiene di sposare la vedova di Laio, Giocasta, e diventare re della città. Nascono numerosi figli e trascorrono molti anni felici, fino a quando a Tebe scoppia una terribile pestilenza. L'oracolo di Apollo, interrogato sul perché della peste, risponde che essa cesserà solo quando verrà cacciato da Tebe l'uccisore di Laio. L'indovino Tiresia svela quindi a Edipo che è proprio lui il colpevole e che ha sposato sua madre. A quella rivelazione Giocasta si impicca ed Edipo si acceca, prima di lasciare per sempre la città.

### Il mito di Elettra

Agamennone, re di Micene e comandante della spedizione punitiva degli Achei contro Troia, per propiziarsi la dea Artemide che con una bonaccia impediva la partenza delle sue navi, non esita a sacrificare alla dea la figlia Ifigenia. Vinta la guerra e tornato a Micene, viene ucciso da Egisto, complice e amante della regina Clitennestra, moglie di Agamennone e madre di Ifigenia. Elettra, un'altra figlia di Agamennone, convince il fratello Oreste a vendicare la morte del padre, uccidendo Clitennestra e il suo amante.

### Edipo in psicoanalisi

La leggenda di Edipo è stata fatta oggetto di studio da parte del medico austriaco Sigmund **Freud** (1856-1939), iniziatore della psicoanalisi. A lui si deve l'individuazione del cosiddetto "complesso di Edipo", ovvero della situazione emotiva vissuta dal bambino che, nei primi anni di vita, sviluppa un attaccamento eccessivo verso la propria madre e un sentimento di rivalità e di aggressività verso il padre. Questo sentimento genera senso di colpa e paura di punizione. Il complesso edipico viene superato nel corso di una normale evoluzione del bambino, ma in caso contrario può essere causa di nevrosi.

Secondo questa teoria il complesso edipico, al pari di quello di Elettra, segnerebbe una tappa importante nel **processo di crescita** dei bambini; esso si risolve generalmente nell'**identificazione** con il genitore del proprio sesso, da cui deriverà la pulsione sessuale verso persone del sesso opposto.

Charles François Jalabert, *Edipo e Antigone*, 1842. (Marsiglia, Museo delle Belle Arti)

Alberto Moravia

# La cassaforte dietro l'immagine sacra

Un «incidente» apparentemente banale cambia per sempre l'immagine che Luca, il giovane protagonista, si era fatto dei suoi genitori. Una notte il ragazzo scopre che sopra l'inginocchiatoio, dietro il quadro di una Madonna dove la madre era solita fargli recitare le preghiere, c'è in realtà una cassaforte.

Da *La disubbidienza*, 1948

Romanzo realistico

Un incidente contribuì a fissare definitivamente questo nuovo carattere dei genitori e del suo sentimento per loro. Il padre, rincasando la sera, era solito trarre di tasca i giornali del pomeriggio e darli in lettura a Luca; più tardi al momento di coricarsi, il padre riprendeva i giornali che, come Luca sapeva, amava leggere in letto, prima di addormentarsi. Era una delle abitudini familiari che costituivano la superficie liscia e senza fratture della vita quotidiana. Una di quelle sere Luca, forse per distrazione, uscì dalla sala da pranzo e andò a coricarsi portando con sé i giornali. In letto, dopo avere osservato le fotografie e scorso alcuni articoli, cominciò a pensare che suo padre era rimasto senza i giornali e senza dubbio si duoleva di non averli. Quest'immagine si colorava dei patetici[1] riflessi dell'antica bontà paterna, ormai scaduta a bontà soltanto umana, ma tuttora commovente e amabile. Egli immaginava che suo padre non venisse a richiedergli i giornali per non destarlo; e questa rinunzia gli sembrava una prova di più del delicato affetto paterno. D'altra parte sapeva che i genitori, pur coricati, restavano svegli fino a tardi chiacchierando e leggendo. Egli pesò a lungo il pro e il contro, e alla fine decise di portare i giornali direttamente a suo padre, nella sua camera. Balzò dal letto, uscì a piedi nudi nel corridoio, e andò alla porta dei genitori. Per un momento ascoltò. Gli parve di udirli parlare e allora, senza bussare, con l'impeto che gli veniva dall'affetto e dalla volontà di ripagare il torto usato al padre, entrò.

La stanza, come aveva immaginato, era illuminata. Il letto occupava gran parte della parete di fronte alla porta così che, per prima cosa, Luca vide il capezzale[2] vuoto e le coperte rovesciate da ambo i lati. Ma il letto vuoto non fermò la sua attenzione che un solo momento. A destra del letto, nell'angolo più lontano della stanza, suo padre e sua madre stavano ritti in atteggiamenti singolari. Il padre era in pigiama a grosse righe, tutto spiegazzato sopra il corpo pingue[3]; la madre gli stava presso[4], le membra ossute visibili nella trasparenza della camicia. Il padre reggeva con le due braccia contro il petto ciò che Luca riconobbe subito per un fascio di biglietti di banca e titoli industriali. La madre, davanti a lui, armeggiava le braccia intorno a un quadro appeso alla parete.

Luca conosceva benissimo quel quadro: era una copia di una madonna di Raffaello[5], e, sotto di esso, c'era un inginocchiatoio medievale, di legno scuro, con un cuscino di broccato rosso.

1 **patetici**: malinconici, tristi.
2 **capezzale**: letto.
3 **pingue**: grasso, panciuto.
4 **presso**: vicino.
5 **Raffaello**: Raffaello Sanzio (1483-1520) è stato un pittore del Rinascimento.

Raffaello Sanzio, *Piccola Madonna Cowper*, 1505 ca. (Washington, National Gallery of Art)

Bambino, Luca per molto tempo era stato fatto inginocchiare dalla madre su quel cuscino per recitare le **preghiere** serali. Egli si inginocchiava, giungeva le mani e, gli occhi rivolti al quadro, docilmente ripeteva le parole che la madre, seduta lì accanto, via via gli suggeriva con voce paziente. Questa preghiera non gli era allora dispiaciuta, prima di tutto perché era una cosa noiosa ma sopportabile, proprio della noia blanda[6] e piacevole di cui si nutre l'infanzia; e poi perché l'immagine della Madonna, così dolce, col suo Bambino in braccio, vestita di rosso e di azzurro, con un paesaggio puro e luminoso dietro le spalle, l'attirava e lo faceva fantasticare. Una volta, nel sonno incipiente[7], gli era persino sembrato che l'immagine gli accennasse col capo e gli sorridesse. Più spesso, pur ripetendo meccanicamente le parole della preghiera, aveva speculato[8] sull'espressione del volto della Vergine; oppure sui particolari del paesaggio collinoso e primaverile che si apriva dietro le spalle della figura. Poi, come avviene, un giorno imprecisabile, forse al ritorno delle vacanze, questa abitudine della preghiera si era interrotta. Per un poco egli aveva continuato a pregare da solo; finalmente[9] non aveva più pregato affatto.

**PAROLE *sotto la lente***

**Preghiera**

Il sostantivo proviene dal provenzale *preguiera*, connesso al latino *precaria*, femminile di *precarius* = ottenuto con preghiere. Individua l'atto di pregare o le parole con cui si prega, ossia ci si rivolge umilmente a qualcuno per ottenere qualcosa. Indica anche il chiedere cortesemente. In particolare definisce il rivolgersi a Dio o a una divinità con parole o col pensiero per chiedere aiuto e protezione.

**Attività**

Trova tre sinonimi del sostantivo "preghiera".

6 **blanda**: delicata, leggera.
7 **incipiente**: che comincia a manifestarsi.
8 **speculato**: meditato, indagato.
9 **finalmente**: alla fine.

## *per conoscere* ALBERTO MORAVIA

**ALBERTO MORAVIA** è stato uno dei più significativi scrittori del secolo scorso. Nato a Roma nel 1907, soffre in gioventù di una grave malattia, la tubercolosi ossea, che lo costringe per un lungo periodo a letto e non gli permette di seguire un corso di studi regolare. Di famiglia ebrea, con l'emanazione delle leggi razziali (1938) e le persecuzioni che ne seguirono, Alberto è costretto a rinunciare al suo vero cognome, Pincherle, e a vivere da latitante. Nel 1941 sposa la scrittrice Elsa Morante (1912-1985). Dopo la guerra, Moravia è uno dei più validi animatori del dibattito culturale italiano: aderisce al marxismo, fonda riviste, intensifica l'attività giornalistica, collabora a sceneggiature cinematografiche, scrive con regolarità sul "Corriere della Sera". Diventa l'autore italiano più letto e tradotto all'estero. Moravia muore nel 1990.

Alberto Moravia in un ritratto di Tullio Pericoli del 1988.

**• Lo scavo nel mondo borghese •** La nascita all'interno di una ricca famiglia borghese di intellettuali consente a Moravia di osservare in prima persona il mondo culturale e i valori della borghesia degli anni Venti-Trenta, trasportandolo poi nel suo primo e più importante romanzo, *Gli indifferenti*, uscito

Forse aveva aperto la porta senza far rumore; forse la porta era socchiusa e si era limitato a spingerla; forse i genitori erano così assorbiti da ciò che facevano che non l'avevano udito. Fatto sta che per un lungo momento, ritto e immobile sulla soglia, egli li guardò senza che essi si accorgessero della sua presenza. Vide così sua madre aprire le braccia, afferrare il quadro per la cornice, staccarlo, e con precauzione appoggiarlo in terra contro la parete. Gli apparve allora che il quadro nascondeva la superficie quadrata, di un grigio leggermente specchiante, dello sportello di acciaio di un **forziere**. «Due volte b e una s» suggerì il padre dietro le spalle della moglie. La madre girò, secondo il suggerimento del marito, certe rotelle dello sportello quindi lo spalancò senza rumore. Il forziere era piccolo, come vide Luca, e già conteneva nei suoi due ripiani parecchi altri fasci di biglietti da banca e rotoli di titoli. «Spingili dentro bene» disse il padre con la solita voce struggente[10], «se no come facciamo a metterci anche questi?» La madre ubbidì e Luca la vide con le braccia magre spingere dentro il forziere il denaro e i titoli vecchi per far posto ai nuovi. Allora, con impulso subitaneo, egli entrò nella camera e gettò i giornali sul letto dicendo: «Ecco i giornali.» Vide il padre trasalire[11] profondamente, come un ladro sorpreso nell'atto di rubare e la madre

**PAROLE sotto la lente**

### Forziere

Il sostantivo proviene dal francese antico *forcier*, derivato da *force* = forza. Indica un cofano o un cassone, solido e difficile da aprire, a volte decorato e ornato, che serviva nel passato a contenere monete o oggetti preziosi.

**Attività**

Suddividi le seguenti parole nelle loro componenti essenziali (prefisso, radice, suffisso, desinenza) e fanne l'analisi morfologica: *forzatura*, *forzare*, *sforzare*, *sforzo*, *rinforzo*, *forzoso*, *forzatamente*.

10 **struggente**: penosa, dolorosa.
11 **trasalire**: sussultare per lo spavento.

nel 1929. In esso Moravia rappresenta il disfacimento morale della borghesia italiana. Si tratta di una storia raccontata in modo crudo e realistico da un giovane Moravia che dimostra di aver fatto tesoro dei maggiori modelli europei offrendo un ritratto penetrante e spietato della società del tempo in piena epoca fascista. E, infatti, dal fascismo Moravia verrà ostacolato e bandito. Il giovane Michele, protagonista del romanzo, osserva tutti gli intrecci amorosi e affaristici della sua famiglia: ne sono protagoniste la madre e la sorella, le quali si disputano anche i favori dello stesso uomo, Leo. Michele, disgustato, si ripropone di affrontare Leo, ma l'arma con la quale pensa di spararigli è scarica. Fallito questo tentativo, tutto precipita nella consueta corruzione e Michele si perde nella sua «indifferenza». Già in questo romanzo giovanile Moravia sviluppa i temi a cui resterà sempre legato: un pessimismo di fondo che non consentirà mai all'uomo di rialzarsi, la preminenza dell'interesse economico su ogni altro valore, la sessualità come componente forte della vita umana.

I due racconti lunghi *Agostino* (1945) e *La disubbidienza* (1948) hanno come protagonisti adolescenti che nel loro momento di crescita cercano di restare aggrappati a un impossibile mondo di semplicità e di innocenza.

**• La scoperta del popolo •** Nel clima postbellico della Seconda guerra mondiale, dominato da tante speranze di rinnovamento, Moravia, influenzato dal Neorealismo imperante, scopre l'esistenza della classe sociale proletaria, pensata in alternativa alla borghesia. *La romana* (1947) è la storia di una ragazza del popolo, docile e remissiva, che, tradita dal fidanzato, finisce sulla strada ed entra a contatto con la corruzione e la violenza omicida.

Il romanzo di Moravia di maggior peso nel dopoguerra è *La ciociara* (1957), nel quale, pur in mezzo a situazioni poco esemplari (ruberie, violenze, stupri), vi sono valori, entusiasmi e personaggi che si sacrificano per ideali sociali. In questo periodo si collocano le due raccolte *Racconti romani* (1954) e *Nuovi racconti romani* (1959). In seguito, Moravia continuerà a esplorare gli stessi temi dell'indifferenza e dello scetticismo (*La noia*, 1960; *L'attenzione*, 1965), perdendo però gran parte della sua vena pungente.

12 **coagulazione**: formazione.
13 **rango**: livello.

volgere il capo stupita e già severa; e uscì in gran fretta. Nella sua camera, il sentimento confuso di aver compiuto una buona azione gli parve che si mescolasse con un sapore amaro di delusione e di errore. Ma aveva sonno; e dopo aver rivolto variamente nel pensiero l'immagine nuova e turbante del forziere nascosto dietro il quadro sacro e dei genitori seminudi con le braccia cariche di denaro, si addormentò.

Il giorno dopo, egli aveva già quasi dimenticato l'incidente, o meglio procurava di non pensarci. Ma la sera, a tavola, in un momento che suo padre non c'era, la madre osservò seccamente: «Un'altra volta ricordati che non si entra nelle camere senza bussare.» Luca arrossì e provò un impulso a rispondere: «E voi perché mi avete fatto pregare tanti anni inginocchiato davanti il vostro denaro?» La frase gli venne su dall'animo, come se si fosse formata da sé, durante il sonno, per spontanea coagulazione[12], allo stesso modo del ghiaccio durante le notti invernali. Egli riconobbe subito che era la frase che ci voleva e intuì che conteneva molto di più di quanto egli stesso avrebbe voluto metterci. Ma si trattenne e abbassò il capo, fingendosi mortificato. Più tardi, ripensando all'incidente, comprese che se non la causa prima esso era certamente stato l'occasione principale per il progressivo scadimento dei genitori al rango[13] di cose straniere e non amate.

A. Moravia, *La disubbidienza*, Bompiani, Milano, 2003

Paul Mathey, *Bambino e donna in un interno* (part.), 1890 ca. (Parigi, Museo d'Orsay)

## STORIE da SCOPRIRE

### *La disubbidienza* di Alberto Moravia

Alberto Moravia pubblica il romanzo *La disubbidienza* nel 1948. Il libro racconta la storia di Luca, un quindicenne in rotta con la propria famiglia, con la scuola, con la società in cui vive. Insieme a tutto ciò che forma la propria identità di classe (il denaro, la proprietà, il successo), Luca arriva a rifiutare anche il cibo, con il rischio di ammalarsi irreversibilmente, fino a quando non viene salvato dalle prime esperienze amorose.

Moravia ha sempre guardato con attenzione all'età adolescenziale nella quale individuava un passaggio centrale della vita. Ragazzi della buona borghesia o della comune società sono stati di frequente al centro dei suoi romanzi o racconti. Ricordiamo a questo proposito il romanzo *Agostino* (1944), la storia di un tredicenne che vive il distacco dal mondo sicuro dell'infanzia e l'ingresso nell'adolescenza, una condizione di incertezza ancora lontana dalla maturità dell'età adulta.

## per L'ANALISI del TESTO

### Il distacco dai genitori

A 15 anni Luca sta vivendo con grande disagio il passaggio dal protettivo mondo dell'infanzia a quello problematico dell'età adulta. È diventato molto insofferente e a ogni minima contrarietà reagisce con **atteggiamenti di ribellione**. Sente di avversare il mondo intero, a cominciare dalla scuola e dagli altri ragazzi. Prova un sottile piacere autodistruttivo nel non studiare, nel collezionare insuccessi, nell'essere trascurato dai compagni. Ha cominciato a guardare i genitori con disincanto, senza più la riverenza di un tempo. La vicenda al centro di questo brano rappresenta l'inizio del distacco da una visione ideale dei propri genitori.

### Un atto ipocrita

L'avere nascosto la cassaforte di famiglia dietro il quadro della Madonna di Raffaello è un atto che ferisce Luca, perché gli rivela l'**ipocrisia degli adulti**. Sente di essere stato ingannato quando da bambino la madre lo costringeva a pregare davanti a quella Madonna, che ora scopre messa lì a proteggere beni materiali più che spirituali. La risposta che affiora spontanea in lui, ma che tiene per sé, quando la madre gli fa notare che «non si entra nelle camere senza bussare» (rr. 83-84), è rivelatrice delle conclusioni a cui approda: la fiducia che nutriva nei confronti dei suoi genitori si è irrimediabilmente incrinata.

### Una scrittura leggera e ironica

Il brano ha un **carattere introspettivo e descrittivo** a un tempo. Moravia delinea il suo protagonista adolescente con mano leggera, avvalendosi anche dell'**ironia**. Il suo carattere emerge in maniera vivida dalle descrizioni che l'autore affida al filtro del suo sguardo, come ad esempio quando ritrae le abitudini quotidiane del padre e il quadro davanti al quale era costretto a inginocchiarsi. Particolarmente ironica appare la scena in cui il ragazzo sorprende i genitori mentre riempiono la cassaforte, con l'atteggiamento furtivo di due ladri.

Otto Dix, *La famiglia del pittore Adalbert Trillhaase*, 1923. (Stoccarda, Galleria di Stato)

# Attività

## Leggere e comprendere

1 **L'incidente** Un casuale disguido avvia la vicenda. Quale?

2 **Il sentimento verso il padre** Quale sentimento prova Luca nei confronti del padre dopo avere portato i giornali con sé a letto?

a. Indifferenza
b. Senso di colpa
c. Rispetto
d. Grande paura

3 **La decisione** Quali sono le espressioni che indicano la decisione impulsiva del ragazzo di restituire i giornali al padre?

4 **Senza bussare** Per quale motivo il protagonista non bussa alla porta della camera dei genitori?

a. Teme le conseguenze della sua intrusione
b. Non vuole disturbare i genitori
c. È assorto nell'intento di riparare il torto che crede di aver fatto al padre
d. È abituato a entrare e uscire dalla camera dei genitori senza bussare

5 **I genitori** Come trova i genitori, una volta entrato in camera?
- **a.** A letto addormentati
- **b.** In piedi, mentre si preparano per andare a dormire
- **c.** In piedi: il padre con biglietti di banca in mano, la madre che armeggia intorno a un quadro
- **d.** Nel letto a chiacchierare

6 **Il quadro** Che cosa rappresenta il quadro?
- **a.** È una copia di una Madonna di Raffaello
- **b.** È una Madonna di Raffaello
- **c.** È la copia di un dipinto di Leonardo
- **d.** È il ritratto di un antenato del padre

7 **I ricordi legati al quadro** A quali ricordi è legato il quadro nella mente di Luca?

8 **La reazione di Luca** Quale gesto compie Luca una volta compreso ciò che sta accadendo? Quali sentimenti prova?

9 **La reazione dei genitori** Come reagiscono il padre e la madre alla vista del figlio?
- **a.** Il padre trasalisce imbarazzato e la madre si volge comprensiva
- **b.** Il padre trasalisce imbarazzato e la madre si volge con atteggiamento severo
- **c.** Il padre e la madre inveiscono contro Luca
- **d.** Il padre sorride e la madre si mostra severa

10 **Il rimprovero della madre** La madre dice a Luca che «non si entra nelle camere senza bussare» (rr. 83-84). Quale significato più profondo può assumere il rimprovero?

11 **La risposta trattenuta** Il ragazzo vorrebbe biasimare i genitori per averlo fatto pregare davanti al loro denaro. Che cosa sente dentro di sé e che cosa invece fa?

12 **Le figure dei genitori** La percezione che Luca ha dei genitori muta a seguito dell'episodio?
- **a.** La percezione di entrambi i genitori muta nel corso della vicenda
- **b.** Muta la percezione del padre ma non quella della madre
- **c.** Muta la percezione della madre ma non quella del padre
- **d.** La percezione dei genitori rimane immutata

## Riconoscere e analizzare

13 **Le sequenze** Indicando i numeri delle righe, dividi il brano in sequenze narrative e assegna a ciascuna un titolo nominale.

14 **Lo spazio** Nel testo, sono descritti con particolare cura la camera dei genitori e la copia del quadro. In che modo è condotta la descrizione?

15 **La porta** Se la camera dei genitori costituisce un luogo in parte proibito, la porta rappresenta un simbolo importante. Quale, a tuo parere?
- **a.** L'avventura
- **b.** Il rispetto verso i genitori
- **c.** L'autonomia
- **d.** La trasgressione

16 **Il narratore e il punto di vista** Come definiresti il narratore e la focalizzazione?
- **a.** Narratore esterno, focalizzazione interna
- **b.** Narratore interno, focalizzazione interna
- **c.** Narratore esterno, focalizzazione esterna
- **d.** Narratore onnisciente, focalizzazione zero

17 **I personaggi** In quale modo vengono descritti i genitori di Luca?

18 **Lo stile** Nel testo gli aggettivi qualificativi non sono solo descrittivi, ma portano con sé significati profondi. Ritrova nel racconto almeno tre degli aggettivi elencati sotto e prova a chiarire i loro aspetti più nascosti, collegati al racconto:

spiegazzato • paziente • dolce • ritto e immobile • grigio • struggente

## Rielaborare e produrre

19 **Il riassunto** Sintetizza il testo in 150 parole.

20 **I temi** Oltre alla delusione del ragazzo, nel brano hanno centralità le relazioni, i rapporti interpersonali che esistono tra padre, madre e figlio. Prova a definirli.

21 **Il passaggio all'adolescenza** Nel testo si possono evidenziare alcune trasformazioni importanti e tipiche del passaggio dalla fanciullezza all'adolescenza. Sai evidenziare le principali?

22 **Il tuo racconto** Il rapporto con i tuoi genitori ti ha mai causato delusioni? Come hai reagito? Scrivi un racconto ben strutturato che riporti un episodio significativo di tale delusione.

Francis Scott Fitzgerald

# Berenice si taglia i capelli

Berenice è una ragazza di circa 18 anni che risulta agli amici impacciata e noiosa. Ben altra intraprendenza e ben altro successo ha la cugina Marjorie, corteggiata da tutti i maschi. Un perfido aiuto da parte di quest'ultima innescherà una situazione paradossale che rivelerà anche l'animo duro e vendicativo di Berenice.

Da *Maschiette e filosofi*, 1920

Racconto di formazione

V

La settimana che seguí fu una rivelazione per Berenice. Insieme alla sensazione che alla gente facesse davvero piacere guardarla e ascoltarla vennero le fondamenta della fiducia in se stessa. […]

Tra tutti gli argomenti di cui parlava Berenice, il piú conosciuto e forse quello universalmente approvato era la faccenda dei capelli alla maschietta[1].

«Oh, Berenice, quand'è che ti farai tagliare i capelli?»

«Dopodomani, forse» rispondeva lei, ridendo. «Verrete a vedermi? Perché conto su di voi, sapete.»

«Se verremo? Puoi figurartelo! Ma sarebbe ora che ti decidessi!»

Berenice, le cui intenzioni, per quanto concerneva la tonsura[2], erano del tutto disonorevoli, rideva di nuovo.

«Manca poco, ormai. Vi meravigliereste se sapeste quanto poco.»

Ma forse, il simbolo piú significativo del suo successo fu l'automobile grigia dell'ipercritico Warren McIntyre[3], parcheggiata ogni giorno davanti a casa Harvey. La prima volta, la cameriera trasalí visibilmente allorché egli chiese di vedere Berenice invece di Marjorie; dopo una settimana, disse alla cuoca che Berenice aveva soffiato alla signorina Marjorie il suo miglior corteggiatore.

Ed era vero, Berenice glielo aveva soffiato. Forse la cosa incominciò con il desiderio di Warren di ingelosire Marjorie; forse la colpa fu degli spunti della conversazione di Marjorie che echeggiavano[4] – familiari anche se non bene individuati – nei discorsi di Berenice; forse contribuirono entrambi i fattori e ci si mise di mezzo anche una vera simpatia. In ogni modo, di lí a una settimana, la cerchia

1 **capelli alla maschietta**: le donne, negli anni Venti, portavano i capelli lunghi; il taglio corto definito «alla maschietta» cominciava a diffondersi, ma era ritenuto scandaloso.

2 **tonsura**: il taglio dei capelli.

3 **Warren McIntyre**: giovanotto diciannovenne che fino ad allora aveva corteggiato Marjorie, mentre ora si presenta per accompagnarsi con Berenice.

4 **echeggiavano**: risuonavano.

Coles Phillips, *Model 20 Hudson Motor Car*, 1929. (Newport, National Museum of American Illustration)

dei piú giovani sapeva che il piú costante tra i corteggiatori di Marjorie aveva fatto uno sbalorditivo voltafaccia e correva indiscutibilmente dietro all'ospite di Marjorie. Warren telefonava a Berenice due volte al giorno, le mandava biglietti, e i due giovani venivano veduti spesso insieme sulla sua macchina scoperta, ovviamente impegnati in una di quelle assorte, importantissime conversazioni per stabilire se egli fosse o meno sincero.

Marjorie, quando la stuzzicavano, si limitava a ridere. Diceva di essere felicissima che Warren avesse trovato finalmente una ragazza capace di apprezzarlo. Di conseguenza, anche la cerchia dei piú giovani rise, ritenne che Marjorie se ne infischiasse e non ci pensò piú.

Un pomeriggio, quando mancavano ormai tre soli giorni al termine del suo soggiorno, Berenice aspettava nell'ingresso Warren, con il quale doveva andare a un bridge[5]. Si trovava in uno stato d'animo piuttosto estatico e quando Marjorie – anch'ella invitata al bridge – le venne accanto e incominciò con aria indifferente ad aggiustarsi il cappellino guardandosi allo specchio, era del tutto impreparata a quello che poteva considerarsi uno scontro. Marjorie agí con molta freddezza e concisione[6], in tre sole frasi.

«Puoi anche toglierti Warren dalla testa» disse, gelida.

«Come?» Berenice era allibita.

«È meglio che tu la finisca di renderti ridicola con Warren McIntyre. Gli importi meno di uno schiocco delle dita.»

Per un attimo colmo di tensione si fissarono... Marjorie beffarda, superba; Berenice sbalordita, dibattuta tra l'ira e il timore. Poi due automobili si fermarono davanti alla casa con un gran squillare di clacson. Entrambe le ragazze ebbero un breve sussulto, si voltarono e uscirono in fretta l'una accanto all'altra.

5 **bridge**: gioco di carte.

6 **concisione**: brevità, sintesi.

## L'AUTORE

**Francis Scott Fitzgerald** nasce nel 1896 a St. Paul, nel Minnesota. La fragilità e l'insicurezza che hanno segnato la sua vita vanno ricercate nell'ambito familiare: il padre era un gentiluomo del Sud degli Stati Uniti che non è mai riuscito a costruirsi una solida posizione economica; la madre, figlia di un ricco commerciante, aveva finito per mantenere la famiglia, facendo sempre pesare questo suo ruolo. Nel 1918, Fitzgerald si arruola nell'esercito, ma la Prima guerra mondiale (1914-1918) finisce prima che egli possa prendervi parte. Nello stesso anno conosce e s'innamora di Zelda Sayre, che sposa appena conseguite fama e ricchezza con la pubblicazione delle sue prime opere. La donna diventa il modello a cui lo scrittore si ispira per creare le cosiddette «ragazze dorate» protagoniste delle sue opere. Fitzgerald è lo scrittore che meglio rappresenta il clima degli anni Venti che, per le classi sociali più elevate, sono anni di benessere, di follie e di divertimenti.

Le sue opere, come i romanzi *Belli e dannati* (1922) e *Il grande Gatsby* (1925) o le raccolte *I racconti dell'età del jazz* (1922) e *Tutti i giovani tristi* (1926), presentano un mondo che sembra vivere un'illusoria festa continua. Quando la crisi economica del 1929 azzera capitali economici e fortune familiari, viene meno anche il successo letterario di Fitzgerald, che tuttavia riesce a pubblicare un altro romanzo di valore come *Tenera è la notte* (1934). Una malattia mentale porterà al ricovero in manicomio la moglie, mentre Fitzgerald, dimenticato, invecchiato e preda dell'alcool, morirà in solitudine nel 1940.

Giocando al bridge, Berenice si sforzò invano di padroneggiare una sempre piú grande inquietudine. Aveva offeso Marjorie, la sfinge delle sfingi[7]. Con le intenzioni piú oneste e innocenti del mondo aveva rubato ciò che apparteneva a Marjorie. A un tratto, e in modo orribile, si sentí colpevole. Dopo le partite di bridge, quando formarono un gruppo tutti insieme e la conversazione divenne generale, la tempesta si avvicinò a poco a poco. Fu il giovane Otis Ormonde a farla scoppiare senza volerlo.

«Quando ci torni all'asilo infantile, Otis?» aveva domandato qualcuno.

«Io? Quando Berenice si farà tagliare i capelli.»

«Allora i tuoi studi sono finiti» si affrettò a dire Marjorie. «Non è stato altro che un bluff[8]. Credevo che lo aveste capito.»

«Davvero?» domandò Otis, con uno sguardo di rimprovero a Berenice.

A Berenice bruciarono le orecchie mentre si sforzava di pensare una replica efficace. Ma di fronte a quell'attacco diretto la sua immaginazione sembrava paralizzata.

«A questo mondo di inganni ce n'è un'infinità» continuò Marjorie, allegrissima. «Direi che sei giovane abbastanza per saperlo, Otis.»

«Be'» mormorò Otis «forse è vero. Ma perdinci! Spiritosa com'è Berenice...»

«Oh, davvero?» sbadigliò Marjorie. «E qual è il suo ultimo *bon mot*[9]?»

Sembrava che nessuno lo sapesse. E invero, avendo amoreggiato con il corteggiatore della sua musa[10], negli ultimi tempi Berenice non aveva piú detto nulla di memorabile.

«Ma è stato davvero soltanto un bluff?» domandò Roberta incuriosita.

Berenice esitò. Capí che si aspettavano tutti da lei una prova qualsiasi di arguzia, ma sotto lo sguardo improvvisamente gelido della cugina si sentiva del tutto inetta[11].

«Non saprei» tergiversò[12].

«Storie!» disse Marjorie. «Confessalo!»

Berenice notò che Warren aveva smesso di guardare l'ukulele[13] con il quale stava strimpellando e la fissava interrogativo.

«Oh, non saprei» ripeté con voce monotona. Aveva le gote in fiamme.

«Storie!» esclamò di nuovo Marjorie.

«Su, andiamo, Berenice» la incitò Otis. «Dimostrale che si sbaglia.»

Berenice tornò a guardarsi intorno... sembrava che non potesse sottrarsi allo sguardo di Warren.

«Mi piacciono i capelli alla maschietta» si affrettò a dire, come se egli le avesse posto una domanda «e voglio farmeli tagliare cosí.»

«Quando?» domandò Marjorie.

«In qualunque momento.»

«Non c'è momento migliore di adesso» propose Roberta.

Otis balzò in piedi.

«Ottima idea!» esclamò. «Organizziamo una festicciola estiva con taglio di capelli. Dal parrucchiere dell'Hotel Sevier, mi sembra che tu abbia detto.»

In un attimo furono in piedi tutti quanti. Il cuore di Berenice batteva con violenza.

«Cosa?» ella balbettò.

Dal gruppo le giunse la voce di Marjorie, molto chiara e sprezzante:

«Vedrai... si rimangia quello che ha detto!»

7 **la sfinge delle sfingi**: espressione metaforica per indicare come Marjorie fosse sempre enigmatica, impassibile e non lasciasse mai trapelare i propri sentimenti, esattamente come la Sfinge egiziana.

8 **Non è stato altro che un bluff**: con questa frase Marjorie intende mettere con le spalle al muro la cugina rivale Berenice.

9 ***bon mot***: battuta intelligente e spiritosa, in lingua francese.

10 **musa**: la musa, cioè la persona che l'aveva avviata al successo con i maschi, è Marjorie. Nell'età classica, le muse erano divinità che proteggevano le arti.

11 **inetta**: incapace.

12 **tergiversò**: prese tempo, cercò di evitare di dare una risposta.

13 **ukulele**: strumento musicale degli indigeni delle isole del Pacifico, simile a una chitarra.

«Vieni, Berenice!» gridò Otis, incamminandosi verso la porta.

Quattro occhi – gli occhi di Warren e gli occhi di Marjorie – la fissavano, la provocavano, la sfidavano. Per un secondo ancora, disperata, tentennò.

«Sta bene» disse poi in fretta. «Andiamo pure.»

Alcuni eterni minuti piú tardi, andando in macchina verso il centro accanto a Warren, nella luce del tardo pomeriggio, mentre gli altri li seguivano da vicino sull'automobile di Roberta, Berenice sperimentò tutte le sensazioni di Maria Antonietta[14] portata da un carro alla ghigliottina. In modo vago, si domandò perché mai non gridasse ch'era tutto un errore. Solo a stento riuscí a non portare entrambe le mani ai capelli per difenderli dal mondo divenuto improvvisamente ostile. Non fece, in ogni modo, neppure l'inutile gesto. Anche il pensiero di sua madre non poteva piú dissuaderla[15], ormai. Era, questa, la prova suprema della sua lealtà e del suo coraggio; solo cosí poteva conquistarsi l'incontestato[16] diritto di incedere[17] nello stellato firmamento delle ragazze ammirate.

Warren taceva, imbronciato. Quando arrivarono all'albergo fermò accanto al marciapiede e con un cenno del capo invitò Berenice a precederlo. L'automobile di Roberta rovesciò nella bottega, che aveva due vistose vetrine sulla strada, una turba[18] ridente.

Berenice rimase sul marciapiede e guardò l'insegna, Parrucchiere Sevier. Si trattava, in realtà, d'una ghigliottina e il carnefice era il proprietario della bottega che in grembiule bianco, fumando una sigaretta, si appoggiava in atteggiamento indolente[19] alla prima poltrona. Doveva aver sentito parlare di lei; doveva averla aspettata per tutta la settimana, fumando eterne sigarette accanto a quella portentosa, troppe volte nominata, prima poltrona. Le avrebbero bendato gli occhi? No, ma le avrebbero posto una salvietta bianca intorno al collo per evitare che il sangue... sciocchezze! I capelli... le cadessero sul vestito.

«Coraggio, Berenice» la incitò Warren.

Alzando il mento, ella attraversò il marciapiede, spinse la doppia porta e, senza degnare di uno sguardo la turba chiassosa, turbolenta che occupava i sedili, si avvicinò al barbiere.

«Tagliatemi i capelli alla maschietta.»

Il barbiere non poté fare a meno di aprire la bocca. La sigaretta cadde sul pavimento.

«Eh?»

«I capelli... alla maschietta!»

Rifiutandosi di sopportare altri preliminari, Berenice si mise a sedere. Un tizio nella poltrona accanto alla sua si voltò verso di lei e le scoccò un'occhiata, mezzo schiuma, mezzo stupore. Un barbiere trasalí e rovinò il taglio mensile dei capelli al piccolo Willy Schuneman. Il signor O'Reilly, nell'ultima poltrona, grugní e imprecò musicalmente in gallese antico, mentre il rasoio gli penetrava nella guancia. Due lustrascarpe spalancarono gli occhi e si precipitarono ai piedi di lei. No, Berenice non voleva che le lucidassero le scarpe.

Fuori, un passante si fermò e guardò con gli occhi sbarrati; una coppietta fece altrettanto; apparvero a un tratto i nasi d'una dozzina di ragazzetti, appiattiti contro il cristallo; e brandelli di conversazione si insinuarono nella bottega sulle ali della brezza estiva.

«Ma guarda, un marmocchio con i capelli lunghi!»

«Lo sai cos'è quella roba? Ha appena finito di radere una donna barbuta.»

14 **Maria Antonietta**: regina di Francia, ghigliottinata nel 1793 durante la Rivoluzione francese.

15 **dissuaderla**: farle cambiare idea.

16 **incontestato**: indiscusso.

17 **incedere**: camminare.

18 **turba**: folto gruppo.

19 **indolente**: apatico, pigro.

Ma Berenice non vedeva nulla, non udiva nulla. Il suo solo senso ancor funzionante le disse che l'uomo in grembiule bianco aveva tolto prima un pettine di tartaruga, poi l'altro; che le sue dita erano goffamente alle prese con poco familiari mollette; che ella stava per perdere quei capelli, quei capelli meravigliosi... non ne avrebbe sentito mai piú il lungo, voluttuoso peso quando le ricadevano sulle spalle in uno splendore castano-scuro. Per un attimo fu sul punto di cedere, poi la scena che aveva dinanzi si mise meccanicamente a fuoco... la bocca di Marjorie incurvata in un lieve, ironico sorriso, come a dire:

«Arrenditi e scendi da quella poltrona! Hai cercato di farmela ed io ho visto il bluff. Non hai scampo, puoi ben rendertene conto.»

E un'ultima riserva di energia scaturí in Berenice; ella strinse infatti i pugni sotto la salvietta bianca e socchiuse gli occhi in un modo bizzarro di cui Marjorie doveva, molto tempo dopo, parlare con qualcuno.

Venti minuti dopo il barbiere la fece girare verso lo specchio ed ella trasalí contemplando, in tutta la sua portata[20], il disastro. Non aveva i capelli ricci ed ora li vide pendere a ciocche flosce e inerti a entrambi i lati del viso fattosi a un tratto smorto. Era un viso brutto come il peccato... lo aveva saputo, che sarebbe stato brutto come il peccato. La maggiore attrattiva di quel suo viso era consistita in una semplicità da madonna. Scomparsa tale semplicità, ella era... be', sí, spaventosamente mediocre... non vistosa; semplicemente ridicola, come uno studioso del Greenwich Village[21] che avesse dimenticato a casa gli occhiali.

Scendendo dalla poltrona tentò di sorridere... fallí miseramente. Vide due delle ragazze scambiarsi un'occhiata; notò la bocca di Marjorie incurvata in uno scherno represso[22]... notò che gli occhi di Warren erano a un tratto molto gelidi.

«Vedete» – le parole di lei caddero in un silenzio imbarazzato – «me li sono tagliati.»

«Sí, te li sei... tagliati» riconobbe Warren.

«Sto bene?»

Due o tre voci le risposero con un "Certo" detto a malincuore, vi fu un nuovo imbarazzato silenzio, poi Marjorie si voltò rapida e con una intensità da rettile verso Warren.

20 **portata**: gravità.

21 **Greenwich Village**: quartiere di New York abitato per lo più da artisti e intellettuali.

22 **scherno represso**: derisione trattenuta.

Rolf Armstrong, *Ciao a tutti!*, 1929. (Collezione Privata)

«Ti spiacerebbe accompagnarmi fino alla tintoria?» gli domandò. «Devo assolutamente ritirare un vestito prima di cena. Roberta torna a casa, può portare lei gli altri.»

Warren fissò assorto un punto situato all'infinito nello spazio fuori della vetrina. Poi per un attimo gli occhi di lui si posarono gelidi su Berenice prima di volgersi verso Marjorie.

«Con piacere» disse adagio.

VI

Berenice non si rese ben conto della perfidia della trappola in cui era stata fatta cadere finché non vide lo sguardo allibito di sua zia subito prima di cena.

«Dio mio, Berenice!»

«Me li sono fatti tagliare alla maschietta, zia Josephine.»

«Dio mio, bambina!»

«Ti piaccio cosí?»

«Dio mio, Berenice!»

«Ti ho scandalizzata, immagino.»

«No, ma che cosa ne penserà domani sera la signora Deyo? Berenice, avresti dovuto aspettare fino al ballo offerto dai Deyo... avresti dovuto aspettare, se proprio volevi fare una cosa simile.»

«È stata una decisione improvvisa, zia Josephine. In ogni modo, perché dovrebbe importare particolarmente alla signora Deyo?»

«Ma come, bambina» esclamò la signora Harvey «nella sua conferenza su "I difetti della giovane generazione" tenuta all'ultima riunione del Circolo, ha dedicato un quarto d'ora ai capelli alla maschietta. Non esiste cosa che detesti di piú. E il ballo è in onore tuo e di Marjorie!»

«Mi dispiace.»

La cena fu una tortura. Aveva fatto un tentativo frettoloso con il ferro da ricci, bruciandosi le dita e parecchi capelli. Notò che la zia era crucciata[23] e addolorata insieme, e che lo zio seguitava a dire "Be', perdincibacco!" piú e piú volte di seguito, in tono di voce offeso e lievemente ostile. E Marjorie, placidissima, si trincerava[24] dietro un vago sorriso, un sorriso vagamente beffardo[25].

In qualche modo la serata passò. Vennero a far loro visita tre giovanotti; Marjorie scomparve con uno di essi e Berenice, dopo un tentativo distratto e fallito di intrattenere gli altri due, sospirò di sollievo alle dieci e mezzo, salendo le scale diretta nella sua stanza. Che giornata!

Quando si fu spogliata e fu pronta per coricarsi, la porta si aprí e Marjorie entrò.

«Berenice» disse «sono desolatissima per il ballo dei Deyo. Ti do la mia parola d'onore che me n'ero completamente dimenticata.»

«Non importa» si limitò a rispondere Berenice. In piedi davanti allo specchio, passava adagio il pettine tra i corti capelli.

«Domani ti porto in centro» soggiunse Marjorie. «Il parrucchiere per signora ti aggiusterà e ti rimetterà a posto. Non credevo che saresti andata fino in fondo. Mi dispiace davvero moltissimo.»

«Oh, non fa nulla!»

«Del resto, sarà l'ultima sera che passi qui e quindi, immagino, non avrà molta importanza.»

Poi Berenice trasalí mentre Marjorie scuoteva i capelli sciolti sulle spalle e incominciava ad annodarli adagio in due lunghe, bionde trecce finché, nel *néfligé*[26]

23 **crucciata**: dispiaciuta, preoccupata.
24 **si trincerava**: nascondeva i suoi veri pensieri.
25 **beffardo**: di derisione.
26 ***néfligé***: vestaglia.

color panna, fece pensare al ritratto delicato di qualche principessa sassone. Affascinata, Berenice osservò le trecce allungarsi. [...]

«Mi piacciono i capelli tagliati cosí» disse a fatica. «Credo che mi stiano bene.»

Marjorie sorrise.

«Stai benissimo. Per amor del cielo, non devi crucciartene!»

«Non mi cruccio.»

«Buonanotte, Berenice.»

Ma, mentre la porta si chiudeva, qualcosa scattò dentro Berenice. Ella balzò, dinamica, in piedi torcendosi le mani; rapida e silenziosa, si avvicinò al letto e tirò fuori di sotto ad esso la valigia. Vi gettò oggetti di toletta e un cambio di biancheria. Poi si voltò verso il baule e vi rovesciò in fretta tutta la biancheria e tutti i vestiti estivi contenuti in due cassetti. Si muoveva senza rumore, ma con precisa abilità; tre quarti d'ora dopo aveva chiuso a chiave il baule assicurandone le cinghie e indossava il bell'abito da viaggio che Marjorie l'aveva aiutata a scegliere.

Seduta alla scrivania, scrisse un bigliettino alla signora Harvey, spiegandole brevemente i motivi della sua partenza. Lo chiuse, lo indirizzò e lo posò sul cuscino. Guardò l'orologio. Il treno partiva all'una; sapeva che andando a piedi fino all'Hotel Marborough, a due isolati di distanza, avrebbe potuto trovare facilmente un tassí.

A un tratto, ebbe un sussulto e negli occhi le balenò un'espressione che un esperto psicologo avrebbe vagamente collegato al viso chiuso e ostinato di lei sulla poltrona del barbiere... considerandola in qualche modo uno sviluppo di quell'ostinazione. Era un'espressione del tutto nuova per Berenice... e doveva avere conseguenze.

Coles Phillips, *L'ora magica - Il tè del pomeriggio*, 1926. (Newport, National Museum of American Illustration)

Ella si avvicinò furtiva alla scrivania, prese un oggetto che vi si trovava e, spente tutte le luci, rimase immobile finché gli occhi non le si furono abituati all'oscurità. Piano, socchiuse la porta della camera di Marjorie. Udí il respiro tranquillo e regolare di chi dorme con la coscienza tranquilla.

Era ormai al capezzale[27], molto decisa e calma. Agí con rapidità. Chinatasi, trovò una delle trecce di Marjorie, la seguí con la mano fino al punto piú vicino al capo, poi, tenendola un po' lenta, in modo che la dormiente non sentisse alcuno strappo, abbassò le forbici e tagliò. Con la treccia in mano, trattenne il respiro. Marjorie aveva bofonchiato[28] qualcosa nel sonno. Berenice amputò[29] con destrezza l'altra treccia, indugiò un attimo, poi tornò veloce, silenziosa e leggera, in camera sua.

Al pianterreno aprí la grande porta di casa, la chiuse piano dietro di sé e, in preda a una strana felicità, a un'esaltazione, discese dalla veranda nel chiaro di luna, facendo dondolare la pesante valigetta come una borsa per la spesa. Dopo un minuto di rapida andatura si accorse di avere ancora nella mano sinistra le due trecce bionde. Le venne da ridere a un tratto... e dovette tenere la bocca ben chiusa per evitare un accesso di squillante ilarità[30]. Passava in quel momento davanti alla casa di Warren; impulsivamente, posò la valigetta e, facendo oscillare le trecce come pezzi di corda, le lanciò verso la veranda di legno, sulla quale caddero con un tonfo sommesso. Rise di nuovo, senza piú trattenersi, questa volta.

«Ah!» ridacchiò incapace di dominarsi. «Ho scotennato l'egoista!»

Poi, ripresa la valigia, si avviò quasi di corsa lungo la strada illuminata dalla luna.

F.S. Fitzgerald, *28 Racconti*, trad. it. di B. Oddera, introduzione di F. Pivano, Oscar Mondadori, Milano, 1990

27 **al capezzale**: ai piedi del letto.
28 **bofonchiato**: borbottato.
29 **amputò**: tagliò.
30 **squillante ilarità**: sonora risata.

## per L'ANALISI del TESTO

### Un duello

Il racconto, ambientato negli **anni Venti**, ruota attorno ad alcuni giovani di ricche famiglie, i quali sembrano riempire le loro giornate passando da una festa all'altra. Numerosi sono i segni di questo bel **mondo dorato**: case di lusso, personale di servizio, automobili a disposizione, nessun serio impegno. All'interno di questa **società frivola** si sviluppa il duello tra Berenice e la cugina Marjorie, le protagoniste del lungo racconto. Berenice vive l'episodio con così tanta intensità da uscirne in qualche modo cambiata; Marjorie le fa da spalla. Gli adulti stanno sullo sfondo: soltanto la madre di Marjorie compare in una scena dialogata.

### Freddi rapporti umani

Le due ragazze sembrano muoversi in apparenza l'una al servizio dell'altra; i loro modi, a prima vista, hanno il carattere della cordialità e della gentilezza. In realtà, è in atto una sorda guerra per primeggiare nel circolo delle amicizie maschili e dunque basta togliere i veli del formalismo per cogliere la fredda durezza che si annida nei loro animi. Possiamo immaginare che le tensioni tra i figli siano le stesse esistenti nel mondo dei loro genitori, tesi ad accumulare ricchezze, a lottare per affermarsi, a rincorrere perennemente il successo. Il racconto, allora, è più amaro di quanto sembri a prima vista e Francis Scott Fitzgerald lascia intravedere un **severo giudizio** verso il bel mondo della borghesia americana di quegli anni.

### L'arma dell'ironia

Sul piano stilistico, l'autore lascia che tutto il racconto sia percorso da una **sottile vena umoristica**: si leggono con il sorriso sulle labbra le evoluzioni dei giovani prima e durante le feste.

Il racconto ha un suo crescendo proprio nei capitoli che sono proposti, quando Marjorie tende la trappola all'incauta Berenice, chiamandola a dar corso alla promessa di tagliarsi i capelli alla maschietta. Il **colpo di scena finale** chiude in maniera brillante il racconto mostrando una Berenice dal carattere determinato, cresciuta nella consapevolezza di sé.

### La tecnica narrativa

L'**autore** ha un carattere **onnisciente**: conosce già tutto di tutti e non si limita solo a presentare le azioni, ma le arricchisce con i pensieri e gli stati d'animo dei personaggi. Scrive in primo luogo per la ricca borghesia e quindi inserisce anche **termini colti**, alcuni di origine francese.

Prevalgono le **sequenze narrative**, ma con l'inserimento di **scene dialogate** e di pause dal carattere descrittivo e riflessivo. Ne risulta un **ritmo vivace** che mantiene vivo l'interesse del lettore.

# Attività

## Leggere e comprendere

1 **La rivelazione** Quale strabiliante trasformazione avviene in Berenice durante la settimana di cui si parla nel racconto?

**a.** Diventa timida e introversa
**b.** Rimane serena e sicura di sé
**c.** Diventa spigliata e sicura si sé
**d.** Diventa ancor più impacciata e sottomessa alla cugina

2 **I capelli alla maschietta** Come viene accolta dal gruppo dei giovani la spregiudicata e avventata decisione di Berenice di tagliarsi i capelli alla maschietta?

**a.** È approvata da tutti ma non dalla cugina
**b.** È approvata e procura alla ragazza dei corteggiatori
**c.** Viene criticata perché risulta troppo audace
**d.** Non viene presa in considerazione perché impossibile da realizzare

3 **Il battibecco** Le due cugine hanno un serio battibecco. Quale ne è la ragione?

4 **La decisione** Che cosa induce Berenice a risolversi e andare con tutto il gruppo dal parrucchiere?
**a.** Il desiderio di mantenere fede alla promessa
**b.** Le provocazioni della cugina
**c.** Il successo acquisito nel gruppo
**d.** Il desiderio di sembrare più graziosa

5 **Lo stato d'animo** L'ostentata sicurezza della propria decisione contrasta con ciò che la ragazza prova dentro di sé: «Berenice sperimentò tutte le sensazioni di Maria Antonietta portata da un carro alla ghigliottina» (rr. 103-104). Spiega i termini della similitudine.
- Maria Antonietta corrisponde a ..............................
- Il carro corrisponde a ..................................................
- La ghigliottina corrisponde a ..................................

6 **Il pubblico** Perché non solo gli amici ma anche clienti, passanti e bambini si stupiscono al vedere il taglio di capelli alla maschietta di Berenice?
**a.** È vietato dalla legge
**b.** Indica spregiudicatezza e suscita scandalo
**c.** Non dona grazia alla ragazze
**d.** Non è conosciuto

7 **La fine** Come si sente Berenice alla fine del taglio?

8 **La zia** La zia non solo non approva il nuovo taglio ma prevede anche che esso sarà causa di grande imbarazzo. Perché?

9 **La perfidia** In che modo, prima di andare a dormire, Marjorie ostenta a Berenice il proprio successo?
**a.** Loda la nuova pettinatura della cugina
**b.** Esibisce i suoi lunghi capelli biondi
**c.** Fa capire che anche lei presto si farà quella pettinatura
**d.** Consola la cugina dicendole che presto i capelli ricresceranno

10 **La risata finale** Dopo aver tagliato di nascosto le lunghe trecce della cugina addormentata, Berenice si abbandona a una irrefrenabile risata. Quale ne è la motivazione?

11 **I gesti plateali** Berenice, per cercare la propria autonomia, compie due gesti plateali. Il taglio alla maschietta e il taglio delle trecce di Marjorie. Quali sentimenti la spingono a tali azioni? (Sono possibili più risposte.)
**a.** Il desiderio di autonomia dai genitori
**b.** Il desiderio di non sottostare alla cugina
**c.** Il desiderio di sentirsi accettata
**d.** Il desiderio di sentirsi alla moda

## Riconoscere e analizzare

12 **La struttura** Come si presenta la struttura del racconto?

13 **Il luogo** Dove si svolge la storia?
**a.** In Italia
**b.** In Francia
**c.** Negli Stati Uniti
**d.** In Inghilterra

14 **Il tempo della storia** In quale periodo storico è ambientata la vicenda?

15 **Il tempo del racconto** Quali modalità espositive prevalgono nel testo?
**a.** Scena ed ellissi
**b.** Scena e sommario
**c.** Pausa e scena
**d.** Pausa ed ellissi

16 **I personaggi** Quale aspetto del gruppo di ragazzi è evidenziato dal narratore?
**a.** Carattere
**b.** Condizione sociale
**c.** Aspetto fisico
**d.** Comportamento

17 **La protagonista** Nel corso del racconto Berenice mantiene le stesse caratteristiche o cambia? Come possiamo definirla?

18 **Il lessico** Che differenza esiste tra la gelosia e l'invidia? Chiariscine il significato con l'uso del dizionario.

## Rielaborare e produrre

19 **Il riassunto** Dividi il testo in sequenze e riassumilo in 200 parole.

20 **Il tuo racconto** Spesso gli amici determinano il nostro comportamento. Per sentirci accettati, ci uniformiamo alle loro richieste. Quando però ci sentiamo prevaricati, riusciamo a trovare il coraggio di ribellarci, anche staccandoci dal gruppo. Scrivi un racconto che proponga questa dinamica.

Marinella Ferranti

# Un consenso motivato

Da *Un adolescente in famiglia. Come affiancare un figlio e crescere con lui*, 1999

Testo espositivo

La discussione in famiglia costituisce la base per condurre i figli a esercitare il loro diritto di autodecisione davanti alle scelte della vita. Quanto più il dialogo risulta pratica quotidiana, tanto più un figlio acquista autonomia e indipendenza di giudizio e di comportamento.

Attraverso una costante interazione verbale, la partecipazione dei figli alle discussioni e alle decisioni, la spiegazione delle ragioni dei comandi, la richiesta delle loro opinioni, l'ascolto, il rispetto, l'incoraggiamento delle loro espressioni, i figli assimilano i ruoli, le norme, le condotte, la congruenza e la coerenza tra i membri. Il fatto che essi partecipino alle discussioni e alle decisioni che li riguardano produce in loro un consenso motivato, nel senso che essi possono capire i processi che hanno portato alle decisioni, processi inseriti nel contesto e nel quadro di valori in cui sono cresciuti.

Più il figlio capisce la ragionevolezza delle posizioni e degli ordini dei genitori, più la spiegazione è convincente, più cresce il desiderio di imitazione. L'imitazione è più frequente in adolescenti con genitori democratici i quali per abitudine spiegano le loro posizioni ed accettano i punti di vista degli altri.

Perché è necessario che proprio in famiglia si discuta dei valori?

Perché la famiglia costruisce la realtà attraverso i significati che le attribuisce; i significati vengono progressivamente sedimentati di altri significati, diventano più intensi e ricchi perché ogni genitore proviene da universi conversazionali differenti che provocano una mescolanza, una negoziazione, una compenetrazione dei due apporti culturali.

[...]

Quando l'adolescente incontra il mondo esterno, allora il meccanismo di difesa dei propri valori crolla, intendendo per mondo esterno anche i mass-media, specialmente la televisione. In questa fase diventa facile capire quali siano i valori resistenti e quali i fragili, quelli, cioè, che non aiutano il ragazzo ad autoregolarsi al di fuori della famiglia.

Il ragazzo non ama sentirsi simile ai genitori, anche se spesso lo è, ma vuole opporsi e distinguersi da tutti gli altri costruendosi un suo ideale di uomo o di donna.

## L'AUTRICE

**Marinella Ferranti** è una psicologa e psicoterapeuta che da tempo si occupa di problemi connessi con l'età adolescenziale. È docente presso il dipartimento di Scienze dell'educazione dell'Università Roma Tre ed è giudice onorario presso il Tribunale per i minori di Roma.

Nel brano presentato riflette sull'importanza che riveste il dialogo in famiglia. Dalla rigida alternativa tra obbedire o trasgredire è possibile uscire attraverso un quotidiano confronto che spinge i genitori a motivare le loro decisioni e sollecita nei ragazzi l'assunzione di responsabilità.

Egli crede di scegliere in completa autonomia, di inventare valori nuovi, cosa vera soltanto in parte perché è fuori dubbio che gli elementi su cui fondare le sue scelte li prende dalla sua esperienza interna ed esterna, che si poggia prevalentemente sui rapporti familiari, ed anche su quelli esterni alla famiglia. Anche le sue ribellioni si generano per opposizione ai valori ricevuti, che, pertanto, vengono utilizzati sia in esecuzione che in opposizione.

Abbiamo visto quanto la famiglia sia responsabile dell'atteggiamento e dei comportamenti che i figli hanno nei confronti della vita; abbiamo riflettuto, anche, sull'importanza del dialogo interno alla famiglia e che nel rapporto genitori-figli vanno considerate la qualità e la quantità di esperienze vissute insieme; se i rapporti familiari sono intensi e ricchi, i ragazzi sentono di avere un sicuro punto di riferimento.

Se i genitori sono separati o se il genitore è uno solo, è ugualmente possibile che i figli trovino nella loro famiglia, non tradizionalmente organizzata, uno schema di valori valido e resistente.

Il genitore che svolge bene il compito di "formare" ha il dovere, anche, di "liberare", dando ai figli la possibilità di sperimentarsi in altri ambienti, correndo, in tal modo, molti rischi ma realizzando molte verifiche.

In questo periodo storico tra molti giovani sono attivi nuovi valori: l'uguaglianza tra i sessi, la valorizzazione della diversità, della tradizione, della solidarietà, della giustizia, della pace, della valorizzazione di forme ecologiche di vita e di produzione, della riconsiderazione dei ritmi della natura, del riutilizzo dei materiali, del rifiuto della distruzione chimica della natura e della vita nel pianeta.

Nel frattempo è anche molto diffuso, tra molti, l'interesse e l'attenzione ai problemi strettamente privati, con relativo disinteresse per il sociale e il collettivo, con poca attenzione al futuro, abolendo i riferimenti al passato, centrando i propri interessi sul benessere personale.

Un dibattito continuo, ma non assillante e ansioso, non può che essere formativo sui temi che investono il futuro, di cui gli adolescenti saranno protagonisti.

M. Ferranti, *Un adolescente in famiglia. Come affiancare un figlio e crescere con lui*, Armando, Roma, 1999

# Attività

## Comprendere il testo espositivo

1 **Le scelte dei genitori** Ritieni giusto che i genitori motivino ai figli le proprie scelte educative?

2 **La necessità di distinguersi** Perché i figli non amano sentirsi simili ai genitori?

3 **Il rischio educativo** Nel testo si afferma come sia importante nell'educazione «liberare» i figli, dando loro «la possibilità di sperimentarsi in altri ambienti» (r. 43). Che cosa vuol dire?

## Analizzare il testo espositivo

4 **La lingua** Quale registro linguistico è usato nel brano?

5 **La comprensione** La lettura di questo brano ti è risultata di facile o di difficile comprensione? Dai una risposta motivata.

# Il ragazzo con la bicicletta

## Trama

Cyril è un dodicenne problematico: ospite presso una comunità, cerca in ogni modo di ricongiungersi al padre, che lo ha abbandonato facendo perdere le sue tracce. Cyril non accetta questo stato di cose e prima scappa dalla scuola, poi fugge dall'istituto che lo ospita. Incontra Samantha, una donna che accetta di ospitarlo nei fine settimana e cerca di instaurare un rapporto educativo con lui. Samantha recupera la bicicletta di Cyril, che era stata venduta dal padre, e lo aiuta a ritrovare l'uomo. Questi però confessa a Cyril che non vuole saperne di lui. Nel frattempo, Cyril si unisce a una banda di balordi, con i quali progetta una rapina. Samantha fa di tutto per impedire a Cyril di frequentare la banda ma, la sera del colpo, il ragazzo riesce a uscire di casa, ferendo Samantha in una colluttazione. Arrestato dalla polizia, se la cava in quanto minorenne e perché Samantha accetta di rifondere i danni da lui causati. Solo a questo punto il ragazzo si arrende alla generosità e all'affetto di Samantha e accetta di andare a vivere da lei.

Regia
Jean-Pierre e Luc Dardenne

Interpreti
Cécil de France, Thomas Doret, Jérémie Renier

Data di uscita
2011

Genere
Drammatico

La locandina del film *Il ragazzo con la bicicletta*, diretto dai fratelli Dardenne nel 2011.

## Analisi

Il film racconta una storia di formazione che ha per protagonista un ragazzino dodicenne, che ha un forte bisogno di affetto per placare la sua rabbia. La vicenda si può dividere in due parti. Nella prima parte Cyril insegue il padre con il quale vuole instaurare un nuovo legame; nella seconda parte, accantonato il genitore, il protagonista mette alla prova la sincerità dell'affetto di Samantha.

I registi costruiscono una vicenda credibile ed esemplificativa dei rapporti problematici che a volte possono nascere all'interno delle famiglie. Il carattere difficile di Cyril è ben tratteggiato: la foga, l'ansia, gli scatti, la tenacia nel ricercare il padre. La bicicletta assurge a simbolo del legame tra i due: il padre ha venduto la bicicletta proprio come ha abbandonato il figlio.

Meno convincenti sembrano essere, almeno inizialmente, le motivazioni con le quali Samantha si lascia coinvolgere dalla vita di questo ragazzo, capitato davanti a lei casualmente, ma diventato subito importante. La donna non esita a sacrificare il legame sentimentale con un uomo, quando questi si spazientisce delle troppe attenzioni che Samantha dimostra verso Cyril. Samantha è intenerita dalla sofferenza interiore di Cyril, capisce che il ragazzo, per conquistare un suo futuro e incanalare la sua vita su binari di correttezza, ha bisogno di affetto e di fiducia.

musica

VARIAZIONI sul tema

# Un inno alla libertà di pensiero: *Another Brick in the Wall* dei Pink Floyd

Nati negli anni Sessanta, i Pink Floyd hanno fatto la storia del rock. L'album *The Wall* (1979), secondo molti il loro capolavoro, racconta la storia di Pink, un personaggio di fantasia che, a seguito di vari episodi traumatici avvenuti durante la sua crescita (la morte del padre in guerra, le punizioni inflitte da insegnanti troppo autoritari), si isola per non venire più ferito nei propri sentimenti. Alla fine della storia, il "muro" mentale che si è costruito verrà abbattuto.

Dell'album fa parte il brano *Another Brick in the Wall*, che è una dura critica nei confronti di metodi educativi eccessivamente rigidi e di un'istruzione scolastica troppo severa che non lascia spazio ai pensieri dei singoli e alla costruzione di un'autonomia individuale. Nel video della canzone, Pink, vessato e punito da un insegnante, immagina che tutti gli studenti, che prima marciavano metaforicamente verso un tritacarne come automi privati della libertà di pensiero, si ribellino e distruggano la scuola.

## Another Brick in the Wall

We don't need no education
We don't need no thought control
No dark sarcasm in the classroom
Teachers leave the kids alone
Hey teacher leave us kids alone
All in all it's just another brick in the wall
All in all you're just another brick in the wall

Teacher: "Wrong, do it again"
"If you don't eat your meat, you can't have
any pudding.
How can you have any pudding if you don't
eat your meat?"
"You! Yes, you behind the bikesheds! Stand
still laddy!"

## Un altro mattone nel muro

Non abbiamo bisogno di educazione
Non abbiamo bisogno di controllo del pensiero
Niente tetro sarcasmo in classe
Insegnanti, lasciate in pace i ragazzi
Ehi, professore, lascia stare noi ragazzi
Dopotutto, è solo un altro mattone nel muro
Dopotutto, sei solo un altro mattone nel muro

Maestro: "Sbagliato, rifallo da capo"
"Se non mangi la carne, non potrai avere
il dolce
Come pensi di avere il dolce se non mangi la
carne?"
"Tu! Sì, tu dietro le rastrelliere! Stai fermo
ragazzino!"

Pink Floyd, *The Wall - L'iconografia simbolica dei martelli*, 1979.

## 1 Sintesi dei contenuti

Attraverso le attività che seguono e le citazioni tratte dai brani che hai letto, esegui un lavoro di sintesi dei concetti e delle informazioni presentati nell'Unità. Se lo ritieni utile, puoi inserire altre citazioni per te significative.

Hai letto racconti su personaggi che cercano l'autonomia, una condizione che è un obiettivo per gli individui di ogni età, ma in particolare per gli adolescenti. Nel grafico proviamo a sintetizzare le tante sfumature di significato legate all'autonomia: aggiungine alcune a tua scelta. Approfondisci poi il confronto tra i passi letti completando la tabella con le informazioni mancanti, scegliendole tra quelle indicate sotto.

Viene fatto sentire in colpa ingiustamente dai genitori • Si ribella alle scelte scolastiche che la madre vuole imporgli • Scopre aspetti dei genitori che gli paiono deludenti e li sente estranei • Vuole avere successo tra gli amici e si sente oppressa dalla cugina • Prova odio e gelosia verso il corteggiatore della madre • Si taglia i capelli alla maschietta e taglia le trecce alla cugina

| Brano | Personaggio | Motivazioni | Percorso |
|---|---|---|---|
| E. Canetti, *La malattia della mamma. Il professore* | Elias | ..................... | ..................... |
| A. Moravia, *La cassaforte dietro l'immagine sacra* | Luca | ..................... | ..................... |
| F.S. Fitzgerald, *Berenice si taglia i capelli* | Berenice | ..................... | ..................... |

## 2 Citazioni dai brani

Io sapevo ancora benissimo ciò che lui invece aveva detto a me quel giorno lontano [...]: «Farai ciò che più ti piacerà. Non necessariamente devi diventare un commerciante come me. Andrai all'università e poi farai quel che vorrai». Ma quelle parole me le ero tenute per me e non le avevo riferite mai, né alla mamma né a nessun altro. Che ora lei mi parlasse per la prima volta di questa cosa solo perché le piaceva Schnitzler e perché il professore le faceva la corte, mi mandò su tutte le furie. [...] «Non voglio fare il medico! Non voglio fare il poeta! Farò l'esploratore, e andrò via, lontano, dove nessuno mi potrà trovare!».

Elias Canetti, *La malattia della mamma. Il professore*

Ma la sera, a tavola, in un momento che suo padre non c'era, la madre osservò seccamente: «Un'altra volta ricordati che non si entra nelle camere senza bussare.» Luca arrossì e provò un impulso a rispondere: «E voi perché mi avete fatto pregare tanti anni inginocchiato davanti il vostro denaro?» La frase gli venne su dall'animo, come se si fosse formata da sé, durante il sonno, per spontanea coagulazione, allo stesso modo del ghiaccio durante le notti invernali.

Alberto Moravia, *La cassaforte dietro l'immagine sacra*

A un tratto, ebbe un sussulto e negli occhi le balenò un'espressione che un esperto psicologo avrebbe vagamente collegato al viso chiuso e ostinato di lei sulla poltrona del barbiere... considerandola in qualche modo uno sviluppo di quell'ostinazione. Era un'espressione del tutto nuova per Berenice... e doveva avere conseguenze.

Francis Scott Fitzgerald, *Berenice si taglia i capelli*

[...]

........................................

........................................

........................................

........................................

## 3 Scrittura guidata *il tema*

Dopo aver letto le storie legate alla ricerca dell'autonomia presenti nell'Unità, aver completato la tabella e il grafico, aver letto le citazioni riportate sopra, stendi un tema attenendoti a questa traccia: "Per diventare autonomi occorre prendere le distanze dai genitori e, a volte, dagli amici. Ogni percorso verso l'autonomia è speciale e diverso da quello di altri, richiede motivazione, volontà e coraggio".

Rispetta le fasi della produzione del tema (ideare, organizzare, scrivere, rivedere) e utilizza, se vuoi, idee tratte dai passi letti. Puoi servirti della scaletta presentata di seguito come punto di partenza.

**Introduzione**

- Chiarificazione e ampliamento della traccia

**Sviluppo**

- Paragrafo 1
- Paragrafo 2
- Paragrafo 3
- Paragrafo 4
- ........................................
- ........................................

**Conclusione**

- Ripresa ampliata degli argomenti principali del tema

Elena Ferrante

# Fuga dal quartiere

Da *L'amica geniale*, 2011

Romanzo realistico

Lila ed Elena sono due bambine legate da un'amicizia forte e intensa, che le accompagnerà anche negli anni della crescita e nell'età adulta. Un giorno decidono di oltrepassare i confini del rione e del piccolo mondo conosciuto per arrivare fino al mare, che non hanno mai visto. L'avventura inizia di mattina presto, ma le cose non andranno per il verso giusto.

Poco prima dell'esame di licenza elementare Lila mi spinse a fare un'altra delle tante cose che da sola non avrei mai avuto il coraggio di fare. Decidemmo di non andare a scuola e passammo i confini del rione.

Non era mai successo. Da quando avevo memoria non mi ero mai allontanata dalle palazzine bianche a quattro piani, dal cortile, dalla parrocchia, dai giardinetti, né avevo mai sentito la spinta a farlo. Passavano treni di continuo oltre la campagna, passavano auto e camion su e giù per lo stradone, eppure non riesco a ricordare nemmeno un'occasione in cui chiedo a me stessa, a mio padre, alla maestra: dove vanno le auto, i camion, i treni, in quale città, in quale mondo?

Anche Lila non s'era mai mostrata particolarmente interessata, però quella volta organizzò ogni cosa. Mi disse di raccontare a mia madre che dopo la scuola saremmo andate tutte a casa della maestra per una festa di fine anno scolastico, e sebbene io cercassi di ricordarle che le maestre non avevano mai invitato tutte noi bambine a casa loro per far festa, lei disse che proprio per questo dovevamo dire così. L'avvenimento sarebbe sembrato tanto eccezionale che nessuno dei nostri genitori avrebbe avuto la faccia tosta di andare a chiedere a scuola se era vero o no. Mi fidai come al solito, e andò proprio come aveva detto lei. A casa mia ci credettero tutti, non solo mio padre e i miei fratelli, ma anche mia madre.

La notte precedente non riuscii a dormire. Cosa c'era oltre il rione, oltre il suo perimetro stranoto? Alle nostre spalle si levavano una collinetta fittamente alberata e qualche rara costruzione a ridosso di binari luccicanti. Davanti a noi, oltre lo stradone, s'allungava una via tutta buche che costeggiava gli stagni. A destra, uscendo dal cancello, si distendeva il filo di una campagna senza alberi sotto un

## L'AUTRICE

**Elena Ferrante** è lo pseudonimo di una scrittrice che ha deciso di mantenere l'anonimato, facendosi conoscere solo attraverso i propri scritti. Sulla sua reale identità si sono fatte varie ipotesi, ma finora resta misteriosa. Molto amata in Italia e tradotta all'estero, la Ferrante ha scritto romanzi psicologici di successo come *L'amore molesto* (1992), da cui è stato realizzato l'omonimo film di Mario Martone, e *I giorni dell'abbandono* (2002), portato al cinema dal regista Roberto Faenza. *L'amica geniale*, pubblicato nel 2011, fa parte di un ciclo a cui appartengono anche *Storia del nuovo cognome* (2012), *Storia di chi fugge e di chi resta* (2013), *Storia della bambina perduta* (2014).

Elena Ferrante è stata inserita dalla rivista "Time" tra le cento persone più influenti del 2016.

cielo enorme. A sinistra c'era un **tunnel** a tre bocche, ma se ci si arrampicava su fino ai binari della ferrovia, nelle belle giornate si vedeva, al di là di certe case basse e muri di tufo e una fitta vegetazione, una montagna celeste con una vetta più bassa e una un po' più alta, che si chiamava Vesuvio ed era un vulcano.

Ma niente di ciò che avevamo sotto gli occhi tutti i giorni, o che si poteva vedere inerpicandosi su per la collina, ci impressionava. Abituate dai libri di scuola a parlare con molta competenza di ciò che non avevamo mai visto, era l'invisibile che ci eccitava. Lila diceva che, proprio nella direzione del Vesuvio, c'era il mare. Rino, che c'era andato, le aveva raccontato che era acqua azzurra, sbrilluccicante, uno spettacolo bellissimo. La domenica, specialmente d'estate, ma spesso anche d'inverno, lui correva con gli amici a farci il bagno, e le aveva promesso di portarcela. Non era il solo, naturalmente, ad aver visto il mare, l'avevano visto anche altri che conoscevamo. Una volta ce ne avevano parlato Nino Sarratore e sua sorella Marisa, con il tono di chi trovava normale che ci si andasse ogni tanto a mangiare i taralli e i frutti di mare. Anche Gigliola Spagnuolo c'era stata. Lei, Nino, Marisa avevano, per loro fortuna, genitori che portavano i figli a fare passeggiate molto lontano, non solo quattro passi ai giardinetti davanti alla parrocchia. I nostri non erano così, mancava il tempo, mancavano i soldi, mancava la voglia. Era vero che mi pareva di avere del mare una vaga memoria azzurrina, mia madre sosteneva di avermici portata da piccola, quando doveva fare le sabbiature alla gamba offesa[1]. Ma a mia madre credevo poco e con Lila, che non ne sapeva niente, ammettevo di non saperne niente nemmeno io. Così lei progettò di fare come Rino, mettersi in cammino e andarci da sola. Mi convinse ad accompagnarla. Domani.

Mi alzai presto, feci tutto come se dovessi andare a scuola, la zuppa di pane nel latte caldo, la cartella, il grembiule. Aspettai come al solito Lila davanti al cancello, solo che, invece di prendere a destra, attraversammo lo stradone e andammo a sinistra, verso il tunnel.

Era mattina presto e faceva già caldo. C'era un odore forte di terra ed erba che si asciugavano al sole. Salimmo tra arbusti alti, per sentieri incerti che andavano verso i binari. Arrivate a un pilone dell'elettricità ci togliemmo i grembiuli e li mettemmo nelle cartelle, che nascondemmo tra i cespugli. Quindi filammo per la campagna, la conoscevamo benissimo e volammo eccitatissime per una china che ci portò a ridosso del tunnel. La bocca di destra era nerissima, non ci eravamo mai infilate dentro quell'oscurità. Ci prendemmo per mano e andammo. Era un passaggio lungo, il cerchio luminoso dell'uscita pareva lontano. Una volta abituate alla penombra vedemmo, stordite dal rimbombo dei passi, le righe d'acqua argentata che scivolavano lungo le pareti, le grandi pozzanghere. Procedemmo tesissime. Poi Lila lanciò un grido e rise per come il suono esplodeva violento. Subito dopo gridai io e risi a mia volta. Da quel momento non facemmo che gridare, insieme e separatamente: risate e grida, grida e risate, per il piacere di sentirle amplificate. La tensione si

**PAROLE *sotto la lente***

### Tunnel

Il sostantivo proviene dall'inglese *tunnel*, che a sua volta viene dal francese antico *tonnel* (corrispondente al moderno *tonneau* = botte) per la caratteristica forma del tetto della galleria. È molto diffuso per indicare un passaggio sotterraneo artificiale come sede stradale o ferroviaria ("tunnel della Manica"). In senso figurato individua una situazione pericolosa, negativa, dalla quale si fatica a uscire ("uscire dal tunnel della droga"). Il nome è poi impiegato in vari ambiti disciplinari per identificare apparecchi o impianti a forma di tunnel ("forno a tunnel", "microscopio a effetto tunnel").

**Attività**

Cerca tre sinonimi del sostantivo "tunnel".

1 **offesa**: danneggiata, che ha subìto una lesione; la mamma di Lenù, la bambina che narra la storia, zoppica.

Due piccole ebree tedesche si sporgono dall'oblò della nave St. Louis nel 1939.

allentò, cominciò il viaggio.

Avevamo davanti a noi tante ore in cui nessuno dei nostri familiari ci avrebbe cercato. Quando penso al piacere di essere liberi, penso all'inizio di quella giornata, a quando uscimmo dal tunnel e ci trovammo su una strada tutta dritta a perdita d'occhio, la strada che, secondo ciò che aveva detto Rino a Lila, a farla tutta si arrivava al mare. Mi sentii esposta all'ignoto con gioia. Niente di paragonabile alla discesa negli scantinati o all'ascesa[2] fino alla casa di don Achille. C'era un sole nebuloso, un forte odore di bruciato. Camminammo a lungo tra muri crollati invasi dalle erbacce, edifici bassi da cui venivano voci in dialetto, a volte un clangore[3]. Vedemmo un cavallo che calava cautamente giù da un terrapieno e attraversava la strada nitrendo. Vedemmo una donna giovane, affacciata a un balconcino, che si pettinava col pettine stretto per i pidocchi. Vedemmo molti bambini mocciolosi che smisero di giocare e ci guardarono minacciosamente. [...] Per almeno tre ore di cammino lo stradone che stavamo percorrendo non ci sembrò diverso dal segmento su cui ci affacciavamo ogni giorno. E non sentii mai la responsabilità della via giusta. Ci tenevamo per mano, avanzavamo fianco a fianco, ma per me, secondo il solito, era come se Lila fosse dieci passi più avanti e sapesse di preciso cosa fare, dove andare. Ero abituata a sentirmi la seconda in tutto e perciò ero sicura che a lei, che da sempre era la prima, fosse tutto chiaro: l'andatura, il computo[4] del tempo a disposizione per andare e tornare, il percorso per arrivare al mare. La sentivo come se avesse tutto ordinato nella testa in modo tale che il mondo intorno non sarebbe riuscito mai a mettere disordine. Mi abbandonai con allegria. Ricordo una luce soffusa che pareva venire non dal cielo ma dalla profondità della terra, la quale però, a vederla in superficie, era povera, laida[5].

Poi cominciammo a essere stanche, ad aver sete e fame. A quello non avevamo pensato. Lila rallentò, rallentai anch'io. La sorpresi due o tre volte mentre mi guardava come se si fosse pentita di farmi una cattiveria. Cosa stava succedendo? Mi accorsi che si girava spesso indietro e presi a girarmi anch'io. La sua mano cominciò a sudare. Da tempo alle spalle non avevamo più il tunnel, che era il confine col rione. La strada già percorsa ci era ormai poco familiare, come quella che con-

2 **ascesa**: salita.
3 **clangore**: suono squillante.
4 **computo**: calcolo.
5 **laida**: sporca.

## STORIE da SCOPRIRE

### *L'amica geniale* di Elena Ferrante

Il romanzo, pubblicato nel 2011, presenta il profondo e intenso legame di amicizia tra Elena Greco (Lenù) e Raffaella Cerullo (Lila) durante l'infanzia e l'adolescenza. Le due ragazze vivono negli anni immediatamente successivi alla Seconda guerra mondiale, in un quartiere periferico di Napoli, popolato da famiglie povere che sbarcano il lunario con attività umili e poco redditizie. Lila è intelligente, determinata, forte, e affascina l'amica stimolandola alla scoperta, allo studio e al coraggio. Intorno alle due protagoniste pullula un gruppo di famiglie ora solidali, ora litigiose, con tanti figli e molti problemi. Sullo sfondo si cominciano a vedere i primi segni del boom economico: le piccole imprese familiari, le automobili, le televisioni, e anche le prime affermazioni degli usurai, dei boss del quartiere. Le vite delle due ragazze prenderanno indirizzi diversi: Elena, prima della classe, frequenterà il liceo classico; Lila punterà all'imprenditoria e al matrimonio, sempre animata da una profonda combattività e da una grande forza interiore.

tinuava ad aprirsi davanti a noi. La gente pareva del tutto indifferente alla nostra sorte. E intanto ci cresceva intorno un paesaggio d'abbandono: bidoni ammaccati, legna bruciacchiata, carcasse d'auto, ruote di carretta coi raggi spezzati, mobili semidistrutti, ferraglia rugginosa. Perché Lila guardava indietro? Perché aveva smesso di parlare? Cosa c'era che non andava?

Guardai meglio. Il cielo, che all'inizio era molto alto, si era come abbassato. Alle nostre spalle stava diventando tutto nero, c'erano nuvole grosse, pesanti, che poggiavano sopra gli alberi, i pali della luce. Davanti a noi, invece, la luce era ancora abbagliante, ma come incalzata ai lati da un grigiore violaceo che tendeva a soffocarla. Si sentirono tuoni lontani. Ebbi paura, ma ciò che mi spaventò di più fu l'espressione di Lila, per me nuova. Aveva la bocca aperta, gli occhi spalancati, guardava nervosamente avanti, indietro, di lato, e mi stringeva la mano molto forte. Possibile, mi chiesi, che abbia paura? Cosa le sta succedendo?

Arrivarono i primi goccioloni, colpirono la polvere della strada lasciando piccole macchie marrone.

«Torniamo» disse Lila.

«E il mare?».

«È troppo lontano».

«E casa?».

«Anche».

«Allora andiamo al mare».

«No».

«Perché?».

La vidi agitata come non l'avevo mai vista. C'era qualcosa – qualcosa che aveva sulla punta della lingua ma non si decideva a dirmi – che all'improvviso le imponeva di trascinarmi in fretta a casa. Non capivo: perché non proseguivamo? C'era tempo, il mare non doveva essere distante, e che tornassimo a casa o seguitassimo ad andare avanti, ci saremmo bagnate lo stesso, se fosse venuta la pioggia. Era uno schema di ragionamento che avevo appreso da lei e mi stupivo che non lo applicasse.

Una luce violacea spaccò il cielo nero, tuonò più forte. Lila mi diede uno strattone, mi ritrovai poco convinta a correre nella direzione del rione. Si levò[6] il vento, i goccioloni diventarono più fitti, nel giro di pochi secondi si trasformarono in una cascata d'acqua. A nessuna di noi venne in mente di cercarci un riparo. Corremmo accecate dalla pioggia, gli abiti subito zuppi, i piedi nudi dentro sandali consunti

6 **Si levò**: si alzò.

Mark Rothko, *Blu, verde e marrone*, 1952. (Collezione Privata)

che facevano poca presa sul terreno ormai fangoso. Corremmo finché avemmo fiato.

Poi non ce la facemmo più, rallentammo. Lampi, tuoni, una lava d'acqua piovana correva ai bordi dello stradone, camion rumorosissimi passavano veloci sollevando ondate di fanghiglia. Facemmo la strada a passo svelto, il cuore in tumulto, prima sotto grandi rovesci, poi sotto una pioggia sottile, infine sotto un cielo grigio. Eravamo zuppe, i capelli incollati al cranio, le labbra livide, gli occhi spaventati. Riattraversammo il tunnel, andammo su per la campagna. Gli arbusti carichi di pioggia ci sfioravano facendoci rabbrividire. Ritrovammo le cartelle, mettemmo sugli abiti bagnati i grembiuli asciutti, ci avviammo verso casa. Tesa, gli occhi sempre bassi, Lila non mi diede più la mano.

Capimmo presto che niente era andato come avevamo previsto. Il cielo s'era fatto nero sopra il rione in concomitanza con l'uscita da scuola. Mia madre era andata sotto scuola con l'ombrello per accompagnarmi alla festa dalla maestra. Aveva scoperto che non c'ero, che non c'era nessuna festa. Da ore mi stava cercando. Quando vidi da lontano la sua figura penosamente claudicante[7] lasciai subito Lila perché non se la prendesse con lei e le corsi incontro. Non mi fece nemmeno parlare. Mi colpì a schiaffi e anche con l'ombrello, urlando che m'avrebbe ucciso se avessi fatto ancora una cosa del genere.

Lila se la batté, a casa sua nessuno si era accorto di niente.

In serata mia madre riferì tutto a mio padre e lo obbligò a picchiarmi. Lui si innervosì, di fatto non voleva, finirono col litigare. Prima le tirò uno schiaffo, poi, arrabbiato con se stesso, me le diede di santa ragione. Per tutta la notte cercai di capire cosa fosse realmente successo. Dovevamo andare al mare e non ci eravamo andate, le avevo buscate per niente. Si era verificata una misteriosa inversione di atteggiamenti: io, malgrado la pioggia, avrei continuato il cammino, mi sentivo lontana da tutto e da tutti, e la lontananza – avevo scoperto per la prima volta – mi estingueva dentro ogni legame e ogni preoccupazione; Lila s'era bruscamente pentita del suo stesso piano, aveva rinunciato al mare, era voluta tornare dentro i confini del rione. Non mi ci raccapezzavo.

E. Ferrante, *L'amica geniale*, edizioni e/o, Roma, 2011

7 **claudicante**: zoppicante.

# Attività

## Comprendere e analizzare: verso l'INVALSI

1 **L'idea** Poco prima dell'esame di quinta elementare, le due bambine protagoniste prendono un'insolita e trasgressiva decisione. Quale?

**a.** Decidono di abbandonare la scuola prima di sostenere l'esame

**b.** Decidono di non andare a scuola e di oltrepassare i limiti del quartiere

**c.** Decidono di unirsi a un gruppo di amiche e uscire dai limiti del quartiere

**d.** Decidono di organizzare una festa di fine anno a casa della maestra

2 **I preparativi accurati** Come si organizzano le ragazze prima della partenza?

**a.** Dicono di essere state invitate a una festa e preparano abiti e piccoli doni

**b.** Raccontano di un invito a una festa dalla maestra e si preparano come sempre

**c.** Dicono ai genitori di non preoccuparsi del loro ritardo e si portano dei panini

**d.** Raccontano di un invito a una festa a casa della maestra e preparano dei dolcetti

3 **La curiosità** Che cosa suscita in loro grande curiosità?

a. Il percorso pieno di novità
b. Il mare che solo Rino e gli amici vedono la domenica
c. Una nuova spiaggia
d. I monumenti storici della città

4 **Nel tunnel** Dopo aver percorso sentieri incerti e attraversato la campagna, le due bambine entrano nel tunnel che delimita il loro quartiere. Mentre lo attraversano le due bambine gridano. Perché?

a. Per esprimere la loro allegria
b. Per allentare la tensione che provano
c. Per manifestare la tensione che provano
d. Per chiedere aiuto

5 **L'ignoto** Quale sensazione prova la protagonista durante il tragitto?

a. Prova timore e preoccupazione nel sentirsi lontano da casa
b. Prova gioia nel sentirsi libera ma teme davvero l'ignoto
c. Prova un grande piacere nel sentirsi libera e con gioia affronta l'ignoto
d. Rimpiange di aver aderito al progetto di Lila e si sente colpevole

6 **L'amicizia** Quale sentimento nutre Elena per Lila?

a. Un'amicizia carica di antagonismo
b. Un'amicizia dimostrata con atti di affetto
c. Un'amicizia con relazioni alla pari
d. Un'amicizia piena di ammirazione e fiducia

7 **La realtà** Mentre procedono nel loro cammino le due ragazze incontrano

a. Una realtà ridente, persone gentili, un sole accecante
b. Una realtà squallida, un temporale imminente
c. Un paesaggio straordinario col mare sullo sfondo
d. Luoghi del tutto simili a quelli del quartiere e una pioggia insistente

8 **L'inquietudine** Non il temporale ma l'atteggiamento di Lila inquieta la protagonista. Sottolinea nel testo, fino all'arrivo nel quartiere, le espressioni che indicano il comportamento inconsueto di Lila.

9 **Il padre e la madre** Da come reagiscono alla trasgressione, i genitori mettono in evidenza i loro rapporti interpersonali. Distingui quelli che corrispondono alla verità da quelli falsi.

| | V | F |
|---|---|---|
| a. La madre è comprensiva con Lenù | ☐ | ☐ |
| b. La madre è severa con Lenù | ☐ | ☐ |
| c. Il padre è benevolo con Lenù | ☐ | ☐ |
| d. Il padre è sottomesso alla madre | ☐ | ☐ |
| e. La madre è sottomessa al padre | ☐ | ☐ |
| f. Il padre si sente in pace con se stesso | ☐ | ☐ |

10 **Le riflessioni finali** Non ha visto il mare, non ha continuato il percorso, è stata picchiata dai genitori, eppure la protagonista ha effettuato una straordinaria esperienza. Quale?

11 **Il motivo della fuga** Qual è lo scopo vero per cui le due amiche attuano la fuga?

a. Marinare la scuola
b. Sfidare i genitori
c. Vedere il mare
d. Sperimentare la libertà

12 **Le sequenze** Quale tipologia di sequenza prevale nel testo?

a. Dialogica
b. Narrativa
c. Descrittiva
d. Riflessiva

13 **Il luogo** Il testo non presenta informazioni esplicite sul luogo in cui si svolge la vicenda, ma ugualmente si può arguire che sia ambientato:

a. in una località turistica di montagna
b. in una grande città sul mare
c. in un paese sull'Appennino
d. in una località di campagna

14 **Il tempo della storia** I fatti avvengono negli anni Cinquanta. Quali sono gli elementi interni che suggeriscono il periodo storico?

## Rielaborare e produrre

15 **Il riassunto** Dopo aver diviso il testo in sequenze, riassumilo usando la terza persona, come narratore esterno, in un massimo di 220 parole.

16 **Il tuo racconto** Nel testo sono affrontati numerosi temi (l'amicizia, il rapporto con i genitori, il desiderio di libertà). Sceglinе uno e usalo come tema per un tuo racconto.

## per guardare oltre

### Intersezioni nell'antologia

- Molti racconti dei percorsi C e D contengono storie di adolescenti e, siccome la ricerca dell'autonomia è tipico dell'adolescenza, questo tema è presente, anche se non centrale, in ognuno di essi. Lo si trova in *Alba sul* veld (▸ p. 388) di Doris **Lessing**, in *Per terre assai lontane* (▸ p. 408) di Francesco **Piccolo** o in *Nascosto nel buio* (▸ p. 472) di Niccolò **Ammaniti**.
- Dal desiderio di affrancarsi dagli adulti e di ricercare se stessi sono mossi i personaggi femminili di Alice **Munro** in *È soltanto una femmina* (▸ p. 568) e di Maria Pia **Veladiano** in *La musica afferrò la mia vita* (▸ p. 557), ma anche il personaggio del racconto *Il mister* (▸ p. 80) di Marco **Lodoli**.

### Altri orizzonti

#### RACCONTI, ROMANZI E SAGGI

- Elsa **Morante** ha incentrato *L'isola di Arturo* (1957) sul tema del passaggio dall'infanzia all'adolescenza e all'inizio dell'età adulta. Anche i ragazzi di borgata protagonisti dei romanzi di Pier Paolo **Pasolini**, come *Ragazzi di vita* (1955) e *Una vita violenta* (1959), sono alle prese con simili problemi, muovendosi tra violenza e ribellione.
- Jerome David **Salinger** in *I giovani. Tre racconti* (postumo, 2015) si muove nel mondo giovanile tra la ricerca della libertà e la speranza nel futuro.
- Risulta interessante valutare anche il punto di vista dell'adulto-genitore che osserva la crescita del figlio, come fa Michele **Serra** in *Gli sdraiati* (2013).
- Marco **Aime** e Gustavo **Pietropolli Charmet** in *La fatica di diventare grandi* (2014) riflettono sul fatto che oggi sono scomparsi i conflitti fra le generazioni, tutto sembra appiattito, ma, in realtà, crescere risulta più difficile perché vengono a mancare i necessari punti di riferimento.

#### PITTURA

- Il pittore spagnolo Francisco **Goya** ha attinto dal mondo mitologico antico quando ha dipinto il terrificante *Saturno che divora un figlio* (1819-23). Il dio non voleva veder crescere il figlio Zeus perché temeva che egli, conquistando la propria indipendenza, rovesciasse la sua signoria sul mondo.

#### FILM

- Uno dei film di formazione diventato un "cult", che racconta la ricerca di indipendenza e celebra i valori dell'amicizia è sicuramente *Stand By Me - Racconto di un'estate* (1986) di Rob **Reiner**, tratto dal racconto *Il corpo* di Stephen King. Un gruppo di ragazzi lascia la cittadina dell'Oregon di Castle Rock e si avventura nelle cuore delle montagne alla ricerca del cadavere di un ragazzo scomparso pochi giorni prima. Durante il viaggio i dodicenni rischiano la vita, si uniscono in una banda e vivono la più grande avventura della loro vita.
- I due adolescenti protagonisti del film *In un mondo migliore* (2010) di Susanne **Bier** mostrano tante incertezze nel processo di crescita, anche perché non sono aiutati dagli adulti che li circondano.
- Il film *Diamante Nero*, realizzato nel 2014 dalla regista e sceneggiatrice francese Céline **Sciamma**, racconta il travagliato percorso verso l'indipendenza di una ragazza francese di origine africana che vive alla periferia di Parigi.
- Gabriele **Salvatores** nel film *Il ragazzo invisibile* (2014) racconta il viaggio di formazione di Michele, un adolescente triestino perennemente preso in giro dai compagni, che scopre dentro di sé il potere di diventare invisibile e vive l'iniziazione che lo porterà a diventare un supereroe.

#### MUSICA

- Una delle canzoni che meglio rappresentano lo smarrimento, la rabbia e la voglia di indipendenza dell'adolescenza è *Smells Like Teen Spirit* dei **Nirvana**. Scritta da Kurt **Cobain** nel 1991 e inno del grunge rock, la canzone alterna frasi che esprimono disagio e ribellione a parole senza senso logico. *Nevermind* è il titolo dell'album che contiene la canzone e il motto perfetto per un momento della vita in cui è difficile trovare il senso delle cose.

La locandina del film *Il ragazzo invisibile* diretto da Gabriele Salvatores.

PERCORSO D

# I temi. Intorno a noi

UNITÀ 1

# Femminile plurale

**La donna nell'arte** L'arte del raccontare è femminile. Un tempo, quando leggere e scrivere erano capacità riservate a pochi, erano le donne di casa a tramandare storie e leggende attraverso la narrativa orale. Non c'è da stupirsi quindi se in ambito letterario un buon numero di scrittrici si è via via affermato in un mondo che è rimasto a lungo di predominio maschile.

Tamara de Lempicka.

Anche nella storia dell'arte sono a lungo prevalsi criteri di giudizio (e pregiudizi) di impronta maschile. Infatti, in passato alla donna l'arte era concessa solo come passatempo, come un'esibizione di capacità che non era il frutto di reale ispirazione e non mirava a esprimere un'interiorità e una personale poesia, ma rappresentava tutt'al più un saggio di generica bravura. Però, ogni qual volta una donna è riuscita a imporsi, ha portato notevole scompiglio nella ristretta cerchia degli artisti di successo. Un esempio dirompente è rappresentato dalla figura enigmatica e affascinante di Tamara de Lempicka.

**Tamara, un mito** Nata a Varsavia nel 1898 da genitori facoltosi, Tamara **Górska** nel 1916 sposa Tadeusz **Lempicki**, un giovane avvocato di Pietroburgo. La rivoluzione russa costringe Tamara e il marito a trasferirsi a Parigi. Qui la donna si trova a suo agio, è l'icona della bellezza e della seduzione e la sua arte le dà l'agognato successo. Il **nudo** e il **ritratto** diventano i generi iconografici da lei preferiti. La sua prima mostra a Parigi è del 1922. Viaggia, incontra scrittori e artisti di fama. Le vengono attribuite varie relazioni sentimentali. Nel 1933, sposa in seconde nozze il barone Raoul Kuffner, ricco proprietario terriero. Di fronte all'incalzare del nazismo, la coppia si trasferisce negli Stati Uniti, dove Tamara conclude infelicemente la sua parabola d'artista. Muore nel marzo 1980.

**DOMANDE**

- "Vivo una vita ai margini della società e per gli emarginati le regole della società comune non valgono". È un'affermazione di Tamara de Lempicka che merita una riflessione. Che cosa ne pensi?
- A tuo giudizio, in che cosa consiste la modernità del *Ritratto della duchessa de la Salle*?
- Rileggendo i sintetici dati che delineano la personalità di Tamara, ti viene in mente una figura femminile contemporanea, in qualsiasi campo artistico (musica, cinema, televisione), a cui accostarla? Spiegane il motivo.

**• Il ritratto della donna moderna •** Il *Ritratto della duchessa de la Salle* (1925) è uno dei dipinti più famosi di Tamara. L'artista esprime, sia con la forza ideativa sia con i colori intensi, l'immagine di una donna libera, bella, moderna. Ritratta in abiti da cavallerizza secondo la moda seguita da una certa *élite* mondana, la duchessa rappresenta una donna che non tollera alcun predominio maschile.

Il quadro è costruito con grande attenzione: una colonna a sinistra delimita una città che fa da sfondo, a destra uno scenografico tendaggio e, al centro, la duchessa, dal volto glaciale e dai contorni netti, inchioda con lo sguardo l'osservatore.

Tamara de Lempicka, *Ritratto della duchessa de la Salle*, 1925. (Collezione Privata)

**in questa Unità impareremo a**

- **conoscere** le caratteristiche del romanzo, del racconto e del diario e inquadrare i contesti socio-culturali in cui sono ambientate le storie
- **comprendere** il significato globale dei testi: il mondo delle donne nel suo divenire storico, le loro qualità, i loro problemi, le relazioni con i familiari, i ruoli sociali
- **analizzare** i brani secondo le costanti narratologiche e le tecniche stilistiche per raffinarne la comprensione e approfondirne le tematiche
- **interpretare** lo scritto, collegandolo a esperienze personali o ad altre storie di romanzi e film
- **produrre** sintesi, testi argomentativi ed espositivi a partire dagli argomenti contenuti nei brani
- **comunicare oralmente** per riferire i contenuti dei brani e per riflettere sulle loro tematiche in forma strutturata e chiara

**in questa Unità scopriremo**

**Antologia**

Irène Némirovsky • *Il ballo*
Simone de Beauvoir • *Davvero una ragazza per bene?*
Alba de Céspedes • *I lacci di una donna*
Mariapia Veladiano • *La musica afferrò la mia vita*

**Per approfondire**

Dacia Maraini • *Donne, perché lottare ancora*

**Narrare con altri linguaggi** *il fumetto*

Assia Petricelli e Sergio Riccardi • *Franca Viola*

**Verifica delle competenze**

Alice Munro • *È soltanto una femmina*

PERCORSO D

UNITÀ 1

Per secoli, attorno al fuoco, le donne hanno tramandato per via orale storie, fiabe, leggende, miti che sono andati poi a costituire il nostro patrimonio culturale più antico. Non ci si deve meravigliare, allora, se ancora oggi sono soprattutto le donne a raccontare storie di vita vissuta, nelle quali è possibile ritagliare spazi più personali per parlare di se stesse, della propria identità e della propria condizione.

In alto a destra, ragazze leggono insieme in un dipinto del pittore venezuelano Armando Barrios degli anni Cinquanta. (Caracas, Museo delle Belle Arti)

## • Una lunga storia di esclusione •

All'interno di un mondo che per secoli l'ha esclusa, la donna ha fatto dell'autonarrazione una via per esprimere la propria identità e affermare la propria specificità, sottraendo gradatamente all'uomo il compito di decidere il suo ruolo.

Se si guarda alla storia della letteratura dei secoli passati, si intravedono pochi nomi femminili, proprio perché è sempre stato arduo per la donna intraprendere non tanto una carriera letteraria, ma anche solo una qualche forma di scrittura. I motivi di questa **esclusione**, almeno fino all'Ottocento, sono di varia natura. Il suo ruolo di moglie e madre (e spesso anche perennemente di figlia), il suo dover far fronte a più lavori sottraevano alla donna tempo prezioso e non le consentivano di avere uno spazio tutto per sé per riflettere e per scrivere. Inoltre, le donne che scrivevano ricevevano spesso uno scarso ascolto e subivano in tanti casi l'**ostracismo maschile**, sostenuto dall'idea che il pensiero femminile non fosse adatto all'astrazione, all'ideazione di teorie e di narrazioni di ampio respiro.

Nonostante ciò, ci sono stati grandi nomi femminili all'interno della letteratura. In un sintetico e molto parziale *excursus*, possiamo ricordare la poetessa greca **Saffo** (VII-VI sec. a.C.) o **Eloisa** (XII sec.), ragazza colta in un'epoca – il Medioevo – in cui la maggioranza delle donne era analfabeta; nota per la storia d'amore con il teologo Abelardo (1079-1142), con lui scambia un epistolario di cui si è spesso discussa l'autenticità. Santa **Caterina da Siena** (1347-1380), con le sue *Lettere*, è testimone della sensibilità femminile medioevale. Verso la metà del Cinquecento, troviamo numerose autrici che esprimono il loro talento in versi: Vittoria **Colonna** (1490-1547), Isabella **Morra** (1520 ca.-1546 ca.) e Gaspara **Stampa** (1523-1554). Nei secoli successivi, ricordiamo la francese Madame **de Staël** (1766-1817) o le inglesi Jane **Austen** (1775-1817) e Mary **Shelley** (1797-1851). Spesso le scrittrici erano costrette a ricorrere a un nome maschile per potersi esprimere in un mondo dal quale le donne venivano estromesse: è il caso di George **Sand** (1804-1876, il cui vero nome era Aurore Dupin), Charlotte **Brontë** (1816-1855, che si firmava con lo pseudonimo maschile di Currer Bell) o George **Eliot** (1819-1880, il cui nome all'anagrafe era Mary Anne Evans).

In Italia, nell'Ottocento, la condizione della donna è ancora molto arretrata. La si tiene lontana da ogni istruzione per evitare lo snaturamento della sua indole, che deve rimanere quella di moglie e di madre, dedita solo alle attività domestiche. Riescono tuttavia a conquistare uno spazio letterario Matilde **Serao** (1856-1927), Ada **Negri** (1870-1945), Grazia **Deledda** (1871-1936, unica donna italiana ad aver vinto il premio Nobel per la Letteratura) e Sibilla **Aleramo** (1876-1960), che scrive il romanzo *Una donna* (1906), considerato anticipatore del femminismo in Italia.

Nel secondo dopoguerra, altri nomi femminili riescono a scardinare l'oligarchia maschile: Lalla **Romano** (1906-2001), Elsa **Morante** (1912-1985), Anna Maria **Ortese** (1914-1998), Natalia **Ginzburg** (1916-1991) impongono un punto di vista capace di porre l'attenzione su alcuni aspetti della realtà non indagati dalla scrittura maschile.

Oggi, nel mondo occidentale molti pregiudizi sono ormai caduti e una rinnovata legislazione ha posto le basi per una reale parità nelle relazioni tra i due sessi. In questi paesi la donna è molto più libera nelle scelte fondamentali della vita (decide quando e se sposarsi, quando e se avere figli, può scegliere una qualsiasi attività professionale), ma gli ostacoli continuano a essere numerosi perché la società è tuttora strutturata in gran parte sulle esigenze maschili. La libertà di scelta e la parità dei diritti hanno ovviamente avuto ricadute positive anche sull'universo letterario, ormai costellato da molte scrittrici di valore. Tra le autrici italiane di narrativa dell'ultima generazione possiamo ricordare Simona **Vinci** (1970), Michela **Murgia** (1972, ▸ p. 66), Valeria **Parrella** (1974), Silvia **Avallone** (1984).

## • Il percorso antologico •

Il percorso letterario proposto nell'Unità parte da lontano per arrivare ai nostri giorni e tocca temi individuali o sociali, ma rigorosamente "al femminile".

Irène **Némirovsky** (1903-1942), autrice che è stata riscoperta solo da una decina d'anni, dimostra di conoscere a fondo l'animo femminile e ce ne offre uno straordinario esempio nel racconto lungo *Il ballo* (▸ p. 534).

Simone **de Beauvoir** (1908-1986), il cui pensiero e le cui opere hanno dato un apporto fondamentale alla lotta di emancipazione femminile, in *Davvero una ragazza per bene?* (▸ p. 543) coglie con brillante prontezza tutte le ansie e le contraddizioni che agitano l'animo di una ragazza adolescente.

Alba **de Céspedes** (1911-1997) ha attraversato i fatti più gravi del Novecento (dittatura e guerra mondiale) confidando nel proprio impegno sociale e letterario. Nel brano *I lacci di una donna* (▸ p. 552) delinea una figura femminile molto vicina alla modernità per i dubbi che la animano e per la presa di coscienza del proprio ruolo.

Mariapia **Veladiano** (1960), una delle scrittrici più interessanti dell'attuale panorama letterario nazionale, in *La musica afferrò la mia vita* (▸ p. 557) racconta la storia di una donna abituata a vivere sempre in disparte, che si aggrappa al suo unico talento per segnalare la propria esistenza.

In *Donne, perché lottare ancora* (▸ p. 562), Dacia **Maraini** (1936) propone una riflessione sulla diffusa mancanza di rispetto maschile nei confronti delle donne, che troppe volte sconfina nella violenza.

Alice **Munro** (1931), premiata con il Nobel per la Letteratura nel 2013, con il racconto *È soltanto una femmina* (▸ p. 568) evidenzia come sia difficile accettare la propria identità, soprattutto nel passaggio dall'infanzia all'adolescenza.

Irène Némirovsky

# Il ballo

Da
Il ballo, 1930
Racconto psicologico e sociale

Nella Parigi degli anni Venti, in un lussuoso appartamento, vive la ricca famiglia Kampf. Alfred è un banchiere che con un colpo di fortuna in Borsa ha accumulato una grande ricchezza; la moglie, Rosine, è alla ricerca di un riconoscimento sociale che le consenta di essere ammessa nell'alta società parigina. La loro figlia quattordicenne, Antoinette, cresce sola, affidata alle cure dell'istitutrice inglese Miss Betty, senza un rapporto d'affetto con la madre. I Kampf stanno organizzando il loro primo grande ballo.

La signora Kampf entrò nello studio chiudendosi la porta alle spalle così bruscamente che tutte le gocce di cristallo del lampadario, mosse dalla corrente d'aria, tintinnarono d'un suono puro e leggero di sonagli. Ma Antoinette aveva continuato a leggere, china sullo scrittoio tanto da sfiorare la pagina con i capelli. La madre la osservò un istante senza parlare, poi le si piantò davanti a braccia conserte.

«Potresti anche scomodarti quando vedi tua madre, bambina mia!» la sgridò.

[...]

Antoinette ora stava in piedi e si dondolava goffamente su una gamba. Era una ragazzina di quattordici anni, lunga e magra con il volto pallido di quell'età, tanto smunto da apparire agli occhi degli adulti come una macchia rotonda e chiara, priva di lineamenti, le palpebre socchiuse, cerchiate, la boccuccia serrata... Quattordici anni, i seni che premono sotto l'abito stretto da scolara, che feriscono e impacciano il corpo debole, infantile... I piedi grandi e quelle lunghe bacchette con all'estremità due mani arrossate, dalle dita sporche d'inchiostro, che magari un giorno diventeranno le più belle braccia del mondo... Una nuca fragile, capelli corti, incolori, secchi e leggeri...

«Antoinette, ragazza mia, che maniere sono queste? È una disperazione! Siediti. Entrerò di nuovo e tu mi farai il piacere di alzarti immediatamente, intesi?».

[...]

Ernst Ludwig Kirchner, *Ragazza seduta*, 1910. (Minneapolis, Institute of Arts)

Antoinette accennò un sorriso con uno sforzo fiacco e penoso che le deformava dolorosamente il viso. A volte odiava gli adulti al punto che avrebbe voluto ucciderli, sfigurarli, oppure gridare: «Mi hai scocciato!» battendo i piedi; ma fin dalla più tenera infanzia aveva paura dei genitori. Un tempo, quando era più piccola, la madre la prendeva spesso sulle ginocchia e se la stringeva al cuore, coprendola di baci e di carezze. Ma questo Antoinette l'aveva scordato. Mentre nel più profondo di se stessa aveva serbato il suono, lo scoppio di una voce irritata che diceva dall'alto: «Questa marmocchia mi sta sempre tra i piedi... Mi hai di nuovo macchiato il vestito con le tue scarpe sudicie! Via, in castigo, ti servirà di lezione, mi hai sentito? Stupida!». E un giorno... Per la prima volta, quel giorno, aveva desiderato morire... All'angolo di una strada, durante una scenata, quella frase piena d'ira, gridata così forte che i passanti si erano girati: «Vuoi una sberla? Sì?» e il bruciore di uno schiaffo… In mezzo alla strada… Aveva undici anni, era alta per la sua età… I passanti, gli adulti, pazienza… […] E adesso, ancora, lo facevano apposta a tormentarla, torturarla, umiliarla, con accanimento, da mane a sera: «Come tieni la forchetta?» (davanti ai domestici, Dio mio) e «Sta' dritta. Almeno cerca di non sembrare gobba». Aveva quattordici anni, era una giovanetta e, nei suoi sogni, una donna amata e bella… […] Trasalì. La signora Kampf stava concludendo:

«… E se credi che ti paghiamo un'istitutrice inglese perché tu abbia modi del genere ti sbagli, mia cara…».

Poi, a voce più bassa, mentre rialzava una ciocca di capelli che pendeva sulla fronte della figlia:

«Dimentichi sempre che ora siamo ricchi, Antoinette…».

E girandosi verso l'inglese[1]:

«Miss, avrò molte commissioni per lei, questa settimana… Il 15 do un ballo…».

«Un ballo» mormorò Antoinette spalancando gli occhi.

«Ma certo,» disse la signora Kampf sorridendo «un ballo…».

[…]

All'inizio – erano passati due anni da allora –, quando avevano lasciato la vecchia rue Favart in seguito al geniale colpo in Borsa che aveva dato loro la ricchezza (dopo aver scommesso sul ribasso del franco, Alfred Kampf aveva poi, nel 1926, speculato su quello della sterlina), Antoinette veniva convocata ogni mattina nella camera dei genitori: la madre, ancora a letto, si limava le unghie, mentre nel bagno attiguo il padre, un piccolo ebreo scarno dagli occhi di fuoco, si radeva, si lavava, si vestiva con quella folle rapidità di tutti i suoi gesti che un tempo aveva spinto i colleghi della Borsa, gli ebrei tedeschi, a soprannominarlo *Feuer*[2]. Era andato su e giù lungo la scalinata della Borsa per anni e anni… Antoinette sapeva che prima era stato impiegato alla Banca di Parigi, e prima ancora usciere alla porta della

1 **l'inglese**: l'istitutrice, Miss Betty.

2 ***Feuer***: ardore, fuoco

## L'AUTRICE

**Irène Némirovsky** nasce a Kiev nel 1903 in una ricca famiglia di origini ebree. Nel 1917, allo scoppio della rivoluzione russa, si trasferisce con la famiglia prima in Finlandia e poi in Francia, dove il padre riesce a ricostituire la sua fortuna economica. A Parigi vive una vita spensierata, passando da una festa all'altra. Si sposa all'improvviso nel 1926, lo stesso anno in cui pubblica il suo primo lavoro, *Le Malententu*. Quando nel 1929 pubblica *David Golder* (l'epopea di un ebreo di origine russa, la sua ascesa finanziaria e il suo tracollo), il mondo letterario francese inizia ad apprezzare la giovane scrittrice. Nel corso degli anni Trenta continua a pubblicare con successo, a cominciare dal racconto lungo *Il ballo* (1930).

A causa delle sue origini ebree, nel luglio del 1942 viene arrestata dalla Guardia Nazionale francese e internata dapprima nel campo di smistamento francese di Pithiviers e in seguito ad Auschwitz, dove, debole e stremata, muore un mese dopo. Anche il marito muore ad Auschwitz, pochi mesi più tardi.

Nel dopoguerra la sua opera letteraria viene ignorata fino al 2004, quando la pubblicazione di *Suite francese*, romanzo rimasto inedito per oltre sessant'anni, determina la riscoperta della Némirovsky, alla quale vengono assegnati numerosi premi postumi.

banca, in livrea blu... Quando lei stava per nascere aveva sposato la sua amante, la signorina Rosine, dattilografa del capo. Per undici anni avevano abitato in un piccolo appartamento buio, dietro l'Opéra-Comique.

[...]

E poi, un bel giorno, di colpo erano diventati ricchi, non aveva mai capito come. Erano andati ad abitare in un grande appartamento bianco e sua madre si era fatta tingere i capelli di un bell'oro splendente. Antoinette osava appena guardare quella rutilante[3] capigliatura che non riconosceva.

[...]

*[In preparazione del ballo, la signora Kampf obbliga la figlia a scrivere gli inviti per i conoscenti dell'alta nobiltà. La madre decide che Antoinette non parteciperà al ballo. Questa scelta mortifica la ragazza, che si ritira in lacrime e sente crescere un profondo odio verso i genitori. Il giorno dopo, la signora Kampf affida le buste con gli inviti da portare alla posta a Miss Betty e alla figlia Antoinette l'invito per la sua insegnante di pianoforte, la signorina Isabelle Cosette. Costei, morendo d'invidia, resta oltremodo stupita per l'organizzazione del ballo da parte della famiglia Kampf. Miss Betty lascia Antoinette alla sua lezione di pianoforte e se ne va con un suo segreto fidanzato, senza aver ancora imbucato gli inviti, suscitando la gelosia e la rabbia di Antoinette per la presenza inaspettata di questo fidanzato.]*

Raggiunse gli innamorati davanti al ponte Alexandre-III. Quelli parlavano fitto fitto, a voce bassissima, i volti accostati.

Scorgendo Antoinette, il ragazzo ebbe un moto di insofferenza. Miss Betty si turbò un momento, poi, colta da un'improvvisa ispirazione, aprì la borsa e tirò fuori il pacchetto di buste.

«Tenga, cara, sono gli inviti di sua madre, che non ho ancora spedito... Faccia una corsa dal tabaccaio, là, nella stradina a sinistra... Vede la luce? Li metta nella buca delle lettere. Noi l'aspettiamo qui...».

Le cacciò il pacchetto in mano e si allontanò precipitosamente. Antoinette la vide fermarsi in mezzo al ponte e aspettare il ragazzo a testa china. Si appoggiarono contro il parapetto.

[...]

Una specie di vertigine si impossessò di lei[4], un bisogno selvaggio di commettere una bravata, di fare del male. Serrando i denti, prese le buste, le accartocciò fra le mani, le lacerò e le buttò tutte insieme nella Senna. Per un lungo istante, trattenendo il respiro, le guardò svolazzare contro l'arcata del ponte. Alla fine il vento le trascinò nell'acqua.

[...]

*[Fervono i preparativi per il ballo. Maggiordomo, camerieri, fattorini sono in continuo movimento. La signora Kampf è già in preda a un certo nervosismo, anche perché nei giorni precedenti nessuno degli invitati ha confermato la partecipazione al ballo. Antoinette viene condotta dall'istitutrice in un ripostiglio preparato affinché vi trascorra la notte.]*

«Potrà assistere al ballo da qui, non ci sono imposte» celiò[5] Miss Betty.

Quando l'inglese uscì, Antoinette, avida e impaurita, andò a incollare la fronte ai vetri: un ampio scorcio di muro era illuminato dal chiarore dorato, ardente, delle finestre. Alcune ombre passavano di corsa dietro le tende di tulle. I domestici. Qualcuno socchiuse la vetrata; Antoinette percepì distintamente il brusio degli

3 **rutilante**: abbagliante, fiammeggiante.

4 **lei**: è la ragazza, Antoinette, ad essere presa da un raptus distruttivo.

5 **celiò**: scherzò, parlò per prenderla in giro.

strumenti che venivano accordati in fondo al salone. I musicisti erano già arrivati... Mio Dio, erano le nove passate... Per tutta la settimana aveva confusamente aspettato una catastrofe che inghiottisse il mondo in tempo perché non venisse scoperto niente; ma la sera stava trascorrendo come ogni altra sera. In un appartamento vicino un orologio suonò la mezza. Ancora trenta minuti, tre quarti d'ora e poi... Nulla, probabilmente, non sarebbe successo nulla, perché la settimana prima, quando erano rientrate dal loro giro, la signora Kampf si era slanciata sulla Miss con quella sua particolare impetuosità che faceva perdere la testa alle persone nervose e le aveva chiesto: «Allora, ha portato gli inviti alla posta? Non ha perso niente, smarrito niente, ne è sicura?» e la Miss aveva detto: «Sì, signora Kampf». La responsabilità era sua, senza alcun dubbio, solo sua... E se la licenziavano, poco male, le stava bene, le sarebbe servito di lezione.

«Me ne infischio, me ne infischio» balbettò, e in un moto d'ira si morse le mani che, sotto i giovani denti aguzzi, sanguinarono.

«E quell'altra può farmi quello che vuole, io non ho paura, me ne infischio!».

Guardò il cortile buio e profondo sotto la finestra.

«Mi ucciderò, e prima di morire dirò che l'ho fatto per colpa sua, tutto qui» mormorò. «Non ho paura di niente, mi sono vendicata in anticipo...».

[...]

I dieci rintocchi... Allora trasalì e scivolò fuori dalla stanza. Si diresse verso il salone, come un assassino inesperto attratto dal luogo del delitto. Percorse il corridoio, dove due camerieri, con la testa rovesciata all'indietro, tracannavano bottiglie di champagne. Raggiunse la sala da pranzo. Era deserta, con tutto già predisposto: il grande tavolo piazzato al centro, carico di selvaggina, di pesce in gelatina, di ostriche su vassoi d'argento, e adorno di pizzi veneziani, con i fiori tra un piatto e l'altro, e la frutta in due piramidi uguali. [...]

Sulla soglia del salone esitò un istante, poi scorse, nel salottino attiguo, il grande canapè[6] di seta; si mise carponi e si insinuò tra lo schienale e i tendaggi. C'era appena il posto per potersi rannicchiare con le braccia e le ginocchia strette contro il corpo; da lì, sporgendo la testa, vedeva il salone come se fosse la scena di un teatro. [...]

Il pianista disse qualche parola che Antoinette non intese e che fece ridere gli altri. Poi, all'improvviso, entrarono il signor e la signora Kampf.

[...]

Rosine gironzolò un momento per la stanza; accese, poi spense le lampade sul camino. Scintillava di diamanti.

«Siediti,» disse Kampf sottovoce «è stupido agitarsi così...».

Rosine si girò e Antoinette, che aveva aperto gli occhi e sporto la testa fino a toccare con la guancia il legno del canapè, la vide in piedi dinanzi a lei, e fu colpita da un'espressione che non aveva mai visto su quel volto imperioso: una specie di umiltà, di zelo, di terrore...

6 **canapè**: divano.

Ernst Ludwig Kirchner, *Donna seduta (Dodo)*, 1907. (Monaco, Pinacoteca d'Arte Moderna)

«Alfred, credi che andrà tutto bene?» domandò con una voce candida e tremante da bambina.

Il marito non ebbe il tempo di rispondere, perché una brusca scampanellata echeggiò nell'appartamento.

Rosine giunse le mani.

«Oh, mio Dio, ci siamo!» sussurrò, come se parlasse di una scossa di terremoto.

Tutti e due si slanciarono verso la porta spalancata del salotto.

Un istante dopo Antoinette li vide ritornare al fianco della signorina Isabelle che chiacchierava animatamente, anche lei con una voce diversa dal solito, alta e stridula, inframmezzata da piccoli scoppi di risa che impennacchiavano le sue frasi.

«Questa, poi, me l'ero proprio scordata» pensò Antoinette con spavento.

La signora Kampf, ora radiosa, parlava senza sosta; aveva ripreso la sua espressione arrogante e soddisfatta; lanciava occhiatine maliziose al marito, indicandogli furtivamente l'abito della cugina, di tulle giallo, ornato, tutt'intorno al lungo collo secco, di un boa di piume che la signorina Isabelle tormentava con entrambe le mani, come il ventaglio di Célimène[7]; un occhialetto d'argento pendeva all'estremità di un nastro di velluto arancione legato al polso.

[...]

«E ditemi un po', chi ci sarà stasera?» chiese la signorina Isabelle.

«Oh,» fece Rosine «qualche persona simpatica, e anche qualche vecchio barbogio[8], come l'anziana marchesa di San Palacio, a cui dovevo ricambiare l'invito; le piace così tanto venire qui... L'ho vista ieri, doveva partire; mi ha detto: "Mia cara, ho rimandato di una settimana la villeggiatura nel Midi[9] per la sua festa: da lei ci si diverte talmente..."».

«Ah, avete già dato altri balli?» chiese la signorina Isabelle stringendo le labbra.

«No, no,» si affrettò a dire la signora Kampf «soltanto qualche tè; non l'ho invitata perché so che lei è così occupata durante il giorno...».

«Sì, in effetti; d'altronde mi sono quasi decisa a dare dei concerti l'anno prossimo...».

«Davvero? Ma è un'ottima idea!».

Tacquero. La signorina Isabelle esaminò ancora una volta le pareti della stanza.

[...]

Giungeva il rumore delle auto che risalivano il viale: quando una rallentava davanti alla casa la signora Kampf si sporgeva e divorava con gli occhi la strada buia d'inverno, ma le auto si allontanavano, il ronzio del motore si indeboliva, poi si perdeva nell'ombra. Del resto, a mano a mano che l'ora si faceva più tarda, le auto diventavano più rare, e per lunghi minuti dal viale deserto non arrivava alcun suono, come in provincia; soltanto lo sferragliare del tram nella strada vicina, e colpi di clacson lontani, attutiti, smorzati dalla distanza...

Rosine batteva i denti come in preda alla febbre. Le undici meno un quarto. Le undici meno dieci. Nel salone vuoto una piccola pendola suonò a brevi rintocchi concitati, dal timbro argentino, vivace e limpido; quella della sala da pranzo rispose, insistente, e dall'altro lato della strada un grande orologio, sul frontone di una chiesa, batté le ore con lentezza e gravità, ma via via sempre più forte.

«... nove, dieci, undici!» gridò disperata la signora Kampf alzando al cielo le braccia coperte di diamanti. «Ma che c'è? Che è successo, Gesù mio?».

Alfred rientrò con Isabelle; si guardarono tutti e tre senza parlare.

La signora Kampf rise nervosamente:

7 **Célimène**: è una donna superficiale, protagonista del *Misantropo*, una commedia dell'autore francese Molière (1622-1673).

8 **barbogio**: noioso, brontolone.

9 **nel Midi**: nel Sud della Francia.

«È un po' strano, vero? Speriamo non sia accaduto nulla...».

«Oh, mia cara, a meno di un terremoto...» disse la signorina Isabelle in tono trionfante.

Ma la signora Kampf non si arrendeva ancora. Giocherellando con le perle, ma con voce arrochita[10] dall'angoscia, replicò: «Oh, non significa niente! Si figuri che l'altro giorno – ero dalla mia amica, la contessa de Brunelleschi – i primi invitati hanno cominciato ad arrivare a mezzanotte meno un quarto. Come vede...».

«Certo, è davvero fastidioso per la padrona di casa, molto snervante» mormorò melliflua[11] la signorina Isabelle.

«Oh, è solo... È solo questione di farci l'abitudine».

[...]

La signora Kampf perse il controllo:

«Vi dico che è successo qualcosa, un incidente, un malinteso, un errore di data, di orario, che ne so! Le undici e dieci, sono le undici e dieci» ripeté disperata.

«Già le undici e dieci?» esclamò la signorina Isabelle. «Sì, ha ragione, il tempo vola da voi, complimenti... Addirittura le undici e un quarto, credo; sentite i rintocchi?».

«Ebbene, ormai non tarderanno ad arrivare!» disse Kampf in tono reciso[12].

Si sedettero di nuovo tutti e tre, ma non parlavano più. Si sentivano gli scoppi di risa dei domestici nella dispensa.

«Va' a dirgli di stare zitti, Alfred» sibilò infine Rosine con voce tremante di furore. «Va'!».

Alle undici e mezzo si avvicinò il pianista.

«Dobbiamo attendere oltre, signora?».

«No, andatevene, andatevene tutti!» scattò Rosine, che sembrava sull'orlo di una crisi di nervi. «Sarete pagati, ma ora andatevene! Non ci sarà nessun ballo, non ci sarà niente; è un affronto, un insulto, un tiro giocato dai nostri nemici per ridicolizzarci, per farmi morire! Se viene qualcuno adesso, non voglio vederlo, capito?» continuò con veemenza crescente. «Dite che sono partita, che c'è un malato in famiglia, un morto, quello che volete!».

La signorina Isabelle si affrettò a mostrarsi premurosa:

«Suvvia, Rosine, non tutte le speranze sono perdute. Non si tormenti così, si ammalerà... Certo, capisco quel che deve provare, mia cara, mia povera amica; ma il mondo è tanto cattivo, ahimè!... Dovrebbe dirle qualcosa, Alfred, calmarla, consolarla...».

«Che commedia!» sibilò Kampf a denti stretti, il viso illividito[13]. «Vuole star zitta, sì o no?».

«Ma insomma, Alfred, non gridi, la coccoli un po' invece...».

«Eh, se le piace rendersi ridicola!».

Girò bruscamente sui tacchi e si rivolse ai musicisti:

«Che cosa ci fate ancora lì, voi? Ditemi quanto vi devo e filate all'istante, in nome di Dio...».

La signorina Isabelle raccolse con lentezza il boa di piume, l'occhialetto, la borsa.

«Forse è meglio che io tolga il disturbo, Alfred, a meno di non poter esserle utile in qualcosa, mio povero amico...».

Poiché Kampf non rispondeva, si chinò, baciò la fronte di Rosine, che rimaneva immobile senza nemmeno piangere, con gli occhi fissi e asciutti:

«Arrivederci, cara. Non sa quanto mi dispiace, le sono vicina» sussurrò meccanicamente, come al cimitero. [...]

10 **arrochita**: rauca, aspra.

11 **melliflua**: sdolcinata, insinuante.

12 **reciso**: netto, risoluto.

13 **illividito**: violaceo, bluastro.

«Vecchia carogna» mormorò Kampf. «Se almeno...».

Non concluse la frase. Rosine, con il volto solcato di lacrime, si alzò di scatto e gli mostrò il pugno, gridando:

«Imbecille, è tutta colpa tua, della tua lurida vanità, del tuo orgoglio da pavone! Sì, è colpa tua... Il signore vuole dare balli! Ricevere! C'è proprio da morir dal ridere! Credi forse che la gente non sappia chi sei, da dove vieni? Arricchito! Se ne sono fregati di te, i tuoi amici, eh! I tuoi begli amici... Ladri, imbroglioni!».

«E i tuoi, allora? I tuoi conti, i tuoi marchesi, i tuoi magnaccia!».

Continuarono a gridare tutti e due, un fiotto di parole rabbiose, violente, che scorrevano come un torrente. Poi Kampf, a denti stretti, disse in tono più basso:

«Quando ti ho raccattata non eri certo alle prime armi! Pensi che non lo sapessi, che non me ne fossi accorto? Mi sono detto: è carina, intelligente, se diventerò ricco non mi farà sfigurare... Sono capitato bene, come no, davvero un buon affare: una pescivendola, una vecchia con modi da cuoca...».

«Ad altri andavo bene così...».

«Non ne dubito. Ma non scendere in dettagli, domani potresti pentirtene...».

«Domani? E credi che resterò ancora un'ora con te, dopo tutto quello che mi hai detto? Villano!».

«Ma vattene! Va' al diavolo!».

E uscì sbattendo la porta.

[...]

Vide[14] il viso della madre inondato di lacrime, che scioglievano il trucco mescolandosi ad esso; un viso grinzoso, contratto, paonazzo, infantile, comico... Commovente... Ma Antoinette non era commossa, provava soltanto una specie di disprezzo, di indifferenza sdegnosa. [...]

14 **Vide**: il soggetto è Antoinette.

Anche gli adulti, dunque, soffrivano per cose futili e passeggere? E lei, Antoinette, li aveva temuti, aveva tremato davanti a loro, alle loro grida, alla loro collera, alle loro vane e assurde minacce. Si sporse con cautela dal suo nascondiglio. Ancora per pochi istanti, dissimulata nell'ombra, guardò la madre, che non singhiozzava ma rimaneva tutta raggomitolata su se stessa, lasciando che le lacrime le scorressero fino alla bocca senza asciugarle. Poi si mise in piedi e le si avvicinò:

«Mamma».

La signora Kampf sussultò.

«Che cosa vuoi, che ci fai qui?» esclamò irritata. «Vattene, vattene immediatamente! Lasciami in pace! Non posso più stare un minuto tranquilla in casa mia?». Antoinette, un po' pallida, non si muoveva, e restava lì a capo chino. [...]

Stese lentamente la mano, la posò sui capelli della madre, li accarezzò con dita leggere, un po' tremanti.

«Povera mamma...».

Sulle prime Rosine si ritrasse d'impulso, la respinse, scosse il viso stravolto:

«Lasciami, vattene... Smettila, ti dico...».

Poi un'espressione fragile, vinta, patetica passò sui suoi lineamenti:

«Ah, povera figlia mia, povera piccola Antoinette, tu sì che sei felice! Ancora non sai com'è ingiusto, cattivo, subdolo il mondo... Tutte quelle persone che mi sorridevano, che mi invitavano, dopo ridevano di me alle mie spalle, mi disprezzavano, perché io non appartenevo al loro ambiente... Un mucchio di carogne, di... Ma tu non puoi capire, povera figlia mia! E tuo padre... Ah, mi resti solo tu!» concluse bruscamente. «Non ho altri che te, bambina mia...».

La strinse fra le braccia, e poiché premeva il piccolo viso muto di Antoinette contro la sua collana di perle, non la vide sorridere.

«Sei una brava figliola, Antoinette...» mormorò.

Era l'attimo, l'istante impercettibile in cui si incrociavano «sul cammino della vita», e l'una stava per spiccare il volo, mentre l'altra si avviava a sprofondare nell'ombra. Ma non lo sapevano. Eppure Antoinette dolcemente ripeté:

«Povera mamma...».

I. Némirovsky, *Il ballo*, trad. it. di M. Belardetti, Adelphi, Milano, 2005

## per L'ANALISI del TESTO

### Una storia autobiografica

*Il ballo* è un **racconto lungo** dal perfetto ingranaggio narrativo, che espone temi complessi ed eterogenei quali il rapporto di **competizione tra madre e figlia**, la **solitudine adolescenziale** che arriva fino alle estreme conseguenze della vendetta, lo sfaldarsi della famiglia, l'**ipocrisia sociale**. L'autrice delinea una storia tremenda che lascia di stucco.

Per elaborare la vicenda Irène Némirovsky ha ripensato a se stessa, al suo passato, ai suoi genitori e, in particolare, al suo distacco rispetto alla madre. Lei aveva conosciuto realmente un genitore tutto dedito agli affari e sempre assente; aveva lottato davvero con una madre arrivista che la trattava come un ingombro. Con questo racconto ha assestato un colpo durissimo alla famiglia e, soprattutto, alla figura materna.

### La vendetta

Il **confronto** fra la signora Kampf, Rosine, e la figlia Antoinette appare **spietato** sin dalle prime battute. La madre, un tempo la dattilografa del capo, ha arraffato un marito che con un colpo di fortuna si è arricchito e ora è una donna che vuole vivere il successo mondano parigino. Antoinette si sente sottomessa e timorosa verso questa madre, chiede un suo spazio, sta diventando una donna e aspira a una maggior indipendenza: sogna pertanto d'innamorarsi, di poter conoscere anche lei le gioie dell'amore. La distruzione degli inviti – gesto che manderà a monte la sfavillante serata organizzata dai genitori – non è un atto premeditato da Antoinette, è un **gesto di ribellione** che la ragazza matura sul momento, come reazione a una mamma che la esclude e all'istitutrice che amoreggia con un ragazzo. Lei non trova di meglio che vendicarsi, gettando nelle acque della Senna le speranze di una madre prepotente ed egoista.

### Un formidabile crescendo

L'autrice ha costruito con una **scrittura essenziale** un racconto che si sviluppa in un formidabile crescendo. Inizialmente delinea le psicologie dei personaggi, l'ambiente e le aspettative di quel mondo parigino, riservando al capitolo finale il consumarsi della tragedia. Il lettore segue con trasporto lo scandire delle ore, l'agitarsi dei genitori, la febbre dell'attesa che sale, gli interrogativi dei domestici e dei musicisti, il soprassalto per l'arrivo della signorina Isabelle Cosette e lo spasmodico sentimento di attesa. Ma ormai i giochi sono fatti. È la stessa Némirovsky a tirare le somme al termine: «l'una stava per spiccare il volo, mentre l'altra si avviava a sprofondare nell'ombra» (rr. 308-309).

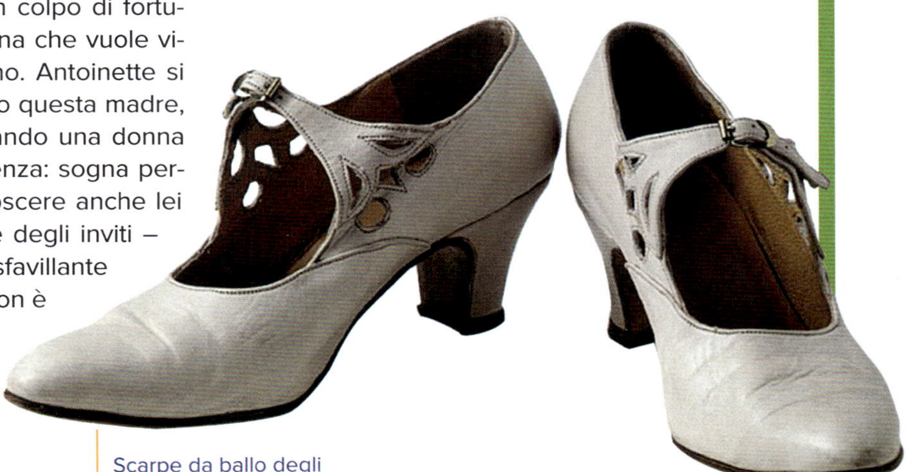

Scarpe da ballo degli anni Venti.

# Attività

## Leggere e comprendere

1 **Il rapporto madre-figlia** Come si comporta la madre con Antoinette?
- **a.** È dolce ma ferma nelle scelte educative
- **b.** È irritabile, severa e a volte umiliante
- **c.** È permissiva e allegra
- **d.** È severa ma equilibrata

2 **La scelta educativa** Perché la madre impone alla ragazza un'educazione severa e un'istitutrice inglese?

3 **Il cambiamento della madre** Una volta Rosine era affettuosa con la figlia. Che cosa l'ha cambiata?
- **a.** La bambina si è comportata male
- **b.** Rosine non accetta più il proprio ruolo di madre
- **c.** Rosine si è arricchita e imita il comportamento dei signori
- **d.** Rosine si è arricchita e vuole vivere la sua vita senza impicci

4 **L'atto inconsulto** Che cosa fa Antoinette quando Miss Betty, per rimanere col fidanzato, le affida i biglietti di invito da imbucare? Perché agisce in quel modo?

5 **I sentimenti di Rosine** Nascosta dietro il canapè di seta, Antoinette può osservare tutti i sentimenti che gradualmente si impossessano dell'animo della madre durante la vana attesa degli ospiti. Quali sono?
- **a.** Illusione, dubbio, umiliazione, ira
- **b.** Sicurezza, soddisfazione, gioia
- **c.** Incertezza, tranquillità, ira, pentimento
- **d.** Illusione, incertezza, disprezzo, serenità

6 **L'unica ospite** La signorina Isabelle, maestra di piano, a cui la ragazza aveva consegnato a mano l'invito, risulta l'unica ospite della serata. Come si mostra con i signori Kampf?

7 **Le conseguenze** A quali cambiamenti all'interno della famiglia conduce la disastrosa serata?

## Riconoscere e analizzare

8 **La struttura** Come si presenta la struttura del racconto?
- **a.** Lineare
- **b.** Tutto un *flashback*
- **c.** Lineare con un *flashforward*
- **d.** Lineare con un *flashback*

9 **Le sequenze** Quale tipologia di sequenze prevale nel racconto?

10 **Il tempo della storia** In quale periodo è ambientata la vicenda? Quanto dura? Riporta le parole del testo che indicano la durata della storia.

.......................................................................................................

.......................................................................................................

.......................................................................................................

.......................................................................................................

11 **I personaggi** A quali aspetti dei personaggi dà particolare rilievo l'autore?

12 **Rosine** Nel corso della storia Rosine muta il suo carattere oppure no? È, cioè, un personaggio statico o dinamico? Spiega i suoi cambiamenti.

13 **La distanza** Quale distanza pone il narratore tra sé e la vicenda narrata?
- **a.** Minima
- **b.** Alternata
- **c.** Massima
- **d.** Nessuna

14 **I luoghi** Dov'è ambientata la narrazione? Come sono descritti i luoghi interni ed esterni in cui avvengono i fatti narrati? In maniera minuziosa e ricca o con pochi accenni?

## Rielaborare e produrre

15 **Il riassunto** Sintetizza in 150 parole il contenuto del testo.

16 **Il denaro** Spesso il denaro è visto come fonte di gioia. In questo caso invece possiamo affermare che la ricchezza ha reso infelice la famiglia Kampf. Sostieni questa tesi in un testo argomentativo.

Simone de Beauvoir

# Davvero una ragazza per bene?

La scrittrice parla di sé. Ha 14 anni e comincia a osservare se stessa e il mondo che la circonda. Ogni giorno una novità. Perfino il proprio corpo sfugge al controllo e se ne va un po' per conto suo. Ribellarsi è quasi un obbligo, soprattutto se ad agitarsi è la parte femminile di sé, insoddisfatta e indisponibile per futuri destini preconfezionati.

Da
Memorie di una ragazza per bene, 1958
Autobiografia

Diventai brutta, mi si arrossò il naso; sulla faccia e sulla nuca mi spuntarono delle pustole che stuzzicavo nervosamente. Mia madre, oberata[1] di lavoro, mi vestiva con negligenza[2]; i miei vestiti sformati accentuavano la mia goffaggine[3]. Imbarazzata dal mio corpo, sviluppai delle fobie[4]; per esempio, non sopportavo di bere una seconda volta in un bicchiere dove avessi già bevuto. Mi vennero dei tic: alzavo continuamente le spalle, arricciavo il naso. – Non ti grattare le pustole, non arricciare il naso, – mi ripeteva mio padre. Senza cattiveria, ma anche senza riguardo, faceva osservazioni sul mio colorito, i miei pedicelli[5], il mio intontimento[6], esasperando il mio **disagio** e le mie manie.

[...]

Con tutti gli sguardi fissi su di me, mi sentivo le guance in fiamme, che supplizio! Poco tempo dopo, assistei alle nozze di una cugina del Nord; e mentre il giorno del matrimonio della zia Lilí la mia immagine m'era piaciuta tanto, questa volta mi afflisse. La mamma si accorse soltanto quella mattina, ad Arras, che il mio vestito nuovo in crespo di Cina beige, metteva in risalto in modo indecente il mio petto che non aveva piú nulla di infantile. Mi venne fasciato cosí strettamente che per tutto il giorno ebbi l'impressione di nascondere nel mio corsetto un'ingombrante infermità. Nella noia della cerimonia e di un interminabile banchetto,

**PAROLE *sotto la lente***

**Disagio**

Il sostantivo è formato dal prefisso *dis-* (con valore negativo) e da *agio*, che deriva dal provenzale *aize*, latino *adiacens* = che sta accanto. Disagio indica la mancanza di comodità, ma anche un senso di pena provato per l'incapacità di adattarsi a un luogo, a una situazione, insomma un senso di imbarazzo.

**Attività**

Trova cinque sinonimi del sostantivo "disagio".

1 **oberata**: gravata, appesantita.
2 **negligenza**: scarso impegno, poca attenzione.
3 **accentuavano la mia goffaggine**: accrescevano il mio comportamento insicuro, impacciato.
4 **fobie**: fissazioni, ossessioni.
5 **pedicelli**: brufoli.
6 **intontimento**: stato di stordimento.

## STORIE da SCOPRIRE

### *Memorie di una ragazza per bene* di Simone de Beauvoir

Scritto nel 1958, *Memorie di una ragazza per bene* è il primo di quattro libri autobiografici di Simone de Beauvoir (gli altri volumi sono *L'età forte*, 1960; *La forza delle cose*, 1963; *A conti fatti*, 1972). Si tratta di un lungo racconto di sé che la scrittrice francese svolge dalla nascita fino all'età dei 20 anni. Il libro, importante perché ci permette di conoscere le vicende personali dell'autrice, non è però solo un raccontare la propria storia, ma anche una lunga riflessione sull'evolversi del ruolo della donna in una Francia in grande trasformazione.

fui tristemente conscia di ciò che è confermato dalle fotografie: male acconciata, bamboccíona, sgraziata, esitavo tra la bambina e la donna.

[...]

Il mio corpo cambiava, e con esso la mia esistenza; il passato mi abbandonava. Avevamo già traslocato, e Louise[7] era andata via. Stavo guardando con mia sorella delle vecchie fotografie quando d'un tratto mi venne in mente che un giorno o l'altro avrei perduto Meyrignac[8]. Il nonno era molto anziano, sarebbe morto; e quando la tenuta fosse passata allo zio Gaston – che ne aveva già la nuda proprietà[9] – non mi sarei piú sentita a casa mia; ci sarei andata da estranea, e poi non ci sarei andata piú. Ne fui costernata. Papà e mamma dicevano sempre – e il loro esempio sembrava confermarlo – che la vita finisce per prevalere sulle amicizie d'infanzia: avrei dunque dimenticata Zazà[10]? Con Poupette[11] ci domandavamo inquiete se il nostro affetto avrebbe resistito all'età. I grandi non condividevano i nostri giochi né i nostri piaceri. Non ne conoscevo nemmeno uno che sembrasse divertirsi gran che: la vita non è una cosa allegra, la vita non è un romanzo, dicevano in coro.

La monotonia dell'esistenza degli adulti mi aveva sempre afflitta; quando mi resi conto che tra non molto l'avrei condivisa anch'io, fui presa dall'angoscia. Un pomeriggio – stavo aiutando la mamma a rigovernare i piatti, lei lavava e io asciugavo – dalla finestra vedevo il muro della caserma dei pompieri, e altre cucine, con donne che strofinavano casseruole[12] o pulivano la verdura. Ogni giorno, la colazione, il pranzo; ogni giorno fare i piatti; ore che ritornano indefinitamente e che non conducono a nulla: sarebbe stata questa la mia vita? nella mia mente si formò un'immagine, cosí nitida[13], cosí desolante, che me la ricordo ancor oggi: una fila

7 **Louise**: è la baby-sitter che l'aveva accompagnata dalla nascita.
8 **Meyrignac**: un vasto parco che la protagonista era solita frequentare.
9 **nuda proprietà**: un bene che si possiede ma di cui non si può usufruire.
10 **Zazà**: è il soprannome della sua migliore amica, Elizabeth Mabille.
11 **Poupette**: la sorella.
12 **casseruole**: tegami.
13 **nitida**: chiara.

## *per conoscere* SIMONE DE BEAUVOIR

**SIMONE DE BEAUVOIR** nasce a Parigi nel 1908 in una famiglia dell'alta borghesia. Educata con metodi rigorosi e tradizionali, rivela ben presto un'intensa passione per gli studi. Segue corsi di lettere e di filosofia alla Sorbona. Nel 1929 conosce il filosofo Jean-Paul Sartre, con il quale stabilisce una forte intesa intellettuale e sentimentale che durerà per tutta la vita, senza mai giungere, però, al matrimonio. Con Sartre compie esperienze di viaggi in vari continenti che la arricchiranno sul piano culturale, appassionandosi a tutto quanto è espressione di modernità e vitalità, come la fotografia, il cinema e il jazz. Vive con grande fervore e partecipazione gli

Simone de Beauvoir in un ritratto di Tullio Pericoli del 2002.

di quadratini grigi che si estendevano a perdita di vista, rimpicciolendo secondo le leggi della prospettiva, ma tutti identici e piatti; erano i giorni, le settimane, gli anni. Da quando ero nata, ogni sera mi ero addormentata un po' piú ricca della sera prima; mi elevavo a grado a grado; ma se in cima non avrei trovato nient'altro che un triste pianoro, senz'alcuna meta verso cui puntare, a che pro?

No, mi dissi ordinando sul ripiano una pila di piatti, la mia vita condurrà in qualche posto. Per fortuna, io non ero destinata a una vita di massaia. Mio padre non era un femminista, ammirava la saggezza dei romanzi di Colette Yver[14] in cui l'avvocatessa o la dottoressa finiscono per sacrificare la loro carriera all'armonia del focolare domestico; ma la necessità fa la legge: – Voi, bambine mie, non vi sposerete, – ripeteva spesso. – Non avete dote, dovrete lavorare –. Io preferivo infinitamente la prospettiva di un mestiere a quella del matrimonio; autorizzava delle speranze. C'era stata gente che aveva fatto cose: ne avrei fatte anch'io. Non sapevo bene quali. L'astronomia, l'archeologia, la paleontologia[15], mi avevano di volta in volta attirato, e continuavo ad accarezzare vagamente il progetto di scrivere. Ma erano progetti che mancavano di consistenza, e non vi credevo abbastanza per affrontare con fiducia l'avvenire. Portavo già in anticipo il lutto del mio passato.

[...]

Avevo perduto la sicurezza dell'infanzia; in cambio non avevo guadagnato niente. L'autorità dei miei genitori non s'era attenuata, e a mano a mano che il mio spirito critico si risvegliava la sopportavo con sempre maggiore impazienza. Non vedevo l'utilità delle visite, dei pranzi di famiglia, di tutte quelle *corvées*[16] che i miei genitori ritenevano obbligatorie. Le risposte: «Bisogna», «Non sta bene», non mi

14 **Colette Yver**: scrittrice francese (1874-1953) di romanzi d'amore.

15 **paleontologia**: scienza che studia i resti fossili di organismi vegetali e animali.

16 ***corvées***: termine francese che indica un lavoro ingrato, pesante; visite e pranzi erano sentiti dalla protagonista come degli inutili pesi.

avvenimenti della Seconda guerra mondiale, scegliendo di rimanere in una Parigi occupata dai tedeschi e, con Sartre, partecipa alla Resistenza. Al termine della guerra aderisce al marxismo, assumendo un ruolo politico attivo. Torna a viaggiare negli Stati Uniti, in Africa, in Europa e nel contempo scrive i suoi romanzi.

Nel 1949 pubblica il suo primo lavoro incentrato sui temi dell'emancipazione femminile, *Il secondo sesso* (1949). Scrive, poi, il suo romanzo più emblematico, *I Mandarini* (1954), sul ruolo degli intellettuali parigini negli anni del dopoguerra, quel ruolo impegnato che lei e Sartre da tempo sostengono. Tra il 1958 e il 1972 scrive la sua autobiografia, in quattro volumi. La malattia e l'agonia che colpiscono la madre sono raccontate in un intenso romanzo dal titolo *Una morte dolcissima* (1964).

**• Una voce a favore delle donne •** In seguito, sono i problemi legati alla libertà e alla condizione della donna a imporla all'attenzione internazionale come una delle voci femminili più prestigiose e influenti.

Nel 1968 saluta con simpatia le lotte degli studenti parigini; partecipa a cortei e manifestazioni; sottoscrive documenti e manifesti di rivendicazione dei diritti della donna, attirando sulla sua persona grandi consensi e accese opposizioni. Riunisce tre storie in un unico volume, *Una donna spezzata* (1968), con un comune tema: la donna colta nel momento rivelatore di una crisi. Continua la sua opera di scrittrice affrontando i temi angosciosi della malattia, della vecchiaia, della morte, sempre con spirito di grande umanità. Quando muore Sartre, il compagno della sua vita, trova la forza di scrivere di lui e del suo declino in *La cerimonia degli addii* (1981).

Simone de Beauvoir muore a Parigi nel 1986 e viene sepolta accanto a Sartre nel cimitero di Montparnasse. Con i suoi scritti e con la sua testimonianza la scrittrice ha saputo mettere in crisi l'immagine consueta della donna subalterna all'uomo, riuscendo a delineare a metà del secolo scorso prospettive di riscatto che nei decenni successivi solo in parte sono state concretizzate.

soddisfacevano piú affatto. La sollecitudine di mia madre mi pesava. Ella aveva «le sue idee», che non si curava di giustificare, e cosí le sue decisioni mi apparivano spesso arbitrarie. [...]

John Sloan, *Ragazza che legge sul divano*, 1917. (Collezione Privata)

Ma la mia vera rivale era la mamma. Sognavo di avere con mio padre rapporti personali; ma anche nelle rare occasioni in cui ci trovavamo noi due soli, parlavamo come se lei fosse presente. In caso di conflitto, se fossi ricorsa a papà, mi avrebbe risposto: – Fa' come ti ha detto la mamma! – Una volta mi accadde di sollecitare la sua complicità. Ci aveva condotte alle corse a Auteuil; il prato era affollato di gente, faceva caldo, non succedeva niente, e mi annoiavo; finalmente fu data la partenza; la gente corse alle staccionate, e una muraglia di schiene mi nascose la pista. Papà ci aveva preso in affitto dei seggiolini, e io volli salire sul mio. – No, – disse la mamma, che detestava la folla ed era innervosita da quello scompiglio. Io insistei. – No e poi no! – ripeté. E mentre lei si affaccendava con mia sorella, mi volsi a papà, ed esclamai con violenza: – La mamma è ridicola! perché non posso salire sullo sgabello? – Egli alzò le spalle con aria imbarazzata, senza prender partito.

Se non altro, questo gesto ambiguo mi permise di supporre che anche papà, da parte sua, trovava che la mamma, a volte, era troppo imperiosa; mi persuasi che tra lui e me esisteva una tacita[17] alleanza. Ma fu un'illusione di breve durata. Durante un pasto, si stava parlando di un cugino dissipato[18], che considerava sua madre come un'idiota, e a detta di mio padre lo era veramente. Tuttavia egli dichiarò con violenza: – Un figlio che giudica sua madre è un imbecille! – Mi feci scarlatta e m'allontanai dalla tavola col pretesto di un malessere: io giudicavo mia madre. Papà mi aveva inferto un doppio colpo, affermando la loro solidarietà e trattandomi indirettamente da imbecille. Ciò che mi sconvolgeva ancor di piú era che io giudicavo anche quella frase ch'egli aveva appena pronunciata: visto che la stupidità di mia zia saltava agli occhi, perché suo figlio non avrebbe dovuto riconoscerla? Non era un male, riconoscere la verità, e del resto, capita spesso che uno non lo faccia apposta; in questo momento, per esempio, non potevo impedirmi di pensare ciò che pensavo: ero in colpa? in un certo senso no, e tuttavia le parole di mio padre mi rodevano dentro, cosí che mi sentivo a un tempo irreprensibile e mostruosa. In seguito, e forse in parte a causa di quest'episodio, non accordai piú a mio padre un'infallibilità assoluta. Tuttavia i miei genitori conservavano il potere di farmi sentire colpevole; pur vedendomi con occhi diversi dai loro, accettavo i loro verdetti. La verità del mio essere ancora apparteneva ad essi quanto a me, ma, paradossalmente, la mia verità in essi poteva non esser altro che un simulacro[19], poteva essere falsa. Non c'era che un mezzo per impedire questa strana confusione: bisognava dissimular loro le apparenze ingannevoli. Avevo l'abitudine di sorvegliare le mie parole: raddoppiai di prudenza. Feci un passo piú in là. Poiché non confessavo tutto, perché non osare atti inconfessabili? Imparai la **clandestinità**[20].

S. de Beauvoir, *Memorie di una ragazza per bene*, trad. it. di B. Forzi, Einaudi, Torino, 1960

17 **tacita**: silenziosa.
18 **dissipato**: sfaccendato, sregolato.
19 **simulacro**: parvenza.
20 **clandestinità**: la protagonista incomincia a non rivelare ogni cosa di sé ai genitori.

PAROLE *sotto la lente*

**Clandestinità**

Il sostantivo corrisponde al francese *clandestinité*, formato dall'avverbio latino *clam* = di nascosto. Indica la condizione di chi o di ciò che è clandestino, cioè di fatto nascosto, di solito trasgredendo un divieto o una legge ("passeggero clandestino", "edizione clandestina").

**Attività**

Trova alcuni nomi con significato contrario a "clandestinità".

## per L'ANALISI del TESTO

### Domande importanti

Simone è ormai uscita dalla fanciullezza: ha circa 14 anni e i **primi interrogativi** su di sé, sui rapporti con i familiari, sull'ingresso nel mondo degli adulti incominciano a farsi strada in lei. Le iniziali incertezze sono legate ai **cambiamenti fisici** che la protagonista sta vivendo, o meglio subendo, perché – al pari di tutti gli adolescenti – non vive serenamente le sue trasformazioni: si sente brutta, goffa, imbarazzata, al centro dell'attenzione. L'episodio del seno fasciato è indice non solo di una ragazza in bilico tra la bambina e la donna, ma anche dello scarso peso che la madre sta dando alla sua crescita, accorgendosi dei cambiamenti della figlia solo perché pressata da incombenze del momento.

L'intelligenza che la caratterizza spinge la ragazza ad andare oltre i problemi fisici e a porsi domande di fondo di grande significato, come quelle riguardanti la profondità e la durata dei **legami interpersonali**, tanto apparentemente superficiali e interessati negli adulti, quanto desiderosi di serietà e di autenticità negli adolescenti. E poi il futuro, già intravisto come piatto, ripetitivo, insoddisfacente, quello delle donne comuni, delle mogli che sono destinate a provvedere alla quotidianità. L'alternativa per Simone è ancora da inventare, ma nella certezza che mai e poi mai si sentirebbe realizzata in un lavoro da massaia («la mia vita condurrà in qualche posto», rr. 49-50).

### Una madre rivale

L'uscita dall'infanzia si misura anche con un altro problema adolescenziale centrale e cioè il fatto che ai suoi occhi i genitori perdano progressivamente di stima, soprattutto perché sanno solo imporsi sulla base dell'autorità, senza dare spiegazioni a una figlia brillante, che non si accontenta più di risposte di comodo, bambinesche. «Ma la mia vera rivale era la mamma» (r. 70) afferma in termini espliciti Simone de Beauvoir, portando allo scoperto il classico **rapporto privilegiato** della figlia femmina **con** il proprio **padre**. Solo che questa intesa non può scavalcare il rapporto fra marito e moglie, per cui la ragazza non ha altra soluzione se non il **rinchiudersi in sé**, il misurare d'ora in avanti i suoi gesti, le sue parole. Si tratta un po' del primo passo per muoversi in maniera indipendente, per avviarsi da sola verso l'età adulta.

### Uno stile semplice e chiaro

Siamo di fronte, dunque, a un percorso di **crescita adolescenziale** comune, abituale, e percepito dalla intraprendente ragazza con tale sensibilità e lucidità da risultare illuminante. Simone de Beauvoir scrive con semplicità, sembra preoccupata di raccontare il suo passato con fedeltà e chiarezza, consapevole che le sue parole, le sue vicende personali sono destinate ad ampia lettura e solleciteranno un'ulteriore crescita della **coscienza collettiva femminile**.

Balthus, *Ragazza alla finestra*, 1957. (New York, Metropolitan Museum of Art)

# Attività

## Leggere e comprendere

1 **I primi segni** L'adolescenza scoppia improvvisa e violenta nella vita dei ragazzi. Quali segni annunciano questa età a Simone? Come reagisce a questi cambiamenti?

2 **Gli adulti insensibili** Pare che i genitori non comprendano il disagio della ragazza. Come intervengono su di lei? Con quali conseguenze?

3 **Il seno fasciato** Un fatto increscioso, avvenuto durante il matrimonio di una cugina, contribuisce a confermare nella ragazza un forte disagio verso la propria immagine. Come interpreta Simone la propria crescita?

**a.** Si sente goffa, mal vestita e in bilico tra l'infanzia e l'adolescenza
**b.** Si sente elegante ma brutta
**c.** Si sente frustrata perché vorrebbe mostrare il suo fisico ormai cresciuto
**d.** Si sente elegante e graziosa

4 **Verso la maturità** L'età adulta non è vista né attesa con gioia da Simone. Che cosa teme maggiormente?

**a.** Teme di perdere le opportunità e vede il futuro come una stagione di scelte responsabili
**b.** Teme di perdere il suo passato e vede il futuro come una stagione grigia
**c.** Teme di perdere l'affetto dei genitori e vede il futuro come un tempo pericoloso
**d.** Teme di perdere la sua spensieratezza e di doversi sposare

5 **Il terrore** Vedendo dalla finestra tante donne accudire alle faccende domestiche, la ragazza prova un vero terrore. Che cosa la spaventa?

6 **La delusione** Dopo aver sognato un rapporto di complicità col padre, Simone si sente delusa. Perché?

**a.** Il padre è sempre solidale con la madre
**b.** Il padre talora dissente dalla madre ma di fronte a una scelta la approva
**c.** Il padre non si cura dei problemi della figlia
**d.** Il padre è ostile alla figlia

7 **L'autorità genitoriale** La fanciulla è consapevole del momento di passaggio che sta vivendo. Come si evidenzia la sua incertezza nei rapporti con i genitori?

8 **«Un figlio che giudica sua madre è un imbecille!»** (r. 92) Perché questa affermazione del padre suscita tanto scompiglio nella ragazza?

9 **La risoluzione** Come risolve Simone la sua crisi interiore, avviandosi così a un comportamento più autonomo?

## Riconoscere e analizzare

10 **Le sequenze** Il testo presenta sequenze prevalentemente riflessive, ma due sono di carattere narrativo. Individuale e cerca di spiegare la loro funzione nel testo.

11 **L'autobiografia** Nel testo si trovano alcuni passi in cui si percepisce bene il vivo legame dell'adolescente con il suo, anche recente, passato. Quali ritieni possano essere?

12 **Il narratore e il punto di vista** La narrazione è estremamente soggettiva. Con quali tecniche narrative si ottiene questo risultato?

**a.** Il narratore è esterno e palese; la focalizzazione è interna
**b.** Il narratore è esterno e occulto; la focalizzazione è esterna
**c.** Il narratore è interno; la focalizzazione è interna, centrata sul protagonista
**d.** Il narratore è esterno e palese, la focalizzazione è esterna.

13 **I personaggi** Quali aspetti dei personaggi sono maggiormente presi in considerazione nel testo? (Sono possibili più risposte.)

**a.** Gli aspetti fisici
**b.** Gli aspetti sociali
**c.** Gli aspetti psicologici
**d.** I comportamenti

14 **Il lessico** La prima parte del brano presenta numerosi vocaboli collegati al disagio adolescenziale. Sottolineali.

15 **I campi semantici** Suddividi i vocaboli che hai trovato nell'esercizio 14 in due campi semantici: quelli legati all'aspetto fisico e quelli legati al mondo interiore.

- Aspetto fisico:

.........................................................................................

.........................................................................................

.........................................................................................

- Mondo interiore:

.........................................................................................

.........................................................................................

.........................................................................................

## Rielaborare e produrre

16 **Discutere** Simone scrive: «i miei genitori conservavano il potere di farmi sentire colpevole» (rr. 103-104). Queste parole indicano che la ragazza riconosce l'autorità dei genitori ma, non riuscendo più a conformarvisi, sente di tradire la loro fiducia oppure che la ragazza riconosce che i suoi genitori non sono infallibili ma si sente in colpa per non condividere le loro idee? Credi che questi stati d'animo siano comuni durante l'adolescenza? Raccogli gli elementi validi per sostenere l'interpretazione per te più plausibile, anche in un eventuale dibattito in classe.

17 **Il riassunto** Sintetizza il testo in 150 parole, dopo averlo suddiviso in sequenze.

18 **La particolarità** Nel racconto di Simone de Beauvoir troviamo tratti comuni alle esperienze di tutte le adolescenti ma anche una significativa differenza. Qual è, a tuo parere?

.........................................................................................

.........................................................................................

.........................................................................................

19 **Le prospettive future** La ragazza teme la vita adulta, che vede come una irrimediabile limitazione della crescita personale. Sei d'accordo con questa interpretazione? Come intendi la maturità? Riporta i tuoi pensieri in un testo espositivo dal titolo "Ecco che cosa significa essere maturi".

20 **Le regole** Simone non condivide le regole dei genitori, ma le rispetta. Perché lo fa? Anche oggi i genitori impongono regole in modo perentorio? Racconta la tua esperienza in un intervento orale di 5 minuti.

21 **Le bugie per crescere** Alla fine del brano Simone decide di ricorrere al sotterfugio e alla menzogna per raggiungere la propria autonomia dai genitori. Come valuti questo atteggiamento? Esponi il tuo punto di vista in un testo argomentativo di 300 parole.

scrivere per cambiare il mondo

# La letteratura e i diritti delle donne

Il femminismo è un movimento sociale e politico nato nella seconda metà dell'Ottocento, durante la seconda rivoluzione industriale, che ha come scopo quello di garantire pari diritti e pari opportunità tra uomini e donne.

Tra la fine dell'Ottocento e i primi del Novecento, nei paesi europei più industrializzati come la Francia e l'Inghilterra, le donne iniziano a lavorare nelle fabbriche e a rivendicare gli stessi diritti degli uomini: economici (**parità di salario** a parità di occupazione) e politici (**diritto di voto**). Quella per il diritto di voto in particolare si deve considerare una delle battaglie più importanti dell'epoca, che avrebbe portato al suffragio universale nel 1928 in Gran Bretagna e soltanto nel 1946 in Italia.

## I primi del Novecento

In questo contesto storico e culturale, l'autrice inglese Virginia **Woolf** (1882-1941) scrive i saggi *Una stanza tutta per sé* (1929) e *Le tre ghinee* (1938), capisaldi della critica letteraria femminista. In essi la scrittrice ricorda come le donne siano sempre state ostacolate nelle loro aspirazioni e inclinazioni letterarie ed escluse dai luoghi della cultura. Le esorta però a non conformarsi ai valori maschili, ma a dare valore alle qualità femminili per costruire una società pacifica e più equa.

Nello sviluppo del pensiero femminista italiano invece, ha svolto un ruolo importante la scrittrice Sibilla **Aleramo** (1876-1960), il cui romanzo autobiografico *Una donna* (1906), considerato il primo romanzo femminista italiano, racconta il difficile percorso di una donna che vuole realizzarsi come persona e affrancarsi dalla sottomissione, spesso violenta, all'uomo, decidendo liberamente della propria vita.

## Il dopoguerra

I diritti delle donne vengono conquistati passo passo, superando con grande fatica le resistenze di una società fortemente patriarcale e oppressiva. Ma la legge e la mentalità comune non vanno di pari passo. Infatti, per tutta la prima metà del Novecento le donne in Europa continuano a vivere una condizione di dipendenza economica e sociale dagli uomini e non sono libere di prendere decisioni in merito al proprio corpo e alla propria vita.

Nel 1949, la filosofa esistenzialista e autrice Simone **de Beauvoir** (1908-1986, ▸ p. 544) pubblica *Il secondo sesso*, nel quale spiega come la condizione di supposta inferiorità delle donne derivi dal punto di vista egemonico degli uomini che le vedono come qualcosa di "Altro", di minor valore rispetto al soggetto maschile. La superiorità dell'uomo sulla donna non è quindi una condizione naturale, ma socialmen-

A sinistra, manifesto inglese del 1907 circa per il voto alle donne.
Al centro, una donna al voto in Italia, nel 1946.
Sotto, una manifestazione femminista.

te costruita. De Beauvoir auspica un ribaltamento di questa visione e il raggiungimento di una società dove sia bandito ogni sfruttamento e dove «gli uomini e le donne potranno riconoscersi reciprocamente soggetti liberi e uguali».

## Gli anni Sessanta e Settanta

Negli anni Sessanta, il libro-inchiesta di Betty **Friedan** (1921-2006), *La mistica della femminilità* (1963), cambia per sempre il movimento femminista e la vita delle donne nella società dei consumi. L'autrice raccoglie le testimonianze di centinaia di donne americane, casalinghe che sentono di vivere un vuoto, una mancanza, una disperazione che spesso inconsapevolmente dipende dal non avere un lavoro, indipendenza, una realizzazione oltre il matrimonio. Si comprende così che la parità legislativa non cambia le prospettive di vita delle donne, se queste restano escluse dalla partecipazione politica e dal mondo del lavoro.

I movimenti per i diritti civili del Sessantotto danno un grande contributo alla lotta femminista. Si diffondono nuovi usi e costumi, le donne si liberano dagli stereotipi di madre e moglie e iniziano a indossare minigonne e pantaloni. Si votano anche in Italia leggi come quella sul divorzio (1970), la riforma del diritto di famiglia (1975) e la depenalizzazione dell'aborto (1978), che rispondono alle richieste del movimento femminista.

Dagli anni Settanta il femminismo e gli studi accademici di genere, di grande diffusione nel paesi anglofoni, si aprono a considerare non solo il punto di vista delle donne bianche eterosessuali, ma anche quello di donne appartenenti a minoranze etniche o religiose e di orientamento sessuale differente. Nascono così tanti femminismi e movimenti che portano avanti lotte per i diritti delle donne afroamericane, omosessuali, musulmane.

Una ragazza francese in minigonna nel 1966.

## Oggi

In Italia la situazione odierna è caratterizzata da grandi contraddizioni. Se, da un lato, molte conquiste politiche e sociali sono state raggiunte, dall'altro la donna resta il riferimento principale in ambito familiare, ma a questo carico si sono aggiunte le responsabilità del lavoro, dell'impegno politico e culturale, senza che si sia sviluppato un adeguato sostegno da parte dello Stato sociale (come avviene invece nei paesi del Nord Europa). Inoltre, restano ancora molte disparità di trattamento nel mondo del lavoro: viene ad esempio troppo spesso impedito alle donne di raggiungere posizioni di potere perché gli uomini vengono preferiti nei ruoli dirigenziali.

È indubbio tuttavia che le donne oggi, in modo più o meno consapevole, godano quotidianamente delle conquiste ottenute grazie al femminismo. Spesso però i mass media e il mercato propongono modelli di donne lontane e contrarie all'immagine che le donne delle generazioni precedenti avevano creato con tanta fatica. Vediamo spesso rappresentate donne attente più all'apparenza che alla sostanza, con un culto eccessivo del proprio corpo, intente a cercare il benessere economico facendo affidamento su un uomo e non sulle proprie capacità e sul proprio impegno. Di questo condizionamento mediatico e sociale trattano i saggi di Elena **Gianini Belotti** (1929) *Dalla parte delle bambine* (1973) e *Ancora dalla parte delle bambine* (2007) di Loredana **Lipperini** (1956). Le autrici raccolgono considerazioni, ambizioni e sogni di molte bambine e ragazze e li confrontano con i messaggi trasmessi loro dalla società e dai media. Ne risulta come ancora oggi, fin da piccole, le ragazze siano spinte a considerarsi meno avventurose e più portate per la cura della casa rispetto ai maschi e non vengano incoraggiate a raggiungere risultati nel lavoro, nella sfera politica e pubblica.

**DOMANDE**

- In Italia le donne hanno votato per la prima volta nel 1946. In quale occasione?
- Che cosa s'intende per "Stato sociale"? Informati e spiega, insieme ai compagni e all'insegnante, come lo Stato sociale abbia influito sulla vita delle donne in Italia.
- Quali sono le contraddizioni che vive oggi la donna in Italia?

Alba de Céspedes

# I lacci di una donna

Da
Quaderno proibito, 1952
Romanzo-diario

Le pagine seguenti sono tratte da un romanzo scritto sotto forma di diario. A scrivere è una donna – moglie e madre – che di nascosto trova sfogo e conforto nel confidare alla pagina i suoi pensieri più riposti. Scopriamo alcune sue personali riflessioni in due distinte annotazioni.

*27 gennaio*

Da qualche giorno sono molto stanca. La sera, quando torno a casa, non ho neppure voglia di mangiare. Mi sembra d'essere giunta a un punto in cui sia necessario tirare le somme della mia vita, come mettere ordine in un cassetto in cui, per lungo tempo, tutto è stato gettato alla rinfusa. Forse è l'età dei miei figli[1] a suggerirmi questi pensieri. Infatti, dai miei vent'anni a oggi, mi sono curata soltanto di loro e così mi pareva di curarmi di me stessa. Finora è stato facile, però: bastava occuparsi della loro salute, della loro educazione, dei loro voti a scuola: interessi e problemi di una età diversa dalla mia e che, personalmente, non mi toccavano. Oggi, invece, nell'assistere ai loro primi scontri coi problemi della vita, nel vederli incerti sulla strada da scegliere, mi domando se quella che ho scelto io è la buona. Nell'offrire loro la mia esperienza, tento di comprendere tante cose che sono accadute nella mia vita e che ho accettato senza domandarmene la causa[2].

Avrei bisogno di essere sola, qualche volta, non oserei mai confessarlo a Michele[3], temendo di dargli un dispiacere, ma sogno di avere una camera tutta per me. I domestici, anche se lavorano tutto il giorno ininterrottamente, a sera dicono: «Buona notte» e hanno il diritto di chiudersi in una camera, in uno sgabuzzino[4]. Io mi accontenterei di uno sgabuzzino. Invece non riesco mai a isolarmi e soltanto

1 **figli**: Valeria ha due figli, Riccardo e Mirella.
2 **tento...causa**: la donna non è più sicura delle scelte passate, accettate troppo supinamente.
3 **Michele**: è il marito di Valeria.
4 **I domestici...sgabuzzino**: Valeria confronta la sua situazione con quella di comuni domestici, i quali, a suo dire, godono di maggiori possibilità di starsene un po' da soli rispetto a lei.

## L'AUTRICE

**Alba de Céspedes** nasce nel 1911 a Roma, da padre cubano e madre italiana. Incomincia a scrivere come collaboratrice del quotidiano "Il Messaggero" nel 1934. Di profonda formazione antifascista, viene arrestata nel 1935. Nel 1938 la censura fascista chiede il ritiro del suo primo romanzo, *Nessuno torna indietro*, e della raccolta di racconti intitolata *Fuga* (1940). De Céspedes partecipa attivamente alla Resistenza e da Bari, nel 1943, diventa la voce radiofonica del movimento resistenziale con lo pseudonimo di Clorinda. Dopo la liberazione di Roma, fonda e dirige la rivista di politica e di letteratura "Mercurio" (1944-1948). In seguito pubblica vari romanzi nei quali delinea un vasto campionario di figure femminili, per lo più in conflitto con il conformismo della morale del dopoguerra: *Dalla parte di lei* (1949), *Quaderno proibito* (1952), *Il rimorso* (1963), *Nel buio della notte* (1973). Muore a Parigi nel 1997. I suoi romanzi, la sua attività giornalistica, di sceneggiatrice teatrale e cinematografica delineano il profilo intellettuale di una donna che ha saputo come pochi raccontare l'Italia fascista, le speranze e le disillusioni del dopoguerra, la sua patria d'origine (Cuba), la vitalità di Parigi, mantenendosi sempre fedele a un vivo desiderio di libertà e d'impegno letterario.

rinunziando al sonno trovo un po' di tempo per scrivere in questo quaderno. Se, quando sono in casa, interrompo ciò che sto facendo, o la sera, a letto, smetto di leggere e guardo nel vuoto, c'è sempre qualcuno che premurosamente mi domanda a che penso. Anche se non è vero, rispondo che penso all'ufficio[5] o che sto facendo certi conti; insomma debbo sempre fingere di non pensare che a cose pratiche e questa finzione mi logora. Se dicessi che sto pensando a un problema morale, o religioso, o politico, forse, si metterebbero a ridere, affettuosamente schernendomi, come fecero la sera in cui affermavo il mio diritto a tenere un diario. Eppure come si fa a regolarci secondo certe norme, se non ci si pensa mai? Michele torna a casa dall'ufficio e si mette a leggere il giornale, ascolta la musica seduto in poltrona, e può pensare, riflettere, se vuole. Io, invece, torno a casa dall'ufficio e debbo andare subito in cucina. Qualche volta egli, nel vedermi passare affaccendata, mi domanda: «È pronto? Vuoi che ti aiuti?». Io subito declino[6] la sua offerta, ringraziandolo. In realtà mi vergognerei se dovesse aiutarmi nei miei compiti femminili, a cucinare, per esempio; benché lui non si vergogni affatto nel farsi aiutare in quelli che sono considerati compiti maschili, cioè provvedere il danaro col quale si acquistano i cibi da cucinare. Sere or sono siamo andati al cinematografo, c'era una pellicola americana; a un certo punto si vedeva il marito che aiutava la moglie a lavare i piatti. Tutti ridevano, e anch'io, confesso, ho avuto voglia di ridere. Poi si vedeva la moglie lavorare in un ufficio, seria, con gli occhiali, dare ordini ad alcuni impiegati, e non rideva nessuno. Io ho detto che evidentemente si suppongono le donne capaci di saper fare più cose degli uomini e Michele s'è arrabbiato.

Penso così, con un certo rancore, quando sono stanca. Forse le donne fanno più presto ad abituarsi alle situazioni nuove, pensano meno, in generale, e perciò le accettano senza giustificarle. Michele ha quarantanove anni, è nato in un tempo in cui tutto era diverso, dice sempre che suo padre non avrebbe mai ammesso di farsi vedere con un pacco sotto il braccio. Riccardo non se ne vergogna affatto, invece; mi aiuta, qualche volta, spontaneamente, oppure mi tiene compagnia quando sono in cucina, e parliamo. Si stabilisce sempre tra un figlio e la madre una confidenza maggiore di quella che si stabilisce con una figlia, benché sembrerebbe naturale il contrario. Forse per il fatto di appartenere ognuno a un sesso diverso, non si acquista mai un'assoluta familiarità, sembra d'essere meno parenti, direi, e perciò si può essere più sinceri. Tra donne ci si conosce troppo bene. Infatti lo stato d'animo di Mirella agita profondamente me e non impensierisce affatto suo padre. Riccardo mi ha detto che ella esce spesso con persone tutte maggiori di lei, che frequentano il bar di un albergo e bevono. Ne ho accennato a Michele, ma egli va sempre da un estremo all'altro, a seconda del suo umore: una volta dice che le madri sono sempre esagerate, che bisogna comprendere la gioventù, un'altra che chiuderà Mirella in casa. Sicché io non oso parlargli francamente, ma mi pesa assumermi, da sola, questa responsabilità: ho paura di sbagliare. Ieri

5 **ufficio**: per contribuire al bilancio familiare Valeria lavora come impiegata.
6 **declino**: respingo, rifiuto.

Gigi Chessa, *Ragazza in bianco con cappello*, 1930. (Firenze, Galleria d'Arte Moderna)

sera, per parlargli di Mirella, ho ricorso a uno stratagemma; gli ho detto che la figlia di una mia collega si comporta in un modo che ho descritto rifacendomi, appunto, al modo di comportarsi di nostra figlia. Gli ho domandato che avremmo fatto noi in un caso simile e lui ha risposto che a noi queste cose non possono capitare perché tutto dipende da come sono educati i figliuoli, dagli esempi che hanno ricevuto; che la mia amica è vedova, la ragazza è stata privata della guida paterna ed eccone le dolorose conseguenze. Non ho avuto il coraggio di confessargli che queste cose capitano, invece, proprio a noi; mi sembrava che non fosse vero. Ho detto, debolmente, nascondendomi dietro un sorriso: «Già, hai ragione, tuttavia facciamo un'ipotesi: supponiamo che Mirella assuma atteggiamenti troppo liberi, che si trattenga a lungo fuori di casa e il suo viso non mi piaccia, al ritorno...». Egli mi ha interrotto, infastidito: «Non voglio sentirlo dire neppure per ischerzo». [...]

*25 febbraio*

Stamani ha telefonato mia madre e per una sciocchezza mi è accaduto di risponderle con insofferenza. Mi telefona sempre, la domenica mattina, per chiedermi se vado a trovarla. Stamani non ne avevo voglia e ho detto che non avevo tempo. Del resto è vero perché la domenica, sebbene io mi alzi alla solita ora, Michele e i ragazzi si alzano tardissimo, vanno attorno in vestaglia e il sole di mezzogiorno batte sui letti ancora caldi. Michele dice sempre che nessuno potrebbe togliergli questo lusso del sonno, la domenica. Qualche volta sarei tentata di concedermelo anche io, ma chi baderebbe a quello che c'è da fare? Sicché gli porto la colazione a letto e mi rallegra vederlo mangiare con gusto, di buon umore. Mia madre non ca-

## STORIE da SCOPRIRE

### *Quaderno proibito* di Alba de Céspedes

La protagonista di *Quaderno proibito* (1952), Valeria Cossati, una quarantenne della media borghesia con una normale famiglia, composta da un marito impiegato di banca e due figli ormai ventenni, compera un quaderno dalla copertina nera sul quale annota le vicende della sua vita. Nei momenti finali della serata, quando sono state sbrigate tutte le incombenze domestiche e i familiari si sono già coricati, a loro insaputa la donna affida alle pagine del quaderno le note sugli avvenimenti della giornata, ma soprattutto i suoi pensieri, i suoi problemi, le aspettative, le delusioni, gli affetti. Da sempre, tutti si aspettano da lei quello che lei stessa volentieri offre, per affetto e per dovere, ritenuto proprio per questo normale e dovuto; ma scrivendo, piano piano, la donna prende coscienza anche di sé, delle sue esigenze legittime e non riconosciute.

L'aggettivo "proibito" si riferisce al fatto che Valeria Cossati scrive di nascosto dal marito e dai figli e, proprio perché coperta dalla segretezza, scrive senza alcuna finzione e reticenza. Custodisce come un tesoro il suo quaderno segreto; non vuole assolutamente che qualcuno lo trovi e lo legga, perché deve mantenere l'immagine che tutti hanno di lei e cioè quella di moglie innamorata e madre premurosa. Non intende rivelare i suoi bisogni e le sue crisi, anche perché questo metterebbe in forse tutto un mondo di affetti, magari insoddisfacente, ma che è stato costruito con fatica e rinunce quotidiane, quindi da salvaguardare.

pisce queste cose, disapprova Michele, forse perché lei soffre d'insonnia. Ha detto che avrebbe diritto di vedermi, qualche volta, sono la sua unica figlia. Allora io ho avuto uno scatto di nervi: ho detto che sono anche l'unica moglie e l'unica madre e non ce la faccio più. Ho detto persino che ieri, sabato, sono dovuta tornare in ufficio. Ho detto che io sola so quanti motivi avrei di essere impensierita e nervosa. Lei ha obiettato che non capisce perché dovrei esserlo proprio ora: Michele ha avuto un aumento di stipendio, Riccardo ha un bell'avvenire assicurato in Argentina, e Mirella, pur studiando, ha incominciato a lavorare. Questa sua osservazione ha finito di irritarmi. Tagliente[7] ho detto che lei era vissuta in altri tempi, aveva avuto una vita facile e non poteva comprendere la mia. [...]

Più tardi, mi trovavo in istrada, ero pentita. L'aria della domenica mi rasserenava dissipando ogni mio cruccio o stanchezza. Sono entrata in un bar e ho telefonato a mia madre. «Ho fatto più presto di quanto credevo» le ho detto: «Vengo su un momento. Vuoi che ti comperi qualcosa?» «Sì, grazie» ha detto lei e la contentezza trapelava dalla gelida calma della sua voce: «un po' di frutta buona, per papà.» Ho comperato anche un mazzetto di viole; ma mia madre e io abbiamo pudore di questi gesti[8]: le ho detto che ero stata costretta a comperarlo da una ragazzina petulante[9] che chiedeva l'elemosina.

A. de Céspedes, *Romanzi*, Meridiani Mondadori, Milano, 2011

7 **Tagliente**: la protagonista risponde con un'espressione pungente, seccata.

8 **pudore...gesti**: il rapporto tra la figlia e l'anziana madre è riservato, discreto.

9 **petulante**: chiacchierona e insistente.

## per L'ANALISI del TESTO

### Temi d'attualità

Queste due pagine di **diario**, seppur scritte più di sessant'anni fa, hanno un carattere d'attualità. Presentano infatti problemi del **rapporto uomo-donna** e, più in generale, dei rapporti che si sviluppano nell'ambito familiare che due decenni dopo s'imporranno come centrali nell'evoluzione della società e dei suoi costumi. Sono vari i temi che vengono affrontati dalla riflessione della protagonista: la necessità e il desiderio di pensare un po' a se stessa, la pesantezza dei lavori domestici, l'educazione dei figli, il tempo libero, il rapporto con i genitori anziani.

La prima questione posta è di grande significato. Abituata a donarsi senza risparmio e soprattutto vista dagli altri – dal marito, dai figli, dall'anziana madre – soltanto come persona al servizio della famiglia, Valeria non è più sicura di questo ruolo e in lei affiora, seppur in forma ancora incerta, il desiderio di rovesciare l'ordine d'importanza che gli altri hanno avuto nella sua vita. Seppur con timidezza, la donna solleva anche la questione dei lavori domestici: «mi vergognerei se dovesse aiutarmi nei miei compiti femminili, a cucinare, per esempio» (rr. 32-33), afferma riferendosi al marito. In merito al grande tema dell'educazione dei figli, la protagonista lascia intravedere come ormai avviata quella lunga trasformazione che ha portato i figli ad acquisire ben presto una maggiore indipendenza e libertà, con tutte le incognite, le maggiori responsabilità del caso.

### Tanti impegni

Il quadro degli impegni familiari di Valeria si completa con i doveri che avverte verso gli anziani genitori, in questo caso una madre piuttosto possessiva che la vorrebbe ancora tutta per sé. Eccoli i tanti **lacci** che avvinghiano Valeria e dei quali probabilmente non desidera tanto liberarsi completamente, quanto almeno riconsiderare ruoli, tempi, compiti, responsabilità dell'organizzazione familiare e quindi della sua vita.

Dunque, **molte** sono le **chiavi di lettura** di questo testo e ci è sembrato utile proporlo agli studenti-figli perché possano immaginare le debolezze e i bisogni di quelle madri che essi vedono sempre sicure e pronte, già sveglie al loro risveglio e ancora alzate quando essi si abbandonano al sonno.

# Attività

## Leggere e comprendere

1 **Fare ordine** Quale esigenza prova Valeria quando torna stanca dall'ufficio?

a. Desidera riposare, sdraiandosi un po'
b. Desidera sedersi a un tavolo già apparecchiato
c. Desidera trovare a casa il marito e i figli ad aspettarla
d. Desidera riflettere e mettere ordine in ciò che è avvenuto nella sua vita senza che lei ne sia consapevole

2 **I figli** Quale importanza ha per Valeria la presenza dei figli in questo bisogno di fare il punto sulla propria esistenza?

3 **La solitudine** La famiglia pretenziosa e premurosa sottrae a Valeria un bene prezioso e la costringe a reprimere la propria esigenza. Di che cosa si tratta?

4 **La collaborazione del marito** Valeria è stanca e avrebbe bisogno di aiuto, ma, quando il marito glielo offre, lei rifiuta. Sai spiegare questo strano comportamento?

5 **Il rapporto con i figli** Valeria sostiene di avere un rapporto più confidenziale con il figlio Riccardo, che con Mirella. Come giustifica questo?

6 **Il padre e la figlia** Di fronte ai comportamenti di Mirella, piuttosto liberi e molto preoccupanti per la madre, come reagisce il padre?

a. È sereno e coerente
b. Condivide il comportamento di Mirella
c. Non vuole vedere la verità e non è coerente
d. Comprende i problemi e conforta la madre

7 **Valeria e la madre** Una domenica, Valeria, dopo aver portato la colazione a letto al marito, risponde al telefono in modo brusco alla madre che desidera la sua compagnia. Quali ragioni determinano il suo scatto?

## Riconoscere e analizzare

8 **Il testo** Quali caratteristiche definiscono le pagine di diario presentate? Elimina l'affermazione errata in ciascuna frase.

- Le pagine **non riportano / riportano** una data.
- Gli argomenti proposti, ossia **il mondo interiore di una donna / i fatti di ogni giorno**, **non hanno / hanno** un rigoroso ordine strutturale e cronologico, ma **non procedono / procedono** per libere associazioni
- Il registro linguistico è piuttosto **colloquiale / elevato**, la funzione comunicativa è **referenziale / emotiva**

9 **I verbi** Ripensando al paragrafo sulla prospettiva linguistica (► p. 28), stabilisci quali tempi verbali siano usati in questo testo.

10 **I comportamenti** Le abitudini e i ruoli della famiglia di Valeria sono alquanto diversi da quelli odierni. Quali sono le più evidenti differenze?

11 **Il tempo** Quando avvengono i fatti presentati?

12 **La similitudine** Nel testo possiamo ritrovare una similitudine molto significativa, legata alla vita domestica delle donne. Quale?

13 **I temi** Lo scritto presenta uno spaccato della vita di una donna divisa tra la famiglia e il lavoro. Quali temi più specifici puoi individuare in esso?

## Rielaborare e produrre

14 **Discutere** Pensi che Valeria sia felice? Perché? Spiegalo in un intervento orale di 5 minuti.

15 **Il confronto** Oggi molte cose sono cambiate per le donne rispetto al periodo presentato nel testo. Pensa a una donna dei nostri tempi e confrontala con Mirella. Quali differenze osservi? Esponi le tue osservazioni in un testo espositivo di 300 parole.

Mariapia Veladiano

# La musica afferrò la mia vita

Rebecca è una bambina nata irreparabilmente brutta. Questo fatto ha allontanato da lei i genitori. Solo la zia Erminia nutre interesse per lei e, infatti, l'avvia allo studio del pianoforte, vedendo nella bambina un talento da valorizzare. Sarà la sua salvezza.

Da
La vita accanto, 2011
Romanzo realista

La musica afferrò la mia vita. La consapevolezza tutta nuova che ci si aspettava qualcosa da me riempiva i miei giorni di sentimenti che non conoscevo e che prendevano il posto di quella specie di attesa vuota in cui prima le mie energie si erano congelate. Forse potevo dimostrare che c'era del buono in me, che mi si poteva voler bene perché valevo e non solo per un senso confuso di protezione o di colpa.

Non ero il prodigio del pianoforte che aveva visto zia Erminia, ma sapevo imparare in fretta e lo volevo con tutte le mie forze.

Per molto tempo mio padre non disse nulla. Di sera, dopo cena, mi ascoltava in piedi, dietro di me, e sentivo i suoi occhi neri conficcati nelle mie mani. Sentivo i suoi pensieri incerti, la paura di illudersi e di farmi illudere.

Poi cominciò ad ascoltarmi seduto sulla poltroncina di cretonne[1] bianco che si trovava a fianco della stufa turchese di maiolica. Non parlava e non mi dava consigli, ma era rilassato, lo vedevo chiudere gli occhi e seguire con impercettibili movimenti delle dita il ritmo della musica.

Ho suonato a memoria fin dal primo giorno. In effetti era piuttosto sgombra la mia memoria. Lo spreco dei miei giorni ne occupava appena un frammento. Mi bastava leggere una volta lo spartito, e lo ricordavo come le preghiere che Maddalena[2] mi insegnava la sera. Cosí potevo guardare le mie mani: con stupore le vedevo creare i suoni che riempivano l'aria, le seguivo mentre prendevano vita propria, abbandonavano il corpo e correvano sui tasti, si fermavano sulle pause, giocavano con i trilli, rallentavano alla fine. Come le mani di papà e di zia Erminia.

Prima mi è stata maestra la zia Erminia. Arrivava al mattino o al pomeriggio a seconda delle sue lezioni al conservatorio. D'inverno la aspettavo con il naso schiacciato sul vetro della finestra del soggiorno, d'estate infilavo la testa fra le co-

1 **cretonne**: un tessuto di tela bianca forte.

2 **Maddalena**: la baby-sitter.

## L'AUTRICE

**Mariapia Veladiano** è nata nel 1960 a Vicenza. Dopo aver conseguito la maturità classica, si è laureata in filosofia e ha poi intrapreso studi di carattere teologico. Da sempre lavora nel mondo della scuola, come insegnante prima e dal 2011 come dirigente scolastico. Nel 2011, con il romanzo *La vita accanto*, la storia poetica e tragica di una ragazza prigioniera della propria bruttezza, vince il «Premio Italo Calvino». Nel 2012 pubblica *Il tempo è un dio breve*, un intenso libro esistenziale sul tema dell'amore. In *Ma come tu resisti, vita* (2013), la Veladiano sceglie e riflette su alcune parole che riportano ai sentimenti autentici della vita: dolore, paura, invidia, amore. Sui problemi relativi alla scuola e all'insegnamento, la scrittrice sviluppa una sua riflessione nel saggio *Parole di scuola* (2014). L'ultimo romanzo s'intitola *Una storia quasi perfetta* (2016).

lonnine di pietra della terrazza. Avevo già suonato svariate ore prima che lei arrivasse, ma non mi facevo mai trovare al pianoforte. Le andavo incontro, lei mi afferrava e mi faceva volare in alto, poi mi depositava sullo sgabello.

– Leggera, leggera leggera! – dice inventando un arabesco[3] veloce sui tasti.

– O pesante, pesante, pesante! – tuona calando senza riguardo sulle note basse.

E si cominciava. Dopo un po' arrivava Maddalena con il tè, le meringhe appena sfornate, i biscotti alla vaniglia che adoravo, il *gâteau au beurre*[4]. Per la merenda si andava a prendere anche mia madre, che era rimasta fino allora in camera, sul lato opposto della casa. Lei non parlava mai, però stavo attenta a lasciare aperte le porte e speravo che mi ascoltasse e che un giorno avrebbe detto qualcosa sui miei progressi.

– La bambina deve entrare al conservatorio, – dice una sera zia Erminia a cena lasciando cadere con un gesto brusco il cucchiaio e chiudendo la mano a pugno come per non farsi scappare il pensiero. – Non ha l'età per le selezioni ma si fanno eccezioni per talenti come il suo.

Mio padre appoggia la forchetta e mette le mani sul tavolo con le palme in giú, nel gesto dei discorsi importanti che chiedono pazienza. Cerca le parole, non mi guarda:

– A ottobre andrà a scuola e il cielo sa se sarà… difficile. Al conservatorio fra tutte quelle bambine vestite di camicette bianche e gonne a pieghe blu, con il nastro nei capelli che ondeggia al ritmo del rondò *Alla turca*[5], sarebbe… troppo, ecco, troppo.

Zia Erminia scoppia come un crepitio di legna verde nel caminetto:

– Lei non è una pianista da rondò *Alla turca*, lei è una pianista da improvvisi, polacche, da *Wanderer Fantasie*[6], da Rachmaninov[7]… La musica la trasforma, la

3 **arabesco**: un motivo musicale ornamentale.

4 ***gâteau au beurre***: dolce al burro.

5 **rondò *Alla turca***: terzo movimento della sonata per pianoforte n. 11 di Mozart (1756-1791).

6 ***Wanderer Fantasie***: composizione per pianoforte di Franz Schubert (1797-1828).

7 **Rachmaninov**: Sergej Vasil'evič Rachmaninov (1873-1943) è stato un compositore, pianista e direttore d'orchestra russo.

## STORIE da SCOPRIRE

### *La vita accanto* di Mariapia Veladiano

Il romanzo (2011) è ambientato in una benestante famiglia vicentina, dove la figlia primogenita tanto attesa è di una bruttezza tale da far pensare a una punizione divina. La protagonista, di nome Rebecca, vive la sua vita in punta di piedi, consapevole del suo aspetto esteriore e del fatto che proprio per questo motivo i genitori non mostrano affetto nei suoi confronti. La bambina trascorre l'infanzia chiusa nelle mura di casa, ricevendo attenzioni solo dalla zia Erminia, concertista di pianoforte, la quale l'avvia allo studio della musica. A questa zia Rebecca si aggrappa per cercare di dar corpo a interessi e valori. In età scolare, viene ignorata dai compagni per la sua bruttezza: solo Lucilla le fa compagnia, diventando sua amica; a lei Rebecca confida il suo sogno di diventare concertista. Il suicidio della madre fa sentire ancor più in colpa la bambina, tanto più che il padre continua a essere assente dalla sua vita. Negli anni scolastici successivi è sempre messa in disparte da tutti e trova nel pianoforte il suo unico conforto. Viene accettata al conservatorio e fa conoscenza con la signora De Lellis, la madre del suo maestro di pianoforte, che dimostra di sapere molte cose di quanto accade nella sua famiglia. Proprio questa donna incoraggia Rebecca a leggere i diari della madre, scoprendone tutto l'amore per lei, seppur non manifestato. In mezzo ad altre difficoltà, Rebecca riesce ad affermarsi come concertista, impossessandosi così, finalmente, anche della sua stessa vita.

rende… bella. Lei fa piangere quando suona! Lo sai! Lei non ha paragoni per la sua età. Lei è come un prodigio e non si può ignorare un miracolo.

Maddalena mi passa il budino e intanto piange nel suo modo generoso e ovvio. Io conosco solo confusamente qual è il mio problema. So di essere brutta, molto brutta. La mia terrificante bruttezza è un'ombra che mi precede. Ma non posso immaginare cosa diventa fuori dalle mura di casa.

– Anch'io metto le gonne e i nastri se bisogna farlo, – dico subito, ma nessuno mi risponde.

L'unico suono lo fa mia madre che insegue sul piatto di porcellana la ciliegia troppo rossa e troppo tonda che decora il budino.

Entrai al conservatorio molto piú tardi, cinque anni dopo. Feci l'esame come aveva detto mio padre, fra bambine bellissime con i fiocchi e i nastri. Ma intanto erano accadute cose tremende nella mia vita e io ormai sapevo. Suonai al di là di una porta alta di legno lucido come il marmo che c'è dietro la Madonna di Monte Berico dove tutti posano le mani per chiedere una grazia, su un pianoforte molto meno bello del mio, dai suoni calanti. Io sapevo e avevo imparato: quando suonavo dovevo restare inespressiva, la mia espressione migliore è quando con il viso non esprimo proprio niente. Devo concentrare la mia vita nelle mani, tutta la vita nelle mani, tutta tutta.

I selezionatori rimasero a discutere un'ora, dentro c'era anche la zia Erminia. Io avevo suonato bene, ero molto piú avanti di tutte quelle bambine. Ormai sapevo di cosa discutevano, si chiedevano se una creatura dall'aspetto cosí infelice potesse suonare, che cosa avrebbe fatto della sua arte, che senso aveva addestrarla, pardon, coltivarla. Questo dicevano, cercando le parole per rispetto a zia Erminia.

– Dieci su dieci. Ammessa, – dice zia Erminia uscendo di corsa con le mani strette a tormentarsi a vicenda. Piange lei stavolta ma non è felicità.

Maddalena mi porta via dal corridoio dove ho aspettato fra due ali di candidate silenziose e rigide a fianco delle loro madri.

– Adesso cosa faccio? – chiedo ferma davanti al portone del conservatorio stringendo come un salvagente la mano di Maddalena.

Sono grande e non può piú prendermi in braccio come un tempo e allora mi abbraccia in modo diverso da come si fa con una bambina, mi pare che anche lei un po' si aggrappi. Risponde dimenticando i miei dieci anni:

– Tu suonerai ragazzina. E mangerai e dormirai e andrai a spasso. La vita la si deve prendere all'ingrosso altrimenti se ci fai troppo le pulci non si salva nessuno. Tu suonerai e suonerai e suonerai. È questo il tuo dono e c'è chi non ne ha neanche uno con cui tirare avanti.

Piú o meno disse questo e aveva una voce aspra mentre lo diceva, ma si soffiava il naso per la commozione.

A casa trovammo mio padre seduto su una poltroncina dell'ingresso con una rivista medica in mano.

– Già qui, dottore? – chiede Maddalena dura.

– Com'è andata?

– Bene, naturale. Ammessa.

Susan Scoggins, *Vecchie canzoni*, 2012. (Collezione Privata)

Sento una promessa di vita arrivarmi con quella parola. Ammessa, c'è un posto per me, tutto mio, conquistato. Non sono piovuta come una disgrazia al conservatorio.

L'eccitazione parla al posto mio:

– Ma tu farai con me come fai con la zia Erminia?

– Cosa? – chiede mio padre guardandomi fisso.

– Suonare a quattro mani la sera, – rispondo spaventata.

– Vedremo, – dice alla fine dolcemente.

M. Veladiano, *La vita accanto*, Einaudi, Torino, 2011

## per L'ANALISI del TESTO

### La musica apre al mondo

Il brano narra l'episodio che costituisce la svolta nella vita di Rebecca, una bambina troppo brutta per essere presentata in società, per frequentare la scuola, per avere degli amici e per avviarsi a una vita normale. Rebecca sarebbe destinata a una vita da reclusa all'interno delle mura domestiche, se non ci fosse la risorsa della musica, lo studio del pianoforte.

La passione per la musica accomuna tutta la famiglia e in particolare il padre e la zia Erminia. È quest'ultima a notare le capacità musicali di Rebecca e a intravedere nello studio del pianoforte la strada non solo di un **riscatto** per la bambina, ma addirittura di una sua affermazione.

Gradatamente, la scrittrice lascia crescere in Rebecca la consapevolezza della sua bravura: «Forse potevo dimostrare che c'era del buono in me, che mi si poteva voler bene perché valevo» (rr. 4-5).

La **speranza** si accende nell'animo di Rebecca. Attorno al pianoforte trova un po' di unità l'intera famiglia: il recalcitrante padre si accosta ad ascoltare i progressi di questa figlia sgraziata e anche la madre, chiusa in camera nella sua solitudine, finisce per lasciarsi coinvolgere.

### Una zia caparbia

La **zia Erminia** è la vera **protagonista** di queste pagine: è lei a credere nella bambina ed è sempre lei ad affrontare il fratello, cioè il padre di Rebecca, perché l'autorizzi a tentare l'esame d'ammissione al conservatorio. Ci vorranno altri cinque anni per riuscire a spuntarla e per far sì che Rebecca possa dare un saggio della sua bravura davanti a una commissione, infischiandosene del fatto che abbia dei brutti lineamenti. Queste pagine hanno un grande valore educativo, perché la bravura, la volontà e la qualità di una persona prevalgono sull'apparenza.

### Uno stile realistico e misurato

La scrittura di Mariapia Veladiano ha il carattere della **limpidezza** e della semplicità. Sa dare profondità ai sentimenti di Rebecca e soprattutto della zia Erminia; sa comunicare l'entusiasmo della vittoria; sa coinvolgere nel passaggio importante di questa vita. Nel brano, prevalgono **sequenze riflessive**, intervallate da **sequenze dialogate**. La vicenda ha uno **sviluppo lineare**, con una semplice ellissi che serve a sospingere in avanti i fatti e a far maturare la scelta decisiva dello studio del pianoforte in conservatorio.

# Attività

## Leggere e comprendere

1 **Prima della musica** Alcune parole importanti del testo («attesa vuota», «energie congelate») ci lasciano immaginare lo stato d'animo della bambina prima dell'incontro con la musica. Presentalo con parole tue.

2 **Il chiarimento** Fin dall'inizio il lettore percepisce di trovarsi di fronte a una bambina particolare, ma solo nel seguito del racconto viene a conoscere la sua condizione. Quale?

**a.** È insensibile  
**b.** È molto sensibile  
**c.** È brutta  
**d.** È viziata

3 **La musica** La musica afferra la vita di Rebecca. Che cosa pensa dopo quell'incontro? Riporta le parole del racconto che illustrano questo cambiamento.

4 **Il padre** Perché all'inizio il padre sorveglia attentamente la figlia mentre suona?

**a.** Crede che non abbia capacità per frequentare il conservatorio

**b.** Non vuole illudersi e non vuole che la bambina s'illuda di possedere questa dote

**c.** Non vuole che si dedichi allo studio della musica

**d.** Sa che la musica la allontanerà da lui

5 **Un dono** Da che cosa si comprende che la bambina è particolarmente dotata di talento musicale?

6 **Le lezioni** Alle lezioni di pianoforte insieme alla bambina e alla maestra intervengono due altre donne. Chi sono? Che idea ti sei fatto di loro dopo la lettura dell'intero testo?

7 **Il conservatorio** Il padre è incerto quando la zia Erminia consiglia l'iscrizione al conservatorio per la piccola. Perché?

**a.** Crede che non sia all'altezza delle compagne

**b.** Preferisce che frequenti il liceo

**c.** Teme che la bruttezza le crei problemi

**d.** Pensa che non debba allontanarsi da casa per accudire la madre

8 **La consapevolezza e la determinazione** Nonostante la cortesia e il silenzio degli adulti, la bambina è consapevole del proprio problema, ma per la musica intende affrontarlo. Sottolinea le parole del testo che riferiscono questi suoi comportamenti.

9 **La saggezza** Ormai ammessa al conservatorio, la bambina è confusa ma Maddalena la incoraggia con parole semplici e ragionevoli. Quale significato hanno?

10 **La ricerca** La bambina chiede al padre di suonare a quattro mani con lei la sera, proprio come fa con la zia Erminia. Quale profonda richiesta è contenuta in queste parole?

**a.** Apprezzamento

**b.** Affetto

**c.** Analisi critica

**d.** Affermazione

## Riconoscere e analizzare

11 **Il tempo e il luogo** In base alle informazioni contenute nel testo, dove e quando collocheresti la vicenda?

12 **L'estrazione sociale** A quale ambiente sociale appartengono i personaggi?

13 **Il narratore e la focalizzazione** Come sono il narratore e la focalizzazione nel racconto?

14 **Il tempo del racconto** Il ritmo del racconto è piuttosto vario, per la presenza di tutte le tipologie di tempo del racconto. Trova nel testo un esempio per ciascuna tipologia, riportandone le parole iniziali e conclusive e il numero di righe.

- Pausa: ..........................................................................
- Scena: ..........................................................................
- Sommario: ......................................................................
- Ellissi: ..........................................................................

15 **Il lessico** Come definiresti il lessico di questo testo?

**a.** Aulico

**b.** Formale

**c.** Medio

**d.** Colloquiale

16 **La similitudine** Nel racconto è presente una sola similitudine; cercala e spiegane l'importanza espressiva, cioè quale significato aggiunge al testo.

## Rielaborare e produrre

17 **La riscrittura del racconto** Il racconto letto ha una struttura lineare. Riscrivilo in un massimo di 300 parole, trasformandolo in un *flashback* e utilizzando il seguente *incipit*. "La pianista, ormai affermata, rivede la situazione della sua infanzia. 'Dopo gli applausi e il calore che il pubblico mi ha dimostrato, anche dopo il concerto di questa sera, d'un tratto rivedo la mia infanzia. La musica mi afferra...' ".

18 **I complessi** La bambina del racconto è molto brutta. Ma tutti gli adolescenti si sentono spesso brutti, anche perché la società propone falsi modelli. Anche tu qualche volta ti sei sentito brutto? Che riflessioni hai fatto, chi ti ha aiutato? Racconta la tua esperienza in una lettera a un amico.

Dacia Maraini

# Donne, perché lottare ancora

Da www.libereta.it, 2016

Intervista

In occasione dell'8 marzo, giornata internazionale della donna, Dacia Maraini ha rilasciato questa intervista, nella quale parla delle donne, della violenza che troppo spesso subiscono da parte di uomini conosciuti e amati, del ruolo che gli uomini hanno nella conquista dei diritti femminili.

Dacia Maraini spesso ha osservato e raccontato il mondo delle donne. E non ha mai perso di vista le ingiustizie e le violenze che ancora oggi subiscono. La giornata internazionale della donna dovrebbe essere un appuntamento con la memoria, invece c'è ancora tanto da fare: in molti paesi non siamo libere, troppo spesso siamo discriminate o sfruttate (pure in Italia), la violenza contro di noi non accenna a diminuire.

**Quali sono, secondo Dacia Maraini, le strade che noi donne dovremmo intraprendere per conquistare finalmente i diritti che ci spettano?** «Di recente sono rimasta sconvolta dalla storia di quella giovane donna incinta bruciata viva dal suo convivente. L'uomo dice che lei era troppo indipendente e lui era troppo geloso. Per questo voleva ucciderla, anche se la donna, che lui diceva di amare, era incinta di otto mesi di un figlio che tutti e due avevano voluto. C'è qualcosa di incomprensibile e di mostruoso in questo comportamento».

**Si è chiesta perché succede tutto ciò?**

«Io credo che il rigurgito culturale del sentimento di possesso sia talmente profondo e si identifichi talmente con il concetto di virilità da provocare vere sciagure in certi animi maschili che temono il cambiamento e non sopportano le libertà femminili. Preferiscono uccidere e magari poi suicidarsi pur di non cedere alle pretese di libertà di lei. Non è grottesco? Eppure è tanto vero da ripetersi ogni giorno».

**E quanto ai diritti che ci spettano e che legalmente abbiamo già?**

«È sul piano del costume che resistono le discriminazioni e le paure. E lì bisogna lavorare con serietà e costanza. Non bastano giudici e manette. Ci vuole un grande lavoro che vada in profondità, che cominci nelle scuole elementari. Purtroppo, appena si accenna a un progetto di educazione scolastica all'affettività, si alzano alte urla di indignazione».

## L'AUTRICE

**Dacia Maraini** è di origine siciliana ma è nata a Firenze nel 1936. È una delle scrittrici più conosciute e apprezzate, in Italia e all'estero.

Ha esordito negli anni Sessanta pubblicando alcuni romanzi di successo (*L'età del malessere*, 1963; *Memorie di una ladra*, 1972; *La lunga vita di Marianna Ucrìa*, 1990). Dagli anni Settanta ha incentrato parte della sua attività letteraria sulla questione femminile. In *La mia vita. Le mie battaglie* (2015) la Maraini riassume la sua ampia attività culturale e i suoi numerosi impegni sociali.

**La mia è una generazione più colta rispetto a quelle del passato, ma fragile. Qual è un consiglio che darebbe a una giovane donna che oggi deve imparare il mestiere di vivere?**

«Consiglierei di non cadere nelle trappole della cultura di mercato, la più feroce nemica delle donne oggi: una cultura che suggerisce alle donne di farsi corpo, merce, di vendersi attraverso la seduzione che è un linguaggio facile e inteso da tutti, anziché lavorare sulla personalità, sulle competenze, sui progetti per il futuro. E soprattutto, ma questo dal lato erotico-sentimentale, non pensare mai di potere "guarire" un uomo violento, per quanto amato, con l'affetto e la tenerezza. È tempo sprecato. Finisce sempre male».

**Lei ha scritto un libro sull'elogio alla disobbedienza. Qual è stata la sua più importante disobbedienza?**

«Le mie disobbedienze non riguardavano la famiglia, che è sempre stata aperta e all'avanguardia, semmai si rivolgevano contro l'ambiente, la città, la scuola, in nome del diritto allo studio, al lavoro, alla dignità come persona».

**Tra donne, si dice, c'è spesso competizione. Pensa sia vero?**

«La più grande e rivoluzionaria prassi del femminismo è stata la rottura con queste competizioni: niente più distinzioni fra donna per bene e per male, fra madonne e prostitute, fra belle e brutte, di cui sono ancora piene le favole, i romanzi,

Anna Magruder, *Libro di poesie*, 2016. (Collezione Privata)

per approfondire

gli spettacoli teatrali, il cinema. Forse è la parte più liberatoria del femminismo. Che improvvisamente ha fatto sentire le donne unite nello stesso destino e solidali, dopo millenni di divisioni».

**Parliamo di donne partendo dalle donne. Ma gli uomini che ruolo hanno nella conquista dei nostri diritti?**

«I diritti appartengono all'essere umano e, fino a prova contraria, le donne sono esseri umani. Quindi, se si crede nei diritti dell'essere umano, si deve combattere, da uomini e da donne, per fare in modo che li ottengano tutti, bambini e anziani compresi».

**Si è discusso in queste settimane di unioni civili[1]. Qual è il suo pensiero a riguardo?**

«Il mondo cambia. La persona saggia accetta i cambiamenti, li discute magari, ma si sforza di capirli e di assecondarli. La persona egoista e piccola di mente si oppone ai cambiamenti perché ne ha paura. Naturalmente, ci sono cambiamenti buoni e cambiamenti cattivi. Bisogna imparare a distinguere. Ma, in genere, chiunque sia dotato di buon senso capisce quando un cambiamento comporta aumento di libertà, di protezione per i più deboli e aderisce a concrete e importanti trasformazioni della realtà in cui viviamo».

**Quali sono le conquiste che lei come donna deve ancora fare?**

«Una maggiore fiducia in me stessa. Nonostante abbia imparato molto dalla vita, in certi momenti sono ancora una bambina impaurita. Se qualcuno mi dice a brutto muso: cosa hai fatto, vergogna! Io penso subito di essere in colpa e mi dispero cercando di capire la mia colpa, anche se si tratta solo di una calunnia. Ma questo deriva da una storia di colpevolizzazione femminile che ha radici lontane. Basti pensare che siamo state accusate niente di meno che di essere state la causa della cacciata dal paradiso. Una colpa terribile che nessuno ci ha mai perdonato. Da cui derivano tante altre colpe e demonizzazioni che stentano a sparire dalla coscienza comune».

D. Maraini, intervista dell'8 marzo 2016 a LiberEtà, www.libereta.it

1 **unioni civili**: forme di convivenza tra due persone legate da un vincolo affettivo e non unite in matrimonio. Nel momento in cui l'intervista è stata rilasciata, l'Italia era percorsa da un'accesa discussione su questo argomento perché il Parlamento si apprestava a emanare una legge in materia. La legge sulle unioni civili è stata approvata l'11 maggio 2016. Essa riguarda sia le coppie eterosessuali sia quelle omosessuali conviventi e stabilisce diritti e doveri che ciascun membro della coppia ha nei confronti dell'altro.

# Attività

## Comprendere l'intervista

1 **Le discriminazioni** Dacia Maraini afferma che «è sul piano del costume che resistono le discriminazioni e le paure» (r. 22). Che cosa vuole dire?

2 **L'apporto degli uomini** Gli uomini hanno un ruolo nella conquista femminile dei diritti?

3 **La fiducia** Che cosa significa per te "avere una maggiore fiducia in se stessi"?

## Analizzare l'intervista

4 **Le risposte** Maraini risponde alle domande poste dall'intervistatrice oppure le evita? Motiva la tua risposta.

5 **Le parole** Scrivi cinque termini che ritieni attuali, legati al vivere della donna moderna.

6 **Gli uomini violenti** Sei d'accordo con l'autrice sull'impossibilità di guarigione di un uomo violento?

# Franca Viola

Autori
Assia Petricelli e Sergio Riccardi

Tratto da
*Cattive ragazze. 15 storie di donne audaci e creative*

Data di uscita
2013

Genere
Fumetto

La copertina della graphic novel *Cattive ragazze*.

## Il libro

Il racconto a fumetti intitolato *Franca Viola* fa parte del testo *Cattive ragazze. 15 storie di donne audaci e creative*, una graphic novel che presenta la vita di alcune donne – scrittrici, scienziate, attiviste, cantanti – che hanno fatto del coraggio e della battaglia per la libertà ideali così forti e convincenti da essere diventate simboli nella società contemporanea. «Le storie di questo libro sono storie di libertà. Probabilmente nessuna di queste donne si pensava eccezionale, ma tutte erano determinate. Così, vivendo la loro vita hanno aperto strade nuove o mandato in frantumi tradizioni secolari», scrive nella sua introduzione al libro Cecilia D'Elia. Questo testo ha vinto il premio Andersen 2014 come miglior libro per ragazzi a fumetti.

Tavole tratte dalla graphic novel *Cattive Ragazze*.

## La vicenda

La storia di Franca Viola si svolge a metà degli anni Sessanta, ad Alcamo, un grosso centro in provincia di Trapani. All'età di 17 anni, il 26 dicembre 1965, Franca viene rapita e violentata da un giovane malavitoso locale. Viene offerto alla famiglia un matrimonio riparatore che la giovane ha il coraggio di rifiutare, contravvenendo e ribaltando un costume e una mentalità secolari.

# RACCOGLIAMO LE IDEE

## 1 Sintesi dei contenuti

**Attraverso l'attività seguente e le citazioni tratte dai brani che hai letto, esegui un lavoro di sintesi dei concetti e delle informazioni presentati nell'Unità. Se lo ritieni utile, puoi ricercare altre citazioni per te significative.**

**Le storie presentate nell'Unità hanno tutte al centro figure femminili; sono vivaci ritratti di personaggi carichi di forza e di umanità. Vivono in epoche e in ambienti diversi, hanno differenti età e differenti problemi, le accomuna l'atteggiamento coraggioso e la voglia di lottare per la propria affermazione.**

**Approfondisci il confronto tra i brani completando la tabella con le informazioni mancanti, scegliendole tra quelle indicate sotto.**

Antoinette • Contro le reazioni che suscita il suo aspetto fisico • La donna impegnata in tutti i ruoli che la società le richiede cerca un po' di spazio per sé • Adolescente di famiglia borghese • L'autrice • Valeria • Tra la Seconda guerra mondiale e il Sessantotto • La bambina ha un viso particolarmente brutto • Contro la madre e in misura minore il padre • Contro tutti i membri della sua famiglia • La ragazza avverte il disagio del passaggio dalla fanciullezza all'adolescenza, con l'insofferenza per le regole e i difficili rapporti con i genitori • Tra la Seconda guerra mondiale e il Sessantotto • Figlia di genitori arricchiti • Rebecca • Nel Novecento • La madre impone un'educazione ridicolmente rigida alla figlia • Primi anni del Novecento • Donna della media borghesia • Bambina dell'alta borghesia • Contro la madre

| Autore | Periodo storico | Protagonista | Condizione sociale | Situazione problematica | Contro chi deve lottare |
|---|---|---|---|---|---|
| I. Némirovsky | ........ | ........ | ........ | ........ | ........ |
| S. de Beauvoir | ........ | ........ | ........ | ........ | ........ |
| A. de Céspedes | ........ | ........ | ........ | ........ | ........ |
| M. Veladiano | ........ | ........ | ........ | ........ | ........ |

# 2 Citazioni dai brani

Anche gli adulti, dunque, soffrivano per cose futili e passeggere? E lei, Antoinette, li aveva temuti, aveva tremato davanti a loro, alle loro grida, alla loro collera, alle loro vane e assurde minacce. Si sporse con cautela dal suo nascondiglio. Ancora per pochi istanti, dissimulata nell'ombra, guardò la madre, che non singhiozzava ma rimaneva tutta raggomitolata su se stessa, lasciando che le lacrime le scorressero fino alla bocca senza asciugarle.

Irène Némirovsky, *Il ballo*

La monotonia dell'esistenza degli adulti mi aveva sempre afflitta; quando mi resi conto che tra non molto l'avrei condivisa anch'io, fui presa dall'angoscia. [...] Ogni giorno, la colazione, il pranzo; ogni giorno fare i piatti; ore che ritornano indefinitamente e che non conducono a nulla: sarebbe stata questa la mia vita? [...] No, mi dissi ordinando sul ripiano una pila di piatti, la mia vita condurrà in qualche posto.

Simone de Beauvoir, *Davvero una ragazza per bene?*

Mi sembra d'essere giunta a un punto in cui sia necessario tirare le somme della mia vita, come mettere ordine in un cassetto in cui, per lungo tempo, tutto è stato gettato alla rinfusa. Forse è l'età dei miei figli a suggerirmi questi pensieri. Infatti, dai miei vent'anni a oggi, mi sono curata soltanto di loro e così mi pareva di curarmi di me stessa. [...] Oggi, invece, nell'assistere ai loro primi scontri coi problemi della vita, nel vederli incerti sulla strada da scegliere, mi domando se quella che ho scelto io è la buona.

Alba de Céspedes, *I lacci di una donna*

La consapevolezza tutta nuova che ci si aspettava qualcosa da me riempiva i miei giorni di sentimenti che non conoscevo e che prendevano il posto di quella specie di attesa vuota in cui prima le mie energie si erano congelate. Forse potevo dimostrare che c'era del buono in me, che mi si poteva voler bene perché valevo e non solo per un senso confuso di protezione o di colpa.

Mariapia Veladiano, *La musica afferrò la mia vita*

# 3 Scrittura guidata *il testo espositivo*

Confronta le vicende delle protagoniste dei brani, che hanno faticato per affermare la propria personalità, con la situazione a te contemporanea. Illustra in un testo espositivo le analogie e le differenze che trovi nelle due situazioni. Considera gli argomenti che ti indichiamo su cui eseguire il confronto: tipo di educazione, relazione figli-genitori, regole, ruolo delle donne, vita sociale.

Rivedi le caratteristiche del testo espositivo (▸ p. 101) e utilizza, se vuoi, idee tratte dai passi letti.

Puoi servirti della scaletta presentata di seguito come punto di partenza.

**Introduzione**

- L'argomento (vedi titolo)

**Sviluppo**

- Primo paragrafo: Tipo di educazione
- Secondo paragrafo: Relazione figli-genitori
- Terzo paragrafo: Regole
- Quarto paragrafo: Ruolo delle donne
- Quinto paragrafo: Vita sociale
- ..........................................................

**Conclusione**

- Confronti
- Valutazione personale

Alice Munro

# È soltanto una femmina

Da
Danza delle ombre felici, 1968

Racconto di formazione

La ragazza protagonista vive in una fattoria dove il padre alleva volpi. Abituata a lavorare accanto al genitore, si accorge di essere cresciuta, di essere una «femmina», e s'interroga sul fatto che venga sempre più spesso sostituita nei lavori dal fratello.

Quell'inverno cominciai a sentir parlare con crescente insistenza dell'argomento che mia madre aveva introdotto quella volta davanti al fienile. Non mi sentivo più al sicuro. La parola ragazza mi era sembrata fino a quel momento una parola innocente e leggera, come *bambino*; ora si rivelava diversa. Una ragazza non era, come avevo creduto, semplicemente ciò che ero io: era ciò che dovevo diventare. Era una definizione, sempre tinta d'enfasi, rimprovero, delusione. Era anche un modo di prendermi in giro. Una volta Laird[1] ed io stavamo facendo a botte e per la prima volta dovetti ricorrere a tutta la mia forza contro di lui; Laird riuscì comunque ad afferrarmi un braccio e immobilizzarlo per un attimo, facendomi davvero male. Henry[2], che aveva assistito alla scena, disse ridendo: "Oh, Laird te la farà vedere uno di questi giorni!". Laird stava crescendo parecchio. Ma anch'io stavo crescendo.

Quando mia nonna venne a stare da noi per qualche settimana sentii anche altre cose. "Le signorine non sbattono la porta a quel modo", "Le signorine tengono le ginocchia unite quando si siedono". E peggio ancora, quando facevo qualche domanda, "Non sono cose da femmine". Continuai a sbattere le porte e a sedermi più scompostamente possibile, pensando in quel modo di mantenere la mia libertà.

Quando arrivò la primavera, i cavalli vennero fatti uscire sull'aia. Mack[3] rimase fermo contro il muro del fienile, tentando di grattarsi il collo e le anche, ma Flora[4]

1 **Laird**: il fratello della protagonista.
2 **Henry**: l'aiutante del padre.
3 **Mack**: un vecchio cavallo da lavoro, lento e docile.
4 **Flora**: una giumenta da tiro, dalla corsa elegante.

Una ragazzina sdraiata a terra nelle campagne dello Stato di Washington, Stati Uniti, 1939.

si mise a trottare su e giù, impennandosi davanti agli steccati e battendo gli zoccoli contro le assi di legno. I cumuli di neve si scioglievano rapidamente, rivelando la dura terra grigia e bruna, la familiare ondulazione del terreno, nudo e spoglio dopo il fantastico paesaggio invernale. Un gran senso di apertura, di liberazione aleggiava nell'aria. Portavamo soltanto delle calosce[5] sopra le scarpe, ora; i piedi ci sembravano ridicolmente leggeri. Un sabato andammo alla stalla e trovammo tutte le porte aperte, che lasciavano entrare l'insolita luce del sole e l'aria fresca. Henry bighellonava nei paraggi, guardando la sua collezione di calendari appesi dietro ai box, in una parte della stalla che mia madre probabilmente non aveva mai visto.

"Siete venuti a dire addio al vostro vecchio amico Mack?" disse Henry. "Prendi, va' a dargli un po' d'avena". Versò dell'avena nelle mani raccolte a coppa di Laird, che andò a portarla a Mack. I denti di Mack erano malridotti. Mangiava molto lentamente, spostando pazientemente l'avena in bocca, alla ricerca di un moncherino di molare su cui macinarla. "Povero, vecchio Mack" disse Henry in tono afflitto. "Quando un cavallo perde i denti, è finita per lui. È così che vanno le cose".

"Lo ammazzate oggi?" gli chiesi. Mack e Flora erano rimasti tanto tempo nella stalla da farmi quasi scordare che sarebbero stati abbattuti.

Henry non mi rispose.

Non li avevo mai visti abbattere un cavallo, ma sapevo dove lo facevano. L'estate precedente Laird ed io ci eravamo imbattuti nelle interiora di un cavallo prima che fossero seppellite. Le avevamo scambiate per un grosso serpente nero arrotolato al sole. Eravamo nel campo che si estendeva oltre il fienile. Pensai che se fossimo entrati nel fienile e avessimo trovato una fessura o un buco attraverso cui guardare, saremmo riusciti a vederli mentre ammazzavano Mack. Non era uno spettacolo a cui avessi voglia di assistere; ad ogni modo, se una cosa accadeva, era meglio vederla, e sapere.

Mio padre arrivò da casa con il fucile in mano.

"Che cosa ci fate qui?" disse.

5 **calosce**: soprascarpe di gomma che si indossano per proteggersi dall'acqua o dal fango.

## L'AUTRICE

**Alice Munro** è una scrittrice canadese nata nel 1931. A 20 anni incomincia a scrivere racconti, pubblicandoli su una rivista studentesca. Nel 1968 raccoglie i suoi racconti nel volume *Danza delle ombre felici*, un'opera pluripremiata. È del 1971 il romanzo *Vite di ragazze e di donne*; successivamente appaiono altre raccolte di racconti, quali *Le lune di Giove* (1982), *Il percorso dell'amore* (1986), *Segreti aperti* (1994), *Il sogno di mia madre* (1998), *Dear Life* (2012, tradotto in italiano con *Uscirne vivi*). In tante di queste storie, la Munro assume il punto di vista di un'adolescente o di una giovane donna e le ambienta nei territori dell'Ontario, la sua regione natale. Non manca di affrontare anche temi sociali quali il conflitto fra generazioni, l'aborto, l'adulterio. Alla Munro è stato assegnato il premio Nobel per la Letteratura nel 2013, proprio per la qualità letteraria dei suoi racconti brevi.

"Niente".

"Andate a giocare intorno alla casa".

Mandò Laird fuori dalla stalla. Gli dissi: "Vuoi vederli mentre ammazzano Mack?". Senza attendere una risposta lo portai al fienile, aprii la porta con cautela ed entrai. "Sta' zitto, altrimenti ci sentiranno" dissi. Sentimmo Henry e mio padre che parlavano nella stalla, poi i pesanti passi strascicati di Mack che usciva dal suo box. C'erano parecchi buchi e ne trovai uno da cui si vedeva il panorama che cercavo: un angolo dell'aia, il cancello, parte del campo. Laird non aveva un buco all'altezza degli occhi e cominciò a lamentarsi.

Gli mostrai una fessura allargata fra due assi. "Sta' buono e aspetta. Se ti sentono siamo nei guai".

Mio padre entrò nel mio campo visivo con il fucile in mano. Henry portava Mack per la cavezza[6]. La lasciò cadere e tirò fuori tabacco e cartine; preparò due sigarette, una per mio padre e una per sé. Intanto Mack frugava col muso fra l'erba vecchia e secca lungo lo steccato. Poi mio padre aprì il cancello e portarono fuori Mack. Henry condusse Mack lontano dal sentiero e lo vidi parlare con mio padre, anche se non riuscivo a sentire che cosa dicessero. Mack ricominciò a cercare dell'erba fresca senza trovarla. Mio padre si allontanò in linea retta e si fermò a una distanza che considerò soddisfacente. Anche Henry si stava allontanando, ma di lato; la mano reggeva ancora con noncuranza la cavezza. Mio padre puntò il fucile: Mack alzò gli occhi come se si fosse accorto di qualcosa e mio padre gli sparò.

Mack non crollò subito, ma ondeggiò, sbandò di lato e cadde, dapprima su un fianco; poi rotolò sul dorso e, sorprendentemente, scalciò in aria per qualche secondo. A questo punto Henry scoppiò a ridere, come se Mack si fosse esibito per lui. Laird che a sentire lo sparo aveva emesso un profondo gemito di sorpresa, disse ad alta voce: "Non è morto". E mi sembrò che potesse essere vero. Ma Mack smise di scalciare e rotolò nuovamente sul fianco; i suoi muscoli furono percorsi da un fremito e si afflosciarono. I due uomini gli si avvicinarono e lo guardarono con aria pratica; si chinarono ed esaminarono il foro del proiettile sulla fronte dell'animale,

6 **cavezza**: fune che tiene il cavallo legato per la testa.

Un padre con la figlia nelle campagne degli Stati Uniti durante gli anni della grande depressione, 1936.

e allora vidi il suo sangue sull'erba bruna.

"Adesso lo scuoiano e lo fanno a pezzi" dissi. "Andiamo". Mi tremavano un po' le gambe e fui felice di saltar giù tra il fieno.

Due settimane più tardi seppi che avrebbero ammazzato Flora. Questa volta non pensavo di assistere alla scena. Era uno spettacolo da vedere una volta sola. Non ci avevo ripensato spesso, ma a volte, mentre ero a scuola, o davanti allo specchio a pettinarmi i capelli chiedendomi se da grande sarei stata carina, la scena mi balenava davanti agli occhi: vedevo il modo disinvolto, esperto, con cui mio padre puntava il fucile e sentivo Henry ridere alla vista di Mack che scalciava in aria. Non provavo un grande senso d'orrore o di repulsione, come avrebbe potuto provarlo un bambino di città; ero troppo avvezza a vedere la morte degli animali come una necessità della nostra vita. Provavo tuttavia un po' di vergogna, e una nuova cautela, un nuovo distacco erano entrati a far parte del mio atteggiamento nei confronti di mio padre e del suo lavoro.

Era una bella giornata e giravamo per il cortile a raccogliere i rami strappati dagli alberi durante le bufere invernali. Era un compito che ci avevano affidato, e poi volevamo servirci dei rami per costruire una capanna. Sentimmo Flora nitrire, poi la voce di mio padre e le urla di Henry, e corremmo verso l'aia per vedere che cosa stesse accadendo.

La porta della stalla era aperta. Henry aveva appena portato fuori Flora, che era scappata. Flora correva libera per l'aia, da un'estremità all'altra. Ci arrampicammo sullo steccato. Era emozionante vederla correre, nitrire, impennarsi sulle zampe posteriori, imbizzarrita come un cavallo in un film western, un cavallo non ancora domato, mentre non era altro che un vecchio cavallo da tiro, una vecchia giumenta saura[7]. Mio padre ed Henry la rincorrevano cercando di afferrare la cavezza storta. Cercarono di costringerla in un angolo; c'erano quasi riusciti quando Flora si infilò correndo in mezzo a loro, gli occhi fuori dalle orbite, scomparendo dietro al fienile. Udimmo le assi schiantarsi mentre Flora saltava lo steccato. Henry gridò: "È nel campo, ora!".

7 **saura**: cavalla col mantello di un colore uniforme.

Audrey Kletscher Helbling, *Cavalli*, 1955. (Collezione Privata)

Era un lungo campo a forma di elle che costeggiava la casa. Se avesse superato il gomito, diretta verso il viottolo, avrebbe trovato il cancello aperto, perché quella mattina il camion era stato portato nel campo. Io ero dall'altra parte dello steccato, più vicina al viottolo, così mio padre mi gridò: "Va' a chiudere il cancello!".

Correvo molto veloce. Attraversai di corsa il giardino, dov'era l'albero a cui era appesa la nostra altalena, e dopo aver saltato un fosso arrivai sul viottolo. Davanti a me c'era il cancello aperto. Flora non era uscita, non la vedevo sulla strada; doveva essere corsa dall'altra parte del campo. Il cancello era pesante. Lo sollevai dalla ghiaia e cominciai a chiuderlo. Ero a metà strada quando vidi arrivare Flora al galoppo, dritta verso di me. Avevo appena il tempo di mettere la catena. Laird si stava arrampicando fuori dal fosso per venirmi a dare una mano.

Invece di chiudere il cancello, lo spalancai quanto più potei. Non avevo deciso di farlo, lo feci e basta. Flora non rallentò neppure; mi passò accanto al galoppo, mentre Laird saltava su e giù urlando: "Chiudilo! Chiudilo!" anche quando ormai era troppo tardi. Mio padre ed Henry apparvero nel campo un istante troppo tardi per vedere che cosa avevo fatto. Videro soltanto Flora dirigersi verso la strada. Avrebbero pensato che non ero arrivata in tempo.

Non persero tempo a far domande. Tornarono al fienile, presero il fucile e i coltelli e misero tutto sul camion; poi fecero manovra e si avviarono ballonzolando sul campo verso di noi. Laird gridò: "Voglio venire anch'io, voglio venire anch'io!" ed Henry fermò il camion e lo fece salire. Chiusi il cancello dietro di loro.

Pensavo che Laird glielo avrebbe detto. Mi chiedevo che cosa mi sarebbe successo. Era la prima volta che disobbedivo a mio padre e non capivo perché l'avessi fatto. Flora non sarebbe comunque riuscita a scappare. L'avrebbero raggiunta col camion. E se non l'avessero presa quella mattina, qualcuno l'avrebbe vista e ci avrebbe telefonato nel pomeriggio o il giorno seguente. Non c'erano zone disabitate dove avrebbe potuto rifugiarsi, soltanto fattorie. Inoltre mio padre aveva sborsato dei soldi per lei, avevamo bisogno della carne per nutrire le volpi[8] e avevamo bisogno delle volpi per vivere. Avevo soltanto procurato del lavoro in più a mio padre, che aveva già abbastanza da fare. E quando mio padre avesse scoperto tutto non si sarebbe più fidato di me; avrebbe capito che non ero del tutto dalla sua parte. Ero dalla parte di Flora, e questo non mi rendeva utile a nessuno, neppure a lei. Ciononostante, non ero pentita di ciò che avevo fatto; quando l'avevo vista arrivare al galoppo verso di me, avevo tenuto il cancello aperto: era l'unica cosa che potessi fare.

Tornai in casa e mia madre chiese: "Che cos'è tutto questo trambusto?". Le raccontai che Flora aveva abbattuto lo steccato ed era fuggita. "Il tuo povero papà ora dovrà andare a cercarla per tutta la campagna" disse. "Be', inutile pensare al pranzo prima dell'una". Tirò fuori l'asse da stiro. Stavo per dirle tutto ma ci ripensai, andai di sopra e mi sedetti sul letto.

Era già passata l'una quando il camion rientrò. Il cassone era coperto dall'incerata, il che significava che c'era della carne. Mia madre dovette riscaldare di nuovo il pranzo. Henry e mio padre si erano cambiati nel fienile le tute insanguinate e avevano indossato le normali tute da lavoro. Si lavarono le braccia, il collo e il viso nel lavello, si spruzzarono dell'acqua sui capelli e si pettinarono. Laird alzò un braccio esibendo una striatura di sangue. "Abbiamo ammazzato la vecchia Flora" disse, "e l'abbiamo tagliata in cinquanta pezzi".

"Non ne voglio sentir parlare" disse mia madre. "E non venire a tavola ridotto in quel modo".

8 **avevamo bisogno…le volpi**: i cavalli venivano abbattuti e la loro carne era data in pasto alle volpi.

Mio padre lo mandò a ripulirsi dal sangue.

Sedemmo a tavola, mio padre disse la preghiera di ringraziamento ed Henry attaccò la gomma da masticare all'estremità della forchetta, come faceva sempre; quando la toglieva ci faceva ammirare il disegno che vi era rimasto impresso. Cominciammo a passarci le ciotole colme di verdure fumanti, stracotte. Laird mi lanciò un'occhiata dall'altro capo della tavola e disse orgoglioso, con voce chiara: "Comunque è stata colpa sua se Flora è scappata".

"Che cosa?" fece mio padre.

"Avrebbe potuto chiudere il cancello, ma non l'ha fatto. Invece l'ha spalancato e Flora è corsa fuori".

"È vero?" chiese mio padre.

Tutti i commensali mi guardavano. Annuii, inghiottendo un boccone con difficoltà. Con mia grande vergogna le lacrime mi inondarono gli occhi.

Mio padre emise un suono secco in segno di disgusto. "Perché l'hai fatto?"

Non risposi. Misi giù la forchetta e attesi di essere cacciata da tavola, senza alzare gli occhi.

Ma questo non accadde. Per qualche istante nessuno disse nulla, poi Laird disse in tono neutro: "Sta piangendo".

"Lascia perdere" replicò mio padre. Con rassegnazione, quasi di buonumore, pronunciò le parole che mi assolvevano e mi congedavano per sempre. "È soltanto una **femmina**" disse.

Non protestai, neppure in cuor mio. Forse era vero.

A. Munro, *Danza delle ombre felici*, trad. it. di G. Maneri, La Tartaruga, Milano, 1994

**PAROLE *sotto la lente***

**Femmina**

Il sostantivo viene dal latino *femina* e ha la stessa radice di *fecundus*, che propriamente significa fruttifero.
Nella letteratura (Dante, Boccaccio) femmina significa donna adulta, ma nell'uso comune ha assunto un senso dispregiativo ("femmina disonesta", "mala femmina"); sempre nell'uso antico si contrapponevano i termini "femmina", che indicava solo il sesso di una persona, e "donna", il cui valore era quello di persona di alta condizione sociale.

Attività

Trova altre cinque parole con la stessa radice di "femmina" ed eseguine l'analisi morfologica.

# Attività

## **Comprendere** e **analizzare**: verso l'**INVALSI**

1 **Il cambiamento** La protagonista da bambina si sta trasformando in ragazza. Con quale animo affronta questo cambiamento?

**a.** Lo attende come un miglioramento della propria condizione
**b.** Lo vede come un cambiamento obbligatorio
**c.** Non vede l'ora di essere trattata come una ragazza
**d.** Teme che, diventando ragazza, dovrà aumentare il proprio impegno di lavoro nella fattoria

2 **Gli obblighi di una ragazza** Come cambierà il suo rapporto con Laird, il fratello minore, quando la protagonista sarà adolescente? Secondo la nonna, quali atteggiamenti dovrà assumere nella vita quotidiana?

3 **L'addio** La ragazza e il fratello sono costretti a dare un addio. A chi?

**a.** Ai genitori che partono
**b.** Allo stalliere, che abbandona la fattoria
**c.** A Mack e Flora, due vecchi cavalli
**d.** Alle volpi dell'allevamento

4 **La trasgressione** Nonostante l'ordine del padre, la bambina e il fratello spiano attraverso una fessura l'abbattimento di Mack. Perché?

**a.** Sono curiosi di vedere uno spettacolo insolito

**b.** Sono felici che venga eliminato un animale pericoloso

**c.** Hanno paura ma anche curiosità di vedere un atto violento

**d.** Non ne hanno molta voglia, ma pensano che sia meglio conoscere la cruda realtà

5 **La morte del cavallo** Quando il cavallo Mack muore, i due uomini e la bambina hanno reazioni differenti. Riporta le parole del testo che le illustrano.

........................................................................................................

........................................................................................................

6 **Il rifiuto** Per quali ragioni la protagonista rifiuta di assistere alla morte di Flora? Indica se le risposte seguenti sono vere o false.

| | V | F |
|---|---|---|
| **a.** È troppo addolorata perché è affezionata al cavallo | ☐ | ☐ |
| **b.** Vede la morte degli animali come una necessità della vita della fattoria | ☐ | ☐ |
| **c.** Avverte un nuovo distacco dalla vita del padre e dal suo lavoro | ☐ | ☐ |
| **d.** Non ha più interesse per quell'animale | ☐ | ☐ |
| **e.** Prova un senso di vergogna, di cautela davanti a quell'uccisione | ☐ | ☐ |
| **f.** Ha orrore per la morte degli animali | ☐ | ☐ |

7 **Una decisione istintiva** Il padre ordina alla bambina di chiudere il cancello per impedire a Flora di fuggire. Sottolinea nel testo tutti e solo i predicati che esprimono le azioni della protagonista.

8 **Le riflessioni** Quando tutti i maschi partono sul camion all'inseguimento di Flora, la ragazza è presa da una moltitudine di pensieri. Alla fine esprime in sintesi le riflessioni più importanti. Quali sono?

9 **La verità** Mentre la famiglia è a tavola la verità emerge: la protagonista ha lasciato scappare Flora. Le lacrime riempiono i suoi occhi e prova vergogna. Perché?

**a.** Si sente in colpa

**b.** Teme di essere punita

**c.** Le dispiace che il cavallo sia morto

**d.** Si vergogna di non riuscire a trattenere le lacrime

10 **La colpa giustificata** I genitori non la puniscono e il padre pronuncia benevole parole che però allontanano ancora di più la bambina da lui. Quali?

11 **La rottura dell'equilibrio** Riporta le parole che costituiscono la rottura dell'equilibrio iniziale del racconto.

12 **Il tempo** Quanto dura la vicenda?

**a.** Un anno

**b.** Un inverno e una primavera

**c.** Due mesi

**d.** Dall'estate all'autunno

13 **Il sistema dei personaggi** Elenca tutti i personaggi che compaiono nel racconto e stabiliscine il ruolo.

14 **Il ritmo del racconto** Quali tipologie di tempo del racconto sono presenti? In base alla risposta definisci il ritmo del racconto.

15 **La sintassi** Come definiresti la sintassi del periodo utilizzata dall'autrice?

**a.** Prevalentemente ipotattica

**b.** Prevalentemente paratattica

**c.** Quasi esclusivamente paratattica

**d.** Quasi esclusivamente ipotattica

16 **I tempi verbali** Esegui sul quaderno l'analisi morfologica completa (modo, tempo, persona) dei verbi ai modi finiti sottolineati nell'esercizio 7 e specifica se quella voce verbale indica un'azione puntuale o duratura.

## Rielaborare e produrre

17 **Il riassunto** Dividi il testo in sequenze servendoti degli indicatori temporali in esso contenuti («Quell'inverno»; «quando mia nonna venne a stare», ecc.). Poi riassumi il racconto in 200 parole usando la terza persona, cioè ponendoti come narratore esterno.

18 **L'età del passaggio** Il passaggio dall'infanzia all'adolescenza non è desiderato dalla protagonista, ma avviene in lei naturalmente. Tu come vivi questo passaggio? Hai desiderio di crescere in fretta oppure no? Esponi il tuo stato d'animo in una lettera indirizzata ai tuoi genitori.

# per guardare oltre

## Intersezioni nell'antologia

- Interessanti figure femminili sono presenti in numerosi racconti dell'antologia. Giovani e determinate protagoniste sono *Eveline* (▸ p. 53) di James **Joyce**, Mara nel racconto di Carlo **Cassola** *Mara fa la conoscenza di Bube* (▸ p. 256), Berenice in *Berenice si taglia i capelli* (▸ p. 507) di Francis **Scott Fitzgerald**, Lila e Lenuccia in *Fuga dal quartiere* (▸ p. 522) di Elena **Ferrante**.
- Un film che ruota attorno a un intraprendente personaggio femminile, una coraggiosa ragazza che sfida le consuetudini del mondo musulmano, è *La bicicletta verde* (▸ p. 404) di Haifaa **Al-Mansour**.

## Altri orizzonti

### RACCONTI E ROMANZI

- Jane **Austen** ha dedicato la sua intera produzione al racconto di vicende con protagoniste femminili: *Ragione e sentimento* (1811), *Orgoglio e pregiudizio* (1813), *Emma* (1815).
- Virginia **Woolf**, autrice dei romanzi *La signora Dalloway* (1925), *Gita al faro* (1927) e *Orlando* (1928); è stata una sostenitrice del movimento femminista per i diritti delle donne. Nel saggio *Una stanza tutta per sé* (1929), suggerisce che ogni donna per scrivere romanzi dovrebbe avere denaro, cibo, indipendenza e un luogo di libertà.
- *L'amore rubato* (2012) di Dacia **Maraini** propone otto storie sulla violenza fisica e psichica nei confronti delle donne.
- Tutta la produzione della scrittrice irlandese Edna **O'Brien** (tra cui ricordiamo *Ragazze di campagna*, 1960; *La ragazza sola*, 1962; *Ragazze nella felicità coniugale*, 1964) esamina l'animo femminile scavandone i sogni, le fragilità, l'amore per la vita.

### PITTURA

- Nei secoli scorsi, non sono state molte le donne che sono riuscite a vincere la diffidenza maschile facendo emergere la loro arte. Fra queste ricordiamo Artemisia **Gentileschi** (1593-1652), che ha lottato contro pregiudizi e violenze, ma alla fine è riuscita a imporsi come grande pittrice.
- Frida **Kahlo** (1907-1954) è stata una pittrice messicana che ha saputo raccontare le tragiche vicende della sua vita (la malattia e il dolore causati da un incidente stradale) ma anche la magia e la speranza dell'amore, nei suoi dipinti, spesso autoritratti dallo stile quasi surreale.

### FILM

- Fra i tanti film che raccontano le lotte delle donne per ottenere condizioni sociali e lavorative pari a quelle degli uomini citiamo *We want sex* (2010) di Nigel **Cole**. Il film racconta la storia vera di un gruppo di donne impiegate in una industria automobilistica inglese che, nel 1968, dichiarò il primo, e riuscito, sciopero tutto al femminile ottenendo la parità salariale con i colleghi uomini.
- *Suffragette* (2015) di Sarah **Gavron** racconta la storica lotta delle donne inglesi per ottenere il diritto di voto.
- *Mustang* (2015) di Deniz Gamze **Ergüven** è ambientato in un villaggio della Turchia odierna, dove vivono cinque sorelle che devono affrontare una società e una famiglia oppressive. Le ragazze lottano contro la durezza della tradizione locale che prevede di combinare matrimoni tra famiglie.
- *Carol* (2015) di Todd **Haynes** (tratto dal romanzo *The Price of Salt* di Patricia Highsmith) racconta la tormentata e travolgente storia d'amore ed emancipazione ambientata negli anni Cinquanta tra una giovane commessa e un'elegante madre di famiglia che sta divorziando dal marito.

Frida Kahlo, *Le due Frida. Doppio autoritratto dell'artista con il cuore visibile*, 1939. (Messico, Museo d'Arte Moderna)

UNITÀ 2

# Incontro con altri mondi

Paul Gauguin in un ritratto fotografico del 1891.

**• Culture e popolazioni lontane •** Parlare di altri mondi significa parlare di altre culture, di popolazioni lontane che presentano **usi**, **costumi** e **valori diversi** da quelli che animano il mondo occidentale. Tale diversità è una **ricchezza preziosa** che numerosi scrittori ci mostrano in varie e significative sfaccettature.

In ambito pittorico, negli ultimi decenni dell'Ottocento Paul Gauguin rappresenta un artista inquieto e in continua ricerca, che ha subìto il fascino delle isole dei mari del Sud, della Polinesia, e con questo originale mondo si è confrontato fino ad assumerlo come proprio.

**• Una vita avventurosa •** Paul **Gauguin** nasce a Parigi nel 1848. In età adulta compie viaggi in Europa e nell'America del Sud. Nel 1871 decide di risiedere a Parigi e incomincia a occuparsi di pittura. Dopo il crollo della Borsa del 1882, Gauguin matura l'idea di abbandonare la vita cittadina per dedicarsi in piena libertà alla pittura. Per realizzare una simile aspirazione va in Bretagna (1886), poi oltreoceano, a Panama e in Martinica (1887), quindi in Provenza con Van Gogh (1888). Gauguin avverte l'esigenza di staccarsi dall'Europa per immettersi in un mondo innocente e primitivo. Si stabilisce per periodi sempre più lunghi a Tahiti, in **Polinesia** (1891-1893, poi 1895-1901), e successivamente nelle **Isole Marchesi** (1901-1903). Si sente sempre più vicino alla civiltà polinesiana, tanto che si mette a capo di proteste contro la gendarmeria francese, che accusa di eccessivo fiscalismo nei confronti dei locali. Per questo viene incarcerato per tre mesi. Muore nel 1903 sull'isola di Hiva Oa.

**DOMANDE**

- Che cosa significa che la diversità è una ricchezza, come si afferma nel testo?
- A tuo giudizio, il dipinto *Dove vai?* esprime la "purezza originaria" che Gauguin ricercava? Perché?
- Descrivi l'ambientazione del dipinto proposto.
- I colori sono naturali o simbolici?

**• La ricerca di un mondo primitivo •** Gauguin ha cercato di comprendere il valore della cultura polinesiana per farla propria. L'artista è conquistato dalla semplicità della **vita tahitiana**, che considera **incontaminata** e **autentica**: è attirato dai costumi, dalle capigliature, dagli atteggiamenti delle donne dell'isola. Nella tela *Dove vai?* Gauguin dipinge una scena di vita primitiva e immagina un dialogo silenzioso a distanza tra le donne raffigurate. La donna indigena in primo piano porta un vivace pareo e, così ben ritratta, incarna il tipo ideale della donna tahitiana. Grande importanza ha nel dipinto l'intera ambientazione, caratterizzata da capanne e vegetazione dai toni colorati, a evocare quell'eden paradisiaco polinesiano di cui tanto si parlava in Europa. I colori caldi e luminosi trasportano in un ambiente un po' onirico e irreale, spingendo chi osservi il dipinto a sognare lo stesso mondo agognato dal pittore.

Paul Gauguin, *Dove vai?* (*Ea haere ia oe?*), 1893. (San Pietroburgo, Museo dell'Ermitage)

## in questa Unità impareremo a

- **conoscere** le caratteristiche del romanzo, del racconto e della fiaba e inquadrare i contesti geografici e socio-culturali in cui sono ambientate le storie
- **comprendere** il significato globale dei testi: la non unicità della cultura occidentale, il valore di molte altre culture
- **analizzare** i brani secondo le costanti narratologiche e le tecniche stilistiche per raffinarne la comprensione e approfondirne le tematiche
- **interpretare** gli scritti, collegandoli alla propria realtà quotidiana, o ad altre storie di libri e film
- **produrre** sintesi, testi argomentativi ed espositivi a partire dagli argomenti contenuti nei brani
- **comunicare oralmente** per riferire i contenuti dei brani e per riflettere sulle loro tematiche in forma strutturata e chiara

## in questa Unità scopriremo

Viviamo una società che risente di molte contraddizioni. Abbiamo timori e paure nei confronti dell'altro, che ci spingono a isolarci, preoccupati di perdere quel benessere economico che tanto ci rassicura. Tuttavia, rimane forte la pulsione a vivere in libertà, a sfruttare sempre di più le possibilità che l'inarrestabile processo di integrazione fra le genti ha avviato.

In alto a destra, un indio shuar suona un flauto di canna davanti alla sua capanna. La tribù degli shuar vive nella foresta Amazzonica in un territorio che si estende tra Ecuador e Perù.

## Leggere per conoscere mondi diversi

È sempre affascinante conoscere altri popoli, scoprire le loro diversità, restare ammaliati dai loro usi e costumi: si pensi a quanto sarebbe monotono e grigio il mondo se gli uomini si vestissero, mangiassero, parlassero e, soprattutto, pensassero tutti allo stesso modo. In un mondo in cui si rischia l'omologazione generale, l'incontro con chi è diverso da noi è fondamentale per evitare l'appiattimento.

La lettura di opere scritte da autori provenienti da quei paesi che in epoca postcoloniale hanno avviato un processo di riflessione e rivalutazione del loro passato culturale è un modo per conoscere pezzi di mondo diversi da quello in cui viviamo.

L'India postcoloniale ha dato i natali a importanti scrittori, che ne hanno raccontato la storia, la cultura, la religione e la società: Anita **Desai** (1937), Salman **Rushdie** (1947), Vikram **Seth** (1952), Amitav **Ghosh** (1956), Arundhaty **Roy** (1961), Vikram **Chandra** (1961).

Vidiadhar Surajprasad **Naipaul** (1932), premio Nobel per la Letteratura 2001, ambienta la maggior parte dei suoi romanzi nell'isola caraibica di Trinidad, dove è nato.

Il Sudafrica è stato raccontato dai premi Nobel Nadine **Gordimer** (1923-2014) e John Maxwell **Coetzee** (1940). Il folklore africano e la concezione animistica dell'universo sono stati narrati dallo scrittore nigeriano Ben **Okri** (1959) e i luoghi dell'Egitto sono stati portati sulla carta da Nagib **Mahfuz** (1911-2006). E si potrebbero citare molti altri esempi di autori provenienti da aree considerate "terzo mondo" o "in via di sviluppo" dal punto di vista economico che vengono pubblicati oggi in Europa e nel Nord America. Queste letterature influenzano e contribuiscono a innovare la letteratura europea e americana e ci ricordano che la diversità culturale è una ricchezza con la quale misurarsi.

Un'elegante donna africana in un suggestivo scatto del fotografo senegalese Omar Victor Diop del 2013.

# • Il percorso antologico •

Gli autori che la presente Unità propone sono espressione di differenti realtà territoriali, accomunati dall'aver incentrato le loro opere su aspetti, tradizioni e costumi di vita della loro gente, facendosene portavoce e rivendicandone il valore culturale.

Luis **Sepúlveda** (1949), autore cileno militante di Greenpeace, dimostra una capacità straordinaria di unire l'impegno alla scrittura (► p. 589). I suoi romanzi e le sue favole sono un'occasione culturale per riflettere sulla sorte del pianeta, sul suo degrado ambientale e, quindi, sulla sorte dell'uomo. Nel brano *Tra gli indios dell'Amazzonia* (► p. 580), tratto da *Il vecchio che leggeva romanzi d'amore*, assistiamo a un confronto serrato tra due modi opposti di misurarsi con la natura.

Lo scrittore nigeriano Chinua **Achebe** (1930-2013) ha svolto un ruolo culturale di primaria importanza all'interno del suo paese, lavorando alla radio, fondando riviste, impegnandosi nell'attività politica. Profondo conoscitore della tradizione antica della sua gente, Achebe ne ha fatto uno dei suoi temi principali, con l'obiettivo di evidenziarne tutto il valore e tutta la dignità culturale, soprattutto di fronte alla presunta superiorità del colonialismo che la svalutava. Il racconto *Il sentiero dei morti* (► p. 590) è una storia che può apparire un po' incredibile per chi è abituato a cercare una spiegazione logica a ogni fatto.

Isaac Bashevis **Singer** (1904-1991) ha composto una specie di saga dell'ebraismo orientale, ricca di figure e soggetti provenienti sia dal ghetto ebraico di Varsavia sia dalla moderna società ebraica statunitense. Nel suo lungo percorso letterario si coglie il progressivo crollo dei modelli culturali dell'antico villaggio ebraico, sotto la costante pressione di altri valori di riferimento suggeriti dall'epoca moderna. Con *La favola della nonna* (► p. 596) entriamo nell'originale mondo culturale ebraico, intessuto di ironia e di malinconia, di dolore e di speranza.

Profondamente legata alla sua terra, l'India, la scrittrice Bulbul **Sharma** (1952) narra i valori del passato che sono in perenne contrapposizione con la modernità. Nel racconto intitolato *Buono da morire* (► p. 602), l'autrice ci raduna tutti attorno a una tavola imbandita per illustrarci un'antica credenza funebre brahamina.

Continua a essere d'attualità la riflessione dell'antropologo Claude **Lévi Strauss** (1908-2009), che nel brano *L'etnocentrismo* (► p. 610) ci aiuta a comprendere la logica limitata di un pensiero «eurocentrico», soprattutto in un mondo ormai globalizzato.

Jaime **de Angulo** (1887-1950) sposa la causa degli indiani d'America, vivendo a lungo con alcune tribù, fino a conoscere nel dettaglio le loro tradizioni, ricavandone insegnamenti umani, prima ancora che culturali, di grande significato e facendosene portavoce. Un interessante esempio ce lo offre nel brano *Quell'autunno c'era l'iniziazione* (► p. 616), nel quale evidenzia il valore specifico di una cerimonia rituale presente presso tanti altri popoli.

Una vasaia indiana dipinge lampade di terracotta per l'occasione del Diwali, la festa indiana delle luci, ad Amritsar, India, 2003.

Luis Sepúlveda

# Tra gli *indios* dell'Amazzonia

Da
Il vecchio che leggeva romanzi d'amore, 1989
Romanzo d'avventura

Antonio José Bolívar Proaño è un vecchio prudente e riflessivo che risiede da tempo in un posto dimenticato da Dio, El Idilio, alle soglie della foresta amazzonica. In un lungo *flashback*, ci rivela la sua vicenda personale di uomo che in passato è vissuto a lungo con gli *indios*, gli *shuar*, fino alla decisione di abbandonarli e di lasciare la foresta per ritornare al villaggio, dove è costretto a vivere come un "diverso".

Antonio José Bolívar Proaño sapeva di non poter tornare al villaggio sulla sierra[1]. I poveri perdonano tutto, meno il fallimento[2].

Era obbligato a fermarsi, a rimanere lì in compagnia appena di qualche ricordo. Voleva vendicarsi di quella regione maledetta, di quell'inferno verde che gli aveva strappato l'amore e le speranze. Sognava un gran fuoco che trasformasse tutta quanta l'Amazzonia in una pira[3].

E nella sua impotenza scoprì che non conosceva abbastanza bene la foresta da poterla odiare.

Imparò la lingua degli shuar[4] andando a caccia con loro. Inseguivano tapiri, roditori, capibara[5], *saínos* – piccoli cinghiali dalle carni saporitissime –, scimmie, uccelli e rettili. Imparò a servirsi della cerbottana, silenziosa ed efficace nella caccia, e della lancia per i veloci pesci.

Con loro abbandonò i suoi pudori di contadino cattolico. Girava seminudo ed evitava il contatto coi nuovi coloni, che lo guardavano come fosse un idiota.

Antonio José Bolívar Proaño non pensò mai alla parola libertà, ma la godeva a suo piacimento nella foresta. Per quanto cercasse di far rivivere il suo progetto di odio, continuava a sentirsi bene in quel mondo, finché pian piano dimenticò, sedotto da quei luoghi senza confini né padroni.

Mangiava quando aveva fame. Sceglieva i frutti più saporiti, rifiutava di prende-

1 **sierra**: termine spagnolo, significa catena montuosa, montagna.
2 **fallimento**: il protagonista non era riuscito nella sua attività di colono e per di più aveva perso anche la moglie.
3 **pira**: catasta di legno edificata per bruciare i cadaveri.
4 **shuar**: sono gli *indios* del territorio ecuadoriano dell'Amazzonia che lo avevano accolto tra di loro.
5 **capibara**: un roditore sudamericano.

Una capanna costruita sulla riva del fiume Napo in Ecuador.

re certi pesci perché gli sembravano lenti, seguiva le tracce di un animale selvatico e quando l'aveva a tiro di cerbottana il suo appetito cambiava idea.

Al cader della notte, se desiderava stare solo si sdraiava sotto una canoa, se invece aveva bisogno di compagnia cercava gli shuar.

Loro lo accoglievano compiaciuti. Dividevano con lui il loro cibo, i loro sigari fatti di foglie, e chiacchieravano per lunghe ore sputando a profusione intorno all'eterno fuoco a tre pali.

«Come siamo?» gli chiedevano.

«Simpatici come un branco di scimmie, chiacchieroni come dei pappagalli ubriachi e strilloni come dei diavoli.»

Gli shuar accoglievano i paragoni con grasse risate, scoreggiando rumorosamente per la contentezza.

«Là da dove vieni tu, come è?»

«Freddo. La mattina e la sera si gela. Bisogna usare dei poncho lunghi, di lana, e cappelli.»

«Ecco perché puzzate. Cacando insudiciate il poncho.»

«No. Be', a volte succede. Ma il fatto è che con il freddo non possiamo fare il bagno quando vogliamo, come voi.»

«Anche le vostre scimmie portano il poncho?»

«Non ci sono scimmie sulla sierra. E nemmeno cinghiali. La gente della sierra non va a caccia.»

«E allora che cosa mangiate?»

«Quello che c'è. Patate, mais. A volte un maiale o una gallina, per le feste. O un porcellino d'India nei giorni di mercato.»

«E che fate, se non andate a caccia?»

«Lavoriamo. Da quando si alza il sole a quando va giù.»

«Che stupidi!» sentenziavano gli shuar.

[...]

## L'AUTORE

**Luis Sepúlveda** è uno degli autori più rappresentativi della letteratura sudamericana contemporanea. Nasce a Ovalle, in Cile, nel 1949. Impegnato nella vita politica del suo paese, in seguito al colpo di Stato militare del 1973 del generale Pinochet viene arrestato, torturato e infine esiliato. Incomincia a peregrinare per vari paesi dell'America del Sud. Come membro di una missione di studi dell'Unesco trascorre sette mesi nella foresta amazzonica ecuadoriana, insieme agli *indios shuar*: ne trae l'ispirazione per il romanzo *Il vecchio che leggeva romanzi d'amore* (1989). Sensibile alle tematiche ambientali, affianca l'associazione Greenpeace nell'azione di difesa ambientale del pianeta. Vive per lunghi periodi in Germania e in Francia; attualmente risiede in Spagna, nella regione delle Asturie.

Luis Sepúlveda ha ottenuto con i suoi romanzi un vasto successo internazionale, trasmettendo ai lettori tutta la sua sensibilità e passione per i temi della libertà individuale, della difesa ambientale, delle diverse culture, delle passioni degli uomini. Sono i valori espressi in *Il mondo alla fine del mondo* (1989), *La frontiera scomparsa* (1994), nel racconto per ragazzi *Storia di una gabbianella e del gatto che le insegnò a volare* (1996), in *Diario di un killer sentimentale* (1996), *Incontro d'amore in un paese in guerra* (1997), *Le rose di Atacama* (2000), *La fine della storia* (2016). Sepúlveda si è dedicato anche alla scrittura di favole, raccolte nella *Trilogia dell'amicizia* (2014), che hanno per protagonisti animali e si presentano come metafore della vita.

La vita nella foresta temprò[6] ogni più piccola parte del suo corpo. Acquistò muscoli felini che con il passare degli anni diventarono asciutti come nervi. Conosceva la foresta bene quanto uno shuar. Nuotava bene come uno shuar. In definitiva era come uno di loro, ma non era uno di loro.

Così ogni tanto doveva andarsene, perché – gli spiegavano – era un bene che non fosse uno di loro. Desideravano vederlo, averlo accanto, ma volevano anche sentire la sua mancanza, la tristezza di non potergli parlare, e il salto di gioia che il cuore faceva loro in petto quando lo vedevano ricomparire.

La stagione delle piogge e quella della bonaccia[7] si succedevano. Stagione dopo stagione conobbe i riti e i segreti di quel popolo. Partecipò al quotidiano omaggio alle teste rimpicciolite dei nemici morti, con dignità, da guerrieri, intonando assieme ai suoi **anfitrioni** gli *anents*, i poemi cantati, espressione di gratitudine per il coraggio trasmesso e del desiderio di una pace duratura.

Fu invitato al generoso festino offerto dai vecchi quando decidevano che era arrivata l'ora di «andarsene», e dopo che si erano addormentati sotto gli effetti allucinogeni della chicha[8] e della natema[9], in mezzo a visioni felici che aprivano loro la porta di esistenze future già delineate, aiutò a portarli fino a una capanna lontana e a coprire i loro corpi con un dolcissimo miele di palma.

PAROLE *sotto la lente*

**Anfitrione**

Il sostantivo indica il padrone di casa gentile e accogliente con gli ospiti. La parola deriva, per antonomasia, dal nome di un eroe della mitologia greca, presente come personaggio in una commedia dell'autore latino Plauto (in greco *Amfitrùon*, in latino *Amphitryon*). Anfitrione era il marito di Alcmena, e per conquistarla il dio Giove, che si era invaghito di lei, assunse l'aspetto del marito assente.

**Attività**

Altri personaggi della mitologia greca, come Anfitrione, sono diventati famosi e per antonomasia indicano una caratteristica particolare. Te ne suggeriamo due; informati su chi furono e quale particolarità indicano: Sosia e Mentore.

Il giorno successivo, intonando *anents*[10] di saluto a quelle nuove vite, ora sotto forma di pesci, farfalle o animali saggi, prese parte alla raccolta delle ossa bianche[11], perfettamente pulite, i resti inutili degli anziani trasportati verso le altre vite dalle mandibole implacabili delle formiche añango.

Durante la sua vita tra gli shuar non ebbe bisogno dei romanzi per conoscere l'amore.

Non era uno di loro, e pertanto non poteva avere mogli. Ma era come uno di loro, e quindi lo shuar anfitrione, durante la stagione delle piogge, lo pregava di accettare una delle sue spose per maggiore orgoglio della sua casta[12] e della sua casa.

La donna offertagli lo conduceva fino alla riva del fiume. Lì, intonando *anents*, lo lavava, lo adornava e lo profumava, per poi tornare alla capanna ad amoreggiare su una stuoia, coi piedi in alto, riscaldati dolcemente da un fuoco, senza mai smettere di intonare *anents*, poemi nasali che descrivevano la bellezza dei loro corpi e la gioia del piacere, aumentato infinitamente dalla magia della descrizione.

Era amore puro, senza altro fine che l'amore stesso. Senza possesso e senza gelosia.

«Nessuno riesce a legare un tuono, e nessuno riesce ad appropriarsi dei cieli dell'altro nel momento dell'abbandono.»

Così gli spiegò una volta il suo compagno Nushiño.

6 **temprò**: irrobustì, rese più forte.
7 **bonaccia**: mancanza di vento.
8 **chicha**: bevanda ottenuta con la fermentazione del mais e della saggina con zucchero.
9 **natema**: sostanza allucinogena.
10 ***anents***: canti.
11 **ossa bianche**: il rituale degli *shuar* prevede che gli anziani morti, ormai trasformatisi in altri esseri, vengano lasciati spolpare dalle formiche, per poi raccogliere le loro ossa.
12 **casta**: classe sociale d'appartenenza per nascita.

Vedendo passare il fiume Nangaritza si sarebbe potuto pensare che il tempo schivasse quell'angolo amazzonico, ma gli uccelli sapevano che da occidente avanzavano lingue potenti frugando nel corpo della selva.

Macchine enormi aprivano nuove strade e gli shuar aumentarono la loro mobilità. Non si fermavano più i tre anni abituali nello stesso luogo, per poi spostarsi e permettere il recupero della natura. A ogni cambio di stagione si caricavano sulle spalle le capanne e le ossa dei loro morti e si allontanavano dagli estranei che venivano a occupare le rive del Nangaritza.

Giungevano altri coloni, questa volta richiamati da promesse di sviluppo legate al legname e all'allevamento del bestiame. Con loro arrivava anche l'alcool privo di rituale[13], e quindi la degenerazione dei più deboli. Ma soprattutto aumentava la peste dei cercatori d'oro, individui senza scrupoli venuti da tutti i confini con il solo scopo di arricchirsi rapidamente.

Gli shuar si spostavano verso oriente cercando l'intimità delle foreste impenetrabili.

Una mattina, sbagliando un tiro di cerbottana, Antonio José Bolívar scoprì che invecchiava. Era arrivato anche per lui il momento di andarsene.

Prese la decisione di installarsi a El Idilio e vivere di caccia. Sapeva di non essere capace di decidere l'istante della propria morte e di lasciarsi divorare dalle formi-

13 **l'alcool...rituale**: l'alcool offerto dai coloni agli *indios* per ingraziarseli.

## STORIE da SCOPRIRE

### *Il vecchio che leggeva romanzi d'amore* di Luis Sepúlveda

Con il romanzo *Il vecchio che leggeva romanzi d'amore* (1989) Luis Sepúlveda è stato scoperto dall'universo dei lettori ed è entrato di diritto tra i grandi della letteratura sudamericana. Il libro è dedicato a Chico Mendez, leader sindacale indigeno dei raccoglitori di caucciù e difensore dell'Amazzonia, simbolo, come scrive nella dedica Luis Sepúlveda, del "Movimento Ecologico Universale", ucciso da sicari per la sua attività politico-sindacale.

Nella sierra ecuadoriana, la vita di Antonio José Bolívar Proaño non ha più ormai alcuna motivazione: ha tentato invano la fortuna come colono agricolo e per giunta ha perso la moglie deceduta per gli stenti. Decide, allora, di inoltrarsi nella foresta, dove viene accolto dagli *indios shuar*, i quali lo introducono ai segreti del loro mondo culturale; gli insegnano quel rispetto per la natura che i *gringos*, assetati di ricchezze, non possiedono. Ritornato al villaggio, viene guardato come un estraneo proprio per i suoi modi di vita, tra i quali anche il piacere di leggere, in particolare romanzi d'amore. In seguito all'uccisione di alcuni uomini da parte di un *tigrillo*, un aggressivo felino, accecato dal dolore per la soppressione dei suoi cuccioli, Antonio José Bolívar è costretto dal sindaco locale a partecipare a una spedizione di caccia per abbattere l'animale che si aggira nei dintorni del villaggio. Mentre gli altri partecipanti alla spedizione non sono in grado di affrontare la prova perché non sanno muoversi nella foresta, non conoscono le abitudini del *tigrillo* e sparano inutilmente a tutto ciò che si muove, lui solo può inseguire e uccidere l'animale, forte della sua esperienza tra gli *indios* e del suo intenso legame con la vita della foresta. Ha così inizio un'epica caccia che assume un valore simbolico: l'animale, il *tigrillo*, assurge a simbolo della natura che cerca disperatamente di difendersi dagli attacchi degli uomini. A malincuore l'uomo lo uccide, maledicendo il fucile e i *gringos*, per colpa dei quali anni prima aveva dovuto abbandonare gli *shuar* e per colpa dei quali aveva dovuto dar vita a quella assurda caccia. Infine, se ne ritorna a leggere i suoi romanzi, di nuovo estraneo a tutto e a tutti.

che. E poi, se anche vi fosse riuscito, sarebbe stata una cerimonia triste.

Era come loro, ma non era uno di loro, e non avrebbe avuto né una festa né un distacco allucinato.

[...]

Dopo cinque giorni di navigazione arrivò a El Idilio. Il luogo era cambiato. Una ventina di case in fila formavano una strada davanti al fiume, e in fondo una costruzione un po' più grande mostrava sul davanti un'insegna gialla con la parola municipio.

C'era anche un molo di assi che Antonio José Bolívar evitò, continuando a navigare per alcuni metri più a valle, finché la stanchezza non gli indicò un posto dove innalzare una capanna.

All'inizio quelli del posto lo sfuggirono guardandolo come fosse un selvaggio, perché lo vedevano addentrarsi nella selva armato di doppietta, una Remington calibro quattordici ereditata dall'unico uomo che aveva ucciso, e nel modo sbagliato; ma presto scoprirono l'importanza di averlo vicino.

Tanto i coloni come i cercatori d'oro commettevano ogni tipo di stupidaggine nella foresta. La depredavano sconsideratamente, e questo faceva sì che alcune bestie diventassero feroci.

A volte, per guadagnare qualche metro di terreno pianeggiante, disboscavano in modo disordinato lasciando isolato un boa rompiossa, e questo si vendicava eliminando una mula, oppure facevano la sciocchezza di attaccare i *saínos* quando erano in amore, il che trasformava quei piccoli cinghiali in mostri aggressivi. E poi c'erano i gringos[14] delle installazioni petrolifere.

Arrivavano in gruppi chiassosi portando armi sufficienti a equipaggiare un battaglione, e si lanciavano nella foresta pronti ad ammazzare tutto quello che si muoveva. Si accanivano con i *tigrillos*[15], senza risparmiare cuccioli e femmine incinte, e alla fine, prima di andarsene, si facevano fotografare insieme alle dozzine di pelli stese a essiccare.

I gringos se ne andavano e le pelli rimanevano lì a marcire, finché una mano diligente le gettava nel fiume, e i *tigrillos* sopravvissuti si vendicavano sbranando qualche vacca famelica.

Antonio José Bolívar si occupava di tenerli a freno, mentre i coloni rovinavano la foresta costruendo il capolavoro dell'uomo civilizzato: il deserto.

Ma gli animali durarono poco. Le specie sopravvissute diventarono più astute: seguendo l'esempio degli shuar e di altre culture amazzoniche anche gli animali si addentrarono nella foresta, in un inevitabile esodo verso oriente.

Antonio José Bolívar Proaño si ritrovò con tutto il tempo a sua disposizione, e scoprì che sapeva leggere[16] [...].

L. Sepúlveda, *Il vecchio che leggeva romanzi d'amore*, trad. it. di I. Carmignani, TEA, Milano, 2011

14 **gringos**: con questo termine dal valore dispregiativo sono designati un po' tutti i bianchi e in particolare i nordamericani.

15 ***tigrillos***: felini sudamericani, chiamati anche gatti-tigre, caratterizzati dal manto maculato e dalla lunga coda.

16 **leggere**: con questa constatazione si conclude il lungo *flashback*; il protagonista ormai è vecchio e si dedica alla lettura di romanzi d'amore.

Un leopardo pronto per il balzo tra le radici di un grande kapok nella foresta amazzonica in Ecuador.

## per L'ANALISI del TESTO

### Il pensiero dell'autore

In questa vicenda narrativa, ambientata in un **contesto esotico** e selvaggio, troviamo evidenti **riferimenti autobiografici**. Infatti, in un'intervista Luis Sepúlveda ebbe a dichiarare: «Ho vissuto con gli *shuar* per sette mesi; ho imparato le loro abitudini, la loro lingua, ma soprattutto la loro percezione del mondo. Con loro ho scoperto che esistono mondi che non si possono e non si devono trasformare; un progetto di vita armonica con la natura non è in contraddizione con il progresso». Una simile dichiarazione illustra il pensiero di Sepúlveda, ma nel contempo costituisce anche i proponimenti del protagonista del romanzo.

### Amore per la natura

Antonio José Bolívar, dopo aver tentato invano l'attività del colono, si innamora della **foresta** e della **vita naturale** che gli *indios* conducono («continuava a sentirsi bene in quel mondo, [...] sedotto da quei luoghi senza confini né padroni», rr. 17-18), finendo con il diventare estraneo rispetto al villaggio da cui proviene, senza però sentirsi mai fino in fondo un *indio*. Nel brano si dice spesso che Antonio José «era come uno di loro» (r. 51), ma anche che «non era uno di loro» (r. 51). È una frase che ben riassume la situazione vissuta dal protagonista, il cui valore è stato spiegato dallo stesso Sepúlveda: "Questo *refrain* si ripete in tutta la parte centrale del romanzo e rappresenta la **metafora dell'esilio**, dalla quale si comprende come la convivenza tra civiltà diverse sia possibile, a condizione che si rispetti l'ambiente naturale, i suoi equilibri e persino la crudeltà che può custodire".

### Timori per il futuro

Il **confronto fra culture** avviene all'interno di un **ambiente** che ha un ruolo di primo piano, da **protagonista** al pari degli individui che lo abitano: la vegetazione lussureggiante, le piogge, la vita del fiume, gli animali selvaggi e pericolosi, un ambiente che tuttavia sente la pesante minaccia che si avvicina. Il pericolo è rappresentato da *gringos*, cercatori d'oro, cacciatori e coloni che tutto saccheggiano e depredano («i coloni rovinavano la foresta costruendo il capolavoro dell'uomo civilizzato: il deserto», rr. 140-141), incapaci di misurare le loro azioni alle altrui esigenze, tanto meno a quelle degli *indios*, che da secoli, invece, convivono con l'ambiente naturale. Sepúlveda non sembra molto fiducioso: gli *indios* si ritirano sempre più nel folto della vegetazione, e con loro gli animali. Sembra delinearsi una sconfitta che non può essere solo di natura ecologica, perché coinvolge fino in fondo l'uomo e ne mette in evidenza la sua **incapacità di confrontarsi**, proteso come sembra a sacrificare ogni valore in nome del **progresso**, il cui volto è troppo spesso violento.

Henri Rousseau, *Paesaggio esotico*, 1910. (Pasadena, Norton Simon Museum)

# Attività

## Leggere e comprendere

1 **Lo stato d'animo** Quale stato d'animo vive il protagonista quando dal villaggio sulla sierra si trasferisce nella foresta?

**a.** Frustrazione, solitudine, desiderio di vendetta

**b.** Serenità, senso di liberazione e di autoaffermazione

**c.** Frustrazione, solitudine, desiderio di autodistruggersi

**d.** Paura, inquietudine, isolamento, nostalgia

2 **Le novità fuori e dentro di lui** Quali cambiamenti nella sua vita quotidiana e nel suo intimo si verificano quando si trasferisce nella foresta?

3 **Il rispetto per la natura** La sua vita è libera, ma contraddistinta da un profondo rispetto per la natura. In che modi esso si esprime?

**a.** Mangia quando ha fame, gli *shuar* gli offrono cibo, doni e amicizia

**b.** Mangia quando ha fame, caccia per mangiare, ma anche nel cacciare rispetta gli animali

**c.** Mangia all'alba e al tramonto, per mangiare caccia solo animali molto vecchi

**d.** Mangia solo quando il sole è alto nel cielo e uccide i primi animali che gli si presentano

4 **La vita con gli *indios*** L'uomo assimila lo stile di vita degli *indios* e intrattiene con loro rapporti sereni e liberi. Come si realizzano queste relazioni?

5 **Come loro, ma non uno di loro** Antonio si sente libero e vive come gli *shuar*, ma non è uno di loro. Quali passi evidenziano questa condizione?

6 **I riti** Con il passare degli anni Antonio entra in contatto anche con gli aspetti più profondi della cultura degli *indios* ed è ammesso ai segreti del popolo. Quali riti conosce?

7 **Le conseguenze** Quali conseguenze comporta l'arrivo dei *gringos* nel territorio degli *shuar*?

8 **Il ritorno** Antonio, dopo cinque giorni, giunge a El Idilio: descrivi il suo incontro con il luogo e gli abitanti.

9 **Gli uccelli sanno** La foresta è violata: gli uccelli sanno che cosa sta arrivando. Con quali parole è presentata questa realtà? Di quale figura retorica si tratta?

• ..............................................................................

**a.** Ripetizione

**b.** Similitudine

**c.** Metafora

**d.** Ossimoro

10 **L'inutile violenza** La violenza gratuita dei bianchi si esercita contro i *tigrillos*. Che cosa fanno e quali conseguenze ha il loro comportamento?

11 **Il confronto** Molte sono le evidenti differenze tra la vita degli *indios* e le abitudini del mondo occidentale. Distingui quelle vere da quelle false.

| | V | F |
|---|---|---|
| **a.** L'amore presso gli *indios* è fisico, fine a se stesso, gioioso | ☐ | ☐ |
| **b.** L'amore non esiste senza possesso e gelosia | ☐ | ☐ |
| **c.** La morte è scelta dagli anziani volontariamente | ☐ | ☐ |
| **d.** Si fanno ricoprire di miele per farsi divorare dalle formiche añango | ☐ | ☐ |
| **e.** Per morire si fanno trasportare in riva al mare e si lasciano portare dalla marea | ☐ | ☐ |
| **f.** Le vite si reincarnano in animali, le ossa vengono raccolte | ☐ | ☐ |

## Riconoscere e analizzare

12 **Il tempo della storia** Quando si svolge la vicenda?

**a.** Nel Medioevo

**b.** Nell'antica Roma

**c.** Nell'Ottocento

**d.** Nel Novecento

13 **La durata della storia** Risulta piuttosto difficile individuare la durata della storia. Perché?

14 **I luoghi** La foresta non è un semplice sfondo, ma un corpo vivo e quasi umano. Sottolinea nel testo espressioni che alludano alla personificazione della foresta e di alcuni suoi abitanti.

15 **Il narratore e il punto di vista** Come risultano il narratore e la focalizzazione?

a. Narratore esterno, focalizzazione interna
b. Narratore esterno, focalizzazione esterna
c. Narratore interno, focalizzazione interna
d. Narratore esterno, focalizzazione variabile

16 **Lo stile** Per quanto sia semplice e concreta, la prosa del testo è arricchita da alcune figure retoriche. Leggi le espressioni elencate sotto che contengono figure retoriche: riconoscile e spiegane il valore espressivo:

- «inferno verde» (r. 4): ..................................................
- «muscoli felini» (rr. 48-49): ..................................................
- «Conosceva la foresta bene quanto uno shuar» (rr. 49-50): ..................................................
- «gli uccelli sapevano» (r. 91): ..................................................
- «l'ora di "andarsene"» (rr. 64-65): ..................................................
- «lo lavava, lo adornava e lo profumava» (rr. 80-81): ..................................................
- «la peste dei cercatori d'oro» (r. 101): ..................................................

17 **Il lessico** Vocaboli riportati in lingua originale dallo scrittore concorrono a donare fascino alla narrazione perché intraducibili. Cercane degli esempi e spiegane il significato.

..................................................

18 **I temi** Quali argomenti di carattere etico, politico e sociale mette in campo questo racconto?

## Rielaborare e produrre

19 **Il riassunto** Suddividi il testo in sequenze e sintetizzalo in 200 parole.

20 **I diversi atteggiamenti** Gli *indios* e i *gringos* hanno comportamenti diversi verso l'ambiente naturale: da quali profonde convinzioni possono essere determinati?

21 **La ricerca** Informati sullo sfruttamento della foresta amazzonica: dati della distruzione, obiettivi perseguiti, strumenti utilizzati, conseguenze positive e negative per i singoli e l'umanità. Stendi poi un testo espositivo a partire da questi dati.

22 **Discutere** Rifletti sulla diffusa convinzione della presunta superiorità della cultura occidentale su quella indigena. Pensi che sia condivisibile? Affronta il problema e argomenta la tua opinione in un dibattito in classe.

# La letteratura latino-americana

Nella seconda metà del Novecento, la letteratura latino-americana si è fatta conoscere e apprezzare in tutto il mondo. Questo è avvenuto in gran parte per merito dello scrittore colombiano Gabriel **García Márquez** (1928-2014). Molti degli autori sudamericani, infatti, possono considerarsi esponenti del "realismo magico", filone letterario in cui la realtà si contamina di elementi magici e fantastici e di cui il romanzo di Márquez *Cent'anni di solitudine* (1967) è considerato il manifesto.

Tuttavia, la produzione narrativa dei paesi del Sudamerica si caratterizza anche per il legame imprescindibile con le vicende del territorio e, molto spesso, per l'impegno politico e sociale degli stessi autori. In molti paesi del continente sudamericano infatti, il Novecento è stato caratterizzato da turbolente vicissitudini politiche che hanno visto l'ascesa di feroci dittatori e hanno costretto la popolazione a vivere sotto regimi violenti.

## Scrittori contro la dittatura

Lo scrittore Eduardo **Galeano** (1940-2015), dopo il colpo di Stato militare in Uruguay del 1973, viene imprigionato per le sue idee e per le sue opere e in seguito fugge in Argentina. Nel saggio *Le vene aperte dell'America latina* (1971) Galeano analizza le cause della povertà del continente sudamericano e lo sfruttamento subìto da parte delle potenze coloniali.

Il romanzo *La casa degli spiriti* (1982) della scrittrice Isabel **Allende** (1942) intreccia i principali avvenimenti della storia del Cile (il terremoto del 1960, l'elezione del presidente Salvador Allende nel 1970, il golpe del 1973 e il successivo sanguinoso regime del dittatore Augusto Pinochet) con le vicende personali di due famiglie.

Gioconda **Belli**, nata in Nicaragua nel 1948, milita nel Fronte Sandinista di Liberazione Nazionale e nel romanzo *La donna abitata* (1988) intreccia la sua autobiografia come donna impegnata politicamente con la storia di una donna indigena, vissuta cinquecento anni prima e impegnata a lottare contro gli invasori spagnoli.

## L'attenzione per il proprio popolo

Uno dei più noti autori cileni, Pablo **Neruda** (1904-1973), ha ricoperto importanti incarichi diplomatici per il suo paese, è stato senatore e grande sostenitore del presidente socialista Allende. La sua produzione poetica e letteraria è molto vasta e gli è valsa il premio Nobel per la Letteratura nel 1971. Neruda muore in circostanze sospette dopo il golpe di Augusto Pinochet, nel 1973.

Pablo Neruda e la moglie Matilde Urrutia a Mosca nel 1967.

Anche il brasiliano Jorge **Amado** (1912-2001) si è sempre schierato con il popolo e a favore dei diritti umani. I suoi numerosi romanzi denunciano i mali del Brasile: *Capitani della spiaggia* (1936) ha come protagonisti dei bambini senza tetto, i *meninos de rua*. *Terre del finimondo* (1943) riguarda i *fazendeiros* e l'occupazione delle terre; *Teresa Batista stanca di guerra* (1972) narra di una ragazza costretta a prostituirsi per vivere. Il suo romanzo più famoso, *Dona Flor e i suoi due mariti* (1966) racconta invece i sentimenti più profondi di una giovane vedova, le sue notti insonni e la sua insoddisfazione.

Lo scrittore messicano Carlos **Fuentes** (1928-2012) è stato attivamente impegnato in politica. Tra i suoi scritti, ricordiamo *La morte di Artemio Cruz* (1962), dove i ricordi personali del protagonista si intrecciano con la storia messicana, e *Terra nostra* (1975), dove affronta i temi della cultura e dell'identità messicane.

## La difesa dell'ambiente

Un altro dei grandi nomi della letteratura sudamericana è Luis **Sepúlveda** (1949, ▶ p. 581) . Anch'egli cileno, è stato esiliato dopo aver militato politicamente ed essersi opposto al regime dittatoriale. Da anni è impegnato nella difesa del pianeta e dell'ambiente a fianco dell'associazione Greenpeace. Nel romanzo *Il mondo alla fine del mondo* (1989) narra le avventure di un giornalista cileno che si trova a lottare con Greenpeace contro la caccia alle balene. La lotta degli ambientalisti che su una piccola barchetta si battono contro l'inquinamento da parte delle petroliere è sullo sfondo del libro per ragazzi *Storia di una gabbianella e del gatto che le insegnò a volare* (1996), titolo di grandissimo successo sia tra gli adulti che tra i ragazzi, adattato anche in un lungometraggio animato prodotto in Italia e diretto da Enzo D'Alò.

### DOMANDE

- Perché si dice "realismo magico" per definire parte della letteratura latino-americana?
- In *Donna abitata* di Gioconda Belli, il "realismo magico" risulta molto evidente. Perché?
- Ricerca e documenta brevemente quanto è accaduto in Cile nel 1973.

Chinua Achebe

# Il sentiero dei morti

Da
Il sentiero dei morti, 1953
Racconto d'ambiente

Michael Obi è un giovane direttore scolastico di belle speranze. Sicuro e fiero sostenitore della modernità, ingaggia un braccio di ferro con l'intero villaggio che si dimostra ancora attaccato alle sue tradizioni. Al centro del contendere è un sentiero particolare. Chi avrà più forza per piegare l'avversario? Quale mondo culturale finirà per prevalere?

Le aspettative di Michael Obi furono soddisfatte molto prima di quanto avesse previsto. Fu nominato direttore della *Ndume Central School* nel gennaio 1949. Era sempre stata una scuola che non progrediva, così le autorità della missione[1] decisero di mandare un uomo giovane ed energico a dirigerla. Obi accettò questa responsabilità con entusiasmo. Aveva tante idee splendide e ora finalmente avrebbe potuto metterle in pratica. La solida istruzione ricevuta alla scuola secondaria lo aveva preparato a divenire "un insegnante esemplare", come venne poi definito nei documenti ufficiali, e lo aveva reso diverso dagli altri direttori della missione. Era schietto nel condannare le vedute ristrette[2] di quanti erano più anziani e spesso meno istruiti di lui.

«Faremo un buon lavoro, non è vero?» chiese alla giovane moglie, quando apprese la bella notizia della sua promozione.

«Faremo del nostro meglio» lei rispose. «Avremo un giardino così bello e tutto sarà semplicemente *moderno* e delizioso...». Durante i due anni di vita coniugale era rimasta completamente contagiata dalla passione di lui per i "metodi moderni" e dal disprezzo per "quelle persone vecchie e sorpassate nel campo dell'insegnamento, che avrebbero fatto meglio a lavorare al mercato di Onitsha"[3]. Lei già si vedeva l'ammirata moglie del giovane direttore, la regina della scuola.

1 **missione**: è una residenza dei missionari cattolici, dotata di chiesa, scuola ed edifici di assistenza. Qui si parla di una missione in Nigeria.
2 **vedute ristrette**: opinioni limitate.
3 **Onitsha**: centro mercantile della Nigeria orientale.

## L'AUTORE

**Chinua Achebe** nasce nel 1930 a Ogidi, nella Nigeria sudorientale. La sua è un famiglia cristiana benestante che lo avvia a studi regolari svolti in lingua inglese. Achebe non dimentica, tuttavia, la lingua e la cultura della sua etnia igbo, una delle tre etnie dominanti in Nigeria. All'università, dalla facoltà di Medicina passa a quella di Letteratura inglese. Con la sua opera letteraria, s'impegna a far conoscere al mondo intero il difficile passaggio del suo paese e dell'Africa intera da una situazione tribale e coloniale a una nuova organizzazione politico-sociale, instabile e piena di rischi. È considerato uno dei più grandi scrittori africani, tra i primi a raccontare la realtà di quel continente dal punto di vista di un africano. Tra le sue numerose opere, ricordiamo i romanzi *Il crollo* (1958), *Ormai a disagio* (1960), *La freccia di Dio* (1964), raccolti nella trilogia epico-storica *Dove batte la pioggia*, nella quale Achebe narra il gravoso sforzo di un popolo per liberarsi dalle catene del colonialismo. Altre sue opere sono *Un uomo del popolo* (1966) e *Ragazze in guerra* (1973). La storia della Nigeria e del suo continuo succedersi di dittature militari è raccontata in *Viandanti della storia* (1987). Achebe ha scritto anche volumi di poesia, racconti e fiabe per ragazzi (*Il flauto e il tamburo*, 1995). Lo scrittore muore negli Stati Uniti, a Boston, nel 2013.

La sua posizione sarebbe stata invidiata dalle mogli degli altri insegnanti. Sarebbe stata lei a stabilire le mode in tutto... Poi, improvvisamente, le venne in mente che avrebbero potuto non esserci altre mogli. Incerta, tra speranza e paura, interrogò il marito in proposito, guardandolo ansiosamente.

«Tutti i nostri colleghi sono giovani e non sono sposati» disse con un entusiasmo che, per una volta, lei non condivise. «Il che è buono» aggiunse.

«Perché?»

«Perché dedicheranno tutto il loro tempo e le loro energie alla scuola.»

Nancy si sentì abbattuta. Per qualche minuto divenne scettica sulla nuova scuola, ma solo per qualche minuto. La sua piccola sventura personale non poteva renderla cieca al punto di non vedere le belle prospettive del marito. Lo guardò mentre sedeva rannicchiato su una poltrona. Le spalle erano curve e sembrava fragile. Ma a volte sorprendeva con improvvisi impeti di energia fisica. Eppure, nella posizione in cui si trovava adesso, tutta la forza del suo corpo sembrava si fosse concentrata negli occhi infossati, conferendo loro uno straordinario potere di penetrazione. Aveva solo ventisei anni, ma ne dimostrava trenta o più. Nel complesso però non era brutto.

«Un penny per i tuoi pensieri, Mike» disse Nancy dopo un po', imitando la rivista femminile che leggeva.

Un ragazzo in posa in uno studio fotografico in Nigeria negli anni Venti.

«Stavo pensando che ci si è finalmente presentata l'occasione per mostrare a questa gente come si dirige una scuola.» La *Ndume School* era indietro in ogni senso. Mr. Obi dedicava tutto il suo tempo all'impresa e la moglie faceva altrettanto. Egli aveva due obiettivi. Avrebbe cercato con tenacia di elevare il livello d'insegnamento e allo stesso tempo avrebbe trasformato il complesso della scuola in un luogo di bellezze. I giardini che Nancy aveva sognato presero vita con l'arrivo delle piogge e fiorirono. Splendide siepi di ibisco e di alisso[4], rosse e gialle brillanti, delimitavano l'area ben curata della scuola dalla vicina, fitta, boscaglia.

Una sera, mentre stava contemplando la sua opera, Obi rimase scandalizzato nel vedere una vecchia del villaggio che avanzava zoppicando proprio nel mezzo del giardino, attraverso un tappeto di calendule fra le siepi. Lì trovò poi delle tracce appena visibili di un sentiero in disuso[5], che partiva dal villaggio e attraversava il complesso della scuola per poi proseguire nel bosco in direzione opposta.

«Mi meraviglia» disse Obi a uno dei suoi insegnanti che era nella scuola da tre anni «come voi tutti abbiate permesso agli abitanti del villaggio di fare uso di quel sentiero. È semplicemente inconcepibile.» Scosse la testa.

«Il sentiero» disse l'insegnante in tono di scusa, «pare che sia molto importante per loro. Benché venga poco usato, collega l'altare del villaggio con il luogo di sepoltura.»

«E questo che cosa c'entra con la scuola?» chiese il direttore.

«Ebbene non lo so» rispose l'altro alzando le spalle. «Ma ricordo che ci fu un grosso tafferuglio qualche tempo fa, quando cercammo di chiuderlo.»

«È accaduto tempo fa. Ma adesso non verrà più usato», disse Obi, mentre si

4 **alisso**: pianta che produce piccoli fiori gialli o bianchi.

5 **in disuso**: non più praticato.

allontanava. «Che cosa penserà il funzionario del governo, quando la prossima settimana verrà per l'ispezione scolastica? Gli abitanti del villaggio potrebbero decidere, per quanto ne so, di usare le aule per qualche rituale pagano durante l'ispezione.»

Vennero piantati dei grossi pali a distanza ravvicinata per sbarrare il sentiero nei due punti in cui entrava e usciva dall'area della scuola. I pali furono ulteriormente rinforzati con filo spinato.

Tre giorni più tardi, il sacerdote del villaggio[6] di Ani fece una visita al direttore. Era un uomo vecchio e camminava un po' curvo. Portava un bastone da passeggio ed era solito batterlo per terra, dando enfasi[7] alle sue parole, ogni volta che affrontava un nuovo aspetto della discussione.

«Ho udito» disse dopo il consueto scambio di cordialità «che recentemente il nostro sentiero avito[8] è stato chiuso...»

«Sì» rispose Mr. Obi. «Non possiamo permettere che la gente scambi l'area della scuola per una strada maestra.»

«Vedi, figlio mio» disse il sacerdote battendo il bastone per terra «questo sentiero era qui prima che tu nascessi e prima che tuo padre nascesse. L'intera vita del villaggio dipende da esso. I nostri parenti morti lo percorrono quando partono e i nostri antenati lo usano quando vengono a visitarci. Ma soprattutto si tratta del sentiero che i bambini prendono per venire al mondo...»

Mr. Obi ascoltava con un sorriso soddisfatto sul volto. «Lo scopo della nostra scuola» disse infine «è proprio di sradicare **credenze** come questa. I morti non hanno bisogno di sentieri. La sola idea è semplicemente assurda. Il nostro dovere è insegnare ai vostri bambini a ridere di tali idee.»

«Ciò che dici può essere vero», rispose il sacerdote «ma noi seguiamo le consuetudini dei nostri padri. Se apri di nuovo il sentiero non ci sarà nessun motivo di discordia. Ho sempre detto questo: lascia posare il falco e lascia posare l'aquila[9].» Si alzò per andarsene.

«Mi dispiace» disse il giovane direttore. «Ma il complesso scolastico non può essere una via di transito. È contro il regolamento. Vi suggerirei di costruire un altro sentiero che costeggi gli edifici. Possiamo anche offrirvi l'aiuto dei nostri ragazzi per costruirlo. Suppongo che gli antenati non troveranno la piccola deviazione troppo gravosa.»

«Non ho più niente da aggiungere» disse il vecchio sacerdote, già fuori dalla porta.

Due giorni più tardi una giovane donna del villaggio morì di parto. Fu consultato immediatamente un indovino, che prescrisse solenni sacrifici per propiziare[10] gli antenati insultati dalla recinzione.

Obi si svegliò la mattina dopo tra le rovine di quanto aveva costruito. Le belle siepi erano state sradicate, non solo vicino al sentiero, ma tutto intorno alla scuola, i fiori calpestati a morte e una delle costruzioni demolita... Quel giorno il funzionario bianco venne per l'ispezione scolastica e scrisse una dura relazione sullo stato degli edifici, ma lamentò soprattutto "la situazione da guerra tribale[11] sviluppatasi tra la scuola e il villaggio, dovuta in parte all'eccesso di zelo[12] del nuovo direttore".

C. Achebe, *Racconti dall'Africa: narratori africani contemporanei*, trad. it. di C. Pugliese, Mondadori, Milano, 1993

6 **il sacerdote del villaggio**: si tratta di un sacerdote della religione tradizionale del villaggio.
7 **enfasi**: importanza eccessiva.
8 **avito**: degli avi, degli antenati.
9 **lascia...l'aquila**: il proverbio allude alla convinzione che nel mondo c'è spazio per tutti, quindi è possibile una convivenza pacifica.
10 **propiziare**: conquistare il favore.
11 **guerra tribale**: guerra fra tribù rivali.
12 **eccesso di zelo**: troppo ardore e puntiglio.

PAROLE *sotto la lente*

**Credenza**

Il sostantivo proviene dal latino medioevale *credentia*, derivato da *credo* = affidare, fidarsi, ritenere vero. Indica propriamente l'atto del credere, quindi è un'opinione e in senso più concreto si parla spesso di "credenze popolari". Può significare anche fede, credito, assicurazione, e anticamente anche segreto, segretezza. È interessante osservare come anche "credenza", inteso come mobile da cucina, derivi il suo nome dalla voce "credenza" già presentata, attraverso la locuzione "far credenza", riferita all'assaggio dei cibi prima di portarli in tavola, in uso in tempi antichi.

**Attività**

Trova due sinonimi della parola "credenza" per ciascun suo significato.

## per L'ANALISI del TESTO

### Tradizione e modernità

Il testo ci introduce a un tema più volte affrontato da Chinua Achebe: il passaggio, in Nigeria come in tanti altri paesi africani, da un mondo culturale legato alle **tradizioni** al mondo della **modernità** e del **progresso**, per il quale le antiche mentalità sono un freno, quindi semplicemente da cancellare.

La vicenda segue nel suo evolversi un percorso lineare e ben identificabile: l'antefatto è dato dalla promozione del giovane insegnante Michael Obi a direttore della scuola che fino a quel momento si presentava come arretrata. A ostacolare i suoi progetti tendenti a rendere la scuola un modello di efficienza e di bellezza è un antico sentiero che attraversa il giardino, percorso dagli abitanti del villaggio e dal particolare valore per la tradizione locale. L'incontro tra il direttore e il vecchio sacerdote del villaggio sottolinea lo **scontro di mentalità** e di obiettivi; il culmine del racconto è dato dal **sorprendente finale** che segna la sconfitta del protagonista.

Siamo, dunque, nel bel mezzo di uno scontro tra vecchio e nuovo, tra antico e moderno. L'autore dimostra tutta la sua abilità di narratore costruendo una trama che dall'iniziale apparente prevalere della "modernità", con i connessi valori di efficienza, lentamente si evolve verso un progressivo affermarsi dell'"antichità", con i relativi schemi di pensiero basati sulla tradizione.

### Due personaggi contrapposti

A incarnare i valori contrapposti sono i due personaggi principali.

Il giovane direttore è il **protagonista**; di lui, man mano che il racconto procede, conosciamo tutto quanto è necessario per inquadrarlo adeguatamente: «insegnante esemplare» (r. 7), appare sicuro di sé nell'impostare il nuovo lavoro di direzione; è pieno di entusiasmo per tutto quello che ha il sapore della modernità; è in sintonia con la moglie Nancy che, conquistata dagli obiettivi del marito, svolge le funzioni di aiutante.

Il vecchio sacerdote del villaggio è l'**antagonista**: bastano poche righe per delinearne la sua figura, caratterizzata da saggezza e autorità (la persona curvata dall'età; il tono amichevole, ma fermo; il bastone battuto per terra, che conferisce ulteriore potere alle sue parole).

### Uno scontro culturale

Il colloquio tra i due è la sintesi dello **scontro culturale e generazionale**: a un sapere e a una religiosità frutto di consuetudini e valori antichi («prima che tu nascessi e prima che tuo padre nascesse», r. 83) si contrappone la sicurezza e l'efficienza della modernità che irride al passato («"Lo scopo della nostra scuola" disse infine "è proprio di sradicare credenze come questa. I morti non hanno bisogno di sentieri. La sola idea è semplicemente assurda. Il nostro dovere è insegnare ai vostri bambini a ridere di tali idee"», rr. 87-90).

La chiusura del racconto assume un carattere di grande significato: la ribellione del villaggio e la sanzione del funzionario mettono in risalto come non sia possibile avvicinarci a problemi di differenza culturale con superficialità e in maniera semplicistica e come si debba perseguire una via di gradualità nel confronto tra culture. Solo mettendo in pratica simili presupposti si può sperare che la convivenza pacifica si affermi e l'integrazione reciproca avvenga senza traumi.

### Struttura e stile

La scrittura di Chinua Achebe risulta semplice e scorrevole e consente al racconto di svilupparsi in maniera lineare: poste le basi culturali del protagonista, ecco farsi avanti un ben caratterizzato antagonista, con la sorprendente chiusura del giudizio negativo sull'operato del giovane direttore scolastico. **Sequenze descrittive**, **riflessive** e **dialogiche** si alternano, determinando il **ritmo vario** del racconto. L'intera vicenda è raccontata da un **narratore esterno**, con il prevalere del **punto di vista del protagonista**.

Un sentiero si perde nella savana della Nigeria.

# Attività

## Leggere e comprendere

1 **Il nuovo incarico** Il nuovo direttore, Michael Obi, ha il compito di migliorare una scuola che non progredisce. Quali metodi pensa di usare per raggiungere lo scopo?

**a.** Indagini scientifiche conoscitive delle tradizioni antiche
**b.** La razionalità e la modernità, contro la tradizione culturale del popolo
**c.** La gradualità per trasformare le tradizioni ataviche
**d.** La condivisione delle tradizioni popolari

2 **Michael** Perché Michael viene nominato direttore della *Ndume Central School*?

**a.** Perché ha una lunga esperienza
**b.** Perché è giovane ed energico
**c.** Perché conosce bene la scuola, essendone stato allievo
**d.** Perché ha stretti legami con i personaggi più in vista del villaggio

3 **Un uomo deciso e moderno** Il direttore vuole dare di sé l'immagine di un uomo deciso e moderno. Sottolinea nel testo parole e comportamenti che giustificano questo giudizio.

4 **I dubbi della moglie** La donna, pur condividendo la gioia per l'incarico attribuito al marito, mostra qualche giustificato dubbio. Quali affermazioni del testo lo mettono in evidenza? Riportale sotto.

.............................................................................................
.............................................................................................
.............................................................................................
.............................................................................................
.............................................................................................
.............................................................................................
.............................................................................................
.............................................................................................
.............................................................................................
.............................................................................................
.............................................................................................
.............................................................................................
.............................................................................................
.............................................................................................

5 **Un luogo di bellezze** Obi è convinto che, oltre alla qualità dell'insegnamento, si debba migliorare anche l'aspetto estetico della scuola. Ma anche in questa attività mostra un'ottusa indifferenza o ostilità verso quanto lo circonda. In che modo opera?

**a.** Realizza un'area fiorita e ordinata limitata da siepi tra la scuola e la boscaglia
**b.** Dà ordine alla vegetazione spontanea che circonda la scuola
**c.** Estirpa tutta la vegetazione spontanea e lascia uno spazio di terra battuta
**d.** Permette che la vegetazione della boscaglia racchiuda l'edificio scolastico

6 **Il sentiero** Un sentiero attraversa il giardino della scuola. Che cosa rappresenta per gli abitanti del villaggio? Perché per Obi è una realtà inconcepibile?

7 **Due civiltà a confronto** Il giovane direttore e il vecchio sacerdote si confrontano sull'importanza del sentiero; ognuno esprime le proprie ragioni, ma nei loro gesti e nelle loro parole vi è una grande differenza di ascolto e di rispetto per l'altro. Attribuisci i comportamenti, che ti elenchiamo in modo casuale, a ciascuno dei due uomini (D = direttore, S = sacerdote).

| | D | S |
|---|---|---|
| • Si mostra in tutta la sua mancanza di comprensione e di rispetto | ☐ | ☐ |
| • Invita l'altro a riflettere | ☐ | ☐ |
| • È sordo e prepotente di fronte agli avvertimenti | ☐ | ☐ |
| • È rispettoso | ☐ | ☐ |
| • Ritiene ridicole e schernisce con battute di spirito le richieste dell'altro | ☐ | ☐ |
| • Rifiuta qualsiasi accomodamento | ☐ | ☐ |
| • Procede a bloccare il sentiero con dei pali | ☐ | ☐ |
| • Suggerisce una pacifica convivenza | ☐ | ☐ |
| • Cerca una soluzione che lasci entrambi soddisfatti e liberi | ☐ | ☐ |
| • Non si oppone alla presenza della scuola lungo il sentiero | ☐ | ☐ |

8 **La conclusione** Quali fatti segnano la conclusione della contesa? Qual è la conseguenza di un atteggiamento troppo rigido?

## Riconoscere e analizzare

9 **Le sequenze** Il racconto può essere suddiviso in quattro sequenze, che ti elenchiamo. Attribuisci a ciascuna un titolo e indicane il tipo.

| Sequenza | Righe | Titolo | Tipo |
|---|---|---|---|
| Prima | «Le aspettative...istruiti di lui» (rr. 1-10) | | |
| Seconda | «Faremo...fitta, boscaglia» (rr. 11-51) | | |
| Terza | «Una sera...fuori dalla porta» (rr. 52-103) | | |
| Quarta | «Due giorni...nuovo direttore» (rr. 104-113) | | |

10 **Il tempo** Nel testo vi sono riferimenti abbastanza precisi sulla collocazione cronologica e sulla durata della storia. Prova a identificarli.

.......................................................................................

.......................................................................................

.......................................................................................

.......................................................................................

11 **I luoghi** Dove si svolge la vicenda?

a. In Algeria
b. In una missione della Nuova Guinea
c. In una missione della Nigeria
d. In una parrocchia inglese

12 **La presentazione dei personaggi** Da chi sono presentati nel testo i personaggi (dal narratore, da un altro personaggio, dalle loro stesse parole o azioni)?

- Michael Obi:

.......................................................................................

- Nancy:

.......................................................................................

- Il sacerdote:

.......................................................................................

13 **Le caratteristiche dei personaggi** Quali particolari caratteristiche dei personaggi sono messe in evidenza nel testo?

a. L'aspetto fisico
b. La condizione economica
c. Gli aspetti psicologici
d. I pensieri e i comportamenti

14 **Il sistema dei personaggi** Riconosci il sistema dei personaggi e indica un'anomalia presente.

- Michael Obi:

.......................................................................................

- Nancy:

.......................................................................................

- Il sacerdote:

.......................................................................................

- Anomalia:

.......................................................................................

.......................................................................................

.......................................................................................

## Rielaborare e produrre

15 **Il riassunto** Sintetizza il racconto in 150 parole.

16 **La razionalità** Il direttore ha totale fiducia nella razionalità e nell'efficienza e irride le credenze popolari riguardo al sentiero dei morti, alla nascita e alla morte. Pensi anche tu che tutto nella vita dell'uomo sia logico e razionale o conosci aspetti difficili da spiegare con la logica? Rispondi in un testo argomentativo di massimo 200 parole.

17 **Cultura-culture** È facile rendersi conto delle differenze che esistono tra le culture, intese come costumi e tradizioni di un popolo. A tuo parere, c'è un criterio per valutare se una cultura sia superiore o inferiore a un'altra o a tutte le altre? Rispondi argomentando bene la tua tesi in 400 parole.

## Isaac Bashevis Singer

# La favola della nonna

Da *Zlateh la capra e altre storie*, 1966

Racconto fantastico

Nella sera di Hanuccà nessuno vuole andare a letto presto, soprattutto i bambini che incominciano a giocare a *dreidel*, una specie di trottola numerata. Attorno al tavolo di gioco, però, si accomoda pure un ospite improvviso e ben strano, un giovanotto la cui presenza risulta insofferente anche a tutti gli animali della casa.

**PAROLE *sotto la lente***

**Favola**

Il sostantivo deriva dal latino *fabula*, legato al verbo *fari* = parlare, come fiaba e fola. In senso proprio indica una breve narrazione di cui sono protagonisti animali, piante o esseri inanimati, in cui è presente un insegnamento morale (► p. 11). Il termine passa poi a significare ogni tipo di narrazione fantastica, quindi leggenda o mito. In senso generale si riferisce a una cosa falsa, una fandonia ("Sono tutte favole!").

**Attività**

Trova un nome, un verbo, un aggettivo e un avverbio derivati da "favola".

Il *dreidel* è una piccola trottola con quattro facce, ognuna con una lettera che rappresenta un numero, e giocarci è un gran divertimento; i bambini però debbono andare a letto, aveva detto nonna Lea. Ma i nipotini la supplicarono di raccontare loro prima una **favola**.

C'era una volta un padre che aveva quattro figli e quattro figlie. I ragazzi avevano lunghi riccioli e le ragazze, le trecce: tutti in fila, sembravano i gradini di una scala. Era Hanuccà[1], che è il periodo della Befana per i bambini ebrei; tutte le candele furono accese, ognuno ricevette in regalo i suoi soldini e si

## *per conoscere* ISAAC BASHEVIS SINGER

**ISAAC BASHEVIS SINGER** è uno scrittore ebreo polacco di lingua yiddish, la lingua che si parlava tra le comunità ebraiche che vivevano nei paesi dell'Est europeo, fino alla loro distruzione ad opera del nazismo. Singer rappresenta una delle grandi voci che nel corso del Novecento ha saputo esprimere il mondo culturale e il dramma dell'esilio del popolo ebraico.

Lo scrittore nasce in Polonia, nel 1904, da una famiglia di tradizioni rabbiniche. Si trasferisce nel 1908 in un quartiere popolare di Varsavia, dove cresce in bilico tra due mondi: quello profano e storico della città moderna e quello religioso e senza tempo della sua casa e del quartiere ebraico. L'ambiente domestico, imbevuto di forte spirito religioso osservante, ha un'influenza determinante nella costruzione della personalità e della poetica del giovane Isaac.

Singer incomincia a scrivere nel 1919 in ebraico, ma due anni dopo preferisce esprimersi in yiddish, l'idioma della sua infanzia. Nel 1935 si trasferisce a New York per sottrarsi alle persecuzioni antiebraiche. Sradicato rispetto alle comunità ebraico-statunitensi, Singer continua la sua attività letteraria

Isaac Bashevis Singer in un ritratto di Tullio Pericoli del 1999.

mise a giocare a *dreidel*, dimenticandosi completamente che era ora di andare a letto. Mamma e papà ricordavano ogni momento ai loro bambini che si stava facendo tardi: ma chi vinceva voleva vincere di piú e chi perdeva voleva riguadagnare quel che aveva perduto. A un tratto, si sentí bussare alla porta, e, guarda! entrò un giovanotto con le basette e i baffi arricciati. Indossava un soprabito foderato di pelliccia di volpe, aveva un cappello con le piume e stivali alti con gli speroni. Era coperto di neve, ma allegro e nient'affatto preoccupato. Si era smarrito nella tormenta, disse. Poteva restare fino al mattino?

Fuori si trovava la sua slitta: tutta ornata di avorio intarsiato, era tirata da quattro cavalli bianchi e le redini splendevano di pietre preziose. I ragazzi tolsero le bardature ai cavalli, li condussero nella stalla e li nutrirono con fieno e avena. Domandarono all'ospite se avesse fame. "Come un lupo", rispose. Voleva unirsi a loro per giocare a *dreidel*? "Con piacere", disse, e si sedette al tavolo con loro.

Mangiò le frittelle con la cannella, bevve il tè con la marmellata e, con la sua pipa d'ambra[2] in bocca, faceva gli anelli di fumo. Puntò monete d'argento e le perdette; poi monete d'oro e perdette anche quelle. Per tutti gli altri il *dreidel* si fermava sulla "G", che è il punto piú alto, per lui sempre sulla "N", che è il piú basso. Perdeva e rideva, perdeva ancora e scherzava. Beveva vino e idromele[3], e il suo borsellino sembrava senza fondo. Mezzanotte era passata, e nessuno pensava piú ad andare a letto. A un tratto, i cani abbaiarono nella notte, i galli cantarono, le galline schiamazzarono, i corvi gracchiarono, le oche strepitarono, le anatre squittirono. Nella stalla i cavalli nitrirono e scalpitarono.

1 **Hanuccà**: è una delle tante feste del calendario religioso ebraico e dura otto giorni. Hanuccà vuol dire "inaugurazione", perché ricorda l'inaugurazione del tempio di Gerusalemme, che era stato profanato da chi vi aveva portato la statua di Giove.

2 **ambra**: resina fossile di colore giallo con la quale si costruiscono gioielli.

3 **idromele**: bevanda fermentata prodotta con latte e miele.

attingendo i temi da quel mondo e da quella cultura ebraica che aveva sempre vissuto e respirato. Nel 1978 riceve il premio Nobel per la Letteratura. Muore negli Stati Uniti nel 1991.

**• I romanzi •** Risale al 1935 la pubblicazione del romanzo *Satana a Goray*, incentrato sulla certezza del ritorno del Messia, tematica che risulterà ricorrente nella successiva produzione letteraria di Singer. In questo romanzo, ambientato nella Polonia del XVII secolo, avviene un terribile massacro di ebrei; i sopravvissuti sono facile conquista della predicazione di un falso messia che preannuncia il ritorno degli ebrei a Gerusalemme. Il rabbino si rende conto che questa predicazione ha un carattere demoniaco, ma è tentato di cooperare al trionfo del male per accelerare la redenzione totale.

Singer continua a scrivere romanzi, sempre in lingua yiddish, traducendoli poi in lingua inglese. Uno dei più significativi è intitolato *La famiglia Moskat* (1950), un magistrale affresco di uno dei periodi cruciali della storia del popolo ebraico, quando si svilupparono gli orrori della Shoah.

**• I racconti •** Sono, però, i racconti, presentati in vaste raccolte, a segnalare Singer come grande scrittore e a sospingerlo verso un successo mondiale. Con uno stile conciso e fantasioso, Singer fa rivivere l'immensa ricchezza del mondo ebraico, dimostrandosi in grado di portare sulla pagina piccolezze ed enormità, vicende private o fatti di respiro storico. Fra le varie raccolte si distingue *Gimpel l'idiota* (1957), i cui protagonisti sembrano uscire dalle tradizioni rabbiniche per assumere via via i caratteri di filosofi, di uomini d'esperienza, di innamorati della vita godereccia, di diavoli. Altre raccolte di racconti sono *I due bugiardi* (1961), *Un amico di Kafka* (1970), *Una corona di piume* (1973), nei quali Singer richiama la storia passata e quella recente, disegna personaggi coloriti, patetici, religiosi, tutti finalizzati a raccontare l'eterno scontro tra il bene e il male.

**• Le fiabe •** Inseguendo i suoi ricordi e fondendoli con immagini suggerite dalla sua inesauribile fantasia, Singer approda anche alla fiaba. La prima raccolta, *Zlateh la capra* (1966), presenta sette fiabe narrate da un Singer che veste i panni del nonno che racconta. Seguono *Mazel e Shlimazel* (1967) e *Quando Shlemiel andò a Varsavia* (1968), opere nelle quali lo scrittore sembra confidare nell'esistenza di un mondo intessuto di bontà, dove il male non può prevalere.

"Ma cosa gli prende alle nostre bestie, stanotte!" esclamò il maggiore dei ragazzi. Ed ecco, in quel momento guardò il muro e si accorse che c'erano solo otto ombre, invece di nove. Il forestiero non proiettava nessuna ombra. Adesso tutto era chiaro: si sa che i diavoli non hanno ombra. Dunque il loro ospite non era un uomo, bensí un demonio! Quando l'orologio batté tredici colpi, nessuno ebbe piú dubbi sulla vera natura dello straniero.

Egli, vedendo i visi spaventati dei bambini, capí che il suo segreto era stato scoperto. Si alzò in piedi con una sonora sghignazzata, tirò fuori la lingua fino a farle toccare la pancia e diventò alto il doppio. Dietro le orecchie, ecco, gli spuntarono le corna e se ne stette là, dritto: era proprio un diavolo.

Prima che qualcuno potesse dire una parola, cominciò a girare su se stesso come un *dreidel*, sempre piú forte, e la casa girava con lui.

La lampada di Hanuccà[4] vacillò, i piatti si fracassarono sul pavimento che ondeggiava come una nave sul mare in tempesta. Il diavolo fischiò: comparvero topi, e folletti col cappuccio rosso e gli stivali verdi si misero a ballare in tondo, ridendo e schiamazzando. Improvvisamente il diavolo cacciò fuori le ali, le sbatté e "Chicchirichí!", tutta la compagnia disparve.

4 **lampada di Hanuccà**: è un candelabro a otto braccia.

Oro e argento son spariti
tutti in sabbia convertiti
e la neve è inzaccherata
per la slitta che è passata.
Il tesoro non c'è piú,
solo odor di Belzebú.
Nei capelli dei bambini
nodi grossi e nodi fini,
nell'armadio e sotto il tavolo
ha sporcato tutto il diavolo.
Bravo il diavolo scappato
con la slitta a perdifiato.
Che vergogna, che sciagura!
Un bel gioco poco dura,
nella notte di Hanuccà
c'è chi viene e c'è chi va.

Questa è la favola raccontata da nonna Lea mentre faceva la calza per il nipotino piú piccolo.

"Nonna, nonna, raccontaci ancora qualcosa", la supplicavano i bambini. Ma nonna Lea li baciò sulla testa e disse che era tempo di andare a dormire.

"Domani, bambini, è un altro giorno. Ci sarà una candela nuova nella lampada di Hanuccà, neve fresca per terra, e io vi racconterò l'altra favola".

I.B. Singer, *Zlateh la capra e altre storie*, trad. it. di F. Boesch, Bompiani, Milano, 1978

Il *dreidel* è una sorta di trottola a quattro facce: su ciascuna faccia è impressa una lettera dell'alfabeto ebraico. È il gioco tradizionale della festa ebraica di Hanuccà.

## per L'ANALISI del TESTO

### Il mondo culturale ebraico

Il brano ci lascia intravedere una tessera di un mosaico complesso riguardante il mondo culturale ebraico. Sono sufficienti poche osservazioni per far emergere alcune profonde diversità riguardo alla **religione** e alla **vita degli ebrei**. Singer da bambino e poi da adulto si è costantemente nutrito di quel sapere frutto della tradizione e della cultura legata all'ebraismo, vivendo quotidianamente all'interno della numerosa comunità ebraica di Varsavia.

### C'era una volta

Il racconto si apre con una breve introduzione – il gioco del *dreidel* e i bambini che non vogliono andare a letto senza la consueta favola – che funge da **cornice** per avviare la storia. Questa prende le mosse dall'abituale formula di apertura, *C'era una volta...*, che spalanca un **mondo senza tempo** nel quale tutto può accadere. In realtà, proprio questo attacco e la successiva struttura (narrazione breve e in prosa, avventura fantastica, protagonisti buoni-cattivi, conclusione positiva) ci dicono che non si tratta di una favola (come il titolo potrebbe far credere), ma di una **fiaba**.

Il tema – la comparsa sotto false spoglie del demonio – è abbastanza consueto anche nella tradizione europea, in particolare italiana. Singer fa crescere piano piano le aspettative degli ascoltatori-lettori, introducendo un personaggio dai caratteri e dal comportamento così strani da suscitare immediati sospetti. L'ansia tocca l'apice sommando gli aspetti visivi (l'ombra del demonio non proiettata) a quelli uditivi (l'orologio che batte tredici colpi dopo mezzanotte) e si materializza in una sarabanda finale che vede il demonio scoperto e costretto alla fuga insieme ai suoi altrettanto sorprendenti complici.

### Una filastrocca riassuntiva

Parte integrante e conclusiva della fiaba è la **filastrocca** che, in rima baciata, ripropone la conclusione dello straordinario fatto, scioglie la tensione narrativa, accresce il piacere dell'ascolto, il gusto di sentire sotto altra forma espressiva come si sia concluso l'arcano accaduto nella notte di Hanuccà.

Marc Chagall, *La caduta dell'angelo*, 1923. (Basilea, Kunstmuseum)

# Attività

## Leggere e comprendere

1 **L'analogia** I bambini chiedono alla nonna di raccontare una favola ed ella ne sceglie una significativa dal suo repertorio. Perché quella favola è particolarmente adatta in quel momento?

**a.** La favola presenta, con il gioco del *dreidel*, un punto di continuità con il contesto

**b.** La favola presenta, con la presenza del demonio, un incentivo perché i bambini vadano a dormire

**c.** Nonna Lea è narratrice e protagonista della vicenda

**d.** La narrazione e la favola sono ambientate nello stesso periodo dell'anno

2 **Il momento magico** La vicenda narrata dalla nonna non si svolge in una serata qualsiasi, ma in un momento particolare e suggestivo. Quale?

**a.** La notte della festa degli azzimi

**b.** La notte di Pasqua

**c.** Una notte di Hanuccà

**d.** Una notte di Sukkot

3 **Lo strano tipo** La favola racconta di bambini che per giocare a *dreidel* non vogliono andare a dormire e a un tratto si presenta a casa loro uno strano tipo. Quali caratteristiche inquietanti si possono ritrovare nella sua presentazione?

4 **Le stranezze durante il gioco** Il nuovo giocatore trasforma il normale ritmo del gioco e incide anche sul comportamento dei giocatori. Che cosa succede?

5 **I segni chiarificatori** Come si arriva a identificare l'ospite con il demonio?

**a.** Egli non smette di vincere, tutto ruota intorno, le campane suonano tredici volte

**b.** Gli animali sono agitati, tutto si riempie di luce, le campane smettono di suonare

**c.** Gli animali sono agitati, tutto intorno si mette a ruotare, l'ospite non proietta ombra

**d.** Gli animali sono agitati, l'ospite non proietta ombra, l'orologio batte tredici colpi

6 **Allo scoperto** Sentitosi riconosciuto, il demonio esprime tutta la sua agghiacciante potenza. Descrivi in ordine le sue prodezze.

7 **D'intorno** La straordinaria potenza del demonio si sprigiona e si trasmette a tutto ciò che gli sta intorno. Che cosa avviene?

8 **Il finale** Il ritorno alla normalità, pur con i segni devastanti del passaggio del demonio, non è narrato, ma recitato con una filastrocca. Quale intenzione può esprimere questa scelta nell'economia della favola?

9 **I contrasti** La favola narrata è sicuramente inquietante, ma alcuni aspetti del testo mostrano che essa non crea particolare timore. Quali sono questi aspetti?

**a.** La nonna canta una ninna nanna e i bambini si addormentano

**b.** La nonna culla il nipotino più piccolo e gli altri si addormentano

**c.** La nonna fa la calza e i bambini chiedono altre favole

**d.** La nonna cuce un abito e i bambini non vogliono andare a dormire

## Riconoscere e analizzare

10 **La struttura** Il testo è costruito in un modo particolare. Come?

**a.** La struttura contiene un *flashback*

**b.** La struttura è lineare

**c.** La struttura presenta un racconto nel racconto

**d.** La struttura presenta un intreccio capovolto rispetto alla *fabula*

11 **I riferimenti alla realtà** Per quanto irreale e fantastica, la storia della nonna contiene riferimenti alla realtà in cui essa vive e che sono individuabili nel testo. Prova a elencarli.

12 **La descrizione** Il giovanotto bussa alla porta e viene descritto dettagliatamente dalla nonna: puoi trovare un ordine interno nella sua presentazione?

**a.** Dal generale al particolare

**b.** Dal particolare al generale

**c.** Ciclica

**d.** Senza ordine

13 **La favola e la fiaba** Anche se il titolo del racconto fa pensare a una favola, la narrazione della nonna assomiglia più a una fiaba. Analizza le caratteristiche presenti nel testo proprie dell'una o dell'altra tipologia narrativa (per un ripasso su queste due tipologie vedi p. 11).

- Caratteristiche della favola:

.....................................................................................

.....................................................................................

.....................................................................................

.....................................................................................

- Caratteristiche della fiaba:

.....................................................................................

.....................................................................................

.....................................................................................

.....................................................................................

14 **Lo stile** Ti indichiamo alcune figure retoriche che sottolineano momenti cruciali della fiaba. Attribuisci a ciascuna il proprio nome.

- «Puntò monete d'argento e le perdette; poi monete d'oro e perdette anche quelle» (rr. 27-28):

.....................................................................................

- «A un tratto, i cani abbaiarono nella notte, i galli cantarono, le galline schiamazzarono, i corvi gracchiarono, le oche strepitarono, le anatre squittirono. Nella stalla i cavalli nitrirono e scalpitarono» (rr. 32-34):

.....................................................................................

- «i piatti si fracassarono sul pavimento che ondeggiava come una nave sul mare in tempesta» (rr. 47-48):

.....................................................................................

15 **Il narratore** Come definiresti la figura del narratore in questo testo?

16 **I personaggi** Il protagonista della fiaba è senza dubbio il diavolo, presentato prima come una persona un po' strana ma seducente, poi con tutte le sue tradizionali e spaventose caratteristiche. Insieme a lui, nel momento della sua rivelazione, compaiono personaggi reali o fiabeschi. Quali sono? Che sensazioni incutono?

.....................................................................................

.....................................................................................

.....................................................................................

.....................................................................................

.....................................................................................

## Rielaborare e produrre

17 **Il riassunto** Sintetizza il testo in 100 parole.

18 **Il diavolo "letterario"** Non solo nella fiaba della nonna, ma anche nella tradizione cristiana e occidentale l'immagine del demonio ha due volti: quello affascinante e attraente (della tentazione) e quello orribile e spaventoso (della violenza). Dopo esserti documentato, descrivi, in un testo espositivo di 300 parole, come si presenta il demonio in grandi opere letterarie della nostra cultura: il Vangelo, la *Divina Commedia* di Dante Alighieri, il *Faust* di Goethe.

19 **Le feste religiose** Molte sono le feste dell'anno per gli ebrei. Cerca il loro nome, la loro collocazione nel tempo e il loro significato. Scoprirai che molte hanno analogie con le feste cristiane. Confrontale in una relazione che pone le feste in ordine cronologico.

Bulbul Sharma

# Buono da morire

Da
La vendetta della melanzana, 1997

Racconto d'ambiente

La nonna protagonista del racconto deve celebrare l'anniversario della morte del marito con il consueto pranzo rituale ricco di portate. Al banchetto deve intervenire come primo commensale un sacerdote, tenuto a mangiare per aiutare l'anima della nonna a «traversare il fiume della morte» quando morirà. Sciaguratamente, si presenta un sacerdote inesperto. Potrebbe essere un disastro religioso (oltre che culinario), ma una sorpresa attende tutti.

Mia nonna era perennemente in ansia. Ma a poche settimane dallo *shradh*[1] del nonno scivolava nel panico. Le due preoccupazioni preferite erano la pulizia della casa e la preparazione del pranzo speciale per l'occasione. La terza fonte di ansietà – trovare un prete da nutrire – la teneva da parte, per potervi dedicare una piena, esclusiva, frenetica attenzione. La casa, già pulita come un reparto ospedaliero modello, si riempiva del nauseante odore di fenile[2].

«Hai preso quello nero?» chiedeva sospettosa a Gopal, il giovane servo, per accertarsi che fosse la marca giusta, non essendo in grado di leggere in inglese. Poi, con la bottiglia sotto il naso, ne aspirava l'odore come fosse brandy d'annata. La stanza destinata alla cerimonia annuale dello *shradh* veniva spazzata e strofinata finché dal pavimento a mosaico si staccavano frammenti di cemento, raccolti dal servo come prova concreta dei suoi sforzi incessanti. Ogni giorno pensavo che Gopal, quindicenne, avrebbe protestato e gettato a terra straccio e scopa. Ma non lo fece. Al contrario, col passare dei giorni, divenne ancora più frenetico, spazzava e puliva come un invasato[3].

Fregando il pavimento con lo straccio impregnato di fenile urtava i mobili e inciampava nei tavoli, e ringhiava a chiunque si frapponesse alla sua avanzata da polipo.

Nessuno, tranne lui e mia nonna, aveva il permesso di entrare nella stanza dello *shradh*. Al pomeriggio, quando il resto della casa dormiva, li vedevo seduti sul pavimento della grande stanza. Bisbigliavano come cospiratori[4] e cercavano la più piccola traccia di polvere ancora nascosta.

Un giorno, quando il ragazzo non era di guardia, un passero era entrato e aveva lasciato sul pavimento tre macchie significative: la scoperta li rese isterici[5].

«Forse è un buon segno» azzardò Gopal cercando di evitare i rimproveri.

Finalmente la fase delle pulizie terminò. E cominciò quella del pranzo. Le portate principali, *khir*, *puri* e curry[6] di patate rimanevano sempre le stesse, ma bisognava trovare due piatti nuovi. L'intera famiglia partecipò al dibattito.

«Preparate il *gobhi*[7]. A Dadaji piaceva» disse mio fratello con un personale interesse per il cavolfiore.

«No che non gli piaceva. Gli creava aria nello stomaco» rispose mia nonna.

1 ***shradh***: cerimonia religiosa in onore degli antenati morti.
2 **fenile**: disinfettante dall'odore forte, acre.
3 **invasato**: esaltato.
4 **cospiratori**: individui intenti a tramare azioni segrete.
5 **isterici**: infuriati, nervosi.
6 ***khir*, *puri* e curry**: sono cibi indiani. Il *khir* è un dolce a base di latte e riso, servito freddo; il *puri* è un pane integrale fritto e il *curry* è un insieme di spezie piccanti che dà il nome al piatto.
7 ***gobhi***: cavolfiore.

«Allora facciamo carote e piselli» propose mio padre.

«Nutrirli a carote! non sono mica conigli! E cosa penserebbe il prete? Prepareremo *phulmakhani*[8] e curry al formaggio» dichiarò e la questione venne chiusa.

Mia nonna e Gopal avevano già cominciato a preparare gli ingredienti necessari per ogni pietanza. Mandorle e uva passa erano state lavate fino a giacere pallide e inermi nei piatti, enormi quantità del miglior riso basmati erano state esaminate attentamente alla ricerca di sassolini, le patate erano state selezionate con la stessa severità minuziosa con cui mia nonna aveva scelto le mogli per i suoi figli. A un solo giorno dallo *shradh* la cucina era riservata a loro.

I familiari più impazienti cominciavano già ad arrivare. Non appena le donne mettevano piede in casa si precipitavano in cucina a dare il loro contributo, senza che ci fosse bisogno di chiederglielo. Toglievano i sandali, lavavano le mani e sedevano sul pavimento. Nel giro di pochi minuti lavoravano in perfetta sintonia con mia nonna, nonostante non le avessi sentito impartire[9] alcuna istruzione. Per lo più procedevano in silenzio, ma ogni tanto qualcuna offriva al gruppo una novità piccante.

«Meera *bhabi* ha avuto un'altra femmina», e si levava un sospiro collettivo[10]. «La casa di Ramlalji è stata venduta per dieci milioni» le faceva restare a bocca aperta per lo stupore. Alcune osservazioni di rito[11] venivano ripetute ogni anno. «Bibiji, i tuoi occhi riescono a scorgere anche la più piccola pietruzza nel riso» diceva una cugina, e mia nonna replicava invariabilmente: «Ai nostri tempi mangiavamo burro puro, e non c'era la televisione a rovinarci gli occhi».

Un'altra domanda fissa, una delle preferite della vecchia signora, era: «Maaji, come fai a tenere la casa così pulita?»

«Mi aiuta questo ragazzo, ma se solo mi distraggo...» diceva, e aggrottava le sopracciglia dando una rapida occhiata a Gopal. Le donne, e lo stesso Gopal, intuivano la tacita accusa.

A quel punto era il momento di cominciare a cercare il prete. Ogni donna riportava informazioni su nuovi preti visti a matrimoni, funerali, *shradh*, battesimi e

8 ***phulmakhani***: semi di loto.

9 **impartire**: dare, assegnare.

10 **sospiro collettivo**: è un chiaro segno di fastidio per il fatto che non sia nato un maschio.

11 **osservazioni di rito**: interventi che si facevano per consuetudine, come se fossero parte di un rituale.

## L'AUTRICE

**Bulbul Sharma** nasce a Delhi nel 1952. Oltre che scrittrice di romanzi e racconti, è un'attiva insegnante di arte in un centro per bambini disabili, da lei stessa fondata. Per i bambini ha scritto un libro che presenta i numerosi uccelli indiani. Collabora inoltre con il quotidiano indiano "The Asian Age". In Italia è stata proposta con successo attraverso alcune sue pubblicazioni che scrutano con spirito ironico la società indiana. Il romanzo *Banana-flower* (1999) è una originale saga al femminile, con tante donne dalle personalità e dalle aspettative diverse, tante quanti i volti dell'India attuale. Bulbul Sharma, però, sembra riuscire a dare il meglio di sé nei numerosi racconti nei quali è costante l'attenzione per i problemi della donna indiana. Ricordiamo: *Benedette zie* (1992), *La donna perfetta* (1994), *La vendetta della melanzana* (1997), *Garam Masala* (2011). Anche in questa forma espressiva prevale l'interesse dell'autrice per il suo mondo, per le sue radici culturali, indagate soprattutto alla luce del perenne scontro tra modernità e tradizione, che è un carattere costante dell'India odierna. Bulbul Sharma non si sottrae al confronto: riconosce valori e contenuti al passato, ai suoi legami, ma nel contempo ne sa indicare anche i limiti da superare. Una sua recente pubblicazione è il romanzo intitolato *Il sarto di Giripul* (2014), in cui racconta il mondo sonnacchioso ma vivissimo di un piccolo paese indiano.

*puja*[12] per l'inaugurazione di nuove case. Venivano riferiti altezza, peso ed età di ogni candidato, oltre a ogni altra caratteristica favorevole, e mia nonna ascoltava assorta[13], gli occhi avvizziti[14] che scintillavano come argento antico. Uno a uno li scartò tutti, e cominciò a piangere appoggiata al muro della cucina. «Cosa sarà della sua anima[15]? Con che coraggio mi presenterò a lui quando ci incontreremo in cielo? Oh! O Signore, aiutami a trovare quello giusto» singhiozzò, mentre le donne osservavano rispettose, con le mani ancora impegnate a sbucciare e tagliare.

Per mia nonna lo *shradh* dell'anno prima era stato un fallimento perché il prete non aveva toccato cibo. Aveva rifiutato il *khir* con la scusa di un tasso di glicemia[16] troppo elevato, e accettato solo due *puri* perché il dottore gli aveva consigliato di evitare i grassi.

«Si è mai sentito di un prete a dieta? Dove finiremo? Manca solo che chiedano un'insalata! Quando verrà la mia ora come faranno ad aiutarmi a traversare il fiume della morte, se si nutrono solo di cibo bollito?» si era lamentata la nonna per giorni, mentre noi divoravamo gli avanzi, inclusa la parte migliore che sarebbe spettata al prete.

Per mia nonna il pranzo del sacerdote era il momento cruciale della cerimonia, quello che avrebbe potuto assegnarle parecchi punti in più nel conteggio dei meriti divini; eppure negli ultimi dieci anni non aveva mai trovato un uomo all'altezza delle sue capacità culinarie. Alcuni erano troppo malandati, e le veniva il sospetto che non fossero veri bramini[17], soprattutto a giudicare dai piedi infangati e rovinati.

«Un vero prete ha i piedi puliti e lisci come quelli di un bambino, visto che gli vengono lavati regolarmente» diceva.

Altri li rifiutava per lo sguardo sfuggente, o perché non le sembravano istruiti o di casta[18] abbastanza elevata. Un tale che si era presentato puzzando di fumo fu rimproverato e mandato via, nonostante avesse portato la propria vacca per lo *shradh*. Alcuni erano troppo grassi per i suoi gusti, altri troppo deboli e malaticci. Uno, con suo orrore, parlava inglese e guidava, mentre un altro non conosceva il sanscrito[19] a sufficienza.

Ogni anno mia nonna incaricava un membro della famiglia di trovare un prete, e uno a uno avevano tutti fallito. Quell'anno il suo sguardo era caduto su di me, benché avessi cercato di sfuggire al suo occhio di falco.

«Tu sai guidare, puoi andare a cercare nei templi fuori città. E ricordati di controllare che non abbia problemi di glicemia» ordinò.

Partii col cuore afflitto, come un principe disperato cui il padre dell'amata avesse ordinato di attraversare sette fiumi, affrontare e vincere un gigante, e riportargli il gioiello perduto. In tutti i templi c'era la coda per incontrare il prete e, quando finalmente raggiungevo la finestra da dove concedeva udienza, era già stato ingaggiato.

«Capisci, è difficile per noi accontentare tutti, sorella. Possiamo mangiare solo una volta al giorno. Qui siamo in cinque e siamo prenotati fino alla fine del mese prossimo».

Continuai a cercare per tutto il giorno, ma non trovai nessuno rispondente ai requisiti[20] di mia nonna. I pochi disponibili non avevano il peso, la pulizia e la spiritualità giusti. Un prete rifiutò subito la nostra pro-

12 ***puja***: rito giornaliero di venerazione delle immagini divine, con offerte simboliche di fiori e di cibo.

13 **assorta**: attenta, concentrata.

14 **avvizziti**: invecchiati, sfioriti.

15 **sua anima**: intende l'anima del marito morto.

16 **glicemia**: tasso di zuccheri nel sangue.

17 **bramini**: è la casta (► nota 18) più elevata e rispettata alla quale appartengono anche i sacerdoti indiani.

18 **casta**: la società indiana è tradizionalmente suddivisa in caste, gruppi ristretti che usufruiscono di diritti e privilegi diversi.

19 **sanscrito**: antica lingua parlata in India dalla fine del II millennio a.C. È ancora oggi studiata.

20 **requisiti**: qualità richieste.

Spezie in vendita sul mercato di Anjuna a Goa, India.

posta quando sentì il menù – "troppo abbondante"; un altro le offerte – "troppo scarse", mentre un terzo accettò per cambiare idea subito dopo e accettare l'offerta successiva, più alta. Infine, quando ormai stavo per dichiararmi sconfitta e tornare a casa, un vecchio prete si impietosì e dal nulla tirò fuori un ragazzo pelle e ossa.

«Prendi mio figlio; ma ti avverto che sta ancora imparando».

Il novellino[21] non era per niente adatto, dai capelli spettinati alle Nike che portava ai piedi, ma il mio cuore esausto lo accettò con umiltà.

La sera, a casa, trovai pentoloni fumanti e le donne che tagliavano verdure all'impazzata.

«L'hai trovato?» chiesero ansiosamente. Annuii in maniera un po' ambigua[22] e uscii dalla cucina.

«Com'è?» chiese mia nonna.

«Giovane» risposi con sincerità.

«Bene. Mangerà tanto e senza timore. Meglio preparare un altro piatto di verdura. Il *gobhi* andrebbe bene visto che è giovane e non si preoccuperà di avere aria nello stomaco». Contenta si voltò verso Gopal e lo mandò a comprare cinque chili di cavolfiori. Ero stupita che non chiedesse altri dettagli. La sua fiducia in me mi faceva vergognare terribilmente della scelta che avevo compiuto, e per tutta la notte rimasi sveglia, spaventata da quello che il nuovo giorno ci avrebbe riservato.

Era ancora buio quando sentii mia nonna e Gopal in cucina. Poco a poco, allo spuntar del sole, si unirono anche le altre donne. Lavoravano in silenzio alla luce fioca[23] come compissero un **rituale** segreto, i movimenti lenti e precisi, le sagome indistinte che si muovevano e si fondevano come fantasmi danzanti. Il *khir* gorgogliava ed eruttava[24] in un enorme pentolone di ottone. Gopal lo rimestava ininterrottamente, mentre il vapore gli offuscava il viso come una nebbiolina sottile. Due donne erano sedute sul pavimento con un piatto di farina – una mescolava l'impasto mentre l'altra versava l'acqua pian piano. Non parlavano, ma ogni volta che versavano l'acqua annuivano[25] insieme come in una pantomima[26]. Le verdure tagliate in precedenza ora vennero gettate una a una nel *kadai*[27] con le spezie, e nell'olio bollente cambiarono rapidamente colore, da bianco e verde pallido a un cupo rosso-bruno. Il menù definitivo era composto da patate con abbondante salsa rossa di pomodoro (niente aglio o cipolla), cavolfiore con un pizzico di zenzero per far risaltare il sapore, *phulmakhani* e *panir* conditi da una salsa leggera, yogurt con una spruzzata di croccanti *bundi*[28] fritti e, come d'obbligo, il *khir*, che doveva bollire a fuoco basso fino a diventare di una particolare tonalità di rosa.

Gopal era l'unico autorizzato a mescolare il *khir*. Abituato ai lavori pesanti, si muoveva con grande coordinazione.

«Voi ragazze non avete forza in quelle braccia lucide» diceva mia nonna se qualche donna dalle braccia morbide cercava di avvicinarsi al pentolone. Ma era un sollievo essere dispensate, anche la più lieve esitazione avrebbe fatto attaccare il latte, che avrebbe poi formato uno strato spesso sul fondo del recipiente. O ancor peggio avrebbe rovinato l'intero *khir* con un leggero odore di bruciato che il fine odorato di mia nonna avrebbe immediatamente intercettato.

Non sopportavo di vederli preparare questo banchetto per un apprendista pre-

**PAROLE sotto la lente**

### Rituale

L'aggettivo indica qualcosa che concerne il rito. Quest'ultimo sostantivo deriva dal latino *ritus*, connesso al greco *arithmòs*, numero, e al sanscrito *ṛta*, misurato. Il rito è il complesso delle norme prestabilite che regolano e attribuiscono validità agli atti di una cerimonia sacra e religiosa. Il vocabolo può essere usato sia in ambito religioso, anche per indicare le cerimonie stesse, sia in senso non religioso ("matrimonio con rito civile"), sia nel linguaggio forense ("eccezione di rito").

#### Attività

Tra le seguenti parole scegli quelle derivate da rito: *irritare*, *rituale*, *ritmico*, *ritualità*, *irritabile*.

21 **novellino**: una persona principiante, ai suoi primi impegni.
22 **ambigua**: poco chiara.
23 **fioca**: pallida.
24 **eruttava**: ribolliva.
25 **annuivano**: assentivano, dicevano di sì.
26 **pantomima**: sceneggiata teatrale.
27 ***kadai***: padella ampia e fonda utilizzata per friggere.
28 ***bundi***: legumi tostati.

te che non desiderava certamente seguire le orme del padre. Ma quando passai a prenderlo più tardi in mattinata, era pronto a recitare la sua parte. Uno scialle color zafferano drappeggiato intorno alle esili spalle lo faceva sembrare più vecchio, i lunghi capelli pettinati in morbidi ricci lucidi aggiungevano quel tocco di sacerdotale che mia nonna desiderava. Notai che ora era a piedi nudi. Per qualche minuto rimanemmo in silenzio perché non sapevo come rivolgermi a lui. «Sadhuji»[29] suonava presuntuoso perché non aveva ancora raggiunto tale posizione, e «*beta*»[30] troppo familiare e forse anche sacrilego[31].

«Non sono mai salito su una Maruti[32]» esclamò d'un tratto, trepidante. Gli occhi gli brillavano di gioia, sembrava uno scolaretto in costume per una recita. Mi disse che studiava in una scuola inglese e sperava di andare al college. «Ho imparato il sanscrito per recitare i vari mantra[33], così potrò continuare il lavoro di mio padre. Sa, signora, al tempio ci spetta l'alloggio gratuito» spiegò giocherellando con lo stereo dell'auto.

Quando arrivammo a casa uscii dall'automobile e camminai davanti a lui per attenuare l'impatto della sua altezza e della giovane età.

«E questo cos'è? un prete bambino!» esclamò mio fratello. «Meglio preparare del latte, o forse del Farex[34]» aggiunse ridendo. Il mio giovane prete lo sentì ma continuò a salire le scale a testa alta. Gli occhi assunsero lo sguardo freddo e duro usato dai suoi antenati per mettere al suo posto qualche principe insolente. Salutò mia nonna a mani giunte, ma guardando oltre le sue spalle come se la vedesse già in un contesto ultraterreno. Per tutta la cerimonia, che condusse con dignità e competenza, non sorrise nemmeno una volta. Nemmeno quando mio padre inciampò nel vaso d'ottone che serviva a lavargli i piedi, o quando mio fratello gli chiese di "accelerare" le preghiere, e neanche quando il suo *dhoti*[35] si impigliò nell'ombrello nuovo che gli veniva offerto. Ai doni che avrebbe ricevuto alla fine della cerimonia diede un'occhiata distaccata[36] che impressionò persino i miei cinici[37] fratelli. Si limitò a un lieve cenno di assenso in direzione della catasta di offerte, che consisteva in sette utensili d'ottone, un letto pieghevole che mia nonna aveva comprato invece del *charpoy*[38] per essere al passo coi tempi, tre *dhoti* bianchi inamidati, uno scialle costoso, un grosso ombrello nero, una vistosa torcia rossa invece della lanterna di rigore, e una pigna di biancheria da letto che gli sarebbe bastata per tutta la vita.

Poi si sedette a mangiare. Partì con calma, masticando pensieroso ogni boccone. Le donne guardavano dalla porta della cucina, e mia nonna gli girellava intorno come il genio della lanterna d'ottone che brillava accanto alla stuoia su cui sedeva il prete. Mentre mangiava, lei non gli tolse gli occhi di dosso, anticipando ogni suo bisogno prima che potesse fare anche il minimo gesto. Non dissero una parola. Poco a poco scomparvero le verdure, i *puri* svanirono senza lasciar traccia, eppure il suo piatto non era mai vuoto, come la mitica coppa di Krishna[39]. Le donne stendevano *puri* sempre più velocemente e Gopal friggeva senza sosta. Il prete bambino continuò a mangiare a ritmo lento ma deciso. Mia nonna era raggiante. Le donne facevano a turno per uscire a guardare quella meraviglia. Gopal applaudì il venticinquesimo *puri* con lo stesso grido di gioia che riservava alle vittorie della nazionale di cricket[40]. Infine, quando ormai noi, gli scettici, ci stavamo innervosendo per timore che non ci rimanesse nulla, si fermò con un ruttino, non prima però di essersi bevuto in un sorso solo un pentolone di *khir* portandolo direttamente alla bocca. Mia nonna piangeva di gioia.

«Torna tutti gli anni, Panditji» gli sussurrò.

29 **Sadhuji**: religiosi, asceti che vivono in pellegrinaggio mendicando cibo; *-ji* è un suffisso di rispetto.

30 ***beta***: vezzeggiativo maschile.

31 **sacrilego**: ciò che non rispetta quello che è sacro.

32 **Maruti**: un modello di automobile.

33 **mantra**: sono brevi frasi di preghiere da ripetere varie volte in maniera rituale.

34 **Farex**: cibo per neonati.

35 ***dhoti***: indumento tradizionale maschile, consistente in un telo di cotone avvolto intorno ai fianchi.

36 **distaccata**: indifferente.

37 **cinici**: freddi, sprezzanti.

38 ***charpoy***: letto tradizionale di corda.

39 **Krishna**: le tre principali divinità della religione indiana vedica sono Brahama, Shiva e Vishnu. Krishna è una delle incarnazioni di Vishnu.

40 **cricket**: gioco largamente praticato in India come in tutte le ex colonie inglesi.

«La tua cucina è la migliore che abbia mai provato. La prossima volta posso portare degli amici? Non sono preti ma...» esitò lui, abbandonando l'atteggiamento altero[41] ora che la cerimonia era finita.

«Porta chi vuoi. Finché vivo tu e i tuoi amici sarete miei ospiti in questo giorno».

Mia nonna morì l'anno successivo. Il giovane prete venne un'ultima volta a pregare per la sua anima e a mangiare l'ultimo pasto nella nostra casa.

«Senza di lei il cibo non è più lo stesso» commentò, ma mangiò senza interruzioni e col solito entusiasmo, per garantire che il viaggio di mia nonna attraverso il fiume della morte fino ad altezze più elevate andasse liscio. Abbiamo smesso di celebrare lo *shradh*, e versiamo in beneficenza una somma simbolica. Ma sono certa che il prete bambino, ormai di mezza età, starà ancora facendosi strada nella vita mangiando, come un bruco, con lo spirito benevolo di mia nonna che veglia su di lui.

B. Sharma, *La vendetta della melanzana*, trad. it. di T. Moroni e S. Radaelli, Marcos y Marcos, Milano, 2001

41 **altero**: nobile, superbo.

Un sacerdote hindu.

## per L'ANALISI del TESTO

### Conviti funebri

I **pranzi rituali** in occasione di decessi (più raramente in occasione di ricorrenze di decessi, come nel presente brano) sono molto antichi e diffusi in tante culture, in diverse parti del mondo.

In alcune realtà dell'Italia meridionale ancora oggi si pratica la consuetudine di svolgere un pranzo dopo il funerale, a cui interviene tutto il parentado e che finisce con l'assumere il valore di **conforto** per i parenti, ma anche di evidente **scongiuro** contro la morte.

### Una cucina dal valore religioso

In un libro di racconti come *La vendetta della melanzana*, giocato in prevalenza sul cibo, su aromi e spezie tentatrici, Bulbul Sharma non poteva tralasciare la cerimonia del convito funebre, durante la quale la ritualità e la sacralità dei cibi sono di primaria importanza.

Senza mancare di rispetto al valore di questo rito, l'autrice racconta con **ironia** lo svolgersi dei preparativi fino al **crescendo finale** nel quale siamo tutti coinvolti e preoccupati perché tutto vada a buon fine e perché il giovane sacerdote risulti all'altezza della situazione.

### La scelta dell'ironia

Il **tono** del racconto appare **leggero** e accattivante. Con naturalezza si sviluppano e si intrecciano i **due temi** del racconto: quello religioso – della morte e dello *shradh* – espresso in tanti gesti simbolici, e quello più **concreto** della riuscita del pranzo. Forse restiamo un po' interdetti nello scoprire il valore particolare del legame che si instaura tra cibo, sacerdote e vita dopo la morte. In altre parole, la nonna non è alla ricerca di un banale riconoscimento delle sue abilità di cuoca, ma di un aiuto di tipo religioso per l'aldilà. Come in altri racconti di questa Unità, la nostra cultura, basata sulla logica e la ragione, stenta a capire tradizioni e modi di pensare così diversi.

La **voce narrante** (quella della giovane nipote) ci consente di meglio apprezzare i **due protagonisti** del racconto: la nonna e il sacerdote. La figura della **nonna** è centrale nella prima parte, durante l'organizzazione dei preparativi; poi subentra il giovane **sacerdote**, così apparentemente impreparato e inadeguato al suo compito, tanto da preoccupare la nipote che lo ha ingaggiato, quanto serio e determinato, in seguito, nel suo ruolo sia di celebrante sia, soprattutto, di "buona forchetta".

# Attività

## Leggere e comprendere

1 **La nonna** La nonna della narratrice è presentata in un momento di particolare impegno. Com'è?

**a.** Serena
**b.** Impegnata
**c.** Ansiosa
**d.** Stanca

2 **L'inglese** Come mai le istruzioni sul recipiente del fenile sono scritte in inglese?

**a.** L'inglese è una lingua internazionale
**b.** La storia si svolge in Inghilterra
**c.** L'India è un'ex colonia britannica
**d.** La nonna aveva studiato in Inghilterra

3 **La nonna e gli aiutanti** Per i preparativi la nonna si contorna di uno stuolo di aiutanti: elencali e descrivi come la nonna si comporta con loro.

4 **Il rito** Leggendo il testo è possibile conoscere dall'interno il rito dello *shradh*. Presentane l'origine, lo scopo e le cerimonie.

5 **La religione** I riti legati al culto dei morti sono diffusi in tutte le religioni. Quale religione è professata dai protagonisti di questo racconto?

6 **Il sacerdote** Il giovane sacerdote presenta caratteristiche del mondo moderno, ma sa assumere una dignità conforme al suo ruolo nel momento della cerimonia. Come avviene la sua trasformazione?

7 **L'antico e il moderno** Le diverse fasi della cerimonia sono eseguite secondo una antichissima tradizione, ma di tanto in tanto fanno capolino nella narrazione elementi che dimostrano la realtà di un mondo moderno. Riportane alcuni.

## Riconoscere e analizzare

8 **La struttura** Com'è la struttura del racconto?

**a.** Lineare
**b.** Completamente capovolta rispetto alla *fabula*
**c.** Con un *flashback*
**d.** Con tre *flashback*

9 **Lo stile** Una efficace figura retorica contribuisce alla descrizione della nonna, sottolineandone la profondità e il fascino. Quale?

10 **Le sequenze** Il racconto può essere suddiviso in sequenze che contengono i vari momenti di preparazione e realizzazione del rito. Ti indichiamo i titoli; tu indica le parole iniziali e finali.

- Le grandi pulizie: ..................
- La scelta del menù: ..................
- La preparazione dei cibi: ..................
- I preti degli anni precedenti: ..................
..................
- La ricerca del prete: ..................
- Gli ultimi preparativi in cucina: ..................
- La cottura dei cibi: ..................
- L'arrivo del prete: ..................
- La cerimonia e il banchetto: ..................
..................
- La morte della nonna e la fine del rito: ..................
..................

11 **Il narratore** A raccontare la storia, come narratore interno, è la nipote, la quale narra senza esporre chiaramente la sua valutazione dei fatti, eppure talora lascia trapelare il suo giudizio. Come ci riesce? Portane degli esempi.

12 **La focalizzazione** Nonostante il narratore sia interno, l'autrice sa dare ampia voce anche alla nonna. Come si definisce questa situazione narratologica?

**a.** Narratore interno, focalizzazione interna
**b.** Narrazione interna, focalizzazione esterna
**c.** Narrazione interna, focalizzazione variabile
**d.** Narratore variabile, focalizzazione interna

13 **I campi semantici** Cerca nel testo i vocaboli che indicano cibi, cerimonie e abiti e, se necessario, traducili.

- Cibo: ..................
..................
..................
- Cerimonie: ..................
..................
..................
- Abiti: ..................
..................
..................

## Rielaborare e produrre

14 **Discutere** In alcune zone, come nei paesi anglosassoni, il funerale è accompagnato da un pranzo tra amici e parenti. Cerca di individuare il senso di questa abitudine, sapendo che non ha lo stesso valore simbolico dello *shradh*. Esponi quindi la tua riflessione in un intervento orale di 5 minuti.

15 **La tua riflessione** Morta la nonna, lo *shradh* ha termine. Come giudichi il comportamento dei discendenti che hanno interrotto la celebrazione del rito? Stendi un testo argomentativo dal seguente titolo: "È bene o è male che i giovani aboliscano i riti e le tradizioni?".

16 **I riti legati alla morte** Tutte le società, da quelle primitive a quelle più progredite, dedicano grande attenzione ai rituali legati alla morte. Nell'Unità ne hai conosciuti alcuni (*Il sentiero dei morti* di Achebe, sulla cultura nigeriana, ► p. 590; *La favola della nonna* di Singer, sulla cultura ebraica, ► p. 596; *Buono da morire* di Sharma sulla cultura indiana, ► p. 602), altri li hai studiati in storia o ne sei informato attraverso letture, viaggi o documentari. Raccontane alcuni significativi in un testo espositivo di 300 parole.

17 **Il riassunto** Utilizzando la suddivisione in sequenze dell'esercizio 10, riassumi il testo in 100 parole.

per SAPERNE di PIÙ

## Idee per una ricerca folklorica

Non si deve andare per forza lontano per scoprire quanto l'uomo sia interessante nelle sue manifestazioni culturali. Basta soltanto un po' di curiosità e di entusiasmo.

### Muoversi con metodo

Svolgere una **ricerca folklorica** (cioè relativa alle credenze del popolo), limitandosi a un piano etnografico (cioè a un lavoro di descrizione delle usanze del popolo), significa **documentarsi** in merito ai più svariati argomenti di cultura popolare che vedono protagonista l'uomo. Una volta individuato un argomento bisogna svilupparlo, **raccogliere dati**, magari partendo dalle fonti orali, da coloro che possono raccontare (dovresti armarti di un registratore oppure redigere appunti) e poi integrarle con qualche documento scritto, ricercato negli archivi vicini e accessibili (scolastici, comunali, parrocchiali). Puoi arricchire la tua ricerca con foto scattate con lo smartphone. Ovviamente, sarebbe molto importante l'osservazione diretta del fenomeno culturale che decidi di studiare.

### Possibili campi d'indagine

Facciamo alcuni esempi di possibili settori di ricerca, specificando che tutto quanto è espressione della vita popolare può essere oggetto di studio.

L'**indagine classica** della ricerca folklorica riguarda ciò che è attinente alle **fasi principali della vita** (nascita, matrimonio, morte) oppure riguarda il ciclo del calendario, lo svolgersi delle stagioni con il cambiamento delle attività umane, nelle realtà urbane come in quelle contadine. Ci si può concentrare su una singola festa, ad esempio la festa patronale, esaminandola nei preparativi e poi nel suo svolgersi. Possono essere oggetto di ricerca alcune ricorrenze periodiche, come il carnevale oppure la festa dell'uva o delle castagne. Un quartiere cittadino può essere indagato per qualche mestiere particolare che sopravvive, per le botteghe e le attività artigianali di un tempo, per la struttura architettonica che presenta.

Il **mondo della religiosità popolare** può offrire tante occasioni di studio: certe devozioni a santi protettori; un'edicola religiosa con un affresco o con la statua di un santo; particolari processioni con grande concorso popolare, luminarie, banda al seguito.

Un altro **settore** d'indagine può essere quello **musicale**. Che bello registrare qualche canto di una volta, magari dalla voce della nonna o di qualche conoscente e poi esaminarlo nel testo, nelle circostanze d'esecuzione. I proverbi e i modi di dire possono essere oggetto di studio, di confronti, di approfondimenti lessicali. E poi le fiabe, le abitudini culinarie, lo sport, i mestieri scomparsi, le superstizioni e le credenze, e tutto ciò che abbia riferimenti e attinenze con il folklore.

per approfondire

Claude Lévi-Strauss

# L'etnocentrismo

Da *Razza e storia e altri studi di antropologia*, 1952

Testo argomentativo

In questo testo Lévi-Strauss stimola la riflessione sulla radicata consuetudine di valutare ogni manifestazione culturale secondo i princìpi e la logica «etnocentrica», cioè secondo concezioni e comportamenti sociali basati sulla solidarietà con il gruppo etnico di appartenenza e su ostilità e disprezzo verso gli altri gruppi.

Eppure, sembra che la diversità delle culture sia raramente apparsa agli uomini per quello che è: un fenomeno naturale, risultante dai rapporti diretti o indiretti fra le società; si è visto piuttosto in esse una sorta di mostruosità o di scandalo; in tali materie, il progresso della conoscenza non è consistito tanto nel dissipare questa illusione a beneficio di una visione più esatta, quanto nell'accettarla o nel trovare il modo di rassegnarvisi.

L'atteggiamento più antico, che probabilmente poggia su fondamenti psicologici solidi, poiché tende a riapparire in ognuno di noi quando siamo posti in una situazione inattesa, consiste nel ripudiare puramente o semplicemente le forme culturali – morali, religiose, sociali, estetiche – che sono più lontane da quelle con cui ci identifichiamo. «Abitudini di selvaggi», «da noi non si fa così», «non si dovrebbe permettere questo», ecc., sono altrettante reazioni grossolane che esprimono lo stesso fremito, la stessa repulsione, di fronte a modi di vivere, di pensare o di credere che ci sono estranei. Così l'antichità confondeva tutto quello che non faceva parte della cultura greca (e poi greco-romana) sotto lo stesso nome di *barbaro*: la civiltà occidentale ha poi utilizzato il termine *selvaggio* nello stesso senso. Ora, dietro a questi epiteti si dissimula un medesimo giudizio: è probabile che il termine «barbaro» si riferisca etimologicamente alla confusione e all'inarticolazione del canto degli uccelli, contrapposte al valore significante del linguaggio umano; e «selvaggio», che vuol dire «della selva», evoca pure un genere di vita animale, in opposizione alla cultura umana. In entrambi i casi si rifiuta di ammettere il fatto stesso della diversità culturale; si preferisce respingere fuori dalla cultura, nella natura, tutto ciò che non si conforma alle norme sotto le quali si vive.

Questo punto di vista ingenuo, ma profondamente radicato nella maggior parte degli uomini, non ha bisogno di essere discusso poiché il presente opuscolo [...] ne costituisce appunto la confutazione. Basterà rilevare qui che esso cela un paradosso alquanto significativo. L'atteggiamento di pensiero nel cui nome si respingono i

## L'AUTORE

**Claude Lévi-Strauss** è un antropologo nato a Bruxelles nel 1908. Alle ricerche antropologiche sul campo (nel Mato Grosso, in Brasile, e fra i pellerossa negli Stati Uniti) ha affiancato l'attività di docente universitario e di teorico dello strutturalismo, indagando sulle strutture mentali innate nell'uomo e riscontrabili in ogni cultura. Le sue opere sono dei classici in questo settore: *Le strutture elementari della parentela* (1949), *Antropologia strutturale* (1958), *Il pensiero selvaggio* (1962).

Lévi-Strauss muore nel 2009, a Parigi.

«selvaggi» (o tutti coloro che si sceglie di considerare come tali) fuori dell'umanità, è proprio l'atteggiamento più caratteristico che contraddistingue quei selvaggi medesimi. È noto, infatti, che la nozione di umanità, che include, senza distinzione di razza o di civiltà, tutte le forme della specie umana, è di apparizione assai tardiva e di espansione limitata. Proprio là dove sembra aver raggiunto il suo sviluppo più elevato, non è affatto certo – come prova la storia recente – che sia stabilita al riparo da equivoci o regressioni. Ma, per vaste frazioni della specie umana e per decine di millenni, questa nozione sembra essere totalmente assente. L'umanità cessa alle frontiere della tribù, del gruppo linguistico, talvolta perfino del villaggio; a tal punto che molte popolazioni cosiddette primitive si autodesignano con un nome che significa gli «uomini» (o talvolta – con maggiore discrezione, diremmo – i «buoni», gli «eccellenti», i «completi»), sottintendendo così che le altre tribù, gli altri gruppi o villaggi, non partecipino delle virtù – o magari della natura – umane, ma siano tutt'al più composti di «cattivi», di «malvagi», di «scimmie terrestri», o di «pidocchi». Si arriva spesso al punto di privare lo straniero anche di quest'ultimo grado di realtà facendone un «fantasma» o una «apparizione». Hanno luogo perciò curiose situazioni in cui i due interlocutori si lasciano crudelmente l'ultima parola. Nelle Grandi Antille, pochi anni dopo la scoperta dell'America, mentre gli Spagnoli spedivano commissioni di inchiesta per stabilire se gli indigeni fossero o no dotati di un'anima, questi ultimi si occupavano di immergere i prigionieri bianchi sott'acqua per verificare, con una sorveglianza prolungata, se il loro cadavere fosse o meno soggetto a putrefazione.

Questo aneddoto barocco e tragico a un tempo esemplifica bene il paradosso del relativismo culturale (che ritroveremo altrove in altre forme): proprio nella misura in cui pretendiamo di stabilire una discriminazione fra le culture e fra i costumi, ci identifichiamo nel modo più completo con quelle che cerchiamo di negare. Contestando l'umanità di coloro che appaiono come i più «selvaggi» o «barbari» fra i suoi rappresentanti, non facciamo altro che assumere un loro atteggiamento tipico. Il barbaro è anzitutto l'uomo che crede nella barbarie.

Lo sbarco di Cristoforo Colombo in America e il primo incontro con gli indigeni in un'illustrazione di Theodor De Bry del 1594.

C. Lévi-Strauss, *Razza e storia e altri studi di antropologia*, trad. it. di P. Caruso e G. Neri, Einaudi, Torino, 1967

# Attività

## Comprendere il testo argomentativo

1 **L'etnocentrismo** Spiega con le tue parole il concetto di etnocentrismo.

2 **Il barbaro** Spiega l'affermazione: «Il barbaro è anzitutto l'uomo che crede nella barbarie» (rr. 57-58).

## Analizzare il testo argomentativo

3 **La direzione attuale** Come si interpreta, ai giorni nostri, la diversità culturale? Motiva con opportuni esempi la tua risposta.

4 **L'etimologia** Cerca la spiegazione etimologica dei termini «barbaro» e «selvaggio».

5 **La lingua** Come definiresti il registro linguistico di questo saggio?

# Il figlio dell'altra

**Regia**
Lorraine Lévy

**Interpreti**
Emmanuelle Devos, Pascal Elbé, Jules Sitruk, Mehdi Dehbi, Areen Omari

**Data di uscita**
2013

**Genere**
Drammatico

La locandina del film *Il figlio dell'altra*.

## Trama

Joseph Silberg è un ragazzo israeliano di 18 anni che vive a Tel Aviv, sognatore e amante della musica. La madre è un medico e il padre è un colonnello dell'esercito. Nel corso della visita medica per l'avvio al servizio militare, si scopre che il gruppo sanguigno di Joseph non è compatibile con quello dei genitori. Una ricerca condotta riguardo ai giorni della nascita fa emergere che la notte del 23 gennaio 1991 l'ospedale venne evacuato per timore di bombardamenti e che il neonato Joseph è stato scambiato con un palestinese di nome Yacine Al Bezaaz, la cui famiglia risiede ora in Cisgiordania. La vita di entrambe le famiglie risulta sconvolta. A un primo incontro, mentre le due madri si dimostrano più disponibili al dialogo e a scambiarsi informazioni sui rispettivi figli, i padri sono fieramente contrari ad allacciare rapporti. Pesano le vicende politiche dei due popoli. Anche i due ragazzi sono profondamente toccati quando vengono a sapere dello scambio e del fatto che la famiglia originaria sia un'altra. È d'obbligo, tuttavia, cercare di scavalcare gli ostacoli e favorire la conoscenza dei due giovani, i quali piano piano si interessano l'uno dell'altro, si confidano le loro passioni e le loro aspettative di vita. I due attraversano più volte la frontiera per frequentare le loro nuove famiglie, scoprendo interessi e somiglianze fisiche e culturali sorprendenti. Chi resiste a questa pesante novità è Bilal, il fratello maggiore di Yacine, che non vuole saperne di un nuovo fratello, per giunta ebreo. La vita, però, continua e sono proprio Joseph e Yacine a indicare a tutti la possibile strada dell'accettazione e del superamento di quanto accaduto.

Una scena tratta dal film *Il figlio dell'altra*.

## Analisi

Il tema dello scambio di bambini in fasce è stato più volte al centro di testi teatrali, romanzi e film. In questo caso, lo scambio avviene in una realtà politica e culturale difficile a causa dello storico scontro bellico, tuttora in atto, fra israeliani e palestinesi.

Tale questione, però, rimane sullo sfondo e cede il posto allo sviluppo dei sentimenti, alla sorpresa, all'iniziale dolore e a una lenta ma sicura fiducia negli altri. I sentimenti sono predominanti e nascono dalla ferma volontà di conoscere l'altro. Joseph è cresciuto in una ricca famiglia israeliana che lo ha protetto e lasciato crescere in mezzo ai suoi sogni; Yacine è cresciuto nella famiglia di un ingegnere palestinese (costretto per necessità a fare il meccanico), poi spedito a Parigi a studiare e simili esperienze lo hanno reso più maturo e determinato. Non prevale, dunque, il conflitto, la guerra, ma il racconto della quotidianità delle persone, la volontà di incontrarsi, l'affermazione di una fraternità che i due giovani sentono, pur non essendo veramente fratelli.

Alle spalle hanno mondi e culture differenti («Non ho più il diritto di essere ebreo e non mi sento arabo», sbotta Joseph a un certo punto del film), ma pongono le premesse per gettare alle spalle non solo la loro sorprendente vicenda, ma anche per superare un conflitto antico che ancora oggi devasta due popoli. La loro arma è la fiducia, la conoscenza, la volontà di costruire una vita migliore per entrambi, in attesa che anche i due rispettivi popoli imbocchino una strada simile.

Altre scene tratte dal film *Il figlio dell'altra*.

## 1 Sintesi dei contenuti

Attraverso l'attività seguente e le citazioni tratte dai brani che hai letto, esegui un lavoro di sintesi dei concetti e delle informazioni presentati nell'Unità. Se lo ritieni utile, puoi inserire altre citazioni per te significative.

Approfondisci il confronto tra i passi letti completando gli schemi seguenti secondo il modello fornito sotto.

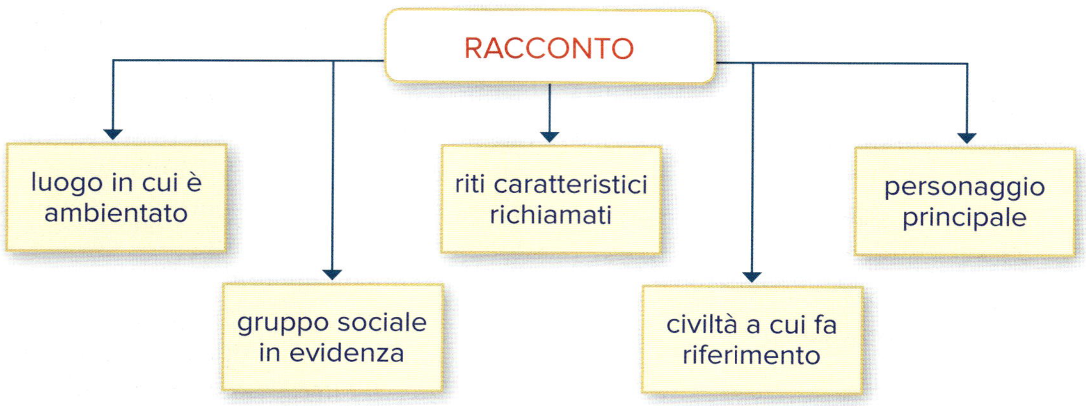


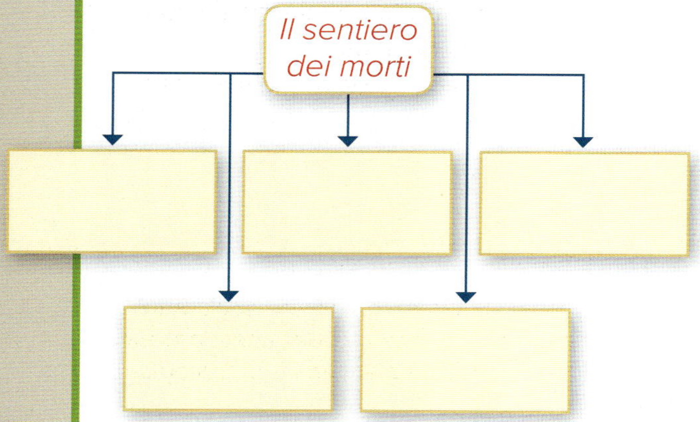


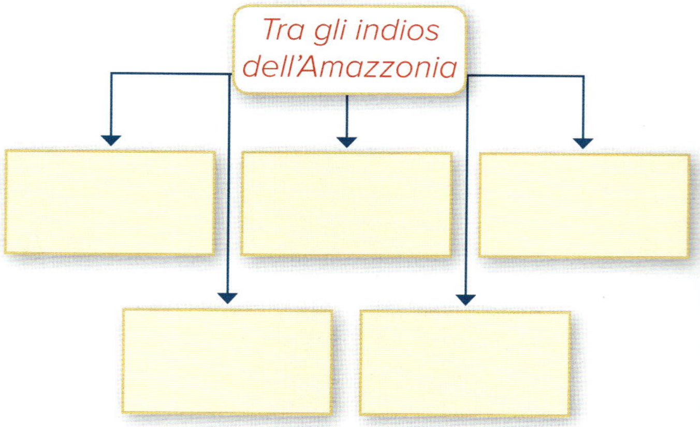


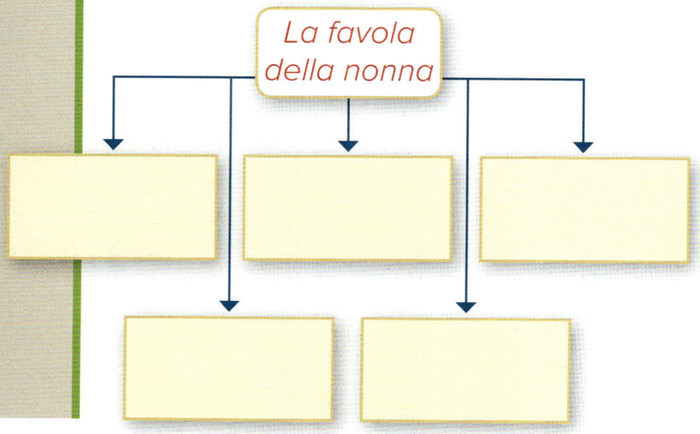


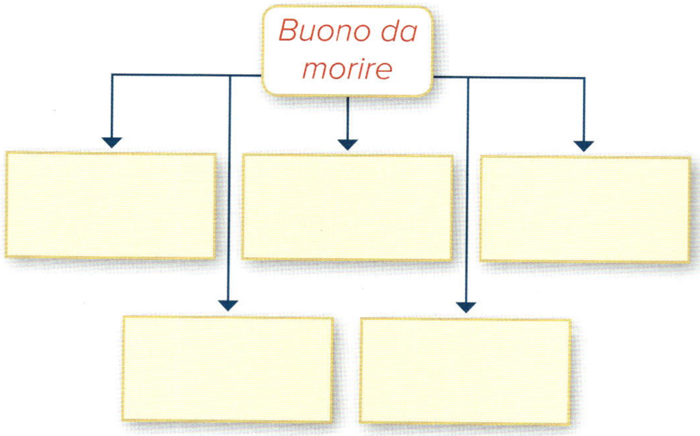

## 2 Citazioni dai brani

Era schietto nel condannare le vedute ristrette di quanti erano più anziani e spesso meno istruiti di lui.

Chinua Achebe, *Il sentiero dei morti*

Questa è la favola raccontata dalla nonna Lea mentre faceva la calza per il nipotino più piccolo. "Nonna, nonna, raccontaci ancora qualcosa", la supplicavano i bambini [...] "Domani, bambini, è un altro giorno. Ci sarà una nuova candela nella lampada di Hannucà, neve fresca per terra, e io di nuovo vi racconterò l'altra favola".

Isaac Bashevis Singer, *La favola della nonna*

[...] ma gli uccelli sapevano che da occidente avanzavano lingue potenti frugando nel corpo della selva.

Macchine enormi aprivano nuove strade e gli shuar aumentavano la loro mobilità.

Luis Sepúlveda, *Tra gli indios dell'Amazzonia*

Abbiamo smesso di celebrare lo *shradb*, e versiamo in beneficenza una somma simbolica.

Bulbul Sharma, *Buono da morire*

[...]

..........................................................................

..........................................................................

..........................................................................

L'atteggiamento più antico [...] consiste nel ripudiare puramente e semplicemente le forme culturali – morali, religiose, sociali, estetiche – che sono più lontane da quelle con cui ci identifichiamo.

Claude Lévi-Strauss, *L'etnocentrismo*

## 3 Scrittura guidata *il testo argomentativo*

Ripensando agli elementi inseriti nei grafici precedenti, traendo spunto dai passi significativi degli autori dei brani letti nell'Unità e facendo anche riferimento alle tue personali conoscenze o esperienze, produci un testo argomentativo dal titolo: "L'approccio della cultura moderna, razionale, scientifica e tecnologica verso le culture più antiche e cosiddette primitive è rispettoso o violento?".

Rivedi le caratteristiche del testo argomentativo (▸ p. 104). Puoi servirti della scaletta presentata di seguito come punto di partenza.

**Introduzione**

- Enunciazione del problema (L'approccio della cultura moderna è rispettoso o violento verso le culture antiche?)
- Esposizione della propria posizione

**Sviluppo**

- Argomenti a favore della propria posizione, con citazioni dai testi
- ..........................................................................
- ..........................................................................
- Confutazione di possibili argomenti contrari, con citazioni dai testi
- ..........................................................................

**Conclusione**

- Conferma dell'opinione iniziale
- Eventuali spunti di riflessione

Jaime de Angulo

# Quell'autunno c'era l'iniziazione

Da
Racconti indiani, 1953
Racconto etnografico

La famiglia indiana di Padre Orso, composta anche dalla moglie Madre Antilope e dai figli Ragazzo Volpe e Quaglia, è in viaggio per gli sconfinati territori del Nord America per far visita a lontani parenti e partecipare al rito dell'iniziazione. Ragazzo Volpe aveva sentito parlare di una particolare cerimonia riservata ai giovani come lui, ormai in procinto di essere ammessi tra gli adulti, e l'aspettava con preoccupazione.

Quell'autunno c'era l'**iniziazione**[1] dei ragazzi nel grande villaggio presso il lago. Non ce n'erano state da quattro o cinque anni e alcuni dei giovani che non erano stati iniziati erano ormai quasi adulti. Così il capo e i suoi quattro aiutanti mandarono bastoni di invito a tutti i villaggi più piccoli entro un raggio di circa venti miglia.

La famiglia degli Orsi[2] partì allora per il villaggio Grande-Montagna-presso-l'acqua, e quando arrivarono il capo li accolse col formale[3] discorso di benvenuto, pronunciato con un tono di voce alto e staccato come vuole la tradizione, poi riprese il suo tono normale e disse: «Orso, tuo cugino è arrivato ieri con sua moglie e la figlia. Sono accampati laggiù. Immagino che andrai da loro. Sta arrivando una gran quantità di gente. Avremo proprio una bella iniziazione».

Lungo la strada, Orso disse a Grizzly[4]: «Quell'uomo da cui stiamo andando – sua madre e nostra madre erano sorelle, perciò io lo chiamo fratello. Sua moglie quindi è la nostra 'parente da stuzzicare'. Non so se esista quest'uso anche da voi su nel nord».

«Vuoi dire che quando la vediamo dopo un periodo di assenza noi dobbiamo stuzzicare lei e lei ci deve rispondere per le rime?» disse Grizzly. «Sì, certo, anche noi abbiamo la stessa usanza. È così dovunque sono stato, presso tutte le tribù».

La cognata di Orso e Grizzly era una bella donna grande e grossa. Stava seduta presso il fuoco dell'accampamento e rimestava[5] la polenta di ghiande, buttando dei sassi roventi nella polenta e mescolandola con un grosso mestolo. Accolse Grizzly e Orso con una bordata di scherzi e di battute pungenti, e loro cercarono di renderle pan per focaccia[6]. Tutto questo avveniva in stretta osservanza dell'uso, ma era chiaro che lei non aveva bisogno di osservare gli usi, essendo una vecchia mattacchiona linguacciuta. Abbracciò Ragazzo Volpe, che le domandò: «Dov'è la

**PAROLE *sotto la lente***

**Iniziazione**

Il sostantivo corrisponde al latino *initiatio*, derivato dal verbo *initiare* = iniziare ai misteri religiosi e poi incominciare. Indica una serie di atti o cerimonie con cui si ammette o si è ammessi alla partecipazione ai culti misterici, a una società da cui sono esclusi i non iniziati ("riti di iniziazione alla massoneria"). In etnologia indica il complesso di pratiche e di riti attraverso cui un individuo o un gruppo di individui passa da una condizione a un'altra. Per estensione il nome individua un ammaestramento o un avviamento a una disciplina o a un'arte.

**Attività**

Trova tre sinonimi e tre contrari di "iniziazione".

1 **iniziazione**: qui indica il rituale che nelle comunità primitive (ma anche nell'antichità classica) consentiva ai giovani il passaggio all'età adulta.

2 **La famiglia degli Orsi**: è la famiglia protagonista dei vari racconti che compongono la raccolta da cui è tratto il brano.

3 **formale**: serio, ma anche tradizionale e convenzionale.

4 **Grizzly**: qui s'intende Orso Grizzly, fratello gemello di Padre Orso. Il grizzly è un grosso orso del Nord America.

5 **rimestava**: impastava, rimescolava.

6 **renderle pan per focaccia**: è un proverbio che significa restituire gli scherzi e le battute ricevute.

mia cuginetta Rhal-pitau?». Rhal-pitau, 'Perla Bianca', era il nome della bambina della donna.

«Oh, deve essere qui in giro. Va' a cercarla e dille di venire qui ad aiutarmi».

Volpe andò. Quando se ne fu andato, la madre di Perla Bianca sospirò e disse agli altri: «Io non so che cos'abbia questa figlia mia. È sempre trasognata[7], e se ne va in giro da sola cantando canzoni tristi invece di giocare con gli altri bambini. Chissà, forse è malata, forse qualcuno l'ha avvelenata oppure ha perso la sua ombra e dovremmo far venire un dottore».

Volpe tornò con Perla Bianca. Avevano all'incirca la stessa età. Lei era una ragazzina timida. Si sedettero tutti per mangiare. Dopo mangiato andarono in giro a far visite. C'erano tanti accampamenti: la gente era venuta da tutti i villaggi della zona.

Il giorno dopo, verso la metà del mattino, cominciò l'iniziazione. La gente era seduta qua e là in gruppetti, discorrendo, i ragazzi giocavano nello spiazzo davanti alla casa delle cerimonie. D'un tratto i ragazzi notarono che tutte le donne e le ragazze erano scomparse, ma fecero finta di non essere nervosi. Volpe era il più giovane dei dieci che dovevano essere iniziati. Ce n'erano parecchi che erano già belli grandi. Giocavano a rincorrersi e gridavano, ma continuavano a guardare ansiosamente verso il bosco. Laggiù avevano visto qualcosa che si muoveva, balzando da un albero all'altro. Gli adulti ciondolavano[8] qua e là in piccoli gruppi.

Ed ecco che da dentro la casa delle cerimonie venne il bum, bum, bum del grande tronco cavo usato come tamburo. Improvvisamente dal bosco uscì un kuksu[9]. Aveva una gran testa tutta piena di penne, e dalle penne si vedeva spuntare soltanto il suo lungo becco giallo. Portava un lungo palo con un gancio all'estremità, uno di quei lunghi pali con cui si staccano i rami morti per farne legna da ardere. Uno dei ragazzi strillò: «Eccolo che viene! CORRETE!». Tutti i ragazzi si precipitarono verso il lago, ma proprio mentre stavano per raggiungerlo un altro kuksu spuntò dalle canne. I ragazzi deviarono e cercarono scampo in un'altra direzione, ma un terzo kuksu comparve dietro un cespuglio e gli sbarrò la strada. Erano circondati da quattro kuksu. I kuksu cominciarono a sospingerli verso la casa delle cerimonie. Qualche ragazzo cercava di scappare, ma subito un kuksu lo inseguiva. Correvano forte, quei kuksu, e facevano inciampare i ragazzi coi loro lunghi ganci. Finalmente radunarono tutti i ragazzi nella casa delle cerimonie.

7 **trasognata**: distratta, assente, incantata.

8 **ciondolavano**: vagabondavano, oziavano.

9 **kuksu**: è un membro della tribù che ha il compito di rincorrere e catturare i ragazzi da sottoporre all'iniziazione. Tali figure sono quattro.

## L'AUTORE

**Jaime de Angulo** nasce a Parigi nel 1887 da una famiglia spagnola. Si trasferisce in America all'età di 18 anni e nel 1913 va a vivere presso la comunità dei Pit River della California, popolazione indiana che diventa oggetto dei suoi studi etnografici. Conosciuta questa sua pionieristica iniziativa, nel 1920 viene chiamato a tenere dei corsi universitari di antropologia. Svolge questa attività didattica per oltre un decennio, scrivendo nel frattempo anche su varie riviste di carattere antropologico e linguistico. Nel 1934 abbandona la carriera universitaria per dedicarsi di nuovo alla ricerca sul campo, ritornando a vivere per lunghi periodi tra gli indiani. Muore nel 1950.

Pochi anni dopo, nel 1953, vengono pubblicati i *Racconti indiani*, che costituiscono non solo il resoconto fantasioso e nel contempo folklorico di uno studioso attento e capace di penetrare in un mondo culturale non suo, ma anche un atto d'amore di Jaime de Angulo per chi glieli ha ispirati, la primitiva civiltà dei Pit River e con essa tutti gli indiani d'America.

10 **Tsimmu**: è un giovane che si è aggregato alla famiglia di Padre Orso, dopo avergli raccontato il mito della creazione del mondo.

Grizzly e Tsimmu[10] stavano seduti su una collinetta con Orso.

«Forse non dovremmo stare qui» disse Grizzly. «Noi qui siamo stranieri».

«No, no. Restate qui. Diamine, tutti sanno che sei mio fratello, anche se sei cresciuto altrove. E io ho detto che avrei adottato Tsimmu come figlio, così è tutto a posto».

Ora videro un uomo che saliva in cima alla casa delle cerimonie. Aveva una cosa in mano, fatta di due pezzi di legno piatti, dipinti a strisce rosse e nere. Il più grande era appeso a una lunga cordicella, e il più piccolo era legato ad un'altra cordicella, in modo che la sua estremità appuntita toccava appena l'estremità superiore, arrotondata, del primo.

«Quello è il *ghalimatooto*, l'uomo tuono» disse Orso. Quando l'uomo fu vicino al buco per il fumo, cominciò a girare vorticosamente sopra la testa quei due pezzi di legno piatti. Facevano un suono strano e penetrante, come il ronzio di un immenso sciame di api. Sembrava provenire da ogni parte e al tempo stesso da nessuna parte, come se il ronzio fosse sospeso nell'aria. Ogni tanto il pezzo di legno più piccolo cozzava contro il più grande e faceva clack-clack-clack.

«Santiddio!» disse Tsimmu. «Metterebbe una paura maledetta a chiunque! I ragazzi là dentro sanno da dove viene il rumore?»

«Oh, credo che qualcuno di loro lo sappia» disse Orso. «Mi ricordo la mia iniziazione. Io lo sapevo, ma quando lo udii, stando lì sdraiato faccia a terra con gli altri ragazzi, non pensavo a che cosa producesse quel rumore. Mi dava solo una strana sensazione».

Poi si fece sentire di nuovo il tamburo, parecchie volte. Tra un colpo e l'altro, si udiva la voce del capo *yomta* che teneva un discorso all'interno della casa. Non durò a lungo. I ragazzi uscirono, con un'aria un po' spaurita e sottomessa. Non cercavano nemmeno più di fingere. Vennero fuori anche gli adulti stuzzicando i ragazzi, ma gentilmente. Quasi tutti i ragazzi erano assistiti da uno zio materno. Ragazzo Volpe era tenuto per mano da Vecchio Uomo Tartaruga. Tutti si sparpagliarono di qua e di là. Ora le donne e le ragazze ricomparvero, uscendo dalle loro case, e tutto andò avanti come prima. Ragazzo Volpe vide Piumedoro, la raggiunse e poi andarono a sedersi sulle rive del lago.

«È stato molto brutto?» domandò Piumedoro. «Ma forse non dovresti parlarme-ne. Forse ti han detto di non parlarne».

«Oh, no, non ci hanno detto di non parlarne. Non credo che ci sia niente di segreto. Non mi dispiace parlarne con te perché tu sei la mia sorella-cugina, ma non vorrei parlarne con altra gente – non me la sentirei. Non so. No, non è stato brutto, non ci hanno fatto del male. Certi ragazzi piangevano, ma solo perché avevano paura, ecco tutto.

[...] Be', c'è stata una cosa sola che ci ha fatto un po' male. Ogni ragazzo doveva tenere un carbone acceso in mano. Alcuni fra i ragazzi più grandi hanno cominciato a lottare, e allora gli uomini hanno preso le loro mani e li hanno costretti a serrare le dita sul tizzone. Certi ragazzi gridavano e chiamavano le madri, ma non è servito a nulla. Gli uomini non se ne sono curati, li hanno presi e li hanno buttati in aria parecchie volte. Lo sapevo che non serviva a niente piangere e gridare. Il carbone non era poi molto caldo. Ho trasalito e devo aver fatto una smorfia, immagino, ma non ho pianto. Me l'hanno fatto tenere solo un attimo e poi me l'hanno fatto cader di mano. Poi ci hanno fatto sdraiare a faccia in giù e ci hanno frustato leggermente con corde d'arco, ma senza farci male. Poi uno *yomta* ha fatto un discorso, oh lo sai, le solite cose, ci ha detto di fare i bravi e di rispettare le regole».

«Quali regole?»

«Ma sì, le regole della caccia, per esempio di stare attenti a non avvicinarsi a una donna malata prima di partire per la caccia».

«E che vi hanno detto della pesca?»

«No, della pesca niente; non ci hanno detto proprio niente. E poi, credo che si tratti solo della caccia al cervo, non ai conigli o alle anatre. Diamine, hai ben visto mia madre mettere trappole per i conigli, e hai visto il Dottor LUN che pescava».

«Sì, ma lei era un dottore e fissava lei le sue regole».

«E quella caccia al cervo assieme alle Antilopi del deserto? Mia madre ci è andata, e anche le donne Antilopi».

«Be', quello era un altro paese. Probabilmente gente diversa ha regole diverse».

«Che vuoi dire? Come possono avere regole diverse su ciò che è bene e su ciò che è male?»

«Oh, eccoti di nuovo! Le usanze sono diverse in tutti i posti dove siamo andati l'estate scorsa, proprio come le loro storie, e così hanno regole diverse. Ciò che è buono in un posto è cattivo in un altro».

«Tu la pensi così?»

«Certo che la penso così».

«Io non so. Domanderò a mio padre».

«Faresti meglio a domandare a mia zia Antilope. Lei ne sa di più di mio zio Orso. Lei appartiene alla società segreta. Mio zio Orso è un po' stupido, come te».

«Io non sono STUPIDO!»

«Sì che lo sei! Ma che te ne importa? Tu mi piaci così come sei. Sarai un buon cacciatore, costruirai delle belle case, sarai un buon guerriero, un ammazzasette, come dicono su al nord».

«Non voglio essere un guerriero. Mi sembra una cosa stupida. Preferirei piuttosto essere un buon cacciatore: per lo meno è utile. La carne la mangi; la gente che uccidi in guerra non la mangi».

George Catlin, *L'accampamento degli indiani Piekann*, 1850. (Collezione Privata)

«Sì, invece: in certi posti la mangiano».

«Tu stai scherzando!»

«No, l'ho sentito dire. Domanda a Tsimmu. Dice che qualche volta loro mangiano il cuore della gente che hanno ucciso in battaglia».

«Ah, ma quella è un'altra cosa, mangiare solo il cuore. Serve a renderli coraggiosi come l'uomo che hanno ucciso, se era un coraggioso. Questo lo capisco».

«Eccoti un'altra volta – e poi dici di non essere stupido. Sarai un guerriero di prima classe, un buon cacciatore, e dentro la testa, niente!»

«Non come Tsimmu, eh? Lui sì che è un buon cacciatore, e mangia il cuore dei suoi nemici e oltre tutto è tanto intelligente».

«Ma sta' zitto, tu! Raccontami, che cos'altro hanno fatto?»

«Be', sono venuti parecchi *yomta* e ci hanno fatto due o tre tagli sulla schiena con una selce affilata. A me li ha fatti Vecchio Uomo Tartaruga. Questo è tutto. Poi di nuovo discorsi e concioni[11] del grande capo e dei suoi assistenti. Poi tutto è finito e ADESSO sono un *uomo* fatto – hai capito?»

«Per me non sei altro che un ragazzetto scemo, caro fratello-cugino».

«Finirà che dovrò picchiarti, Piumedoro, per farmi rispettare da te».

«Dovresti fare ben più che picchiarmi – e questo non puoi farlo in nessun caso perché sei troppo lento per acchiapparmi. Dovresti mostrare un po' d'intelligenza».

«Sì, come Tsimmu, per esempio. Ti batte, Tsimmu?»

«Ma sei pazzo?»

«No, voglio dire, lui ti piace, non è vero, Piumedoro?»

«Certo che mi piace. Anche a te piace».

«Ma io voglio dire che tu hai un debole per lui».

«Ma tu sei matto! No, mi piace molto e questo è tutto. Io non voglio nessun uomo: io voglio fare il dottore. Non posso avere un uomo tra i piedi». E gettò una manciata d'erba a Volpe.

«Aah, tu non sai quello che vuoi» disse lui.

[…]

«Non ci credo. È vero, madre?»

Antilope rise del suo riso argentino.

«In parte. È così che ho pescato tuo padre. Lo vidi una volta che era venuto in visita al nostro villaggio e decisi di acchiapparlo».

«NON SEI STATA TU!» esplose Orso. «Sono stato io».

«Calmati un po', fratello minore» disse Grizzly.

«E non chiamarmi fratello minore».

«Va bene, fratello maggiore».

«Io non sono il tuo fratello maggiore. Ho esattamente la tua età».

«Va bene fratello-che-ha-esattamente-la-mia-età, ma ascolta: hai appena detto che SEI STATO *tu*. A fare CHE COSA?»

«A darle la caccia. A dare la caccia a questa donna. Diamine, mi inventavo tutti i pretesti per visitare quel villaggio».

«E perché te li inventavi?»

«Ma, non lo so. Non lo so mica. Me lo domandavo anch'io».

Tutti scoppiarono a ridere. Orso si alzò, indignatissimo, e disse che usciva a vedere se pioveva ancora.

11 **concioni**: discorsi dal tono solenne.

Karl Bodmer, *Il teepee di un capo indiano Assiniboin*, 1843. (Washington, Library of Congress)

Quando si trattava di raccontare delle storie, Kilelli, uno dei ragazzi che erano venuti con la famiglia di Perla Bianca, era davvero un grande narratore. Conosceva storie di giganti e di esseri soprannaturali, e di persone che avevano un solo lato del corpo.

«Raccontaci una storia, Kilelli» gli chiedevano sempre.

«E va bene» disse Kilelli. «Vi racconterò quella della follia di Tsisnam».

...Martora e Donnola vivevano assieme. Erano dei gran cacciatori. Ma ormai da molto tempo non avevano fortuna: c'era qualcosa che non andava.

In quel periodo c'erano dei Gatti Selvatici che vivevano non lontano di lì, e avevano con loro una ragazza per la quale stavano per celebrare una danza di pubertà. Ora, una notte, quella ragazza ebbe un sogno molto intenso su Martora – e Martora lo venne a sapere e gridò: «Ecco che cosa ci ha portato sfortuna a caccia».

J. de Angulo, *Racconti indiani*, trad. it. di R. Mastromattei, Adelphi-La Nuova Italia, Milano-Scandicci, 1996

# Attività

## Comprendere e analizzare: verso l'INVALSI

1 **L'atmosfera** Nel villaggio presso il lago si sta per tenere una cerimonia di iniziazione. In quale atmosfera si svolgono i preparativi rituali?

**a.** In un clima di cordialità e festa

**b.** In un clima di sfrenata allegria

**c.** In un clima di timore reverenziale

**d.** In un clima di persecuzione e terrore

2 **Le pratiche** Quali sono i momenti più significativi del rito percepiti dagli osservatori? Indica se le risposte seguenti sono vere o false.

| | V | F |
|---|---|---|
| **a.** Dapprima si sente il suono del tronco cavo | ☐ | ☐ |
| **b.** Si percepisce il rullo di quattro tamburi | ☐ | ☐ |
| **c.** Compaiono quattro kuksu | ☐ | ☐ |
| **d.** I genitori degli iniziati raggiungono i propri figli | ☐ | ☐ |
| **e.** Quattro kuksu con un gancio spingono i ragazzi dentro la casa | ☐ | ☐ |
| **f.** Sull'ingresso devono prendere in mano tizzoni ardenti | ☐ | ☐ |
| **g.** Un uomo-tuono sale sul tetto e produce rumori spaventosi | ☐ | ☐ |
| **h.** Si fa sentire in seguito il tamburo | ☐ | ☐ |
| **i.** Si ode la voce del capo *yomta* che tiene un discorso | ☐ | ☐ |

3 **L'attesa** Come si comportano i ragazzi che devono affrontare l'iniziazione?

**a.** Giocano tutti insieme senza tensione

**b.** Fingono di non essere nervosi, ma guardano continuamente verso il bosco

**c.** Fingono di essere sicuri e si mostrano baldanzosi

**d.** Risultano intimoriti e pallidi

4 **Il rito** Benché tante persone vi assistano, come appare globalmente il rito?

**a.** Una cerimonia comune

**b.** Una cerimonia riservata

**c.** Una cerimonia per pochissimi parenti

**d.** Una cerimonia a cui devono partecipare tutti

5 **Le prove** Piumedoro, cugina-sorella di Volpe, incoraggia il ragazzo a esprimere le emozioni provate e a descrivere le prove affrontate. Che cosa racconta il giovane?

**a.** Esprime la paura che ha provato

**b.** Esprime le emozioni provate e descrive le prove affrontate

**c.** Elenca i nomi degli altri giovani presenti all'iniziazione

**d.** Confronta ciò che ha sperimentato con ciò che immaginava dovesse provare

6 **I simboli** Rumori inquietanti, carboni ardenti, sferzate e regole. Questi elementi hanno un evidente valore simbolico. Prova a chiarire il significato profondo di ognuno, abbinando i termini alle definizioni.

**a.** Tenere in mano carboni ardenti
**b.** Ascoltare rumori terrificanti
**c.** Rispettare le regole
**d.** I colpi di corda d'arco

**1.** Dominare la paura
**2.** Sopportare il dolore fisico
**3.** Resistere alle umiliazioni
**4.** Riconoscere il valore delle regole nella società

7 **Un'aura mitica** Molti elementi presenti nel racconto (i luoghi mai definiti con precisione geografica, i nomi delle persone legati al mondo naturale, le azioni simboliche, i vocaboli in lingua indiana) contribuiscono a creare un'atmosfera particolare. Come la definiresti?

**a.** Reale e scientifica
**b.** Mitica e sfumata
**c.** Logica e razionale
**d.** Primitiva e rozza

8 **Le sfumature** Volpe e Piumedoro conversano e commentano il rito d'iniziazione. Attraverso le loro parole il lettore supera l'idea stereotipata di "indiano" e coglie sfumature e divergenze di opinioni proprio tra i membri di una stessa etnia. Quali sono gli argomenti su cui confrontano i diversi punti di vista? Indica se le risposte seguenti sono vere o false.

| | V | F |
|---|---|---|
| **a.** Il cibo | ☐ | ☐ |
| **b.** Le regole | ☐ | ☐ |
| **c.** La libertà | ☐ | ☐ |
| **d.** La vita futura | ☐ | ☐ |
| **e.** La ricchezza | ☐ | ☐ |
| **f.** I valori | ☐ | ☐ |
| **g.** Il significato dei canti | ☐ | ☐ |
| **h.** Il successo | ☐ | ☐ |

9 **La struttura** Come risulta la struttura del testo?

**a.** Lineare
**b.** Con un *flashforward*
**c.** Con un *flashback*
**d.** Con due *flashback*

10 **La distanza** Quale distanza pone il narratore tra sé e i fatti?

**a.** Nessuna distanza
**b.** Poca distanza
**c.** Massima distanza

11 **La conoscenza** Nel racconto si mettono in luce i principali metodi per acquisire conoscenze da parte degli indiani. Che cosa serve per conoscere il mondo? Indica se le risposte seguenti sono vere o false.

| | V | F |
|---|---|---|
| **a.** Le esperienze dirette | ☐ | ☐ |
| **b.** Le letture | ☐ | ☐ |
| **c.** L'incontro con altri popoli o persone | ☐ | ☐ |
| **d.** Gli esperimenti scientifici | ☐ | ☐ |
| **e.** I viaggi | ☐ | ☐ |
| **f.** Le opinioni dei più forti | ☐ | ☐ |
| **g.** I pareri degli anziani | ☐ | ☐ |

12 **Il tempo della storia** Quale elemento del testo può indicare il periodo storico in cui si colloca la vicenda?

**a.** I carboni ardenti
**b.** La presenza di una donna medico
**c.** I riti di iniziazione
**d.** L'accorrere di tutti i parenti

13 **La durata della storia** Dai connettivi temporali è possibile individuare la durata della vicenda. Qual è?

**a.** Due giorni
**b.** Tre anni
**c.** Meno di un mese
**d.** Più di un mese

14 **La durata del racconto** Il racconto presenta notevole varietà nella durata temporale. Indica come si succedono le varie tipologie.

**a.** Sommario, pausa, scena, sommario
**b.** Sommario, scena, sommario, scena
**c.** Sommario, ellissi, pausa, scena
**d.** Scena, pausa, sommario, scena

15 **Lo stile** A creare un'atmosfera un po' irreale e primitiva concorrono alcuni elementi linguistici e alcune figure retoriche. Sai indicarli?

**a.** Onomatopee, ripetizioni, perifrasi
**b.** Onomatopee, ripetizioni, vocaboli in lingua originale
**c.** Similitudini, onomatopee, ripetizioni
**d.** Onomatopee, metafore, allitterazioni

16 **Il tema** Conoscerai probabilmente il mondo degli indiani d'America, attraverso film, libri o documentari. Ricorda queste notizie e il giudizio su quel popolo e confrontalo con quanto puoi ricavare dal racconto. Riporta le tue riflessioni in un tema intitolato: "Stereotipi e realtà degli indiani d'America".

# per guardare oltre

## Intersezioni nell'antologia

Nell'antologia puoi trovare altre storie su culture considerate "diverse" in veri sensi. Ne sono esempi *Alba sul veld* (▸ p. 388) di Doris **Lessing** e *Antonia, la strega di Zardino* (▸ p. 226) di Sebastiano **Vassalli**.

## Altri orizzonti

### RACCONTI E ROMANZI

- Nella vasta letteratura mondiale legata a diverse culture proponiamo alcuni nominativi che rappresentano paesi e continenti diversi. La giapponese Banana **Yoshimoto** oscilla fra modernità e culto della memoria in tanti romanzi, come *Sonno profondo* (1989).
- L'indiano Vikram **Chandra** in *Terra rossa e pioggia scrosciante* (1995) si rifà alle *Mille e una notte* perché il protagonista-scimmia è obbligato a raccontare storie, come la mitica Shāhrāzād.
- Il Nordafrica, legato alla cultura araba, ha i suoi rappresentanti più noti in Tahar Ben **Jelloun** e Nagib **Mahfuz**. L'Africa equatoriale ha, tra gli altri, in Wole **Soyinka**, premio Nobel per la Letteratura nel 1986, uno dei suoi maggiori esponenti. Nadine **Gordimer** e Doris **Lessing** costituiscono l'alta espressione della letteratura d'area sudafricana.
- Riguardo all'America del Sud, Gabriel **García Márquez** con *Cent'anni di solitudine* (1967) ne traccia un affresco affascinante raccontando una saga familiare, ma altri scrittori sono di grande valore, come Mario **Vargas Llosa**, Osvaldo **Soriano**, Eduardo **Galeano**.

### FILM

- Il regista italiano Giorgio **Diritti**, nel film *Il vento fa il suo giro* (2005), racconta il complesso percorso di un viaggiatore francese che con la sua famiglia cerca di stabilirsi in una remota comunità di occitani italiani, tra le montagne piemontesi.
- *Io sono Lì*, diretto da Andrea **Segre** (2011), ci porta a Chioggia, in un Veneto poco aperto nei confronti degli stranieri, dove nasce l'amicizia tra un vecchio pescatore di origini slave, Il Poeta, e la barista cinese Lì, costretta a lavorare incessantemente per un malavitoso per poter far arrivare in Italia il figlio piccolo rimasto in Cina.
- *Tutti per uno* (2011), di Romain **Goupil**, è una commedia francese nella quale si racconta di alcuni ragazzi di Parigi che si danno da fare per salvare dall'espulsione una compagna di scuola, cecena e clandestina.
- Il tema dell'incontro con l'altro è raccontato da Philippe **Lioret** nel film *Welcome* (2009). La storia è ambientata a Calais, una cittadina francese sulla Manica, dove migliaia di migranti ogni giorno cercano di attraversare il canale. Il film racconta l'amicizia tra Simon, un insegnante di nuoto francese, e Bilal, un adolescente curdo-iracheno scappato dalla guerra che vuole attraversare a nuoto il mare per ritrovare la fidanzata che abita a Londra.

### MUSICA

- Con la definizione "musica etnica", si indica la produzione musicale espressione delle culture popolari di tutto il mondo. In Africa, dalla musica rituale popolare sono emersi molti artisti che hanno diffuso le sonorità africane fuori dal continente. Una grande interprete è stata la sudafricana Miriam **Makeba**, cantante jazz che fu anche attivista contro l'*apartheid*. Ricordiamo anche il re dell'afro-beat nigeriano, Fela **Kuti**, un esplosivo e ribelle personaggio che ha influenzato anche politicamente la Nigeria e il continente africano.
- Portavoce della cultura giamaicana, la cui popolazione è quasi interamente composta dai discendenti degli schiavi portati dall'Africa dai coloni inglesi, è Bob **Marley**. Il famosissimo musicista ha portato il reggae ad essere conosciuto in tutto il mondo ed è diventando un leader della lotta per i diritti degli africani e un simbolo di pace. Una delle sue canzoni più famose, *Redemption Song*, invita a liberarsi della schiavitù, fisica e spirituale.

Bob Marley durante un concerto all'Harvard Stadium di Boston nel 1979.

# Il mostro della guerra, il coraggio della pace

**Un artista impegnato** Il tema della guerra e della pace è stato spesso argomento di opere letterarie. Anche uno dei più grandi artisti del Novecento, Pablo **Picasso** (1881-1973), ha espresso con la sua opera il ribrezzo nei confronti della guerra. Dopo la fine della Seconda guerra mondiale (1945), in un momento in cui l'Europa inizia a essere minacciata dalla guerra fredda tra Usa e Urss, Picasso avverte l'urgenza di dare una dimensione etica alla propria arte. Consegue il culmine della **pittura d'impegno civile** nel 1952 a Vallauris, in Francia, decorando la cappella sconsacrata di un convento con due pannelli incentrati sul tema della guerra e della pace.

Pablo Picasso nel suo studio nel 1948.

***La Guerra e La Pace*** Nel pannello intitolato ***La Guerra***, un uomo-mostro, stringendo un pugnale insanguinato, guida un carro trainato da neri e scheletriti cavalli, che calpestano un libro, simbolo della civiltà. Scuri e funerei sono anche i mostri-soldati che in maniera disordinata si agitano in secondo piano. Al carro della guerra si oppone il "partigiano della pace", uno statuario combattente che, forte del suo senso di giustizia (rappresentato dalla bilancia) e della sua volontà di pace (rappresentata dallo scudo con colomba), non indietreggia davanti alla minaccia bellica. Di contro, il pannello intitolato ***La Pace*** è un inno alla serenità che accompagna la vita quando non c'è la sciagura della guerra. L'umanità, sotto un sole con raggi fatti di spighe, si dedica a varie attività. Sulla destra, all'ombra di un albero carico di frutti, una madre allatta il suo bambino e altre figure sono intente nella lettura e nella scrittura. Nella parte centrale un Pegaso alato, condotto da un bambino, traccia il solco dove un contadino seminerà; altre figure pescano e due donne danzano al suono del flauto di un fauno.

**DOMANDE**

- Nel pannello intitolato *La Guerra*, confronta il "carro della guerra" con il "partigiano della pace". Quali aggettivi contrastanti ti suggeriscono?
- Quali elementi biblici e mitologici individui nei due pannelli?
- Un giorno Picasso ebbe a dichiarare: "Che cosa credete dunque sia un artista? Un deficiente che ha soltanto occhi se è pittore, soltanto orecchie se è musicista? [...] Come sarebbe possibile non avere alcun interesse per gli altri esseri umani e rinchiudersi in una torre d'avorio, indifferenti a quella vita che ci viene offerta in maniera così abbondante? No, la pittura non è stata inventata per decorare appartamenti. Essa è un'arma di offesa e di difesa dal nemico".

Secondo te, l'arte ha anche il compito di accrescere la coscienza civile di chi ne usufruisce?

Pablo Picasso, *La Guerra*, 1952. (Vallauris, Temple de la Paix, Musée Picasso)

Pablo Picasso, *La Pace*, 1952. (Vallauris, Temple de la Paix, Musée Picasso)

## in questa Unità impareremo a

- **conoscere** eventi di guerra, problemi a essa connessi e percorsi di pace
- **comprendere** con la lettura il significato globale, gli aspetti puntuali e il lessico dei testi letti
- **analizzare** i testi secondo le tecniche narrative note e le strutture linguistiche per approfondirne la comprensione
- **interpretare** i testi, confrontando i loro contenuti e la realtà contemporanea
- **produrre** testi autonomi caratterizzati dalla riflessione personale sul tema della guerra
- **comunicare oralmente** per riferire i contenuti dei brani e per riflettere sulle loro tematiche in forma strutturata e chiara

## in questa Unità scopriremo

**Antologia**

Erich Maria Remarque • *Chi vuole la guerra?*
Italo Calvino • *Paura sul sentiero*
Gino Strada • *Pappagalli verdi*

**Per approfondire**

Papa Francesco • *Il valore della pace*

**Narrare con altri linguaggi** *Il film*

Giorgio Diritti • *L'uomo che verrà*

**Verifica delle competenze**

Tahar Ben Jelloun • *Il sospetto*

Conviviamo con una situazione di guerra permanente, anche se spesso non percepita perché la nostra vita seguita a scorrere nella normalità. I mass media – Internet, la tv e i giornali – ci riportano di continuo notizie e immagini di guerra e di atti terroristici, una forma di guerra più sottile perché ha un nemico senza volto e rende la vita di tutti insicura. Il tema della guerra e, di riflesso, quello della pace sono stati, e sono tuttora, al centro di tanta produzione letteraria.

In alto a destra, il particolare di un dipinto di Percy Wyndham che rappresenta una trincea inglese colpita da bombardamenti nemici durante la Prima guerra mondiale, 1919. (Londra, Imperial War Museum)

# La narrazione e le due guerre mondiali

L'Unità presenta un percorso che sin dal titolo chiarisce come la **guerra** sia sempre una mostruosità, perché pone l'individuo contro un altro individuo e trova con facilità le motivazioni morali, politiche, sociali per legittimarsi, per dichiararsi sempre come guerra giusta, combattuta dalla parte della ragione. Si passa poi a parlare della **pace**, la cui costruzione necessita di uomini coraggiosi. Infatti, è facile mostrare i muscoli, lanciare missili, attuare attentati terroristici: sono azioni distruttive che annientano in pochi attimi e smantellano una società. La pace, invece, è un albero da piantare e da coltivare con tenacia. Al fondo di ogni guerra c'è la diffidenza, la non conoscenza dell'altro, la paura del vicino. Chi aspira alla pace è colui che rimuove gli ostacoli, che stringe la mano con fiducia e si pone come bene supremo il rispetto dell'uomo.

I due grandi eventi bellici del Novecento – la **Prima guerra mondiale** (1914-1918) e la **Seconda guerra mondiale** (1939-1945) –, insieme a fatti da questi generati o ad essi connessi (il **fascismo**, la **Shoah**, la guerra di **Resistenza**, gli anni del **dopoguerra**), hanno inciso profondamente sui temi letterari, alimentando un ampio filone che, a tutti gli effetti, è da considerare come genere storico.

Sono opere incentrate su fatti drammatici, con pagine che illustrano la crudeltà dei conflitti: si va da romanzi a racconti, a biografie personali, a diari veri e propri.

Una delle maggiori opere della nostra letteratura sulla Grande guerra è *Un anno sull'altipiano* (1945) di Emilio **Lussu** (1890-1975). L'autore sardo narra un anno del primo conflitto mondiale sull'altopiano di Asiago. Lo scrittore americano Ernest **Hemingway** (1899-1961, ▶ p. 466) venne volontario in Italia al seguito del suo esercito; prestò servizio nei reparti della Croce Rossa e fu ferito. In *Addio alle armi* (1929) egli racconta una storia d'amore e di guerra prima e dopo la battaglia di Caporetto (1917). Il regime fascista impedì la pubblicazione del libro a causa della rappresentazione veritiera della disfatta dell'esercito italiano; solo nel 1945 uscì la prima edizione italiana. In *Per chi suona la campana* (1940) Hemingway racconta invece la guerra civile spagnola.

Una testimonianza di alcuni terribili eventi della Seconda guerra mondiale è quella di Mario **Rigoni Stern** (1921-2008, ▶ p. 89) che nel romanzo autobiografico *Il sergente nella neve* (1953) narra il dramma di migliaia di alpini costretti alla ritirata sul fronte russo a cavallo fra il 1942 e il 1943: l'autore ricorre a una prosa asciutta ed essenziale per stendere un testo il cui fascino non è dato da espedienti letterari, ma dalla verità umana che vibra in ogni pagina.

La persecuzione degli ebrei, avviata negli anni Trenta dal regime nazista, giunge

al suo inaudito culmine con la guerra e la costruzione dei campi di sterminio, nei quali milioni di ebrei vengono ammassati ed eliminati nei forni crematori. Uno dei superstiti, Primo **Levi** (1919-1987), ha raccontato la propria esperienza di detenuto in un Lager nelle opere *Se questo è un uomo* (1947), *La tregua* (1963), *I sommersi e i salvati* (1986), che rappresentano una tragica testimonianza e un perenne ammonimento.

La Resistenza trova la sua alta documentazione in *Uomini e no* (1945) di Elio **Vittorini** (1908-1966) e nelle *Lettere dei condannati a morte della Resistenza italiana* (1952). Beppe **Fenoglio** (1922-1963, ► p. 434) nei libri *I ventitre giorni della città di Alba* (1952) e *Il partigiano Johnny* (1968), e Italo **Calvino** (1923-1985, ► p. 45 e p. 636) nel romanzo *Il Sentiero dei nidi di ragno* (1947, ► p. 268) propongono la lotta partigiana fuori dagli schemi celebrativi e dalla retorica resistenziale. Sullo sfondo della guerra partigiana sono ambientati *La casa in collina* (1948) di Cesare **Pavese** (1908-1950, ► p. 277) e *La ragazza di Bube* (1960, ► p. 259) di Carlo **Cassola** (1917-1987, ► p. 257).

## • Il percorso antologico •

Lo scrittore tedesco Erich Maria **Remarque** (1898-1970) fu segnato per tutta la vita dalla drammatica esperienza della Prima guerra mondiale, vissuta nelle trincee franco-tedesche. Nel brano che apre l'Unità, i giovani protagonisti, al fronte, si pongono la capitale domanda *Chi vuole la guerra?* (► p. 628), dandosi reciprocamente risposte che lasciano intravedere amare verità.

Il racconto *Paura sul sentiero* (► p. 635) di Italo **Calvino** (1923-1985) ci porta nel cuore della guerra partigiana. L'autore svela, con un misto di realismo e di fantasia, i rischi e le speranze di chi ha scelto una bandiera e per essa si batte.

Della guerra moderna e dei suoi risvolti impietosi che coinvolgono i civili più degli stessi militari, parla il medico e fondatore di Emergency, Gino **Strada** (1948), in *Pappagalli verdi* (► p. 643).

**Papa Francesco** (1936), in *Il valore della pace* (► p. 650), individua le azioni necessarie affinché la pace prevalga.

Nel brano *Il sospetto* (► p. 658) lo scrittore marocchino Tahar Ben **Jelloun** (1944) riflette sulla facilità con cui nelle nostre società emergono sospetti infondati nei confronti degli immigrati, che a volte, solo perché arabi, vengono accostati a terroristi.

A sinistra, una jeep americana attraversa un paese del Sud Italia completamente distrutto dai bombardamenti nel 1944.

Sotto, un soldato americano con una rosa sull'elmetto si rifocilla in un paesino italiano durante la Seconda guerra mondiale.

Erich Maria Remarque

# Chi vuole la guerra?

Da
Niente di nuovo sul fronte occidentale, 1929
Romanzo realistico

La Prima guerra mondiale è in corso. Vi prendono parte come volontari Paolo Bäumer (la voce narrante) e i suoi compagni di scuola Alberto Kropp, Müller, Leer. E ancora: il fabbro ferraio Tjaden, lo scavatore di carbone Haje Westhaus, il contadino Detering, il calzolaio Katzinski. Il romanzo si sviluppa narrando le crudeli esperienze che questi soldati vivono: la vita di trincea, le stragi, la violenza dell'assalto, le barbarie dei combattimenti, la lacerazione della carne e dell'anima. Il brano che segue coglie il gruppo dei protagonisti quasi al completo in un attimo di pausa e di preparazione di un evento del tutto inatteso, che darà loro modo di svolgere un illuminante ragionamento.

Si fa pulizia straordinaria[1]. Un appello dopo l'altro; ispezioni su ispezioni. La roba stracciata viene sostituita con roba nuova: io ci guadagno una giubba in perfetto stato; Kat, naturalmente, una divisa completa. Corre voce che sia la pace; piú probabile però sembra l'altra supposizione, che si vada «travasati» al fronte orientale[2]. Ma che bisogno c'è di vestirci meglio, in Russia? Finalmente la verità trapela: viene l'Imperatore[3] a ispezionarci. Ecco il perché di tutte queste riviste.

Per otto giorni par d'essere tornati in una caserma di reclute, tanto si sgobba e si fanno esercitazioni. Tutti sono stanchi e nervosi, questi eccessi di pulizia non sono di nostro gusto, e il passo di parata[4] ancora meno. Queste cose indispettiscono il fante[5] piú che la trincea.

Finalmente giunge il gran momento. Davanti alla truppa allineata, sull'attenti appare l'Imperatore. Siamo curiosi di vedere che faccia ha. Egli percorre la nostra **fronte**, ed io rimango alquanto deluso: dai ritratti me lo ero figurato piú grande, piú poderoso, e soprattutto con una voce piú tonante.

PAROLE *sotto la lente*

**Fronte**

Il sostantivo deriva dal latino *frons*. Può essere femminile o maschile e assume valori specifici in relazione all'ambito in cui viene utilizzato. Nel corpo umano è la regione compresa tra le sopracciglia e la radice dei capelli. Può indicare la parte davanti, cioè rivolta a chi guarda, di varie cose: in architettura la facciata anteriore di un edificio, in geografia la parte terminale di un ghiacciaio, in calzoleria la parte interna del tacco. Nel linguaggio militare ha molti impieghi: può riferirsi alla disposizione allineata di una squadra o di un plotone o indicare la linea di contatto tra due schieramenti di soldati nemici.

**Attività**

Cerca altri termini che abbiano la stessa radice di "fronte" e crea una famiglia di parole (verbi, nomi, aggettivi, avverbi).

1 **Si fa pulizia straordinaria**: da alcuni giorni, nelle retrovie, i soldati sono obbligati a riordinare divise e caserme con un'accuratezza insolita.

2 **fronte orientale**: il gruppo dei soldati protagonisti del brano si trova sul fronte occidentale che contrappone i soldati tedeschi a quelli francesi. Ora viene avanzata l'ipotesi che il gruppo possa essere spostato sul fronte orientale a fronteggiare l'esercito russo.

3 **Imperatore**: si tratta del Kaiser Guglielmo II.

4 **passo di parata**: abituati ormai alla rudezza della prima linea, i protagonisti mal sopportano di doversi esercitare in marce "a passo di parata".

5 **fante**: soldato di fanteria, cioè le truppe che combattevano a piedi.

Distribuisce alcune croci di ferro, rivolge la parola a questo e a quello. Poi torniamo alle nostre baracche.

Tra di noi si discorre dell'avvenimento. Tjaden esclama stupito: «Questo dunque è il capo in testa, che sta piú in su di tutti. Davanti a lui stanno sull'attenti tutti quanti, tutti indistintamente!». Ci ripensa un po' e poi: «Anche Hindenburg[6] deve star sull'attenti, no?».

«Sicuro» conferma Kat.

Ma Tjaden non ha finito. Riflette ancora un pochino e poi: «Anche un re deve stare sull'attenti davanti a un imperatore?».

Qui nessuno sa dargli una risposta precisa ma non crediamo. Sono tutt'e due pezzi cosí grossi, che non è piú il caso di parlare di attenti.

«Che razza di scemenze mi tiri fuori» brontola Kat. «L'importante è che ci devi stare tu sull'attenti.»

Ma Tjaden pare colpito da un fascino. La sua fantasia, di solito cosí arida, è in ebollizione.

«Ecco» ci dichiara «quello che non riesco a figurarmi, è che un imperatore debba andare alla latrina tale e quale come ci vado io.»

«Eppure puoi scommetterci la testa» dice Kropp ridendo.

«Ma dico, ohi, che ti gira?» completa Kat. «Ti sono andati i pidocchi al cervello, caro Tjaden; vacci tu subito, alla latrina, che ti si schiariranno le idee e non parlerai piú come un bambino in fasce!»

Tjaden sparisce.

«Una cosa però vorrei sapere» dice Alberto, «se la guerra ci sarebbe stata egualmente, nel caso che l'Imperatore avesse detto di no.»

«Ma certo» interrompo io «anzi dicono che lui in principio non la voleva affatto.»

6 **Hindenburg**: generale che, durante la Prima guerra mondiale, guidò l'esercito tedesco sul fronte orientale e, in seguito, assunse la guida di tutte le forze del Reich.

## L'AUTORE

**Erich Maria Remarque** nasce nella regione tedesca della Westfalia nel 1898, da una modesta famiglia di origine francese. Interrotti gli studi superiori, nel 1916, all'età di 18 anni, prende parte alla Prima guerra mondiale, rimanendovi ferito. La terribile esperienza del fronte, i massacri, le sofferenze segnano in maniera incancellabile il suo animo. Alla difficile ripresa della vita civile svolge vari lavori: maestro elementare, disegnatore, critico drammatico, cronista sportivo. Nel contempo scopre la vocazione per la scrittura e nel 1929 pubblica *Niente di nuovo sul fronte occidentale*, uno dei più significativi romanzi di guerra del secolo scorso, un'opera che consegue subito un vasto successo in tutto il mondo: in un anno ne vengono stampate oltre un milione di copie.

In seguito Remarque si propone di approfondire il tema del soldato scampato alla guerra con il romanzo *La via del ritorno* (1931), per il quale in Germania viene accusato di disfattismo. Sono gli anni in cui si afferma il nazismo: nel 1932, lo scrittore è costretto a riparare in Svizzera per sottrarsi al linciaggio morale a cui è sottoposto; nel 1937 le autorità tedesche gli negano la cittadinanza. In questo periodo, con *Tre camerati*, ripropone il tema delle sofferenze materiali e morali dei reduci di guerra.

Di fronte all'imminenza di un nuovo conflitto, nel 1939 Remarque emigra negli Stati Uniti, dove pubblica altre opere incentrate sui temi bellici, come *Tempo di vivere, tempo di morire* (1954). Vive in prevalenza a New York e solo negli ultimi tempi rientra in Europa, stabilendosi nella Svizzera italiana. Muore improvvisamente nel 1970, senza aver mai più fatto ritorno in Germania.

«Be', se non proprio lui solo, mettiamo, se venti, trenta persone nel mondo avessero detto di no.»

«In questo caso può darsi: il male è che quelle hanno detto di sí.»

«È buffo a pensarci» continua Kropp. «Noi siamo qui per difendere la patria, nevvero? Ma i francesi stanno di là, anche loro per difendere la patria. Chi ha ragione?»

«Forse gli uni e gli altri» dico io, senza crederci troppo.

«Va bene» dice Alberto, e vedo dalla sua faccia che cerca di confondermi; «ma i nostri professori e pastori[7] e giornali dicono che abbiamo ragione noi, ed è sperabile che sia cosí; mentre dall'altra parte professori e curati e giornali francesi sostengono che hanno ragione soltanto loro; come va questa faccenda?»

7 **pastori**: religiosi.

«Questo non lo so» dico io; «quello che so è che la guerra c'è, e che ogni mese vi entrano altri paesi.»

Ricompare Tjaden, ancora eccitato, e si mescola subito al discorso, informandosi in che modo, innanzi tutto, scoppi una guerra.

«Generalmente è perché un paese ha fatto grave offesa a un altro» risponde Alberto, con una cert'aria sentenziosa.

Ma Tjaden fa il tonto: «Un paese? Non capisco. Una montagna tedesca non può offendere una montagna francese: né un fiume, né un bosco, né un campo di grano...».

«Sei bestia davvero o fai per burla?» brontola Kropp: «non ho mai detto niente di simile. È un popolo che offende un altro...»

«Allora non ho che fare qui; io non mi sento affatto offeso» replica Tjaden.

«Ma mettiti bene in zucca» gli fa Alberto stizzito, «che tu sei un povero villanaccio e non conti nulla.»

«E allora, ragion di piú perché me ne vada a casa» insiste l'altro, mentre tutti ridono.

«Ma mio caro uomo, si tratta del popolo come collettività, ossia dello Stato» grida Müller.

Soldati tedeschi in trincea rammendano la biancheria in una pausa dalle attività militari, 1916.

«Stato, Stato» e Tjaden con aria furbesca fa schioccare le dita «guardie campestri, polizia, tasse, ecco il vostro Stato. Se è tuo parente, ringrazialo tanto da parte mia.»

«Giusto» dice Kat «hai detto per la prima volta una cosa di buon senso, Tjaden. Lo Stato e il paese sono veramente due cose diverse.»

«Ma vanno connesse l'una coll'altra» osserva Kropp; «paese senza Stato non esiste.»

«Vero: però rifletti un po' che siamo quasi tutti povera gente. E anche in Francia la gran maggioranza sono operai, manovali, piccoli impiegati. Perché mai un fabbro od un calzolaio[8] francese dovrebbe prendersi il gusto di aggredirci? Credi a me, sono soltanto i governi. Prima di venir qui, io non avevo mai visto un francese, e per la maggior parte dei francesi sarà andata allo stesso modo quanto a noi. Nessuno ha chiesto il loro parere, come non hanno chiesto il nostro.»

«E allora a che scopo la guerra?» domanda Tjaden.

Kat alza le spalle: «Ci deve esser gente a cui la guerra giova».

«Be', io non sono del numero» sghignazza Tjaden.

«Né tu, né altri qui.»

«E chi allora?» insiste Tjaden. «Neanche all'Imperatore la guerra giova: lui ha già tutto quello che gli occorre.»

«Non dire questo» interrompe Kat; «finora una guerra non l'aveva avuta. E si sa che ogni imperatore di una certa grandezza deve avere almeno una guerra, altrimenti non diventa famoso. Guarda un po' nei tuoi libri di scuola, se non è cosí.»

8 **un fabbro od un calzolaio**: chi parla è il calzolaio Katzinski, che chiama in causa due professioni precise per meglio coinvolgere oltre a se stesso anche il compagno Tjaden, fabbro di professione.

## STORIE da SCOPRIRE

### *Niente di nuovo sul fronte occidentale* di E.M. Remarque

Il romanzo (1929) narra la storia di un gruppo di studenti liceali tedeschi, i quali, sollecitati dal militarismo di un loro insegnante, decidono di arruolarsi e finiscono nel vortice della Prima guerra mondiale, sul fronte occidentale. Uno di loro, Paolo Bäumer, descrive in maniera molto realistica la crudele esperienza. Il romanzo non ha una trama progressiva, perché il vero protagonista è la guerra con tutti i suoi orrori: Paolo racconta dei rischi corsi nello stendere i reticolati, descrive la severità della guerra di trincea, le morti inutili e immediate delle reclute, il costante timore dei gas asfissianti, la consapevolezza che la propria vita è affidata al caso, i sempre più pressanti interrogativi sul senso di un simile massacro. Al fronte si perdono le dimensioni della normale esistenza, così quando Paolo torna a casa in licenza, nonostante l'affetto dei propri familiari, si sente un estraneo e torna al fronte spossato, incapace di riprendere il suo posto in prima linea. Durante un combattimento, rifugiatosi in una buca scavata da una granata, vede rovinargli addosso un soldato francese e per salvarsi è costretto a pugnalarlo. La lunga agonia di costui crea in Paolo enormi rimorsi e un forte senso di smarrimento: egli si riconosce nel nemico agonizzante, cerca di soccorrerlo, rivelando così tutta l'assurdità della guerra. È un crescendo continuo di violenza e di distruzione: a uno a uno cadono i compagni di Paolo e a nulla vale quel cameratismo che li aveva a lungo preservati fisicamente e psicologicamente. Nell'ottobre del 1918, nell'imminenza della conclusione del conflitto, quando ormai si parla apertamente di armistizio, muore anche Paolo, l'ultimo dei liceali giunti insieme al fronte, proprio mentre «il bollettino del Comando Supremo si limitava a queste parole: "Niente di nuovo sul fronte occidentale"». In tal modo finisce bruciata un'intera generazione, «distrutta dalla guerra anche se sfuggita alle bombe».

«Anche i generali diventano famosi con la guerra» osserva Detering.

«Piú ancora degli imperatori» conferma Kat.

«Però è certo che dietro v'è altra gente che ci vuol guadagnare» brontola Detering.

«Credo piuttosto che si tratti di una specie di febbre» dice Alberto. «In fondo non la vuole nessuno, e poi, a un dato momento, ecco che la guerra scoppia. Noi non l'abbiamo voluta, gli altri sostengono la stessa cosa; e intanto una metà del mondo la fa, e come!»

«Però dall'altra parte si stampano piú frottole che da noi» replico io; «pensate un po' a quei fogli trovati sui prigionieri[9], dove si diceva che noi mangiamo i bambini belgi. Bisognerebbe impiccare le canaglie che scrivono cose simili. Sono loro i veri colpevoli.»

Müller si alza: «Meglio ad ogni modo che la guerra si faccia qui piuttosto che in Germania. Guardate un po' queste campagne...».

«Giusto» conviene anche Tjaden; «però meglio ancora sarebbe se non ci fosse guerra affatto.» E se ne va, tutto fiero di aver bagnato il naso a noialtri volontari. E in realtà la sua opinione è tipica qui: ogni momento ce la troviamo di fronte, senza poterle contrapporre nulla di efficace, perché va di pari passo con una incomprensione di ogni altro ordine di rapporto. Il sentimento nazionale del fante consiste in questo, che egli è qui a combattere. Ma in ciò pure si esaurisce, tutto il resto viene da lui giudicato empiricamente e dal suo particolare punto di vista.

Alberto si sdraia nell'erba, di cattivo umore.

«Meglio non parlare di tutto questo pasticcio.»

«Tanto piú che non si cambia nulla» conferma Kat.

Per soprammercato[10] ci tocca restituire quasi tutto il vestiario nuovo che avevamo ricevuto, e riprendere i nostri vecchi stracci. La roba buona serviva soltanto per la parata.

E.M. Remarque, *Niente di nuovo sul fronte occidentale*, trad. it. di S. Jacini, Mondadori, Milano, 1965

9 **fogli...prigionieri**: si fa riferimento a una loro precedente incursione nelle trincee francesi, dove avevano trovato della propaganda contro i soldati tedeschi che li aveva inorriditi, perché giudicata un cumulo di falsità.

10 **Per soprammercato**: per di più.

## per L'ANALISI del TESTO

### La gravità della guerra

Scritto come una testimonianza sull'insensatezza della guerra, *Niente di nuovo sul fronte occidentale* è uno di quei libri che da sempre hanno contribuito a tener desta la coscienza individuale e collettiva sulla **gravità della guerra** e, di riflesso, sulla necessità di battersi perché nel mondo si affermi una **cultura di pace**. Remarque ha vissuto in prima persona l'esperienza della Prima guerra mondiale e ne è uscito così moralmente provato da assumere il tema della tragedia bellica come una **missione letteraria** sulla quale concentrare l'attenzione. Ne emerge un richiamo costante alla coscienza individuale: la **responsabilità personale** riguardo alla violenza o al rispetto dell'uomo verso l'uomo è assoluta, anche quando è condizionata da tanti fattori.

### Domande capitali

Nel brano proposto, lo scrittore evidenzia i meccanismi che catturano e finiscono con l'imbrigliare l'individuo nella spirale della guerra. La visita dell'imperatore Guglielmo II alle truppe al fronte sollecita nel gruppo dei protagonisti **domande** cruciali **sulla guerra** in corso. È come un tarlo a lungo messo a tacere, ma che ora bussa forte ed esige di essere ascoltato: perché è scoppiata la guerra? Come scoppia? A chi serve? Chi decide di partecipare o di tenersi fuori dal conflitto? Con quale diritto si dispone della vita altrui? Una volta avviata, la discussione è un fiume in piena che s'ingrossa, una domanda dopo l'altra, un interrogarsi che diventa sempre più assillante, soprattutto perché le risposte vengono sì intuite, ma anche avvertite come insormontabili barriere, in quanto rinviano ad autorità e organismi superiori davanti ai quali il soldato si sente impotente.

In termini volutamente molto elementari, vengono poste domande capitali che hanno il compito di mettere a nudo la **retorica della guerra**, la falsità di tante motivazioni da sempre portate per sostenere le logiche militariste: «Noi siamo qui per difendere la patria, nevvero? Ma i francesi stanno di là, anche loro per difendere la patria. Chi ha ragione?» (rr. 43-45).

Spingendo sempre più avanti il ragionamento, quando qualcuno arriva ad affermare la loro appartenenza a uno Stato, ecco che qualcun altro introduce la distinzione fra lo Stato come organismo autoritario e il Paese, fatto di gente comune, di persone che vorrebbero solo vivere: «siamo quasi tutti povera gente. E anche in Francia la gran maggioranza sono operai, manovali, piccoli impiegati. Perché mai un fabbro od un calzolaio francese dovrebbe prendersi il gusto di aggredirci? Credi a me, sono soltanto i governi» (rr. 76-79). Da lì, il passo è breve per concludere che la guerra giova a qualcuno: all'imperatore, per esempio, il quale «finora una guerra non l'aveva avuta» (r. 88), e a chi ha interessi economici, perché «è certo che dietro v'è altra gente che ci vuol guadagnare» (r. 93).

Ogni guerra porta sempre con sé gli stessi dubbi e interrogativi, che hanno il carattere dell'attualità, dal momento che qualche conflitto è sempre in atto.

### Lo stile

Remarque esprime la propria riflessione sulla guerra con una **scrittura semplice**, chiara e diretta. Non sono raccontati fatti, ma sono sviluppati brevi ragionamenti attraverso **dialoghi**, confronti dialogati, in un **crescendo di domande e di risposte**, che non soddisfano i giovani soldati.

# Attività

## Leggere e comprendere

1 **Le novità** I soldati protagonisti del racconto stanno vivendo delle novità, sulla cui motivazione non hanno informazioni precise. Quali atteggiamenti evidenziano in quest'attesa?

2 **Le gerarchie** Tjaden, soldato non volontario, profana l'immagine quasi sacrale dell'imperatore, accostandola ad aspetti quotidiani e privati. Come reagiscono gli altri?

- **a.** Lodano il suo coraggio e la sua capacità critica
- **b.** Lo applaudono e ridono di gusto
- **c.** Lo ingiuriano e lo giudicano puerile
- **d.** Lo biasimano per averli messi a rischio di punizione

3 **La delusione** La visita dell'imperatore, vera ragione dei preparativi, lascia deluso Paolo, il narratore. Da che cosa deriva la delusione?

4 **Le ragioni della guerra** Quali riflessioni emergono quando i soldati si mettono a discutere sulle motivazioni della guerra e su quale delle due nazioni contendenti abbia ragione?

5 **Il Paese e lo Stato** Con argomenti apparentemente sciocchi, confondendo Paese con popolo, Paese con Stato, Tjaden porta i compagni a distinguere chiaramente queste due realtà. Come si caratterizzano?

- Paese: ..............................
- Stato: ..............................

6 **A chi giova la guerra?** Stabilito che la gente comune non ha alcun interesse a uccidersi reciprocamente, i soldati si domandano a chi possa giovare la guerra e stabiliscono che essa:

**a.** è utile ai generali e ai soldati

**b.** è utile all'imperatore, ai generali e a coloro che ci guadagnano

**c.** è utile agli imprenditori e agli operai

**d.** è utile ai sovrani e al popolo

7 **La propaganda** Come viene valutata da chi sta al fronte la propaganda, che tanto incide sull'adesione alle guerre?

8 **Il pasticcio** Meglio sarebbe che la guerra non ci fosse affatto: questa è la conclusione del discorso che viene troncato bruscamente. Quale riflessione lo interrompe?

## Riconoscere e analizzare

9 **Il tempo del racconto** La narrazione è costituita, nell'ordine, da:

**a.** una scena dialogica e un sommario

**b.** una scena, un'ellissi, un'altra scena

**c.** un sommario e una scena dialogica

**d.** un sommario, una scena dialogica, un sommario

10 **I personaggi** Quali aspetti dei personaggi sono sottolineati e come sono inseriti nel testo?

**a.** I personaggi sono descritti nel loro aspetto fisico dal narratore

**b.** I personaggi presentano i loro pensieri in prima persona

**c.** I personaggi sono analizzati nei loro aspetti psicologici dal narratore

**d.** I pensieri dei personaggi sono presentati da altri personaggi

11 **Il lessico** Molto ampio è il sottocodice delle parole legate alla vita militare: sottolinea quelle presenti nel testo.

12 **Il tema** Sono tanti gli argomenti inerenti alla guerra trattati in questo brano, ma quali, a tuo parere, sono sottolineati maggiormente?

**a.** L'onore per la patria

**b.** Il vantaggio economico

**c.** Il riflesso sulla vita di ogni soldato

**d.** L'orrore per le stragi

13 **Le sequenze** Quale tipo di sequenze prevale nel testo?

14 **La distanza** Quale distanza pone il narratore tra sé e i fatti? Motiva la tua risposta.

## Rielaborare e produrre

15 **Discutere** Rileggi il passo da riga 7 («Per otto giorni...») fino a riga 10 («...il fante più che la trincea»). Come interpreti i pensieri dei soldati? L'insofferenza per le esercitazioni, più che per la trincea, deriva dal fatto che essi si sentono ormai molto esperti così che le esercitazioni sono una fatica inutile? Oppure essi sono infastiditi perché le esercitazioni e le parate risultano false rispetto alla realtà misera e pericolosa delle trincee nelle quali essi rischiano la vita? Raccogli gli elementi validi per sostenere l'interpretazione per te più plausibile, anche in un eventuale dibattito in classe.

16 **Il riassunto** Riassumi il racconto in 150 parole, evitando l'uso dei discorsi diretti.

17 **Una o tutte le guerre?** Le riflessioni a cui invita il testo si riferiscono solo alla guerra in esso descritta o a tutte le guerre? Ci sono a tuo parere ragioni più o meno valide perché un popolo intraprenda una guerra? Scrivi la tua opinione in massimo 200 parole.

18 **Una testimonianza indiretta** Ormai tutti coloro che hanno partecipato alla Grande guerra sono morti, ma forse i tuoi nonni o i tuoi genitori hanno sentito raccontare direttamente esperienze di chi l'ha combattuta. Informati da loro, trascrivi le loro testimonianze indirette e discutine con i compagni.

Italo Calvino

# Paura sul sentiero

Il presente racconto appartiene all'iniziale stagione letteraria di Calvino, nella quale il turbamento per le recenti vicende belliche era ancora vivo. Le intense emozioni vissute anche in prima persona durante la guerra partigiana gli dettano pagine di forte impronta realista, ma nelle quali incomincia già a farsi strada la sua vena fiabesca. Per rendersene conto basta seguire Binda, il protagonista del racconto, lungo la sua affannosa missione.

Da
Ultimo viene il corvo, 1949
Racconto realistico

Alle nove e un quarto arrivò su Colla Bracca[1] assieme alla luna, ai venti era già al bivio dei due alberi, per la mezza sarebbe stato alla fontana. In vista di San Faustino prima delle dieci, dieci e mezzo a Perallo, Creppo a mezzanotte, per l'una poteva essere da Vendetta[2] in Castagna: dieci ore di strada a passo normale, sei ore a dir tanto per lui, Binda[3], la staffetta[4] del primo battaglione, la più veloce staffetta della brigata.

Andava forte, Binda, a corpo morto[5] giù per le scorciatoie, senza sbagliarsi mai alle svolte tutte uguali, riconoscendo nel buio i sassi, i cespugli, prendendo di petto le salite, di petto fermo che non cambiava il ritmo del respiro, la lena delle gambe spinte come da stantuffi[6]. – Forza Binda! – gli dicevano i compagni appena lo vedevano da lontano arrampicarsi verso il loro accampamento. Cercavano di leggergli in volto se le notizie, gli ordini che portava erano buoni o cattivi; ma la faccia di Binda era chiusa come un pugno, una stretta faccia montanara dal labbro peloso, su un corpo basso e ossuto più da un ragazzo che da giovanotto, con muscoli come sassi.

Un partigiano a Firenze nel 1944. (Londra, Imperial War Museum)

Era un duro e solitario compito il suo, esser svegliato a tutte le ore, mandato fino da Serpe, da Pelle, dover marciare la notte nel buio delle vallate, con la compagnia di quell'arma francese appesa alle spalle, leggera come un fuciletto di legno, arrivare a un distaccamento[7] e dover ripartire per un altro o tornare con la risposta, svegliare il cuoco e frugare nelle marmitte fredde, poi ripartire con una gavettata[8] di castagne ancora in gola. Ma era anche il suo compito naturale, di lui che non si perdeva nei boschi, che conosceva tutti i sentieri, percorsi fin da bambino conducendo le capre, andando per legna o per fieno, di lui che non s'azzoppava e non si spellava i piedi su e giù per quei sassi come tanti partigiani saliti dalla città e dalla marina.

1 **Colla Bracca**: località, come le successive citate, situata nel retroterra di Sanremo, sulle Alpi Liguri.
2 **Vendetta**: è il nome di battaglia di un partigiano, come altri che seguono: Serpe, Pelle, Fegato, Guerriglia.
3 **Binda**: è il nome di battaglia del protagonista, un forte camminatore e per questa sua qualità gli è stato dato un soprannome che rinvia a un celebre campione di ciclismo degli anni Venti-Trenta, Alfredo Binda.
4 **staffetta**: è colui che ha l'incarico di portare ordini e informazioni tra le varie formazioni di partigiani.
5 **a corpo morto**: nei tratti in discesa si abbandonava con tutto il peso del corpo per essere più veloce.
6 **la lena…stantuffi**: le gambe si muovevano con ritmo costante come se fossero spinte da due stantuffi.
7 **distaccamento**: reparto di partigiani distaccati rispetto al loro gruppo principale.
8 **gavettata**: da gavetta, il recipiente di latta nel quale i soldati e i partigiani ponevano il loro cibo.

Un castagno dal tronco cavo, un lichene[9] celeste su una pietra, lo spiazzo nudo d'una carbonaia[10], quinte di uno scenario spaesato e uniforme, s'animavano in lui radicate ai ricordi più remoti: una capra scappata, una faina stanata, la sottana alzata a una ragazza. E a questi s'aggiungevano i ricordi nuovi, della **guerra** fatta nei suoi posti, continuazione della sua storia: gioco, lavoro, caccia diventati guerra: odore di spari al ponte di Loreto, salvataggi giù per i cespugli del pendio, prati minati gravidi di morte[11].

La guerra si rigirava allo stretto in quelle valli, come un cane che vuol mordersi la coda; i partigiani gomito a gomito coi bersaglieri e i militi[12]; se gli uni salivano a monte gli altri scendevano a valle, poi gli uni a valle gli altri a monte, sempre con grandi giri sulle creste per non finire gli uni sotto gli altri, e farsi sparare addosso, sempre con qualcuno che rimaneva morto, a monte o a valle. Il paese di Binda era giù per le campagne, San Faustino, tre gruppi di case uno qua uno là nella vallata, la finestra di

**PAROLE *sotto la lente***

**Guerra**

Il sostantivo deriva dal germanico *werra* e indica un conflitto aperto e dichiarato tra due o più stati o in genere tra gruppi etnici, sociali, religiosi organizzati, quando lo scontro è divenuto estremo e cruento con l'uso delle armi.

**Attività**

Spiega, usando il vocabolario, il significato del sostantivo "guerrafondaio".

9 **lichene**: organismo vegetale che si sviluppa su piante e terreni.

10 **carbonaia**: catasta di legna ricoperta di terra e lasciata bruciare lentamente, così da trasformarsi in carbone.

11 **gravidi di morte**: impregnati di morte.

12 **militi**: sono i soldati della milizia fascista.

## *per conoscere* ITALO CALVINO

**ITALO CALVINO** (► p. 45) è l'autore contemporaneo che più di altri ha saputo interpretare i cambiamenti sociali e culturali che hanno segnato la storia del nostro Paese. La sua vasta produzione (racconti, romanzi, fiabe, saggi, articoli giornalistici, libretti d'opera) abbraccia un quarantennio, dalla fine della Seconda guerra mondiale fino a metà degli anni Ottanta, e si caratterizza per la versatilità di generi e di temi; tuttavia, nella sua produzione è possibile individuare un'idea di fondo: l'alta concezione della letteratura.

**• Il valore morale della letteratura •** In un famoso saggio degli anni Cinquanta, Calvino affida alla letteratura un ruolo centrale nella formazione complessiva dell'individuo. Così, infatti, scrive: «Le cose che la letteratura può ricercare ed insegnare sono poche ma insostituibili: il modo di guardare il prossimo e se stessi, di porre in relazione fatti personali e fatti generali, [...] di trovare le proporzioni della vita, e il posto dell'amore in essa, e la sua forza e il suo ritmo, e il posto della morte, il modo di pensarci o non pensarci» (*Il midollo del leone*, 1955). Calvino seguirà sempre queste asserzioni, ora con serietà e determinazione, ora con un maggior spirito di divertimento, ma sempre con la volontà di interrogare il proprio tempo.

Italo Calvino in un ritratto di Tullio Pericoli del 2014.

**• L'impegno civile e culturale •** Calvino esordisce nella narrativa nel 1947 con il romanzo *Il sentiero dei nidi di ragno* (► p. 268), nel quale racconta la Resistenza attraverso gli occhi di un bambino; segue la raccolta di racconti *Ultimo viene il corvo* (1949), che

Regina col lenzuolo steso nei giorni di rastrellamento[13]. Il paese di Binda era una pausa breve tra lo scendere e il salire, una sorsata di latte, la maglia pulita preparata da sua madre; poi lesto a scappare per non vederli arrivare da ogni parte tutt'a un tratto, ché a San Faustino partigiani ne erano morti abbastanza.

L'inverno era un gioco di rincorrersi e nascondersi; i bersaglieri a Baiardo, i militi ai Molini, i tedeschi a Briga: in mezzo i partigiani stretti in due gomiti di valle, che scansavano i rastrellamenti spostandosi dall'uno all'altro nella notte, attraverso posti contesi. Proprio in quella notte una colonna tedesca era in marcia da Briga, forse già al Carmo, i militi si preparavano a salire dai Molini di rinforzo; i distaccamenti dormivano sepolti nella paglia dei casoni, attorno alle braci semispente; Binda marciava nel buio dei boschi con la loro salvezza affidata alle sue gambe, in quell'ordine: «Sgombrare subito la valle, per l'alba tutto il battaglione con le pesanti[14] in cresta al Pellegrino».

L'ansia era un leggero battere d'ali di pipistrello nei polmoni di Binda, una voglia

13 **lenzuolo...rastrellamento**: il lenzuolo steso nei giorni in cui tedeschi e fascisti perlustravano e rastrellavano la montagna era il segnale convenuto per avvertire i partigiani del pericolo.

14 **pesanti**: erano le mitragliatrici, i pezzi d'artiglieria pesante.

tratta ancora temi legati alla Resistenza. È questa la stagione dell'impegno politico e culturale: lo scrittore partecipa alla lotta di liberazione e si iscrive al Partito comunista. Entrambe le opere risentono del clima culturale del Neorealismo: infatti, raccontano storie legate alla contemporaneità, anche se già affiora l'inclinazione dell'autore per il fiabesco.

**• La narrativa fantastica e avventurosa •** All'inizio degli anni Cinquanta Calvino si orienta più decisamente verso il fiabesco e il comico, ma senza perdere di vista l'impegno morale di indagare razionalmente il presente. Nascono così i romanzi *Il visconte dimezzato* (1952), *Il barone rampante* (1957) e *Il cavaliere inesistente* (1959), poi raccolti nella trilogia intitolata *I nostri antenati* (1960).

**• Dalla politica attiva alla denuncia sociale •** Nel 1957 Calvino abbandona il Partito comunista e la politica attiva. Nel romanzo *La giornata di uno scrutatore* (1963) s'interroga sul ruolo degli intellettuali nel nuovo contesto sociale e culturale: protagonista è uno scrutatore presso un seggio elettorale all'interno del Cottolengo di Torino, un ospedale che offre assistenza a disabili fisici e mentali e ad anziani.

A questo periodo appartengono anche i lunghi racconti *La speculazione edilizia* (1957) e *La nuvola di smog* (1958), poi confluiti nella raccolta *I racconti* (1958), che include anche dieci storie di cui è protagonista il personaggio di Marcovaldo. Si tratta di una narrativa legata al fenomeno del cosiddetto "miracolo economico" che l'Italia e l'Europa stanno vivendo e del quale Calvino rivela le contraddizioni.

**• L'interesse fantascientifico e la scrittura combinatoria •** Nel 1967 Calvino si trasferisce a Parigi, e qui, a contatto con la cultura francese, matura una nuova attenzione per le scienze. L'esito letterario sono i testi fantascientifici, svolti con umorismo e ironia, *Cosmicomiche* (1965) e *Ti con zero* (1967), nei quali, prendendo spunto da questioni matematiche, fisiche o biologiche, lo scrittore affronta i problemi esistenziali ed etici dell'uomo contemporaneo. A interessarlo sono anche i nuovi ambiti della statistica, della semiotica e dello strutturalismo, che lo spingono a ricercare i meccanismi alla base dello scrivere, a sperimentare la scrittura combinatoria, per mezzo della quale lo scrittore cerca varie soluzioni narrative, intrecciando storie e trame con la riflessione sulla letteratura stessa. Scrive i romanzi *Il castello dei destini incrociati* (1969), *Le città invisibili* (1972), *Se una notte d'inverno un viaggiatore* (1979).

Dopo il suo ritorno in Italia, nel 1980, Calvino pubblica il romanzo *Palomar* (1983), riconoscimento dell'impossibilità di fornire interpretazioni della realtà che siano esaustive, a fronte di un mondo sempre più complesso.

d'afferrare con la mano il costone lontano due chilometri, nel buio senza prospettiva, d'issarsi fin lassù, soffiare l'ordine come un alito di vento nell'erba e sentirlo scorrere via come attraverso i baffi su per le narici, fino a Vendetta, a Serpe, a Guerriglia. Poi scavarsi un vano tra le foglie di castagno, e affondarci, lui e Regina, prima togliere i ricci che avrebbero punto Regina, ma più si scava nelle foglie più ricci si trovano, impossibile far posto a Regina là in mezzo, a Regina dalla pelle liscia e sottile.

Le foglie secche e i ricci frusciavano sotto i piedi di Binda, quasi con uno sciacquio; i ghiri dai tondi occhi lucenti correvano a rintanarsi in cima agli alberi. – Forza, Binda! – gli aveva detto Fegato, il comandante, dandogli la consegna[15]. Il sonno s'alzava dal cuore della notte a vellutargli l'interno delle palpebre; Binda avrebbe voluto perdere il sentiero, smarrirsi in un mare di foglie secche, nuotare fino ad esserne sommerso. – Forza, Binda!

Binda camminava ora sulla costiera alta di Tumena, ancora ghiacciata, su una stretta pista marcata di passi. Tumena era la vallata più ampia di quelle regioni, dalle rive distanti e altissime; la riva opposta sfumava nel buio, quella su cui marciava si perdeva nel pendio brullo, tra i cespugli da cui, a giorno, s'alzavano frullanti stormi di pernici. Parve a Binda di vedere una luce lontana, in Tumena bassa, che camminava più avanti di lui. Faceva ogni tanto uno zig-zag come prendesse una curva, spariva, riappariva di lì a poco in una direzione inaspettata. Chi era mai a quell'ora? A volte pareva a Binda che il lume fosse molto più distante, sull'altra riva, a volte fermo, a volte rimasto dietro a lui. Tanti lumi diversi, potevano essere, in marcia per tutti i sentieri di Tumena bassa, fors'anche dietro e avanti a lui, in Tumena alta, che s'accendevano e si spegnevano. I tedeschi!

Una bestia correva sulle orme di Binda, svegliata dal fondo di regioni bambine, lo inseguiva, presto lo avrebbe raggiunto: la paura. Quei lumi erano di tedeschi che perlustravano Tumena, cespuglio per cespuglio, a battaglioni. Una cosa impossibile: Binda lo sapeva, pure sentiva che sarebbe stato piacevole crederci, abbandonarsi alla lusinga[16] di quella bestia bambina che lo inseguiva dappresso. In gola a Binda il tempo batteva sul suo tam-tam inghiottito[17]. Era ormai tardi per arrivare prima dei tedeschi, per salvare i compagni. Già Binda vedeva il casone di Vendetta, in Castagna, bruciato, i corpi dei compagni sanguinanti, le teste di alcuni appese ai rami dei larici per i lunghi capelli. – Forza Binda!

Si stupì del luogo dove si trovava, gli sembrava di aver percorsa poca strada in molto tempo: forse aveva rallentato senz'avvedersene, forse s'era fermato. Non cambiò andatura, però: sapeva bene che il suo passo era sempre uguale e sicuro, che non bisognava fidarsi di quella bestia che veniva a fargli visita nelle missioni notturne, a bagnargli le tempie con le sue dita invisibili, intinte di saliva. Era un ragazzo a posto, Binda, coi nervi saldi e il sangue freddo in ogni evenienza; serbava intatta tutta la sua risolutezza d'agire, pur portando quella bestia ormai su di sé, come una scimmia aggrappata al collo.

Il prato di Colla Bracca nella luna sembrava molle. «Le mine!» pensò Binda. Non c'erano mine lassù, Binda lo sapeva: le mine erano distanti, sull'altro versante di Ceppo. Ma Binda ora pensava che le mine si muovessero sottoterra, camminassero da una parte all'altra delle montagne, inseguissero i suoi passi, come enormi ragni sotterranei. La terra sopra le mine produce strani funghi, guai a calpestarli: tutto scoppierebbe all'istante, ma i secondi diventerebbero lunghi come secoli, e il mondo sembrerebbe fermarsi come incantato.

15 **consegna**: l'ordine da far arrivare ai partigiani di Vendetta.

16 **lusinga**: tentazione.

17 **In gola…inghiottito**: per lo sforzo e la paura, a Binda il cuore era salito in gola e lo sentiva battere forte.

Binda scendeva per il bosco, adesso. Il sonno e il buio mettevano maschere tetre ai tronchi ed ai cespugli. C'erano tedeschi tutt'intorno, era vero. Certo l'avevano visto mentre passava il prato di Colla Bracca sotto la luna, lo stavano inseguendo, lo attendevano al varco. Un gufo gridò poco distante: era il fischio convenuto dei tedeschi che serravano intorno a lui, ecco che un altro fischio gli rispondeva, era circondato! Una bestia si mosse in fondo a un cespo d'eriche: forse una lepre, forse una volpe, forse un tedesco coricato tra gli arbusti che lo prendeva di mira. C'era un tedesco per ogni cespuglio, un tedesco appollaiato in cima a ogni albero, coi ghiri. Le pietraie pullulavano d'elmi, fucili s'alzavano tra i rami, le radici degli alberi finivano in piedi umani. Binda marciava lungo una doppia siepe di tedeschi in agguato, che lo guardavano con occhi luccicanti come foglie: più camminava più s'approfondiva in mezzo a loro. Al terzo, al quarto, al sesto urlo di gufo tutti i tedeschi sarebbero balzati in piedi attorno a lui, le armi puntate, il petto traversato da nastri di mitraglia.

Uno in mezzo a loro, detto Gund, con un terribile sorriso bianco sotto l'elmo, avrebbe proteso le mani enormi sopra di lui, per afferrarlo. Binda temeva di voltarsi per non vederselo a un tratto alto sulle sue spalle, a mitra spianato, a mani aperte nell'aria. O forse gli sarebbe venuto incontro sul sentiero, indicandolo con un dito, o l'avrebbe sentito a un rotolar di pietre che si metteva al suo fianco, a camminare assieme a lui in silenzio.

A un tratto gli sembrò d'aver sbagliato strada: eppure riconosceva il sentiero, le pietre, gli alberi, il muschio. Ma erano pietre, alberi, muschio d'un altro luogo, distante, di mille altri luoghi diversi e distanti. Dopo quel gradino di sassi doveva esserci un dirupo, non un roveto; superato quel costone un cespo di ginestra, non d'agrifoglio; il rigagnolo doveva essere asciutto, non con acqua e rane. Erano rane d'un'altra vallata, rane vicine ai tedeschi, al giro della strada, era un inganno preparato dai tedeschi appostati, che l'avrebbe messo ad un tratto nelle loro mani, di fronte al grande tedesco che è in fondo a tutti noi[18], chiamato Gund, carico d'elmi, bandoliere, bocche d'armi puntate, che apre sopra a tutti noi le mani enormi e non riesce ad afferrarci mai.

18 **grande tedesco… tutti noi**: la paura, il buio, l'ansia sono al culmine nell'animo di Binda: il grande tedesco è un po' il simbolo della sua paura più profonda, della morte.

Mauro Chessa, *Partigiani nella notte*, 2004. (Collezione Privata)

Per cacciare Gund bisogna pensare a Regina, a scavarci una nicchia con Regina, nella neve, ma la neve è dura e ghiacciata, non si può farci sdraiare Regina, vestita d'una sottana sottile come pelle; neanche sotto i pini si può, lo strato degli aghi non ha fine, il terriccio raggiunto è un formicaio, e Gund è già sopra di noi, abbassa la mano sulla nostra testa, sulla nostra gola, sul nostro petto, l'abbassa ancora: urliamo. Bisogna pensare a Regina, la ragazza che è in tutti noi[19] e per cui tutti noi vorremmo scavare una nicchia in fondo al bosco.

Ma l'inseguimento era alla fine, tra Binda e Gund: l'accampamento di Vendetta distava ormai solo quindici, venti minuti. Binda correva, col pensiero: ma i suoi passi continuavano a posarsi regolari, per non sfiatarsi. Raggiunti i compagni la paura sarebbe scomparsa, cancellata fin dal fondo della memoria, data per impossibile. C'era da pensare a svegliare Vendetta e Sciabola, il commissario, spiegar loro l'ordine di Fegato, poi ripartire per Gerbonte, da Serpe.

Ma si sarebbe raggiunto mai, il casone? Non era legato a un filo che lo trascinava lontano da lui, man mano che s'avvicinava? E arrivando non avrebbe sentito *ausch-ausch* i tedeschi tutt'intorno al fuoco che mangiavano le castagne rimaste? Binda già s'immaginava d'arrivare al casone mezz'incendiato e deserto. Entrava: vuoto. Ma in un angolo, grandissimo, seduto alla turca[20], con l'elmo che toccava il tetto, c'era Gund, gli occhi tondi e lucenti come quelli dei ghiri, il sorriso bianco di denti tra le labbra tumide[21]. Gund gli faceva cenno: «Siediti». E Binda si sarebbe seduto.

Ecco, a cento metri da lui una luce: erano loro! Chi loro? Ebbe voglia di tornare indietro, di fuggire, come tutto il pericolo fosse laggiù nel casolare di pian Castagna. Ma continuava a camminare spedito[22], la faccia dura e chiusa come un pugno. Ora il fuoco sembrava avvicinarsi troppo in fretta: muoveva incontro a lui? Ora allontanarsi: fuggiva? Ma era fermo, era il fuoco dell'accampamento non ancora spento, Binda lo sapeva.

– Chi va là! – Non trasalì. – Binda, – disse. – Sentinella. Sono Civetta. Novità, Binda? – Dorme, Vendetta? – Ora era già nel casone col fiato dei compagni addormentati intorno. Compagni, naturalmente, e chi mai avrebbe potuto esserci, d'altri?

– Tedeschi giù da Briga, fascisti su dai Molini. Sgombrare. Per l'alba tutti in cresta al Pellegrino con le pesanti. – Vendetta appena sveglio annaspava un poco con le palpebre. – Sacramento[23], – disse. Poi s'alzò, batté le mani: – Sveglia voialtri, c'è da andare a picchiarsi.

Binda ora scucchiaiava in un gavettino di castagne bollite, sputacchiando le pellicole rimaste appiccicate. Gli uomini si dividevano i turni per portare le munizioni, il treppiede della pesante[24]. S'incamminò. – Vado da Serpe, in Gerbonte, – disse. – Forza, Binda, – gli fecero i compagni.

Lui già svoltava dietro lo sperone di roccia, aveva perso di vista il casone, si lasciava alle spalle il dirupo nero di cespugli. Gund s'alzò dai cespugli, si rimise in marcia dietro di lui, coi suoi passi di gigante.

I. Calvino, *I racconti*, Mondadori, Milano, 1991

19 **Regina…noi**: forse Regina è la sua fidanzata e il costante pensiero per lei gli dà coraggio; qui è assunta a simbolo dell'amore e della vita.

20 **seduto alla turca**: seduto come i turchi, con le gambe incrociate.

21 **tumide**: piene, carnose.

22 **spedito**: veloce.

23 **Sacramento**: esclamazione di meraviglia e contrarietà.

24 **treppiede della pesante**: il pezzo di sostegno a tre piedi della mitragliatrice.

## per L'ANALISI del TESTO

### La guerra partigiana

Il racconto *Paura sul sentiero* ci introduce al clima dello scontro aspro che, tra il 1943 e il 1945, contrappose i soldati tedeschi e la milizia fascista ai **partigiani**, una pagina che costituisce un momento di fondamentale importanza nella storia del nostro Paese. Calvino racconta questo scontro anche nel romanzo *Il sentiero dei nidi di ragno* (▸ p. 268).

Nel brano letto, la guerra partigiana non viene raccontata tramite scontri armati o vicende brutali: Calvino sceglie di mettere a fuoco il ruolo di **una semplice staffetta**, un combattente in apparenza di secondo piano. Lo svolgersi di avvenimenti reali è limitato, perché tutto cresce e matura nell'**animo del protagonista**, il cui nome di battaglia è Binda. Con una marcia notturna e solitaria, il giovane deve avvertire un distaccamento partigiano di una imminente azione di rastrellamento da parte di tedeschi e fascisti.

### Un racconto introspettivo

Si tratta, dunque, di un racconto in prevalenza introspettivo, nel quale l'**analisi degli stati d'animo** risulta predominante. Nel contempo, tuttavia, Calvino risulta di grande efficacia anche nell'illustrare le sofferenze, le paure, i pericoli della guerra.

All'**avvio *in medias res*** segue una lunga analisi del ruolo di Binda tra i partigiani; la descrizione del suo compito, del modo con cui lo affronta, della naturalezza del suo marciare, della sua forza sopperisce alla limitata descrizione fisica che Calvino traccia di Binda. Colpisce come l'autore racconti questa guerra di posizione: sembra quasi un gioco di guardie e ladri, un continuo rincorrersi, dalla cresta della montagna al fondovalle, però sempre con qualche morto a dare il triste segno dell'odio insopprimibile.

### L'antagonista

In questa corsa di Binda contro il tempo incontriamo anche il suo **antagonista**, costituito non da una persona in carne e ossa, ma dalla sua stessa **paura** che via via si materializza in forme diverse. Dapprima una luce in lontananza, poi tante luci, i tedeschi; quindi una bestia che lo insegue (la «bestia che veniva a fargli visita nelle missioni notturne», rr. 92-93), poi le mine (capaci perfino di muoversi sottoterra), un fischio di un gufo interpretato come il segnale convenuto dai tedeschi che sono lì, dietro di lui, lo braccano. L'ansia cresce nell'animo di Binda, ed è su questo che fa perno il racconto, a tal punto che il lettore avverte il suo sentimento di paura, fino a condividerlo e ad autoconvincersi che da un momento all'altro si debba materializzare il soldato tedesco ad afferrare il povero Binda. Questo soldato ha perfino un nome, Gund, simbolo delle paure di Binda e delle nostre. In lotta contro i fantasmi della sua immaginazione, Binda ha anche degli **aiutanti**, anch'essi non concreti, ma tuttavia utili. Quel «Forza Binda» ripetuto più volte non è un semplice incoraggiamento, ma è anche un'attestazione di fiducia che i compagni hanno in lui, nella sua capacità di marciare, di non sbagliare il percorso («la loro salvezza affidata alle sue gambe», rr. 52-53); anche Regina, «la ragazza che è in tutti noi» (r. 139), ha una chiara funzione di sostegno psicologico per Binda.

La vicenda ha solo un **apparente scioglimento**, perché Binda, una volta giunto al «casone», presso Vendetta, deve ripartire per un altro distaccamento e con lui «Gund s'alzò dai cespugli, si rimise in marcia dietro di lui, coi suoi passi di gigante» (rr. 174-175). Con questa immagine finale Calvino sembra volerci ricordare che la **lotta contro le nostre paure** e angosce non è mai finita.

# Attività

## Leggere e comprendere

1 **Il tempo stringe** L'inizio del racconto ci trasmette l'idea di un compito che deve essere svolto in tutta fretta. Da quali informazioni e da quali aspetti sintattici possiamo trarre quest'impressione?

2 **Il compito** Quale speciale ruolo svolge Binda? Quali azioni prevede il suo compito?

**a.** Porta notizie e ordini
**b.** Consegna cibo
**c.** Distribuisce armi
**d.** Procura documenti falsi

3 **Le qualità** Quali caratteristiche rendono Binda adatto al proprio ruolo?
- **a.** Il coraggio che ha acquisito in una lunga esperienza in guerra
- **b.** Un fisico resistente, un carattere determinato e grande conoscenza dei luoghi
- **c.** La preparazione atletica curata precedentemente su quelle montagne
- **d.** La cultura raffinata e gli ideali pacifisti che lo legano ai suoi compagni

4 **I nemici interni** Mentre avanza, deciso e responsabile, Binda inizia ad avvertire dei nemici dentro di sé. Quali sono? Come tenta di allontanarli?

5 **I pericoli esterni** Lungo la via ben conosciuta, Binda inizia a percepire all'esterno delle forme inquietanti che gli fanno immaginare pericoli imminenti. Quali sono? Da che cosa sono generate?

6 **La bestia** Con quali immagini Binda concretizza la paura che avverte dentro di sé? Descrivile.

7 **La forza di reagire** Come riesce Binda a non farsi sopraffare dalla paura?
- **a.** Ricorda gli insegnamenti dei genitori e si ferma a riposare
- **b.** Pensa a dolci momenti con Regina e continua ad avanzare con passo cadenzato
- **c.** Immagina il successo imminente e definitivo e prende a correre
- **d.** Rivolge preghiere a Dio mettendosi in ginocchio

8 **L'ultima fantasia** Quasi giunto al «casone», Binda è travolto da una terribile fantasia. Quale?

9 **Ancora in marcia** Portato il messaggio ai compagni, Binda riprende la marcia e tutto ricomincia. In che senso si può fare questa affermazione?

## Riconoscere e analizzare

10 **La struttura** Il racconto si apre *in medias res* e ci presenta Binda a Colla Bracca; il seguito del testo si può suddividere in tre macrosequenze. Indica il contenuto di ciascuna con un titolo nominale.

11 **Le sequenze** Quali tipi di sequenze sono prevalenti per importanza nel testo?
- **a.** Descrittive
- **b.** Riflessive
- **c.** Narrative
- **d.** Dialogiche

12 **La focalizzazione** Il testo è narrato in terza persona, ma molte parti presentano i pensieri e le fantasie del protagonista. Trovane qualche esempio e definisci quindi il tipo di focalizzazione.
- **a.** Zero
- **b.** Interna
- **c.** Esterna
- **d.** Variabile

13 **I luoghi** In che modo è condotta la descrizione dei luoghi? Puoi definire il luogo geografico a cui il paesaggio appartiene?
- **a.** Descrizione dettagliata di località però non riconoscibili
- **b.** Descrizione precisa di località delle Alpi svizzere
- **c.** Descrizione generale di località dei monti della Liguria
- **d.** Descrizione precisa di località dei monti della Liguria

14 **I personaggi** È interessante vedere la relazione che esiste tra i vari personaggi (veri o immaginari) e individuarne il sistema. Chi è il protagonista? E gli antagonisti? Vi sono aiutanti?
- Protagonista: ..........................................................................
- Antagonista/i: ........................................................................
- Aiutanti: ..................................................................................

## Rielaborare e produrre

15 **Discutere** Dopo aver letto il brano, come interpreti i pensieri di Binda? La paura scompare per la presenza, la solidarietà e la protezione degli amici oppure perché in gruppo si è veramente più al riparo dagli attacchi armati degli avversari? Raccogli gli elementi validi per sostenere l'interpretazione per te più plausibile, anche in un eventuale dibattito in classe.

16 **Il riassunto** Stendi il riassunto del racconto in 150 parole.

17 **Le qualità dei partigiani** Nel brano hai visto agire personaggi che hanno condotto la lotta partigiana; che qualità umane hanno messo in mostra? Descrivile in un testo di massimo 200 parole.

18 **Una guerra civile** La Resistenza ha riportato l'Italia alla democrazia ma è stata anche un evento luttuoso, che ha visto combattere italiani contro italiani. Avvicina qualche anziano che ha vissuto in prima persona l'esperienza o leggi diari e lettere scritte in quel periodo e riporta gli aspetti più toccanti in un testo espositivo.

## Gino Strada

# Pappagalli verdi

Un pappagallo verde è un animale che ispira a prima vista curiosità e simpatia, un animale da stuzzicare, con cui far finta di parlare. Ma quelli del brano sono pappagalli diversi: attirano soprattutto i bambini, uccidono i loro sogni, mutilano i loro corpi, «li trascinano nel buio, per sempre».

Da *Pappagalli verdi*, 2000

Cronaca

Un vecchio afgano con i sandali rotti e infangati, e il turbante con la coda che scendeva fino alla cintura, stava accanto al figlio di sei anni nel pronto soccorso dell'ospedale di Quetta[1].

Il bambino si chiamava Khalil e aveva il volto e le mani, o quel che ne restava, coperti da abbondanti fasciature. Stava sdraiato, immobile, la camicia annerita dall'esplosione. Qualcuno aveva strappato una manica e ne aveva fatto un laccio, legato stretto sul braccio destro per fermare l'emorragia.

"È stato ferito da una **mina** giocattolo, quelle che i russi tirano sui nostri villaggi"[2] disse Mubarak, l'infermiere che faceva anche da interprete, avvicinandosi con un catino di acqua e una spugna.

Non ci credo, è solo propaganda, ho pensato, osservando Mubarak che tagliava i vestiti e iniziava a lavare il torace del bambino, sfregando energicamente come se stesse strigliando un cavallo. Non si è neanche mosso, il bambino, non un lamento.

In sala operatoria ho tolto le bende: la mano destra non c'era più, sostituita da un'orrenda poltiglia simile a un cavolfiore bruciacchiato, tre dita della sinistra completamente spappolate.

Avrà preso in mano una granata[3], mi sono detto.

Sarebbero passati solo tre giorni, prima di ricevere in ospedale un caso analogo, ancora un bambino. All'uscita dalla sala operatoria Mubarak mi mostra un frammento di plastica verde scuro, bruciacchiato dall'esplosione.

"Guarda, questo è un pezzo di mina giocattolo, l'hanno raccolto sul luogo dell'esplosione. I nostri vecchi le chiamano pappagalli verdi..." e si mette a disegnare la forma della mina: dieci centimetri in tutto, due ali con al centro un piccolo cilindro. Sembra una farfalla più che un pappagallo, adesso posso collocare come in un puzzle il pezzo di plastica che ho in mano, è l'estremità dell'ala. "...Vengono giù a migliaia, lanciate dagli elicotteri a bassa quota[4]. Chiedi ad Abdullah, l'autista dell'ospedale, uno dei bambini di suo fratello ne ha raccolta una l'anno scorso, ha perso due dita ed è rimasto cieco."

**PAROLE *sotto la lente***

### Mina

Il sostantivo è di origine celtica e giunge in italiano attraverso il francese *mine*. Anticamente significava miniera e, per estensione, indicava il cunicolo sotterraneo per entrare o uscire da una fortezza. Oltre che in zoologia e nella tecnica mineraria, il nome viene usato in ambito militare per indicare un ordigno costituito essenzialmente da una carica di esplosivo che, innescata da vari dispositivi, esplode immediatamente o con un ritardo prestabilito; in particolare, esistono mine antiuomo e mine anticarro.

### Attività

Cerca sul dizionario e spiega la formazione e il significato del nome "minatore".

1 **Quetta**: capitale del Belucistan, una provincia del Pakistan, a ridosso del confine con l'Afghanistan.

2 **i russi...villaggi**: si fa riferimento all'intervento sovietico in Afghanistan (1979-1989).

3 **granata**: un tipo di bomba a mano.

4 **a bassa quota**: a poca distanza dal suolo.

Mine giocattolo, studiate per mutilare bambini. Ho dovuto crederci, anche se ancora oggi ho difficoltà a capire...

Tre anni dopo ero in Perù[5]. Quando me ne andai da Ayacucho, dopo mesi passati a organizzare il reparto di chirurgia, un amico peruviano, artista e poeta, mi ha regalato un *retablo*, una specie di presepe in gesso. Una scena di violenza e di lotta per il diritto alla terra.

Intorno alle figurine di contadini incatenati, trascinati via da militari con il passamontagna, tante spighe di grano, molto alte, dorate.

Sopra le spighe stormi di *loros*, pappagalli verdi col becco adunco e gli occhi rapaci. "Per i contadini di qui – mi disse Nestor spiegandomi il *retablo* – i pappagalli simboleggiano la violenza dei militari, hanno lo stesso colore delle loro uniformi. Arrivano, si prendono il raccolto, spesso uccidono, e se ne vanno via."

Nestor mi raccontava la misera vita della gente di quella regione andina, le sofferenze e la rassegnazione, e la violenza sistematica. Allora gli ho detto di altri pappagalli verdi, che avevo conosciuto in Afghanistan.

Mine antiuomo di fabbricazione russa, modello PFM-1. Gli ho spiegato che le gettano sui villaggi, come fossero volantini pubblicitari che invitano a non perdere lo spettacolo domenicale del circo equestre.

E ho visto i suoi occhi increduli, come erano stati i miei, e le labbra aprirsi un poco in segno di sorpresa.

La forma della mina, con le due ali laterali, serve a farla volteggiare meglio. In altre parole, non cadono a picco quando vengono rilasciate dagli elicotteri, si comportano proprio come i volantini, si sparpagliano qua e là su un territorio molto

5 **Tre anni...Perù**: l'autore sospende momentaneamente il racconto del dramma afghano e si ricollega a un successivo suo intervento in Perù.

Sopra, un abitante del villaggio di Ghulam Rasool in Afghanistan nel 2013.
A destra, due modelli della mina sovietica PFM-1, bombe a forma di farfalla intenzionalmente progettate per sembrare simili a giocattoli.

più vasto. Sono fatte così per una ragione puramente tecnica – affermano i militari – non è corretto chiamarle mine giocattolo.

Ma a me non è mai successo, tra gli sventurati feriti da queste mine che mi è capitato di operare, di trovarne uno adulto. Neanche uno, in più di dieci anni, tutti rigorosamente bambini.

La mina non scoppia subito, spesso non si attiva se la si calpesta. Ci vuole un po' di tempo – funziona, come dicono i manuali, per accumulo successivo di pressione. Bisogna prenderla, maneggiarla ripetutamente, schiacciarne le ali. Chi la raccoglie, insomma, può portarsela a casa, mostrarla nel cortile agli amici incuriositi, che se la passano di mano in mano, ci giocano.

Poi esploderà. E qualcun altro farà la fine di Khalil.

Amputazione traumatica di una o entrambe le mani, una vampata ustionante su tutto il torace e, molto spesso, la cecità. Insopportabile.

Ho visto troppo spesso bambini che si risvegliano dall'intervento chirurgico e si ritrovano senza una gamba, o senza un braccio. Hanno momenti di disperazione, poi, incredibilmente, si riprendono. Ma niente è insopportabile, per loro, come svegliarsi nel buio.

I pappagalli verdi li trascinano nel buio, per sempre.

Dicevo queste cose a Nestor, seduti nel suo laboratorio pieno di quadri e sculture, e di figurine in gesso da colorare. Discorrevamo di guerra e violenza, di repressione e libertà, di diritti umani. Che cosa spinge la mente umana a immaginare, a programmare la violenza?

## L'AUTORE

**Gino Strada** (1948) è conosciuto in Italia e nel mondo come il "medico di Emergency", l'associazione umanitaria da lui fondata nel 1994, che ha tra le sue finalità quella di portare assistenza medico-chirurgica alle vittime dei conflitti armati e in particolare a chi è colpito dalle mine antiuomo. Chirurgo di guerra, Gino Strada è intervenuto in Afghanistan, Ruanda, Cambogia, Kurdistan, Libia, Sierra Leone, Sudan, Perù, Iraq. Mentre da un lato opera nel concreto, adoperandosi nei luoghi di guerra e salvando vite umane, Gino Strada non ha mai smesso nel contempo di farsi portavoce di una cultura di pace. Così dichiarava in un'intervista: «La scelta della pace per me è una scelta etica e politica. Si basa sui valori e sul buonsenso, sulla pratica, cioè, delle cose che ho visto nella mia vita. Io sono convinto che la guerra non sia mai un modo per risolvere i problemi, ma sia un modo per ingrandirli. [...] La pace, secondo me, non è solo un dovere, un imperativo morale: la pace è una necessità. Se non riusciamo ad affermare una cultura di pace, sono convinto che andiamo verso un'avventura il cui punto finale è l'autodistruzione».

I libri scritti da Gino Strada mirano a documentare l'atrocità dei conflitti, come *Pappagalli verdi. Cronache di un chirurgo di guerra* (2000) oppure il successivo *Buskashì* (2002), un viaggio nel cuore della guerra afghana al momento della disfatta dei talebani. Nel 2015 Gino Strada, insieme a Roberto Satolli, ha pubblicato *Zona rossa*, un saggio sull'epidemia causata dal virus Ebola.

Mentre mi parlava delle tragedie della sua terra, del massacro dei contadini di Huanta[6] che chiedevano solo che i loro figli potessero andare a scuola, avvertivo nelle sue parole un atavico[7] pessimismo, la rabbia soffocata, il desiderio di ribellione.

Ma poi, inevitabilmente, il suo pensiero tornava ai pappagalli verdi, a quelli che scendevano dal cielo nel lontano Afghanistan. E allora Nestor scuoteva la testa, e la rabbia lasciava il posto alla tristezza, quella che riempie la mente quando non c'è più la possibilità di capire, quando è svanita la ragione ed è solo follia.

Così abbiamo immaginato – sapendo che era tutto maledettamente vero – un ingegnere efficiente e creativo, seduto alla scrivania a fare bozzetti, a disegnare la forma della PFM-1. E poi un chimico, a decidere i dettagli tecnici del meccanismo esplosivo, e infine un generale compiaciuto del progetto, e un politico che lo approva, e operai in un'officina che ne producono a migliaia, ogni giorno.

Non sono fantasmi, purtroppo, sono esseri umani: hanno una faccia come la nostra, una famiglia come l'abbiamo noi, dei figli. E probabilmente li accompagnano a scuola la mattina, li prendono per mano mentre attraversano la strada, ché non vadano nei pericoli, li ammoniscono a non farsi avvicinare da estranei, a non accettare caramelle o giocattoli da sconosciuti...

Poi se ne vanno in ufficio, a riprendere diligentemente il proprio lavoro, per essere sicuri che le mine funzionino a dovere, che altri bambini non si accorgano del trucco, che le raccolgano in tanti. Più bambini mutilati, meglio se anche ciechi, e più il nemico soffre, è terrorizzato, condannato a sfamare quegli infelici per il resto degli anni. Più bambini mutilati e ciechi, più il nemico è sconfitto, punito, umiliato.

E tutto ciò avviene dalle nostre parti, nel mondo civile, tra banche e grattacieli. Al confronto anche i *loros*, verdi pappagalli che infestano le Ande, sembrano meno feroci, verrebbe da dire più umani.

Non ho più saputo nulla di Mubarak, da sette anni. Ho incontrato molti Khalil in giro per il mondo, l'ultimo si chiama Thassim.

Non è afgano, è un ragazzo curdo[8] di quindici anni, è cieco e senza mani. L'ho operato due settimane fa, uno strano intervento chirurgico che trasforma gli avambracci e li rende simili alle chele[9] di un granchio, o a bastoncini cinesi, perché possa afferrare oggetti, mangiare da solo, fumarsi una sigaretta. Gli stiamo insegnando ad adattarsi alla nuova forma del suo corpo, a usare al meglio quel che è rimasto.

Thassim ha raccolto la sua mina, il suo maledetto pappagallo verde, vicino a Mawat, un villaggio di montagna circondato da boschi di querce, rese ancora più maestose[10] dalla prima neve di novembre.

Lo guardo mentre cerca, per ora senza successo, di portarsi un cucchiaio alla bocca senza rovesciare la zuppa. È stanco, e un poco frustrato[11], per oggi non vuole più saperne di fare esercizi.

G. Strada, *Pappagalli verdi*, Feltrinelli, Milano, 2001

6 **massacro...Huanta**: si tratta del massacro di cinquanta persone, perpetrato nel 1984 in questa località peruviana distante 500 km dalla capitale Lima, nell'ambito dello scontro che opponeva i guerriglieri di Sendero Luminoso (un movimento rivoluzionario che mirava all'instaurazione del socialismo in Perù) alle forze dell'esercito governativo peruviano.

7 **atavico**: primitivo, istintivo.

8 **curdo**: proveniente dalla regione del Kurdistan, vasto territorio abitato da circa venticinque milioni di persone che si sviluppa in un'area tra Turchia, Armenia, Iran, Iraq, Siria. La sua autonomia non è riconosciuta e perciò è territorio da tempo al centro di conflitti.

9 **chele**: gli organi di presa e di difesa in forma di pinze del granchio.

10 **maestose**: imponenti.

11 **frustrato**: scoraggiato, avvilito.

## per L'ANALISI del TESTO

### Le mine antiuomo

*Pappagalli verdi*, oltre che il titolo del brano antologico, è anche quello del libretto con cui Gino Strada ha cercato di far conoscere l'attività di Emergency, all'interno della quale lui opera come "medico di guerra". È un testo costituito da **brevi cronache** di episodi, di immagini, di riflessioni da lui elaborate nel corso degli anni Novanta, mentre correva da un capo all'altro del mondo, là dove imperversava una guerra, per impiantare un ospedale da campo e prestare i primi soccorsi.

Il brano è incentrato sulla **pericolosità delle mine antiuomo**, gli apparentemente innocui oggetti che vengono con amara ironia chiamati «pappagalli verdi». Essendo poco costose, le mine antiuomo hanno avuto, e hanno tuttora, grande impiego nei conflitti e restano disseminate nei territori di combattimento anche a guerra conclusa, in grado di scoppiare e mutilare le persone a distanza di anni. L'Italia è stata a lungo una grande produttrice di mine antiuomo; dal 1997, però, anche grazie alla pressione esercitata dallo stesso Gino Strada, la legge italiana (n. 374 del 22 ottobre 1997) proibisce la produzione e il commercio di tali ordigni.

### Un crudele imbroglio

La vicenda raccontata da Gino Strada costituisce il suo impatto con le **mine giocattolo**. Non le conosceva ancora, tanto è vero che dubita della loro esistenza («Non ci credo, è solo propaganda», r. 12), ma è costretto a ricredersi quando in ospedale vede arrivare in continuazione **bambini colpiti e mutilati**. È a quel punto che gli si svela tutta la spietatezza e la viltà di una simile operazione, programmata a tavolino, riassumibile in quel «Più bambini mutilati e ciechi, più il nemico è sconfitto, punito, umiliato» (rr. 100-101). Così, senza banali giri di parole, ma con una **prosa asciutta**, improntata a un triste realismo, Gino Strada svela non solo gli aspetti tecnici del funzionamento delle mine, ma anche i meccanismi psicologici che scattano nei bambini che le vedono prima volteggiare nel cielo e poi le raccolgono a terra come fossero amichevoli giocattoli.

Non possiamo che far nostro il suo interrogativo: «Che cosa spinge la mente umana a immaginare, a programmare la violenza?» (rr. 77-78). L'incredulità e l'indignazione aumentano quando seguiamo il percorso concreto che è alle spalle della **progettazione e realizzazione** di questo strumento di morte. Davvero l'uomo è capace di tutto, potendo oscillare da gesti di straordinaria generosità verso i propri simili ad atti di terribile accanimento.

### Il volto della violenza

Il volto della violenza è simile dappertutto, dall'Afghanistan al Kurdistan al Perù. Anche in questo paese dell'America latina Gino Strada scopre che i pappagalli verdi, con il loro becco adunco e gli occhi rapaci, simboleggiano per la povera gente la violenza dei militari che rubano il raccolto e uccidono. La strana e sorprendente coincidenza d'immagine rafforza la convinzione di quanto il nostro mondo sia ancora in balia di squilibri, di ingiustizie, di illegalità.

# Attività

## Leggere e comprendere

1 **L'incredulità** Davanti alle gravi ferite subite da un bambino, il medico Gino Strada dice di non credere che questo scempio sia opera di azioni militari dei russi. Da che cosa è motivata la sua incredulità? Quale altra spiegazione immagina?

2 **La comprensione della realtà** Come arriva il medico a credere che i bambini siano stati davvero mutilati da mine giocattolo?

3 **Altri pappagalli verdi** Dove Strada ha occasione di incontrare ancora l'immagine dei pappagalli? Che cosa simboleggiano in questo luogo?

4 **Mine giocattolo sì o no?** Perché i militari affermano che le mine antiuomo a forma di pappagallo non devono essere chiamate mine giocattolo? In che modo Gino Strada contraddice la loro spiegazione?

5 **Le conseguenze** Quali ferite e menomazioni vengono causate dallo scoppio delle mine?

6 **La realtà peruviana** Nestor, l'amico peruviano di Strada, ha conosciuto la violenza nel suo paese. Come la descrive? Quali sentimenti suscita in lui?

7 **La realtà afghana** Quale più grave violenza è presente nei «pappagalli verdi» afghani?

**a.** Il numero delle mine è enorme
**b.** Vi sono in quel paese più bambini imprudenti perché non istruiti
**c.** I nemici sono più spietati, con armi più sofisticate
**d.** Uomini colti e potenti pianificano atroci sofferenze contro bambini

8 **Lo scopo** Quale obiettivo ha la costruzione dei «pappagalli verdi»?

**a.** Annientare un intero popolo
**b.** Indurre subito il nemico alla resa
**c.** Umiliare e indebolire il nemico
**d.** Esibire la potenza dei propri armamenti

## Riconoscere e analizzare

9 **La struttura** Come è disposto il contenuto del testo?

**a.** Gli eventi si susseguono lineari nel tempo e sempre nello stesso luogo
**b.** Gli eventi si svolgono nello stesso luogo ma in anni successivi
**c.** Le vicende si svolgono in luoghi diversi e in tempi successivi
**d.** I fatti sono presentati in *flashback*

10 **Il lessico** Il testo descrive una realtà particolarmente cruda: quali sono le parole che più evidenziano l'orrore e la violenza?

..................................................................................................................
..................................................................................................................
..................................................................................................................
..................................................................................................................
..................................................................................................................
..................................................................................................................

11 **I tempi verbali** Il testo non è un racconto, ma la cronaca di esperienze reali di Gino Strada. Si nota spesso infatti l'impiego di un tempo verbale diverso da quello usato in genere nei racconti. Quale?

**a.** Passato remoto
**b.** Imperfetto
**c.** Passato prossimo
**d.** Presente

12 **La cronaca** Ricerca nel testo le cinque "costanti" della cronaca.

- Chi:
..................................................................................................................
- Dove:
..................................................................................................................
- Quando:
..................................................................................................................
- Come:
..................................................................................................................
..................................................................................................................
- Perché:
..................................................................................................................
..................................................................................................................

## Rielaborare e produrre

13 **Discutere** Rileggi il brano da «Così abbiamo immaginato» (r. 86) a «meccanismo esplosivo» (r. 89). Come interpreti le azioni di questi professionisti? Essi non hanno alcuna responsabilità negli orrori causati dalle mine giocattolo perché eseguono solo il lavoro di cui hanno bisogno per vivere? Oppure con la loro attività si rendono complici di tali atrocità? Raccogli gli elementi validi per sostenere l'interpretazione per te più plausibile, anche in un eventuale dibattito in classe.

14 **La tua lettera** Scrivi una lettera a un amico per riferirgli i fatti che hai appreso in questo testo e per esprimergli le tue considerazioni.

15 **La brutalità** Perché l'uso dei pappagalli verdi e di altre armi simili ci pare di una ferocia superiore ai colpi inferti dagli usuali ordigni bellici? Spiegalo in un testo di circa 100 parole.

16 **Il progresso in guerra** In che modo, a tuo parere, lo sviluppo tecnico-scientifico ha inciso sul modo di condurre le guerre? Scrivi un testo di circa 200 parole su questo argomento.

musica

# Una canzone di pace: *Imagine* di John Lennon

A lungo anima e ispiratore dei **Beatles**, quando il gruppo si scioglie (1970), John **Lennon** (1940-1980) costruisce una nuova e fruttuosa collaborazione musicale con la moglie Yoko Ono. Con lei incide vari album di successo e continua a essere al centro dell'attenzione soprattutto per i suoi atteggiamenti anticonformistici e d'**impegno pacifista**.

Nel dicembre del 1980 Lennon viene ucciso da uno squilibrato a New York.

*Imagine* (1971) si presenta come una ballata propria di un "sognatore" che non si trattiene dall'immaginare un mondo finalmente senza odi e guerre, senza barriere e confini, in cui tutti possano vivere insieme. Ci si può lasciar andare sulle note dolci e gradevolmente ripetitive di questa canzone, frutto dell'intelligenza e della passione di un grande artista, fino a raccogliere il suo invito a non pensare a tutto questo come a un'utopia, ma a crederci davvero.

## Imagine

Imagine there's no heaven
it's easy if you try
no hell below us
above us only sky
imagine all the people
living for today.

Imagine there's no countries
it isn't hard to do
nothing to kill or die for
and no religion too
imagine all the people
living life in peace.

You may say I'm a dreamer
but I'm not the only one
I hope someday you'll join us
and the world will be as one.

Imagine no possessions
I wonder if you can
no need for greed or hunger
a brotherhood of man
Imagine all the people
sharing all the world

You may say I'm a dreamer
but I'm not the only one
I hope someday you'll join us
and the world will be as one.

## Immagina

Immagina che non ci sia un paradiso
prova, è facile
né un inferno sotto di noi
sopra di noi soltanto il cielo
immagina che tutti
vivano nel presente.

Immagina che non ci siano nazioni
non è difficile,
niente per cui uccidere o morire
e neanche religioni
immagina che tutti
vivano in pace.

Puoi dire che sono un sognatore
ma non sono l'unico
spero che un giorno ti unirai a noi
e il mondo sarà uno solo.

Immagina nessun tipo di possesso
chissà se ne sei capace
nessun bisogno di avidità o di ingordigia,
ma umana fratellanza
Immagina che tutti
condividano tutto il mondo.

Puoi dire che sono un sognatore
ma non sono l'unico
spero che un giorno ti unirai a noi
e il mondo sarà uno solo.

Trad. it. di C. Molteni

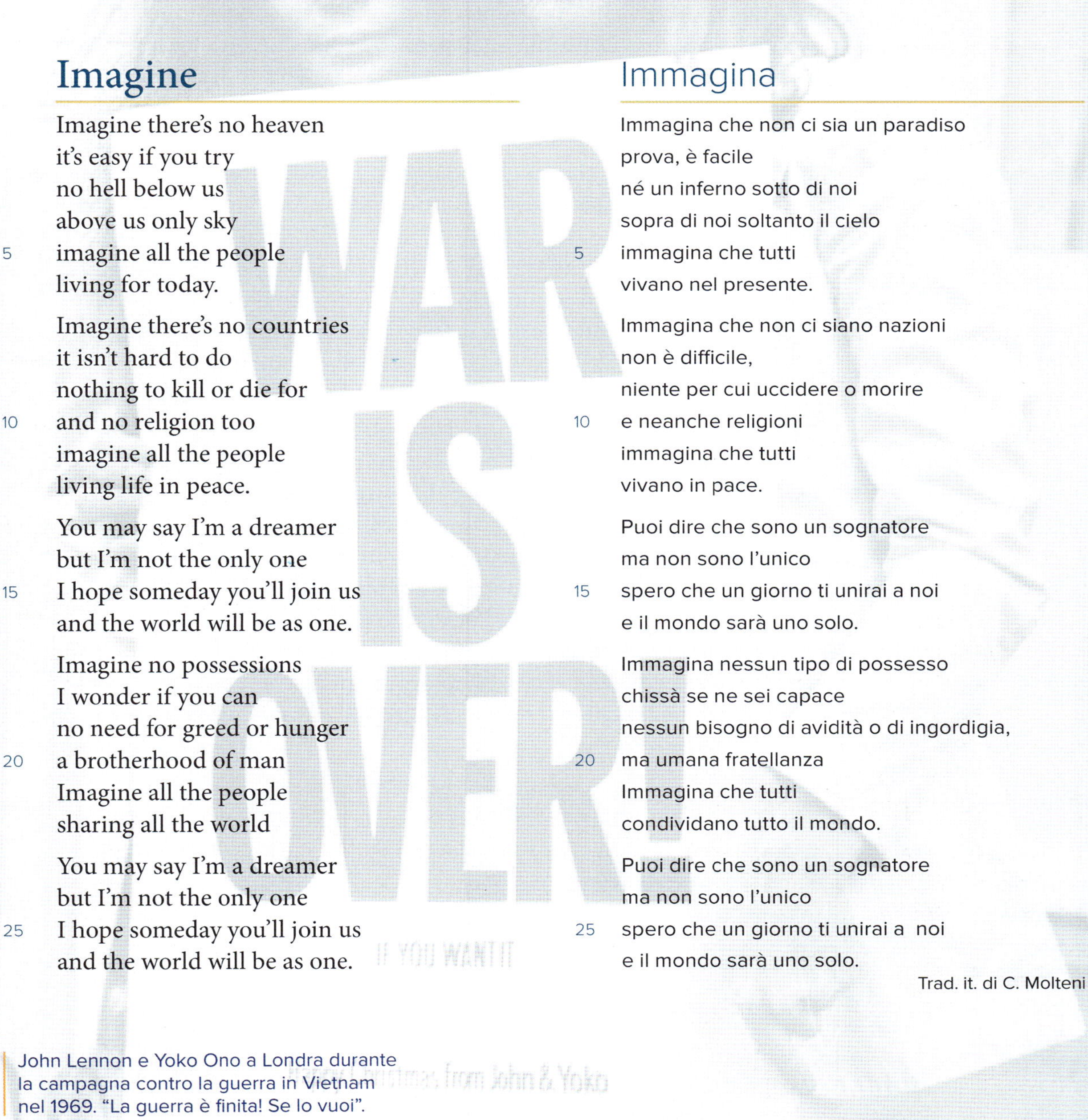


John Lennon e Yoko Ono a Londra durante la campagna contro la guerra in Vietnam nel 1969. "La guerra è finita! Se lo vuoi".

Papa Francesco

# Il valore della pace

Da
L'amore è contagioso, 2014

Testo argomentativo

Con la semplicità che lo contraddistingue, papa Francesco individua alcuni fondamenti della pace, quali la lotta alla diffusione degli armamenti, l'accoglienza dei migranti, la pratica del dialogo fra i popoli.

*Pace, armi, migrazioni*

Pace. Questa parola riassume tutti i beni a cui aspirano ogni persona e tutte le società umane. Anche l'impegno con cui cerchiamo di promuovere le relazioni diplomatiche non ha, in ultima analisi, altro scopo che questo: far crescere nella famiglia umana la pace nello sviluppo e nella giustizia. Si tratta di una meta mai pienamente raggiunta, che chiede di essere ricercata nuovamente da parte di ogni generazione, affrontando le sfide che ogni epoca pone.

Guardando alle sfide che in questo nostro tempo è urgente affrontare per costruire un mondo più pacifico, vorrei sottolinearne due: il commercio delle armi e le migrazioni forzate.

Tutti parlano di pace, tutti dichiarano di volerla, ma purtroppo il proliferare di armamenti di ogni genere conduce in senso contrario. Il commercio delle armi ha l'effetto di complicare e allontanare la soluzione dei conflitti, tanto più perché esso si sviluppa e si attua in larga parte al di fuori della legalità.

[...]

Il fenomeno delle migrazioni forzate è strettamente legato ai conflitti e alle guerre, e dunque anche al problema della proliferazione delle armi, di cui parlavo prima. Sono ferite di un mondo che è il nostro mondo, nel quale Dio ci ha posto a vivere oggi e ci chiama ad essere responsabili dei nostri fratelli e delle nostre sorelle, perché nessun essere umano sia violato nella sua dignità. Sarebbe un'assurda contraddizione parlare di pace, negoziare la pace e, al tempo stesso, promuovere o permettere il commercio di armi. Potremmo anche pensare che sarebbe un atteggiamento in un certo senso cinico proclamare i diritti umani e, contemporaneamente, ignorare o non farsi carico di uomini e donne che, costretti a lasciare la loro terra, muoiono nel tentativo o non sono accolti dalla solidarietà internazionale.

*Discorso, 15 maggio 2014*

## L'AUTORE

**Jorge Mario Bergoglio** nasce a Buenos Aires il 17 dicembre 1936 in una famiglia di origini piemontesi. Viene ordinato sacerdote nel 1969 e, dopo numerose esperienze pastorali in tutta l'Argentina e in particolare a Buenos Aires, è nominato cardinale nel 2001 da papa Giovanni Paolo II. Da cardinale, non ha mai smesso di frequentare le periferie cittadine in aiuto materiale e spirituale della gente più povera. Dal marzo 2013 è papa della Chiesa cattolica. Il suo pontificato si segnala per la capacità di comunicare a tutti i valori essenziali del Vangelo, con la parola e con l'esempio, ponendosi come figura di riferimento morale.

*Il dialogo crea la pace*

Qual è l'atteggiamento più profondo che dobbiamo avere per dialogare e non litigare? La mitezza, la capacità di trovare le persone, di trovare le culture, con pace; la capacità di fare domande intelligenti: «Ma perché tu pensi così? Perché questa cultura fa così?». Sentire gli altri e poi parlare. Prima sentire, poi parlare. Tutto questo è *mitezza*. E se tu non la pensi come me – ma sa... io la penso in maniera diversa, tu non mi convinci – siamo amici lo stesso, io ho sentito come pensi tu e tu hai sentito come penso io. E sapete una cosa, una cosa importante?

Questo dialogo è quello che fa la pace. Non si può avere pace senza dialogo. Tutte le guerre, tutte le lotte, tutti i problemi che non si risolvono, con cui ci scontriamo, ci sono per mancanza di dialogo. Quando c'è un problema, dialogo: questo fa la pace. E questo è ciò che auguro a voi in questo viaggio di dialogo: che sappiate dialogare; come pensa questa cultura, che bello questo, questo non mi piace, ma dialogando. E così si cresce.

*Discorso, 21 agosto 2013*

Papa Francesco, *L'amore è contagioso. Il Vangelo della giustizia*, a cura di A.M. Foli, Piemme, Milano, 2014

Un gruppo di rifugiati arriva in barca sull'isola di Lesbo nel 2015.

# Attività

## Comprendere il testo argomentativo

1 **La pace** Papa Francesco definisce la pace come «una meta mai pienamente raggiunta» (rr. 5-6). Che cosa intende dire?

2 **Gli armamenti** Quale relazione c'è, secondo Francesco, tra commercio delle armi e migrazioni?

3 **Il dialogo** A tuo giudizio, perché è così difficile dialogare?

## Analizzare il testo argomentativo

4 **La tesi** Quale tesi è sostenuta da papa Francesco?

5 **Le argomentazioni** Quali argomentazioni sono avanzate per sostenerla?

6 **I singoli e gli Stati** Quali sono i comportamenti degli uomini e degli Stati? Risultano in antitesi?

# Opinioni sul terrorismo

Nel contesto socio-politico globale in cui viviamo, sentiamo spesso utilizzare la parola "terrorismo" associata alla guerra; molti Stati infatti si dichiarano "in guerra contro il terrorismo".

È difficile fare ordine nella varietà di opinioni sugli atti terroristici che caratterizzano la nostra epoca e avere una visione oggettiva delle loro cause e conseguenze, in primo luogo perché coloro che li compiono agiscono al di fuori degli eserciti dei governi ufficiali. Sono gruppi estremisti o singoli soggetti, spesso mentalmente instabili o socialmente emarginati, che intraprendono una lotta finalizzata a incutere terrore e a destabilizzare l'ordine di una società. Il nome che sentiamo più spesso citato è Isis (o Daesh), l'autoproclamato Stato islamico che ha preso potere in alcune zone dell'Iraq e della Siria, due nazioni già devastate dalla guerra. Di recente, la lotta degli estremisti islamici è uscita dai confini mediorientali sconvolgendo l'Europa con attentati devastanti in Francia, Belgio, Germania. Questi attentati sono stati compiuti da giovani cittadini europei, spesso provenienti da quartieri poveri a maggioranza straniera, adescati sul web facendo leva sulla loro mancata integrazione nelle società occidentali, e convinti a combattere la *jihad*, guerra santa contro gli infedeli.

In questa situazione d'incertezza e paura molti letterati si sono sentiti in dovere di mettere ordine ai pensieri, invitando alla riflessione ed evitando facili giudizi basati su reazioni istintive alla violenza.

Lo scrittore indiano Salman **Rushdie** (1947), per esempio, in un'intervista rilasciata nel settembre 2016 al quotidiano "la Repubblica" ha affermato: «L'unica nostra arma è quella di continuare a discutere. Per quanto mi riguarda scrivo, ma c'è chi fa musica, dipinge, [fa] cinema; le arti in generale sono fondamentali per nutrire la vita intellettuale dei giovani».

Hanif Kureishi.

Giusi Marchetta.

Tiziano Terzani.

## «Facciamo quello che è giusto, non quello che conviene»

Per primo citiamo Tiziano **Terzani** (1938-2004) che, già all'inizio del millennio, scriveva importanti riflessioni morali sul terrorismo, allora simboleggiato dagli attentati dell'11 settembre 2001 che fecero anche crollare le Torri Gemelle di New York. Nel suo *Lettere contro la guerra*, una raccolta di articoli-lettere pubblicata nel 2002, Terzani riflette sull'incapacità del genere umano di farla finita con la guerra, di chiudere per sempre il circolo vizioso dell'oppressione dell'uomo sull'uomo. Lo scrittore invita a far emergere il primato della morale su ogni altra considerazione, compresa quella economica. Egli individua nel dialogo la via maestra per vincere la guerra: esso infatti permette di conoscere l'altro, consente il confronto e spiana la strada a una vera cultura della pace.

## La tragica esperienza personale

Un punto di vista più recente è quello di Giusi **Marchetta** (1982), scrittrice italiana che si trovava a Nizza durante l'attentato avvenuto nella notte del 14 luglio 2016, quando un uomo ha volontariamente investito centinaia di persone con un camion lanciato sul lungomare. Nel racconto *Cosa non dimenticherò della sera a Nizza durante la strage*, l'autrice narra in prima persona gli eventi che ha vissuto e fa una riflessione sulle cicatrici interiori, sulla paura che rimane anche se si è sopravvissuti: «A noi toccano le cose dei vivi: i resoconti, il sollievo, il panico notturno, l'angoscia del mattino, le telefonate e i messaggi. Il senso di colpa. Gli articoli di giornale, i dibattiti in tv. La resistenza al qualunquismo razzista all'esterno, la battaglia con i fantasmi dell'odio che ci ristagnano dentro. Il dispiacere stupito di essere dimenticati: l'amarezza di rendersi conto (di nuovo e ancora) che non è il cinema, è la vita degli altri a inghiottirti e travolgerti con una forza inarrestabile e ottusa che passa sopra ogni sciagura ti sia mai capitata, la rende una questione privata, passata, finita per tutti tranne che per te».

## Il terrore per stravolgere il volto dell'Europa

Lo scrittore britannico di origini pachistane Hanif **Kureishi** (1954) analizza l'ideologia dell'Isis e cerca di capire quale sia il fascino che l'organizzazione esercita su alcuni giovani musulmani europei. In un'intervista rilasciata al quotidiano "la Repubblica" il 23 marzo 2016, lo scrittore afferma che le risposte dei paesi occidentali agli attentati terroristici aumentano il nazionalismo, la xenofobia e radicalizzano i partiti dell'estrema destra, cambiando di fatto l'Europa in un luogo meno libero e più vicino all'immagine demoniaca che i terroristi vogliono darne. Inoltre creano un clima fertile per l'islamofobia e la discriminazione nei confronti dei cittadini musulmani, che, come conseguenza, saranno più tentati di trovare conforto nell'Islam radicale. L'autore presenta la dinamica del terrorismo come un circolo vizioso che si può spezzare solo rafforzando le forze di sicurezza, unitamente alla difesa dei valori liberali della nostra civiltà, senza mai cedere alle discriminazioni.

## «Liberiamo l'islam dalle grinfie di Daesh»

Tahar **Ben Jelloun** (1944) è uno scrittore e poeta marocchino. Da fedele musulmano, non è riuscito a stare in silenzio dopo l'ennesimo attentato compiuto da singoli individui in una chiesa in Normandia, il 26 luglio 2016. Ha lanciato un appello a tutti i musulmani per combattere gli estremisti che con le loro azioni sanguinarie stanno umiliando l'islam, utilizzando una religione che predica la pace per compiere atti di violenza guidati soltanto da sete di potere. Ben Jelloun si rivolge a tutti i credenti dicendo che non basta più dichiarare a parole che i terroristi non hanno nulla a che vedere con l'islam, ma bisogna scendere nelle piazze, ribellarsi e denunciare chi è tentato di intraprendere la strada criminale. L'autore ricorda inoltre che le vittime più numerose dei terroristi islamici sono proprio i musulmani: gli attentati perpetrati in Iraq, Siria, Pakistan, Afghanistan, Turchia hanno infatti ucciso migliaia di fedeli musulmani.

### DOMANDE

- Terzani parla del dialogo come via maestra per vincere la guerra. Proprio in questa Unità abbiamo incontrato un altro sostenitore del dialogo. Di chi si tratta?
- Con l'aiuto del dizionario, spiega i termini "xenofobia" e "islamofobia".
- Qual è il primo fine di ogni terrorismo?
- Lo sapevi che l'Italia ha conosciuto un lungo periodo di terrorismo? Informati su quella stagione, sui suoi protagonisti e sulle motivazioni che li spingevano e discutine in classe con i compagni e l'insegnante.

# L'uomo che verrà

Regia
Giorgio Diritti

Interpreti
Claudio Casadio, Alba Rohrwacher, Maya Sansa, Greta Zuccheri

Data di uscita
2009

Genere
Drammatico

## Trama

Siamo nell'inverno 1943. Martina è una bambina di 8 anni che vive in un cascinale sulle pendici di monte Sole, nell'Appennino bolognese. È l'unica figlia di una famiglia di contadini che si trascina tra fatiche e stenti, a causa del duro lavoro e soprattutto a causa della guerra. Anni prima, Martina, in seguito alla morte di un fratellino, ha perso l'uso della parola. In dicembre la madre rimane ancora incinta e Martina aspetta con ansia l'arrivo del nuovo bambino. I mesi passano e la guerra si avvicina. I tedeschi salgono al casolare con sempre maggior frequenza: cercano i partigiani nascosti nei boschi lungo le pendici della montagna. Il fratellino viene alla luce nella notte tra il 28 e il 29 settembre 1944; negli stessi giorni i tedeschi scatenano una feroce rappresaglia, mettendo a ferro e fuoco tutta la zona. Gli uomini scappano nei boschi; donne, vecchi e bambini si rifugiano in chiesa. Non c'è nei loro confronti alcuna pietà e in breve tempo si consuma una terribile strage. Martina si sottrae all'eccidio e pensa a salvare il fratellino, ritrovando per lui anche la parola.

La locandina del film *L'uomo che verrà*, diretto da Giorgio Diritti nel 2009.

Una scena del film *L'uomo che verrà*.

## Analisi

Il regista Giorgio Diritti racconta una delle pagine più tristi della Seconda guerra mondiale combattuta in Italia, quella dell'eccidio di monte Sole, una serie di stragi di cui la più nota è quella di Marzabotto, durante la quale furono uccisi 770 civili, soprattutto donne, anziani e 50 bambini, radunati nelle case, nei cimiteri, sui sagrati delle chiese e poi trucidati.

Il racconto ruota attorno alla figura di Martina, una bambina dal carattere un po' ribelle, che tutto vede e tutto sente, ma non parla, a causa del trauma subito in seguito alla morte di un fratellino. Noi seguiamo le vicende della famiglia attraverso i suoi occhi e siamo partecipi della sua acuta sensibilità di bambina in difficoltà nel rapportarsi con i coetanei, ma attenta e partecipe delle vicende degli adulti.

Il regista rappresenta con aderenza un mondo contadino di povertà e miseria, di nessuna soddisfazione e speranza, servendosi anche della schietta parlata dialettale bolognese che consente di meglio comprendere gli stati d'animo dei protagonisti.

Si mangia a stento, si nasconde l'uccisione del maiale, si discute sul ruolo dei partigiani («Cosa fanno i partigiani? Difendono la nostra terra, le nostre famiglie, la nostra vita»), si china la testa di fronte ai soprusi dei tedeschi e si spera in una fine della guerra che però non è all'orizzonte. È un'intera comunità che viene raccontata, grazie anche ad attori "autentici", con facce ed espressioni "contadine" che fanno risaltare il carattere di veridicità del film, fin quasi a fargli assumere il tratto di un documentario storico.

Nel suo svolgersi, il film pone via via le basi per introdurre il dramma conclusivo: un partigiano morto, un assalto a una jeep tedesca con l'uccisione di tre soldati e, come conseguenza, il dispiegamento di forze tedesche per stanare i partigiani e punire i civili collaborazionisti. L'eccidio viene raccontato senza enfasi, ma senza risparmiare nulla a chi guarda il film, e i morti (tutti i morti, anche quelli tedeschi) vengono vissuti come una ferita che non si rimargina.

La guerra s'impone per violenza e crudeltà, ma il film cattura soprattutto per le vicende personali di Martina, dei suoi genitori, delle zie e di questo fratellino che viene al mondo quando la violenza è al culmine. Tocca a lei, Martina, salvarlo e difenderlo dalle brutture del mondo: tenendolo in vita, apre uno squarcio sul futuro, getta un ponte verso la speranza che questo bambino possa vivere una vita diversa, senza guerra. L'uomo che verrà non può che essere un uomo che sappia costruire la pace, imparando dagli errori del passato, in primo luogo dalla tragedia di monte Sole.

Altre scene tratte dal film.

# RACCOGLIAMO LE IDEE

## 1 Sintesi dei contenuti

Attraverso lo schema che segue e le citazioni tratte dai brani che hai letto, esegui un lavoro di sintesi dei concetti e delle informazioni presentati nell'Unità. Se lo ritieni utile, puoi inserire altre citazioni per te significative.

Leggi gli schemi di sintesi dei concetti e completali con le informazioni mancanti, scegliendole tra quelle elencate sotto:

difesa • rispetto • diplomazia internazionale • massacri e genocidi • armi, terrorismo, eserciti • associazioni umanitarie

**GUERRA**
- cause
  - ideologiche socio-politiche economiche
  - disposizione dell'animo umano
  - ……
- attori
  - gli Stati
  - i singoli
    - militari civili
- strumenti
  - ……
- conseguenze
  - per gli Stati
    - ……
  - per i singoli
    - morte povertà paura emigrazione

**PACE**
- condizioni per la pace
  - dialogo
  - ……
  - comprensione conoscenza
- strumenti
  - ……
  - educazione cultura
  - disarmo
- attori
  - ……
  - uomini e donne di pace

## 2 Citazioni dai brani

[…] Lo Stato e il paese sono veramente due cose diverse. […] Vero: però rifletti un po' che siamo quasi tutti povera gente. […] Ci dev'essere gente a cui la guerra giova.

Erich Maria Remarque, *Chi vuole la guerra?*

Più bambini mutilati e ciechi, più il nemico è sconfitto, punito, umiliato. E tutto ciò avviene dalle nostre parti, nel mondo civile, tra banche e grattacieli.

Gino Stada, *Pappagalli verdi*

Immagina che non ci siano nazioni
non è difficile,
niente per cui uccidere o morire
e neanche religioni
immagina che tutti
vivano in pace.

John Lennon, *Imagine*

Qual è l'atteggiamento più profondo che dobbiamo avere per dialogare e non litigare? La mitezza, la capacità di trovare le persone, di trovare le culture, con pace; […] Non si può avere pace senza dialogo. Tutte le guerre […] ci sono per mancanza di dialogo.

Papa Francesco, *Il valore della pace*

[…]
..........................................................................................
..........................................................................................
..........................................................................................
..........................................................................................

[…]
..........................................................................................
..........................................................................................
..........................................................................................
..........................................................................................
..........................................................................................

## 3 Scrittura guidata *il testo argomentativo*

Utilizza le idee raccolte nelle mappe e le citazioni tratte dai testi per stendere un testo argomentativo partendo dalla seguente traccia: "La guerra è un avvenimento necessario nella storia dell'umanità in quanto parte della natura umana, oppure la pace può essere effettivamente perseguita e raggiunta?".

Rivedi le informazioni sul testo argomentativo (► p. 104). Puoi servirti della scaletta presentata di seguito come punto di partenza.

**Introduzione**

- Enunciazione del problema (*La guerra è necessaria? La pace è possibile?*)
- Esposizione della propria posizione

**Sviluppo**

- Argomenti a favore della propria posizione, con citazioni dai testi
- ..........................................................................................
- ..........................................................................................
- Confutazione di possibili argomenti contrari, con citazioni dai testi
- ..........................................................................................
- ..........................................................................................

**Conclusione**

- Conferma dell'opinione iniziale
- Eventuali spunti di riflessione

Tahar Ben Jelloun

# Il sospetto

Da *Amori stregati*, 2003

Racconto realistico

Un uomo d'origine marocchina, Mohammed Bouchaim, risiede da tempo a Parigi e si guadagna il pane lavorando come lavavetri. Difficile vivere in una società nella quale perfino il semplice aspetto esteriore suscita negli altri l'idea del terrorista, soprattutto quando il mondo occidentale è in guerra con il mondo arabo: si fa in fretta a diventare un nemico.

Mi chiamo Mohamed Bouchaim. Faccio il lavavetri. Non sono polacco ma marocchino. Da un po' di tempo alcuni mi chiamano Moha[1], altri più maliziosi mi chiamano Bouche[2]. Ridono e non so perché. Hanno sempre da scherzare col mio nome. Non sapevo che potesse essere così divertente. Sono di media statura, moro, decisamente moro, con la barba e i capelli ricci. Ovunque vada mi faccio piccolo. Sono arabo, un arabo povero, e non mi sento a casa mia.

Devo essere davvero anomalo. Mi controllano sistematicamente all'entrata e all'uscita della metro. C'è sempre un dito che mi individua nella folla. Sembra che qualcuno mi attenda ovunque io vada. Mi sono talmente abituato che mi capita di segnalarmi di mia iniziativa alla polizia per essere perquisito. Dico agli sbirri:

"Eccomi!"

Alcuni sorridono; altri mi indicano di spostarmi. Sono diventato l'uomo standard da perquisire. La cosa noiosa è che non trovano mai niente di compromettente su di me e questo li snerva. Si irritano perché hanno l'impressione di lavorare per niente. Mi spiace per loro. In ogni caso non porterò una bomba o una pistola addosso solo perché possano avere ragione ed essere soddisfatti! Potrebbero dire, a fine giornata, tornando a casa: "Almeno uno è stato preso! Quel delinquente; stava per mettere una bomba al supermercato e lungo il cammino pensava di vendere della droga ai nostri bambini all'uscita dalle scuole!" No, non posso fare il loro gioco. Devo deluderli. Ma non è divertente neanche per me.

Detto questo, essere innocente, avere la coscienza tranquilla pare proprio che non basti; certe volte mi capita di dubitare. Dubito di me, dubito della mia famiglia, dei miei amici, dei miei documenti. Prima di uscire di casa, mi metto di fronte allo specchio e mi perquisisco da solo. Non trovo nulla. Solo vecchi biglietti della metro, un fazzoletto, qualche moneta. Mi passo la mano fra i capelli folti, come fanno loro, e non trovo né un coltello né dosi di droga. Malgrado tutto sono preoccupato. Cammino nascondendomi. Più dubito di me, più i poliziotti mi notano e mi fermano per verificare la mia identità.

Sono in regola[3], ovvio. Ho dovuto plastificare i miei documenti perché a forza di prenderli in mano rischiavano di finire a pezzi. Attenzione, non sono malato, sono semplicemente un sospetto ideale. Tutto è contro di me. Alla fine di una giornata di lavoro, sono nero. I vetri degli edifici parigini sono davvero sporchi. Sembra che io esca da una miniera di carbone. La mia tuta è sporca. Ho il volto tirato e gli occhi stanchi. Inoltre, la barba che porto da anni per pigrizia mi rende simile a quelli che loro definiscono "integralisti islamici". Spesso mi è stata posta la domanda: "Sei integralista?", come fosse una razza o una nazionalità. Io rispondo:

"Volete dire se sono musulmano? Sì, sono musulmano, ma ogni tanto mi piace

1 **Moha**: o Moka, caffè proveniente dall'Arabia, quindi con allusione al colore della sua pelle.

2 **Bouche**: "bocca" in lingua francese, ma anche abbreviativo di Bouchaim.

3 **Sono in regola**: provvisto di documenti validi per il soggiorno.

bere un bicchiere di vino coi miei amici; non mangio carne di maiale e vado molto raramente a pregare alla moschea. Faccio il ramadan[4]. È sacro. Anche i miei figli che hanno ormai l'età per digiunare[5] lo fanno. È obbligatorio, è la nostra religione, non facciamo male a nessuno. Non prego tutti i giorni ma faccio il ramadan. Prima di arrivare in Francia non conoscevo la parola 'integralista'. Credo di averla sentita per la prima volta alla televisione".

Quindi sarei sospetto perché sono musulmano o perché non sono bello? Dicono che portiamo la barba per far loro paura. Ho la faccia di uno che vuol far paura? Forse sì! È strano, più ci faccio attenzione, più mi preoccupo del mio aspetto, più attiro l'attenzione dei poliziotti. Dicono: "Questo non è pulito!" Ma chi è pulito? Una persona bianca e ben vestita? Di quale colore bisogna avere gli occhi per essere puliti?

Da quando alcuni compagni mi chiamano Bouche ho solo problemi. L'altro giorno un poliziotto mi ha chiesto:

"Non sarai forse un soldato di Saddam[6]?"

Gli ho detto che fra me e Saddam non c'è nulla in comune, a parte i baffi. Ci abbiamo riso su ma poi ci ho ripensato. Poco dopo, c'è stata la guerra. In quel caso, ho avuto ragione ad aver paura. Sono entrato in guerra come si entra in un bar. Mi ci sono trovato dentro senza volerlo e senza rendermene conto. Come molte altre persone, pensavo che la guerra si sarebbe svolta in televisione. Mi sbagliavo. Perché la guerra è arrivata fino al nostro posto di lavoro. Quel giorno dovevo essere parte della squadra che pulisce i vetri della Tour Montparnasse[7]. Era stato deciso così da molto tempo. Eravamo due maghrebini[8] e due europei – un portoghese e un francese. Il caposquadra ha detto al mio collega algerino e a me:

"Per questa volta no, restate in sede; c'è da fare qui, i wc per esempio."

Ne sono rimasto stupito, soprattutto perché Martin è una persona sempre gentile. Quella mattina, invece, il suo sguardo non era pulito. Ci rimproverava qualcosa. Però non avevamo fatto niente di male. Il mio amico algerino mi ha detto:

"Vedi, la guerra è già iniziata!"

Abbiamo passato la giornata a girare in tondo, senza lavoro, per motivi di guerra. Pensavo che la guerra si svolgesse nel Golfo, ma evidentemente veniamo considerati come soldati di Saddam e dell'Islam, emarginati,

Un lavavetri al lavoro su un alto grattacielo.

4 **ramadan**: è il nome del nono mese lunare durante il quale, dall'alba al tramonto, viene osservata dai fedeli musulmani la totale astinenza da cibo, bevande e rapporti sessuali.

5 **età per digiunare**: i minorenni possono astenersi dal digiuno, ma solitamente si tende a far osservare il ramadan sin dai 14 anni.

6 **Saddam**: Saddam Hussein (1937-2006) è stato presidente dell'Iraq dal 1979 al 2003, quando con la seconda guerra del Golfo gli anglo-americani lo hanno destituito. È stato condannato a morte e giustiziato il 30 dicembre 2006.

7 **Tour Montparnasse**: grattacielo del quartiere parigino di Montparnasse. È uno dei simboli moderni della città.

8 **maghrebini**: originari del Maghreb, l'Africa nord-occidentale che comprende la Tunisia, l'Algeria e il Marocco.

sospettati di non so quale crimine. Forse siamo dei **terroristi** e non lo sappiamo. Forse siamo stati investiti di una missione, a nostra stessa insaputa.

**PAROLE *sotto la lente***

**Terrorista**

È colui che pratica il terrorismo. Quest'ultimo sostantivo passa in italiano dal francese *terrorisme*, che proviene dal latino *terror* connesso a *terrere* = impaurire. I terroristi compiono azioni violente o usano metodi di lotta politica che servono a difendere o più spesso a sovvertire una struttura di potere. Essi per imporsi fanno uso di estrema violenza, come attentati, sequestri, guerriglia urbana, allo scopo di suscitare il panico e la reazione emotiva della popolazione.

**Attività**

Cerca altri termini che abbiano la radice di "terrore" e crea una famiglia di parole (verbi, nomi, aggettivi, avverbi) usando anche altri prefissi e suffissi.

È stato in momenti come questi, di smarrimento e tristezza, che mi sono messo a pensare al mio paese. Lo vedevo assolato, fiorito e verdeggiante. In realtà il mio paese non è bello; anzi, è arido e poco accogliente. È per questo che l'ho lasciato. Ma mi piaceva immaginarlo diversamente. C'è una bellezza interiore in ogni cosa. Anche le pietre sono belle. È lontano, il mio paese.

Il capo guardava la tv. Non si vedeva niente; si sentiva una voce, che diceva che era iniziata una lunga guerra fra cristiani e musulmani. Sapevo che ero in guerra ma non sapevo contro chi. Per fortuna c'era la televisione a dirmelo. Mi dicevo che è la jihad[9], che l'Islam avrebbe trionfato sui miscredenti[10]... Poi ho capito che si trattava di arabi in guerra contro altri arabi. È complicato. Quello che so, è che dovevo pulire la Tour Montparnasse e che invece sono praticamente disoccupato.

Allora ho pensato ai miei figli. Cosa avrei detto loro la sera? Avrei potuto raccontargli per esempio che gli arabi hanno avuto la loro età dell'oro, che hanno inventato lo zero e l'algebra, che hanno introdotto nell'Europa cristiana la filosofia greca e le grandi scoperte della medicina... Avrei potuto citargli il passato glorioso, poi la crisi, le crisi, le guerre di indipendenza[11], poi il ritardo che ci sta incollato addosso, e questo brutto presente, troppo brutto per farli sognare... Sono sicuro che non mi crederebbero. Penserebbero che, per calmarli, mi invento un'età dell'oro araba. Ma loro se ne infischiano.

I miei figli sono grandi. Sono tre e hanno fra i quindici e i vent'anni. Quando gli parlo in arabo, mi rispondono in francese. Non sono orgogliosi del padre che hanno. Li capisco. Non dicono niente ma so che non c'è nulla di cui esser fieri ad avere un padre che fa il lavatore di vetri. Parliamo poco. I giorni festivi vanno via con gli amici. Li vedo appena. Questa sera saranno davanti alla televisione. Non ho il coraggio di tornare a casa. Ce l'avranno con me perché sono quello che sono. Un giorno Rajid – il più piccolo – mi ha riferito che un bidello della scuola gli ha detto, dopo un litigio fra studenti arabi:

"Presto procederemo alla derattizzazione[12]".

Saremmo noi i ratti? Non sapevo che ci chiamassero "ratti". Spesso, da queste parti, si dice raton[13] per arabo e ratonade per un'aggressione contro un arabo. Ma cosa abbiamo fatto a Dio e al suo Profeta[14] per meritare tutto questo? Forse questo è il nostro destino. Saremo fatti per emigrare. Il nostro profeta Maometto non è forse il primo emigrato dell'Islam? So che nel 622 ha dovuto lasciare La Mecca per rifugiarsi a Medina.

9 **jihad**: in arabo, "guerra santa" contro coloro che non sono di religione musulmana.

10 **miscredenti**: coloro che non aderiscono all'islam.

11 **guerre di indipendenza**: sono le guerre combattute contro i colonizzatori europei per affermare il diritto a essere Stato sovrano e libero. Per il Maghreb tali guerre sono state combattute contro la Francia.

12 **derattizzazione**: disinfestazione dai topi; il riferimento razzista è agli studenti arabi, paragonati a topi.

13 **raton**: nel francese popolare peggiorativo di *rat* = topo, ratto, equivalente di topo di fogna.

14 **a Dio e al suo Profeta**: Allah e il profeta Maometto (o Mohammed).

Oggi che è scoppiata la guerra, cosa diventeremo? Lo so: sarò più sospetto di prima. Sarò perquisito più volte al giorno, subirò senza reagire; camminerò senza alzare lo sguardo, senza disturbare nessuno; mi farò ancora più piccolo del solito, talmente piccolo che diventerò trascurabile, appena visibile. Schiacciarsi, tacere, ingoiare il rospo, incassare nuove sconfitte...

Ero immerso in questi pensieri disperati quando Martin mi ha chiesto di far parte della squadra di Notre-Dame. Una volta al mese, la nostra società pulisce le vetrate della cattedrale di Notre-Dame de Paris[15]. Ne sono stato sorpreso. Ho pensato che la guerra fosse finita, ma ho preferito non parlarne. Non volevo parlarne. I cristiani devono aver vinto. Martin mi ha detto poggiando la sua mano sulla mia spalla:

"Sei una persona per bene, tu! Di te posso fidarmi; ti conosco, non sei un estremista, non sei cattivo..."

Ho accettato questi complimenti confusi e ambigui, e ho raggiunto il gruppo, in cui ero l'unico arabo. Lungo il percorso mi ripetevo: 'Sono una persona per bene, perché anche il capo lo ha detto? E se mi prendesse voglia di spaccare tutto? E se non riesco a controllarmi e divento cattivo? Cos'è una persona per bene? Uno che abbassa la testa e lascia fare?'

La radio – ho sempre con me il mio piccolo transistor – diceva che gli aerei americani hanno scaricato diciottomila tonnellate di bombe sull'Iraq. Quanti morti fanno, diciottomila tonnellate di bombe? Non lo hanno detto alla radio. Devono essere talmente tante persone che hanno preferito tacere. Io non sono irakeno, ma la notizia mi fa impressione; ho una specie di dolore, un peso sullo stomaco. Sono arabi, musulmani come me quelli che hanno ricevuto le bombe. Alla radio e alla

15 **Notre-Dame de Paris**: la cattedrale più importante di Parigi.

## L'AUTORE

**Tahar Ben Jelloun** è uno degli autori più importanti e conosciuti della letteratura africana di lingua francese. Nasce a Fez, in Marocco, nel 1944; studia filosofia a Rabat. Dopo un'iniziale esperienza intellettuale di collaborazione con alcuni giornali e riviste, si trasferisce nel 1971 in Francia per conseguire il dottorato in psichiatria sociale. Interessandosi ai problemi psicologici, agli squilibri affettivi e culturali degli immigrati maghrebini in Francia, Tahar Ben Jelloun ricava una prima importante pubblicazione, *La più profonda delle solitudini* (1977). Raggiunge il successo letterario come romanziere: è il primo scrittore marocchino ad aver ricevuto il *Premio Goncourt* (un prestigioso premio letterario francese) con il romanzo *Notte fatale* (1987).

Tahar Ben Jelloun è narratore dalle diverse anime: fantasioso, osservatore della realtà, polemista civile. Privilegia, comunque, i temi riguardanti la società marocchina, la condizione della donna islamica, il razzismo, le difficoltà dell'integrazione. Tra le sue opere ricordiamo *Le pareti della solitudine* (1976), *Creature di sabbia* (1987), *Ospitalità francese* (1992), *A occhi bassi* (1993), *Lo scrivano* (1995), *L'albergo dei poveri* (1998). Nel tentativo di spiegare concetti impegnativi senza cadere in facili banalizzazioni, ha redatto alcuni libri-dialogo come *Il razzismo spiegato a mia figlia* (1998), *L'Islam spiegato ai nostri figli* (2000), *Non capisco il mondo arabo. Dialogo tra due adolescenti* (2006). Sempre sul tema del rapporto fra islam e mondo moderno ha scritto *La rivoluzione dei gelsomini. Il risveglio della dignità araba* (2011) ed *È questo l'Islam che fa paura* (2015).

Verifica delle competenze

televisione dicono che siamo dei fanatici. Forti, questi americani! Dall'alto dei loro aerei individuano i fanatici e li salutano a suon di bombe! È questa la civilizzazione? Ci mostrano che sanno fare la guerra, che sanno uccidere.

A Notre-Dame de Paris c'era molta gente quel giorno. Uomini e donne, a piccoli gruppi, pregavano. Si raccoglievano in silenzio, chiedendo a Dio clemenza[16] e misericordia. Era commovente. Avevo voglia anche io di pregare. Ma bisognava mettersi al lavoro. Alla radio si parla molto di missili e di Israele.

Dall'alto della mia impalcatura, dentro di me pregavo. Invocavo Allah e il suo Profeta Maometto perché facessero regnare la pace sulla terra, perché noi arabi fossimo meglio considerati, meno sospetti, non dico amati ma almeno rispettati.

All'indomani, credo fosse il primo giorno di febbraio, mentre stavo passando un prodotto su una splendida vetrata, sempre con l'orecchio teso verso la radio, ho sentito questa notizia: "Il presidente François Mitterrand[17] ha parlato giovedì 31 gennaio con una famiglia di agricoltori israeliani del kibbutz[18] Kfar Hanassi. Si è informato sulla situazione del paese e ha espresso tutta la sua solidarietà alle popolazioni ebree che vivono momenti difficili..." Senza neanche finire gli ultimi ritocchi, sono sceso a tutta velocità dall'impalcatura, ho chiesto ai miei colleghi di scusarmi e sono corso a casa mia. Mia moglie era stupita di vedermi rientrare prima del solito. Le ho detto di preparare i miei abiti della festa, la djellaba bianca, il saroual[19] bianco, la camicia di seta, e far bruciare incenso. Mi ha chiesto se aspettavamo una visita:

"Forse," ho risposto. "Non si sa mai."

Mi sono rasato, lavato, mi sono messo nella sala vicino al telefono e ho aspettato che il presidente mi chiamasse.

T.B. Jelloun, *Amori stregati*, trad. it. di A.M. Lorusso, Bompiani, Milano, 2003

16 **clemenza**: indulgenza.

17 **François Mitterrand**: presidente francese, in carica durante la prima guerra del Golfo.

18 **kibbutz**: comunità agricola dei territori israeliani occupati. Israele, durante la guerra alleato degli Usa e dei Paesi europei occidentali, subì bombardamenti missilistici da parte dell'Iraq.

19 **djellaba...saroual**: tunica e pantaloni tradizionali delle popolazioni arabe.

# Attività

## Comprendere e analizzare: verso l'INVALSI

1 **Piccolo piccolo** Bouchaim presenta la sua condizione di lavoratore arabo a Parigi e ammette di farsi piccolo piccolo ovunque vada. Che cosa vuole intendere?

**a.** Si sente brutto e inadeguato

**b.** Assume un atteggiamento colpevole

**c.** Cerca di passare inosservato e di adeguarsi agli usi del Paese che lo ospita

**d.** Assume un atteggiamento di sfida

2 **La guerra** Lo scoppio della guerra del Golfo procura cambiamenti anche nella vita del lavavetri marocchino Bouchaim. Che cosa gli capita? Quali ragioni generano questo mutamento?

3 **Lo stereotipo** Con quale spirito l'uomo rinuncia alla propria personalità, accetta di essere considerato solo lo stereotipo dell'arabo e si sottopone a ripetuti controlli di polizia?

**a.** Si augura che non vengano scoperte le sue colpe

**b.** Si irrita ma riesce a controllare la sua indignazione

**c.** Reagisce con fermezza agli immotivati controlli

**d.** Accetta rassegnato, quasi divertito, con grande dignità

4 **L'integralismo** Il lavavetri è arabo, segue la religione islamica, ma conosce il termine "integralista" solo da quando è in Francia, avendolo appreso dalla televisione. Che cosa vuole significare il protagonista con questa precisazione?

**a.** Sostiene che gli integralisti non esistono

**b.** Critica i mass media perché generalizzano, considerando integralisti tutti gli arabi

**c.** Si meraviglia di non essersi reso conto che tutti gli arabi sono integralisti

**d.** Si schiera dalla parte degli integralisti

5 **I figli** I giovani figli del lavavetri, pur essendo arabi, assumono comportamenti "occidentali"; perché lo fanno?

**a.** Non sono musulmani

**b.** Vogliono differenziarsi dal padre

**c.** Hanno paura dei controlli della polizia

**d.** Sono condizionati dal giudizio dei coetanei

6 **I complimenti** Fattosi ancora più umile dopo lo scoppio della guerra, Bouchaim viene riconosciuto «una persona per bene» (r. 130) e riammesso nel suo ruolo di lavoro. Perché egli "ingoia" malvolentieri quei complimenti, invece che esserne felice?

**a.** Sa di non esserseli meritati

**b.** Sa che tutti gli arabi dovrebbero essere lodati

**c.** Rifiuta di sentirsi un'eccezione, l'unico arabo innocente

**d.** Pensa che i francesi non possano giudicare

7 **La telefonata** Alla notizia che il presidente Mitterrand ha parlato con agricoltori israeliani, Bouchaim corre a casa ad aspettare una sua telefonata. Perché?

8 **Le sequenze** Quali tipi di sequenze sono prevalenti nel testo?

**a.** Dialogiche

**b.** Riflessive

**c.** Narrative

**d.** Descrittive

9 **Il tempo del racconto** Il ritmo del testo è fluido, piuttosto veloce. Da quale tipologia di durata narrativa esso è determinato?

**a.** Pause

**b.** Scene

**c.** Ellissi

**d.** Sommari

10 **Il narratore e il punto di vista** Come definiresti nel testo il narratore e la focalizzazione?

**a.** Narratore interno, focalizzazione zero

**b.** Narratore esterno, focalizzazione variabile

**c.** Narratore interno, focalizzazione variabile

**d.** Narratore esterno, focalizzazione esterna

11 **Il personaggio** Sappiamo molte cose su Bouchaim, ma più che un individuo ben caratterizzato egli rappresenta l'immagine fissa e preconcetta dell'arabo in una grande città europea. Quali sono i tratti fisici e culturali caratteristici?

12 **I luoghi** Quali luoghi presentati fanno solo da sfondo alle vicende e quali hanno un loro particolare significato?

13 **Lo stile** Il protagonista, presentando la sua situazione, lascia anche intendere le proprie sofferenze, senza però esprimerle direttamente. Quale risorsa stilistica usa?

**a.** Il discorso indiretto libero

**b.** La paratassi

**c.** L'ironia

**d.** Molte similitudini

## Rielaborare e produrre

14 **Le generalizzazioni** Dal testo appare ingiusto e persecutorio l'atteggiamento delle forze dell'ordine, dei compagni di lavoro e dei ragazzi della scuola verso il lavavetri e la sua famiglia. Credi che questo tipo di atteggiamento sia frequente nei confronti delle persone provenienti da altri paesi? Scrivi un testo di 150 parole.

15 **La tolleranza** In questo testo non è centrale il tema della guerra, ma quello dell'integrazione e della tolleranza. Perché la tolleranza costituisce un importante elemento per la pace? Scrivi la tua opinione in un testo di massimo 200 parole.

16 **Gli immigrati musulmani in Italia** Anche nel nostro Paese gli immigrati di religione islamica costituiscono una comunità numerosa. Cerca informazioni sul loro modo di vivere e sulle relazioni che esistono tra loro e gli italiani. Stendi poi una relazione completa e dettagliata sull'argomento.

17 **Gli eventi recenti** Dopo la guerra citata nel testo, molti altri rivolgimenti politici violenti, guerre e azioni terroristiche hanno interessato il mondo arabo. Informati su questi avvenimenti e stendine un elenco ordinato cronologicamente.

# per guardare oltre

## Intersezioni nell'antologia

- I brani di Luis **Sepúlveda** (*Tra gli indios dell'Amazzonia*, ► p. 580), Chinua **Achebe** (*Il sentiero dei morti*, ► p. 590) e Bulbul **Sharma** (*Buono da morire*, ► p. 602), ci consentono di avvicinare la cultura di altri popoli, premessa per instaurare rispetto e collaborazione.
- Il fumetto *Franca Viola* (► p. 565) di Assia **Petricelli** e Sergio **Riccardi** ci riporta alla violenza dell'uomo sulla donna, alla radice della quale c'è sempre l'intolleranza nei confronti dell'altro.

## Altri orizzonti

### ROMANZI, DIARI, SAGGI

- La Prima guerra mondiale è raccontata da un giovane intellettuale interventista come Piero **Jahier** in *Con me e con gli alpini* (1920), un diario di guerra nel quale si alternano squarci lirici a momenti narrativi. Come ufficiale degli alpini, anche Carlo Emilio **Gadda** partecipò alla guerra e trascrisse la sua esperienza di combattente e di prigioniero in *Giornale di guerra e di prigionia* (1955).
- La narrativa riconducibile alla Seconda guerra mondiale è molto vasta. Privilegiando la Resistenza come tema impegnato, segnaliamo Elio **Vittorini** con *Uomini e no* (1945) e Renata **Viganò** con *L'Agnese va a morire* (1949).
- Le deportazioni sono narrate da numerose testimonianze: Primo **Levi** in *Se questo è un uomo* (1947), Anna **Frank** nel suo *Diario* (1947), Elie **Wiesel** in *La notte* (1958).
- Per conoscere un alfiere della pace, morto per testimoniare fino in fondo il bisogno di pace tra israeliani e palestinesi, puoi leggere *Il viaggio di Vittorio* (2012), la vita del giovane Vittorio Arrigoni presentata dalla madre Egidia **Beretta Arrigoni**.
- La recente guerra in Siria è analizzata dalla giornalista Francesca **Borri**, *La guerra dentro* (2014).

### FILM

- Un importante film italiano sulla Prima guerra mondiale è *La grande guerra* (1959) di Mario **Monicelli**.
- Film di guerra ormai classici sono *Platoon* (1986) di Oliver **Stone**, *Full Metal Jacket* (1987) di Stanley **Kubrick**, *Salvate il soldato Ryan* (1998) di Steven **Spielberg**.
- Ermanno **Olmi** narra nel film *Torneranno i prati* (2014) la storia di un avamposto italiano durante la Prima guerra mondiale.
- In *American sniper* (2014) di Clint **Eastwood** c'è il dramma interiore di chi combatte al fronte e di chi aspetta a casa.
- Che cosa succede quando in un villaggio arriva il fanatismo islamico? Lo racconta con ironia il regista Abderrahmane **Sissako** nel film *Timbuktu* (2014).
- *Perfect Day* (2015) di Fernando Leòn **de Aranoa** è ambientato nel 1995, dopo la fine ufficiale del conflitto nei Balcani, una guerra civile e secessionista tra le popolazioni serbe, bosniache e croate scoppiata dopo la fine della dittatura comunista di Tito, che aveva federato le popolazioni nella Jugoslavia. Il film testimonia come le conseguenze mostruose della guerra non finiscano con i trattati di pace ufficiali, ma si trascinino per lungo tempo continuando a infierire sulle popolazione già martoriate.

### MUSICA

- Nel 1963 Bob **Dylan**, premio Nobel per la Letteratura nel 2016, scrive la canzone pacifista *Blowing in the Wind*. Fabrizio **De André**, con la sua ballata pacifista *La guerra di Piero* (1966), canta la crudeltà dell'uomo travolto dalla guerra.
- In *Sunday Bloody Sunday* (1982) gli **U2** ricordano un episodio avvenuto in Irlanda del Nord nel 1972: durante una manifestazione per i diritti civili l'esercito inglese uccise molte persone disarmate.
- Nel 1999 **Ligabue**, Piero **Pelù** e **Jovanotti** cantano, sul tema della guerra, *Il mio nome è mai più*, devolvendo i guadagni del disco a Emergency. *Salvami* (2002) di **Jovanotti** è una canzone contro la violenza e la guerra, i cui risultati sono sangue, croci, mancanza di compassione.

Il cantante degli U2 Bono in compagnia del presidente del Sudafrica Nelson Mandela nel 2002.

PERCORSO E

# I temi. Il nostro tempo

UNITÀ 1

# Racconti dal terzo millennio

Lo street artist Blu lavora sotto pseudonimo e non mostra mai il proprio volto.

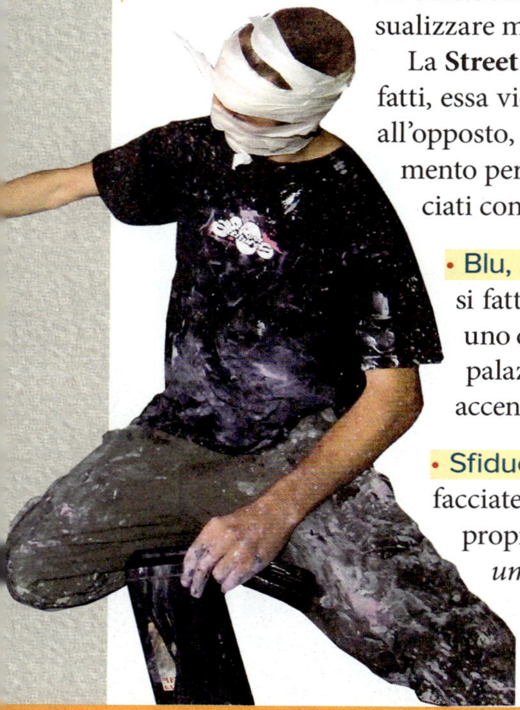

**• Un'epoca piena di contraddizioni •** Il nostro tempo è caratterizzato da molte contraddizioni. Assistiamo a un controllo ossessivo dell'individuo, sempre osservato da telecamere, monitorato negli spostamenti, controllato nelle telefonate. Qualcuno può sentirsi soffocare, ma altri ritengono che i tanti mezzi espressivi a nostra disposizione (videocamere, computer, tablet, smartphone, orologi collegati via bluetooth con il telefono, occhiali che consentono di fare foto e riprese e di visualizzare mappe) ci consentono di affermarci in molti modi.

La **Street Art** è l'esempio lampante delle contraddizioni del nostro tempo. Infatti, essa viene considerata da alcuni come moderno mezzo espressivo, da altri, all'opposto, come forma di vandalismo e inciviltà. Nata nelle strade, come strumento per abbellire quartieri poveri e degradati con disegni immaginifici tracciati con le bombolette spray, è un'arte carica di ribellismo sociale.

**• Blu, non solo graffiti •** **Blu** è lo pseudonimo di un artista che, dopo essersi fatto conoscere a Bologna e in altre città italiane, viene oggi considerato uno dei migliori graffitisti mondiali. Blu ama cimentarsi su intere facciate di palazzi anonimi a cui dà un'anima dipingendo soggetti segnati da un forte accento di **critica sociale**, di carattere **antimilitarista** e **anticapitalista**.

**• Sfiducia e speranza •** Nei due murales che proponiamo, realizzati su facciate di palazzi alti 8-10 piani, Blu esprime due aspetti opposti della propria filosofia. Nel primo, che si potrebbe intitolare *L'evoluzione umana*, l'artista, con una lunga e vorticosa spirale, ripercorre l'infinito cammino della vita, dai primordi, con i primi organismi, su su attraverso l'evoluzione animale, fino alla comparsa

## DOMANDE

- Tu da che parte stai? La Street Art ti piace o la ritieni un atto di vandalismo?
- Sai dare un'altra interpretazione ai due murales proposti, rispetto a quanto scritto nella presentazione?
- Nel murale intitolato *L'evoluzione umana*, quale significato dai alle tonalità usate dall'artista?
- Nel 2016 Blu ha cancellato tutte le opere che aveva realizzato sui muri di Bologna. Informati sulle ragioni che hanno portato l'artista a una scelta così forte.
- Conosci qualcuno che pratica la Street Art? Quali motivazioni lo sostengono?
- Ricerca in Internet alcune opere del famoso graffitista Banksy e presentale brevemente.

dell'uomo. Siamo ormai agli ultimi giri della giostra: dopo tanto progresso le sorti dell'umanità precipitano nel baratro.

Di tutt'altro tenore è la seconda opera, che ci piace titolare *L'intelligenza davanti alla guerra*. Una grande mano impugna una matita (strumento di scrittura ma anche simbolo di riflessione e intelligenza) che, dall'alto, cala su spauriti soldatini ai quali non resta che la fuga: abbandonano carri armati e mitragliatrici per scappare in ogni direzione. In quest'opera, Blu si dimostra più fiducioso nelle capacità umane e lancia un messaggio di speranza nell'avvenire.

Il murale che lo street artist Blu ha dipinto a Casal de' Pazzi, Roma, rappresenta la linea temporale della vita.

Una grande opera di Blu sul muro di un palazzo a Aarhus, Danimarca.

## in questa Unità impareremo a

- **conoscere**, dopo la narrativa della tradizione, anche quella più innovativa del terzo millennio
- **comprendere** il significato dei testi, le peculiarità del loro contenuto, del tono e della forma espressiva
- **analizzare** i racconti secondo le costanti narratologiche e le loro tipiche tecniche stilistiche per raffinarne la comprensione e individuare le tematiche suggerite
- **interpretare** lo scritto, collegandolo al mondo dell'autore, ai temi più ampi che esso propone e a esperienze personali
- **produrre** sintesi, testi espositivi e argomentativi a partire dagli argomenti contenuti nei brani
- **comunicare oralmente** per riferire i contenuti dei brani e per riflettere sulle loro tematiche in forma strutturata e chiara

## in questa Unità scopriremo

**Antologia**

Ermanno Cavazzoni • *Spazio bianco*
Etgar Keret • *Dediche bugiarde*
George Saunders • *Croci*
Jhumpa Lahiri • *Il dizionario*
Gianrico Carofiglio • *Sinceramente*

**Per approfondire**

Jonathan Franzen • *Chi ti dice che non sia tu il maligno? Su Alice Munro*

**Verifica delle competenze**

David Means • *Quello che spero io*

Raccontare il terzo millennio in poche pagine antologiche è un'impresa ardua. Viviamo infatti in un'epoca così carica di informazioni che trovare un filo conduttore e un senso a quanto accade intorno a noi è molto complesso. Spesso adulti e ragazzi non possiedono le bussole necessarie per muoversi nell'intricato groviglio di suggestioni a cui vengono sottoposti.

Denis Chiasson, *La lettura*, 2015. (Collezione Privata)

# Comunicare e scrivere con rapidità

La **rapidità** e l'**essenzialità** che oggi improntano sempre più i rapporti sociali (implicandone, a volte, anche la superficialità) si estendono anche alle forme espressive, orali e scritte. Si può dire che la **forma breve** rappresenti il nostro tempo, essendosi spesso imposta sulla forma lunga: la lettera di una volta è stata sostituita da e-mail, sms e notifiche di WhatsApp; testi stringati vengono pubblicati su Facebook e filmati brevi vengono postati su YouTube.

In un tempo in cui le problematiche si moltiplicano e, in fin dei conti, tutto finisce per essere "narrazione" – dalla pubblicità ai programmi radiotelevisivi, dai profili su Facebook, nei quali ciascuno propone la propria personale autobiografia, alle pagine web che, per attirare l'attenzione, devono raccontarci storie che ci catturino nel breve tempo di un respiro –, rischiamo però di non approfondire nulla e, quindi, di non arricchirci realmente.

Siamo sottoposti a un flusso continuo di informazioni e perfino i libri (da molti ritenuti oramai superati) hanno una vita alquanto breve, proprio perché nelle librerie arriva una tale quantità di pubblicazioni che risulta difficile scegliere, distinguendo ciò che ha un valore letterario da ciò che è banale e privo di personalità.

Pablo Gallo, *In camera con Čechov*, 2010. (Collezione Privata)

# • Il percorso antologico •

Un'Unità letteraria che fosse realmente espressione della complessità del mondo contemporaneo non poteva avere un unico filo conduttore. Gli scrittori che abbiamo scelto rappresentano quindi una selezione, ovviamente molto parziale, di diverse provenienze, di vari stili e di differenti temi.

I temi sono inconsueti, gli stili sono sperimentali e la libertà lessicale è quasi totale.

L'autore emiliano Ermanno **Cavazzoni** (1947) offre un esempio di una scrittura ironica, che tramite la satira aspira alla riflessione; in *Spazio bianco* (▸ p. 670) prende di mira scrittori impegnati, critici austeri e pubblico sciocco.

Il tema dello scrivere è fatto proprio anche da Etgar **Keret** (1967): nel racconto *Dediche bugiarde* (▸ p. 676) lo scrittore israeliano ricorre a tutta la sua fantasia per inventare dediche fittizie per i lettori, con risultati preoccupanti.

George **Saunders** (1958), nel racconto *Croci* (▸ p. 680), espone le stranezze maniacali di un uomo solitario e incapace di esprimere i propri sentimenti, che, tramite una croce infissa in giardino, tenta, a modo suo, di comunicare con gli altri.

Jhumpa **Lahiri** (1967) potrebbe essere definita una scrittrice figlia del mondo, alla ricerca di nuovi spazi e nuove relazioni. Nel breve testo intitolato *Il dizionario* (▸ p. 684), delinea la sua passione per lo studio della lingua italiana.

Lo scrittore pugliese Gianrico **Carofiglio** (1961), in *Sinceramente* (▸ p. 688), si confronta con la dimensione onirica, raccogliendo una stupefacente lezione di comportamento da parte di una bambina di 10 anni.

In *Chi ti dice che sia tu il maligno? Su Alice Munro* (▸ p. 692), il romanziere e saggista Jonathan **Franzen** (1959) esprime il suo amore per la narrativa breve, genere che si addice alla «frammentarietà del [...] del tempo di lettura» e all'«atomizzazione della vita contemporanea».

Lo scrittore statunitense David **Means** (1961) compone esclusivamente racconti; in *Quello che spero io* (▸ p. 696) abbandona le violenze, i lutti, i tradimenti, suoi temi usuali, per immaginare finalmente una situazione di armonia per due anime innamorate.

Jie Ma, *Tra libri e rovine*, 2015. (Collezione Privata)

Ermanno Cavazzoni

# Spazio bianco

Da *Gli scrittori inutili*, 2002

Racconto paradossale

L'autore racconta una storia curiosa e assurda: la trasformazione del nulla – in questo caso costituito dalla pagina bianca, non scritta – in un'opera letteraria, un'opera d'arte da valorizzare e tutelare. È mai possibile?

Questa è la storia di uno scrittore che essendo morto assai giovane non ha avuto tempo di dare nulla alle stampe[1]. Più di un editore ha proposto ai famigliari di comprare gli **inediti**[2]. Ma non se ne sono trovati. Si è invece trovato un pacco di carta bianca non scritta; centoundici fogli; cosa che ha colpito molto la critica, tanto che questo scrittore è comparso in una storia della letteratura come punto d'arrivo e ombelico del ventesimo secolo[3].

È con lui che il millennio a venire dovrà fare i conti, si legge in questa modernissima letteratura.

I famigliari allora hanno proposto di pubblicare i suoi fogli, e dopo molte difficoltà si è trovato un editore disposto. Il libro si intitola *Inedito ultimo del Novecento*, poi seguono duecentoventidue pagine bianche. "È una truffa," qualcuno ha detto. "No," ha risposto il critico della modernissima letteratura, si tratta di un evento capitale e consustanziale[4]: è l'anima a nudo dello scrittore.

I famigliari sottoscrissero con l'editore il contratto usuale per le opere di narrativa: va agli eredi il dieci per cento del prezzo di copertina dei volumi venduti; e va il cinquanta per cento dei proventi[5] derivati da eventuali trasposizioni cinematografiche dell'opera, traduzioni in altra lingua, pubblicazioni di parti su riviste o raccolte antologiche, riduzioni ad uso scolastico, utilizzi teatrali, musicali, coreografici e simili. È consentita la citazione purché rispettosa dell'originale e non superiore alle dieci righe.

Ma gli eredi videro tosto[6] che ovunque si saccheggiava l'opera del loro congiunto con lunghe citazioni o pagine intere riportate alla lettera. E videro che all'estero si faceva altrettanto, traducendone brani senza mai nominare la fonte, tanto che era il libro sicuramente più conosciuto del mondo. Perfino in Uganda veniva citato. In Guatemala, in Cina. E videro che nei libri scolastici ce n'erano dei sunti[7], ma buttati lì, ad esempio tra due capitoli, come una favoletta senza titolo e senza autore. Povero nostro compianto scrittore! – dicevano gli eredi – come ti guastano, come ti truffano. Anche in musica – dicevano – capita di sentire la musica e le tue parole silenziose, citate.

**PAROLE *sotto la lente***

**Inedito**

L'aggettivo proviene dal latino *ineditus*, composto da *in-* e *editus*, participio del verbo *edere* = pubblicare. Significa non pubblicato, non divulgato per mezzo della stampa ("opera inedita"). Si dicono inedite anche le opere che vengono pubblicate per la prima volta postume, cioè dopo la morte dell'autore ("gli inediti di Mazzini"). Per estensione si usa nell'espressione "autore inedito", cioè che non ha ancora stampato i suoi testi, e si impiega anche in uso figurato come in "notizia inedita" cioè non ancora di dominio pubblico, o "formazione inedita", quella di una squadra che gioca per la prima volta con nuovi titolari.

**Attività**

Cerca almeno otto termini che abbiano la stessa radice di "inedito".

1 **dare...alle stampe**: pubblicare.
2 **inediti**: i testi già scritti, ma mai pubblicati.
3 **ombelico...secolo**: scrittore centrale, molto importante, del Novecento.
4 **consustanziale**: che esprime l'interiorità dello scrittore.
5 **proventi**: guadagni.
6 **tosto**: presto, subito.
7 **sunti**: riassunti, qui intesi come pagine bianche.

In seguito a ciò si venne a creare un contenzioso[8] che non si è ancora sopito. Gli eredi, e con loro l'editore (che fu il più accanito), ritennero che d'allora innanzi, cioè dalla data di stampa dell'*Inedito ultimo*, chiunque intendesse pubblicare pagine bianche o lasciare spazi bianchi in una pagina superiori alle dieci righe, dovesse domandare il permesso agli eredi. Da ciò ne conseguiva il pagamento proporzionale dei diritti d'autore. E tramite un avvocato d'assalto, scrittore in cuor suo, furono inviate ingiunzioni[9] a tutte le maggiori case editrici; con le minori si sarebbe proceduto in seguito. E fu calcolato che mediamente ogni libro in commercio contiene il dieci per cento di citazioni, specie in apertura, in fine di libro e tra un capitolo e l'altro. L'avvocato ingiungeva il pagamento, pena la denuncia all'autorità giudiziaria e il sequestro cautelativo[10] di tutte le copie. Per ciò si avvaleva del giudizio del critico, secondo il quale lo scrittore aveva esteso il dominio della letteratura alla pagina bianca, un tempo proprietà di nessuno, sebbene da sempre sotto gli occhi di tutti; e ora sua proprietà. E, aggiungeva l'avvocato, le opere d'arte e dell'ingegno sono proprietà inalienabili[11].

D'altronde in ogni parte bianca del foglio, diceva il critico, c'è ormai inalienabilmente la nuda anima dello scrittore. E i famigliari confermavano: "Sì, il nostro congiunto sedeva a tavolino e metteva l'anima a nudo, ogni giorno, per duecentoventidue pagine". Sembra che lo scrittore nel mettere l'anima a nudo, seduto al suo tavolino, avesse sempre un dito nel naso, come chi se lo scaccola. Ma la biografia, disse il critico, non deve giammai sovrapporsi all'opera.

Qualche editore a un certo punto si preoccupò: chi era quello scrittore? chi era quel critico? che cosa volevano? Volevano che non ci fossero più spazi bianchi nei libri?

Infine ci fu la sentenza, che dichiarò la pagina bianca un bene dell'umanità, come le lettere dell'alfabeto, le virgole, l'aria eccetera; così scrisse il magistrato nelle motivazioni. Perciò il libro *Inedito ultimo*, in quanto indebita[12] appropriazione di un bene collettivo e comune, andrebbe ritirato dal commercio e gli eredi condannati a un'ammenda[13]. Tuttavia, in considerazione del fatto che tale appropriazione non pregiudica l'uso per chiunque della pagina bianca e non ne ha diminuito la quantità in natura, si dichiara non luogo a procedere[14].

E. Cavazzoni, *Gli scrittori inutili*, Feltrinelli, Milano, 2002

8 **contenzioso**: contrasto, disputa.
9 **ingiunzioni**: avvisi, diffide, intimazioni.
10 **cautelativo**: preventivo, a scopo protettivo.
11 **inalienabili**: irrinunciabili.
12 **indebita**: illegale, abusiva.
13 **ammenda**: multa.
14 **non luogo a procedere**: sentenza emessa nell'udienza preliminare, che stabilisce di non procedere in tribunale contro un imputato.

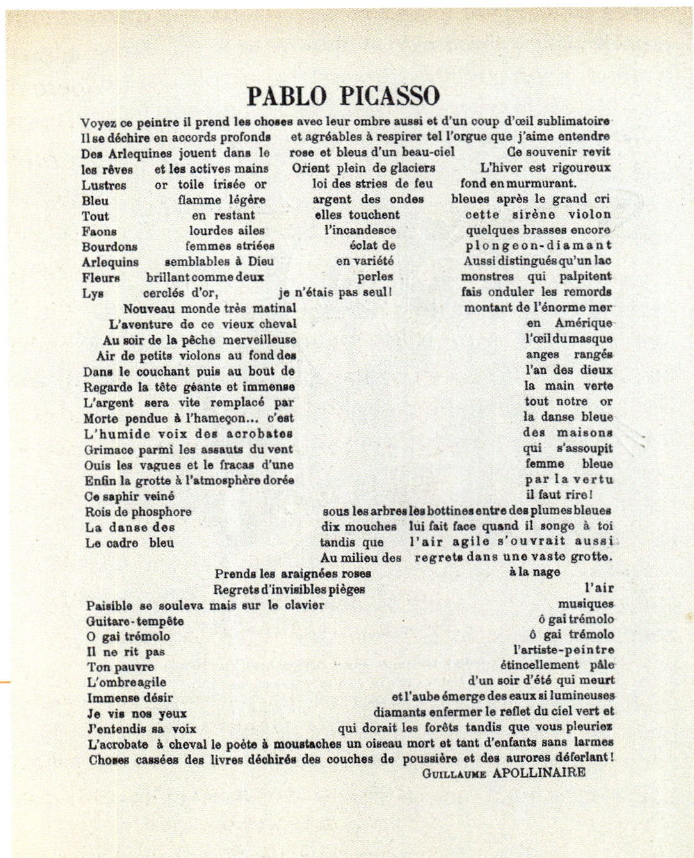
PABLO PICASSO

Voyez ce peintre il prend les choses avec leur ombre aussi et d'un coup d'œil sublimatoire
Il se déchire en accords profonds et agréables à respirer tel l'orgue que j'aime entendre
Des Arlequines jouent dans le rose et bleus d'un beau-ciel Ce souvenir revit
les rêves et les actives mains Orient plein de glaciers L'hiver est rigoureux
Lustres or toile irisée or loi des stries de feu fond en murmurant.
Bleu flamme légère argent des ondes bleues après le grand cri
Tout en restant elles touchent cette sirène violon
Faons lourdes ailes l'incandesce quelques brasses encore
Bourdons femmes striées éclat de plongeon-diamant
Arlequins semblables à Dieu en variété Aussi distingués qu'un lac
Fleurs brillant comme deux perles monstres qui palpitent
Lys cerclés d'or, je n'étais pas seul! fais onduler les remords
Nouveau monde très matinal montant de l'énorme mer
L'aventure de ce vieux cheval en Amérique
Au soir de la pêche merveilleuse l'œil du masque
Air de petits violons au fond des anges rangés
Dans le couchant puis au bout de l'an des dieux
Regarde la tête géante et immense la main verte
L'argent sera vite remplacé par tout notre or
Morte pendue à l'hameçon... c'est la danse bleue
L'humide voix des acrobates des maisons
Grimace parmi les assauts du vent qui s'assoupit
Ouis les vagues et le fracas d'une femme bleue
Enfin la grotte à l'atmosphère dorée par la vertu
Ce saphir veiné il faut rire!
Rois de phosphore sous les arbres les bottines entre des plumes bleues
La danse des dix mouches lui fait face quand il songe à toi
Le cadre bleu tandis que l'air agile s'ouvrait aussi
Au milieu des regrets dans une vaste grotte.
Prends les araignées roses à la nage
Regrets d'invisibles pièges l'air
Paisible se souleva mais sur le clavier musiques
Guitare-tempête ô gai trémolo
O gai trémolo ô gai trémolo
Il ne rit pas l'artiste-peintre
Ton pauvre étincellement pâle
L'ombre agile d'un soir d'été qui meurt
Immense désir et l'aube émerge des eaux si lumineuses
Je vis nos yeux diamants enfermer le reflet du ciel vert et
J'entendis sa voix qui dorait les forêts tandis que vous pleuriez
L'acrobate à cheval le poète à moustaches un oiseau mort et tant d'enfants sans larmes
Choses cassées des livres déchirés des couches de poussière et des aurores déferlant!
GUILLAUME APOLLINAIRE

Guillame Apollinaire, *Calligramma per Pablo Picasso*, 1917.

## per conoscere ERMANNO CAVAZZONI

**ERMANNO CAVAZZONI** nasce a Reggio Emilia nel 1947. Per accostarsi al suo mondo culturale occorre accantonare i metri letterari consueti e aprirsi a un uso innovativo della scrittura e a contenuti dettati da una fantasia fervida e brillante.

**• «Fantasticazione» •** Tale mondo narrativo è stato definito dallo scrittore e critico letterario Gianni Celati (1937), amico e mentore di Cavazzoni, con il neologismo «fantasticazione», cioè quella capacità di scrivere in totale rilassatezza, senza assilli di alcun genere, con il solo desiderio di esprimersi lasciando scorrere i pensieri e limitandosi a seguirli. Un tale stato d'animo dovrebbe essere assunto anche dal lettore, così da creare una perfetta simbiosi tra chi scrive e chi legge. Ciò non deve far pensare che Cavazzoni vada a ruota libera, senza alcun intendimento culturale. I suoi libri si collocano sulla sponda della critica sociale, sposano la causa di figure modello del passato da rimettere in voga, illustrano un mondo ormai passato e da rifondare, auspicano un confronto con gli extraterrestri per far sì che gli umani facciano un salto di qualità, bacchettano anche la figura stessa dello scrittore, visto come un «parassita». Le vicende più strampalate alla fine sembrano credibili; perfino quando domina l'aspetto comico e divertente si è sospinti a ritenere che quel fatto, in qualche angolo del pianeta, sia andato proprio così. Quello che non manca mai è la capacità di infondere fiducia, di trovare una soluzione per creare una società di meraviglie, anche quando il mondo tragicomico raccontato assomiglia a quello vero in cui viviamo.

**• Romanzi e racconti •** Il romanzo che segnala Cavazzoni come un talento da seguire è *Il poema dei lunatici* (1987), dal quale il regista Federico Fellini ha preso spunto per il film *La voce della luna* (1989). Nel libro si delinea uno strano legame di amicizia fra due persone accomunate dal continuo vagheggiare altri mondi e abbagliate da strani sogni. Intellettuale abituato a produrre scritti e a vivere di letteratura, Cavazzoni ha una profonda crisi di coscienza su questo suo ruolo e, nel libro *Gli scrittori inutili* (2002), mette alla berlina la categoria, ironizzando sui professionisti della penna (meglio si dovrebbe dire della tastiera), invidiosi e narcisi. Il suo è un godibile e ironico manualetto per mettere in guardia gli aspiranti scrittori dai ripetuti errori che commettono coloro che scrivono.

Cavazzoni dà ampia libertà alla sua fantasia quando nel 2011 compila una *Guida agli animali fantastici*, un *excursus* riguardo a specie fantasiose e inesistenti che convivono con altri animali (polli sprezzanti, api socialiste, formiche preoccupate della crisi economica), per arrivare all'animale senza piume, a due gambe, spettatore e attore dell'universo.

Ermanno Cavazzoni in un ritratto di Tullio Pericoli del 2000.

Negli ultimi anni, Cavazzoni accentua la sua satira sociale. In *La valle dei ladri* (2014) immagina una società popolata da ladri, truffatori, teppisti, bugiardi, pedofili, una brodaglia umana incolore e insapore con un protagonista che cerca invano il filo del suo tempo migliore.

Il paese delle meraviglie, l'Italia, è raccontato nel libro *Il pensatore solitario* (2015), in cui Cavazzoni dà fondo a tutta la sua sapiente e amara ironia per mostraci i mali e le impossibili soluzioni riguardanti un paese da troppi vissuto come un mondo alla rovescia, un paese di cuccagna. Un ritorno al passato virtuoso, forse come esempio morale per un presente ritenuto troppo insulso, è il tema del recente *Gli eremiti del deserto* (2016), il racconto delle vite incredibili (e leggendarie) di eremiti e santi anacoreti vissuti tra il II e IV secolo d.C.

## per L'ANALISI del TESTO

### Scrittori e critici ridicolizzati

Il breve racconto che abbiamo letto esprime il carattere fantasioso e amaramente ironico di Ermanno Cavazzoni. È tratto dalla raccolta di racconti *Gli scrittori inutili* (2002), una specie di prontuario dei difetti, delle invidie e delle aspettative praticate dalla categoria degli scrittori, dalla quale l'autore non si esclude.

Sin dalle prime battute, il racconto ha un tono serio: nel presentare la questione del valore della pagina bianca vengono infatti spese parole importanti e giudizi autorevoli. L'effervescente Cavazzoni scrive un breve, quanto succoso **apologo della stupidità umana**, in questo caso applicata all'ambiente erudito delle "belle lettere". Infatti, egli ridicolizza le categorie degli scrittori e dei critici letterari, coloro cioè che di professione esaltano o stroncano autori e romanzi, decretandone la fortuna o la disgrazia: i critici sono bollati per l'eccessiva fumosità d'idee e di giudizi.

### Il nulla artistico

La pagina bianca lasciata in eredità dal defunto scrittore è giudicata di capitale importanza dalla critica (e dai familiari), tanto da essere definita come «ombelico del ventesimo secolo» (r. 7); ancor di più, vi si dice che con questo straordinario lascito letterario della pagina bianca «il millennio a venire dovrà fare i conti» (r. 8) e si raggiunge il culmine dell'elogio quando viene interpretata come «l'anima a nudo dello scrittore» (r. 16). Nessuno aveva mai azzardato una così fondamentale e sostanziosa interpretazione. Per di più, all'interno del contratto fra gli eredi e l'editore, si ammette come possibile «la citazione purché rispettosa dell'originale e non superiore alle dieci righe» (rr. 23-24), uno straordinario mascheramento linguistico per nascondere il nulla.

### Una conclusione salomonica

Raggiunto il **culmine**, Cavazzoni avvia la **parabola discendente** che man mano si fa sempre più piacevole e ironica perché le scopiazzature indebite della pagina bianca risultano numerose, dal momento che «Perfino in Uganda» (r. 28) si procedeva in questo senso. E allora via con contenziosi, battaglie legali, dispute che hanno sullo sfondo questo straordinario maestro della letteratura, così profondo nel mettere a nudo la sua anima da trovare anche il tempo di pulirsi il naso con le dita, al pari di un qualsiasi bambino. Si celebra un processo che sancisce la «pagina bianca un bene dell'umanità» (r. 59), ma, in linea con tutto il carattere scherzoso del brano, sancisce anche salomonicamente un lavarsene le mani, lasciando l'uso della pagina bianca alla singola volontà e necessità.

### Lo stile

L'autore si muove a proprio agio nella costruzione del brano, dimostrandosi abile nel creare tutti i presupposti di un "caso", caricando a effetto con espressioni appropriate (dal **carattere iperbolico**) la supposta importanza della pagina bianca. Soprattutto nella prima parte la storia acquista via via il tratto distintivo del **verosimile**, per poi scendere sempre più sul piano del **divertimento**. Sullo sfondo, ma ben marcato, sta l'elemento riflessivo.

Piero Manzoni, *Achrome*, 1959.
(Collezione Privata)

# Attività

## Leggere e comprendere

1 **La pubblicazione** Come si arriva alla pubblicazione dell'*Inedito* del giovane scrittore morto prematuramente?

- **a.** Per indicazioni lasciate dallo scrittore stesso
- **b.** Per autonoma iniziativa dei familiari
- **c.** Per insistenti richieste degli editori
- **d.** Per il giudizio estremamente favorevole dato dai critici

2 ***L'Inedito ultimo del Novecento*** Che tipo di testo è l'*Inedito*?

3 **Il critico** Quali strabilianti giudizi si leggono sulla storia della letteratura riguardo questo testo? Sottolinea i due passi del racconto che li contengono.

4 **Le reazioni** La divulgazione del libro provoca giudizi contrastanti. Quali sono?

5 **Il successo** Che cosa porta la pubblicazione del testo agli eredi? (Sono possibili più risposte.)

- **a.** Fama
- **b.** Scherno
- **c.** Problemi legali
- **d.** Guadagni

6 **L'avidità** In quale modo gli eredi evidenziano la loro avidità?

- **a.** Richiedono diritti d'autore più elevati
- **b.** Vogliono che venga chiesta l'autorizzazione per lasciare spazi bianchi nei testi
- **c.** Intentano un'azione legale contro l'editore
- **d.** Richiedono i diritti d'autore per ogni spazio bianco lasciato in ogni libro pubblicato

7 **La "fatica"** Quali notizie si hanno sull'impegno dello scrittore nel produrre l'*Inedito*?

8 **Il rischio** Perché l'aver dichiarato la pagina bianca «bene dell'umanità» (r. 59) costituisce un rischio per gli eredi?

9 **Il cavillo** Come si conclude la vicenda?

## Riconoscere e analizzare

10 **Il tono** Con quale tono l'autore presenta questa vicenda legata al mondo degli scrittori?

- **a.** Aspramente critico e irridente
- **b.** Amaramente ironico
- **c.** Razionale e positivo
- **d.** Irriverente e cinico

11 **La struttura** Il racconto presenta:

- **a.** una struttura lineare con tensione narrativa
- **b.** nessuna struttura
- **c.** una struttura lineare senza tensione narrativa
- **d.** una struttura lineare con un *flashback*

12 **I personaggi** Abbina ai singoli personaggi (o gruppi di personaggi) gli aggettivi opportuni, scegliendoli tra quelli sotto elencati e aggiungendone altri.

Imprevedibile • infantile • avidi • cavilloso • quasi assente • fumoso • opportunista

- Autore: ..............................................................................
  ..............................................................................
- Familiari: ..............................................................................
  ..............................................................................
- Critico: ..............................................................................
  ..............................................................................
- Editore: ..............................................................................
  ..............................................................................

13 **Il tono fiabesco** Il tono del racconto ha un'aura imprecisa, quasi fiabesca. Scegli, tra gli elementi linguistici indicati sotto, quelli che contribuiscono a creare tale atmosfera.

- I nomi propri ☐
- La mancanza di nomi propri ☐
- L'uso dell'articolo "il" riferito al critico ☐
- I nomi di stati come Uganda ☐
- Il sottocodice giuridico ☐
- L'accostamento di concetti opposti ☐
- Le esagerazioni iperboliche ☐
- Le indicazioni cronologiche ☐
- Il lieto fine ☐

14 **Il contrasto tra lingua e argomento** Evidenzia due passi del testo in cui alla futilità del contenuto si accoppiano termini esageratamente seri; sottolinea questi ultimi.

15 **La figura retorica** Trova nel testo qualche esempio di iperbole.

16 **I sottocodici** L'assurdità della situazione è sottolineata anche dalla presenza di molti termini specifici del linguaggio del diritto e dell'editoria. Elencane almeno 5 esempi per ciascun gruppo.

- Diritto: ..............................................................................
..............................................................................
..............................................................................
..............................................................................
- Editoria: ..............................................................................
..............................................................................
..............................................................................
..............................................................................

## Rielaborare e produrre

17 **Il riassunto** Sintetizza in 100 parole il contenuto del testo.

18 **Il giudizio dell'autore** L'autore del racconto lascia trapelare un suo giudizio sul mondo delle "belle lettere", al quale egli stesso appartiene. Quale ti sembra? Riportalo in un testo espositivo di 50 parole.

19 **Il successo letterario** Secondo quanto si dice nel racconto, nella produzione letteraria si arriva al successo grazie al parere favorevole dei critici. Sei d'accordo? O pensi che sia fondamentale il valore letterario dell'opera? E che ruolo credi che svolgano la fama dell'autore e l'impegno economico dell'editore? Sostieni la tua tesi in un testo di massimo 200 parole, citando alcuni esempi di casi editoriali che hanno avuto particolare successo negli ultimi anni.

20 **Discutere** Che cosa si intende con l'affermazione «Ma la biografia, disse il critico, non deve giammai sovrapporsi all'opera» (rr. 53-54)? Che l'autore è infantile ma la sua opera è seria e importante oppure che gli autori devono essere giudicati attraverso le loro opere e non per la loro vita? Confronta la tua opinione con quella dei tuoi compagni in un dibattito in classe, poi esponi in modo ampio e articolato l'interpretazione che ti convince maggiormente.

Etgar Keret

# Dediche bugiarde

Da
Sette anni di felicità, 2015

Racconto ironico autobiografico

Chi l'avrebbe mai pensato che scrivere dediche ai lettori sui propri libri non fosse un'operazione gratificante ma faticosa? Faticosa per chi? Ma per l'autore, che non sa mai che cosa scrivere. E, allora, si dia via libera alla fantasia. È quello che fa Keret, a suo rischio e pericolo.

Quando ero un ragazzo, ho sempre creduto che la Settimana del libro ebraico fosse una festa con tutti i crismi, una cosa che occupava un posto comodo tra il Giorno dell'Indipendenza, Pasqua e Hanukkah[1]. In questa occasione, non ci sedevamo intorno a un fuoco da campo, non facevamo girare trottole e non ci picchiavamo sulla testa con martelli di plastica; e, diversamente da altre festività, questa non commemora una storica vittoria o un'eroica sconfitta, il che me la faceva amare di più.

Ogni anno, ai primi di giugno, mia sorella, mio fratello e io andavamo con i nostri genitori nella piazza centrale di Ramat Gan[2], dove venivano montati dozzine di tavoli coperti di libri. Ognuno di noi ne sceglieva cinque. A volte l'autore di uno di quei libri era seduto al tavolo e ci scriveva una **dedica**. A mia sorella piaceva da matti. Io, personalmente, lo trovavo un tantino fastidioso. Anche se uno scrive un libro, questo non gli dà il diritto di scarabocchiare qualcosa sulla mia copia, specie se ha una brutta calligrafia, una calligrafia da farmacista, e insiste a usare parole difficili che devi cercare sul dizionario solo per scoprire che in realtà significavano tutte semplicemente "divertiti!".

Sono passati gli anni e, anche se non sono più un ragazzo, durante la Settimana del libro continuo a provare la stessa eccitazione. Ma oggi l'esperienza è un po' diversa e molto più stressante.

Prima che cominciassi a pubblicare libri, scrivevo dediche solo in quelli che compravo per regalarli a persone che conoscevo. Poi, un giorno, improvvisamente mi sorpresi a firmare libri per persone che li avevano comprati spontaneamente, persone che non avevo mai conosciuto. Cosa puoi scrivere nel libro di un perfetto estraneo che potrebbe essere qualunque cosa, dal serial killer al Virtuoso Gentile? "Con amicizia" rasenta il falso[3]; "Con ammirazione" non sta in piedi; "I miei migliori auguri" fa pensare alla benevolenza[4] di uno zio; e "Spero che il mio libro le piaccia!" trasuda untuosità[5] dalla S maiuscola al punto esclamativo finale. Così, esattamente diciotto anni fa, l'ultima sera della mia prima Settimana del libro, ho

**PAROLE sotto la lente**

**Dedica**

Il sostantivo è legato al verbo "dedicare", che corrisponde al latino *dedicare*, derivato da *dicare*, un intensivo di *dicere* = dire. Indica le parole che chi regala un libro scrive sulle pagine iniziali, in genere l'occhiello o il frontespizio. La dedica è però anche una frase rispettosa e affettuosa che l'autore scrive di suo pugno su libri destinati ad amici, a persone a lui note o a lettori che ne acquistano una copia.

**Attività**

Analizza le parti costitutive (prefisso, radice, suffisso, desinenza) delle cinque parole seguenti che hanno la radice di "dedica" e fanne l'analisi morfologica:
*dedicare, dedicatario, dedicatorio, dedicatore, dedicazione.*

1 **Hanukkah**: è la festa delle luci, durante la quale si ricorda la dedicazione dell'altare del tempio di Gerusalemme.

2 **Ramat Gan**: cittadina israeliana alla periferia di Tel Aviv.

3 **rasenta il falso**: dà l'impressione del falso.

4 **benevolenza**: disposizione d'animo favorevole.

5 **trasuda untuosità**: rivela un atteggiamento ipocrita, adulatorio.

creato il mio genere: dediche fittizie[6]. Se i libri stessi sono pura fiction, perché le dediche dovrebbero essere vere?

"A Danny, che durante l'Operazione Litani[7] mi ha salvato la vita. Se tu non avessi stretto quel laccio emostatico, non ci saremmo stati né io né il mio libro."

"A Mickey. Ha telefonato tua madre. Ho riattaccato. Non farti più vedere da queste parti."

"A Sinai. Stasera farò tardi, ma ho lasciato nel frigo un po' di cholent[8]."

"A Feige. Dove sono quei dieci dollari che ti ho prestato? Hai detto due giorni ed è passato un mese. Aspetto sempre."

"A Tziki. Ammetto di essere stato uno stronzo. Ma se può perdonarmi tua sorella, puoi farlo anche tu."

"Ad Avram. Non m'interessa quello che dicono gli esami. Per me, tu sarai sempre mio padre."

"Bosmat, anche se adesso stai con un altro, sappiamo tutt'e due che alla fine tornerai da me."

Retrospettivamente[9], e dopo lo schiaffone che mi sono beccato per l'ultima, credo proprio che non avrei dovuto scrivere ciò che ho scritto per lo spilungone col taglio di capelli da marine che comprava un libro per la sua ragazza, anche se continuo a pensare che avrebbe potuto rispondere civilmente invece di passare alle vie di fatto.

In ogni caso, è stata un'esperienza dolorosa ma ho imparato la lezione, e da allora, durante ogni Settimana del libro, per quanto la mia mano muoia dalla voglia di scrivere sui libri comprati da un Dudi o uno Shlomi che la prossima volta che vedranno qualcosa di mio sulla carta sarà la lettera di un avvocato, tiro un profondo respiro e scarabocchio "Cordialmente". Banale, forse, ma molto più salutare per la mia faccia.

Così, se quello spilungone e Bosmat stanno leggendo queste parole, desidero informarli che sono veramente pentito e vorrei porgere loro, anche se in ritardo, le mie scuse. E se per caso stai leggendo anche tu, caro Feige, ricordati che sono ancora in attesa dei dieci dollari.

E. Keret, *Sette anni di felicità*, trad. it. di V. Mantovani, Feltrinelli, Milano, 2015

6 **fittizie**: false, ingannevoli.

7 **Operazione Litani**: è il nome con cui gli israeliani chiamano l'invasione del Libano da parte di Israele del 1978.

8 **cholent**: stufato tipico della cucina ebraica.

9 **Retrospettivamente**: guardando all'indietro.

## L'AUTORE

**Etgar Keret** è nato a Tel Aviv nel 1967 ed è uno degli scrittori israeliani più popolari della nuova generazione. Non si dedica soltanto alla letteratura, ma è anche regista e sceneggiatore di successo per film e tv. I suoi genitori, di origine polacca, sono sopravvissuti allo sterminio degli ebrei operato dai nazisti nel corso della Seconda guerra mondiale. Keret ha dunque alle spalle un passato doloroso e vive un presente segnato dalle continue tensioni politiche e militari che contraddistinguono il suo paese, Israele. Attualmente insegna Cinema e televisione all'Università di Tel Aviv.

La scelta di scrivere racconti fulminanti e surreali, nei quali lo scrittore riprende l'assurdità di vivere in un paese stressato dalla guerra e che finge una impossibile normalità, finisce con l'essere una forma di reazione e di ricerca della sopravvivenza. Numerosi racconti di Keret compaiono sui quotidiani e sulle riviste letterarie più importanti del mondo. In Italia sono stati pubblicati vari suoi libri, come *La notte in cui morirono gli autobus* (2010), una brillante prova del genio fantastico e umoristico di Keret; le 38 brevi storie di *All'improvviso bussano alla porta* (2012); i racconti di carattere autobiografico *Sette anni di felicità* (2015).

## per L'ANALISI del TESTO

### La fatica dello scrittore

Il racconto è tratto da *Sette anni di felicità* (2015), una raccolta di brevi **storie autobiografiche** (la morte del padre, la nascita del figlio sotto le bombe, la convivenza con la minaccia bellica), tra le quali trova posto anche un'ironica (e un po' narcisistica) riflessione sulla professione di scrittore ormai affermato, conosciuto a livello internazionale e quindi inseguito dai lettori come una star nei festival letterari. Parrebbe una situazione fortunata e appagante, ma non sembra che le cose vadano in questa direzione. Il racconto è un brillante **gioco letterario** che ironizza sulla **fatica di scrivere**.

### Il piacere dell'invenzione e del gioco

Da un iniziale ricordo legato all'infanzia, quando era lui ad acquistare libri durante la Settimana del libro ebraico – e già allora non vedeva con favore che qualcuno scarabocchiasse una insulsa dedica sui libri da lui acquistati –, Keret passa al presente, quando a lui è richiesto di firmare dediche per i suoi lettori, un'operazione in apparenza semplice, ma che pesa enormemente sull'animo indisposto dell'autore. Lo scrittore pensa di uscirne con **dediche d'invenzione**, che diventano il **prolungamento dell'ironia** con la quale Keret si esprime nei suoi racconti.

Sono dediche escogitate con tanta improvvisazione da sfiorare l'assurdo perché parrebbero toccare aspetti reali delle vite dei lettori. Keret però eccede (o finge di eccedere) nel gioco dell'ironia e della presa in giro e non tutti i lettori sono disposti a seguirlo. Finché è costretto, dalla sua stessa audacia, a una precipitosa retromarcia e a optare alla fine per un «Banale, forse, ma molto più salutare» «Cordialmente» (r. 58).

### Semplicità di stile

Keret costruisce una storia con efficace semplicità, con un **linguaggio comune**, senza ricorrere a espressioni retoriche o ermetiche. Si vuole divertire e vuole divertirci, raggiungendo in tal modo il suo scopo.

Saul Steinberg, *Senza titolo*, 1948. (New York, Saul Steinberg Foudation)

Vincent van Gogh, *Una pila di romanzi francesi*, 1888. (Amsterdam, Van Gogh Museum)

# Attività

## Leggere e comprendere

1 **Una festa particolare** Quali differenze ricorda l'autore fra la Settimana del libro e le altre feste ebraiche?

2 **La Settimana del libro** Che cosa faceva l'autore, ancora bambino, con la sua famiglia in occasione della Settimana del libro ebraico?

3 **Il ricordo** Quale sensazione egli provava già da bambino, quando un autore scriveva la propria dedica sul libro che il lettore aveva acquistato?

**a.** Gioia
**b.** Invidia
**c.** Fastidio
**d.** Indifferenza

4 **Il presente** Perché l'autore, ormai adulto, trova diversa e più stressante la Settimana del libro ebraico?

5 **«Poi [...] improvvisamente mi sorpresi»** (r. 26) Che cosa sta spiegando l'autore? Che significato profondo ha il verbo «mi sorpresi»?

6 **L'imbarazzo** Come appaiono a Keret le dediche che normalmente gli scrittori indirizzano ai loro lettori? Da che cosa derivano, secondo lui, le loro scelte?

7 **La soluzione** Quale insperata soluzione trova Keret per divertirsi ed evitare le vane parole delle dediche? Con quale argomentazione?

8 **Le dediche bugiarde** Come costruisce l'autore le dediche fittizie che decide di apporre sui libri di lettori sconosciuti?

9 **Le reazioni** Si possono immaginare le reazioni di chi riceve la dedica. Qual è la peggiore?

10 **La precauzione** Che cosa decide di fare l'autore a seguito del ceffone? Perché?

11 **La chiusura** Con quale tono l'autore chiude il racconto?

**a.** Pentito
**b.** Soddisfatto
**c.** Ironico
**d.** Minaccioso

## Riconoscere e analizzare

12 **Il tempo della storia** Quanto dura, a grandi linee, la storia narrata?

**a.** Un mese
**b.** Un anno
**c.** Trent'anni
**d.** Un giorno

13 **Il lessico** Come si trasforma il registro linguistico usato nelle dediche, in quelle fittizie e in quelle reali?

14 **Il tono** Come definiresti il tono del racconto?

**a.** Comico e irridente
**b.** Buffo e comico
**c.** Serio e razionale
**d.** Ironico e divertito

15 **La *Spannung*** In quale punto il racconto raggiunge la massima tensione narrativa?

## Rielaborare e produrre

16 **Discutere** Che cosa lascia intendere l'autore quando afferma: «Se i libri stessi sono pura fiction, perché le dediche dovrebbero essere vere?» (rr. 34-35)? Che nella letteratura tutto è invenzione o che nella letteratura non c'è un rapporto diretto tra l'autore e i suoi lettori? Confronta la tua opinione con quella dei tuoi compagni in un dibattito in classe, poi esponi in modo ampio e articolato l'interpretazione che ti convince maggiormente.

17 **Il riassunto** Sintetizza in 80 parole il contenuto del testo.

18 **Il tuo punto di vista** Il risolutivo «Cordialmente» (r. 58) inserito come dedica finale ci permette di immaginare che l'autore reputi che nella vita si debba trovare una mediazione rispettosa. Questo ci può anche portare a capire quale atteggiamento l'autore assuma nella conflittuale situazione socio-politica che si vive in Israele. Informati sulle tensioni esistenti tra ebrei e palestinesi e su quale sia la situazione in quelle terre oggi. Quindi, in massimo 100 parole, esprimi la tua opinione sull'atteggiamento corretto da tenere nelle situazioni di conflitto.

19 **Le tue dediche** Immagina di essere uno scrittore famoso e inventa dediche per i tuoi numerosi lettori.

## George Saunders

# Croci

Da
Dieci dicembre, 2013

Racconto surreale

Un uomo enigmatico traveste con costumi sempre nuovi una struttura a croce che ha costruito in giardino, trasformandola in singolari personaggi. È un segnale, un tentativo di comunicare con gli altri, a cominciare dalla famiglia. Troverà la necessaria corrispondenza?

Ogni anno la sera del Ringraziamento[1] seguivamo come un gregge papà che trascinava il vestito da Babbo Natale in giardino e lo sistemava su una specie di crocefisso che aveva costruito con un palo di metallo. La settimana del Super Bowl[2] la **croce** portava una maglia da football e il casco di Rod e Rod doveva chiedere il permesso a papà se voleva riprendersi il casco. Il Quattro Luglio[3] la croce diventava lo Zio Sam[4], il giorno dei caduti un soldato, ad Halloween un fantasma. La croce era l'unica concessione di papà all'entusiasmo. Potevamo prendere solo un pastello per vol-

### PAROLE *sotto la lente*

**Croce**

Il sostantivo corrisponde al latino *crux, crucis* e indica uno strumento di pena usato specialmente a Roma, costituito da un palo conficcato a terra o da due legni, uno verticale e uno orizzontale, su cui venivano inchiodati e lasciati morire i condannati e gli schiavi. Per antonomasia richiama la croce di Cristo e in senso figurato la sofferenza, il dolore (ognuno ha la propria croce). Inoltre, viene detta croce ogni raffigurazione della croce stessa in tutte le sue forme (croce latina, croce greca, croce uncinata, croce gigliata). Essa era anche il simbolo dei soldati che andarono a conquistare la Terra santa (i crociati, le crociate) ed è il nome di molte onorificenze (croce di Malta) o enti assistenziali (Croce rossa, Croce verde).

**Attività**

Elenca almeno cinque parole che abbiano come radice "croce".

1 **Ringraziamento**: festa osservata negli Stati Uniti, cade il quarto giovedì di novembre, in occasione della quale si ringrazia Dio per l'anno trascorso.

2 **Super Bowl**: è la finale del campionato di football americano che coinvolge, come spettatori televisivi, milioni di persone.

3 **Quattro Luglio**: festa nazionale degli Stati Uniti per la commemorazione dell'indipendenza della nazione.

4 **Zio Sam**: figura simbolo che personifica gli Stati Uniti.

Salvador Dalí, *Il sonno*, 1937. (Figueres, Gala-Salvador Dalí Foundation)

ta dalla scatola. Una volta la notte di Natale papà sgridò Kimmie perché aveva sprecato uno spicchio di mela. Quando versavamo il ketchup ci ronzava intorno dicendo: Basta, basta, basta. Le feste di compleanno erano a base di merendine, niente gelato. La prima volta che ho portato a casa una ragazza lei mi ha detto: Perché tuo padre ha messo quei due pali in croce?, e io non sapevo dove guardare.

Siamo andati via di casa, ci siamo sposati, siamo diventati genitori, abbiamo scoperto che il seme della grettezza[5] fioriva anche dentro di noi. Papà ha cominciato a decorare la croce con più complessità e con una logica più ermetica[6]. Il Giorno della Marmotta[7] l'ha coperta con una specie di pelliccia e ha trascinato fuori un riflettore per creare un effetto ombra. Quando c'è stato un terremoto in Cile ha abbattuto la croce e dipinto una crepa per terra con lo spray. È morta mamma e ha mascherato la croce da Morte e sul braccio orizzontale ha appeso le foto di mamma da piccola. Passavamo a salutarlo e trovavamo strani talismani della sua gioventù disposti ai piedi della croce; medaglie dell'esercito, biglietti del teatro, vecchie felpe, cosmetici di mamma. Un autunno ha pitturato la croce di giallo vivo. E in inverno l'ha coperta d'ovatta per tenerla al caldo e fornita di prole piantando col martello sei mini croci in giardino. Ha passato pezzi di spago tra la croce e le mini croci e ci ha attaccato lettere di scusa, ammissioni d'errore, richieste di comprensione, tutto su cartellini scritti con mano affannosa. Ha dipinto e appeso alla croce un cartello con la scritta AMORE, poi un altro che diceva PERDONARE? e poi è morto in corridoio con la radio accesa e abbiamo venduto la casa a una giovane coppia che ha sradicato la croce e l'ha lasciata sul ciglio della strada perché la portasse via il camion dell'immondizia.

G. Saunders, *Dieci dicembre*, trad. it. di C. Mennella, minimum fax, Roma, 2013

5 **grettezza**: avarizia, tirchieria.

6 **ermetica**: di difficile comprensione.

7 **Giorno della Marmotta**: festa celebrata negli Stati Uniti, cade il 2 febbraio.

## L'AUTORE

**George Saunders** è nato nel 1958 in Texas e cresciuto nella periferia di Chicago. La sua formazione è di carattere scientifico: ha studiato ingegneria geofisica presso un'università del Colorado. Per alcuni anni ha lavorato come redattore di testi tecnici, collaborando anche in un progetto di estrazione petrolifera presso l'isola di Sumatra (Indonesia). Il successo di *Bengodi e altri racconti* (1996) lo ha dirottato verso l'attività letteraria. Sono così comparse altre raccolte di racconti, nelle quali Saunders esprime, con ironia e con toni spesso tragicomici, la sua vena critica nei confronti della società dei consumi e dell'invadenza dei mass media nella vita quotidiana di ciascuno di noi. Tra le sue opere tradotte in Italia figurano: *Il megafono spento* (2009), *Nel paese della persuasione* (2010), *Dieci dicembre* (2013) e un discorso rivolto ai giovani laureati dell'Università di Syracuse, *L'egoismo è inutile: elogio della gentilezza* (2013), sull'importanza della gentilezza nella vita in opposizione all'imperante egoismo. Per l'originalità dei temi trattati e la brillantezza espositiva che contraddistingue i suoi racconti, Saunders ha vinto vari premi letterari.

## per L'ANALISI del TESTO

### Una storia surreale

Voce piuttosto insolita della narrativa americana contemporanea, George Saunders ci propone la **storia surreale** di una famiglia con uno strambo genitore che affida a una croce piantata in giardino il **compito di comunicare** i propri sentimenti ai figli, ai vicini, al mondo intero.

### La croce maniacale

Questo padre, che si porta appresso i figli «come un gregge» (r. 1), dimostra da subito un rapporto maniacale con una croce da lui costruita in giardino. La croce non rappresenta in questo caso un simbolo religioso, ma una struttura creata per permettergli di esprimere i suoi stati d'animo (l'adesione allo scorrere del tempo, il sostegno alle feste nazionali, il dolore per la perdita della moglie). Sorgono così in giardino pupazzi mascherati da Babbo Natale, giocatori di football, appassionati Zio Sam, fantasmi di stretta osservanza della festa di Halloween. Tale consuetudine si protrae nel tempo: i figli crescono fra divieti e meschinità e alla fine se ne vanno da casa, ma il genitore prosegue imperterrito a rivestire la sua croce in giardino seppur «con più complessità e con una logica più ermetica» (r. 18). Queste stravaganze esteriori sembrano una **libera espressione di sé**. In età avanzata le cose si complicano e il racconto si fa più drammatico, quando alla croce l'uomo appende messaggi che suonano come **richieste di aiuto**, compilate «su cartellini scritti con mano affannosa» (r. 29), e come **richieste di perdono** per non aver saputo esprimere l'affetto e per essersi rivelato spesso meschino («ci ha attaccato lettere di scusa, ammissioni d'errore, richieste di comprensione», rr. 28-29; «Ha dipinto e appeso alla croce un cartello con la scritta AMORE, poi un altro che diceva PERDONARE?», rr. 29-30).

La morte dell'uomo, improvvisa e solitaria («è morto in corridoio con la radio accesa», rr. 30-31), come solitaria è stata la sua vita, pone fine al gioco delle croci e dei messaggi. La casa viene venduta e la croce finisce nell'immondizia, senza che alcuno abbia approfondito il suo significato reale, quello che l'uomo vanamente ha cercato di dire per tanti anni.

### Lo stile

Saunders delinea con rapidità una **vicenda enigmatica e inquietante**, che **turba il lettore**, il quale non può astenersi dal chiedersi le motivazioni e i significati di un'esistenza che ruota intorno a un'installazione messa in giardino. Con uno stile paratattico, **frasi brevi** e un **lessico semplice**, Saunders accompagna il lettore alla conclusione, coinvolgendolo sempre più nella sua storia che **sovrappone il surreale al reale**.

# Attività

## Leggere e comprendere

1 **Il padre** Come risulta il comportamento di questo bizzarro padre nei confronti dei suoi figli? Scegli la risposta che ti pare più adatta, aggiungi poi una tua definizione e motivala.

**a.** Affettuoso e tenero

**b.** Gretto e maniacale

**c.** Cupo e violento

**d.** Allegro e permissivo

**e.** ..............................................................................

..............................................................................

..............................................................................

2 **La prima stranezza** Qual è la prima stravaganza che il padre compie nel rivestire la croce per la festa del Ringraziamento?

..............................................................................

..............................................................................

..............................................................................

3 **La croce** Che funzione ha la croce?

**a.** È un simbolo religioso venerato e rispettato

**b.** È un'opera d'arte di grande valore

**c.** È lo strumento usato dal padre per manifestare le sue emozioni

**d.** È un oggetto rituale legato alle feste di famiglia

4 **«La croce era l'unica concessione [...] all'entusiasmo»** (rr. 9-10) Questa affermazione sul carattere del padre che cosa vuole spiegare?

5 **Le occasioni** In quali occasioni il padre addobba la croce quando i ragazzi non sono ancora cresciuti?

6 **L'evoluzione** Con il passare del tempo, la croce diventa sempre più uno strumento usato dal padre per esprimere la propria interiorità. Che cosa comunicano i diversi addobbi apposti sulla croce?

- «ha mascherato la croce da Morte» (rr. 21-22): ..............................
- «ha pitturato la croce di giallo vivo...coperta d'ovatta» (rr. 25-26): ..............................
- «Ha passato pezzi di spago...richieste di comprensione» (rr. 27-29): ..............................
- «AMORE...PERDONARE» (r. 30): ..............................

7 **Il finale** Quale effetto ottiene alla fine lo strampalato strumento usato dal padre per comunicare?

## Riconoscere e analizzare

8 **La struttura** Com'è la struttura del racconto?
**a.** Lineare con analessi
**b.** Con un intreccio capovolto
**c.** Lineare
**d.** Lineare con prolessi

9 **Il tempo del racconto** Quale unica modalità di tempo del racconto è presente nel testo?

10 **Lo spazio** In base a quali informazioni il lettore comprende il luogo in cui si svolge la vicenda?
**a.** Da nomi propri geografici
**b.** Da eventi tipici del luogo di ambientazione
**c.** In nessun modo
**d.** Da descrizioni precise e particolareggiate

11 **Il narratore e la focalizzazione** Definisci la tipologia di narratore e di focalizzazione presenti nel racconto.

12 **Il *climax*** Puoi individuare qualche tipo di "crescendo" all'interno del racconto?
**a.** Aumento della *suspense* narrativa
**b.** L'argomento si amplia ad altri temi
**c.** La comunicazione del padre diventa sempre più profonda e personale
**d.** Il comportamento del padre diventa sempre più meschino

13 **Il tono** Da che cosa deriva il tono un po' surreale del racconto?
**a.** Dall'indeterminatezza delle informazioni
**b.** Dall'esagerazione e dall'assurdità della situazione
**c.** Dal comportamento maniacale del padre
**d.** Dallo stile vago e indeterminato dell'autore

## Rielaborare e produrre

14 **Discutere** Alle righe 16-17 il narratore afferma: «siamo diventati genitori, abbiamo scoperto che il seme della grettezza fioriva anche dentro di noi». Quale concetto intende esprimere con questa affermazione? Che lui e i suoi fratelli hanno ereditato la grettezza del padre oppure che diventare genitori significa dover perdere entusiasmo e leggerezza? Confronta la tua opinione con quella dei compagni in un dibattito in classe, poi esponi in modo ampio e articolato l'interpretazione che ti convince maggiormente.

15 **Il riassunto** Sintetizza in 80 parole il contenuto del testo.

16 **Il dialogo in famiglia** Un argomento che emerge da questo racconto è la difficoltà di comunicare in famiglia. Perché a volte è così difficile stabilire un dialogo tra genitori e figli? Esprimi la tua opinione in un testo di 200 parole.

17 **Il tuo testo** Commenta la storia in un testo argomentativo di 300 parole dal titolo "La solitudine di un padre: giusta conseguenza dei suoi atti?".

Jhumpa Lahiri

# Il dizionario

Da
In altre parole, 2015
Racconto autobiografico

Come avviare lo studio di una nuova lingua straniera? La scrittrice non ha dubbi e si affida a un dizionario tascabile, trasformato dalla sua passione per la nuova lingua in una stampella indispensabile.

Il primo libro italiano che compro[1] è un **dizionario** tascabile, con definizioni in inglese. Sto per andare a Firenze per la prima volta, nel 1994. Vado in una libreria a Boston[2], con un nome italiano: Rizzoli[3]. Una bella libreria, raffinata, che non c'è più.

Non compro una guida turistica, anche se è la mia prima visita in Italia, anche se non conosco per niente Firenze. Grazie a un mio amico, ho già l'indirizzo di un albergo. Sono una studentessa, ho pochi soldi. Credo che un dizionario sia più importante.

Quello che scelgo ha una copertina di plastica, verde, indistruttibile, impermeabile. È leggero, più piccolo della mia mano. Ha più o meno le stesse dimensioni di una saponetta. Sul retro c'è scritto che contiene circa quarantamila parole italiane.

Quando, gironzolando per gli Uffizi[4], tra le gallerie quasi deserte, mia sorella si accorge di aver perso il suo cappello, apro il dizionario. Vado alla parte inglese, per apprendere come si dice cappello in italiano. In qualche modo, sicuramente sbagliato, dico a una guardia che abbiamo perso un cappello. Miracolosamente, capisce quello che dico, ed entro breve il cappello è ritrovato.

Da allora, per molti anni, ogni volta che vado in Italia, porto questo dizionario con me. Lo metto sempre in borsa. Cerco le parole quando sono per strada, quando torno in albergo dopo un giro, quando provo a leggere un articolo sul giornale. Mi guida, mi protegge, mi spiega tutto.

Diventa sia una mappa che una bussola, senza la quale so che sarei smarrita. Diventa una specie di genitore autorevole, senza il quale non posso uscire. Lo ritengo un testo sacro, pieno di segreti, di rivelazioni.

Sulla prima pagina, a un certo punto, scrivo: «provare a = cercare di».

Questo frammento casuale, questa equazione lessicale, può essere una metafora dell'amore che provo per l'italiano. Una cosa che, alla fine, non è altro che un ostinato tentativo, una prova continua.

Quasi vent'anni dopo aver comprato il primo dizionario, decido di trasferirmi a Roma per una lunga permanenza. Prima di partire, chiedo a un mio amico, che ha vissuto lì per parecchi anni, se mi serve un dizionario elettronico in italiano, tipo un'app per il cellulare, per cercare una parola in qualsiasi momento.

Ride. Mi dice: «Tra poco abiterai dentro un dizionario italiano».

Ha ragione. Dopo un paio di mesi a Roma, pian piano mi rendo conto di non

**PAROLE *sotto la lente***

**Dizionario**

Il sostantivo deriva dal latino medioevale *dictionarium*, legato al latino *dictio* = il dire, l'esporre. Indica la raccolta di tutte le parole di una lingua accompagnata dal significato delle parole stesse. La lingua può essere quella di un'intera tradizione ("dizionario della lingua italiana") o di una parte di essa ("dizionario della lingua del Duecento"). Se la definizione del significato è in un'altra lingua si hanno i dizionari bilingui ("latino-italiano, inglese-italiano") e a volte trilingui. Esistono dizionari più circoscritti che contengono le parole di un solo ambito culturale ("dizionario filosofico", "dizionario giuridico"). Il termine è usato anche nella teoria dell'informazione e nell'informatica con valori specifici.

**Attività**

Quale altro nome si usa normalmente come sinonimo di "dizionario"?

1 **che compro**: chi scrive in prima persona è l'autrice, Jhumpa Lahiri.
2 **Boston**: città degli Stati Uniti.
3 **Rizzoli**: la libreria porta il nome di una delle case editrici italiane più importanti.
4 **Uffizi**: è il museo d'arte statale di Firenze, uno dei più importanti d'Italia.

controllare il dizionario tanto spesso. Quando esco, tende a restare in borsa, chiuso. Di conseguenza comincio a lasciarlo a casa. Mi accorgo di una svolta. Di un senso di libertà, e al contempo di perdita. Di esser cresciuta, almeno un po'.

Oggi ho tanti altri dizionari sulla mia scrivania, più grandi, corposi. Ne ho due monolingue[5], senza alcun termine inglese. Ormai la copertina di quello piccolino appare un po' sbiadita, un po' sporca. Le pagine sono ingiallite. Alcune si stanno staccando dalla rilegatura.

Resta, di solito, sul comodino, così posso controllare facilmente una parola sconosciuta mentre leggo. Questo libro mi permette di leggerne altri, di aprire la porta di una nuova lingua. Mi accompagna, ancora adesso, quando vado in vacanza, durante i viaggi. È diventato una necessità. Se per caso, quando parto, dimentico di portarlo con me, mi sento un po' a disagio, così come mi sentirei se dimenticassi lo spazzolino da denti o un paio di calze di ricambio.

Ormai quel dizionarietto sembra più un fratello che un genitore. Eppure mi serve, mi guida ancora. Rimane pieno di segreti. Rimane sempre, questo piccolo libro, più grande di me.

J. Lahiri, *In altre parole*, Guanda, Milano, 2015

5 **monolingue**: è un dizionario in cui le definizioni sono date nella stessa lingua delle voci riportate, in questo caso l'italiano.

Un'illustrazione tratta da *Alice nel paese delle meraviglie* stampata sulla pagina di un dizionario inglese dei primi anni del Novecento.

La bambina con il palloncino dello street artist Banksy stampata sulla pagina di un dizionario inglese dei primi anni del Novecento.

## L'AUTRICE

**Jhumpa Lahiri** è un'autrice cosmopolita. Nasce a Londra da genitori di Calcutta (India) nel 1967, ma cresce negli Stati Uniti, a New York, e attualmente vive a Roma. La sua carriera letteraria prende avvio con la pubblicazione dell'opera *L'interprete dei malanni* (1999), nove racconti sull'India millenaria: con questo lavoro d'esordio vince l'importante premio Pulitzer. Nel 2003 esce il romanzo *L'omonimo*, portato sullo schermo da una regista indiana. Le difficoltà d'integrazione sono al centro di otto storie raccolte nel libro intitolato *Una nuova terra* (2008). Oscillante sempre tra due culture e due lingue, l'inglese e il bengalese, a un certo punto della sua vita Jhumpa Lahiri decide di trasferirsi a Roma per misurarsi con una lingua da lei molto amata. È una sfida che la spinge a scrivere in italiano. Il libro autobiografico *In altre parole* (2015), risultato di questa rinascita culturale e linguistica, non è soltanto l'espressione di un amore profondo per una lingua straniera, ma un esempio di come si possa oggi essere cittadini del mondo.

## STORIE da SCOPRIRE

### *In altre parole* di Jhumpa Lahiri

*In altre parole* (2015) è il diario di un amore, l'amore per la lingua italiana da parte di una donna cresciuta a New York parlando in famiglia il bengalese (i genitori sono degli immigrati indiani) e fuori casa l'inglese, che si appassiona dell'Italia e della lingua italiana.

Jhumpa Lahiri racconta di sé, della sua prima venuta per una settimana a Firenze nel 1994, dell'avere come unico sostegno un vocabolario tascabile, della scoperta di Dante e di Beatrice. Di ritorno negli Usa, non pensa che all'Italia e all'italiano; si affida a lezioni private, cerca insegnanti madrelingua, con risultati sempre insoddisfacenti. Intende trasferirsi in Italia e si prepara leggendo, vocabolario alla mano, Verga, Pavese, Saba, Quasimodo. La lettura di questi libri è per lei motivo di grande soddisfazione: «Quando ci si sente innamorati, si vuole vivere per sempre. Si vagheggia che l'emozione, l'entusiasmo che si prova, duri. Leggere in italiano mi provoca una brama simile». Torna in Italia una decina d'anni dopo e si considera «una pellegrina linguistica a Roma». Nel libro Jhumpa Lahiri si sofferma sulle giornate di sconforto e sui successi, sulle difficoltà nell'uso del periodo ipotetico o delle preposizioni. Scopre Ovidio e *Le metamorfosi*, un libro che sente su misura per se stessa. Impara così bene la nostra lingua da decidere di scrivere e pubblicare in italiano. *In altre parole* è il risultato di questo percorso.

## per L'ANALISI del TESTO

### Un percorso unico

Il racconto è il ricordo dello scoccare di una scintilla e di come sia diventata un fuoco continuo da alimentare e da irrobustire. Si tratta dell'innamoramento della scrittrice per la nostra lingua e per la nostra tradizione letteraria, al punto da sentire come una necessità il trasferimento da New York a Roma, accantonando per un po' di anni una lingua internazionale, l'inglese, per impadronirsi di un'altra lingua, ricca di storia e altri valori, come l'italiano.

### Il valore di un dizionario tascabile

Prima che i traduttori elettronici trovassero ampia diffusione, ai dizionarietti tascabili delle «dimensioni di una saponetta» (r. 12), si affidavano le nostre sorti nello studio di una lingua straniera. Nel 1994, l'autrice viene in Italia e si affida a un dizionario che contiene la vita italiana «in quarantamila parole» (r. 13). Il libricino diventa così prezioso da non essere più abbandonato. Il giudizio che la scrittrice elabora è come un ***climax* ascendente**: «Mi guida, mi protegge, mi spiega tutto» (rr. 25-26), diventa «sia una mappa che una bussola» (r. 27), «una specie di genitore autorevole» (r. 28) e infine un «testo sacro» (r. 29). E così, vent'anni dopo, il dizionario tascabile pur non avendo più la medesima importanza, dal momento che Jhumpa Lahiri si è ormai impadronita molto bene della nostra lingua, continua ad aver un posto sul comodino di casa, sentito e considerato dalla scrittrice con così tanta familiarità da giudicarlo «un fratello» (r. 53).

### L'amore per l'Italia

La storia di una scrittrice bengalese-americana che rinasce culturalmente facendo sua la lingua italiana costituisce un caso unico. Traspare anche da queste poche pagine un amore intenso, uno **slancio appassionato** per la lingua e per tutto quanto parla d'Italia e pensiamo quindi non solo agli aspetti letterari, ma anche storici, artistici, ambientali.

### Uno stile poetico

Il racconto si sviluppa come una poesia, con un accentuato **lirismo** proprio perché ruota attorno a un oggetto minimale, un dizionario tascabile, e lo innalza al ruolo di sicuro appoggio per un lungo e difficile cammino, per un impegno arduo come può essere lo studio di una lingua. L'italiano di Jhumpa Lahiri è semplice, schietto, accorato, efficace nell'esprimere i propri sentimenti, come quello d'amore che traspare dalla frase conclusiva: «Rimane sempre, questo piccolo libro, più grande di me».

# Attività

## Leggere e comprendere

1 **Il primo libro d'italiano** In che occasione e dove la scrittrice acquista il primo libro d'italiano? Di che libro si tratta?

2 **La scelta** Perché sceglie di comperare un dizionario e non una guida turistica?
- **a.** Non prova interesse per la storia e per l'arte
- **b.** La guide non contengono informazioni per la comunicazione immediata di base
- **c.** Non teme di sentirsi disorientata in una nuova realtà
- **d.** La sua vera attenzione è puntata sulla lingua

3 **Il dizionario** La scrittrice descrive dettagliatamente il dizionario tascabile e aggiunge che contiene definizioni in inglese. È utile questa precisazione? Perché?

4 **Il salto di qualità** Da semplice strumento di decodificazione dei termini, il vocabolario assume gradualmente funzioni e ruoli per lei sempre più importanti. Sottolinea le parole chiave del testo che indicano questa acquisizione di importanza.

5 **L'amore per l'italiano** Come definisce la scrittrice il suo sentimento per la nostra lingua?
- **a.** Un'acquisizione completa
- **b.** Un'acquisizione certa e graduale
- **c.** Un ostinato e continuo tentativo
- **d.** Un apprendimento casuale

6 **Non più indispensabile** Che cosa prova la scrittrice quando, da tempo in Italia, si trova a utilizzare meno il suo "tascabile"?
- **a.** Orgoglio
- **b.** Sensazione di libertà e di perdita
- **c.** Soddisfazione
- **d.** Indifferenza

7 **Il ruolo del dizionario** Dove viene relegato il dizionario? Quale funzione continua a svolgere? Riporta la parola del testo che la individua.

........................................................................................................

8 **Lo scrigno** Come considera Jumpa Lahiri il suo primo dizionario, anche dopo aver acquisito la padronanza della lingua italiana?

## Riconoscere e analizzare

9 **La struttura** Qual è la struttura del testo?

10 **Il narratore** Che tipo di narratore è quello del racconto?

11 **Il lessico** Come ti sembra il lessico impiegato nella narrazione?

12 **La sintassi** Com'è la costruzione dei periodi?
- **a.** Prevalentemente ipotattica
- **b.** Prevalentemente paratattica con frasi nominali
- **c.** Esclusivamente paratattica con frasi nominali
- **d.** Esclusivamente ipotattica

13 **Le metafore** Pur nello stile semplice ed essenziale, si incontrano alcune espressioni metaforiche. Riportale sul quaderno.

14 **Il *climax*** Nel testo è presente un *climax* ascendente. Indica le parole che lo costituiscono.

15 **Il lirismo** Perché possiamo dire che nel racconto è presente questa caratteristica?

## Rielaborare e produrre

16 **Il riassunto** Sintetizza in 80 parole il contenuto del racconto.

17 **Le culture straniere** La storia del dizionario rimanda all'amore per la cultura italiana da parte della scrittrice. Tu sei mai stato attratto da una cultura straniera? In un testo di 300 parole, racconta il tuo interesse e spiega quali sono gli aspetti di questa cultura che ti affascinano.

18 **L'intervista** Intervista un tuo compagno che proviene da un paese straniero e che ha dovuto apprendere la lingua italiana. Ponigli delle domande per conoscere gli strumenti da lui utilizzati, le sue difficoltà, i successi, le frustrazioni e quanto altro ti sembra interessante.

19 **Il tuo libro** Il dizionario ha svolto un ruolo importante nell'avvicinamento di Jumpa Lahiri all'Italia. Hai anche tu un libro speciale? Raccontane la trama e spiega il motivo dell'importanza che ha per te, in un testo di 200 parole.

Gianrico Carofiglio

# Sinceramente

Da *Passeggeri notturni*, 2016

Racconto onirico

I sogni, almeno quando si ricordano, non lasciano mai indifferenti. In questo caso, una bambina si assume il compito di dare un'importante lezione di comportamento a uno stupito adulto, partendo dal come ci si esprime e dall'uso troppo abbondante di certi avverbi.

Ieri notte ho fatto un sogno. In sé non è una notizia molto interessante: secondo quanto ci dicono gli esperti tutti sognano, tutte le notti. Ma non tutti ricordano le proprie esperienze notturne e io, appunto, sono fra quelli che non le ricordano. Il sogno della notte scorsa però me lo ricordo bene. Cosí bene che quasi mi sembra di confonderlo con la memoria di un fatto realmente accaduto.

Mi trovavo nella piazza di un piccolo paese, affollata di gente. C'era il mormorio di fondo tipico degli assembramenti di persone che parlano tutte insieme. Io ero in compagnia di una bambina sui dieci anni. Molto carina, simpatica, cordiale anche se con un filo di saccenteria[1]. In ogni caso sapevo – come si sa nei sogni, senza che nessuno te lo abbia mai detto – che era mia amica ed era lí per spiegarmi delle cose importanti. – Adesso togliamo il sonoro, – ha detto a un certo punto. Poi ha fatto un gesto come per appallottolare un foglio di carta e d'un tratto il brusio è cessato.

Tutti continuavano a parlare e a gesticolare, solo che la scena si svolgeva in un totale silenzio.

– Osserva le espressioni di queste persone mentre parlano fra loro, – ha detto la mia amica.

– Perché?

1 **saccenteria**: arroganza, presunzione.

## L'AUTORE

**Gianrico Carofiglio** è nato a Bari nel 1961. Ha intrapreso la carriera di magistrato nel 1986, lavorando in varie procure e come sostituto procuratore alla direzione distrettuale antimafia di Bari. Nel 2008 si è avvicinato alla vita politica ed è stato parlamentare nelle file del Partito democratico. Oggi, lasciata la magistratura e la politica, si dedica a tempo pieno ai suoi libri, avendo raggiunto un grande successo con la pubblicazione di romanzi, racconti, fumetti. Nel 2002, Carofiglio ha avviato la serie "legal thriller" dei casi dell'avvocato Guerrieri, un personaggio da lui inventato e protagonista di tanti romanzi polizieschi portato anche sul piccolo schermo con una serie televisiva (*Testimone inconsapevole*, 2002; *Ad occhi chiusi*, 2003; *Ragionevoli dubbi*, 2006; *Le perfezioni provvisorie*, 2010; *La regola dell'equilibrio*, 2014). Con l'opera *Il passato è una terra straniera* (2005) vince il premio Bancarella. La produzione letteraria di Carofiglio registra anche un fumetto, *Cacciatori nelle tenebre* (2007), e riflessioni sull'uso attuale della lingua, come il saggio *Con parole precise* (2015). La sua ultima pubblicazione è *Passeggeri notturni* (2016).

– Perché le parole spesso servono a nascondere quello che pensiamo, invece di rivelarlo. Mentire con l'espressione del volto è piú difficile. Quando sarai grande ti sarà indispensabile saper leggere i volti al di là delle parole.

Ma io sono già grande, ho detto. O forse l'ho solo pensato, non lo so. Lei però si era già diretta verso un gruppetto di ragazzi che stavano in piedi vicino a un lampione. Mi ha fatto un cenno con la mano, come per dirmi di osservarli, e in quel momento ho realizzato[2] che loro non ci vedevano. Eravamo invisibili, potevamo guardarli – studiarli – molto da vicino e in breve mi sono reso conto che la mia accompagnatrice aveva ragione. Se non vieni distratto dalle parole, se puoi – e vuoi – fare caso ai dettagli, ti accorgi della verità che c'è nelle facce. Allegria, rabbia, tristezza, stupore, disgusto, imbarazzo, insicurezza, meraviglia, sconforto, paura, entusiasmo, in tante sfumature difficili da descrivere.

Ci siamo spostati e lei ha attirato la mia attenzione su una ragazza che parlava con un ragazzo e aveva una faccia davvero ostile, piena di risentimento[3] e di rabbia.

– Che cosa leggi nella faccia di questa ragazza?

– Rabbia. Un sacco di aggressività e rabbia.

– E sai cosa sta dicendo?

– Immagino che lo stia offendendo.

– Tu credi? – Ha schioccato le dita e il sonoro è tornato.

– Sinceramente, non voglio litigare –. Questo stava dicendo la ragazza.

– Dice la verità, secondo te? – mi ha chiesto la bambina.

– No, credo di no.

– Infatti non dice la verità. Ha una gran voglia di dire cose spiacevoli, eppure le sue parole sono: «Sinceramente, non voglio litigare». Gli **avverbi** sono oggetti pericolosi, bisogna badarci, sia quando parlano gli altri, sia quando parliamo noi stessi.

– Non capisco.

– Quando qualcuno ti dice che *sinceramente*, *onestamente*, *francamente* vuole o non vuole fare o dire qualcosa, be' allora stai molto attento, perché è un indizio chiarissimo che quel qualcuno non è affatto sincero, onesto o franco o qualsiasi altra cosa abbia dichiarato di essere con un avverbio. Le menzogne peggiori si nascondono dietro gli avverbi. E sai qual è l'avverbio piú pericoloso di tutti?

– Quale?

– Assolutamente. È l'avverbio che nasconde le peggiori malefatte. Ricordatene quando diventerai grande.

Ma io sono già grande, ho pensato di nuovo. Avrei voluto dirlo, e avrei voluto dire e chiedere altro – per esempio come si chiamava e come faceva a sapere tante cose pur essendo solo una bambina – ma a un tratto, come capita, il sogno è finito e io mi sono svegliato.

G. Carofiglio, *Passeggeri notturni*, Einaudi, Torino, 2016

2 **ho realizzato**: ho capito.

3 **risentimento**: rancore, animosità.

**PAROLE *sotto la lente***

### Avverbio

Il sostantivo deriva dal latino *adverbium* composto da *ad* e dal nome *verbum* = parola. È una parte invariabile del discorso che modifica il senso del verbo o dell'aggettivo a cui si accompagna ("leggi bene", "è poco disponibile", "corre molto velocemente"). Esistono avverbi di modo (bene, male, leggermente), di tempo (oggi, presto), di luogo (davanti, qui), di negazione (no, non), di affermazione (sì, certo), di dubbio (forse, probabilmente), di quantità (molto, poco).

#### Attività

Trova in italiano alcune parole con la radice *verbum* ma con altri prefissi e altri significati.

## per L'ANALISI del TESTO

### L'importanza dei sogni

I sogni sono spesso ritenuti dei **segnali ammonitori** riguardo alla vita delle persone. In tante culture passate e presenti, si dava e si dà grande importanza ai sogni: in altre epoche si parlava di aruspici e di indovini; oggi l'interpretazione dei sogni rappresenta una parte importante del percorso psicanalitico. Carofiglio si sofferma su uno strano sogno per ricavarne una possibile verità di comportamento tra le persone.

### La verità attraverso il volto

Come in ogni sogno che si rispetti, non tutto è chiaro fino in fondo, non tutti i soggetti sono spiegabili: è proprio della natura del sogno avvolgere alcuni fatti in un'**aura di mistero** e di indefinito. Protagonista del sogno raccontato è una bambina di 10 anni che assume il ruolo di guida, in grado di dare consigli agli adulti, rovesciando le parti di una comune situazione di vita. La bambina enuncia una possibile verità sulla quale Carofiglio ci chiama a riflettere: «le parole spesso servono a nascondere quello che pensiamo, invece di rivelarlo» (rr. 18-19). Sono invece gli atteggiamenti, le nostre movenze a far trasparire la verità, quello che effettivamente pensiamo: «Mentire con l'espressione del volto è piú difficile» (r. 19).

### Avverbi e bugie

La bambina sottolinea un elemento secondo lei significativo di chi parla nascondendo i propri pensieri: l'uso eccessivo degli avverbi. «Gli avverbi sono oggetti pericolosi» (rr. 42-43), che vengono addirittura personificati. Si arriva perfino a una enunciazione data per sicura e incontrovertibile: «Le menzogne peggiori si nascondono dietro gli avverbi» (rr. 51-52). Questo crescendo raggiunge il culmine nell'individuazione dell'avverbio più pericoloso di altri, il tanto abusato «assolutamente», un avverbio che imperversa nelle abitudini espressive di tante persone («È l'avverbio che nasconde le peggiori malefatte», r. 55). Con una così perentoria affermazione, la bambina conclude la sua lezione.

### L'avverbio è superfluo

Questo racconto così breve è presentato all'insegna della semplicità e della leggerezza. Non sembra avere un carattere serio per la vicenda in sé e per uno **stile sobrio**, **rapido**, ma **efficace**. Tuttavia, i due personaggi svolgono bene il loro ruolo: di chi conosce e di chi deve imparare; l'elemento rovesciato dell'età fa parte del gioco onirico. Attenti agli avverbi, dunque, e non solo per un motivo comportamentale, ma anche per un principio di buona scrittura: spesso gli avverbi fanno parte del superfluo.

Norman Rockwell, *Le chiacchiere*, 1948. (Massachussetts, Museum Stockbridge)

# Attività

## Leggere e comprendere

1 **Lo sfondo** Presenta l'ambiente in cui si svolge la vicenda sognata.

2 **La compagna** Come viene descritta la bambina?

3 **La bambina** Nel sogno, il narratore che cosa sa inspiegabilmente della bambina?

**a.** È la figlia di suoi amici

**b.** Sa di conoscere la bambina che lo deve accompagnare nel paese

**c.** Sa di conoscere la bambina e lei gli deve spiegare cose importanti

**d.** Non conosce la bambina e non capisce quali cose importanti gli debba spiegare

4 **L'ordine** Fatto silenzio, la bambina impartisce un ordine al narratore e gliene chiarisce lo scopo. Che cosa dice?

5 **Il capovolgimento** Nel sogno il rapporto adulto-bambino viene capovolto. Quali situazioni e quali parole del testo lo mettono in evidenza?

6 **La scoperta** Che cosa scopre il narratore, osservando le facce dei ragazzi riuniti in gruppo?

7 **La coppia** Quali sentimenti ed emozioni si leggono sul volto del ragazzo e della ragazza?

8 **Il dialogo dei ragazzi** Secondo il narratore e la bambina, quali parole si stanno scambiando i due ragazzi?

**a.** Insulti

**b.** Preghiere

**c.** Complimenti

**d.** Lodi

9 **La sorpresa** Lo schiocco delle dita della bambina fa tornare il sonoro. Quali parole sta pronunciando la ragazza?

10 **Le conclusioni** Quali conclusioni traggono il narratore e la bambina di fronte a questa contraddizione?

**a.** Il volto e le parole dichiarano lo stesso stato d'animo

**b.** Le parole accrescono il significato delle espressioni del volto

**c.** Le espressioni del volto non comunicano i veri sentimenti

**d.** Le parole mentono, il corpo no

11 **L'indicatore-spia** Qual è la parola che tradisce la falsità della comunicazione orale?

12 **Il pericolo** Che cosa spiega la bambina ampliando il discorso a tutti gli avverbi?

**a.** Sono utili a migliorare la comprensione

**b.** Segnalano la sincerità dei discorsi

**c.** Evidenziano mancanza di sincerità e onestà

**d.** Sono parole inutili nella comunicazione

13 **Il consiglio** Che cosa consiglia la bambina-adulta al narratore-bambino?

## Riconoscere e analizzare

14 **La struttura** Come appare la struttura del testo?

15 **Il narratore e la focalizzazione** Come definiresti il narratore e la focalizzazione?

16 **Il tempo della storia** È facile definire il tempo della storia? Perché?

17 **Il tempo del racconto** Quale modalità del tempo del racconto prevale nel testo?

18 **Lo spazio** Come risulta la descrizione dell'ambiente in cui si svolge la vicenda?

19 **Il tono** Elenca gli elementi irreali che conferiscono un carattere onirico al racconto.

20 **Lo stile** Come giudichi lo stile della narrazione?

**a.** Semplice e chiaro

**b.** Semplice e allusivo

**c.** Ampolloso e difficile

**d.** Ricercato e aulico

## Rielaborare e produrre

21 **Il riassunto** Sintetizza il testo in 80 parole.

22 **Il tuo racconto** Ti è mai capitato di osservare una scena in cui le parole dei protagonisti erano in contrasto con l'atteggiamento del volto e del corpo? Ricordalo in un racconto di 200 parole.

23 **La sincerità** Nel racconto la sincerità è lodata come onesta e indispensabile. Ma questo è sempre vero? Oppure esistono situazioni in cui tacere la verità o mitigarla è utile e morale? Esprimi la tua opinione in un testo argomentativo di 400 parole.

Jonathan Franzen

# Chi ti dice che non sia tu il maligno? Su Alice Munro[1]

Da
Più lontano ancora, 2012
Saggio

Scrivere racconti non è da tutti. Si tratta di una forma espressiva da molti sottovalutata, ma praticata con successo da altri, come per esempio il premio Nobel per la Letteratura 2013 Alice Munro. Franzen è fra quanti prediligono la narrativa breve, e in questo brano ce ne spiega il motivo.

Pablo Gallo, *La lettrice compulsiva*, 2010. (Collezione Privata)

Oprah Winfrey[2] non si occuperebbe mai di una raccolta di racconti. Discuterne è cosí complicato, in effetti, che quasi si può perdonare l'ex direttore della «Book Review»[3], Charles McGrath, per avere recentemente paragonato i giovani autori di racconti a «gente che impara a giocare a golf senza mai avventurarsi su un campo vero e proprio, ma solo esercitandosi sul campo pratica». Il vero gioco, secondo questa analogia, sarebbe ovviamente il romanzo.

Il pregiudizio di McGrath è condiviso da quasi tutti gli editori commerciali, per i quali una raccolta di racconti significa, il piú delle volte, l'antipatica perdita già messa in conto all'interno di un contratto per due libri, nel quale viene esplicitamente proibito che il secondo libro sia un'altra raccolta di racconti. E tuttavia, malgrado questa condizione di Cenerentola della narrativa, o forse proprio per questo, un'alta percentuale della produzione letteraria piú interessante degli ultimi venticinque anni – quello che mi viene subito in mente quando mi chiedono di citare qualcosa di eccezionale – è rappresentata da racconti. C'è la Nostra[4], naturalmente. Ci sono anche Lydia Davis, David Means, George Saunders, Amy Hempel e il compianto Raymond Carver – che scrivono quasi esclusivamente racconti – e poi un piú vasto gruppo di scrittori la cui produzione spazia tra vari generi (John Updike, Joy Williams, David Foster

1 **Munro**: in questo testo scritto nel 2004, Franzen sostiene la bellezza del genere racconto. L'enigmatica domanda posta nel titolo si riferisce al fatto che oggi tutti odiano qualcosa o qualcuno, considerato come il maligno. Il rimedio a tanto odio diffuso, al maligno che cova in ciascuno di noi, può essere, secondo Franzen, la rilassante lettura dei racconti di Alice Munro.

2 **Oprah Winfrey**: è la più popolare conduttrice televisiva americana.

3 **«Book Review»**: rivista di recensioni librarie.

4 **la Nostra**: si riferisce alla Munro.

## L'AUTORE

**Jonathan Franzen** nasce in Illinois (Stati Uniti) nel 1959. È un autore indipendente nei temi che affronta e nei giudizi che elabora; scrive quando ha una sicura convinzione di svolgere una trama, senza l'ansia, comune a tanti scrittori, di pubblicare ogni anno. Il suo primo romanzo, *La ventisettesima città*, è del 1988. Consegue notorietà mondiale con il romanzo *Le correzioni*, nel 2001; nel 2006 pubblica l'autobiografia *Zona disagio* e nel 2010 il romanzo *Libertà*. Scrive spesso su riviste letterarie saggi che vengono poi pubblicati in raccolte (*Come stare soli*, 2002; *Più lontano ancora*, 2012). Nei suoi scritti si dimostra spesso critico verso l'eccesso di tecnologia, che finisce a volte per prevalere sulla libertà dell'individuo. L'ultimo romanzo, uscito nel 2015, s'intitola *Purity*.

Wallace, Lorrie Moore, Joyce Carol Oates, Denis Johnson, Ann Beattie, William T. Vollmann, Tobias Wolff, Annie Proulx, Michael Chabon, Tom Drury, il compianto Andre Dubus), ma che mi sembrano piú a loro agio, piú schiettamente se stessi, nelle opere brevi. Certo, c'è anche qualche ottimo autore di romanzi. Ma se chiudo gli occhi e penso alla letteratura degli ultimi decenni, vedo un paesaggio crepuscolare in cui molte delle luci piú invitanti, quelle che mi spingono a ritornare, provengono da alcuni specifici racconti.

Mi piacciono i racconti perché non lasciano spazio per nascondersi. L'autore non può tirarsi fuori dai guai con le chiacchiere: nel giro di pochi minuti raggiungerò l'ultima pagina, e se non ha niente da dire me ne accorgerò. Mi piacciono i racconti perché di solito sono ambientati nel presente, o comunque in un'epoca ancora viva nella memoria; a quanto pare, il genere resiste a quell'impulso storico che fa sembrare effimeri[5] o cadaverici tanti romanzi contemporanei. Mi piacciono i racconti perché occorre un genuino talento per inventare personaggi e situazioni originali mentre si ripete sempre la stessa storia. Tutti gli scrittori di narrativa patiscono la mancanza di cose nuove da dire, ma gli scrittori di racconti soffrono piú disperatamente degli altri. Ancora una volta, non c'è modo di nascondersi. Le vecchie volpi come Munro e William Trevor[6] non ci provano nemmeno.

[...] E per una ragione o per l'altra – la frammentarietà del mio tempo di lettura, le distrazioni e l'atomizzazione della vita contemporanea, o forse davvero per la mancanza di romanzi irresistibili – mi accorgo che quando ho bisogno di una boccata di vera scrittura, di una bella dose di paradosso e complessità, mi rivolgo quasi sempre alla narrativa breve. Oltre a *In fuga*[7], le opere contemporanee piú coinvolgenti che ho letto negli ultimi mesi sono i racconti di Wallace[8] contenuti in *Oblio*, e una fantastica raccolta dell'inglese Helen Simpson[9]. Quest'ultima, una serie di comici strilli sul tema della maternità moderna, era originariamente intitolata *Hey Yeah Right Get a Life*[10], un titolo che non sembra bisognoso di miglioramenti. Ma i responsabili del marketing americani si sono rimboccati le maniche, e che titolo hanno escogitato? *Getting a Life*[11]. Ricordatevi di questo squallido gerundio, quando sentirete un editore americano sostenere che i racconti non si vendono.

J. Franzen, *Chi ti dice che non sia tu il maligno? Su Alice Munro* (2004), in *Piú lontano ancora*, trad. it. di S. Pareschi, Einaudi, Torino, 2012

5 **effimeri**: momentanei, transitori.

6 **William Trevor**: scrittore irlandese (1928), autore di romanzi e numerosissimi racconti.

7 ***In fuga***: una raccolta di racconti di Alice Munro.

8 **Wallace**: David Foster Wallace (1962-2008), scrittore e saggista americano autore della raccolta citata in seguito, *Oblio*.

9 **Helen Simpson**: scrittrice inglese, nata nel 1959, autrice di numerosi racconti.

10 ***Hey Yeah Right Get a Life***: espressione gergale traducibile come "svegliati, cambia vita!".

11 ***Getting a Life***: cambiare vita.

# Attività

## Comprendere il saggio

1 **L'autore e il tema** Chi scrive e qual è il tema trattato?

2 **I racconti secondo l'opinione comune** Perché una raccolta di racconti viene giudicata come «Cenerentola della narrativa» (r. 11)?

3 **I racconti secondo Franzen** Franzen è dello stesso parere? Motiva la tua risposta.

4 **I motivi di una passione** Per quali ragioni concrete Jonathan Franzen afferma di ricercare sempre più spesso i racconti?

## Analizzare il saggio

5 **Il significato** Che cosa significa che i racconti «non lasciano spazio per nascondersi» (r. 26)?

6 **Il lessico** Come ti sembra il lessico impiegato in questo saggio?

# RACCOGLIAMO LE IDEE

## 1 Sintesi dei contenuti

Attraverso le attività seguenti e le citazioni tratte dai brani che hai letto, esegui un lavoro di sintesi dei concetti e delle informazioni presentati nell'Unità. Se lo ritieni utile, puoi arricchire il grafico con altre caratteristiche dei racconti contemporanei e inserire altre citazioni per te significative.

Nel corso dell'Unità hai letto racconti recentissimi che ben evidenziano le novità presenti nella narrativa del terzo millennio. Ma precedentemente hai conosciuto tanti altri racconti/novelle composti nell'Ottocento e nel Novecento. Ricorda per l'Ottocento *In campagna* (► p. 248) di Guy de Maupassant e per il Novecento *Nove lune* (► p. 433) di Beppe Fenoglio come esempi dei racconti della loro epoca.

Utilizzando poi la tabella sottostante, confronta questi testi con un racconto a tua scelta tra quelli del terzo millennio.

| | *In campagna* | *Nove lune* | Racconto del terzo millennio |
|---|---|---|---|
| Lunghezza (lungo, medio, breve) | | | |
| Narratore (interno, esterno) | | | |
| Tempo del racconto (prevalente o esclusivo) | | | |
| Descrizione di luoghi (dettagliata, accennata) | | | |
| Argomento (personale, serio, leggero, sociale) | | | |
| Tematica generale (ben delineata, da ricercare) | | | |
| Tono (realistico, oggettivo, fantastico, vago, irreale, onirico, paradossale) | | | |

## 2 Citazioni dai brani

[…] le parole spesso servono a nascondere quello che pensiamo, invece che rivelarlo. Mentire con l'espressione del volto è piú difficile. Quando sarai grande ti sarà indispensabile saper leggere i volti al di là delle parole.

Gianrico Carofiglio, *Sinceramente*

Quando esco, tende a restare in borsa, chiuso. Di conseguenza comincio a lasciarlo a casa. Mi accorgo di una svolta. Di un senso di libertà, e al contempo di perdita. […] Eppure mi serve, mi guida ancora. Rimane pieno di segreti. Rimane sempre, questo piccolo libro, più grande di me.

Jhumpa Lahiri, *Il dizionario*

Poi, un giorno, improvvisamente mi sorpresi a firmare libri per persone che li avevano comperati spontaneamente, persone che non avevo mai conosciuto. Cosa puoi scrivere sul libro di un perfetto estraneo[…]? […] Se i libri stessi sono pura fiction, perché le dediche dovrebbero essere vere?

Etgar Keret, *Dediche bugiarde*

Ha passato pezzi di spago tra la croce e le mini croci e ci ha attaccato lettere di scusa, ammissioni d'errore, richieste di comprensione, tutto su cartellini scritti con mano affannosa. Ha dipinto e appeso alla croce un cartello con la scritta AMORE, poi un altro che diceva PERDONARE? e poi è morto […].

George Saunders, *Croci*

[…]

..........................................................................................

..........................................................................................

..........................................................................................

..........................................................................................

## 3 Scrittura guidata *il testo argomentativo*

Servendoti della tabella di confronto che hai riempito nella Sintesi dei contenuti, delle citazioni dai brani e delle analisi dei singoli racconti che trovi nell'Unità e contando sulla tua esperienza personale di giovane studente e lettore, stendi un tema dal titolo "La narrativa del terzo millennio risente dei cambiamenti profondi avvenuti nella società negli ultimi decenni".

Per stendere il tema puoi servirti della seguente scaletta.

**Introduzione**

- Ampliamento e chiarificazione della traccia

**Sviluppo**

- Paragrafo
  - Cambiamenti economici (distribuzione della ricchezza...); ricaduta sulla narrativa
- Paragrafo
  - Cambiamenti nello stile di vita (velocità, fretta...); ricaduta sulla narrativa
- Paragrafo
  - Cambiamenti nelle comunicazioni (Internet, social network...); ricadute sulla narrativa
- Paragrafo:

..........................................................................................

..........................................................................................

**Conclusione**

..........................................................................................

..........................................................................................

David Means

# Quello che spero io

Da *Episodi incendiari assortiti*, 2003

Racconto metanarrativo

Stanco di tristezze e di solitudini, l'autore sembra giocare a immaginare un idillio forzato, giusto per provare il sapore della serenità.

Non voglio più che nei miei racconti la gente muoia. D'ora in poi dovrà essere una vita meravigliosa. La luce della sera che si vede dal traghetto per l'isola baluginerà[1] un istante per poi sparire dietro l'orizzonte, portandosi dietro l'ultimo spicchio di sole; loro due si appoggeranno sul parapetto spalla contro spalla, avvertiranno il tenue rollio[2] della barca, e sapranno che una volta arrivati al bed and breakfast – il sacchettino di pot pourri[3] appeso nell'armadio e la mentina sul cuscino – si svestiranno e si ammireranno a vicenda nel loro nudo splendore. Il giorno dopo affitteranno due biciclette e pedaleranno controvento finché non avranno le cosce indolenzite (a casa, in città, non vanno mai in bicicletta); andranno a fare un pic-nic lontano, sull'altro capo dell'isola, in una caletta[4] riparata dal vento. Di tanto in tanto un soffio di vento spargerà sabbia sulla loro insalata di patate. Lì si baceranno lentamente e lui le leccherà la salsedine dalle labbra e si stupirà del contrasto tra il calore della sua bocca e il freddo intenso dell'aria in fondo alla cala, dove si infrangono le onde. Tornando indietro, questa volta con il vento a favore, proveranno l'**ebbrezza** di un jet che sfreccia lasciando la scia, allargheranno le braccia, spinnaker[5] per catturare il vento. Parcheggeranno le biciclette sulla veranda, chiuderanno i lucchetti delle catene e si dirigeranno a passi incerti verso l'ingresso, con le gambe che non li reggono. Dio come saranno stanchi, con le gambe meravigliosamente molli, come se poggiassero i piedi a terra per la prima volta dopo anni; e nell'angoscia di quello sfinimento faranno l'amore di nuovo, su in camera, semisvestiti, dopodiché si addormenteranno saltando la cena, svegliandosi soltanto quando ormai fuori è

**PAROLE *sotto la lente***

**Ebbrezza**

Il sostantivo deriva dall'aggettivo ebbro, *ebrius* in latino. Il significato proprio del nome è quello di ubriachezza, turbamento mentale causato da bevande alcoliche, ma spesso è usato in senso figurato per indicare uno stato di esaltazione, di stordimento per un'intensa gioia. Nel linguaggio medico indica solo lo stato di intossicazione alcolica.

**Attività**

Trova tre sinonimi e tre contrari del nome "ebbrezza" usato in senso figurato.

1 **baluginerà**: apparirà e sparirà rapidamente alla vista.
2 **rollio**: oscillazione.
3 **pot pourri**: fiori secchi e oli essenziali mescolati insieme e usati per profumare gli ambienti.
4 **caletta**: piccola insenatura marina, spiaggetta.
5 **spinnaker**: vela usata nelle imbarcazioni da regata.

## L'AUTORE

**David Means** è nato nel Michigan (Stati Uniti) nel 1961.

Da sempre è uno scrittore che ha preferito il racconto al romanzo. Nei suoi racconti presenta la quotidianità, con personaggi comuni che spesso vivono vicende cruente o misteriose: fatti di sangue, incendi appiccati volontariamente, tradimenti, morti, rapine. In lingua italiana sono uscite tre sue raccolte: *Episodi incendiari assortiti* (2003), *Il pesce rosso segreto* (2004), *Il punto* (2014).

già buio pesto e con il brivido del temporale che imperversa, con la sensazione appena percepibile di essersi persi qualcosa, qualcosa di estremamente importante. Nel corridoio la porta cigola e l'uomo laggiù in fondo, che loro immaginano essere un lupo solitario, avanza lentamente verso il bagno (in comune), e tutti e due restano in ascolto, trattenendo il fiato per sentire lo scroscio della pipì nell'acqua, che non li fa più ridere come la prima volta che l'hanno sentito, al mattino, ma che ora suona invece come qualcosa che va fatto, acqua fredda e immobile contro altra acqua in una tazza di porcellana. Se nel racconto nessuno morirà, ecco come andrà a finire: con loro due che il giorno dopo salgono di nuovo sul traghetto e fanno ritorno alla terraferma, osservando il paesaggio scivolare dietro la barca, con i gabbiani che sfrecciano al di sopra della scia, e l'iniziale forma a V della scia stessa che si allarga stemperandosi nell'eterno tumulto dell'Oceano Atlantico settentrionale.

D. Means, *Episodi incendiari assortiti*, trad. it. di M. Colombo, minimum fax, Roma, 2003

Iman Maleki, *Uomo-libro*, 2015.
(Collezione Privata)

# Attività

## Comprendere e analizzare: verso l'INVALSI

1 **Il titolo** Che cosa ci suggerisce il titolo, in merito al contenuto del racconto?
- **a.** È la sua precisa sintesi
- **b.** Non ha attinenza col contenuto
- **c.** Riporta un pensiero dell'autore
- **d.** Riporta un pensiero del protagonista maschile

2 **L'*incipit*** L'esordio del racconto è quasi una dichiarazione dell'autore in merito ai suoi scritti. Che cosa desidera?
- **a.** Produrre racconti macabri
- **b.** Produrre racconti sciocchi e superficiali
- **c.** Produrre racconti totalmente staccati dalla realtà
- **d.** Produrre racconti con meravigliose esperienze di vita

3 **Il primo quadro** Ancora prima della comparsa dei protagonisti, che cosa appare davanti agli occhi del lettore?
- **a.** Un'alba rosseggiante su un'isola
- **b.** Un delicato tramonto su un'isola
- **c.** Un pomeriggio assolato sulla terraferma
- **d.** Un tramonto luminoso sulla terraferma

4 **L'arrivo** Le azioni che i due innamorati compiono una volta scesi a terra risultano:
- **a.** straordinarie
- **b.** inquietanti
- **c.** semplici e serene
- **d.** del tutto nuove per loro

5 **L'indomani** Sottolinea i predicati che presentano le azioni compiute dai due protagonisti il giorno successivo, durante la gita sull'isola.

6 **Stupore ed ebbrezza** Quali azioni o situazioni provocano queste sensazioni nei protagonisti? Riporta le parole del testo che le esprimono. Si tratta di esperienze uniche ed eccezionali o piuttosto comuni?

7 **Le gambe** Nel testo si dice che i giovani hanno gambe indolenzite e molli come non avveniva da molto tempo. Queste affermazioni mostrano che nella vicenda raccontata:

**a.** non cambia nulla per i protagonisti
**b.** vi sono novità straordinarie
**c.** si ripresentano esperienze di tempi lontani
**d.** si verificano situazioni sgradevoli

8 **La stranezza** Perché ai due giovani, che si sono addormentati, pare di aver perso qualcosa d'importante? Scegli la risposta più adeguata o aggiungine un'altra per te più corretta.

**a.** Hanno saltato la cena
**b.** Non hanno visto per intero il temporale
**c.** Si sono comportati in modo diverso dal consueto
**d.** Hanno dimenticato di telefonare ai parenti
**e.** ..........................................................................................

9 **Lo scarico dell'acqua** Come si trasforma la percezione di questo rumore nel corso della giornata per i due protagonisti?

**a.** Da volgare a ridicola
**b.** Da fastidiosa a normale
**c.** Da normale a ridicola
**d.** Da ridicola a normale

10 **La conclusione** Nella chiusura sono inseriti elementi simili a quelli presenti nell'esordio. Sceglili tra quelli che ti indichiamo.

- La lite tra i due giovani
- Il ritorno sulla terraferma
- Nessuno muore nel racconto
- Domina il paesaggio
- Gesti affettuosi tra i due

11 **Il progetto** Il racconto esprime un progetto dell'autore. Quale elemento linguistico lo evidenzia con chiarezza?

**a.** La descrizione serena
**b.** L'uso di un lessico moderno
**c.** L'uso del tempo futuro
**d.** La prevalenza della paratassi

12 **La struttura** Come risulta la struttura del testo?

**a.** Lineare
**b.** Tutta un *flashback*
**c.** Inizia *in medias res*
**d.** Con un intreccio capovolto

13 **La costruzione** Che cosa si ottiene attraverso la disposizione degli argomenti nel testo?

**a.** Un crescendo
**b.** Una casualità
**c.** Una simmetria
**d.** Una voluta variazione

14 **Le sequenze** Quali sequenze prevalgono nel testo? (Più risposte sono corrette.)

**a.** Narrative
**b.** Descrittive
**c.** Dialogiche
**d.** Riflessive

15 **Il lessico** Quale registro linguistico utilizza l'autore?

**a.** Formale
**b.** Elevato
**c.** Quotidiano
**d.** Vario

16 **La sintassi** Quale modalità di costruzione del periodo prevale nel testo?

**a.** Paratassi
**b.** Ipotassi

17 **Il tono** Nel testo mancano riferimenti precisi come nomi propri, nomi geografici, informazioni cronologiche. Quale tono ne deriva al racconto?

**a.** Verosimile e vago
**b.** Preciso e oggettivo
**c.** Fantastico e irreale
**d.** Cupo e inquietante

## Rielaborare e produrre

18 **Il riassunto** Sintetizza in 50 parole il contenuto del testo.

19 **L'antefatto** Scrivi un antefatto che si addica al racconto, nel contenuto e nell'ampiezza.

20 **Il tema** Riflettendo sulla ricchezza presente anche in esperienze semplici e normali, scrivi un tema di 300 parole dal titolo "La bellezza nella normalità".

# per guardare oltre

## Intersezioni nell'antologia

- La narrativa breve del terzo millennio proposta in questa Unità presenta esperienze personali e quotidiane che possiamo ritrovare in altri racconti dell'antologia, dove, tuttavia, il tono è realistico e la narrazione più ampia: *Un errore geografico* (▸ p. 29) di Romano **Bilenchi**, *L'avventura di due sposi* (▸ p. 44) di Italo **Calvino**, *Il mister* (▸ p. 80) di Marco **Lodoli**.
- Troviamo atmosfere surreali e invenzioni fantastiche vicine ai racconti appena letti in *Continuità dei parchi* (▸ p. 62) di Julio **Cortázar**, *Una lettera d'amore* (▸ p. 156) di Dino **Buzzati**, *Sogni* (▸ p. 163) di Raymond **Carver**.

## Altri orizzonti

### RACCONTI STRANIERI

- Nonostante il genere racconto sia spesso stato ritenuto subalterno al romanzo, all'estero è riuscito a mantenere un ruolo centrale nella produzione letteraria, grazie all'apporto di grandi narratori che hanno fatto della *short story* la loro cifra espressiva: la canadese Alice **Munro** (tra le sue numerose raccolte di racconti, ricordiamo le ultime: *La vista da Castle Rock*, 2006; *Troppa felicità*, 2009; *Uscirne vivi*, 2012), l'irlandese Edna **O'Brien** (i suoi racconti più belli sono stati raccolti nel volume *Oggetto d'amore* del 2013), l'inglese Antonia **Byatt** (*La Cosa nella foresta e altri racconti*, pubblicati in Italia nel 2007), l'americano Charles **D'Ambrosio** (*Il suo vero nome*, 1995; *Il museo dei pesci morti*, 2006).
- *Infiniti peccati* (2002) è una raccolta di dieci racconti sull'amore e sulla incapacità degli esseri umani di averne cura, scritti da un grande autore americano contemporaneo, Richard **Ford**.
- L'attore e regista James **Franco** nella raccolta *In stato di ebbrezza* (2012) racconta storie di adolescenti soli e annoiati. Jennifer **Egan**, vincitrice del premio Pulitzer per il romanzo *Il tempo è un bastardo*, nel 2012 scrive *Scatola nera*, una storia pubblicata inizialmente su Twitter e quindi composta da frasi che non superano i 140 caratteri. Aimee **Bender** scrive storie ipnotiche, surreali e fantastiche (*La ragazza con la gonna in fiamme*, 2012; *La maestra dei colori*, 2014).
- Tra gli scrittori stranieri di racconti di successo, ricordiamo ancora la russa Ljudmila **Petrusevskaja** (*C'era una volta una donna che cercò di uccidere la figlia della vicina*, 2016), il regista e musicista serbo Emir **Kusturica** (*Lungo la Via Lattea*, 2016), la canadese Rivka **Galchen** (*Innovazioni americane*, 2014).

### RACCONTI ITALIANI

- In Italia, nonostante una illustre tradizione del racconto che parte dal Trecento, negli ultimi decenni si è assistito a una netta prevalenza dell'attività romanzesca, che ha tenuto la forma breve ai margini della produzione editoriale. Ci sono tuttavia alcuni autori che si sono cimentati con successo nella scrittura di racconti. Con *Tu, sanguinosa infanzia* (inizialmente uscito da Mondadori nel 1997 e poi ristampato da Einaudi nel 2009), Michele **Mari** propone undici racconti sulle cose che ha maggiormente amato da bambino (i giornalini, le copertine Urania, alcuni scrittori).
- Christian **Raimo** ha scritto varie raccolte di racconti: *Latte* (2001), *Dov'eri tu quando le stelle del mattino gioivano in coro* (2004), *Le persone, soltanto le persone* (2014). Paolo **Cognetti** ha pubblicato *Manuale per ragazze di successo* (2004), sette storie di donne, e *Una cosa piccola che sta per esplodere* (2007), racconti che hanno come filo conduttore l'adolescenza.
- Piergiorgio **Paterlini** propone 101 racconti brevissimi, ironici e surreali in *Fisica quantistica della vita quotidiana*, pubblicati nel 2013, lo stesso anno dei *Racconti dell'errore* di Alberto **Asor Rosa**.
- *L'età della febbre* (2015) raccoglie i racconti di undici giovani autori italiani contemporanei che si propongono di indagare la nostra epoca.
- Tutti i racconti di Daniele **Del Giudice** sono stati pubblicati nel 2016 nella raccolta *I racconti*. Nel 2016 escono anche *Difficoltà per le ragazze* di Rossana **Campo**, una raccolta di quattordici racconti che parlano di donne; *Scusate il disordine* di Luciano **Ligabue**; *Disordini sentimentali. Nove storie d'amore più una* di Pino **Corrias**.

L'attore e regista James Franco.

PERCORSO E

UNITÀ 2

# Comunicare nell'era dei social

**• La videoarte •** Nel giro di pochi anni tutto è cambiato e, di sicuro, quando in classe verrà letta questa pagina, la comunicazione via web avrà subìto un ulteriore progresso, in quanto è protagonista di una rivoluzione che travalica i sistemi di trasmissione e si riflette su ogni altro aspetto della nostra vita. Il mondo artistico è stato tra i primi a cogliere la portata di un simile cambiamento e già negli anni Ottanta ha avvicinato le nuove tecnologie della comunicazione con la cosiddetta **videoarte**.

Esprimendosi con varie modalità tecniche (videoregistrazione, videoscultura, videoinstallazione, videoperformance), la videoarte si presenta come un linguaggio tecnologico in grado di sviluppare una nuova spazialità, superando i tradizionali canoni dell'arte figurativa. Le immagini, sia che provengano dalla realtà sia che risultino elaborate al computer, sono sempre incentrate sull'universo tecnologico. L'artista Nam June **Paik** si è distinto nell'uso di questa nuova forma espressiva e ha considerato lo **schermo video** come la **tela del nuovo pittore**.

Nam June Paik nel 1976.

**• Una vita sperimentale •** Paik nasce a Seoul, in Corea, nel 1932. Diventa un pioniere nell'uso della videocamera, rivoluzionando anche il modo di concepire la televisione, da lui considerata in maniera attiva e non più come schermo da guardare passivamente. Negli anni Ottanta dà vita a performance via satellite, diffondendo immagini in diretta in tutti gli angoli del mondo collegati. Alla Biennale di Venezia del 1993, utilizzando centinaia di televisori, videoproiettori e computer, Paik trasmette centinaia di immagini in movimento, evidenziando come l'immagine sia diventata per noi così importante da assurgere a forma espressiva per eccellenza. Paik muore a Miami nel 2006.

**DOMANDE**

- Quale impressione immediata ti suscita il robot di Paik?
- Pensi che ci sia anche una forma d'ironia in tale videoscultura? Motiva la tua risposta.
- L'opera è datata 1994. In che senso si può rapportare anche ai giorni nostri?

**• Il robot-immagine •** In *Andy Warhol's Robot* (1994), Paik assembla una videoscultura con vecchi televisori, telai di radio, bobine cinematografiche, monitor: la proiezione contestuale di tante immagini sollecita lo spettatore a riflettere sul dominio dell'immagine, che può arrivare a sostituire la stessa realtà. È quella che oggi chiamiamo «**realtà virtuale**», per cui non siamo più in grado di distinguere la realtà fisica e vissuta da quella che viene trasmessa dai moderni strumenti di comunicazione.

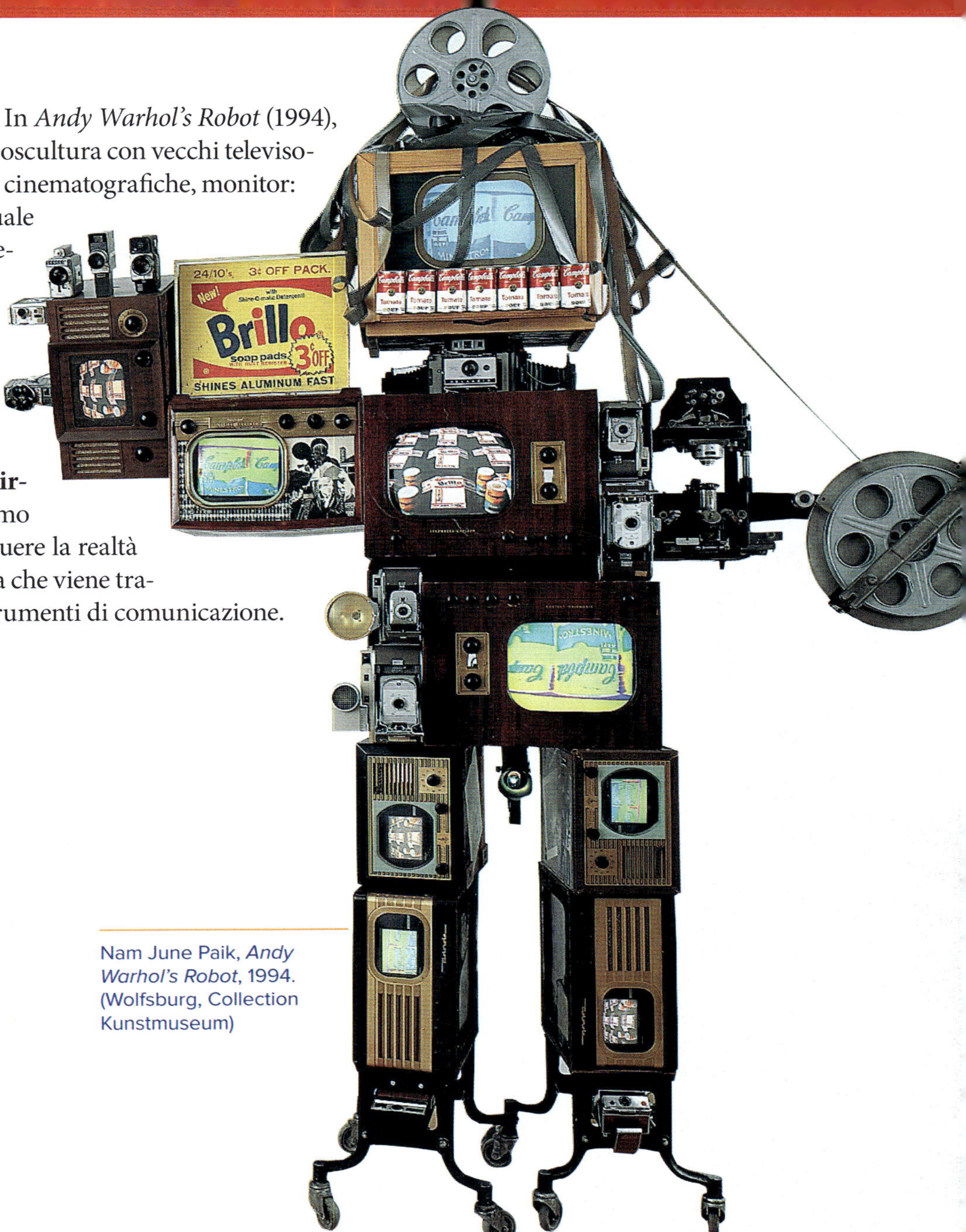


Nam June Paik, *Andy Warhol's Robot*, 1994. (Wolfsburg, Collection Kunstmuseum)

## in questa Unità impareremo a

- **conoscere** le caratteristiche del testo espositivo e argomentativo e inquadrare i contesti socio-culturali a cui essi si riferiscono
- **comprendere** il significato globale dei testi: il mondo delle comunicazioni attraverso Internet, i computer, gli smartphone, i social network
- **analizzare** i passi secondo le caratteristiche testuali per raffinarne la comprensione e approfondirne le tematiche
- **interpretare** lo scritto, collegandolo a esperienze personali o ad altre problematiche
- **produrre** sintesi, testi argomentativi ed espositivi a partire dagli argomenti contenuti nei brani
- **comunicare oralmente** per riferire i contenuti dei brani e per riflettere sulle loro tematiche in forma strutturata e chiara

## in questa Unità scopriremo

Ogni giorno navighiamo su Internet: cerchiamo notizie, informazioni, video; apriamo la nostra casella di posta elettronica e in tempo reale inviamo e riceviamo emozioni sui social network; frequentiamo piattaforme che ci consentono di ascoltare e scaricare musica; un breve filmato di un amico ci permette un assaggio del concerto del nostro cantante preferito; da scuola riceviamo i dati per preparare l'ultima prova di classe. La rivoluzione digitale che è in atto da due decenni sta modificando sempre più la nostra quotidianità.

In alto a destra, Nam June Paik, *Neon TV-Love is 10,000 Miles*, 1990. (Singapore, Art Museum)

## Sono in Rete, dunque ci sono

Dalla nascita e dall'estensione del web scaturiscono cambiamenti che vanno a incidere su tutti gli aspetti della nostra vita. Sarebbe riduttivo pensare a Internet solo come a una rete di computer: essa è in primo luogo una **rete di persone** collegate attraverso i computer. Internet ci appare come la più ricca, utile e libera opportunità di una **nuova dimensione** di vita che si sta articolando già da tempo e che promette ancora trasformazioni incredibili in futuro. Ormai non si deve più parlare di realtà virtuale, ma di un mondo, di un luogo di interazione culturale, sociale, economica sempre più complesso.

Connettersi, da un punto fisso o mobile (tramite il proprio tablet o per mezzo dello smartphone), è ormai una consuetudine che permette di trascinarsi appresso il mondo intero. Si può giocare, studiare, lavorare stando sempre agganciati alla Rete, a ogni ora e in ogni luogo. Ciascuna persona è come una singola stazione radio capace di ricevere ed emettere in ogni momento dei segnali.

Scrivendo su un blog, conversando via WhatsApp, stabilendo nuove relazioni online sembra di conoscere il mondo intero, di avere cento voci, di stringere mille mani.

## Ci sono anche controindicazioni?

Internet ha spalancato le porte a numerose possibilità: permette di essere in contatto con tutto il mondo, rende più veloci il lavoro e lo studio, accresce il piacere del tempo libero, consente di essere sempre informati. Oltre che una grandissima

Nam June Paik, *Electronic Superhighway*, 1995. (Washington, Smithsonian Art Museum)

fonte di **opportunità**, Internet rappresenta però anche numerosi **rischi**: ci spinge a essere un po' meno in contatto con noi stessi; dandoci la possibilità di eseguire più programmi contemporaneamente, limita la nostra capacità di concentrazione e ci fa rischiare una certa superficialità di valutazione; rendendo possibile a ciascuno scrivere qualunque cosa e perfino inventarsi una diversa personalità, rende difficile discernere tra la verità e la finzione. Occorre quindi sapersi accostare alla Rete con moderazione e indipendenza di giudizio, per poter **cogliere i vantaggi** che ci vengono offerti ed **evitare i pericoli**.

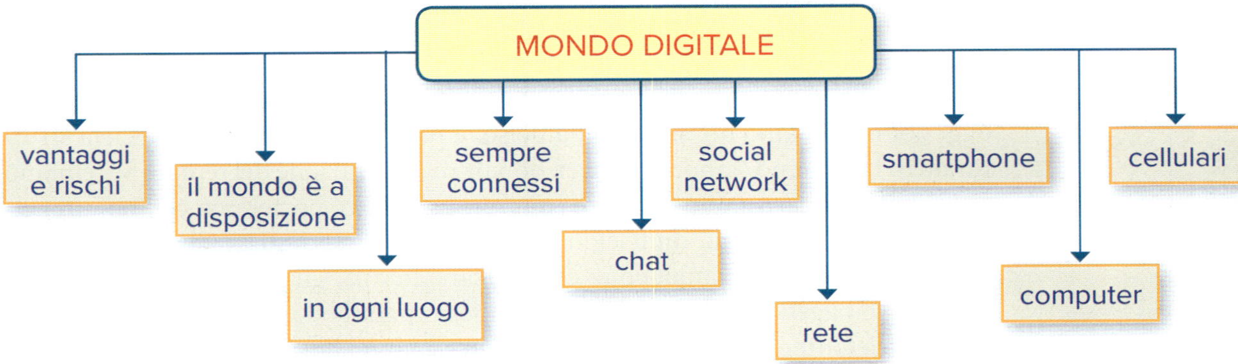


## • Il percorso antologico •

I testi che costituiscono questa Unità non hanno la pretesa di dare informazioni sistematiche e organiche riguardo a Internet, ma di avviare una riflessione critica in merito ad alcuni dei tanti problemi individuali, sociali, economici che la rivoluzione informatica ha determinato.

L'inglese Jon **Agar**, insegnante di Storia della scienza e della tecnologia, nel brano *Un personalissimo computer* (► p. 704) riflette sull'evoluzione del cellulare da telefono a personal computer, perché tale è lo smartphone.

Sulla pratica deleteria di una continua connessione che riguarda tanti ragazzi si sofferma la giornalista Mara **Accettura** nel testo *La lunga notte dei social* (► p. 710).

Un altro giornalista, Federico **Rampini** (1956), in *I teenager si preoccupano della privacy* (► p. 715), esplora la vita segreta degli adolescenti nel mondo dei social network.

Lo scrittore argentino Alberto **Manguel** (1948), in *L'infelicità digitale* (► p. 720), afferma che nonostante la continua connessione non sembra essersi perduta la consapevolezza di essere dei singoli.

Con *Nativi digitali* (► p. 724) Giuseppe **Riva**, docente di Psicologia della comunicazione, evidenzia come dietro lo schermo ci si possa mascherare, alterando la propria personalità.

In *Saviano e i social* (► p. 732) la "vlogger" Sofia **Viscardi** (1998) discute con l'autore di *Gomorra* dell'importanza di essere connessi e dell'uso che si può fare dei social network.

René Magritte, *Il falso specchio*, 1928. (New York, Museum of Modern Art)

Jon Agar

# Un personalissimo computer

Da *Sempre in contatto*, 2014

Saggio

Dopo un breve *excursus* storico, teso a documentare il progredire tecnico del cellulare, l'autore mostra le meraviglie dello smartphone, un vero e proprio computer.

All'inizio di questo libro ho affermato che è importante riflettere sulle tecnologie che portiamo sempre con noi perché possono farci capire quali sono i nostri valori e scoprirne le origini. Le tecnologie così strettamente personali sono davvero pochissime, ma ciascuna di esse svolge un ruolo molto importante. Se oggi noi indossiamo un orologio da polso, è perché viviamo in una società strutturata in base a uno standard convenzionale di misurazione del tempo. Se teniamo a ciò che il nostro aspetto esteriore comunica agli altri, porteremo con noi un pettine. Tempo fa avevamo un telefonino di prima o di seconda generazione perché desideravamo, o dovevamo, poter comunicare durante gli spostamenti.

Il nuovo oggetto che oggi ci portiamo dietro potrebbe erroneamente sembrarci solo un telefonino più avanzato, ma io credo sia, in realtà, uno strumento personale totalmente nuovo. Lo smartphone, verso il quale i primi telefonini 3G si stavano già avviando lentamente, non è un semplice cellulare, ma un **computer**. E i computer sono straordinari – in maniera notevolmente maggiore di qualsiasi altra tecnologia – così come straordinaria è la loro importanza nella storia del mondo moderno.

Molti degli strumenti che abbiamo a disposizione si distinguono per il fatto di compiere specifiche azioni. Un pettine ci serve per tenere in ordine i capelli. Un orologio ci dice che ore sono. Un tosaerba, per fare un altro esempio, ci occorre per tosare il prato, e il modo in cui è stato progettato ha lo scopo di fargli svolgere questa funzione. Possiamo anche utilizzarlo per compiere altre azioni – per esempio, impedire a una porta di chiudersi – ma saranno comunque delle operazioni limitate. Un computer, al contrario, è una macchina multiuso, e ha bisogno di tre soli componenti per funzionare: una serie di istruzioni, una memoria e un processore all'interno del quale le istruzioni elaborano i dati contenuti nella memoria. Si può utilizzare pressoché qualsiasi materiale per costruire un computer. Charles Babbage[1] ne realizzò uno in ottone, legno e cartoncino che, in un certo senso, rappresentò l'equivalente del computer nell'Ottocento. Noi, invece, usiamo l'elettronica perché gli elettroni possono muoversi a velocità incredibilmente superiori. I primi calcolatori elettronici a programma memorizzato nacquero a metà del Novecento, in un periodo in cui l'industria della radio aveva stimolato lo sviluppo di molti componenti elettronici, come le valvole termoioniche, e i conflitti globali facevano aumentare la richiesta di strumenti di calcolo veloce. Questi primi computer erano enormi e occupavano intere stanze con i loro alloggiamenti per valvole e cavi. Tuttavia, nel corso dei decenni successivi, i componenti diventarono più pic-

PAROLE *sotto la lente*

**Computer**

Il sostantivo deriva dal verbo inglese *to compute* = calcolare, nel quale si riconosce la radice del verbo latino *computo*, con lo stesso significato. Il termine è ampiamente noto nell'uso internazionale per indicare un calcolatore elettronico ed è diffuso anche in locuzioni come "personal computer" o "home computer", che indicano categorie speciali di calcolatori che, per dimensioni ridotte, discreta capacità elaborativa e prezzo ridotto, sono adatti all'uso di piccole imprese, professionisti o famiglie.

Attività

Trova altri termini che siano sinonimi di "computer", ma meno comuni.

1 **Charles Babbage**: matematico e filosofo britannico (1791-1871) che per primo studiò l'idea di un calcolatore programmabile.

coli, e di conseguenza anche i computer. I nuovi transistor degli anni '50 avevano dimensioni ridotte rispetto alle valvole termoioniche. Negli anni '60 una sottile fetta di silicio grande come un'unghia poteva contenerne centinaia, poi si passò alle migliaia. I dispositivi, sempre più piccoli, trovarono un utilizzo ancora più diffuso, e questa risposta così positiva servì da stimolo per continuare nella direzione della miniaturizzazione e della diffusione dei computer. Negli anni '70 apparvero i primi personal computer, di piccole dimensioni, e negli anni '80 erano ormai entrati nelle case e nelle aziende da un capo all'altro del mondo.

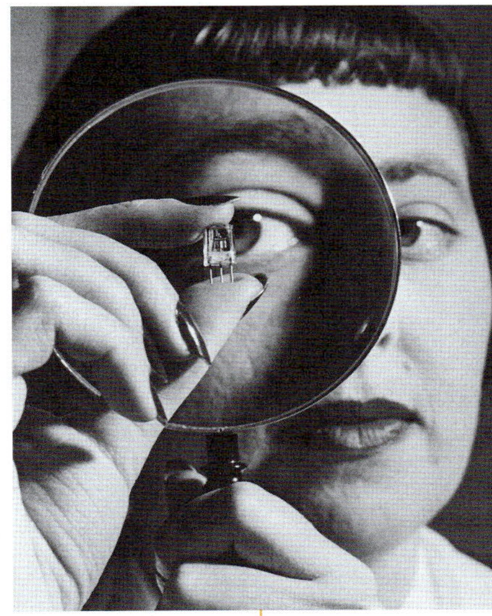

Un'ingegnere della RCA ispeziona un transistor con una lente d'ingrandimento nel 1948. Il primo esemplare di transistor venne realizzato un anno prima dai ricercatori Walter Brattain, John Bardeen e William Shockley. Nel 1956 i tre ricercatori furono insigniti del premio Nobel per la Fisica.

Noi usiamo i computer da scrivania, macchine multitasking[2], per compiere qualsiasi tipo di operazione. In questo momento sono seduto davanti a un computer, e scrivo del testo; nel frattempo seguo la diretta del torneo di cricket che si sta svolgendo in Sri Lanka. C'è anche Skype in esecuzione, nel caso in cui qualcuno desideri chiamarmi, e mi basta un click del mouse per ascoltare la mia musica preferita. Ho aperto dei fogli di Excel per registrare i voti dei miei studenti, e navigo su internet con Firefox ed Explorer contemporaneamente: alcune pagine sono connesse a banche dati, altre mi mostrano le e-mail, mentre una è aperta su un video di YouTube in cui David Foster Wallace[3] tiene un discorso per l'apertura dell'anno accademico di un'università. In effetti mi stupisce che io riesca a concentrarmi. Ma ci sono due motivi per cui vi ho elencato tutte queste attività: il primo è che il computer è incredibilmente versatile, considerando che si tratta di una macchina che svolge da sola tutte quelle funzioni; il secondo è che è uno strumento talmente utile ed entusiasmante da farmi venire voglia di portare le sue funzioni sempre con me.

Esistono tre tipi di tecnologie "personali" che immaginiamo come tre cerchi concentrici. In quello più esterno troviamo le tecnologie che sono "di proprietà": sono mie, le utilizzo ma non posso portarle via con me. Il computer fisso è una di

2 **multitasking**: un sistema operativo che consente di eseguire più programmi contemporaneamente.

3 **David Foster Wallace**: scrittore americano (1962-2008), autore di numerosi racconti e del romanzo *Infinite Jest* (1996).

## L'AUTORE

**Jon Agar** insegna Storia della scienza e delle tecnologie nelle Università di Manchester, Cambridge e Harvard. È anche professore del dipartimento di Scienze e studi tecnologici dell'University College di Londra. Due libri, in particolare, lo hanno segnalato al vasto mondo dei lettori di carattere tecnico: *Il governo delle macchine* (2003) e *La scienza nel XX secolo e oltre* (2012), due testi che invitano a riflettere su quanto e come la tecnica abbia modificato la vita umana. In *Sempre in contatto. Storia sociale del telefono cellulare* (2014), Jon Agar mostra tutte le implicazioni del cellulare, soprattutto da quando è diventato smartphone, cioè un computer.

Giuseppe Veneziano, *Think Different*, 2012. (Venezia, Galleria d'arte Contini)

queste, oltre a essere troppo pesante contiene un groviglio di cavi e fili che ne impedisce lo spostamento. Nel cerchio intermedio si collocano le tecnologie "portatili": ho un notebook che posso portare con me se ne ho bisogno, ma è un po' scomodo, e ho sempre la sensazione di avere addosso una zavorra[4]. Quando mi fermo, cerco sempre di appoggiarlo. Farei meglio a lasciarlo a casa. Tuttavia, è stato progettato come tecnologia "personale" portatile; tra le sue caratteristiche ha una batteria che dura abbastanza a lungo, e una valigetta con la maniglia. Infine, c'è il cerchio più interno, quello delle tecnologie "strettamente personali", che si possono portare con sé senza che ci si debba affaticare: sono così utili o importanti o seducenti che non ne sentiamo neppure il peso. Sono poche le tecnologie che riescono ad arrivare a questo cerchio, e alcune risalgono ai primissimi tempi della storia dell'umanità. In questo momento le mie tecnologie strettamente personali sono i vestiti (una conquista del Paleolitico), le scarpe (idem), gli occhiali (innovazione di età medievale) e il mio personalissimo computer multitasking, un piccolo souvenir dei tempi moderni: uno smartphone, l'iPhone 4.

Con lo smartphone compio varie attività, forse anche più di quelle che farei con un computer da scrivania. Controllo le e-mail, mando sms, aggiorno il mio profilo su Facebook, do uno sguardo a Twitter. Navigo su internet con Safari, visito siti web che parlano di tutto, dalle notizie nazionali, allo sport, al gruppo ornitologico[5] di Londra. Condivido le mie foto su Flickr, ascolto la musica sull'iPod e gioco ad Angry Birds, Blitz e W.E.L.D.E.R. Se di notte il cielo è completamente buio e terso, posso tenere l'iPhone rivolto verso l'alto e riconoscere le costellazioni usando Starmap Pro. Quando mi annoio do un'occhiata alle applicazioni e cerco qualcosa da fare. Ogni tanto, poi, lo uso persino per telefonare.

Con il mio vecchio cellulare Nokia ero sempre in contatto con gli altri, nel senso che potevo parlare con i miei amici, parenti e colleghi ovunque mi trovassi. Ma il contatto che mi garantisce l'iPhone è qualcosa di più: è un apparecchio che assorbe la mia attenzione, e anche quando non lo fa mi accorgo che inconsciamente lo cerco per sentire tra le mani il suo peso leggero, i profili arrotondati. Le dita, gli occhi,

4 **zavorra**: peso, ingombro; la zavorra è un peso installato sulle imbarcazioni, che serve per migliorarne la stabilità.

5 **ornitologico**: che studia gli uccelli.

la mente, si concentrano su questo splendido oggetto. E non sono certo il solo: mi è capitato di trovarmi in treno, circondato da altri passeggeri tutti presi dal loro smartphone, ognuno nella sua "bolla" di contatto costante.

Sono tre i fattori che concorrono nel far sì che i telefonini abbiano conquistato questo ruolo, e ciascuno di questi è fondamentale. Prima di tutto, le reti cellulari dovevano avere la capacità di gestire una maggiore quantità di dati. Ad anticipare e favorire questa transizione sono stati l'assegnazione e il pagamento di licenze di telefonia di terza generazione (3G) nei primi anni 2000. In secondo luogo, bisognava progettare un dispositivo che impiegasse queste capacità. Spesso accade, quando un tipo di tecnologia è ancora giovane, che vengano proposti numerosi progetti, alcuni rifiutati, altri lanciati sul mercato. Alcuni di questi, per esempio il primissimo iPhone, si basavano sulle vecchie tecnologie GSM, piuttosto che sul 3G. Inoltre, lo smartphone non è stato il primo computer strettamente personale (gli organizer palmari risalgono agli anni '80). Comunque, col senno di poi, è l'iPhone che risalta come il dispositivo in cui sono state introdotte delle caratteristiche innovative determinanti. Gli smartphone non sono un'invenzione di Apple, ma Apple è stata l'azienda che ha prodotto lo smartphone per antonomasia. Inoltre, l'iPhone non ha avuto successo solo grazie al talento di chi l'ha progettato, anzi, il mondo esclusivo del "culto del Mac"[6] è stato un ostacolo da superare piuttosto che un vantaggio, almeno se l'intenzione era quella di far diventare l'iPhone un prodotto destinato davvero al mercato di massa. Infine, erano gli utenti a dover scoprire cosa fosse uno smartphone, metterlo alla prova e capire quale fosse la sua utilità, perché solo chi adopera i cellulari può costruire una cultura del cellulare.

J. Agar, *Sempre in contatto. Storia sociale del telefono cellulare*, trad. it. di C. Alberghetti, Edizioni Dedalo, Bari, 2014 (cap. 22, pp. 155-159)

6 **"culto del Mac"**: ci si riferisce agli utenti che hanno usato e sostenuto il computer Macintosh, prodotto dalla Apple, ritenendolo superiore a ogni altro modello per prestazioni tecniche.

## per L'ANALISI del TESTO

### L'evoluzione del cellulare

Il tema di questo brano risulta chiaro sin dalle sue prime battute: l'evoluzione del cellulare, il passaggio del semplice cellulare degli anni Ottanta allo smartphone attuale, che ha tutte le qualità tecniche di un computer. In questo percorso l'autore ci consente di renderci conto di come si sia partiti da lontano per arrivare al risultato odierno. Valorizzare questo percorso storico consente di capire quanta intelligenza, quanto lavoro, quali sacrifici sono stati impiegati per approdare a un simile risultato.

### Una macchina multitasking

Il fatto che il computer sia diventato uno **strumento di lavoro** quotidiano a volte ci fa dimenticare la straordinarietà di questa macchina. Jon Agar ce lo ricorda facendo un breve ma istruttivo elenco delle tante attività che si possono svolgere davanti a un computer. Il suo è un palese invito a riflettere sulla portata tecnica del computer, tanto più nella sua attuale evoluzione rappresentata dallo smartphone, che consente di portare appresso tutto quanto, un intero archivio, un'intera biblioteca. L'ironica affermazione «Ogni tanto, poi, lo uso persino per telefonare» (r. 93) coglie bene come oggi il cellulare venga utilizzato per molteplici scopi, facendo a volte addirittura passare in secondo piano la finalità per cui è nato.

### Lo stile

Pur trattando una materia tecnica, l'autore ricorre a un **linguaggio semplice** e chiaro; utilizza numerosi **vocaboli tecnici**, ma ormai ricorrenti anche nel linguaggio comune e padroneggiati da gran parte degli utenti, così che l'insieme del testo risulta di facile comprensione.

# Attività

## Leggere e comprendere

1 **Lo smartphone** Che cos'è lo smartphone?

2 **Una macchina speciale** Quale differenza esiste tra il computer e le altre macchine?
**a.** Il computer è più veloce
**b.** Il computer è più moderno
**c.** Il computer svolge molte funzioni
**d.** Il computer è diffuso in tutto il mondo

3 **La nascita** Quale condizione e quale fine hanno portato alla nascita del computer?

4 **La trasformazione** Quale caratteristica è mutata nell'evoluzione del computer?

5 **Sempre con sé** Quali peculiarità possiede lo smartphone che inducono l'autore ad averlo sempre con sé?

6 **La tecnologia personale** Quali sono i tre tipi di tecnologia personale?

7 **Le tecnologie strettamente personali** A quali altri oggetti tecnologici strettamente personali acquisiti dall'uomo di altre epoche è accostato lo smartphone?

8 **Il telefono** L'affermazione «Ogni tanto, poi, lo uso anche per telefonare» (r. 93) ha un tono ironico. Spiegala.

9 **Uno splendido oggetto** Perché l'autore definisce in questo modo il suo smartphone?
**a.** È molto utile per il suo lavoro
**b.** È costoso
**c.** È un piacere tenerlo tra le mani
**d.** È indispensabile per ricevere chiamate urgenti

10 **Le condizioni** Quali condizioni si sono dovute verificare per la diffusione degli smartphone?

## Riconoscere e analizzare

11 **I paragrafi** Suddividi il testo in passi con unità di significato e riporta il titolo di ciascuno.

12 **Il lessico** Sottolinea nel testo tutti i termini specifici del sottocodice dello smartphone.

13 **Il procedere logico** L'esposizione dell'autore ha un modo comune di procedere in ogni paragrafo. Quale?
**a.** Accosta affermazioni della stessa natura
**b.** Fa un'affermazione generale a cui seguono delle argomentazioni
**c.** Da un esempio trae una generalizzazione
**d.** Le affermazioni sono assolute, senza spiegazioni

14 **Il tipo di testo** Dalle risposte date in precedenza definisci di che tipo di testo si tratta.
**a.** Espositivo
**b.** Argomentativo
**c.** Narrativo
**d.** Regolativo

15 **La tesi** Quale tesi riconosci nel testo?

16 **La struttura argomentativa** Sintetizza le argomentazioni che sostengono la tesi completando il testo seguente:
Lo smartphone è un oggetto tecnologico straordinario, infatti: è il ...............................................................
della nostra epoca; è una macchina ...........................
.........................................................................; ha avuto una
strabiliante ..............................................................................;
è una ...............................................................................................
multitasking versatile; è una delle pochissime
.................................................................................... personali;
dà .....................................................................................................
personale al solo tatto; non è solo un
.........................................................................................

## Rielaborare e produrre

17 **Il riassunto** Servendoti degli esercizi svolti nella sezione "Riconoscere e analizzare", sintetizza il testo in 150 parole sottolineando con i connettivi (*infatti*, *perciò*...) l'impianto argomentativo.

18 **La tua esperienza** Produci un testo espositivo in cui presenti in modo dettagliato (utilizzo, tempi, ecc.) il tuo personale uso dello smartphone.

19 **Confutare una tesi** Qualcuno potrebbe sostenere che le altre tecnologie strettamente personali citate nel testo sono indispensabili per la vita dell'uomo, mentre lo smartphone non lo è. Confuta questa tesi con valide argomentazioni.

# la lingua

## Il lessico dell'informatica tra antico e moderno

Il mondo dell'informatica possiede un proprio lessico, un insieme di parole e di acronimi che ormai tutti conoscono, così come tutti sanno che questi termini giungono a noi dalla lingua inglese.

Però, a osservarli bene, notiamo che tante parole di questo ambito tornano sì attraverso la lingua inglese, ma sono nate nel mondo latino o greco: contengono cioè radici delle lingue che sono state madri dell'italiano e di tutte le lingue neolatine. Vediamo dunque come il latino e il greco continuino a vivere anche oggi proprio là dove si trova la più grande innovazione della nostra epoca, ossia l'informatica.

A titolo esemplificativo operiamo questa ricerca su alcuni termini che sono di largo uso.

| Parola dell'informatica | Radice latina o greca |
|---|---|
| Antivirus | Lat. *ante* = contro; *virus* = veleno |
| Computer | Lat. *computo* = calcolo |
| Database | Lat. *datum* = dato |
| Delete | Lat. *deleo* = distruggere |
| Digitale | Lat. *digitus* = dito |
| Directory | Lat. *dirigo* = indirizzo |
| Enter | Lat. *intro* = entrare |
| Forum | Lat. *forum* = piazza, mercato |
| Icona | Gr. *eikòn* = immagine |
| Insert | Lat. *insero* = inserisco |
| Ipertesto | Gr. *upèr* = sopra |
| Macro | Gr. *macròs* = grande, lungo |
| Mouse | Lat. *mus* = topo |
| Multitasking | Lat. *multus* = molto, numeroso |
| Privacy | Lat. *privatus* = privato, personale |
| Query | Lat. *quaero* = cerco |
| Social | Lat. *socius* = alleato, amico |
| Virus | Lat. *virus* = veleno |

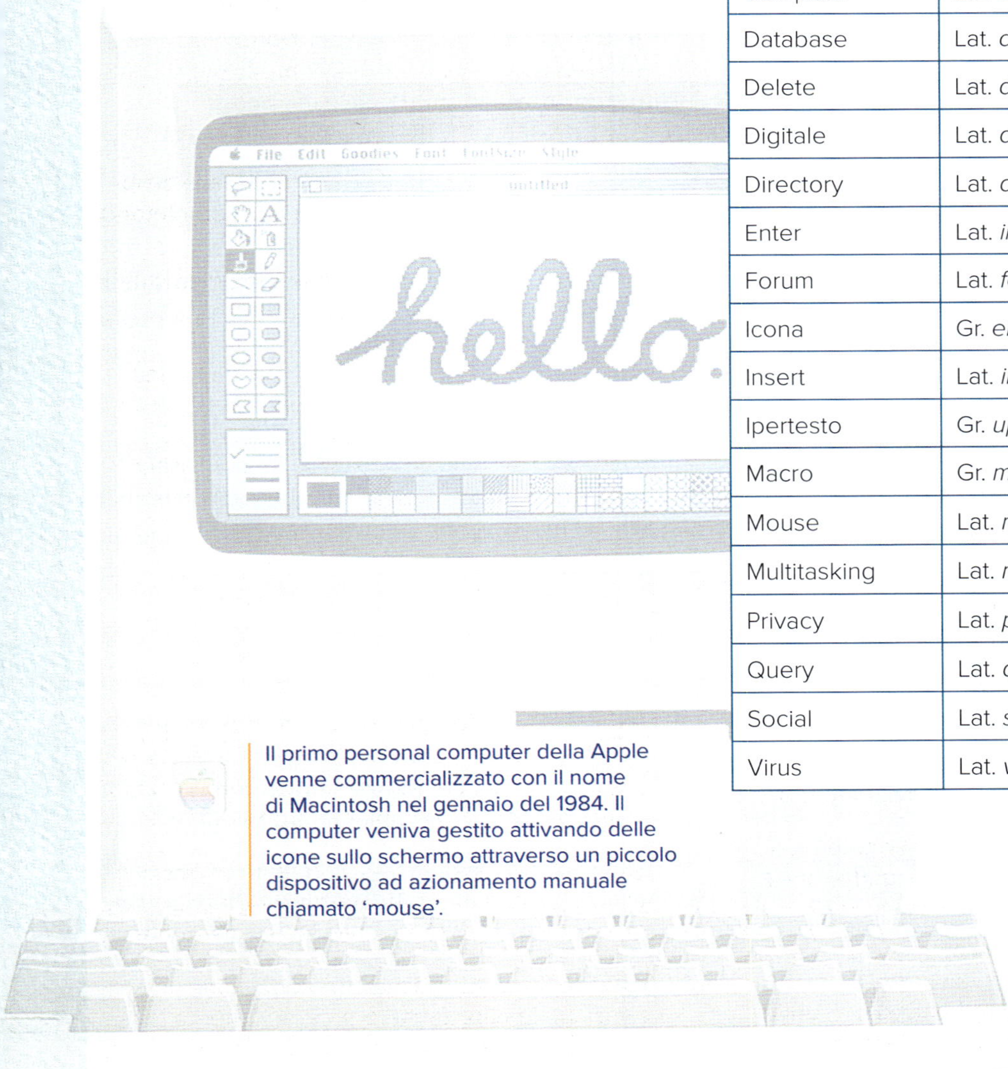


Il primo personal computer della Apple venne commercializzato con il nome di Macintosh nel gennaio del 1984. Il computer veniva gestito attivando delle icone sullo schermo attraverso un piccolo dispositivo ad azionamento manuale chiamato 'mouse'.

Mara Accettura

# La lunga notte dei social

Da "La Repubblica", 2014

Articolo giornalistico

Il brano apre una finestra su una pratica inquietante: l'abitudine degli adolescenti di passare la notte in streaming e chat fino all'alba con pesanti conseguenze nelle relazioni interpersonali e nei risultati scolastici.

Streaming e chat fino all'alba. E al mattino colpi di sonno sui banchi di scuola. Si chiama "vamping": è la doppia vita online degli adolescenti che allarma i genitori.

«Un giorno sono stata fermata nei corridoi della scuola dalla professoressa di scienze. Voleva assolutamente parlarmi di mio figlio. Il rendimento, diceva, era decisamente calato. In più l'aveva colto un paio di volte con la testa appoggiata sul banco, gli occhi chiusi. "Sembrava che dormisse. Ma che fa la notte?". Ero incredula. A casa spegniamo la luce alle 23. Faccio io il giro dai ragazzi. Di solito li vedo lì tranquilli sotto le coperte. Poi una notte mi sono alzata per andare in bagno. Erano le due. Sono entrata in camera di Enrico, c'era un chiarore diffuso. Aveva il computer acceso e le cuffie. Si stava guardando gli episodi di *Friends*[1]. Uno dietro l'altro, in streaming».

Gli adolescenti tecno-dipendenti dormono sempre meno durante la notte.

Così racconta una mamma che ha i figli in un liceo classico milanese. Un'amica aggiunge che sua figlia, studentessa nello stesso liceo, qualche settimana fa le ha chiesto delle gocce per dormire. «All'inizio ho pensato che fosse l'ansia da prestazione a scuola. È sempre sotto pressione con le interrogazioni, le verifiche, spesso noi andiamo a dormire e lei sta ancora ripassando. Una vera stakanovista[2]. Le ho preso della camomilla: nessun risultato. Avevo notato però che il pomeriggio verso le sei spesso crollava sul letto. E una notte verso l'una sono piombata nella sua stanza per dirle di smettere di studiare, era decisamente troppo. Be', mi sono resa conto che stava scorrendo il feed di Tumblr[3]».

Anche per un'altra mamma il campanello di allarme è stata la scuola. «"Suo figlio ha sempre lo sguardo un po' annebbiato", mi dicevano i professori. "In classe c'è, ma è come se non ci fosse. Quasi catatonico". In poche parole giocava a World of Warcraft e Sims[4] tutta la notte. Il bello è che il computer glielo avevo anche sequestrato. Ma lui aveva scoperto dov'era e se lo andava a prendere tutte le notti, per poi riporlo con cura nello stesso posto.

1 ***Friends***: una serie televisiva americana che è trasmessa da anni, dal 1994, in Rete. Ha per protagonisti sei amici.

2 **stakanovista**: con questo termine si intende chi è dedito al lavoro in maniera continua e incessante. È derivato dal minatore russo Aleksej Stachanov, che negli anni Trenta diede una straordinaria dimostrazione di attaccamento al lavoro nell'estrazione del carbone. Naturalmente qui l'attaccamento è al web.

3 **feed di Tumblr**: le immagini di una piattaforma di comunicazione social.

4 **World of Warcraft e Sims**: videogiochi fantasy.

Furbo, no?». Un'altra ancora ha sorpreso il figlio chattare su Facebook alle due del mattino. «Siamo amici su Facebook e quindi ho notato la spia verde di Messenger (la messaggeria del social network) accesa accanto al suo nome. Significava che era in piena attività. Quando l'ho sgridato ha ribattuto "Mamma scusa, ma sono amici americani. E poi se mi hai visto lo stavi facendo anche tu"».

Lo smartphone è uno strumento verso il quale si può sviluppare una vera e propria forma di dipendenza.

Negli Stati Uniti hanno ribattezzato il fenomeno vamping, parola che non ha nulla a che fare con la saga paranormale di *Twilight*: significa invece tirare fino a tarda notte come i vampiri. Per fare che? Cose che ovviamente i ragazzi non possono fare durante il giorno. Soprattutto stare sui social media. Instagram[5] è piena di foto con l'hashtag[6] #vamping. Selfie col computer acceso nel buio pesto oppure scritte che dicono: «I used to sleep at night» (Una volta di notte dormivo), «Care tre di notte. Dobbiamo smetterla di incontrarci così. Preferirei dormire con te», «Dovrei dormire ma ho un sacco di cose da fare», o «Chi è sveglio?». Su Twitter c'è chi scrive: «Non dormo più. #vamping per sempre» e «Quel momento terribile quando persino farsi un cannone non ti stende. Ho bisogno di un amico vampiro. Lol (risate)».

La parola vamping è diventata un segno di riconoscimento, il biglietto d'ingresso a un club "figo" di estenuati dal sonno che si cercano a vicenda per tenersi compagnia nel cyberspazio. «Non so cosa significhi vamping, ma la notte mi è sempre piaciuta. Io vivo di notte, quando sono finalmente libera dagli impegni», dice Francesca, 16 anni. «Il mio letto? Una stazione tecnologica. Il computer sulle gambe e l'iPhone a portata di mano. In genere guardo film, o mi connetto. Ho notato che Facebook sa esattamente che cosa mi piace, per cui compaiono sullo schermo sempre post o video di argomenti che mi interessano. È difficile resistere al feed. Una cosa tira l'altra, faccio anche le due, le tre. Per i film non vedo l'ora che arrivi Netflix[7]».

5 **Instagram**: è un social network.
6 **hashtag**: il prefisso *hash* significa cancelletto; il termine viene preposto come idea tematica attorno alla quale sono poi raggruppati tutti i messaggi la cui ricerca a quel punto risulta facilitata.
7 **Netflix**: società che trasmette film e videogiochi a pagamento.

## L'AUTRICE

**Mara Accettura** ha compiuto gli studi classici e si è laureata al Dams di Bologna, per poi perfezionarsi in giornalismo frequentando l'Istituto per la formazione al giornalismo.

Ha incominciato la sua carriera scrivendo su settimanali e quotidiani ("Epoca", "l'Unità", "la Repubblica"). Dal 1996, anno di fondazione, scrive sul settimanale "D La Repubblica delle donne", affrontando sempre temi di attualità sociale e di carattere culturale.

Anche per Claudia, 17 anni, è stata una vera dipendenza. Almeno per un po'. «Un periodo durato tre anni. Ero sempre connessa. Guardavo serie tv tipo *Friends* o *The Office* ma non riuscivo a fare sempre attenzione, ogni tanto mi annoiavo. Quindi tenevo anche le finestre di Tumblr e Facebook aperte. Saltavo da una cosa all'altra e non mi rendevo più conto del tempo. A volte sentivo gli uccellini cantare... avevo fatto l'alba».

Il fenomeno dei nottambuli non è nuovo. Da sempre i ragazzi si ribellano al coprifuoco dei genitori. Una volta però c'erano solo il telefono fisso, facilmente controllabile, la tv, che terminava i programmi a una certa ora, e i libri, che richiedevano (e richiedono) comunque grande concentrazione. Oggi smartphone, pc e connessione internet 24 ore su 24 consentono un'attività no stop. Con la settimana piena di impegni, scuola la mattina, lezioni di nuoto, piano, inglese, scherma e quant'altro il pomeriggio gli adolescenti rivendicano un tempo che è tutto per loro. Un tempo privato. Ma non è il solo motivo. «Questa attività notturna», dice Matteo Lancini, psicoterapeuta e presidente dell'Associazione Il Minotauro di Milano, «deriva anche dalla riduzione degli spazi di gioco e socializzazione spontanea. Da una parte – è vero – ci sono troppe attività pomeridiane da seguire, dall'altra il mondo esterno è paranoizzato[8], visto come un pericolo dagli adulti». E rimprovera anche i genitori: «Non dimentichiamo che è la stessa famiglia in molti casi a promuovere l'idea di essere sempre in contatto. Regala lo smartphone per stare tranquilla. E magari preferisce che i figli siano a casa sulle piazze virtuali invece che fuori. In stanza da letto piuttosto che in discoteca». Ha senso sequestrare? «Vietare non ha alcun senso se poi non si riesce a controllare. Cercano di farlo anche a scuola, dicono di spegnere il cellulare in classe, ma non ci riescono», continua Lancini. «L'importante comunque è che queste esperienze virtuali non sostituiscano quelle reali. Perché quando è così nascondono dei disagi gravi».

Una professoressa milanese racconta che a scuola di sua figlia un ragazzino di 13 anni per l'eccesso di **connessione** è stato addirittura curato dai medici. «Non l'abbiamo visto più per 4 mesi e nessuno aveva il permesso di andarlo a trovare. Era in completo isolamento. Poi abbiamo saputo che soffriva di depressione, aggravata – se non causata – da una dipendenza da computer». Claudia racconta che la mattina a scuola era una zombie. «Stanchissima ovviamente, ma dello studio non me ne importava molto, infatti ho perso un anno. Avevo anche le allucinazioni. Mi ricordo che un giorno ho visto accanto al prof di latino e greco un tipo vestito da gangster con le pistole... qualche secondo e puff! Sparito. Altre volte sentivo gente parlare intorno a me, sussurrarmi nell'orecchio, mi giravo e non c'era nessuno». I genitori non l'hanno mai saputo.

Per fortuna Claudia ha sentito il bisogno di staccare. «E non ho più avuto ricadute. Oddio, mi sento come a una seduta degli Alcolisti anonimi[9]», scherza. «Sì, a un certo punto mi sono fatta proprio schifo, come dopo un'abbuffata di cibo. E ho smesso. Da una parte sono diventata più responsabile, dall'altra ho cominciato a uscire di più con gli amici. Mi sento più sicura. Ora se mi guardo indietro mi chiedo: ma quanti giorni – quante notti – ho sprecato della mia vita?».

8 **paranoizzato**: considerato come una costante insidia.

9 **Alcolisti anonimi**: associazione che ha lo scopo di curare chi si trova in dipendenza dall'eccesso di alcool.

**PAROLE *sotto la lente***

### Connessione

Il sostantivo, dal latino *connexio*, da *connexus*, participio passato di *connecto* = connettere. Indica l'intima unione tra due o più cose e per lo più, in senso figurato, il legame di stretta interdipendenza tra fatti o idee. Il termine viene usato in parecchie discipline, come il diritto processuale, la matematica e l'elettrotecnica. Da questo uso si origina la sua diffusione nel linguaggio dell'informatica.

**Attività**

Il sostantivo è legato al participio "connesso" del verbo "connettere". Scomponi nelle loro parti costitutive (prefisso, radice, suffisso, desinenza) i seguenti termini che provengono dalla stessa radice: *connessione, disconnesso, connettivo, riconnettere*.

E se cambiassimo l'orario della scuola?

A scuola alle 9. È questa la proposta dell'Aap, l'Associazione americana dei pediatri, per combattere gli studenti che si addormentano sul banco. Secondo un sondaggio condotto dalla National Sleep Foundation più della metà dei ragazzi tra i 15 e i 17 anni dormono sette ore e mezza a notte, 90 minuti in meno della dose minima raccomandata, proprio per il dilagare di Internet e dei social network. C'è anche un fatto biologico. «Sappiamo che l'adolescente medio non va a dormire prima delle 11 di sera perché a quell'età subentrano dei cambiamenti nel ritmo circadiano[10]», dice Judith Owens, che coordina l'associazione. «Tenuto conto che ha bisogno di almeno 8 ore e mezza di sonno sarebbe meglio ritardare l'entrata a scuola».

M. Accettura, in "D la Repubblica", 11 ottobre 2014

10 **circadiano**: il ritmo biologico legato all'alternarsi del dì e della notte.

Ajgiel, *Sfinimento perenne*, 2015. (Collezione Privata)

## per L'ANALISI del TESTO

### Una doppia vita online

Il brano è costituito in gran parte da **testimonianze dirette** sul fenomeno definito «vamping», l'abitudine degli adolescenti di passare la notte sempre connessi per chattare e seguire programmi in streaming: il tutto, naturalmente, di nascosto dai genitori. L'autrice, Mara Accettura, apre *in medias res*, lasciando che siano alcuni genitori, allarmati, a raccontare l'accaduto e a esternare tutto il loro sconcerto, quando o per un richiamo dei professori o per una scoperta casuale si sono trovati coinvolti in questo fenomeno di doppia vita dei figli.

In genere, è la scuola a suonare il campanello d'allarme: sono gli insegnanti ad accorgersi per primi dei comportamenti da nottambuli tenuti dai ragazzi e non si tratta di un'abitudine passeggera, perché in vari casi un simile comportamento assume i caratteri della malattia, dell'incapacità di controllare la propria forza di volontà, così che si crea una vera e propria **dipendenza**.

### Una forma di ribellione?

L'autrice si domanda se simili comportamenti siano da addebitare soltanto agli adolescenti oppure non vi siano anche responsabilità dei genitori. Mara Accettura riporta le opinioni di uno psicoterapeuta, secondo il quale i genitori caricano i figli di tanti impegni extrascolastici così da sottrarre loro il proprio tempo libero, finendo per soffocare le loro libere relazioni. Va da sé che con gli strumenti moderni che gli stessi genitori regalano ai figli (computer, tablet e smartphone) questi ultimi ricerchino e stabiliscano relazioni di tutt'altro genere, pericolose sul piano della salute personale e dei rapporti sociali. Sono opinioni impegnative che meriterebbero una maggior analisi.

### Una chiusura positiva

L'esperienza finale di Claudia, la quale passa dalle allucinazioni per stanchezza alla sua capacità di ravvedersi e di uscire da simili comportamenti, vuole essere per l'autrice un ultimo positivo esempio da proporre. Le **relazioni vere** e concrete non sostituiscono mai quelle virtuali.

Di facile lettura, con il ricorso a numerosi riferimenti del web e soprattutto attingendo a casi reali, Mara Accettura offre una pagina di giornalismo attivo, coinvolgente e di immediata comprensione.

# Attività

## Leggere e comprendere

1 **Segnali importanti** Nelle prime tre interviste si evidenziano diversi modi in cui vengono scoperte le notti insonni dei ragazzi. Quali sono?

2 **La scoperta** Quale causa è comune a questi comportamenti?

3 **Il fenomeno** Il far tardi la sera prima di addormentarsi è nato con la diffusione dei computer?

**a.** Sì, perché nel passato i giovani volevano andare a dormire presto

**b.** No, perché da sempre i giovani si sono ribellati agli orari imposti

**c.** Sì, perché oggi gli strumenti informatici lo permettono

**d.** No, perché nel passato non c'erano divertimenti adeguati

4 **Il fine** Secondo Matteo Lancini, che cosa spinge i giovani al «vamping»?

5 **Gli adulti** Lancini intravvede nel «vamping» alcune responsabilità degli adulti. Quali?

6 **Il pericolo** Perché il «vamping» diventa pericoloso, secondo Lancini?

**a.** Fa perdere molte ore di sonno

**b.** Mette a dura prova la vista

**c.** Nasconde gravi disagi quando chi lo pratica rinuncia a esperienze reali

**d.** Crea una dipendenza inguaribile

7 **Gravi conseguenze** Quali sono le conseguenze del «vamping» secondo due degli intervistati?

8 **I rimedi** Le varie voci presenti nell'articolo fanno trapelare possibili rimedi al dilagare del fenomeno. Elencali.

## Riconoscere e analizzare

9 **La tipologia** A quale tipologia di testo appartiene il brano letto?

**a.** Testo narrativo

**b.** Intervista

**c.** Articolo di giornale

**d.** Testo argomentativo

10 **La struttura** Ti indichiamo a caso le parti che compongono il testo. Rimettile nell'ordine in cui appaiono nel brano.

Esposizione • Argomentazione • Interviste • Casi particolari • Esempi

11 **I registri linguistici** Nel passo sono presenti termini di registri linguistici diversi. Trova due esempi per il registro colloquiale e due per quello alto.

- Registro colloquiale:

  ..............................................................................................

  ..............................................................................................

  ..............................................................................................

- Registro alto:

  ..............................................................................................

  ..............................................................................................

  ..............................................................................................

12 **La metafora** Nel testo è presente un'espressione metaforica del linguaggio militare, divenuta di uso comune. Qual è?

..............................................................................................

13 **Lo stile** Quale caratteristica rende accattivante il testo, oltre all'argomento?

**a.** La ripetizione

**b.** La varietà

**c.** La brevità

**d.** L'armonia

## Rielaborare e produrre

14 **Discutere** «Quando l'ho sgridato ha ribattuto "Mamma scusa, [...]. E poi se mi hai visto lo stavi facendo anche tu"» (rr. 36-37). Con queste parole il ragazzo vuole solo difendersi, rinfacciando la stessa colpa alla madre oppure vuole far capire alla madre che è lei stessa a dargli l'esempio? Raccogli gli elementi validi per sostenere l'interpretazione per te più plausibile, anche in un eventuale dibattito in classe.

15 **Il tuo racconto** Racconta la tua esperienza diretta o quella di un amico su questo argomento in un ampio testo espositivo, con informazioni chiare, precise e ordinate.

Federico Rampini

# I teenager si preoccupano della privacy

Le incomprensioni fra gli adolescenti e gli adulti riguardo all'uso del web sono molto forti e diffuse, a cominciare dall'idea che i ragazzi si muovano tra Facebook, Twitter e Instagram senza alcuna attenzione nel salvaguardare la propria privacy.

Da
Rete padrona, 2014
Saggio

È un viaggio da esploratori in una terra sconosciuta: la vita segreta degli adolescenti nel mondo dei social network. È quella conoscenza di prima mano, diretta, da "insider"[1], che molti di noi vorrebbero avere: genitori di teenager, insegnanti, psicologi o magistrati, legislatori o esperti di marketing. Tutto quello che avremmo voluto sapere sul comportamento digitale dei nostri figli, su ciò che fanno quando dialogano su Facebook o Twitter, ce lo racconta una ricercatrice americana.

Danah Boyd ha investito otto anni della sua vita per immergersi in questo mondo. *It's complicated. The Social Lives of Networked Teen* ("È complicato. Le vite sociali degli adolescenti collegati in Rete") è il riassunto del suo lavoro. L'autrice ha una competenza rara, che l'ha portata a contatto con i ragazzi in tanti modi: la Boyd è al tempo stesso ricercatrice di Harvard, docente alla New York University e responsabile di un progetto di ricerca di Microsoft. Se ne intende di tecnologie, di social network e di ragazzi. Con questi ultimi ha privilegiato l'approccio empirico: anno dopo anno ne ha intervistati a migliaia, distribuiti su diciotto Stati americani; poi li ha seguiti attraverso le "tracce" che lasciano su Facebook, sui blog. Li ha frequentati individualmente o in gruppi, incontrandoli di persona nei licei, nei fast food, negli shopping mall[2]. È un grande viaggio dentro la vita digitale dei ragazzi di oggi, ma non li tratta come una razza strana: dà la parola a loro, per la prima volta sono gli adolescenti che possono "informare il discorso pubblico sulle loro vite nei social network". E poi la Boyd ci fa da interprete, letteralmente, "traduce" le loro aspirazioni, i loro bisogni, confrontandoli con le nostre paure.

1 **"insider"**: chi possiede le informazioni per cui è riconosciuto come un membro del gruppo social.

2 **shopping mall**: centro commerciale.

Una persona passa davanti a un grande logo di Facebook composto dai ritratti degli utenti di tutto il mondo, in una foto del 2013.

Una prima scoperta della Boyd è questa: i teenager di oggi "devono" socializzare usando Facebook, per mancanza di altri spazi di ritrovo con i loro coetanei. "Molti adolescenti," scrive la ricercatrice, "hanno meno libertà di muoversi, meno tempo libero e più regole" rispetto ai loro genitori o nonni. La pressione scolastica è aumentata. Non si usa più passare ore di tempo libero a spasso con gli amici dopo la scuola. (Anche per ragioni di insicurezza, o presunta tale, si scopre che almeno in America gli adolescenti oggi passano meno tempo a zonzo per la strada rispetto a quel che facevano i loro genitori.) "Facebook, Twitter, le foto con l'instant messaging sostituiscono quello che era il cinema drive negli anni cinquanta e lo shopping mall negli anni ottanta. Ogni generazione di adolescenti ha uno spazio differente che decide come lo spazio 'cool'[3]. Oggi lo spazio 'cool' per frequentare gli amici si chiama Facebook, Twitter, Instagram." Gli adulti non lo capiscono perché interpretano questi fenomeni deformandoli alla luce delle proprie ossessioni, fobie, nostalgie e ricostruzioni distorte del passato.

Una parte della "decodificazione"[4] che la Boyd deve fare per superare le incomprensioni riguarda il mondo degli adulti. "Molti genitori si sono reinventati la propria infanzia, ricordandola come un luogo molto migliore, più ricco, più facile e più sicuro di quanto fosse in realtà." Il bullismo o la pedofilia esistevano anche prima di Internet, probabilmente più feroci perché meno sanzionati dai valori dominanti. "Molti adulti," spiega la Boyd, "temono le tecnologie dei social network per le stesse ragioni per cui gli adulti sono spesso stati diffidenti sulla partecipazione dei giovani alla vita pubblica, anche quando si svolgeva nei parchi, negli shopping mall, negli altri luoghi in cui si aggregava la gioventù. I social media come Facebook e Twitter offrono ai teenager nuove opportunità di partecipare alla vita pubblica, e questo più di ogni altra cosa genera ansia tra gli adulti." La storia si ripete: la Boyd ricorda altre "tecnologie di comunicazione" che furono accolte con diffidenza, pregiudizio e sospetto: ai tempi di *Madame Bovary*[5] i coetanei di Gustave Flaubert consideravano pericoloso per le donne leggere romanzi; negli anni cinquanta il rock'n'roll fu bollato come un'istigazione alla delinquenza minorile. Un aspetto fondamentale da tenere presente per capire la differenza tra "noi" e "loro": noi adulti siamo degli "immigrati digitali", non siamo nati dentro questo universo tecnologico; come degli immigrati in una terra straniera ne scopriamo le regole faticosamente, ci muoviamo con timore e sospetto; i giovani sono dei "nativi digitali", per loro questo è l'unico universo noto, sono cresciuti dentro le sue regole.

3 **'cool'**: bello, alla moda.

4 **"decodificazione"**: riconoscimento, lettura, comprensione di un messaggio.

5 ***Madame Bovary***: romanzo di Gustave Flaubert (1821-1880) pubblicato nel 1856. La protagonista, Emma, si è formata su libri sentimentali e romantici.

## L'AUTORE

**Federico Rampini** nasce a Genova nel 1956 e inizia la sua carriera giornalistica nel 1977. Lavora per il settimanale "L'Espresso" e per "Il Sole 24 ore", di cui diventa vicedirettore. Dal 1995 lavora al quotidiano "la Repubblica" come corrispondente dagli Stati Uniti e da Pechino. Rampini è un attento osservatore dei fenomeni economici e sociali più dirompenti della nostra epoca. Diversi suoi volumi analizzano il significativo balzo economico in atto nei Paesi orientali: *L'impero di Cindia* (2006), dove per «Cindia» si deve intendere Cina-India, *L'ombra di Mao* (2006), *Occidente estremo* (2010). Tra i suoi ultimi saggi segnaliamo: *Rete padrona* (2014), *L'età del caos* (2015), *All you Need is Love* (2015).

Possono essere "nativi" ma anche "naïf".

Quello che scopre la Boyd, parlando con loro, è che anche il mondo dei teenager è traversato da profonde differenze. Non tutti sono uguali davanti alla Rete. Possono essere di una ingenuità disarmante, e magari per questo cadere vittima dei pregiudizi degli adulti. Corinne, tredicenne del Massachusetts, si vanta di "non usare mai Wikipedia". Perché? "Ho sentito che quel che c'è scritto non è vero, se devo cercare qualcosa su Internet vado su Google." Sono i professori di Corinne che glielo hanno detto a scuola. Alla larga da Wikipedia, le hanno intimato, "perché chiunque può redigere le voci di questa enciclopedia". Gli adolescenti, di riflesso, venerano la "neutralità" del motore di ricerca di Google, anche perché pochissimi tra loro sanno come funziona l'algoritmo che seleziona i risultati della ricerca, la possibilità di manipolarlo, e la motivazione commerciale che anima un'azienda come Google (a differenza di Wikipedia, fondata sul volontariato). Un'altra studentessa del Massachusetts, Kat, concorda: "Wikipedia è una cosa brutta, perché non sai chi ci scrive". (È vero, gli editor sono anonimi, ma devono rispettare delle regole per contribuire alle definizioni enciclopediche, e con l'esperienza Wikipedia è riuscita a depurarsi abbastanza bene dall'intervento di mitomani, fanatici, faziosi o autori in flagrante conflitto d'interessi. Mentre Google è uno spazio aperto all'influenza degli inserzionisti pubblicitari.) L'ignoranza degli adulti – in questo caso la categoria degli insegnanti liceali – contagia i giovani, nessuno li addestra a discernere le fonti, nessuno gli insegna come usare costruttivamente un'enciclopedia online.

Pochi temi sono così incompresi come la privacy. È un luogo comune dire che gli adolescenti sottovalutano i pericoli per la loro riservatezza, si "denudano" (talvolta in senso letterale) su Facebook senza valutarne le conseguenze. Migliaia di interviste della Boyd rivelano l'equivoco profondo. I teenager sono preoccupati della loro privacy, eccome. Però hanno una gerarchia di timori ben diversa da quella dei genitori. Quasi nessuno teme di essere "spiato dal governo", né si spaventa che Google o Facebook saccheggino le sue conversazioni a scopi commerciali, di pubblicità e marketing. "Ma ogni adolescente vuole privacy," protesta il diciassettenne del North Carolina che si fa chiamare Waffles, "è ignoranza da parte degli adulti dire che non vogliamo proteggerci."

Il loro timore principale sono i genitori. La paura di una sorveglianza intrusiva degli adulti spinge i ragazzi a riscoprire tecniche antichissime come la "steganografia": linguaggi in codice, che usano ad esempio delle canzoni popolari come messaggi cifrati, sapendo che potranno essere decodificati solo dai coetanei e non dai

Il simbolo del "Mi Piace" di Facebook.

Sotto, il logo di Google.

A destra, il logo di Wikipedia.

genitori o dagli insegnanti. Contrariamente a quel che pensiamo sui giovani che vanno allo sbaraglio nei social network, pronti a confidarsi con degli sconosciuti, inconsapevoli dei pericoli che corrono, "gli adolescenti oggi riproducono online le dinamiche sociali preesistenti, sono poco inclini a costruirsi nuovi rapporti e nuove relazioni che diversifichino la loro visione del mondo". Non solo diffidano degli adulti, ma anche dei propri coetanei che appartengono a un altro ceto sociale, il che "contraddice la retorica su Internet come il grande livellatore che azzera le diseguaglianze".

La rappresentazione migliore la Boyd la trova assistendo a una partita di football in un college. I genitori sugli spalti sono continuamente distratti dai propri telefonini, loro sì sono catturati dalle nuove tecnologie, prigionieri nel vortice del multitasking. I ragazzi invece usano gli smartphone per comunicare coi propri compagni dentro lo stadio, scambiarsi foto e apprezzamenti sulla partita, in un "prolungamento della loro esperienza comunitaria" che in fin dei conti è meno alienante di ciò che accade agli adulti.

I social network sono degli spazi dentro i quali i ragazzi "si costruiscono una personalità e un'identità, lavorano per conquistarsi un posto nella gerarchia di gruppo e aspirano ad avere una voce in una vita pubblica". La Boyd ricorda il monito lanciato nella Dichiarazione d'indipendenza del cyber-spazio da John Perry Barlow[6], "libertario digitale" nonché autore delle canzoni dei Grateful Dead[7]: "Voi siete terrorizzati dai vostri figli, perché sono nativi in un mondo dove voi sarete sempre immigrati. Poiché li temete, delegate alle burocrazie le responsabilità che nella vostra codardia non volete assumervi".

F. Rampini, *Rete padrona. Amazon, Apple, Google & co. Il volto oscuro della rivoluzione digitale*, Feltrinelli, Milano, 2014

6 **John Perry Barlow**: poeta e scrittore statunitense, nato nel 1947.

7 **Grateful Dead**: gruppo rock statunitense degli anni Settanta.

## per L'ANALISI del TESTO

### La «vita digitale»

Nel brano Federico Rampini parla della «vita digitale» (r. 17) – espressione frutto di una **innovazione linguistica** – degli adolescenti, che è strettamente legata alla loro **vita sociale**. Per sviluppare il suo ragionamento, si appoggia a una studiosa, Danah Boyd, che ha lavorato sull'argomento per otto anni. La Boyd fa discendere ogni questione critica dal difficile rapporto che gli adulti hanno con i nuovi mezzi di comunicazione. Da questo presupposto derivano e si spiegano ogni altra difficoltà e incomprensione e Rampini, nel testo, dimostra di condividere questa idea iniziale.

### Le paure degli adulti

Per gli adolescenti la frequentazione così intensa del web scaturisce dalle loro **difficoltà a vivere incontri reali in luoghi reali** e questo a causa delle mille paure che attanagliano i genitori. Inoltre, genitori e adulti in genere non hanno la stessa confidenza con il web degli adolescenti: Rampini ripropone la distinzione tra **«immigrati digitali»** e **«nativi digitali»**. Questo non significa tuttavia che il mondo degli adolescenti sia sempre ben preparato nel navigare in Rete. Tutt'altro. Risulta illuminante a questo proposito la riflessione sull'uso di Wikipedia con i giudizi (o i pregiudizi) che si trascina e l'uso di Google come motore di ricerca falsamente neutro.

### Chi minaccia la privacy?

Rampini fa sua l'idea della Boyd secondo la quale gli adolescenti non vanno allo sbando sul web, nel senso che hanno timori diversi rispetto ai genitori. Per esempio, è proprio dall'**invadenza dei genitori** che gli adolescenti cercano di difendersi utilizzando linguaggi in codice o messaggi cifrati così da evitare le loro intrusioni. L'altisonante frase finale è riassuntiva dei concetti espressi, con la condanna a ricorrere a **strumenti coercitivi** esterni da parte degli adulti (leggi, divieti, obblighi) per ingabbiare quella libertà che proprio attraverso il web ogni adolescente sente maggiormente a portata di mano.

# Attività

## Leggere e comprendere

1 **I giovani sui social** Come risulta la comprensione della vita dei giovani sui social network?
- **a.** Chiara
- **b.** Chiarita da loro stessi
- **c.** Difficile
- **d.** Impossibile

2 **Una ricerca speciale** Qual è la caratteristica della ricerca della studiosa Danah Boyd?

3 **Quasi un obbligo** Secondo la Boyd i giovani sono quasi obbligati a socializzare sui social. Perché?
- **a.** Non c'è libertà politica e devono nascondersi
- **b.** Sono troppo pressati dalla scuola ed escono poco
- **c.** Passano pochissimo tempo per strada con gli amici
- **d.** Non hanno altri amici se non quelli della rete

4 **Lo spazio «cool»** Qual è oggi per i teenagers lo spazio privilegiato per incontrare amici?
- **a.** Il bar
- **b.** Il parco
- **c.** La Rete
- **d.** Il centro commerciale

5 **I giovani davanti alla Rete** Come appaiono dall'indagine i giovani nel loro uso della Rete?
- **a.** Scaltri e abili, educati al loro uso
- **b.** Abili, ingenui, poco preparati dai docenti
- **c.** Incapaci, impacciati, per nulla informati
- **d.** Abili, informatissimi, attenti

6 **La privacy** Qual è il maggior nemico della privacy per i giovani?

7 **Gli incontri in Rete** In base ai dati della ricerca, i giovani come scelgono le loro amicizie in Rete?
- **a.** Scelgono persone dell'altro sesso
- **b.** Non guardano differenza di età e di condizione sociale
- **c.** Scelgono solo persone della stessa età
- **d.** Rifiutano persone che appartengono a ceti sociali differenti

8 **Dentro i social** In questo spazio virtuale, quale trasformazione compiono i ragazzi? Riporta le parole del testo.

9 **L'impossibile comprensione** Qual è la ragione profonda dell'incomprensione degli adulti per la vita segreta dei figli sui social network?

## Riconoscere e analizzare

10 **Il testo** Come appare costituito il testo?
- **a.** È una riflessione personale di Rampini
- **b.** È l'esito di una impegnativa ricerca di D. Boyd
- **c.** È l'esito di un'intervista di D. Boyd
- **d.** È una narrazione di fatti

11 **Le sequenze** Forniamo in modo casuale i titoli delle sequenze in cui è diviso il testo; rimettili in ordine.

La privacy • Quasi un obbligo chattare • Abilità e ingenuità dei giovani • I genitori sempre in crisi • Timori antichi dei genitori • Entrare nella relazione giovani-social • I ragazzi crescono sui social • Le mistificazioni dei genitori • Un'indagine accurata • Anche in Rete differenze sociali • La superiorità digitale dei giovani

12 **Il risultato** Quale tesi sostiene la studiosa Danah Boyd con la sua ricerca?

13 **La metafora** Il passo inizia con una metafora. Riportala.

.......................................................................................................

.......................................................................................................

## Rielaborare e produrre

14 **Il riassunto** Usando la suddivisione in sequenze su cui hai già lavorato nell'esercizio 11, sintetizza il testo in 150 parole.

15 **La tua opinione** Condividi le motivazioni presenti nel testo a favore dell'uso dei social network da parte dei giovani? Motiva ed esemplifica la tua risposta in 400 parole.

16 **La tua esperienza** Per un giorno osservati con attenzione e quantifica il tempo che passi sui social. Poi descrivi le tue abitudini, magari confrontandole con quelle dei tuoi amici.

Alberto Manguel

# L'infelicità digitale

Da "la Rebubblica", 2014

Articolo giornalistico

L'autore svolge una colta riflessione sulla nostra ansia di essere sempre connessi e quindi collegati agli altri. Ne fa scaturire, però, la constatazione che, nonostante le mille possibilità che la Rete ci consente, l'individuo è sempre solo con se stesso.

Con la tecnologia siamo sempre connessi agli altri. Ma abbiamo davvero sconfitto la solitudine?

Nell'antica Roma era già nota. Petrarca[1] la chiamava malinconia. Il dottor Faust[2] "il fuoco che consuma il cuore". La consapevolezza di essere singoli, separati, insoddisfatti non sembra essersi perduta. Nonostante i social network.

Tutti i nostri plurali sono in fin dei conti singolari. Che cosa ci porta, dalla fortezza del nostro io, a cercare la compagnia e la conversazione con altri esseri che ci rispecchiano all'infinito nello strano mondo in cui viviamo? Il mito platonico sugli esseri umani che, all'origine del mondo, avrebbero avuto una doppia natura poi divisa in due dagli dèi spiega fino a un certo punto la nostra ricerca: cerchiamo con nostalgia la nostra metà perduta. E tuttavia, abbracci, discussioni, sport di contatto non sono mai sufficienti a infrangere la nostra certezza di individualità. I nostri corpi sono burqa che ci schermano dal resto del genere umano, e non c'è bisogno che Simeone lo Stilita[3] salga in cima a una colonna nel deserto per ritrovarsi isolato dai suoi simili. Siamo condannati alla singolarità.

Ogni nuova tecnologia, tuttavia, offre un'ennesima speranza di ricongiungimento. Le pitture nelle caverne riunirono i nostri antenati a discutere le memorie collettive di caccia al mammut, le tavolette di argilla e i rotoli di papiro permisero loro di dialogare con i lontani e con i morti. Gutenberg[4] creò l'illusione che non siamo unici e che ogni copia del *Don Chisciotte*[5] sia uguale a ogni altra (un trucco

1 **Petrarca**: Francesco Petrarca (1304-1374), poeta e umanista, autore del *Canzoniere*.

2 **dottor Faust**: personaggio letterario tedesco del XVI secolo, protagonista di varie storie, drammi, romanzi, che vende l'anima al diavolo in cambio della conoscenza assoluta.

3 **Simeone lo Stilita**: monaco asceta cristiano che visse per 37 anni su una colonna nel nord della Siria, nel V secolo d.C.

4 **Gutenberg**: Johannes Gutenberg (1394 ca.-1468) è stato l'inventore della stampa a caratteri mobili.

5 ***Don Chisciotte***: è il romanzo cavalleresco scritto dallo scrittore spagnolo Miguel de Cervantes (1547-1616) in due parti, pubblicate nel 1605 e nel 1615.

## L'AUTORE

**Alberto Manguel** è saggista, romanziere, autore di storie fantasiose. È nato a Buenos Aires nel 1948, ma ha trascorso lunghi periodi in Italia, Francia, Canada, Inghilterra. Attualmente vive in un piccolo villaggio della Francia. Ha avuto la fortuna di conoscere e frequentare, da ragazzo, uno degli scrittori più importanti del Novecento, Jorge Luis Borges (1899-1986). È autore di libri che inseguono luoghi fantastici, che riflettono sul piacere della lettura, che amano stupire, come il recente *Una storia naturale della curiosità* (2015).

che non ha mai del tutto convinto la maggior parte dei lettori del *Don Chisciotte*). Riuniti davanti ai nostri televisori, abbiamo assistito al primo passo di Armstrong[6] nello spazio e, non contenti di far parte di quell'immensa folla contemplativa, abbiamo inventato nuovi dispositivi elettronici che creano e raccolgono amici immaginari ai quali confidiamo i nostri segreti più delicati e per i quali postiamo i nostri ritratti più intimi.

In nessun momento del giorno o della notte siamo inaccessibili: ci siamo resi disponibili agli altri nel sonno, durante i pasti, mentre viaggiamo, siamo in bagno o facciamo l'amore. Abbiamo reinventato l'occhio di Dio che tutto vede. La silenziosa amicizia della luna non è più nostra, come lo fu per Virgilio[7], e abbiamo abbandonato «le assise del dolce silenzioso pensiero» (the sessions of sweet silent thought) di cui godette Shakespeare[8]. Solo il rispuntare su internet di vecchie conoscenze risveglia in noi il ricordo delle cose passate. Gli amanti non possono restare assenti per sempre, o gli amici lontani: con il tocco di un dito li possiamo raggiungere, così come essi possono raggiungere noi. Soffriamo il contrario dell'agorafobia[9]: siamo ormai perseguitati da una presenza costante. Sono sempre tutti qui.

Quest'ansia di essere circondati dalle parole e dai volti degli altri permea tutte le nostre storie. [...] In ogni caso, l'individuo è ossessionato dalla ricerca di altri che gli dicano chi sono. "Only connect!", devi solo cercare le connessioni, dice Margaret in *Casa Howard* di Forster[10].

Ma anche la connessione deve avere i suoi limiti. La quinta edizione del *DSM* (il *Manuale diagnostico e statistico dei disturbi mentali*), pubblicato nel 2013 dalla American Psychiatric Association, elenca l'Internet Gaming Disorder, la dipendenza dai giochi in rete, come una patologia che porta a «un significativo disturbo o disagio clinico». Ciò che Petrarca avrebbe chiamato malinconia, e il dottor Faust «das Herzverbrennen» [«un fuoco che consuma il cuore»], il *DSM* lo definisce depressione associata a sindrome da astinenza (quando la tecnologia si rompe) e a un senso di insoddisfazione (quando non si riesce a concludere).

Il risultato finale è lo stesso.

La ricerca degli altri – per giocare insieme, per mandargli un messaggio, o una email, per telefonargli o contattarli via Skype – stabilisce le nostre identità. Noi siamo, o diventiamo, perché qualcuno riconosce la nostra presenza. Il motto dell'era elettronica è quello che riassume la filosofia di Berkeley[11]: «esse est percipi», «essere è essere percepiti». Tutti i nostri sforzi per essere – pienamente, assolutamente, felicemente – con gli altri, falliscono. «Noi viviamo insieme, agiamo l'uno sull'altro, e reagiamo l'uno all'altro», ha scritto Aldous Huxley[12] in *Le porte della percezione*, «ma sempre e in ogni circostanza siamo soli con noi stessi. I martiri quando entrano nell'arena si tengono per mano, ma sono crocifissi da soli. Abbracciati, gli amanti cercano disperatamente di fondere le loro estasi isolate in una singola auto-

6 **Armstrong**: Neil Armstrong (1930-2012), astronauta americano, è stato il primo uomo a mettere piede sulla Luna, il 21 luglio 1969.

7 **Virgilio**: Publio Virgilio Marone (70-19 a.C.), poeta latino, autore di *Eneide*, *Georgiche* e *Bucoliche*.

8 **Shakespeare**: William Shakespeare (1564-1616), drammaturgo e poeta inglese.

9 **agorafobia**: paura degli spazi aperti.

10 **Margaret...Forster**: Edward Morgan Forster (1879-1970), scrittore inglese, pubblica nel 1910 il romanzo *Casa Howard* nel quale figura tra i protagonisti Margaret Schlegel.

11 **Berkeley**: George Berkeley (1685-1753), filosofo e teologo irlandese.

12 **Aldous Huxley**: scrittore britannico, nato nel 1894 e morto nel 1963, autore di testi imperniati sul misticismo e sullo spirituale. La sua opera più famosa è *Il nuovo mondo* (1932), un romanzo di fantascienza.

trascendenza; invano. Per la sua stessa natura, ogni spirito incarnato è condannato a soffrire e a godere in solitudine».

La folla di amici promessi da Facebook, le moltitudini di corrispondenti che vogliono collegarsi con noi nel cyberspazio, i mercanti di promesse che offrono fortune in terre straniere, [...] i sogni più dolci e una vita migliore, non possono far nulla contro la malinconia essenziale per cui Platone[13] immaginò la sua storia.

[...] Forse tutti i rapporti – con le immagini, con i libri, con la gente, con gli abitanti **virtuali** del cyberspazio – generano tristezza perché ci ricordano che, alla fine, essenzialmente e irrimediabilmente, siamo soli.

A. Manguel, in "la Repubblica", 3 agosto 2014, trad. it. di L.E. Moriones

PAROLE *sotto la lente*

### Virtuale

L'aggettivo deriva da *virtualis*, usato dai filosofi medioevali e derivato dal latino *virtus* = virtù. Il termine è usato in filosofia con il significato di potenziale, esistente in potenza, contrapposto a reale, effettivo. Un uso analogo si riscontra in altre discipline e in particolare in informatica, dove, con realtà virtuale si indica la simulazione al computer di una particolare situazione reale, con la quale il soggetto umano può interagire, anche involontariamente, per mezzo di interfacce non convenzionali, estremamente sofisticate.

**Attività**

"Virtuoso" e "virtuosistico" hanno la stessa radice di "virtuale", ma i loro significati sono diversi. Precisali con l'uso del vocabolario.

13 **Platone**: filosofo greco (420 ca.-348 ca. a.C.).

## per L'ANALISI del TESTO

### Siamo davvero sempre in Rete?

L'autore riflette sull'**individuo come un essere solo**: «siamo condannati alla singolarità» (r. 15) è la sua idea di fondo che ribadirà, poi, in chiusura.

Manguel si rende conto che gli attuali sistemi di comunicazione hanno non solo facilitato, ma anche avvalorato l'illusione di poter condivider i nostri individuali destini con tutti gli altri esseri viventi. La Rete facilita enormemente l'idea di una collettività sempre più ampia e sempre più allargabile, perché ognuno si è reso disponibile agli altri in ogni momento della sua giornata. Alberto Manguel la ritiene una follia: in questo modo, infatti, sono «sempre tutti qui» (r. 36).

### Soli con noi stessi

Perché questa concessione pubblica così generale e senza freni? L'autore risponde senza equivoci a questa domanda che in lui suona retorica. La generale ansia di essere presenti sottintende dell'altro: il bisogno di riconoscersi negli altri e di essere riconosciuti. Il riferimento è a tutto quanto, oggi, in "tempo reale" viene "postato", da tutti: adolescenti e genitori, giovani e adulti. Assistiamo a una gara continua. È necessario informare gli altri, **mostrarsi al mondo** intero **per sentirsi gratificati**, riconosciuti, valorizzati e quindi accettati. Per Alberto Manguel una simile pratica è un evidente sintomo di debolezza, anzi lo scrittore fa sue alcune valutazioni mediche che parlano addirittura di «depressione» (rr. 46-47) e di «astinenza» (r. 47) come malattie della nostra epoca.

### Riferimenti culturali

Alberto Manguel svolge il suo ragionamento non solo con riferimenti tecnici, ma per lo più si appoggia a nomi illustri della letteratura di ogni tempo. Virgilio, Petrarca, Shakespeare, Cervantes sono grandi letterati che hanno ben conosciuto il valore e la ricchezza della **riflessione solitaria** e a loro, secondo l'autore, dovremmo rifarci. La «malinconia» di Petrarca rinvia ai tanti artisti, dal temperamento pensieroso e creativo; la «silenziosa amicizia della luna» (rr. 29-30) è un richiamo a Leopardi e al suo trascorrere il tempo in solitaria contemplazione dell'universo. Quanta diversità con il rumore del tempo presente!

### Testo colto, ma comunicativo

L'autore esprime la sua preoccupazione con una lingua ricca di **riferimenti letterari colti**, ma con termini e accenti comprensibili, per cui il suo pensiero risulta di buona divulgazione. Trattandosi di un testo scritto sotto forma di **saggio**, con due modi di comportamento contrastanti, si preoccupa di esporli adeguatamente, non sottacendo, però, il suo punto di vista.

# Attività

## Leggere e comprendere

1 **Da sempre** Quale stato d'animo affligge l'uomo da sempre?
a. L'avidità
b. L'amore
c. La solitudine
d. L'odio

2 **La causa** Da che cosa deriva, secondo la filosofia di Platone, il senso di solitudine di ogni uomo?

3 **Le invenzioni** Nel testo si sottolinea come tante invenzioni tecnologiche nel corso della storia abbiano dato agli uomini la speranza del ricongiungimento. Elencale.

4 **I nuovi dispositivi** Che cosa ci hanno tolto e che cosa ci hanno dato, secondo l'autore, i nuovi strumenti tecnologici?

5 **Il nostro essere** «Noi siamo, o diventiamo, perché qualcuno riconosce la nostra presenza» (rr. 51-52). Perché, da questo punto di vista, i nuovi dispositivi favoriscono le nostre identità?
a. Perché sono veloci
b. Perché sono pressoché gratuiti
c. Perché ci mettono in contatto con tanti altri
d. Perché non si inceppano mai

6 **Il passato** Quale è stato nel passato lo strumento privilegiato con cui gli uomini hanno cercato di raggiungere altri uomini?
a. Il salotto letterario del XVIII secolo
b. Il foro o l'agorà delle città antiche
c. La lettura di grandi libri
d. La conversazione con gli amici intimi

7 **I rischi** La connessione espone gli uomini a rischi?

8 **La Rete** Secondo l'autore la Rete e tutti i social network riescono a vincere il senso di solitudine dell'uomo?

9 **Il presente** Che cosa basta fare oggi per avere tutti accanto?
a. Telefonare
b. Invitare amici a cena
c. Connettersi alla Rete
d. Organizzare una festa di compleanno

## Riconoscere e analizzare

10 **Il testo** A quale tipologia di testo appartiene il brano letto?

11 **Il problema** Enuncia il problema che il testo pone.

12 **La tesi** Quale tesi sostiene l'autore?

13 **Le argomentazioni** Le argomentazioni che l'autore porta per sostenere la propria tesi sono varie e numerose. Quali ritrovi nel testo?
a. Riflessioni, ricerche, citazioni di autorità
b. Esempi, riflessioni, leggi matematiche
c. La sua personale esperienza, dati statistici, citazioni di autorità
d. Riflessioni, ricerche, dati statistici

## Rielaborare e produrre

14 **Il riassunto** Sintetizza il testo seguendo lo schema seguente: problema, tesi, motivazione 1, motivazione 2 ecc.

15 **La lettera** Hai mai sperimentato personalmente il senso di solitudine di cui si parla nell'articolo, dopo essere stato connesso in Rete con tanti interlocutori? Ripensa a quel momento e raccontalo in una lettera a un amico.

per approfondire

Giuseppe Riva

# Nativi digitali

Da *Nativi digitali. Crescere e apprendere nel mondo dei nuovi media*, 2014

Saggio

L'autore riflette sul fatto che chiunque, all'interno dei social media, può nascondersi, mascherarsi, assumere un'identità qualsiasi, sottraendosi a quella che è la sua vera personalità.

Uno degli elementi che caratterizzano la comunicazione nei nuovi media è l'assenza del corpo fisico e dei significati che questo porta con sé.

Nell'interazione[1] faccia-a-faccia il soggetto è il suo corpo. Dall'espressione del volto al movimento delle mani, ogni gesto riflette il soggetto e lo rende «visibile» all'altro intuitivamente. Per esempio, io capisco immediatamente che il mio amico Andrea vuole un caffè più dolce semplicemente vedendo la sua mano che si muove verso la zuccheriera. Al contrario, nei nuovi media la fisicità e l'immediatezza del corpo reale vengono sostituite da un corpo virtuale, composto da una pluralità di immagini parziali e contestualizzate: il mio corpo diventa l'insieme del mio volto truccato, le mie gambe e il mio seno in costume da bagno e così via. In pratica, il soggetto diventa per i propri interlocutori quello che comunica. La psicologa Gabriella Pravettoni a questo proposito scrive:

«Essere digitali significa essere ciò che le nostre dita fanno trapelare di noi attraverso lo schermo [...]. Abbiamo depositato il corpo, momentaneamente, dietro la tastiera. Ci siamo estesi al di là di noi stessi tramite il cursore. *Tabula rasa*[2]: di noi possiamo fare e dire ciò che vogliamo».

Detto in altre parole, nei social media il soggetto può organizzare la propria presentazione in maniera «strategica», proprio per trasmettere una precisa immagine di sé (*impression management*). Per esempio, per attirare l'attenzione dell'amica di Paolo che ama la pittura, posso decidere di mettere nella mia bacheca una foto mentre sono alla mostra di Van Gogh e scrivere una serie di commenti che esprimono una valutazione positiva dell'esperienza. E tale possibilità non si limita alle relazioni personali, ma può essere usata anche in ambito scolastico all'interno del blog della classe per far sapere all'insegnante di storia dell'arte che sono andato alla mostra.

1 **interazione**: rapporto, reciproca influenza.

2 ***Tabula rasa***: espressione latina con la quale si intende affermare che tutto è stato azzerato e si può ripartire da capo.

## L'AUTORE

**Giuseppe Riva** è docente di Psicologia e Nuove tecnologie della comunicazione presso l'Università Cattolica di Milano. Presiede l'Associazione Internazionale di CiberPsicologia. Oltre ai numerosissimi articoli pubblicati su riviste scientifiche, Riva è autore di vari testi che riflettono sul rapporto fra individuo e nuovi media: *I social network* (2010), *Nativi digitali. Crescere e apprendere nel mondo dei nuovi media* (2014) e *Selfie. Narcisismo e identità* (2016).

Nella vita reale uno dei problemi principali è che non posso cambiare radicalmente: se sono basso, continuo a esserlo anche se vorrei essere più alto. Oppure il cambiamento richiede tempo e sforzi prolungati: la timidezza non può essere superata rapidamente, ma occorrono tempo e diversi tentativi. E poi il fallimento ha un costo.

Nei nuovi media, invece, se non dichiaro esplicitamente la mia identità – per esempio usando uno pseudonimo –, posso sperimentare nuovi modi di essere, visto che nella maggior parte dei casi anche se fallisco non succede nulla: se nella vita reale sono timido, posso provare on-line a essere più diretto e vedere che cosa succede. Se sbaglio posso tornare sui miei passi e provare di nuovo.

La psicologa americana Sherry Turkle, nel suo libro *La vita sullo schermo*, ha chiaramente identificato nei nuovi media il contesto ideale per sperimentare diversi aspetti della propria identità.

Allo stesso tempo un'altra psicologa americana, Katelyn McKenna, ha mostrato come le persone siano più disponibili a rivelare il proprio vero Sé nei nuovi media di quanto non lo siano nella vita reale. Questo perché, all'interno di una rete di «amici» di cui non ho un feedback diretto delle reazioni emotive, è possibile condividere le proprie convinzioni più intime con minore rischio di disapprovazione o di sanzione sociale.

La possibilità di sperimentare ruoli e identità è un aspetto importante all'interno dello sviluppo individuale. Oltre ad avere un ruolo centrale durante l'adolescenza, continua a essere importante anche in età adulta. La psicologia sociale sottolinea infatti come una vita di successo richieda l'acquisizione della capacità di gestire i numerosi ruoli – marito, amico, docente, volontario, padre, coordinatore ecc. – che ci richiedono le diverse fasi della vita. I nuovi media, permettendo di decidere come presentarci alle persone che compongono la rete (*impression management*), possono essere considerati lo strumento ideale per narrarsi, decidendo in prima persona quali ruoli e quali eventi presentare. Come acutamente sottolineano Palfrey e Gasser:

Serinch, *Identità digitale*, 2015. (Collezione Privata)

un saggio

«Le varie espressioni dell'identità che si trovano on-line non solo riflettono lo stato dell'identità [...] così come lui (o lei) lo percepisce ma danno anche forma a quell'identità influenzando la percezione [...] su ciò che gli altri pensano di lui o di lei».

Se ciò consente di avere un ruolo centrale nella definizione e nella condivisione della propria identità sociale, è anche vero che i nuovi media, e in particolare i social network, permettono anche agli altri componenti della nostra rete di poter intervenire facilmente sulla nostra identità sociale. A questo proposito Galimberti parla di «intersoggettività enunciativa» per sottolineare come la soggettività non sia indipendente dall'esperienza interattiva dei soggetti. Detto in altre parole, gli altri, con le loro narrazioni e interazioni, possono avere un impatto sulla nostra soggettività.

Con i social network questo può avvenire in maniera diretta, postando un commento sulla bacheca, o in maniera indiretta, attraverso l'uso del tagging («etichettare») con cui nei social network è possibile associare a un amico, senza che lui lo voglia, un'immagine in cui lui è presente o una nota di testo a lui riferita.

«Taggare» la foto di un amico su Facebook è molto semplice: basta premere sulla scritta «Tagga questa foto», che si trova immediatamente sotto la foto a destra. Fatto questo, bisogna selezionare l'area della foto che include la persona che si vuole segnalare e indicarne il nome.

L'essere «taggati» comporta il fatto che un contenuto multimediale, in cui noi siamo presenti ma che non abbiamo scelto, apparirà nel nostro profilo. È vero che è possibile impostare le notifiche di Facebook in modo da sapere sempre quando qualcuno ci tagga. Ma è anche vero che se mi dimentico di farlo, o non sono consapevole di che cosa implica essere taggati, appariranno nel mio profilo, senza che io lo abbia voluto, foto o testi che mi riguardano. E ciò può portare a cambiamenti imprevisti nella propria identità sociale: la foto in cui bevo a canna una bottiglia di vodka insieme ad altri amici a una festa può trasformarmi da bravo ragazzo in alcolista incallito[3].

3 **incallito**: accanito.

Serinch, *Identità digitale*, 2015. (Collezione Privata)

E lo stesso può accadere all'interno di Ask.fm (www.ask.fm), un incrocio tra un social network e un forum in cui si possono fare domande alla comunità di utenti e ricevere risposte in maniera anonima. Nato per aiutare gli utenti a trovare risposte ai problemi pratici della vita di tutti i giorni, è stato trasformato dai nativi digitali in un gioco della verità in cui è possibile fare domande su di sé e avere risposte senza i vincoli delle convenzioni sociali. Un contesto di questo tipo, in cui chi risponde è anonimo e non vede in tempo reale il corpo dell'altro e le emozioni generate dalle sue parole, può spingere a risposte crude ed estreme in grado di danneggiare l'autostima e la fiducia in se stessi.

G. Riva, *Nativi digitali. Crescere e apprendere nel mondo dei nuovi media*, Il Mulino, Bologna, 2014

Serinch, *Identità digitale*, 2015. (Collezione Privata)

# Attività

## Comprendere il saggio

1 **Il «corpo virtuale»** Che cosa s'intende per «corpo virtuale» (r. 8)?

2 **Nuove identità** Secondo Giuseppe Riva ci possono essere dei vantaggi nello sperimentare nuovi ruoli o identità? Ci possono anche essere dei rischi?

3 **Il tagging** Riva mette in guardia sul rischio di manipolazioni attraverso la tecnica del tagging. Che ne pensi?

## Analizzare il saggio

4 **Il testo** Secondo te nel testo prevalgono considerazioni tecniche o psicologiche? Motiva la tua risposta.

## Zerocalcare

# Time out

## Il testo

Le storie di *Ogni maledetto lunedì su due*, il terzo libro di Zerocalcare, sono dettate dall'attualità e consentono al lettore di identificarsi in questo spilungone dalle sopracciglia folte e dall'eterna maglietta con teschio. Zerocalcare parla a tanti ragazzi di oggi che vedono nelle sue indecisioni le proprie, che condividono le sue ansie per le aspettative che lo assillano.

La storia a fumetti che presentiamo, dal titolo *Time out*, è significativa del modo di lavorare di Zerocalcare. Si apre con una grande torre su cui sono asserragliati tutti i suoi incubi personali (tempi, scadenze lavorative, successo ecc.), che lo aspettano al varco ogni lunedì, quando deve postare sul suo blog una nuova storia, che ormai migliaia di lettori stanno aspettando.

Tira e molla, il coraggio di uscire allo scoperto alla fine, però, emerge, grazie all'aiuto del fidato amico armadillo che lo accompagna, una sorta di sua coscienza vivente che gli fa da scudo di fronte alle paure e alle insicurezze.

La copertina del volume *Ogni maledetto lunedì su due* di Zerocalcare.

## L'AUTORE

**Zerocalcare** è uno dei fumettisti di maggior successo degli ultimi anni. Si presenta con questo pseudonimo (ispirato a uno spot televisivo), ma il suo vero nome è Michele Rech, nato ad Arezzo nel 1983 e cresciuto a Roma. Ha incominciato a disegnare fumetti all'inizio del 2000 per le numerose pubblicazioni che circolavano nel circuito dei centri sociali. Nel 2011 avvia un blog a fumetti che lo segnala a migliaia di lettori. Il suo primo libro s'intitola *La profezia dell'armadillo* (2011), a cui fa seguito *Un polpo alla gola* (2012), storie a fumetti con le quali Zerocalcare diventa un caso editoriale. Nelle sue storie attinge di frequente alla sua stessa biografia, infarcendola con riferimenti alla cultura pop e alla politica attuale. In Zerocalcare, il disegno e il testo sono sostenuti entrambi da una inesauribile immaginazione fantastica.

Zerocalcare, con le sue pubblicazioni sul web, simboleggia perfettamente il cambiamento che Internet ha portato in molti settori: i lettori infatti possono leggere le storie a fumetti sul blog zerocalcare.it, oltre che nella tradizionale versione a stampa. *Ogni maledetto lunedì su due* (2013) e *L'elenco telefonico degli accolli* (2015) sono due raccolte di storie brevi tratte dal suo blog. L'ultimo fumetto, uscito nel 2016, è *Kobane calling*.

# TIME OUT

Alcune tavole tratte dal volume *Ogni maledetto lunedì su due*.

# RACCOGLIAMO LE IDEE

## 1 Sintesi dei contenuti

Attraverso l'attività seguente e le citazioni tratte dai brani che hai letto, esegui un lavoro di sintesi dei concetti e delle informazioni presentati nell'Unità. Se lo ritieni utile, puoi inserire altre citazioni per te significative.

Approfondisci il confronto tra i passi letti completando la tabella, nella quale abbiamo sintetizzato il contenuto di ciascun brano riportato. Abbina ciascun pezzo al suo autore e poi valuta se la posizione assunta è favorevole, contraria o indifferente alla moderna comunicazione.

| Contenuto del brano | Autore | Posizione |
|---|---|---|
| **1.** Socializzare in rete per i giovani è una necessità e non nuoce, anche se i genitori erroneamente la contrastano. | ..................... | ..................... |
| **2.** L'uomo è sempre solo, nonostante i nuovi network. | ..................... | ..................... |
| **3.** La comunicazione che avviene attraverso i social network è manipolabile, non rivela veramente l'identità degli interlocutori e può influire sul giudizio che di loro si dà in rete. | ..................... | ..................... |
| **4.** Chattare fino a notte inoltrata non è salutare per i giovani, nuoce all'andamento scolastico e può generare dipendenza. | ..................... | ..................... |
| **5.** Lo smartphone con le sue numerosissime potenzialità è la tecnologia che caratterizza la nostra epoca. | ..................... | ..................... |

## 2 Citazioni dai brani

[...]
..........................................................................
..........................................................................
..........................................................................
..........................................................................

[...]
..........................................................................
..........................................................................
..........................................................................
..........................................................................

Con lo smartphone compio varie attività, forse anche più di quelle che farei con un computer da scrivania. Controllo le e-mail, mando sms, aggiorno il mio profilo su Facebook, do uno sguardo a Twitter. Navigo su internet [...]. Condivido le mie foto su Flickr, ascolto la musica sull'iPod e gioco ad Angry Birds, Blitz e W.E.L.D.E.R. Se di notte il cielo è completamente buio e terso, posso tenere l'iPhone rivolto verso l'alto e riconoscere le costellazioni usando Starmap Pro. Quando mi annoio do un'occhiata alle applicazioni e cerco qualcosa da fare. Ogni tanto, poi, lo uso persino per telefonare.

Jon Agar, *Un personalissimo computer*

Da sempre i ragazzi si ribellano al coprifuoco dei genitori. Una volta però c'erano solo il telefono fisso, facilmente controllabile, la tv, che terminava i programmi a una certa ora, e i libri, che richiedevano (e richiedono) comunque grande concentrazione. Oggi smartphone, pc e connessione internet 24 ore su 24 consentono un'attività no stop. Con la settimana piena di impegni, scuola la mattina, lezioni di nuoto, piano, inglese, scherma e quant'altro il pomeriggio gli adolescenti rivendicano un tempo che è tutto per loro.

Mara Accettura, *La lunga notte dei social*

[...] noi adulti siamo degli "immigrati digitali", non siamo nati dentro questo universo tecnologico; come degli immigrati in una terra straniera ne scopriamo le regole faticosamente, ci muoviamo con timore e sospetto; i giovani sono dei "nativi digitali", per loro questo è l'unico universo noto, sono cresciuti dentro le sue regole.

Federico Rampini, *I teenager si preoccupano della privacy*

Forse tutti i rapporti – con le immagini, con i libri, con la gente, con gli abitanti virtuali del cyberspazio – generano tristezza perché ci ricordano che, alla fine, essenzialmente e irrimediabilmente, siamo soli.

Alberto Manguel, *L'infelicità digitale*

I nuovi media, permettendo di decidere come presentarci alle persone che compongono la rete [...], possono essere considerati lo strumento ideale per narrarsi, decidendo in prima persona quali ruoli e quali eventi presentare.

Giuseppe Riva, *Nativi digitali*

## 3 Scrittura guidata *il tema*

Dopo aver rivisto i contenuti essenziali dei testi proposti nell'Unità a proposito delle nuove forme di comunicazione, averli sintetizzati nella tabella della pagina accanto e aver letto le citazioni proposte sopra, stendi un tema attenendoti alla seguente traccia: "Tutti gli strumenti che permettono la nuova comunicazione sono l'elemento che caratterizza la nostra epoca: aprono infiniti orizzonti in ambito cognitivo ed economico, hanno ricadute sulle nostre abitudini, sulla nostra personalità, sulle nostre emozioni, sul nostro modo di apprendere. Forniscono moltissime opportunità e modificano profondamente la nostra vita, aggiungendole qualcosa e sottraendole qualche altra cosa".

Se vuoi, puoi rifarti alla seguente scaletta:

**Introduzione**

- Chiarificazione e ampliamento della traccia

**Sviluppo**

- Paragrafo 1 (aperture in diversi ambiti)
- Paragrafo 2 (trasformazioni delle nostre abitudini, emozioni, apprendimenti...)
- Paragrafo 3 (apporti positivi)
- Paragrafo 4 (limitazioni)
- ......................................................................

**Conclusione**

- Ripresa ampliata degli argomenti principali del tema

Sofia Viscardi

# Saviano e i social

Da
Il canale di Sofia Viscardi su youtube, 2015
Intervista

La vlogger Sofia Viscardi intervista Roberto Saviano sul suo rapporto con i social network. Dopo la pubblicazione del libro *Gomorra* (2006), Roberto Saviano è costretto a una vita sotto protezione, per cui gli risulta difficile instaurare normali relazioni sociali. I social network diventano, allora, un'importante via per allacciare rapporti.

**SOFIA**: La vita sui social, il poter condividere qualcosa sui social network, in qualche modo ha cambiato la tua vita da "prigioniero", se così vogliamo dire?

**ROBERTO**: Totalmente. Io esisto e sento che sono nella vita quando innanzitutto ho connessione. Quando mi trovo in caserme[1], per esempio, senza connessione, lì per me va giù tutto... Anche se poi mi scarico semplicemente per qualche secondo la posta o controllo Facebook, Twitter e i vari social, il fatto di non essere connesso mi fa sentire isolato, solo. Quindi, primo questo. Secondo, l'apertura ai social mi è sembrata un po' come fregare chi voleva isolarmi[2]. Cerco di essere in qualche modo sui social così come sono, cioè da un lato descrivere la mia vita, ma dall'altro anche prendere posizione, raccontare le cose più assurde, dai libri a quello che sta succedendo in Venezuela.

Poi la parola "condividere" è quella più pericolosa che c'è. Dico pericolosa perché può portarti a delle incredibili derive oppure può portare a una conoscenza che prima era molto complesso raggiungere, cioè che potevi raggiungere solo approfondendo per molte ore, cercando quel libro, quell'articolo... invece adesso magari con una condivisione può arrivarti tutto in poco tempo.

**SOFIA**: Infatti è molto interessante come rispetto a me tu utilizzi questi social network, perché ovviamente io sono una ragazza di 17 anni che parla alle sue coetanee della sua vita, quindi con una visione molto più rosea del mondo... e volevo sapere meglio come utilizzi i tuoi social network per comunicare con le persone che ti seguono.

**ROBERTO**: Sai, ti sembrerà forse una cosa strana ma io innanzitutto cerco di capire se un mio post attira molti haters: cioè, quando mi riempiono di insulti, "bastardo", "pezzo di merda", "guadagni sulla mafia"... tutte queste idiozie qui, lì sento che ho beccato giusto, perché sto entrando in un territorio nemico e non parlo solo ai lovers. Cioè, quando arrivano tanti insulti è ottimo perché è come entrare in un territorio: arrivano tutte le frecce di quelli che non vogliono farti entrare però poi magari arrivi al cuore di quel nuovo territorio, e quando arrivi al cuore di quel nuovo territorio iniziano ad ascoltarti e quindi chi ti lanciava le frecce potrebbe addirittura cambiare posizione [...]. Quindi da un lato molte persone pubbliche la prima cosa che detestano sono gli haters. Gli haters sono una cosa orrenda, soprattutto quando sono volgari e [scrivono] una valanga di idiozie; però io non la vedo così. Certo, poi si banna il più stalker, si banna quello che ci specula su questa roba qui, o quelli che si fanno pubblicità, però in fondo il mio social vuole dirimere[3], vuole radicalmente creare dibattito e quindi per me va bene.

Questo non mi porterà mai a cambiare i toni, ad essere poco gentile o a essere meno severo. La disciplina, il mio modo di essere, cerco in tutti i modi di non farlo compromettere dall'odiatore. Perché l'odiatore questo vuole spesso: che tu prenda

1 **mi trovo in caserme**: Saviano fa riferimento al fatto che spesso è costretto a vivere all'interno di caserme militari per essere meglio protetto da eventuali attacchi della malavita.

2 **chi voleva isolarmi**: è un altro riferimento alla sua vita da "recluso". Chi lo voleva e lo vuole isolare dal resto del mondo per poi colpirlo più facilmente sono i cosiddetti clan camorristici di Casal di Principe (NA), il territorio in cui è ambientato *Gomorra*, il libro scritto da Saviano nel 2006.

3 **il mio social vuole dirimere**: Saviano, scrivendo sul suo social, vuole distinguere fra le varie opinioni e cercare il confronto.

una posizione, o che tu gli risponda al suo stesso modo, che ti arrabbi.

Poi, rispetto appunto ai tuoi social, io gestisco i miei social in maniera... userei la parola "bastarda", proprio come per gli scrittori io sono un giornalista e per i giornalisti io sono uno scrittore. Uguale. Nei social io faccio una comunicazione che può sembrare tipica di un giornale e allo stesso tempo però, per esempio, ho fatto una foto, un selfie stamattina a Milano, col sole. Ogni tanto cerco di comunicare a chi mi legge che sto male; è una specie di sibillina[4] richiesta di aiuto. Non lo faccio in maniera troppo chiara perché mi sento un po' ridicolo però, insomma, arrivo anche a momenti del genere, anche di grande sconforto [...]. Allo stesso tempo, cerco di dare una mano a tutte le persone che sono nella mia situazione o meno fortunate, per esempio giornalisti albanesi, sudamericani e tutto questo cerco di raccontarlo.

E poi cerco di dare una priorità ai libri, che sui social rischiano di essere messi al margine o addirittura superati dai video; cioè se c'è un film su un libro molli il libro e vai direttamente al film.

**SOFIA**: [...] Quali sono i contenuti che riscuotono maggior successo a livello di numeri [...]?

**ROBERTO**: Ho notato che spesso i selfie e la partecipazione diretta del tuo pubblico alla tua vita fanno molti like e molte condivisioni, ma studiando le mie pagine ho visto a volte delle cose strane: ci sono dei post per esempio in cui avevo raccolto la storia di una ragazza degli anni Ottanta che era riuscita per amore a far pentire il suo fidanzato che era nella 'ndrangheta[5], e poi è stata dilaniata e torturata dalla 'ndragheta; questi post li hanno letti migliaia e migliaia, anzi milioni di persone, e non me l'aspettavo, perché in genere queste sono storie un po' di nicchia[6], che vogliono ricordare soprattutto "i militanti"[7]. Invece altre volte sono sicuro che il post vada e invece si ferma, che è una cosa stranissima.

E ho capito la potenza del selfie, che molti criticano, soprattutto chi fa il mio mestiere di scrittore e lo considera una cosa adolescenziale [...]. In realtà, io sono convinto che è una sintassi interessante, perché "ci metti la faccia", almeno per ora, poi più avanti forse diventerà una forma di comunicazione un po' consumata, ma per ora è un metterci la faccia, un costruire un'identità, una presenza: sui social ci sono e sono parte di questa comunicazione.

S. Viscardi, da YouTube, 12 giugno 2015

4 **sibillina**: enigmatica, misteriosa.
5 **'ndrangheta**: con questo termine s'intende la malavita calabrese.
6 **storie...nicchia**: storie che possono interessare un gruppo ristretto di persone.
7 **i militanti**: coloro che sono maggiormente impegnati nel contrastare la malavita.

## GLI AUTORI

**Sofia Viscardi**, milanese, 18 anni, ha conquistato la notorietà come youtuber, postando brevi video in cui parla di se stessa, della sua giornata, della scuola, della gente che incontra. Ha un largo seguito grazie alla semplicità e all'immediatezza di quanto propone. Nel giugno 2015 ha intervistato lo scrittore Roberto Saviano. È autrice del romanzo *Succede* (2016).

**Roberto Saviano** è nato a Napoli nel 1979. Giornalista, scrittore e saggista, ha conosciuto la notorietà con il libro *Gomorra* (2006), un'attenta analisi di come la criminalità organizzata soffochi l'economia e la vita pubblica nel Napoletano. Da allora, vive sotto scorta ed è costretto a cambiare frequentemente la sua residenza per le continue minacce di morte che riceve. Altri suoi libri di successo sono *Zero, zero, zero* (2013) sulla diffusione e il consumo della cocaina; una raccolta dei suoi saggi, *La bellezza e l'inferno. Scritti 2004-2009* (2009). Le sue prese di posizione sui problemi politico-sociali di frequente innescano ulteriori dibattiti e approfondimenti, per questo Saviano finisce con l'assumere spesso il ruolo di un intellettuale scomodo.

# Attività

## Comprendere e analizzare: verso l'INVALSI

1 **La «vita da prigioniero»** Perché, nella prima domanda, l'intervistatrice parla di una vita «da prigioniero» alludendo a Saviano?
- **a.** Perché Saviano è costretto a vivere sotto scorta per le minacce malavitose di morte
- **b.** Perché Saviano è in carcere per aver commesso una frode
- **c.** Perché Saviano è stato arrestato per implicazioni con la mafia
- **d.** Perché Saviano ha sempre timore a esprimere le proprie idee

2 **La connessione** Quanto Saviano ritiene importante per la propria vita essere connesso?
- **a.** Non lo ritiene importante
- **b.** Non usa la connessione né i social
- **c.** Si sente vivo solo se è connesso
- **d.** Gli è indifferente

3 **L'immagine** Quale immagine vuole dare di sé Saviano sui social?
- **a.** Vuole mostrarsi com'è in realtà ed esprimere le proprie opinioni
- **b.** Vuole sembrare migliore di com'è ed esprimere le proprie opinioni
- **c.** Non vuole rivelare se stesso né i propri punti di vista
- **d.** Vuole farsi conoscere e far divertire gli interlocutori

4 **La condivisione** Quali aspetti positivi e quali negativi Saviano individua nella parola «condividere» (r. 12)?
- **a.** Dà informazioni ma fa conoscere persone ambigue
- **b.** Non dà informazioni ma crea amicizie
- **c.** Dà informazioni ma a volte induce in errore
- **d.** Dà informazioni sicure ma lascia soli

5 **L'intervistato** Nella seconda domanda la giovane Sofia lascia intendere che il suo interlocutore:
- **a.** è un giovane spensierato
- **b.** è un adulto noto e osannato da tutti
- **c.** è una persona matura e impegnata
- **d.** è una persona matura in cerca di notorietà

6 **Gli haters** Saviano dichiara di non disprezzare gli haters. Perché? Qual è il suo scopo?
- **a.** Vuole ricambiare gli insulti
- **b.** Vuole zittire gli haters
- **c.** Vuole piacere a tutti
- **d.** Vuole creare confronto e dibattito

7 **Il tono** Quale tono mantiene Saviano nei suoi post?
- **a.** È sempre gentile e severo
- **b.** È gentile con i lovers e arrogante con gli haters
- **c.** Lancia insulti e volgarità agli haters
- **d.** È sempre ironico e sprezzante

8 **L'aggettivo "bastardo"** Che cosa intende Saviano quando dice che gestisce i social in modo "bastardo"?
- **a.** È sempre aggressivo
- **b.** È falso perché è sempre gentile
- **c.** Mischia informazioni oggettive e sentimenti personali
- **d.** Mischia verità e bugie

9 **La verità** Sui social Saviano mette a nudo i propri sentimenti e le proprie emozioni?
- **a.** Sì, sempre
- **b.** Sì, in modo velato
- **c.** Mai
- **d.** Quando si sente solo

10 **La priorità** Fra i tanti argomenti trattati nei post, quale vuole valorizzare Roberto Saviano?
- **a.** La sua carriera
- **b.** La lotta alla mafia
- **c.** I libri
- **d.** I film

11 **Il successo** Perché Saviano non si aspettava che la storia della ragazza degli anni Ottanta avesse tanto successo sui social?
- **a.** Era una vicenda di pura invenzione
- **b.** Riguardava solo pochi, impegnati nel sociale
- **c.** Era una storia già molto nota
- **d.** Non era affatto divertente

12 **I selfie** Quale valore attribuisce lo scrittore ai selfie che posta sui social?

**a.** Tutti vedono la sua immagine e questo lo fa conoscere
**b.** Tutti vedono la sua immagine e questo piace ai giovani
**c.** Tutti vedono la sua immagine e questo rappresenta un'assunzione di responsabilità
**d.** Tutti vedono la sua immagine ed egli vende più libri

13 **La tipologia** Il testo è un'intervista:

**a.** di carattere generale sulla vita di Saviano
**b.** di carattere specifico sulla valutazione che Saviano dà dei social network
**c.** di carattere specifico sull'attività di Saviano
**d.** di carattere specifico sull'uso e la valutazione dei social da parte dello scrittore

14 **Lo stile** Nell'intervista prevale:

**a.** la narrazione
**b.** la descrizione
**c.** la riflessione

15 **Il sottocodice** Nel testo compaiono molti termini specifici del linguaggio dei social: elenca quelli in lingua italiana e quelli in inglese.

- Italiano:
  ..............................................................................................
  ..............................................................................................
- Inglese:
  ..............................................................................................
  ..............................................................................................

16 **Il registro linguistico** Come definiresti il registro linguistico di questa intervista? Motiva la tua risposta.

**a.** Formale
**b.** Colloquiale
**c.** Solenne
**d.** Medio

17 **La figura retorica** Spiegando la sua reazione agli insulti degli haters, Saviano usa un'ampia figura retorica. Quale?

..............................................................................................
..............................................................................................

## Rielaborare e produrre

18 **Il riassunto** Sintetizza in 150 parole ciò che Saviano rivela sull'uso che fa dei social network.

19 **Il social** Prepara un intervento orale di 5 minuti in cui descrivi il tuo social preferito e spieghi perché lo privilegi rispetto ad altri. Poi avvia una discussione con i compagni per stabilire quale sia il social network più usato e perché.

20 **La tua intervista** Immagina che Sofia voglia sapere da te qualcosa sui social: quanto e come li usi, che importanza hanno nelle tue relazioni con gli altri, quali vantaggi e rischi presentano, come condizionano la tua vita. Diventa quindi intervistatore e intervistato allo stesso tempo: stendi in modo ampio le domande e formula risposte articolate, profonde e sincere.

# per guardare oltre

## Intersezioni nell'antologia

- Isaac **Asimov** è un autore di fantascienza che ha immaginato scenari futuri basati sulle nuove tecnologie. Un esempio nell'antologia è rappresentato dal racconto *Sistema antiquato* (► p. 301).

## Altri orizzonti

### RACCONTI, ROMANZI E SAGGI

- Nel breve racconto intitolato *La risposta* (1954), Fredric **Brown** narra la costruzione di una macchina potentissima che racchiude il sapere e l'energia di novantasei miliardi di pianeti e che, alla fine, prende il sopravvento sugli uomini.
- *Più lontano ancora* (2012) è una raccolta di saggi dello scrittore americano Jonathan **Franzen**. Il brano che apre la raccolta s'intitola *Il dolore non vi ucciderà*: è il discorso tenuto ai laureandi di un'università americana. Secondo lo scrittore, la paura del dolore e della perdita che sono insiti nei rapporti di amicizia e di amore ci spinge spesso verso il mondo virtuale, che ci appare esente dal rischio della delusione. Tuttavia, questo mondo può esporci all'isolamento e alla mancanza di rapporti umani in carne e ossa. Franzen esorta quindi i ragazzi a superare i confini dei social media, a uscire di casa e confrontarsi con il mondo reale.
- *Il cerchio* (2013) di Dave **Eggers** è un romanzo che racconta la carriera di una ragazza americana presso una multinazionale (che ricorda Google) che possiede TruYou, un social unico che ha sostituito Facebook, Twitter e Pinterest, e che assume il monopolio della Rete.

### FILM

- *We Live in Public* (2009) di Ondi **Timoner** è un documentario che racconta l'impatto della Rete sulle relazioni umane e la perdita di privacy spesso collegata a Internet.
- *The Social Network* (2010) di David **Fincher** racconta la nascita di Facebook e la storia del suo ideatore, Mark Zuckerberg.
- *Disconnect* (2012) di Henry Alex **Rubin** è la storia di vari personaggi che cercano su Internet i rapporti umani che non riescono a instaurare nella vita reale.
- *Her* (2013) di Spike **Jonze** è la storia di un uomo che instaura un rapporto, prima di amicizia e poi addirittura d'amore, con un software, un'intelligenza artificiale che è in grado di provare emozioni e di prendere iniziative.
- *The Imitation Game* (2014) di Morten **Tyldum** racconta la storia del matematico Alan Turing, chiamato a contribuire al successo bellico con la progettazione di un computer per decrittare i messaggi che i servizi segreti tedeschi inviavano ai loro comandi dislocati in tutta Europa.
- *Perfetti sconosciuti* (2016) di Paolo **Genovese** fa riflettere su come il cellulare sia ormai uno strumento che contiene i segreti più intimi di ciascuno.

### MUSICA

- La rock band **Placebo**, nel brano *Too Many Friends* (2013), denuncia la superficialità dei rapporti che si creano sui social media: «Too many friends, too many people that I'll never meet, I'll never be there for» (Troppi amici, troppa gente che non incontrerò mai, alla quale non potrò mai essere vicino).
- Il rapper **Stromae** canta l'ossessione di raggiungere la popolarità sui social e la solitudine che vi è spesso associata nella canzone *Carmen* (2015).
- In *Vorrei ma non posto* (2016), i rapper italiani **Fedez** e **J-Ax** raccontano in maniera ironica la vita come appare nei social network, contrapposta alla vita reale, e come, spesso, condividere un'esperienza sui social diventi più importante che viverla.

Una scena tratta dal film *Her* diretto da Spike Jonze del 2013.

Sotto, il cantante belga Stromae fotografato per la rivista "Paris Match" nel 2013.

# Glossario

## Termini di retorica, narratologia e linguistica

## A

Accento ritmico: operazione per cui, nella lettura di un verso, alcune sillabe, su cui cade l'accento tonico (v.), vengono evidenziate in modo particolare dal ritmo poetico. Ad esempio «Nel / mez/zo / del / cam/mìn / di / nò/stra / vì/ta» (D. Alighieri, *Inferno* I, 1).

Accento tonico: segno fonetico che segnala nella lettura di una parola una maggiore elevazione della voce nella pronuncia di una sillaba, rispetto alle altre. Ad esempio tàvolo (parola sdrucciola), pàne (parola piana), caffè (parola tronca).

Accumulazione: figura retorica che prevede l'accostamento incalzante di termini, siano essi nomi, aggettivi o altre parti del discorso. Ad esempio «parli della città, delle signore [...], di giorni felici, / di libertà, d'amor proprio, d'amore» (M. Moretti, *A Cesena*). È detta anche *enumerazione*.

Afèresi: caduta di una vocale o della sillaba iniziale di una parola. Ad esempio "verno" per "inverno".

Aiutante: in narratologia, il personaggio che favorisce il protagonista (v.) nel raggiungere il suo scopo o l'antagonista (v.) nell'opporsi al protagonista.

Allegorìa: figura retorica consistente nella costruzione di un discorso in cui i significati letterali dei termini passano in secondo piano rispetto al loro valore simbolico. Ad esempio la lupa è allegoria dell'avidità (D. Alighieri, *Inferno* I, 49).

Allitterazione: figura retorica di suono che consiste nella ripetizione degli stessi suoni all'inizio o all'interno di parole contigue. Ad esempio «E caddi come corpo morto cade» (D. Alighieri, *Inferno* V, 142).

Anacolùto: rottura della regolare costruzione sintattica di una frase per il cambiamento di soggetto nel corso dell'enunciato, operata dallo scrittore per riprodurre i modi della lingua parlata. Ad esempio «Quelli che muoiono bisogna pregare Dio per loro» (A. Manzoni, *I promessi sposi*).

Anadiplosi: v. *duplicazione*.

Anàfora: figura retorica che consiste nel ripetere una o più parole all'inizio di più versi o frasi successive. Ad esempio «Per me si va ne la città dolente / per me si va ne l'etterno dolore / per me si va tra la perduta gente» (D. Alighieri, *Inferno* III, 1-3).

Analessi: in narratologia, racconto di fatti precedenti rispetto al punto della vicenda in cui viene inserito, con la conseguente rottura dell'ordine cronologico della narrazione. Il termine è usato anche nel linguaggio cinematografico. È detta anche *flashback* e *retrospezione*.

Analogìa: tecnica espressiva tipica della poesia del Novecento che consiste nello stabilire rapporti inediti tra immagini diverse e in apparenza senza alcun legame logico. L'accostamento dà origine a immagini molto efficaci e a volte persino oscure. Ad esempio «È il mio cuore / il paese più straziato» (G. Ungaretti, *San Martino del Carso*).

Anàstrofe: figura retorica che consiste nell'invertire l'ordine abituale di due parole, per conferire maggior espressività al termine collocato al primo posto. Ad esempio *Spesso il male di vivere ho incontrato* (E. Montale).

Antagonista: in narratologia, personaggio che si oppone all'agire del protagonista (v.).

Anticipazione: v. *prolessi*.

Antifrasi: figura retorica in cui le parole lasciano intendere il contrario di ciò che si dice. Ad esempio «vostra mercé, cui tanto si commise» (F. Petrarca, *Italia mia*), dove «vostra mercé» significa "per colpa vostra", anziché "grazie a voi".

Antìtesi: figura retorica di significato che si ottiene accostando termini di senso opposto. Ad esempio «Non fronda verde, ma di color fosco; / non rami schietti, ma nodosi e 'nvolti; / non pomi v'eran, ma stecchi con tosco» (D. Alighieri, *Inferno* XIII, 4-6).

Antonomàsia: figura retorica che consiste nell'indicare una persona anziché con il nome proprio, con un nome comune che ne indichi una delle principali caratteristiche. Ad esempio san Francesco "il poverello d'Assisi". Si ha un'antonomasia anche quando un nome proprio viene usato per definire un soggetto con caratteristiche simili. Ad esempio "mecenate" per indicare un protettore delle arti.

A parte: nel linguaggio teatrale, battuta pronunciata da un attore, spesso rivolto al pubblico, come se gli altri personaggi in scena non la ascoltassero.

Asìndeto: figura retorica che consiste nell'eliminazione delle congiunzioni tra più parole di un discorso. Ad esempio «corre via, corre, anela, / varca torrenti e stagni, / cade, risorge» (G. Leopardi, *Canto notturno di un pastore errante dell'Asia*).

Atto: nel linguaggio teatrale, una macrosequenza caratterizzata dall'unità di luogo: le azioni si svolgono nella medesima città e in ambienti non molto lontani tra loro; inoltre in esso non vi sono salti temporali.

Autore: in narratologia, chi ha composto l'opera.

## B

Ballata: componimento destinato in origine al canto e alla danza, costituito da una o più strofe (v.) intervallate da un ritornello o ripresa.

Battuta: nel linguaggio teatrale e cinematografico, le frasi pronunciate volta per volta da ciascun attore.

# C

Campo semantico: insieme di parole presenti in un testo che rimandano a uno stesso concetto o a una medesima realtà. Ad esempio il campo semantico della parola "fiume" comprenderà termini in stretta relazione di significato, come "ruscello", "fonte", "sorgente", "affluente", "foce", "delta", "scorrere", "fluire" ecc.

Canzone: componimento lirico formato da stanze o strofe (v.) con una medesima disposizione di versi (v.) e rime, tranne l'ultima, il commiato o congedo, che è più breve.

Cesura: forte pausa all'interno di un verso (v.), individuata da un segno di punteggiatura o dal significato del verso stesso. Ad esempio «Ei fu. // Siccome immobile» (A. Manzoni, *Il cinque maggio*).

Chiasmo: figura retorica che consiste nella disposizione incrociata di elementi linguistici, in modo che l'ordine delle parole risulti invertito. Ad esempio «Bei cipressetti, cipressetti miei» (G. Carducci, *Davanti San Guido*).

*Climax*: figura retorica che consiste nella disposizione "a scala" di termini, secondo una gradazione di intensità crescente (*climax* ascendente, ad esempio «la terra ansante, livida, in sussulto», G. Pascoli, *Il lampo*) o decrescente (*climax* discendente, ad esempio «E mi dicono Dormi, / mi cantano Dormi, sussurrano / Dormi, bisbigliano Dormi», G. Pascoli, *La mia sera*).

Codice: sistema convenzionale formato da relazioni tra segni e oggetti del mondo reale o del pensiero e da regole per disporre tali segni in modo da permettere la comunicazione. Ad esempio "codice linguistico", "codice stradale".

Commedia: genere teatrale che rappresenta eventi della vita quotidiana, e si conclude con un lieto fine. Nasce nella Grecia antica e si sviluppa, pur in forme diverse, fino alla nostra epoca.

Connotazione: insieme delle proprietà che arricchiscono il significato di una parola o di un discorso, conferendo allo stesso un valore allusivo, emozionale, evocativo oltre la sua specifica capacità informativa. Ad esempio la parola "cuore" indica non solo l'organo muscolare (valore denotativo), ma anche la sede di emozioni e di affetti (valore connotativo).

Consonanza: figura retorica di suono per cui due parole si assomigliano perché contengono le stesse consonanti, ma vocali diverse. Ad esempio «Nello splendore del tiepido sole / eran tre vergini e una grazia sola» (D. Campana, *Tre giovani fiorentine camminano*).

Copione: testo teatrale (o cinematografico) da rappresentare, contenente la sceneggiatura, le battute (v.) e le indicazioni per gli attori.

Correlativo oggettivo: procedimento, tipico di Thomas Stearn Eliot e di Eugenio Montale, attraverso il quale un oggetto o una situazione evoca, per equivalenza, sentimenti e sensazioni. Ad esempio «Spesso il male di vivere ho incontrato: / era il rivo strozzato che gorgoglia, / era l'incartocciarsi della foglia / riarsa, era il cavallo stramazzato» (E. Montale, *Spesso il male di vivere ho incontrato*).

# D

Denotazione: indica il valore informativo-referenziale di un termine ed esclude da esso tutti gli elementi di giudizio personale o emotivi, che competono invece alla "connotazione" (v.). In questo senso, ad esempio, la parola "cuore" avrà solo il significato di organo muscolare, cavo.

Dialèfe: figura metrica per la quale due vocali contigue, appartenenti a due parole diverse, vengono contate separatamente, come se appartenessero a due sillabe; si verifica soprattutto quando la prima di esse è accentata. Ad esempio «Gemmea l'aria, / il sole così chiaro» (G. Pascoli, *Novembre*). È contraria alla sinalefe (v.).

Didascalia: nel linguaggio teatrale, le indicazioni dell'autore al regista per la messa in scena: il luogo, gli oggetti presenti sulla scena, i gesti da compiere in scena ecc.

Dièresi: figura metrica in cui le vocali di un dittongo (v.) sono considerate separate, come se fosse uno iato; spesso è indicata con un apposito segno grafico (¨).

Discorso indiretto libero: caratteristica tipica del romanzo moderno, che consiste nel riferire le parole dei personaggi senza introdurle con formule dichiarative come "disse", "pensò" ecc. Ne fa uso per primo Giovanni Verga, poi Italo Svevo e Luigi Pirandello.

Dittongo: gruppo di due vocali che costituiscono una sola sillaba; una di esse è una *u* o una *i*, non accentata. Ad esempio a-ia, fie-no.

Dramma: nel linguaggio teatrale indica l'azione. Più in particolare è un genere teatrale nato nell'Ottocento.

Duplicazione: figura retorica che consiste nella ripetizione dell'ultimo termine di una frase all'inizio della frase successiva. Ad esempio «Muore il ragazzo un poco / ogni giorno per giuoco. / Per giuoco morde invano / il cavo della mano» (L. Sinisgalli, *Vidi le Muse*). È detta anche *anadiplosi*.

Durata: in narratologia, la durata della storia è il periodo di tempo in cui si svolgono gli eventi, mentre la durata del racconto è lo spazio (righe, pagine, capitoli) che l'autore attribuisce alla narrazione di ogni evento.

# E

Ellissi: in generale, eliminazione, nel corso di un enunciato, di alcuni elementi che restano sottintesi. In narratologia, è una modalità della durata del racconto in cui si ha l'omissione del racconto di eventi accaduti in un certo lasso di tempo. Indica un "salto" temporale e accelera il tempo del racconto.

Endìadi: figura retorica in cui un concetto viene espresso con due termini coordinati tra loro anziché con il nome e l'aggettivo concordato o un complemento. Ad esempio «ch'ella mi fa tremar le vene e i polsi» (D. Alighieri, *Inferno* I, 90).

*Enjambement*: figura metrica che si verifica quando la suddivisione in versi (v.) non coincide con la struttura sintattica e quindi una frase occupa più di un verso. Ad esempio «Ma sedendo e mirando, interminati / spazi di là da quella» (G. Leopardi, *L'infinito*).

Enumerazione: v. *accumulazione*.

Epica: genere letterario che ha come soggetto imprese eroiche di un guerriero o di un intero popolo. Nata dalla tradizione orale, è poi stata elaborata in poemi, primi tra tutti *Iliade* e *Odissea*.

Epilogo: parte conclusiva di una narrazione, di un discorso, di una trattazione.

Epìteto: sostantivo, aggettivo o locuzione che si unisce a un nome per qualificarlo o con funzione solo accessoria (epiteto esornativo). Ad esempio Achille "piè veloce".

Esordio: parte iniziale di un testo.

Eufemismo: figura retorica di pensiero che consiste nell'attenuare il carattere volgare, crudo o troppo realistico di un'affermazione. Ad esempio A. Manzoni nei *Promessi sposi* descrive con un eufemismo la morte del «buon benefattore»: «andò a ricevere il premio della sua carità».

# F

*Fabula*: in narratologia, i fatti di un racconto disposti in ordine cronologico.

Favola: breve narrazione i cui protagonisti sono animali parlanti che rappresentano vizi e virtù degli uomini.

Fiaba: narrazione di origine popolare e orale caratterizzata da elementi magici e soprannaturali.

Figura etimologica: figura retorica ottenuta accostando due parole derivate dalla stessa radice etimologica. Ad esempio «esta selva selvaggia» (D. Alighieri, *Inferno* I, 5).

Figura retorica: espressione che arricchisce di significato ciò che si vuol dire.

*Flashback*: v. *analessi*.

*Flashforward*: v. *prolessi*.

Flusso di coscienza: tecnica espressiva che consiste nel trasporre in modo libero e immediato il pensiero di un personaggio, senza che esso sia filtrato da organizzazione logica o cronologica. È tipico del romanzo del Novecento e in particolar modo di James Joyce.

Focalizzazione: in narratologia, punto di vista da cui il narratore racconta la vicenda.

Fonosimbolismo: nel linguaggio della retorica, uso di parole che con il loro suono suscitano sensazioni visive o acustiche emotivamente legate al contesto. Ad esempio «rimbombò, rimbalzò, rotolò cupo» (G. Pascoli, *Il tuono*). La presenza dei suoni *r*, *b* e della *o* non solo riproduce il rumore del tuono, ma desta anche l'inquietudine che accompagna un violento temporale.

# G

Genere letterario: insieme di componimenti letterari che presentano elementi comuni di tema, stile e struttura.

# I

Iato: accostamento di due vocali all'interno di una parola che vengono pronunciate come due sillabe differenti. Ad esempio l-e-o-ne, pa-ù-ra.

*Incipit*: parte iniziale, prime parole di un testo.

Intreccio: in narratologia, insieme degli avvenimenti presentati nell'ordine che il narratore ha scelto di attribuire loro, ordine che può essere anche diverso da quello cronologico.

Ipàllage: figura retorica che consiste nel riferire un aggettivo non al nome cui dovrebbe legarsi, ma a un altro termine in relazione con il primo. Ad esempio «un ribatte / le porche con sua marra pazïente» (G. Pascoli, *Arano*), dove «pazïente» è riferito alla zappa («marra»), ma logicamente al contadino.

Iperbato: figura retorica in cui si spezza la normale espressione, trasponendo termini che andrebbero accostati. Ad esempio «il divino del pian silenzio verde» (G. Carducci, *Il bove*).

Iperbole: figura retorica che consiste nel rappresentare in modo esagerato la realtà. Ad esempio «Ho sceso ... un milione di scale» (Eugenio Montale, *Ho sceso, dandoti il braccio, almeno un milione di scale*).

Ipotassi: legame sintattico tra proposizioni, in cui prevalgono le subordinate.

Ironia: figura retorica di pensiero che si verifica quando si esprime un concetto, volendo intendere l'esatto opposto. Ad esempio «Godi Fiorenza, poi che se' sì grande, / che per mare e per terra batti l'ali / e per lo 'nferno tuo nome si spande» (D. Alighieri, *Inferno* XXVI, 1-3).

# L

Litote: figura retorica, simile all'eufemismo (v.), in cui si esprime un concetto in modo attenuato o negando il contrario. Ad esempio «non c'è cor che non batta per te» (A. Manzoni, *Marzo 1821*).

# M

**Macrosequenza**: in narratologia, un insieme di sequenze (v.) che ha comunque un suo valore unitario.

**Metafora**: figura retorica che si ottiene sostituendo un termine con un altro che gli sia affine, perché possiede analoghe caratteristiche. Ad esempio «Anche così è stato breve il nostro lungo viaggio» (E. Montale, *Ho sceso, dandoti il braccio, almeno un milione di scale*), dove «viaggio» è metafora di "vita".

**Metonìmia**: figura retorica che consiste nella sostituzione di un termine con un altro che ha con il primo un rapporto di contiguità (causa-effetto, contenente-contenuto ecc.). Ad esempio «e il suo nido è nell'ombra, che attende» (G. Pascoli, *X Agosto*), dove «nido» vale per il contenuto, i rondinini.

**Metrica**: insieme delle norme che regolano la composizione di versi (v.) e strofe (v.).

**Mitologia**: insieme dei racconti leggendari di un popolo.

**Monologo**: nel linguaggio teatrale, discorso di un personaggio che parla o pensa tra sé e sé, mentre gli altri non lo ascoltano.

**Monologo interiore**: tecnica narrativa che consiste nel riportare i pensieri di un personaggio, senza l'introduzione di verbi di dire.

# N

**Narratore**: in narratologia, colui che narra i fatti; può coincidere con l'autore (v.), con un personaggio (v.) o con un terzo soggetto. È detto anche *voce narrante*.

**Novella**: breve testo narrativo, avente per oggetto un fatto reale o immaginario. Analoga al racconto, la novella si sviluppa dal Trecento in Italia ed è diffusa anche oggi.

# O

**Omoteleuto**: figura retorica che si ottiene facendo terminare nello stesso modo due o più parole poste all'interno di un verso (v.). Ad esempio «Ma sedendo e mirando interminati / spazi di là da quella» (G. Leopardi, *L'infinito*).

**Onomatopea**: figura retorica di suono che riproduce attraverso parole rumori o suoni. Ad esempio «Le vele le vele le vele / che schioccano e frustano al vento» (D. Campana, *Barche amorrate*).

**Ossìmoro**: figura retorica che consiste nell'accostare in un medesimo enunciato elementi che si contraddicono. Ad esempio «È l'estate / fredda, dei morti» (G. Pascoli, *Novembre*).

# P

**Parafrasi**: riscrittura di un testo poetico mediante un linguaggio più chiaro e diretto, senza alterare il contenuto.

**Parallelismo**: procedimento retorico per cui gli elementi che costituiscono due o più frasi o sintagmi sono disposti nel medesimo ordine. Ad esempio «S'ode a destra uno squillo di tromba; / a sinistra risponde uno squillo» (A. Manzoni, *Il conte di Carmagnola*).

**Paratassi**: legame sintattico tra proposizioni, in cui prevalgono le coordinate.

**Parola chiave**: parola presente anche più volte in un testo, essenziale per la comprensione e in grado di evidenziare il tema base dello stesso.

**Paronomasia**: figura retorica di suono, che si ottiene accostando termini dal suono simile. Ad esempio «Quivi stando, il destrier ch'avea lasciato / tra le più dense frasche, alla fresca ombra» (L. Ariosto, *Orlando furioso*).

**Pausa**: in narratologia, modalità della durata del racconto in cui il tempo della storia è fermo. Si ottiene con l'inserimento di descrizioni, narrazioni e digressioni.

**Perifrasi**: figura che consiste nell'usare un giro di parole per indicare indirettamente una persona o un oggetto. Ad esempio «E l'arca di colui che nuovo Olimpo / alzò in Roma a' Celesti» (U. Foscolo, *Dei Sepolcri*), dove si intendono Michelangelo e la cupola di San Pietro.

**Personaggio**: nel linguaggio teatrale e cinematografico, chi interviene nell'azione drammatica. In narratologia, ogni persona che partecipa allo svolgimento dell'azione narrata.

**Personificazione**: figura retorica di pensiero attraverso la quale si attribuiscono caratteri umani ad animali, oggetti, concetti astratti. Ad esempio «mentre il cipresso nella notte nera / scagliasi al vento, piange alla bufera» (G. Pascoli, *Fides*).

**Pleonasmo**: espressione non essenziale che non aggiunge nessuna informazione, ma sottolinea l'importanza del termine nel contesto. Ad esempio "un bosco di alberi".

**Poema**: ampio testo narrativo, in versi, diviso in libri o canti, caratteristico del genere epico. Ad esempio *Iliade*, *Odissea*, *Orlando furioso*.

**Polisìndeto**: procedimento sintattico che consiste nell'accostare più elementi, proposizioni, sintagmi con ampio uso di congiunzioni. Ad esempio «per montagna e per valle, / per sassi acuti, ed alta rena, e fratte, / al vento, alla tempesta, e quando avvampa / l'ora, e quando poi gela» (G. Leopardi, *Canto notturno di un pastore errante dell'Asia*).

**Prolessi**: in narratologia, anticipazione di eventi che si verificheranno in seguito. È detta anche *anticipazione* o *flashforward*.

**Prologo**: nel linguaggio teatrale, fin dal teatro classico, parte iniziale di un testo in cui si presenta l'azione o la si contestualizza.

**Proscenio**: porzione anteriore del palcoscenico, quella che esce dalla linea del sipario.

Prosodìa: insieme dei caratteri che determinano l'armonia di una scrittura sia in poesia (metrica) sia in prosa (timbro dei suoni, intensità, intonazione, accento).

Protagonista: in narratologia, personaggio principale di una narrazione, intorno al quale si incentrano tutti o quasi i fatti raccontati; nella terminologia teatrale o cinematografica, attore a cui è assegnata la parte principale di un testo.

Punto di vista: v. *focalizzazione*.

# R

Referente: ciò a cui il segno linguistico rimanda (oggetto, persona, luogo, elemento astratto).

Registro: modalità linguistica in cui viene esposto un enunciato o un testo in relazione al destinatario e alle diverse situazioni sociali.

Retrospezione: v. *analessi*.

Rima: identità dei suoni finali di parole, poste alla fine di versi, a partire dall'ultima vocale accentata. Ne esistono molti tipi, con schemi precisi (baciata, alternata, incatenata ecc.).

Ritmo: cadenza di suoni nel verso, scandito dagli accenti.

Romanzo: in letteratura, lungo testo narrativo, avente per oggetto un fatto reale o immaginario, che si distingue dalla novella-racconto per la complessità dell'intreccio (v.) e l'ampiezza della narrazione.

# S

Scena: nel linguaggio teatrale, porzione di un atto segnata dal variare di personaggi e di luogo. In narratologia, è una modalità della durata del racconto in cui il tempo della storia e il tempo del racconto coincidono per lunghezza, come in un dialogo.

Scenografia: nel linguaggio teatrale, insieme delle strutture di un palcoscenico che fungono da ambientazione all'opera.

Scioglimento: in narratologia, ristabilimento dell'ordine preesistente che era stato turbato da nuovi fatti.

Sequenza: in narratologia, parte di un testo in cui rimangono immutati i personaggi, il luogo o il tempo dei fatti narrati.

Simbolo: oggetto, individuo o altra cosa concreta che può evocare una realtà più vasta o un'entità astratta.

Similitudine: figura retorica di pensiero che consiste in un paragone tra due elementi che hanno tra loro comuni caratteristiche. Ad esempio «Come sul capo al naufrago / l'onda s'avvolve» (A. Manzoni, *Il cinque maggio*).

Sinalèfe: figura metrica per cui due vocali, che si trovano rispettivamente alla fine di una parola e all'inizio dell'altra, vengono computate come una sola sillaba. Ad esempio «e il naufragar m'è dolce in questo mare» (G. Leopardi, *L'infinito*).

Sineddoche: figura retorica per la quale una parola riceve un significato più o meno ampio rispetto a quello che normalmente le compete (la parte per il tutto, il tutto per la parte, la specie per il genere). Ad esempio «e nudo ne la destra il ferro stringe» (T. Tasso, *La Gerusalemme liberata*).

Sinèresi: figura metrica per cui due vocali vicine che in realtà costituiscono uno iato (v.) vengono computate come una sola sillaba. Ad esempio «Questi parea che contra me venisse» (D. Alighieri, *Inferno* I, 46).

Sinestesìa: figura retorica consistente nell'accostamento di sostantivi e aggettivi appartenenti a sfere sensoriali diverse. Ad esempio «all'urlo nero / della madre» (S. Quasimodo, *Alle fronde dei salici*).

Sintagma: in linguistica, gruppo di due o più elementi linguistici che costituisce un'unità di significato (sintagma nominale, verbale ecc.).

Sistema dei personaggi: in narratologia, il sistema di relazioni che lega tra loro i personaggi (protagonista, antagonista, aiutante ecc.).

Sommario: in narratologia, modalità della durata del racconto in cui il tempo del racconto è inferiore al tempo della storia. Si ottiene riassumendo i fatti.

Sonetto: componimento poetico costituito da quattordici versi (v.) endecasillabi variamente rimati e divisi in due quartine e due terzine.

*Spannung*: in narratologia, indica il momento di massima tensione nello sviluppo della *fabula* (v.).

Straniamento: in letteratura, procedimento espressivo attraverso cui una realtà consueta e abituale non appare più tale, perché colta con uno sguardo che ne mette in luce elementi nascosti, insoliti o contraddittori.

Strofa: nella metrica, raggruppamento di più versi, secondo criteri codificati dalla tradizione letteraria.

Struttura: in linguistica e in letteratura, insieme di specifiche componenti che concorrono alla formazione coerente e ordinata di un enunciato e di un testo.

# T

Tema: argomento di cui tratta un'opera o una sua parte di essa; in esso generalmente si rispecchiano i valori della cultura e dell'etica dell'autore.

Tempo del racconto: v. *durata*.

Tempo della storia: v. *durata*.

Tragedia: testo teatrale che narra le vicende di personaggi della storia o del mito, gli esiti gravi e luttuosi delle loro passioni, destinati a suscitare la pietà e la catarsi nello spettatore.

# V

Verso: unità metrica fondamentale della poesia.

Voce narrante: v. *narratore*.

## Indice degli autori antologizzati



## Indice delle opere da cui sono tratti i brani